AF355944

DICTIONNAIRE
DE L'ARMÉE DE TERRE,

OU

RECHERCHES HISTORIQUES

SUR L'ART ET LES USAGES MILITAIRES

DES ANCIENS ET DES MODERNES,

PAR LE GÉNÉRAL BARDIN,

AUTEUR DU MANUEL D'INFANTERIE,
DU MÉMORIAL DE L'OFFICIER D'INFANTERIE, MEMBRE DE L'ACADÉMIE DES SCIENCES DE TURIN,
COLLABORATEUR DU COMPLÉMENT DU DICTIONNAIRE DE L'ACADÉMIE FRANÇAISE,
DU DICTIONNAIRE DE LA CONVERSATION,
DE L'ENCYCLOPÉDIE DES GENS DU MONDE, ETC., ETC.

QUATORZIÈME PARTIE.
OFFICIER. — PORTÉE DE FUSIL. 4161 A 4480.

PARIS,

LIBRAIRIE MILITAIRE, MARITIME ET POLYTECHNIQUE
DE J. CORRÉARD,
LIBRAIRE-ÉDITEUR ET LIBRAIRE-COMMISSIONNAIRE,
RUE CHRISTINE, 1.
—
1850.

L'ouvrage aura environ 4,000 pages grand in-8° à deux colonnes, petits caractères (contenant la matière de 40 volumes ordinaires) fondus exprès. Il sera publié en 14 ou 16 parties d'environ 3 à 400 pages chacune. La pagination se suivra sans interruption, afin de donner aux souscripteurs la facilité de faire relier l'ouvrage en un ou plusieurs volumes. Neuf parties sont en vente. Il paraîtra une partie tous les trois mois.

Le prix de chaque partie est fixé à 7 francs, prix le plus bas qu'il soit possible d'établir.

Il sera tiré cent exemplaires sur papier vélin dont le prix sera double.

On ne payera rien d'avance.

La liste des souscripteurs sera imprimée à la fin de l'ouvrage.

N. B. Écrire avec soin le nom et l'adresse. Si c'est par la poste qu'on désire recevoir l'ouvrage, il faudra ajouter 1 fr. 60 c. par partie.

MM. les souscripteurs qui désireraient avoir des exemplaires sur papier vélin sont priés de l'indiquer sur leur souscription.

ON SOUSCRIT A PARIS :

CHEZ J. CORRÉARD, ÉDITEUR D'OUVRAGES MILITAIRES,
RUE CHRISTINE, 1.

Chez tous les Libraires de la France et de l'étranger, et pour les militaires chez MM. les Trésoriers ou Officiers-Payeurs des différents corps.

N. B. Les régiments qui souscriront pour 24 exemplaires en recevront 26, francs de port.

ficiers du génie; mais la synonymie s'est effacée depuis que le corps ne se compose pas uniquement d'officiers, et qu'il est institué une troupe du génie. — La locution Officier du génie, qui a prévalu, n'est pas correctement française; il faudrait dire : officier de génie, comme le font plusieurs écrivains, tels que Bérenger (1778, t. ii, p. 508); mais des inconvénients palpables ont triomphé des exigences de la langue. Il serait aussi injuste que fâcheux que l'allusion qu'on en pourrait tirer devint une source de sarcasmes. Il y a un autre reproche à faire au terme Officier du génie; car il se pourrait que des officiers de sapeurs, de mineurs, de pontonniers, fussent du génie sans être ingénieurs. En tout, le terme ingénieur était préférable à celui qui l'a remplacé, et il n'est pas absolument en désuétude; il y a des ingénieurs en chef. — Nº 4. Nombre. — Le tableau des variations que la force du corps français du génie a éprouvées a été tracé au mot génie; mais le chiffre qu'il conviendrait d'adopter a toujours été et est encore un problème qui demanderait, pour être résolu, qu'on se fût fixé sur quelques données premières. Combien de forteresses y aurait-il à conserver? Combien à créer, à réparer, à entretenir? Convient-il que le génie ait sous ses ordres les pontonniers? Quelles doivent être ses fonctions par rapport à celles des officiers d'état-major? Le génie doit-il ou non se livrer aux travaux de la castramétation? Le système du campement ou du bivac prévaudront-ils l'un sur l'autre? Toutes ces incertitudes de l'art militaire devraient être dissipées avant qu'on pût asseoir une proportion relative des armes personnelles. Mais comment ces doutes cesseraient-ils? Il y a sous ces questions des mystères politiques. Le génie ne veut pas qu'on s'en occupe et n'est pas en position de s'en occuper. Les inspecteurs généraux des armes savantes, craignant que leurs idées propres ne rencontrent opposition, que leurs irrésolutions ne puissent être attaquées, s'opposent, par insinuation ou par défense, à ce que leurs subordonnés écrivent, ou du moins publient des observations classiques. Les hommes capables, et de grade même élevé, ne l'ont pas tenté impunément, ou en ont entrevu le danger. Il ne s'agit pas que la science des armes avance, mais que les places émolumentées se conservent. Des répulsions, des exils, des démissions forcées ont frappé des hommes savants et laborieux qui avaient eu l'audace d'approcher leurs mains de l'arche sainte. Ce que nous avons dit des incertitudes, en fait de fortification; du défaut de plan, à l'égard des lignes de forteresses; de

ce timide esprit qui, depuis vingt ans, tâtonne, mais n'a rien enfanté; de l'insuffisance des ordonnances, des lois, des règles, qui laissent exploiter par le bon plaisir le domaine de la science, et entretiennent des institutions occultes et en quelque sorte claustrales; tout cela compose un cercle vicieux dont il est impossible, peut-être, de sortir. — Les discussions sur le budget de 1828 témoignaient que des orateurs regardaient comme trop nombreux le corps du génie. Ce sont des opinions sans base, tant qu'il restera à dégager une inconnue. — Nº 5. Avancement, uniforme. — Les formes de l'avancement dans cette arme y sont particulières; les sous-officiers y obtiennent un tiers des places, les élèves de l'école les deux autres tiers; mais ces derniers sont appelés seuls aux emplois d'état-major. Ces deux catégories concourent chacune, et sans fusion, pour l'obtention à de nouveaux grades. Un examen critique de ce système se trouve dans M. Ambert et dans *le Spectateur militaire* (t. xx, p. 314). — Avant 1722, le génie n'avait pas d'uniforme spécial; chaque officier portait celui de son régiment. A cette époque, un habit écarlate à parements bleus fut donné aux ingénieurs. Il lui fut substitué, en 1744, l'habit gris de fer à revers de velours noir, avec un filet d'or aux boutonnières; il était accompagné du chapeau galonné d'or. Il a été remplacé, en 1758, par l'habit bleu de roi, avec accompagnement de velours noir, et à boutons en cuivre doré. Le devant de cuirasse et le pot en tête empreints sur leurs boutons, étaient une trace des usages consacrés dans les temps où il ne leur était permis de paraître à la tranchée que revêtus de l'armure et du pot. Il fut un temps où l'empreinte de cette coiffure avait été comiquement changée en un bonnet de liberté. — Les détails de leur uniforme avaient été fixés par le règlement de l'an douze (1ᵉʳ vendémiaire). Le chapeau tricorne, ou plutôt à deux cornes, leur avait été conservé; ils le portaient encore en 1833. — Revêtus d'un habit maintenant dépourvu de poches, et craignant de se ridiculiser en portant, au lieu de giberne ou de sabretache, un portefeuille, ils se sont privés de la ressource la plus importante pour eux, de la ressource d'un carnet; à peine ont-ils de quoi loger un crayon. — Nº 6. Droits. — La section militaire du corps des ingénieurs se composait d'Officiers qui l'étaient de fait, mais qui ne l'étaient pas de titre et de droit. Maintenant, les Officiers du génie forment une catégorie ou une arme, qui non-seulement jouit des mêmes prérogatives que l'infanterie, dont elle est issue, mais qui, même comme ARME SAVANTE et CORPS PRIVILÉGIÉ, a laissé loin derrière elle sa mère. — Les Officiers du GÉNIE n'avaient encore, en 1783, aucun droit à la PENSION DE RETRAITE, comme les autres Officiers de l'ARMÉE; les COMITÉS des INSPECTEURS étaient même d'avis de ne leur en point accorder. Les documents manuscrits du MINISTÈRE de SÉGUR le prouvent. — EN GARNISON, il leur est donné, par le COMMANDANT DE PLACE, communication des modifications qu'il croirait devoir apporter au système du CASERNEMENT de la PLACE. Le RÈGLEMENT DE L'AN 4 (22 GERMINAL) leur donnait libre accès dans tous les bâtiments militaires occupés. — La CIRCULAIRE DE 1815 (2 FÉVRIER) les constituait seuls dépositaires du PLAN GRAPHIQUE de la PLACE. — En cas de contravention aux mesures déterminées par l'ORDONNANCE DE 1824 (17 AOUT) touchant le CASERNEMENT, l'Officier du génie avait droit de faire les représentations convenables aux CHEFS DES CORPS et au LIEUTENANT DE ROI COMMANDANT DE PLACE; il en informait le MINISTRE, suivant les formes usitées. — Dans les ARMÉES AGISSANTES, les Officiers du génie sont appelés aux CONSEILS DE GUERRE convoqués en face de l'ENNEMI dans des circonstances difficiles. — N° 7. FONCTIONS. — Dans l'antiquité, et pendant longtemps, les FONCTIONNAIRES d'un ordre analogue à ceux du GÉNIE moderne étaient, en même temps, FOURRIERS D'ARMÉE; le maniement du CORDEAU DE CAMPEMENT les regardait, et ils devaient posséder la science des MARCHES aussi bien que celle de la CASTRAMÉTATION. — La séparation du génie civil et du GÉNIE MILITAIRE, et la création des INGÉNIEURS GÉOGRAPHES, ont successivement restreint ou rendu plus spéciales les fonctions des INGÉNIEURS MILITAIRES. L'institution du CORPS D'ÉTAT-MAJOR les a dépouillés d'attributions qui n'étaient pas sans éclat; ainsi les RECONNAISSANCES MILITAIRES ne les ont plus concerné, d'importants emplois au QUARTIER GÉNÉRAL ont cessé de leur être dévolus, ou du moins de leur appartenir exclusivement : car, faute d'OFFICIERS D'ÉTAT-MAJORS instruits, c'étaient souvent eux qui l'étaient de fait pendant toute la GUERRE DE LA RÉVOLUTION. — L'ORDONNANCE DE 1768 (1er MARS, tit. 35) voulait que chaque mois un INGÉNIEUR fît la visite des BATIMENTS MILITAIRES. — Maintenant, ils sont ou employés dans les places, ou détachés aux armées, ou dans les RÉGIMENTS DU GÉNIE. — En temps ordinaire et en GARNISON, les Officiers du génie sont les constructeurs et les réparateurs des FORTERESSES, les inspecteurs et les administrateurs du MATÉRIEL architectural, et de ce qui fait partie des APPROVISIONNEMENTS DE SIÉGE qui concernent leurs travaux. Ils sont les conservateurs de certains EFFETS DE CASERNEMENT qu'on nomme EFFETS AU COMPTE DU GÉNIE OU EFFETS A DEMEURE; l'acquisition, la fourniture, la confection de ces effets sont confiés à leurs soins; ils rendent compte de tous ces détails ainsi que de leurs opérations et des manœuvres d'ÉCLUSES au COMMANDANT de la PLACE. — Ils partagent avec l'INTENDANCE la POLICE ADMINISTRATIVE des CASERNES, QUARTIERS, ou autres BATIMENTS MILITAIRES occupés ou inoccupés; ils en proposent les travaux, les font exécuter; ils surveillent les CONSERVATEURS. — Un INGÉNIEUR EN CHEF établi en chaque PLACE DE GUERRE, y est soumis à un DIRECTEUR DES FORTIFICATIONS dont l'emploi répond à celui des anciens INGÉNIEURS EN CHEF placés dans celles des provinces où se trouvaient situées plusieurs FORTERESSES. — La circonscription territoriale sur laquelle un Officier du génie s'acquitte en chef d'une fonction qui lui est dévolue, s'appelle une CHEFFERIE. — Pendant les grandes INSPECTIONS, un Officier du génie accompagne l'INSPECTEUR GÉNÉRAL dans la VISITE qu'il fait des HOPITAUX et autres ÉTABLISSEMENTS MILITAIRES; il lui rend compte des circonstances qui intéressent les travaux du GÉNIE. — Mais les principales et hautes fonctions du GÉNIE consistent dans l'ATTAQUE et la DÉFENSE des PLACES et dans la construction des FORTIFICATIONS PERMANENTES OU DE CAMPAGNE. L'Officier qui commande le GÉNIE dans un SIÉGE OFFENSIF, y est le bras droit du GÉNÉRAL; il se trouve à l'INVESTISSEMENT; il fait la RECONNAISSANCE de la PLACE, et se concerte avec le GÉNÉRAL sur le choix des points d'ATTAQUES; il dirige l'OUVERTURE de la TRANCHÉE; il guide les TRAVAILLEURS; il conduit le CHEMINEMENT, il trace les SAPES VOLANTES. — Dans un SIÉGE DÉFENSIF, son influence est moindre; le GÉNÉRAL ou le GOUVERNEUR n'y prend, pour ainsi dire, ses inspirations que de sa seule énergie; mais plus le danger croît, plus le rôle de l'INGÉNIEUR s'agrandit; il relève à mesure ce qu'il peut des OUVRAGES renversés; répare les CASEMATES endommagées; restaure les BLINDAGES; dispute aux BOMBES et à l'incendie les HOPITAUX, les MAGASINS, les CASERNES; barre les LIGNES DE FEU par des ÉPAULEMENTS ou des TRAVERSES; assigne, dans la DÉFENSE du CHEMIN COUVERT et des DEMI-LUNES, son poste à chaque COMBATTANT, et se multipliant aux instants les plus critiques, perfectionne pendant la tempête de l'ASSAUT une RETIRADE, en même temps qu'il compasse la fulmination des FOUGASSES qui salueront chaque nouveau progrès des ASSAILLANTS. — L'ORDONNANCE DE

1832 (3 mai), modifiée à leur égard par celle de 1837 (5 août), réglait leur service en campagne. — Dans l'*Annuaire des Armées* (1856, p. 448), on lit que les Officiers du génie sont exclus du commandement des places fortes; Carnot, cependant, a été gouverneur d'Anvers. — La *Sentinelle de l'Armée*, n° 52, p. 11, demandait pourquoi, en temps de paix, les Officiers particuliers du génie attachés aux régiments de cette arme étaient dispensés en garnison de monter la garde. — N° 8. Instruction. — La géométrie est le pays natal de l'Officier du génie; tandis que l'officier d'artillerie, au contraire, ne fait dans cette science que des incursions, parce qu'il exerce habituellement, si on peut le dire, une industrie expérimentale et plus manuelle. — L'Officier du génie est un géomètre praticien, sachant assez d'architecture pour revêtir du relief ses conceptions mathématiques; assez de mécanique pour n'être trompé sur le jeu d'aucune machine de guerre, assez de dessin et de perspective pour traduire graphiquement sa pensée, assez d'orthographie pour profiler linéairement, ou donner la coupe perpendiculaire d'une pièce de fortification, assez de géographie et de géologie pour apprécier les positions, les hauteurs, les aspects, les cours d'eaux, les terrains et leurs communications; assez de physique pour discerner l'antipathie, la tissure, la combinaison, les qualités et l'emploi des matériaux; assez de tactique pour juger quel parti l'armée peut tirer des accidents du terrain, et de quelle influence peuvent être les abords d'un point à attaquer ou à défendre. C'est pourtant l'Officier qui peut le plus facilement apprendre son métier, parce que l'art qu'il professe, art tout positif, a ses règles et ses instruments, ses professeurs et ses traités, ses traditions et ses livres; tandis que tous ces secours manquent à l'infanterie, aux hommes de cheval, aux officiers de troupes légères. — L'ingénieur doit être également familier avec la guerre souterraine et la guerre supérieure. Il doit manier, de la même main, le compas et l'épée. Il doit offrir l'alliance d'un profond savoir et d'une rare intrépidité; mais cette intrépidité ne s'exerce le plus ordinairement que dans la guerre de siége, qui est secondaire et assez rare. — Au reste, l'éducation de ces Officiers en fait trop exclusivement des hommes de cabinet; obligés d'être écuyers solides, ils sont classés pourtant dans l'infanterie, et il fut un temps où leur malhabileté en fait d'équitation était devenue proverbiale; c'était une imperfection bien réparable, et un mal de quelque

gravité; l'ironie ne doit pas approcher le talent. — *Il est bien rare*, a dit Guibert (1806, G, p. 372, 592), *que les Officiers de ce corps en manquent* (de lumières), *et les yeux fermés, on peut être sûr qu'il n'y en a aucun dont la conversation ne vaille mieux que celle de tous nos Officiers généraux, même en les choisissant un peu. Les Officiers du génie sont partout bons à rencontrer.* — A l'égard des connaissances que doivent posséder les membres du génie, on peut consulter le *Journal des Sciences militaires* (t. xxviii, p. 296); quant aux productions scientifiques du corps, on peut recourir au *Mémorial de l'Officier du génie*, publié depuis 1803, par décision de l'an deux (5 messidor), mais qui avait été suspendu en 1819.

OFFICIER du génie en campagne. v. en campagne. v. officier du génie n° 6, 7, 8.

OFFICIER du génie en garnison. v. en garnison. v. officier du génie n° 6, 7. v. service de garnison.

OFFICIER (officiers) du train d'artillerie (A, 1). Sorte d'officiers français qui, à la guerre, par leur intelligence et leur zèle, rendaient des services qui n'étaient pas de moindre importance que ceux que l'armée attend des officiers particuliers de toutes les autres armes. — Ils ont cessé d'exister depuis l'organisation à l'anglaise que l'artillerie a reçue en 1833.

OFFICIER du train des équipages. v. train des équipages.

OFFICIER écossais. v. écossais. v. milice anglaise n° 4.

OFFICIER ecclésiastique. v. aumonier. v. ecclésiastique.

OFFICIER en activité. v. activité de service. v. conseil de révision. v. conseil permanent n° 1. v. destitution. v. en activité. v. gardes du corps n° 6. v. mariage. v. officier en jugement. v. pension de retraite. v. secrétaire archiviste.

OFFICIER en campagne. v. adjudant-major en campagne. v. ancienneté de grade d'officier. v. altrock. v. anneau de sac de campagne. v. brèche offensive. v. chauffage d'officier. v. colonel en campagne. v. domestique d'officier. v. fortification de campagne. v. gaudi (1778, E). v. gratification d'entrée en campagne. v. gross. v. mot. v. officier n° 5. v. officier de garde. v. officier de troupes légères. v. officier d'infanterie française n° 3, 5. v. officier d'intendance en campagne. v. officier français n° 9. v. pillage. v. reiche.

OFFICIER EN CONGÉ. V. CONGÉ LIMITÉ. V. EN CONGÉ. V. FEUILLE DE ROUTE D'OFFICIER. V. OFFICIER D'INFANTERIE FRANÇAISE N° 3. V. OFFICIER FRANÇAIS N° 10. V. SOUS-INTENDANT N° 7.

OFFICIER EN DÉTACHEMENT. V. CHEF DE DÉTACHEMENT. V. DÉTACHEMENT DE GUERRE. V. EN DÉTACHEMENT. V. STÉVENSON.

OFFICIER EN DISPONIBILITÉ. V. DISPONIBILITÉ. V. EN DISPONIBILITÉ. V. MINISTRE DE LA GUERRE EN 1830 (18 NOVEMBRE).

OFFICIER EN GARNISON. V. ADRESSE D'OFFICIER. V. BILLET DE LOGEMENT EN STATION. V. CITADELLE. V. COMMANDANT DE DIVISION N° 2. V. COMMANDANT DE PLACE N° 10. V. EN GARNISON. V. FORT, subs. V. FORTERESSE. V. HABILLEMENT. V. INDEMNITÉ DE LOGEMENT. V. MAJOR DE PLACE N° 3. V. OFFICIER CHEF DE POSTE. V. OFFICIER DE GARDE. V. OFFICIER DE RONDE. V. OFFICIER DE SECTION ADMINISTRATIVE. V. OFFICIER D'INFANTERIE FRANÇAISE N° 3. V. OFFICIER EN PRISON. V. OFFICIER FRANÇAIS N° 15. V. WHITMORE.

OFFICIER (officiers) EN JUGEMENT (C, 5). Sorte d'OFFICIERS FRANÇAIS considérés dans une POSITION ADMINISTRATIVE et sous la main de la JUSTICE. Si l'Officier est en ACTIVITÉ DE SERVICE, il continue à avoir droit à la SOLDE DU GRADE jusqu'au jour exclus de l'ÉLARGISSEMENT, ou jusqu'au jour inclus de la CONDAMNATION à une PEINE AFFLICTIVE OU INFAMANTE; il est payé sur les lieux tous les mois; s'il a droit aux FOURRAGES et s'il est sur PIED DE GUERRE, il conserve le droit à cette PRESTATION.

OFFICIER EN MARCHE. V. ANCIENNETÉ DE GRADE D'OFFICIER. V. BAUDRIER D'OFFICIER. V. EN MARCHE.

OFFICIER (officiers) EN MISSION (E, 1, 3). Sorte d'OFFICIERS FRANÇAIS considérés comme placés dans une POSITION ADMINISTRATIVE en vertu d'ordres spéciaux du MINISTRE DE LA GUERRE ou des GÉNÉRAUX EN CHEF. Les Officiers en mission jouissent du même traitement que s'ils étaient PRÉSENTS et en FONCTIONS; leur PAYE est servie mensuellement sur les lieux où ils se trouvent; s'ils sont envoyés à une ARMÉE EN CAMPAGNE, ils y jouissent du TRAITEMENT DE GUERRE. Les PRESTATIONS auxquelles ils ont droit sur PIED DE MISSION commencent et finissent comme celles sur PIED DE ROUTE.

OFFICIER EN NON ACTIVITÉ. V. CAPITAINE RÉFORMÉ. V. EN NON ACTIVITÉ. V. OFFICIER FRANÇAIS N° 2.

OFFICIER EN PERMISSION. V. GÉNÉRAL DE BRIGADE N° 3. V. EN PERMISSION. V. PERMISSION D'OFFICIER.

OFFICIER EN PIED. V. EN PIED. V. OFFICIER A LA SUITE. V. OFFICIER ATTACHÉ.

OFFICIER EN PREMIER. V. CAPITAINE EN PIED. V. EN PREMIER.

OFFICIER (officiers) EN PRISON (C, 5). Sorte d'OFFICIERS D'INFANTERIE FRANÇAISE subissant EN GARNISON une PUNITION dans une PRISON MILITAIRE. Ils n'y portent point leur ÉPÉE; elle leur est retirée. Ils y sont responsables des EFFETS D'AMEUBLEMENT de la PRISON. Ils y portent leurs DRAPS DE LIT et leurs SERVIETTES.

OFFICIER EN RÉFORME. V. EN RÉFORME. V. OFFICIER FRANÇAIS N° 12. V. RÉFORME D'OFFICIER.

OFFICIER EN RETRAITE. V. ACTIVITÉ DE SERVICE. V. EN RETRAITE. V. MINISTÈRE DE LA GUERRE. V. MINISTRE DE LA GUERRE EN 1830 (18 NOVEMBRE). V. MILICE ESPAGNOLE N° 2. V. MILICE PRUSSIENNE N° 9. V. OFFICIER FRANÇAIS N° 10. V. OFFICIER RETRAITÉ. V. SECRÉTAIRE ARCHIVISTE.

OFFICIER EN ROUTE. V. ADJUDANT DE SEMAINE EN ROUTE. V. ADRESSE D'OFFICIER. V. ASSIETTE DE LOGEMENT EN ROUTE. V. AVANCE AUX ISOLÉS. V. BILLET DE LOGEMENT DE CAMPAGNE. V. CAPORAL D'ÉQUIPAGES. V. CAPORAL EN ROUTE. V. CERTIFICAT DE CASSATION DE PAYEMENT. V. COLONEL EN ROUTE. V. CONVALESCENT DE CORPS EN ROUTE. V. CONVOI A LA SUITE. V. CORPS EN ROUTE SUR PIED DE PAIX. V. ÉTAPE. V. FEUILLE DE ROUTE D'OFFICIER. V. FOURRIER EN ROUTE. V. FUSIL D'HOMME DE TROUPE EN ROUTE. V. GARDE DE POLICE EN ROUTE. V. HALTE DE ROUTE. V. INDEMNITÉ DE LOGEMENT. V. LOGEMENT EN ROUTE. V. OFFICIER DE COMPAGNIE. V. OFFICIER DE SEMAINE. V. OFFICIER DE SECTION ADMINISTRATIVE. V. OFFICIER D'ÉTAT-MAJOR DE CORPS. V. OFFICIER D'INFANTERIE. V. OFFICIER D'INFANTERIE FRANÇAISE N° 7. V. OFFICIER FRANÇAIS N° 7, 9. V. SOUS-INTENDANT N° 7. V. TRANSPORT A LA SUITE.

OFFICIER (officiers) EN SECOND (A, 1; F). Sorte d'OFFICIERS FRANÇAIS qui ont fait partie de l'ARMÉE, mais non dans toutes les armes ni dans tous les temps; le CORPS de leur ÉPAULETTE portait en long dans son milieu, comme une MARQUE DISTINCTIVE, une RAIE en soie ponceau. — Le mot a eu des acceptions différentes; ainsi des CAPITAINES RÉFORMÉS s'appelaient EN SECOND par opposition aux CAPITAINES EN PIED. — Le MINISTRE SAINT-GERMAIN a donné à l'INFANTERIE des Officiers en second qui l'étaient, non plus temporairement comme auparavant, mais constitutivement. — La mobilité des institutions, la fréquence des RÉFORMES et des refontes, le vague des principes, ont tour à tour admis, ont créé ou fait disparaître les Officiers en second. Cette superfétation, toujours nuisible, était née de principes faux, tels que ceux-ci : *L'armée française est celle qui doit employer le plus d'Officiers. La noblesse de France ne peut se livrer qu'aux armes. Que deviendront nos gentilshommes si on les prive de débouchés.* Tel était le fond du considérant de tous les rapports ministériels qui perpétuaient l'abus des GRADES EN SECOND. — Chaque création ou abolition d'Officiers en second dérange les bases de la TACTIQUE, et altère le mécanisme de la POLICE. Comment l'OFFICIER DE COMPAGNIE, et surtout le LIEUTENANT, ne se croirait-il pas de même rang que son collègue? Combien de COLONELS en SECOND se soumettraient-ils à l'obéissance? L'institution est vicieuse par l'homonymie et la périphrase de la qualification, par les prétentions que ces Officiers élèvent, par les résistances et la dérision qu'ils opposent aux ordres de leurs quasi-égaux, par le caractère équivoque du GRADE et la nature indécise des FONCTIONS, par l'incertitude ou la parité des MARQUES DISTINCTIVES.

OFFICIER EN SEMESTRE. V. EN SEMESTRE. V. OFFICIER FRANÇAIS N° 10. V. RECRUE.

OFFICIER EN STATION. V. EN STATION. V. INDEMNITÉ DE LOGEMENT. V. OFFICIER FRANÇAIS N° 8. V. TRAITEMENT DE STATION.

OFFICIER EN TÉMOIGNAGE. V. EN TÉMOIGNAGE. V. TÉMOIN.

OFFICIER EN TROISIÈME. V. CAPITAINE EN PIED. V. EN TROISIÈME.

OFFICIER-ENSEIGNE. V. CAPITAINE D'INFANTERIE FRANÇAISE DE LIGNE. V. ENSEIGNE.

OFFICIER ESPAGNOL. V. CHEVELURE MILITAIRE. V. ESPAGNOL, adj. V. MILICE ESPAGNOLE N° 2, 4, 5, 7, 8.

OFFICIER ÉTRANGER. V. CORPS ÉTRANGER. V. ÉTRANGER, adj. V. FELD-MARSCHALL. V. FELD-MARSCHALL-LIEUTENANT. V. OFFICIER D'INFANTERIE ÉTRANGÈRE.

OFFICIER (officiers) FRANÇAIS (term. sous-génér.). Sorte d'OFFICIERS BREVETÉS, ou COMMISSIONNÉS, considérés comme membres principaux de l'ARMÉE FRANÇAISE, comme revêtus de GRADES importants, comme s'acquittant des hauts EMPLOIS de l'ÉTAT MILITAIRE. Les uns sont attachés à des CADRES, les autres SANS TROUPE; les uns COMBATTANT, les autres, non. La CATÉGORIE qu'ils composent commence au SOUS-LIEUTENANT et finit au MARÉCHAL DE FRANCE inclusivement; la plupart sont GUERRIERS; mais bien des Officiers, sans être guerriers, figurent ou ont figuré parmi les OFFICIERS MILITAIRES, puisque l'histoire leur assimile des EMPLOYÉS, des AUMO-

NIERS, des OFFICIERS DE SANTÉ, etc. Nous considérerons les uns et les autres d'une manière générale; nous nous occuperons d'une manière plus particulière de ceux des temps modernes en traitant de leurs FONCTIONS. — Les AUTEURS qui peuvent être consultés sur ce sujet sont : AUDOUIN, BARDET (1740, A), BÉRENGER, BENETON (1742, A), BILLON (1641, A), BOIS-ROGER (1773, G), CARRION (1824, A), M. le général DE CHAMBRAY (1855), CHENNEVIÈRES (1750, C), DELAROQUE (1696), DESPAGNAC (1751, D), ENCYCLOPÉDIE (1785, C), GONVOT, GUILLET (1686, B), LACHESNAIE (1758, I), MANESSON (1685, B), MAURICE DE SAXE (1757, A], MIRABEAU (1788, C), ODIER (1818, E), PUYSÉGUR (1748, C), SAINT-GERMAIN (1779, C), SERVAN (1780, B), TRAVERSE (1758, D), TURPIN (1785, O). — Le mot va être envisagé sous les rapports suivants : CRÉATION, COMPOSITION, DÉNOMINATION, NOMBRE, NOMINATION, AVANCEMENT, UNIFORME, LOCALISATION, LOGEMENT, ALLOCATIONS, SOLDE, DROITS, RANG, FONCTIONS, DEVOIRS, INSTRUCTION, SUBORDINATION, PUNITIONS, PEINES. — N° 1. CRÉATION. — Les Officiers, c'est-à-dire des CHEFS attachés à une ARMÉE ou à une MILICE, quelque GRADE qu'ils aient occupé, n'ont commencé à former CORPS et à porter la qualification d'Officiers que depuis le seizième siècle; la LÉGISLATION reconnaissait, plus anciennement, et il y a eu de tout temps des CHEFS DE TROUPE, mais ils n'étaient pas connus collectivement ni absolument comme Officiers. — Tant que le commandement n'a été confié qu'à des BARONS, des COMTES et des DUCS, et ensuite à des CHEVETAINS et à des CAPITAINES, tant que les termes SOLDATS, GENS D'ARMES et NOBLES ont été synonymes, le mot Officier n'avait pas d'application; mais quand les BANNERETS n'ont plus été officiellement et privativement les CHEFS des TROUPES, quand les CAPITAINES se sont partagés en CAPITAINES GÉNÉRAUX et en CAPITAINES PARTICULIERS, quand les uns et les autres ont eu des LIEUTENANTS, des AIDES, des ADJOINTS, le mot Officier, de générique qu'il était, est devenu technique, pour distinguer de la classe qui obéissait, celle qui commandait. Jusque-là un Officier était, quelle que fût sa profession, un homme à office; depuis lors on n'a plus appelé Officiers que des MILITAIRES chargés d'un COMMANDEMENT. — N° 2. COMPOSITION. — Les Officiers de l'ARMÉE FRANÇAISE étaient, dans le dernier siècle, tranchés en deux classes aussi distinctes que la PROFESSION d'Officier l'était du MÉTIER de SIMPLE SOLDAT. La vie des NOBLES sans fortune, des Officiers issus de famille, *vivant noblement*, des OFFICIERS DE FORTUNE, se consumait dans les GRADES inférieurs. Les nobles de noms et d'armes, les nobles de cour franchissaient ces grades, ou s'y arrêtaient à peine, et devenaient colonels avant l'âge de raison, pour arriver bientôt à des grades plus élevés que trop souvent leur incapacité déconsidérait. L'âge de l'entrée au service n'était point déterminé : Custine était sous-lieutenant à sept ans. — Autrefois des employés militaires comptaient parmi les Officiers ; tels étaient les capitaines de mulets ou de charrois, etc. — Dans plusieurs milices étrangères, différents genres d'emplois, exercés dans les armées actives par des non combattants, sont assimilés à des grades d'officiers. Il n'était pas pris à cet égard de parti en France; maintenant il s'y voit quelque chose d'analogue par rapport à certains employés ayant brevet. — L'existence des Officiers de France a été tourmentée par la fréquence des amalgames, la précipitation des incorporations, l'instabilité du pied constitutif des armées, la dureté des réformes, les renvois sans solde, la surabondance des grades fictifs, le privilége des grades supérieurs. — En 1837, autre abus ou autre malheur; il y avait sous différentes dénominations, telles que traitement de réforme, cadre de vétérance, plus de quatre mille officiers en non activité qui coûtaient à l'Etat plus de trois millions et demi. — Le mode et les formules de réceptions des Officiers avaient été réglés par un simple ordre du jour de 1809 (11 octobre). La loi se taisait à cet égard. — N° 3. Dénomination. — Les milices antiques n'avaient point de terme qui répondît à la qualification des Officiers modernes ; les Romains se servaient des expressions *ordinis, ordinum ductores*, conducteurs de troupe; mais ce titre s'appliquait aussi bien aux rangs éminents qu'aux grades le moins relevés et distincts de ceux d'Officiers. — On peut regarder comme ayant été analogues au titre d'Officier, ou comme y ayant répondu avec plus ou moins d'affinité ou d'assimilation, les dénominations que voici : adjoint, adjudant, aide de camp, aide-major, aide-maréchal, amiral, anspessade, antrustion, auditeur, aumonier, avoué, bailli, banneret, baron, brigadier général, capitaine, capitaine des portes, capitaine général, captal, centenier, centurion, chancelier, chatelain, chef de lances, chevalier, chevetain, chirurgien, clerc des vivres, colonel, colonel général, commandant, commandère, commandeur, commissaire des guerres, commissaire du roi, commissaire général de la cavalerie, commissaire ordinaire, comte, condottière, conducteur des gens de guerre, connétable, controleur des guerres,

cornette, dapifer, duc, enseigne, fourrier d'armée, général, généralissime, gentil, gentilhomme a drapeau, grand maitre, grand prévot, grand sénéchal, haubert, hérault, inspecteur général, lance noble, lieutenant aux monstres, lieutenant de roi, lieutenant général, maire du palais, maitre, maréchal de l'host, maréchal des bandes, maréchal des logis, marquis, membre de l'intendance, meneur de gens d'armes, mestre de camp, pair de France, partisan, porte-oriflamme, prévot, quartier-maitre, roi, sénéchal, sergent-major général, sous-aide-major, vidame, viguier. — De nos jours les dénominations étaient celles-ci : adjoint, aide-major, adjudant-major, capitaine, chef de bataillon, chef d'escadron, colonel, général, lieutenant, lieutenant-colonel, lieutenant général, major, major général, maréchal de camp, maréchal de France, officier général, officier particulier, porte-drapeau, porte-étendard, sergent des bandes, sous-aide-major, sous-lieutenant. Malgré la différence de rang, une certaine égalité résultait de l'admissibilité, sinon aux mêmes tables, du moins aux mêmes assemblées. — L'Encyclopédie (1751, C) témoigne qu'on appelait *Officiers* à commission ceux qui ont commission du roi, *depuis le général jusqu'au cornette inclusivement*, par opposition aux officiers a brevet ou a baguette, *qui sont établis par brevet des capitaines ou des colonels; tels sont : les quartiers-maîtres, sergents, caporaux, chirurgiens, chapelains*. — Ce sont autant de coutumes effacées; cette explication était donnée depuis un tiers de siècle à peine, que déjà elle n'avait plus de sens. — Des dénominations, quoique communément employées, sont cependant encore à définir. On est d'accord à l'égard des officiers généraux et des officiers supérieurs; mais des auteurs confondent les officiers particuliers et les officiers inférieurs. Basta (1616) appelait Officiers mineurs la catégorie qui commence au capitaine et finit au sous-lieutenant. Ce mot mineur ou minor, par opposition à major, est resté en usage en quelques milices du Nord; la milice piémontaise appelle officiers subalternes ceux que Basta appelait mineurs. — En se conformant au règlement de 1792 (5 avril, tit. 20, art. 27), on regardera les officiers particuliers comme comprenant tous ceux qui ne sont ni officiers généraux ni officiers supérieurs, et l'on classera comme officiers inférieurs ceux qui sont au-dessous des capitaines. — Les autorités et les documents à consulter sur ce sujet seraient : M. le colonel Carrion (1824, A), Cessac (1805, C),

Dauteville (1762, K), Despagnac (1751, D, t. i, p. 73 et 518; t. iii, p. 191), Guibert (1773, K, t. v, p. 196), Leblond (1758, B, p. 58), Lecointe (1770, N), Seidel. — Maintenant le titre d'Officier est acquis à partir du jour inclus de la nomination du récipiendaire, jusqu'au jour inclus de la cessation légalement constatée de l'activité de service, ou jusqu'à la révocation légale du grade. — N° 4. Nombre. — Le nombre des Officiers admis ou tenus sur pied depuis les Valois avait dépendu de la seule volonté de la cour ou des ministres. — Sous Louis quatorze, ils ne sont pris que parmi les nobles; et, pour en employer davantage, on multiplie le nombre des emplois, on en inonde l'armée; on invente mille qualifications; on forme des corps privilégiés; et l'un des continuels embarras du gouvernement est de trouver assez d'emplois. La quantité disproportionnée des Officiers, par rapport à celle des hommes de troupe, était la conséquence des prétentions d'une noblesse à qui il n'était ouvert de débouchés que le service de terre ou de mer, ou les dignités de l'Eglise. — Des raisons politiques coloraient cette prodigalité; il fallait, à la suite des guerres civiles, rattacher au trône par leur propre intérêt des Français trop coutumiers de séditions. — Le général Lamarque disait à la tribune des députés, en 1831 (4 novembre), que la proportion des Officiers avait varié par rapport à celle des hommes de troupe à raison d'un sur dix-sept et un tiers, jusqu'à un sur quarante-cinq et deux tiers. On ignore la source de ces renseignements; ils ne sont pas entièrement exacts. — Dangeau témoigne qu'à la réforme de l'armée en 1697 (24 octobre), Louis quatorze conserva quatorze mille cinq cents Officiers. — En 1761, il y en avait dix mille sept cent dix. — En 1762, leur nombre dans la seule armée active, et y compris deux mille huit cent quatorze officiers de la maison du roi, était de dix mille cent quarante-six; ce qui répondait, comparativement aux hommes de troupe, à un sur douze. — En 1775, si l'on s'en rapporte à M. Droz (*Histoire du règne de Louis seize*, 1838), il y en avait soixante mille, mais nous ne pouvons ajouter foi à cette assertion, car c'eût été moitié de l'effectif de l'armée. — En 1790, il y avait dix mille Officiers sur cent soixante-dix mille hommes, comme en fait foi le rapport d'Alexandre Lameth à l'assemblée constituante. — En 1794, la proportion était bien différente, elle était dans le rapport d'un vingt-huitième. — En 1813, dans le rapport d'un vingt-troisième. — L'ordonnance de 1814 (15 juillet), qui faisait si

largement revivre les abus des corps privilégiés, *improvisa*, dit *la Sentinelle de l'Armée* (n° 27, p. 188), *une création de grades sans emploi, une masse de près de cinq mille sept cents Officiers ou fonctionnaires destinés à envahir la majeure partie de l'avancement.* — En 1815, le nombre des Officiers par rapport aux hommes de troupe était dans le rapport d'un onzième. — En 1820, si l'on en croit le même Lameth, le nombre des Officiers de l'armée, alors de cent soixante-dix mille hommes, s'élevait à vingt mille quatre cent trente-deux. — En 1825, les Officiers formaient un quinzième de l'armée; en 1835, on comptait dans la cavalerie et l'infanterie dix mille Officiers. Leur total général était, suivant *la Sentinelle de l'Armée*, de quatorze mille trois cent soixante-quatre. — Le chiffre convenable d'Officiers n'avait encore jamais été résolu législativement; le comité militaire s'occupa de cette question en 1791 (11 octobre). La bravoure des Officiers, disait-on, *doit décider de l'élan des soldats; il faut donc que les Officiers soient plus nombreux dans la milice française que dans des armées habituées à une discipline passive*. Le comité en concluait qu'il convenait que les Officiers pussent être tirés des rangs des hommes de troupe. Telle a été l'origine du changement de système qui a aboli le plus brillant privilége de l'ancienne noblesse; les grades devinrent le prix de la valeur, la récompense de la capacité, l'objet de l'ambition de tous, principale cause peut-être de l'impulsion qui anima l'armée française. — N° 5. Nomination. — Dans le principe et pendant longtemps, la cour nommait les généraux et les colonels; elle faisait colonels les aventuriers qui, en vertu de certaines stipulations, s'engageaient à lever à leur compte des régiments. Ces colonels nommaient eux-mêmes leurs Officiers. — Louis quatorze modifia ces usages, et les brevets n'émanaient plus que de la cour. L'institution des cadets gentilshommes fut la pensée mère de l'organisation des écoles militaires qui, depuis le milieu du dernier siècle, sont les pépinières des Officiers des diverses armes. Toute nomination donnait lieu au serment. — Les fils de colons des Antilles avaient été dispensés par Louis quatorze de faire preuve de noblesse pour être admis comme Officiers. — L'instruction de 1774 (11 juin) voulait que nul sujet ne pût être Officier avant d'avoir exercé et fait le service de soldat pendant deux mois, de caporal deux mois, de sergent deux mois. — Le ministre Ségur faisait revivre intempestivement la mesure qui exigeait quatre quartiers de noblesse pour être admis à titre d'Officiers dans le militaire. — L'arrêté de 1790 (26 mars) analogue à des ordonnances rendues dès 1789, abolissait la nécessité des preuves de noblesse pour devenir Officiers. — Il fut un temps où un droit de sceau était prélevé sur les officiers promus. — La loi de 1818 (10 mars, art. 28) voulait que les nominations des trésoriers et officiers d'habillement n'eussent lieu qu'en faveur d'anciens sergents-majors; elle voulait que les adjudants-majors fussent d'anciens adjudants. Ces dispositions mal conçues étaient inapplicables surtout en temps de guerre; il y avait injustice à interdire ces fonctions à des Officiers qui, quoique n'ayant pas passé par la filière des emplois d'adjudants et de sergents-majors, pouvaient n'en être pas moins très-capables. — Maintenant les élèves des écoles militaires sont appelés aux emplois de sous-lieutenant. — Du lieutenant inclus au lieutenant-colonel inclus, leurs grades sont pour un tiers au choix, pour deux tiers à l'ancienneté. Mais les sous-officiers aussi ont en perspective l'épaulette, si leur bonne conduite et le temps voulu du service leur y donnent droit. — Tout officier de corps pouvait être nommé aide de camp; il a cessé d'en être ainsi. — L'avis officiel des nominations devait être revêtu du visa du sous-intendant pour régulariser la réception devant la troupe. — La faculté de changer de corps par permutation, à raison de convenances personnelles en vertu de consentement récriproque, peut se regarder comme un genre de nomination d'Officiers; cette permutation n'est autorisée qu'en suite de l'assentiment des colonels des deux corps. La circulaire de 1827 (27 juin) mettait pour condition à ce déplacement que l'arrivant ne pourrait être classé qu'au rang du partant. — Par une contradiction bizarre, des remplaçants pouvaient devenir Officiers dans la ligne, et ne pouvaient pas être soldats dans la garde royale. — N° 6. Avancement. — L'échelonnement de l'avancement a dépendu, suivant les temps, de l'ordre du tableau, du dispositif des concordats, de l'ancienneté de grade, de l'ancienneté de service, de l'élection par scrutin, ou du choix fait par l'autorité. Sous Louis quatorze, toute promotion obligeait au serment; il fut même des temps où le serment était mensuel. — Jusqu'au milieu du dernier siècle, il suffisait pour parvenir au commandement, sauf les exceptions nombreuses en faveur des protégés et de la haute noblesse, ou de participer aux concordats, ou d'acheter un des emplois que la vénalité mettait

en circulation, ou d'avoir acquis assez d'age pour être devenu premier ou ancien; il ne s'agissait que d'avoir de la fortune, ou de prendre la peine de vieillir. Il en était ainsi jusqu'à l'ordonnance de 1762 (10 décembre). Avoir du talent, du zèle, de la réputation, n'était point une considération dominante; le gouvernement semblait regarder les régiments comme des machines destinées à aller toutes seules. — Les ministres Belle-Isle et Choiseul signalèrent leur administration par l'adoption d'une mesure empruntée à d'autres armées; ils travaillèrent à tempérer la vénalité, à entraver les concordats, à rendre plus rares les nominations de faveur, en posant en principe que tout Officier qui n'aurait pas atteint un âge déterminé, et n'aurait pas un certain nombre d'années de grade, ne pourrait pas obtenir un grade nouveau. Ces mêmes principes furent reproduits dans les discussions des comités du ministère de la guerre en 1781. — Mais avoir passé au service un certain temps n'est pas toujours une preuve de capacité; bien des adeptes pouvaient être appelés à la possession des grades, sans s'être mis dans le cas de les mériter par des efforts et des études; on l'a senti à la longue. Aussi la voie des examens et des concours commence-t-elle à être en faveur, en temps de paix, dans les milices bien dirigées; mais ce n'est point un principe généralement encore admis en France. — L'avancement ne doit avoir en vue que l'utilité du service, non le bien-être d'un particulier; avancer un Officier sans lui donner d'emploi, c'est surcharger l'armée de membres inutiles. Ce principe fait la critique des grades fictifs, des grades supérieurs, des corps privilégiés. — La croix de Saint-Louis était regardée comme un équivalent de l'avancement, ou comme un dédommagement de l'avancement mérité, mais non obtenu. — Les Officiers français ont, des premiers en Europe, joui de ce genre de récompense; les décorations, dont l'usage s'est introduit dans les autres armées, ont été une imitation de ce signe rémunératoire. — Les actions d'éclat établissent un droit et le plus honorable droit à l'avancement. — Les Officiers particuliers des régiments français sont susceptibles d'être inscrits dans le tableau d'avancement, mais ce n'était pas un droit, comme le témoignait l'art. 51 de l'instruction de 1855 (18 juin) pour qu'ils continuassent à y être inscrits l'année suivante. — Le *Journal des Sciences militaires* (t. xvi, p. 214, note) témoignait que le plus ancien capitaine du génie n'était en date que de 1802; le plus ancien d'infanterie, que de 1810; le plus ancien d'artillerie, que de 1811. Il est probable qu'à l'égard des autres grades des mêmes armes, on pourrait évaluer dans les mêmes proportions la marche et les chances de l'avancement en temps de paix. — N° 7. Uniforme. — L'obligation d'être en uniforme date de 1729 (10 mars). On doit cette institution à Dangervillers; mais l'ordonnance de 1757 (10 avril) fournit la preuve du peu d'empressement que les officiers avaient mis à se conformer aux dispositions de 1729. — Des règlements anciens et nombreux ont travaillé, mais avec peu de succès, à réduire au nécessaire les équipages des Officiers. Tels d'entre eux traînaient à leur suite un chariot, une femme, une famille. — L'uniformité du costume, de l'armement et de tous les effets des Officiers français est chose toute moderne. Les auteurs du dernier siècle disent que nos Officiers et ceux d'Autriche se ressemblaient pour le décousu et la dissemblance de leur toilette; Guibert (1803, D) leur en faisait le reproche. Quand ils ont eu abandonné l'armure de fer, le corselet, le buffle, ils se sont habillés à peu près à leur goût; ceux de l'infanterie n'étaient, pour ainsi dire, reconnaissables que par l'esponton et le hausse-col. Depuis longtemps déjà les hommes de troupe avaient un habit d'uniforme, sans que cette mode eût été prise par les Officiers. Ils se mettaient à leur tête, enveloppés d'une perruque et couverts de broderies. La révolution opérée en cette partie date, suivant Potier, (1779, X), de Dangervillers; suivant d'autres, du ministère de Dargenson. C'est par l'ordre de ce dernier que l'épaulette prit naissance; les broderies furent interdites, excepté en quelques corps privilégiés, tels que les carabiniers, etc. Choiseul perfectionna les détails de l'uniforme des Officiers.—L'ordonnance de 1768 (1er mars) défendait aux Officiers de se montrer dans les garnisons autrement qu'en uniforme; mais depuis quarante ans l'usage viole cette loi, qui n'était pas encore abrogée cependant en 1833. — Le principe du port et de la couleur de la cocarde était chose si peu arrêtée jusqu'en 1789, que les Officiers étaient dans l'usage de la porter en ruban de soie noire lorsqu'ils n'étaient pas en garnison. C'était avec cette cocarde et le nœud d'épée qu'ils se présentaient à la cour. — Certaines armes, certains grades regardaient la canne comme une distinction, un attribut; c'était du fait de l'usage, non des ordonnances.—Depuis la guerre d'Amérique, les Officiers d'armes à pied ont fait usage de bottes à l'anglaise ou à retroussis; plus anciennement ils avaient des guêtres, sauf les officiers montés.—Depuis 1768, il ne leur était permis de porter le deuil qu'en entourant d'un bracelet de crêpe noir le bras gauche.—Depuis l'usage de l'uniforme, les vêtements apparents ont été ornés de boutons blancs ou de boutons en cuivre dorés; les officiers du génie et de l'artillerie les ont toujours eus de la dernière espèce. Sous le régime républicain, les attributs de retroussis commencèrent à être en or ou en argent. — Sous le régime impérial, on a commencé à appeler insignes, des marques distinctives d'Officier. Le couronnement de Bonaparte a mis en vogue ce mot jusque-là enterré dans les vieux codes de la hérauderie. — Sous le régime de la Restauration, le punctilio de l'uniforme reconnaissait une grande tenue, une petite tenue, une tenue de société.— Les décisions modernes fixaient à vingt-cinq kilogrammes le poids des porte-manteaux d'officiers en route.— Pendant longtemps l'usage, et depuis peu les ordonnances, ont tour à tour interdit ou prescrit le port de la moustache à certaines catégories d'Officiers. — Une décision de 1834 (15 janvier) autorisait les Officiers à faire usage du pantalon blanc du 1er mai au 1er octobre, mais seulement quand ils ne seraient pas de service. — N° 8, localisation, Logement. — Les ordonnances de Louis quatorze et de Louis quinze permettaient, sur le pied de guerre, aux généraux et aux brigadiers de se loger dans les villages voisins du camp, mais elles voulaient que les colonels campassent avec la troupe.— Les Officiers sont logés, suivant les circonstances, ou par billet, ou dans des établissements militaires, ou dans les chambres des pavillons, ou dans les baraques qui leur sont affectées, ou sous la tente ou canonnière recouverte d'une marquise. Ces règles concernent surtout les officiers de corps. Quand ils sont en garnison, logés dans des batiments militaires, ils sont tenus de rendre, en cas de départ, le logement en bon état de conservation et de propreté, sinon ils seraient passibles de retenues exercées pour frais de nettoyage ou dégradations. En station, sur le pied de paix, leur logement chez l'habitant ne peut se prolonger gratuitement au delà de trois nuits.—L'emplacement du logement des Officiers est, autant que possible, subordonné à l'assiette du logement de la troupe. — N° 9. Allocations.— Sur pied de paix, les Officiers ont droit au logement, ou en argent, ou en nature; dans le dernier cas, il leur est délivré des bois de lits ou couchettes et des meubles et effets de couchage qui diffèrent de ceux de la troupe, comme en diffèrent leurs tra-

versins. Quand ils ne jouissent pas de l'a-
meublement, une indemnité les en dédommage. — En certaines circonstances, pour
certains grades, des frais de table ont été
accordés.—En route, l'Officier a droit, chez
son hote, à l'éclairage personnel, tandis
que l'homme de troupe n'a que le droit
nommé place au feu et a la lumière. — Le
combustible ne fait plus partie des prestations octroyées, en temps ordinaires, aux
Officiers. — En campagne, ils avaient part
aux distributions d'eau-de-vie et de vinaigre,
non à la fourniture de la paille de campement. — En détention, l'officier ne perçoit,
comme le témoigne Odier (1824, E), que
deux tiers de sa solde d'activité; à l'hopital,
il subit une retenue proportionnée à son
grade.—Dans les marches de corps ou d'armée, les Officiers ont droit au transport de
leurs bagages.—N° 10. Solde. La paye a
d'abord été une et sans acception de grade.
— Dans l'origine, les Officiers étaient payés
par montre de deux mois. Au lieu de dire :
Recevoir son mois, on disait : *Recevoir sa
montre*, c'est-à-dire le total des gages de
soixante jours.— Les appointements d'Officiers se calculent par an, et le décompte en
est servi par douzièmes ou mensuellement;
leur signature sur bordereau ou feuille
d'émargement est la quittance de cette solde.
Le mois de février est payé comme s'il était
de trente jours. — Les règles de l'administration s'opposent à ce qu'il soit donné aux
Officiers aucun a-compte à titre d'avance.
—Les appointements ont été longtemps assujettis à des retenues, quelquefois convenues et libres, plus souvent arbitraires et
imposées ; elles avaient pour motifs une
subvention accordée au chirurgien et à
l'aumonier, les repas de corps, la musique,
l'abonnement à la comédie et au café, le con-
cordat, les honoraires des commissaires des
guerres qui avaient procédé à une réception
d'Officiers ; ces commissaires avaient droit
d'exiger, en délivrant le certificat du serment prêté, l'épée du récipiendaire ou le rachat du prix de cette épée, ou bien un mois
d'appointements. — Dans l'armée d'Italie,
sous Bonaparte, les actions d'éclat constatées
étaient récompensées par un sabre d'honneur
et une haute paye. Ce système a été remplacé
par les récompenses de la légion-d'honneur.—
A l'hôpital, sauf une retenue fixée par le tarif,
et qui est à peu près le tiers de la solde d'activité, les Officiers, s'ils y entrent étant en
fonctions, ont droit à la solde du grade ;
s'ils y entrent étant en congé de convalescence ou de semestre, ils ont droit à la solde
de cette position; s'ils sont officiers montés
et sur pied de guerre, ils conservent leur

droit à la perception des fourrages pendant
leur séjour à l'hopital ; leurs rappels de
solde n'ont lieu qu'à leur rentrée au
corps. — Les Officiers nouvellement promus
jouissent de leur nouvelle solde à dater du
jour de la promotion constatée par réception.
— Les Officiers en fonctions avaient droit,
s'ils étaient mis en jugement et absous, au
rappel de la solde de fonctions. — Si un
officier en semestre était mis en jugement,
il toucherait la solde de semestre pendant le
reste du congé, et la solde d'activité à l'expiration du semestre. — Les appointements
des officiers inférieurs ont été améliorés
par les ministres Gouvion et Clermont-Tonnerre. — Les Officiers à résidence fixe sont
soumis à une retenue équivalente au montant de la contribution individuelle. — A
des époques modernes, le perpétuel changement des couleurs de l'uniforme a imposé
d'énormes frais aux Officiers. — La pension
de retraite est acquise à certaines conditions aux Officiers, en comptant même les
années de non activité. — Leurs campagnes, le service de mer, les blessures
qu'ils reçoivent du fait de l'ennemi, sont
mentionnés sur leur matricule, et pris en
considération en cas de nomination au choix
ou d'obtention de la retraite. — L'ordonnance de 1831 (11 avril) déterminait les droits
à la pension de retraite et en fixait la quotité.
— L'ordonnance de 1832 (16 mai) déclarait dévolus aux officiers en retraite les emplois militaires de l'hotel des Invalides ; les
promesses faites à la tribune par le ministre
Soult leur assuraient les emplois vacants
dans les bureaux du ministère. La première
de ces dispositions était une générosité dérisoire, la promesse ministérielle a été une
déception. — La loi de 1834 (19 mai) mentionnait les diverses positions de l'officier,
et énonçait les cas qui assuraient, suspendaient ou enlevaient la possession du
grade, de l'emploi, etc. — L'ordonnance
de 1837 (25 décembre) réglait la solde. —
N° 11. Droits, rang. — Le droit des Officiers, considérés comme propriétaires usu-
fruitiers d'un grade, n'était pas établi dans
le siècle passé; il en était licencié par cen-
taines à chaque signature d'un traité de
paix. Les ministres Saint-Germain et Gouvion essayèrent de consolider les titres de
possession des Officiers, mais ne purent
faire consacrer en principe que les révoca-
tions ne pourraient avoir lieu qu'en vertu de
jugement. Des discussions parlementaires
qui se sont émues sous la restauration ont
démontré qu'un ministre, en s'appuyant
d'une ordonnance, était le maître de casser
un officier. — L'ordonnance de 1643 (15

juin) témoignait que l'Officier n'était pas regardé comme libre de renoncer à sa volonté au service; mais elle était tellement tombée en oubli depuis que les places d'Officiers furent réservées à la noblesse seule, que Montesquieu ignorait cette disposition. — Aussi longtemps que la qualité de gentilhomme a été la condition de l'admission au rang d'Officier, la loi se taisait à l'égard du droit qu'ils avaient de quitter le corps, ou de se démettre même tacitement de leur emploi; l'usage, quelques principes publiés par des légistes, les regardaient comme non contraignables au service. Les opinions émises par Montesquieu, qui apparemment n'avait pas connaissance de l'ordonnance de 1643, en font foi. Un Officier, c'est-à-dire un noble, étant libre de servir ou non depuis l'extinction des tenures féodales, ne pouvait être considéré en aucun cas comme déserteur, à ce que prétendait Montesquieu. — Les lois de nos jours n'ont pas encore abordé clairement cette question; et le droit de renoncer au grade, en vertu de la démission, est indéterminé lui-même. — Les débats qui se sont élevés sous la restauration, relativement aux droits que le gouvernement peut avoir de dépouiller de son état un Officier, ont produit une locution nouvelle, l'expression état des officiers; la charte de 1830 prenait l'engagement de le définir et de l'assurer. Des projets de loi restés sans discussion jusqu'en 1854 devaient à cette époque être reproduits. Enfin il a paru une loi sous un titre peu clair, sous le titre État des Officiers : elle était interprétée par une décision de 1856 (16 juillet). — Longtemps aussi la loi est restée muette ou incomplète relativement aux droits que des Officiers auraient d'employer comme domestiques des soldats. — Un petit nombre d'Officiers sont autorisés à entretenir directement correspondance avec le ministre; les autres ne peuvent s'adresser à lui que par l'intermédiaire de leurs chefs. — Les honneurs qui sont dus aux Officiers sont proportionnés aux grades ou emplois, mais sont les mêmes indépendamment du genre de l'arme. — Les Officiers français, s'ils se trouvaient en concurrence avec des officiers franco-étrangers, avaient, même à infériorité de grade, le pas sur eux, ou prenaient commandement d'une troupe, le gouvernement d'une place, etc. — Ce qui concerne les droits des Officiers a été spécialement traités par M. Gonvot. — La dureté des punitions que jadis les Officiers avaient l'autorité d'infliger a été l'objet des réclamations et des récriminations de Lambert. — Le rang d'Officier se règle par la date de la nomination. — Le rang auquel donnait droit le grade des Officiers et l'importance de l'emploi, ont été décroissant à mesure de l'accroissement du nombre et de la multiplicité des qualifications. — Ce qui concerne le rang des Officiers a été traité par d'Héricourt (1756, t. i, p. 22 et 40) et par Puységur (1748, C, p. 89). L'état des Officiers a été traité par M. Husson (1836, A). — Autrefois le rang des Officiers qui composaient les sommités de l'armée s'appelait dignité. Le décret de l'an douze (24 messidor) et la constitution impériale de la même année reconnaissaient encore des dignités, car Bonaparte se persuadait qu'il fallait rétablir le pouvoir avec les éléments féodaux. — Le ministre Gouvion, qui était maréchal, a inséré dans les ordonnances qu'il a promulguées que le grade des maréchaux était une dignité. — M. Courtin (1827) s'efforce de prouver que, constitutionnellement parlant, il ne peut plus exister de dignités. — Quelques recherches touchant les droits des Officiers, le genre de salut qui leur est dû, etc., sont consignées dans le *Journal de l'Armée* (t. iv, p. 120). — N° 12. Fonctions. — Les fonctions des Officiers consistent dans l'accomplissement d'un emploi, ou des branches d'un emploi qui varient en raison du grade. Il peut y avoir grade sans fonction ni emploi; il n'y a pas de fonctions sans grade. — Les fonctions cessent, mais sans perte de grade, par l'effet de la demi-solde, de la disponibilité, de la non-activité, de la réforme. La loi de 1834 (19 mai) en prévoyait et en expliquait les cas. L'obtention de la retraite, en interrompant les fonctions, n'annule ni le titre du grade, ni ses honneurs ou décorations. — Les fonctions cessent, avec perte de grade, par cassation, dégradation, démission, désertion, destitution : elles sont momentanément suspendues par suite d'emprisonnement ou de maladie. L'ordonnance de 1768 (1er mars) décidait que les Officiers absents avec autorisation de leur garnison n'étaient pas tenus, à leur rentrée au corps, de reprendre leur tour de service; elle défendait aux Officiers de changer entre eux leur tour de détachement. L'officier indisposé ou malade n'est pas tenu à reprendre les tours de service qu'il n'a pu accomplir; mais il doit faire avertir à temps l'officier - major que le service concerne. L'ordonnance de 1855 (2 novembre) s'en expliquait en détail. — Des Officiers qui font partie de la garnison d'un fort attenant à une forteresse, ne peuvent s'absenter du fort qu'autant qu'un tiers au moins d'entre eux y reste en cas de besoin. — Les grades en second sont l'écueil de la DISCIPLINE : ils accoutument l'Officier en fonctions à se jouer de l'OBÉISSANCE, à tourner en ridicule ses chefs. — L'ORDONNANCE DE 1832 (3 MAI) voulait qu'au. camp les Officiers assistassent tous à l'APPEL de midi.—Le rigorisme de quelques ÉCRIVAINS, la législation de plus d'une armée étrangère, ont considéré comme nuisible à l'accomplissement des fonctions, la présence des FEMMES D'OFFICIERS aux ARMÉES. — Les fonctions d'Officiers ont différé dans les POSITIONS particulières désignées par les qualifications : OFFICIER D'ADMINISTRATION D'HOPITAUX, — D'ARTILLERIE, — DE CAVALERIE, — DE FORTUNE, — DE ROBE COURTE, — DE SANTÉ, — DE TROUPES LÉGÈRES, — D'ÉPÉE, — D'ÉTAT-MAJOR, — D'INFANTERIE, — D'ORDONNANCE, — DU GÉNIE, — DU TRAIN, — EN JUGEMENT, — EN MISSION, — EN RÉFORME, — EN SECOND, — RETRAITÉ. — N° 13. DEVOIRS. — L'ORDONNANCE DE 1768 (1er MARS) recommandait aux OFFICIERS DE PATROUILLE d'arrêter les FEMMES SUSPECTES qui se trouveraient avec les SOLDATS. — L'ORDONNANCE DE 1776 (25 MARS) enjoignait à tout Officier rencontrant dans la rue quelque HOMME DE TROUPE commettant des désordres ou des actes répréhensibles, de le faire arrêter, ou de le conduire lui-même au poste le plus voisin. — Le CODE PÉNAL prescrivait aux Officiers de dissiper les ATTROUPEMENTS MILITAIRES, ou d'en désigner les CHEFS OU AUTEURS. — L'ORDONNANCE DE 1633 (2 NOVEMBRE) voulait qu'ils prêtassent l'oreille à toutes réclamations qui leur pourraient être présentées par des MILITAIRES, leurs INFÉRIEURS, en cas de PUNITIONS encourues. — N° 14. INSTRUCTION. — L'ancienne formule de la CHEVALERIE, en quelque sorte son mot d'ordre, était : *Savoir signer son nom, boire et tirer au vol*, suffit au MÉTIER DES ARMES. Le préjugé du peu de nécessité de l'instruction s'est affaibli, mais il n'est pas déraciné entièrement; parmi les OFFICIERS D'INFANTERIE et DE CAVALERIE, il en est quelques-uns qui regardaient presque comme chose honteuse l'amour des lettres, le goût des études sérieuses et les recherches qui exigent l'application de l'esprit. Ce n'était que furtivement que des militaires, pensant plus sainement, osaient tenir des livres instructifs. Le siècle passé admettait encore comme maxime qu'on ne pouvait être à la fois HOMME DE GUERRE et homme de lettres; c'est un des traits qu'on a lancés le plus contre BOUCHAUD, D'HÉRICOURT, GISORS, GUIBERT; les trois premiers cependant sont morts au champ d'honneur; le troisième était d'une bravoure et d'un mérite incontestés. L'ARMÉE s'est ressentie d'une morale aussi commode pour des esprits paresseux et

bornés. Cette opinion était professée par des GÉNÉRAUX grossiers et médiocres, doués de bravoure, sans mérite, parvenus à l'aide de circonstances heureuses. Un général, dans son patois gascon, dans son langage ironiquement amer, disait aux OFFICIERS SUPÉRIEURS qui arrivaient à sa division pour en faire partie : *Etez-vous u savant ?* Ce contempteur de la SCIENCE a pourtant essayé d'écrire. Ainsi donc, XÉNOPHON, PHILOPÉMEN, SCIPION, CÉSAR, POLYBE, MONTÉCUCULI, FRÉDÉRIC DEUX, le prince CHARLES, JOMINI, FOY, BONAPARTE, et tant d'autres qui nous ont mis dans la confidence de leur savoir et de leurs souvenirs, auraient dû se contenter de porter en GUERRE de la présomption, de l'accent méridional, de l'élan et de la bravoure. — L'ORDONNANCE DE 1768 (1er MARS) chargeait les INSPECTEURS GÉNÉRAUX de prendre note des Officiers qui auraient profité le plus dans les exercices de l'ART DE LA GUERRE DE SIÉGE; l'intention était aussi sage qu'elle fut infructueuse à une époque où les règlements ne faisaient pas même mention d'ÉCOLES D'ESCRIME. — Les Officiers français se montrèrent peu habiles dans la GUERRE DE 1741 et dans celle DE 1756; des CAMPS D'INSTRUCTION eussent pu seuls être pour eux une véritable et sérieuse école : mais l'ARMÉE n'avait tiré aucun parti de ceux qui avaient été dressés en FRANCE; on n'avait aucune notion en fait de RECONNAISSANCE DE TERRAIN, en fait de TOPOGRAPHIE.—M. PAGEZY demandait, en parlant des Officiers, *ce qu'on leur enseigne de plus qu'au soldat, en quoi on les rend propres au commandement des hommes, quelle direction on donne à leur intelligence.* — C'était cette incurie de la part de NOS MINISTRES DE LA GUERRE et de nos RÈGLEMENTS qui disposait tant de parents à regarder pour leurs fils la carrière militaire comme une profession où la jeunesse oublie ce qu'elle a appris, altère la rectitude de son jugement, engourdit son intelligence, s'habitue à une inévitable oisiveté, prend le goût de la dépense et du jeu, et n'attache de l'importance qu'à des superfluités. — En vue de remédier surtout aux habitudes hébétantes de la vie de café, l'ORDONNANCE DE 1788 (1er JUILLET) conseillait l'institution de SALLES D'ASSEMBLÉE; mais de la part du règlement un souhait ne suffit pas. — Dans le siècle où nous vivons, a dit BONAPARTE, *c'est se faire accuser d'idiotisme que de ne pas remplir utilement sa journée.* — Des AUTEURS classiques accusent encore les Officiers de ne pas vouloir lire; le reproche est injuste : quel est l'élève qui voudrait étudier une langue qui n'aurait pas de dictionnaire et dont le rudiment changerait chaque jour ?—M. Xilander remarque qu'un bon système d'instruction propre aux chefs de l'armée est encore inconnu en France. Il dit vrai, mais la faute n'en est pas aux Officiers : c'est au ministère à en assumer tout entier le reproche. Quoi qu'il en soit, les milices persane, turco-égyptienne et turque ont eu surtout, pour professeurs, des Officiers français. — Il a été traité par un anonyme (1753, M) des connaissances nécessaires à un Officier. — N° 15. Subordination. — La loi militaire devrait être d'autant plus exigeante et sévère que le rang est plus élevé ; mais, par une antinomie qui rappelle les temps féodaux et les us nobiliaires, le code pénal exerce une action d'autant moindre que le grade des chefs est plus élevé ; la discipline glisse sur la broderie et l'épaulette, elle s'appesantit sur l'homme de troupe ; ainsi elle ne prévoit pas, s'il s'agit d'Officiers, les cas d'absence à la générale, etc. — Sous le rapport politique, le premier acte de subordination est le serment exigé par l'instruction de 1815 (15 septembre). L'Officier doit le prêter entre les mains d'un des membres de l'intendance qui en dresse procès-verbal. — Les Officiers ne peuvent contracter mariage qu'après en avoir formé la demande hiérarchiquement, et l'avoir appuyée sur certificats constatant la position sociale et la fortune de la future. Le ministre de la guerre donne, s'il le juge à propos, l'autorisation sollicitée, pourvu que, conformément à une circulaire de 1815 (15 février), la future, si elle exerçait un commerce de détail, se soit engagée par écrit à y renoncer. — En garnison, les congés des Officiers sont soumis à l'approbation du général commandant la division. Ils ne peuvent s'absenter de la division territoriale dont ils font partie qu'avec l'autorisation du ministre lui-même. Les absences qu'ils font sont l'objet d'un compte rendu au commandant de la place. — Ceux qui rentrent de congé sont tenus de se présenter au sous-intendant. — La conduite personnelle, morale, économique des officiers de régiments, les dépenses exagérées qu'ils feraient au café, aux auberges, dans les lieux publics, etc., sont l'objet d'une police exercée par le lieutenant-colonel. — N° 16. — Punitions, peines. — Autrefois les verbes casser, licencier, réformer, s'appliquaient à la cessation de service des Officiers, tantôt en mauvaise part, tantôt sans acception qui eût rien de défavorable. — Depuis l'institution des prévôts d'armée jusqu'à celle des conseils judiciaires légalement constitués, les Officiers, sauf ceux de grade supérieur, étaient sous la juridiction des prévôts, et soumis à

leurs sentences. — Les Officiers étaient soumis, dans le dernier siècle, du fait de l'usage, au tribunal de la calotte et aux punitions ou pénitences imposées par ce grotesque aréopage. — Les plus anciens règlements, comme le témoignent Briquet, l'Encyclopédie (1785, C), Furetière, Guignard (1725, B), Lachesnaie (1758, 1), interdisaient aux Officiers les jeux de hasard, et mettaient sous la responsabilité des colonels, des commandants de place, des officiers généraux, la répression de ce genre de désordre. — D'anciennes ordonnances interdisaient la chasse aux Officiers sous peine de destitution. Une ordonnance de 1643 (15 juin) considérait comme déserteurs et menaçait des peines de la désertion, sans distinction de rang, les Officiers ne rejoignant pas ; il n'y a pas eu d'ordonnance plus ignorée et moins observée. — Les Officiers étaient censés donner leur démission si, après avoir demandé commercialement crédit, ils ne satisfaisaient point à leurs engagements ou billets. De nos jours, le ministre peut, dans ce cas, ordonner une retenue d'un cinquième sur les appointements des débiteurs, sans préjudice aux droits que les créanciers conservent : ils peuvent intenter des poursuites judiciaires par action civile. — Vendre les rations de fourrages touchées en nature était interdit aux Officiers sous peine de destitution. — Les Officiers chefs de révolte encouraient peine de mort, ainsi que les chefs de complots de désertion, en vertu du décret de 1812 (2 février). — Les Officiers subissent des arrêts de divers degrés, avec liberté ou restriction de communications verbales, mais n'entrent en prison ou n'en sortent qu'en vertu de la signature du commandant de place. — Ceux qui sont punis d'arrêts par le commandant de place n'en obtiennent la levée que sur la demande du chef du corps. — Tout Officier sortant des arrêts doit se présenter chez l'Officier qui les lui a infligés. — Il est rendu compte au commandant de la place des punitions infligées et subies. — L'ordonnance de 1833 (2 novembre) réglait la matière. — La loi a prévu le cas où les Officiers se livreraient au maraudage ; elle a prononcé en ce cas des peines plus menaçantes qu'applicables. — L'absence non autorisée peut être considérée comme démission. — L'emprisonnement des Officiers, la suspension ou le retrait d'emploi, peuvent être la conséquence d'une mesure de discipline. La destitution ou la cassation ne peuvent résulter que d'un jugement ; la dégradation, que de certaines peines judiciaires. — En 1832, sur onze cent huit Officiers il en a été mis un en jugement. —

Les CONSEILS D'ENQUÊTE DISCIPLINAIRE ont été institués pour la répression de FAUTES GRAVES commises par les Officiers.

OFFICIER FRANCO-ÉTRANGER. V. BATAILLON D'INFANTERIE FRANCO-ÉTRANGÈRE. V. CANNE. V. CORPS ÉTRANGER. V. FRANCO-ÉTRANGER. V. OFFICIER FRANÇAIS N° 11.

OFFICIER FRANCO-SUISSE. V. BREVET D'OFFICIER DE RÉGIMENT SUISSE. V. CAPITAINE DE COMPAGNIE CANTONALE. V. CAPITAINE D'INFANTERIE FRANCO-SUISSE. V. COLONEL DES SUISSES. V. COMMANDEMENT HIÉRARCHIQUE. V. FRANCO-SUISSE, adj. V. GRADE D'OFFICIER. V. INFANTERIE FRANCO-SUISSE. V. MINISTRE DE LA GUERRE EN 1743.

OFFICIER FRANCO — SUISSE de GARDE ROYALE. V. GARDE ROYALE. V. INFANTERIE FRANCO-SUISSE N° 5.

OFFICIER GÉNÉRAL. V. ADMINISTRATION MILITAIRE. V. BRIGADIER DES ARMÉES. V. GARDES FRANÇAISES N° 4. V. GÉNÉRAL FRANÇAIS. V. GÉNIE IDIOPLIQUE N° 5. V. INSPECTEUR GÉNÉRAL N° 5. V. INTERVALLE TACTIQUE. V. JURISPRUDENCE MILITAIRE. V. LÉGISLATION (1792, 1er MAI). V. LIEUTENANT-COLONEL. V. ORDONNANCE OFFICIELLE. V. ORDRE DE BATAILLE. V. PLANTON. V. POT DÉFENSIF. V. PRÉFET DE LÉGION. V. PRÉFET DE MILICE ROMAINE. V. PRESTATION D'OFFICIER. V. RANG D'OFFICIER GÉNÉRAL. V. RÉCEPTION DE DRAPEAU. V. RÉGIMENT D'INFANTERIE FRANÇAISE N° 2. V. RETRAITE D'OFFICIER GÉNÉRAL. V. RONDE SUPÉRIEURE. V. SALUT AVEC ARMES. V. SALUT SANS ARMES. V. SELLE DE CAVALERIE. V. SÉNÉCHAL. V. SENTINELLE. V. SERGENT GÉNÉRAL. V. SERGENT-MAJOR N° 2. V. SERMENT. V. SERVICE DE JOUR. V. TAXIARQUE. V. TORSADE D'ÉPAULETTE.

OFFICIER GÉOGRAPHE. V. GÉOGRAPHE. V. INGÉNIEUR GÉOGRAPHE.

OFFICIER GREC. V. BASTAGAIRE. V. GREC, adj. V. MILICE GRECQUE N° 2, 7. V. PHALANGE. V. PHYLARQUE.

OFFICIER HAITIEN. V. HAITIEN, adj. V. MILICE HAITIENNE.

OFFICIER HANOVRIEN. V. HANOVRIEN, adj. V. MILICE HANOVRIENNE N° 1.

OFFICIER HELLÉNIQUE. V. HELLÉNIQUE, adj. V. MILICE HELLÉNIQUE.

OFFICIER HESSOIS. V. HESSOIS, adj. V. MILICE HESSOISE.

OFFICIER HOLLANDAIS. V. GUERRE DE 1832. V. HOLLANDAIS, adj. V. PUPILLE ; id. N° 5.

OFFICIER HONORAIRE. V. CAPITAINE EN SECOND. V. HONORAIRE, adj. V. OFFICIER A LA SUITE.

OFFICIER HORS LIGNE. V. AIDE DE CAMP N° 2. V. HORS LIGNE.

OFFICIER HORS RANG. V. HORS RANG. V.

OFFICIER D'INFANTERIE FRANÇAISE N° 5. V. PHALANGE GRECQUE.

OFFICIER INDISPOSÉ. V. INDISPOSÉ. V. OFFICIER FRANÇAIS N° 12.

OFFICIER (officiers) INFÉRIEUR (A, 1 ; C, 1). Sorte d'OFFICIERS D'INFANTERIE FRANÇAISE qui sont au-dessous du CAPITAINE, mais qui, ainsi que lui, sont au nombre des OFFICIERS PARTICULIERS ; tels sont, ou ont été, les LIEUTENANTS, SOUS-LIEUTENANTS, ENSEIGNES et CORNETTES. — L'ORDONNANCE DE 1768 (1er MARS) prenait sous la même acception le terme OFFICIER SUBALTERNE ; il est resté dans l'ANGLAIS ; mais la susceptibilité de la langue française s'en est mal accommodée, et il n'y a pas pris racine comme les autres qualifications des OFFICIERS FRANÇAIS. BOISROGER (1773, G) est un des derniers qui s'en servent. De vieux AUTEURS, tels que FUNDERFELT (1711, A), LEBLOND (1758, B), PICTET (1761, I), etc., ont considéré les BAS OFFICIERS comme des OFFICIERS SUBALTERNES. L'ENCYCLOPÉDIE (1751, C) témoigne qu'on appelait génériquement ainsi les MILITAIRES gradés, depuis le LIEUTENANT inclus jusqu'au caporal inclus ; depuis longtemps cette définition a cessé d'être juste. — Autrefois les Officiers inférieurs avaient un genre de BREVET particulier, et n'obtenaient un SEMESTRE qu'à la condition de faire contracter ENGAGEMENT à un certain nombre de RECRUES ; de là résultait que les hommes de telle ou telle localité servaient plus particulièrement dans tels ou tels CORPS, tels ou tels BATAILLONS. — Communication de l'ORDRE est donnée par le FOURRIER aux Officiers inférieurs. — Ils mangent à une TABLE particulière. — Le RÈGLEMENT DE 1824 (17 AOUT), relatif au casernement, accordait une CHAMBRE de pavillon et un CABINET par deux Officiers inférieurs. — Ils sont attachés, chacun, à une SECTION TACTIQUE ; mais si le CAPITAINE est présent, il n'y en a qu'un d'eux qui manœuvre comme CHEF DE SECTION ; le moins élevé en GRADE est SERRE-FILE. En certaines MARCHES, les Officiers inférieurs sont GUIDES DE SUBDIVISION. — Les deux Officiers inférieurs d'une COMPAGNIE sont alternativement de semaine, et chaque Officier inférieur est CHEF DE SECTION ADMINISTRATIVE ; il tient, à ce titre, un CONTROLE DE LINGE ET CHAUSSURE, et peut être chargé par le CAPITAINE d'aller toucher le montant de la FEUILLE DE PRÊT, d'assister à sa distribution et de s'acquitter de tous les genres de détails de la COMPAGNIE. — Un des Officiers inférieurs peut, s'il y a lieu, obtenir éventuellement du CAPITAINE exemption de devoirs journaliers. Ils peuvent être punis par tous les CAPITAINES. Les Officiers inférieurs des COM-

PAGNIES reçoivent, par l'intermédiaire du CAPITAINE, les BILLETS D'ARRÊTS et de LEVÉE D'ARRÊTS. — Ils doivent rendre compte à leur CAPITAINE de la punition qu'ils infligeraient à leur collègue de moindre grade, ou à des HOMMES DE TROUPE. — Ils rendent, le dimanche, visite à leur CAPITAINE et l'accompagnent aux autres VISITES. — Ils rendent compte journellement au CAPITAINE des PERMIS qu'ils accordent, des ORDRES qu'ils reçoivent et donnent ; ils lui rendent compte trimestriellement de l'état des SERVICES PAYÉS. — Le COLONEL les emploie à remplacer, suivant qu'il le juge à propos, des OFFICIERS ABSENTS. — En CAS DE DÉPART, ils sont envoyés à la recherche des HOMMES MANQUANTS. — Les APPOINTEMENTS des Officiers inférieurs, longtemps insuffisants, ont reçu quelque amélioration depuis la restauration.

OFFICIER INFIRME. V. INDEMNITÉ DE CHEVAL DE SELLE. V. INFIRME. V. MILICE AUTRICHIENNE N° 5.

OFFICIER INSTRUCTEUR. V. CHEF DE CLASSE TACTIQUE. V. INSPECTEUR GÉNÉRAL N° 5. V. INSTRUCTEUR. V. INSTRUCTEUR EN CHEF.

OFFICIER INVALIDE. V. HOTEL DES INVALIDES. V. INVALIDE. V. MARIAGE. V. MILICE AUTRICHIENNE N° 5.

OFFICIER ISOLÉ. V. AVANCE AUX ISOLÉS. V. REVUE.

OFFICIER JUDICIAIRE. V. JUDICIAIRE. V. MARÉCHAUSSÉE. V. PROCÈS-VERBAL.

OFFICIER JUDICIEL. V. JUDICIEL. V. MARÉCHAUSSÉE.

OFFICIER JUGE. V. JUGE. V. JUGE MILITAIRE.

OFFICIER MAJOR de CORPS. V. ADJUDANT-MAJOR D'INFANTERIE. V. AIDE-MAJOR ANCIEN. V. AIDE-MAJOR GÉNÉRAL. V. APOMÉCOMÉTRIE. V. BAGUETTES CORRECTIONNELLES. V. BATAILLON D'INFANTERIE FRANÇAISE DE LIGNE N° 2. V. BATTERIE DE CAISSE. V. CANNE DE TAMBOUR-MAJOR. V. CANNE D'OFFICIER. V. CASERNE. V. COMMANDANT. V. COMMISSAIRE DES GUERRES N° 5, 6. V. COLONNE ÉPAGOGIQUE N° 4. V. COMPAGNIE D'INFANTERIE FRANÇAISE DE LIGNE N° 9. V. CORPS. V. ÉTAT-MAJOR DE CORPS N° 1. V. EXERCICE D'INFANTERIE. V. HAUSSE-COL. V. LÉGISLATION, 1653 (28 AVRIL). V. MAJOR. V. MARÉCHAL DE CAMP N° 6. V. MOT. V. MOUSQUETAIRE A PIED N° 5. V. PIQUET D'EXÉCUTION. V. RÉCEPTION DE DRAPEAU. V. SOUS-AIDE-MAJOR. V. TOUR DE PIQUE. V. TRAINARD.

OFFICIER MAJOR de PLACE. V. ADJUDANT DE PLACE. V. BAN D'ARRIVÉE A LA GARNISON. V. BATIMENT MILITAIRE. V. BARRIÈRE DE FORTERESSE. V. BARRIÈRE DE PLACE. V. CASERNE. V. CERCLE DE PARADE DE PLACE. V. CERCLE DE SOIR. V. CHEF D'AVANCÉE. V. CHEF DE POSTE DE PORTE DE FORTERESSE. V. CLEF DE FORTERESSE. V. COMMANDANT DE PLACE N° 9. V. DÉCOUVERTE. V. DÉFILEMENT DE PARADE. V. ÉPÉE D'OFFICIER DÉCÉDÉ. V. ÉTAT-MAJOR DE PLACE. V. FERMETURE DE PORTES. V. MAJOR DE PLACE N° 5. V. MARIAGE. V. MARRONS DE SERVICE. V. MOT. V. OUVERTURE DE PORTES. V. PATROUILLE. V. PLACE. V. PONT-LEVIS. V. PORTE DE FORTERESSE. V. SOUS-AIDE-MAJOR. V. TRAINARD.

OFFICIER MALADE. V. CHIRURGIEN-MAJOR D'INFANTERIE FRANÇAISE DE LIGNE N° 13. V. COLONEL D'INFANTERIE FRANÇAISE DE LIGNE N° 15. V. MALADE. V. OFFICIER D'INFANTERIE FRANÇAISE N° 5. V. OFFICIER FRANÇAIS N° 12.

OFFICIER MARIÉ. V. MARIÉ, adj. V. OFFICIER D'INFANTERIE N° 4. V. MILICE NAPOLITAINE N° 2.

OFFICIER MEMBRE de CONSEIL. V. CONSEIL. V. CONSEIL D'ADMINISTRATION. V. CONSEIL DE GUERRE. V. CONSEIL JUDICIAIRE. V. CONSEIL PERMANENT N° 1. V. MEMBRE DE CONSEIL. V. OFFICIER D'INFANTERIE N° 5.

OFFICIER MEXICAIN. V. MILICE MEXICAINE. V. MEXICAIN.

OFFICIER MILITAIRE. V. ACTE D'ÉTAT CIVIL. V. AUGUSTALE. V. AVOUÉ. V. BARON N° 2, 3. V. COMMISSAIRE DES GUERRES N° 6. V. COMTE N° 1. V. EMPLOYÉ DES SERVICES. V. FEUDATAIRE. V. MILITAIRE, adj. V. OFFICIER. V. OFFICIER D'ÉTAT CIVIL. V. OFFICIER FRANÇAIS. V. PODESTAT. V. PRÉFET DE MILICE ROMAINE. V. TAILLE DE MILITAIRE.

OFFICIER MONTÉ. V. ADJUDANT-MAJOR EN ROUTE. V. ARME D'OFFICIER D'INFANTERIE. V. ARMEMENT D'OFFICIER MONTÉ. V. AVOINE. V. BON DE FOURRAGES. V. BOTTE DE FOIN. V. BOTTE DE PAILLE. V. BOTTES A L'ÉCUYÈRE. V. BOTTES A RETROUSSIS. V. BOTTES D'OFFICIER. V. CAVALERIE LÉGÈRE. V. CHEVAL D'OFFICIER MONTÉ. V. ÉCURIE. V. FILET DE HARNACHEMENT. V. FOIN. V. FOURRAGE DE DISTRIBUTION. V. FOURRAGE D'OFFICIER MONTÉ. V. GROSSE CAVALERIE N° 5. V. HARNACHEMENT D'OFFICIER MONTÉ. V. HARNACHEMENT D'UNIFORME. V. HOUSSE DE HARNACHEMENT. V. INDEMNITÉ DE FOURRAGE. V. INDEMNITÉ DE PERTE DE CHEVAL. V. LÉGION ROMAINE N° 1. V. LÉGISLATION 1831 (22 AOUT). V. MILICE AUTRICHIENNE N° 4. V. MONTÉ, adj. V. OFFICIER D'INFANTERIE FRANÇAISE N° 2. V. OFFICIER FRANÇAIS N° 2, 5, 10. V. PISTOLET. V. PISTOLET D'OFFICIER MONTÉ. V. PRISONNIER DE GUERRE FRANÇAIS. V. SCHABRAQUE. V. SELLE D'OFFICIER MONTÉ.

OFFICIER MUNICIPAL. V. BON. V. CERTIFICAT DE BIEN VIVRE. V. COMMISSAIRE DES GUERRES N° 6, 7. V. DÉPART DE CORPS. V. MAIRE DE COMMUNE. V. MUNICIPAL. V. TRÉSORIER DE CORPS EN ROUTE.

OFFICIER NAPOLITAIN. V. MILICE NAPOLITAINE N° 2. V. NAPOLITAIN, adj.

OFFICIER néerlandais. v. autorisation de mariage. v. milice néerlandaise nº 1, 2, 6, 7. v. néerlandais.

OFFICIER non combattant. v. auditeur. v. aumonier nº 4. v. chirurgien-major d'infanterie française de ligne nº 2. v. corps d'intendance nº 4 (tableau). v. non combattant.

OFFICIER norwégien. v. milice norwégienne. v. norwégien, adj.

OFFICIER paraguéen. v. milice paraguéenne. v. paraguéen, adj.

OFFICIER particulier. v. adjudant de semaine nº 3. v. adjudant-major d'infanterie française de ligne nº 9, 11. v. age apomaque d'officier. v. aide-major ancien. v. ameublement de pavillon. v. ancienneté de service d'officier. v. appel de prise d'armes. v. appel d'officier particulier. v. appointements. v. arme d'officier d'infanterie. v. arme d'uniforme de troupe. v. armée française nº 2. v. armement d'officier particulier. v. bandoulière. v. bataillon d'infanterie française de ligne nº 2. v. bataillon d'instruction. v. baudrier. v. baudrier d'officier. v. billet d'arrêts. v. bottes d'officier. v. capitaine d'infanterie française de ligne. nº 6, 10. v. caserne. v. ceinturon d'officier p... v. Cessac (1805, C). v. chef de bataillon de semaine en garnison nº 3. v. chef de bataillon d'infanterie française de ligne nº 8. v. chef de corps. v. chef d'escorte de convoi. v. cheval d'officier. v. chirurgien de corps. v. chirurgien-major de corps nº 9, 17. v. classement d'officier. v. colonel d'infanterie française nº 15. v. conseil d'administration de régiment nº 1. v. conseil judiciaire. v. corps privilégié. v. détachement de corps. v. école de peloton. v. enseigne idioplique, nº 3. v. épaulette a petites torsades. v. épaulette de lieutenant. v. épaulette d'o... v. esponton. v. état-major d'armée nº 3. v. garde royale nº 3. v. grade d'officier particulier. v. grade supérieur. v. graine d'épinards. v. housse de harnachement. v. indemnité d'ameublement. v. infanterie franco-suisse nº 6. v. lieutenant d'infanterie française de ligne nº 3. v. major de place nº 2. v. marquise. v. ministre de la guerre, en 1758, en 1807. v. officier chef de poste. v. officier d'artillerie nº 2. v. officier de semaine. v. officier d'état-major général. v. officier d'infanterie française nº 2. v. officier français nº 6. v. officier inférieur. v. sac de campagne. v. salut avec armes. v. sel. v. sous-lieutenant. v. tente d'offic... particulier. v. torsade d'épaulette.

OFFICIER partisan. v. partisan. v. Ray de Saint-geniès (1764, C).

OFFICIER (officiers) payeur (B, 1). Sorte d'Officiers d'infanterie française, considérés, soit dans une fonction temporaire qui les subordonnait au quartier-maitre trésorier, soit dans une fonction permanente qui leur donnait rang de trésorier d'un ordre inférieur, et les chargeait des mêmes registres.—Le décret de 1808 (18 février), l'ordonnance de 1818 (13 mai, art. 52) et celle de 1823 (19 mars) peuvent être consultés à cet égard. — Un bataillon régimentaire n'avait, au lieu de quartier-maitre, qu'un Officier payeur ; un bataillon détaché de son régiment avait, pendant cette absence, un Officier payeur qui gérait, temporairement, sous la direction du conseil d'administration du bataillon. — Une décision de 1824 (26 octobre) autorisait les Officiers payeurs remplissant les fonctions de trésorier, à se faire aider par un sous-officier auquel il était accordé un traitement de quinze francs par mois, aux frais de la masse d'entretien. — La décision de 1828 (15 septembre) et l'ordonnance de 1831 (7 mai) donnaient aux Officiers payeurs le titre d'adjoints au trésorier ; un lieutenant ou un sous-lieutenant, désignés à l'avance, entraient en fonctions au besoin. —Dans les bataillons de guerre agissant détachés, et s'administrant eux-mêmes, cette ordonnance attachait à l'Officier payeur transitoirement en exercice, un secrétaire, soit soldat, soit caporal.—En cas de séparation du corps, l'adjoint au trésorier, ou Officier payeur de l'état-major, avait près de lui deux secrétaires, dont l'un du grade de sergent. — Les Officiers payeurs, s'ils avancent en grade, sont tenus de changer d'emploi.

OFFICIER pensionné. v. milice autrichienne nº 5. v. milice prussienne nº 6. v. ministère de la guerre. v. pension de retraite. v. pensionné. v. officier retraité.

OFFICIER permissionnaire. v. colonel d'infanterie française de ligne nº 13, 29. v. commandant de place nº 10. v. permissionnaire.

OFFICIER persan. v. milice persane nº 1. v. persan, adj.

OFFICIER piémontais. v. exécution a mort. v. milice piémontaise nº 1, 3, 5, 7, 8, 9. v. piémontais, adj.

OFFICIER polonais. v. fief. v. milice polonaise nº 2. v. natation. v. noble. v. polonais.

OFFICIER porte-cornette. v. cornette. v. cornette idioplique.

OFFICIER porte-drapeau. v. administration de corps. v. colonel d'infanterie française de ligne nº 14. v. drapeau d'infanterie française. v. garde de drapeau. v. porte-drapeau.

OFFICIER portugais. v. milice portugaise nº 1, 3, 4. v. portugais adj.

OFFICIER postiche. v. absence de grenadiers. v. adjudant-major d'infanterie française de ligne nº 10. v. grenadier d'infanterie française nº 8. v. postiche, adj.

OFFICIER premier a marcher. v. adjudant-major d'infanterie française de ligne nº 10. v. premier a marcher.

OFFICIER présent. v. officier en mission. v. présent.

OFFICIER principal d'hôpital. v. agent administratif. v. hôpital. v. officier d'administration d'hôpital. v. principal, adj.

OFFICIER prisonnier de guerre. v. colonel d'infanterie française de ligne nº 30. v. officier a la suite. v. prisonnier de guerre.

OFFICIER promu. v. droit de sceau. v. officier français nº 5, 10. v. promu.

OFFICIER prussien. v. chauffage d'officier. v. congé de semestre. v. corps d'officiers. v. expulsion. v. guerre de 1832. v. inspecteur général nº 5. v. milice prussienne nº 4, 5, 6, 7, 8, 9, 10. v. pension de retraite. v. prussien, adj. v. récompense. v. salut. v. table d'officier.

OFFICIER puni. v. amende. v. arrêts de rigueur. v. cessation de punition. v. communication verbale. v. officier de compagnie. v. puni.

OFFICIER quinquagénaire. v. cheval de selle de convoi. v. quinquagénaire.

OFFICIER rapporteur. v. capitaine rapporteur. v. grade d'officier rapporteur. v. rapporteur.

OFFICIER réformé. v. année de non activité. v. capitaine en pied. v. conseil de révision judiciaire. v. conseil permanent nº 1. v. réforme d'officier. v. réforme. v. réformé.

OFFICIER rentrant de permission. v. colonel d'infanterie française de ligne nº 20. v. conseil d'administration de régiment nº 5. v. permission. v. permission d'officier. v. rentrant de permission. v. sous-intendant nº 7.

OFFICIER retiré. v. pension de retraite. v. retiré.

OFFICIER (officiers) retraité (C, 4) ou officier en retraite, ou officier pensionné. Sorte d'officiers français qui devenaient inhabiles à exercer aucun emploi militaire, en vertu de l'ordonnance de 1815 (1ᵉʳ août), mais elle a été transgressée maintes fois. —Dans la milice prussienne et dans plu-

sieurs autres, des mesures plus sages, plus équitables, plus économiques sont admises à l'égard des officiers qui cessent d'être en activité de service. — Le ministre Soult a pris, vis-à-vis des chambres, l'engagement de n'appeler aux emplois du ministère de la guerre et des invalides que des Officiers retraités ; c'eût été justice ; mais cette promesse, toute mesquine qu'elle était, était bientôt tombée en oubli.

OFFICIER romain. v. antésignaire. v. augustale. v. bastonnade. v. centurion nº 1. v. corniculaire. v. cotte d'armes. v. domestique d'officier. v. ducénaire. v. métateur. v. légion romaine nº 1. v. milice romaine nº 2, 9. v. préfet du prétoire. v. romain, adj.

OFFICIER russe. v. médaille d'honneur. v. milice prussienne nº 2. v. milice russe nº 1, 2, 4, 5, 6, 8, 9. v. officier nº 1. v. récompense. v. russe, adj. v. service personnel.

OFFICIER sans emploi. v. brevet d'officier s... v. sans emploi.

OFFICIER sans troupe. v. aide de camp nº 2. v. artillerie idiolique. v. domestique d'officier. v. gants d'officier. v. génie idioplique nº 1, 5. v. lit d'officier. v. livret de payement. v. officier d'état-major général. v. ministère de la guerre. v. ministre de la guerre nº 14. v. pain de munition. v. permission. v. prisonnier de guerre français. v. sous-intendant nº 8.

OFFICIER saxon. v. milice saxonne, nº 1, 4. v. saxon, adj.

OFFICIER (officiers) semestrier (B, 1). Sorte d'officiers d'infanterie française qui ne quittent le corps qu'après avoir reçu du commandant de la place une déclaration qui atteste qu'ils ne se mettent en route qu'après la signature de leur congé ; ils reçoivent, à leur retour, leur solde, si le congé est avec solde. — S'ils obtiennent, pendant la durée du semestre, un grade nouveau, ils n'ont droit à la différence d'appointements qu'à dater du jour de leur départ pour rejoindre le corps. — Des ordonnances de Louis XIV et de Louis XV, entre autres celles de 1679 (15 novembre), 1685 (2 janvier), 1722 (1ᵉʳ janvier), 1736 (25 septembre), 1858 (9 octobre), privaient d'appointements les Officiers semestriers non rendus à leur poste à l'expiration de leur congé, et en outre les punissaient de la prison. Les mêmes principes ont été maintenus dans les ordonnances, arrêtés ou règlements postérieurs jusqu'à nos jours, savoir : 1792 (1ᵉʳ janvier), an viii (8 floréal), an ix (21 messidor), an xiii (25 germinal),

1818 (15 mai), 1821 (18 juillet), 1833 (2 novembre), 1837 (25 décembre).

OFFICIER SERRE-FILE. V. LIEUTENANT D'INFANTERIE FRANÇAISE DE LIGNE Nº 4. V. OFFICIER INFÉRIEUR. V. SERRE-FILE. V. SOUS-LIEUTENANT D'INFANTERIE FRANÇAISE.

OFFICIER SUBALTERNE. V. ALTROCK. V. COLONEL D'INFANTERIE FRANÇAISE DE LIGNE Nº 12. V. ENSEIGNE IDIOPLIQUE Nº 12. V. ÉPAULETTE DE LIEUTENANT. V. OFFICIER D'INFANTERIE FRANÇAISE DE LIGNE Nº 6. V. OFFICIER INFÉRIEUR. V. QUARTIER-MAITRE. V. SOUS-LIEUTENANT. V. SUBALTERNE. V. TABLE D'OFFICIERS.

OFFICIER SUÉDOIS. V. DUEL. V. FIEF. V. MILICE SUÉDOISE Nº 1, 2, 4, 5, 6. V. OFFICIER Nº 1. V. SUÉDOIS, adj. V. TRIBUNAL DU POINT D'HONNEUR.

OFFICIER SUISSE. V. ACADÉMIE MILITAIRE. V. COMMANDEMENT HIÉRARCHIQUE. V. INFANTERIE FRANCO-SUISSE Nº 2, 3, 4, 5, 6. V. MILICE SUISSE Nº 5. V. OFFICIER D'INFANTERIE ÉTRANGÈRE. V. PAYE. V. SUISSE, adj. V. RÉGIMENT FRANCO-SUISSE.

OFFICIER SUPÉRIEUR. V. A VOS RANGS. V. ABSENCE D'OFFICIER SUPÉRIEUR. V. ACHAT ADMINISTRATIF. V. ADJUDANT D'INFANTERIE FRANÇAISE DE LIGNE Nº 16, 19, 22. V. ADJUDANT-MAJOR DE SEMAINE Nº 1, 3, 4, 5. V. ADJUDANT-MAJOR D'INFANTERIE FRANÇAISE DE LIGNE Nº 9. V. AGE APOMAQUE D'OFFICIER. V. ADMINISTRATION DE COMPAGNIE. V. AIDE DE CAMP Nº 2. V. AIGUILLETTE. V. AMEUBLEMENT DE PAVILLON. V. ANCIENNETÉ DE SERVICE D'OFFICIER. V. APOCOMÉCOMÉTRIE. V. APPEL AU CORPS DE GARDE. V. ARME D'UNIFORME DE TROUPE. V. ARMEMENT DE COLONEL. V. ARMEMENT D'OFFICIER SUPÉRIEUR. V. ARRÊTS D'OFFICIER. V. AUMONIER Nº 5 et 6. V. AVANCEMENT. V. AVANCEMENT AU GRADE D'OFFICIER SUPÉRIEUR. V. BATAILLE STRATEUMATIQUE. V. BATAILLON D'INFANTERIE FRANÇAISE DE LIGNE Nº 2. V. BATAILLON D'INSTRUCTION. V. BILLET D'ARRÊTS. V. BILLET DE LOGEMENT D'OFFICIERS EN ROUTE. V. BOTTES D'OFFICIER. V. BREVET D'OFFICIER SUPÉRIEUR. V. CAMP D'INSTRUCTION. V. CAMP MINCE. V. CAPITAINE DE POLICE AU CAMP. V. CAPITAINE DE PREMIÈRE CLASSE. V. CASERNE. V. CASSATION DISCIPLINAIRE. V. CEINTURON D'OFFICIER PARTICULIER. V. CEINTURON D'OFFICIER SUPÉRIEUR. V. CHEF DE BATAILLON COMMANDANT. V. CHEF DE BATAILLON D'INFANTERIE FRANÇAISE DE LIGNE Nº 1, 8, 12. V. CHEF DE CORPS. V. CHEF DE DÉTACHEMENT DE GUERRE Nº 5. V. CHEF D'ESCADRON. V. CHEF D'ESCORTE DE CONVOI. V. CHIRURGIEN DE CORPS. V. CHIRURGIEN-MAJOR DE CORPS Nº 12, 17. V. COLONEL D'INFANTERIE FRANÇAISE DE LIGNE Nº 1, 5, 12, 15, 23. V. COLONEL GÉNÉRAL. V. COMITÉ PERMANENT. V. CONSEIL DE DISCIPLINE. V. CONSEIL DE RECRU-TEMENT. V. CONSEIL DE RÉGIMENT. V. CONSEIL DE RÉVISION CONSCRIPTIF. V. CONSEIL PERMANENT Nº 1. V. CONSEIL POLÉMONOMIQUE. V. CONSIGNE DE PIQUET DE LOGEMENT. V. CONSIGNE DE POLICE AU CAMP. V. CORPS D'INTENDANCE Nº 1. V. CORDÉLIÈRE. V. DISPENSE D'OFFICIER SUPÉRIEUR. V. DISTINCTION D'OFFICIER SUPÉRIEUR. V. DRAPEAU D'INFANTERIE FRANÇAISE DE LIGNE. V. ÉCOLE DE BRIGADE. V. EFFET D'UNIFORME. V. EIKEMEYER. V. ÉPAULETTE D'OFFICIER. V. ÉPAULETTE D'OFFICIER SUPÉRIEUR. V. ÉPÉE D'OFFICIER SUPÉRIEUR. V. ÉPERON DE BOTTES. V. ESPONTON. V. ÉTAT-MAJOR D'ARMÉE Nº 3. V. ÉTAT-MAJOR DE CORPS Nº 1. V. GARDE DE CAMP. V. GARDE DE POLICE AU CAMP. V. GARDE DE POLICE EN GARNISON. V. GARDE DESCENDANTE. V. GARDE EN CAMPAGNE. V. GÉNÉRAL D'ARMÉE Nº 9. V. GÉNÉRAL DE BRIGADE Nº 1. V. GRADE D'OFFICIER SUPÉRIEUR. V. GRADE SUPÉRIEUR. V. GRAINE D'ÉPINARDS. V. GRANDE MANOEUVRE. V. GUÉRITE. V. HARNACHEMENT D'OFFICIER SUPÉRIEUR. V. HOUSSE DE HARNACHEMENT. V. HUEBLER. V. INDEMNITÉ D'AMEUBLEMENT. V. INFIRMERIE. V. INSPECTEUR AUX REVUES. V. INTENDANT MILITAIRE Nº 3. V. JUGEMENT MILITAIRE. V. JURISPRUDENCE MILITAIRE. V. LÉORIER (1820, E). V. LATRINES DE CAMP. V. LIEUTENANT-COLONEL. V. LIEUTENANT D'INFANTERIE FRANÇAISE DE LIGNE Nº 7. V. LIEUTENANT-GÉNÉRAL Nº 5. V. MAJOR. V. MARCHE DE BRIGADE D'INFANTERIE EN BATAILLE. V. MARCHÉ ADMINISTRATIF. V. MARQUISE. V. MESSE MILITAIRE. V. MILICE ANGLAISE Nº 2. V. MILICE PRUSSIENNE Nº 2. V. MINISTÈRE DE LA GUERRE. V. MINISTRE DE LA GUERRE Nº 12; id. EN 1819 (18 NOVEMBRE). V. MOUSTACHE. V. NOBLESSE. V. NOMINATION D'OFFICIER SUPÉRIEUR. V. OFFICIER DE SANTÉ. V. OFFICIER DE SEMAINE. V. OFFICIER D'ÉTAT-MAJOR DE CORPS. V. V. OFFICIER D'ÉTAT-MAJOR DE PLACE. V. OFFICIER D'ÉTAT-MAJOR GÉNÉRAL. V. OFFICIER FRANÇAIS Nº 3. V. OFFICIER D'INFANTERIE FRANÇAISE Nº 1, 5. V. ORDRE DE BATAILLE. V. ORDRE DE PLACE. V. ORDRE TESSERAIRE. V. PARADE GÉNÉRALE. V. PARADE PARTICULIÈRE. V. PAVILLON DE CASERNE. V. PAVILLON DE CAMP. V. POSTE DE GARNISON. V. PRÉVOT. V. PUNITION. V. QUARTIER-MAITRE D'INFANTERIE FRANÇAISE DE LIGNE Nº 5. V. RÉCEPTION DE DRAPEAUX. V. REVUE. V. RONDE SUPÉRIEURE. V. SALUT AVEC ARMES. V. SALUT SANS ARMES. V. SENTINELLE. V. SERGENT CHEF DE POSTE. V. SERGENT DE BATAILLE. V. SERGENT GÉNÉRAL. V. SERGENT-MAJOR Nº 2. V. SERMENT. V. SERVICE DE JOUR. V. SOUS-INTENDANT; id., Nº 1, 3. V. SOUS-OFFICIER Nº 3, 11. V. TABLE D'OFFICIER. V. TENTE D'OFFICIER SUPÉRIEUR. V. TÊTE A DROITE. V. TORSADE D'ÉPAULETTE. V. TRANCHÉE. V. VISITE DE POSTE.

OFFICIER SUPÉRIEUR D'ARTILLERIE. V. ARSENAL. V. ARTILLERIE. V. ARTILLERIE DE CAM-

PAGNE. V. ARTILLERIE IDIOPLIQUE. V. CHEF D'ES-
CORTE D'ARTILLERIE. V. OFFICIER D'ARTILLERIE ;
id. Nº 2.

OFFICIER SUPÉRIEUR DE CAVALERIE. V.
CAVALERIE. V. CAVALERIE FRANÇAISE Nº 2. V.
FOURRIER-MAJOR. V. PISTOLET.

OFFICIER SUPÉRIEUR DE GARDE ROYALE.
V. GARDE ROYALE Nº 3, 4. V. PLUME FRISÉE.

OFFICIER SUPÉRIEUR DE LA MAISON. V.
MAISON DU ROI Nº 2.

OFFICIER SUPÉRIEUR DE RONDE. V. RONDE.
V. OFFICIER DE RONDE.

OFFICIER SUPÉRIEUR DE SEMAINE. V. CHEF
DE BATAILLON DE SEMAINE EN GARNISON. V.
CHIRURGIEN-MAJOR D'INFANTERIE Nº 16. V.
GARDE ARMÉE. V. SEMAINE.

OFFICIER SUPÉRIEUR DE VISITE. V. ADJU-
DANT-MAJOR EN CAMPAGNE. V. OFFICIER DE
RONDE. V. SENTINELLE. V. VISITE D'OFFICIER.

OFFICIER SUPÉRIEUR D'ÉTAT-MAJOR. V.
COMMANDANT DE QUARTIER GÉNÉRAL. V. ÉTAT-
MAJOR GÉNÉRAL. V. OFFICIER D'ÉTAT-MAJOR GÉ-
NÉRAL.

OFFICIER SUPÉRIEUR D'INFANTERIE. V.
INFANTERIE. V. OFFICIER D'INFANTERIE FRAN-
ÇAISE Nº 2.

OFFICIER (officiers) SURNUMÉRAIRE (A,
1 ; E). Sorte d'OFFICIERS D'INFANTERIE FRAN-
ÇAISE, pris par opposition à OFFICIERS TITU-
LAIRES. Suivant les temps et les circonstances, les surnuméraires ont été ou maintenus
provisoirement, ou abolis. — L'ORDONNANCE
DE 1818 (13 MAI) et celle DE 1825 (19 JUIN)
prévoyaient le cas de l'existence des Officiers
surnuméraires, soit qu'ils fissent fonctions de
CAPITAINES EN PIED, d'OFFICIERS DE SECTION, etc.
— L'ORDONNANCE DE 1831 (7 MAI) disposait
que, dans le cas du passage du PIED DE
GUERRE AU PIED DE PAIX, les officiers du dépôt
supprimés et les sous-officiers resteraient à
la suite du RÉGIMENT, avec droit aux premiers GRADES vacants ; mais cette mesure
n'est pas dictée par l'expérience ; elle est
illusoire, puisque le PIED DE PAIX est toujours
l'inévitable occasion d'une grande réduction
dans le nombre des officiers, et que ceux du
DÉPÔT sont derniers nommés, ou ont moins
de droits à être conservés que ceux qui viennent de faire péniblement la guerre.

OFFICIER SYKE. V. MILICE SYKE Nº 4,
5. V. SYKE.

OFFICIER TITULAIRE. V. OFFICIER A LA
SUITE. V. TITULAIRE.

OFFICIER TURC. V. AUDITEUR. V. MILICE
TURQUE Nº 2, 4, 6, 8, 9. V. TURC, adj.

OFFICIER TURCO-ÉGYPTIEN. V. MILICE
TURCO-ÉGYPTIENNE Nº 2, 3, 4, 5. V. TURCO-
ÉGYPTIEN, adj.

OFFICIER WURTEMBERGEOIS. V. FORTIFI-
CATION DE CAMPAGNE. V. MILICE WURTEMBER-
GEOISE Nº 1, 2, 3, 4, 5, 6, 7. V. RÉCOM-
PENSE. V. WURTEMBERGEOIS, adj.

OFFICIEUX, adj. V. DÉFENSEUR OFFI-
CIEUX.

OFFRIR (v. act.) la BATAILLE. V. AC-
CEPTER LE COMBAT. V. BATAILLE. V. BATAILLE
STRATEUMATIQUE. V. BATAILLE TACTIQUE.

OFFRIR le COMBAT. V. BATAILLE STRA-
TEUMATIQUE. V. CAMP MINCE. V. COMBAT. V.
COMBAT STRATEUMATIQUE. V. LÉGION ROMAINE
Nº 5.

OGILVUS ; OGLIANI. V. NOMS PROPRES.

OIE, subs. fém. V. ARMÉE AGISSANTE Nº
1. V. FORTERESSE. V. OUVRAGE DE FORTIFICA-
TION. V. PATTE D'O... V. SENTINELLE.

OKOUNEFF ; OLDENBOURG. V. NOMS
PROPRES.

OLÉFANT, subs. masc. V. OLIFANT.

OLEPHAN, subs. masc. V. OLIFANT.

OLIFAMME, subs. fém. V. ORIFLAMME.

OLIFAN, subs. masc. V. OLIFANT.

OLIFANT, subs. masc. (F), ou ÉLÉFAS, ou
ÉLÉPHAS, ou ÉLIFAN, ou OLÉFANT, ou OLEPHAN,
ou OLIFAN, ou OLIPHAN, ou OLIPHANT, ou OLY-
FANT, ou ORIFLANT suivant LEDUCHAT. GA-
NEAU suppose Olifant un mot CELTIQUE ; c'est
peu probable. Ces mots, que mentionnent
CARRÉ (1783, E) et M. ROQUEFORT, sont des
corruptions du LATIN *elephantus*, *ele-
phas*. Ils signifiaient, en prenant le tout
pour la partie, un INSTRUMENT DE MUSIQUE ;
c'était un COR DE CHEVALIER formé d'une défense d'ÉLÉPHANT, un BUCHET porté par des
ÉCUYERS qui s'en servaient en campagne ; un
CORNET en demi-lune à l'usage des nains
qui en sonnaient au haut des TOURS et aux
PORTES DES CHATEAUX ; les PALADINS et les
CHEVALIERS suspendaient à leur cou l'Olifant, au moyen d'une courroie qui s'appelait, suivant GANEAU, ANGLOICHURE. On a
retrouvé des Oliphants qui paraissent appartenir aux douzième et treizième siècles.

OLIFUMBE, subs. fém. V. ORIFLAMME.

OLIPHAN, subs. masc. V. OLIFANT.

OLIPHANT, subs. masc. V. OLIFANT.

OLIVARÈS. V. NOMS PROPRES.

OLIVE, subs. fém. V. DEMI-OLIVE.

OLIVE DE CAISSE DE TAMBOUR. V. CAISSE
DE TAMBOUR. V. COLLIER D'OLIVE. V. COUR-
ROIE DE BRETELLE PORTE-CAISSE. V. GRAND
CERCLE DE CAISSE.

OLIVE DE HAVRESAC. V. BOUTONNIÈRE DE
BRETELLES. V. COLLIER D'OLIVE. V. HAVRESAC.

OLIVE DE PLUMET. V. CAVALERIE FRAN-
ÇAISE Nº 5. V. PLUMET.

OLIVE PROJECTILE. V. FRONDE. V. MILICE GRECQUE Nº 4. V. PROJECTILE, adj.

OLIVIER. V. NOMS PROPRES.

OLLE, subs. masc. V. POT A FEU.

OLLIVIER. V. NOMS PROPRES.

OLIFANT, subs. masc. V. OLIFANT.

OMBILIC, subs. V. BOUCLIER.

O'MEARA ; OMODÉI. V. NOMS PROPRES.

OMNIDISTANT, adj. V. ORDRE.

ONACRE, subs. masc. V. ONAGRE.

ONAGRE, subs. masc. (F), ou ONACRE, comme l'écrit CARRÉ (1783, E). Ce mot est la traduction du LATIN : *onager*, venu lui-même du GREC et signifiant âne sauvage, tels qu'il s'en est vu dans la CAVALERIE antique ; mais ce n'est pas d'eux qu'il s'agit ici. —Par une allusion touchant laquelle on n'est pas d'accord, il s'est pris, chez les anciens, dans le sens de MACHINE DE GUERRE propre à lancer des PIERRES. — Des antiquaires, des traducteurs ont prétendu que les ruades ou le galop d'un âne sauvage qui lançait au loin des cailloux avec ses pieds de derrière, ont fait image et ont produit le nom d'une MACHINE d'où jaillissaient violemment des pierres. Cette comparaison est le pudique subterfuge que des humanistes employaient vis-à-vis de leurs jeunes élèves pour écarter de leur esprit le danger des images licencieuses ; dans la manière dont agissait l'Onagre MACHINE A PIERRES, il y avait une analogie tout autre que celle du mouvement des pieds de l'Onagre vivant.—L'usage de la MACHINE antique s'était perpétué jusqu'au MOYEN AGE, sous le nom de FONDELLE, sous celui de PERRIERS et sous celui de COUILLARD que rappelle GANEAU, et dans la langue grossière et sans voile des hommes incultes qui se servaient de l'instrument qui rappelait l'Onagre, on retrouvait des dénominations qu'on n'emploierait plus qu'en les gazant.—JABRO (1777, G) pense que l'Onagre était un instrument du genre des BALISTES ; mais M. le colonel CARRION (1824, A) croit, qu'il succéda aux MANUBALISTES, et prend ce mot sous l'acception de GRANDE BALISTE ; il semble qu'il appartenait plutôt à la classe des CATAPULTES ; telle est l'opinion du savant GRASSI (1817, H). — VÉGÈCE (390, A) traite de la BALISTE et de l'Onagre comme de deux MACHINES distinctes ; il donne à croire que cette dernière est la même que d'autres ÉCRIVAINS ont nommée CATAPULTE, mot dont il ne fait pas mention. — AMMIAN MARCELLIN (liv. 23) traite de l'Onagre dans une description assez obscure que FOLARD (1727, A) a vainement essayé d'éclaircir ; suivant AMMIAN, c'était un des plus considérables EN-

GINS en usage, et il s'appelait d'abord SCORPION, à cause d'un dard qu'il chassait en outre des PIERRES qu'il faisait partir ; le SCORPION, dit-il, s'appelle Onagre depuis cette innovation.—VÉGÈCE (390, A), au contraire, distingue positivement le SCORPION de l'Onagre, quoique ayant quelque analogie. On en pourrait conjecturer que l'un était une CATAPULTE à un seul jet courbe ; l'autre, une CATAPULTE à deux jets, l'un direct, l'autre courbe. — Il y avait des Onagres de campagne portés sur des charriots, à la suite des COHORTES ROMAINES ; chacune d'elles, dans le quatrième siècle, avait le sien ; mais les LÉGIONS se servaient aussi d'Onagres fixés à demeure sur des BATTERIES. Elles étaient du genre des ARMES NÉVROBALISTIQUES DE GRANDE DIMENSION. — Le perdriau a été un genre d'Onagre. — On peut consulter, à l'égard des Onagres, BELAIR (1792), M. le général COTTY (1822, A), DESPAGNAC (1751, D), MAIZEROY (1771, A), LACHESNAIE (1758, I), TURPIN (1783, O).

ONCLE, subs. masc. V. ASCENDANT.

ONDÉ (ondée), adj. V. AME ONDÉE.

ONOZANDER ; ONOZANDRE. V. NOMS PROPRES.

OPÉRATION, subs. fém. V. ARMÉE D'O... V. BASÉ D'O... V. CONCERTER UNE O... V. ENTAMER UNE O... V. LIGNE D'O... V. MASQUER UNE O... V. PLAN D'O...

OPÉRATION ADMINISTRATIVE. V. ACHAT ADMINISTRATIF. V. ACTE ADMINISTRATIF. V. ADMINISTRATION D'ARMÉE. V. ADMINISTRATION DE CORPS. V. APPROVISIONNEMENT D'ARMÉE. V. ARMÉE FRANÇAISE Nº 9. V. CAMPAGNE. V. COMMISSAIRE DES GUERRES. V. COMPTABILITÉ. V. COMPTE. V. CONSEIL D'ADMINISTRATION DE RÉGIMENT Nº 4. V. CONSOMMATION DE DÉCOMPTE. V. CORPS D'INTENDANCE Nº 8. V. DÉCOMPTE. V. ÉCRITURE COMPTABILIAIRE. V. EFFET D'UNIFORME. V. EXERCICE COMPTABILIAIRE. V. GÉNÉRAL EN CHEF Nº 4. V. GESTION. V. INSPECTEUR AUX REVUES. V. INSPECTEUR EN CHEF. V. INSPECTEUR GÉNÉRAL Nº 1. V. INTENDANT DE PROVINCE. V. MAJOR CHEF DE BATAILLON Nº 12. V. PAYEMENT. V. PROCÈS-VERBAL. V. RÉFORME. V. RÉGIMENT D'INFANTERIE FRANÇAISE Nº 5. V. RÉGIE. V. REVUE. V. SKEUOPHORE. V. SOUS-INTENDANT Nº 8.

OPÉRATION DE CHIRURGIE. V. AMPUTATION. V. CHIRURGIE. V. CHIRURGIE MILITAIRE. V. CHIRURGIEN. V. CHIRURGIEN DE CORPS. V. SOUS-AIDE-CHIRURGIEN.

OPÉRATION DE GUERRE. V. ACTION DE GUERRE. V. ACTUAIRE. V. ADMINISTRATEUR MILITAIRE. V. AIDE-MAJOR Nº 2. V. APPROVISIONNEMENT D'ARMÉE. V. ARMÉE AGISSANTE Nº 2, 3, 4. V. ARMÉE D'OBSERVATION. V. ARMÉE EX-

PÉDITIONNAIRE. V. ARRIÈRE-GARDE D'ARMÉE AGISSANTE. V. ASSEOIR DES QUARTIERS. V. ATTAQUE DE CONVOI. V. ATTAQUE DE POSTE. V. AVANT-GARDE D'ARMÉE AGISSANTE. V. BAGAGE D'ARMÉE AGISSANTE. V. BEER. V. BOISROGER (1779, L). V. BULLETIN DE GUERRE. V. CAMP D'INSTRUCTION. V. CAMP RETRANCHÉ. V. CAMPAGNE. V. CANCRIN. V. CARTE GRAPHIQUE. V. CARTE TOPOGRAPHIQUE. V. CHEF D'ESCORTE DE CONVOI. V. CHEMIN MILITAIRE. V. CHEMINEMENT TACTIQUE. V. COMMUNICATION STRATEUMATIQUE. V. COMPAGNIE DE VOLTIGEURS N° 4. V. CONTENIR L'ENNEMI. V. CONSEIL POLÉMONOMIQUE. V. CONVOI PAR TERRE. V. CONVOI POLÉMONOMIQUE. V. COURSE STRATEUMATIQUE. V. CORPS D'ARMÉE. V. DÉBOUCHER. V. DÉCOUVERTE. V. DÉFILEMENT D'OUVRAGES. V. DÉMANTELER. V. DÉMONSTRATION. V. DESPAGNAC (1751, D). V. DÉTACHEMENT DE GUERRE. V. DRAGON FRANÇAIS N° 6. V. DUHESME (1814, C). V. ESCARMOUCHE. V. ESPION. V. FAUSSE ATTAQUE. V. FEU DE BILLEBAUDE. V. FORTERESSE. V. FOURRAGE ARMÉ. V. FOURRAGE AU SEC. V. GÉOLOGIE. V. GÉNÉRAL D'ARMÉE N° 7, 8, 9. V. GUERRE. V. GUERRE DE 1756. V. GUERRE DE MONTAGNES. V. GUINGRET. V. GUISCHARDT (1758, H). V. HACHE DE GRENADIERS. V. INFANTERIE N° 1, 6. V. INGÉNIEUR GÉOGRAPHE N° 6. V. INSULTE. V. JOMINI (1811, E). V. KHEVENHUELLER (1758, C). V. LALLEMAND (1825). V. LLOYD (1792, F). V. MAIZEROY (1766, F; 1767, E). V. MANOEUVRE D'ARMÉE. V. MARCHE D'ARMÉE. V. MARÉCHAL DE CAMP N° 6. V. MARTENS. V. MILICE ANGLAISE, N° 10. V. MILICE AUTRICHIENNE N° 2, 11. V. MILICE GRECQUE N° 6. V. MILICE PORTUGAISE N° 1. V. MILICE WURTEMBERGEOISE N° 5. V. MINISTRE DE LA GUERRE N° 7; id. EN 1775. V. MINISTRE DIRECTEUR. V. MONEY. V. MOUVEMENT STRATÉGIQUE. V. OFFICIER DE TROUPES LÉGÈRES. V. ORDONNANCE IDIOPLIQUE. V. ORDRE DE BATAILLE. V. PASSAGE DE RIVIÈRE. V. PÉTARD CATABALISTIQUE. V. PLAN DE CAMPAGNE. V. POINTE. V. PONTON. V. POSITION STRATEUMATIQUE. V. QUARTIER-MAITRE GÉNÉRAL. V. RAVINE. V. RECONNAISSANCE. V. RECONNAISSANCE DE TERRAIN. V. RÉGIMENT DE MARCHE. V. RETRAITE EN ÉCHIQUIER. V. RETRAITE STRATEUMATIQUE. V. RICHARD (1777). V. SCHARNHORST (1793, D). V. SÉMAPHORE. V. SIGNAL. V. SIMES (1780, D). V. SMITH (1779, H). V. SORTIE. V. SORTIE D'ASSIÉGÉS. V. STRATAGÈME. V. STRATÉGIE. V. SUBSISTANCE. V. SURPRISE. V. TACTIQUE, subs. V. TERRAIN STRATÉGIQUE. V. TESSÈRE. V. TOPOGRAPHIE. V. TRAVAIL. V. VALENTINI. V. WERKLEIN. V. ZANTHIER (1779, F).

OPÉRATION DE SIÉGE. V. APPROCHES. V. ARME A VENT. V. ARMÉE ASSIÉGEANTE. V. ASSAUT. V. ATTACHEMENT DE MINEURS. V. ATTAQUE DE BASTION. V. ATTAQUE DE CHEMIN COUVERT. V. ATTAQUE DE FRONT DE PLACE. V. ATTAQUE DE PLACE. V. ATTAQUE DE SIÉGE OFFENSIF. V. BRÈCHE OFFENSIVE. V. CHEMIN COUVERT. V. COMBLER LA TRANCHÉE. V. COMMANDANT DE DIVISION TERRITORIALE N° 5. V. CONTREVALLATION. V. DÉFENSE DE PLACE. V. DÉFILEMENT D'OUVRAGES. V. DÉROBER LE TRAVAIL. V. DESCENTE DE FOSSÉ. V. FASCINE. V. FORTERESSE. V. FORTIFICATION. V. FOSSÉ DE FORTERESSE. V. FOURNEAU DE MINE. V. FRONT D'ATTAQUE DE PLACE. V. GARNISON. V. GÉNIE IDIOPLIQUE N° 5. V. GÉNIE STRATOPÉDIQUE. V. GOUVERNEUR DE PLACE ASSIÉGÉE. V. GYMNASTIQUE. V. INFANTERIE FRANÇAISE N° 7. V. MINE OFFENSIVE. V. OFFENSIVE. V. OUVERTURE DE TRANCHÉE. V. PASSAGE DE DÉFILÉ EN AVANT. V. PASSAGE DE FOSSÉ. V. POLIORCÉTIQUE. V. POT A FEU. V. RAMPE DE BRÈCHE. V. SIÉGE. V. SIÉGE DÉFENSIF. V. SIÉGE OFFENSIF. V. TRANCHÉE.

OPÉRATION JUDICIAIRE. V. CONSEIL JUDICIAIRE. V. INFORMATION. V. JUDICIAIRE. V. RÉCOLEMENT. V. THIÉBAULT (ancien général).

OPÉRATION STRATÉGIQUE. V. STRATÉGIE. V. STRATÉGIQUE, adj. V. TENTE.

OPÉRATION TACTIQUE. V. PROSTAXE. V. TACTIQUE, adj.

OPHICLÉIDE, subs. masc. (G, 6), ou SERPENT A CLEFS. Mot moderne composé des termes GRECS *ophis*, serpent, et *cleis*, clef. C'est un INSTRUMENT A VENT perfectionné en FRANCE; il fait partie de ceux de la MUSIQUE D'HARMONIE; il sert de contre-basse à la MUSIQUE MILITAIRE; on peut le regarder comme un BASSON en cuivre et à neuf CLEFS, qui, depuis un petit nombre d'années, sert aux FANFARES de la CAVALERIE, et a remplacé dans l'INFANTERIE le SERPENT actuellement relégué dans les églises. — L'INFANTERIE FRANÇAISE de la GARDE ROYALE a la première fait usage d'Ophicléides. — M. FRANCOEUR donne sur cet INSTRUMENT des détails qui seraient déplacés ici.

OPHTHALMIQUE, adj. V. CATARACTE O...

OPIME, adj. V. DÉPOUILLE O...

OPINION, subs. masc. V. AVIS JUDICIAIRE. V. CAPITAINE RAPPORTEUR. V. CONSEIL JUDICIAIRE. V. FEUILLE D'OPINIONS. V. MEMBRE DE CONSEIL D'ADMINISTRATION. V. PARTAGE D'OPINIONS.

OPLITE, subs. masc. (F), ou HOPLITE, suivant MORIN et M. LISKENNE, ou PHALANGITE. Le mot Oplite est GREC, et dérive de *hoplites, hoplitai, hoplon*, ARME DÉFENSIVE. De là est venu en latin *hoplitœ*, et en français OPLITIQUE, signifiant GROSSE INFANTERIE. — Les Oplites, puisque l'*Encyclopédie du dix-neuvième siècle*, au mot *Armure*, et quantité d'écrivains orthographient ainsi le mot, étaient les SOLDATS D'INFANTERIE PE-SAMMENT ARMÉS et les HOMMES DE RANG composant le fonds de la PHALANGE de la MILICE GRECQUE. M. le colonel CARRION les appelle ARMURES PESANTES ; les Anglais les dénomment *completely armed*. Ils étaient suivis, à la guerre, d'un ou de plusieurs VALETS OU SKEUOPHORES, usage dont on retrouve au moyen âge l'imitation, alors que les SOLDATS A PIED étaient accompagnés d'un GOUJAT. Les Oplites étaient cuirassés, casqués, armés d'une SARISSE, d'une ÉPÉE, de JAMBIÈRES de métal, de brassards, et couverts d'un BOUCLIER à lames d'airain ; ils furent, suivant les temps, sur huit, douze ou seize RANGS de PROFONDEUR ; mais, à cet égard, la force de leurs STIQUES et les lois de la TACTIQUE différaient de pays à pays. — La TÉTRAPHALANGARCHIE était une ARMÉE portée à son maximum. — L'ÉPIXÉNAGIE, comparable à un RÉGIMENT D'INFANTERIE DE BATAILLE DE LIGNE, a compris deux mille quarante-huit Oplites ; la PENTÉCOSIARCHIE, comparable à un BATAILLON DE BATAILLE, était de cinq cent douze ; la TAXIARCHIE, de cent vingt-huit, était à peu près une division de bataillon. La PENTECOSTYE, comparable à une COMPAGNIE D'INFANTERIE DE BATAILLE, était de soixante-quatre ; les nombres des autres SUBDIVISIONS sont exprimés au tableau de la composition de la MILICE GRECQUE. — Les Oplites ne furent d'abord secondés que par la PSILAGIE ; ils furent, ensuite, appuyés par l'ÉPITAGME des PSILITES devenus peltastes. — Leurs agrégations se sont appelées CENTURIE, CHILIARCHIE, DÉCARCHIE, DÉCURIE, DILOCHIE, DIMOERIE, DOUBLE PHALANGE, DIPHALANGARCHIE, ÉNOMOTIE, ÉPIXÉNAGIE, GRANDE PHALANGE, LOCHOS, MÉRARCHIE OU TÉLARCHIE, MORA, PENTACOSTYE, PENTACOSIARCHIE, PETITE PHALANGE, PHALANGARCHIE, PHALANGE, PHALANGIE, STIQUE, SYNTAGME, TAXIARCHIE, TÉTRAPHALANGARCHIE, TÉTRARCHIE, XÉNAGIE. — Ils réduisaient le nombre des rangs par le SYLLOCHISME ; ils formaient la TORTUE par le SYNASPISME. — La solde des Oplites a varié, comme tant d'autres détails de l'ADMINISTRATION antique ; mais en général elle était plus forte que celle des SOLDATS modernes. — L'ENCYCLOPÉDIE (1751, C, au mot *Guerre*) a traité des Oplites, et les AUTEURS cités à l'occasion des MILICES GRECQUES peuvent être consultés sur le même sujet, ainsi que M. LISKENNE (t. I, p. 512, gravure), et ROBINSON (p. 576, gravure).

OPLITIQUE, adj. et subs. masc. v. OPLITE.

OPLOMACHIE, subs. fém. v. HOPLOMACHIE. v. PISTOFILO.

OPPOSÉ (opposée), adj. v. COTÉ OPP...

OPPOSER, v. actif v. CAVER.

OPPOSITION (subs. fém.) JURIDIQUE. v. ACTE D'O... v. DENIERS DE PETIT ÉQUIPEMENT. v. DETTE D'OFFICIER. v. ÉTAT CIVIL. v. GRATIFICATION D'ENTRÉE EN CAMPAGNE. v. JURIDIQUE. v. MASSE DE LINGE ET CHAUSSURE. v. MINISTRE DE LA GUERRE N° 8. v. RETENUE SUR APPOINTEMENTS.

OPPUGNATEUR, subs. masc. v. ATTAQUANT.

OPTION (options), subs. masc. (F), ou OPTIONNAIRE, suivant SIGRAIS (1759, G) et TURPIN (1783, O). Le mot Option est l'imitation presque littérale du LATIN ; il a signifié, dans la MILICE ROMAINE, un REMPLAÇANT, un POSTICHE. — TITE LIVE appelle SUBCENTURIONS, les ACCENSES ou Options ; il dit que les consuls avaient permis aux CENTURIONS primipiles de s'adjoindre à leur choix un SOUS-CENTURION. — FESTUS rapporte qu'on appela d'abord ACCENSE, le LIEUTENANT nommé par le TRIBUN et donné, comme second, au CENTURION ; il affirme que l'ACCENSE commença à s'appeler Option, quand le CENTURION commença à jouir du droit de nommer lui-même son LIEUTENANT. — VÉGÈCE (590, A) mentionne également le mot Option comme signifiant substitut au choix du remplacé. — L'ENCYCLOPÉDIE (1751, C, au mot *Officier*) appelle SUCCENTURION l'Option. — JABRO (1777, G) est d'avis qu'il y a eu des Options de différents GRADES tant dans l'INFANTERIE que dans la CAVALERIE, et qu'on appelait aussi Option, l'OURAGUE qui était revêtu, d'une manière permanente et constitutive, d'un GRADE de SERRE-FILE.

OPTIONNAIRE, subs. masc. v. OPTION.

OR, subs. v. BRACELET D'OR. v. CHAINE D'OR. v. CHRYSASPIDE. v. COLLIER D'OR. v. CORDON DE BONNET. v. DRAGONNE D'OR. v. ÉPERON DE CHEVALIER. v. ÉPERON D'OR. v. GALON D'OR. v. TOISON D'OR.

ORAL, adj. v. COMMANDEMENT O... v. SIGNAL O...

ORBE, subs. fém. v. EN ORBE. v. ORDRE EN O... v. GLOBE TACTIQUE. v. PHALANGE GRECQUE. v. RANGS DE CAVALERIE. v. TACTIQUE, subs.

ORBICULAIRE, adj. v. ORDRE O...

ORCHESTIQUE. v. GYMNASTIQUE.

ORDALIE, subs. fém. (F). Mot traduit, suivant DUCANGE, du LATIN barbare *ordalium*, qui était surtout usité en ANGLETERRE, et que l'ENCYCLOPÉDIE (1751, C) dérive du SAXON *ordela, ordeal, grand* JUGEMENT. — L'Eglise connaissait une messe des Ordalies ; c'était le préliminaire du JUGEMENT DE DIEU. — Les Ordalies étaient le système de JURISPRUDENCE, le genre de procédure, le plaid (*placitum*) des JUSTICES CIVILE et MILITAIRE. — Elles comprenaient trois genres d'ÉPREUVES juridiques, savoir : le serment ou purgation canonique ; les ÉPREUVES par les éléments de nature, ou par des efforts surhumains, et enfin le COMBAT DE JUGEMENT des NOBLES ou épreuve par le DUEL ; elles avaient lieu par l'eau froide ou bouillante, par le fer chaud ou par le feu, par l'immersion, avec les bras et les jambes attachés, par la position laborieuse des bras étendus en croix le plus longtemps possible. Quand les VILAINS, quand les SERFS obtenaient la faveur de se purger par le COMBAT, c'était avec le BATON ou la HARASSE ; *cum baculo et scuto.* — Les épreuves n'auraient été usitées, suivant POTIER (1779, X, au mot *Jugement*), que jusqu'à CHARLEMAGNE. — MONTESQUIEU (*Esprit des lois*) prétend qu'en un temps où de rudes travaux rendaient les mains calleuses, on put se soumettre impunément aux épreuves ; mais où cet écrivain célèbre a-t-il vu que nos paysans porteraient à douze pas du fer rouge dans leurs mains, ou plongeraient dans l'eau bouillante leurs bras sans s'estropier ?

ORDENANCHE, subs. fém. V. ORDONNANCE.

ORDÈNE, subs. fém. V. ORDONNANCE. V. ORDRE. V. ORDRE DE CHEVALERIE.

ORDENEMENT, subs. masc. V. ORDRE.

ORDENEUR, subs. masc. V. COMMISSAIRE. V. COMMISSAIRE ORDONNATEUR. V. ORDONNATEUR.

ORDENNÉE, subs. fém. V. ORDONNANCE.

ORDINAIRE, adj. V. COMMISSAIRE O... V. CONSIGNE O... V. CONVERSION O... V. ÉPÉE O... V. INFANTERIE O... V. INFIRMIER O... V. INGÉNIEUR O... V. GENTILHOMME O... V. ROQUETON O... V. MÉDECIN O... V. MESTRE DE CAMP O... V. PAS O... V. SERVICE O... V. TENUE O... V. TRÉSORIER O...

ORDINAIRE, subs. masc. V. ADMINISTRATION D'O... V. ALIMENT D'O... V. BOIS DE CHAUFFAGE D'O... V. CAHIER D'O... V. CAPORAL D'O... V. CHAMBRE D'O... V. CHAUFFAGE D'O... V. CHEF D'O... V. CORVÉE D'O... V. DENIERS D'O... V. DENRÉE D'O... V. DÉPENSE D'O... V. DISPENSE D'O... V. ÉCLAIRAGE D'O... V. EXEMPTION D'O... V. FAIRE O... V. FONDS D'O... V. FORMATION D'O... V. GRATIFICATION D'O... V. JUSTICE O... V. LÉGUME D'O... V. LIVRE D'O... V. MASSE D'O... V. PAYE D'O... V. PRIVATION D'O... V. RATION D'O... V. RETENUE D'O... V. SUPPLÉMENT D'O... V. TENIR L'O...

<pre>
                ┌ DES GUERRES.
                │
ORDINAIRE ┤ D'HOMME DE TROUPE. ┤ ORDINAIRE ┤ DE SOLDATS.
                │   │ DE SOUS-OFFICIERS.
                │
                └ ROMAIN.
</pre>

ORDINAIRE, subs. masc. (term. génér.). Mot dérivé du LATIN et qui se distingue en ORDINAIRE ALIMENTAIRE, — DE BAS OFFICIER, — DE CHAMBRÉE, — DE MUSICIENS, — DE SERGENT-MAJOR, — DES GUERRES, — D'HOMMES DE TROUPE, — D'OFFICIERS, — ROMAIN.

ORDINAIRE ALIMENTAIRE. V. ALIMENTAIRE. V. ORDINAIRE D'HOMME DE TROUPE. V. TABLE.

ORDINAIRE de BAS OFFICIER. V. ADJUDANT D'INFANTERIE FRANÇAISE DE LIGNE N° 18. V. BAS OFFICIER. V. COMBUSTIBLE DE CUISINE DE SOUS-OFFICIERS. V. MAJOR-CAPITAINE N° 5.

ORDINAIRE de CHAMBRÉE. V. CHAMBRÉE. V. GARDES FRANÇAISES N° 2. V. ORDINAIRE DE SOLDATS.

ORDINAIRE de MUSICIENS. V. MUSICIEN ; id. N° 5.

ORDINAIRE de SERGENTS. V. SERGENT. V. SERGENT D'INFANTERIE FRANÇAISE DE LIGNE N° 6. V. TAMBOUR-MAJOR N° 5.

ORDINAIRE de SERGENTS-MAJORS. V. ADJUDANT D'INFANTERIE FRANÇAISE DE LIGNE N° 11. V. SERGENT-MAJOR N° 5.

ORDINAIRE (ordinaires) de SOLDATS (D, 1), ou ORDINAIRE DE CHAMBRÉES. Sorte d'ORDINAIRES D'HOMMES DE TROUPE, qui se composent de SOLDATS, de TAMBOURS ou CLAIRONS, de CAPORAUX, d'ENFANTS DE TROUPE, etc. — L'ORDONNANCE DE 1768 (1er MARS) voulait que les TAMBOURS fisent ORDINAIRE entre eux. Le RÈGLEMENT DE 1792 (24 JUIN) les plaçait, au contraire, aux Ordinaires de soldats. — L'ORDONNANCE DE 1788 (1er JUILLET) formait de douze à quinze hommes chaque Ordinaire. Le RÈGLEMENT DE 1792 établissait les Ordinaires suivant l'ordre des ESCOUADES, imputait sur les DENIERS D'ORDINAIRE un achat de GRAINE DE GENIÈVRE pour purifier l'AIR, le plaçait sous la direction d'un CAPORAL, voulait qu'à son tour chaque soldat s'y acquittât de la CORVÉE DE SOUPE, de la CORVÉE DE PAIN, et déterminait la tenue du LIVRE ou du LIVRET D'ORDINAIRE. — Vainement on a proposé d'améliorer les Ordinaires par la ressource du BOUILLON D'OS. — L'ORDONNANCE DE 1818 (13 MAI) voulait que la MASSE D'ORDINAIRE supportât la dépense d'une DOUBLE RATION DE PAIN, pour la subsistance des DÉ-

TENUS AU PAIN ET A L'EAU. — La tenue, la surveillance, l'ordre, la propreté, la régularité des Ordinaires sont confiés à la vigilance des OFFICIERS DE SECTION. — La DÉCISION DE 1827 (25 JUILLET) ne formait que deux Ordinaires de SOLDATS par COMPAGNIE pourvue de FOURNEAUX D'ORDINAIRES, ou même qu'un seul, si la COMPAGNIE était de moins de soixante hommes. — Le LIEUTENANT était chef du premier Ordinaire, le SOUS-LIEUTENANT du second. C'était une modification aux dispositions de l'ORDONNANCE DE 1818 (15 MAI). — La DÉCISION DE 1828 (31 OCTOBRE) voulait qu'en cas d'augmentation d'EFFECTIF, le CAPITAINE suppléât à l'excédant de DÉPENSES, par un prélèvement sur le dépôt des DENIERS DE SOLDE qu'il ne doit acquitter qu'à terme échu, de manière qu'en aucun cas il ne soit jamais rien acheté à crédit pour l'Ordinaire. — Les SOUS-OFFICIERS passibles des RETENUES sur SOLDE, pour acquittement de DETTES, pouvaient être placés, par le COLONEL, à un Ordinaire de soldats, à charge d'y verser sept centimes et demie de plus; ainsi le prescrivait l'ORDONNANCE DE 1818 (15 MAI). — L'ORDONNANCE DE 1855 (2 NOVEMBRE) ne reconnaissait, quand la COMPAGNIE était réunie et en CASERNE, qu'un Ordinaire. Elle réglait, comme il suit, le versement des DENIERS D'ORDINAIRE : en CAMPAGNE, quinze centimes par jour avec les VIVRES; en GARNISON, trente centimes avec le PAIN; en ROUTE, quarante centimes avec le PAIN.

ORDINAIRE de SOUS-OFFICIERS (B, 1), ou TABLE DE SOUS-OFFICIERS, comme les appelle l'ORDONNANCE DE 1855 (2 NOVEMBRE). Sorte d'ORDINAIRE D'HOMME DE TROUPE auquel vivaient autrefois les SERGENTS, les SERGENTS-MAJORS et les ADJUDANTS. — L'ORDONNANCE DE 1788 (1er JUILLET) formait un Ordinaire de ce genre par deux COMPAGNIES, et lui donnait pour CUISINIER un soldat dont les sous-officiers payaient le service aux camarades qui le faisaient pour lui. — L'INSTRUCTION DE 1827 (15 AOUT) réglait la matière. — La CUISINE des SOUS-OFFICIERS pouvait, avec l'autorisation de l'ADJUDANT, être faite par une personne étrangère au régiment; l'Ordinaire se composait de la réunion des SERGENTS et des FOURRIERS de deux COMPAGNIES; ils mettaient à l'Ordinaire un sou de plus que le SOLDAT et jouissaient d'une double RATION DE COMBUSTIBLE.

ORDINAIRE de TAMBOURS. V. ORDINAIRE DE SOLDATS. V. TAMBOUR. V. TAMBOUR IDIOPLIQUE.

ORDINAIRE des GUERRES (F). Sorte d'ORDINAIRE, c'est-à-dire de courant financier, ou de genre de DÉPENSES EN DENIERS, qui était ainsi dénommé par opposition à l'EXTRAORDINAIRE DES GUERRES. La DÉPENSE de l'Ordinaire n'était pas directement à la charge des provinces, comme l'était l'extraordinaire; la première tombait au compte du ROI, comme on disait alors; mais en réalité, elle était acquittée par le TRÉSOR, alimenté par les TAILLES; elle était ordonnancée par le CONTROLEUR GÉNÉRAL des finances, mais déterminée et réglée, dans ses quotités et ses détails, par le ROI ou par le MINISTRE DE LA GUERRE qui, à cet effet, correspondait avec les INTENDANTS DE PROVINCES. — Originairement l'Ordinaire se bornait à l'entretien de la CAVALERIE PERMANENTE; plus tard, aux DÉPENSES de l'INFANTERIE et de la FORTIFICATION. — Il comprenait le service de la SOLDE EN STATION, les frais pour HABILLEMENT des TROUPES, le service de certaines PENSIONS DE RETRAITES, etc. L'Ordinaire subissait des RETENUES exercées par le ministère, comme subventions accordées à l'HOTEL DES INVALIDES. Les ÉTATS de l'Ordinaire étaient arrêtés comptabiliairement, suivant les époques diverses, ou par le CONTROLEUR DES GUERRES ou par les COMMISSAIRES ORDINAIRES. — L'académie définissait l'Ordinaire des guerres comme un fonds établi pour PAYER la MAISON DU ROI, les COMMISSAIRES DES GUERRES, les COMPAGNIES DE GENDARMERIE. L'explication trompait le lecteur; elle était juste il y a deux siècles, elle avait cessé de l'être depuis la création des RÉGIMENTS; mais en tout temps elle eût demandé des interprétations, puisque les CAPITAINES DES GARDES n'étaient pas payés sur les fonds de l'Ordinaire. — Les fonds de l'Ordinaire étaient grevés de certaines PENSIONS DE RETRAITE. — Nous n'avons été satisfait d'aucune des dissertations jusqu'ici mises au jour touchant ce sujet, et l'on s'égarerait en admettant comme positif ce qui en a été dit par l'ACADÉMIE, même en 1855, par M. BALLYET (1817, D, p. 429), par BOUCÉEL, par M. MONTEIL, par ODIER; ils n'ont dépeint que sous une face des faits tous différents d'époque en époque, comme nous l'avons témoigné au mot TRÉSORIER.

ORDINAIRE d'HOMME DE TROUPE (B, 1), ou ORDINAIRE ALIMENTAIRE. Sorte d'ORDINAIRE, c'est-à-dire de ménage ou de manière de vivre en communauté qui répond à ce que, pour une classe différente, on appelle TABLE D'OFFICIER, PENSION DE SOUS-OFFICIER. — Dans toutes les ARMÉES, si ce n'est dans la MILICE DANOISE, l'usage de nourrir en commun les escouades est en vigueur. — Faire ORDINAIRE au moyen d'une MASSE formée d'un égal ou proportionnel versement de DENIERS, en soumettre la gestion à un CHEF, en accomplir tour à tour les corvées, en tenir les comptes sur un cahier où s'inscrivent le montant des retenues journalières, des versements extraordinaires, des dépenses ou charges de tout genre, le prix et l'espèce des aliments, le restant en caisse, etc., etc., sont autant d'idées simples en administration. — N'accorder d'exemptions à long terme, ou de dispenses passagères de vivre ainsi, que hiérarchiquement et régulièrement, est une idée simple en fait de police; et cependant faire ordinaire est si peu ancien, que Despagnac (1751, D) et Maurice de Saxe (1757, A) conseillent d'adopter cette pratique de peur que le soldat ne joue son argent, au lieu de manger, *et ne devienne libertin.* — La privation ou suppression d'Ordinaire est un genre de punition. — Les ordonnances de 1764 (20 mars), 1766 (1er janvier et 1er novembre), 1768 (1er mars) réalisèrent ce vœu; elles voulaient que l'argent du prêt tout entier passât à l'Ordinaire; que les caporaux n'y missent que la même somme que le soldat; que tout s'y dépensât. — L'ordonnance de 1776 (25 mars) voulait qu'après le prélèvement du prix du pain et la retenue des deniers de linge et chaussure, tout le reste de la solde fût mis à l'Ordinaire; elle menaçait les officiers d'être cassés s'il en était autrement. — Il faut tirer de ces souvenirs plusieurs conséquences : c'est que le pain de munition était alors une des dépenses de l'Ordinaire, ou du moins l'occasion d'une déduction sur la solde, et qu'il n'était pas encore reconnu de deniers de poche. — Il fut un temps où, en certains corps, le pain de munition était mangé en commun dans l'Ordinaire; il a cessé d'en être ainsi. — En cas de départ, les gamelles ou poteries confiées par le fournisseur du pain de soupe lui sont restituées, ou sont payées au compte de l'Ordinaire si elles ont été brisées ou perdues. — Il est du devoir des capitaines de se faire remettre périodiquement un rapport sur tout ce qui intéresse l'Ordinaire, et de s'assurer fréquemment que tous les fournisseurs de denrées en sont payés. — La circulaire de 1817 (30 avril) recommandait aux sous-intendants une surveillance analogue; les intendants et l'inspecteur général lui-même ont injonction de descendre dans les détails de cette importante administration. — Les Ordinaires perçoivent, aux frais de l'Etat, leur bois de chauffage ou autre combustible particulier au pays; mais pendant longtemps il a régné peu d'ordre en cette partie. — Tout versement ou *arrosement* exigé arbitrairement des arrivants, sous la dénomination de bienvenue, etc., est prohibé. — Le livre de compagnie donne les moyens de contrôler les causes d'augmentation de l'Ordinaire par le fait des amendes, etc. — Les officiers de semaine s'assurent du montant des dépenses et constatent qu'elles sont fidèlement inscrites sur le livret; ils veillent à ce que le bois de l'Ordinaire ne soit refendu que dans la cour de la caserne. — Les deniers d'ordinaire subviennent au salaire du frater, aux dépenses d'arrosoirs, blanc a buffle, balais, blanchissage, cire a giberne, éclairage, graisse, légumes frais ou secs, pain blanc, viande, et enfin au supplément de pain des détenus au pain et a l'eau; il se bonifie du versement des amendes imposées aux ouvriers, des retenues exercées sur les hommes détenus a la salle de discipline, d'une partie des allocations ou honoraires accordés aux garnisaires, des prélèvements exercés sur les travailleurs, les hommes en permission, etc., et de ce qui reste de la solde de route à l'instant de l'arrivée du corps à sa destination. — La circulaire de 1827 (24 janvier) instituait un supplément d'ordinaire le jour de la fête du roi. — La circulaire de 1828 (19 mars) prescrivait de verser à l'Ordinaire la totalité des deniers de poche des hommes punis d'emprisonnement. — L'ordonnance de 1832 (3 mai) déterminait les règles des ordinaires en campagne. — Les décisions de 1833 (20 mars et 3 décembre) s'occupaient de la sûreté des fonds de l'Ordinaire. — L'ordonnance de 1833 (2 novembre) décidait à l'égard de l'ordinaire en route. — Les aliments de l'Ordinaire se composent : à dix heures du matin, de la soupe et de la portion de viande de chacun; à quatre heures du soir, ils consistent en une gamelle de légumes, ou un ragoût de viande et de légumes que le soldat appelle *ratatouille.* — En route, ce qui était prescrit par l'ordonnance de 1818 (13 mai) s'observait rarement à l'égard de l'Ordinaire; le soldat mangeait à la hâte ce qu'il pouvait acheter ou ce qu'il emportait, et au gîte ce qu'il pouvait accommoder ou ce que l'habitant lui présentait. — A la guerre, le soldat mange quand il peut; souvent des distributions faites à l'avance sont consommées trop vite ou gaspillées quand il lui répugne de s'en charger; de là la fréquence de la maraude. — L'Ordinaire des hommes de troupe se distingue surtout en ordinaire de soldats et en ordinaire de sous-officiers.

ORDINAIRE d'officiers. v. auberge. v. colonel d'infanterie française de ligne n° 22. v. officier. v. pension. v. repas de corps. v. table d'officiers.

ORDINAIRE en route. v. bon de viande.

V. CAPORAL D'ORDINAIRE. V. EN ROUTE. V. OFFI-
CIER DE SECTION ADMINISTRATIVE. V. ORDINAIRE
D'HOMME DE TROUPE.

ORDINAIRE (ordinaires) ROMAIN (F).
Substantif traduit du LATIN *ordinarius (qui
ordines ducunt)* que mentionne VÉGÈCE
(390, A). La vraie signification du mot est
mal connue ; on l'a traduit par CHEF DE
FILES, CENTURION, SERRE-FILE, SOUS-OFFICIER.
— Suivant POLYBE (150 avant J.-C.), les
Ordinaires touchaient une PAYE moindre que
celle des CHEVALIERS et tenaient rang immédiatement au-dessus des LÉGIONNAIRES. —
VÉGÈCE dit que, de son temps, on appelle
Ordinaires les PRINCES qui défendent l'EN-
SEIGNE, qu'ils font partie des PESAMMENT AR-
MÉS, portent une CUIRASSE, des JAMBIÈRES,
une grande ÉPÉE, un grand BOUCLIER garni
de cinq TRAITS PLOMBÉS, deux JAVELOTS, l'un
plus long et à FER triangulaire, l'autre res-
semblant davantage à l'ancien PILUM. — Ce
même AUTEUR rapporte aussi que les Ordinaires s'étaient appelés AUGUSTALES et FLA-
VIALES. — Vopiscus parle des Ordinaires par
opposition aux HOMMES DE CHEVAL. — JABRO
(1777, G) pense qu'un Ordinaire commandait deux ou plusieurs CENTURIES, et qu'il
y avait cinq Ordinaires pour les dix premières COHORTES. — D'autres AUTEURS sont
d'avis que les Ordinaires étaient des CHEFS
DE FILE qui n'avaient un commandement que
dans l'ORDRE EN BATAILLE, qu'ils étaient aux
ailes des SUBDIVISIONS, et qu'ils étaient une
imitation des LOCAGUES et des OURAGUES des
GRECS. — On chercherait en vain à se former de ces divers renseignements une idée
claire.

ORDINE, subs. fém. V. ORDONNANCE.

ORDONANCE, subs. masc. V. ORDON-
NANCE.

ORDONNANCE, subs. fém. V. ARCHER
D'O... V. ARME D'O... V. BATTERIE D'O... V.
BATTRE L'O... V. CAPORAL D'O... V. CASAQUE
D'O... V. CAVALIER D'O... V. COMPAGNIE D'O...
V. DEVOIR D'O... V. EFFET D'O... V. GENDARME
D'O... V. GENDARMERIE D'O... V. HABIT D'O...
V. HABILLEMENT D'O... V. HOMME D'O... V. LIEU-
TENANT D'O... V. MILITAIRE D'O... V. OFFICIER
D'O... V. PANTALON D'O... V. SERGENT D'O... V.
SERVICE D'O... V. SOLDAT D'O... V. SONNERIE
D'O... V. SOUS-OFFICIER D'O...

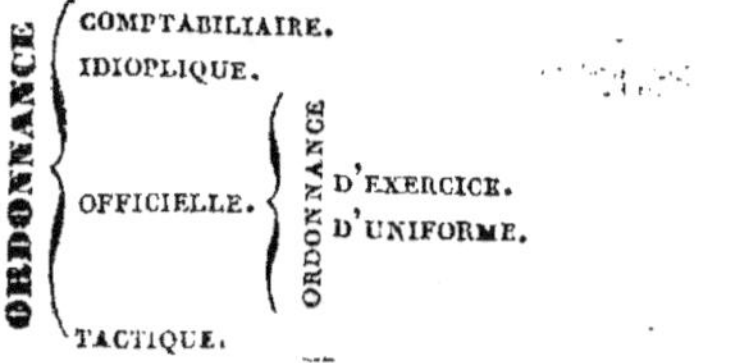

ORDONNANCE (term. génér.), ou OR-
DONNANCE MILITAIRE, ou ORDONANCE. Mot dérivé du LATIN *ordinatio*, qu'on a d'abord
traduit par ORDÈNE, ORDENANCHE, comme le
témoigne BARBAZAN, ORDENNÉE, ORDINE, OR-
DONNÉE, ORDRENANCE, suivant l'ENCYCLOPÉDIE
(1751, C). — Ces mots ont signifié ARRAN-
GEMENT de troupes, COMMANDEMENT, OR-
DRE, RÈGLEMENT ; le terme a produit les
expressions ORDONNANCEMENT, ORDONNAN-
CER, ORDONNATEUR, ORDONNEUR. — Des ÉCRI-
VAINS ont appliqué particulièrement le nom
d'ORDONNANCES MILITAIRES aux rescrits promulgués par des autorités compétentes ; mais
l'application de l'adjectif militaire est, en ce
cas, dépourvue de justesse, puisque, 1° tous
les genres d'Ordonnances dont nous avons
à nous occuper sont également militaires, et
2° que les Ordonnances ne sont pas toutes
des rescrits. — Le mot Ordonnance se dis-
tingue en ORDONNANCE A CHEVAL, — A PIED,
— CÉLEUSTIQUE, — COMPTABILIAIRE, — D'AR-
MEMENT, — D'AVANCEMENT, — DE CAMPEMENT,
— DE CASERNEMENT, — DE CÉRÉMONIAL, — DE
CHAUFFAGE, — DE COMBAT, — DE COMPOSITION,
— DE COMPTABILITÉ, — DE CONVOI, — DE
HARNACHEMENT, — DE JUSTICE, — DE LOGE-
MENT, — DE MARCHE, — DE PAYEMENT, — DE
POLICE, — DE RELIEF, — DE REVUES, — DE
SERVICE, — DE SERVICE EN CAMPAGNE, — DE
SERVICE EN GARNISON, — DE SOLDE, — DE SUB-
SISTANCES, — DE TACTIQUE, — DE TRANSPORTS,
— D'ÉQUIPEMENT, — D'EXERCICE DE CAVALERIE,
— D'HABILLEMENT, — EN OST, — IDIOPLIQUE,
— OFFICIELLE, — TACTIQUE.

ORDONNANCE A CHEVAL. V. A CHEVAL.
V. ARQUEBUSIER A CHEVAL. V. MARÉCHAL DE BA-
TAILLE. V. ORDONNANCE IDIOPLIQUE. V. QUARTIER
GÉNÉRAL.

ORDONNANCE A PIED. V. A PIED. V. OR-
DONNANCE IDIOPLIQUE. V. QUARTIER GÉNÉRAL.
V. TIRAILLEUR.

ORDONNANCE CÉLEUSTIQUE. V. BATTERIE
D'ORDONNANCE. V. CÉLEUSTIQUE.

ORDONNANCE COMPTABILIAIRE (A, 1).
Sorte d'ORDONNANCE qui se prend sous diverses acceptions ; c'est une sanction donnée
à une PIÈCE COMPTABLE par la signature d'un
FONCTIONNAIRE ayant droit d'ORDONNANCER,
c'est-à-dire d'autoriser les agents de la TRÉ-
SORERIE à effectuer, dans les limites du BUDGET,
un PAYEMENT déclaré légal et régulier par
l'autorité qui ORDONNANCE ; dans ce cas on
préfère le mot nouveau ORDONNANCEMENT,
employé par MM. BALLYET, VAUCHELLE, etc.
— Les ORDONNANCES DE PAYEMENT sont délivrées par le MINISTRE ou par un ORDONNATEUR
qu'il désigne ; elles diffèrent par là des MAN-
DATS qui sont délivrés par les SOUS-ORDONNA-

teurs et quittancés par les parties prenantes. — On emploie aussi le terme Ordonnance comme équivalent de pièce ordonnancée. — On peut, à l'égard des Ordonnances et de leur forme et caractère, consulter M. Ballyet (1817, D), Denervo, Odier (1818, E; 1824, E), M. Vauchelle, etc.

ORDONNANCE d'administration. v. administration. v. corps d'intendance n° 2. v. législation 1517 (24 janvier), 1539 (20 aout), 1550 (20 mars), 1566 (12 février), 1653 (14 février), 1666 (28 octobre), 1669 (16 aout), 1762 (10 décembre), 1764 (20 mars), 1776 (25 mars), 1788 (17 mars), 1788 (20 juin), an trois (16 ventose), an huit (8 floréal), an dix (19 germinal), 1815 (20 janvier), 1823 (19 mars), 1831 (1er avril). v. ordonnance officielle.

ORDONNANCE d'armement. v. armement. v. législation, 1453 (30 janvier), 1653 (24 décembre), 1666 (16 novembre), 1670 (6 février), 1676 (16 mars), 1690 (10 mai), 1703 (20 mars), 1710 (1er décembre), 1735 (28 mars), 1747 (19 janvier), 1758 (9 décembre), 1766 (25 avril), 1822 (30 mars), 1826 (21 juillet), 1826 (24 septembre). v. ordonnance d'uniforme. v. ordonnance officielle.

ORDONNANCE d'avancement. v. avancement. v. législation, 1654 (20 novembre), 1664 (4 avril), 1758 (29 mars), 1762 (10 décembre), 1788 (17 mars), 1815 (25 septembre), 1818 (2 aout), 1832 (19 avril), 1832 (28 avril). v. ordonnance officielle.

ORDONNANCE de batteries. v. batterie.

ORDONNANCE de campagne. v. campagne. v. législation, 1508 (12 janvier), 1557 (6 octobre), 1590 (3 novembre), 1590 (5 décembre), 1591 (25 février), 1638 (avril et septembre), 1698 (25 aout), 1701 (1er mai), 1755 (8 avril), 1741 (20 juillet), 1753 (17 février), 1760 (17 février), 1778 (28 avril), 1788 (12 aout), 1832 (3 mai). v. outil de campagne.

ORDONNANCE de campement. v. campement. v. législation, 1752 (2 aout), 1735 (1er juin), 1741 (20 juillet), 1755 (17 février), 1778 (28 avril), 1792 (1er mars), 1792 (5 avril). v. ordonnance officielle. v. terrain de campement.

ORDONNANCE de casernement. v. casernement. v. législation, 1691 (17 aout et 5 décembre). v. ordonnance officielle.

ORDONNANCE de cérémonial. v. cérémonial. v. législation, 1665 (6 octobre), 1664 (22 novembre), 1671 (26 mai), 1696 (12 mai), 1727 (20 avril), an douze (24 messidor), 1831 (20 septembre). v. ordon-

nance officielle. v. service de cérémonial.

ORDONNANCE de chauffage. v. chauffage. v. législation, 1716 (25 octobre), 1746 (18 juin), 1827 (13 aout). v. ordonnance officielle.

ORDONNANCE de combat. v. combat. v. ordre tactique. v. position strateumatique.

ORDONNANCE de composition. v. intervalle d'infanterie. v. législation, 1290 (15 aout), 1502 (juin), 1503 (20 janvier), 1503 (septembre), 1506, 1316 (12 mars), 1518 (18 juillet), 1535 (2 février), 1547 (13 mai), 1575 (13 janvier), 1403 (25 mai), 1459 (2 octobre), 1448 (28 avril), 1527 (26 mai), 1553 (12 février), 1554 (24 juillet), 1557 (19 janvier), 1559 (20 aout), 1550 (20 mars), 1567 (15 septembre), 1572 (mars), 1578 (4 mars), 1589, 1595 (mars), 1601 (janvier), 1624, 1628 (12 octobre), 1629 (5 juillet), 1635 (mai), 1656 (6 aout), 1638 (mars), 1638 (24 juillet), 1643 (10 juillet), 1649 (21 janvier), 1651 (4 novembre), 1659 (4 mai), 1669 (21 février), 1670 (25 et 28 février), 1674, 1677 (17 septembre), 1679 (15 décembre), 1682 (1er aout), 1685 (1er janvier), 1683 (20 mars), 1688 (29 novembre), 1693 (13 juillet), 1716 (2 juillet), 1718 (6 avril), 1726 (16 décembre), 1742 (1er aout), 1762 (10 décembre), 1764 (29 janvier), 1764 (10 aout), 1766 (19 avril), 1766 (1er mai), 1769 (1er mai), 1771 (19 juin), 1775 (26 avril), 1776 (25 mars), 1784 (12 juillet), 1788 (17 mars), 1790 (18 aout), 1790 (5 octobre), 1791 (1er janvier), 1791 (4 aout), 1792 (15 mars), 1793 (21 février et 31 mars), an quatre (10 brumaire), an quatre (18 nivose), 1808 (18 février), 1813 (12 mai), 1814 (12 mai), 1814 (16 mai), 1815 (16 juillet), 1815 (3 aout), 1815 (1er septembre), 1816 (18 juillet), 1818 (6 mai), 1820 (27 septembre), 1820 (23 octobre), 1822 (18 septembre), 1825 (27 février), 1829 (31 mai), 1829 (10 juin), 1829 (5 aout), 1829 (13 décembre), 1830 (11 décembre), 1831 (17 janvier), 1831 (22 février), 1831 (7 mai), 1832 (30 mars). v. ordonnance officielle. v. recrutement.

ORDONNANCE de comptabilité. v. comptabilité. v. législation, 1527 (26 mai), 1533 (18 octobre), 1539 (20 aout), 1566 (février), 1788 (20 juin), 1792 (1er janvier), 1828 (31 octobre). v. ordonnance officielle.

ORDONNANCE de convois. v. convoi. v. législation, 1815 (22 février). v. ordonnance officielle.

ORDONNANCE de discipline. v. discipline. v. législation, 1716 (4 juillet), 1788 (1er juillet), 1818 (13 mai), 1831 (20 septembre). v. ordonnance officielle.

ORDONNANCE de HARNACHEMENT. V. HARNACHEMENT. V. ORDONNANCE D'UNIFORME.

ORDONNANCE de JUSTICE. V. JUSTICE. V. LÉGISLATION, 1260 (2 FÉVRIER), 1303 (15 JANVIER), 1306 (JUIN), 1311 (30 DÉCEMBRE), 1347 (1er MAI), 1355 (FÉVRIER), 1411 (22 AVRIL), 1537 (26 MAI), 1550 (20 MARS), 1551 (16 JUILLET), 1553 (23 DÉCEMBRE), 1557 (22 MARS), 1566 (9 FÉVRIER), 1570 (10 DÉCEMBRE), 1573 (3 AOUT), 1574 (1er JUILLET), 1579, 1584 (5 DÉCEMBRE), 1599 (16 JUIN), 1602 (AVRIL), 1609 (JUIN), 1611 (1er JUILLET), 1613 (18 JANVIER), 1626 (FÉVRIER), 1633 (14 FÉVRIER), 1636 (1er OCTOBRE), 1643 (15 JUIN), 1651 (21 JANVIER), 1651 (25 MAI), 1665 (12 NOVEMBRE), 1666 (30 MAI), 1668 (27 MARS), 1668 (26 JUILLET), 1668 (20 SEPTEMBRE), 1673, 1674 (22 MARS), 1678 (5 JANVIER), 1679 (AOUT), 1682 (11 JUILLET), 1686 (20 MAI), 1699 (20 AOUT), 1710 (30 NOVEMBRE), 1716 (2 JUILLET), 1716 (4 JUILLET), 1718 (8 AVRIL), 1718 (28 DÉCEMBRE), 1719 (20 AVRIL), 1727 (30 MARS), 1727 (1er JUILLET), 1733 (1er AOUT), 1754 (2 SEPTEMBRE), 1735 (8 AVRIL), 1741 (20 JUILLET), 1750 (25 JUIN), 1764 (5 JUILLET), 1790 (22 SEPTEMBRE), 1791 (30 SEPTEMBRE), 1792 (24 JUIN), 1793 (12 MAI), AN CINQ (21 BRUMAIRE), AN DOUZE (19 VENDÉMIAIRE), AN DOUZE (17 NIVOSE), 1811 (24 DÉCEMBRE), 1812 (1er MAI), 1816 (21 FÉVRIER), 1816 (16 MARS). V. ORLANDINI. V. ORDONNANCE OFFICIELLE. V. PEINE. V. RÉCUSATION.

ORDONNANCE de LOGEMENT. V. LÉGISLATION, 1638 (AVRIL), 1691 (3 DÉCEMBRE), 1718 (8 AVRIL), 1824 (20 JUILLET). V. LOGEMENT. V. ORDONNANCE OFFICIELLE.

ORDONNANCE de MARCHE. V. LÉGISLATION, 1514 (20 JANVIER), 1647 (25 FÉVRIER), 1673 (22 MAI), 1707 ( ), 1718 (8 AVRIL), 1727 (13 JUILLET), 1735 (8 AVRIL). V. MARCHE. V. ORDONNANCE OFFICIELLE.

ORDONNANCE de PAYEMENT. V. MINISTRE DE LA GUERRE Nº 7. V. ORDONNANCE COMPTABILIAIRE. V. PAYEMENT.

ORDONNANCE de POLICE. V. APPLICATION DE PUNITIONS. V. LÉGISLATION, 1304 (AVRIL), 1312 (28 DÉCEMBRE), 1516 (1er AVRIL), 1330 (8 FÉVRIER), 1540 (FÉVRIER), 1355 ( ), 1372 ( ), 1413 (25 MAI), 1467 (AVRIL), 1508 (12 JANVIER), 1514 (20 JANVIER), 1525 (23 SEPTEMBRE), 1527 (26 MAI), 1530 (15 JUILLET), 1537 (6 OCTOBRE), 1550 (20 MARS), 1566 (9 FÉVRIER), 1570 (10 DÉCEMBRE), 1573 (3 AOUT), 1574 (1er FÉVRIER), 1574 (5 JUILLET), 1575 (1er JUILLET), 1578 (28 FÉVRIER), 1589 (3 JUIN), 1590 (29 JUILLET), 1597 (24 FÉVRIER), 1623 (4 AOUT), 1652 (19 JANVIER), 1653

(2 JANVIER), 1653 (14 FÉVRIER), 1653 (31 AOUT), 1636 (1er OCTOBRE), 1638 (AVRIL), 1638 (15 MAI), 1641 (25 MAI), 1650 (9 AVRIL), 1651 (21 JANVIER), 1651 (25 MAI), 1651 (4 NOVEMBRE), 1653 (28 AVRIL), 1654 (6 NOVEMBRE), 1661 (12 OCTOBRE), 1727 (1er JUILLET), 1776 (25 MARS), 1788 (1er JUILLET), 1792 (24 JUIN), 1816 (24 JUILLET), 1818 (13 MAI), 1831 (20 SEPTEMBRE), 1832 (10 AVRIL), 1833 (2 NOVEMBRE). [V. OBÉISSANCE. V. ORDONNANCE OFFICIELLE. V. ORDRE DE CORPS. V. PIVOT TACTIQUE. V. POLICE. V. PRISON.

ORDONNANCE de RELIEF. V. RELIEF.

ORDONNANCE de REVUES. V. LÉGISLATION, 1412 (JANVIER), 1523 (12 AOUT), 1554 (15 FÉVRIER), 1539 (20 AOUT), 1543 (3 JUIN), 1558 (6 NOVEMBRE), 1574 (1er FÉVRIER), 1620 (26 SEPTEMBRE), 1633 (14 FÉVRIER), 1645 (3 FÉVRIER), 1645 (22 MAI), 1660 (20 JUILLET), 1705 (22 JANVIER), 1749 (1er JUILLET). V. ORDONNANCE OFFICIELLE. V. REVUES.

ORDONNANCE de SERVICE. V. LÉGISLATION, 1506 ( ) 1410 (28 AOUT), 1411 (14 OCTOBRE), 1417 (2 FÉVRIER), 1467 (JUIN), 1474 ( ), 1498 ( ), 1499 ( ), 1526 (26 JUIN), 1541 (15 JUILLET), 1543 (5 JANVIER), 1549 ( ), 1554 (JANVIER), 1555 ( ), 1558 ( ), 1560 (JUILLET), 1570 (20 DÉCEMBRE), 1586, ( ), 1590 (3 NOVEMBRE), 1592 (17 MARS), 1594 (8 MAI), 1595 (12 NOVEMBRE), 1635 (30 JUILLET), 1638 (15 AVRIL), 1638 (15 MAI), 1639 (18 JANVIER), 1639 (14 MAI), 1643 (15 JUILLET), 1643 (14 NOVEMBRE), 1650 (9 AVRIL), 1652 (7 OCTOBRE), 1660 (21 FÉVRIER), 1661 (12 OCTOBRE), 1663 (29 MARS), 1664 (3 NOVEMBRE), 1727 (13 JUILLET). V. SERVICE. V. SERVICE JOURNALIER.

ORDONNANCE de SERVICE EN CAMPAGNE. V. LÉGISLATION, 1508 (12 JANVIER), 1537 (6 OCTOBRE), 1590 (3 NOVEMBRE), 1591 (25 FÉVRIER), 1638 (AVRIL), 1638 (SEPTEMBRE), 1698 (25 AOUT), 1701 (1er MAI), 1735 (8 AVRIL), 1741 (20 JUILLET), 1753 (17 FÉVRIER), 1760 (17 FÉVRIER), 1778 (28 AVRIL), 1788 (12 AOUT), 1832 (3 MAI). V. SERVICE DE CAMPAGNE. V. SERVICE EN CAMPAGNE.

ORDONNANCE de SERVICE EN GARNISON. V. ADJUDANT-MAJOR D'INFANTERIE DE LIGNE Nº 10. V. APPEL AU CORPS DE GARDE. V. BUTIN. V. GARDE DE LA PLACE. V. LÉGISLATION, 1363 (6 MARS), 1451 (1er DÉCEMBRE), 1514 (20 JANVIER), 1539 (JANVIER), 1661 (12 OCTOBRE), 1661 (1er DÉCEMBRE), 1665 (25 JUILLET), 1707 (1er AVRIL), 1733 (1er AOUT), 1750 (25 JUIN), 1765 (1er MAI), 1766 (1er NOVEMBRE), 1768

(1ᵉʳ MARS). V. SERVICE DE GARNISON. V. SERVICE EN GARNISON.

ORDONNANCE de SERVICE INTÉRIEUR. V. LÉGISLATION, 1788 (1ᵉʳ JUILLET), 1818 (13 MAI), 1853 (2 NOVEMBRE). V. ORDONNANCE OFFICIELLE. V. SERVICE INTÉRIEUR.

ORDONNANCE de SOLDE. V. LÉGISLATION, 1338 (JUIN), 1351 (4 FÉVRIER), 1454 (30 JANVIER), 1527 (26 MAI), 1534 (24 JUILLET), 1543 (3 JANVIER), 1545 (3 JUIN), 1574 (1ᵉʳ FÉVRIER), 1633 (14 FÉVRIER), 1653 (28 AVRIL), 1738 (1ᵉʳ DÉCEMBRE), 1749 (10 FÉVRIER), 1759 (1ᵉʳ JUILLET), 1762 (12 OCTOBRE), 1762 (10 DÉCEMBRE), 1788 (17 MARS), 1814 (27 AOUT), 1818 (2 FÉVRIER), 1829 (10 OCTOBRE). V. OUVERTURE DE PORTE. V. SOLDE.

ORDONNANCE de SUBSISTANCES. V. LÉGISLATION, 1533 (12 FÉVRIER), 1534 (13 FÉVRIER), 1539 (20 AOUT), 1544 ( ), 1558 (26 OCTOBRE), 1588 (18 AOUT), 1588 (9 NOVEMBRE), 1628 (13 NOVEMBRE), 1635 (14 FÉVRIER), 1636 (26 MARS), 1643 (15 JUILLET), 1649 (4 DÉCEMBRE), 1650 (16 DÉCEMBRE), 1651 (4 NOVEMBRE), 1653 (28 AVRIL), 1668 (1ᵉʳ JUIN), 1718 (15 AVRIL), AN SEPT (29 FLORÉAL), 1827 (1ᵉʳ SEPTEMBRE). V. SUBSISTANCES.

ORDONNANCE de TACTIQUE. V. ORDONNANCE D'EXERCICE. V. TACTIQUE, subs.

ORDONNANCE de TRANSPORTS. V. LÉGISLATION, 1827 (12 FÉVRIER). V. TRANSPORTS.

ORDONNANCE d'ÉQUIPEMENT. V. ÉQUIPEMENT. V. ORDONNANCE D'UNIFORME.

ORDONNANCE d'EXERCICE DE CAVALERIE. V. EXERCICE DE CAVALERIE. V. LÉGISLATION, 1829 (6 DÉCEMBRE). V. TIRAILLEUR.

ORDONNANCE (ordonnances) d'EXERCICE D'INFANTERIE (G, 6), ou ORDONNANCE DE TACTIQUE. Sorte d'ORDONNANCES OFFICIELLES qui concernent l'INFANTERIE FRANÇAISE. Elles vont être examinées avec quelques détails à partir de l'époque où elles ont commencé à faire faire des progrès à la TACTIQUE.—Avant le dix-huitième siècle il n'existait pas de règles officielles françaises à l'égard des ÉVOLUTIONS; il n'en a été mis au jour que quand des MINISTRES à larges vues, tels que DARGENSON, quand des MINISTRES hommes de guerre, tels que BELLEVILLE, CHOISEUL, SAINT-GERMAIN, se sont occupés en grand de la CONSTITUTION de l'ARMÉE FRANÇAISE, et ont tâché d'y coordonner la TACTIQUE; s'il a été composé en 1788, et publié en 1791, un document plus savant que tous les autres sur cette matière, ce n'est pas qu'alors d'habiles MINISTRES fussent à la tête du DÉPARTEMENT DE LA GUERRE, mais l'honneur en est à GUIBERT; il était l'AUTEUR de ces travaux. La prépondérance de ses opinions avait amené l'institution du CONSEIL DE LA GUERRE et ce CONSEIL, se disposait à promulguer, en 1788, l'ordonnance inachevée que le COMITÉ MILITAIRE de l'ASSEMBLÉE CONSTITUANTE fit recopier en 1791, et qui devait un jour faire le tour du monde. — Reprenons les choses de plus haut. LOSTELNEAU (1647, B) a été le plus ancien législateur tacticien de la France. Après l'apparition de son ouvrage, dont nous avons dit le bien et le mal qu'il en faut penser, le premier document officiel, mais d'origine étrangère, qu'on retrouve, est l'INSTRUCTION DE 1649; c'était une contrefaçon de l'ouvrage hollandais de GHEYN; c'était un livret de huit ou dix pages. — L'ORDONNANCE DE 1703 (2 MARS), insérée dans BRIQUET (1761, H), parut ensuite; c'était un texte sans gravures, de quinze pages à peine, et aussi peu volumineux que celui de 1649. Ce document a régi l'INFANTERIE FRANÇAISE pendant un demi-siècle, comme le déclare et le déplore PUYSÉGUR (1748, C). Cette publication, puisée dans les traités de Delamont et de Lafontaine, fut suivie des ORDONNANCES DE 1707, 1733 (1ᵉʳ JUIN), 1746 (1ᵉʳ MARS); celle-ci était un in-12 de dix-neuf pages, une reproduction du livret de 1703. Telle était alors l'inhabileté française, comme le témoigne CHENNEVIÈRES (1750, C, tome I, page 3, note); ce qu'on appelait la TACTIQUE pouvait s'apprendre en une heure. Remarquons cependant que cette ordonnance prescrivait le COMMANDEMENT : ALLONGEZ LA BAIONNETTE ; nous le citons, quoique supprimé peu après, pour prendre date de l'importance qui s'attachait à la BAIONNETTE. — L'ORDONNANCE DE 1750 (7 MAI) se bornait presque à enseigner comment un RÉGIMENT D'INFANTERIE devait se rendre de la CASERNE au TERRAIN D'EXERCICE ; elle se noyait dans les détails du salut du CHAPEAU. — L'ORDONNANCE DE 1753 (29 JUIN) n'était qu'un essai presque aussi bref que les documents précédents ; vint ensuite l'ORDONNANCE DE 1754 (14 MAI); elle se ressentait des lumières répandues par les écrits de PUYSÉGUR et de BOMBELLES; elle fut remarquable par le système, alors nouveau, qui consistait en principe à attaquer sur trois RANGS et à se défendre sur six ; elle fut la première qui nota musicalement des AIRS DE TAMBOURS: telle est en FRANCE l'origine du PAS TACTIQUE, l'époque où fut sentie l'importance de la CÉLEUSTIQUE et des BATTERIES DE CAISSE.— Presque aussitôt étaient mises au jour les ORDONNANCES DE 1755 (6 MAI et 22 JUIN). Celle de l'infanterie prit de l'étendue ; son texte était accompagné de gravures savamment exécutées ; c'était un fruit du mémorable ministère de DARGENSON; ce n'était pourtant qu'un document qui laissait désirer mieux ; elle voulait, à l'antique manière des Grecs, que le premier rang fût composé des plus anciens soldats, et que le second se formât des plus jeunes ; mais elle rendait témoignage des progrès de l'époque en exigeant que les officiers débutassent par un apprentissage du métier de soldat ; elle les astreignait à de sérieux exercices; elle échelonnait plus convenablement la subordination, elle caractérisait les droits et délimitait les pouvoirs. — Les ORDONNANCES DE 1764 (20 MARS) et DE 1766 (1er JANVIER), furent rédigées dans l'esprit du système prussien, se ressentirent des opinions de PICTET (1761), et de JABRO (1777). Le premier fut l'oracle étranger , l'autre fut l'écrivain français dont l'autorité fut invoquée pour la composition de ces documents ; ils instituèrent le rang de taille, ils se ressentirent de la révolution que la GUERRE DE SEPT ANS venait d'opérer dans la SCIENCE DES ARMES. L'ordonnance de 1764 est dûe au MINISTÈRE de CHOISEUL, mais elle n'est pas une de ses plus méritantes productions. Ses vues ne manquaient pas de profondeur, mais elle était obscure, incorrectement écrite, dépourvue de plan, de définitions, de transitions , timide en fait de nomenclature, mesquine en ses principes , ne procédant jamais d'un point de départ annoncé ; elle se montra moins avancée dans ses découvertes que l'époque ne le comportait; elle n'évita que quelques-uns des défauts de la LÉGISLATION à laquelle elle succédait. Le PORT D'ARMES y était d'une minutie outrée; les INSPECTIONS y absorbaient le temps des EXERCICES ; il y était donné trop d'importance au MANIEMENT D'ARMES et aux DOUBLEMENTS DE FILES ; elle ignorait l'art des ALIGNEMENTS ; on lui doit toutefois la PROMENADE MILITAIRE. — L'INSTRUCTION DE 1769 (1er MAI) est la première ordonnance où il règne de la clarté et qui mérite d'être étudiée ; mais elle était trop succincte, n'avait trait qu'aux TROUPES LÉGÈRES, et embrassait toutes les armes d'une légion ; on y rompait par QUART DE RANG et par DEMI-RANG (OU DEMI-BATAILLON). Le mot PELOTON y signifiait COMPAGNIE, le mot DIVISION y signifiait SECTION. Elle ne RENDAIT pas les honneurs par la PRÉSENTATION DES ARMES ; elle y suppléait par un SALUT D'ARMES. Cette instruction voulait qu'on se formât habituellement sur trois RANGS, et au besoin sur six, par un DOUBLEMENT DE FILES ; elle composait de COMPAGNIES IMPAIRES le PREMIER BATAILLON, elle formait des autres COMPAGNIES le SECOND BATAILLON. C'était le premier essai du TIERCEMENT TACTIQUE. — On ÔTAIT LA BAIONNETTE en sept TEMPS. On appelait poser la crosse à terre ce qu'on a

appelé ensuite se REPOSER SUR LES ARMES. — Les AUTEURS ne citent pas l'instruction de 1769 que nous venons d'analyser, parce qu'elle a été à peine mise à exécution. Le peu de durée des légions explique cet oubli des ÉCRIVAINS ; mais l'étendue et le savoir de cette ordonnance, qu'on attribue à DUMOURIEZ, ne nous permettaient pas de la passer sous silence. — L'INSTRUCTION DE 1774 (11 JUIN) contenait de palpables améliorations dans sa rédaction et dans quelques-uns de ses détails ; elle s'occupait des DÉPLOIEMENTS et renonçait aux FEUX DE PARAPET de 1766. Une partie des applications actuelles y ont leur origine ; l'ÉCOLE DU SOLDAT, telle qu'on la pratique encore, en est copiée presque mot à mot ; on y voyait les COLONELS érigés en INSTRUCTEURS et obligés de concourir à l'éducation de leurs soldats; jusque-là, les COLONELS ne savaient rien, ne faisaient rien ; ils eussent regardé une semblable disposition comme un attentat à tout le corps de la noblesse. —Cette INSTRUCTION méritait mieux qu'aucune autre le nom d'ordonnances ; il n'en est tombé en désuétude aujourd'hui que le DOUBLEMENT DES FILES, le partage des BATAILLONS par DEMI-RANGS, les FEUX DE DIVISION, les deux DRAPEAUX, les CHANGEMENTS DE POSITION, la manière de BORDER LA HAIE. — Comme amélioration, simplification, précision, l'INSTRUCTION DE 1774 n'était comparable à rien de ce qui avait été fait; elle se ressentait de l'influence et de la participation de GUIBERT : elle reproduisait les découvertes de FRÉDÉRIC DEUX ; mais elle était mal entrecoupée ; la diviser en ÉCOLE DE SOLDAT, de PELOTON, de BATAILLON et en ÉVOLUTIONS DE LIGNE, n'était pas venu à l'esprit de ses rédacteurs. Les principes de ses diverses particularités, ou ÉCOLES, restaient mêlés et vagues. — DARUT (1789, B) a censuré quelques points de cette ordonnance, et ses critiques n'ont pas été sans utilité pour la rédaction de celle de 1788 et du RÈGLEMENT de 1791. — L'ORDONNANCE DE 1775 (30 MAI), qui est due à DUMUY, était une reproduction de celle de 1774 et présentait seulement quelques différences dans l'exécution des FEUX ; elle maintenait ceux A GÉNUFLEXION. Elle ne connaissait plus qu'une seule dimension de TERRAIN INDIVIDUEL, sauf l'ORDRE OUVERT dans les cas d'INSPECTION. — Elle ne faisait pas encore manœuvrer au PAS DE ROUTE ; elle instituait les FEUX DE DEUX RANGS, non encore connus, et se terminait par une instruction sur le TIR A LA CIBLE. Ainsi la BALISTIQUE D'INFANTERIE lui doit sa naissance ; elle n'était pas encore mise à exécution que SAINT-GERMAIN l'abrogeait : voilà pourquoi les ÉCRIVAINS ne la mentionnent pas. —L'ordonnance de 1776 (1er juin) fut minutée par Pirch, par Guibert, etc. ; un système nouveau de formation demandait en effet un remaniement des régles de la tactique ; les régiments n'avaient plus que deux bataillons, les bataillons n'avaient plus que quatre compagnies et qu'un drapeau. — L'ordonnance ne connaissait plus l'ordre de parade, renonçait aux changements de position, plaçait les officiers de compagnie dans le rang, et appelait divisions les compagnies. — Les matières du texte commençaient à [être distribuées avec plus de méthode ; mais l'ordonnance ne se partageait pas encore par écoles, et elle confondait les principes relatifs aux évolutions de ligne et ceux de l'école du soldat. Elle ne parlait plus de border la haie, faisait faire aux trois rangs le feu de bout, améliorait le choix et l'emploi de la nomenclature tactique, et décrivait les déploiements de Frédéric deux, déjà ébauchés dans les instructions de 1774 et de 1775. Elle appelait colonne sur le centre la colonne d'attaque ; elle introduisait l'usage du pas de manoeuvres et du pas de route ; elle appelait encore factionnaires, les capitaines.—Bohan (1781, H), Saint-Germain (1769, I), Servan (1780, B), Wimpfen (1780, A), peuvent être consultés touchant cette ordonnance.— L'ordonnance de 1788 (20 mai), rédigée par le conseil de la guerre et contresignée par Puységur, n'a pas été mise en vigueur ; elle instituait un front constitutionnel, divisait son texte en école de soldat, de peloton, et de bataillon, mais n'allait pas au delà. Elle restreignait les pivotements de tête, conservait un feu en avançant, inventait, pour faire rompre en bataille, les conversions de pied ferme au pas ordinaire qui avaient lieu auparavant au pas de manoeuvre ; elle supprimait les conversions par divisions. — Ce règlement était calqué sur les principes prussiens, améliorés ou éclaircis en beaucoup de points ; c'était surtout l'œuvre de Guibert, dont Dumouriez avait été le collaborateur, dont Chadelas était le second, le secrétaire. — M. le général Pelet suppose que le conseil de la guerre, en mettant au jour l'ordonnance de 1788, avait le projet de la compléter par un titre relatif aux grandes évolutions. Aucune preuve ne fortifie, à notre connaissance, cette supposition, mais le fait est probable. Cet écrivain est d'avis que, sous certains rapports qu'il n'indique pas, cette ordonnance était préférable au règlement qui l'a remplacée ; mais il avoue n'en avoir vu que les planches (*Spectateur militaire*, t. iv, p. 524). — On peut, sur ces questions, consulter M. le colonel Carrion (1824, A).

— Le règlement de 1791 passa pour être le travail de M. le lieutenant général O'Connell, rapporteur de la commission dont le duc de Guines était président. Ce travail était, en réalité, de Guibert, sauf les manœuvres des pelotons endivisionnés. Les correcteurs qui venaient de le retoucher, l'avaient trouvé incomplet par rapport à la nouvelle constitution des troupes ; ils y remédièrent de leur mieux en y introduisant une école de ligne ; mais il ne dépendait pas d'eux d'empêcher que bientôt ce rescrit ne redevint incomplet par le fait de l'invention des brigades et des divisions. Cette innovation eût demandé que, dès 1791, une quatrième et une cinquième école eussent complété celles de soldat, de peloton, de bataillon. Cette amélioration est encore à désirer.—Le règlement de 1791 différait surtout du précédent document, en ce qu'il comprenait sous le nom d'évolutions de ligne une tactique de ligne. C'était un immense pas de fait ; malheureusement la forme des leçons de ce rudiment fut en désaccord, bientôt, avec la composition de guerre de l'armée française, avec la composition des bataillons de volontaires, avec les qualifications données aux officiers généraux, avec la création des voltigeurs, des majors, des troisième et quatrième sergents, etc., etc. — La correction typographique est pour beaucoup dans un règlement ; celui-ci contenait plusieurs commandements vocaux qui, visiblement, sont commandements mixtes, et qui, fautivement, n'étaient imprimés que d'un seul et même caractère ; tel est le cas pour le commandement : *Chef de peloton à votre file de gauche*, etc. — Le plus grave reproche que méritaient les rédacteurs des admirables travaux de 1788 et de 1791, c'était d'avoir trop compliqué le feu de deux rangs, de n'avoir pas osé se créer une langue technique ; ils inventaient ou naturalisaient des régles neuves, des opérations jusque-là inconnues, et ils avaient craint d'admettre des substantifs nouveaux pour rendre des idées nouvelles ; aucune des manoeuvres n'a reçu des appellations spéciales et des qualifications en un seul mot. Cette timide réserve en fait de nomenclature a retardé, plus qu'on ne pourrait le croire, les progrès de la tactique : cette science est restée comme un grimoire inintelligible, à qui ne l'a pas étudiée à fond et n'en a pas deviné les obscurités et discerné les lacunes. La chimie, la botanique, les sciences exactes n'ont dû leurs succès qu'à la hardiesse en linguistique, et à la logique grammaticale de leurs professeurs. La tactique n'en est pas là.—On a reproché r au règlement de 1791 de ne pas tenir assez de compte des accidents du terrain, et de se livrer trop minutieusement à la perfection géométrique. Peut-on accuser une loi de ne s'occuper que de principes et non d'exceptions?—On lit dans M. Courtin (1827, au mot *État-major*): *Reviendrait-on à l'ancien réglement des évolutions, au règlement de 1791, œuvre de pure théorie : les tours, les mouvements s'exécutaient sur des surfaces planes, et au moyen de mouvements géométriques en quelque sorte; sur le papier on pourrait avoir vaincu ; sur le terrain, on aurait entièrement, complètement tort.*—Que ces reproches soient fondés ou non, le réglement de 1791 était aussi bien le nouveau que l'ancien, puisqu'il était en vigueur jusqu'en 1831 ; de tous ceux qui régissaient les troupes françaises, c'était le seul où il eût été introduit de la méthode ; mais les reproches dont il était l'objet lui étaient-ils applicables, puisqu'il ne mettait pas en œuvre plus de huit ou de douze bataillons au plus, et que c'était au génie du général à suppléer aux lacunes du réglement? —Ce qu'on pourrait réellement y trouver à redire, et malheureusement plusieurs de ces censures seraient encore fondées, en traitant de l'ordonnance de 1831, c'est que le règlement de 1791 ne nous éclairait nullement sur la différence d'acception à établir entre les mots manœuvres et évolutions; son titre parlait de manœuvres, son texte répétait ce mot, et sa plus importante division, celle des grandes manœuvres, était intitulée : évolutions de ligne, quoique le titre général du règlement ne fît nulle mention d'évolutions. —Le réglement se contredisait à l'occasion du feu de deux rangs; suivant le texte, l'homme du troisième rang devait armer comme tous ses camarades du même peloton, et pourtant, *il devait toujours passer au second rang le fusil sans être armé.* —Le règlement omettait de dire que l'homme du second rang doit s'arrêter en déboîtant. — Le règlement imposait de vicieux préceptes de formation, puisque l'opération du tiercement y était sous-entendue, et qu'il a été cause du bouleversement qui en résulte.—On restait en doute si c'était à l'adjudant-major, ou à l'adjudant, à compter les files et à égaliser les pelotons. Il oubliait de prescrire la manière d'être passé en revue et de former les haies ; il ne s'expliquait pas touchant les rhythmes des batteries, restées arbitraires ou disparates depuis 1754; on y eût en vain cherché des principes sur le port du drapeau; il y manquait des éclaircissements touchant la place de bataille du quatrième sergent et du fourrier des grenadiers. Depuis qu'il existait par

régiment plus de deux bataillons, on se demandait s'ils devaient être rangés par numéros suivis, ou entrecoupés, par pairs et impairs, comme dans l'instruction de 1774 (11 mai). — L'école de bataillon ne renfermait pas de principe touchant la manière de faire marcher une colonne par le flanc, encore bien que dans les évolutions de ligne cette manœuvre fût usitée dans le déploiement par masses.—Mais combien étaient légères de pareilles imperfections, rachetées par tant de qualités!— M. le général Pelet (Spectateur militaire, novembre 1828), qui regarde le dernier titre de cette production comme inférieur aux quatre autres, est persuadé que si la guerre n'avait pas eu lieu, ce règlement n'eût pas duré davantage que celui de 1788. — Il est incontestable du moins qu'il avait pris un développement important, puisqu'il devenait corps de doctrine en fait de petite et de grande tactique.—Donnons une preuve de l'universalité dont il a joui. Il était traduit en allemand par Méchel, Bâle (1801-1802); il l'était en italien par Bonetti (Luigi), Rome (1809) ; Naples (1813); il l'était en espagnol, Madrid (1813) ; il l'était en hollandais, Amsterdam (1813) ; il l'avait été en Angleterre en 1796, et à l'époque où une rupture violente soustrayait à la protection française la Suisse et la Confédération du Rhin, la Pologne le conservait comme un souvenir et un héritage, la Pologne passant sous une autre domination l'importait en Russie.—En 1826, les généraux Curial, Pelleport, Dalton, Vasserot, Balthazard, Damrémont, Saint-Hilaire, formaient une commission chargée de le retoucher.—En opposition aux principes de ce règlement, Bonaparte faisait rompre par divisions, faisait rompre au pas accéléré, faisait faire demi-tour à droite à une troupe en ordre de colonne. Bonaparte ne se souvenait que de ses premières inspirations, que de ses études de Brienne; il n'avait pas eu le temps d'étudier le règlement de 1791, puisqu'il n'avait pas servi dans l'infanterie. Personne n'eût osé lui faire remarquer qu'il en violait les règles en leur substituant les règles plus anciennes. On s'est mépris sur la nature du fait; on a cru, à tort, qu'il avait en vue d'innover, et ses erreurs, prônées par une admiration irréfléchie, ont fait doctrine.—Le général Schauenburg (1800, A) dit que les anciens lieutenants-colonels et majors avaient fourni les matériaux des premiers titres de ce règlement, mais il insinue qu'il n'y avait point en France d'officiers généraux capables de proposer les éléments du dernier titre. Voici ce qu'il en dit : *L'école des évolu-*

tions de ligne répondrait sans doute au reste de l'ordonnance, si la rareté des rassemblements de troupe pendant la paix n'avait pas rendu les premiers chefs étrangers à cette partie de l'art militaire. On pourrait en conjecturer que ce règlement n'a été qu'une mise en ordre de documents rassemblés par différents corps ; il en est tout autrement ; le RÈGLEMENT DE 1788, qui lui a servi de type, a été le travail d'un seul homme, de la tête la plus mûre et la plus forte, et du plus habile militaire qui en France se soit livré à ce genre de rédaction.—GOUVION Saint-Cyr (1831) déclare inexécutables les FEUX A GÉNUFLEXION, et l'ARRIÈRE-JALONNEMENT ; il blâme l'ORDRE SUR TROIS RANGS ; il considère le règlement de 1791 comme composé par des hommes instruits, mais peu praticiens. Mais GOUVION a vu les défauts sans discerner les causes ; comment donner son action juste à des parties d'armées, quand on écrit avant de savoir comment sera constituée l'ARMÉE : telle était la position des architectes de ce monument. — Suivant le général FOY, le règlement de 1791 était *un modèle de concision et de clarté, les chefs s'accoutumèrent à en varier l'application suivant les besoins.*—Suivant les besoins est bien vague ; mieux eût valu dire : suivant ce qu'exigeaient les modifications que la formation de l'armée avait éprouvées.—En 1828 (août) il a été publié au camp de Saint-Omer un document de trente-deux pages, intitulé : *Supplément au règlement de 1791* ; la commission créée en 1826 lui avait donné le jour, ainsi qu'à un opuscule sur les TIRAILLEURS. Ce supplément s'occupait de leurs RÉSERVES, instituait un FEU DE CHARGE, modifiait la COLONNE D'ATTAQUE, les DISPOSITIONS CONTRE LA CAVALERIE, les PASSAGES DE LIGNES, et s'étendait en détails sur les FORMATIONS de carrés.—Son FEU DE CHARGE n'avait lieu que par les deux premiers rangs, le TROISIÈME RANG restant l'arme apprêtée : ainsi le PREMIER RANG tirait debout, soit dans les FEUX DE BATAILLON, soit dans les FEUX DE PELOTON. —La COLONNE D'ATTAQUE s'appelait prolixement, dans ce supplément, COLONNE DOUBLE SUR LE CENTRE ; les chefs DE PELOTON de cette COLONNE ne se tenaient pas, comme autrefois, aux ailes ; le plus ancien officier était CHEF DE DIVISION.—L'ordonnance s'était modifiée et alourdie, mais les délégués du MINISTÈRE n'avaient pas osé l'abroger, ni su l'abréger. — Un MINISTRE plus entreprenant a mis au jour l'ORDONNANCE DE 1831 (4 MARS). Elle a aboli l'ancien RANG DE TAILLE : le système mal entendu qu'elle y a substitué a donné lieu aux critiques fondées qui sont dévelop-

pées à cet égard dans la *Sentinelle de l'Armée*, t. II, p. 551.—Elle reprenait, à l'imitation de SCHAUENBURG (1800, A), de l'ORDONNANCE DE 1788, le mécanisme de la transmutation des deux rangs en trois rangs et des trois rangs en deux : détails dépourvus de clarté, non moins que d'utilité ; mouvement inexécutable à la portée de l'ennemi, à cause de la complication, de la confusion d'un tel pêle-mêle. — Elle a emprunté de l'INSTRUCTION DE 1775 le mécanisme de la formation de trois ou de deux rangs sur un seul. Elle a rajeuni bien d'autres usages abolis qu'il convient d'examiner avec quelque développement. — Que dirait-on d'un peintre qui, avant d'arrêter la dimension et le plan d'un tableau, en entreprendrait les détails. C'est l'image et l'histoire de l'ORDONNANCE DE 1831 (4 MARS). Si, dans la SCIENCE DES ARMES, la TACTIQUE tient une place capitale, cet art dépend pourtant de la COMPOSITION et ne revient qu'après l'ORGANISATION ; il eût donc fallu jeter en moule un CODE MILITAIRE, ou en fonder au moins le plan et en déduire les branches, avant de minuter, vaille que vaille, un des chapitres du futur CODE. Le moindre défaut de ce qui s'est fait est le temps perdu dans un travail qu'il faudra réviser. — Une pensée *une* n'a dominé, en FRANCE, la SCIENCE DES ARMES qu'en 1788 ; un ensemble méthodique de RÈGLEMENTS fut essayé. Honneurs en soient rendus à GUIBERT ! — Nous sommes retombés dans la timidité et le décousu des essais qui ont succédé au MOYEN AGE. L'ordonnance du 4 mars est un rameau qui n'a pas de tronc ; promulguée isolée, elle est incomplète, car une ordonnance de cavalerie et une d'artillerie eussent dû paraître en même temps ; le canevas de chacune eût dû être pareil, le fond peu différent, et les COMMANDEMENTS aussi peu dissemblables que possible ; en effet, il ne peut y avoir de GÉNÉRAUX tacticiens que dans une MILICE dont l'INFANTERIE, la CAVALERIE et l'ARTILLERIE manœuvrent d'accord. — Fruit de dix ans d'un laborieux enfantement, cette conception, ou plutôt ce remaniement, a-t-il réalisé ce que l'EUROPE attendait? N'y a-t-il en FRANCE aucun ÉCRIVAIN d'un esprit assez hardi, d'un nom et d'un talent assez connus, pour se charger de la responsabilité d'une production qui se fût substituée au RÈGLEMENT ancien, eût porté un cachet de création, eût découlé d'un système large et franc, et ne fût sorti que d'une seule tête et d'une seule main, comme le règlement de 1791? —Composée dans un système méticuleux, sauf quand il s'est agi des ÉVOLUTIONS DE LIGNE, l'ordonnance de 1831 n'a, pour ainsi dire, pris sur elle ni d'abolir, ni d'ériger ; elle a délayé quand elle aurait dû élaguer ; elle a compliqué la matière dans la proportion de quatre à trois. — Elle a immolé aux hommes du champ de bataille une précision mathématique qu'ils ne comprennent pas ; elle a sacrifié à l'apparence d'une plus rapide exécution, la régularité, seul principe de ce qui est solide. La commission dont elle est l'ouvrage se plaisant dans la quiétude du *mezzo termine*, n'a pas su inventer un seul substantif abréviateur ; elle ne caractérise quantité de qualifications que par des périphrases, et s'est montrée si indifférente en linguistique, si oublieuse de ce qui est positif et technique, qu'elle redit (*Rapport au ministre*) à chaque ligne le mot ordonnance de 1791, qui n'est point une ordonnance, mais un RÈGLEMENT : elle a créé le mot inexact et peu intelligible, *colonne double*, pour exprimer ce que MAIZEROY, et MESNIL DURAND élève de FOLARD, appelaient moins improprement *jumelle*. Et cependant cette commission était une réunion de militaires expérimentés et habiles ; une partie de leur travail autorise à les juger tels. — Passons en revue ce que la critique peut reprocher, ce que l'esprit d'équité veut qu'on approuve. — L'ordonnance a oublié de donner, en ORDRE DE BATAILLE, une place aux OFFICIERS DE SANTÉ, au CAPORAL DES SAPEURS, au MAITRE DE MUSIQUE ; elle ne fixe qu'incomplétement la place du LIEUTENANT-COLONEL ; elle détermine confusément la place des TAMBOURS par rapport à celle des CLAIRONS, sans indiquer lesquels seront à droite, à gauche, au PREMIER RANG, au SECOND RANG, etc.; elle n'explique pas le PELOTONNEMENT à exécuter lors des PRISES D'ARMES ; ce sont, dira-t-on, choses peu importantes. — Elle n'a pas plus traité des deux MASSUES anglaises que de la GYMNASTIQUE, maintenant cultivée comme EXERCICE militaire dans tout le Nord. — Elle n'indiquait nulle part à quelles distances doivent s'entreprendre les CHARGES ; c'est une question que les Anglais ont approfondie. — Elle négligeait la combinaison chronométrique comparative des CHEMINEMENTS des diverses ARMES ; nos voisins d'outre-mer les ont étudiés. — Elle n'a pas consacré une seule ligne aux ÉVOLUTIONS des NAGEURS, si savamment exécutées en Danemarck et en Prusse. — Elle se privait de quantité de substantifs que la langue militaire aurait dû créer, tels que EXPELOTONNEMENT, enmassement, endivisionnement. — Elle ne prévoyait pas le cas où les VOLTIGEURS devraient, comme le voulait Bonaparte, dans le décret d'institution, monter en croupe pour être rapidement

portés sur un point important à défendre ; elle a oublié combien il s'est rencontré de circonstances où la CAVALERIE a dû transporter de l'INFANTERIE pour l'aider à traverser des COURS D'EAU, et comment la CAVALERIE favorise le passage des torrents à l'antique manière de CÉSAR. — Elle n'indiquait pas de manœuvres pour les FUSILS DE REMPARTS, ou plutôt pour les FUSILS A OBUS, dont la guerre d'ALGER a démontré l'utilité. — Elle oubliait de donner aux OFFICIERS et SOUS-OFFICIERS de VOLTIGEURS des SIFFLETS à la tyrolienne. — Elle ne songeait ni aux ARMES A VAPEUR, dont on verra un jour se composer la DÉFENSE des BRÈCHES, ni aux FUSÉES, dont s'occupaient les Autrichiens et les Russes, aux FUSILS A PERCUSSION, dont le HANOVRE commençait à faire emploi. — Elle semblait ignorer l'importance de la FUSILLADE, au jugé et de nuit, dans le CHEMIN COUVERT ; les principes de ce TIR ont été démontrés savamment par M. le général ROGNIAT. — Elle faisait entrevoir le peu d'utilité du FEU DE PELOTON, en temps de guerre, et pourtant elle en maintenait l'emploi. — Elle n'a pas cherché à rendre les COMMANDEMENTS clairs, sonores, brefs et méthodiques. — Les COLONNES DOUBLES qu'elle instituait présentaient plus de résistance contre les insultes de la CAVALERIE ; mais le canon, les FEUX A RICOCHETS, les COUPS D'ÉCHARPES, causeraient d'affreux ravages dans une LIGNE DE BATAILLONS ainsi formée. — Elle voulait la FORMATION SUR TROIS RANGS et ne s'opposait pas à la FORMATION SUR DEUX ; elle remplaçait l'ancien COMMANDEMENT : *feu en arrière*, par le COMMANDEMENT : *feu par le troisième rang*, quoiqu'elle permît de FAIRE FEU SUR DEUX RANGS. Elle employait le COMMANDEMENT : *feu par le troisième rang*, quoiqu'elle permît de ne se former que sur deux. — Le PAS ORDINAIRE ne s'appliquant pas à l'ÉCOLE DE BATAILLON, est devenu une étude superflue, et pourtant elle l'exigeait dans les commencements de l'instruction et seulement pour la MARCHE EN BATAILLE, la MARCHE EN COLONNE, la MARCHE DE FLANC (c'est-à-dire la MARCHE PAR LE FLANC). Remarquons, à l'égard de l'adverbe *seulement*, qu'il n'existait pas, tactiquement parlant, d'autre MARCHE QU'EN BATAILLE, EN COLONNE et PAR LE FLANC. — Suivant le rapport au MINISTRE, le PAS ACCÉLÉRÉ devait être de cent à la minute, ou même de cent à cent trente. Tactiquement parlant, un PAS n'a pourtant qu'un degré de VITESSE et ne peut pas différer de lui-même, comme trois diffère de quatre. — Elle répudiait le CARRÉ PLEIN que le RÈGLEMENT DE 1791 (*École de bataillon*) appelait DISPOSITION CONTRE LA CAVALERIE, et pourtant elle en maintenait l'usage.—Elle établissait dans l'intérieur de chaque BATAILLON un rangement ordinal et numérique de PELOTONS. Cette symétrie à contre-sens, cette complication sans but, se montraient dans tous leurs inconvénients en cas de séparation des compagnies de GRENA-DIERS ou de VOLTIGEURS, séparation qui arrive si souvent en guerre. — Elle ne disait pas ce que feront, en manœuvre, le LIEUTE-NANT-COLONEL et le MAJOR; s'ils n'y sont pas nécessaires, mieux vaudrait qu'ils n'y vinssent pas; elle démontrait par là, sans le vouloir, l'inutilité de leurs GRADES.—Elle voulait que les PREMIER et TROISIÈME BATAIL-LONS n'eussent pas de DRAPEAU, mais des FANIONS, et que ces FANIONS s'appelassent DRAPEAUX. — Elle maintenait un vicieux usage soldatesque, en disant : ÉCOLE DE PELO-TON et ÉCOLE DU SOLDAT; la logique et la grammaire voulaient que dans les deux cas elle dît : *du*, ou : *de*, et qu'elle optât entre le génitif ordinaire ou le partitif absolu. — Elle voulait que la COLONNE DE ROUTE, qu'elle appelle ailleurs, par inadvertance, COLONNE EN ROUTE, fût constituée par PELOTONS; en France, pays des plus larges routes, il n'y en a pas qui le permettent.—Elle prescrivait aux tambours quinze genres de BATTERIES, et au TAMBOUR-MAJOR quatorze genres de SIGNAUX. —Les dénominations données aux BATTERIES et aux SONNERIES différaient. Si c'était exprès, c'était un tort; mais si c'était sans le savoir et sans le vouloir !!!......... Ainsi, les mots APPEL et RAPPEL, AUX CHAMPS et PAS ORDINAIRE, DIANE et RÉVEIL étaient défectueusement sy-nonymes, parce que des copistes, mal sur-veillés par la COMMISSION créatrice, avaient emprunté moitié de ces termes à la CAVA-LERIE, moitié à l'INFANTERIE. La LANGUE MI-LITAIRE, qui demanderait tant à être épurée, finira de la sorte par être inintelligible. — L'Ordonnance détruisait tacitement, mais de fait, le principe qui reconnaissait, en FRANCE, une INFANTERIE LÉGÈRE et une INFANTERIE DE BATAILLE, puisque, sans distinction, elle prescrivait à toute l'INFANTERIE les mêmes études de TIRAILLEURS. Elle pouvait avoir rai-son en principe; mais il était fâcheux qu'elle fît tacitement, par là, la critique des lois de la COMPOSITION. — Un principe, fondé en rai-son, proscrivait la marche d'une COLONNE par le TROISIÈME RANG, la rupture d'une SEC-TION en DEMI-SECTION, la FORMATION SUCCES-SIVE d'une COLONNE SERRÉE et EN MARCHE, les MANOEUVRES dans lesquelles, hormis en BA-TAILLE ou en RETRAITE, on tournerait le dos à l'ennemi, enfin le CHANGEMENT DE DIREC-TION d'une COLONNE SERRÉE et EN MARCHE. — Le RÉGLEMENT DE 1791, malgré les exemples alors si influents de la PRUSSE, n'avait pas accueilli ces MOUVEMENTS, soit parce qu'ils étaient improuvés dans tous les traités *ex professo*, soit par l'impossibilité de les défi-nir et de les tracer à l'aide de descriptions mathématiques et de représentations linéai-res. —L'Ordonnance s'affranchissait de ces scrupules; si elle n'appliquait le CHANGEMENT DE DIRECTION qu'à un BATAILLON, c'était une inutilité; si elle l'appliquait à une LIGNE, en exigeant autant de stationnements qu'il y a de BATAILLONS, c'était une évolution bien lourde, bien bruyante par la multitude des COMMANDEMENTS partiels; mieux eût valu prendre DEMI-DISTANCE et CHANGER DE DIREC-TION à l'accoutumée. — D'ailleurs elle exi-geait des GUIDES un savoir faire et des com-binaisons qu'il est peu raisonnable, peu juste d'en attendre à la guerre, où il faut souvent prendre pour PIVOTS des CAPORAUX bien neufs. — Les DÉPLOIEMENTS dans lesquels il faut tourner le dos à l'ENNEMI (*Evolution de ligne*, art. 568) rencontraient peu d'appro-bateurs, d'autant qu'on lisait dans le rapport au MINISTRE : *La commission a prévu ce cas, quoiqu'il doive se rencontrer rare-ment.* Cet aveu dispense de toute critique. — Si l'on interroge les premières pages de l'Ordonnance, il y avait des RÉGIMENTS A TROIS BATAILLONS; si l'on interprète ses der-nières pages (ORDRE EN ÉCHELON), les BRIGADES n'étaient que de deux RÉGIMENTS, les RÉGI-MENTS que de deux BATAILLONS. Cependant cette proportion était mal déterminée, ou plutôt ne l'était pas dans les lois de la COM-POSITION; elle était ainsi en désaccord avec la TACTIQUE, vice radical que la LÉGISLATION, la logique et la LANGUE ne sauraient trop déplorer. — Dans le RÉGLEMENT DE 1791, la FORMATION PAR INVERSION était le déclasse-ment ou l'abandon momentané du place-ment normal de l'INFANTERIE sur le TERRAIN; on dérangeait, par urgence, l'ordre numé-rique naturel des PELOTONS en bataille pour FAIRE FACE au flanc opposé au côté du GUIDE. L'Ordonnance a étendu à plusieurs cas, et outre mesure, cette faculté d'invertir; elle tolère l'anomalie, quand rien ne justifie la transgression du principe. — Pour ne pas blesser l'ARTILLERIE, CORPS susceptible et qui craint de rien céder, quoique si riche, l'Or-donnance s'est timidement abstenue d'offrir les théories relatives au TIR A LA CIBLE; elle renvoie son lecteur à des instructions iso-lées. — La théorie des ÉVOLUTIONS DE LIGNES, inventées dans un temps où l'on ne con-naissait ni BRIGADES, ni DIVISIONS, se ressen-tait de cette circonstance; c'était un assem-blage confus qui attendait qu'une main ha-bile et un esprit lumineux le débrouillassent. L'Ordonnance de 1831 n'en faisait rien;

elle conservait la coupe primitive du traité et l'appellation devenue fausse et louche de ses chapitres. La Suède et le Wurtemberg étaient en cela plus avancés que la France ; leur armée possédait depuis longtemps un réglement où figurent une école de brigade et une école de division. — Nous étonnerions peut-être quelques lecteurs si nous disions que les Turcs étaient en cela supérieurs à quelques nations de l'Occident, et qu'en mai 1829 (*dernier jour de la lune de dgilkide de l'hégire*) le réglement nommé kanounnameh s'occupait des devoirs des généraux turcs et de ce qu'ils ont à apprendre et à enseigner. — Le défaut d'accord entre l'état nouveau de l'art et l'état ancien de la législation française ne s'est pas effacé. La fraction de l'armée qui avait le plus besoin d'une instruction écrite attendait encore des décisions officielles touchant ses fonctions, ses devoirs, ses services ; cette fraction de l'armée n'était autre que les généraux français. — Ainsi, dans les temps les plus éclairés, au milieu d'un pays où le savoir abonde, après quarante ans d'épreuves si multipliées, l'Ordonnance nouvelle n'offrait que des additions insignifiantes, des retranchements indifférents, des changements calqués sur des réglements abolis ; les améliorations qu'elle contenait n'étaient que la mise en œuvre de publications modernes ; elle glissait sur la difficulté des feux de deux rangs et des feux à génuflexion ; elle ne faisait pas mention des feux de rang ni des défilements en tiroir, qui ne sont pas sans utilité et que les troupes exécutent tous les jours ; elle modifiait, par une innovation malheureuse et maladroite, l'ancien pelotonnement ; elle se taisait à l'égard des devoirs tactiques de l'infanterie dans un siége, et plus d'une page y prouvaient que ce que l'expérience et la géométrie démontraient inutile ou impraticable était devenu régle ou tolérance ; elle négligeait d'indiquer comment on doit mettre le fusil à la grenadière. — Passons de la censure aux louanges. — Félicitons le ministère d'avoir avoué que le réglement de 1791 était, au temps de son apparition, le plus savant de ceux qu'on eut jamais composés ; car, hormis un document administratif tracé en l'an trois par Pétiet, rien n'a approché du mérite du réglement Guibert. — L'ordonnance de 1831 (4 mars) a réparé une omission, en déterminant la manière de former et de rompre les faisceaux, et les moyens de passer d'un sur plusieurs rangs ou l'inverse ; son texte, dépourvu de clarté (tit. 1ᵉʳ, nᵒ 9, et tit. iii, nᵒ 350), laisse douter si, comme nous le supposons, le plus petit homme de chaque file tient le second rang. — Elle a supprimé la prompte manoeuvre, évolution d'étude inutile à la guerre. — Elle a repris de l'ordonnance de 1776 un passage de lignes préférable, plus solide, et où les bataillons se désunissent moins. — Elle a supprimé le changement de front central. — Elle a appliqué à la formation des carrés l'ancienne colonne d'attaque. — Dans les évolutions de ligne, elle ploie la ligne en colonne serrée, non plus au moyen du pas d'un pied, mais à l'ordinaire et de pied ferme, ce qui n'exige pas plus de temps, est plus régulier et plus sûr. — Elle a renoncé aux haltes et aux stationnements qui précédaient les mouvements par le flanc de certaines manoeuvres (*Evolution de ligne*, nᵒ 545). Ainsi, un bataillon en colonne marchant par le flanc se rétablit par le premier rang sans s'arrêter. Le principe est plausible, si la troupe est parfaitement dressée et si le terrain n'est pas trop raboteux ; mais dans un terrain âpre, creusé de sillons, et si l'infanterie n'était manœuvrière qu'à demi, l'ancienne méthode était préférable. — Elle permet de substituer à la marche si flottante, si difficile des bataillons déployés en bataille dans les évolutions de ligne, une marche par bataillons en colonne double. — Elle a aboli les feux en avançant et les feux en retraite. — Elle fait passer le défilé en avant et en retraite, non plus par le centre d'un bataillon, mais par les deux ailes des bataillons les plus rapprochés du défilé. — La manière de former, face à gauche ou à droite, une ligne de huit bataillons en colonne serrée, est ingénieuse et rapide. — En général, l'usage que fait l'Ordonnance de ce qu'elle appelle colonne double, est habile et plausible, et elle est sortie des routines dans les grandes marches en bataille, les passages des défilés, les changements de direction des lignes des bataillons en masse et les changements de front sur deux lignes. — Elle ne borne plus à une seule mesure la distance des échiquiers, mais laisse au général commandant le soin de la déterminer. — Elle a aboli les carrés à six rangs, et a sagement introduit dans ceux qu'elle prescrit une réserve qui répare les trouées et fournit aux tirailleurs. — Elle a adopté l'ordre en carrés parallèles, perpendiculaires, échelonnés, obliques. — Elle a réparé une imperfection de langage, en appelant charge en quatre temps la charge précipitée. — Elle ne reconnaît plus, dans l'école de bataillon, les maniements d'armes à rangs ouverts. — Elle permet que la ligne rompe en arrière par division ; elle aurait dû même exiger, généralement, l'emploi de ce moyen si prompt et si facile. — Elle a utilement créé une dénomination pour chaque face des carrés. — Elle a annulé implicitement cette disposition, que l'irréflexion avait insérée dans l'ordonnance de 1818 (13 mai) sur la police, etc., et qui voulait qu'en route les corps d'infanterie marchassent par le flanc sur deux ou trois rangs (1). — Elle a profitablement fait revivre une notographie, ou rhythme du haut bruit, système créé par nos régiments allemands et oublié depuis l'Ordonnance de 1746 (1er mars). — Elle a rétabli, avec raison, la contre-marche à mouvements contraires, au lieu des contre-marches à déboitements, qui

étaient d'une exécution moins preste. — Elle a rendu officielles des manœuvres de voltigeurs et de tirailleurs qui n'existaient que dans des instructions éparses ; elle en a déterminé les sonneries. — Mais, en définitive, c'est au commerce de la librairie que la promulgation de 1831 a été le plus utile ; notre littérature militaire en tirera peu de gloire, et les tacticiens qui, depuis si longtemps, invoquaient un système plus simple, des règles claires et succinctes, des moyens d'étude et d'exécution plus prompts, une théorie plus portative, ne manqueront pas d'établir, comme il suit, la balance statistique du nombre des articles.

	Règlement de 1791. Total des paragraphes.	Ordonnance de 1831. Total des paragraphes.
Ecole du sous-officier.	»	89
— du soldat.	270	509
— de peloton.	317	560
— de bataillon.	686	769
— de tirailleur.	»	450
— de ligne.	641	980
	1914	2657

— Ainsi, comme simplicité, le mérite du règlement de 1791 est au mérite de l'ordonnance de 1831 comme 1914 est à 2657 ; ce qu'il importait de diminuer de moitié on l'a grossi d'un quart. — Et c'est à qui se plaindra des paperasses. — Espérons que plus tard les règlements de tactique comprendront les manœuvres de l'infanterie de bataille, celles de l'infanterie légère, celles des nageurs, l'escrime à la baïonnette, les cas de mélanges d'armes et de fantassins transportés par des cavaliers, l'attaque et la défense des places, la balistique des petites armes, le tir de nuit dans les chemins couverts, l'abordage, la petite guerre, la théorie des charges, la loi des cheminements, la céleustique et le sifflet notés musicalement. — On peut consulter, touchant les Ordonnances et règlements d'exercice : Bohan (1781, H), Bombelles (1719, B); Bottée (1750, B), Briquet (1761, H), Canteloube (1818, F), Carrion (1824, A), Chennevières (1750, C), Delamont (1671, A), Despagnac (1751, D, t. ii, p. 71), Foy, Gouvion, Guibert (1773, E), Kéralio (1757, F), Khévenhueller (1726, C), Maizeroy (1767, E), Meunier, Montécuculi (manuscrit composé en 1674), M. le général Pelet, M. le général Préval, Puységur (1748, C, p. 59), Regal (1749, A ; 1756, D), Saint-Germain (1779, I), Sharnhorst, Schauenburg, Schulembourg, Walhausen, Wimpfen (1780, A).

(1) Cette disposition a été maintenue par l'ordonnance du 2 novembre 1833. (*Note de l'éditeur.*)

ORDONNANCE d'habillement. v. habillement. v. législation (1757, 20 avril ; 1762, 10 décembre ; 1776, 31 mai).

ORDONNANCE d'organisation. v. organisation.

ORDONNANCE (ordonnances) d'uniforme (B, 1). Sorte d'ordonnances officielles dont la dénomination embrasse tout ce qui a paru de réglementaire sous divers noms, et surtout sous ceux d'ordonnances d'armement, de coiffure, de harnachement, d'équipement, d'habillement. Une sixième branche fait partie de l'uniforme, ce sont les marques distinctives. — Le mot uniforme manquait jusqu'en 1815, ou ne prenait qu'une acception louche, puisqu'il n'avait pas été employé jusque-là comme dénominateur radical de l'ensemble des effets à l'usage des militaires. De 1740 à 1786, au lieu de dire : règlement d'uniforme, ou sur l'uniforme, on disait : règlement sur l'habillement et l'équipement. Ce titre était insuffisant et inexact, puisqu'en ces documents il était non-seulement question d'habillement, mais encore de marques distinctives, de petit équipement, de coiffure, d'armement. Un des termes essentiels, celui de harnachement, manquait même avant 1817 ; on connaissait officiellement à peine le nom de quelques-unes des parties du harnachement, tant la langue et la législation étaient pauvres. — Les détails de l'uniforme n'avaient vu le jour que par parties, dans des documents fugitifs, dans des chapitres sans liaison ; ils attendaient qu'une main exercée s'en emparât, en composât un corps de doctrine et donnât la vie à une branche la moins avancée de l'art militaire de terre. — L'instabilité des institutions s'opposait à la création d'un pareil travail. L'impossibilité était à côté du besoin. La petite vanité des commis, peut-être même des motifs et un intérêt moins pardonnables, tendaient à perpétuer l'incertitude et la mobilité des règles ; si elles eussent été plus fixes, les bureaux auraient eu moins d'influence et d'importance. D'ailleurs aucun principe n'était arrêté à l'égard de l'habillement, chose capitale de l'administration, partie la plus dispendieuse, combinaison la plus difficile. On ne s'était pas encore expliqué ce que signifient les mots taille militaire ou de militaire ; les marques distinctives étaient mal ou point déterminées ; l'armement était regardé comme étranger à l'uniforme ; on ne trouvait pas dans les auteurs classiques une seule ligne écrite sur ces matières. Les plus anciens d'entre eux, tels que Praissac (1622, A), Lostelneau (1647, B), Manesson (1685, B), Desparre (1707), Guignard (1725, B), Daniel (1721, A), Bombelles (1746, A), Sionville (1756, E), etc., etc., traitent de la police, de la justice, de la tactique, des antiquités, des vivres ; aucun d'eux n'a dit un mot de l'uniforme, ni de l'habillement. — Quantité de dispositions éparses, incomplètes, oubliées, existaient depuis le milieu du quinzième siècle en France ou dans les provinces féodales, la Bretagne, la Bourgogne ; tels furent les décisions, les règlements ou les ordonnances de 1425, 1454 (30 janvier), 1553 (12 février), 1554 (24 juillet), 1547 (9 février), 1627 (25 octobre), 1636 (8 août), 1638 (2 septembre), 1655 (28 avril), 1671 (20 novembre), 1676 (16 mars), 1729 (10 mars), 1754 (18 janvier), 1757 (20 avril), 1744 (1er février), 1746 (27 mars), 1747 (19 janvier). — Le ministère de Dargenson fit beaucoup, il créait ; celui de Choiseul améliorait ; mais d'immenses difficultés contrariaient les institutions naissantes. Les promulgations de 1758 (9 décembre), 1762 (10 décembre), 1765 (1er mars), ne produisirent que des règles exceptionnelles. Les documents de 1767 (25 février), 1775 (2 septembre), 1776 (25 mars, 31 mai), 1779 (21 février), offraient un mélange indigeste de règles de police et de combinaisons administratives ; ils négligeaient les choses de principes et descendaient dans des détails puérils, tels que la dimension des manchettes de chemises, la configuration des catogans, etc. Tout ce qui avait paru depuis

Louis quatorze sur l'habillement, seule partie de l'uniforme sur laquelle il eût été publié quelques dispositions réglementaires, avait, de la part des rédacteurs, un but principal, mais déguisé ; celui de complaire à des colonels coquets et puissants, en leur faisant concession des couleurs qui, à leur guise, s'alliaient le mieux entre elles. C'était un commerce de caresses et de condescendances, échangées entre de grands seigneurs et de petits employés. Ces innovations, ces modifications sollicitées, achetées même, n'étaient invoquées, la plupart du temps, que parce qu'un sarcasme avait déconsidéré un habit, que parce que quelque grande dame rafolait de telle ou telle couleur ; on voulait mettre à la nuance de sa livrée les soldats de son amant. Ce qui pouvait justifier ces perpétuelles variations, c'était le besoin de remédier à la rage des affaires d'honneur qu'occasionnaient trop souvent de mordantes allusions. Qui pourrait nombrer combien de coups d'épée ont fait donner les quarante-deux boutons de l'habit du régiment du roi, et les cinq contre un du régiment de Navarre! A Versailles et dans les bureaux ministériels, c'était une affaire d'active intrigue que ces revirements de couleurs. — Le règlement de 1786 (1er octobre) était le premier qui recourût à la coopération des arts graphiques. Une seule gravure l'accompagnait ; elle contenait, entre autres objets de faible importance, l'image des boucles d'uniforme des officiers ; elle offrait le patron des revers d'habit ; elle prescrivait les passe-poils. Du reste, la routine des copistes avait calqué le texte sur les documents qui l'avaient précédé. — L'ordonnance de 1788 (17 mars, tit. x, art. 8) et le règlement de 1791 (1er avril) maintenaient provisoirement le règlement de 1786, c'est-à-dire des types en complète dissemblance avec les modes capricieuses qui y avaient succédé. — Celui de 1792 (1er janvier) le modifiait sans l'abolir. — Ensuite sont venues successivement les dispositions législatives de l'an cinq (12 brumaire), de l'an six (10 nivose), an onze (17 frimaire), an douze (1er vendémiaire), 1806 (10 février et 12 mai), 1808 (24 septembre). — A cette époque de gloire et d'un repos momentané, le souverain avait entrevu l'importance d'une création de ce genre. Une commission fut convoquée à cet effet ; elle donna naissance à un projet de règlement, resté en manuscrit (1818, B). — Le décret de 1812 (19 janvier) fut le produit incomplet de ce travail, dont Carle Vernet avait exécuté en partie les dessins nombreux et précieux. — Mais cette publication ne remplaça pas précisément le règlement de 1786, inapplicable depuis quarante ans, oublié entièrement, et pourtant non abrogé encore alors. — Le ministre Feltre, qui avait été le promoteur du travail de 1812, voulut, plus tard, en renouer et en réaliser l'exécution. De nouveaux travaux, exécutés au dépôt de la guerre, eurent lieu au commencement de la restauration. — Les circulaires de 1815 (19 octobre et 5 décembre) promettaient que, incessamment, un nouveau règlement serait rendu; les décisions de 1815 (23 septembre et 14 octobre), et les ordonnances de 1816 (14 août) et 1817 (3 septembre) en étaient les pierres d'attente. Un travail large et approfondi était terminé; soixante et dix planches, en atlas in-folio, avaient été gravées au dépôt de la guerre et offraient presque tous leurs détails de grandeur naturelle; d'habiles dessinateurs avaient peint à l'aquarelle tous les costumes militaires, représentés au cinquième de leur grandeur vraie. — Le ministre Gouvion, prenant le timon de la guerre, répudiait tous les projets de son prédécesseur. Un travail qui avait occasionné de grandes dépenses au gouvernement, et qui avait demandé pendant cinq ans, à des hommes laborieux et zélés, des recherches profondes, fut rejeté, *pour être réduit,* comme le disait une note marginale, *à sa plus simple expression.* — La plus simple expression fut le pilon. — Telle est l'histoire de bien des hommes et de bien des Ordonnances. — Alors parut le règlement mort-né de 1818 (25 novembre). — Depuis le ministère du général Latour-Maubourg, l'armée a eu le règlement de 1820 (15 décembre), qui rendait l'habit bleu à toute l'infanterie; ensuite, des détails, des interprétations sortirent de la décision de 1821 (28 avril); un accroissement de dépenses résulta de la décision de 1822 (30 avril.) et des règlements de 1822 (8 et 9 mai). Chaque changement de composition nécessitait un changement d'uniforme, et chaque nouvelle tenue amenait des embellissements ruineux. — L'ordonnance du 8 mai simplifiait quelques principes, assimilait, par la forme, les habits de la garde et de la ligne, et établissait une nouvelle série de couleurs distinctives. — L'ordonnance de 1822 donnait au soldat d'infanterie des contre-épaulettes d'une forme prussienne et arrondies; elle élargissait la calote du schako, ce qui le faisait ressembler plus aux Russes et moins aux Anglais. Il y avait peut-être là-dessous de la politique. La décision de 1822 (18 mai) modifiait la forme du bonnet de police, en supprimait la visière, et remettait en usage la forme incommode du bonnet de police de la garde royale. En cela, une simple décision du ministre annulait ce qu'une ordonnance du roi avait prescrit peu d'années auparavant. — Un galon de schako en couleur tranchante était donné à tous les régiments à pied. — Nous avons dit, en parlant des ministres qui se sont succédé depuis 1821, quelle a été la progression toujours croissante des dépenses que les changements d'uniforme ont occasionnées; telles ont été, au grand préjudice des contribuables, les ordonnances de 1823 (19 mars), 1829 (27 septembre), 1830 (21 février, 11 septembre, 10 novembre), 1831 (15 et 22 août, 13 et 21 novembre, 8 décembre), 1832 (25 et 26 janvier, 10 et 25 février). — Les progrès de l'administration sont si lents, qu'en 1833 l'armée attendait encore qu'il fût statué à l'égard de l'uniforme; les bases étaient à poser, les règles à revoir, les méthodes rationnelles à admettre, et quoique le siècle fût riche de toutes les ressources qui manquaient plus ou moins à nos devanciers; quoique la géométrie fût devenue presque populaire, qu'on sût coordonner plus habilement des chapitres réglementaires, qu'on eût toutes les facilités que donnent une rédaction plus claire, le dessin, la gravure, la lithographie, on ne savait pourtant encore quand apparaîtrait une charte qui réglerait l'uniforme. — Distribuée en six chapitres, sans y comprendre le matériel de l'artillerie et du train qui en serait le complément, cette charte devrait se composer de trois parties distinctes, savoir : un précis de règles, un développement descriptif, une série d'imitations figuratives. Le précis doit être comme le sommaire ou le canevas du reste; il doit concorder avec la composition actuelle de l'armée, et être l'énonciation générale des droits légaux et des prestations autorisées. Le développement descriptif et les imitations figuratives doivent être en rappels continuels et réciproques, au moyen de chiffres et de renvois. Les descriptions, fruits de l'étude des arts mécaniques, veulent une grande lucidité et un encadrement symétrique, en des subdivisions à peu près de même étendue, et correspondantes au précis. Les imitations figuratives, fruits des arts graphiques, géométralement appliqués, demandent à n'être exprimées qu'en proportions vraies ou entières, ou, si cela ne se peut, à n'être réduite que dans des proportions décimales. Elles veulent n'être accusées qu'au simple trait, afin de faciliter l'introduction des mots et des nombres qui y serviront comme d'étiquette et d'échelle. Il serait de l'essence du travail à composer, que des dimensions vraies et fixes y fussent mises en rapport avec la destination des régiments et les besoins de la guerre, avec l'espèce légale des soldats, avec les statures constatées. L'ordonnance devrait énumérer la nature et le choix à faire des matières premières, la proportion des durées, les principes des coupes représentées par les procédés orthographiques, et appuyés de devis y correspondants ; elle devrait être, enfin, la matrice où pût être jeté en moule un chapitre de budget. Tel était le vaste travail mis au pilon en 1818.—Si rien n'existe de semblable, quelque chose, cependant, de monumental et de digne d'imitation a existé, mais s'est perdu. Cette production appartenait au siècle splendide de Louis quatorze. Si les choses de principes manquaient en un règne tout arbitraire, les choses de clinquant et de flatterie abondaient sous un souverain fastueux. Louvois fit exécuter un travail magnifique qui répondait à l'éclat de la monarchie et témoignait des progrès des beaux-arts ; mais c'était une production frivole autant que coûteuse, parce que ses auteurs avaient négligé de l'éclairer au moyen d'un texte ; un recueil de dessins à la gouache, exécutés par les habiles et célèbres Parrocel, représentait les corps de l'armée, mais surtout la maison militaire. Cette suite, qui se composait de quarante forts volumes in-folio, comprenait mille détails, aujourd'hui futiles, tels que les innombrables blasons de drapeaux, les devises de timbales, guidons, étendards ; elle présentait quelques parties utiles alors, et curieuses encore, telles que l'orthographie des manœuvres, les principes de castramétation, le tracé des campements, etc. Le luxe d'ornements, de dorures, d'encadrements, de cartels, de culs-de-lampe, rappelait ces Bibles précieuses qu'on connaissait avant la découverte de l'imprimerie. La reliure répondait au reste. Si l'on suppose la dépense de ce bel ouvrage en rapport avec le prix des dessins de Vernet, sous les deux ministères de Feltre, la collection de Louvois doit avoir coûté sept cent mille francs. Mais de cette merveilleuse production il n'existe plus que sept volumes ; les autres ont été détournés, dénaturés ou détruits lorsqu'on fit de Versailles à Paris, sous Louis seize, le transport des livres du dépôt de la guerre. Les tomes existants qui se trouvent encore à ce dépôt, ont été chagrinés par des déplacements sans fin et incessamment rudoyés par de maladroits chercheurs d'images : ils menacent de tomber en lambeaux. Tels dessins dont quelques-uns ont un à deux mètres de développement, pendent hors de leurs plis ; les couleurs s'en écaillent ; les cornes en

sont rompues ; leur état de souillure fait peine.

ORDONNANCE en ost. v. en ost. v. bataille tactique. v. milice espagnole n° 8.

ORDONNANCE (ordonnances) idioplique (E), ou buccellaire, ou militaire d'ordonnance. Sorte d'ordonnances, soit officiers, soit hommes de troupe, accomplissant un genre de fonctions ou de service, soit à pied, soit à cheval. — Dans la milice portugaise, on appelle Ordonnances, un genre de levées. — Dans la milice anglaise, l'Ordonnance est une catégorie ou une agrégation militaire, un bureau, une sorte de ministère. Dans cette armée, l'artillerie et le génie appartiennent à l'Ordonnance. C'est une imitation des vieux usages de France. Autrefois Ordonnance y était synonyme de troupe. Maintenant le mot a une acception moins étendue ; il se rapporte à des individus, non à des troupes ; c'est en ce sens qu'il convient de le définir ici. — Parmi les Français en Afrique, chiaoux signifiait à peu près Ordonnance. — Attacher des Ordonnances à un général, à un chef de troupe ou de service, à un quartier général, est une idée simple, et un usage aussi ancien que celui des armées. Les poursuivants d'armes de la chevalerie, les hérauts d'armes de la féodalité, les estafiers du moyen age, les pages des derniers siècles, étaient des Ordonnances domestiques ; et trop souvent, dans des temps moins anciens, on a vu des Ordonnances, de jeunes protégés, de vieux sapeurs se changer en de véritables domestiques de généraux ou même de dames. —Un ou une Ordonnance s'acquitte, auprès d'une autorité, ou d'un officier, d'un service ordinairement passager, quelquefois prolongé ; il est, militairement, à leur disposition ; au besoin il est porteur de paroles ou de dépêches ; il concourt, suivant sa destination, son aptitude, son rang, à l'accomplissement des opérations auxquelles le métier des armes veut qu'il intervienne. — Les soldats Ordonnances que les compagnies détachées pendant une marche-route envoient au lieu du gite, près du colonel, sont logés par les soins des adjudants. — Il conviendrait qu'à la manière des Anglais, les Ordonnances fussent porteurs d'un signe reconnaissable. — A l'instant de la parade, l'adjudant de semaine rassemble et range les soldats d'ordonnance, il leur désigne le corps de garde où ils doivent se rendre. Ils ne doivent pas plus s'absenter de leur poste ni quitter leur fourniment que s'ils étaient de garde. — Les soldats ou sous-officiers d'ordonnance s'acquittent sans délai des commissions que leur donnent le personnage ou les autorités à la disposition desquels ils sont mis par le genre de leur SERVICE. — Les CAPORAUX ou SOUS-OFFICIERS D'ORDONNANCE sont chargés de la signification des CÉDULES qui sont adressées à des témoins judiciaires. — Lorsque des SOLDATS D'ORDONNANCE sont envoyés d'un poste, soit en garnison, soit en campagne, pour diriger les gardes nouvelles au lieu où est situé le poste des gardes anciennes, ils doivent être rendus au lieu de la parade une demi-heure avant l'arrivée des gardes montantes. — Il est envoyé par chaque CHEF DE POSTE au cercle du soir une Ordonnance chargée de recevoir le mot. — Chaque matin une Ordonnance est envoyée au rapport de la place ou à l'aubette. — Il est attaché une Ordonnance de chaque régiment au commandant de place du quartier-général. — Toute Ordonnance envoyée à plus de deux myriamètres a droit à l'indemnité de route et à la solde simple de présence. — L'ORDONNANCE DE 1818 (15 MAI) traitait du service habituel des Ordonnances en temps ordinaire. Celle de 1823 (19 MAI), articles 805, 807, s'en occupait sous le point de vue administratif. L'ORDONNANCE DE 1832 (5 MAI) déterminait les formes du SERVICE des CAVALIERS D'ORDONNANCE; MM. BONJOUAN et Thiébault s'étendent aussi sur ce genre de SERVICE EN CAMPAGNE.

ORDONNANCE MILITAIRE. V. MILITAIRE, adj. V. ORDONNANCE. V. ORDONNANCE OFFICIELLE. V. SOLDAT. V. SOUS-INTENDANT N° 1. V. TRAVAIL. V. TRAVAILLEUR. V. TRAVERS.

ORDONNANCE (ordonnances) OFFICIELLE (term. sous-génér.). Sorte d'ORDONNANCE dont le nom LATIN était *ordinatio*. Ce mot, qui a été la racine de tous les autres genres d'ordonnances, était emprunté du préambule des MANDEMENTS et LETTRES ROYAUX; ils commencèrent par la formule : *ordinatum fuit*, tant que le LATIN fut la langue ordinaire des tribunaux du royaume.—Les *ordinationes*, rendues en FRANÇAIS par ORDINATIONS, mot que la LANGUE MILITAIRE ANGLAISE a conservé, ont succédé aux CAPITULAIRES et aux CONCILES, et jusqu'à l'établissement du pouvoir législatif elles ont eu force de LOI, d'abord du fait de la toute-puissance royale, ensuite, moyennant enregistrement. — On a dit que les Ordonnances répondaient à ce que les LATINS appelaient *principum placita*, *constitutiones*, plutôt qu'aux LOIS proprement dites que les ROMAINS nommaient *sénatus-consultes* et *plébiscites*; mais aucune de ces comparaisons ne satisfait, car les constitutions, suivant l'ENCYCLOPÉDIE (1751, C), formaient trois genres : les édits, les rescrits, les décrets; et, dans la LANGUE FRANÇAISE, décret s'est pris à l'égal de LOI;

Ordonnance, comme équivalant à édit, et RÈGLEMENT, comme analogue à rescrit interprétatif. Ce que nous trouvons de coutumier à l'égard des Ordonnances, c'est que la NOBLESSE militaire n'était pas tenue, jadis, d'en jurer l'observation.—Ce que nous trouvons de légal sur le sujet est dans l'article 14 de la Charte française : *Le roi fait les règlements et ordonnances pour l'exécution des lois.* — Il eût mieux valu dire, Ordonnances et RÈGLEMENTS, et même passer sous silence les RÈGLEMENTS. La Charte ne dissipe donc en rien l'obscurité du sens, et l'on n'en peut appuyer la définition que sur des usages, des inductions, des opinions, non sur des théories légales ou des données techniques; les exemples pour ou contre telle ou telle acception se heurtent; ainsi il faut s'arrêter, non à ce qui est positif, mais à ce qui est rationnel.— Il est peu surprenant que la LANGUE MILITAIRE soit restée si imparfaite, puisque rien n'a moins occupé les promulgateurs d'Ordonnances que la justesse des termes, la philosophie du langage, et le compte, à eux-mêmes rendu par eux, de la besogne dont ils s'occupaient; ils disaient : Ordonnances sur l'administration, sur l'exercice, etc. Nous cherchons en vain la justification grammaticale de cet usage. Sans offenser la langue, on dirait plus brièvement, comme l'ont fait des écrivains et des ministres : Ordonnances d'administration, d'exercice, etc., puisque, de tout temps, les lieutenants de police, par exemple, ont promulgué des Ordonnances de police; ainsi, un ministre de la guerre peut bien promulguer des Ordonnances de guerre, etc. — Les rédacteurs appellent aussi, on ne sait pourquoi, RÈGLEMENT DE SERVICE intérieur, les RÈGLEMENTS DE POLICE.—Les anciennes Ordonnances de l'ARMÉE ont-elles eu force de LOI? Elles l'avaient, constitutionnellement, si elles étaient royales et enregistrées; elles l'avaient de fait, quoique non enregistrées. On FUSILLAIT des coupables en vertu d'un ARRÊTÉ DE L'AN DOUZE (19 VENDÉMIAIRE) reproduit dans l'ORDONNANCE DE 1816 (21 FÉVRIER). Quantité d'Ordonnances prononcées de vive voix ont eu même pouvoir et une portée même plus grande. Les GÉNÉRAUX D'ARMÉE qui rendaient des Ordonnances de la plus grave pénalité n'avaient-ils pas droit de vie et de mort? N'avons-nous pas été contraints d'incendier des communes entières sur l'ordre verbal d'un GÉNÉRAL en colère. De simples capitaines en détachement ne faisaient-ils pas, de leur souveraine autorité, mettre à mort, dans la GUERRE D'ESPAGNE, tels ou tels habitants. Tel est le chaos où flotte et s'égare la PROFESSION DES ARMES. —

Les Ordonnances ont-elles encore force de LOI? On pourrait le supposer, s'il s'agit de celles qui sont promulguées régulièrement, puisqu'on ne voit guère que des Ordonnances dans le *Bulletin des Lois*. Malgré cette équivoque, elles sont distinctes pourtant de la LOI, et c'est surtout aux arrêtés qu'elles sont assimilées.—SECOUSSE, dont l'opinion n'est pas sans autorité, a dit : *Un règlement se promulgue pour l'exécution d'une Ordonnance antérieure.* — L'article 14 de la Charte de LOUIS DIX-HUIT portait : *Les Ordonnances ont pour motif l'exécution des lois.* — Les Ordonnances seraient ainsi une notification royale développant organiquement la LOI; les RÈGLEMENTS seraient une interprétation ministérielle des Ordonnances ou des LOIS trop succinctes, ou trop peu importantes pour nécessiter un rescrit signé de la main du prince. Le ROI met son attache à la LOI à titre de mandataire revêtu d'un pouvoir en législature; le MINISTRE signe, comme lieutenant du souverain, à titre de chef de l'ARMÉE et de fonctionnaire responsable. L'Ordonnance doit donner la vie à la LOI, le RÈGLEMENT doit exposer en détail le mode d'accomplissement de l'Ordonnance. — Mais autre chose est un principe ou une réalité; des matières importantes, telles que l'ADMINISTRATION, la TACTIQUE, ont été offertes en corps de doctrine par des RÈGLEMENTS signés par le ROI ou par des Ordonnances signées par le MINISTRE, quelquefois même par ses délégués. Des rescrits royaux sont intitulés RÈGLEMENTS; d'autres s'appellent : *Ordonnances portant règlement*, ce qui est ou un pléonasme, ou une contradiction, ou au moins une diffusion. Le RÈGLEMENT DE 1786 (1er OCTOBRE) était une Ordonnance sans en avoir le nom. Ainsi l'autorité des précédents nous fait faute dans l'essai d'un travail de définition. On ne sait, en fait de LÉGISLATION militaire, quelles démarcations tracer, quelles nuances admettre; beaucoup de LOIS n'ont pas été expliquées ou citées par les Ordonnances, comme cela aurait dû être; beaucoup d'Ordonnances ne se rattachent à aucune LOI, comme la raison le commanderait; des dispositions réglementaires sont noyées en maintes LOIS; quantité d'ARRÊTÉS, de CIRCULAIRES, de DÉCRETS, de mandements, renferment de véritables dispositions législatives. Les RÈGLEMENTS ont successivement statué, chacun à leur manière; ainsi, plus d'une fois, par des actes législatifs, ayant puissance de LOI, les anciennes dynasties, les comités de la CONVENTION, le DIRECTOIRE, BONAPARTE et bien des chefs de portefeuilles, ont administré sans règles ni contrôle, gou-

verné souverainement, et jugé sans appel. Une Ordonnance et un RÈGLEMENT sont également un acte de COMMANDEMENT militaire, qui rend exécutoires, pour les TROUPES, des dispositions qui sont ou dans la lettre, ou dans l'esprit de la LOI; mais y aurait-il un même degré de culpabilité à violer la LOI, l'Ordonnance, le RÈGLEMENT? Ce serait encore une solution à invoquer. — Un contreseing ministériel qui ferait LOI, serait un pouvoir monstrueux; il est pourtant inévitable d'admettre des Ordonnances exceptionnelles : ainsi en TEMPS DE GUERRE, dans un SIÉGE, en PAYS ÉTRANGER, au milieu d'une RÉVOLTE, en présence d'une émeute, un GÉNÉRAL doit, pour le salut de l'ARMÉE, être investi d'une DICTATURE que devrait prévoir et préciser le code politique de la nation.—Ce qui perpétuait le gouvernement par Ordonnances, c'est que les MINISTRES et les cabinets trouvaient commode et doux de gouverner facultativement l'ARMÉE et de la remanier à leur gré, comme le témoignait M. le général PRÉVAL (1824, *Journal des Sciences militaires*, tome XXI, p. 303.)—Un bouleversement de ce genre a eu lieu lors de la création des RÉGIMENTS DE LANCIERS; M. PRÉVAL, alors directeur de la CAVALERIE, ne put l'empêcher.—Il y a aussi le vice déplorable de l'empiétement furtif des Ordonnances de diverse nature qui s'altèrent ou se contrarient l'une l'autre. En traitant des INTENDANTS, nous avons montré que la HIÉRARCHIE a été ébranlée, que les HONNEURS ont été détournés de leurs principes par des dispositions adroitement intercalées dans les ORDONNANCES DE 1818 (2 FÉVRIER) et 1823 (19 MARS), ORDONNANCES dont des INTENDANTS avaient été les rédacteurs.—Passons du domaine du raisonnement et de l'examen des choses du langage, aux considérations historiques du sujet. — La LOI GOMBETTE du sixième siècle, la LOI SALIQUE du cinquième, retouchée par CHARLEMAGNE, ses CAPITULAIRES, ceux de LOUIS LE DÉBONNAIRE, ne furent, au fond, que des Ordonnances du bon plaisir; les délibérations du CHAMP DE MAI, les CONCILES politiques, les ÉTABLISSEMENTS furent des Ordonnances en forme de plébiscites.—Depuis PHILIPPE AUGUSTE, on s'est servi des mots édits, assises, establissements, mandements, et depuis 1260, des mots ordonnances, actes, arrêts, déclarations, lettres, etc.—La tardive apparition des Ordonnances militaires qui peuvent faire doctrine et l'insignifiance de leur contenu jusqu'à LOUIS QUATORZE s'expliquent aisément, puisque, avant le quatorzième siècle, il était aussi rare de trouver un homme qui sût écrire qu'il l'est de trouver un législateur de génie ; aussi les actes publics n'étaient-ils, en général, attestés jusqu'au quinzième siècle que par témoins. — Depuis CHARLES SEPT, vers 1454, la politique et l'ÉTAT CIVIL ont eu des traditions écrites ; mais depuis l'extinction de la GENS D'ARMERIE le militaire n'a rien eu à puiser dans cette LÉGISLATION. — Une déclaration de LOUIS DOUZE défendait aux magistrats d'avoir égard aux Ordonnances du prince, lorsqu'elles s'écarteraient des LOIS du royaume ; c'est ce qu'a dit et fait de mieux un ROI prôné au delà de ses mérites. —Les premières Ordonnances qui paraissent sous le règne de FRANÇOIS PREMIER, sont dues au CONNÉTABLE Anne de MONTMORENCY, mais elles avaient surtout la GENDARMERIE en vue. Cependant quelques-unes s'occupent de la GUERRE en général. — On lit dans BRANTOME (1600, A) parlant de Chartillas : *Le colonel général d'infanterie (Coligny) lui doit beaucoup (à Chartillas), car c'est lui qui l'a réglée (l'infanterie) et policée par ces belles Ordonnances que nous avons de lui aujourd'hui.* — BRANTOME veut parler des Ordonnances de 1547, 1550, etc. — Les Ordonnances ont d'abord tout confondu, COMPOSITION, EXERCICE, ADMINISTRATION, POLICE, etc. Il n'en pouvait être autrement alors que les ministères eux mêmes n'étaient pas distincts et scindés. — Les Ordonnances n'ont pu prendre un caractère de spécialité qu'en proportion des progrès de l'ART MILITAIRE ; mais il n'est pas assez perfectionné encore pour que chacune d'elles ait sa distinction positive et son propre cercle d'action. — Les Ordonnances des ROIS de France devaient, *pour sortir leur plein et entier effet*, comme disaient les gens de robe, être enregistrées par les compagnies supérieures du royaume ; mais on retrouverait difficilement en vertu de quelle décision et depuis quelle époque il en devait être ainsi. HENRI DEUX fit enregistrer en la chambre des comptes l'ORDONNANCE DE 1555 (23 DÉCEMBRE) ; elle appliquait la peine de mort, ce qui ne regardait guère la cour des comptes. L'ORDONNANCE DE 1653 (14 FÉVRIER) fut lue, publiée et enregistrée au greffe de la CONNÉTABLIE ; cette forme, si elle se fût enracinée, eût donné plus de consistance aux Ordonnances, plus d'utilité et d'éclat au TRIBUNAL de la TABLE DE MARBRE. Mais l'enregistrement des Ordonnances relatives à l'ARMÉE fut rarement pratiqué, parce que les GÉNÉRAUX D'ARMÉE, le CHANCELIER D'ARMÉE, les MARÉCHAUX, les CONNÉTABLES, les COLONELS GÉNÉRAUX rendirent, jusqu'à LOUIS QUATORZE, en leur privé nom, des Ordonnances dictatoriales qui avaient force d'Ordonnances royales. LOUIS QUATORZE s'étant fait le CON-NÉTABLE de son ARMÉE, maintint l'usage des Ordonnances non sujettes à enregistrement.

—Il est plus aisé de vanter sur ouï dire les Ordonnances militaires du grand ROI, que profitable de les étudier ; comme Ordonnances politiques, elles ne sont pas à mépriser. Elles ont enseigné aux MILITAIRES dépravés par les GUERRES CIVILES, que la vie, les biens, le lit de citoyens, n'appartenaient plus aux guerriers ; elles commencèrent à caserner les GENS DE GUERRE, fixèrent leur USTENCILE, réglèrent les principes des MARCHES dans l'intérieur, tracèrent des rapports entre le CIVIL et le MILITAIRE, entre le SOLDAT et l'HABITANT. Mais les bourgeois et les communes payèrent cher ces faveurs, que le trône tournait à son profit. Quant aux Ordonnances purement militaires, on n'y retrouve que des traditions, des abus, de l'arbitraire, entremêlés de quelques intentions louables, de quelques vues utiles. Celles de JUSTICE constituaient des CONSEILS DE GUERRE, sans prescrire le nombre des JUGES ni le rang des membres, sans fixer l'étendue des attributions ni la nature des PEINES. Sous LOUIS QUINZE encore, les PROCÉDURES MILITAIRES ne se réglaient que sur un opuscule rédigé à Bruxelles par le maréchal de PUYSÉGUR, et intitulé : *Ordonnance de* PHILIPPE CINQ (1701). C'était là les pandectes de la JUSTICE de l'ARMÉE FRANÇAISE. —Les Ordonnances de LOUIS QUATORZE ont porté peu de lumières dans l'ADMINISTRATION. Elles ont à peine proféré le mot EXERCICE. Elles n'ont rien réglé que transitoirement sur l'UNIFORME. LES MINISTRES, avant DUMUY, n'avaient encore préparé aucun recueil régulier d'Ordonnances ; elles consistaient en feuilles volantes ; telles dispositions générales étaient abrogées ou mutilées par des décisions particulières ; quantité d'entre elles étaient dictées par la partialité, arrachées par l'intrigue, minutées par la servilité et l'ignorance. Elles renfermaient des vues fausses, des projets décousus ; les vœux ou l'intérêt de la patrie n'y entraient pour rien.—On lit dans GUIBERT (1789, I) qu'elles *existaient éparses, morcelées et perdues dans un chaos impénétrable de vieilles et de nouvelles lois que peu de gens possèdent, et que nul ne peut ni retenir ni consulter.* — Une pensée mère ne les animait pas ; elles manquaient d'une direction centrale et logique ; on eût pu les comparer à des corps de troupe qui, dans une même armée, parleraient un langage différent, seraient constitués sans principes, conduits sans à-propos et dépourvus d'un esprit commun. — Mobiles, parce qu'elles étaient sans bases ; discordantes, parce qu'elles étaient faites au jour le jour ; avilies, parce qu'elles étaient sans force. Les moins défectueuses ont été inutiles ou de peu de fruit ; la plupart n'étaient invoquées par les autorités que comme un appui au pouvoir ; les généraux, dans leur esprit d'indépendance, mettant le commandement au-dessus et en dehors de la législation, méconnaissaient les rescrits qui pouvaient les contraindre à l'obéissance ; ce qui tenait lieu de code était l'arsenal de l'arbitraire et l'épée à deux tranchants. — Le moyen d'en décliner l'action résultait de leur quantité même ; il n'y avait pas de pays qui en comptât autant que la France ; depuis la régence de Philippe d'Orléans, chaque ministre s'entourait de faiseurs qui mettaient de l'émulation à léguer leur part d'enfantement à des héritiers peu jaloux d'en profiter. — De même que les Ordonnances qui concernent le civil ont formé longtemps la principale partie du droit français, de même les Ordonnances militaires ont constitué la jurisprudence si peu perfectionnée de l'armée. — Cependant il est des Ordonnances qui ont été d'utiles flambeaux ; ce sont celles auxquelles se rattachent les noms des Leblanc, des Dargenson, des Choiseul, des Saint-Germain ; mais jusqu'au ministère de Brienne, en 1788, la pensée créatrice des Ordonnances, l'art de les coordonner n'était pas encore avancé ; alors elles commencèrent à se distribuer mieux par spécialités, à se grouper par analogies. — Il restait à y appliquer l'unité du système de rédaction, la justesse de l'intitulé, la concision et la clarté du texte.—Les Ordonnances laissent encore beaucoup à désirer ; la forme organique du ministère étant sans cesse remise en question, ses décisions ne sauraient elles-mêmes avoir une physionomie arrêtée et une fixité un peu soutenue.—Les moindres changements apportés aux Ordonnances et à l'organisation ont une influence plus étendue que jamais ministre ne l'a prévu ; la moindre modification dans la composition des troupes, dans les droits aux allocations, etc., occasionne une perturbation dans tout le code. Ainsi l'ordonnance de 1818 (15 mai), promulguée quand il existait des légions départementales qui devaient avoir une artillerie et des éclaireurs, traitait d'objets devenus inintelligibles quand on eut renoncé au projet d'une organisation si vicieuse (1). Elle parlait de caporaux-fourriers ; ils sont devenus sergents ; elle parlait de camarades de lit ; le soldat couche seul, etc. Ce document mortné était déconsidéré, parce qu'il était ri-

(1) Voir la note, p. 3067.

dicule (1). En vain la loi voulait-elle que l'étude des Ordonnances fît partie de la théorie de l'administration : qui se fût avisé d'étudier ce qui était trop défectueux pour être durable ?—Des principes doivent pourtant surgir des travaux des membres de l'intendance, des investigations des inspecteurs généraux et des efforts de quelques écrivains ; un code militaire verra le jour, le gouvernement en sent le besoin ; mais il s'est effrayé d'une conception si difficile et était incessamment entraîné vers d'autres soins. — Ce sera une entreprise immense autant qu'importante que la création d'un pareil travail ; les Ordonnances mettent sur pied l'armée, déterminent sa constitution, en classent les armes et les agrégations, garantissent la discipline, régularisent le commandement, précisent le cérémonial et les prérogatives, délimitent le service, prononcent sur les libérations et les congés, asseoient la comptabilité, entrent dans les moindres détails de l'administration, du casernement, du logement, des services administratifs ; allouent les fournitures, les transports, autorisent les abonnements, les a bons comptes ; légalisent les achats, les avances ; assurent l'effet des inspections, des revues ; infligent les peines, décernent les récompenses, règlent l'avancement, combinent les formes de l'instruction des troupes, et consacrent les rapports entre la vie militaire et l'état civil, entre l'armée et les habitants, entre le ministre et les conseils d'administration, entre les colonels et les officiers généraux ; elles intéressent ainsi le repos du pays, la solidité du gouvernement, les finances de l'Etat. —Au milieu du prodigieux mouvement de la civilisation, des applications si variées ne sauraient, sans doute, dépendre d'une loi de texte immuable ; mais une expérimentation d'une certaine durée pourrait seule les rendre profitables, et des révisions ne devraient être permises que d'ensemble et périodiquement ; leur conservation ou leur remaniement devraient être confiés à un comité, ou à un conseil, ou à une académie, institués ad hoc, mais ne pas dépendre de tels ou tels bureaux du ministère, parce que chaque bureau ne révisera que suivant ses vues et sa portée. Cette tendance détruit toute harmonie. Le nombre des Ordonnances demanderait à être réduit ; chacune d'elles viendrait se classer et s'encadrer dans un

(1) Tout au contraire (et l'auteur le reconnaîtrait s'il existait encore), l'ordonnance du 18 mai 1818 a subsisté pendant quinze ans, et subsiste toujours dans celle du 2 novembre 1833, qui n'y a apporté que quelques modifications de détail. (Voir p. 3153 et 3176. (*Note de l'auteur.*)

chapitre du CODE ; chacun de ces chapitres devrait ressortir à un BUREAU et à une division du MINISTÈRE. — Cette connexion des Ordonnances et des bureaux est si importante, qu'il devrait être exigé de chaque ministre qu'à son avénement il jurât de ne modifier les Ordonnances et l'ORGANISATION de son DÉPARTEMENT qu'en vertu d'un permis législatif. — Les noms qu'elles ont portés ou qui sont applicables à celles que nous retrouvons, sont ceux-ci : ORDONNANCE D'ADMINISTRATION, — D'ARMEMENT, — D'AVANCEMENT, — DE CAMPEMENT, — DE CASERNEMENT, — DE CÉRÉMONIAL, — DE CHAUFFAGE, — DE COMPOSITION, — DE COMPTABILITÉ, — DE CONVOIS, — DE JUSTICE, — DE HARNACHEMENT, — DE LOGEMENT, — DE MARCHE, — DE POLICE, DE DISCIPLINE, — DE REVUES, — DE SERVICE, DE SERVICE INTÉRIEUR, — DE SOLDE, — DE SUBSISTANCES, — DE TRANSPORTS, — D'ÉQUIPEMENT, — D'EXERCICE, — D'UNIFORME. — Elles ont eu bien d'autres dénominations, mais qui peuvent ou doivent se fondre dans celles-ci. — On pourrait les restreindre à sept et en répartir les branches comme dans le tableau qui suit :

SECTIONS D'ORDONNANCES.

ORDONNANCE DE

- **CONSTITUTION** — COMPOSITION. / RECRUTEMENT.
- **ADMINISTRATION** — CHAUFFAGE. / COMPTABILITÉ. / CONVOIS. / REVUES. / SOLDE. / SUBSISTANCES. / TRANSPORTS. / UNIFORME (ARMEMENT. / ÉQUIPEMENT. / HABILLEMENT. / HARNACHEMENT.)
- **LOCALISATION** — CAMPEMENT. / CASERNEMENT. / LOGEMENT.
- **RÉMUNÉRATION** — AVANCEMENT. / ORDRE DÉCORATIF. / RETRAITE.
- **RÉPRESSION** — DISCIPLINE. / JUSTICE.
- **SERVICE** — CÉRÉMONIAL. / MARCHE. / POLICE.
- **ART DE LA GUERRE** — EXERCICE.

Voici le relevé chronologique des Ordonnances que nous avons dû mentionner en traitant de la législation. — 1260 (2 février), 1290 (15 août), 1302 (juin), 1303 (15 et 20 janvier et septembre), 1306 (juin), 1311 (30 décembre), 1316 (12 mars et 1er avril), 1318 (18 juillet), 1338 (juin), 1347 (13 mai), 1352, 1355 (décembre), 1363 (6 mars), 1372, 1375 (15 janvier), 1376 (1er juin), 1403 (25 mai), 1410 (28 août), 1411 (14 octobre), 1413 (25 mai), 1417 (25 mai), 1425, 1467 (juin), 1474, 1478 (7 juillet), 1479 (août), 1514 (20 janvier), 1526 (28 juin), 1530 (15 juillet), 1534 (15 janvier et 10 décembre), 1537 (6 octobre), 1540 (19 et 28 mars), 1545 (septembre), 1547 (9 février), 1549, 1550 (20 mars), 1551 (16 juillet), 1553 (23 décembre), 1554 (janvier), 1555, 1557 (22 mars), 1558 (6 novembre), 1566 (9 février), 1570 (10 décembre), 1574 (1er février et 15 juillet), 1575 (1er juillet), 1578 (11 août), 1579, 1583, 1584 (3 décembre), 1586, 1588 (15 septembre), 1590 (29 juillet et 3 novembre et 5 décembre), 1591 (25 février), 1594 (8 mai), 1595 (12 novembre), 1598 (4 septembre), 1601 (décembre), 1611 (29 avril), 1620 (26 septembre), 1625 (4 et 14 août), 1628 (18 août et 12 octobre et 13 novembre), 1629 (5 juillet), 1632 (19 janvier), 1633 (2 janvier et 14 février et dernier août), 1634, 1635 (30 juillet), 1636 (26 mars et 6 et 8 août et 1er octobre), 1638 (28 janvier et 24 juillet et 27 septembre), 1639 (19 janvier et 14 mai), 1640 (8 octobre), 1643 (30 février et 22 mai et 15 juin, et 10 juillet et 4 septembre), 1647 (25 février), 1650 (9 avril et 16 décembre), 1653 (28 avril), 1654 (6 et 20 novembre), 1655 (25 juillet), 1656 (20 avril), 1657 (22 mai), 1658 (10 avril), 1659 (4 mai), 1660 (21 février et 20 juillet et 27 juillet et 7 septembre), 1661 (28 juillet et 12 octobre et 1er décembre), 1662 (6 mars), 1663 (29 mars et 6 octobre), 1664 (3 et 22 novembre), 1665 (7 et 25 juillet et 12 novembre), 1666 (20 mars et 28 octobre et 16 novembre et 15 décembre), 1668 (8 janvier, 1er et 27 mars et 1er juin et 28 juillet et 20 septembre et 25 novembre), 1669 (21 février et avril et 16 août), 1670 (6 et 16 et 25 et 28 février et 26 mars et 10 juillet et 10 décembre), 1671 (26 mai et 22 juin et 20 novembre), 1672 (22 avril), 1673 (22 mai), 1674 (22 mars), 1675, 1676 (16 mai et 1er juin), 1677 (3 juillet et 17 septembre), 1678 (6 janvier), 1679 (août et 15 décembre), 1680 (23 septembre et 18 octobre), 1681 (13 et 15 décembre), 1682 (17 février et 11 juillet et 1er août et 5 novembre), 1683 (18 janvier et 20 mars, et 14 octobre et 14 décembre), 1684 (24 décembre), 1685 (1er février), 1686 (6 et 8 avril, et 20 mai, et 18 septembre et 20 décembre), 1687 (1er mars), 1688 (28 juin et 8 octobre et 5 novembre), 1689 (1er février et 8 mars et 15 avril), 1690 (22 mars et 10 mai), 1691 (26 avril et 3 et 8 décembre), 1692 (15 janvier et 11 février et 8 mai et 13 juillet et 1er août), 1694 (10 septembre), 1695, 1696 (12 mai), 1697 (20 mars), 1698 (25 août), 1699 (20 août), 1701 (16 avril et 1er mai et 18 décembre), 1702 (10 avril), 1703 (2 et 20 mars et 1er avril), 1705 (22 janvier et 1er avril et 20 mai), 1706, 1710) 6 janvier, et 30 novembre et 1er décembre), 1711 (1er janvier), 1714 (10 mai, et 20 juin, et 1er et 30 juillet), 1716 (1er janvier et 28 février et 2 juin, et 1er et 2 et 4 juillet et 25 octobre), 1718 (6 et 8 et 15 avril, et 20 et 21 et 28 décembre), 1719 (20 avril et 25 septembre), 1720 (6 mars), 1721 (30 mai), 1722 (8 et 20 avril et 22 mai), 1723 (1er mai et 18 septembre), 1724 (7 octobre), 1725, 1726 (16 décembre), 1727 (30 mars et 20 avril et 1er et 13 juillet), 1728 (22 novembre), 1729 (10 mars et 20 mai et 30 novembre), 1730 (17 février et 5 décembre), 1731 (4 et 20 mars), 1732 (7 octobre), 1733 (25 mars et 28 mai et 1er août et 1er et 10 décembre), 1734 (18 janvier et 15 février et 1er avril et 1er juillet et 2 septembre et 10

décembre), 1735 (8 février et 8 avril), 1737 (10 janvier et 10 et 20 avril et 30 juin), 1738 (1er décembre), 1740 (11 janvier), 1741 (20 juillet), 1742 (1er août), 1744 (1er et 7 février), 1745 (10 avril et 30 août), 1746 (28 janvier et 1er et 27 mars, et 5 mai et 18 juin et 1er décembre), 1747 (1er et 19 janvier et 30 avril). 1749 (10 et 15 février et 15 mars et 1er juillet), 1750 (1er et 27 mars et 1er et 7 mai et 1er et 25 juin), 1751 (22 janvier et 1er février), 1752 (15 mai et 26 juillet), 1753 (15 ou 17 février et 29 juin), 1755 (6 mai et 22 juin et 5 et 8 décembre), 1756 (8 septembre et 7 et 26 décembre), 1757 (5 et 20 janvier et 26 février, et 9 mars et 25 avril, et 16 octobre), 1758 (14 janvier et 15 et 29 mars, et 29 avril et 1er et 5 mai et 3 juin et 5 novembre et 9 décembre), 1759 (10 mars et 1er mai et 12 et 30 juin et 1er juillet), 1760 (17 février et 21 et 26 mars, et 5 avril), 1762 (juin et 12 octobre et 1er et 4 et 10 et 21 décembre), 1763 (1er février, 1er et 20 et 25 mars et 1er avril et 1er juin), 1764 (29 janvier et 10 et 26 février et 20 mars et 5 juillet et 9 et 10 août), 1765 (1er mai, et 9 et 10 et 15 août), 1666 (1er janvier et 1er mars et 19 avril et 1er mai et 1er juin et 1er novembre et 15 décembre), 1767 (31 mai et 17 juillet et 1er et 20 et 25 août, et 1er et 14 décembre), 1768 (1er mars et 21 mai et 1er juillet), 1769 (1er mai), 1771 (16 avril et 19 juin), 1772 (16 février et 9 juin et 17 août), 1774 (3 octobre), 1775 (26 avril et 25 mai et 18 décembre), 1776 (18 et 25 mars et 31 mai et 1er et 17 et 30 juin et 2 juillet et 31 août et 1er septembre et 5 novembre et 31 décembre), 1777 (1er mai), 1778 (juillet et 18 septembre), 1779 (29 janvier et 8 avril), 1780 (5 avril), 1781 (2 mai), 1782 (31 octobre), 1783 (10 août), 1784 (12 et 25 juillet et 8 août), 1785 (12 mai), 1786 (1er juillet), 1787 (30 septembre et 9 octobre), 1788 (28 février et 17 mars (il y en a deux de même date) et 17 avril et 18 mai et 20 juin et 1er juillet et 12 août), 1789 (14 juillet), 1790 (5 juin et 5 juillet), 1791 (1er janvier et 1er juin et 4 août), an trois (13 nivôse), 1813 (20 janvier et 5 avril), 1814 (12 et 16 mai et 24 juin et 15 et 16 juillet) [il y en a deux de cette date] et 19 juillet, et 5 et 8 et 14 et 27 août et 28 novembre et 12 et 16 et 30 décembre), 1815 (16 et 20 et 30 janvier et 11 et 23 mars et 30 avril et 15 et 23 mai et 16 juin, et 15 et 16 juillet et 1er et 3 et 7 et 15 et 25 et 31 août et 1er et 18 et 23 septembre [il y en a deux de cette date] et 23 novembre et 27 et 31 décembre), 1816 (9 et 10 et 20 janvier et 15 et 21 février et 26 mars et 18 avril et 22 mai, et 10 et 11 juin et 8 juillet [il y en a deux de cette date] et 24 juillet et 14 août [il y en a trois de cette date] et 18 août et 11 septembre et 30 octobre et 5 et 16 novembre), 1817 (7 mars et 6 août et 6 et 19 novembre et 31 décembre), 1818 (2 février et 25 et 26 mars et 6 et 15 mai et 1er et 2 août et 25 et 30 septembre et 8 et 14 octobre et 19 et 25 novembre et 3 décembre), 1819 (19 février et 4 mai et 27 juillet et 20 octobre), 1820 (5 et 20 janvier et 31 mars et 7 juin et 9 août et 27 septembre et 11 et 23 et 29 octobre et 22 décembre), 1821 (9 juin et 17 et 20 juillet et 1er et 15 et 27 août), 1822 (3 et 16 janvier et 3 avril et 8 et 22 mai et 20 juin et 3 juillet et 18 septembre et 2 octobre et 20 novembre), 1823 (29 janvier et 5 et 19 février et 19 mars et 9 avril et 11 juin et 13 août et 24 septembre), 1824 (31 mars et 16 et 21 avril et 19 mai et 16 et 18 et 27 et 29 septembre et 27 octobre et 1er décembre [il y en a deux de cette date] et 4 et 12 décembre), 1825 (26 janvier et 27 février et 10 mars [il y en a deux de cette date] et 8 juin et 14 décembre), 1826 (13 et 26 mars et 2 et 21 juillet et 22 septembre et 3 et 5 et 10 décembre), 1827 (29 avril et 14 novembre et 17 et 26 décembre), 1828 (4 et 17 janvier et 17 février et 24 et 29 mai et 5 et 10 juin et 5 et 17 août et 20 et 27 septembre et 10 octobre et 6 et 7 et 13 et 27 décembre), 1830 (3 janvier et 14 et 21 février et 26 juillet et 1er et 11 et 13 et 16 et 25 août et 15 et 18 septembre et 16 et 28 octobre et 10 novembre [il y en a quatre de cette date] et 12 et 13 et 14 et 26 novembre [il y en a deux de cette date] et 11 décembre), 1831 (5 et 17 janvier et 10 et 19 et 20 et 22 février et 4 et 21 et 22 mars et 2 et 11 et 12 et 30 avril et 7 mai et 5 et 22 juin et 28 juillet et 5 et 16 août et 16 octobre et 11 et 17 et 19 et 21 et 25 novembre), 1832 (26 janvier et 17 février [il y en a deux de cette date], et 5 et 19 et 28 avril et 5 et 9 et 16 mai et 3 juin et 20 septembre [il y en a deux de cette date] et 15 et 30 octobre et 19 novembre et 3 et 20 décembre), 1833 (9 janvier et 23 février et 7 mars et 3 juin et 5 juillet et 18 septembre et 2 novembre), 1834 (7 janvier et 7 février et 9 mars et 24 mai et 20 juin et 10 septembre), 1835 (29 mai et 10 et 25 juin, et 9 juillet, et 12 novembre, et 10 et 16 et 19 et 25 décembre). — Les auteurs qui peuvent être recherchés pour l'étude du sujet, sont : AUDOUIN, M. BALLYET (1817, D), M. BERRIAT (1842, A), BLAND, BARDIN (1809, B), BOHAN (1781, H), BILLON (1641, A), BRÉQUIGNY, BRÉZÉ (1779), BRIQUET (1761, H), CARRION (1824, A), CHENNEVIÈRES (1750, C), DANIEL (1721, A), DARUT (1789, B), DELAMONT (1671, A), DESPARRE, DESPAGNAC (1751, D), D'HÉRICOURT (1756, G), EGGERS (1751, B), l'ENCYCLOPÉDIE (1751, C), FONTANON, FURETIÈRE, GUÉNOIS, GUIBERT (1773, E, t. v, p. 218, 219), KHEVENHUELLER (1734, B), LACHESNAIE (1758, I), LAURIÈRE, LECOUTURIER (1825, A), MICHEL, MORIN (1798, p. 269), ODIER (1818, E ; 1824, E), OLIVARÈS, PASQUIER, PASTORET, PINARD, PIRSCH (1782, A), POTIER (1779, X), PUYSÉGUR (1728, A), REBUFFE, ROCHEFORT (1755, D), SAINT-CHAMANS, SAINT-GERMAIN (1779, p. 43), SECOUSSE, SERVAN (1780, B, p. 142), SICARD, VAUCHELLE, le *Code des lois antiques et Capitulaires des rois de France*, le *Journal des Sciences militaires*, 1835, neuvième année, p. 119; le *Journal de l'Armée*, t. ii, p. 225. — Les Ordonnances officielles ne se diviseront ici qu'en ORDONNANCE D'EXERCICE et en ORDONNANCE D'UNIFORME.

ORDONNANCE (ordonnances) TACTIQUE (G, 6), ou ARROY, ou ORDRE TACTIQUE. Sorte d'ORDONNANCE que les LATINS exprimaient par *ordinatio*, comme le témoigne POLYBE (150 avant J.-C). Les ITALIENS ont rendu longtemps la même idée par le substantif *ordinanza*. — L'Ordonnance tactique est le dispositif, le plan d'une ARMÉE sur le TERRAIN, l'ARRANGEMENT d'une ou de plusieurs TROUPES, pour MARCHER, EXERCER, COMBATTRE. — Le mot Ordonnance a d'abord été synonyme de TACTIQUE, qui est plus moderne, et qui dans le sens absolu l'a remplacé. — L'Ordonnance que choisit et pratique un GÉNÉRAL D'ARMÉE a pour éléments le nombre des LIGNES, le mélange des ARMES combattantes, la disposition des BATTERIES, l'appui des ailes, le choix des points de répartition des TROUPES, la méthode des MARCHES, la force de la RÉSERVE, etc. — L'Ordonnance à préférer est celle qui satisfait au meilleur système d'ATTAQUE et de DÉFENSE, et qui répond à l'emploi le plus convenable du genre d'armes en usage; ainsi les modifications que la forme et le genre des armes ont subies, et la nature du TERRAIN où s'engagent les COMBATS, où se livrent les BATAILLES, ont motivé les systèmes particuliers d'Ordonnances des différents âges et des différents peuples. — La MILICE CHINOISE, au temps que l'OCCIDENT appelle fabuleux, connaissait depuis longtemps une Ordonnance étudiée et savante. — L'Ordonnance des ÉGYPTIENS comprenait, dit-on, des BATAILLONS de cent rang sur cent files. Un arrangement aussi pesant a été révoqué en doute; il se conçoit et s'explique comme accidentel, non comme absolu. BONAPARTE en ÉGYPTE en imita quelque chose en y recourant à l'ordre à quadruple face. — La PHALANGE GRECQUE était un parallélogramme ou une MONOTAXE, d'abord massés, ensuite entrecoupés de faibles INTERVALLES, et, au besoin, entremêlés par EUTAXE. Cette Ordonnance avait trois modes : ÉPAGOGUE, CLISE, PARATAXE. — L'Ordonnance ROMAINE a varié à raison de la forme diverse des LÉGIONS, des MANIPULES, des COHORTES. On a mal réussi à éclaircir son ORDRE EN COIN. — L'Ordonnance pratiquée au MOYEN AGE, par la CHEVALERIE et la GENDARMERIE, ne mérite pas nos recherches, ou y échappe. — GUSTAVE-ADOLPHE inventa l'Ordonnance par BRIGADES et l'appropria au FEU de l'INFANTERIE. — Gheyn (1608, A), LOSTELNEAU (1647, B), MANESSON (1685, B), WALHAUSEN (1615, A) nous ont initiés aux Ordonnances espagnole, hollandaise et suisse des seizième et dix-septième siècles. — Les ARMES modernes de jet ont amené l'ORDRE MINCE, et le carré à six rangs a été une immense révolution dans l'Ordonnance des Occidentaux. — Tous les ÉCRIVAINS qui traitent de la TACTIQUE, des MANŒUVRES, des ÉVOLUTIONS, traitent nécessairement de l'Ordonnance. Ceux qui ont plus particulièrement employé ce mot même, sont : AUDOUIN, BOUCHAUD (1757, G), M. le colonel CARRION (1824, A), DAGOBERT (1793, A), DUBELLAY (1555, A), EVOLI (1585), EFFENDI (1769, F), GIOVACCHINO (1584, A), GUIBERT (1773, E), GUIGNARD (1725, B), LACHESNAIE (1758, I, au mot *Ordre*), LLOYD (1801, B), MAIZEROY (1773, A), MEUNIER (1805, E), MIRABEAU (1788, C), REWUZICI (1769, F), SILVA (1778, F), SINCLAIRE (1773, L), WILLIAMSON (1782, I).

ORDONNANCEMENT, subs. masc. V. ARTILLERIE IDIOPLIQUE. V. COMPTE. V. CRÉDIT COMPTABILIAIRE. V. DÉCLARATION DE QUITTANCE.

V. ÉCRITURES COMPTABILIAIRES. V. ORDONNANCE COMPTABILIAIRE.

ORDONNANCER, verb. act. V. INSPECTEUR AUX REVUES. V. PRÉFET DU PRÉTOIRE. V. RAPPEL PÉCUNIAIRE.

ORDONNANCES PORTUGAISES, subs. fém. pl. V. LANDSTURM. V. LANDWEHR. V. MILICE PORTUGAISE Nº 1, 2. V. MILICE PROVINCIALE. V. PORTUGAIS, adj.

ORDONNATEUR, adj. et subs. masc. V. BUDGET. V. CRÉDIT COMPTABILIAIRE. V. COMMISSAIRE GÉNÉRAL DE LA CAVALERIE. V. COMMISSAIRE PRINCIPAL. V. COMMISSAIRE ORDONNATEUR. V. COMMISSAIRE PROVINCIAL. V. INTENDANT D'ARMÉE. V. INTENDANT DE PROVINCE. V. MILICE AUTRICHIENNE Nº 2. V. ORDONNANCE. V. ORDONNANCE COMPTABILIAIRE. V. PAYEMENT.

ORDONNATEUR EN CHEF. V. COMMISSAIRE ORDONNATEUR. V. COMMISSAIRE ORDONNATEUR EN CHEF. V. EN CHEF. V. INTENDANT MILITAIRE Nº 5. V. MINISTRE DE LA GUERRE Nº 8.

ORDONNÉ (ordonnée), adj. V. BATAILLE O...

ORDONNÉE, subs. fém. V. ORDONNANCE.

ORDONNER les ARRÊTS. V. ARRÊT.

ORDONNEUR, subs. masc. V. COMMISSAIRE ORDONNATEUR. V. ORDONNANCE.

ORDRE, subs. masc. V. A L'ORDRE. V. A ORDRE. V. APPEL POUR L'O... V. AVANCER A L'O... V. BATTERIE D'O... V. BILLET A O... V. BON ORDRE. V. CAPORAL D'O... V. CERCLE D'O... V. CHANGEMENT D'O... V. COLLIER D'O... V. CONTRE-ORDRE... V. CROIX D'O... V. DÉCORATION D'O... V. DONNER L'O... V. EN ORDRE... V. LECTURE D'O... V. LIVRE D'O... V. MOT DE L'O... V. MOT D'O... V. PLAQUE D'O... V. PREMIER O... V. RECEVOIR L'O... V. REGISTRE D'O... V. SAINT O... V. SECOND O... V. SERGENT D'O... V. SOUS-OFFICIER D'O...

ORDRE

- **DE CHEVALERIE.** — ORDRE
  - **ÉTRANGER.** — ORDRES
    - D'ALCANTARA.
    - D'AUTRICHE.
    - DE CINCINNATUS.
    - DE DANEBROG.
    - DE LA JARRETIÈRE.
    - DE LA TOISON D'OR.
    - DE L'AIGLE BLANC.
    - DE PRUSSE.
    - DU BAIN.
  - **FRANÇAIS.** — ORDRES
    - DE LA GENETTE.
    - DE LA LÉGION.
    - DE LA RÉUNION.
    - DE L'ÉTOILE.
    - DE SAINT-LAZARE.
    - DE SAINT-LOUIS.
    - DE SAINT-MICHEL.
    - DU LIS.
    - DU SAINT-ESPRIT.
    - ROYAUX.
- **DU TABLEAU.**
- **TACTIQUE.** — ORDRE
  - A TRIPLE ATTAQUE.
  - BRISÉ.
  - CENTRAL.
  - **DE BATAILLE.** — ORDRE
    - CONCAVE.
    - CONVEXE.
    - DE BATAILLE D'INFANTERIE.
    - DE PARADE.
    - EN ÉCHELON.
    - EN ÉCHIQUIER.
    - EN MURAILLE.
    - EN POTENCE.
    - MIXTE.
    - OBLIQUE.
    - PARALLÈLE.
  - EN CARRÉ.
  - EN LOSANGE.
  - MINCE.
  - OFFENSIF.
  - OUVERT.
  - PROFOND.
  - QUATERNAIRE.
  - SERRÉ.
  - TERNAIRE.
- **TESSERAIRE.** — ORDRE
  - DE ROUTE
  - **DU JOUR.** — ORDRE
    - DE CORPS.
    - DE PLACE.
    - GÉNÉRAL.

ORDRE (term. génér.) ou ORDÈNE comme le disent encore les Espagnols, ou ORDÉNEMENT. Ces mots viennent du LATIN *ordinare, ordo.* — Le terme, considéré par rapport à l'ARMÉE, à l'histoire, à la STRATÉGIE, embrasse des questions fort diverses ; il donne idée de l'harmonie dans l'accomplissement des DEVOIRS, des prérogatives de CHEVALERIE, d'une classification des CORPS ou des HOMMES DE GUERRE, des injonctions qui émanent des AUTORITÉS, des mesures qui règlent le SERVICE, et de quantité de détails de TACTIQUE. Il se divise comme il suit : ORDRE A DEMI-DISTANCE, — A DEUX FRONTS, — A DISTANCE ENTIÈRE, — A DOUBLE ATTAQUE, — A DOUBLE ÉQUERRE, — A DOUBLE FRONT, — A INTERVALLES, — A RANGS SERRÉS, — A REDANS, — AMPHISTOME, — ANTISTOME, — AU CAMP, — AU CERCLE, — BINAIRE, — CARRÉ, — CÉLEUSTIQUE, — CIRCULAIRE, — CIVIL, — CLISIQUE, — COMPACTE, — CONDENSÉ, — D'ALCANTARA, — D'ANCIENNETÉ, — D'ATTAQUE, — DE BATAILLE CONSTITUTIF, — DE BATAILLE DE CAVALERIE, — DE BATAILLE TACTIQUE, — DE BIAIS, — DE CALATRAVA, — DE CERCLE, — DE CHARGE, — DE CHEVALERIE, — DE CHOC, — DE COLONNE, — DE COMBAT, — DE DANEBROG, — DE DÉPART, — DE FEU, — DE JUILLET, — DE LA CHAUSSE, — DE LA COURONNE DE FER, — DE LA JARRETIÈRE, — DE LA NOBLE MAISON, — DE LA PARADE, — DE LA TOUR ET DE L'ÉPÉE, — DE L'AIGLE BLANC, — DE L'ÉPERON, — DE LOGEMENT, — DE MALTE, — DE MARCHE, — DE MARIE-THÉRÈSE, — DE NOBLESSE, — DE REJOINDRE, — DE REVUE, — DE SAINT-ANDRÉ, — DE SAINT-FERDINAND, — DE SAINT-GEORGES, — DE SAINT-GUILLAUME, — DE SAINT-LAZARE, — DE SAINT-MAURICE, — DE SAINT-STANISLAS, — DE SAVOIE, — DE SERVICE, — DE THÉRÈSE-ÉLISABETH, — DÉCORATIF, — D'ÉLARGISSEMENT, — D'EMPRISONNEMENT, — DEMI-PRESSÉ, — DENSE, — DENTELÉ, — DÉPLOYÉ, — DES TROIS COURONNES, — DES TROIS TOISONS, — DILATÉ, — D'INFORMER, — D'INJONCTION, — DIRECT, — DISTOME, — DOUBLE OBLIQUE, — DU BAIN, — DU CROISSANT, — DU JOUR EN CAMPAGNE, — DU MÉRITE DE BAVIÈRE, — DU MÉRITE DE FRANCE, — DU MÉRITE DE WURTEMBERG, — DU SOIR, — DU SOLEIL, — DU TABLEAU, — ÉCHELONNÉ, — EN BATAILLE, — EN CAMPAGNE, — EN COIN, — EN COLONNE, — EN CROISSANT, — EN GARNISON, — EN HAIE, — EN LIGNE, — EN MASSE, — EN ORBE, — EN PELOTONS, — EN PREMIÈRE LIGNE, — EN QUINCONCE, — EN ROUTE, — EN SECTIONS, — EN TIROIR, — EN TRIANGLE, — ENTREMÊLÉ, — ÉPARS, — ÉQUESTRE, — ET MOT, — FRANÇAIS, — HÉTÉROSTOME, — HYPOCLASTIQUE, — INVERTI, — MANIPULAIRE, — MASSE, — MILITAIRE, — MINCE DE CAVALERIE, — NATUREL, — NOBILIAIRE, — OMNI-DISTANT, — OFFICIEL, — ORBICULAIRE, — OUVERT DE CAVALERIE, — PAR LE FLANC, — PAR QUATRE, — PARAGOGIQUE, — PARATAXIQUE, — PARTICULIER, — PERSAN, — PLEIN, — POLÉMONOMIQUE, — PRESSÉ, — PROTAXIQUE, — PRUSSIEN, — RÉGULIER, — RENVERSÉ, — ROMPU, — ROYAL, — SCYTHIQUE, — SUR DEUX LIGNES, — SUR DEUX RANGS, — SUR DIX RANGS, — SUR DOUZE RANGS, — SUR HUIT RANGS, — SUR QUATRE RANGS, — SUR SIX RANGS, — SUR TROIS RANGS, — SUR VINGT RANGS, — TACTIQUE, — TESSERAIRE, — TEUTONIQUE, — TRINAIRE. Ordres (au plur. absolu).

ORDRE A DEMI-DISTANCE. V. A DEMI-DISTANCE. V. MASSE TACTIQUE.

ORDRE A DEUX FRONTS. V. A DEUX FRONTS. V. LIGNE COMBINÉE. V. MILICE GRECQUE N° 6. V. PHALANGE AMPHISTOME. V. PHALANGE HÉTÉROTOME.

ORDRE A DISTANCE ENTIÈRE. V. A DISTANCE ENTIÈRE. V. MASSE TACTIQUE.

ORDRE A DOUBLE ATTAQUE. V. A DOUBLE ATTAQUE. V. ORDRE CONCAVE. V. ORDRE OFFENSIF. V. PEPHLEGMENON.

ORDRE A DOUBLE ÉQUERRE. V. A DOUBLE ÉQUERRE. V. ORDRE OFFENSIF.

ORDRE A DOUBLE FRONT. V. A DOUBLE FRONT. V. HAIE.

ORDRE A INTERVALLES. V. A INTERVALLES. V. LIGNE A INTERVALLES. V. LIGNE PLEINE. V. ORDRE DE BATAILLE. V. ORDRE EN MURAILLE.

ORDRE A RANGS SERRÉS. V. A RANGS SERRÉS. V. ORDRE SERRÉ.

ORDRE A REDANS. V. A REDANS. V. ORDRE BRISÉ.

ORDRE A TRIPLE ATTAQUE (G, 6 ; H, 2). Sorte d'ORDRE TACTIQUE dont il est question dans BAUDRAN (1777, D), qui en décrit et en conseille l'emploi. C'était un ORDRE OFFENSIF se dirigeant sur le FRONT de l'ENNEMI, en trois grosses MASSES, à INTERVALLES égaux entre elles.

ORDRE AMPHISTOME. V. AMPHISTOME. V. LIGNE COMBINÉE. V. MILICE GRECQUE N° 7. V. PHALANGE AMPHISTOME.

ORDRE ANTISTOME. V. ANTISTOME. V. MILICE GRECQUE N° 6. V. PHALANGE ANTISTOME.

ORDRE AU CAMP. V. AU CAMP. V. BRIGADIER DES ARMÉES. V. CERCLE D'ORDRE AU CAMP. V. GARDE AU CAMP. V. ORDRE GÉNÉRAL.

ORDRE AU CERCLE. V. CERCLE. V. CERCLE DE POLICE. V. CERCLE D'ORDRE. V. SERGENT D'INFANTERIE FRANÇAISE DE LIGNE N° 10.

ORDRE BINAIRE. V. BINAIRE, adj. V. PELOTONNEMENT. V. RANGS D'INFANTERIE.

ORDRE BRISÉ (G, 6 ; H, 2) ou ORDRE A REDANS, ou ORDRE DENTELÉ, comme l'appelle DELIGNE (1780, I), ou SCIE TACTIQUE. Sorte d'ORDRE TACTIQUE dont la première pensée paraît appartenir à DELANOUE (1559, A). Le traité qu'il a composé en donne le dessin. — BÉNETON (1741, A) proposait un Ordre brisé, formé en disposant une LIGNE de bataillons de manière qu'ils représentassent, deux par deux, une suite de rentrants et de saillants à angle obtus ; ainsi le FEU de chaque FRONT flanquerait le FRONT voisin, par des FEUX

OBLIQUES OU CROISÉS. Ce sont des recherches vaines, *difficiles nugæ*. LOLOOZ (1766, A) reproduisait ce projet et le prince DELIGNE (1780, I), qui le lui a emprunté, en donne la gravure; ou en retrouve également l'image dans le traité de MIRABEAU (1788, C). M. le colonel LEORIER (1855) a remis au jour un projet analogue et applicable à des CARRÉS, comme le témoigne le *Spectateur militaire*, tom. xv, p. 619.

ORDRE CARRÉ, V. CARRÉ. adj. V. CARRÉ TACTIQUE, V. ORDRE EN CARRÉ. V. PARC. V. PIQUE.

ORDRE CÉLEUSTIQUE. V. A L'ORDRE AUX TAMBOURS. V. APPEL CÉLEUSTIQUE. V. CÉLEUSTIQUE. V. CORPS EN ROUTE SUR PIED DE PAIX.

ORDRE CENTRAL (G, 6 ; H, 2) OU ORDRE EN COIN. Sorte d'ORDRE TACTIQUE indiqué par une désignation obscure, dans DELANOUE (1760, F) et dans BOHAN (1781, H). BAUDRAN (1777, D) appelle ainsi un ORDRE OFFENSIF EN COIN, ou en EMBOLON, comparable à la COLONNE ANGLAISE de FONTENOY.

ORDRE CIRCULAIRE. V. CIRCULAIRE, adj. V. PARC.

ORDRE CIVIL. V. CIVIL, adj. V. ÉTAT MILITAIRE. V. MINISTRE DE LA GUERRE EN 1835.

ORDRE CLISIQUE. V. CHEF DE PELOTON. V. CLISE. V. CLISIQUE.

ORDRE COMPACTE. V. AVANT-GARDE D'ARMÉE AGISSANTE. V. COMPACTE, adj. V. FEU D'INFANTERIE. V. MILICE. V. MILICE GRECQUE Nº 6. V. TERRAIN INDIVIDUEL. V. TÉTRAPHALANGARCHIE.

ORDRE CONCAVE (G, 6). Sorte d'ORDRE DE BATAILLE dont l'effet est d'agir contre les AILES de l'ENNEMI et de lui REFUSER le CENTRE. La MILICE GRECQUE l'appelait PÉPHLEGMÉNON. NARSÈS triompha à CASILIN, à l'aide de l'Ordre concave. Il a été, ensuite, une des ÉVOLUTIONS de la MILICE TURQUE; à NICOPOLIS elle MASQUE, par un RIDEAU, la concavité de son FRONT; les FRANÇAIS percent ce RIDEAU, et périssent, pris comme dans un piège. — L'Ordre concave des ANGLAIS occasionna la défaite des FRANÇAIS à CRÉCY et à AZINCOURT. — DELATOUR (1514, A) mentionne cet ordre au nombre de ceux qu'il a décrits. DELANOUE (1559, A) proposait de le faire revivre, et en dessinait la figure. BAUDRAN (1777, D) en exposait avec détail et 'en conseillait l'emploi; il l'appelait ORDRE A DOUBLE ATTAQUE. Il en est question aussi dans M. VANDERMEERE. — L'ARMÉE FRANÇAISE donna en Ordre concave la bataille de LEIPZIG, en 1813.

ORDRE CONDENSÉ. V. CONDENSÉ. V. MILICE GRECQUE Nº 6. V. ORDRE SERRÉ. V. SYNASPISME.

ORDRE CONVEXE (G, 6). Sorte d'ORDRE DE BATAILLE qui rappelle le COIN, l'EMBOLON de la MILICE GRECQUE, la TÊTE DE PORC du BAS-EMPIRE. — Les FRANCS combattant en Ordre convexe, furent défaits à CASILIN. — La bataille de FLEURUS, en 1794, celle de DRESDE, en 1813, furent gagnées par les FRANÇAIS rangés en Ordre convexe. — DELATOUR (1514) appelle *cercle saillant*, l'Ordre convexe. M. VANDERMEERE en a traité.

ORDRE d'ALCANTARA (F). Sorte d'ORDRE ÉTRANGER qui a succédé, en 1212, à l'ordre espagnol des Chevaliers du poirier, qui avait été créé en 1170. L'ordre de CALATRAVA, fondé en 1158, par Sanche trois, roi de Castille, s'est fondu en 1218 dans celui d'ALCANTARA, après l'expulsion des MAURES. GANEAU, au mot *Alcantara*, en donne quelque idée.

ORDRE d'ANCIENNETÉ. V. ANCIENNETÉ. V. CHEF DE SUBDIVISION POLICIAIRE. V. CONTROLE ANNUEL.

ORDRE d'ATTAQUE. V. ATTAQUE. V. MILICE GRECQUE Nº 6. V. ORDRE OFFENSIF.

ORDRE (ordres) d'AUTRICHE (F). Sorte d'ORDRES ÉTRANGERS dont le principal et le plus ancien a été créé par MARIE-THÉRÈSE, comme moyen de récompenser les actions d'éclat; il ne peut être le prix de longs services qu'en faveur des GÉNÉRAUX de la MILICE AUTRICHIENNE. *Sa décoration*, dit M. MOUNIER, *est restée glorieuse; elle le doit à la sévérité que le chapitre de l'Ordre a toujours apportée à l'admission des nouveaux chevaliers.* — Il existe un autre ordre créé à l'instar de la Légion d'honneur: c'est l'ordre DE SAINT-LÉOPOLD.

ORDRE (ordres) de BATAILLE (term. sous-génér.), OU ARROY, OU CORROIS, OU LIGNE DE BATAILLE, OU ORDRE EN BATAILLE, OU OST, OU PARATAXE. Sorte d'ORDRES TACTIQUES qui se rapportent également à l'assiette d'une fraction d'ARMÉE, sur un TERRAIN quelconque, et en temps de paix ou de guerre, ou bien l'ARRANGEMENT de la totalité même d'une ARMÉE prête à en VENIR AUX MAINS. — On appelle, en tactique, Ordre de bataille, la disposition que prescrivent les ORDONNANCES militaires; en stratégie, la disposition qu'un GÉNÉRAL D'ARMÉE préfère, après des RECONNAISSANCES préalables, en l'appropriant à la conduite d'une ACTION, à la nature du TERRAIN, aux circonstances de la GUERRE. — L'ordre de REVUE n'est pas toujours Ordre de bataille. — L'ordre voulu par les règlements a été appelé par quelques ÉCRIVAINS, ORDRE NATUREL. Celui que le GÉNÉRAL applique à la GUERRE, peut dépendre de mille causes. — Les tacticiens anciens, à partir de Végèce, ont compliqué sans utilité les règles de l'Ordre de bataille ; quelques professeurs modernes ont partagé ce travers.— L'Ordre habituel de bataille consiste dans la dimension du TERRAIN INDIVIDUEL, dans la manière dont se rangent les HOMMES dans les COMPAGNIES OU PELOTONS, les PELOTONS et les DEMI-BATAILLONS dans les BATAILLONS, les BATAILLONS OU ESCADRONS dans les RÉGIMENTS, ceux-ci dans les BRIGADES, celles-ci dans les DIVISIONS, les DIVISIONS dans les CORPS D'ARMÉE, et enfin ces CORPS dans les ARMÉES AGISSANTES. C'est l'Ordre de bataille constitutif. — Mais, s'il s'agit de plus d'un bataillon ou d'un régiment, les circonstances locales et le jeu de la tactique modifient le système, et de fondamental il devient, de nécessité, facultatif et éventuel. — L'Ordre de bataille des COMPAGNIES et des BATAILLONS OU ESCADRONS, dans les RÉGIMENTS, se règle conformément au genre de leur TACTIQUE, et ne varie pas, sauf les cas d'INVERSIONS ; c'est l'ORDRE DE BATAILLE TACTIQUE ; il est ou à INTERVALLES, ou EN MURAILLE. Le dernier, qui s'appelle aussi ORDRE PLEIN, offre une LIGNE continue ; le premier a été principalement imaginé pour la conservation de l'ALIGNEMENT INDIVIDUEL, EN MARCHE, pour le libre passage des PIÈCES d'artillerie et des OFFICIERS GÉNÉRAUX OU SUPÉRIEURS, pour que les GROUPES à DRAPEAUX fussent distincts et reconnaissables. — L'Ordre de bataille fait place à un ordre différent par le fait des PLOIEMENTS, des ROMPEMENTS, etc. L'Ordre de bataille des BRIGADES, des DIVISIONS, etc., ne saurait être constamment le même ; les divers éléments dont dispose un GÉNÉRAL D'ARMÉE doivent se coordonner au TERRAIN qu'il occupe, aux dispositions que prend ou que peut prendre l'ENNEMI qu'il a en tête, à l'intention de le DÉBORDER, à la précaution de n'en pas être débordé, et à l'à-propos de la concentration ou de la dilatation, du développement ou de l'épaississement. Cet Ordre de bataille est POLÉMONOMIQUE.— Des écrivains, confondant ces genres d'ordres, ont dit qu'il faut toujours se conformer à l'ORDRE NATUREL, c'est-à-dire avoir la droite en tête, et n'être pas inverti. D'autres, tel que BONAPARTE, ont soutenu qu'il n'existait pas d'ORDRE NATUREL. Les uns et les autres ont raison, suivant le sens qu'ils donnent aux mots. Il y a un ORDRE TACTIQUE naturel, il n'y a pas d'ORDRE POLÉMONOMIQUE naturel. — Autrefois on appelait ORDRE DÉPLOYÉ, l'Ordre de bataille d'une ARMÉE, parce qu'avant l'invention des DÉPLOIEMENTS qui ont lieu en ATTAQUANT, elle ne pouvait marcher à l'ENNEMI que déployée à l'avance. — Un des problèmes de

l'ART DE LA GUERRE EN RASE CAMPAGNE est de se donner, vis-à-vis de l'ENNEMI, un Ordre de bataille qui permette de FLANQUER les faces, d'employer les diverses ARMES sur le TERRAIN qui convient à leur manière de COMBATTRE, de réduire au moindre nombre les points attaquables, de paralyser le DÉPLOIEMENT des FORCES de l'ENNEMI, de graduer les défenses, de multiplier les résistances, d'assurer les AILES et les DERRIÈRES, de tenir indépendantes, quoique appuyées et non isolées, les parties diverses, pour que la DÉFAITE possible de quelques unes n'entraîne pas la rupture des autres. PUYSÉGUR (1748, C) a résumé ces données, en comparant l'Ordre de bataille à une fortification mobile dont toutes les parties se FLANQUENT. — Amiot (1782, O) donne les plans figuratifs de plusieurs Ordres de bataille des CHINOIS, inventés par l'empereur Hoang-ty, 2637 ans avant J.-C. *Les historiens, dit-il, en avaient conservé les dessins.* — L'Ordre de bataille des MILICES GRECQUES n'a varié que quant à la PROFONDEUR de la PHALANGE et à l'accroissement du FRONT, depuis la PETITE PHALANGE jusqu'à la DIPHALANGARCHIE et à la TÉTRAPHALANGARCHIE ; mais elle fut, en général, MONOTAXE. — L'Ordre de bataille des LÉGIONS a subi les modifications bien plus marquées qui ont résulté des innovations de SERVIUS TULLIUS, et du système des COHORTES PHALANGIQUES substituées au système des MANIPULES primitifs. — L'Ordre des LÉGIONS ROMAINES était, suivant le besoin du COMBAT, à RANGS SERRÉS, à RANGS OUVERTS ; le genre des ÉVOLUTIONS à exécuter décidait ainsi de la dimension du TERRAIN INDIVIDUEL. — Portius CATON avait composé, sur les Ordres de bataille, un ouvrage perdu dont on retrouve l'esprit et le fonds dans les détails confus transmis par AULU-GELLE et par VÉGÈCE. AULU-GELLE confond les Ordres de bataille et certaines modifications qui n'en étaient que les parties (*ordo, acies, frons*), dans le passage peu intelligible que voici : *Vocabula sunt militaria, quibus instructa certo modo acies appellari solet. Frons, subsidia, cuneus, orbis, globus, forfex, serra, alæ, turres.* — Les termes militaires qui désignent l'Ordre dans lequel peut se ranger une ARMÉE sont ceux-ci : le CORPS DE BATAILLE, la RÉSERVE, ou les TRIAIRES, le COIN, le CERCLE, le GLOBE, la TENAILLE, la SCIE, les AILES, les TOURS. On ne sait pas précisément ce que c'étaient que les TOURS, et ce que signifiait : *Turrim se locare*, à moins que ce ne fût comme une fortification vivante, dans laquelle le FRONT était comparable à une courtine, et où certaines troupes placées en proéminence étaient comme des BATAIL-

LONS RONDS que FLANQUAIT la LIGNE. — VÉGÈCE (390, A) ne parle pas du CERCLE et des TOURS dont nous entretient AULU-GELLE; il appelle TÊTE DE PORC le COIN. Il prescrit comme règles fondamentales l'emploi de sept différents Ordres de bataille; ce principe ne pouvait pas être plus vrai de son temps qu'il ne le serait actuellement. Il n'y a, soit pour ATTAQUER, soit pour se défendre, qu'un Ordre de bataille, celui qui est commandé par la nature du CHAMP DE BATAILLE et par les circonstances du TERRAIN. Cet Ordre, dont les règles ne sauraient être formulées d'avance, ne peut, suivant quelques opinions, être que de deux espèces: PERPENDICULAIRE OU OBLIQUE. — L'Ordre de bataille byzantin comprenait des CORNES TÊTES, des TERGES FILES. Si l'on en croit AGATHIAS (liv. xxiv) et VELLY (tom. i, p. 7), *Rien de plus uniforme que leur Ordre de bataille* (celui des FRANCS). *L'infanterie au centre formait un triangle auquel on donnait le nom de coin, parce que sa pointe étant tournée vers l'ennemi, sa destination était de l'enfoncer ou de le rompre.* Cet usage des FRANCS était une imitation ou une analogie de la TÊTE DE PORC dont parle VÉGÈCE (390, A). — On peut prendre une idée de l'Ordre de bataille usité au onzième siècle, dans la description de l'affaire de HASTINGS rapportée dans DUCHESNE (p. 204). *Pedites in fronte locavit, sagittis armatos et balistis, item pedites, in ordine secundo firmiores et loricatos, ultima turmes equilum.* Il (GUILLAUME) forma une PREMIÈRE LIGNE d'hommes de pied armés de flèches et de balistes (arbalètes); il mit en SECONDE LIGNE des piétons d'élite couverts de corselets; enfin il rangea en TROISIÈME LIGNE ses TURMES de CAVALERIE. — Au temps du PRINCE NOIR, la MILICE ANGLAISE pratiquait l'Ordre en trois BATAILLES. — VELLY témoigne, à la date 1364, qu'au temps de CHARLES CINQ, les FRANÇAIS étaient si peu familiarisés avec des *combinaisons réfléchies et une manœuvre raisonnée,* que, parmi les GÉNÉRAUX, c'était à qui se refuserait de commander l'ARRIÈRE-GARDE. — Suivant les temps, les ARRAIOURS ou les régulateurs qui décidaient de l'Ordre de bataille se sont nommés grand SÉNÉCHAL, CONNÉTABLE, quand celui-ci n'était qu'AIDE DE CAMP du SÉNÉCHAL ou du ROI; MARÉCHAL DE FRANCE, quand celui-ci n'était qu'AIDE DE CAMP du CONNÉTABLE; MARÉCHAL DE L'HOST ou MARÉCHAL DE CAMP, quand ceux-ci n'étaient qu'AIDES DE CAMP du MARÉCHAL DE FRANCE, et enfin MESTRE DE CAMP, SERGENT DE BATAILLE et SERGENT-MAJOR. Qui croirait aujourd'hui que MARÉCHAL DE FRANCE et SERGENT-MAJOR ont été synonymes? —

LOUIS ONZE indique cinq Ordres de bataille : LA LIGNE arrangement mince, *qui vaut peu, le carré, qui ne vaut rien, la force,* c'est-à-dire le COELEMBOLON ou les TENAILLES, *l'écu,* c'est-à-dire le CROISSANT convexe, *et le rond.* Il n'ose prononcer sur la bonté de ces trois derniers ordres, mais penche pour la FORCE. — On doit, suivant MACHIAVEL (1510, A), aux SUISSES l'invention du BATAILLON EN CROIX. — Voici ce que dit, sur les autres Ordres de bataille du temps, son traducteur (1546, B) : *Il faut que le colonel* (GÉNÉRAL D'INFANTERIE, OU COLONEL GÉNÉRAL DES BANDES), *soit devant le bataillon* (la grosse BATAILLE, ou principal CORPS de TROUPES de l'ARMÉE) *loin d'une pique, armé de toutes pièces, sa bourguignotte en teste, et sa pique en main, et tous ses capitaines en chef, armés de mesme, à la teste du bataillon, les enseignes au mitan, les lieutenants à la queue (derrière le dernier rang), les sergens aux costez, le sergent-major, ou, pour parler à l'ancienne mode, le sergent de bataille, à cheval pour aller par les rangs, par le devant, par le derrière et par les costez ou aîles.* — Avant HENRI QUATRE, l'Ordre de bataille consistait dans un ARRANGEMENT qui comprenait une AVANT-GARDE, un CORPS DE BATAILLE et une ARRIÈRE-GARDE. C'était, en quelque sorte, un ensemble de trois ARMÉES, souvent assez mal d'accord. — L'ORDRE ENTREMÊLÉ de FANTASSINS et de CHEVAUX y succéda. — Le MÉLANGE D'ARMES fut abandonné ensuite quand on eut appris, par des DÉFAITES désastreuses, le danger qu'il y avait à intercaler, entre des piétons, de la CAVALERIE, et à la mettre en face de l'INFANTERIE ennemie; les CHEVAUX commencèrent donc à être placés, dans les MANŒUVRES, à part et sur le flanc de la LIGNE; cette méthode fut empruntée aux anciens par FARNÈZE, qui rendit ainsi plus compactes les trois fractions d'ARMÉES dont nous avons parlé. Cette forme de la MILICE ESPAGNOLE, qui était un des préceptes donnés par MANSFELD, prévalut. — HENRI QUATRE, en appropriant l'Ordre de bataille au TERRAIN, au lieu de s'asservir à des formes convenues, sortit, un des premiers, de la routine; on le vit à Arques faire l'essai de l'Ordre de bataille SUR DEUX LIGNES; c'était le sixain. GUSTAVE-ADOLPHE et MAURICE DE NASSAU adoptèrent le CINQUAIN, ou l'Ordre de bataille SUR DEUX LIGNES avec une RÉSERVE, ou plutôt ils l'ont imité de la MILICE ROMAINE et des Normands de GUILLAUME; ils mettaient leurs BATAILLONS en QUINCONCE, comme l'étaient les MANIPULES, et les tenaient sur DOUZE ou DIX RANGS, comme la PHALANGE GRECQUE. TURENNE et CONDÉ les tenaient sur huit RANGS.

— En général, l'Ordre de bataille comprenait, sous Louis quatorze, des intervalles égaux aux fronts, et les fronts de la seconde ligne étaient vis-à-vis des intervalles de la première. C'était le quinconce que Walhausen (1615, A) appelait bataille ordonnée. — Le prince Eugène donna, le premier, l'exemple d'une armée où des corps restaient en colonne pendant une bataille. — On voit avec quelle difficulté est éclose une formation qui satisfît aux conditions de l'art, et qui convînt au feu des petites armes, et à la célérité des marches et des évolutions. *On se mettait en bataille la veille*, dit M. le colonel Carrion (1823, A), *pour combattre le lendemain*. — On ne peut donner un tableau plus juste de ce qu'était l'Ordre de bataille, ou la manière d'avancer en bataille vers l'ennemi, qu'en répétant ce que dit judicieusement Decrammeville : *Une ligne débordant (hors de direction) par une ou deux de ses ailes, composée de bataillons crevant par le centre, ou ayant leurs manches (leurs armes à feu) en arrière, séparés par des intervalles pris au hasard, et tantôt de la largeur de leurs fronts, ou plus grands, tantôt plus petits ; étant fermée par deux ailes de cavalerie composées d'escadrons pas plus en ordre que les bataillons, cette ligne s'avançait lentement et en tiraillant vis-à-vis d'une autre qui n'était pas en meilleur ordre.* — Telle était la manière dont manœuvraient des bataillons, déchiquetés, festonnés, disparates, et dont l'impulsion ne pouvait être une et énergique. *C'était*, dit Maurice de Saxe (17, A), *le comble de la misère.* — Dans ses objections contre les systèmes du général Rogniat, Bonaparte (le général Montholon, tom. 1er, p. 282) dit : *Il y a plusieurs manières d'avoir un camp, ou de prendre un Ordre de bataille dans une même position. Il n'y a pas d'Ordre naturel de bataille chez les modernes.* — Suivant M. le général Jomini (1851, B), *la ligne de bataille ou l'Ordre de bataille, en appliquant ces mots aux grandes* opérations, *présentent une nuance : la ligne résulte d'une formation en bataille, soit hostilement ou non ; l'Ordre en bataille est un arrangement d'hommes et une combinaison d'armes qui résultent d'un projet actuel d'offensive ou de défensive.* — Cette distinction, établie par un professeur habile, renferme sans doute un principe fondé ; mais se rendre compte du sens qu'il y attache n'est pas aisé. — De ce qui vient d'être dit concluons que si la langue était moins imparfaite, elle eût employé des expressions différentes pour rendre des idées qui ne sont pas les mêmes ; car autre chose est l'Ordre de bataille qui est un arrangement constitutif et tactique, et l'Ordre de bataille ou de combat qui est une pensée polémononomique ou le produit de cette pensée. — L'ordre de bataille constitutif a varié, suivant qu'il a existé ou non des compagnies d'élite, suivant la mesure du terrain individuel, suivant la forme et le numéro des escouades, des compagnies, des pelotons, suivant le placement et le rang honorifique des factionnaires (on appelait ainsi les capitaines), suivant le plus ou moins d'épaisseur des masses. — Comme arrangement tactique, l'Ordre de bataille ou la parataxe est l'opposé de l'ordre en colonne et de l'ordre par le flanc. C'est le placement primordial des troupes, suivant que le veulent l'emploi de chaque combattant et les mouvements à exécuter. C'est la manière dont les corps sont sous les armes, dont les généraux et officiers supérieurs sont répartis hors rang, dont le matériel est ordonné. — Dans cette acception du terme, Montécuculi (1704, D) proclamait ce précepte profond : *La fin de l'ordonnance de marche (c'est-à-dire l'application des marches-manœuvres) est de pouvoir se changer tout à coup, et par des mouvements simples, en un Ordre de bataille.* — Nos pères le nommaient arroy, dont désarroi est resté le privatif ; son appellation actuelle comprend le mot bataille, non comme synonyme d'action, pris suivant l'usage militaire moderne, mais comme synonyme de troupe pris suivant l'ancien usage. Ainsi la locution est un mélange d'expressions vivantes et de termes dont l'acception est en désuétude. — Cette parataxe, cet arroy, ce corrois (*corredium*), sont la clef des grandes manœuvres, leur point de départ et leur but. Ils se transforment en ordre en carré, etc. Ils ont été ou pleins ou dilatés. Ils ont occupé, suivant les temps et les systèmes, un terrain plus ou moins profond, soit sur moins ou beaucoup de rangs, soit sur une ou sur plusieurs lignes, soit en muraille ou avec intervalles, soit avec, soit sans réserve. — Les changements de direction sont un moyen de varier l'aspect d'un Ordre de bataille en marche ; les conversions en bataille sont un moyen d'en varier l'aspect de pied ferme ; les conversions rompantes en brisent la ligne ; les déploiements la rétablissent. — Le commandement front produit le passage de l'ordre par le flanc à l'Ordre en bataille. — Être en Ordre de bataille signifie en général être en ordre déployé, avoir le maximum de front et le minimum de profondeur que comporte la nature de l'ORDONNANCE de la TROUPE ; mais un CARRÉ est un quadruple ORDRE EN BATAILLE, et n'est pas un ordre déployé. — Suivant MESNIL DURAND (1774, B), SILVA (1778, F), etc., être en bataille, c'est être prêt à se porter sur l'ENNEMI par de nombreuses COLONNES ; ils appellent bataillons POSTÉS ceux qui sont en ORDRE DÉPLOYÉ pour le FEU, parce que dans leur système ce n'était que derrière un obstacle, dans un POSTE, que l'INFANTERIE peut être en ordre allongé. — L'ORDRE DE BATAILLE POLÉMONOMIQUE est un Ordre d'ACTION coordonné aux circonstances, et non invariablement un Ordre de TROUPE, comme le témoignait déjà il y a si longtemps ONOZANDRE (50 avant J.-C.). Il est indiqué par le TERRAIN bien plus qu'il n'est déterminé par les règles ; c'est au génie et au COUP D'OEIL du GÉNÉRAL à décider de la forme à préférer, car il n'y a pas d'Ordre de bataille avec lequel on n'ait été vainqueur ou battu ; l'essentiel est d'adopter celui qui restreint le moins possible le jeu et les forces de tous les agents, de tous les instruments. — L'ORDRE DE BATAILLE TACTIQUE a toujours dépendu de la nature des ARMES MATÉRIELLES ; si ce principe a été enfreint, c'est que, quand la forme des ARMES venait à changer, l'esprit de routine laissait survivre l'ancien Ordre de bataille. Mais la force des choses faisait prévaloir à la longue de plus convenables principes. — *De tout tems*, dit LLOYD (1762, M), *les troupes ont été formées préférablement en quarrés ou en parallélogrammes.* — Nous avons vu cependant combien d'autres figures géométriques ont été appliquées, mais défectueusement, à l'Ordre de bataille. — L'ORDRE DE BATAILLE POLÉMONOMIQUE a toujours dépendu de la confiance que le général accorde aux troupes qu'il commande, de la disposition morale des ARMES PERSONNELLES, de leur degré d'instruction. *Les plus simples et les plus tôt formés*, dit PUYSÉGUR (1748, C) en parlant des Ordres de bataille, *sont les seuls dont on doive faire usage.* La manière de subdiviser les armées, dit FRÉDÉRIC DEUX, doit avoir pour but principal de pouvoir, devant l'ENNEMI, *changer ou rectifier promptement les Ordres de bataille.* — La grande habileté de FRÉDÉRIC était de commencer le COMBAT en même temps que commençait et s'accomplissait la FORMATION de son Ordre de bataille. Entamer ainsi l'ACTION était le rôle de son AVANT-GARDE. Il y avait loin de là au temps, peu ancien pourtant, où il fallait SE METTRE EN BATAILLE la veille pour DONNER le lendemain. — L'ORDONNANCE DE 1852 (3 MAI) s'occupait de l'Ordre de bataille des ARMÉES EN CAMPAGNE ; et les AUTEURS qui ont em-

brassé le même sujet sont : ADRIANO (1556, A), ALIMANI, AMIOT (1772, D), AULU-GELLE, BOMBELLES (1746, A), BONJOUAN, BRANCACCIO, CARRION (1824, A), CATANÉO (1608, B), CÉSAR (1619, D), CROCE, CUGNOT (1766, C), DECKER (1828), DELAFONTAINE (1675, A), DELANOUE (1760, F), DELATOUR (1514, A), DELIGNE (1780, I), DESPAR (1753, A), DESPREZ (1755, B), D'HÉRICOURT (1756, G), DUBOUSQUET (1769, B), DUPAIN (1757, B), ENCYCLOPÉDIE (1751, C), FERRETTUS (Francesco), FEUQUIÈRES (1750, A), FIAMELLI, FOLARD (1727, A), FRONSPERG (1757), GOETZMAN, GUIBERT (1773, E), GUILLET (1688, D), GUISCHARDT (1758, H), HELLMODT (1779, I), JOMINI (1830, A), LACHESNAIE (1758, I), LEBLOND (1758, B), LISKENNE (t. I, p. 576, gravures), LENORMAND (1632, A), LÉON (1602, B), LLOYD (1762, M), LOLOOZ (1766, A), LOSTELNEAU (1647, B), LOUIS ONZE (1480, A), MAGGI, MAIZEROY (1766, F ; 1767, E ; 1770, E), MANESSON (1685, B, t. III, p. 25), MAURICE DE SAXE (1757, A), MONTÉCUCULI (1704, D), OKOUNEFF, ONOZANDRE (50 avant J.-C.), PICTET (1761, I), PIGAFETTA (1602, B), POTIER (1779, X), PUYSÉGUR (1748, C), QUINCY (1726, D), ROGNIAT (1816, B), ROZARD, SANTA-CRUZ (1758, A), SERVAN (1780, B), SILVA (1768, K), SIONVILLE (1756, E), TROUPITZ, TURPIN (1783, O), M. VANDERMÉERE, VÉGÈCE (390, A), et un AUTEUR anonyme (1630, A). Le mot Ordre de bataille se ramifiera ici en ORDRE CONCAVE, — CONVEXE, — DE BATAILLE D'INFANTERIE, — DE PARADE, — EN ÉCHELON, — EN ÉCHIQUIER, — EN MURAILLE, — EN POTENCE, — MIXTE, — OBLIQUE, — PARALLÈLE, — TANT PLEIN QUE VIDE.

ORDRE DE BATAILLE CONSTITUTIF. V. CONSTITUTIF. V. ORDRE DE BATAILLE. V. ORDRE DE BATAILLE D'INFANTERIE. V. PELOTON. V. SYNASPISME.

ORDRE DE BATAILLE DE CAVALERIE. V. CAVALERIE. V. CAVALERIE FRANÇAISE N° 7. V. CHARGE DE CAVALERIE. V. COUP DE LANCE. V. INTERVALLE DE CAVALERIE. V. LÉGION ROMAINE N° 5. V. MILICE SUÉDOISE N° 4. V. MILICE WURTEMBERGEOISE N° 6. V. ORDRE DE BATAILLE. V. ORDRE DE BATAILLE D'INFANTERIE. V. RANGS DE CAVALERIE.

ORDRE DE BATAILLE D'INFANTERIE (G, 6). Sorte d'ORDRE DE BATAILLE dont la forme s'est modifiée à chaque révolution survenue dans l'ORGANISATION des TROUPES et dans l'espèce des ARMES dont elles faisaient usage. — Examinons le sujet comme ORDRE CONSTITUTIF, soit de pied ferme, soit en marche. — Pendant longtemps l'ancienneté des CORPS a déterminé l'Ordre de bataille que les TROUPES observaient entre elles. Le POINT D'HONNEUR qu'elles attachaient à cette vaine PRÉROGA-TIVE a occasionné à la GUERRE plus d'un dé-sastre. — L'ASSIETTE du CASERNEMENT, du LOGEMENT, du CAMPEMENT, des CANTONNE-MENTS, l'emplacement à la PARADE, se ré-glaient conformément à l'Ordre de bataille. — Le logement était réparti en route par les ADJUDANTS conformément à l'Ordre de bataille. — Sous le point de vue tactique, passons à un autre examen. — L'antique RÉVERSION était une recomposition de l'Ordre primitif de bataille. — Vers le temps de la renaissance de l'ART, et longtemps après, aucun règlement ne fixait la distance entre les RANGS de PIQUIERS; mais l'usage était de les espacer de la longueur au plus d'une HALLEBARDE, hormis en cas de choc; alors ils SERRAIENT. — Dans le cours du dix-septième siècle, la BATAILLE, ou l'Ordre de bataille, était un CARRÉ BOURGUIGNON (on l'appelait bourguignon, parce que la SUISSE avait fait partie de la BOURGOGNE), ou une MASSE de PIQUIERS, communément de quarante-trois HOMMES DE FRONT et d'autant de RANGS de MOUSQUETAIRES. Mais dès la GUERRE DE TRENTE ANS, GUSTAVE-ADOLPHE, à raison des progrès qu'avaient faits les ARMES A FEU, avait subs-titué à cet usage l'ORDRE EN LIGNE ou par MANCHES, c'est-à-dire que les PIQUIERS, rangés sur un ORDRE moins profond qu'en BOURGO-GNE et en SUISSE, mais plus profond que les ARQUEBUSIERS ou les MOUSQUETAIRES, tenaient le milieu de la LIGNE dont les MOUSQUETAIRES en ORDRE, moins épais que les PIQUIERS, te-naient les AILES ou formaient les MANCHES; au centre étaient des TRABANS gardant l'EN-SEIGNE. Peu avant le dix-huitième siècle, cet usage était devenu français. Les RANGS des MANCHES de MOUSQUETAIRES étaient plus ser-rés; le nombre des RANGS de piquiers, d'a-bord de vingt, comme le montre MANESSON (1671, B), s'était réduit à douze; il n'était sous TURENNE que de huit. — Sous ses suc-cesseurs, les OFFICIERS composaient le FRONT d'une LIGNE de SIX ou de CINQ RANGS; à l'instant d'un CHOC, ils CHARGEAIENT en s'es-crimant de l'ÉPÉE ou de l'ESPONTON; et si les SOLDATS, rangés en arrière d'eux et pressés par les BAS OFFICIERS, n'affrontaient pas ré-solument le danger, il restait sur le carreau plus d'OFFICIERS que de SOLDATS. Une journée ruinait une armée; l'expérience démontra ce danger; l'Ordre de bataille fut modifié; les officiers cessèrent de former le premier rang. — La première charge des FRANÇAIS était irrésistible; mais une fois désunis ou éclaircis, le moindre effort d'un ENNEMI en Ordre les écrasait. Cette remarque amena un nouveau système d'Ordre de bataille;

une SECONDE LIGNE prit naissance, et la con-densation des RANGS, d'éventuelle qu'elle était, devint permanente par la réduction du TERRAIN INDIVIDUEL. — Quant à l'empla-cement des COMPAGNIES dans les BATAILLONS, l'ENCYCLOPÉDIE (1751, C, in-4°, p. 206) té-moigne que la FORMATION était si peu savante que, dans un BATAILLON de douze COMPAGNIES, le premier PELOTON qui tenait la droite se composait de la première et de la septième COMPAGNIE; le PELOTON qui venait ensuite s'appelait troisième PELOTON, et se composait de la troisième et de la neuvième COMPA-GNIE, etc. Quand le BATAILLON exécutait les FEUX DE PELOTON, le troisième PELOTON faisait le troisième FEU, le PELOTON suivant faisait le cinquième FEU, etc., etc. Tels étaient les aberrations et le décousu d'une symétrie mal entendue. L'ORDONNANCE DE 1831 (4 MARS) portait encore des traces de cette es-pèce de TIERCEMENT. — Par le genre de leur Ordre de bataille, les LÉGIONS FRANÇAISES DE LOUIS QUINZE étaient comme une ARMÉE au petit pied; elles avaient, à l'AILE DROITE et à l'AILE GAUCHE, leur CAVALERIE. — Les DRA-PEAUX, tant qu'ils ne furent qu'un SIGNE DE RALLIEMENT, furent placés d'abord au centre des RANGS, ensuite au SECOND RANG; quand le PORTE-DRAPEAU devint un agent tactique, il fut placé au PREMIER RANG. — En 1787, on ne connaissait encore ni GUIDES GÉNÉRAUX ni SERGENTS DE REMPLACEMENT. — Depuis 1791, en Ordre de bataille stationnaire, les CAPITAINES ou les CHEFS DE PELOTONS sont HOMMES DE RANG, hormis dans le FEU. Dans certains ALIGNEMENTS, les LIEUTENANTS ou SOUS-LIEUTENANTS sont SERRE-FILES. Le COLO-NEL et le LIEUTENANT-COLONEL sont en arrière du centre du CORPS; les CHEFS DE BATAILLON sont en arrière de leur BATAILLON; les ADJU-DANTS-MAJORS, les ADJUDANTS, les TAMBOURS, en arrière des SERRE-FILES. Les HOMMES D'EN-CADREMENT ferment l'AILE GAUCHE. — Une BASE D'ALIGNEMENT est la condition élémen-taire de l'Ordre de bataille; une CAPITALE en est la perpendiculaire; un drapeau en trace la ligne directrice. — Les BATAILLONS en BA-TAILLE sont entrecoupés d'ESPACES nommés techniquement INTERVALLES. Les SAPEURS s'y tenaient. — L'ORDRE EN HAIE est, en certains cas, le minimum de la HAUTEUR de l'Ordre de bataille; mais on FORME aussi la HAIE en ORDRE DE COLONNE pour les REVUES D'INSPEC-TEURS et les REVUES ADMINISTRATIVES. — Les CAPITAINES sont rangés à la droite de leur PREMIER RANG, etc. L'AILE GAUCHE du BATAIL-LON est fermée par un SERGENT D'ENCADRE-MENT. — S'il s'agit de MANŒUVRES ou de MOUVEMENTS, l'Ordre de bataille en est le point de départ et le point d'arrivée; mais rarement il en est le moyen de locomotion. — Au temps où un PIQUET figurait dans l'Ordre de bataille du côté opposé à la COMPAGNIE DE GRENADIERS, sa destination était de renforcer les ANGLES des BATAILLONS CARRÉS. — Autrefois on changeait l'ASPECT de l'Ordre de bataille, ou l'on FAISAIT FACE vers un FLANC par des CONVERSIONS maintenant inusitées, telles que l'AIGUILLE DE MONTRE, le MOULINET, etc., etc. Les CHANGEMENTS DE FRONT tendent à la même fin par des moyens plus courts. — EN AVANT EN BATAILLE! est un des COMMANDEMENTS de la FORMATION de l'Ordre de bataille. — Le mécanisme de la MARCHE OBLIQUE a été inventé surtout pour que, en Ordre de bataille, une TROUPE pût gagner du terrain de côté sans cesser de s'avancer perpendiculairement à sa CAPITALE. — Le développement du FRONT a fait abolir les CHARGES EN MURAILLE, et l'invention des INTERVALLES a diminué les flottements dans la MARCHE EN BATAILLE. — En MANŒUVRE, le BATAILLON DE DIRECTION est censé traversé par la CAPITALE. — Les CHEFS DE DIVISION n'ont de fonctions dans l'Ordre de bataille qu'en un petit nombre de cas. — La place des CLAIRONS en Ordre de bataille est mal déterminée. — L'Ordre de bataille influe sur le mode de transmission des COMMANDEMENTS D'EXÉCUTION; ils sont, en ce cas, moins nombreux qu'en ORDRE DE COLONNE. — Les GUIDES de SUBDIVISIONS sont les jalons sur lesquels l'Ordre de bataille se dresse de pied ferme au COMMANDEMENT : GUIDES SUR LA LIGNE! — Les A DROITE et les A GAUCHE en bataille sont les principaux moyens de PASSER DE L'ORDRE EN COLONNE à l'ORDRE EN BATAILLE. — Le système d'arrangement en Ordre de bataille a subi des modifications dans les ARMÉES AUTRICHIENNE, HANOVRIENNE, PRUSSIENNE, qui, en cela, s'écartent de nos méthodes.

ORDRE de BATAILLE TACTIQUE. V. ORDRE DE BATAILLE. V. ORDRE DE BATAILLE D'INFANTERIE. V. RÉVERSION. V. TACTIQUE, adj.

ORDRE de BIAIS. V. BIAIS. V. ORDRE OBLIQUE.

ORDRE de CALATRAVA. V. CALATRAVA. V. ORDRE D'ALCANTARA.

ORDRE de CERCLE. V. ADJUDANT DE SEMAINE N° 5. V. ADJUDANT D'INFANTERIE FRANÇAISE DE LIGNE N° 16. V. ADJUDANT-MAJOR DE SEMAINE N° 5. V. CERCLE. V. CERCLE D'ORDRE. V. CLASSE TACTIQUE. V. COLONEL D'INFANTERIE FRANÇAISE DE LIGNE N° 18, 25. V. FOURRIER D'INFANTERIE FRANÇAISE DE LIGNE N° 10. V. MAJOR-CAPITAINE N° 4. V. RAPPEL CÉLEUSTIQUE.

ORDRE de CHARGE. V. ACTION DE CHOC. V. CHARGE. V. CHARGE IMPULSIVE. V. COLONNE D'ATTAQUE. V. ÉPÉE. V. MILICE GRECQUE N° 6.

ORDRE (ordres) de CHEVALERIE (term. sous-génér.), ou ORDÈNE, ou ORDRE DÉCORATIF, ou ORDRE MILITAIRE. Sorte d'ORDRES qui ont été institués comme des RÉCOMPENSES MILITAIRES; car ceux qui avaient un but différent ne demandent pas à être énoncés ici. Il n'y sera question que des principaux ou des plus anciens; ceux que nous omettrions ont été suffisamment décrits par les AUTEURS qui ont traité des diverses CHEVALERIES et des CHEVALIERS, et par les écrivains qui vont être indiqués. — On a regardé les Ordres qui donnaient un TITRE honorable, qui sont une RÉMUNÉRATION, comme comportant une DIGNITÉ; on ne saurait cependant faire de cette proposition un principe. — Les uns ont cru retrouver le germe des Ordres de chevalerie dans l'association des chevaliers de la Table ronde, créés, dit-on, au sixième siècle, par le roi de la GRANDE-BRETAGNE Arthus ou Arthur. C'est un rêve de romancier. — Quelques ÉCRIVAINS pensent que l'ORDRE DE SAINT-ANDRÉ ou du Chardon aurait existé dès le neuvième siècle; mais on rapporte surtout à l'année 1425 cet Ordre, tombé en oubli, rétabli en 1687, reconstitué en 1714. Le sujet ne vaut pas la recherche. — D'autres prétendent rattacher les souvenirs de l'institution des Ordres aux récits de l'archevêque Turpin, ou plutôt à un anonyme du onzième siècle, qui avait *roumancé* les prétendus hauts faits des PALADINS ou des douze PAIRS de CHARLEMAGNE. Ce sont autant d'assertions contestables. — On a attribué à CHARLES MARTEL l'Ordre de la GENETTE. LOUIS NEUF établit un ORDRE DU NAVIRE et DU CROISSANT; JEAN le Bon, celui DE L'ÉTOILE; CHARLES SIX, celui DE LA CEINTURE et de l'Espérance, car il a été de mode de leur donner deux noms. — Ces fondations eurent peu de durée; la véritable CHEVALERIE DÉCORATIVE n'a pris racine que depuis que des GENS D'ARMES sont devenus le noyau d'une ARMÉE ROYALE. Jusque-là les Ordres créés par des souverains n'avaient pas, militairement parlant, plus de vogue que des confréries imaginées par de simples SEIGNEURS. — Des PRINCES chevaleresques ont créé des Ordres empreints d'un sentiment de dévotion. Pic quatre, au contraire, a institué, en 1559, en faveur des cardinaux et des comtes palatins, ou CHEVALIERS DORÉS de la cour apostolique, l'ORDRE le plus chevaleresque par son titre et son insigne, celui de l'ÉPERON D'OR, dont la croix est à huit rayons, et présente entre deux pointes l'image d'un éperon. Son ruban était écarlate. Des quiproquo, des réclamations diplomatiques en ont résulté, et l'Ordre de l'Éperon était remplacé, en 1836, par celui de Saint-Grégoire. — BRANTOME (1600, A) appelle absolument l'Ordre ce que nous nommons chevaleries ou Ordres de chevalerie; il en parle en ces termes : *L'Ordre n'a été institué que despuis peu, par les ducs de Savoie, de Bourgogne, d'Angleterre et de France, à l'apétit de quelque humeur, je ne sçais quelle, qui leur en prist telle.* — Cette humeur, que ne sait pas discerner Brantôme, était de l'animadversion contre la CHEVALERIE D'AFFILIATION, dont les souverains ne pouvaient tirer aucun parti patriotique ni national, et qu'il était instant et politique d'abattre, ou de rattacher à leur personne par des distinctions et des TITRES nouveaux. — Tout Ordre qui n'est pas créé dans l'intérêt de l'Etat et comme RÉCOMPENSE du mérite n'est qu'un hochet que le pouvoir jette à la vanité et à la servilité. Tout Ordre utile, quand il est rémunératoire et national, se déprécie quand ses insignes sont accordés dans l'intérét des particuliers, ou du distributeur plus que du pays, ou quand ils sont prodigués aux hommes de parti, à certaines familles, aux adulateurs, aux personnages disposés à se vendre, aux oisifs de la cour, à des enfants au berceau, à des gens dont le mérite n'a pas été rehaussé par les épreuves du danger. — Les Ordres distribués par la faveur rappellent le consulat du cheval de Caligula. — *Le secret d'en maintenir le cours* (de cette monnaie honorifique) *serait*, dit Lémontey, *de l'employer à payer le mérite qui sert, et non les vices qui plaisent; cette monnaie, qui mécontente dans des mains avares, s'avilit dans des mains prodigues.* — Les plus célèbres parmi les anciens Ordres de chevalerie ont été malheureusement le fruit de caprices, de rêveries, d'une imagination déréglée; rien de patriotique n'y présidait; ils rappelaient même des idées peu nobles. Qu'est-ce que l'ORDRE DE LA JARRETIÈRE dont la devise était l'excuse d'un geste indécent et d'une pensée érotique; quoi de moins relevé que l'ORDRE DU BAIN, depuis qu'on a oublié le bain des néophytes de l'antique chevalerie; quoi de moins national que la TOISON D'OR, créée en l'honneur des cheveux blonds d'une courtisane! — Les Ordres ont eu pour MARQUES DISTINCTIVES, pour INSIGNES, des ÉCHARPES, des PLAQUES, des emblèmes, des DÉCORATIONS, qui leur ont fait donner le nom de CHEVALERIE DÉCORATIVE; voilà pourquoi on appelle ORDRE, ou DÉCORATION, une PLAQUE, un RUBAN, un CORDON, une CROIX, une ÉTOILE. — Les ROIS D'ARMES et les HÉRAUTS D'ARMES des Ordres de chevalerie portaient dans les assemblées, ou fêtes de

l'Ordre, le COLLIER, et ils enregistraient et proclamaient les PROMOTIONS survenues. — Orner de leurs insignes le cercueil des membres des Ordres de chevalerie est une trace des HONNEURS FUNÈBRES du MOYEN AGE. — On est fondé à croire que l'uniformité de costumes, adoptée par les CHEVALERIES, a donné la première pensée des HABITS D'UNIFORME. — Le dix-neuvième siècle nous donne le spectacle d'une CHEVALERIE INDIENNE, c'est celle de la MILICE SIKE. — Les ÉCRIVAINS qui peuvent fournir sur ce sujet des éclaircissements sont : BASNAGE, BELOI, CARAMUEL, CARRO DE TORRES (*Histoire des trois Ordres*), CHAMPIER, DAMBREVILLE, DAVITY, DELAROQUE, l'ENCYCLOPÉDIE (1751, C), FAVYN, FEVRET, GANEAU, GELIOT, GIUSTINIANI, HERMANT (*Histoire militaire de l'Eglise*), HONORÉ, LACOLOMBIÈRE, LACURNE, MARCHANGY, MARQUEZ, MENDO, MENÉNIUS, MENFSTRIER, MICHIELI, MIRŒUS, MORETTI (D.-F.), MORISOT (Claude-Barthélemi) (le *Monde maritime*, 1643, *Orbis maritimus*, t. II, chap. 30), M. MOUNIER, ODIER (1824, E, t. IV, p. 205), PERROT, POTIER (1779, X), M. SICARD, SORANZO, WAROQUIER, le *Dictionnaire de la Conversation* (au mot *Décoration* et au mot MILITAIRE [Ordre]), le *Journal de l'Armée* (t. V, p. 71), mais des dates y sont fautives; le journal *l'Armée* (p. 125). — Les Ordres de chevalerie seront distingués en ORDRES ÉTRANGERS et en ORDRES FRANÇAIS.

ORDRE de CHOC. V. CHARGE IMPULSIVE. V. CHOC. V. COLONNE ÉPAGOGIQTE N° 4. V. ORDRE FRANÇAIS. V. INFANTERIE N° 8. V. ORDRE DE PARADE. V. TACTIQUE, subs.

ORDRE de CINCINNATUS (F). Sorte d'ORDRE ÉTRANGER qui a été mentionné parmi ceux qui rappellent la CHEVALERIE, quoiqu'en réalité il n'eût rien de chevaleresque, puisqu'il était institué dans des vues républicaines. Il fut créé sous la présidence de WASHINGTON, et sans l'intervention du gouvernement, par les OFFICIERS de l'ARMÉE américaine, à l'instant où ils déposaient les armes pour rentrer dans les rangs des citoyens. — L'Ordre, quoique essentiellement militaire, admettait quelques personnages de la classe civile. — Son origine, son objet, ses statuts, sa dénomination, la solidarité des secours qu'il assurait, en faisaient l'institution la plus louable; mais il y régnait à la fois et l'amour d'une distinction qui eût été héréditaire et une sorte de rigorisme républicain. Son abolition fut le fruit de cette hérésie morale et de cette incompatibilité de principes. — La DÉCORATION de l'Ordre consistait en un AIGLE d'or que supportait un ruban bleu bordé de blanc. On y voyait d'un côté Cincinnatus quittant le soc de la charrue pour l'épée de dictateur ; de l'autre, ce guerrier se dépouillant de ses armes et reprenant ses travaux agricoles. — Cette distinction honorifique était vue d'un œil d'envie ; le gouvernement des Etats-Unis avait proscrit l'hérédité de toute distinction ; des dissensions politiques étaient à la veille de naître. Franklin engagea les Américains décorés à se contenter de porter les insignes le jour anniversaire de la fondation de l'Ordre ; les membres qui le composaient firent ce sacrifice à la paix publique ; l'association pourtant ne cessa pas d'exister, et subsiste encore, mais comme une simple confrérie commémorative de la guerre de l'indépendance. — Les vétérans qui ont été membres de cette association, n'en portent la décoration que dans des cérémonies ou des réunions consacrées à perpétuer ces nobles souvenirs. — Au reste, dit, en 1826, M. de Ségur (fils du maréchal), *toute méfiance a disparu, et déjà même une nouvelle ville fondée sur les bords de l'Ohio, et dont la population s'élève à quatorze mille âmes, porte le nom de ville des Cincinnati.*

ORDRE de colonne. v. alignement de brigade. v. bataillon, interj. v. chef de section. v. colonne. v. colonne épagogique n° 4. v. commandement d'exécution. v. compagnies de grenadiers n° 6. v. en arrière. v. encadrement. v. général de brigade n° 3. v. grenadier d'infanterie française de ligne n° 7. v. inflexion. v. ligne de bataille. v. lieutenant d'infanterie française de ligne n° 4. v. marche oblique. v. ordre en colonne. v. ploiement. v. sortie extérieure.

ORDRE de combat. v. camp. v. combat. v. épitagme d'infanterie. v. infanterie n° 8. v. ordre de bataille. v. ordre de bataille d'infanterie. v. prince de légion romaine.

ORDRE de corps (E), ou ordre du jour intimé dans l'intérieur des corps de l'infanterie française. Sorte d'ordre du jour donné par le chef ou le colonel du corps, ou communiqué comme ordre de place, ou comme ordre général. — La transcription et la transmission de l'Ordre du jour du corps ont concerné les majors et divers grades, de l'adjudant-major aux sergents-majors. — L'ordonnance de 1788 (1er juillet) voulait que l'Ordre fût communiqué aux compagnies avant la soupe du soir, et que la lecture en fût faite par le fourrier après l'appel en présence de l'officier de semaine. Cette heure était choisie, parce que les hommes de garde étaient alors ren-

trés. La compagnie formait le cercle, et les soldats l'écoutaient en tenant la main gauche au chapeau ; l'Ordre du jour de la veille était en même temps relu, si besoin en était, pour l'instruction des hommes qui avaient été absents lors de sa première lecture. — Si l'Ordre contenait des dispositions urgentes, il était transmis à l'issue de la parade ; les modernes ordonnances sur la police militaire ont négligé de reproduire une partie de ces détails que les anciennes contenaient. — Dans les usages actuels, l'Ordre, son enregistrement, sa transmission sont de la compétence du lieutenant-colonel. La partie de l'ordre général ou de l'ordre de la place destinée à devenir Ordre de corps, est écrite, ou comme copie d'une transcription, ou sous la dictée et à l'état-major de la place par l'adjudant de semaine, porteur, à cet effet, de son livre d'ordre ; plus tard il y ajoute les Ordres qui émanent du colonel et dicte aux fourriers, après la parade, ce qui doit être notifié aux compagnies. — Les fourriers le communiquent ensuite aux officiers inférieurs. — L'Ordre du jour est destiné à indiquer les suspensions de grade, les punitions, les arrêts d'officiers qui demanderaient à être publiés, les événements qui intéressent le corps, les jugements de déserteurs, etc.; il détermine certaines règles de police, certaines mesures de discipline. Il énonce les remboursements de pertes, ou de dégradations de casernement, aux dépens des compagnies ; indique le lieu, le jour, l'heure des séances du conseil d'administration ; il désigne les membres qui devraient y être remplacés et par qui. Il mentionne les examens de détails, les distributions, les punitions d'hommes de troupe, les nominations, les réceptions de sous-officiers, d'officiers, d'aumôniers, de chirurgiens ; il fait connaître le jour et l'heure du payement des appointements et de la solde, la tenue que doit observer le corps, les noms des juges de commissions ou de conseils spéciaux ; il annonce dès l'avant-veille les départs ; enfin il donne le résumé des actes de publications réglementaires qui intéressent des militaires du corps sous le rapport de l'état civil. — Sous la restauration, l'Ordre du jour devait être communiqué à l'aumônier, qui apposait sur le livre sa signature, comme preuve qu'il en avait pris connaissance. — Si, à la lecture faite aux compagnies, il se rencontrait quelques obscurités, les officiers de semaine en demanderaient l'éclaircissement à l'adjudant major de semaine. — L'Ordre du jour relatif à des actions de guerre, à des faits d'armes qui concerneraient le corps, serait transcrit du livre d'ordre sur le journal de guerre ; ce qui concernerait les punitions d'officiers serait transcrit sur le livre de conduite. — Dans la milice prussienne, les punitions d'officiers sont toujours inscrites sur le livre d'ordre.

ORDRE de Danebrog (F). Sorte d'ordre étranger qui est un de ceux de la milice danoise. Son nom est militairement un des mieux choisis ; il équivaut à l'expression : étendard danois, parce que Broge signifie peinture, signe, drapeau. Il est accordé à quelques étrangers. Il a été l'objet des recherches de Bartholin et de Héliot (t. viii, ch. 61). Quantité de fables touchant cet Ordre se sont répandues. Il a été, suivant Ganeau, établi ou rétabli en 1672, par Christiern cinq, à l'occasion de la naissance de son fils.

ORDRE de départ. v. caporal d'escouade n° 7. v. chef de détachement n° 1. v. convalescent absent. v. colonel d'infanterie française de ligne n° 25. v. départ v. départ de corps. v. sous-intendant n° 7.

ORDRE de feu. v. feu. v. infanterie n° 8. v. ordre mince. v. tactique, adj.

ORDRE de juillet. v. décoration de juillet. v. juillet.

ORDRE de la Ceinture militaire. v. ceinture. v. ordre de chevalerie.

ORDRE de la Chausse. v. chausse. v. milice vénitienne.

ORDRE de la Couronne de fer. v. couronne de fer. v. milice autrichienne n° 2. v. récompense.

ORDRE de la discipline. v. discipline. v. ordre de l'Aigle blanc.

ORDRE de la Genette (F). Sorte d'ordre français qui aurait été le plus ancien de tous ceux de la chevalerie. — Favyn rapporte que Charles Martel, après sa victoire sur Abdérame, institua en 752 un ordre de la Genette, composé seulement de seize chevaliers ; leur collier d'or comprenait trois chaînons entrelacés de roses et supportait des genettes ou des images de gourmette sarrasines. — Favyn, auteur dont la véracité est souvent suspecte, prétend même que cet Ordre fut en grande vogue pendant le cours de la seconde race. — Lelaboureur et Lacurne (1826, p. 285) réfutent Favyn, et se refusent à regarder comme un attribut de chevalerie décorative la genette. — L'Encyclopédie (1751, C) affirme, au contraire, que l'Ordre de la Genette représentait une fouine ou autre animal à fourrure précieuse, parce que les Sarrasins vaincus avaient leurs habits ornés de menu vair. —

M. de Barante, à la date 1392, parle d'un Ordre de la cosse de genet que *les rois de France donnaient encore parfois à leurs loyaux serviteurs.*

ORDRE de la Jarretière (F), ou Ordre des suprêmes chevaliers, tous pairs et princes. Sorte d'ordre étranger qui est en premier rang en Angleterre. Il portait pour emblème, ainsi que l'ordre du Bain, une étoile : l'ordre français de l'Etoile fut une imitation de celui de la Jarretière. Ce dernier passe pour avoir été institué par Edouard trois, en 1334, ou en 1340, ou en 1344 suivant Froissard, ou en 1350 ; il fut placé sous l'invocation de saint Georges de Cappadoce, et par cette raison s'est appelé aussi Ordre de Saint-Georges. Son origine est couverte d'obscurité : suivant les uns il serait antérieur à la bataille de Crécy ; suivant Cambden, il aurait été institué pour consacrer cette victoire, parce que Edouard y aurait fait flotter une jarretière en manière d'étendard. Ce fait est une fable. Il existe sur l'origine de cet ordre de chevalerie de grands dissentiments entre Fern, Papebroke (*Analectes sur saint Georges*) et bien d'autres ; l'opinion la plus générale attribue l'institution de la Jarretière à une circonstance toute érotique et nullement militaire ; la devise, *Honny soit qui mal y pense,* autorise cette opinion. — Il est vrai que des historiens ont tâché d'en purifier l'origine, en supposant qu'il retrace le souvenir d'un signe de ralliement donné par Richard Cœur de lion, au siége d'Acre, quoiqu'alors on ne parlât pas de jarretières, et qu'en aucun temps on ne se soit avisé de faire d'une jarretière une cocarde ou un drapeau. — L'Ordre de la Jarretière n'ayant été accordé qu'avec réserve, est resté haut placé. Son roi d'armes exerce un important emploi. — Quantité d'écrivains ont, à cet égard, exercé leurs recherches ; tels sont : Ashmole, Cambden, Cellius, Dauson, Encyclopédie (1751, C), Ehrard, Favyn, Fern. Gloves, Heland, Heylin, Larrey, Legard, Mendocius Vatelus, Papebroke, Polydore Virgile, Potier (1779, X, aux mots *Chevalerie, Ordre* et *Jarretière*).

ORDRE de la Légion d'honneur (C, 4). Sorte d'ordre français qui a été créé en 1802 pour récompenser les actions d'éclat et le mérite reconnu. — Il a subi les modifications ou altérations que nous avons indiquées. — Il a été assimilé aux anciennes chevaleries, depuis que les simples membres de la Légion ont été revêtus du titre de chevaliers, depuis qu'il y a été attaché des grand-croix (quoiqu'il eût pour signe une étoile, non une croix), depuis que l'ordonnance de 1818 (26 mars) a fixé la fête de l'Ordre à la Saint-Henri, depuis que les grands chanceliers de la Légion et quelques ministres de la guerre ont déprécié la récompense en en prodiguant les insignes ; le *Constitutionnel* de 1834 leur reprochait même d'en avoir conservé les honoraires à des militaires sortis depuis 1830 du royaume sans permission, et combattant de leur épée ou de leurs vœux le gouvernement de l'époque. — L'ordre anglais du Bain, depuis qu'il est devenu à la fois civil et militaire, a participé, en quelque chose, des formes de la Légion. — Dans les usages de la vie ordinaire le ruban de la boutonnière est devenu la seule distinction portée par les membres de l'Ordre, quoique, dans l'esprit de l'institution, ils ne dussent pas cesser d'avoir sur la poitrine l'étoile ; mais la mode a triomphé de la loi. — Les sentinelles rendirent, d'abord, les honneurs au simple cordon ; mais cette civilité n'allait pas toujours à son adresse ; les chevaliers de l'Eperon d'or étaient salués comme chevaliers de la Légion ou de Saint-Louis. En 1823 (14 et 15 mai), l'ordre du jour de la garde royale et celui de la garnison de Paris défendirent aux factionnaires de porter les armes aux personnages décorés du seul ruban. Ce principe se répandit de la capitale dans la province, sans que le ministre de la guerre eût pris le soin d'improuver ou de régulariser la mesure. — Notre législation est l'enfant du hasard, et souvent des usages arbitraires la violent en se légalisant eux-mêmes : ainsi, pendant la restauration, le ruban des légionnaires qui étaient en même temps chevaliers de Saint-Louis se partageait d'une raie blanche dans sa longueur ; un des bords du cordon était nuancé d'une étroite raie blanche, si le légionnaire tenait à témoigner qu'il était chevalier du lis. — Depuis 1830, les légionnaires chevaliers de Saint-Louis portaient un ruban dont le milieu était partagé par une raie bleue à peine visible ; enfin les partisans de la légalité portaient tout simplement le ruban rouge voulu par la loi, c'est-à-dire sans mélange.

ORDRE de la Noble maison. v. noble maison. v. ordre de l'Etoile.

ORDRE de la parade. v. adjudant d'infanterie française de ligne n° 16. v. cercle de parade de place. v. commissaire des guerres n°, 5. v. officier de compagnie. v. parade.

ORDRE de la Réunion (F). Sorte d'ordre français créé en 1811. Il était commémo-

ratif de l'adjonction du royaume de Hollande à l'empire français, et une transmutation d'un Ordre fondé depuis trois ans à peine en Hollande. Sa devise était : *Napoléon à jamais ; tout pour l'empire.* Ce genre de récompense militaire a été aboli par ordonnance de 1815 (15 juillet). On peut consulter à l'égard de cet Ordre le *Spectateur militaire* (t. xv, p. 50).

ORDRE de la Toison d'or (F). Sorte d'ordre étranger qui est le plus ancien de ceux qui ont survécu. — Il fut institué, en 1429 ou 1430, par Philippe le Bon de Bourgogne avec cette devise : *Aultre n'auray.* Suivant quelques récits, c'était une promesse d'amour à Isabelle de Portugal qu'il prenait pour troisième femme ; suivant Monstrelet, c'était un hommage à une maîtresse, et la Toison d'or faisait allusion à la chevelure rousse d'une dame de Bruges, dont le prince était épris. Pour déguiser cette intention, il prétendit faire revivre la fabuleuse conquête des Argonautes ; il composa l'Ordre de trente et un gentilshommes de nom et d'armes. — Quelques écrivains ont avancé que la toison de Bourgogne était une imitation d'une confrérie de la Toison d'or qui avait été formée à Naples par Roger deux du nom. — L'Ordre ne compta, à l'origine, que trente et un membres ; le nombre en fut ensuite illimité. Ce dernier abus est la plaie de toutes les chevaleries. — A la mort de Charles le Téméraire, Louis onze eut d'abord l'intention de se déclarer grand maître de la Toison ; mais, par réflexion, il lui répugna, dit Brantome (1600, A), de se faire chef d'un Ordre créé par un vassal. — Le royaume d'Espagne et la maison d'Autriche ont hérité de cette chevalerie, en se divisant en deux l'Ordre des ducs de Bourgogne ; ils ont conservé leur prix, parce que les insignes n'en ont pas été prodigués. Bonaparte avait eu l'intention de fondre en 1809 cette distinction dans l'ordre des trois Toisons. Ce projet fut sans résultat. — On peut recourir à l'Encyclopédie (1751, C), Lachesnaie (1767, F), M. Mounier, Salazar (Julien de Pinedo, Y), 5 vol. in-folio, (1756), le *Dictionnaire de la Conversation* (au mot *Toison*).

ORDRE de la Tour et de l'Epée. v. épée. v. milice portugaise n° 1. v. tour, subs. fém.

ORDRE de l'Aigle blanc (F). Sorte d'ordre étranger qui, en Autriche et en Bohême, s'appelait aussi, suivant Ganeau, ordre de la discipline. Depuis l'extinction de la milice polonaise, il est devenu ordre russe. Au mot *Aigle*, l'*Encyclopédie du dix neuvième siècle* en traite.

ORDRE de l'Epée. v. milice suédoise n° 1.

ORDRE de l'Eperon d'or. v. éperon d'or. v. ordre de chevalerie. v. ordre de la légion-d'honneur.

ORDRE de l'Etoile (F) ou ordre de Notre-Dame de l'Etoile, ou ordre de la Noble maison. Sorte d'ordre français que le roi Jean créa en 1352, à l'envi de l'ordre de la Jarretière, et en vue de faire revivre la chevalerie qui dépérissait, comme le témoignent l'ordonnance de 1351 (6 novembre) et celle de 1352 (octobre) écrite en latin. Quelques écrivains ont fait remonter cette institution jusqu'au roi Robert, en 1022. — Les chevaliers de l'Etoile ou de la Noble maison étaient au nombre de cinq cents ; ils étaient distingués par des fremaillets qui ornaient d'une manière apparente leur armure ; ils portaient une bague ou *annel* (anneau) distinctifs. L'exergue était : *Monstrant regibus astra viam*. — L'Ordre de l'Etoile fut prodigué et avili bientôt. Charles sept en délivra encore les insignes ; mais sous ce prince et sous Louis onze, il devint la décoration du chevalier du guet et des archers de la garde de Paris. Du reste, ses statuts, son collier, ont en grande partie servi de modèle à tous les ordres, sans exception, qui lui ont succédé en France. — Velly, à la date 1351, s'étend en quelques détails sur cette institution ; Saint-Foix (1775) en a traité. Elle est mentionnée aussi dans le *Dictionnaire de la Conversation*, au mot *Etoile*.

ORDRE de logement. v. logement. v. officier de casernement. v. ordre de bataille.

ORDRE de Malte. v. Malte. v. sergent militaire.

ORDRE de marche. v. arrière-garde d'armée. v. art de la guerre en rase campagne. v. assistant quartier-maître général. v. avant-garde d'armée. v. colonne épagogique n° 4. v. commandant de place de quartier-général. v. marche d'armée. v. maréchal de bataille. v. maréchal des logis d'armée n° 5. v. milice grecque n° 6. v. pionnier a cheval.

ORDRE de Marie-Thérèse. v. Marie-Thérèse. v. milice autrichienne n° 2. v. ordre d'Autriche.

ORDRE de noblesse. v. milice russe n° 8. v. noblesse.

ORDRE de parade (G, 6), ou arrangement de parade à rangs ouverts. Sorte d'or-dre de bataille imité de celui de la milice grecque. Autrefois, et surtout en pays étranger, l'infanterie se rangeait ainsi pour ses exercices et même devant l'ennemi. Les files étaient espacées de l'étendue du bras, et les rangs l'étaient de quatre pas. Les capitaines et les porte-drapeaux formaient un premier rang. En ordre de choc, les capitaines venaient s'insérer à côté du soldat, qui jusque-là les avait eus pour chef de file. — Un Ordre de parade plus moderne, approprié aux maniements d'armes et aux inspections de tenue, différait de l'ancien ordre ouvert, en ce que l'accoudement des files y avait lieu, et qu'il était quelquefois à rangs serrés. — On peut, sur ce sujet, consulter les ordonnances de 1755 (6 mai), 1774 (11 juin), 1775 (30 mai), et les traités de Mirabeau (1788, C) et de Sinclaire (1773, L).

ORDRE de place (E), ou ordre de la place. Sorte d'ordre du jour qui, suivant le temps, se donnait à l'aubette, au rapport, au bureau de la place, comme transcription du livre d'ordre qui y est tenu. Il désigne les capitaines de visite, le service de chaque corps, les détails concernant les corps qui auraient séjour, le nombre et l'espèce des rondes, leur point de départ et d'arrivée ; il est transmis aux autorités qu'il concerne ; l'adjudant-major ou l'adjudant de semaine le rendent à leur corps. L'Ordre de la place s'inscrit en tête de l'ordre du corps. Celui qui se donne verbalement à la parade est communiqué aux officiers supérieurs par l'adjudant-major de semaine, et aux officiers de compagnies par les sous-officiers de semaine.

ORDRE de Prusse (F). Sorte d'ordre étranger que créa Frédéric deux à l'imitation de la croix de Saint-Louis. Il n'est destiné qu'à récompenser le mérite militaire et non le nombre des années d'un service quelconque. Plusieurs souverains ont suivi bientôt l'exemple de Frédéric deux. On peut à cet égard consulter Mirabeau (1788, C, p. 125).

ORDRE de rejoindre. v. feuille de route de militaire isolé. v. rejoindre.

ORDRE de revue. v. milice grecque n° 6. v. ordre de bataille. v. revue. v. revue sur le terrain.

ORDRE de route (E, 4). Sorte d'ordre tesseraire donné, suivant qu'il y a lieu, à un enrôlé volontaire, à un militaire isolé, à une escorte de convoi, à un détachement, à un corps, prêts à faire route. — Jadis le connétable et les colonels généraux étaient investis du droit de signer des Ordres de route. Louis quatorze abolit cette prérogative. —On confond Ordre de route et FEUILLE DE ROUTE ; mais il y a cette différence que l'ordre motive la FEUILLE DE ROUTE et en est le titre justificatif. Il est intimé par une AUTORITÉ revêtue d'un droit de GOUVERNEMENT MILITAIRE. Il énonce le jour de DÉPART et le lieu d'ARRIVÉE ; sans la FEUILLE DE ROUTE, il ne serait pas un LAISSEZ-PASSER légal, SAUF dans un rayon peu étendu, ou émanant directement d'un MINISTRE, d'un GÉNÉRAL D'ARMÉE. La FEUILLE DE ROUTE, au contraire, est délivrée par une AUTORITÉ chargée de l'ADMINISTRATION, etc. — Il y a des Ordres de route qui pourraient dépendre d'une AUTORITÉ civile ou des FONCTIONNAIRES chargés de SERVICES administratifs. Tels sont les ordres donnés à des ENROLÉS, à des JEUNES SOLDATS, à des DÉTENUS mis en liberté, à des SEMESTRIERS, à des HOMMES sortant d'HOPITAL, à des EMPLOYÉS MILITAIRES. — En TEMPS DE PAIX et dans l'intérieur, le ministre seul est autorisé à donner des Ordres de ROUTE aux CORPS, si ce n'est dans des circonstances extraordinaires ou dans la limite d'une DIVISION TERRITORIALE. — En TEMPS DE GUERRE et en CAS DE RASSEMBLEMENT, le GÉNÉRAL seul donne les Ordres de route.'— Il est des cas où un BREVET D'OFFICIER, une COMMISSION, des LETTRES DE SERVICE équivalent à un Ordre de route.

ORDRE de SAINT-ANDRÉ. V. ORDRE DE CHEVALERIE. V. SAINT ANDRÉ.

ORDRE de SAINT-FERDINAND. V. MILICE ESPAGNOLE N° 2. V. SAINT FERDINAND.

ORDRE de SAINT - GEORGES. V. MILICE RUSSE N° 8. V. SAINT GEORGES.

ORDRE de SAINT-GUILLAUME. V. MILICE HOLLANDAISE N° 2. V. SAINT GUILLAUME.

ORDRE de SAINT-LAZARE (F). Sorte d'ORDRE FRANÇAIS qui était militaire et religieux ; il fut établi en ORIENT en 1113. Les CHEVALIERS qui le composaient en furent expulsés au milieu du treizième siècle. Un ÉDIT DE 1664 (AVRIL) le réunit à celui du Mont-Carmel. La CROIX de CHEVALIER NOVICE de SAINT-LAZARE était une DÉCORATION peu différente de celle de SAINT-LOUIS et suspendue de même à un RUBAN couleur de feu ; quatre de ces CROIX étaient annuellement accordées aux quatre ÉLÈVES de l'ÉCOLE MILITAIRE ayant obtenu le prix de capacité ; une pension y était attachée jusqu'à l'obtention du GRADE DE CAPITAINE exclusivement. Nous avons vu en 1814 de vieux MILITAIRES se parer de nouveau de ce vieil INSIGNE. Il fut tenu encore à Versailles, en 1774, un chapitre de Saint-Lazare.

ORDRE de SAINT-LÉOPOLD. V. MILICE AUTRICHIENNE N° 2. V. SAINT LÉOPOLD.

ORDRE de SAINT-LOUIS (C, G, F). Sorte d'ORDRE FRANÇAIS dont le nom est quelquefois synonyme de CROIX DE SAINT-LOUIS. Ce qui est dit de l'une s'applique à l'autre. — L'ORDRE DU NAVIRE, créé par LOUIS NEUF, véritable ordre de Saint-Louis, avait été un essai sans résultat. — L'ORDRE DE L'ÉTOILE était tombé dans l'avilissement ; l'ORDRE DE SAINT-MICHEL était plus chevaleresque que militaire ; l'ORDRE DU SAINT-ESPRIT était réservé aux PRINCES DU SANG, à quelques courtisans, à des DIGNITAIRES de haut rang. — HENRI QUATRE eut l'intention de donner aux MILITAIRES de toutes les classes une MARQUE DISTINCTIVE qui annonçât les SERVICES rendus, ou témoignât des BLESSURES reçues à la GUERRE ; ce projet resta sans exécution. — LOUIS QUATORZE sentit l'importance d'un ordre purement militaire et se complut d'ailleurs à attacher son nom à une CHEVALERIE ROYALE. Il réalisait ainsi, à ce que dit ODIER (1824, E), le conseil de VAUBAN, en substituant une CROIX et un RUBAN à ces RÉCOMPENSES pécuniaires que le TRÉSOR ROYAL était hors d'état d'acquitter. LOUIS QUATORZE eût choisi plus convenablement HENRI QUATRE pour patron d'un ordre guerrier ; mais l'esprit de mysticité qui régnait alors lui fit préférer l'invocation d'une tête canonisée. Cet Ordre, destiné à devenir le modèle de tous ceux de l'EUROPE, allait décliner prochainement, et il était menacé d'étranges révolutions. On avait vu des ordres s'éteindre de leur belle mort ; on n'en avait jamais vu refleurir après avoir été légalement abolis. — En 1693 parut l'édit de création ; une RÉCOMPENSE honorifique fut offerte aux actions valeureuses, sans égard aux priviléges de naissance ; c'était déjà un progrès, par comparaison aux ordres antérieurement institués. — Alors on songeait peu aux hommes de troupe, ce n'était pas l'esprit du temps. La CROIX fut donc le privilége des CAPITAINES et des OFFICIERS d'un rang plus haut. La faveur s'étendit ensuite aux LIEUTENANTS ; plus tard les COMMISSAIRES DES GUERRES eurent accès dans l'Ordre, pourvu qu'ils eussent servi cinq ans dans les troupes. Les officiers du SERVICE DE SANTÉ auraient en vain prétendu à la même faveur. —¦LOUIS QUATORZE portait lui-même, à sa boutonnière, la simple CROIX. C'est peut-être pour cela qu'il s'abstint d'y mettre sa propre image ; car les souverains qui portent en manière de décoration leur portrait, se décernent une apothéose que la postérité pourrait ne pas ratifier. — L'Ordre comprenait trois degrés hiérarchiques : GRANDS-CROIX, COMMANDEURS, OU CORDONS ROUGES, et CHEVALIERS. L'ÉDIT DE 1719 (30 SEPTEMBRE) fixait à 445 le nombre total des MEMBRES ; mais on sait quel fonds il faut faire sur les délimitations de ce genre. Cette quantité alla sans cesse croissant et variant. — Bientôt la CROIX ne fut plus uniquement le signe du mérite, *Virtutis bellicæ præmium.* Elle devint surtout une expression du chiffre de plus ou moins d'ANNÉES DE SERVICE, un brevet d'invalidité. L'Ordre y perdit de son lustre, sa défaveur s'accrut par la multiplicité des nominations, il fut prostitué par la vénalité des COMMIS qui en disposaient. — Jusqu'en 1765, on obtenait la DÉCORATION après vingt ans de service ; à cette époque toute nomination fut suspendue. — CHOISEUL, par cette mesure, s'efforçait de rendre de l'éclat à un ordre alors déconsidéré, si l'on en croit VOLTAIRE. — Depuis 1770, les CAPITAINES obtenaient la CROIX à vingt-cinq ans, les MAJORS à vingt-deux, les LIEUTENANTS-COLONELS à vingt, et les COLONELS à quinze. Il n'était pas dans les usages du gouvernement de faire CHEVALIERS DE SAINT-LOUIS des LIEUTENANTS ou des SOUS-LIEUTENANTS ; cela ne s'est vu que par exception. —L'admission dans l'Ordre ne pouvait avoir lieu qu'en faveur de MILITAIRES catholiques et actuellement au SERVICE. En vain COLBERT s'était prononcé dans le conseil pour que les serments exigés fussent indépendants d'une profession de foi. Les protestants élevèrent des réclamations ; LOUIS QUINZE y eut égard, et par l'ORDONNANCE DE 1759 (10 MARS) il créa, pour les OFFICIERS de la religion réformée, l'ORDRE DU MÉRITE MILITAIRE. Son intention était surtout d'environner de plus d'éclat les OFFICIERS étrangers attachés à la MAISON MILITAIRE ; car, en dehors de la cour, il accorda à peine cette récompense ; elle fut plutôt une promesse qu'une faveur. Peu de DÉCORATIONS de ce genre se répandirent dans les RÉGIMENTS DE LIGNE SUISSES, et aucun FRANÇAIS protestant n'obtint la DÉCORATION DE L'ORDRE DU MÉRITE. Son institution fut une déception. — Des peines graves étaient encourues par les MILITAIRES coupables d'usurpation de l'un ou de l'autre Ordre ; JABRO (1777, G) cite un faux chevalier de Saint-Louis qui fut condamné en 1785 à être dégradé de NOBLESSE et à être enfermé pendant vingt ans. Le ministre MONTBARREY eut l'intention de rendre à sa première destination l'Ordre de SAINT-LOUIS, de reconstituer une croix de mérite, de ne payer que par des PENSIONS les trente ans de service d'OFFICIERS ; car la France était le seul pays où une DÉCORATION fût le prix de services tels quels, et c'était comme RÉCOMPENSE de la valeur (*virtutis bellicæ*) que l'Ordre de SAINT-LOUIS avait servi de

modèle aux autres MILICES. La brièveté du ministère de MONTBARREY et l'état des finances s'opposèrent à l'accomplissement de son projet. — La LOI DE 1791 (6 AOUT) prohiba tous signes extérieurs, etc. Elle avait surtout en vue l'abolition des ARMOIRIES, puisqu'elle maintint, sous le nom de DÉCORATION MILITAIRE, la CROIX DE SAINT-LOUIS et celle du Mérite. Cette disposition fut confirmée par LOUIS SEIZE dans le DÉCRET DE 1791 (16 OCTOBRE), qui sanctionnait celui DE 1791 (26 SEPTEMBRE). Ainsi les BREVETS de Saint-Louis cessèrent d'être un certificat de catholicisme. — Au lieu de se borner à cette refonte, il eût mieux valu *décider que le prix du Mérite militaire pourrait être obtenu également par les militaires gradés ou non, soit en récompense de belles actions, soit en témoignage d'un nombre déterminé d'années de service, soit à titre de blessés du fait de l'ennemi ; malheureusement il n'en fut pas ainsi.* — En 1792, l'armée nationale ayant en face d'elle celle des émigrés qui avaient conservé la COCARDE BLANCHE, et qui la plupart étaient décorés de la CROIX DE SAINT-LOUIS, confondit dans son animadversion ces deux MARQUES DISTINCTIVES ; de là les mesures législatives qui amenèrent l'abolition de l'Ordre, ou plutôt son extinction, car il s'effaça de fait plutôt qu'il ne fut abrogé par la loi ; une certaine spontanéité y suppléa. Cependant le *Spectateur militaire* (t. XV, p. 179) affirme que l'Ordre fut supprimé par les décrets de 1792 (28 juillet, 20 août, 18 novembre ; mais le *Journal militaire* ne mentionne pas ces décrets ; aussi les ÉCRIVAINS et les orateurs qui se sont occupés du sujet ne les ont-ils point cités. — Le DÉCRET DE L'AN DEUX (28 BRUMAIRE) frappa du titre de suspects les anciens CHEVALIERS qui ne déposeraient pas ce signe royaliste à la maison commune. — A l'ancienne manière des chevaliers errants et par les mêmes signes sacramentels, un CHEVALIER titulaire avait caractère pour recevoir CHEVALIERS ceux qui venaient d'être promus ; il prononçait l'affiliation en donnant, au nom des saints, la COLÉE, ou l'ACCOLADE, au récipiendaire à genoux, et ensuite le baiser. Cependant on lit dans la Biographie nouvelle des contemporains, à l'article de M. de BOURMONT (p. 400, 1re col.), que la cérémonie de l'ACCOLADE était toujours autrefois une prérogative royale. L'auteur ajoute que ce fut à l'occasion de la GUERRE DE LA VENDÉE que le comte d'Artois délégua à M. de BOURMONT le droit de conférer aux gentilshommes vendéens la CROIX DE SAINT-LOUIS. — La DÉCORATION DE

SAINT-LOUIS et celle DU MÉRITE MILITAIRE, laissées comme effets de succession par des décédés, devaient être renvoyées par les héritiers ou les COLONELS au MINISTRE DE LA GUERRE ; c'était un emprunt fait aux statuts de l'ORDRE DE L'ÉTOILE, qui voulaient que, à l'instant de leur décès, les CHEVALIERS de la noble maison renvoyassent *à la confrérie leurs plus beaux fremaillets, annels, etc., afin qu'il fût dit des messes pour le repos de leur âme.* Cette disposition, qui exigeait le renvoi des insignes, cette disposition, qu'aucun moyen coercitif ne pouvait accompagner, était une mesure fausse, une imitation ridicule, et ne fut presque jamais mise à exécution. Comment empêcher ou blâmer un héritier d'être jaloux et glorieux de posséder les marques d'honneur du parent dont il hérite ? — Une ORDONNANCE DE 1814 a fait revivre l'Ordre de Saint-Louis ; le MINISTÈRE en prodigua les signes. La forme de cette résurrection aurait pu être plus régulière ; mais c'était une mesure d'amalgame social, de fusion politique. Accorder aux sollicitations ardentes des impérialistes la CROIX rapportée en France par les émigrés, donner aux émigrés, en dépit de leur répugnance, l'ÉTOILE qu'on désignait incorrectement sous le nom de CROIX de la Légion, c'était travailler à une confraternité française, c'était se montrer conséquent au principe qui reconnaissait légales les NOBLESSES nouvelle et ancienne. Une fois les vieux solliciteurs de CROIX DE SAINT-LOUIS retournés à la gentilhommière avec ce signe que peu d'entre eux avaient réellement gagné, les CROIX devinrent, pour les officiers de l'ancienne ARMÉE, le prix de 24 ans de service régulièrement prouvés, en y confondant, sans distinction, les années d'homme de troupe. —La restauration donna à l'Ordre de Saint-Louis le pas sur celui de la LÉGION D'HONNEUR ; le CHEVALIER marchait, dans les cérémonies, avant le légionnaire. Soit que le rang d'ancienneté des institutions, soit que d'autres motifs eussent décidé de cette prééminence, elle blessa les MEMBRES de la Légion, dont l'ÉTOILE était, disaient-ils, une RÉCOMPENSE du mérite, accordée sans exclusion à l'élite de la grande famille, indépendamment du rang, de l'âge et de la profession; tandis que la CROIX, réservée à une classe peu nombreuse de Français, était un certificat de caducité. — La restauration maintint l'exclusion injuste qui interdisait aux CHIRURGIENS l'accès dans l'Ordre de Saint-Louis. — De 1814 (12 DÉCEMBRE) à 1819 (20 OCTOBRE), un DROIT DE SCEAU, en acquit du BREVET, était exigé des CHEVALIERS, au profit de l'Ordre. — L'ORDONNANCE DE 1816

(22 MAI) instituait CHANCELIER DE L'ORDRE DE SAINT-LOUIS et du MÉRITE le GARDE DES SCEAUX, et chargeait de son administration le MINISTRE DE LA GUERRE. L'ORDONNANCE DE 1820 (9 AOUT) réglait les droits à l'admission des OFFICIERS DE TERRE et DE MER ; les instructions sur l'inspection chargeaient les INSPECTEURS GÉNÉRAUX des propositions relatives à ces admissions. — Une ORDONNANCE DE 1823 (15 AOUT) déterminait de nouveau le nombre des GRANDS-CROIX et des COMMANDEURS. — L'Ordre coûtait à l'État cinq cent mille francs, répartis en PENSIONS de d'vers taux et distribués par décision du roi en date de 1825 (22 JUIN) et 1826 (21 OCTOBRE). Cette surcharge imposée aux contribuables était en opposition avec l'esprit de l'institution, puisque la CROIX DE SAINT-LOUIS était primitivement octroyée en guise de PENSION , et que, pour lui donner plus de relief, LOUIS QUATORZE refusait, dit DANGEAU, à des solliciteurs la CROIX, en disant : *Non, pas encore; mais deux mille écus de pension.* — En 1830, les FLEURS DE LIS furent effacées de la croix par ordre du MINISTÈRE; c'était un sacrifice à l'exigence d'un parti redouté. — L'ORDONNANCE ambiguë DE 1831 (10 FÉVRIER) parut. La CROIX fut déposée à bas bruit par quantité de titulaires en activité de SERVICE ; ils y renoncèrent par invitation ou par imitation, plus que par jussion ou sentiment; leur concession fut l'application du précepte: *Dans le doute, abstiens-toi.* Les titulaires non employés excipèrent du silence de la loi qu'il n'y avait pas prohibition, et des OFFICIERS DE CORPS continuèrent à porter un signe disparu en d'autres RÉGIMENTS. Cette énigme en LÉGISLATION est encore à deviner. — Les CHEVALIERS DE SAINT-LOUIS qui n'avaient point d'autres DÉCORATIONS, n'ont plus laissé voir que leur RUBAN ; libre au public de se demander si c'est celui de la LÉGION ou de l'ÉPERON D'OR. Les MILITAIRES qui avaient été admis dans les deux Ordres à RUBAN rouge ont pris, sans l'adhésion de la loi, et même en opposition à son esprit, un RUBAN que partage imperceptiblement une ligne d'abord blanche, ensuite bleue. — Une CIRCULAIRE DE 1832 (6 AOUT) non insérée au *Journal militaire,* mais imprimée dans la *Sentinelle de l'Armée* (t. v, p. 177), conseillait, en vue de la paix publique, plus qu'elle n'exigeait, la disparition des INSIGNES de l'Ordre. — En cette même année, le MINISTRE DE LA GUERRE, invité, à la tribune des députés, à déclarer si l'Ordre était aboli, s'abstint de s'en expliquer. — Mais l'*Almanach royal* de 1831 et les suivants, mais l'*Annuaire militaire,* semblaient regarder l'Ordre comme éteint

ou endormi, puisqu'ils ne mentionnaient que celui de la LÉGION D'HONNEUR et n'offraient plus les astérisques de SAINT-LOUIS. — Un des arguments qu'on a fait valoir à la tribune en 1832, en réclamant la suppression de l'Ordre, c'est que, depuis 1830, le grand maître est devenu un prince étranger. *Mais si Charles dix est persuadé que le roi de France est en Bohême, ainsi que le grand maître des Ordres de Saint-Louis et de la Légion d'honneur*, disait le *Spectateur militaire* en 1833, *libre au roi des Français de se tenir convaincu que le grand maître de ces deux Ordres est encore aux Tuileries.* — La charte de 1830 assurait à tout citoyen français ses GRADES, honneurs et PENSIONS; cela semblait une consolidation de l'Ordre de Saint-Louis que les allocations annuelles des budgets avaient légalisé. — Tout en convenant qu'une irrégularité avait rappelé à la vie, en 1814, l'Ordre de Saint-Louis, devait-on ravir, par une nouvelle irrégularité, à ceux qui avaient de longs et bons SERVICES, le témoignage extérieur de ces SERVICES? — Qu'à l'avenir il ne soit plus fait de nominations dans cette CHEVALERIE, on le conçoit; mais, pour plaire à un parti, abrogera-t-on l'Ordre le moins empreint de favoritisme, celui qui est l'expression d'une vérité, la preuve de services authentiques, tandis que la faveur n'a que trop prodigué la LÉGION D'HONNEUR? Les réclamations des CHEVALIERS de Saint-Louis, tant que la loi restera muette et méticuleuse, se reproduiront à l'égal de celles que suscitera la banqueroute qu'en termes mitigés on appelle l'arriéré de la LÉGION D'HONNEUR. — Depuis cette suppression *in petto*, sinon officielle, la FRANCE était la seule nation qui n'eût pas un Ordre essentiellement et uniquement militaire. — En ANGLETERRE, l'ORDRE DU BAIN, devenu mipartie militaire depuis 1815, avait de commun avec l'Ordre de Saint-Louis qu'il n'était également accordé qu'à la classe des OFFICIERS. — En 1839 (8 juin), une pétition adressée à la chambre des députés a motivé une discussion publique touchant la croix de Saint-Louis. Les choses en sont à peu près restées au point où elles en étaient. Un orateur, possédant mal la matière, a objecté contre la croix qu'elle était anticonstitutionnelle, puisque les officiers seuls y avaient droit; mais l'étoile de la Légion ne mériterait-elle pas le même reproche, puisque celle d'officier n'était octroyée qu'à des officiers supérieurs, celle de commandeur qu'à des colonels ou des généraux? — Les AUTEURS qu'on peut consulter, touchant l'Ordre de Saint-Louis, sont : AUDOUIN (t. III,

p. 159; t. IV, p. 110), BOHAN (1781, II), BRIQUET (1761, H), CARRÉ (1785, E), DANIEL (1721, A), DESPAGNAC (1751, D), D'HÉRICOURT (1756, C), l'ENCYCLOPÉDIE (1751, C), M. GONVOT, GUIBERT (1806, G), LACHESNAIE (1758, I), MAIZEROY (1773, A), M. le général OUDINOT, POTIER (1779, X, au mot *Louis*), M. SICARD, VOLTAIRE (*Siècle de Louis quinze*), le *Spectateur militaire* (t. XV, p. 43), la *Sentinelle de l'Armée* (t. III, p. 4, 49; t. V, p. 177).

ORDRE de SAINT-MAURICE. V. MILICE PIÉMONTAISE Nº 1. V. SAINT-MAURICE.

ORDRE de SAINT-MICHEL (F). Sorte d'ORDRE FRANÇAIS, d'abord et longtemps militaire. Il fut institué par LOUIS ONZE, en 1469 (1er AOUT). Ses statuts furent promulgués en 1476 (22 DÉCEMBRE), et restaurés en 1664. On en retrouvait des souvenirs dans les statuts de l'ORDRE DE SAINT-LOUIS. — Le préambule de l'édit d'institution de l'Ordre de Saint-Michel mérite d'être rapporté. — *Pour la très-parfaite et singulière amour qu'avons au noble état de chevalerie, à la gloire de Dieu et de la Vierge Marie, et à l'honneur et révérence de monseigneur saint Michel, archange, premier chevalier qui, pour la querelle de Dieu, batailla contre le dragon, ancien ennemi de notre nature, et le trébucha du ciel; Nous, la neuvième année de notre règne, en notre château d'Amboise, avons créé un Ordre de fraternité, ou amiable compagnie, sous le nom de Saint-Michel,* etc., etc. — L'Ordre créé sous ces invocations, et distingué en grand et en petit Ordre, et uniquement accordé, d'abord, aux princes du sang royal, tels que le roi de Sicile, aux têtes couronnées, à quelques étrangers, tels que le duc d'Est, Urbin, Petigniano, etc., ne comprit longtemps que trente-six CHEVALIERS, tous dignitaires de la plus haute NOBLESSE; plusieurs CUIRASSES, encore conservées, portent en ronde-bosse ou en gravure l'image du collier. — FRANÇOIS PREMIER, en 1516, changea quelque chose au costume et au COLLIER. Le nombre des CHEVALIERS fut porté à cinquante. Dans ce siècle, l'Ordre tomba dans l'avilissement; on l'appelait, à ce que rapporte l'auteur des anecdotes françaises (à l'année 1578), *le collier à toutes bêtes*, nom qu'on avait également donné à l'Ordre de l'Etoile lorsqu'il eut été prodigué. — De tout temps on avait joué sur ce mot collier; ainsi, le duc de Bretagne, refusant incivilement le grand collier que lui envoyait astucieusement LOUIS ONZE, lui écrivait qu'il ne voulait pas *s'atteler au même collier* que tels ou tels, ses ennemis. — *Il eût mieux valu faillir à ne pas en estréner tous ceux à qui il était deû, que de perdre, comme nous venons de le faire, l'usage d'une invention si utile.* Cette pensée de MONTAIGNE pourrait être la censure de bien d'autres prodigalités du même genre. — Cet Ordre, déconsidéré parce que les femmes l'avaient rendu vénal sous le règne de HENRI DEUX, fut fondu dans l'ORDRE DU SAINT-ESPRIT; de là, cette dénomination de CHEVALIERS DES ORDRES DU ROI. Il reprit un peu de lustre dans le dix-huitième siècle, en devenant la DÉCORATION des savants. Cependant, dit dépréciativement M. le baron MOUNIER : *Quelle considération restait, en 1789, à l'Ordre de Saint-Michel, dont le philosophe Montaigne avait tant ambitionné les insignes?* — La célèbre Quinault (Jeanne-Françoise) était devenue, grâce à de brillantes liaisons, chevalier de Saint-Michel, et ne se connaissait pas, disait-elle, de confréresse; mais le gouvernement avait eu pudeur en ne faisant pas inscrire son nom dans les réceptions de l'armorial de l'Ordre. — Cet Ordre, aboli en 1791, a été reconstitué par ORDONNANCE DE 1816 (16 NOVEMBRE); quelques militaires savants en avaient été décorés sous la restauration. Le collier à coquilles était devenu un large ruban rond. — L'Almanach royal de 1831 s'est abstenu de faire figurer les astérisques, jusque-là attachés aux noms des titulaires de cet Ordre. — On peut consulter sur ce sujet : l'ENCYCLOPÉDIE (1751, C, au mot *Michel*), FAVYN, LACHESNAIE (1758, I), POTTER (1780, X, au mot *Michel*), VELLY (t. XVII, p. 569), l'ouvrage intitulé : *Statuts de l'Ordre* (in-4°, 1725, Paris), le *Dictionnaire de la Conversation* (au mot *Michel*), la *Sentinelle de l'Armée* (t. IV, p. 27).

ORDRE DE SAINT-STANISLAS. V. MILICE POLONAISE. V. SAINT-STANISLAS.

ORDRE DE SAVOIE. V. MILICE PIÉMONTAISE N° 1. V. SAVOIE.

ORDRE DE SERVICE. V. COMMISSION D'EMPLOI. V. SECRÉTAIRE ARCHIVISTE. V. SERVICE. V. SERVICE DE SEMAINE.

ORDRE DE THÉRÈSE-ELISABETH. V. MILICE AUTRICHIENNE N° 2. V. THÉRÈSE-ELISABETH.

ORDRE DE TRIAIRE. V. TRIAIRE; id. N° 2, 4.

ORDRE DÉCORATIF. V. DÉCORATIF. V. MILICE PERSE. V. ORDRE DE CHEVALERIE.

ORDRE DÉFENSIF. V. DÉFENSIF. V. ORDRE OFFENSIF. V. PÉPHLEGBIÉNON. V. PHALANGE DOUBLÉE.

ORDRE D'ÉLARGISSEMENT. V. BILLET D'ÉLARGISSEMENT. V. ÉLARGISSEMENT.

ORDRE D'EMPRISONNEMENT. V. BILLET D'EMPRISONNEMENT. V. EMPRISONNEMENT. V. PRISON DE PLACE.

ORDRE DEMI-PRESSÉ. V. DEMI-PRESSÉ. V. MILICE GRECQUE N° 6. V. TÉTRAPHALANGARCHIE.

ORDRE DENSE. V. DENSE. V. MILICE ROMAINE N° 7. V. ORDRE SERRÉ.

ORDRE DENTELÉ. V. DENTELÉ, adj. V. ORDRE BRISÉ.

ORDRE DÉPLOYÉ. V. AILE TACTIQUE. V. BALISTIQUE. V. CHARGE D'INFANTERIE. V. DÉPLOYÉ. V. DIVISION DE CAVALERIE. V. ÉCHELON. V. FRONT DE BATAILLE. V. FRONT TACTIQUE. V. LIGNE DE BATAILLE. V. MILICE ANGLAISE N° 8. V. OBSTACLE. V. ORDRE DE BATAILLE. V. ORDRE EN ÉCHELONS. V. PASSAGE DE LIGNES. V. TACTIQUE, subs.

ORDRE DES TROIS-COURONNES. V. ORDRE DU BAIN. V. TROIS-COURONNES.

ORDRE DES TROIS-TOISONS. V. LÉGISLATION. V. ORDRE DE LA TOISON. V. PENSION DE RETRAITE. V. RÉCOMPENSE. V. TROIS-TOISONS.

ORDRE DILATÉ. V. COLONNE DE ROUTE. V. DILATÉ. V. FEU D'INFANTERIE. V. FILE DE BATAILLON. V. MARCHE TACTIQUE. V. MILICE GRECQUE N° 6. V. ORDRE DE BATAILLE. V. ORDRE OUVERT. V. PAREMBOLE. V. TACTIQUE, subs.

ORDRE D'INFORMER. V. ACCUSATION. V. INFORMER. V. PROCÉDURE.

ORDRE D'INJONCTION. V. DÉTACHEMENT DE GUERRE. V. GÉNÉRAL D'ARMÉE N° 7. V. INGÉNIEUR GÉOGRAPHE N° 1. V. INJONCTION. V. LÉGISLATION. V. LOCALISATION. V. MILICE SIKE N° 7. V. ORDONNANCE. V. ORDRE DU JOUR. V. ORDRE TESSERAIRE. V. PAS HIÉRARCHIQUE. V. QUARTIER-MAITRE GÉNÉRAL. V. RAPPORT. V. REVUE ÉCRITE. V. SALLE DE DISCIPLINE. V. TACTIQUE.

ORDRE DIRECT. V. CONTRE-MARCHE ÉTAGOGIQUE. V. DIRECT. V. GUIDE DE SUBDIVISION. V. ORDRE PARALLÈLE.

ORDRE DISTOME. V. CARRÉ TACTIQUE. V. DISTOME. V. MILICE GRECQUE N° 6.

ORDRE DOUBLE OBLIQUE. V. DOUBLE OBLIQUE. V. OBLIQUE. V. ORDRE OBLIQUE.

ORDRE DU BAIN (F) ou ORDRE DES TROIS-COURONNES. Sorte d'ORDRE ÉTRANGER qui, dans l'origine, était religieux et militaire; il passe pour le plus ancien de tous; il existait, suivant les uns, en 1,100; il fut fondé, suivant d'autres, par RICHARD trois, d'ANGLETERRE, ou, suivant une opinion différente, par Henri quatre, en 1399. Ce prince qui se baignait, disent les chroniques, ayant été averti par un chevalier que deux veuves lui demandaient justice, aurait sacrifié les délices du bain aux devoirs de l'administration. L'Ordre du Bain aurait été institué pour consacrer le souvenir de ce rare effort ; mais il n'est pas plus improbable qu'il serait une trace du baptême par immersion des anciens CHEVALIERS néophytes, puisque, se mettre dans le bain était une des cérémonies de la RÉCEPTION des MEMBRES de cet Ordre. Il se composait de quarante-deux CHEVALIERS. Son attribut était, on ne sait pourquoi, une ÉTOILE, comme dans l'ORDRE DE LA JARRETIÈRE. Depuis CHARLES DEUX, jusqu'à George premier, l'Ordre du Bain est tombé en oubli ; il fut restauré en 1725. *En 1800, dit le général* FOX, *l'Ordre du Bain ne comptait pas quarante chevaliers ; divisé depuis ce temps en classes, à l'imitation de la Légion d'honneur, il avait, en 1814, près de six cents chevaliers militaires, quoiqu'on n'en admît pas audessous du grade de major.* Il a été relevé, dit M. MOUNIER, par les statuts de 1815 (2 janvier). — C'est depuis cette époque qu'il se voit dans la MILICE ANGLAISE une DÉCORATION. Celle-ci est à la fois civile et militaire ; mais dans l'ARMÉE elle n'est donnée qu'à la classe des OFFICIERS, comme autrefois, en France, la CROIX, avec cette différence *qu'aucun officier anglais n'en peut être nommé chevalier s'il n'a reçu une médaille, ou s'il n'a été cité dans une dépêche insérée dans la* Gazette de Londres, *comme s'étant distingué devant l'ennemi, par sa valeur et par sa conduite.* Ainsi le voulait l'art. 17 du statut ci-dessus.—Du reste, l'étoile du Bain n'est pas le prix de l'ancienneté, parce que, dit M. Charles DUPIN, *les Anglais n'ont pas jugé qu'une ancienneté de service pût constituer un ordre, si ce n'est l'ordre des invalides.*— *L'Encyclopédie des Gens du monde* (au mot *Bain*) et GANEAU traitent de cet Ordre.

ORDRE du CROISSANT. V. CROISSANT. V. MILICE TURQUE N° 2. V. ORDRE DE CHEVALERIE.

ORDRE du JOUR (term. sous-génér.) OU ORDRE D'INJONCTION. Sorte d'ORDRE TESSÉRAIRE qui donne communication, par écrit, aux CORPS, aux MILITAIRES ISOLÉS, aux SERVICES ADMINISTRATIFS, de tout ce qui doit leur être notifié journellement ou extraordinairement, soit pour l'accomplissement du SERVICE JOURNALIER , soit pour l'intimation des ARRÊTS, CASSATIONS, SUSPENSIONS, admission d'OFFICIERS DE SANTÉ, etc., soit pour tenir chacun au courant de la LÉGISLATION. Il se donne à la suite du RAPPORT. S'il n'y a rien à METTRE A L'ORDRE pour la journée, il en est fait mention par les mots : *rien de nouveau,*

qui s'inscrivent et sur le REGISTRE et sur ses extraits.—L'Ordre du jour est une publication officielle, un enregistrement faisant foi, une constatation d'ANCIENNETÉ, une allocution aux SOLDATS. Le titre en est nouveau, quoique l'usage en soit ancien ; on l'a appelé longtemps, L'ORDRE ET LE MOT. De la part d'un ROI ou d'un MINISTRE, un Ordre du jour est un document de LÉGISLATION temporaire : mais quelquefois un pareil ordre avait force de RÈGLEMENT : tels étaient ceux de 1809 (11 octobre), de 1812 (11 février), de 1835 (15 juin). — Dans les MILICES ANCIENNES et dans les LÉGIONS ROMAINES, la présentation ou l'échange de la TESSÈRE, ou du SYNTHÈME, était le moyen mécanique de la transmission de l'Ordre du jour ; l'ALLOCUTION en était, de temps à autre et dans de graves circonstances, le moyen moral, la voie de publication et un acte de haute POLICE. Cet usage antique des HARANGUES n'est représenté qu'imparfaitement, dans les ARMÉES modernes, par des transcriptions souvent trop verbeuses ; il y a, en cela, la même différence qu'entre une froide lecture et une improvisation animée.—Les Ordres de FRÉDÉRIC DEUX n'étaient que de quelques mots, et s'appelaient : *la parole,* synonyme de MOT D'ORDRE. — WASHINGTON est le premier qui, par la voie de l'Ordre, ait décerné la louange à une ARMÉE AGISSANTE, ou l'ait frappée de blâme. On sait quel parti BONAPARTE a su tirer de ce puissant véhicule. — La brièveté de l'Ordre du jour est son premier mérite : de là, cette locution de la LANGUE LATINE : *imperatoria brevitas,* concision de qui commande. — Une DÉCISION royale de 1819 (12 FÉVRIER) prohibait, dans l'ARMÉE FRANÇAISE, toutes publications d'Ordres du jour, de quelque AUTORITÉ qu'ils émanassent, dont le texte eût contenu des objets étrangers au SERVICE courant et à l'exécution pure et simple des réglements, des ordonnances, ou des injonctions régulières des supérieurs. Cette mesure avait pour but d'imposer silence aux opinions personnelles, aux passions politiques et de mettre un terme aux déclarations ou déductions dans lesquelles perçait l'esprit de parti.—L'Ordre du jour se distingue en ORDRE DE CORPS, DE PLACE, GÉNÉRAL.

ORDRE DU JOUR EN CAMPAGNE. V. ARMÉE AGISSANTE N° 5. V. CANNE D'OFFICIER. V. CHAUFFAGE DE CAMPAGNE. V. EN CAMPAGNE.

ORDRE du LIS (F). Sorte d'ORDRE FRANÇAIS, ou de confrérie, qui s'est créé spontanément en 1814, et dont le gouvernement encouragea l'institution et distribua même la DÉCORATION. Elle consistait en un petit LIS

d'argent suspendu à un ruban blanc. Le MI-
NISTRE, à qui Louis DIX-HUIT avait dit de sa
propre bouche, avait même, dit-on, écrit ce
vers de Virgile :

Manibus date Lilia plenis,

avait formé un BUREAU chargé des travaux
de cette partie, et l'INSTRUCTION DE 1824 (5
MAI) chargeait le GRAND CHANCELIER DE LA
LÉGION D'HONNEUR de la surveillance de l'Ordre du LIS. — Un journal de l'époque, *le Nain
jaune*, avait écrasé de sarcasmes cette décoration. — La mode de porter le LIS s'étei-
gnit bientôt; mais elle laissa l'usage d'un
liséré blanc que des CHEVALIERS décorés des
RUBANS ROUGES y ajoutèrent d'eux-mêmes, et
sans que la loi ratifiât cette altération. —
L'ORDONNANCE DE 1831 (10 FÉVRIER), relative
aux ORDRES ROYAUX, a aboli l'Ordre du lis.

ORDRE du MÉRITE MILITAIRE de BAVIÈRE.
V. BAVIÈRE. V. MÉRITE MILITAIRE. V. MILICE
BAVAROISE Nº 1.

ORDRE du MÉRITE MILITAIRE de FRANCE.
V. CHEVALERIE DÉCORATIVE. V. CHEVALIER DE
L'ORDRE DU MÉRITE. V. CROIX DE SAINT-LOUIS.
V. DÉCORATION DE L'ORDRE DU MÉRITE. V.
FRANCE. V. LÉGISLATION 1759 (10 MARS), 1814
(28 NOVEMBRE). V. MÉRITE MILITAIRE. V. ORDRE
DE SAINT-LOUIS. V. ORDRES ROYAUX.

ORDRE du MÉRITE MILITAIRE de WUR-
TEMBERG. V. MÉRITE MILITAIRE. V. MILICE WUR-
TEMBERGEOISE Nº 1. V. WURTEMBERG.

ORDRE du NAVIRE. V. ORDRE DE CHEVA-
LERIE. V. ORDRE DE SAINT-LOUIS. V. NAVIRE.

ORDRE du SAINT-ESPRIT (F), ou CORDON
BLEU. Sorte d'ORDRE FRANÇAIS qui fut créé par
HENRI TROIS, par ÉDIT DE 1578 (31 DÉCEMBRE),
en mémoire des jours de sa naissance et de
ses deux couronnements. — Les CHEVALIERS
devaient prouver trois générations de NO-
BLESSE, et s'appelaient CHEVALIERS DES ORDRES
DU ROI, parce qu'ils étaient en même temps
chevaliers de Saint-Michel. — Ce prince avait
reçu, dit-on, de VENISE, un manuscrit contenant les statuts d'un ordre semblable,
créé en 1352 par Louis d'Anjou, roi des
Deux-Siciles. Il tint secret le livre qui lui
avait servi de modèle. Il s'est retrouvé après
sa mort, si on en croit Laboulinière (*Histoire politique et civile de trois premières
dynasties*, 5 vol. in-8°), mais SAINT-FOIX regarde ce récit comme une fable. — On lit
dans BRANTOME (1600, A), Vie de Tavan-
nes, t. IX, p. 96 : *Le roy s'étoit mis en
verve d'avoir les beaux petits chiens de
Lyon, turquets et autres. Le roy ayant
appris qu'un gentilhomme avait deux
chiens turquets (turcs), les lui demanda,
et en récompense le fist chevalier de ce
bel Ordre du Saint-Esprit : voilà un
ordre bien donné et posé pour deux pe-

tits chiens... C'était bien peu que le cordon bleu en échange d'une rareté aussi
admirable ; le roy de France s'était laissé
vaincre en générosité par le gentilhomme.*
— Les chroniques du temps, calomnieuses
peut-être, satiriques au moins, ont prétendu
que le licencieux HENRI TROIS, qui portait à
sa sœur Marguerite de Valois une affection
plus que fraternelle, institua en son honneur l'Ordre du Saint-Esprit ; d'autres disent qu'il l'avait créé en faveur de ses mi-
gnons. — Les statuts répondaient au titre.
L'Ordre était établi *pour toujours fortifier et maintenir davantage la foi à la
religion catholique;* mais il n'était religieux qu'en apparence ; il était tout érotique par ses détails, comme le témoignaient
les lacs d'amour, les diverses couleurs ou
livrées, la colombe, les flammes, les chiffres
formés de lettres grecques, dont on ne donnait pas l'explication. — Si l'on en croit
l'historiographe Duclos (*Morceaux historiques*), les ornements du COLLIER étaient les
monogrammes de Marguerite et de HENRI,
séparés alternativement par un autre mono-
gramme symbolique composé d'un *phi*, et
d'un *delta*, joints ensemble, auxquels on
faisait signifier *fidelta* pour *fedelta* en italien, et fidélité, en français. HENRI QUATRE,
instruit de ce mystère, changea le COLLIER
par DÉLIBÉRATION DE 1597 (7 JANVIER), et
remplaça par des trophées d'armes les monogrammes symboliques. — L'ORDRE DE
SAINT-MICHEL ayant été quelque temps fondu
dans celui du SAINT-ESPRIT, les titres de
CORDON BLEU et de CHEVALIER DES ORDRES DU
ROI devinrent synonymes. — Le CORDON BLEU
alla se discréditant ; mais LOUIS QUATORZE le
remit en honneur, et il devint un droit à peu
près héréditaire dans quelques familles, un
témoignage de haute naissance, une lumineuse faveur de cour. — CATINAT et Fabert
refusèrent noblement cette DÉCORATION,
parce qu'ils ne pouvaient pas prouver trois
QUARTIERS DE NOBLESSE; ils ne voulaient pas dés-
anoblir leur roture et se refusaient à recourir au subterfuge dérisoire qui accordait cent
ans pour faire ses preuves de noblesse. —
Les mémoires du temps rapportent qu'en
1662, le maréchal de Choiseul s'enorgueil-
lissant d'avoir obtenu le CORDON BLEU, Ninon
de l'Enclos lui dit : *Soyez un peu moins
fier de cette faveur, sinon je nommerai
ceux qui l'ont reçue en même temps que
vous.* — Une loi de la Constituante avait
aboli l'Ordre du Saint-Esprit; on ne connaît
pas d'ordonnance qui l'ait fait revivre. Il
figurait cependant, en 1818, sur les DRA-
PEAUX de l'INFANTERIE FRANÇAISE de la GARDE,
mais n'était pas au nombre des ATTRIBUTS DE

drapeau de l'infanterie franco-suisse de cette même garde. — Il a été fait, comme le témoigne l'Almanach royal, des promotions de chevaliers du Saint-Esprit en 1824 et 1825. Des militaires distingués, mais qui n'eussent pas prouvé les trois quartiers, n'ont pas montré les modestes scrupules de Catinat. — Une ordonnance de 1830 (novembre) a de nouveau aboli l'Ordre du Saint-Esprit. — Lelaboureur (sur Castelnau) a dénoncé ce que l'Ordre avait de mondain et de charnel, et l'on trouve des détails sur le même sujet dans l'Encyclopédie (1751, C, au mot *Esprit*), dans Potier (1779, X), dans Saint-Foix (1775), et dans le *Courrier français* (1825, 4 juin ; 1827, 7 juin).

ORDRE du soir. v. cercle du soir. v. place d'armes de garnison. v. soir.

ORDRE du Soleil. v. milice persane n° 1, 4. v. soleil.

ORDRE du tableau (E), ou tour de pique, ou tour du tableau, comme le dit Odier (1824, E). Sorte d'ordre ou d'échelonnement et de classification qui, dans certains grades, dans certaines milices, fixait les obligations du service et les conditions de l'avancement. — Le tableau réglait et règle encore généralement le mode d'accomplissement du service journalier et le remplacement des absents à qui le commandement appartiendrait s'ils étaient présents. Mais c'est sous un autre point de vue qu'il va en être question. — Ce qu'on a appelé absolument l'Ordre du tableau, ce que les historiens désignent ainsi, date de la fin du règne de Louis treize et de la création des lieutenants généraux. — Prenons l'Ordre du tableau dans ce dernier sens ; c'est une définition qui était à faire. — Aussi longtemps qu'on a pu acheter du roi, du colonel général, ou d'un titulaire, une compagnie ou un régiment, les officiers de corps n'étaient pas tous sous l'empire absolu du tour du tableau ; il y avait plusieurs moyens d'y échapper, et, entre autres, il suffisait d'être riche ou d'être un personnage de haute naissance. Mais comme la vénalité fiscale ou le commerce des grades ne s'est jamais étendu jusqu'aux généraux français, leur promotion était soumise à un Ordre du tableau. Un maréchal de camp ne pouvait devenir lieutenant général qu'à l'ancienneté de grade ; il en était de même pour monter au rang de maréchal de France. Les ordonnances du dix-septième siècle témoignent qu'on recourait à la voie du sort quand il y avait doute sur le droit, ou contestation sur une antériorité mal prouvée. — L'entrave de ce droit rigoureux

d'ancienneté mit Louvois dans la nécessité de créer d'une même promotion huit maréchaux de France, parce qu'il voulait que Rochefort, son favori, obtînt le bâton, quoiqu'il ne fût que le huitième sur la liste. Cet avancement de Rochefort valut la même faveur aux sept lieutenants généraux qui marchaient avant lui. Cette nomination donna naissance au bon mot qui fit tant de fortune : *Voilà la monnaie de Turenne.* Cette ironie critiquait à la fois et une mesure hors de raison et les vices de l'Ordre du tableau. — On vit Turenne, dans un esprit fort différent, intervertir le tour des lieutenants généraux, en donnant les commandements dans son armée, non aux plus vieux, mais à ceux qu'il jugeait les plus dignes. Ainsi faisait Marlborough, à ce que raconte Voltaire. — Le système exclusif de l'Ordre du tableau, décidant seul de l'avancement aux grades élevés, avait été imaginé comme une garantie par laquelle le pouvoir royal s'imposait de volontaires entraves, pour obvier aux exigences des nobles, pour prévenir les injustices dont l'avancement au choix n'offre que trop d'exemples ; mais la mesure avait le défaut d'éteindre l'émulation, d'être le privilége de la bonne santé et de la longévité, de ne favoriser que par hasard le mérite, et de placer peut-être à la tête de l'armée le général le moins fait pour la commander. — Lloyd (1762, M) avait dit, sous forme de censure : *Pouvoir tout obtenir sans rien mériter, pouvoir tout mériter sans rien obtenir.* Telle aurait pu être l'épigraphe à mettre en tête de la décision qui créait l'Ordre du tableau. — Saint-Simon témoigne dans ses Mémoires combien son orgueil nobiliaire était révolté de cette disposition de la loi. Il s'en indignait, non qu'il la regardât comme préjudiciable à l'armée ou désavantageuse à la France, mais parce que, aux yeux de cet égoïste censeur, l'Ordre du tableau était un manque de respect pour la haute noblesse, puisqu'il pouvait donner militairement le pas à un noble de province sur un noble de cour. — Choiseul modifiait la rigueur de l'Ordre du tableau par les ordonnances de 1762 (10 et 21 décembre). Ce ministre avait reconnu que le principe n'en doit être absolu que comme remplacement provisoire, le commandement ne devant jamais éprouver d'interruption. — Depuis le grade inclus de capitaine, l'Ordre du tableau réglait seul, dans la milice prussienne, l'avancement. Ce même usage s'est conservé dans les principales armes de la milice anglaise. — On peut consulter, à l'égard de l'Ordre du tableau, M. le colonel Carrion (1824, A), Turpin

(1783, O), VOLTAIRE (t. XXV, p. 290, édit. in-12).

ORDRE ÉCHELONNÉ. V. CARRÉ TACTIQUE. V. ÉCHELON. V. ÉCHELONNÉ, adj.

ORDRE EN BATAILLE. V. ADJUDANT D'INFANTERIE FRANÇAISE DE LIGNE Nº 8. V. AFFAIRE DE POSTE. V. ANCIENNETÉ DE CAMPAGNE. V. CARRÉ PLEIN. V. CHANGEMENT DE DIRECTION. V. CHANGEMENT DE DIRECTION A PIVOT FIXE. V. CHEF DE SUBDIVISION TACTIQUE. V. COLONEL D'INFANTERIE FRANÇAISE DE LIGNE Nº 6. V. COLONNE SERRÉE PAR DIVISION. V. CONVERSION EN BATAILLE. V. CONVERSION ROMPANTE. V. CORPS DE RÉSERVE. V. DÉPLOIEMENT. V. DIRECTRICE DE BATAILLON. V. EN BATAILLE. V. ESCOUADE. V. ÉVOLUTION SIMPLE. V. FACTIONNAIRE. V. FACE EN ARRIÈRE EN BATAILLE, interj. V. HAUTEUR TACTIQUE. V. INFANTERIE Nº 8. V. INVERSION. V. LIGNE DE BATAILLE. V. MANOEUVRE. V. MASSE. V. ORDINAIRE ROMAIN. V. ORDRE DE BATAILLE. V. ORDRE MINCE. V. ORDRE MIXTE. V. ORDRE TACTIQUE. V. PASSAGE A L'ORDRE EN BATAILLE. V. PASSAGE DE LIGNES. V. PASSER DE L'ORDRE EN BATAILLE A L'ORDRE EN COLONNE. V. PASSER DE L'ORDRE EN COLONNE A L'ORDRE EN BATAILLE. V. PASSER DE PIED FERME. V. RANGS D'INFANTERIE. V. ROMPEMENT EN BATAILLE.

ORDRE EN CAMPAGNE. V. EN CAMPAGNE. V. MARÉCHAL DE CAMP Nº 6. V. ORDRE OUVERT.

ORDRE EN CARRÉ (G, 6). Sorte d'ORDRE TACTIQUE que la LANGUE FRANÇAISE a inexactement exprimé par le seul mot CARRÉ. Ainsi, ce qui est dit des CARRÉS TACTIQUES est applicable ici ou complète l'explication. — L'Ordre en carré est aussi ancien que le monde connu; la nature du THÉATRE DE LA GUERRE en décide. Une combinaison de carrés était pratiquée, si l'on en croit AMIOT (1772, D), par la MILICE CHINOISE aux époques les plus reculées. Les ÉGYPTIENS ont connu l'Ordre en carré ou l'ORDRE CARRÉ. La PHALANGE primitive était un CARRÉ PLEIN; l'armée que commandait XÉNOPHON dans sa célèbre retraite était un CARRÉ VIDE. — Suivant les uns la MILICE ROMAINE a pratiqué, suivant les autres elle a ignoré l'Ordre en carré. — Les TERZES (tercios) d'ESPAGNE, les terzien d'ALLEMAGNE étaient des carrés. — L'ordonnance de la MILICE AUTRICHIENNE, qu'on appelait l'ordonnance LASCY, comprenait, dans la DÉFENSIVE pratiquée en face des armées TURQUES, l'Ordre en carré. — Dans leurs GUERRES contre les Turcs, les Russes combattaient avantageusement sur plusieurs carrés; ROMANZOFF, en 1769, y eut utilement recours. Le tacticien PIRSCH a donné aux Français l'éveil sur ce système. — Depuis l'ORDONNANCE française DE 1760 (1er JANVIER) le BATAILLON carré était connu, mais non pas l'Ordre en carré. Comment l'eût-il été, puisqu'il appartient aux études et aux calculs des ÉVOLUTIONS DE LIGNE, et que les ORDONNANCES ne traitaient pas encore de ce genre d'ÉVOLUTIONS? Le RÈGLEMENT DE 1791 (1er AOUT) s'en est occupé, mais n'a eu encore en vue que le BATAILLON CARRÉ ou la BRIGADE CARRÉE, non l'Ordre en carré; celui-ci n'apparaît légalement que dans l'ORDONNANCE DE 1851 (4 MARS). — On a cru que les CARRÉS pratiqués en ÉGYPTE par les FRANÇAIS étaient une invention neuve; ils n'étaient qu'une application savante, dont le génie de BONAPARTE a tiré un parti puissant devant une CAVALERIE formidable, et sur un TERRAIN plat et découvert. Les CARRÉS D'ÉGYPTE sont devenus la ressource de toutes les agrégations d'HOMMES DE PIED, depuis deux SOLDATS jusqu'à vingt mille. — Les carrés ont été en ORDRE OBLIQUE ou DIRECT par rapport au côté de l'attaque de l'ENNEMI; ils ont été en ORDRE PARALLÈLE ou PERPENDICULAIRE par rapport à l'ORDRE primitif DE BATAILLE de la troupe qui passait à l'Ordre en carré. — Ils ont participé de l'ORDRE EN ÉCHELON; tels furent les carrés de la bataille de Chebreis. Chacun de ces CARRÉS était à trois rangs, se composait d'une DIVISION D'ARMÉE, avait la forme d'un parallélogramme à centre vide, tenait son ARTILLERIE aux ANGLES et disposée de manière à BATTRE tous les ASPECTS, et masquait cette ARTILLERIE par les COMPAGNIES DE GRENADIERS jetées quelque peu en avant des BOUCHES A FEU; le centre des CARRÉS contenait les bagages et même le peu de CAVALERIE qu'avait conservée l'ARMÉE; l'ÉCHELONNEMENT de l'Ordre en carrés mettait chacun d'eux dans la possibilité de FAIRE FEU sans se porter préjudice, et ne les espaçait qu'à petite PORTÉE DE CANON, de manière qu'ils se FLANQUASSENT réciproquement. — Quelquefois l'Ordre en carré participait du CROISSANT ou de l'EMBOLON des GRECS; tels furent les carrés de la bataille des Pyramides. Chaque DIVISION ou CARRÉ était posté de manière qu'un de ses ANGLES regardât un ANGLE des DIVISIONS voisines. C'était un cercle de redoutes vivantes; les plus exposées d'entre elles avaient chacune de leurs pointes sous la protection d'un CARRÉ plus petit jeté en AVANT-GARDE. — Quelquefois l'Ordre en carré participait du LOSANGE; ainsi, à Sédinam, Desaix forma sa DIVISION en carré, dont deux ANGLES étaient sous l'appui d'un CARRÉ présentant huit ou dix hommes de front par chacune de ses FACES, et protégeant un petit peloton de TIRAILLEURS. — A la bataille d'Héliopolis (20 mars 1800), l'ARMÉE FRANÇAISE était ordonnée en quatre carrés d'une brigade chacun, la cavalerie au centre, l'artillerie entre les autres intervalles ; de petits carrés postés en avant avaient ordre de rentrer en cas de charge a fond ; des tirailleurs détachés en avant des petits carrés étaient destinés à inquiéter les escarmoucheurs à cheval.

ORDRE en coin. v. bataillon triangulaire. v. brigade d'armée. v. coin tactique. v. en coin. v. légion romaine n° 5. v. milice prussienne n° 8.

ORDRE en colonne. v. adjudant d'infanterie française de ligne n° 8. v. adjudant-major d'infanterie française de ligne n° 6. v. affaire de postes. v. brigade d'infanterie française. v. capitale tactique. v. changement de direction a pivot fixe. v. chef de bataillon d'infanterie française de ligne n° 5. v. chef de division. v. chef de peloton. v. chef de subdivision tactique. v. colonne épagogique n° 4. v. colonne serrée par division. v. contre-marche tactique. v. conversion enbataillante. v. conversion rompante. v. déploiement. v. en avant en bataille. v. espace. v. évolution simple. v. face en arrière en bataille, interj. v. formation en colonne. v. halte, interj. v. guide de subdivision. v. hauteur tactique. v. intervalle d'infanterie. v. inversion. v. ligne de bataille. v. marche, interj. v. milice romaine n° 7. v. ordre central. v. ordre de colonne. v. ordre mince. v. ordre mixte. v. ordre ouvert. v. ordre tactique. v. passage a l'o... v. passer de l'ordre en bataille a l'o... v. passer de l'ordre en b..., etc. v. passer de l'ordre par le flanc, etc. v. rangs d'infanterie. v. revue sur le terrain. v. rompement en bataille. v. subdivision de colonne.

ORDRE en croissant. v. en croissant. v. péphlegménon.

ORDRE en échelons (G, 6; H. 2), ou échelonnement. Sorte d'ordre tactique qu'on a simplement appelé aussi, mais avec peu de justesse, échelon. Les détails donnés à l'égard des échelons tactiques concourent, par cette raison, à développer ce qu'on va lire. — L'Ordre en échelons est une des grandes manœuvres qui se sont représentées le plus fréquemment pendant la guerre de la révolution ; c'est une de celles, et presque la seule dans laquelle les colonels d'infanterie exercent spécialement une fonction tactique. — L'Ordre en échelons, quoique parallèle à l'ennemi, est censé oblique et se forme soit par la droite, soit par la gauche, quelquefois des deux côtés ; cet échelon double ou angulaire est une espèce de coin que mentionnait l'instruction de 1769 (1er mai).

— La disposition du carré oblique est un genre d'ordre oblique. — La milice suisse passe pour avoir, la première, connu et pratiqué l'Ordre en échelons. — Le règlement de 1791 (1er août, *Evolutions de ligne*) voulait que l'échelon s'exécutât par régiment ou par brigade à un nombre de pas déterminé par le commandant en chef et au commandement : *Echelons par régiment ou par brigade à (tant) de pas.* Ce commandement était suivi de ceux-ci : *En avant par la droite ou par la gauche, formez les échelons, ou bien, en retraite par la droite ou par la gauche, formez les échelons.* Ainsi le règlement de 1791 ne pratiquait pas l'échelon double qui était surtout prussien. — Dans la marche en échelons, un bataillon d'aile ou l'aile en saillie qui serait de plusieurs bataillons, sont bataillons de direction, ou corps de direction, et s'avancent sur une capitale tracée par des arrière-jalonneurs ; quand ce premier échelon ou échelon directeur reçoit l'ordre de s'arrêter, les autres échelons continuent à marcher jusqu'à ce qu'ils soient à quatre pas en arrière de la ligne nouvelle ; ils s'y raccordent ensuite aux ordres des chefs d'échelons : aussitôt qu'un échelon a fait halte, il peut commencer le feu de bataillon, de demi-bataillon, etc. — L'échelon en retraite a lieu par le demi-tour a droite que commandent les chefs d'échelon ou ceux des brigades. — L'ordonnance de 1831 (4 mars) modifiait le système de l'échelonnement, en ployant les bataillons en colonne, avec intervalle de déploiement, et les faisant avancer ainsi comme s'ils marchaient déployés. — On peut consulter, à l'égard de l'Ordre en échelons, Bohan (1781, H), Gouvion Saint-Cyr (1831), Mirabeau (1788, C), le *Journal de l'Armée,* t. iii, p. 5.

ORDRE en échiquier (G, 6 ; H, 2), ou échiquier tactique, ou ordre en quinconce. Sorte d'ordre tactique que l'art militaire doit aux Romains. — Les vieux auteurs français prenaient échelonnement dans le sens de échiquier ; mais ce sont choses différentes. — Les manipules de Rome ont été disposés en échiquier depuis la guerre soutenue contre Pyrrhus ; jusque-là, la milice romaine combattait en phalange. A la faveur de ce nouvel ordre, la légion faisait volte-face au moyen des contre-marches par lesquelles les hastaires faisaient face en arrière. — Scipion, à Zama, donna une autre forme à la légion et forma ses cohortes en en alignant les vides, à l'effet de présenter des intervalles qui donnassent un libre passage aux éléphants d'Annibal.

ORDRE en garnison. v. cercle d'ordre en garnison. v. consigne de police. v. en garnison. v. fourrier d'infanterie française de ligne n° 9. v. ordre général.

ORDRE en haie. v. chevalier du moyen age n° 9. v. en haie. v. haie. v. ordre de bataille d'infanterie. v. ordre profond. v. rangs de cavalerie. v. tactique.

ORDRE en ligne. v. en ligne. v. ordre de bataille d'infanterie.

ORDRE en losange (F). Sorte d'ordre tactique qu'Élien appelle le rhombe. Il dit que les Thessaliens en étaient les inventeurs ; il le décrit comme une manoeuvre de cavalerie et une sorte de carré plein.

ORDRE en masse. v. condensation. v. conversion en colonne. v. en masse. v. former les divisions. v. masse tactique.

ORDRE en muraille (G, 6 ; H, 2). Sorte d'ordre de bataille qui consiste dans la contiguïté d'une ligne pleine et qui, par conséquent, est l'opposé de l'ordre a intervalles. — Ce terme s'est appliqué à la milice prussienne, et à la cavalerie, quand ses escadrons adhèrent pour fournir une charge. Quelquefois des charges d'infanterie se sont exécutées suivant ce système. — On peut consulter, à l'égard de l'Ordre en muraille, Pictet (1761, I), l'Encyclopédie (1785, C, supplément et t. iii, Turpin (1785, O).

ORDRE en orbe. v. en orbe. v. orbe v. phalange grecque.

ORDRE en pelotons. v. en pelotons. v. former les pelotons.

ORDRE en potence (G, 6 ; H, 2), ou hypotaxe, ou subjonction. Sorte d'ordre de bataille ainsi nommé parce qu'il figure une hache ou une équerre. Il obvie au danger d'être pris en flanc. C'est la disposition, en station ou en marche, d'une troupe qui fait des flancs, et dont une partie se tient parallèlement à l'ennemi et l'autre partie perpendiculairement ; la partie ployée latéralement en arrière fait front au besoin. — Le saillant que forme la potence en est la partie faible. — Dans les changements de front sur deux lignes, l'aile d'une d'elles déborde l'autre, ou en est débordée. L'Ordre en potence y remédie. — Dans les évolutions de ligne, si la formation, par un changement de direction de bataillons en bataille, soit en avant, soit en retraite, ne pouvait s'achever sans qu'il fallût faire face à l'ennemi, les bataillons de l'aile mouvante pourraient se former en ligne pleine, en potence.

ORDRE en première ligne. v. en première ligne. v. milice byzantine. v. prostaxe.

ORDRE en quinconce. v. art militaire de terre. v. contre-marche tactique. v. éléphant. v. en quinconce. v. hastaire n° 4. v. légion romaine n° 5. v. manipule n° 6. v. ordre en échiquier.

ORDRE en route. v. adjudant-major de semaine en route. v. arrivée de corps au gîte. v. capitaine en route. v. caporal en route. v. cercle d'ordre en route. v. chef de bataillon de semaine en route. v. colonne de route. v. en route. v. garde de police en route.

ORDRE en section. v. en section. v. former les pelotons. v. section.

ORDRE en tiroir. v. déploiement. v. en tiroir.

ORDRE en triangle. v. en triangle. v. ordre tactique. v. triangle tactique.

ORDRE entremêlé. v. entremêlé. v. imposition. v. mélange d'armes. v. milice grecque n° 6. v. ordre de bataille.

ORDRE épars. v. épars, adj. v. ordre ouvert. v. roraire.

ORDRE équestre. v. cavalerie. v. chevalier. v. équestre. v. Menenius. v. milice romaine n° 2. v. Miroeus. v. noble. v. noblesse. v. tribun romain n° 5.

ORDRE et mot. v. mot. v. mot d'ordre. v. ordre tesseraire.

ORDRE (ordres) étranger (term. sous-génér.). Sorte d'ordres de chevalerie considérés par rapport aux milices étrangères et par rapport aux Français qui en font partie ; les ordonnances de 1816 (26 mars) et 1824 (16 avril) ne leur permettaient d'en porter la décoration qu'en vertu d'autorisation royale, obtenue par l'entremise du grand chancelier de la Légion d'honneur. — Nous avons donné quelques détails au sujet des ordres en usage dans les milices anglaise, autrichienne, bavaroise, espagnole, hollandaise, persane, piémontaise, portugaise, prussienne, russe, turque, vénitienne, wurtembergeoise. — Le mot sera seulement distingué ici en ordre d'Alcantara, — d'Autriche, — de Cincinnatus, — de Danebrog, — de la Jarretière, — de la Toison d'or, — de Prusse, — de l'Aigle blanc, — du Bain.

ORDRE français. v. français, adj. v. ordre profond.

ORDRE (ordres) français (term. sous-génér.). Sorte d'ordres de chevalerie qui ne doivent être considérés que comme étant ou ayant été, en tout ou en partie, des ordres militaires ; car quantité de chevaleries, soit régulières, soit sociales, et quantité de confréries méritent peu d'être rappelées à la mémoire du lecteur. Tels ont été les Ordres ou associations de l'Écu vert, de l'Hermine, de Saint-Antoine, de Saint-Lazare, du Chardon, du Croissant, du Fer d'argent, du Lévrier, du Lion, du Porc-épic, des chevaliers de l'Espérance, etc., etc. — On a prétendu, mais nous ne l'affirmons pas, que sous un des MINISTRES qui a prodigué le plus de DÉCORATIONS, il est arrivé plus d'une fois qu'après la signature de la série des personnages promus, et avant l'insertion au *Moniteur*, le COMMIS chargé de cette partie intercalait obligeamment le nom de quelques amis, de quelques protégés. La fraude passait inaperçue. — Une ORDONNANCE DE 1827 (11 JUILLET) octroyait une DÉCORATION aux Vendéens. — Les ordonnances prescrivent aux COLONELS des CORPS de l'ARMÉE FRANÇAISE de transmettre au MINISTRE DE LA GUERRE les DÉCORATIONS qui appartenaient aux OFFICIERS DÉCÉDÉS dans leurs CORPS. — Les almanachs militaires, l'ORDONNANCE DE 1824 (16 AVRIL), M. BERRIAT (1825), M. GONVOT, GUIGNARD, LACHESNAIE (1767, F), POTIER (1779, X), M. SICARD, peuvent être consultés à l'égard des principaux Ordres, soit maintenus, soit en déchéance. — Les Ordres français se distinguent ou se sont distingués en ORDRES DE LA GENETTE, — DE LA LÉGION, — DE LA RÉUNION, — DE L'ÉTOILE, — DE SAINT-LAZARE, — DE SAINT-LOUIS, — DE SAINT-MICHEL, — DU LIS, — MILITAIRE, — DU SAINT-ESPRIT, — ROYAUX.

ORDRE (ordres) GÉNÉRAL (E). Sorte d'ORDRES DU JOUR, soit AU CAMP OU A L'ARMÉE, soit en GARNISON. Dans le premier cas, l'Ordre est donné par le GÉNÉRAL EN CHEF, transcrit par un OFFICIER D'ORDONNANCE ou un AIDE DE CAMP, et transmis par le MAJOR GÉNÉRAL ou par un CHEF D'ÉTAT-MAJOR, ou par des OFFICIERS qu'ils délèguent. Dans le second cas, il est donné par le COMMANDANT DE PLACE et transmis par le MAJOR, ou par un OFFICIER de grade analogue. — L'Ordre général de l'ARMÉE désigne les CHEFS DE DÉTACHEMENTS, les COLONELS DE PIQUET, règle les heures et les lieux des DISTRIBUTIONS, prescrit les CONSIGNES DES POSTES, annonce les mouvements et les DÉPARTS DE TROUPE, quelquefois contient le MOT D'ORDRE ; il fait connaître les ARMISTICES, les REPRISES D'HOSTILITÉS, les ACTIONS D'ÉCLAT, les DÉMISSIONS, les mesures relatives aux DOMESTIQUES D'OFFICIERS, aux FEMMES à la suite de l'ARMÉE, aux FOURRAGES, aux abreuvoirs, à la disposition des PARCS, des abattoirs, etc., etc. — Il a été traité de la forme et de la transmission des ordres par M. GRIVET. — Dans la MILICE AUTRICHIENNE les ADJUDANTS GÉNÉRAUX sont chargés de la rédaction et de la transmission des ordres du jour.

ORDRE HÉTÉROSTOME. V. MILICE GRECQUE N° 6. V. HÉTÉROSTOME. V. PHALANGE HÉTÉROSTOME.

ORDRE INVERTI. V. ALIGNEMENT DE SUBDIVISION. V. COLONNE ÉPAGOGIQUE N° 4. V. CONTRE-MARCHE TACTIQUE. V. CONVERSION EN BATAILLANTE. V. DÉFILEMENT EN TIROIR. V. DÉPLOIEMENT. V. DRAPEAU BLANC. V. FORMATION EN AVANT EN BATAILLE. V. FORMATION SUR LA DROITE EN BATAILLE. V. GUIDE DE SUBDIVISION. V. INVERSION. V. INVERTI. V. MARCHE DE BATAILLON EN COLONNE.

ORDRE HYPOCLASTIQUE. V. CHARGE DE CAVALERIE. V. HYPOCLASTIQUE. V. SARISSE.

ORDRE MANIPULAIRE. V. HASTAIRE N° 4. V. LÉGION ROMAINE N° 1, 5. V. MANIPULAIRE. adj. V. MANIPULE N° 6. V. PRINCE DE LÉGION ROMAINE.

ORDRE MASSÉ. V. MASSÉ, adj. V. ORDRE PROFOND. V. POSITION STRATEUMATIQUE.

ORDRE MILITAIRE. V. CHEVALIER ECCLÉSIASTIQUE. V. CROISADE DE 1217. V. DAVITY. V. ECCLÉSIASTIQUE. V. HOPITAL MILITAIRE. V. MILITAIRE, adj. V. ORDRE DE CHEVALERIE. V. ORDRE FRANÇAIS.

ORDRE MINCE (G, 6). Sorte d'ORDRE TACTIQUE considéré par rapport à l'INFANTERIE et surtout à la COMPOSITION de l'INFANTERIE FRANÇAISE ; il a été une conséquence de l'emploi du PAS CADENCÉ et de la réduction progressive du nombre des PIQUIERS ; il a amené le déplacement des ENSEIGNES. — Depuis l'adoption de l'Ordre mince, l'usage du CRI DE GUERRE s'est éteint ; les BATAILLONS D'INFANTERIE FRANÇAISE n'ont plus eu qu'un DRAPEAU ; les INTERVALLES ont entrecoupé les LIGNES, jusque-là PLEINES ; la MARCHE s'est exécutée à FILES serrées ; le mécanisme des FEUX a changé, les DÉFILEMENTS des RÉGIMENTS, jusque-là à RANGS OUVERTS, n'ont plus eu lieu qu'à RANGS SERRÉS ; les SERRE-FILES sont devenus autre chose que ce qu'ils étaient ; les FILES n'ont plus été des UNITÉS TACTIQUES ; le TERRAIN INDIVIDUEL, c'est-à-dire le cercle d'action de chaque HOMME dans le rang, fut restreint à son minimum ; la MARCHE DE BATAILLON EN COLONNE a pris faveur ; la ressource des POSITIONS est devenue une nécessité ; enfin, la GUERRE DE POSITIONS aurait été le fruit de l'Ordre mince, si l'on en croit les antagonistes de ce genre de GUERRE. — L'Ordre mince est un ARRANGEMENT D'HOMMES DE PIED dont le FRONT s'étend aux dépens de la HAUTEUR OU PROFONDEUR. Cependant, si l'on appelle Ordre mince, une MONOTAXE, ou la disposition d'une TROUPE sans arrière-ligne, sans RÉSERVE, HENRI QUATRE et TURENNE ont pratiqué l'Ordre mince : mais si l'on appelle Ordre mince, le peu de HAUTEUR DES RANGS, ces deux capitaines tenaient leur INFANTERIE en ORDRE PROFOND. — Ces deux genres d'ordres opposés, que la LANGUE FRANÇAISE n'avait pas su définir, ont été l'objet d'un long et fastidieux débat ému depuis la réduction successive des RANGS au nombre de quatre et de trois. — FOLARD (1727, A) s'était déclaré contre l'Ordre mince. MAURICE DE SAXE le réprouvait d'abord aussi, car on n'avait encore ni perfectionné, ni appliqué à la GUERRE les DÉPLOIEMENTS, la combinaison de plusieurs CARRÉS, et la rapide formation des MASSES, qui sont autant de correctifs des vices de l'Ordre mince. — Sur les traces de ces deux hommes célèbres, BOHAN (1781, H), DARÇON (1775, P), GUIBERT (1770, A), MAIZEROY (1775, A), MESNIL-DURAND (1774, B), SILVA (1775, F), furent les principaux champions de la polémique au sujet de l'Ordre mince et de l'ORDRE PROFOND. — Les antagonistes de l'Ordre mince l'ont comparé à un frêle ruban que le vent tourmente ; ils lui ont reproché de donner aux MARCHES EN BATAILLE leur FLOTTEMENT, aux LIGNES DE BATAILLE leur fragilité, aux ALIGNEMENTS leur lenteur, aux COMMANDEMENTS VOCAUX l'incertitude de la transmission et les équivoques qu'elle occasionne, aux CAMPS leur forme allongée et faible ; les ALLOCUTIONS des COLONELS sont devenues impossibles ; les HARANGUES des AUMONIERS n'ont plus été que des paroles perdues. — Les maréchaux de BROGLIE et ROCHAMBEAU ont reconnu que l'alliance de l'ORDRE DE FEU et de l'ORDRE DE CHOC dénouait tout le problème, et que la découverte de l'art des PLOIEMENTS et des DÉPLOIEMENTS en avait été la solution. LLOYD (1762, M) et M. le colonel CARRION (1824, A) ont développé cette vérité. — Nul doute qu'une quantité d'HOMMES les uns derrière les autres ne marchent plus commodément et avec plus d'ensemble que placés les uns à côté des autres ; nul doute qu'une TROUPE ne doive se DÉPLOYER sur un petit nombre de RANGS pour se servir de ses FUSILS, puisque, suivant LLOYD (1762, M), l'Ordre mince est la défensive de loin, l'ORDRE PROFOND l'offensive de près. Il eût donc fallu, si l'on sacrifiait un système à l'autre, ou renoncer à marcher avec aisance et agilité, ou renoncer au FUSIL ; telle était la frivolité de cette question d'ART MILITAIRE : aussi MAURICE DE SAXE revint-il de ses premières préventions ; BROGLIE, éclairé et calme, ROCHAMBEAU, tacticien de premier ordre, s'ils penchèrent pour l'ORDRE PROFOND, ne l'épousèrent pas comme exclusif. — Les tacticiens sont tombés d'accord, depuis les découvertes de FRÉDÉRIC, que l'ART consiste

dans l'à-propos de deux ordres et dans le subit passage de l'ORDRE EN BATAILLE à l'ORDRE EN COLONNE, ou l'inverse. — La PHALANGE GRECQUE se tenait en ORDRE PROFOND par cette raison ; la CLISE, ou action de FAIRE PAR LE FLANC, était le moyen de marcher des GRECS, et la prestesse de leur formation en bataille les dispensait de recourir aux COLONNES COMBINÉES. La LÉGION ROMAINE avait été créée ou du moins améliorée par un système d'AMINCISSEMENT ; elle reprit, depuis le régime impérial et surtout à BYSANCE, l'ORDRE PROFOND. Les SUISSES et les ESPAGNOLS, imitateurs de l'ORDRE GRÉCO-ROMAIN, et ayant en grande quantité des armes de main pareilles à celles des anciens et en petite quantité des ARMES A FEU, durent adopter l'ordre profond ; les CHEFS DE FILE de leurs PIQUIERS eurent de dix-neuf à onze hommes à conduire. — La propagation et ensuite l'usage absolu des FUSILS nécessitèrent des combinaisons nouvelles ; ainsi eut lieu l'AMINCISSEMENT successif, seul favorable aux FEUX D'INFANTERIE. Les FRANÇAIS en faisaient le premier essai dans la GUERRE DE 1701, et surtout DE 1755. — La HAUTEUR sur trois RANGS a été le minimum adopté par FRÉDÉRIC DEUX ; l'usage en est devenu légal en FRANCE, d'une manière absolue, depuis 1774, pour l'INFANTERIE DE BATAILLE ; quant à l'INFANTERIE LÉGÈRE, un Ordre plus mince lui était affecté par l'INSTRUCTION DE 1769 (1er MAI). — Le RÈGLEMENT DE 1791 (1er AOUT) a commencé à reconnaître pour les deux genres d'INFANTERIE un ORDRE SUR DEUX RANGS ; mais ce ne devait être qu'un ORDRE de TEMPS DE PAIX. — M. le général JOMINI (1850, A), BONAPARTE dans ses mémoires, M. le colonel CHAMBRAY (1824), GOUVION SAINT-CYR (1851) se prononcent pour l'ordre sur deux rangs. — L'ORDONNANCE DE 1851 (4 MARS) a timidement permis l'ORDRE SUR DEUX RANGS, sans oser franchement le prescrire. — Les AUTEURS qui se sont exercés sur ce sujet, maintenant usé, et parmi lesquels figure VOLTAIRE lui-même (tom. XXV, p. 272), sont : BARDIN (1807, D), BOHAN (1781, H), BREZÉ (1779), M. le colonel CARRION (1824, A), DARÇON (1773, D), DUCOUDRAY (1776, D), ENCYCLOPÉDIE (1785, C), FOLARD (1727, A), GUIBERT (1773, E), LESSAC (1789, E), LLOYD (1762, M), MAIZEROY (1771, A ; 1773, A), MAURICE DE SAXE (1757, A), MESNIL-DURAND (1774, B ; 1780, K), M. le général PELET, M. ROCQUANCOURT, M. le général ROGNIAT (1816, B), M. de SALUCES (Alexandre), SILVA (1773, F), SINCLAIRE (1775, L), TRAVERSE (1758, D), TURPIN (1785, O).

ORDRE MINCE DE CAVALERIE. V. CAVALE-

RIE. V. COUP DE LANCE. V. FILE DE BATAILLON. V. REITRE.

ORDRE MIXTE (G, 6 ; H, 2). Sorte d'ORDRE DE BATAILLE qui est une combinaison de LIGNES DÉPLOYÉES et de MASSES qui s'entre-coupent. — Dans la GUERRE D'ESPAGNE plusieurs ATTAQUES DE POSTES ont été entreprises par des BRIGADES disposées en Ordre mixte : ainsi, en 1811 (5 mai), le village de Pozzo-Bello fut enlevé par une LIGNE de cinq BATAILLONS, dont trois en COLONNE, deux en BATAILLE. A la bataille de la Moskowa, une brigade en Ordre mixte réussit à enlever la grande batterie. — Quelque chose d'analogue entrait dans le système des rédacteurs de l'ORDONNANCE DE 1831 (4 MARS). — On peut consulter à cet égard : MAIZEROY (1767, E), MONTÉCUCULI (1769, C) , TURPIN (1769, C).

ORDRE NATUREL. V. A DROITE EN BATAILLE. V. ALIGNEMENT DE SUBDIVISION. V. COLONNE ÉPAGOGIQUE N° 4. V. CONVERSION EN BATAILLANTE. V. DÉFILEMENT EN TIROIR. V. DÉPLOIEMENT. V. DÉSINVERTIR. V. ÉVOLUTION. V. FACE EN TÊTE. V. FORMATION EN AVANT EN BATAILLE. V. FORMATION SUR LA DROITE EN BATAILLE. V. FRONT , interj. V. FRONT DE BATAILLE. V. GUIDE DE SUBDIVISION. V. INVERSION. V. MARCHE DE BATAILLON EN COLONNE. V. NATUREL. V. ORDRE DE BATAILLE. V. OURAGUE. V. PORTE-DRAPEAU N° 7. V. RENVERSER. V. RÉTABLIR L'ORDRE. V. ROMPEMENT DE PELOTON.

ORDRE NOBILIAIRE. V. ÉQUESTRE. V. GENTILHOMME. V. MARÉCHAL DE FRANCE N° 2. V. MILICE RUSSE N° 8. V. NOBILIAIRE. V. NOBLESSE. V. ORDRE TACTIQUE.

ORDRE OBLIQUE (G, 6 ; H, 2), ou ORDRE DE BIAIS, comme l'appellent BOTTÉE (1758, F) et TRAVERSE (1758, D). Sorte d'ORDRE DE BATAILLE considéré en TACTIQUE comme l'opposé de l'ORDRE PARALLÈLE. — Diriger diagonalement une ATTAQUE, en la MASQUANT, REFUSER UNE AILE par une MARCHE EN ÉCHELONS, faire effort par l'AILE opposée, frapper là où l'on n'est pas attendu, en jetant une masse puissante sur un point moins fort, s'y aider, si faire se peut, de TROUPES D'ÉLITE, qui, aussitôt le premier succès, se divisent pour PRENDRE EN FLANC L'ENNEMI ROMPU, et pour le DÉBORDER, tel est le fond du système. — Il est praticable de la part d'une ARMÉE plutôt petite que grande. C'est le secret d'un COMBAT décisif dans une BATAILLE. — L'ORDRE EN CARRÉ participe quelquefois de l'Ordre oblique. L'ORDRE EN ÉCHELONS est toujours oblique. — GRIMOARD (1775, B) appelle ORDRE DOUBLE OBLIQUE l'ÉCHELON ANGULAIRE. D'autres AUTEURS ont traité d'un ORDRE ou d'une MARCHE CONTRE-OBLIQUE. — L'application de ce mode de COMBAT n'est pas nouvelle en TACTIQUE. EPAMINONDAS en avait deviné le secret à LEUCTRES et à MANTINÉE ; ALEXANDRE y avait eu recours à ARBELLES ; SCIPION combattant Asdrubal à Ilinga l'attaquait en DOUBLE OBLIQUE en lui refusant son CENTRE. VÉGÈCE (390, A) le mentionne dans les ordres qu'il décrit. — CÉSAR à Pharsale, GUSTAVE-ADOLPHE, LUXEMBOURG, TURENNE, en ont tiré un parti brillant. VILLARS à DENAIN, et Ferdinand de Brunswick à CREVELT, lui durent la victoire. — L'immense avantage que procure une ATTAQUE PAR LES FLANCS OU A REVERS, telle que celle du duc d'Enghien à ROCROY, révélèrent l'importance de l'Ordre oblique. FRÉDÉRIC DEUX l'apprécia et le perfectionna ; la bataille de Lissa et tant d'autres en donnèrent des modèles, et suivant DECRAMMEVILLE (1789, A), l'Ordre oblique devint, dans la main des GÉNÉRAUX habiles, un moyen bien supérieur à ceux de l'ancienne TACTIQUE. — Suivant LESSAC (1789, E), la difficulté de manier des LIGNES étendues *avait déterminé le roi de Prusse à ne se servir que de l'Ordre oblique, par le moyen duquel ne présentant qu'un point de son armée à l'ennemi, et lui dérobant le reste, il peut tout voir, tout conduire.* — MIRABEAU (1788, C), ou plutôt MAUVILLON, dépeignent la manière dont ce prince conduisait cette ÉVOLUTION. — La MANOEUVRE commençait en COLONNE A DISTANCE ENTIÈRE, les BRIGADES faisaient halte et se portaient, au moyen d'un CHANGEMENT DE DIRECTION , par l'un ou l'autre flanc , à la hauteur de la LIGNE où devait s'établir le FRONT. — L'ARMÉE s'y formait en bataille par pelotons à droite. L'ÉVOLUTION consistait à pivoter sur un des points de la COLONNE qui, autant que possible, était peu éloigné du centre. M. le général JOMINI traite à fond de ce mécanisme, au sujet de la bataille de Leuthen et des opérations contre les RUSSES et les SUÉDOIS. — La bataille de Castiglione, aussi, fut livrée en Ordre oblique ; ainsi, dès son début, BONAPARTE avait compris tout le mérite de ce système. — Ce grand capitaine ne souffrait qu'avec impatience qu'on en fît honneur à FRÉDÉRIC comme d'une découverte. — Le passage suivant (M. le général MONTHOLON, t. v) en rend témoignage. *On a attribué les succès que le roi avait obtenus à un nouvel ordre de tactique, à l'Ordre oblique. Il n'est aucune de ces batailles où le roi ait employé une tactique nouvelle. Qu'est-ce que l'Ordre oblique ? Les uns disent que toutes les manœuvres que fait une armée, soit la veille, soit le jour* *d'une bataille, pour renforcer sa droite, son centre ou sa gauche, soit pour se porter sur les derrières de l'ennemi, appartiennent à l'Ordre oblique... D'autres, que l'Ordre oblique est cette manœuvre que le roi faisait exécuter aux parades de Potzdam, par laquelle deux armées étaient d'abord en bataille parallèlement; celle qui manœuvre se porte sur un des côtés de son adversaire, par colonnes, et l'attaque de tous côtés sans qu'on ait le temps de la secourir... Il faudrait que la ligne d'opérations que prendrait l'Ordre oblique fût du côté de l'aile sur laquelle elle appuie, sans quoi elle la perdrait. Aussi, des partisans de l'ordre oblique veulent que la manœuvre soit dérobée à l'ennemi...* Bonaparte *en tire la conséquence que ce n'est donc pas un ordre tactique; sa force est de la nature des embuscades. des marches dérobées, des surprises. Frédéric a livré, dans la guerre de sept ans, dix batailles et n'a, dans aucune, fait exécuter les manœuvres de Potzdam. A Rosbach, Soubise imagina de vouloir singer l'Ordre oblique, il fit une marche de flanc; les résultats en sont connus : Soubise perdit son armée et son honneur. Frédéric riait sous cape aux parades de Potzdam, de l'engouement des jeunes officiers français, anglais, autrichiens, pour la manœuvre de l'Ordre oblique.* — Sur toutes ces questions on peut consulter : Bohan (1781, II), M. le colonel Carrion (1824, A), Delanoue (1760, E), Deligne (1780, I), l'Encyclopédie (1785, C, supp.), Feuquières (1750, A), Frédéric deux (1761, G), Grimoard (1775, B), Guibert (1775, E), Holtzendorff (1777, K), Jabro (1777, G), M. le général Jomini (1811, E), Maizeroy (1766, F; 1771, A, 1775; B), M. le général Montholon, Pirsch (1782, A), Puységur (1748, C), M. Rocquancourt, Schultz (1789, F), Servan (1780, B), Silva (1768, K), Traverse (1758, D), Turpin (1785, O), M. Vandermeere, M. le général Vaudoncourt, Végèce (390, A), et un anonyme (1777, A).

ORDRE OFFENSIF (G, 6; H, 2), ou ordre d'attaque. Sorte d'ordre tactique qui comprend ou a compris génériquement la colonne d'attaque, la colonne double, l'embolon, la phalange doublée, l'amphistome, l'ordre a double attaque, a triple attaque, l'ordre a double équerre, central, etc. Quelques-unes de ces dispositions étaient usitées dans la milice grecque. — Il est douteux que le pephlegmenon fût un ordre offensif. — L'Ordre offensif est celui qui s'exerce, soit sur le centre, soit sur les ailes de l'ennemi. L'attaquant s'y porte en colonne, et la ligne qui se déploie ne laisse au centre que peu ou point d'intervalles, de peur d'offrir des flancs. — On lit dans M. de Lascases (t. ii, p. 233) ces mots de Bonaparte : *Le passage de l'Ordre offensif à l'ordre défensif est une des opérations les plus délicates.*

ORDRE OFFICIEL. V. législation militaire, 1508 (12 janvier), 1527 (26 mai), 1588 (18 aout), 1588 (9 novembre), 1595 (21 février), 1625 (30 octobre), 1638 (avril), 1648 (11 avril), 1812 (27 février). V. officiel. V. règlement.

ORDRE OMNI-DISTANT. V. condensation de colonne. V. omni-distant.

ORDRE ORBICULAIRE. V. bataillon rond. V. milice romaine n° 7. V. orbiculaire. V. parc.

ORDRE OUVERT (G, 6), ou ordre de parade, ou ordre épars, comme l'appelle M. le colonel Carrion (1824, A). Sorte d'ordre tactique que Turpin (1785, O) nomme ordre dilaté; mais ce dernier arrangement appartient plutôt à l'ordre en colonne, celui-ci à l'ordre en bataille. — La milice grecque proportionnait la longueur des sarisses du soldat à l'Ordre ouvert. Cet ordre lui permettait la contre-marche phalangique ou par rangs. — Les légions romaines étaient en Ordre ouvert, ou, en d'autres termes, leurs rangs et leurs files étaient espacés de manière que chaque soldat eût, pour la facilité de l'escrime, un terrain individuel plus ou moins étendu, suivant les temps ou le genre de manœuvre et d'arme. L'Ordre ouvert de la tétraphalangarchie était de deux mètres environ.— L'infanterie des modernes a observé l'ordre ouvert jusqu'à l'époque où la cavalerie est devenue plus agile, plus entreprenante; cette révolution a nécessité l'accoudement des hommes et la condensation des rangs. Un autre motif a concouru à cette innovation en tactique : la hauteur des rangs ayant progressivement diminué, il importait de resserrer les files pour obvier aux inconvénients du trop grand développement du front. — L'Ordre ouvert ne s'était conservé, dans les ordonnances d'exercice, que pour les inspections et revues, et cessait pour l'évolution nommée serrement de rangs.

ORDRE OUVERT de cavalerie. V. cavalerie. V. ouvert, adj.

ORDRE PAR LE FLANC. V. changement de direction. V. clise. V. contre-marche en perdant terrain. V. espace de rangs. V. évolu-

TION. V. LÉGION ROMAINE N° 5. V. MANOEUVRE. V. MASSE TACTIQUE. V. MILICE GRECQUE N° 6. V. ORDRE DE BATAILLE. V. PAR LE FLANC. V. PASSER DE L'ORDRE PAR LE F... V. RANGS D'INFANTERIE.

ORDRE PAR QUATRE. V. INFANTERIE FRANÇAISE N° 8. V. MOUSQUETAIRE A PIED N° 5. V. PAR QUATRE. V. TACTIQUE, subs.

ORDRE PARAGOGIQUE. V. CLISE. V. PARAGOGIQUE. V. PARAGOGUE.

ORDRE PARALLÈLE (G, 6; H, 2) ou ORDRE DIRECT, comme l'appellent GRIMOARD (1775, B) et TURPIN (1783, O). Sorte d'ORDRE DE BATAILLE qui se prend par opposition à l'ORDRE OBLIQUE, parce qu'il agit parallèlement au FRONT de l'ENNEMI. Il y a cependant une distinction à faire s'il s'agit de l'ORDRE EN ÉCHELONS. — Tant que la TACTIQUE n'a été que la représentation en grand du COMBAT corps à corps et n'a recouru qu'à de petites ACTIONS, les ARMÉES n'ont appliqué aux BATAILLES que l'Ordre parallèle. — La PHALANGE GRECQUE faisait peu d'usage de l'Ordre parallèle. — La LÉGION ROMAINE le pratiquait, mais l'ORDRE OBLIQUE était aussi un de ceux qui lui étaient enseignés. — Les ARMÉES de l'ORIENT n'avaient pas recours aux grandes ATTAQUES DE FRONT, mais plutôt à des INSULTES et à des POINTES particelles. — Les GÉNÉRAUX qu'on regarde comme les élèves de GUSTAVE-ADOLPHE, tout en suivant avec succès ses leçons, se bornèrent cependant d'abord et généralement à l'emploi de l'Ordre parallèle; mais leurs successeurs reconnurent qu'en ENGAGEANT à la fois et de FRONT toute l'ARMÉE, ils se privaient de la faculté de renforcer une de leurs AILES à l'insu de l'ENNEMI, et d'employer inopinément une force supérieure à celle du point attaqué. — TURENNE et CONDÉ combattaient habituellement en Ordre parallèle, mais ils tirèrent parfois un parti habile de l'ORDRE OBLIQUE. — Suivant GUIBERT (1779, D), l'*Ordre parallèle contigu et régulier ne peut être d'aucun usage à la guerre.* En effet, il n'est plus qu'un ordre primitif. — La bataille de NERWINDEN, que perdit DUMOURIEZ, était une bataille parallèle. — L'ORDRE EN CARRÉ est quelquefois Ordre parallèle. — Les AUTEURS qu'on peut citer sur le sujet sont : CARRION (1824, A), l'ENCYCLOPÉDIE (1785, C), GRIMOARD (1775, B), GUIBERT (1773, E), SERVAN (1780, B), SINCLAIRE (1773, F), TERNAY, TURPIN (1783, O), le général VANDERMÉERE et tous ceux qui ont traité de l'ORDRE OBLIQUE.

ORDRE PARATAXIQUE. V. PARATAXIQUE. V. PROTAXE.

ORDRE PARTICULIER. V. CERCLE D'ORDRE PARTICULIER. V. PARTICULIER, adj.

ORDRE PERPENDICULAIRE. V. CARRÉ TACTIQUE. V. COLONNE D'ATTAQUE. V. ORDRE EN CARRÉ. V. ORDRE TACTIQUE. V. PERPENDICULAIRE.

ORDRE PERSAN. V. MILICE PERSANE N° 1. V. PERSAN, adj.

ORDRE PLEIN. V. CARRÉ PLEIN. V. CRFITZ. V. LIGNE PLEINE. V. ORDRE DE BATAILLE. V. PLEIN, adj.

ORDRE POLÉMONOMIQUE. V. ORDRE DE BATAILLE. V. POLÉMONOMIQUE.

ORDRE PRESSÉ. V. ORDRE SERRÉ. V. PRESSÉ, adj.

ORDRE PROFOND (G, 6; H, 2). Sorte d'ORDRE TACTIQUE qui était en usage chez les peuples de l'ASIE. Il fut emprunté par la MILICE GRECQUE à la MILICE ÉGYPTIENNE; l'emploi qu'elles en faisaient les dispensait de recourir à la ressource des POSITIONS ou même la leur interdisait. — Les GRECS se trouvaient en COLONNE quand ils FAISAIENT PAR LE FLANC, ce qui s'appelait l'ÉVOLUTION de la CLISE ou de la PARAGOGUE. — L'expression Ordre profond est peu satisfaisante et même fausse la plupart du temps; la pensée eût été mieux rendue par la locution ORDRE MASSÉ. — Les ENSEIGNES occupaient le centre de l'Ordre profond. — Suivant les temps, l'Ordre profond domina dans les méthodes des LÉGIONS ROMAINES ou s'y combina. — CHARLES MARTEL dut probablement sa victoire, à TOURS ou à POITIERS, aux ressources de l'Ordre profond. Comment eût-il résisté, sans la puissance des MASSES ou des CARRÉS, aux énergiques ATTAQUES de la vigoureuse CAVALERIE SARRASINE? — L'ORDRE EN HAIE, qui est le contre-pied de l'Ordre profond. appartient au MOYEN AGE. De petites armées d'HOMMES DE CHEVAL tenaient à déployer un grand front ou même un seul rang; il en fut ainsi jusqu'aux époques de transition où les GENS D'ARMES, ALLEMANDS, ANGLAIS, ITALIENS, commençaient à mettre pied à terre pour combattre serrés, et à pratiquer à cheval la manœuvre nommée COUP DE LANCE; mais ce furent surtout les gros BATAILLONS de PIQUIERS SUISSES et ceux de la MILICE ESPAGNOLE qui remirent en honneur l'Ordre profond de la PHALANGE; l'usage des FEUX A DÉPLACEMENTS, qu'on supposait pouvoir, seuls, donner des TIRS nourris et OBLIQUES, en fut la conséquence; mais on reconnut bientôt la faiblesse et le décousu de ces FEUX. — On ne savait encore, dans la GUERRE DE 1733, si l'on renoncerait, ou non, à l'Ordre profond. — La grande querelle de l'Ordre profond s'est émue depuis FOLARD (1727, A), et surtout depuis le milieu du dix-huitième siècle. Comme cela arrive toujours, on s'est disputé sans savoir au juste de quoi l'on parlait; il n'y a pas un ÉCRIVAIN qui définisse s'il faut entendre par Ordre profond, l'ORDRE DE BATAILLE qui était propre à l'INFANTERIE, depuis la HAUTEUR de vingt, douze, huit RANGS, etc., jusqu'à l'AMINCISSEMENT sur trois RANGS, ou s'il faut entendre par Ordre profond la manière de combattre par COLONNES et par PLÉSIONS, comme le voulaient FOLARD et MESNIL.-DURAND; ce qui est une question indépendante de telle ou telle ÉPAISSEUR de RANGS, puisqu'une ARMÉE sur trois RANGS peut aussi bien se mettre en Ordre profond ou en COLONNE profonde que s'y tiendrait une ARMÉE habituellement en bataille sur vingt RANGS. — Nous avons dit par quelles modifications de l'ART et de la BALISTIQUE, par quelle puissance de la découverte de la POUDRE, par quelle suite de transformations, l'Ordre profond s'est changé en ORDRE MINCE; alors, du centre d'une MASSE où les DRAPEAUX étaient entassés, ils se sont répartis, isolés, sur le FRONT des LIGNES; alors a commencé à se pratiquer le PASSAGE DES LIGNES, et le mot SERRE-FILE a pris un sens nouveau. — MESNIL-DURAND, sectateur de FOLARD, défendait avec plus de feu et de patriotisme que de talent le procès qui occasionna, de 1770 à 1780, tant de volumineux factums. — Un premier essai du système de MESNIL-DURAND eut lieu à METZ en 1775; deux RÉGIMENTS D'INFANTERIE y furent réunis pour cette étude. — La cour voulant, peu après, compléter ces expériences, le CAMP DE VAUSSIEUX fut dressé sous les ordres du maréchal de BROGLIE, qui penchait pour l'Ordre profond et ne pardonnait pas à GUIBERT de combattre dans le parti opposé. — Ce CAMP fut l'arène ouverte à une controverse passionnée. Les épreuves ne présentèrent ni suite, ni ensemble; les TROUPES apportèrent pour la plupart, à ces MANOEUVRES, de la prévention et de la mauvaise volonté. — Cette grande querelle de l'ORDRE FRANÇAIS, ainsi appelé par opposition à l'ORDRE PRUSSIEN, occupa les salons et les dames de la capitale, comme venait de le faire la guerre qui s'assoupissait entre les Gluckistes et les Piccinistes. — L'ARMÉE, ses chefs, des ÉCRIVAINS mettaient une haute importance à une question d'une nature indéterminée, à un mot que la LANGUE n'expliquait pas, à un problème d'une futile solution; comme si tout dépendait de l'AMINCISSEMENT ou de la PROFONDEUR, de l'espace des RANGS et des FILES. Le génie du GÉNÉRAL ne doit-il pas faire, au besoin, l'application de l'ordre propre aux CHARGES, et de l'ordre propre au FEU; l'artifice des DÉPLOIEMENTS PAR MASSES ne suffisait-il pas à ce double besoin? — Les partisans de l'ordre profond ou des PLÉSIONS de Mesnil faisaient consister ces avantages dans la rapidité des MOUVEMENTS, le moyen plus sûr d'OFFENSIVE, dans la puissance du CHOC, la solidité des FLANCS, la faculté d'embrasser d'un coup d'œil le TERRAIN et ses troupes, enfin dans une allure plus vive que celle des GUERRES DE POSITION. — Quarante mille ROMAINS, disaient les sectateurs de MESNIL. DURAND, quoique n'étant pas précisément en Ordre profond, n'occupaient, quand ils étaient rangés par MANIPULES, qu'un FRONT de deux mille six cents mètres; ils n'en occupaient, depuis qu'ils étaient rangés par COHORTES, que deux mille quatre cents. Une ARMÉE moderne de pareil nombre couvrirait plus d'une lieue de TERRAIN. — Le talent de GUIBERT (1778, I) et la magie du nom de FRÉDÉRIC DEUX firent cependant triompher l'ORDRE MINCE. — M. le général PELET a travaillé à remettre en crédit l'Ordre profond. — Par une contradiction bizarre, l'époque où plusieurs MILICES ne rangent plus leur INFANTERIE que sur deux rangs, est celle où l'on veut en même temps rétrécir les FRONTS et ressusciter les PHALANGES. — L'Ordre profond a été appuyé ou débattu par BAUDRAN (1777, D), BOHAN (1781, H), BOUCHAUD (1757, B), M. le colonel CARRION (1824, A), DARÇON (1775, P), DELANOUE (1760, F), DUCOUDRAY, DUPUCET, l'ENCYCLOPÉDIE (1785, C), FOLARD (1727, A), GUIBERT (1775, E; 1778, I), KÉRALIO (1757, F), LESSAC (1789, E), MAIZEROY (1767, E; 1775, B), MAUVILLON (1780, H), MESNIL-DURAND (1774, E; 1780, K), M. le général PELET, PICTET (1761, I), M. de SALUCES (Alexandre), SERVAN (1780, B), SILVA (1778, F), TURPIN (1783, O), WIMPFEN (1780, A), et un auteur anonyme (1776, B).

ORDRE PROTAXIQUE. V. PROTAXE. V. PROTAXIQUE.

ORDRE PRUSSIEN. V. ORDRE PROFOND, V. PRUSSIEN, adj.

ORDRE QUATERNAIRE (F). Sorte d'ORDRE TACTIQUE, que M. le colonel CARRION regarde comme la composition d'un RÉGIMENT D'INFANTERIE de quatre BATAILLONS, ou d'une TROUPE divisée en général en quatre groupes. MAIZEROY (1763, C) prend, au contraire, le mot dans le sens d'ORDRE SUR QUATRE RANGS.

ORDRE RÉGULIER. V. CHEVALERIE RÉGULIÈRE. V. RÉGULIER, adj.

ORDRE RENVERSÉ. V. COLONNE ÉPAGOGIQUE N° 4. V. CONTRE-MARCHE TACTIQUE. V. DEMITOUR A DROITE, interj. V. DRAPEAU D'INFANTERIE FRANÇAISE DE LIGNE. V. ECPÉRISPASME.

V. FACE EN TÊTE. V. FRONT DE BATAILLE. V. INVERSION. V. OURAGUE. V. PORTE-DRAPEAU N° 7. V. RENVERSÉ, adj. V. RENVERSER UNE LIGNE. V. ROMPEMENT DE PELOTON. V. SERREMENT DE COLONNE.

ORDRE ROMPU. V. PHALANGE AMPHISTOME. V. ROMPU. V. SERRE-FILE.

ORDRE ROYAL. V. ORDRES ROYAUX. V. ROYAL.

ORDRE SCYTHIQUE. V. COELEMBOLON. V. MILICE GRECQUE N° 6. V. SCYTHIQUE.

ORDRE SERRÉ (G, 6), ou ORDRE CONDENSÉ, ou ORDRE DENSE, comme l'appelle MAIZEROY (1771, A), ou ORDRE PRESSÉ, comme l'appelle M. le colonel CARRION (1824, A), ou ORDRE SUPPRESSÉ, comme l'appelle TURPIN (1783, O). Sorte d'ORDRE TACTIQUE qui était celui des PHALANGITES de l'antiquité, quand ils devaient résister à une CHARGE DE CAVALERIE; il répond à l'ARRANGEMENT qu'on appelait autrefois, être SERRÉ A LA POINTE DE L'ÉPÉE. Les RANGS étaient ordonnés ainsi pour le COMBAT, mais ils étaient OUVERTS pour la MARCHE, les REVUES, la PARADE. — Dans l'Ordre serré, les FILES de l'INFANTERIE en ORDRE DE BATAILLE sont en contiguïté par ACCOUDEMENT, et les RANGS sont espacés d'un pied, si l'homme n'a pas le SAC au dos, de deux pieds dans le cas contraire. — L'Ordre serré et le PAS DE COURSE sont antipathiques.

ORDRE SUPPRESSÉ. V. FILE ROMAINE. V. MARCHE TACTIQUE. V. ORDRE SERRÉ. V. SARISSE. V. SUPPRESSÉ. V. SYNASPISME.

ORDRE SUR CENT RANGS. V. MILICE ÉGYPTIENNE N° 5. V. SUR CENT RANGS. V. RANGS D'INFANTERIE.

ORDRE SUR CINQ RANGS. V. GUERRE DE 1688. V. INFANTERIE FRANÇAISE N° 8. V. LÉGION ROMAINE N° 5. V. ORDRE DE BATAILLE D'INFANTERIE. V. RANGS D'INFANTERIE. V. SUR CINQ RANGS.

ORDRE SUR DEUX LIGNES. V. ART MILITAIRE DE TERRE. V. CHANGEMENT DE FRONT. V. ÉPITAXE. V. MANIPULE N° 1. V. MILICE ANGLAISE N° 8. V. MILICE GRECQUE N° 6. V. ORDRE DE BATAILLE. V. PASSAGE DE LIGNES. V. SECONDE LIGNE DE BATAILLE. V. SUR DEUX LIGNES. V. TACTIQUE, subs.

ORDRE SUR DEUX RANGS. V. AMINCISSEMENT. V. DOUBLE HAIE. V. FEU D'INFANTERIE. V. FRONT DE BATAILLON. V. INFANTERIE DE BATAILLE N° 7. V. INFANTERIE FRANÇAISE N° 8. V. INFANTERIE LÉGÈRE N° 7. V. LÉGION ROMAINE N° 5. V. MILICE ANGLAISE N° 8. V. MILICE SUISSE N° 6. V. ORDRE DE BATAILLE. V. ORDRE MINCE. V. PELOTONNEMENT. V. RANGS D'INFANTERIE. V. SUR DEUX RANGS.

ORDRE SUR DIX RANGS. V. AMINCISSEMENT.

V. FEU D'INFANTERIE. V. INFANTERIE DE BATAILLE N° 7. V. LÉGION ROMAINE N° 5. V. MILICE GRECQUE N° 6. V. ORDRE DE BATAILLE. V. RANGS D'INFANTERIE. V. SUR DIX RANGS. V. TACTIQUE, subs.

ORDRE SUR DOUZE RANGS. V. FEU D'INFANTERIE. V. INFANTERIE DE BATAILLE N° 7. V. MILICE GRECQUE N° 6. V. ORDRE DE BATAILLE. V. ORDRE DE BATAILLE D'INFANTERIE. V. ORDRE MINCE. V. RANGS D'INFANTERIE. V. SUR DOUZE RANGS. V. TACTIQUE, subs.

ORDRE SUR HUIT RANGS. V. AMINCISSEMENT. V. DEMI-FILE. V. GUERRE DE 1635, — 1667. V. INFANTERIE FRANÇAISE N° 8. V. LÉGION ROMAINE N° 5. V. ORDRE DE BATAILLE. V. ORDRE DE BATAILLE D'INFANTERIE. V. MILICE GRECQUE N° 6. V. RANGS D'INFANTERIE. V. SUR HUIT RANGS.

ORDRE SUR NEUF RANGS. V. LÉGION ROMAINE N° 5. V. MILICE GRECQUE N° 7. V. RANGS D'INFANTERIE. V. SUR NEUF RANGS.

ORDRE SUR QUARANTE RANGS. V. MILICE GRECQUE N° 6. V. RANGS D'INFANTERIE. V. SUR QUARANTE RANGS.

ORDRE SUR QUATRE RANGS. V. AMINCISSEMENT. V. DOUBLE HAIE. V. FRONT DE BATAILLON. V. GUERRE DE 1701, — 1753. V. INFANTERIE FRANÇAISE N° 8. V. LÉGION ROMAINE N° 5. V. ORDRE MINCE. V. ORDRE QUATERNAIRE. V. RANGS D'INFANTERIE. V. SUR QUATRE RANGS.

ORDRE SUR SEIZE RANGS. V. MILICE GRECQUE N° 6. V. OURAGUE. V. RANGS D'INFANTERIE. V. SUR SEIZE RANGS.

ORDRE SUR SIX RANGS. V. CAMP. V. CARRÉ TACTIQUE. V. DEMI-FILE. V. DÉDOUBLEMENT TACTIQUE. V. DOUBLEMENT DE FILES. V. FEU DE SIX RANGS. V. FEU D'INFANTERIE. V. GUERRE DE 1672. V. LÉGION ROMAINE N° 5. V. ORDRE DE BATAILLE D'INFANTERIE. V. RANGS D'INFANTERIE. V. SUR SIX RANGS.

ORDRE SUR TRENTE RANGS. V. RANGS D'INFANTERIE. V. SUR TRENTE RANGS.

ORDRE SUR TROIS RANGS. V. AMINCISSEMENT. V. CAMP. V. DÉDOUBLEMENT TACTIQUE. V. DOUBLE HAIE. V. DOUBLEMENT DE FILES. V. DUCOUDRAY (1776, D). V. FEU DE TROIS RANGS. V. FEU D'INFANTERIE. V. FILE CREUSE. V. FRONT DE BATAILLON. V. GUERRE DE 1701, — 1741. V. INFANTERIE DE BATAILLE N° 7. V. INFANTERIE FRANÇAISE N° 8. V. INTERVALLE D'INFANTERIE. V. LÉGION ROMAINE N° 5. V. ORDONNANCE D'EXERCICE D'INFANTERIE. V. ORDRE EN CARRÉ. V. ORDRE MINCE. V. ORDRE TERNAIRE. V. PELOTONNEMENT. V. SUR TROIS RANGS. V. TACTIQUE, subs.

ORDRE SUR VINGT-CINQ RANGS. V. LÉGION ROMAINE N° 5. V. RANGS D'INFANTERIE. V. SUR VINGT-CINQ RANGS.

ORDRE SUR VINGT RANGS. V. FEU D'INFANTERIE. V. INFANTERIE DE BATAILLE N° 7. V. MILICE SUISSE N° 6. V. ORDRE DE BATAILLE D'INFANTERIE. V. RANGS D'INFANTERIE. V. SUR VINGT RANGS.

ORDRE TACTIQUE (term. sous-génér.), OU BATAILLE, comme on disait au temps de MACHIAVEL, OU INSTRUCTION, comme le dit DELANOUE (1559, A) en prenant, du LATIN *instruere*, ce mot dans le sens d'ARRANGEMENT, OU de DRESSEMENT, ou d'ORDONNANCE DE COMBAT, comme on le disait dans le dernier siècle. — Sorte d'ORDRE qui est, en fait de TACTIQUE, ce que la FORMATION est en fait de CONSTITUTION MILITAIRE. Cet Ordre et cette FORMATION seraient défectueux, s'ils n'étaient pas en harmonie. — L'Ordre tactique est une disposition combinée en raison du genre des ARMES dont se servent les HOMMES DE GUERRE. MAIZEROY (1766, F; 1767, E) a pris l'effet pour la cause, en cherchant à prouver que c'est du genre d'Ordre en usage que procède le genre d'ARMES adoptées. — L'Ordre tactique, considéré par rapport à l'INFANTERIE, est l'ARRANGEMENT normal, réglementaire, d'une TROUPE sur un TERRAIN déterminé, et suivant le mode qui convient le mieux à son action, à ses MOUVEMENTS. — En traitant des MILICES GRECQUE, ROMAINE, ÉTRANGÈRES, nous avons donné une suffisante idée des principes ou des coutumes qui réglaient cette branche de l'ART et cette question d'HISTOIRE. — Les BATAILLONS RONDS, et tant d'autres BATAILLONS GÉOMÉTRIQUES, l'EMBOLON, le COELEMBOLON, l'ÉCU, la FORCE ou forceps, l'HÉTÉROSTOME, le HÉRISSON, l'HYPOTAXE, le LIMAÇON, le PORC-ÉPIC, la PROSTAXE, la BROTAXE, la SCIE, la TÊTE DE PORC, le TRIANGLE, sont autant d'Ordres ou d'ÉVOLUTIONS tombés dans l'oubli, ou mal connus, ou inusités. — Aucun monument ne témoigne qu'un Ordre consacré existât, ou non, au temps de la PREMIÈRE RACE ; on imitait probablement la LÉGION ROMAINE, modifiée sous forme de PHALANGE. — Quand l'INFANTERIE s'éteint et que les ARMÉES ne se composent plus que de CAVALERIE, l'ART disparaît jusqu'à l'émancipation des SUISSES, et jusqu'aux théories de la MILICE ANGLAISE, alors qu'elle occupait une partie de la FRANCE. — Un peu plus tard, la MILICE ESPAGNOLE se range avec ART, et combat avec ordre ; elle devance de beaucoup en cela les TROUPES de France. — On lit dans la relation autographe que FRANÇOIS PREMIER traçait après la bataille de MARIGNAN, livrée en 1515 : *Les Suisses se sont jettés en leur Ordre.* Ce qui signifiait que voyant leurs attaques infructueuses, ils se sont reformés ou ont repris leur première place tactique, leur Ordre normal, leur carré bour-

guignon ; c'était la traduction du mot LATIN *ordo*, signifiant LIGNE, OU CORPS DE BATAILLE. Après ce règne, l'ORDRE en CINQUAIN et en SIXAIN prend faveur. — Depuis l'époque où l'INFANTERIE se partageait en DEMI-FILES, elle a éprouvé un AMINCISSEMENT toujours plus marqué. Se former en LIGNE OU EN COLONNE, être en ORDRE OBLIQUE OU PARALLÈLE, constitue les divers Ordres ; ainsi les principes modernes ont simplifié les genres, en même temps qu'ils ont perfectionné les CHANGEMENTS ou passages d'un Ordre à l'autre. — On appelle NATUREL, l'Ordre habituel ou primitif de BATAILLE ; c'est celui dans lequel, en temps ordinaire, on dispose les TROUPES quand elles PRENNENT LES ARMES sur un TERRAIN où elles ont ordre de se ranger. L'ORDRE EN COLONNE, la droite en tête, la clise par le flanc droit, sont aussi Ordre naturel. — *Il n'y a pas d'Ordre naturel*, a dit BONAPARTE dans ses Mémoires, parce que c'est à l'habileté du GÉNÉRAL à appliquer aux circonstances l'Ordre que ses TROUPES doivent observer ; mais c'est une querelle de mots, car l'Ordre naturel EN BATAILLE OU EN COLONNE, comme l'entendent les tacticiens, n'exclut pas les INVERSIONS devant l'ENNEMI et les dispositions stratégiques, quel qu'en soit le système. — Des écrivains commencent à traiter de l'ORDRE PERPENDICULAIRE à l'instar de MESNIL-DURAND ; un long article à ce sujet est inséré dans le *Spectateur militaire* (t. XVIII, p. 484). L'expression Ordre perpendiculaire est mal choisie, puisqu'elle est à définir et qu'aucun document officiel ne la mentionne. Nous supposons qu'elle signifie arrangement de troupes qui, en tout ou en partie, sont en forme de hache ou d'équerre. — Les AUTEURS qui se sont occupés des Ordres de bataille, sont : BARDIN (1807, D), BILLON (1641, A), CARRION (1824, A), CERVELLINO (1717, A), DANIEL (1721, A), EVOLI, M. HOYER (1828), LACHESNAIE (1758, I), LEBLOND (1758, B), LOSTELNEAU (1647, B), MAIZEROY (1775, A, B), MANESSON (1685, B), MESNIL-DURAND (1774, B), PUYSÉGUR (1748, C), WALHAUSEN (1778, C), le *Spectateur militaire* (t. XXIII, p. 479) et tous les AUTEURS cités à la suite des explications qui sont les subdivisions du présent sujet.

ORDRE TACTIQUE DE CAVALERIE. V. CAVALERIE. V. CAVALERIE FRANÇAISE N° 7. V. LÉGION ROMAINE N° 5. V. INTERVALLE DE CAVALERIE.

ORDRE TANT PLEIN QUE VIDE. V. ÉCHIQUIER TACTIQUE. V. LÉGION ROMAINE N° 5. V. LIGNE COMBINÉE. V. MARCHE DE BRIGADE D'INFANTERIE EN BATAILLE. V. ORDRE DE BATAILLE.

V. SECONDE LIGNE DE BATAILLE. V. TANT PLEIN QUE VIDE.

ORDRE TERNAIRE (G, 6). Sorte d'ORDRE TACTIQUE, qui constitue, suivant M. le colonel CARRION (1824, A), la FORMATION des RÉGIMENTS à trois BATAILLONS. MAIZEROY (1763, C ; 1765, B) et TURPIN (1783, O), etc., appellent Ordre ternaire l'ORDRE SUR TROIS RANGS. — Le PELOTONNEMENT en Ordre ternaire a exercé la plume de DUCOUDRAY (1776, D).

ORDRE TESSÉRAIRE (term. sous-génér.), OU ORDRE D'INJONCTION. Sorte d'ORDRE caractérisé par une épithète inusitée, puisque aucun adjectif de la LANGUE n'y est propre ; c'est l'Ordre donné aux MILITAIRES, comme il se donnait autrefois au moyen de la TESSÈRE ; c'est une jussion qui tombe de la sommité du POUVOIR jusqu'au CAPORAL DE SEMAINE, une INJONCTION, soit verbale et au CERCLE ou non, soit écrite, soit CÉLEUSTIQUE. Les COMMANDEMENTS VOCAUX sont les ordres donnés tactiquement ; les Ordres tesséraires sont les commandements transmis policiairement, administrativement, ou par une AUTORITÉ gouvernementale. Les GÉNÉRAUX, les COMMANDANTS DE PLACE, transmettent l'Ordre ou les Ordres aux OFFICIERS SUPÉRIEURS ; ceux-ci en donnent connaissance, soit d'eux-mêmes, soit intermédiairement, aux OFFICIERS INFÉRIEURS, qui les transmettent à ceux qu'ils concernent. C'est le mécanisme de la SUBORDINATION. — L'ORDRE ET LE MOT étaient mentionnés fréquemment dans les anciennes ORDONNANCES ; il n'était question que de l'Ordre dans celle DE 1833 (2 NOVEMBRE) ; DONNER, RECEVOIR L'ORDRE, c'était donner, RECEVOIR le MOT. — Les CONSIGNES sont un Ordre quelquefois verbal, quelquefois écrit. — Au CAMP et à l'ARMÉE, les BRIGADIERS des ARMÉES assistaient à l'Ordre du GÉNÉRAL ou de son délégué. — Les AUTEURS qui se sont occupés de la transmission des Ordres et des détails de ce sujet, sont : BARDIN (1807, D ; 1809, B), BOMBELLES (1746, A), DANIEL (1721, A), DUBOUSQUET (1769, B), GUIGNARD (1725, B), LACHESNAIE (1758, I). — L'Ordre tesséraire se distingue en ORDRE DU JOUR et en ORDRE DE ROUTE.

ORDRE TEUTONIQUE. V. ARME A FEU PORTATIVE. V. CROISADE. V. TEUTONIQUE.

ORDRE TRINAIRE. V. RANGS D'INFANTERIE. V. TRINAIRE.

ORDRES (plur. abs.) DU ROI. V. CHEVALIER DES ORDRES DU ROI. V. HÉRAUT DES ORDRES DU ROI. V. MARÉCHAL DE FRANCE N° 8. V. ROI.

ORDRES ROYAUX (C, 4 ; F). Sorte d'ORDRES considérés comme français. — L'espèce

et le nombre en étaient déterminés par l'INSTRUCTION DE 1824 (5 MAI). L'ORDONNANCE DE 1831 (10 FÉVRIER) abrogeait *toute création de décorations établies à l'occasion ou à la suite des événements de 1814 et de 1815.* La disposition était claire à l'égard de l'ORDRE DU LIS ; elle était ambiguë à l'égard de l'ORDRE DE SAINT-LOUIS et de l'ordre DU MÉRITE MILITAIRE, qui ont été, non pas créés depuis 1814, mais relevés de déchéance, régénérés, confirmés ; la preuve que le gouvernement ne les regardait pas comme illégalement restaurés, c'est qu'il leur allouait des subsides annuels, et que d'ailleurs on n'en retrouve pas nominalement l'abolition légale ; ils s'étaient plutôt éteints en 1792 qu'ils n'avaient été abrogés.

OREILLE, subs. fém. V. CACHE-OREILLE.

OREILLE DE BATTANT DE SOUS-GARDE. V. BATTANT DE SOUS-GARDE. V. ÉPAULEMENT DE QUEUE. V. QUEUE DE BATTANT.

OREILLE DE BAVETTE. V. AGRAFE DE TABLIER. V. BAVETTE. V. TABLIER DE SAPEUR.

OREILLE DE CONTRE-SANGLON. V. BOUCLE D'ÉQUIPEMENT. V. CONTRE-SANGLON.

OREILLE DE PLOMB. V. PIERRE A FEU. V. PLOMB.

OREILLE DE POIGNÉE DE FUSIL. V. POIGNÉE DE FUSIL. V. SUPPORT DE CULASSE.

OREILLE DE SOULIERS. V. ATTACHE A... V. SOULIER.

OREILLÈRE DE CASQUE, subs. fém. V. CASQUE.

OREILLON, subs. masc. (term. génér.), OU HORION, OU ORILLON. Le mot Oreillon, dont le terme oreille est la racine, se distingue en OREILLON DE BASTION, — DE CUBITIÈRE, — DE HAVRE-SAC.

OREILLON (oreillons) DE BASTION (G, 4). Sorte d'OREILLONS qui appartient à la FORTIFICATION REVÊTUE ; ils forment la partie rentrante de l'ANGLE du FLANC des BASTIONS à FLANC CONCAVE. Les Oreillons donnent naissance à la BRISURE de la COURTINE ; ils contiennent des étages de CASEMATES A FEU ; ils protègent les BATTERIES de l'OUVRAGE comme une sorte d'ÉPAULEMENT. Ils ont un petit PARAPET en maçonnerie ; leur REVERS est la partie inaperçue du dehors, et dont débouche une POTERNE. — On appelait aussi Oreillons, les étages de PARAPET que PAGAN avait inventés pour remplacer les FEUX CASEMATÉS qui étaient au-dessous des FLANCS des BASTIONS. — BELAIR (1792, au mot *Courtine*) peut être consulté, ainsi que l'ENCYCLOPÉDIE (1751, C), FURETIÈRE, au mot *Orillon*, GUIGNARD (1725, B), GUILLET (1688, D), LACHESNAIE (1758, I), POTIER (1779, X),

Sionville (1756, E), Vauban (1779, G).

OREILLON de casque. v. bourguignote. v. casque. v. heaume. v. mentonnière de casque.

OREILLON (oreillons) de cubitière. (F). Sorte d'oreillons, ou de rosettes de métal, qui se prolongeaient d'un des côtés de la cubitière, en avant du coude ; on les a aussi appelés goussets. — Les brassards de fer plein, dont la cubitière, au lieu d'être en forme de coquille, était à peu près en forme de coude de tuyau de poêle, n'avaient pas d'Oreillons. — On peut consulter sur ces différents genres d'Oreillons, Carré (1783, E, p. 404, 411, 412), Gaya (1679, A), Manesson (1685, B).

OREILLON (oreillons) de havre-sac (B, 1). Sorte d'oreillons composés d'une pièce de peau de veau garnie d'une bordure, et cousue, en forme d'éteignoir, à chaque extrémité du pli de la patelette, de manière à former recouvrement sur les joues.

OREILLON de sac de campagne. v. bordure de sac de campagne. v. sac de campagne.

OREILLON d'épaulière. v. épaulière. v. gousset.

ORELLIUS. v. noms propres.

OREUR, subs. masc. (F). Mot dérivé du latin os, ou orare, parler. De vieux écrivains l'emploient dans le sens de hérault, ou d'orateur, ou d'excitateur. — Transmettre, dans le cours d'un combat, les signaux militaires, était une de leurs fonctions.

ORFÉVRERIE, subs. fém. v. argent d'o...

ORGANISATION, subs. fém. (A, 5), ou organisation militaire. — Organisation dérive d'un mot grec et latin qui signifie machine ou organon. — L'Organisation est le dispositif et le jeu rationnel d'un mécanisme. Le besoin s'en est fait sentir dès la naissance des armées ; la science s'en est perdue. Les condottieri sont les premiers qui l'aient retrouvée en pratiquant une Organisation militaire autre que l'Organisation féodale. — Le mot Organisation est militairement peu ancien ; l'ordonnance de 1788 (17 mars) l'a substitué au terme formation, sans qu'aucune définition de l'une ou de l'autre de ces expressions ait été officiellement donnée. — Des écrivains et des ordonnances confondent Organisation, composition, constitution, formation et même administration ; il faut, dans l'intérêt de la langue, rendre à ces divers termes leur sens particulier. — L'Organisation est une des

branches, un des moyens vitaux de la constitution militaire. Un bureau du ministère de la guerre s'appelait l'Organisation. Le recrutement, les rengagements, l'avancement y ressortissaient ; mais on y cherchait en vain une section consacrée à la tactique. L'expression était juste, puisque ce bureau était chargé de combiner le mécanisme des troupes, suivant l'intention morale de la loi, suivant l'esprit de la constitution militaire, suivant le genre de la composition de l'armée. L'Organisation des armes se réalisait par l'opération finale, nommée la formation ; s'il n'en était pas toujours rigoureusement ainsi, du moins cela eût dû être si l'art militaire eût été moins imparfait. — Dans les guerres de 1701, 1741, 1792, les méthodes d'Organisation n'ont été qu'une suite de tâtonnements. On en trouve la preuve dans ce que nous avons dit des compagnies-escadrons, des perpétuelles variations de force des compagnies françaises et des corps de troupes ruineux, de leurs dédoublements, de la marche tortueuse de la législation à cet égard, des ordres de bataille sans cesse remis en question, de l'abus ou de la nullité des récompenses. — Les ordonnances ou règlements qui ont parlé de l'Organisation sont surtout ceux-ci : 1793 (21 février, 31 mars), an deux (3 pluviose), an quatre (18 nivose), 1808 (5 août), 1820 (23 octobre), etc. Mais bien d'autres, quoique identiques, ne mentionnaient pas l'Organisation. — Odier (1824, E) a consacré à l'examen de l'Organisation un des livres de son traité ; il envisage surtout cet acte, cette mesure, comme l'*art de disposer les peuples à la guerre et de former les soldats*. La définition n'est pas satisfaisante ; elle semble tenir plus à l'art du publiciste ou du politique que du guerrier, elle ne nuance pas l'Organisation par rapport à la formation. Ce vague est peu étonnant, puisque cet écrivain prouve que les opérations de l'Organisation ont manqué, jusqu'ici, *de règles écrites, de formes appropriées et précises ;* il avoue que, dans tout ce qu'il dit, *il donne ses propres idées.* Il eût en effet vainement cherché des préceptes chez ses devanciers. — Regardons l'Organisation comme une pensée ministérielle, comme une disposition réglementaire et de détail qui embrasse tous les rapports sous lesquels doivent être vues les troupes, et qui est une formation écrite et géométrique, de même que la formation est une Organisation physique sur le terrain. — Le but des ordonnances, les prévisions du ministre, les revues des inspecteurs généraux, les soins et la surveillance de l'intendance, doivent avoir continuellement pour objet le maintien et la régularité de l'Organisation de l'armée ; il devrait être interdit aux généraux d'armée d'en altérer jamais les bases et les formes ; il ne devrait être permis qu'à une académie militaire d'en proposer les modifications. — Au lieu de liarder sur des économies de traitements, c'est sur les Organisations que les législateurs devraient exercer leurs sévères investigations et prononcer un haro vraiment économique. Les Organisations ou plutôt les bouleversements de la cavalerie, sous les ministres Clermont-Tonnerre et Soult, ont été bien autrement ruineux que quelques émoluments, quelques pensions de retraite. — Dans l'armée anglaise, le commandeur en chef est le surveillant et le conservateur de l'Organisation. La milice Wurtembergeoise est celle dont les principes d'Organisation sont le mieux combinés. L'Organisation de la milice russe est de toutes la plus uniforme, la plus égale à elle-même. L'Organisation persane est moitié vieille, moitié neuve. L'Organisation turque et l'Organisation égyptienne deviennent françaises. — Les auteurs qui peuvent être consultés à l'égard de l'Organisation sont : M. Ambert (1838), M. Amiot (1830), Audouin (t. i, p. 391), M. Ballyet (1817, D, p. 429 ; 1828, G), Berriat (1825, F), M. le général Blein, M. Bonjouan, M. le général Bugeaud (1835, A), M. le colonel Carrion (1829, C, t. ii, p. 520, 578), M. le colonel de Chambray (1838), M. le général Clouet, Delatour (1514, A), Delbrel, Eickheimer, Godefroi, M. Gonvot, Gressier, Guibert (1773, E), Husson (1836, A), M. Jacquinot, M. le général Jomini (1819), M. Kausler (1827), Lamarque, M. le général Laroche-Aymon (1817, C), M. Lebas, Lebreton (1835, D), Lecouturier (1825, A), Lespinasse, M. le général Loverdo (1833), M. Mauduit, Montureux (1828, F), Muller, Ocahill, Odier (1824), M. le général Preval (1815), Racchia, M. le général Rogniat (1816, B), M. Rumpf (1824, F), M. Sicard, Théobald, M. Vauchelle, M. le général Vaudoncourt (1825, D), M. Xilander, le *Journal des travaux de la Société de statistique*, 1835, p. 65 ; le *Dictionnaire de la Conversation.*

ORGANISATION d'armée. v. adjudant général anglais. v. armée. v. armée française n° 1, 2. v. général d'armée n° 9. v. génie idioplique n° 1. v. gouverneur. v. inspecteur aux revues. v. inspecteur général n° 5. v. langue. v. langue française. v. mélange d'armes. v. milice anglaise n° 2. v. milice danoise n° 1. v. milice napolitaine n° 2. v. milice russe n° 2. v. milice saxonne n° 1. v. milice suédoise n° 1. milice syre n° 2. v. milice turque n° 2. v. milice wurtembergeoise n° 1. v. ministre de la guerre n° 6, 7, 13, 14. v. ordonnance officielle. v. pied d'armée. v. pension de retraite. v. préfet du prétoire. v. sergent d'infanterie française de ligne n° 6. v. transport.

ORGANISATION d'artillerie. v. armée d'artillerie. v. artillerie. v. génie idioplique n° 1. v. Lespinasse. v. régiment d'artillerie n° 5. v. régiment d'artillerie n° 2.

ORGANISATION de cavalerie. v. cavalerie. v. cavalerie française n° 2. v. Laroche-Aymon (1817, C). v. Preval (1815).

ORGANISATION de cohorte. v. cohorte. v. cohorte de légion romaine n° 2.

ORGANISATION de compagnie. v. compagnie. v. compagnie de chasseurs. v. compagnie d'infanterie française de ligne n° 5. v. chef de subdivision administrative.

ORGANISATION de corps. v. corps. v. corps de troupes. v. corps régimentaire n° 1. v. régiment d'infanterie. v. transcorporation.

ORGANISATION de garde de prince. v. compagnie d'infanterie française de ligne n° 5. v. garde de prince.

ORGANISATION d'infanterie. v. compagnie d'infanterie de ligne n° 4, 5. v. infanterie. v. infanterie de bataille n° 5. v. infanterie française. v. Laroche-Aymon (1817, C). v. légion de François premier. v. législation, 1831 (7 mai). v. ordre de bataille d'infanterie. v. rangs d'infanterie. v. régiment d'artillerie n° 2.

ORGANISATION divisionnaire. v. division militaire. v. divisionnaire.

ORGANISATION militaire. v. bataillon d'infanterie française de ligne n° 2. v. caserne. v. conseil de guerre. v. milice française n° 2. v. militaire, adj. v. organisation. v. sous-intendant n° 1. v. tactique, adj.

ORGANISÉ, (organisée) adj. v. cadre organisé. v. corps o...

ORGANON, subs. masc. v. engin. v. organisation.

ORGE, subs. fém. v. avoine. v. denrée de distribution. v. farine. v. milice romaine n° 5, 9. v. milice turco-égyptienne n° 4. v. pain de munition.

ORGIO. v. noms propres.

ORGUE (orgues), subs. masc. (term. génér.). Mot dérivé du grec et du latin *organum*, nom d'abord donné à l'Orgue instrumental, et ensuite, par imitation de formes, à certaines armes, ou machines de guerre, comme le témoignent Belair (1792), l'Encyclopédie (1785, C), Guillet (1686, B), Lachesnaie (1758, I), Manesson (1685, B), Sionville (1756, E). — Le mot se distingue en orgue a feu et en orgue de mort.

ORGUE (orgues) a feu (F). Sorte d'orgues ou de machine fulminante que par erreur l'Encyclopédie (1751, C) appelle orgue de mort. — De toute antiquité, les Chinois ont porté des Orgues à feu sur des chars de guerre. — On lit dans M. Moritz Meyer : *que, en 1387, Scaliger avait trois charrettes à trois étages, et portant trois bombardes sur chacune de leurs quatre faces ; les boulets étaient de la grosseur d'un œuf, et l'on tournait du côté de l'ennemi celle des faces que l'on voulait.* — Les orgues a feu de nos ancêtres se composaient de sept, huit, dix canons de mousquets. Philippe de Clèves (1520, A) en parle comme de petites pièces d'artillerie sur deux roues. — Saint-Remy donne le dessin d'un Orgue qu'on voyait de son temps à la Bastille. Les canons en étaient à moitié engagés, parallèlement et près l'un de l'autre, en un madrier qui jouait à bascule sur un support solide. Une traînée de poudre mettait le feu à tous les tubes à la fois. — Les Orgues servaient surtout à la défense des brèches, des parapets, des remparts. — Un Orgue de vingt-cinq tubes, dont vingt-trois prirent feu, servit à l'attentat dirigé contre la vie de Louis-Philippe en 1835 (28 juillet) ; cinquante personnes, y compris l'assassin, en furent tuées ou blessées. — On peut consulter à cet égard : Carré (1785, E), Gassendi (1819), Philippe de Clèves (1520, A), Lachesnaie (1758, I), M. Moritz Meyer, Saint-Remy.

ORGUE (orgues) de mort (F), ou orgue de porte de forteresse. Sorte d'orgues bien différents des orgues a feu ; celui-ci était une double fermeture qui a succédé aux anciennes cataractes ou herses qui glissaient, tout d'une pièce, dans les rainures du massif d'une porte de place forte. — L'Orgue au contraire ne coulait pas tout à la fois ; il se composait de longues pièces de chêne, équarries, robustes, équidistantes, recouvertes de bandes de fer, garnies à leur extrémité inférieure d'une pointe de fer, et suspendues par une corde à un moulinet ; elles tombaient quand on faisait tourner la roue ou qu'on coupait la corde. — Les Orgues s'abaissaient verticalement comme l'avaient fait la cataracte ou la herse ; mais les

pieux ou paulx n'étant pas assujettis les uns aux autres, si un obstacle empêchait un pal de tomber à terre, les autres du moins y arrivaient. — On a préféré à la herse ce genre de machine, parce que le moindre soutien placé par l'ennemi neutralisait celle-ci, tandis qu'il eût fallu autant de soutiens qu'il y avait de barreaux ; mais, par une ruse de guerre, on rendait quelquefois impuissant l'effet, en arrêtant au-dessous un chariot chargé. — On peut consulter à ce sujet : Carré (1785, E, p. 158, 343), Manesson (1685, B), Sionville (1756, E).

ORGUE de porte de forteresse. V. orgue de mort. V. porte de forteresse. V. sentinelle.

ORIENT, subs. masc. v. noms propres.

ORIENTAL (orientale), adj. v. langue o...

ORIENTATION subs. fém. (G, 7 ; H, 2). Mot peu ancien dont le substantif orient donne la racine. Il exprime une science tout à fait dans l'enfance ; honneur à un écrivain allemand qui, le premier, s'en occupait, en 1830, avec détails et principes ; c'est M. le capitaine Malter. — Faire distinction de l'horizon rationnel et de l'horizon visuel, profiter de la vue des points dominants et de la connaissance des points cardinaux ; étudier les lois de la projection des ombres, comparer les effets du crépuscule ; consulter les dispositions de la lune et de l'étoile polaire ; interroger l'écorce des arbres qui répond à l'aspect de midi, etc., sont toutes choses que savent les paysans, les sauvages et les amateurs de la chasse a courre, mais dont les premières notions manquent à plus d'un savant. — Sertorius, habile chasseur, qui excellait surtout, dit Plutarque, dans cette science de l'Orientation, réussissait à pénétrer dans des lieux jugés impraticables, et savait tirer le meilleur parti des terrains les plus accidentés.

ORIENTAUX. v. noms propres.

ORIFLAMBE, subs. fém. v. oriflamme.

ORIFLAME, subs. fém. v. oriflamme.

ORIFLAMME, subs. fém. et masc. (F), ou auriflambe, ou auriflamme, ou bannière de Saint-Denis, près Paris, ou liflambe comme le témoigne Menestrier, ou oliflamme, ou olifumbe suivant M. Rey, ou oriflambe, ou oriflame, ou oriflande suivant Roquefort, et oriflant suivant Monstrelet et Rabelais. Guillaume Lebreton l'appelait vexillum, et Matthieu Paris olaflamma. — Le mot est dérivé, suivant quelques-uns, du latin *aurum*, et du celtique *flan*, *fan*, ou *van*, enseigne, d'où viendrait aussi vanon et ses corruptions ou produits. — Conformément à d'autres opinions, ces mots proviendraient, ou seraient corrompus, du LATIN *auriflamma*, ou *aurea flammula*, à cause que la HAMPE de cette FLAMME, ou, comme disent quelques ÉCRIVAINS, son GLAIVE, était recouvert de cuivre doré. — Commençons par déclarer qu'il y a eu quantité d'Oriflammes de toutes formes et dimensions, et que le mot a même été générique et analogue à ENSEIGNE. — L'Oriflamme était un ÉTENDARD dont la DRAPERIE était de satin, ou d'étoffes qu'alors on appelait celdal, CENDAL, samet, samit, sammit, samgnie, sandail, sandal, santal, SENDAL. Le mot samit et ses analogues exprimaient, au treizième siècle, un tissu léger mêlé de soie et de fils d'or; le mot CENDAL et ses analogues étaient le nom d'un bois de teinture; les ÉCRIVAINS ont pris, en ce cas, le nom de la couleur ou la combinaison de son tissu pour le nom de l'étoffe. — Dans une description qu'on doit à Guillaume GUYART :

> Oriflamme est une bannière,
> Aucun poi, plus forte que guimple (1),
> De cendal roujoyant (2) et simple (3)
> Sans pourtraicture, d'autre affaire (4).

Ce même auteur dit que *ly* (le) *roi Dagobert la fit faire.* Il l'avait, dit-on, déposée à Saint-Denis en 630 ou 637. — DUCANGE relate un ancien inventaire où la description en est faite : *Etendart d'un cendal fort épais, fendu par le milieu, en forme de gonfanon, fort caduc; enveloppé autour d'un bâton, couvert d'un cuivre doré et un fer longuet au bout.* — La vieille chronique de Flandre, par Guillaume LEBRETON, dit que cet étendard était à trois pointes. — L'Oriflamme a été, suivant les diverses narrations, de forme carrée; elle a été à deux, à trois, à cinq pointes ou FANONS. Des AUTEURS et des dessins la figurent à HAMPE ENVERGÉE OU EN CROIX, et par conséquent flottant en BANNIÈRE, non en DRAPEAU; pourtant on pourrait croire que la HAMPE en était droite, puisque l'étoffe l'enveloppait quand on ne s'en servait pas; elle s'est aussi portée à part de sa hampe et en ÉCHARPE. — Les FANONS de l'Oriflamme étaient bordés de soie verte; sa DRAPERIE était rouge en commémoration du martyre de saint Denis. — Quelques-uns ont prétendu que des FLEURS DE LIS y avaient figuré; mais c'est un point douteux et mal prouvé. — WILLEMIN donne la description de l'Oriflamme portée, vers 1265, par Henri, seigneur de Metz, MARÉCHAL DE FRANCE. Sa

(1) Plus solide que l'étoffe dont on faisait les guimpes. — (2) De soie rouge. — (3) Sans ornements. — (4) Sans nulle image qui y soit peinte.

HAMPE a huit pieds environ; sa DRAPERIE est écarlate et découpée à cinq fanons; elle n'a pas plus d'un pied de hauteur sur deux pieds, mesurée de la hampe jusqu'à la pointe des FANONS; il ne s'y voit ni ARMOIRIES ni CRI D'ARMES. — Des descriptions si contradictoires prouvent qu'il y a eu plus d'une Oriflamme; elles ont suggéré à l'ENCYCLOPÉDIE (1751, C) la conjecture que, peut-être, il y avait Oriflamme d'église, Oriflamme de campagne. Il est indubitable qu'on la renouvelait quand elle se perdait à la GUERRE, ce qui arriva souvent; l'histoire parle fréquemment de la CÉRÉMONIE qui consistait à la venir chercher, jamais de celle qui consistait à la rapporter. — Perdue en 1382 à Rosbecq, retournée au ciel, disait le duc de Bourgogne, elle en revint à la sollicitation de l'abbé de Saint-Denis. — La description d'une CÉRÉMONIE où CHARLES CINQ lève L'ORIFLAMME, prouve que la DRAPERIE n'était pas toujours adhérente à la HAMPE; on attachait cette étoffe au col du CHEVALIER qui avait charge de la PORTER; il s'en faisait une ÉCHARPE, et la gardait ainsi jusqu'à ce qu'il eût rejoint l'ARMÉE. — L'écarlate de la BANNIÈRE DE SAINT-DENIS, le BLANC de la CHEVALERIE, le BLEU de la CHAPE DE SAINT-MARTIN, ont composé les COULEURS NATIONALES de la FRANCE. — On a considéré l'Oriflamme comme ayant été la principale ENSEIGNE de FRANCE, la BANNIÈRE NATIONALE, l'ÉTENDARD ROYAL; mais en réalité elle n'était que la BANNIÈRE d'un couvent; aussi RIGORD l'appelait-il, en 1215, *vexillum beati Dyonizii.* Elle a appartenu à ce seul titre à l'abbaye pendant cinq siècles, et fut ensuite l'insigne royal pendant trois siècles environ. — Depuis le règne de Dagobert, l'abbé de Saint-Denis faisait figurer cette BANNIÈRE dans les processions de l'Eglise; en qualité de baron, il la déploya, depuis PHILIPPE PREMIER, dans les GUERRES PRIVÉES que le monastère avait à soutenir. — Les ROIS DE FRANCE, étant devenus comtes du Vexin, relevèrent de l'abbaye de Saint-Denis, et mirent à FOI ET HOMMAGE le petit fief du Vexin; les moines dont ils devinrent les VASSAUX, les avocats et les avoués exigèrent qu'ils portassent aux GUERRES NATIONALES la BANNIÈRE de leur saint. Le SERVICE FÉODAL que le monarque devait au couvent consistait à en être le GONFALONNIER, à venir lever en personne l'Oriflamme sur le maître-autel, comme le témoigne M. SISMONDI à la date 1075. Ainsi le fit en grande CÉRÉMONIE LOUIS LE GROS après l'acquisition du comté du Vexin. — L'Oriflamme remplaça la CHAPE DE SAINT-MARTIN; en GUERRE, elle marchait avec la BANNIÈRE DE FRANCE; en paix, elle rentrait entre les mains de l'abbé de Saint-Denis. Si elle n'y rentrait pas, le couvent en faisait fabriquer une nouvelle qui était déposée sur le tombeau des saints apôtres. — Louis sept, en 1147, l'emporte dans l'expédition de terre sainte; en 1190, Philippe Auguste, se préparant à la croisade, vient se prosterner à Saint-Denis devant l'Oriflamme et deux autres étendards, *dont la seule vue, dit Velly, avait, dit-on, la force de mettre les ennemis en fuite.* Ce même monarque, en 1214, fait flotter cet étendard à Bouvines; il y était confié à l'infanterie communale. On voit dans le récit de cette bataille, tracé par M. Sismondi, que *les légions des communes arrivèrent, de retour sur le champ de bataille, avec l'étendard de Saint-Denis.* — L'Oriflamme est à la tête de l'armée sous Louis huit contre les Albigeois; sous Louis neuf, dans la guerre contre l'Angleterre en 1242, dans les croisades en 1248 et en 1269; il la perd dans sa désastreuse campagne d'Egypte. Elle reparaît sous Philippe le Hardi, en 1276, contre Alphonse, roi de Castille, et de nouveau il l'arbore en 1285; Philippe le Bel la laissa, en 1304, à la bataille de Mons-en-Puelle, entre les mains des Flamands qui la mirent en pièces. On retrouve une Oriflamme, en 1315, dans la guerre de Louis le Hutin contre ce même peuple. Elle est déployée, en 1328, à la bataille de Mont-Cassel; en 1356, à la bataille de Poitiers; en 1381, sous Charles six, elle guide l'armée en Flandre; et ce prince, dit M. de Barante, la *remit humblement à l'abbé, tête nue et sans ceinture.* En 1412, Charles la porte en Berry, et la lève de nouveau en 1414. Il n'en est plus question depuis la bataille d'Azincourt, en 1415, comme le disent plusieurs auteurs. Les Anglais, en s'emparant du couvent de Saint-Denis, deviennent maîtres de l'Oriflamme. — Cependant, des mémoires authentiques, à ce que dit Jabro (1777, G), témoignent que Charles sept l'aurait reprise après l'expulsion des Anglais. Un ouvrage imprimé, en 1686, sous le titre : *De l'origine et des progrès de la monarchie française,* affirme que Charles sept, trente-huit ans après la mort de son père, faisait encore porter l'Oriflamme à la guerre. M. de Barante, à la date 1457, prétend au contraire que, depuis l'époque où Charles six avait marché au secours de Rouen, il n'est plus fait mention d'Oriflamme; mais il se contredit en affirmant que, en 1465, *c'est la dernière fois qu'on ait parlé de l'Oriflamme.* — L'Encyclopédie (1751, C) rapporte que, suivant une chronique manuscrite, Louis onze l'au-

rait reçue des mains du cardinal d'Albi, dans l'église de Sainte-Catherine du Val des Ecoliers, lors de la guerre contre les Bourguignons; Anselme dit quelque chose de semblable. Enfin, dans un inventaire du trésor de Saint-Denis, dressé en 1504, sous Louis douze, et dans un autre procès-verbal de 1534, il est question d'un étendard *qu'on croit être l'Oriflambe.* Félibien assure que, en 1594, lors de la réduction de Paris, *on la voyoit encore au thrésor de l'abbaye, mais à demi rongée des mites.* — L'importance qui s'attachait à l'Oriflamme explique la haute considération dont jouissait le dignitaire revêtu du titre de porte-oriflamme; le dernier que l'histoire mentionne fut Martel de Bagneville, sous Charles six. — A la fédération du 14 juillet 1790, une Oriflamme, qui fut bénie de la main de l'évêque d'Autun, précédait les quatre-vingt-trois bannières départementales; la draperie était une soie bleue, parsemée de fleurs de lis d'or. Elle était à deux fanons, s'il en faut croire le *Journal de l'Armée* (t. v, p. 80). Nous ignorons si c'était la même Oriflamme que celle qui flottait dans l'enceinte de l'assemblée constituante; mais celle-ci, suivant M. Rey, était rouge. L'une et l'autre de ces nuances se retrouve dans les couleurs nationales. — En l'an quatre et en l'an cinq, le mot Oriflamme reparut. Le directoire avait envoyé un drapeau à l'armée de Bonaparte, un à l'armée du Nord, un à l'armée du Rhin-et-Moselle. Après le traité de Campo-Formio, Joubert et Andreossi rapportèrent celle de l'Italie, et dans le discours d'apparat prononcé à la cérémonie de cette présentation, ce drapeau fut désigné sous le nom d'Oriflamme. — Les généraux Macdonald et Duhesme rapportèrent, vers les mêmes époques, les autres Oriflammes. — Les milices anglaise, bysantine, turque, vénitienne, etc., ont eu des enseignes comparables à l'Oriflamme de la milice française. — Les auteurs qu'on peut consulter à cet égard sont : l'académie des Inscriptions (*Mémoires de .....*), Audouin, Barante, Béneton (1742, A), Borel (Pierre) (au mot *Bannière*), Brillet (1759), Casenfuve, Carré (1785, E), Daniel (1721, A), Despagnac (1751, B), Ducange, Dutillet, Encyclopédie (1785, C, t. ii, p. 267 et 272), Encyclopédie méthodique (*Traité du blason*), Froissart, Gaya (1675, D), Galland, Guillaume Guyart, Guillaume le Breton, Jabro (1777, G), Joinville, Lachesnaie (1758, I), Lecouturier (1825, A), Ménage, Ménestrier (1770), Monstrelet, Morery, Nangis, Pasquier, Potter (1779, X, au mot *Etendard*), Rabelais, Ray de Saint-

Genies (1755, A), M. Rey, Rigord, Sismondi, Turpin (1785, O), Velly, Voltaire (t. xvii, p. 365).

ORIFLANDE, subs. fém. v. bannière de France. v. oriflamme.

ORIFLANT, subs. masc. v. olifant. v. oriflamme.

ORILLART, subs. masc. v. lorillart.

ORILLON, subs. masc. v. orfillon.

ORLANDE; ORLANDINE; ORLÉANS. v. noms propres.

ORMARE, subs. fém. v. armoire.

ORME, subs. masc. v. bois dur.

ORMOIRE, subs. fém. v. armoire.

ORNANO. v. noms propres.

ORNEMENT de culte. v. culte divin.

OROURKE. v. noms propres.

ORPHELIN de militaire (G, 4; F). Le mot Orphelin a une étymologie douteuse; il est peut-être une corruption de l'italien *orfano*. Son analogue ne se retrouve pas dans le latin ancien. — Robinson a donné quelques renseignements touchant les soins dont les Orphelins étaient l'objet en Grèce. — L'Angleterre est le royaume où la reconnaissance nationale se soit manifestée le plus noblement en faveur des Orphelins de l'armée, comme le témoigne M. Charles Dupin. Les pays où des institutions pareilles se développent ont pris pour modèle la Grande-Bretagne. — Dans la milice anglaise, des asiles sont ouverts à tous les enfants d'hommes de troupe; si ces hommes sont morts à l'armée, les orphelins d'officiers tués à la guerre ne sont pas moins généreusement traités. — Il leur est accordé, fussent-ils même posthumes, un tiers de la solde du défunt. En France, les enfants d'officiers ont été moins favorisés, et les enfants de troupe ont longtemps été inhumainement délaissés, sauf le petit nombre de ceux qui étaient enfants de corps. — L'asile royal militaire de Shelsea, institué en Angleterre en 1801, et qui avait coûté plus de trois millions, contenait huit cents Orphelins et quatre cents orphelines. Une succursale établie à Southampton contenait également quatre cents garçons. Les enfants à la mamelle étaient allaités à l'île de Wight. — L'enseignement mutuel, suivant le système de Bell, était pratiqué à Shelsea, et pouvait être cité comme modèle d'enseignement régimentaire. Les garçons y apprenaient les évolutions, mais sans manier d'armes. — La profession d'ouvrier cordonnier ou tailleur leur était enseignée; à quatorze ans, ils étaient libres de rentrer dans la vie civile ou de prendre du service; presque tous en

prenaient. Les élèves de cette école coûtaient annuellement cinq cents francs à l'État. — Les Orphelins et les orphelines des militaires français ont obtenu du gouvernement les secours exprimés dans la loi de l'an six (14 fructidor), le décret de l'an onze (8 floréal), les ordonnances de 1814 (14 août) et 1815 (1er août). La loi de 1851 (11 avril) déterminait les droits qu'ils pouvaient avoir à une pension. — En 1811, les pupilles étaient un vaste dépôt d'Orphelins. — L'ordonnance de 1851 (12 avril) réglait les conditions exigées pour qu'ils fussent admis au collége de la Flèche. — L'ordonnance de 1851 (2 juillet) indiquait les formes voulues pour l'obtention des pensions auxquelles ils auraient droit.

ORPHELIN d'homme de troupe. v. homme de troupe. v. orphelin.

ORPHELIN d'officier. v. enfant d'officier. v. officier. v. orphelin.

ORPHELINE (subs. fém.) de militaire. v. militaire, subs. v. orphelin de militaire.

ORRERY. v. noms propres.

ORTA, subs. fém. v. janissaire. v. milice turque n° 1, 2, 3.

ORTHON, subs. masc. v. phalange grecque.

ORTHOGRAPHIE, subs. fém. v. officier du génie n° 8.

ORUGMA, subs. fém. v. camp romain.

OS, subs. masc. v. bouillon d'os. v. bouton d'os. v. bouton en os. v. culot en os. v. en os. v. gélatine. v. viande.

OS, subs. masc. v. host.

OSE, subs. masc. v. host.

OSEAU (oseaux), subs. masc. v. bottes.

OSER, verb. act. et récipr. v. bottes.

OST, subs. masc. v. a ost. v. aide d'ost. v. en ost. v. officier de l'ost. v. service d'ost. v. sire de l'ost. v. sire d'ost.

OST (F). Ce mot est expliqué à l'article host, dont il était synonyme dans le sens d'armée, d'expédition, de camp, de guerre, d'ordre de bataille, etc. Il a été aussi synonyme de heuse suivant Ganeau. C'était le pur mot italien *oste*. — Brantome (1600, A) a dit: *Voir quinze cents reistres en deux Osts* (en deux escadrons), *cela effraye.* — Le terme Ost a produit les locutions être a ost, ou être à l'armée; ost carré, dans le sens de bataillon carré; ost-bannie, ou simplement bannie, signifiant ban, publication, semonce de seigneur, ordre aux vassaux, aux piétons, de prendre les armes et de se réunir sous la lance du seigneur.

C'était aussi ce qu'on appelait l'AIDE D'OST, ou le SERVICE D'OST, qui différait de la CHEVAUCHÉE; de là la locution OST et CHEVAUCHÉE dont une TAILLE était le rôle. Ost-bannie signifiait même, suivant BARBAZAN, ARMÉE assemblée. Ost a aussi produit, suivant BOREL (Pierre), les substantifs OSTAGE, OTAGE, OSTOIOUR, analogue à GUERRIER, et le verbe OSTOIER, CAMPER. — Par une application fort différente, le mot Ost a été synonyme de GITE et d'HOPITAL.

OST-BANNIE, subs. fém. v. BAN. v. BANNIE. v. OST.

OST CARRÉ. v. BATAILLON CARRÉ. v. CARRÉ, adj. v. OST.

OST et CHEVAUCHÉE. v. CHEVAUCHÉE. v. OST.

OSTAGE, subs. masc. v. OST. v. OTAGE.

OSTAL, subs. masc. v. HOPITAL MILITAIRE.

OSTAU, subs. masc. v. HOPITAL MILITAIRE. v. HOTEL.

OSTE, subs. masc. v. HOST. v. VASSAL.

OSTÉ. v. HOPITAL MILITAIRE. v. HOTEL.

OSTEIL, subs. masc. v. HOPITAL MILITAIRE.

OSTEL, subs. masc. v. HOPITAL MILITAIRE. v. HOTEL.

OSTENDE. v. NOMS PROPRES.

OSTERNE, subs. fém. v. CITERNE.

OSTEUX, subs. masc. v. HOPITAL MILITAIRE.

OSTEX, subs. masc. v. HOPITAL MILITAIRE.

OSTIAU, subs. masc. v. PORTE DE FORTERESSE.

OSTIEX, subs. masc. v. HOPITAL MILITAIRE.

OSTIL, subs. masc. v. HOPITAL MILITAIRE.

OSTOIER, verb. neut. v. OST.

OSTOIOUR, subs. masc. v. MILITAIRE. v. OST.

OSTROGOTH. v. NOMS PROPRES.

OSTZ, subs. masc. v. HOST.

OTAGE, subs. masc. (F), ou HOSTAGE, ou OSTAGE. Mot qui, suivant BOREL (Pierre), est dérivé de OST, et qui signifie venu de l'OST, c'est-à-dire de l'ARMÉE, ou retenu dans l'OST, c'est-à-dire dans un CAMP. MÉNAGE au contraire le dérive du LATIN *hospes*, hoste, hôte. DUANE le tire du latin *hostis*. VELLY dit, à la date 693 : *Les Otages subissaient le même sort (l'esclavage) lorsque ceux qui les avaient donnés venaient à manquer à leurs engagements.* — Dans les EXÉCUTIONS MILITAIRES on s'empare d'Otages; dans les

CAPITULATIONS DE SIÉGE on échange quelquefois des Otages. Mais rien de moins éclairci en point de DROIT, et le mot, en ce cas, exprime indifféremment un GUERRIER ou un HABITANT non militaire.

OTELLE, subs. fém. v. LANCE A MAIN.

OTER la BAIONNETTE. v. BAIONNETTE. v. ORDONNANCE D'EXERCICE D'INFANTERIE. v. REMETTEZ LA BAIONNETTE.

OTHON; **OTHANTE**; **OTTO**. v. NOMS PROPRES.

OTS, subs. masc. v. HOST.

OTTENBERG; **OTTOBAN**; **OTTOMAN**; **OTWAY**; **OUDENARDE**; **OUDINOT**. v. NOMS PROPRES.

OULAN, subs. masc. v. HULLAN.

OULTRÉ (oultrée), adj. v. BATAILLON ROND. v. MISÉRICORDE.

OURAGE, subs. masc. v. OURAGUE.

OURAGUE, subs. masc. (F), ou ÉPISTATE, ou OPTION, ou ORDINAIRE, ou OURAGE, ou TERGIDUCTEUR. Le mot Ourague dérive du GREC et du LATIN, *ouragos*, *urago*, *uragus*, venus, suivant DILLON, de *oura*, QUEUE, ou dernier rang. Il donnait primitivement idée de SOLDATS D'ÉLITE, ou de SOUS-OFFICIERS, ou d'arrière-commandants de la MILICE GRECQUE. Les Ouragues formaient, comme le témoigne M. le colonel CARRION (1824, A, p. 64), le seizième RANG de la PHALANGE; il les regarde, à ce titre, comme SERRE-FILES d'un LOCHOS ou d'une DIMOERIE; mais, dans ce cas, il faut donner au terme SERRE-FILE le sens qu'il avait dans l'avant-dernier siècle, non celui d'à présent. — La PHALANGE, au reste, n'a pas été en tout temps SUR SEIZE RANGS; quand la DÉCURIE était moins profonde, l'Ourague en tenait le dernier RANG. — L'Ourague grec, quoique occupant une place qu'on pourrait croire la moindre, était cependant le second homme de sa FILE quant à l'importance de l'emploi; aussi des ÉCRIVAINS le désignent-ils sous le nom de LIEUTENANT, c'est-à-dire remplaçant ou second du LOCHAGUE. — Ainsi, soit en ORDRE NATUREL, soit en ORDRE RENVERSÉ, ou FAISANT VOLTE-FACE, la phalange avait également en front des HOMMES D'ÉLITE. — L'acception attachée au titre d'Ourague et ses fonctions ont varié suivant les temps. — GUISCHARDT (1758, H) regarde l'Ourague grec comme étant à la fois un HOMME DE RANG et un SOUS-OFFICIER; mais il dit qu'il y avait en outre, en arrière de chaque SYNTAGME, un Ourague qu'il compare à un MAJOR, et qui avait avec lui et à sa disposition un ADJUDANT, un CRIEUR et un TROMPETTE. — PRAISSAC (1622, A) compare à un sergent l'Ourague de CAVALERIE. La place qu'il occupait est représentée dans M. Liskenne (t. i, p. 576, gravure). Il en est traité par Pollux et Robinson. — La milice romaine a eu des Ouragues; ils s'y appelaient options, suivant Jabro (1777, G), ou bien ordinaires, ou bien tergiducteurs. Polybe (150 avant J.-C.) dit que, dans l'infanterie des alliés, les décurions des turmes étaient secondés par des Ouragues. — Les Ouragues de la cavalerie romaine étaient d'un rang bien plus élevé que dans l'infanterie des légions, puisque les décurions de cavalerie allaient de pair avec les centurions d'infanterie. — Dans la milice byzantine, l'Ourague, que Léon (900, A) appelle également épistate, était placé, suivant Maizeroy (1771, A), comme avant-dernier homme de la file.

OURDEIS, subs. masc. v. palissadement.

OURDEYS, subs. masc. v. palissadement.

OURS, subs. masc. v. armée agissante n° 1. v. mine a ruine. v. ouvrage de fortification. v. peau d'o... v. rempart de forteresse. v. sentinelle.

OURSIN, subs. masc. v. bonnet a poil. v. bonnet d'o...

OUSEAU (ouseaux), subs. masc. v. bottes.

OUSER, verb. act. et récip. v. bottes.

OUSTIL, subs. masc. v. outil.

OUSTILLEMENT, subs. masc. v. outil.

OUTIL, subs. masc. v. a outil. v. caisse a o... v. caisson d'o... v. masse d'o... v. porte-o...

OUTIL (B, 1), ou oustil, ou ustil. Mots dérivés, suivant Barbazan, du verbe latin *uti*, se servir. Il vient, suivant M. Roquefort, du bas latin *ustis;* de là, les substantifs oustillement, outillement, utillement (fourniture ou provision d'Outils), ustensile et le verbe ustensiller. — Il pourrait aussi dériver du vieux adjectif *utle*, pure traduction du latin *utilis*. — On appelait hostil, hostils, comme le dit Velly à la date de 1225, tout ce qui outillait le militaire, tout ce qu'il portait comme instrument de guerre ; de là, le titre du manuscrit du milieu de ce siècle, intitulé : l'*Oustillement* (l'armement) *du vilain*. Ainsi, Outil vient peut-être du mot hostil : peut-être *ost* vient-il des analogues primitifs du mot Outil. — Quand la justice prévôtale instrumentait, dans le treizième siècle, aux armées, le cheval, le harnois et autres hostils (Outils) revenaient aux maréchaux. — L'expression Outil ne

demande à être examinée que par rapport aux armées agissantes, et surtout à l'infanterie. — Les détails qui seraient omis ici se trouveraient dans Bardet (1740, A), Briquet (1761, H), Chennevières (1750, C), M. le général Cotty (1822, A ; 1832, A), Delafontaine (1675, A), Despagnac (1751, D), d'Héricourt (1756, G), Gisors (1770, H), Kéralio (1757, F), Lecointe (1759, B), Maizeroy (1773, A), le *Spectateur militaire* (t. xxiv, p. 510). — Le mot Outil se distinguera seulement en outil de campagne et outil de campement.

OUTIL d'armurier. v. armurier n° 3. v. caisse a o... v. milice anglaise n° 12.

OUTIL (outils) de campagne (B, 1 ; H). Sorte d'outils à l'égard desquels les ordonnances anciennes ne donnaient, presque toutes, que des règles incomplètes et toujours mal observées. Celles de 1778 (28 avril), 1788 (12 aout), 1792 (5 avril) en sont la preuve. — Les primitifs grenadiers ont été porteurs d'une petite hache ; elle leur a été retirée depuis qu'ils ont cessé de jeter la grenade. — La hache que les sapeurs d'infanterie portent encore est une imitation de cette ancienne coutume. Son tranchant est en acier. — L'ordonnance de 1753 (17 février) reconnaissait huit Outils par compagnie de quarante hommes; elle en décrivait l'espèce, la forme, les dimensions ; elle était, en cela, la plus complète des ordonnances sur le service en campagne. Ces Outils consistaient en deux pelles, deux pioches, deux haches, deux serpes. — La force des compagnies ayant perpétuellement varié, ce qui avait été déterminé relativement au nombre des Outils perdait son exactitude ; les rédacteurs des réglements subséquents ont éludé la difficulté en gardant le silence. — L'excellente décision de l'an trois (16 ventose) abordait cependant la question. — Un décret resté inédit, et rendu sous le régime impérial, donnait à chaque grenadier un pic-hoyau au lieu de sabre ; la mesure n'a pas été mise à exécution. — Le décret de l'an quatorze (10 brumaire) déterminait le genre et la quantité des outils de sapeurs affectés à leurs compagnies en temps de paix. Les Outils du temps de guerre, enfermés dans leur sac ou étui, se portent ou se portaient dans ou sur une fonte de la selle, ou bien sur le dos de l'homme d'infanterie, ou bien dans des caisses ou des caissons; ils sont indispensables dans les attaques de poste, dans l'opération de l'établissement des gardes en campagne et des postes retranchés, et l'on en a trop souvent ressenti la privation. — Au nombre des Outils de campagne dont la mode ou le besoin ont fait, à certaines époques, des ARMES, on peut citer la FOURCHE, la HACHE, le TRIDENT.

OUTIL (outils) de CAMPEMENT (B, 1 ; H). Sorte d'OUTILS qui, en outre de ceux qui viennent d'être indiqués, comprennent tous ceux que le genre des EFFETS DE CAMPEMENT exige ; ils seraient différents, s'il s'agissait de BARAQUEMENT ou de TENTES. — L'INSTRUCTION DE 1792 (1er MARS), le RÈGLEMENT DE 1792 (5 AVRIL) et la DÉCISION DE L'AN TROIS (16 VENTOSE) s'en occupaient. Le DÉCRET DE 1806 (25 AVRIL.) et la CIRCULAIRE DE 1806 (17 MAI) créaient une MASSE chargée d'y pourvoir ; mais aucun DEVIS officiel du genre d'Outils à employer, aucun TARIF de leur prix, n'existaient. — Il devait y avoir quatre Outils par chaque TENTE destinés à l'usage des SOLDATS ; dans le CAMP, il y en avait où il devait y en avoir d'une plus forte espèce à la DIVISION D'ARTILLERIE de la BRIGADE, pour le service des GRAND'GARDES et les TRAVAUX des CONVOIS et des DÉTACHEMENTS, soit armés, soit de TRAVAILLEURS. — En cas de DÉCAMPEMENT, la troisième BATTERIE de caisse donnait le signal de rassembler les Outils et de les répartir à ceux qui devaient les porter. — Le TARIF DE 1831 (13 NOVEMBRE) distinguait les Outils en FAUCILLES, FAUX, HACHES, PELLES, PIOCHES, SERPES. Chacun de ces Outils était accompagné d'un ÉTUI en cuir, soutenu par une BANDEROLLE. — Les AUTEURS qui se sont occupés de ces matières, sont : BARDIN (1807, D), M. BERRIAT, M. CANTELOUBE (1818, F), GASSENDI (1819).

OUTIL de DRAGONS. V. DRAGON. V. DRAGON FRANÇAIS N° 4.

OUTIL de MINEURS. V. MINEUR FRANÇAIS.

OUTIL de PIONNIERS. V. BASTILLE. V. CHARGE DE SOLDAT. V. COMPAGNIE DE PIONNIERS DISCIPLINAIRES. V. DRAGON FRANÇAIS N° 4. V. GRENADIER A CHEVAL. V. MILICE TURQUE N° 4. V. PIONNIER. V. PRÉFET DE CAMP. V. TRAIN.

OUTIL de PROPRETÉ. V. OFFICIER DE CASERNEMENT. V. PROPRETÉ.

OUTIL de SAPEURS. V. OUTIL DE CAMPAGNE. V. PIOCHE. V. PRÉFET DE CAMP. V. SABRE DE SAPEUR. V. SAPEUR. V. SAPEUR DU GÉNIE.

OUTIL de SIÉGE. V. AMAS D'OUTILS. V. BÊCHE. V. BROUETTE. V. INFANTERIE FRANÇAISE N° 4. V. PARC DE SIÉGE. V. SIÉGE. V. SIÉGE OFFENSIF. V. SORTIE EXTÉRIEURE.

OUTIL du GÉNIE. V. GÉNIE. V. GÉNIE IDIOPLIQUE N° 5. V. TRAIN.

OUTILLEMENT, subs. masc. V. ARMEMENT. V. OUTIL.

OUTILS, subs. masc. V. OST.

OUTRANCE, subs. fém. V. A OUTRANCE. V. PAS D'ARMES.

OUTRE, subs. fém. V. MACHINE. V. MILICE CHINOISE N° 6. V. MILICE ROMAINE N° 8. V. PASSAGE DE RIVIÈRE. V. PONT DE CAMPAGNE. V. RADEAU. V. TONNELET DE PETIT ÉQUIPEMENT.

OUTRE-MER, adj. et adv. V. DÉTACHEMENT OUTRE-MER. V. MER.

OUTRE-PASSÉ. V. CONGÉ O...

OUVERT (ouverte), adj. V. BUREAU O... V. CADRE O... V. CAMP O... V. CASQUE O... V. CIEL O... V. COLONNE O... V. COMPTE O... V. DEMI-O... V. FILE O... V. FORCE O... V. GUERRE O... V. ORDRE O... V. OUVRAGE O... V. POSTE O... V. RANG O... V. RANGS O...

OUVERTURE, subs. fém. (terme génér.). Mot dérivé ou corrompu du LATIN, *apertura*, et qui se distingue en OUVERTURE DE PORTE DE FORTERESSE et en OUVERTURE DE TRANCHÉE.

OUVERTURE de FEU. V. FEU. V. SIÉGE OFFENSIF.

OUVERTURE de PLATINE. V. CORPS DE PLATINE. V. PLATINE. V. PLATINE A BATTERIE.

OUVERTURE de BAN. V. BAN. V. BAN CÉLEUSTIQUE. V. BAN DE SERMENT. V. CÉRÉMONIE DE RÉCEPTION DE DRAPEAU.

OUVERTURE de BANDE COURTE. V. BANDE COURTE.

OUVERTURE de BRÈCHE. V. BRÈCHE. V. BRÈCHE OFFENSIVE.

OUVERTURE de CAMPAGNE. V. CAMPAGNE.

OUVERTURE de CHEMISE. V. CHEMISE. V. CORPS DE CHEMISE.

OUVERTURE de MARCHE. V. ÉTAT-MAJOR D'ARMÉE N° 5. V. MARCHE. V. MARCHE D'ARMÉE. V. MARÉCHAL DES LOGIS D'ARMÉE N° 5.

OUVERTURE de PORTES DE FORTERESSE (E, 3). Sorte d'ouverture ou d'opération qui regardait les OFFICIERS MAJORS de la PLACE. — Les plus grandes précautions, même en temps de paix, étaient recommandées, parce que les ORDONNANCES sur le SERVICE DES GARNISONS ayant été promulguées à la suite des guerres civiles, on avait encore le souvenir de quantité de SURPRISES DE PLACES en pleine paix. — L'ORDONNANCE DE 1665 (25 JUILLET) en traitait une des premières ainsi que des RONDES ; celles DE 1707 (1er AVRIL.) et DE 1768 (1er MARS) avaient reproduit les dispositions promulguées au dix-septième siècle. — Le CHEF d'un POSTE DE PORTE envoie, à l'avance, chercher les CLEFS chez le COMMANDANT DE PLACE ; elles lui sont apportées de la manière indiquée par la CONSIGNE du POSTE. — Peu après, à la pointe du jour, la CLOCHE du BEFFROI, sonnant à grande volée, annonce l'OUVERTURE, et le TAMBOUR du POSTE monte sur le REMPART et bat aux CHAMPS. — Le CHEF du POSTE dispose sur une double HAIE sa troupe. — On procède à l'opération en commençant, s'il y a lieu, par la porte située du côté opposé au pays ennemi. — Le CHEF de l'AVANCÉE fait partir, sur l'ordre qu'il en reçoit du MAJOR, une demi-heure après le lever du soleil, la DÉCOUVERTE chargée d'explorer les ABORDS. Le CAPORAL DE CONSIGNE procède, en personne, à l'Ouverture. — Après l'Ouverture achevée, le BALAYAGE du devant du POSTE a lieu. — Si les portes devaient, extraordinairement, être ouvertes de nuit, on ne procède à l'Ouverture des barrières et à l'abaissement des PONTS que de manière à ne pas laisser libre à la fois la totalité du passage; ainsi, le premier PONT abaissé se relève quand le second s'abaisse, etc. — Il a été traité de l'Ouverture des portes dans BARDET (1740, A), BARDIN (1807, D), BOMBELLES (1746, A), DEVILLE (1674), DUBOUSQUET (1769, B), LACHESNAIE (1758, 1).

OUVERTURE de SAC DE CAMPAGNE. V. BORDURE DE SAC DE CAMPAGNE. V. SAC DE CAMPAGNE.

OUVERTURE de TRANCHÉE (E, 1; G, 4: H, 2). Sorte d'OUVERTURE de SIÉGE OFFENSIF qui consiste à creuser le terrain où les BOYAUX prennent naissance. Plus d'une fois cette OPÉRATION s'est entamée au son de la MUSIQUE. — Elle a lieu à l'entrée de la nuit, sous la protection des GARDES chargés d'appuyer les TRAVAILLEURS; elle s'entame sous la conduite des OFFICIERS DU GÉNIE; elle est le préliminaire des CHEMINEMENTS de l'ATTAQUE et du creusement des PARALLÈLES. On l'entreprend, le plus souvent, à deux mille mètres du CHEMIN COUVERT, et hors de la PORTÉE du CANON des OUVRAGES ou des CAVALIERS, à moins qu'on ne puisse s'aider de PLIS, de CAVINS, de RAVINS, etc. Quelquefois le bombardement commence dès la nuit qui suit cette Ouverture. Elle termine la première période d'un SIÉGE OFFENSIF à partir de l'INVESTISSEMENT; la seconde période va de l'Ouverture de la tranchée à la TROISIÈME PARALLÈLE. Mais des AUTEURS modernes voudraient que cette période fût poussée jusqu'à l'ATTAQUE du CHEMIN COUVERT. — VAUBAN estime que l'Ouverture peut avoir lieu neuf jours après l'INVESTISSEMENT; quelquefois elle a lieu cinq ou six jours après. — Dans la GUERRE DE 1832, la tranchée a été ouverte à faible distance; vingt-cinq jours après, la reddition de la CITADELLE d'Anvers avait lieu. — Les AUTEURS qui ont écrit touchant l'OPÉRATION de l'Ouverture des tranchées, sont : BARDET (1740, A), BARDIN (1814, E), DESPREZ (1735, B), DUPAIN (1757, B), l'ENCYCLOPÉDIE (1785, C), GUILLET (1686, B), LACHESNAIE (1758, 1), LEBLOND (1762, B), MANESSON (1685, B), QUINCY (1741, E), SIONVILLE (1756, E), VAUBAN (1729, K).

OUVERTURE d'ÉCUSSON. V. ÉCUSSON. V. ÉCUSSON DE FUSIL.

OUVERTURE TACTIQUE. V. CHANGEMENT DE DIRECTION DE BATAILLON EN BATAILLE. V. TACTIQUE, adj.

OUVRAGE, subs. masc. V. A O... V. AILE D'O... V. ASSAUT D'O... V. ATTAQUE D'O... V. BARRIÈRE D'O... V. BATTRE UN O... V. BRANCHE D'O... V. CHAINE D'O... V. COMMANDEMENT D'O... V. CONSTRUCTION D'O... V. COURONNER DES O... V. DÉFENSE D'O... V. DÉFILEMENT D'O... V. ÉCORCHER UN O... V. EMPORTER UN O... V. ENFILER UN O... V. FACE D'O... V. FAIRE SAUTER UN O... V. FLANC D'O... V. FRONT D'O... V. GORGE D'O... V. LIGNE A O... V. PRISE D'O... V. RUINER UN O... V. SOUTENIR UN O... V. TALUS D'O... V. TÊTE D'O...

OUVRAGE
  DE FORTIFICATION → OUVRAGE
    DE CAMPAGNE → OUVRAGE { DE CAMP. / DE DÉMOLITION. }
    DE FORTIFICATION PERMANENTE → OUVRAGE { A CORNE, / A COURONNE. / A TENAILLE, / EXTÉRIEUR. / INTÉRIEUR. }
  DE LITTÉRATURE.

OUVRAGE (term. génér.), ou OUVRAGE MILITAIRE. Le mot Ouvrage est un dérivé du latin, *operarius*. Il se distingue en OUVRAGE A CORNES, — A COURONNE DOUBLE, — A DOUBLE TENAILLE, — A PARAPET, — A QUEUE D'YRONDE, — A SCIE, — ARMÉ, — AVANCÉ, — BASTION-

NÉ, — CORONÉ, — COURONNÉ, — CRÉNELÉ, — DE FORTIFICATION, — DE FORTIFICATION PASSAGÈRE, — DE LITTÉRATURE, — DE MAÇONNERIE, — DE PLACE ASSIÉGÉE, — DE REVERS, — DE SIÉGE OFFENSIF, — DE TERRE, — DÉFENSIF, — DÉTACHÉ, — DOMINANT, — EN CRÉMAILLÈRE, — EN TERRE, — FORTIFIÉ, — LÉGER, — MILITAIRE, — OUVERT, — PASSAGER, — PERMANENT, — REVÊTU, — TRIANGULAIRE.

OUVRAGE (ouvrages) A CORNE (G, 4), ou OUVRAGE A CORNES, comme le dit fautivement l'ACADÉMIE. Sorte d'OUVRAGES DE FORTIFICATION PERMANENTE, ou de DEHORS, ou de PIÈCE HAUTE, qu'on a simplement aussi nommés CORNE, et que nous avons décrits à ce dernier article. On nomme tête, suivant GANEAU, celle de leurs parties enfermée entre deux BASTIONS. — Un Ouvrage à corne est quelquefois précédé d'une DEMI-LUNE; il exige, en temps de guerre, un POSTE qui peut s'élever jusqu'à six cents hommes. — Il y a eu des Ouvrages à corne qu'on a nommés CONTRE-QUEUE D'YRONDE, ou OUVRAGE en queue de milan, c'est-à-dire d'oiseau de proie; il y en a eu servant de TÊTE DE PONT. — Les Ouvrages à corne ont été préférés aux TENAILLES; ils embrassent plus de terrain que ne le font une DEMI-LUNE ou une CONTRE-GARDE; ils sont en avant des COURTINES ou quelquefois des BASTIONS. — La destination de ces OUVRAGES EXTÉRIEURS, ainsi que celle des OUVRAGES A COURONNE, est d'enfermer un faubourg ou une hauteur, de joindre une RIVIÈRE, de couvrir un PONT DORMANT, de contrarier une CIRCONVALLATION, etc.—M. GRASSI (1817, H) appelle OUVRAGES TRIANGULAIRES certaines CORNES qui, au lieu d'être à demi-bastions, sont à BASTIONS entiers. — Des ingénieurs ont regardé les Ouvrages à corne comme les meilleurs de tous les OUVRAGES AVANCÉS; l'usage s'en est multiplié, ainsi que celui des OUVRAGES A COURONNE. Mais, dans les temps modernes, les uns et les autres ont perdu de l'estime qu'on leur accordait. Des théoriciens les ont considérés comme trop dispendieux, et ne convenant qu'aux PLACES de grande dimension; ils ont préféré à ces DÉFENSES une CHAINE D'OUVRAGES DÉTACHÉS se protégeant réciproquement. — Les AUTEURS qui traitent des ouvrages de fortification parlent presque tous des Ouvrages à corne; mais des opinions relatives à ce dernier objet sont énoncées plus particulièrement dans les œuvres de BELAIR (1792), DAVRIGNAC, DESPREZ (1755, B), DEVILLE (1674), l'ENCYCLOPÉDIE (1785, C), GRASSI (1817, H), GUILLET (1686, B), LACHESNAIE (1758, I), LEBLOND (1762, G), QUINCY (1741, E), SIONVILLE (1756, E, t. II et III).

OUVRAGE A CORNES. V. A CORNES. V. OUVRAGE A CORNE.

OUVRAGE (ouvrages) A COURONNE (G, 4), ou CONTRE-QUEUE, ou CORNE COURONNÉE, ou COURONNEMENT suivant GANEAU, ou OUVRAGE COURONNÉ, ou PIÈCE A COURONNE. Sorte d'OUVRAGES DE FORTIFICATION PERMANENTE qui sont au nombre des principaux DEHORS; la CONSTRUCTION en est plus compliquée que ne l'est celle des OUVRAGES A CORNE. — Il existe, suivant JABRO (1777, G), de la différence entre les anciens OUVRAGES COURONNÉS, depuis longtemps hors d'usage, et les modernes Ouvrages à couronne. — Le FRONT ou TÊTE d'un Ouvrage à couronne se compose, à son point milieu, d'un BASTION uni à deux COURTINES terminées par deux DEMI-BASTIONS; ses BRANCHES ou ses AILES se dirigent vers la PLACE, jusqu'à leur DEMI-GORGE. Il y a des couronnes qui se construisent à trois FRONTS et s'appellent OUVRAGES A COURONNE DOUBLE; il en est qui sont précédées d'un ÉPAULEMENT. Toutes sont PIÈCES HAUTES. On a construit des Ouvrages à couronne comme TÊTES DE PONT. — Les AUTEURS qui se sont exercés plus spécialement sur ce genre d'OUVRAGES EXTÉRIEURS, sont, en outre de ceux déjà cités: BELAIR (1792), CARRÉ (1785, E), DAVRIGNAC, DEVILLE (1674, au mot *Ouvrage coroné*), FURETIÈRE (au mot *Couronne*), FREYTAG, LACHESNAIE (1758, I, au mot *Couronne*), ROBILANT, SIMES (1766, I, au mot *Crownwork*).

OUVRAGE A COURONNE DOUBLE. V. A COURONNE. V. COURONNE DOUBLE. V. OUVRAGE A COURONNE.

OUVRAGE A DOUBLE TENAILLE. V. A DOUBLE TENAILLE. V. OUVRAGE A TENAILLE.

OUVRAGE A PARAPET. V. A PARAPET. V. CONTRE-GARDE. V. FOSSÉ. V. TERRAIN FORTIFICATOIRE DE POSTE.

OUVRAGE A QUEUE D'ARONDE. V. A QUEUE D'ARONDE. V. QUEUE D'ARONDE.

OUVRAGE A SCIE. V. A SCIE. V. CRÉMAILLÈRE. V. FORTIFICATION DE CAMPAGNE. V. REDAN. V. REDOUTE DE CAMP RETRANCHÉ.

OUVRAGE (ouvrages) A TENAILLE (G, 4). Sorte d'OUVRAGES DE FORTIFICATION PERMANENTE qui sont du genre des DEHORS. Leur FRONT se compose de deux lignes jointes à ANGLE RENTRANT, et qui se prolongent en longues AILES vers la PLACE. Il y en a qui ont deux ANGLES RENTRANTS et trois SAILLANTS, et qui s'appelaient OUVRAGE A DOUBLE TENAILLE, ou BONNET DE PRÊTRE. — Les TENAILLONS sont un genre d'Ouvrages à tenaille. — DESPREZ (1755, B), DAVRIGNAC, SIONVILLE (1756, E), traitent particuliérement de ces divers ouvrages extérieurs.

OUVRAGE armé. v. armé, adj. v. batterie de bouches a feu. v. ouvrage de fortification.

OUVRAGE avancé. v. avancé, adj. v. artillerie de siége défensif. v. baille. v. barrière de forteresse. v. camp romain. v. dehors. v. mine défensive. v. ouvrage a corne. v. passage de fossé. v. poste d'ouvrage avancé. v. travail avancé.

OUVRAGE bastionné. v. bastionné. v. boulevard.

OUVRAGE coroné. v. coroné. v. ouvrage a couronne.

OUVRAGE couronné. v. couronné, adj. v. ouvrage a couronne.

OUVRAGE crénelé. v. crénelé. v. réduit de demi-lune.

OUVRAGE (ouvrages) de camp (G, 4; H, 1). Sorte d'ouvrages de campagne considérés surtout par rapport aux camps de forteresse et aux camps défensifs. — Les écrivains sont d'avis que les Ouvrages de camp doivent être ordonnés, non en retranchements contigus, mais en redoutes ou postes retranchés, se flanquant, croisant leurs feux, disposés suivant la nature de la position, et permettant, en toute situation, à l'attaqué de déboucher sans crainte pour sa retraite, et de devenir assaillant au lieu d'attaqué qu'il serait.

OUVRAGE (ouvrages) de campagne (term. sous-génér.), ou ouvrage de fortification passagère, ou ouvrage léger, ou ouvrage passager. Sorte d'ouvrages de fortification que les Latins appelaient génériquement *agger, aggeres*. — Les Ouvrages de campagne sont ordinairement de terre, se composent surtout de batteries, de flèches, de fortins, de palanques, de redans, de redoutes, etc., palissadés et fraisés, s'il est possible. Le génie, l'état-major, les officiers d'artillerie les font construire. — Beaucoup d'auteurs regardent ce genre de travaux, toutefois abstraction faite des tranchées, comme une fatigue, une dépense perdue, parce que rarement, aux jours du danger, il y a proportion entre leur étendue et le nombre des troupes qui sont laissées à leur défense. Ils sont inutiles, disent les antagonistes du système des travaux passagers, les uns, parce qu'ils ne sont qu'ébauchés, les autres, parce que leur importance a cessé ou que les circonstances ont changé depuis leur construction. — Turenne faisait usage d'Ouvrages de campagne, autant que le lui permettait la faible proportion de son infanterie. Il y a autant d'habileté à ne pas

défendre un poste mauvais de sa nature, quelle que soit la cause de cette défectuosité, et à préférer, en rase campagne, des combinaisons de mouvements judicieux, qu'il y a d'importance à défendre avec acharnement un Ouvrage dont le sort de l'armée peut dépendre. Malheur aux troupes qui répugnent, par préjugé, à remuer la terre ! Malheur à celles qui ne se croiraient en sûreté que derrière des parapets ! — Juger de loin l'espèce, le nombre, la force, la forme des Ouvrages, est un des à-propos de cette faculté qu'on nomme le coup d'œil. — L'épaisseur des parapets des Ouvrages de campagne se proportionne à l'effet connu des coups de bailles. — Quant aux Ouvrages des siéges offensifs, l'utilité en est moins contestable; les règles en sont plus positives. Ces Ouvrages doivent être flanqués à bonne portée, et ne doivent être poussés qu'à mesure que les troupes qui doivent les soutenir peuvent les occuper et y tenir. L'art consiste à cheminer en dérobant le travail, et à le pousser en se préservant du danger des contre-mines et de toute ligne de feu direct. C'est ainsi que l'assiégeant atteint, à une époque prévue, le chemin couvert, asseoit des batteries d'écharpe, des batteries de mortiers, et entreprend la descente du fossé. — Une colonne qui attaque un Ouvrage s'y porte dans la direction de sa capitale. — Quelquefois des abatis, des chausse-trapes, des chevaux de frise, des fougasses, des hérissons, des herses d'attrape, des quinconces a pointes, des trous de loup, des tambours, défendent un Ouvrage. — En traitant avec plus d'étendue ce sujet à l'article fortification de campagne, nous avons nommé les auteurs qui peuvent être consultés; mais on peut, en outre, recourir particulièrement à ceux-ci : Daru (1821, t. ii, p. 542), l'Encyclopédie (1785, C), Gaudi (1768, E; 1778, E; 1793, C), Grivet, Gugy (1782, K), M. John Jones (1852), Juste Lipse, M. Lacuée (1805, C), Lerouge, Meciszenski, Nikolai (1765), Ogliani (1795), Robinson, Scharnhorst (1811, A), Sionville (1756, E), M. Suasso (1811, A), Suidas, Thucydide, M. Urbain, Wenzell (1825). — Les Ouvrages de campagne se distinguent en ouvrage de camp et en ouvrage de démolition.

OUVRAGE (ouvrages) de démolition (G, 4; H, 2). Sorte d'ouvrages de campagne construits de manière à être facilement détruits par le défenseur à l'instant où il jugerait à propos de les abandonner.

OUVRAGE (ouvrages) de fortification (term. sous-génér), ou pièce de fortification,

OU OUVRAGE ARMÉ, OU OUVRAGE FORTIFIÉ. Sorte d'OUVRAGES OU D'ARMES DÉFENSIVES IMMOBILES qui sont ou un tout, ou une partie de FORTIFICATION, et qui consistent en des CONSTRUCTIONS, soit REVÊTUES, soit EN TERRE, destinées, soit à l'ATTAQUE, soit à la DÉFENSE, soit à l'APPUI d'une ARMÉE, d'un POSTE, d'une TROUPE, d'une GARNISON. — Les Ouvrages défensifs sont de toute antiquité et de tous pays ; le SIÉGE d'Ilion et la MILICE CHINOISE en fournissent la preuve. — Avant que des BOUCHES A FEU, avant que des GARNISONS PERMANENTES en assurassent la conservation, diverses espèces d'animaux en étaient les portiers, les AVANT-POSTES, les SENTINELLES, tels que des OIES, des CHIENS, des OURS, des ABEILLES, etc. — DELANOUE (1559, A) appelait *italiques inventions* les Ouvrages. L'art d'ériger des FORTIFICATIONS suivant les systèmes modernes est, en effet, d'origine ITALIENNE. — Les combinaisons principales de l'ART de l'INGÉNIEUR embrassent les règles que voici : DÉFILER les Ouvrages, en proportionner le RELIEF, les coordonner à des calculs de GÉOLOGIE, les préserver de COMMANDEMENTS et des BATTERIES A RICOCHETS, en masquer de TAMBOURS les enfilades, FLANQUER leurs ANGLES, rendre formidables leurs LIGNES DE FEUX, garantir d'ESCALADE leurs REMPARTS, les envelopper de FOSSÉS, les fermer de BARRIÈRES et de PALISSADES, les hérisser de CHEVAUX DE FRISE et de FRAISES, couvrir leurs FACES par des GLACIS ou des DEHORS, les répartir de manière qu'ils se SOUTIENNENT. — Réduire, renverser, ruiner les Ouvrages, les frapper au cœur par le PASSAGE du FOSSÉ, est à la fois le rôle et de l'ARTILLERIE et du GÉNIE, ayant à cet égard l'INFANTERIE pour auxiliaire. — Le mot Ouvrage a été générique par rapport à quantité d'espèces nommées, suivant les temps : BAILLE, BASTILLE, BASTION, BATTERIE, BLOCKHAUS, BONNET DE PRÊTRE, BONNETTE, BRAIE, BRETÈCHE, CAVALIER, CHAT-CHATEIL, CHATEAU, CIRCONVALLATION, CITADELLE, COFFRE, CONSERVE, CONTRE-GARDE, CONTRE-LIGNE, CONTRE-MINE, CONTRE-QUEUE, CONTREVALLATION, CORNE, COURONNE, COUVRE-FACE, CRÉMAILLÈRE, CROCHET, DEHORS, DEMI-BASTION, DEMI-CONTRE-GARDE, DEMI-GORGE, DEMI-LUNE, DEMI-REDOUTE, DONJON, ENGIN, ENVELOPPE, ÉPAULEMENT, ÉPERON DE FORTIFICATION, ÉTOILE, FER A CHEVAL, FERTÉ, FLÈCHE, FORT, FORTERESSE, FORTIN, LIGNE FORTIFIÉE, LONG COTÉ, LUNETTE, MACHINE, MARTELLO, MINE, NID DE PIE, PARADOS, PATÉ, POLYGONE, QUEUE D'YRONDE, RAVELIN, REDAN, REDOUTE, RÉDUIT, RETIRADE, RETRANCHEMENT, SCIE, SILLON, TAMBOUR, TENAILLE, TENAILLON, TÊTE DE PONT, TORRION, TOUR, TRAVAUX, TRAVERSE. — Les parties principales des Ouvrages en général se nomment, ou se sont nommées : AILE, AVANT-CHEMIN COUVERT, AVANT-FOSSÉ, BANQUETTE, BARBACANE, BERGE, BERME, BOULEVARD, BRANCHE, CANONNIÈRE, CAPITALE, CAPONIÈRE, CASEMATE A FEU, CATARACTE, CHEMIN COUVERT, CHEMISE, CHEVAL DE FRISE, CONTRE-FORT, CONTRE-FOSSÉ, CONTRESCARPE, CORDON, CORRIDOR, COTÉ, COURTINE, CRÉMAILLÈRE, CRÉNEAU, CUNETTE, DAME, DEMI-FLANC, DEMI-REVÊTEMENT, DOUVE, ÉCHAUGUETTE, EMBRASURE, ÉPERON, ESCALIER, ESCARPE, ESPLANADE, FACE, FAUSSE BRAIE, FLANC, FRAISE, FRONT, GALERIE, GENOUILLÈRE, GORGE, GUÉRITE, HARPE, HERSE, LANGEOUR, LONG COTÉ, MACHICOULIS, MERLON, MEURTRIÈRE, NID D'HIRONDELLE, OREILLON, PALISSADE, PAN, PARAPET, PAS DE SOURIS, PLACE D'ARMES, PLONGÉE, PROJECTILE, REMPART, REVERS, REVÊTEMENT, TALUS, TERRE-PLEIN, TÊTE, TOUR. — On peut interroger, sur ce genre de recherches, les AUTEURS qui ont traité de la science des OFFICIERS DU GÉNIE et de l'ART de la FORTIFICATION, et particulièrement BARDET (1740, A), DESPREZ (1755, B), l'ENCYCLOPÉDIE (1785, C), GANEAU (au mot *Tête*), GOETZMAN (1777), GRASSI (1817, H), M. GRIVET, GUIBERT (1775, E), GUIGNARD (1725, B), HORST, LACHESNAIE (1758, I, t. III, p. 463), LEBLOND (1762, A), LECOUTURIER (1825, A), MANESSON (1685, t. I, p. 56), PUYSÉGUR (1748, C). — Les Ouvrages de fortification se distinguaient en OUVRAGE DE CAMPAGNE et en OUVRAGE DE FORTIFICATION PERMANENTE.

OUVRAGE de FORTIFICATION PASSAGÈRE. V. ABRIVENT. V. BANQUETTE. V. BARRIÈRE DE FORTIFICATION. V. CHEVAL DE FRISE. V. CIRCONVALLATION. V. COMMUNICATION. V. CONTRE-MINE. V. CONTREVALLATION. V. CRÉMAILLÈRE. V. DÉFENSE DE PLACE. V. FASCINE. V. FORTIFICATION PASSAGÈRE. V. GALERIE D'APPROCHES. V. LOGEMENT OFFENSIF. V. MILICE PERSE. V. MILICE SIKE N° 5. V. MINE A FEU. V. OFFICIER DE CAVALERIE N° 4. V. OUVRAGE DE CAMPAGNE. V. OUVRAGE DE FORTIFICATION. V. PRÉFET DE CAMP.

OUVRAGE (ouvrages) de FORTIFICATION PERMANENTE (term. sous-génér.). Sorte d'OUVRAGES DE FORTIFICATION qui sont ordinairement REVÊTUS en MAÇONNERIE, FRAISÉS et PALISSADÉS. — Les OUVRAGES PERMANENTS sont les clefs des FRONTIÈRES, l'APPUI des ARMÉES, la sûreté des Etats. — Suivant le genre d'ATTAQUE à laquelle se décide l'ASSAILLANT, et en supposant ici haute lutte, il INSULTE, investit, ASSIÉGE un Ouvrage, une FORTERESSE, une CITADELLE, un POSTE ; il intercepte les COMMUNICATIONS, évente les CONTRE-MINES, bouleverse les GALERIES, chemine, au moyen de BOYAUX, jusqu'au COURONNEMENT du CHEMIN COUVERT, BAT EN SALVE et EN RUINE un REMPART, et l'emporte d'ASSAUT. — Les moyens de résistance d'un COMMANDANT DE PLACE ont été exposés dans ce qui a été dit de la manière de recevoir les ATTAQUES DE LIGNES, de POSTES, de PLACE; dans ce qui a été exposé touchant le service des GARDES et les CONSIGNES DE SENTINELLES, et touchant la marche observée depuis l'OUVERTURE de la TRANCHÉE jusqu'à la DESCENTE du FOSSÉ, l'ATTACHEMENT DU MINEUR, l'ASSAUT sur la BRÈCHE, ou la CAPITULATION arrachée à un GOUVERNEUR, réduit à cette dure extrémité après avoir épuisé les ressources de sa DÉFENSE. — Les Ouvrages des fortifications permanentes se distinguent en OUVRAGES A CORNE, — A COURONNE, — A TENAILLE, — EXTÉRIEUR, — INTÉRIEUR.

OUVRAGE (ouvrages) de LITTÉRATURE (G, 5). Sorte d'OUVRAGES considérés comme se composant de tous les LIVRES MILITAIRES qui pourraient former, dans l'intérêt de l'ART MILITAIRE DE TERRE, des BIBLIOTHÈQUES DE CORPS ou de GARNISON. — Les instructions sur l'inspection générale et les RÈGLEMENTS n'ont commencé que depuis peu d'années à s'occuper des Ouvrages de ce genre. L'ORDONNANCE DE 1818 (13 MAI) voulait que les COLONELS D'INFANTERIE FRANÇAISE DE LIGNE fissent faire, dans leur CORPS, des cours d'instructions appuyés sur une analyse des bons ouvrages militaires classiques; mais aucun document officiel n'a déterminé ce que le MINISTÈRE DE LA GUERRE regarde comme de bons Ouvrages. — Nous avons essayé de faciliter cette recherche, en réunissant alphabétiquement les noms des AUTEURS MILITAIRES, en faisant connaître les noms des ÉCRIVAINS restés anonymes, en traçant un projet de BIBLIOTHÈQUE régimentaire, en parlant des œuvres de BOURSHEID (1782, N), de M. RUMPF (1824 , F), de WALTHER (1783, C), et en disant quelques mots des ACADÉMIES MILITAIRES.

OUVRAGE de MAÇONNERIE. V. MAÇONNERIE. V. OUVRAGE DE FORTIFICATION PERMANENTE.

OUVRAGE de PLACE ASSIÉGÉE. V. FALOT. V. PLACE ASSIÉGÉE. V. POT A FEU. V. RÉCHAUD. V. RECONNAISSANCE DE SIÉGE.

OUVRAGE de REVERS. V. COMMANDEMENT DE REVERS. V. REVERS.

OUVRAGE de SIÉGE OFFENSIF. V. OUVRAGE DE CAMPAGNE. V. PARC DE SIÉGE. V. POT A FEU. V. SIÉGE OFFENSIF. V. SORTIE EXTÉRIEURE.

OUVRAGE de TERRE. V. CAVALIER DE TRANCHÉE. V. FOSSÉ DE FORTIFICATION. V. CHEMISE DE FORTIFICATION. V. GRAND'GARDE D'INFANTERIE. V. OUVRAGE DE FORTIFICATION. V. TERRE.

OUVRAGE DÉFENSIF. V. BOULEVARD. V.

CARTE GRAPHIQUE. V. COIN D'AIRAIN. V. CONTREMINE. V. DÉFENSE PÉRIBOLOGIQUE. V. DÉFENSIF, adj. V. DEHORS. V. FASCINE. V. GARDE RELEVANTE. V. GORGE DE BASTION. V. LIGNE FORTIFIÉE. V. OUVRAGE DE FORTIFICATION. V. RECONNAISSANCE DE SIÉGE. V. TAMBOUR. V. TIR A TOUTE VOLÉE.

OUVRAGE DÉTACHÉ. V. DÉTACHÉ. V. FLÈCHE DE FORTIFICATION. V. FORTIFICATION. V. OUVRAGE EXTÉRIEUR. V. TENAILLON. V. TERRAIN FORTIFICATOIRE D'OUVRAGE DÉTACHÉ.

OUVRAGE DOMINANT. V. COMMANDEMENT DOMINANT. V. DÉFILÉ. V. DOMINANT.

OUVRAGE EN CRÉMAILLÈRE. V. CRÉMAILLÈRE. V. EN CRÉMAILLÈRE.

OUVRAGE EN TERRE. V. BALLE D'ARME A FEU PORTATIVE. V. EN TERRE. V. FORTERESSE. V. FOSSÉ DE FORTIFICATION. V. OUVRAGE DE FORTIFICATION.

OUVRAGE (ouvrages) EXTÉRIEUR (G, 4). Sorte d'OUVRAGES DE FORTIFICATION PERMANENTE dont on attribue l'invention à MAURICE DE NASSAU. M. le colonel CARRION (1824, A) dit que ce prince ayant porté *des secours à l'île de Bommel, la garnison étant trop forte, il la logea au dehors, la couvrit d'un retranchement flanqué de redoutes et défendu par un large fossé.* — On a lié ensuite la DÉFENSE des DEHORS à celle de la FORTERESSE, en y poussant les CONTRE-MINES du CHEMIN COUVERT. — FEUQUIÈRES (1750, A) distingue les Ouvrages extérieurs au delà de la CONTRESCARPE du CORPS de la PLACE et les Ouvrages extérieurs en deçà de la CONTRESCARPE. — Ces derniers sont des REDOUTES voûtées, des LUNETTES, des DEMI-LUNES, etc. Leur objet est de préparer d'inépuisables CHICANES. — Mais on prend, en général, sous le nom d'Ouvrages extérieurs ou de DEHORS, les OUVRAGES DÉTACHÉS qui se trouvent au delà de la CONTRESCARPE; tels sont les OUVRAGES A CORNE, A COURONNE, A TENAILLE, les CONTRE-GARDES, enfin ceux qui ne tiennent pas au CORPS de la PLACE. — Les Ouvrages au delà du GLACIS et de la CONTRESCARPE ont ordinairement eux-mêmes un GLACIS et une CONTRESCARPE, et quelquefois un FOSSÉ INONDÉ; ils portent surtout le nom d'Ouvrages détachés quand ils sont à plus de deux cent cinquante mètres de la crête du chemin couvert de la place. — Il y en a de formes et de dimensions variées; ils doivent être tels que leurs défenseurs puissent toujours se retirer au sein de la PLACE, dans le cas où ils seraient réduits, par le travail de la SAPE, à abandonner ces POSTES. — Si les Ouvrages extérieurs n'étaient pas détruits par des BATTERIES DE MORTIERS ou emportés par l'ASSIÉGEANT, soit à l'aide

DES BATTERIES DE BRÈCHE, soit à l'aide D'É-CHELLE D'ESCALADE, avant l'ASSAUT de la PLACE, ils mettraient l'ASSAILLANT sous des FEUX DE REVERS. — Les Ouvrages extérieurs doivent être disposés de manière que leur partie intérieure et leurs FOSSÉS puissent être BATTUS de la PLACE s'ils étaient emportés par les ATTAQUES d'un SIÉGE OFFENSIF. — Les AUTEURS qu'on peut consulter à l'égard des OUVRAGES DÉTACHÉS et des Ouvrages extérieurs sont ceux qui ont traité des DEHORS, et plus particulièrement BELAIR (1792), l'EN-CYCLOPÉDIE (1785, C), FEUQUIÈRES, GOETZMAN, LACHESNAIE (1758, I), LEBLOND (1762, G), MECISZENSKI, MOUZÉ, ROBILANT.

OUVRAGE FORTIFIÉ. V. ASSAILLANT DE SIÉGE OFFENSIF. V. CARTE GRAPHIQUE. V. DOUBLE SAPE. V. ÉPAULEMENT DE FORTIFICATION. V. FORTIFIÉ. V. OUVRAGE DE FORTIFICATION. V. RE-DOUTE DE CAMPAGNE.

OUVRAGE (ouvrages) INTÉRIEUR (G, 4). Sorte d'OUVRAGES DE FORTIFICATION circons-crits dans l'ENCEINTE du CORPS d'une FORTE-RESSE, comme RETRANCHEMENTS, CAVALIERS, TRAVERSES, etc.

OUVRAGE LÉGER. V. LÉGER, adj. V. OU-VRAGE DE CAMPAGNE. V. PARC DE SIÉGE. V. TALUS.

OUVRAGE MILITAIRE. V. MILITAIRE, adj. V. OUVRAGE.

OUVRAGE OUVERT. V. OUVERT. V. PALIS-SADE.

OUVRAGE PASSAGER. V. OUVRAGE DE CAMPAGNE. V. PARAPET. V. PASSAGER, adj. V. PIÈCE DE CAMPAGNE.

OUVRAGE PERMANENT. V. OUVRAGE DE FORTIFICATION PERMANENTE. V. PARAPET. V. PERMANENT.

OUVRAGE REVÊTU. V. ATTACHEMENT DU MINEUR. V. FRAISE DE FORTIFICATION. V. OU-VRAGE DE FORTIFICATION. V. PARAPET. V. REVÊ-TEMENT. V. REVÊTU.

OUVRAGE TRIANGULAIRE. V. OUVRAGE A CORNE. V. TRIANGULAIRE.

OUVREZ le BASSINET, interj. V. BASSI-NET. V. CHARGE EN DOUZE TEMPS. V. COMMAN-DEMENT MIXTE.

OUVREZ VOS RANGS, interj. V. EN AR-RIÈRE, O... V. RANG.

OUVRIER, subs. masc. V. BATAILLON D'O... V. CENTURIE D'O... V. CHEF O... V. COM-PAGNIE D'O... V. CORPS D'O... V. ÉLÈVE O... V. GARÇON O... V. INTENDANT DES O... V. MAITRE DES O... V. MAITRE O... V. PRÉFET DES O... V. PRÉFET D'O... V. PREMIER O...

OUVRIER { D'ADMINISTRATION. / D'ARMÉE. / DE CORPS... { OUVRIER ARMURIER.

OUVRIER (term. génér.), ou OUVRIER MILITAIRE, ou UVRIER. Ces mots dérivent du LATIN, *operarius*, suivant M. ROQUEFORT. — Le mot se distingue en OUVRIER A COU-TURE, — ARMURIER, — BAVAROIS, — CORDON-NIER, — D'ADMINISTRATION, — D'ARMÉE, — D'ARTILLERIE, — DE COMPAGNIE, — DE CORPS, — D'ÉTAT, — DU CORPS ROYAL, — DU GÉNIE, — DU TRAIN, — EN CAMPAGNE, — EN ROUTE, — MILITAIRE, — POLONAIS, — PORTUGAIS, — PRUSSIEN, — RUSSE, — TAILLEUR.

OUVRIER A COUTURE. V. A COUTURE. V. EFFET D'HABILLEMENT. V. TAILLEUR MILI-TAIRE.

OUVRIER (ouvriers) ARMURIER (A, 1). Sorte d'OUVRIERS DE CORPS qui, conformément à la circulaire de 1822 (21 septembre), sont payés par le MAITRE OUVRIER lorsqu'ils sont en état de travailler et qu'il les emploie. Le prix de leur journée est concerté entre ce MAITRE OUVRIER et le CONSEIL D'ADMINIS-TRATION.

OUVRIER BAVAROIS. V. BAVAROIS, adj. V. MILICE BAVAROISE N° 1, 2.

OUVRIER CORDONNIER. V. CORDONNIER. V. MAITRE CORDONNIER. V. ORPHELIN DE MILI-TAIRE. V. OUVRIER DE CORPS.

OUVRIER (ouvriers) D'ADMINISTRATION (A, 1). Sorte d'OUVRIERS qui, suivant les temps, ont été réunis comme CORPS A PIED, sous forme de COMPAGNIES ou de BATAILLONS; ils sont sous la direction et les ordres du CORPS DE L'INTENDANCE. — Autrefois il fut attaché des Ouvriers aux TRANSPORTS MILI-TAIRES. En 1806, il fut attaché à la GARDE IMPÉRIALE des COMPAGNIES D'OUVRIERS, compo-sées de BOUCHERS, BOULANGERS, BOTTELEURS, et une COMPAGNIE DE TRAIN D'AMBULANCE. — Les ORDONNANCES DE 1823 (5 FÉVRIER et 9 AVRIL) s'occupaient transitoirement de la création et de la composition de plusieurs COMPAGNIES D'OUVRIERS. — Les DÉCISIONS DE 1830 (24 FÉVRIER et 10 NOVEMBRE) les cons-tituaient en corps permanents. — La DÉCI-SION DE 1855 (17 OCTOBRE) les chargeait, en certains cas, du soin des INHUMATIONS. — La DÉCISION DE 1838 (5 MAI) les soumettait à l'INSPECTION ADMINISTRATIVE DES INTENDANTS MILITAIRES. — Une partie de ces BATAILLONS servaient utilement en Afrique en 1837. — Les ouvrages de M. BALLYET (1817, D), d'ODIER (1824, E), la *Sentinelle de l'Ar-mée* (t. v, p. 95), renferment des notions relatives à l'emploi et au service des Ouvriers d'administration et du train d'administration.

OUVRIER (ouvriers) d'armée (A , 1). Sorte d'ouvriers dont l'usage est de tous les temps, quoique le système de leur emploi et de leur organisation soient une des branches les moins perfectionnées de l'art militaire de terre. — Tite Live rapporte qu'une des premières institutions de Servius Tullius fut la formation de deux centuries d'ouvriers. — Végèce (590, A) nous apprend que les légions étaient suivies d'Ouvriers de toutes les professions utiles à l'armée; ils étaient commandés par un préfet, et étaient principalement occupés à la confection et aux réparations des machines. — Les guerres privées se faisaient à l'aide de fossiers, de gastadours, de picteurs ou ouvriers à pic. — Au moyen age, le grand maitre des arbalétriers avait sous sa direction les Ouvriers chargés des travaux qu'exigeaient les marches des armées ou qu'accompliraient de nos jours les sapeurs. — Le code de l'an cinq (21 brumaire) déclarait justiciables des conseils permanents les Ouvriers des armées; mais c'était une des ambiguïtés de la justice militaire, car, en bien des cas, le titre d'Ouvrier peut être vague. — Les règlements déclarent admissibles aux hopitaux militaires les Ouvriers. — Les divisions d'armées avaient leurs Ouvriers. — La milice russe est la mieux pourvue d'Ouvriers de tout genre; elle a même des pionniers à cheval. — Ballyet (1817, D, p. 495) et Poultiret ont traité de l'utilité et de l'institution des Ouvriers.

OUVRIER d'artillerie. V. arsenal. V. artillerie. V. artillerie idioplique. V. artilleur. V. compagnie d'ouvriers d'artillerie. V. état-major d'artillerie. V. peloton hors rang.

OUVRIER de compagnie. V. compagnie. V. compagnie auxiliaire.

OUVRIER (ouvriers) de corps (term. sous-génér.). Sorte d'ouvriers appartenant à l'infanterie et travaillant dans les ateliers du corps; ils sont sous la direction des chefs ouvriers et sous les ordres du capitaine d'habillement; ils sont tailleurs, cordonniers ou armuriers. La loi a oublié d'y comprendre des buffletiers, malgré le besoin que les corps en auraient. — Ordinairement les Ouvriers font partie du dépôt du corps; ils rentrent, ainsi que les autres travailleurs, à la compagnie pour les revues d'administration. — L'ordonnance de 1831 (7 mai) attachait les Ouvriers maitres et garçons à la compagnie hors rang, et en

proportionnait le nombre aux besoins et à l'effectif. — Les premiers ouvriers peuvent être caporaux s'ils ont l'ancienneté de service voulue, savoir : le premier ouvrier armurier, les deux premiers ouvriers tailleurs, les deux premiers ouvriers cordonniers. — Les simples Ouvriers de corps sont soldats de la compagnie hors rang. — Le nombre total des ouvriers tailleurs est réglé à huit par deux cents hommes à l'effectif. — Le nombre des ouvriers cordonniers répond à un pour quatre-vingts hommes. — Les Ouvriers sont susceptibles d'être punis d'amendes s'ils négligent le travail qui leur est confié; le sergent-major dresse l'état de ce genre d'amende; l'adjudant de semaine appose son visa, et la retenue tourne au profit de l'ordinaire auquel vivent les Ouvriers qui subissent cette punition. — En route, les Ouvriers de corps sont tenus de concourir au chargement des équipages. — En campagne, conformément à l'ordonnance de 1832 (3 mai), le nombre nécessaire d'Ouvriers doit marcher à la suite des corps, et le porte-drapeau concourrait à les surveiller ou diriger. — Des notions administratives à l'égard des Ouvriers sont fournies par Odier (1824, E, t. vii).

OUVRIER de transport. V. administration. V. transport.

OUVRIER d'Etat. V. chapeau de troupe. V. Etat. V. gardes du génie. V. milice sike n° 2.

OUVRIER du génie. V. abatis. V. artificier. V. compagnie d'ouvriers du génie. V. forteresse. V. gardes du génie. V. génie. V. régiment du génie. V. sapeur du génie.

OUVRIER du train. V. train.

OUVRIER en campagne. V. en campagne. V. ouvrier de corps.

OUVRIER en route. V. en route. V. ouvrier de corps.

OUVRIER militaire. V. ingénieur militaire. V. militaire, adj. V. ouvrier. V. recrutement.

OUVRIER polonais. V. milice polonaise n° 1. V. polonais, adj.

OUVRIER portugais. V. milice portugaise n° 1. V. portugais, adj.

OUVRIER prussien. V. milice prussienne n° 2. V. prussien, adj.

OUVRIER russe. V. milice russe n° 2. V. russe, adj.

OUVRIER tailleur. V. orphelin militaire. V. ouvrier de corps. V. tailleur. V. tailleur militaire.

OUVRIR (verb. act.) la BARRIÈRE. V. BAR-RIÈRE. V. TRÈVE.

OUVRIR la CAMPAGNE. V. ARMÉE AGIS-SANTE Nº 1. V. CAMPAGNE.

OUVRIR la MARCHE, les MARCHES, une MARCHE. V. COLONNE COMBINÉE. V. MARCHE. V. MARCHE D'ARMÉE. V. MARÉCHAL DES LOGIS D'AR-MÉE Nº 5.

OUVRIR la TRANCHÉE. V. BOYAU. V. IN-VESTISSEMENT. V. MUSIQUE. V. OUVERTURE DE TRANCHÉE. V. SIÉGE OFFENSIF. V. TRANCHÉE.

OUVRIR le CHEMIN. V. CHEMIN MILITAIRE. V. MÉTATEUR.

OUVRIR le FEU. V. BATTERIE DE BOUCHES A FEU. V. BATTERIE DE SIÉGE OFFENSIF. V. FEU.

OUVRIR le PAS. V. PAS. V. PAS D'ARMES. V. TOURNOI.

OUVRIR l'ENNEMI, une TROUPE. V. CAVA-LERIE FRANÇAISE Nº 8. V. ENNEMI. V. TROUPE.

OUVRIR les FILES. V. DÉDOUBLEMENT. V. DOUBLE HAIE. V. FILE. V. FILE TACTIQUE.

OUVRIR les RANGS (G, 6). Evolution D'INFANTERIE que la LANGUE MILITAIRE n'a pas su représenter au moyen d'un substantif, à moins qu'on ne dise ouverture de RANGS, ce qui est inusité. — Il ne s'agit pas ici de ce moyen de passer de la COMPRESSION à la DI-LATATION, qui était une imitation des mou-vements des FILES de la MILICE GRECQUE, et qu'on appelait DÉDOUBLEMENT. — Il ne s'agit pas non plus d'Ouvrir les rangs pour FORMER LES HAIES ou la DOUBLE HAIE, comme le vou-laient les ORDONNANCES de TACTIQUE DE 1766 (1er JANVIER) et de 1774 (11 JUIN). — L'action d'Ouvrir les RANGS EN BATAILLE a pour objet de faciliter l'INSPECTION des ARMES et de la TROUPE; elle est démontrée dans l'ÉCOLE DE PELOTON et de BATAILLON; elle s'exécute de PIED FERME et au PORT D'ARMES au moyen du pas EN ARRIÈRE; elle est précédée de l'ALI-GNEMENT des SERRE-FILES, du reculement des CHEFS DE PELOTONS, des SERGENTS DE REMPLA-CEMENT et du SERGENT D'ENCADREMENT; l'AD-JUDANT-MAJOR assure leur position pour tra-cer sur l'ancienne ligne des SERRE-FILES celle du SECOND RANG, tandis que l'ADJUDANT assure la position du CAPORAL et des autres HOMMES D'ENCADREMENT du TROISIÈME RANG; le mou-vement ne peut avoir lieu qu'au PAS ORDI-NAIRE; il commence à la suite des COMMAN-DEMENTS : GARDE A VOUS, POUR OUVRIR VOS RANGS! EN ARRIÈRE, OUVREZ VOS RANGS! Il s'établit ainsi un espace de quatre pas entre les poitrines et les HAVRE-SACS. Au commandement fixe, le CHEF DE PELOTON et le SERGENT D'ENCADREMENT reprennent leur place.

OUVRIR un CRÉDIT. V. CRÉDIT. V. CRÉDIT COMPTABILIAIRE.

OUVRIR un DROIT. V. DROIT ADMINISTRA-TIF. V. GRATIFICATION D'ENTRÉE EN CAMPAGNE.

OVALE, adj. V. BATAILLON O... V. BOMBE O... V. GRENADE O...

OVATION, subs. fém. V. MILICE ROMAINE. V. RÉCOMPENSE. V. RÉMUNÉRATION.

OVIDE. V. NOMS PROPRES.

OVOIDE, adj. V. OBUS O... V. PROJECTILE O...

OXIBOLE, adj. et subs. masc. V. CATA-PULTE. V. MACHINE. V. MILICE BYSANTINE.

OXYGÉNÉ (oxygénée), adj. V. POUDRE O...

OYL, subs. masc. V. LANGUE D'OYL.

OZANAM. V. NOMS PROPRES.

OZÈNE, subs. masc. (D, 5). Mot dérivé du GREC *ozaina*, mauvaise odeur; il donne idée des ulcères des narines, genre d'INFIR-MITÉ qui est un CAS DE RÉFORME.

PA, subs. masc. V. BATTEMENT CÉLEUSTI-QUE. V. BATTERIE DE CAISSE.

PABALHO, subs. masc. V. DRAPEAU. V. PAVILLON.

PACHA, subs. masc. V. AIGRETTE. V. AL-BANAIS. V. ARMÉE AGISSANTE Nº 1. V. COMMAN-DEMENT D'ARMÉE. V. GÉNÉRAL D'ARMÉE. V. GÉ-NÉRAL DE BRIGADE. V. GOUVERNEUR DE PRO-VINCE. V. MASSE D'ARMES. V. MILICE TURCO-ÉGYPTIENNE Nº 2. V. MILICE TURQUE Nº 2, 3, 4

PACHE; PACHECO. v. noms propres.

PACOLET, subs. masc. v. chevau-légers. v. hullan. v. lance fournie.

PADOUE. v. noms propres.

PAÉDOTRIBE, subs. masc. v. gymnastique. v. instructeur. v. pédotribe.

PAEN; PAENIUS; PAESCT. v. noms
propres.

PAESLE, subs. fém. v. pelle.

PAFFES, subs. masc. (F). Arme de l'espèce de celles que nous appelons matérielles. — Carpentier suppose que c'était une
hache d'armes.

PAGAN. v. noms propres.

PAGE, subs. masc. v. corps de p... v.
école de p... v. mettre hors de p... v. paye
de p... v. sortir de p... v. trousses de p...

PAGE (F), ou paige, ou parge suivant
Borel (Pierre). Mot qui rappelle d'anciennes
fonctions, soit serviles, soit militaires ou de
soldats; suivant les temps, son acception
s'est modifiée, s'il s'agissait des Pages d'é-
curie, de vénerie, de cuisine, de chapelle,
de châteaux, etc., des pages de la lance
fournie, des Pages attachés à la noblesse de
cour ou aux seigneurs habitant les villes, et
enfin des pages du corps du roi. — L'étymologie du mot est contestée et douteuse;
Gébelin le tire du celtique *bach*, petit;
M. Roquefort le dérive du bas latin *pa-
gius, pagus;* Borel (Pierre) et Fauchet, du
latin *pagus;* Lancelot, du grec *païs*, enfant. Ducange, Caseneuve, Juste Lipse le
retrouvent dans *pædagogium*, parce que,
suivant Ragueau, Cujas, l'Encyclopédie
(1751, C), les Pages sont *pædagogiani
pueri.* — D'autres étymologistes rattachent
l'expression au latin *pago*, racine de compagnon, ou à *paganus, pagensis*, paysan
du domaine d'un comte. Ils s'appuient sur
la coutume languedocienne d'appeler Pages
les paysans. — Suivant Borel (Pierre), leur
nom a été synonyme de laquets et de na-
quets. — Fauchet, auquel Borel s'en est
rapporté à cet égard, témoigne que, jusqu'au
règne de Charles sept et depuis longtemps,
on appelait Pages de simples paysans, des
manœuvres, des goujats, des marmitons, et
qu'alors il y eut des Pages nobles, des pages
du corps; cette qualification devint celle
qu'on donnait à des enfants tirés de la noblesse et que, plus anciennement, on appelait damoiseaux; il ajoute qu'on nommait
autrefois homme pagé un roturier, et pa-
gésie une terre concédée en villenage. —
Il est à présumer, quelle que soit l'étymologie à laquelle on s'arrête, qu'elle ne serait
pas sans analogie avec les expressions, jusqu'ici mal définies, paignote ou pagnote,
d'où l'expression mont pagnote. — Les Pages
des temps féodaux et de la chevalerie appartiennent plus au roman qu'à l'histoire;
c'étaient des varlets de quelque distinction
qui entraient, vers l'âge de sept ans, dans la
domesticité des châteaux pour y être *nourris
pages,* comme dit Brantome (1600, A); ils
sortaient de page à quatorze, et devenaient
écuyers. Quelques auteurs, tels que Potier
(1779, X), les appellent pages d'honneurs. —
Lacurne dit que l'époque où on les mettait
hors de page donnait lieu à une cérémonie
religieuse, où le père et la mère tenaient un
cierge, et où le prêtre qui officiait prenait
sur l'autel une ceinture et une épée qu'il
attachait au côté du récipiendaire en témoignage de la fin de son noviciat. — Charles
sept avait un corps de pages; ils marchaient
en avant de la cornette royale. — On voit
dans Willemin que, vers 1380, les Pages
avaient les haut-de-chausses ou trousses,
c'est-à-dire le pantalon de deux couleurs:
un des canons était rouge, l'autre bleu. Ils
étaient chaussés de souliers a la poulaine.
Il nous montre ceux de la cour de Louis
douze ayant le pantalon rayé et d'une couleur différente sur l'une et sur l'autre cuisse;
ils conduisent des chiens en laisse, donnent
de la trompe, font office de veneur, portent
les missives et ne reçoivent qu'à genou les
ordres de leur maître. — Il y avait en effet
Pages d'écurie qui étaient au besoin aides
de camp surnuméraires, et marchaient avant
les Pages de la chambre; il y avait Pages de
vénerie, Pages de lévriers. Page était tellement analogue à serviteur, au quatorzième
siècle, que les marmitons s'appelaient Pages.
On lit dans Velly (t. ii, p. 143): *Outre les
cuisiniers appelés queux, quatre Pages
souffleurs faisoient à tour de rôle flamber le feu en telle manière que le potage
du roi n'en valut pis.* — La chapelle aussi
avait ses Pages; le célèbre Philidor était
Page de la musique de la chapelle. — Les
Pages de la lance fournie ayant appartenu
à une institution militaire, à un système de
tactique ancienne, nous nous en occuperons
à part. — L'extinction des compagnies d'ordonnance rendit à la vie domestique les
Pages; ils devinrent un genre de laquais
armés. — Un bourgeois, un financier n'a-
vait que des laquais, le moindre gentilhomme avait Pages et laquais; et comme les
marquis étaient le genre de noblesse que la
satire s'acharnait à tourner en ridicule, la
Fontaine a dit:

Tout marquis veut avoir des Pages.

Leur conduite était des plus licencieuses

vers les derniers temps de HENRI QUATRE et sous LOUIS TREIZE ; c'était une race d'insolents STIPENDIAIRES ; ils pillaient et assassinaient au premier commandement de leur maître, et autant à son profit qu'au leur. SCARRON termine la satire qu'il fait de la vie de Paris par ces vers :

> Pages, laquais, voleurs de nuit,
> Carrosses, chevaux et grand bruit :
> Voilà Paris ; que vous en semble ?

Le nom des Pages accolé à celui des LAQUAIS est mentionné mille fois dans les registres du parlement pendant les règnes de LOUIS-TREIZE et de LOUIS QUATORZE ; il donne idée de meurtriers à gages. Il s'est conservé honorable cependant, tandis que celui de laquais a supporté seul l'avilissement : tels sont les jeux du hasard et les caprices des LANGUES !... — Une DÉCLARATION royale de 1655 (22 JANVIER) défendait aux *Pages et laquais de porter armes dans Paris, de jour ou de nuit, sous peine de la vie.* — Cette expression Pages et laquais établissait distinction entre ces Pages et ceux d'une catégorie tout autre, ceux du ROI ; ceux-ci appartenaient à un CORPS et une ÉCOLE distingués. — RICHELIEU, qui unissait au titre d'ECCLÉSIASTIQUE les prérogatives du COMMANDEMENT MILITAIRE, faisait porter devant lui par un de ses Pages son GANTELET D'ARMES. — Les Pages de princes faisaient, dans le dernier siècle, service d'AIDES DE CAMP ou d'ORDONNANCES. — La révolution fit oublier en FRANCE le nom des Pages ; le gouvernement impérial le fit revivre. — BONAPARTE crut convenable de rétablir le CORPS des PAGES ; c'était un moyen de faste et d'éclat, de priviléges et de faveurs, c'était un errement de vieilles cours. — LOUIS DIX-HUIT et CHARLES DIX entretinrent aussi ce lycée où l'éducation était plus nobiliaire que nationale ; les GRADES D'OFFICIERS s'y gagnaient au mépris de la loi commune, sans que les épreuves et le service de SAINT-CYR justifiassent l'AVANCEMENT. Des bourses étaient dispendieusement créées ainsi au profit des familles qui en avaient le moins besoin. Ne disconvenons pas pourtant qu'il en est sorti d'excellents officiers. — Les auteurs qui parlent des Pages sous un point de vue qui puisse intéresser le militaire sont : BARBAZAN, CARRÉ (1785, E), M. le colonel CARRION (1824, A), DANIEL (1721, A), ENCYCLOPÉDIE (1785, C), GOETZMAN (1777), LACURNE, LOYSEAU, POTIER, RAGUEAU, VELLY, VOLTAIRE (t. LII, p. 184), le *Dictionnaire de la Conversation.* — Le mot Page va être examiné comme PAGE DE LANCE FOURNIE.

PAGE (pages) de LANCE FOURNIE (F). Sorte de PAGES qui étaient attachés aux COMPAGNIES D'ORDONNANCE. C'étaient de jeunes GENTILSHOMMES ou des enfants de bonne famille ; ils n'étaient pas précisément le valet du GENDARME, mais répondaient plutôt, par le genre de leurs fonctions, au service dont se sont acquittés ensuite les CADETS des régiments ou les ordonnances des généraux. Une ordonnance de LOUIS DOUZE exigeait qu'ils eussent au moins quinze ans. FRANÇOIS PREMIER avait décidé qu'ils ne seraient admis qu'à dix-sept ans. — Plus anciennement on les appelait également VARLETS : mais pour distinguer les Pages de suite des Pages-palefreniers, on appelait GROS VARLETS ces derniers. — Le Page prenait rang après l'ARCHER et avant le COUTELIER ou COUTILLIER ; il aspirait à devenir ARCHER. — En 1444, il avait de PAYE soixante sous par mois. M. BONTEMPS donne quelques éclaircissements à cet égard. — Le Page était monté sur un COURTAUD ou une HAQUENÉE ; il veillait à la conservation des ARMES DOUBLES du CHEF de la LANCE ; il tenait les CHEVAUX des ARCHERS quand ceux-ci mettaient pied à terre ; il conduisait ces montures, *abridées* (c'était le mot) trois par trois, et les introduisait, s'il y avait lieu, dans les CARRÉS ou les RONDS que formaient les PIQUIERS. — Le VARLET, ou VASLET, ou VASSALET, a dit M. le colonel CARRION (1823, A), *était le véritable écuyer ; il était chargé de la garde des prisonniers faits par le chevalier, il veillait sur ses armes, et lui présentait son cheval de bataille quand il allait combattre.* — L'ORDONNANCE DE 1547 (9 FÉVRIER) ne reconnaissait plus de Pages ; la TACTIQUE commença à appeler CHEVAU-LÉGERS ce qu'on appelait Pages, VARLETS, COUTILLIERS, etc.

PAGE DANOIS. V. DANOIS, adj. V. MILICE DANOISE N° 1.

PAGE D'HONNEURS. V. HONNEUR. V. PAGE.

PAGE DU CORPS. V. CORPS. V. PAGE.

PAGE DU ROI. V. PAGE. V. ROI.

PAGE HESSOIS. V. HESSOIS, adj. V. MILICE HESSOISE.

PAGE RUSSE. V. MILICE RUSSE N° 3, 6. V. RUSSE, adj.

PAGEZI. V. NOMS PROPRES.

PAGNE, subs. masc. V. HABILLEMENT. V. MILICE ANGLAISE N° 4. V. PANTALON.

PAGNON, subs. masc. V. HABILLEMENT.

PAGNOTE, adj. V. MONT P... V. PAGE.

PAGNOTTE, adj. V. MONT P...

PAIEMENT, subs. masc. V. PAYEMENT.

PAIGNOTE, adj. V. GENTILHOMME. V. PAGE.

PAILE, subs. masc. v. manteau. v. pavillon de camp.

PAILLARD. v. noms propres.

PAILLASSE, subs. fém. (term. génér.). Mot dont le substantif paille donne l'étymologie; c'est un matelas de paille employée longue. Le mot se distingue en paillasse de campement et en paillasse de casernement.

PAILLASSE (paillasses) de campement (B, 1), ou sac a paille. Sorte de paillasse que le tarif de 1831 (15 novembre) rangeait au nombre des effets de couchage, et qui diffère suivant qu'elle est à une ou deux places; il en est fait usage dans les camps d'instruction.

PAILLASSE (paillasses) de casernement (B, 1). Sorte de paillasses qui, au départ des corps, restaient dans les chambres quand les bois de lits étaient en usage; elles reposaient sur les goberges. — En certains cas, il était accordé des Paillasses à titre de demi-fournitures. — L'usage des couchettes en fer amena la suppression de la Paillasse des hommes de troupe et la forme différente des autres effets de literie. — La paille se renouvelait au moyen de distributions périodiques, tous les six mois pour les hommes de troupe et les officiers, tous les quatre mois pour les demi-fournitures, à raison de dix-huit kilogrammes de paille de seigle ou de froment par lit de troupe, de dix-sept kilogrammes par lit d'officiers, de douze kilogrammes par paillasse de demi-fourniture. — L'ordonnance de 1788 (1er juillet) voulait que les Paillasses fussent visitées de temps en temps, pour qu'on s'assurât qu'elles ne cachaient pas des *cordes, outils, ou autres instruments*. Cette mesure est tombée en désuétude à raison de la composition meilleure des armées. — La milice néerlandaise, au lieu de Paillasses en paille longue, avait pour tous matelas, dans ses hamacs, des Paillasses de paille hachée. — Le règlement de l'an deux (30 thermidor), la décision de l'an trois (16 ventose), la circulaire de l'an onze (21 thermidor), le marché de 1807 (20 novembre), le marché de literies de 1822 (5 mars), le règlement de 1824 (17 août), etc., traitaient des Paillasses.

PAILLASSE de demi-fourniture. v. demi-fourniture. v. paillasse de casernement.

PAILLASSE de salle de discipline. v. salle de discipline.

PAILLASSE d'homme de troupe. v. homme de troupe n° 5. v. paillasse de casernement.

PAILLASSE d'officier. v. officier. v. paillasse de casernement.

PAILLE, subs. fém. v. a la p... v. a p... v. aller a la p... v. battre a la p... v. botte de p... v. distribution de p... v. homme de p... v. ration de p...

PAILLE (term. génér.). Mot tout latin, *palea*, qui a donné naissance aux mots paillasse et pailler; il indique une partie des subsistances militaires. Cette Paille se délivre par distribution, soit comme denrée de siége défensif, soit comme paille de couchage, soit comme paille de fourrage, soit au camp comme paille d'abrivent ou garniture de sacs a paille. — La Paille longue se délivre en bottes et en rations; la paille hachée se délivre dans un panier comble contenant l'équivalent d'une ration de Paille longue. — Les qualités de la bonne et de la mauvaise Paille étaient exprimées dans la circulaire de 1811 (2 mars). — Sous le rapport administratif, on trouverait dans Odier (1824, E) des renseignements sur les divers emplois de la Paille. — Le mot se distingue en paille de campement.

PAILLE, subs. masc. v. manteau. v. pavillon de camp.

PAILLE (subs. fém.) au camp. v. au camp. v. distribution de paille. v. garde de camp. v. paille de campement.

PAILLE d'abrivent. v. abrivent. v. botte de paille. v. garde de camp. v. paille.

PAILLE de campement (B, 1), ou paille au camp, ou paille de couchage. Sorte de paille qui fait partie des fournitures de campagne et qui est l'objet d'une des principales corvées au camp; elle se distribuait à raison d'une botte de cinq kilogrammes par homme pour quinze jours, conformément à l'instruction de l'an cinq (1er ventose), au règlement de l'an six (23 germinal), à l'arrêté de l'an dix (19 germinal) et au décret de 1810 (30 juin). L'inexactitude apportée à cette distribution que les événements de la guerre contrarient souvent, il est vrai, est une des causes du pillage des habitations qui avoisinent le camp. — Une disposition blâmable, inapplicable même, du règlement de 1792 (5 avril), et mentionnée encore, malgré l'expérience de la guerre, par l'instruction de l'an treize (12 fructidor), voulait qu'il ne fût délivré de paille de couchage aux officiers qu'à charge de retenues sur leurs appointements pour en acquitter le prix. — Les fournitures de paille de couchage étaient l'objet d'un extrait de revue.

PAILLE de corps de garde. v. corps de garde de campagne. v. grand'garde.

PAILLE de couchage. v. couchage. v. extrait de revue. v. fourniture de campa-

GNE. V. GEOLAGE. V. GRAND'GARDE. V. PAILLE. V. PAILLE DE CAMPEMENT. V. PRESTATION. V. PRISON DE PLACE.

PAILLE de DEMI-FOURNITURE. V. DEMI-FOURNITURE.

PAILLE de DÉTENU. V. DÉTENU EN PRISON PUBLIQUE.

PAILLE de DISTRIBUTION. V. DISTRIBUTION. V. FOURRAGE.

PAILLE de FOURRAGES. V. BOTTE DE PAILLE. V. FOURRAGE. V. FOURRAGE DE DISTRIBUTION. V. MILICE TURCO-ÉGYPTIENNE Nº 4. V. SUBSISTANCES MILITAIRES.

PAILLE de FROMENT. V. BOTTE DE PAILLE. V. FOURRAGE DE DISTRIBUTION. V. FROMENT. V. PAILLASSE DE CASERNEMENT.

PAILLE de PRISON. V. CACHOT. V. CONCIERGE DE PRISON. V. COUCHAGE DE PRISONNIER. V. DÉTENU EN PRISON PUBLIQUE. V. GEOLAGE. V. PRESTATION. V. PRISON. V. PRISON DE PLACE. V. SOUS-OFFICIER Nº 11.

PAILLE de SEIGLE. V. PAILLASSE DE CASERNEMENT. V. SEIGLE.

PAILLE EN CAMPAGNE. V. COUCHAGE. V. DISTRIBUTION DE PAILLE. V. EN CAMPAGNE. V. POSTE RETRANCHÉ.

PAILLE HACHÉE. V. HACHÉ, adj. V. PAILLE.

PAILLER (paillers), subs. masc. (F), ou PILLARD. Mot dérivé du bas-LATIN, ou du LATIN, *palearius*, suivant M. ROQUEFORT. DUCANGE et GANEAU supposent que leur nom vient de ce qu'ils portaient de la paille à leur coiffure. — On appelait PAILLERS d'anciens AVENTURIERS à pied renommés par leurs brigandages. CARRÉ (1783, E), DUANE, DUCANGE, pensent que leur nom venait de ce qu'ils coupaient les PAILLES, incendiaient les meules, mettaient le feu avec de la PAILLE. — FROISSARD, en parlant de la milice fieffée, dit : *Il y avait quatre cents lances et deux mille pillards.* Il mentionne, sous ce nom, des Paillers.

PAILLETTE, subs. fém. V. BRODERIE D'ÉPAULETTE. V. ÉPAULETTE DE COLONEL. V. ÉPAULETTE D'OFFICIER. V. GÉNÉRAL FRANÇAIS Nº 3.

PAILLETTE A RESSORT. V. A RESSORT. V. CUILLERON.

PAIEMENT, subs. masc. V. PAYEMENT.

PAIN, subs. fém. V. A P... V. AU P... V. BON DE P... V. CAISSON A P... V. COMMIS AU P... V. COMPTE DE P... V. CORVÉE DE P... V. DISTRIBUTION DE P... V. DOUBLE RATION DE P... V. FOURNITURE DE P... V. MAGASIN DE P... V. PORTION DE P... V. PRISE DE P... V. RATION DE P... V. SUPPLÉMENT DE P... V. VIVRES P...

PAIN { DE MUNITION. . . { PAIN BISCUITÉ. / DE SOUPE. / D'HOPITAL.

PAIN (term. génér.), ou PAIN MILITAIRE. Mot tout LATIN, considéré relativement aux usages des ARMÉES DE TERRE et surtout de l'INFANTERIE ; il a produit les mots PANADE, PANETIÈRE, PANIER. — Dès la plus haute antiquité, la MILICE ÉGYPTIENNE recevait du Pain. — Les ROMAINS ne donnaient qu'extraordinairement du Pain aux TROUPES ; c'était plutôt des LÉGUMES SECS. Jusqu'à l'époque où des ACTUAIRES délivrèrent du Pain des camps, *Panis castrensis*, et du BISCUIT, on comprit sous le nom de *buccellatum*, *cibaria*, MUNITIONS DE BOUCHE, ou ALIMENTS militaires, tout ce qui composait la NOURRITURE du soldat ; Spartien emploie *buccellatum*, pour exprimer les diverses DENRÉES et le BLÉ délivrés aux TROUPES et dont elles composaient leurs galettes ; cet usage du Pain sans levain est encore celui des armées d'Orient et s'est conservé dans la MILICE SIKE. — Suivant Percy et Vauquelin, le Pain contient quatre-vingts parties nutritives sur cent ; une livre de Pain équivaut à trois livres de pommes de terre ; mais ces proportions varient selon la qualité du Pain et des GRAINS qui le composent. — Sous le règne de HENRI QUATRE, des BOULANGERS avaient été attachés à quelques TROUPES PRIVILÉGIÉES, et le Pain des TROUPES EN ROUTE fut l'objet d'une ordonnance ; mais cette amélioration fut peu marquée. — Sous ce règne, sous LOUIS TREIZE et pendant les premières années du règne de LOUIS QUATORZE, il n'était pas fourni gratuitement de Pain aux TROUPES, leur SOLDE devait pourvoir à tout. En temps de guerre, quand le marché du CAMP ne pouvait pas être approvisionné par des ENTREPRENEURS particuliers ou par des marchands voisins, c'était le PILLAGE qui devait subvenir au manque de PROVISIONS. — Un article touchant la panification se trouve dans le *Dictionnaire de la Conversation.* — Le Pain va être examiné comme PAIN AU CAMP, — BLANC, — DE DÉTENU, — DE MUNITION, — DE SOUPE, — DE SUPPLÉMENT, — DEMI-BISCUITÉ, — D'ÉTAPE, — D'HOMME DE TROUPE, — D'HOPITAL, — D'OFFICIER, — EN CAMPAGNE, — EN GARNISON, — EN ROUTE, — EN STATION, — MILITAIRE, — QUART-BISCUITÉ.

PAIN AU CAMP. V. AU CAMP. V. DISTRIBUTION DE PAIN AU CAMP.

PAIN BISCUITÉ (B, 1). Sorte de PAIN DE MUNITION dont l'emploi est rare, mais que les marchés de FOURNITURE conclus avec les

ENTREPRENEURS, mentionnent comme DEMI-BISCUITÉ OU QUART-BISCUITÉ. Cette NOURRITURE tient le milieu entre le Pain ordinaire et le BISCUIT.

PAIN BLANC. V. BLANC, adj. V. HOMME DE TROUPE N° 11. V. MAQUILLEUR. V. PAIN DE SOUPE.

PAIN de DÉTENU. V DÉTENU. V. PAIN DE MUNITION.

PAIN de MUNITION (B, 1). Sorte de PAIN nommé ainsi dans le sens de Pain ordinaire des SOLDATS, par opposition au BISCUIT et au PAIN DE SOUPE. — Munition et SUBSISTANCE étaient autrefois synonyme; de là l'expression Pain de munition. — Le Pain répond à ce que les ROMAINS appelaient *Panis castrensis*. Longtemps le SOLDAT ROMAIN le fabriqua lui-même; il portait à cet effet avec lui un MOULIN A BRAS; mais ensuite le Pain fut fourni aux LÉGIONS, comme il l'est de nos jours aux troupes. — Depuis Louis ONZE, des COMMISSAIRES GÉNÉRAUX DES VIVRES avaient été institués, la direction de cette branche les regardait. — Depuis 1574, la fonction de MUNITIONNAIRE GÉNÉRAL existait; ces GÉNÉRAUX DES VIVRES, car ce nom a d'abord été le leur, étaient chargés d'approvisionner de Pain les CAMPS; les CAPITAINES le touchaient pour le SOLDAT et en acquittaient le prix sur la SOLDE. — L'ORDONNANCE DE 1588 (9 NOVEMBRE) s'occupait la première du Pain de munition. — Pendant ce siècle, comme le témoignent M. MONTEIL et PRAISSAC (1622, A), les Pains pesaient douze onces, et se composaient d'un quart de SEIGLE et de trois quarts de FROMENT; chaque HOMME DE PIED en recevait deux par jour; les HOMMES DE CHEVAL n'en recevaient pas, hormis en TEMPS DE GUERRE; pendant la PAIX, c'était à eux à se nourrir. Les ORDONNANCES DE 1653 (14 FÉVRIER) et 1656 (26 MARS) tarifaient le PAIN D'ÉTAPE, et le faisaient distribuer sans distinction d'armes de pied ou de cheval. — L'ORDONNANCE DE 1651 (4 NOVEMBRE) accordait à l'HOMME DE TROUPE EN GARNISON une RATION DE PAIN pesant vingt-quatre onces et fabriqué par les soins des INTENDANTS DE PROVINCE; mais elle en reprenait le prix sur la SOLDE à raison d'une RETENUE de deux sous par jour. — L'ORDONNANCE DE 1660 (7 SEPTEMBRE) réduisait à un sou six deniers la RETENUE qui fut reportée à deux sous par une ORDONNANCE DE 1684. — Dans la GUERRE DE 1688, les FOURNITURES de Pain se firent avec plus d'ordre; les FOURS DE CAMPAGNE se construisirent avec plus d'habileté. Mais l'usage des RETENUES donnait naissance à plus d'un abus; elles engendrèrent ces révoltes fréquentes dont parle DANGEAU, et qui eurent lieu en

beaucoup de GARNISONS d'ALSACE et de FLANDRES, quand on voulait forcer les SOLDATS à prendre chez les MUNITIONNAIRES le Pain à un prix plus élevé qu'il ne se vendait sur les marchés. D'autres abus prirent racine; ce furent les fraudes des MAQUILLEURS, la privation du Pain le 31 du mois, sa mauvaise qualité qui coûta la vie à quantité de SOLDATS, comme FEUQUIÈRES (1750, A) l'affirme, l'insuffisance de la RATION qui multiplia démesurément les DÉSERTEURS. — POTIER (1779, X) témoigne que de 1718 à 1731 la RATION fut de vingt-huit onces; elle ne fut que de vingt-quatre de 1731 à 1757; elle remonta pendant cette guerre à vingt-huit onces, et à la paix, elle redescendit à vingt-quatre. Le besoin d'apporter, en cette partie, des améliorations n'échappa pas à DARGENSON; il s'occupa, en 1743, de rendre mangeable le Pain de SOLDAT. — En général, pendant la GUERRE, il était accordé du PAIN DE SUPPLÉMENT qui se mettait à la SOUPE, parce qu'il eût été trop difficile au CHEF D'ESCOUADE de demander, pour cet usage, son contingent de Pain à chaque SOLDAT; ainsi le voulaient les ORDONNANCES DE 1758 (1er MAI) et 1790 (24 juin), le RÈGLEMENT DE 1792 (5 AVRIL), etc. — A la paix, la RATION se rétablissait à vingt-quatre onces, comme le témoignent l'ORDONNANCE DE 1762 (1er DÉCEMBRE), la loi DE L'AN SEPT (2 FRUCTIDOR), la DÉCISION DE 1808 (15 JUILLET), etc. — L'ORDONNANCE DE 1758 (1er MAI) disposait que le Pain de munition serait composé d'un tiers de SEIGLE et de deux tiers de FROMENT. — En 1776, SAINT-GERMAIN adopta le MÉTEIL, moitié BLÉ, moitié SEIGLE, mais avec EXTRACTION de vingt livres de SON. — L'ORDONNANCE DE 1778 (18 SEPTEMBRE) admettait le SEIGLE pour un quart, mais sans EXTRACTION DE SON. — LESSAC (1785, A) témoigne combien, au temps où il écrivait, on regardait comme améliorée cette branche d'ADMINISTRATION jusque-là si défectueuse. — Il était prélevé sur la solde vingt-quatre deniers pour prix de la ration de Pain. L'ORDONNANCE DE 1788 (17 MARS) réduisait cette RETENUE à un sou six deniers, et réglait le taux de la MASSE DE BOULANGERIE. — Le Pain de munition fait partie du TRAITEMENT DE ROUTE et de STATION. — L'ORDONNANCE DE 1788 (1er JUILLET) voulait que le Pain de chaque CHAMBRÉE fût mis en commun; cette méthode était économique, elle conservait mieux le Pain, parce qu'il ne s'entamait qu'à mesure; elle était avantageuse aux jeunes SOLDATS qui mangent plus de Pain que les vieux; elle était plus commode pour tailler la SOUPE, plus conforme à l'esprit d'union qui doit régner dans une ES-

COUADE. Cette ordonnance ne permettait qu'aux TRAVAILLEURS d'emporter du Pain hors du quartier. — Le CONSEIL DE LA GUERRE essaya de faire fabriquer le Pain dans l'intérieur des CORPS à l'instar des GARDES FRANÇAISES ; mais ce système voulait, pour être applicable, des GARNISONS PERMANENTES dans des villes ou dans des provinces qui offrissent d'abondantes ressources ; il était impraticable en cas de déplacement, ou dans les CAMPS, etc. Il exigeait des APPROVISIONNEMENTS inexécutables, des emmagasinements impossibles, des dépenses préliminaires inadmissibles en COMPTABILITÉ, des précautions que les CORPS ne pouvaient s'imposer. — Le DÉCRET DE 1790 (28 FÉVRIER) accordait une augmentation de SOLDE dont le DÉCRET DU SIX JUIN réglait l'emploi ; la somme accordée pour SUBSISTANCES était portée à seize deniers. SERVAN (1806) explique cette circonstance, mais n'en présente que d'une manière obscure le résultat. — L'ORDONNANCE DE 1790 (5 JUILLET) accordait gratuitement enfin à chaque HOMME DE TROUPE DE LIGNE française, en TEMPS DE PAIX, une RATION de vingt-quatre onces, franche de toute RETENUE, composée de trois quarts de FROMENT et d'un quart de SEIGLE sans EXTRACTION DE SON. — Il avait fallu qu'un siècle s'écoulât pour démontrer le vice de cette RETENUE, qui, comme toutes celles du même genre, n'avait d'autre effet que d'embrouiller la COMPTABILITÉ et d'en multiplier les écritures. — La LOI DE 1792 (2 SEPTEMBRE) institua le BLUTAGE que diverses dispositions supprimèrent et rétablirent. — Deux Pains ou quatre RATIONS de Pain formaient ce qu'on appelait un COMPTE. — La TROUPE DE LIGNE avait une MASSE DE BOULANGERIE ; les BATAILLONS DE VOLONTAIRES n'en avaient pas, et jouissaient par compensation d'une PAYE plus forte. Pour établir une solde d'équilibre, les HOMMES DE TROUPE des corps de GARDES NATIONALES SOLDÉS continuèrent à subir, pour prix du Pain, une RETENUE de trente-deux deniers. Les OFFICIERS de toutes armes quelconques, EN CAMPAGNE, subissaient une retenue pareille et n'avaient pas droit au PAIN DE SUPPLÉMENT. — Mais bientôt l'avilissement, on peut même dire le néant de la SOLDE en assignats, rendit fictive et nominale cette RETENUE. — La LOI DE L'AN DEUX (2 THERMIDOR) y remédia. Elle supprima toute RETENUE pour FOURNITURE de Pain. — L'INSTRUCTION DE L'AN TROIS (16 VENTOSE) s'étendait sur les détails de manutention et sur le système préférable de fabrication du Pain. L'ARRÊTÉ DE L'AN QUATRE (24 BRUMAIRE) permettait qu'en cas de nécessité l'ORGE fût substituée au seigle du MÉTEIL. — L'INSTRUCTION DE L'AN CINQ ? (1er VENTOSE) composait

le Pain de trois quarts de FROMENT et d'un quart de SEIGLE ou d'ORGE, blutés à raison de sept hectogrammes un tiers par quarante-neuf kilogrammes de FARINE ; elle voulait qu'en GARNISON la DISTRIBUTION eût lieu tous les quatre jours, la veille du jour où le Pain est dû. Cette instruction déterminait le nombre de RATIONS D'OFFICIERS. — Le RÈGLEMENT DE L'AN SIX (23 GERMINAL) maintenait les règles qui en prescrivaient la forme et le poids. — Le DÉCRET DE 1810 (30 JUIN) en réglait les RATIONS en campagne. — Un décret curieux et peu connu, que BONAPARTE avait rendu, et qui est en tête d'un OUVRAGE moderne (1814, E). voulait que le SOLDAT français fabriquât lui-même son Pain. Aussi avait-il été distribué des MOULINS PORTATIFS dans les GUERRES D'ESPAGNE et de RUSSIE. — Le RÈGLEMENT DE L'AN HUIT (25 FRUCTIDOR) disposait qu'EN ROUTE le Pain serait délivré sur MANDAT pour quatre jours, sans préjudice à l'INDEMNITÉ DE ROUTE ; l'ARRÊTÉ DE L'AN NEUF (19 FRIMAIRE) ne le délivrait que pour deux jours. — De 1806 à 1813, le gouvernement payait vingt-trois centimes et demi la ration de Pain ; la GARDE DE PARIS, administrant elle-même sa MASSE DE BOULANGERIE, avait passé marché à douze centimes et demi la ration ; à la dissolution de cette GARDE, la gestion de cette MASSE présentait une économie de quarante et un mille francs. — La CIRCULAIRE DE 1810 (25 OCTOBRE) voulait que le Pain fût distribué pour quatre jours. — La CIRCULAIRE DE 1819 (6 DÉCEMBRE) voulait que le PAIN D'ÉTAPE fût fourni en chaque LIEU DE GITE pour la distance parcourue, non pour la distance à parcourir. — Délivré à l'avance, le Pain était une CHARGE écrasante pour le SOLDAT ; l'intempérie des saisons le détériorait, parce qu'il était en dehors du HAVRE-SAC. Quelquefois des camarades se le dérobaient ; souvent le SOLDAT en manquait avant l'échéance d'une nouvelle FOURNITURE. — La mesure adoptée en 1819 a été interprétée diversement, parce que des ADMINISTRATEURS ne concevaient pas que le Pain pût ne se donner qu'à la fin du jour où il est dû. — L'ARRÊTÉ DE L'AN NEUF (25 FRUCTIDOR) accordait, par jour, aux HOMMES DE TROUPE, EN GARNISON, EN ROUTE, EN STATION, une RATION DE PAIN de sept hectogrammes et demi. — Chaque Pain était de deux RATIONS, du poids de dix-sept hectogrammes (trois livres et demie) en pâte, et de quinze hectogrammes), cuit et rassis de vingt-quatre heures. Il devait être rond et avoir environ vingt-sept centimètres de diamètre et huit centimètres d'épaisseur. — L'ORDONNANCE DE 1822 (2 OCTOBRE) prescrivait qu'à l'avenir le Pain ne serait plus fabriqué qu'avec des FARINES de pur FROMENT, blutées à dix pour cent. Les autres dispositions de l'an neuf étaient maintenues. — L'ORDONNANCE DE 1823 (19 MARS), le RÈGLEMENT DE 1827 (1er SEPTEMBRE), la CIRCULAIRE DE 1831 (21 JUILLET) ne toléraient qu'une seule espèce de Pain pour OFFICIERS et HOMMES DE TROUPE, ce qui prouve qu'un usage contraire s'était introduit sourdement et sans qu'aucune disposition eût jamais autorisé cette différence dans la PRESTATION. — Une DÉCISION DE 1824 (17 FÉVRIER) autorisait la distribution du Pain, tous les trois ou deux jours, pendant les chaleurs. — Le Pain est du genre des FOURNITURES EN NATURE, il est au nombre des PRESTATIONS HABITUELLES par RÉGIE. —En 1835, ce qu'on appelle le RENDEMENT DE PAIN devait être de cent soixante-six rations par quintal de grain, mais des réclamations avaient motivé de nouvelles épreuves. — L'Etat le fournit, en tout temps, à tout HOMME DE TROUPE et tout ENFANT DE TROUPE, soit en station, soit quand ils marchent en CORPS ou en DÉTACHEMENT. Il n'est pas dû aux HOMMES EN CONGÉ, en SEMESTRE, en PERMISSION, en PRISON PUBLIQUE, non plus qu'aux GARNISAIRES, aux HOMMES nourris, en temps de guerre, chez l'HABITANT, ni aux hommes marchant ISOLÉS SUR PIED DE PAIX. — Il est fourni, en TEMPS DE GUERRE, aux OFFICIERS DE TROUPE et SANS TROUPE, ainsi qu'aux EMPLOYÉS, à raison du nombre de RATIONS fixé par les TARIFS. — Les DÉTENUS A LA SALLE DE DISCIPLINE et au CACHOT ont été, suivant les temps, réduits au Pain et à l'eau, ou au Pain et à la SOUPE; dans le premier cas, il leur est fourni une DOUBLE RATION de Pain achetée aux frais de l'ORDINAIRE. — Le Pain de munition s'est, en général, donné, excepté EN ROUTE ou en cas d'insuffisance d'APPROVISIONNEMENTS, pour deux ou quatre jours; il se distribue sur un BON du TRÉSORIER ou d'un CHEF DE DÉTACHEMENT, visé par un MEMBRE de l'INTENDANCE; il se délivre sous la surveillance et la direction du CAPITAINE DE DISTRIBUTIONS et des OFFICIERS DE SEMAINE; il est reçu et pris en compte par le FOURRIER, qui entre seul dans le MAGASIN et tient en dehors les HOMMES DE CORVÉE qu'il a amenés et qui doivent être munis de SACS A DISTRIBUTION; mais quelquefois ils se sont servis de leurs baguettes de fusil, au risque de les briser, en y enfilant plusieurs Pains, ou bien de COUVERTES de lits, quoique les règlements le défendent, ou même de leurs capotes, ce qui les mettait en lambeaux. — Si le MANUTENTIONNAIRE ne complète pas, de suite, le montant de sa FOURNITURE, exprimé sur le BON, il ne lui est remis, au lieu du BON, qu'un récépissé provisoire. —

L'inscription de la DISTRIBUTION du Pain est couchée de suite sur le LIVRE DE COMPAGNIE. — A la CASERNE, le Pain se place, dans les CHAMBRES, sur les PLANCHES A PAIN. — S'assurer de la fabrication et des substances élémentaires du Pain dans la BOULANGERIE, et de sa qualité dans l'ORDINAIRE même du SOLDAT, est un des devoirs des INSPECTEURS GÉNÉRAUX. — Des économistes, en recherchant s'il n'y a pas, en FRANCE, un vice caché dans l'ADMINISTRATION dont le Pain est l'objet, ont posé la question que voici : Les ENTREPRENEURS payés par l'Etat, au prorata des mercuriales des communes ou des marchés où ils sont censés s'approvisionner, n'ont-ils pas la facilité ou l'habileté de faire, suivant leur avantage, hausser ou baisser le chiffre officiel des mercuriales? c'est un jeu de bourse comme un autre. — Le Pain du jour contient environ soixante-dix-huit à soixante-dix-neuf parties nutritives sur cent; le Pain rassis de cinq jours en contient quatre-vingt-un à quatre-vingt-deux. — Le Pain de France est quelquefois une PUNITION : ainsi les SOUS-OFFICIERS, eux-mêmes, peuvent être réduits au Pain pour toute nourriture. — Nous avons démontré combien la qualité du Pain a exercé l'attention et les combinaisons des législateurs, combien, il faut l'avouer, cette partie a reçu d'améliorations; et pourtant, depuis les progrès de la meunerie, et les expériences de la physique, il paraît que la plus grande partie des MALADIES des MILITAIRES viennent de la qualité du Pain de munition, MALADIES qui n'auraient pas lieu, si, dans les années où les blés emmagasinés sont envahis par le charançon, si, dans les années où la carie détruit ou vicie le grain, les moyens d'épuration étaient pratiqués au profit de l'armée, comme ils le sont pour les habitants de la Seine dans les établissements de M. de Maupeou à la Villette près Paris. — Depuis 1830, le Pain de munition de la MILICE ANGLAISE est fabriqué à la mécanique, ainsi que le BISCUIT. — Le Pain de la MILICE PRUSSIENNE, qui pendant longtemps était à peine mangeable, a éprouvé de l'amélioration. — Dans la MILICE POLONAISE, la RATION était de deux livres, mais le SOLDAT ne vivait que de Pain trois jours par semaine. — La MILICE NÉERLANDAISE fabriquait elle-même son Pain. — Le Pain est devenu, tout récemment, un aliment habituel des MILICES TURCO-ÉGYPTIENNE et TURQUE. — Le PAIN DE SEIGLE est la nourriture de la MILICE RUSSE. — Des distributions de FARINES sont faites aux TROUPES de la MILICE WURTEMBERGEOISE, lorsqu'elles sont en marche. La RATION de Pain est de deux livres. — Le Pain de la MILICE AUTRI-

CHIENNE était carré, afin d'être plus facilement transportable. — Le soldat anglais consomme près de dix onces de Pain de moins que le soldat français, mais il mange plus de viande. — Les ÉCRIVAINS qui ont traité du Pain de munition sont : AUDOUIN, BARDET (1740, A), BARDIN (1809, B ; 1814, E ; 1816, D), BRIQUET (1761, H), M. CANCRIN, CHENNEVIÈRES (1742, D), COLOMBIER (1772, C), DAUTHVILLE (1756, F), DELAMONT (1671, A), DESPAGNAC (1751, D), DUANE, D'HÉRICOURT (1756, G), DUPRÉ D'AULNAY, ENCYCLOPÉDIE (1785, C ; id. t. III, p. 576), M. FRANCOEUR, GUIGNARD (1725, B), GUILLET (1686, B), LACHESNAIE (1758, I, aux mots *Entretien, Major, Pain, Rachat, Service*), LECOUTURIER (1824, A), LEGRAND (1837, A), ODIER (1817, E ; 1824, E), POTIER (1779, X, aux mots *Four, Pain, Vivres*), PUYSÉGUR (1748, C), RAY DE SAINT-GENIÈS (1755, A), SAINT-GERMAIN (1779, C), SERVAN (1780, B), TURPIN (1783, O), VOGELIUS, le *Spectateur militaire* (t. XVIII, p. 554). — Le Pain de munition se distingue en PAIN BISCUITÉ.

PAIN DE SOUPE (B, 1), OU PAIN BLANC. Sorte de PAIN accordé aux HOMMES DE TROUPE, en outre et à part du PAIN DE MUNITION. — Autrefois le Pain de soupe n'était autre chose, EN GARNISON, qu'une partie du PAIN DE MUNITION, et EN CAMPAGNE le PAIN DE SUPPLÉMENT était destiné, surtout, à la GAMELLE. — Le RÈGLEMENT DE 1788 prescrivait à l'INFANTERIE de mettre en commun le Pain des ORDINAIRES, afin qu'il fût plus facile de tailler la SOUPE. — Les villes de France ayant été autorisées à établir un octroi de bienfaisance, le gouvernement, par une fiscalité adroite, se saisit du cinquième de ce produit et fit tourner la bienfaisance locale au bien-être des TROUPES. — L'ARRÊTÉ DE L'AN ONZE (24 FRIMAIRE) décida que les produits de l'octroi auraient à subvenir à la dépense de quatre onces de PAIN BLANC, au profit des HOMMES DE TROUPES ; le gouvernement colora de prétextes spécieux, plausibles même, cette petite usurpation. La NOURRITURE en reçut une amélioration notable. — De nouvelles dispositions résultèrent de l'institution d'une MASSE D'ORDINAIRE créée par DÉCRET DE 1806 (12 MARS) ; c'était, en réalité, un accroissement de DENIERS D'ORDINAIRE ; elle devait fournir au moins trois onces de PAIN BLANC par homme et par jour. — A la suppression de la MASSE D'ORDINAIRE et par l'INSTRUCTION DE 1811 (4 MARS), la SOLDE se bonifia du prix représentatif de cet ALIMENT ; le LIVRET D'ORDINAIRE témoigna et du prix payé au BOULANGER de la GARNISON chargé de cette FOURNITURE, et du total fourni ; l'OFFICIER DE SECTION

dut constater la bonne qualité de la denrée. — Si un CORPS fait route, l'ADJUDANT-MAJOR qui le précède est chargé de passer marché de PAIN BLANC et autres DENRÉES, et la troupe va les chercher au moyen de BONS.

PAIN DE SUPPLÉMENT. V. MINISTRE DE LA GUERRE EN 1761. V. PAIN DE MUNITION. V. PAIN DE SOUPE. V. RIZ. V. SOLDE. V. SUPPLÉMENT.

PAIN DEMI-BISCUITÉ. V. DEMI-BISCUITÉ. V. PAIN BISCUITÉ.

PAIN D'ÉTAPE. V. ÉTAPE. V. PAIN DE MUNITION.

PAIN D'HOMME DE TROUPE. V. HOMME DE TROUPE Nº 11. V. PAIN DE MUNITION. V. TENTE.

PAIN D'HOPITAL. (B, 1). Sorte de PAIN qui doit être de l'espèce dite *entre le bis, entre le blanc*, se composer de pur FROMENT et être bien cuit. La RATION de cet ALIMENT s'appelle PORTION ; elle pèse sept hectogrammes et demi, et se divise en DEMI et en QUART.

PAIN D'OFFICIER. V. OFFICIER. V. PAIN DE MUNITION.

PAIN EN CAMPAGNE. V. EN CAMPAGNE. V. PAIN DE MUNITION.

PAIN EN GARNISON. V. EN GARNISON. V. PAIN DE MUNITION. V. PAIN DE SOUPE.

PAIN EN ROUTE. V. CORPS EN ROUTE SUR PIED DE PAIX. V. EN ROUTE. V. ÉTAPE. V. PAIN DE MUNITION.

PAIN EN STATION. V. EN STATION. V. PAIN DE MUNITION.

PAIN MILITAIRE. V. BOULANGER MILITAIRE. V. BOULANGERIE. V. MILITAIRE. V. PAIN.

PAIN QUART-BISCUITÉ. V. PAIN BISCUITÉ. V. QUART-BISCUITÉ.

PAIR (paire), adj. V. COMPAGNIE P... V. FEU P... V. PELOTON P... V. PELOTONS PAIRS EN AVANT. V. PELOTONS PAIRS ET IMPAIRS PAR FILE. V. PELOTONS PAIRS PAR LE FLANC. V. SUBDIVISION P...

PAIR, subs. masc. V. CHAMBRE DES P... V. COUR DES P... V. DUC ET PAIR.

PAIR (pairs) DE FRANCE (F). Mot tout LATIN dont l'adjectif *par* est probablement la racine, et dont le substantif PARAGE, en bas latin *paragium, parasgium*, est peut-être un dérivé ; cependant des étymologistes font venir Pair du LATIN *patritii*. — La définition de l'expression est difficile, si l'on cherche à justifier logiquement son application aux usages modernes. VOLTAIRE témoigne (*Histoire des parlements*, chap. VIII) l'inexactitude de ses acceptions. — On pourrait regarder comme étranger à notre sujet ce point d'histoire ; aussi nous en occupe-rons-nous peu. Mais ce mot nécessitait quelque examen, puisque, jadis, Pair, général d'armée, paladin, seigneur, étaient même chose ; qu'actuellement le rang des lieutenants généraux est un échelon à la pairie ; que les maréchaux sont, pour ainsi dire, Pairs de droit ; que la confection des lois militaires, l'apurement des comptes concernant ce sénat, la création de notre code pénal, l'institution de notre jurisprudence des armes, doivent un jour être un fruit des lumières de cette cour ; qu'une partie nombreuse et distinguée des Pairs de France appartient à l'état militaire ; que des Pairs sont souvent appelés dans les commissions où sont traitées de graves questions militaires ; que la plupart d'entre eux sont à la tête des ordres de chevalerie, et que les honneurs militaires sont dus aux membres du corps éminent qui a succédé aux sénateurs. — D'autres motifs encore pourraient être allégués : une des plus brillantes récompenses militaires, les armes assomptives étaient le prix de la capture d'un Pair. — Notre langue a rajeuni le mot, en imitation des usages des Anglais, imitateurs eux-mêmes de nos parlements. Dans le leur, le terme s'était conservé, puisque l'office politique qu'il exprime s'était maintenu. La ténacité de leur idiome, de leur caractère, de leur gouvernement, n'est pas sans quelques bons effets ; mais on ne conçoit pas bien que la langue française ait fait revivre l'emploi d'un terme dont le sens, en tous temps équivoque, s'était évanoui entièrement. Par une semblable imitation, nous avons appelé chambre le prétoire où siége notre sénat, notre conseil des anciens, notre noblesse, puisqu'en réalité il n'y a plus de noblesse qu'au Luxembourg. De là cette incohérence du langage : *le palais de la chambre.* — Esquissons un aperçu qui soit la liaison entre les temps anciens et l'institution qui est devenue une de nos garanties politiques, une branche importante du gouvernement. — Bonel (Pierre) rapporte aux Goths l'origine des Pairs occidentaux ; ce peuple donnait, suivant lui, ce titre aux chefs d'armée. — Le président Hénault rapporte au dixième siècle l'établissement de la pairie ; il la regarde comme une conséquence de l'usurpation des fiefs et de l'affaiblissement de la couronne ; mais c'est tout au plus à la fin de ce siècle que de grands feudataires, devenus indépendants, s'appelèrent ainsi. — Dans le principe, le terme était une abréviation de cette locution : Pair de fief ou homme du seigneur, c'est-à-dire obligé d'as-

sister aux audiences du juge du seigneur suzerain ou seigneur dominant, comme en font foi les coutumes de Picardie et d'Artois. — Des interprètes superficiels ont prétendu que, dans les usages féodaux, ce titre n'appartenait qu'à des nobles dont la tenure féodale était de même degré. Il n'en est pas absolument ainsi. — L'existence des douze Pairs de Charlemagne était un rêve des anciens romanciers ; il fut remis en vogue par les trouvères accueillis à la cour de Philippe Auguste ; ils comparèrent ces prétendus Pairs aux douze apôtres. Dans un temps où il n'y avait pas d'historiens, on acceptait comme histoire le roman ; et ce fait, qui y était allégué, prit créance au douzième siècle. — On suppose que, sous Hugues Capet, il y avait six Pairs laïques, auxquels furent adjoints plus tard six Pairs ecclésiastiques. *Mais rien ne fait foi,* dit M. Sismondi, *de la prééminence de ces seigneurs sur tous les autres.* L'histoire primitive de la pairie est une des branches les plus conjecturales de notre histoire générale. — Suivant ce même historien, à la date 1205, *le rang et la désignation des douze Pairs furent des innovations du règne de Philippe Auguste ; on en avait à peine remarqué l'existence dans les règnes précédents.* — *Il est difficile,* dit-il à la date de 1225, *de trouver une époque où la pairie ait été limitée à douze Pairs. Du temps de Philippe Auguste on la regardait, théoriquement, comme composée de six Pairs laïques et de six ecclésiastiques.* — Les barons avaient aussi leurs Pairs ; mais ces derniers n'étaient que laïcs, tandis que Hugues Capet avait des Pairs ecclésiastiques dont les fiefs relevaient immédiatement de sa couronne. — Sous Louis huit, les Pairs du roi se refusaient à siéger avec les grands officiers de la couronne ; mais ce prince soutint les prétentions de ses grands officiers. — Matthieu Paris parle maintes fois des douze Pairs et des barons de saint Louis. — Au sacre du roi, en 1226, deux femmes se disputèrent à qui y porterait l'épée royale, à titre de Pairs du royaume ; elles y prétendaient, l'une et l'autre, à raison de l'absence de leur époux. Ces deux amazones étaient la comtesse de Flandres et la comtesse de Champagne ; elles consentirent, sauf toutes réserves de leur droit, que l'épée fût remise aux mains du comte de Boulogne, oncle du monarque. — Quand l'usurpation des gouvernements, d'abord temporaires, les rendit viagers, puis héréditaires, il en résulta une grande confusion dans les titres et, par conséquent, dans les prérogatives ; il fallut, comme cela arrive toujours et comme l'histoire le témoigne à chaque page, inventer une nouvelle locution qui s'accommodât aux exigences de la vanité. Tel DUC héréditaire, dont le grand-père avait été DUC temporaire, c'est-à-dire GÉNÉRAL D'ARMÉE et GOUVERNEUR d'abbayes, voyait son duché réduit à peu de chose, soit qu'il eût concédé une partie du sol, soit que des événements de guerre l'en eussent plus ou moins dépossédé. Tel COMTE héréditaire, dont le grand-père avait été COMTE viager, c'est-à-dire GOUVERNEUR d'une ville sous un DUC qui gouvernait la province, était resté COMTE en usurpant le duché. — Les prétentions des BARONS, l'antériorité de leurs prérogatives, ce caractère natif qui les rattachait à la caste primitive des vainqueurs, au sang des FRANCS, venaient sans cesse se mêler encore dans ce chaos. Tel de ces derniers disait : Je suis le premier par mon ancienneté ; tel CHEF de troupe disait : Quoique COMTE, j'ai plus de puissance qu'un DUC ; tel autre appuyait ses droits sur sa TENURE féodale ou sur l'illustration historique de ses attributions. — Les monarques, obligés de pactiser avec tant de prétentions fougueuses, appuyées souvent de la force des armes, et contraints d'attacher des satellites à la couronne, cherchèrent à concilier ces débats, en appelant Pairs ceux qui les suscitaient. C'était une fusion de droits incertains, s'unissant en un droit qui n'était guère plus clair ; les contractants accueillirent le titre, par la pensée secrète que le souverain reconnaissait qu'il les rapprocherait du trône, à la manière de l'ancienne cour de BARONS. — Les parties contractantes travaillaient, par une duplicité réciproque, à se leurrer. Les rois ne pouvaient plus faire des DUCS, du moins avec apanage, car le titre par lui-même n'est rien ; mais ils pouvaient faire des Pairs, sans qu'il fût besoin de les fieffer, de greffer le titre sur la fortune ; la main royale répandait une monnaie imaginaire, substituée à une puissance ou réelle ou décrue. — Le titre de Pair, toujours ambigu, reprit de l'éclat, s'entoura de prérogatives, quand Richelieu et Louis quatorze créèrent des ducs et Pairs, comme pour dédommager les seigneurs puissants à qui ils arrachaient leur suzeraineté féodale pour en faire des courtisans. — L'année 1790 vit s'éteindre le titre de Pairs ; l'année 1814 le ressuscita tout différent de ce qu'il avait été, et à peu près aussi indéfinissable. — En traitant de la JUSTICE MILITAIRE, nous avons soulevé une question peut-être insoluble : les Pairs militaires sont-ils sous l'empire de la JUSTICE MILITAIRE ? — Sur quantité de points délicats et obscurs qui appartiennent au sujet, on peut consulter M. de BARANTE (année 1477), BOREL (Pierre), BRIAL (t. XIX des *Historiens de France*, préface), COURCELLES, DUTILLET, l'ENCYCLOPÉDIE (1751, C), FAVYN, LEGENDRE, LELABOUREUR, LOYSEAU, PASQUIER, SAINT-SIMON (*Mémoires de*), SISMONDI, VELLY (années 898, 996, 1179), VOLTAIRE (*Histoire des parlements*).

PAIRE (subs. fém.) de BAGUETTES. V. BAGUETTE. V. BAGUETTE DE TAMBOUR. V. PORTE-BAGUETTES.

PAIRE de BAS. V. PETIT ÉQUIPEMENT.

PAIRE de BOUCLES. V. BOUCLE. V. PETIT ÉQUIPEMENT.

PAIRE de CISEAUX. V. CISEAUX. V. PETITE MONTURE.

PAIRE de CYMBALES. V. CYMBALE. V. MUSICIEN N° 2.

PAIRE de DRAPS DE LIT. V. DRAPS DE LIT DE TROUPE. V. DRAPS DE LIT D'OFFICIER.

PAIRE de GUÊTRES. V. GUÊTRE. V. PETIT ÉQUIPEMENT.

PAIRE de MANCHETTES DE GUÊTRES. V. GUÊTRE NOIRE. V. MANCHETTE DE GUÊTRES. V. PETIT ÉQUIPEMENT.

PAIRE de MOUCHETTES. V. MOUCHETTES.

PAIRE de PISTOLETS. V. ARMEMENT D'OFFICIERS. V. PISTOLETS.

PAIRE de SOULIERS. V. ADMINISTRATION MILITAIRE. V. ATTACHE DE SOULIERS. V. PETIT ÉQUIPEMENT. V. SOULIER. V. SOULIER CORIOCLAVE.

PAIRE d'HABITS. V. HABIT. V. POURPOINT.

PAIRE de TIMBALES. V. AIR DE TAMBOUR. V. ÉLÉPHANT. V. ÉTENDARD. V. MUSIQUE TURQUE. V. TIMBALE.

PAIRIE, subs. fém. V. PAIR DE FRANCE. V. SEIGNEUR.

PAIRLE, subs. masc. V. ÉPERON DE BOTTES. V. MEUBLE D'ARMOIRIES.

PAYS, subs. masc. V. AGIR SUR UN P... V. COUP D'ŒIL. V. DÉGARNIR UN P... V. GUIDE DU P... V. PAS D'ARMES. V. PAS GÉOLOGIQUE. V. PLAT PAYS. V. RUINER UN P... V. TOPOGRAPHIE.

PAYS à CHICANES. V. A CHICANE. V. CAVALERIE FRANÇAISE N° 4.

PAYS BAS. V. BAS, adj. V. NOMS PROPRES.

PAYS COUPÉ. V. AFFAIRE DE POSTE. V. CHEF DE DÉTACHEMENT DE GUERRE N° 4. V. COUPÉ. V. INFANTERIE FRANÇAISE N° 8.

PAYS de MONTAGNES. V. CHEVAL DE BAT. V. CHEVAL DE SELLE DE CONVOI. V. CONVOI A LA SUITE. V. MONTAGNE. V. MULET DE BAT. V. RETRAITE STRATEUMATIQUE. V. SOULIER. V. TOPOGRAPHIE.

PAYS de plaines. v. chef de détachement de guerre n° 4. v. cheval de selle de convoi. v. convoi a la suite. v. plaine.

PAYS étranger. v. étranger, adj. v. ordonnance officielle.

PAYS fourré. v. cavalerie. v. fourré, adj.

PAIX, subs. fém. v. camp de p... v. cas de p... v. chauffage de p... v. complet de p... v. consigne de p... v. droit de p... v. état de p... v. faire la p... v. juge de p... v. officier de p... v. paye de p... v. pied de p... v. préliminaires de p... v. proclamation de p... v. solde de p... v. temps de p... v. traité de p... v. traitement de p...

PAIX (F). L'origine latine de ce mot est connue. Il va être examiné, non sous le rapport moral et philosophique, mais comme une question de faits qui appartient aux calculs de la stratégie et à la science qu'on a appelée la diplomatique; il intéresse l'armée française, l'art militaire, la jurisprudence des armes, les prisonniers de guerre. — Proclamer la paix, déclarer la guerre, était également, autrefois, le rôle des hérauts. — Déposer la faide (le défi, la diffidation), c'était faire la paix. — Malgré les précautions des congrès, la puissance des traités, la sainteté des serments, la Paix ne peut être regardée, par la politique, que comme un armistice plus ou moins durable; de là cette nécessité d'une sage constitution militaire, l'importance du maintien de la discipline et cet entretien si dispendieux, mais inévitable, de forces armées toujours sur pied. La conservation des Etats est dans l'appui de leurs milices; on a reconnu combien était vicieux l'usage ancien qui, au retour de la paix, licenciait les bandes et les compagnies, et en dissolvait les cadres. Maintenant les ministères de la guerre en agissent différemment. — Jabro (1777, G) a déduit, de divers calculs, que vingt années en doivent, au plus, donner douze de Paix; si, comme on l'a dit, la *Paix est l'état naturel de la société bien organisée,* le génie du désordre prévaut donc dans la marche des choses humaines. — L'examen que nous allons faire des diverses Paix qui ont terminé des guerres françaises, ne remontera pas, si ce n'est à l'égard de la paix de Dieu, au delà des époques qui ont donné naissance à la permanence des armées, aux sciences politiques, à la balance de l'Europe; nous les indiquerons, pour la facilité des recherches, sous une double série, celle de l'alphabet, celle de la chronologie. Les auteurs qui peuvent être consultés sur les questions métaphysiques de la Paix, et sur les traités politiques auxquels elle a donné lieu, sont : Audouin, Bonera, Grotius, Hoerschelman (1775), Jabro (1777, G), Kock (*Histoire des traités de Paix*), Mably (*Traité du droit public*), Martens Ch.-Fr.), Mirabeau (1788, C), Léonard, Schoell, Servan (1806, C), M. Sicard, Turpin (1785, O), Voltaire (t. xxv, p. 256), Warnery (1758, A), Wattel, le *Spectateur militaire* (t. vii, p. 626, 645, 649), le *Dictionnaire de la Conversation.* — Le mot sera distingué en Paix de 1598, — 1634, — 1648, — 1659, — 1667, — 1668, — 1678, — 1697, — 1713, — 1721, — 1738, — 1748, — 1762, — 1785, — 1795, — 1796, — 1797, — 1801, — 1802, — 1805, — 1807, — 1809, — 1814, — 1815, et en paix de Dieu.

PAIX d'Aix-la-Chapelle. v. Aix-la-Chapelle. v. armée permanente. v. capitaine en second. v. compagnie colonelle. v. grenadiers de France. v. lieutenant d'infanterie française de ligne n° 1. v. paix de 1668. v. paix de 1748.

PAIX d'Amiens. v. Amiens. v. artillerie de campagne. v. code militaire. v. guerre de 1792. v. paix de 1802 (25 mars).

PAIX de 1598 (2 mai) (F), ou paix de Vervins, conclue entre la France et l'Espagne par Henri quatre et Philippe deux. Elle détruit les dernières espérances de la Ligue, restitue à la France ses places, et lui assure une supériorité qui s'est longtemps soutenue. — Le nombre des compagnies des gardes-françaises s'augmente, les régiments d'infanterie de ligne ne conservent au contraire, la plupart, en vertu de la réforme qui s'opère, qu'une ou deux compagnies; les autres sont licenciées; cependant les mestres de camp restent à la tête de leurs corps.

PAIX de 1631 (6 avril) (F), ou paix de Quiérasque, conclue avec Ferdinand deux, duc de Savoie. Elle termine la guerre de 1629; elle donne la Paix au nord de l'Italie, elle assure à Louis treize l'héritage du duché de Mantoue.

PAIX de 1648 (30 janvier) (F), ou paix de Munster, ou paix de Westphalie, mais le traité de Westphalie est du 24 octobre. — Cette Paix célèbre est ménagée par l'habileté de Mazarin, et lui vaut son plus beau titre à la postérité. L'Europe y est représentée comme en un conseil de famille, et jamais congrès pareil n'avait été mentionné dans l'histoire. Elle est conclue de concert avec l'Empire, la Suède et les Provinces-Unies; elle est due aux talents et aux succès du grand Condé. — La France la dicte, l'épée à la main, à l'empereur, et termine ainsi, mais partiellement, la guerre de 1635 ou de Trente ans. Les Français et les Suédois deviennent les arbitres et les législateurs de l'Europe, et assurent la liberté politique et religieuse de la Hollande, du Portugal, de la Suède et de la Suisse. — Quatre ans suffisent à peine pour régler le cérémonial de ce pacte, et la rédaction des articles demanda presque autant de temps. — Ses conditions les plus remarquables furent : la cession de l'Alsace à la France, moyennant six millions, et la création d'un huitième électorat en faveur de la maison de Bavière. La Suède obtint la Poméranie et plusieurs places. — La guerre cessa avec l'Allemagne, mais l'Espagne continua à combattre en Flandres et en Catalogne jusqu'à la Paix des Pyrénées. — Dans les stipulations des contractants, la langue française avait obtenu sur ses rivales un ascendant qui fut l'aurore de la prééminence que le traité de Nimègue confirma. — Bougeant et Schiller ont tracé le tableau de ces événements (*Guerre de trente ans*, t. ii, p. 543).

PAIX de 1659 (7 septembre) (F), ou paix des Pyrénées. Elle termine, dans les États de la monarchie espagnole, la guerre commencée en 1635 ; elle avait été précédée d'une trêve, depuis le commencement de l'année. Elle donne à la France, l'Artois, le Roussillon ; elle contraint l'Espagne, qui avait seule continué la guerre, à reconnaître l'indépendance de la Hollande insurgente et républicaine. Toutes les conférences tenues dans l'Ile des Faisans, sur la Bidassoa, sont présidées par don Louis de Haro et Mazarin. L'une des premières clauses est le mariage du roi avec l'infante ; le ministre d'Espagne n'obtient qu'avec peine le rétablissement du prince de Condé qui, après avoir fait la guerre civile en France, s'était réfugié chez les Espagnols. — Peu après cette Paix, les compagnies d'ordonnance se forment en régiments de cavalerie.

PAIX de 1667 (26 janvier, 31 juillet) (F), ou paix de Bréda, conclue par la médiation du roi de Suède. Elle met fin à la guerre de 1665, allumée entre la Hollande, le Portugal, l'Angleterre, l'Espagne et la France. — Les conquêtes réciproques sont restituées. — Il en est traité dans le *Spectateur militaire* (viie vol., 42e liv., p. 626).

PAIX de 1668 (2 mai) (F), ou paix d'Aix-la-Chapelle. — Louis quatorze, victorieux de l'Angleterre, de la Hollande et de la Suède coalisées dans la guerre de 1667, propose la Paix et restitue la Franche-Comté qu'il venait de conquérir.

PAIX de 1678 (F), ou paix de Nimègue, signée avec la Hollande le 10 août, et avec l'Espagne le 17 septembre, conclue avec l'empereur et l'Empire le 5 février 1679, et avec l'électeur de Brandebourg le 29 juin. Elle termine la guerre de 1672. — Louis, après avoir résisté glorieusement à la moitié de l'Europe coalisée contre lui, offre et signe la Paix. Elle lui vaut les principales villes de la Flandre espagnole avec leur territoire, et met le sceau à sa gloire et à sa puissance en le rendant l'arbitre de l'Europe. — Elle donne à la France l'Alsace, la Franche-Comté, et met à même de réduire considérablement une armée démesurée. — Le congrès n'en débattit qu'en français les conditions ; cette Paix assura, par là, la fortune de notre langue dont le traité de Westphalie avait commencé l'universalité.

PAIX de 1697 (19 octobre) (F), ou paix de Riswick. Elle est nécessitée par le peu de succès de la guerre ruineuse de 1688 ; elle est défavorable à la France, et honteuse même. On la regarde comme une des fautes nombreuses de Louis quatorze vieilli. — Vauban (1706, février) dit au sujet de cette Paix et de la France : *l'ayant absolument désarmée de ce qu'elle avait de meilleures places au profit des ennemis, en nous obligeant au rasement de la plupart des autres... Le tout, par le mauvais office du traité de Riswick.* — Elle coûte, en effet, au royaume vingt-deux places ou citadelles, dispendieusement créées depuis peu par Vauban, et toutes les conquêtes faites depuis la paix de Nimègue. — Ce fut, dit Voltaire, le duc de Beauvilliers, membre du conseil, qui fit décider cette paix, *parce que les peuples commençaient à être malheureux.* — Le roi de France, après s'être lié au duc de Savoie par un traité particulier où fut arrêté le mariage de la fille de ce prince avec le duc de Bourgogne, conclut une paix générale avec les autres puissances, reconnaît Guillaume roi d'Angleterre, rend à l'Espagne presque tout ce qu'il lui avait enlevé, et reçoit en échange quelques places sur le Rhin. — Barbezieux, jeune et aimant la jeunesse, licencie tous les régiments de cavalerie que commandent de vieux officiers, et ne conserve que ceux qui ont à leur tête de jeunes seigneurs. — Le vieux Louis quatorze, qui aurait dû agir dans le sens opposé, y donne les mains et fait mettre à la réforme tous les vieux soldats des corps maintenus sur pied, sous prétexte, à ce que disent les Mémoires de Saint-Hilaire, que quand *la guerre reviendrait ces gens-là seraient morts ou hors de service.*

PAIX de 1713 (11 avril, 13 juillet) (F), ou paix d'Utrecht. Elle met fin à la guerre de 1701, ou de la succession d'Espagne; elle n'était conclue qu'entre la France et l'Angleterre, mais le traité de Radstadt, signé en 1714 (6 mars) par Villars et Eugène, en fut le complément. — Philippe cinq est reconnu, mais à de déshonorantes conditions; Dunkerque voit ses fortifications détruites et son port comblé. Il ne reste à Louis, de cinquante ans de combats, et de ses brillantes conquêtes, que Lille et deux ou trois villes en Flandre. — Cette paix est suivie de la réforme de 1715, réforme qui coûte plus de quatre millions par an comme solde d'officiers renvoyés.

PAIX de 1714. v. guerre de 1701. v. paix de 1713.

PAIX de 1721 (13 juin) (F), ou paix d'Espagne. Elle termine la guerre commencée en 1717 par l'Espagne qui s'empare de la Sardaigne. Les Français l'ont appelée guerre de 1719. Deux traités sont conclus à Madrid par le roi d'Espagne, l'un de Paix avec l'Angleterre, l'autre d'alliance défensive avec la France et l'Angleterre.

PAIX de 1738 (18 novembre) (F), ou paix de Vienne. Cette Paix, entamée et décidée dès 1735 (3 novembre), est l'ouvrage du cardinal de Fleury, et termine la guerre commencée en 1733. — La France victorieuse en offre les conditions à l'empereur, qui fut heureux de les accepter. L'infant dom Carlos est reconnu roi de Naples et de Sicile. La Toscane est assignée à François, duc de Lorraine, gendre de l'empereur, en échange de la Lorraine et du Barrois qu'il cède au roi Stanislas, et dont la possession est assurée à la France. — M. Sicard applique à cette Paix la date du 3 octore.

PAIX de 1748 (18 octobre) (F), ou paix d'Aix-la-Chapelle. Elle est conclue entre la France, l'Angleterre et l'Espagne; elle termine la guerre de 1741. Elle insulte à la dignité de la France en l'obligeant à expulser le prétendant Edouard dont elle avait encouragé et secondé les efforts. Elle est le fruit des intrigues et des instigations de madame de Pompadour; car le nom de toutes les maîtresses de Louis quinze se mêle à l'histoire des guerres qu'il a soutenues. L'armée française, constamment victorieuse dans les Pays-Bas, était au moment d'emporter Maestricht et Berg-op-Zoom; l'Allemagne, l'Italie, les Pays-Bas étaient ravagés. On demande à Louis quinze la Paix qu'il avait offerte tant de fois vainement; il l'accorde, sans aucun avantage pour la France, sans même laver sa honte en rele-

vant les remparts de Dunkerque. — Le roi de Prusse et le duc de Savoie en recueillent au contraire d'importants avantages. Dom Carlos est maintenu dans le royaume des Deux-Siciles. — Depuis cette Paix, les puissances imitent l'exemple de Louis quatorze et continuent d'entretenir d'immenses armées; plus d'un million d'hommes restent sous les armes.

PAIX de 1762 (3 novembre) (F), ou paix de Fontainebleau, ou paix de Paris, ou paix de Hubertsbourg, ou Paix de 1763 (10 février), comme l'appellent les Anglais, parce qu'elle ne fut signée à Londres que le 10 février de cette année entre la Prusse et l'Autriche. — En 1762, la France était au moment de succomber sous les efforts réunis de l'Angleterre et d'une partie de l'Allemagne, lorsque Praslin, ministre des affaires étrangères, et Choiseul, parvinrent à conclure la Paix par l'intermédiaire de la diplomatie sarde. Ses préliminaires furent signés le 3 novembre. — Ce rapprochement entre les puissances ne fut pas moins humiliant pour la France que n'avait été honteuse la guerre de 1756 qui finissait. Vingt-un jours suffirent pour régler les stipulations, et le traité eût été plus désastreux encore s'il eût tardé davantage. — Ce déplorable événement dans l'histoire de notre politique nous enlève de riches colonies et nous soumet à recevoir, dans les murs de Dunkerque, un commissaire anglais chargé d'y veiller à ce que les fortifications n'en soient pas relevées. — Le cardinal de Bernis, exclu du ministère en 1758, pour avoir voulu hâter la cessation des hostilités, eut le bonheur de ne pas signer ce traité qui rabaissait la France au rang des puissances de second ordre. — La France échange Minorque, qu'elle rend à l'Espagne, contre Belle-Ile que lui remet l'Angleterre. Louisbourg et le Canada sont cédés à la Grande-Bretagne, ainsi que les terres situées sur la rive gauche du Mississipi. — La Paix coûte à la France l'île de Grenade et nous restitue la Martinique et la Guadeloupe. — Les Anglais nous abandonnent de faibles débris de leurs conquêtes dans l'Inde et restent en possession de Gibraltar. L'Espagne y perd la Floride, mais obtient la Louisiane aux dépens de la France, qui se l'est fait restituer en 1801, et que Bonaparte vendit ensuite aux Etats-Unis pour quinze millions de dollars. — La Paix de 1762 fut surtout glorieuse pour la Prusse, et elle enivra l'Angleterre d'un orgueil qui dura jusqu'à la guerre de 1775. — Elle réduisit la solde sur le pied de paix.

PAIX de 1769. v. guerre de 1767.

PAIX de 1782 (3 septembre) (F), ou PAIX DE VERSAILLES, définitivement conclue le 20 mai 1783, entre la FRANCE, l'ESPAGNE, l'ANGLETERRE, la HOLLANDE, et les ETATS-UNIS ; elle met fin à la GUERRE DE 1775. Elle consacre l'indépendance des ETATS-UNIS, nous donne Tabago, est la plus glorieuse que, depuis longtemps, nos monarques eussent signée.

PAIX de 1795 (9 février) (F), ou PAIX DE PARIS, entre la république et la TOSCANE. M. SICARD la rapporte au 15 février.

PAIX de 1795 (5 avril) (F), ou PAIX DE BALE, conclue par les soins de Barthélemi et de Hardenberg, entre la république et FRÉDÉRIC-GUILLAUME deux de PRUSSE.

PAIX de 1795 (16 mai) (F), ou PAIX DE LA HAYE, entre la république et les provinces unies des PAYS-BAS.

PAIX de 1795 (17 mai) (F), ou PAIX DE BALE, conclue par l'entremise de la PRUSSE, entre une partie de l'empire germanique et de la FRANCE.

PAIX de 1795 (22 juillet) (F), ou PAIX DE BALE, entre la FRANCE et l'ESPAGNE.

PAIX de 1795 (18 août) (F), ou PAIX DE BALE, entre la FRANCE et Hesse-Cassel.

PAIX de 1796 (15 mai) (F), ou PAIX DE PARIS, entre la FRANCE et la SARDAIGNE.

PAIX de 1796 (7 août) ou PAIX DE PARIS, entre la FRANCE et le WURTEMBERG.

PAIX de 1796 (10 octobre) (F), ou PAIX DE PARIS, entre la FRANCE et le royaume de NAPLES.

PAIX de 1796 (1er juin) (F), ou PAIX DE TURIN, entre la FRANCE et la SARDAIGNE.

PAIX de 1796 (5 novembre) (F), ou PAIX DE PARIS, entre la FRANCE et PARME.

PAIX de 1797 (15-23 février) (F) ou PAIX DE TOLENTINO, entre la FRANCE et ROME.

PAIX de 1797 (10 août) (F), ou PAIX DE PARIS, entre la FRANCE et le PORTUGAL.

PAIX de 1797 (17 octobre) (F), ou PAIX DE CAMPO-FORMIO, ou PAIX DE LÉOBEN, entre la FRANCE et l'AUTRICHE. Les préliminaires en avaient été signés le 18 avril à LÉOBEN. Elle coûte à l'AUTRICHE, les PAYS-BAS, les duchés de MANTOUE et de MILAN, le Brisgaw ; mais l'empereur d'AUTRICHE reçoit en dédommagement la plus grande partie des possessions vénitiennes.

PAIX de 1801 (9 février) (F), ou PAIX DE LUNEVILLE conclue entre la FRANCE, l'empereur et le corps germanique. L'Autriche y perd le comté de Falkenstein et du Frich-

thal. La Toscane, gouvernée par un père de l'empereur, reste, ainsi que l'île d'Elbe, à la France.

PAIX de 1801 (9 mars, ou 27 avril) (F), ou PAIX DE FLORENCE, entre la FRANCE et NAPLES. M. SICARD la met à la date du 28 mars.

PAIX de 1801 (24 août) (F), ou PAIX DE PARIS, entre la FRANCE et le PALATINAT.

PAIX de 1801 (14 septembre) (F), ou PAIX DE PARIS, entre la FRANCE et la BAVIÈRE.

PAIX de 1801 (22 septembre) (F), ou PAIX DE PARIS, entre la FRANCE et la TURQUIE.

PAIX de 1801 (29 septembre) (F), ou PAIX DE MADRID, entre la FRANCE et le PORTUGAL.

PAIX de 1801 (8 octobre) (F), ou PAIX DE PARIS, entre la FRANCE et la RUSSIE.

PAIX de 1802 (25 mars) (F), ou PAIX D'AMIENS. Elle est un des nombreux ARMISTICES dont s'est entrecoupée la GUERRE DE 1792 ; elle est conclue entre la FRANCE et la GRANDE-BRETAGNE ; elle est signée par Azara, Joseph Bonaparte, lord Cornwallis, et Schimmelpennink. A peine conclue, elle est rompue par le cabinet britannique qui prouva, dit le général Foy, *que le monde n'était pas assez grand pour contenir à la fois l'Angleterre et Bonaparte : le cabinet, conformément aux maximes de son droit public, s'empara de tous les vaisseaux français qui couvraient la mer.* — Suivant le système de quelques écrivains, le traité d'Amiens terminait la GUERRE DE LA RÉVOLUTION ; suivant beaucoup d'autres, cette GUERRE ne prend fin qu'en 1814. — Le *Dictionnaire de la Conversation* se trompe de date au sujet de la Paix d'Amiens.

PAIX de 1802 (29 septembre) (F), ou PAIX DE PARIS ; elle suspend les HOSTILITÉS entre la FRANCE et le PORTUGAL.

PAIX de 1802 (8 octobre) (F), ou PAIX DE PARIS ; elle est conclue entre la FRANCE et la RUSSIE. M. SICARD la dénomme *paix de 1801*.

PAIX de 1802 (9 octobre) (F), ou PAIX DE PARIS ; elle est conclue entre la France et la Porte ottomane. M. Sicard la met sous la date du 29 juin.

PAIX de 1805 (26 décembre) (E), ou PAIX DE PRESBOURG, entre la FRANCE et l'AUTRICHE. Elle coûte à cette dernière puissance ses possessions d'ITALIE, ainsi que le Tyrol ; le grand-duc de TOSCANE devient électeur de Wurtzburg. Le *Journal de l'Armée*, t. IV,

p. 157, s'étend en quelques détails à ce sujet.

PAIX de 1807 (7 et 9 juillet) (F), ou PAIX DE TILSITT. Elle est le fruit de la bataille de FRIEDLAND, et le terme d'une campagne de vingt jours ; elle est conclue le 7 entre BONAPARTE et ALEXANDRE, et le 9 avec Guillaume quatre.

PAIX de 1809 (10 octobre) (F), ou PAIX DE VIENNE. Elle est le mémorable résultat de la bataille de WAGRAM ; elle réconcilie la FRANCE et l'AUTRICHE ; mais elle coûte à cette dernière, la Carniole, une partie de la Carinthie, la Dalmatie, et les districts militaires de la Croatie, devenus provinces illyriennes ; d'étonnants résultats politiques en sont le produit, et le sang des Césars se mélange.

PAIX de 1814 (30 mai) (F), ou PAIX DE PARIS. Elle mutile le territoire français, en le dépouillant de ses FRONTIÈRES naturelles et même de FORTERESSES acquises ou construites par LOUIS QUATORZE ; elle renouvelle ce traité des barrières qui établissait geôlières les cours de PIÉMONT et de HOLLANDE ; elle rend à l'AUTRICHE tout ce qu'elle avait perdu et plus ; elle rend à la FRANCE les Bourbons. Si l'on en croyait un discours un peu âcre prononcé par LAMARQUE, en 1831 (15 janvier), elle fut, pour les FRANÇAIS qui la signèrent, *une halte dans la boue.*

PAIX de 1815 (26 septembre, 3 novembre, 20 novembre) (F), ou PAIX DE PARIS, ou Paix générale. Traité de pacification, dont la place Vendôme, le pont d'Iéna, le Louvre, HUNINGUE DÉMANTELÉE, garderont un long souvenir. Cette fatale issue d'une lutte de vingt-trois ans, ce dénouement hors de toute prévision semble fait pour décréditer la gloire. PARIS est brutalement spolié des chefs-d'œuvre dont il s'était enrichi, dont l'acquisition avait été légitimée par le chef de l'Eglise, dont la possession avait été souscrite solennellement par tous les souverains. Le royaume des PAYS-BAS prend naissance, et l'ANGLETERRE le hérisse de FORTERESSES tournées vers la FRANCE ; l'ancien roi de NAPLES remonte sur le trône. — Un payement de sept cent cinquante millions en trois ans est exigé au profit des alliés ; des réclamations de divers pays, non compris celles des Etats-Unis, enlèvent au trésor plus de trois cents millions ; l'or entré par contributions dans les fourgons des généraux ennemis équivaut à quatre cent cinquante millions. — La dernière scène du grand drame est la signature du contrat de la Sainte-Alliance.

PAIX de BALE. v. BALE. v. PAIX DE 1795 (5 avril, 17 mai, 22 juillet, 18 août).

PAIX de BRÉDA v. BRÉDA. v. PAIX DE 1667.

PAIX de CAMPO-FORMIO. v. CAMPO-FORMIO. v. DRAPEAU D'INFANTERIE FRANÇAISE DE LIGNE. v. GUERRE DE 1792. v. PAIX DE 1797.

PAIX de DIEU (F), ou TRÊVE DE DIEU. Sorte de PAIX que le clergé essaya d'établir dans le onzième siècle, époque où la FÉODALITÉ était dans toute son énergie, et les GUERRES PRIVÉES et le droit de FAIDE dans toutes leurs fureurs. En 1035, les hommes d'église, fréquemment spoliés par les exactions des GUERRIERS, cherchèrent, autant dans leur intérêt que dans celui du peuple, à ramener à plus de concorde les chrétiens. N'ayant pu y réussir, ils se restreignirent à un terme moyen et appuyèrent sur un prétendu miracle la proposition de la TRÊVE DE DIEU, qui eut force de loi en quelques contrées. Depuis 1041, à la suite de plusieurs conciles provinciaux, toute effusion de sang entre chrétiens était défendue à partir du coucher du soleil de mercredi, jusqu'au lever du soleil de Lundi. la même interdiction régnait pendant le carême, l'avent et les fêtes patronales. Ce furent, presque partout, d'impuissants palliatifs ; les CROISADES seules apportèrent, par la force des choses, un adoucissement aux GUERRES PRIVÉES. — Cependant, en NEUSTRIE et dans l'étroit royaume du faible HENRI PREMIER, la TRÊVE DE DIEU fut repoussée, parce que ce monarque prétendit que ses droits en étaient blessés. Impuissant à tempérer les massacres de ses sujets, il s'indignait qu'une autre autorité travaillât à les réprimer.

PAIX de FONTAINEBLEAU. v. ARTILLERIE D'ARMEMENT. v. CAPITAINE EN SECOND. v. CHASSEUR D'INFANTERIE. v. CIBLE. v. FONTAINEBLEAU. v. GÉNÉRAL FRANÇAIS N° 2. v. GUERRE DE 1756. v. MILICE POLONAISE N° 5. v. MINISTRE DE LA GUERRE EN 1761. v. PAIX DE 1762.

PAIX de FLORENCE. v. FLORENCE. v. PAIX DE 1801 (9 MARS).

PAIX de HUBERTSBOURG. v. HUBERTSBOURG. v. PAIX DE 1762.

PAIX de LA HAYE. v. LA HAYE. v. PAIX DE 1795 (16 MAI).

PAIX de LÉOBEN. v. LÉOBEN. v. PAIX DE 1797 (17 OCTOBRE).

PAIX de LUNÉVILLE. v. GUERRE DE 1792. v. LUNÉVILLE. v. PAIX DE 1801 (9 FÉVRIER).

PAIX de MADRID. v. MADRID. v. PAIX DE 1801 (29 SEPTEMBRE).

PAIX de Munster. v. Munster. v. paix de 1648.

PAIX de Nimègue. v. Nimègue. v. camp de plaisance. v. compagnie d'infanterie française de ligne n° 5. v. escadron français n° 5. v. file de bataillon. v. langue française. v. paix de 1648, — 1678, — 1697.

PAIX de Paris. v. age apomaque d'officier. v. armée permanente. v. fusée de guerre. v. généralissime. v. guerre de 1792. v. milice anglo-américaine. v. milice prussienne. v. paix de 1762, — 1795 (9 février, 15 mai), — 1796, — 1797, — 1801 (24 aout, 14 et 22 septembre, 8 octobre), — 1802 (29 septembre, 8 et 9 octobre), — 1814, — 1815. v. Paris. v. serf.

PAIX de Presbourg. v. guerre de 1792. v. paix de 1805. v. Presbourg.

PAIX de Quiérasque. v. paix de 1631. v. Quiérasque.

PAIX de Radstadt. v. guerre de 1701. v. paix de 1697. v. paix de 1713. v. Radstadt.

PAIX de Riswick. v. camp. v. choc. v. guerre de 1688. v. hussard n° 1. v. ingénieur militaire. v. milice provinciale. v. paix de 1697. v. Riswick.

PAIX de Tilsitt. v. paix de 1807 v. Tilsitt.

PAIX de Tolentino. v. paix de 1797. v. Tolentino.

PAIX de Turin. v. paix de 1796. v. Turin.

PAIX de Versailles. v. général français n° 2. v. grenade a main. v. milice anglaise n° 1. v. paix de 1782. v. Versailles.

PAIX de Vervins. v. compagnie d'infanterie française de ligne n° 5. v. gardes françaises n° 2. v. mestre de camp n° 5. v. paix de 1598. v. Vervins.

PAIX de Vienne. v. artillerie de campagne. v. bataillon de miliciens. v. général français n° 2. v. guerre de 1792. v. milice provinciale. v. paix de 1738, — 1809. v. serment. v. Vienne.

PAIX de Westphalie. v. armée permanente. v. guerre de 1635. v. langue française. v. paix de 1648, — 1697. v. Westphalie.

PAIX des Pyrénées. v. armée française n° 4 (tableau). v. avancement. v. gendarmerie de Lunéville. v. gendarmerie du moyen age. v. guerre de 1635. v. inspecteur général n° 1. v. paix de 1648, — 1659. v. Pyrénées. v. sergent de bataille.

PAIX d'Espagne. v. Espagne. v. hussard n° 1. v. paix de 1721.

PAIX d'Utrecht. v. guerre de 1701. v. guerre de 1756. v. milice portugaise n° 1. v. milice provinciale. v. milice prussienne n° 1. v. officier de compagnie. v. paix de 1713. v. Utrecht.

PAIXHANS; PAJOT. v. noms propres.

PAL, subs. masc. (F), ou paladel, ou palet, suivant M. Roquefort, ou palis, ou palit, ou pau, ou pel, qui faisait au pluriel, pals, palz, paulx, paus, paux; il a produit le verbe paleter. — Laissons ici de côté le mot Pal, pris dans le sens de supplice et d'exécution a mort; envisageons-le sous le point de vue de la tactique. — Des écrivains sont d'avis que les mots mentionnés plus haut sont dérivés du latin *palus*, d'où le bas latin *palicellum, palicia*, et le français paladin, sorte de guerrier, palanque, paleteis, palleteis, palletie, palletis, signifiant tous escarmouche, ou combat entre des paulx, le long des paulx. — Philippe de Clèves (1520, A) écrit Pel au lieu de Pal; mais c'est probablement une erreur de copiste. — Gébelin dérive, avec peu de ressemblance, Pal, du celtique *Pal*, lancer; d'où, suivant lui, le grec *pallo, ballo*; mais le Pal ou pièce militaire n'était pas destiné à être lancé. — D'autres étymologistes pensent qu'il vient de l'allemand *pfakl*, palissade, poteau, qui, suivant M. Heeren, se prononçait tantôt *Pal*, tantôt *fal*, suivant les idiomes divers; ces mots auraient produit faubourg, et voici sur quoi des savants appuient l'assertion. — Du temps de Rodolphe de Habsbourg et vers 1291, les villes libres d'Allemagne prennent naissance et commencent à s'opposer par les armes aux exactions des seigneurs féodaux; pour fortifier leur résistance, elles prodiguaient le droit de bourgeoisie et offraient un refuge aux émigrés de la glèbe et aux serfs qui s'émancipaient par la fuite. A défaut de place dans l'intérieur des cités, ces habitants nouveaux s'établissaient, soit entre le mur d'enceinte et les palissades, soit en dehors des fermetures. Les premiers s'appelaient, comme le témoignent les chroniques allemandes du treizième siècle, *pfahlburger*, c'est-à-dire bourgeois de Paulx ou de faubourgs, parce qu'ils étaient en deçà des poteaux délimitateurs; les autres s'appelaient *ausburger*, bourgeois du dehors, ou des avant-portes. — Les savants qui tiennent pour l'origine latine se servent d'un argument qui n'est pas sans force, et témoignent que les Latins appelaient *palaria*, comme le prouve l'ENCYCLOPÉDIE (1751, C, au mot *Romain*), cette branche de la GYMNASTIQUE des TROUPES qui consistait à lancer le PILUM, à viser et à atteindre un Pal, un pieu. M. JACOB, qui partage, en fait d'étymologie, l'opinion de HEEREN, en déduit que le substantif palier vient originairement de Pal et signifie circonscription entre des paulx, ou des poteaux. — JABRO (1777, G) affirme que, par les mots GUNNA et Canones, les AUTEURS du MOYEN AGE voulaient exprimer des paulx défensifs ou en manière de FRAISES ou de PALISSADES. — En vieux français on appelait PALICE, une rangée de PAULX, ou de PIEUX FERRÉS et défensifs ; maintenant, par une synonymie blâmable, on appelle PALISSADE, et un PIEU ou un Pal, et une barricade de PIEUX. — Le mot Pal rappelle un SUPPLICE atroce ; mais il va être considéré non comme une PEINE, mais comme un instrument militaire dont s'est servie l'INFANTERIE ; il était analogue aux pieux que menait à sa suite la MILICE CHINOISE, ou que portait sur son dos le LÉGIONNAIRE ROMAIN ; il était aiguisé par les deux bouts. Les FRANÇAIS en font usage à la bataille de NICOPOLIS, en 1396 ; mais ce fut surtout l'INFANTERIE ANGLAISE qui s'en servit dans la GUERRE DE LA SUCCESSION DE FRANCE, et en cela les BOURGUIGNONS, longtemps alliés des ANGLAIS, imitèrent leur milice. A AZINCOURT, en 1415, *chaque archer anglais légèrement armé, la plupart même nus de la ceinture aux pieds, portaient un Pal ferré des deux bouts* ; ils les plantaient entrelacés devant la troupe et inclinés vers l'ennemi ; VELLY, à la date 1465, appelle PIQUET FERRÉ ce Pal. — En 1423 à CRÉVANT, à VERNEUIL en 1424, les ANGLAIS renouvellent ce moyen de RETRANCHEMENT, et on le retrouve encore à la bataille de MONTLHÉRY où les BOURGUIGNONS le pratiquèrent. — On y avait recours aussi bien en plaine que dans les SIÉGES DÉFENSIFS. — MONTÉCUCULI (1704, D) prétendait rajeunir ce procédé, en proposant de faire servir au même usage la FOURCHETTE des MOUSQUETAIRES D'INFANTERIE. — L'emploi du Pal s'est renouvelé dans l'expédition d'EGYPTE et peu avant l'incursion en SYRIE. L'ordre du jour de l'an sept (1er nivôse) prescrivait que *chaque soldat d'infanterie sera armé d'un pieu de cinq pieds de hauteur, conforme au modèle, etc. Le pieu sera porté derrière l'épaule gauche, le bout appuyé dans un porte-pieu fixé à la giberne.* — Les ordres du jour de la même année (27 nivôse et 4 pluviôse) donnèrent de longues instructions sur l'exercice du PIEU pour l'école de peloton, de bataillon et de ligne. — Plusieurs des CORPS envoyés

en SYRIE furent exercés au maniement de cet instrument. Les GUIDES A PIED surtout s'y livrèrent et souvent sous les yeux de BONAPARTE. — Le trajet à travers le désert fit éprouver combien les pieux gênaient la marche et surchargeaient le SOLDAT. Le COMBAT d'El-Arich les fit juger nuisibles, et ils furent bientôt abandonnés ou brûlés. — Le mot Pal a survécu dans la langue des ARMOIRIES ; il y figure comme MEUBLE DE BLASON, comme souvenir des TOURNOIS, comme dénomination des barreaux d'une LICE, d'une HERSE DE FORTERESSE, d'une ORGUE DE MORT. L'ART HÉRALDIQUE connaît aussi la VERGETTE, c'est-à-dire un Pal rétréci.

PALACÉE, subs. fém. V. ARME D'ESTOC. V. ÉPÉE. V. HUSSARD N° 4. V. PANSTERÉCHE. V. SABRE.

PALADÉE, subs. masc. V. PAL.

PALADIN (paladins), subs. masc. (F), ou palasin suivant le *Dictionnaire de la Conversation*, ou PALATIN suivant ROQUEFORT (1835). Mot dérivé, suivant Robert ESTIENNE et JABRO (1777, G), du LATIN *palatium, palatinus*, homme du palais ; mais, suivant des opinions qui méritent croyance, il viendrait du bas LATIN *paladinus*, dérivé de *palus*, PAL, paulx, et donnant idée d'un CHEVALIER couvert de son ARMURE, combattant ou prêt à combattre dans une LICE fermée de PAULX. — On a regardé comme comparable à la qualification de Paladins celle de *comites*, COMTES, ou compagnons, que mentionne TACITE, celle de *fortes*, qu'on retrouve dans GRÉGOIRE DE TOURS, et celle de PREUX, qui eut cours depuis le douzième siècle. — On appelle en général Paladins, des membres de la CHEVALERIE primitive, ayant l'OLIFANT suspendu en sautoir et le buste caché sous une CUIRASSE ; tels étaient ces romanesques Paladins de CHARLEMAGNE, dont les noms ont retenti si longtemps dans les CHANTS MILITAIRES que disaient en chœur les CHANTEURS pour exciter nos ancêtres aux combats. Des ÉCRIVAINS qui ont traité des ORDRES DE CHEVALERIE prétendent qu'alors PAIRS ou Paladins étaient même chose ; mais l'un de ces termes est devenu une locution ironique, l'autre est resté titre de dignité.

PALAIS, subs. masc. V. ADJUDANT DE P... V. COMTE DU P... V. MAIRE DU P... V. MARÉCHAL DU P... V. OFFICIER DU P... V. SERGENT D'ARMES.

PALANQUE, subs. fém. (F), ou PLACE A L'ALLEMANDE suivant FEUQUIÈRES (1750, A). Mot d'origine ITALIENNE, *palanca*, signifiant lieu fermé au moyen de PAULX ou de PALISSADES. GANEAU redit, d'après le *Dictionnaires des Arts*, que ce mot vient du

LATIN *parius*, PIEU. Le fait paraît peu croyable ; il est bien plus supposable qu'il viendrait de *palus*. Il s'appliquait à des OUVRAGES DE CAMPAGNE, à des PALISSADEMENTS dont parle souvent FEUQUIÈRES (1750, A). Ces ouvrages étaient surtout pratiqués en HONGRIE, suivant MAIZEROY (1771, A). Les ALLEMANDS avaient emprunté l'usage de ce genre de RETRANCHEMENT à la MILICE TURQUE, comme l'insinue MONTÉCUCULI (1704, D). C'étaient des CAMPS RETRANCHÉS composés d'arbres ou de poutres entremêlés de terre. Ils rappelaient les CAMPS ROMAINS. — Il s'est vu des Palanques françaises dans les dernières guerres de Louis QUATORZE ; elles n'étaient pas vastes, à demeure, au pied d'une ville, comme les CAMPS RETRANCHÉS proprement dits ; mais c'étaient des constructions de nature à durer deux ans au plus, et établies en rase campagne pour y tenir un CORPS à couvert. — On a considéré comme de petites Palanques les BLOCKHAUS, les CAVALIERS DE TRANCHÉE, les FORTS, les REDOUTES, et, comme imités des Palanques, les CAMPS DE FORTERESSES. — M. CARRION (1823, A), l'ENCYCLOPÉDIE (1751, C, planche 3), SERVAN (1780, B) donnent cette même définition du mot Palanque. GASSENDI au contraire appelle Palanque un PAL ou une PALISSADE sans LINTEAU de dix à douze pouces de diamètre : ce n'est autre chose qu'un tronc d'arbre dont on compose un TAMBOUR DÉFENSIF ; mais il convient plutôt, dans l'acception moderne, de regarder une Palanque comme un travail formé de PIEUX ronds de la hauteur des PALISSADES. Ils sont espacés de deux à trois pouces, et cet intervalle est fermé par des moindres PIEUX, qui, ronds aussi, au lieu d'être pointus, sont coupés carrément de manière à servir d'appui au CANON DE FUSIL. — MILLOT, POTIER (1779, X), SERVAN (1780, B), ont traité des PLACES A L'ALLEMANDE et des Palanques.

PALAS, subs. masc. v. MILICE TURQUE N° 4. V. PANSTÉRÈCHE. V. SABRE.

PALASIN, subs. masc. v. PALADIN.

PALASTRE, subs. fém. v. PALATRE. V. PELLE.

PALATIN, adj. et subs. v. PALATIN.

PALATIN ; **PALATINAT.** v. NOMS PROPRES.

PALATRE, subs. fém. (B, 1), ou PALASTRE, ou PÉLATRE. Mots analogues, suivant GÉBELIN, au substantif PELLE, et donnant idée de la partie d'une MONTURE DE SABRE qu'on appelle aussi COQUILLE.

PALAYE. v. NOMS PROPRES.

PALEFRAY, subs. masc. v. PALEFROI.

PALEFRENIER, subs. masc. (F), ou PALEFOURNIER suivant Henri ESTIENNE. Mot dérivé du bas LATIN barbare *palafredus*, suivant DUCANGE, ou *palafrenarius*, ou *palefranarius*, ou *palefredus*, ou *palefrenarius*, comme l'écrit le second concile de Pise, ou *parafredus*, suivant BOREL (Pierre), ou *paraverdus*. Le mot *frenum*, *frenare* en était la racine. — Le Palefrenier est l'homme qui met le mors, le frein ; le PALEFROI est l'animal bridé ou conduit par le Palefrenier. — Avant d'être HOMMES DE PIED, les LANSQUENETS étaient des Palefreniers, des REITRES.

PALEFROI, subs. masc. (F), ou PALEFROY, ou PALEFRAY, ou PAREFROY. Mots à l'égard desquels les étymologistes sont mal d'accord, comme MÉNAGE le témoigne dans un long article. — GÉBELIN tire Palefroi du celtique *pal*, main, et du LATIN *veredus* ou *fredus*, CHEVAL ; les ITALIENS disent *palafreno*, ce qui a fait croire que le terme venait originairement du français *par le frein*, comme on dirait cheval conduit à la main : les ANGLAIS disent *palafrey*, c'est le vieux mot français. Palefroi est analogue à PALEFRENIER ; mais lequel des deux vient de l'autre, c'est l'objet d'un doute. — Les Palefrois étaient un des genres de montures des CHEVALIERS DU MOYEN AGE. — CARPENTIER regarde le Palefroi comme un CHEVAL de service ; M. ROQUEFORT, au contraire, comme un cheval de parade, un DESTRIER ; BARBAZAN, comme un CHEVAL dressé au manége, un CHEVAL de GENTILHOMME. L'ACADÉMIE dit, aux mots *Destrier* et *Palefroi*, qu'un Palefroi était un cheval de cérémonie ; c'est inexact. C'était surtout le GRAND CHEVAL, le CHEVAL TENICLE, le DESTRIER, qui figurait aux cérémonies. FURETIÈRE le regarde comme un CHEVAL de pas, un cheval de second ordre, entre le DESTRIER et le ROUSSIN ; CARRÉ (1783, E), comme un CHEVAL de premier ordre, un grand cheval, un de ceux qui étaient TÉNICLÉS, ou à SAMBUE, à TENICLE. — Mais penchons vers l'opinion que le Palefroi était plutôt une bête de pas, de voyage, qu'un CHEVAL de cérémonie, de pompe. — On peut consulter sur ces questions : BOREL (Pierre), CARRÉ (1783, E), FURETIÈRE, NICOT, VELLY, le *Dictionnaire de la Conversation*.

PALEFROY, subs. masc. v. PALEFROI.

PALESINE ; **PALESTINE.** v. NOMS PROPRES.

PALESTRE, subs. fém. v. PALESTRIQUE.

PALESTRIQUE, subs. fém. (F). Mot tiré du latin *palestra*, lieu de la lutte dans les académies grecques. La Palestrique, ou science de la PALESTRE, était une des parties principales de la GYMNASTIQUE. Elle comprend cinq exercices, suivant MORÉRI : la LUTTE, le PUGILAT, le TRAIT ou le DISQUE, la COURSE, le SAUT ou la danse; mais, suivant d'autres opinions, cet ensemble composait le PANCRACE, et la Palestrique n'était uniquement que la LUTTE.

PALET, subs. masc. V. CASQUE.

PALET, subs. masc. V. ESCARMOUCHE. V. PAL.

PALETEIS, subs. masc. V. ESCARMOUCHE. V. PAL.

PALETER, verb. neut. (F). Mot qui répond au bas latin *palus*, signifiant pal, pieu, barrière : quelques-uns l'ont fait venir du GREC *pallein*, COMBATTRE en un PALETIS, exécuter pendant un SIÉGE de PETITES SORTIES pour la DÉFENSE des BARRIÈRES, d'une PORTE d'un lieu DÉFENDU.

PALETIS, subs. masc. V. ATTAQUE DE CHEMIN COUVERT. V. DÉFENSE DE CHEMIN COUVERT. V. ESCARMOUCHE. V. PAL. V. PALETER.

PALETOT, subs. masc. (F), ou PALLETOC, ou PAILETOCQ, ou PALTOCQ suivant ROQUEFORT, ou PAILETOT, ou PALTHOT, ou PALTOQUET. Mot dérivé, suivant BOREL (Pierre), de *peltum*, bouclier, et, suivant MÉNAGE, du LATIN *palla*, sorte de MANTEAU, et du bas breton *toc*, chapeau, capuchon. C'était, suivant GÉBELIN et ROQUEFORT, un MANTEAU court à l'usage des GAULOIS; il était analogue au *pallium*, MANTEAU grec, et comparable par la forme à la saye ou sayon. — Le terme donne idée d'un HOQUETON, d'un POURPOINT, ou d'un genre d'HABIT MILITAIRE autrefois en usage. Ce mot se retrouve dans l'ESPAGNOL *paletoque*. Suivant NICOT, le paletoc était une robe de femme; suivant MONET, c'était une saye à manches tombant à mi-cuisses. — Le mot Paletot est resté dans la LANGUE MILITAIRE comme signifiant SARRAU, ou capote de MARIN, ou petit MANTEAU à capuchon. — Le CABAN de la MILICE HELLÉNIQUE était un genre de Paletot.

PALETTE, subs. fém. V. CANTINE D'AMBULANCE.

PALETTE de SELLE. V. HUSSARD N° 4. V. MILICE PRUSSIENNE N° 4. V. SELLE.

PALETTER, verb. neut. V. COMBAT.

PALHEM. V. NOMS PROPRES.

PALICARE, subs. masc. V. MILICE HELLÉNIQUE.

PALICE, subs. fém. V. PAL. V. PALISSADE.

PALIKARE, subs. masc. V. MILICE HELLÉNIQUE. V. TROUPE IRRÉGULIÈRE.

PALENTONE, adj. et subs. masc. (F). Mot dérivé du GREC, signifiant tendu à re-

bours; c'était l'épithète donnée à une BALISTE, à une CATAPULTE qui était à deux bras en forme d'arc brisé; cette MACHINE, dont la MILICE BYZANTINE faisait usage, jetait ou des TRAITS, ou des PIERRES, ou tous deux ensemble.

PALIS, subs. masc. V. PAL. V. PALISSADE.

PALISSADE, subs. fém. V. ARRIÈRE-P... V. BARRIÈRE DE P... V. ÉCRÉTER DES P... V. RANGÉE DE P...

PALISSADE (palissades) (G, 4), ou BAILLE, ou PALICE, ou PALIS suivant LACHESNAIE (1758, 1), ou PALLIS suivant MÉNAGE, ou PASLIS suivant BOREL (Pierre), ou PELLIS, ou PORPRIS suivant M. ROQUEFORT. — Le mot Palissade dérive, selon MÉNAGE, du bas LATIN *palicia*, *paliciata*, formés de *palicium* ou de *palus*; BOREL (Pierre) le tire de *palicellum*; il se retrouve dans l'ITALIEN *palizzata*; il répond aux vieux verbes PALISSER, PALLISSER, synonymes de PALISSADER. — Il exprime, dans le langage de la FORTIFICATION, et un PIEU et une RANGÉE de PIEUX; dans ce dernier cas, PALISSADEMENT vaudrait mieux. Ainsi, autrefois la LANGUE MILITAIRE s'exprimait plus correctement quand elle appelait PAL une PALISSADE prise isolément, et PALIS un travail de PALISSADEMENT, une ligne de Palissades, un APPUI FIXE de ce genre. — Le bord des FOSSÉS de BELGRADE, assiégée en 1546, était défendu, à ce que rapporte MONSTRELET, par *des dagues, des fers de lance, des fers de pique*; c'était un raffinement du système des Palissades. — Les Palissades sont des pièces de bois dur, sciées ou refendues, que confectionnent ordinairement les SAPEURS des ATELIERS DU GÉNIE. Elles ont un diamètre de huit à neuf pouces; leur forme est prismatique; on les taille par le haut en pointe, ou en charbonne le pied pour éviter qu'il ne pourrisse; leur longueur totale est de neuf à dix pieds; leur distance entre elles est de deux à trois pouces. On tourne du côté de l'ENNEMI une de leurs carres; on assujettit les Palissades au moyen de LINTEAUX à clous rivés, ou de traverses chevillées qui sont à quatre pieds trois pouces au-dessus du sol. — On enfonce les Palissades en terre de plus d'un mètre; leur hauteur hors terre est de cinq pieds environ; mais GUILLET (1686, B) mentionne des Palissades hollandaises qui avaient sept pieds et demi de hauteur, et qui étaient grosses comme le corps d'un homme. — La confection des Palissades et tous les soins que leur emploi demande étaient enseignés dans les RÉGIMENTS DU GÉNIE. — Il y a des Palissades cylindriques qu'on appelle PALANQUES : telles sont celles qui entourent des tambours ou autres ouvrages pareils. — Des travaux de Palissade se nomment éventails, comme le témoignent l'Encyclopédie (1785, C) et Lecomte : ce sont des ais de planches en avant des portes. — En certains ouvrages on entretient des Palissades en temps de paix; mais on a surtout recours à cette défense en temps de guerre, ou quand une forteresse est menacée d'un siége. Manesson (1685, B) conseille même de s'en servir dans les siéges offensifs et d'en fortifier les circonvallations. — On plante verticalement les Palissades par lignes ou rangées le long de la banquette du parapet, à la gorge des dehors ou des ouvrages ouverts, au point de communication des demi-lunes, dans le milieu des bermes de rempart, au fond des fossés secs, le long des caronnières, dans la contrescarpe des ouvrages sans chemin couvert, au pied des bastions à fossé inondé, aux avenues des postes défendus ou ouverts, aux abords de certaines redoutes, à l'entour des camps retranchés. — Des Palissades qu'on plante, non verticalement, mais diagonalement, s'appellent fraises. — Vauban recommande, en cas de siége, de garnir d'arrière-palissades les chemins couverts. — Les Palissades de banquette sont à peu de distance du pied du parapet, et s'en éloignent par en haut d'un demi-mètre; elles excèdent le glacis; leur linteau donne, en cas d'attaque, un point d'appui au canon de fusil de l'homme d'infanterie chargé de la défense du chemin couvert. — La manière de planter les Palissades a été jugée d'une haute importance par Vauban, comme le témoigne le mémoire spécial de 1700 (15 septembre) présenté à ce sujet par lui au roi. L'Encyclopédie (1785, C) s'est étendue aussi en un long article sur cet objet. — Belair (1792), au contraire, témoigne du dissentiment des ingénieurs au sujet des Palissades, parce que tels d'entre eux regardent comme presque impossible de les défendre quand elles sont bien attaquées par l'infanterie, ou qu'elles sont insultées ou tourmentées par l'artillerie ou le pétard; il penche pour l'opinion de ceux qui les suppriment. — Les boulets a deux têtes, la hache autrefois donnée aux compagnies de grenadiers, étaient destinés à ouvrir les lignes des Palissades, ou les barrières qui y adhèrent; on se munit aussi de cordages pour les ébranler ou les renverser, ou de fascines goudronnées pour les incendier. — Les couronnes castrenses étaient surmontées de Palissades en manière de rayons. — On peut consulter, à l'égard des Palissades, de leur fabrication, de leurs dimensions, de leur emploi : Belair (1792), Blondel, M. Can-

teloube, Coehorn, Encyclopédie (1785, C, au mot *Fortification*), Gassendi, Goulon, Guillet (1686, B), Lachesnaie (1758, I), Lecointe (1759, B), Manesson (1685, B), Meciszenski, Potier (1779, X), Sionville, Tringano, Vauban (1779), le *Dictionnaire de la Conversation.*

PALISSADE de chemin couvert. v. chemin couvert. v. palissade.

PALISSADE de forteresse. v. cavalier de tranchée. v. chemin couvert. v. hallebarde. v. machine. v. palissade.

PALISSADE hérissée. v. fraise de fortification. v. hérissé, adj. v. palissade.

PALISSADE portative. v. pal. v. portatif. v. tactique, subs.

PALISSADEMENT, subs. masc. (F). Mot dont le terme palissade explique l'étymologie; il se rapporte aux vieux verbes palisser, pallisser, qu'on prenait dans le sens de palissader; il répond au latin *vallum* et gunna; il a eu pour analogues ou synonymes antestature, estacade, estache, estaque, comme le témoigne M. Roquefort; de là vient qu'on nommait estacheis ou estaqueis un combat qui, dans une action de siége, se livrait contre les palissades ou entre des palissades. — On a pris aussi, sous l'acception de Palissadement, bordis, hour, lice, lis, ourdeis, ourdeys, palanque, pavesage, stache, staiche, et autres semblables machines. — L'art du Palissadement était poussé à la perfection dans la milice romaine. Polybe (livre 17) s'en explique avec de grands détails, et préfère de beaucoup ce genre de défense à celui de la milice grecque. On peut comparer à ces haies artificielles que fabriquait le soldat romain, ces haies vivantes qu'on voit en Flandre et en Hollande; leurs branches sont si artistement entrelacées qu'on ne peut apercevoir entre elles la moindre ouverture. — Dans le moyen age, les bastilles, les tournois, et dans les derniers siècles, les blockhaus et les circonvallations étaient des genres de Palissadement.

PALISSADER, verb. act. v. bastille. v. blockhaus. v. camp retranché. v. camp romain. v. circonvallation. v. école de Mars. v. fossé de fortification. v. ouvrage de campagne. v. ouvrage de fortification permanente. v. pal. v. palissade. v. poste strateumatique.

PALISSER, verb. act. et neut. v. pal. v. palissade. v. palissadement.

PALIT, subs. masc. v. pal.

PALLADIO. v. noms propres.

PALLE, subs. fém. v. balle a feu.

PALLETEIS, subs. masc. v. escarmouche. v. pal.

PALLETER, verb. neut. v. escarmouche.

PALLETIE, subs. fém. v. combat. v. escarmouche. v. pal.

PALLETIS, subs. masc. v. escarmouche. v. pal.

PALLETOC, subs. masc. v. paletot.

PALLETOCQ, subs. masc. v. paletot.

PALLETOT, subs. masc. v. paletot.

PALLIOT. v. noms propres.

PALLIS, subs. masc. v. palissade.

PALLISSER, verb. act. v. palissade. v. palissadement.

PALMIER; PALMIERE. v. noms propres.

PALTHOT, subs. masc. v. paletot.

PALTOCQ, subs. masc. v. paletot.

PALTOQUET, subs. masc. v. paletot.

PALUCHE, subs. fém. v. panstérèche.

PALUDAMENTUM, subs. masc. v. général d'armée n° 5. v. légion romaine n° 4. v. manteau d'habillement.

PAMPELUNE; PAMPHILE. v. noms propres.

PAN { DE CANON D'ARME PORTATIVE . . . { PAN DE CANON DE CARABINE. DE CANON DE FUSIL. }
   { D'HABIT . . . . . { PAN ANTÉRIEUR. POSTÉRIEUR. } }

PAN, subs. masc. (term. génér.). Mot dérivé, suivant M. Morin, du latin *pannus*, signifiant drap ; par extension, le terme se serait, dit-il, appliqué à quantité d'objets étrangers à l'habillement ; c'est ainsi qu'il serait désignatif de certaines faces méplates, de certaines parties des bastions, ou autres ouvrages de fortifications, des armes à feu, des armes blanches, etc. — Le substantif Pan s'est changé en pannon, pannonceau, pennon ; il est devenu synonyme de cartel d'armoiries ; il a produit le vieux terme panage, transformé en bas latin *panagium, pasnagium*, d'où est venu apanage ; il a produit le mot pancarte, signifiant série ou liste des droits et cens seigneuriaux. — Le mot sera principalement examiné ici comme pan court, — creux, — de bastion, — de canon d'arme portative, — de carabine, — de casaque, — de cotte de mailles, — de cuirasse, — de droite, — de gauche, — de laine, — de lumière, — de tente, — d'habit, — long, — postérieur, — supérieur.

PAN (pans) antérieur (B, 1). Sorte de pans d'habit qui composent la partie la plus en avant d'une basque ; le Pan antérieur porte sur la face extérieure du passepoil qui y figure la pate de la poche. Chaque Pan antérieur est joint au pan postérieur au moyen d'une couture et d'un pli qu'on nomme pli renversé.

PAN court. v. canon de fusil. v. court, adj. v. pan de canon de fusil.

PAN creux. v. biseau de lame. v. corps de lame d'arme blanche. v. creux, adj.

PAN de bastion. v. bastion. v. bastion de forteresse. v. casemate d'habitation. v. face de bastion. v. milice vénitienne.

PAN (pans) de canon d'arme portative (term. sous-génér.). Sorte de pans qui se distinguent en pan de canon de carabine et en pan de canon de fusil.

PAN (pans) de canon de carabine (B, 1). Sorte de pans de canon d'arme portative qui règnent extérieurement tout le long du canon, et qui sont destinés à le renforcer en métal ; on les nomme aussi pans longs.

PAN (pans) de canon de fusil (B, 1). Sorte de pans de canon d'arme portative qu'on appelle aussi pans courts ; ils n'étaient d'abord qu'au nombre de deux, l'un à droite, l'autre à gauche, comme le témoigne M. Cotty (1822, A), et succédaient à l'usage des canons ronds ; ils furent ensuite au nombre de cinq, mais plus longs que les Pans actuels ; ils renforçaient le tonnerre. — La question de la forme et du nombre des Pans fut regardée comme assez importante pour exercer les recherches d'Antoni, d'Euler, de Robins. — Ils règnent maintenant dans la longueur du tonnerre ; ils ont pour objet de renforcer cette partie et de contribuer à faire connaître jusqu'à quel point il convient de reviser la culasse, quand on la remet au canon dont elle aurait été séparée. — La lumière est percée au milieu du pan de droite ; de là son nom de pan de lumière. Les marques de fusil sont estampées sur ce Pan et sur le pan supérieur.

PAN de canonnière. v. canonnière.

PAN de carabine. v. carabine. v. pan de canon de c...

PAN de casaque d'armes. v. casaque d'armes.

PAN de cotte de mailles. v. cotte de mailles. v. miséricorde.

PAN de cuirasse. v. armure à haubert. v. braconnière. v. cuirasse.

PAN de droite. v. droite. v. pan de canon de fusil. v. pan d'habit. v. pan postérieur.

PAN de gauche. v. gauche. v. pan d'habit. v. pan postérieur.

PAN de lame. v. coutille. v. lame. v. lame d'arme blanche.

PAN de lumière. v. lumière. v. pan de canon. v. rempart de batterie.

PAN de polygone. v. polygone. v. rempart de forteresse.

PAN de tente. v. tente.

PAN de tour. v. tour. v. tour permanente.

PAN (pans) d'habit a basques (term. sous-génér.). Sorte de pans qui composent la partie inférieure des quartiers de certains habits d'uniforme. Ils règnent à partir du bas de la taille, et se distinguent en pan de droite et en pan de gauche. Ces quatre Pans forment les deux basques et portent les retroussis de chacun de ces deux côtés. Les Pans se nomment pan antérieur, pan postérieur.

PAN long. v. long. v. pan de canon de carabine.

PAN (pans) postérieur (B, 1). Sorte de pan d'habit qui est la prolongation d'un des quartiers du dos de l'habit. Les deux Pans postérieurs, l'un de droite, l'autre de gauche, sont cousus aux pans antérieurs. Le pan de gauche s'étend sur le pan de droite et y figure un pli horizontal de vingt millimètres de largeur, qui règne au bas du dos.

PAN supérieur. v. pan de canon de fusil. v. supérieur.

PANACHE, subs. masc. (F), ou flamme, ou pannache suivant Carré (1783, E), ou masse de plumes, suivant Lacolombière, ou pennache, ou pennage, ou plumait, ou plumet, ou tufe, suivant Daniel (1721, A) et Ducange (au mot *Tufa*). — Le mot Panache est dérivé, suivant Ménage, de l'italien *pennachio*, provenu du latin *pennaceus, pennaccum*, que Polybe (150 av. J.-C.) emploie dans le même sens; ainsi le mot Panache, quoique consacré par l'Académie, est une corruption de pennache. Les Italiens appelaient aussi les Panaches *mazze di piume*. Leurs plumassiers et ceux de Milan étaient en grande vogue. — A proprement parler, le Panache serait un bouquet, ou une touffe de plumes, porté jadis sur les casques des guerriers, sur les salades a visière, sur la cervicale ou le chanfrein de leurs chevaux, et, dans des temps plus modernes, sur le bonnet, le chapeau, le schako. — Les Anglais l'adoptèrent sous le règne de Henri cinq, et un peu plus anciennement que les Français. Le Portepennache du heaume était quelquefois à sa

partie postérieure inférieure; il y avait des casques dont le sommet portait le Panache; quelquefois, mais rarement, il était à gauche du timbre. — Au quinzième siècle les chevaux, aussi bien que les hommes, portaient de hauts Panaches. — Mais la langue militaire a confondu les termes aigrette, cimier, crête, panache. Par suite de ces synonymies vicieuses, les écrivains nous parlent de Panaches en baleine, en crins, en ivoire, en corne, en métal et même en phosphore. — Homère donne un Panache à Hector. — Pline attribue l'invention des Panaches aux Cariens. — Les Romains méprisèrent d'abord la mode des Panaches; leur cimier avait seulement un bouton ou un anneau propre à suspendre cette coiffure; mais les légions adoptèrent ensuite les Panaches, à l'imitation des Samnites. — Les centurions, les tribuns avaient un Panache distinctif, et au temps de Végèce (590, A) le Panache des hastaires consistait en trois plumes. — La colonne d'Antonin montre les casques romains ornés de divers attributs qui se sont nommés : *cima, corniculum, crista, cristula, juba, phaleræ, torques*. La colonne trajane n'offre pas un seul Panache. — Les écrivains n'expliquent pas les acceptions de ces mots, qui probablement différaient, puisque, sur des médailles antiques, l'inscription de plusieurs était quelquefois réunie. La phalère était autre chose que le Panache; cependant on a appelé phalères, des corricules distribués, dans l'antiquité, comme Panaches d'honneur, comme prix des actions d'éclat. — Les phalères lumineuses dont Suétone parle étaient apparemment des Panaches ou des cimiers; une lampe y était contenue, comme dans une lanterne. — Le Panache nommé corricule était de métal, à ce que dit Tite Live. — Jabro (1777, G) parle aussi de Panaches de feu, dont la milice byzantine faisait usage; il suppose que le cimier de ce genre de casque était garni de phosphore. — A la bataille de Bouvines, le comte de Boulogne portait un casque à Panache en baleine. Ce prince ayant été sur le point d'être fait prisonnier au siège de Gand, et ayant laissé sur le champ de bataille son casque, fut reconnu à son Panache de baleine. — Les Panaches de casques étaient supportés dans le porte-pennache, comme l'appelle Carré (1785, E), ou dans le porte-plume, comme l'appelle M. Allou. Ce tube, ce récipient était quelquefois en arrière du bas du casque, quelquefois sur son sommet, rarement à sa gauche. — Les beaux et touffus Panaches ne datent, suivant M. Rey, que de la fin du quinzième siècle. — Les templiers, s'ils se fussent conformés aux statuts de l'ordre, se fussent abstenus de surmonter de Panaches leur ARMET ou leur HEAUME; mais cette loi somptuaire fut enfreinte par eux comme toutes les autres. — Dans les TROUPES de France les PENNACHES ou Panaches, c'est-à-dire les touffes ou bouquets de PLUMES, ont depuis la fin du quatorzième siècle succédé, suivant DUCANGE, à l'usage des CIMIERS. Lors de l'entrée de CHARLES SEPT à ROUEN, les casques de ses GUERRIERS étaient garnis de Panaches et de LAMBREQUINS. — Remarquez toutefois que M. REY reproche à MARCHANGY, *plus poëte, en cela, qu'histo- rien, d'avoir donné à Philippe Auguste un Panache à Bouvines, et que M.* ALLOU *gourmande* WALTER SCOTT *d'avoir prêté des Panaches aux* CASQUES *des croisés.* — On lit dans MONTGOMERY, contemporain de HENRI QUATRE: *Un capitaine en entrant en gard* (en garde, ou prenant la garde) *doit porter un arquebuze, un fourniment, et sur la tête un morion, avec un grand Pennache.* — Le mot Panache rappelle Ivry, le Béarnais, et les anciens GÉNÉRAUX D'ARMÉE; mais il n'est plus que pittoresque ou poétique. Les termes AIGRETTE, ESPRIT, PLUMET, l'ont remplacé dans le langage technique. — M. REY a dit quelques mots des Panaches.

PANADE, subs. fém. V. LÉGERS ALI- MENTS. V. PAIN.

PANASCH. V. NOMS PROPRES.

PANCERNE, subs. masc. V PANSERNE.

PANCHIÈRE, subs. fém. (F), ou PAN- CIÈRE, ou PANSIERE, suivant M. ALLOU. Mot qui, suivant M. ROQUEFORT, dé- rive du LATIN *pantex* et du bas LATIN *pan- cerea, panceria.* Ce terme donnait idée d'une ARME DÉFENSIVE ou d'un PLASTRON de CUIRASSE, ou plus spécialement de la partie qui couvrait le ventre (la panse) et que les LATINS avaient aussi nommée *ventrale.* — M. ALLOU fait mention de la PANSIÈRE, comme d'une CHEMISE MAILLÉE.

PANCHÈRE, subs. fém. V. PANCHIÈRE.

PANCIROLI. V. NOMS PROPRES.

PANCRACE, subs. masc. (F), ou PANCRA- TIE, suivant M. BOISTE. Mot provenu du GREC *pan,* tout, et *kratos,* force, en LATIN *pancratium,* signifiant, en GYMNASTIQUE, quintuple victoire, ou victoire complète, en fait de COURSE, de DISQUE, de LUTTE, de PUGI- LAT, de SAUT. — Des ÉCRIVAINS regardent Pan- crace comme synonyme de GYMNASTIQUE ou de PALESTRIQUE; d'autres, et par exemple l'ACA- DÉMIE, comme le simple ensemble du PUGILAT et de la LUTTE; de là, pancratiale, vainqueur en ces deux genres d'assauts. Il y en a qui

appellent *pancratium, volutatorium,* les trois autres parties. Suivant eux, le Pan- crace eût été un jeu sans quitter terre, et le *volutatorium* un jeu dont l'agent ou l'ins- trument quittaient terre. Suivant d'autres définitions, le *volutatorium* était la LUTTE à terre, quand les lutteurs s'étaient renver- sés l'un et l'autre. — On peut, sur ces diffé- rences, consulter JABRO (1777, G), MERCU- RIALIS, SAUMAISE. — AULU-GELLE appelle pancratiaste, un athlète habile à qui ses bras servaient comme de bouclier.

PANCRATIE, subs. fém. V. PANCRACE.

PANDOUR, subs. masc. V. PANDOURE.

PANDOURE (pandoures), subs. masc. (F), ou PANDOUR. Mot ESCLAVON, signifiant homme mis en service, SOLDAT requis; c'est en ce sens qu'on appelle Pandoures, les Monténégrins qui embrassent la profession des armes; tel est le sentiment énoncé au *Journal des Sciences militaires* (1823, p. 285). L'ACADÉMIE mentionne les Pan- doures comme une INFANTERIE LÉGÈRE HON- GROISE; d'autres ÉCRIVAINS les regardent comme ayant été longtemps levés dans le généralat de Carlstadt. L'ENCYCLOPÉDIE (1785, C) affirme qu'ils étaient originaires du comté de Bath, en basse Hongrie, et qu'ils tiraient leur nom d'un bourg nommé Pan- dour, situé aux confins du palatinat de Solth. M. Raymond appelle Pandul ce bourg. — Les Pandoures ont servi comme VOLONTAIRES ou comme TROUPES IRRÉGULIÈRES dans la MI- LICE TURQUE. Le BUTIN leur tenait lieu de solde; ils n'étaient pas enrégimentés; ils avaient l'habit long, un fusil long, un SABRE HONGROIS, un ou deux POIGNARDS TURCS, et des PISTOLETS en ceinture. Dans la GUERRE DE 1741, ils parurent, dit M. Raymond, pour la première fois dans la MILICE AUTRI- CHIENNE, sous les ordres du célèbre PARTISAN Trenck. C'étaient, suivant LAROCHE (1770, L), des CORPS composés de CROATES, de Lica- niens, de Moldaves, de TOLPACHES; mais VOLTAIRE (*Siècle de Louis quinze,* chap. XV) les dépeint comme des ESCLAVONS des bords de la Save et de la Drave, et les distingue des TOLPACHES et des CROATES. — EGGERS (1751, B) les représente comme fort adonnés au PILLAGE et s'en faisant honneur; ils avaient, dit-il, *une chemise de coton blan- che, rouge, bleue ou noire, de grandes culottes turques, des souliers croates, noués avec des courroies, et des surtouts courts. Leur instrument est un tambour turc plus étroit en haut qu'en bas, ac- compagné de petits hautbois.* — En 1829 quatre BATAILLONS de l'INFANTERIE valaque sont levés et attachés au service de la MILICE russe, sous le nom de Pandoures. — Il est traité des Pandoures dans l'ouvrage de M. de Beurmann (1856, B) et dans le *Dictionnaire de la Conversation.*

PANE, subs. fém. v. bouclier. v. panier défensif.

PANEAU, subs. masc. v. claie. v. panier défensif.

PANEEL, subs. masc. v. claie. v. panier défensif.

PANEL, subs. masc. v. claie. v. panier défensif.

PANEN, subs. masc. v. pennon.

PANETIÈRE, subs. masc. (F), ou pennetière suivant Carré (1783, E). Ce mot, que M. Morin dérive du substantif pain, signifiait sac a pain ; c'était, à ce que prétend Carré, la sacoche où les frondeurs tenaient leurs jalets, leurs projectiles ; c'était comme la giberne de ces époques. Les traducteurs des livres sacrés parlent de la Panetière de David.

PANIER, subs. masc. (term. génér.). Mot qui a des étymologies différentes, suivant l'acception qu'il prend, — Furetière le dérive du latin *panarium*, ou du mot pain, parce que la destination primitive des Paniers était d'en contenir. Mais une autre racine est celle du mot panier défensif. — Le terme se distingue en panier a feu, — défensif, — d'espadon.

PANIER a bonnet. v. a bonnet. v. bonnet a poil.

PANIER a chauffage. v. a chauffage. v. bois et lumière. v. caporal de consigne. v. effet de corps de garde.

PANIER (paniers) a feu (G, 2). Sorte de paniers goudronnés contenant de l'artifice, et dont on se servait, suivant Carré (1783, E), Furetière, Ganeau, pour la défense, des places. On tirait ce genre de Paniers avec le mortier.

PANIER a parapet. v. a parapet. v. blinde. v. corbeille défensive.

PANIER a pierrier. v. a pierrier. v. pierrier.

PANIER d'arbalète. v. arbalète. v. corde d'arbalète. v. jalet.

PANIER de fronde. v. fronde.

PANIER de sabre. v. branche de garde. v. cleymore. v. garde de sabre. v. lame courbe. v. sabre.

PANIER (paniers) défensif (F), ou paneau, ou panéel, ou panel (pancaulx), ou panne suivant Carré (1785, E), ou pannier suivant Gassendi et Goetzman, ou pavois, ou targe. Sorte de panier ou de bouclier d'infanterie qui était surtout en usage au temps des arbalétriers et des archers, et qui était porté par des pavessiers. — On le nommait Panier, non à raison de quelque ressemblance avec un Panier d'osier, mais parce que ce genre d'arme défensive était le plus souvent recouvert d'une peau qu'on nommait pane ou panne, comme le témoignent M. le général Cotty (1822, A) et Despagnac (1751, D). On s'en servait contre l'atteinte des traits projectiles. — Une ordonnance bretonne de 1425 donnait le Panier à l'infanterie du duché. — Il y a eu des Paniers de différentes dimensions : les grands Paniers, hauts comme un homme, étaient d'osier, recouverts de bois léger, de tremble, de peuplier, de cuir, et consolidés par des lames de tôle ; ils étaient en forme de tuile à canal, et quelquefois arrondis par le haut ; ils étaient portés par des soldats qui n'avaient pas d'autre emploi, et qui s'appelaient pavessiers, ou porteurs de pavois. Posés, les Paniers se tenaient d'eux-mêmes debout. On appelait pavesade une ligne de plusieurs Paniers. — Les Paniers plus petits, et qui ne pouvaient pas se poser à terre, s'étrécissaient par le haut, comme le témoigne Carré (1785, E), afin de faciliter le jeu du bras droit du tireur. Ces Paniers étaient en bois et recouverts en lames de métal ou en cuir. — Quand l'institution des arquebusiers a pied devint générale, le Panier fut abandonné.

PANIER d'épée. v. épée. v. poignée.

PANIER (paniers) d'espadon (B, 1). Sorte de paniers ou de gardes en osier, dont on garnit les baguettes ou fleurets de bois à l'usage des maitres d'espadon ou de contrepointe. Par extension, on appelle Paniers les épées de bois elles-mêmes.

PANIER romain. v. charge de soldat. v. légion romaine n° 4. v. romain, adj.

PANIGAROLA. v. noms propres.

PANNACHE. v. panache.

PANNE, subs. fém. (H). Mot emprunté à la langue de la marine. Plusieurs tacticiens, et Bonaparte dans ses mémoires, disent être en panne, pour signifier être exposé d'une manière désavantageuse au feu de l'ennemi, sans y répondre, sans manoeuvrer.

PANNE, subs. fém. v. bouclier. v. panier défensif.

PANNE, subs. fém. v. étoffe d'habillement. v. génie idioplique n° 4.

PANNEAU de selle, subs. masc. v. légion romaine n° 4. v. milice romaine n° 4. v. selle. v. selle de cavalerie.

PANNON, subs. masc. v. FLÈCHE PRO-JECTILE. V. LANGUE LATINE. V. PAN. V. PEN-NON.

PANNONAGE, subs. masc. v. PEN-NON.

PANNONCEAU, subs. masc. v. BANDE A HAMPE. V. MARQUE DISTINCTIVE. V. PAN. V. PENNON.

PANNONCEAUL, subs. masc. v. PEN-NON.

PANNONCEL, subs. masc. v. PENNON.

PANNUNCEAU, subs. masc. v. PEN-NON.

PANNUNCEL, subs. masc. v. PENNON.

PANNUNCIAU, subs. masc. v. PEN-NON.

PANON, subs. masc. (F). Mot qui a été synonyme de PENNON, mais qui a eu aussi des acceptions qui en différaient beaucoup. On le trouve dans LORRIS comme ayant rap-port au TIR DES FLÈCHES. BOREL (Pierre) pense qu'il signifiait extrémité ou CORNE D'ARC. M. ROQUEFORT, au contraire, est d'avis qu'il servait de dénomination à la partie em-plumée d'une FLÈCHE PROJECTILE. POTIER (1779, X) le prend comme synonyme de PLUMET.

PANONCEAU, subs. masc. v. COMPA-GNON. V. GIROUETTE. V. PENNON.

PANONCEL, subs. masc. v. PENNON.

PANONCEAU, subs. masc. v. PENNON.

PANSA. v. NOMS PROPRES.

PANSAGE, subs. masc. v. CAVALERIE. V. CAVALERIE FRANÇAISE N° 8. V. SABOTS DE CHAUSSURE.

PANSARD. V. PENNON.

PANSEMENT, subs. masc. v. A PANSE-MENT. V. AIDE-CHIRURGIEN N° 2. V. AMBULANCE A CHEVAL. V. BANDE A PANSEMENT. V. CAISSON D'AMBULANCE. V. CANTINE D'AMBULANCE. V. CHIRURGIE. V. CHIRURGIEN EN ROUTE. V. CHIRUR-GIEN-MAJOR D'INFANTERIE N° 13, 14. V. LOM-BARD (1797). V. MASSE DE MÉDICAMENTS. V. SOUS-AIDE-CHIRURGIEN.

PANSERÉTESCHE, subs. fém. v. HUS-SARD N° 4.

PANSERNE (pansernes), subs. masc. (F), ou PANCERNE suivant GANEAU. Mot POLO-NAIS francisé et LATINISÉ, *pancerna*, signi-fiant SOLDAT d'extraction NOBLE. C'était le nom donné à des HOMMES D'ARMES de la MI-LICE POLONAISE, dont une partie s'acquittait des fonctions de GARDES DU CORPS; ceux-ci avaient la CUIRASSE AILÉE et garnie, dans le principe, de vraies plumes d'AIGLE. — Peut-être le mot Pancerne a-t-il du rapport avec

l'allemand *panzerhemd*, mentionné dans le *Journal de l'Institut historique* (t. VI, p. 207). — Le SIÉGE de VIENNE a illustré les PANSERNES. — Le *Journal de l'Armée* (t. III, p. 229, note) attribue aux anciens HUSSARDS le costume des Pansernes; il est vrai qu'une partie des Pansernes était HULLANS, et l'au-tre CATAPHRACTAIRE OU GENDARME, comme le témoigne VOLTAIRE. Les hullans Pansernes avaient la CHEMISE DE MAILLES.

PANSEROTESCHE, subs. fém. v. PANSTÉRÈCHE.

PANSETÉRÈCHE, subs. fém. v. HUS-SARD N° 4. V. PANSTÉRÈCHE.

PANSIÈRE, subs. fém. v. PANCHIÈRE.

PANSRÉTÈCHE, subs. fém. v. PANS-TÉRÈCHE.

PANSTÉRÈCHE, subs. fém. (F). Mot que mentionne CARRÉ (1785, E), mais dont aucun étymologiste n'indique la racine. La malhabileté des copistes la reproduit en maints barbarismes: ainsi DANIEL (1721, A) l'a orthographié PANSRÉTÈCHE; l'ENCYCLOPÉDIE (1785, C), le recopiant fautivement, l'écrit PANSEROTESCHE; GANEAU emploie PANSERÉTÈ-CHE, d'autres PANSETÉRÈCHE. La même corrup-tion a vicié ses synonymes PALACHE, PALAS, que l'ENCYCLOPÉDIE (1785, C, au mot *Arme*) change en PALUCHE. La souche de ces mots étant d'origine orientale, il est difficile de juger à qui imputer leur détérioration. — La Panstérèche était une ÉPÉE LONGUE, en usage parmi certaines CAVALERIES du MOYEN AGE; elle s'appelait MEG, MEGG, chez les TURCS, si l'on en croit LACHESNAIE (1758, 1) et l'ENCYCLOPÉDIE (1785, C, p. 162). Les spahis l'appelaient CADDOR, si l'on en croit GANEAU. C'était une COUTILLE ou une ÉPÉE en SPATULE, comparable à une broche ou à une LANCE COURTE. — Les anciens HUSSARDS étaient ar-més de la Panstérèche, en outre de leur SABRE HONGROIS; ils la portaient comme en réserve et attachée au cheval, du poitrail à la croupe, au défaut de la selle; quand ils la prenaient pour combattre, ces CAVALIERS lui donnaient son point d'appui près du genou droit. — Les HUSSARDS AUTRICHIENS surtout étaient armés ainsi, mais cet usage n'a pas régné longtemps en FRANCE. — Il se voyait une Panstérèche au château de Jend'heur; elle a une petite POIGNÉE en cuir, sans garde, à la manière des SABRES D'ORIENT; la lame est en forme de LOUP et a trois pieds six pouces de longueur, non compris la SOIE. Cette arme vient de VIENNE. — On trouve des éclaircissements touchant les Pansté-rèches dans l'*Encyclopédie du dix-neu-vième siècle* (au mot *Arme*).

PANTALON, subs. masc. V. BOUCLE DE
P... V. BOUTON DE P... V. BOUTONNIÈRE DE P...
V. BRETELLES DE P... V. CANON DE P... V. CEIN-
TURE DE P... V. HAUSSE DE P... V. PASSE-POIL
DE P... V. POCHE DE P... V. PONT DE P... V.
SOUS-PIED DE P... V. TREF DE P...

PANTALON { DEMI-COLLANT. . { DE TOILE.
{ D'INFANTERIE.. . { D'ÉTOFFE.

PANTALON (term. génér.), ou PANTA-
LOON suivant l'ENCYCLOPÉDIE (1751, C). Ces
mots ont pour racine le nom de saint Pan-
taléon, ou tout miséricordieux, vieux patron
de VENISE. On appelait familièrement *pan-
taloni;* comme le témoignent MÉNAGE et
ROQUEFORT (1835), les indigènes qui vivaient
sous son invocation. Le masque scénique,
Pantalon, personnification des VÉNITIENS,
était habillé d'une seule pièce, de la tête aux
pieds, comme le dit FURETIÈRE dans l'ouvrage intitulé : *Mémoires de Louis dix-
huit.* Les VÉNITIENS sont constamment
appelés ironiquement les Pantalons. Telle
est l'origine bouffonne de la dénomination d'un VÊTEMENT devenu ou redevenu
européen, après avoir appartenu sous différentes formes à l'Asie et au Nord, et après
avoir, suivant les temps, porté des noms fort
divers. — Le Pantalon des bateliers et des
petits garçons s'appelait MATELOTE. — Suivant l'ENCYCLOPÉDIE (1751, C), *le Pantalon
est un ancien habillement qui consistait
en des culottes et des bas tout d'une seule
pièce. Les Vénitiens introduisirent, des
premiers, cet habit.* Suivant M. FRANCOEUR,
*c'était une veste cousue à une longue
culotte; l'incommodité de ce vêtement y
fit renoncer.* — En s'occupant du PANTALON
D'UNIFORME, non à la VÉNITIENNE, mais à la
FRANÇAISE et dans ses formes modernes, c'est-
à-dire ou à CANONS collants, ou à la MATE-
LOTE, chaque CANON est de deux QUARTIERS,
et diffère par là de l'ancien Pantalon hongrois de nos HUSSARDS dont les CANONS n'a-
vaient qu'un quartier. — Le terme Pantalon
n'a pas deux siècles : mais un EFFET D'HABIL-
LEMENT qui y ressemblait est de toute antiquité. — Les BRAIES d'une partie de la
GAULE, *Gallia braccata,* participaient plus
des formes du Pantalon que des PAGNES ou
PAGNONS ROMAINS. Qui ne connaît ce vers de
Boileau :

Dans le sac ridicule où Scapin s'enveloppe.

— Cette plaisanterie de Molière prouve
qu'il avait puisé l'idée de ce sac dans une
vieille bouffonnerie vénitienne. — Le MOINE
DE SAINT-GALL, qui écrivait en 780, nous
donne une idée d'un VÊTEMENT comparable
au Pantalon ; les FRANCS, suivant son récit,

se couvraient les cuisses et les jambes d'une
étoffe retenue au moyen de bandelettes spi-
ralement croisées, de même couleur que
l'ÉTOFFE et d'un travail recherché. — Les
GRÈGUES ou ample VÊTEMENT GREC, les
rabaches du MOYEN AGE, les CHAUSSES DE
MAILLES des CROISADES, les CALEÇONS du règne
de LOUIS ONZE, dont parle MAIZEROY (1775,
E), les HAUTS-DE-CHAUSSES, les TROUSSES DES
PAGES, étaient des EFFETS D'HABILLEMENT du
genre des Pantalons. — BRANTOME (1600,
A) raconte que quand les SOLDATS allaient à
l'assaillement (à l'assaut) d'une place, ils
coupaient leurs CHAUSSES à la hauteur du
genou, *afin qu'ils pussent mieux monter
à l'assaut.* Le vêtement et l'usage faisaient,
en ce cas, l'un de l'autre une égale critique.
— Le Pantalon n'a jamais cessé d'être porté
dans quantité de CORPS de la MILICE AUTRI-
CHIENNE. — Les PANDOURES, les HONGROIS
avaient conservé le Pantalon, quand les autres troupes lui avaient préféré la CULOTTE,
avec BAS et ensuite GUÊTRES dans l'INFAN-
TERIE, avec GAMACHES ou BOTTES A L'ÉCUYÈRE
dans les DRAGONS et la CAVALERIE. — Les
HUSSARDS de l'ARMÉE FRANÇAISE seuls le portaient. DANIEL (1721, A) et LACHESNAIE
(1758, I) le mentionnent par son nom ; mais,
jusqu'à la restauration, nos règlements s'obs-
tinaient à ne l'appeler que CULOTTE HON-
GROISE. — MAIZEROY (1765, B, p. 75) proposait pour l'INFANTERIE FRANÇAISE l'adoption
d'un Pantalon dont la jambe eût été en
forme de GUÊTRE. Servan (1780, B) conseillait l'usage d'une CULOTTE descendant jusqu'aux talons. BOHAN (1781, H) se prononçait pour une CULOTTE faite en Pantalon, et
à étrier ou à SOUS-PIED. TURPIN (1783, O)
était d'avis que l'INFANTERIE portât une CU-
LOTTE comme les HUSSARDS, mais plus ample.
— Ces vœux étaient restés stériles jusqu'à
la GUERRE DE LA RÉVOLUTION. — Les COMPA-
GNIES FRANCHES levées en 1792 et 1793, l'É-
COLE DE MARS, les LÉGIONS BATAVES et BELGES
des mêmes époques, ont, les premières,
adopté les PANTALONTS COLLANS et les PETITES
GUÊTRES. Les DEMI-BRIGADES D'INFANTERIE LÉ-
GÈRES les ont imitées, en cela, en l'an trois
et l'an quatre. — Le Pantalon a été pris
comme SUR-CULOTTE, ou boutonnant latéra-
lement du haut en bas, par la CAVALERIE de
France dans les premières campagnes de la
révolution ; toute l'infanterie de ligne en a été
vêtue depuis le DÉCRET DE 1812 (19 JANVIER).
L'ARMÉE PRUSSIENNE l'a imité depuis la restauration ; il s'y est modifié dans l'INFANTE-
RIE, ainsi que dans l'INFANTERIE RUSSE, sous
la forme assez mal imaginée de PANTALON A
GUÊTRES. Il a été admis dans la MILICE AN-
GLAISE, qui a quitté une des dernières la CU-

BOTTE. — Depuis la restauration le Pantalon d'infanterie française est devenu Pantalon large. — Une décision irréfléchie et en style romantique, celle de 1822 (28 SEPTEMBRE), disait que le Pantalon *doit légèrement dessiner les formes*; elle voulait que sa CEINTURE montât *au creux de l'estomac*. Cette mode dispendieuse et préjudiciable à la santé datait de loin, et était une victoire du caprice sur la raison et sur l'ancienne loi. Nous avons vu, dans des campagnes désastreuses, ces Pantalons à haute CEINTURE faire le désespoir des hommes indisposés et des cavaliers glacés par le froid. — La DÉCISION DE 1832 (15 JUIN) établissait les TARIFS et devis des PANTALONS DE TROUPE. Le *Dictionnaire de la Conversation* entre dans quelques détails sur le Pantalon. — Le Pantalon se distingue ou s'est distingué en PANTALON A FAUSSES BOTTES, — A GUÊTRES, — BLANC, — BLEU, — COLLANT, — D'ADJUDANT, — DE CAVALERIE, — DE CHEVAL, — DE CUISINIER, — DE DRAP, — DE GÉNÉRAL, — DE PETIT UNIFORME, — DE PETITE TENUE, — DE SOUS-OFFICIER, — DE TAMBOUR, — DE TAMBOUR-MAJOR, — DE TENUE, — DE TRICOT, — DE TROUPE, — DEMI-COLLANT, — D'ENFANT DE TROUPE, — D'ÉTÉ, — D'HOMME DE TROUPE, — D'INFANTERIE, — D'INFIRMERIE, — D'OFFICIER, — D'ORDONNANCE, — D'UNIFORME, — GARANCE, — GRIS DE FER, — HONGROIS, — LARGE.

PANTALON A FAUSSES BOTTES. V. A FAUSSES BOTTES. V. CAVALERIE FRANÇAISE N° 5. V. GAMACHES.

PANTALON A GUÊTRES. V. A GUÊTRES. V. MILICE PRUSSIENNE N° 4. V. MILICE RUSSE N° 4. V. PANTALON.

PANTALON BLANC. V. BLANC, adj. V. GÉNÉRAL FRANÇAIS N° 3. V. OFFICIER D'INFANTERIE FRANÇAISE N° 2. V. OFFICIER FRANÇAIS N° 7. V. PANTALON. V. PANTALON DE TOILE.

PANTALON BLEU. V. BLEU, adj. V. GARANCE. V. GÉNÉRAL FRANÇAIS N° 3. V. OFFICIER D'INFANTERIE FRANÇAISE N° 2. V. PANTALON D'ÉTOFFE.

PANTALON COLLANT. V. COLLANT. V. ÉCOLE DE MARS ; id. N° 3. V. GUERRE DE 1792. V. HUSSARD N° 4. V. INFANTERIE LÉGÈRE N° 5. V. OFFICIER D'ARMES. V. PANTALON.

PANTALON D'ADJUDANT. V. ADJUDANT. V. ADJUDANT D'INFANTERIE FRANÇAISE DE LIGNE N° 7.

PANTALON DE CAVALERIE. V. CAVALERIE. V. CAVALERIE FRANÇAISE N° 5.

PANTALON DE CHEVAL. V. CAVALERIE FRANÇAISE N° 5. V. CHEVAL. V. MILICE RUSSE N° 5.

PANTALON DE CUISINIER. V. BLOUSE DE CUISINIER. V. CUISINIER.

PANTALON DE DRAP. V. DRAP. V. PANTALON D'ÉTOFFE.

PANTALON DE GÉNÉRAL. V. GÉNÉRAL. V. GÉNÉRAL FRANÇAIS N° 3.

PANTALON DE PETIT UNIFORME. V. CANONS DE PANTALONS DE PETIT UNIFORME. V. CEINTURE DE PANTALON. V. PETIT UNIFORME.

PANTALON DE PETITE TENUE. V. PANTALON DEMI-COLLANT. V. PANTALON D'INFANTERIE. V. PETITE TENUE. V. TAMBOUR-MAJOR.

PANTALON DE SOUS-OFFICIER. V. SOUS-OFFICIER D'INFANTERIE FRANÇAISE.

PANTALON DE TAMBOURS. V. CUISSIÈRE. V. TAMBOUR. V. TAMBOUR IDIOPLIQUE.

PANTALON DE TAMBOUR-MAJOR. V. TAMBOUR-MAJOR N° 4.

PANTALON DE TENUE. V. PANTALON DEMI-COLLANT. V. TENUE.

PANTALON (pantalons) DE TOILE (B, 1). OU PANTALON D'ÉTÉ, comme l'appelle la DÉCISION DE 1821 (8 DÉCEMBRE). Sorte de PANTALONS D'INFANTERIE dont l'usage particulier a amené l'usage général des PANTALONS D'ÉTOFFE. — Des corps de la division française à la solde de la république batave, les adoptèrent d'eux-mêmes comme TENUE DE ROUTE OU DE CORVÉE ; la mode s'en propagea. Une CIRCULAIRE DE L'AN CINQ (23 MESSIDOR) mentionnait le Pantalon de toile et en fixait le prix. — L'ARRÊTÉ DE L'AN ONZE (17 FRIMAIRE) autorisait les HOMMES DE TROUPE, si leur MASSE pouvait y subvenir, à porter des CULOTTES DE TOILE blanche ; mais par CULOTTES il faut entendre Pantalons. — Les CIRCULAIRES DE L'AN DOUZE (4 VENDÉMIAIRE et 30 BRUMAIRE) voulaient que chaque HOMME DE L'ARMÉE EXPÉDITIONNAIRE reçût un Pantalon de toile fourni au compte de l'État. — Le DÉCRET DE 1812 (19 JANVIER) et la CIRCULAIRE DE 1812 (17 SEPTEMBRE) en réglaient le prix et la confection. — La DÉCISION DE 1815 (20 NOVEMBRE) le donnait comme PREMIÈRE MISE. — La DÉCISION DE 1821 (8 SEPTEMBRE) permettait aux SOUS-OFFICIERS et CAPORAUX de porter des Pantalons de toile d'une qualité supérieure à ceux des SOLDATS. — La DÉCISION DE 1821 (13 JUILLET) accordait sur les fonds de l'HABILLEMENT deux Pantalons de toile par HOMME. — La DÉCISION DE 1822 (7 SEPTEMBRE) laissait aux CONGÉDIÉS ces deux Pantalons. — Les ORDONNANCES DE 1817 s'occupaient avec détails des BANDES DE SOUS-PONT, BOUTONS EN OS, CANONS, CEINTURES, etc. — L'INSTRUCTION DE 1823 (3 FÉVRIER), relative aux TRANSPORTS DE BAGAGES, fixait la composition des BALLES de Pantalons de toile. — Une DÉCISION DE 1826 (30 AVRIL) prohibait l'emploi du coton, et ne permettait l'usage que des seuls Pantalons en TOILE DE CHANVRE. — La DÉCISION DE 1826 (29 JUILLET) ne permettait de délivrer des Pantalons de toile que du premier avril au premier octobre. — L'ORDONNANCE DE 1829 (27 SEPTEMBRE) les mettait au compte de la MASSE DE PETIT ÉQUIPEMENT. — L'ORDONNANCE DE 1830 (21 FÉVRIER) les mettait au compte de la MASSE INDIVIDUELLE. Cet EFFET DE PETIT ÉQUIPEMENT était toléré par l'ORDONNANCE DE 1832 (25 JANVIER) comme exception à la règle ; mais le PANTALON BLANC devait être aboli, à partir de 1834, par DÉCISION DE 1833 (25 AVRIL).

PANTALON de TRICOT. V. PANTALON D'ÉTOFFE. V. PANTALON D'INFANTERIE. V. TRICOT. V. TRICOT EN LAINE.

PANTALON de TROUPE. V. CALEÇON. V. HOMME DE TROUPE Nº 4. V. PANTALON. V. PANTALON DEMI-COLLANT. V. TROUPE.

PANTALON (pantalons) DEMI-COLLANT (F). Sorte de PANTALONS que les ORDONNANCES de 1817 et 1818 nommaient ainsi par opposition aux PANTALONS LARGES. Ils en différaient par les BANDES DE SOUS-PONT, les CANONS et les CEINTURES. Les Pantalons demi-collants se portaient en GRANDE TENUE ; les PANTALONS LARGES étaient des EFFETS de PETITE TENUE.—Il était donné des Pantalons demi-collants aux GÉNÉRAUX FRANÇAIS et à l'INFANTERIE ; ces derniers étaient de TRICOT. — Ces Pantalons ont cessé d'être en usage depuis que les PANTALONS LARGES sont devenus des PANTALONS DE TENUE.

PANTALON d'ENFANT DE TROUPE. V. ENFANT DE TROUPE. V. ENFANT D'HOMME DE TROUPE Nº 1.

PANTALON d'ÉTÉ. V. ÉTÉ. V. PANTALON DE TOILE. V. PANTALON D'INFANTERIE.

PANTALON (pantalons) d'ÉTOFFE (B, 1), OU PANTALON D'ORDONNANCE. Sorte de PANTALONS D'INFANTERIE, ainsi nommés dans la DÉCISION DE 1821 (15 JUILLET). Le Pantalon a d'abord été en TRICOT. La DÉCISION DE 1820 (15 DÉCEMBRE) le donnait en cette ÉTOFFE à toute l'INFANTERIE FRANÇAISE. Il était bleu, sa couture extérieure était garnie d'un PASSE-POIL à COULEUR DISTINCTIVE. La CIRCULAIRE DE 1812 (17 SEPTEMBRE) avait réglé à un franc le prix de confection. Le RÈGLEMENT DE 1822 (28 SEPTEMBRE) le donnait à l'INFANTERIE DE BATAILLE de ligne en DRAP CROISÉ GRIS DE FER, et en TRICOT BLEU à l'INFANTERIE LÉGÈRE. — La DÉCISION DE 1825 (31 DÉCEMBRE) le faisait confectionner en DRAP CROISÉ et DÉCATI. Ses BOUTONS étaient à MOULE EN BOIS. — La DÉCISION DE 1828 (31 JANVIER) le faisait faire en DRAP LISSE BLEU. — La DÉCISION DE 1829 (26 JUILLET) disposait qu'il serait

GARANCE pour toute l'infanterie. —L'ORDONNANCE DE 1830 (21 FÉVRIER) avait compris les PANTALONS DE DRAP au nombre des EFFETS DE PETIT ÉQUIPEMENT, ou du moins les mettait au compte de la MASSE INDIVIDUELLE ; mais ils ont été délivrés de nouveau au compte de la MASSE D'HABILLEMENT, comme le témoignent les INSTRUCTIONS DE 1831 (21 NOVEMBRE et 8 DÉCEMBRE), et 1832 (10 FÉVRIER) ; il lui était assigné une DURÉE d'un an. — Le TRANSPORT des Pantalons de drap se fait par BALLES, dont l'INSTRUCTION DE 1825 (5 FÉVRIER) réglait le COLIS et le contenu. — En 1833, les OFFICIERS DE LANCIERS, dont les CORPS n'existaient que depuis deux ans, avaient vu cinq fois changer, en vertu de décisions ministérielles, leur PANTALON D'UNIFORME.

PANTALON d'HOMME DE TROUPE. V. HOMME DE TROUPE ; id. Nº 4. V. PANTALON D'INFANTERIE.

PANTALON (pantalons) d'INFANTERIE (B, 1). Sorte de PANTALONS considérés comme PANTALONS D'HOMME DE TROUPE. Suivant les RÈGLEMENTS D'UNIFORME de 1817, ils se composaient de PANTALONS DEMI-COLLANTS, de PANTALONS DE PETITE TENUE et de PANTALONS D'ÉTÉ ; ils se portaient avec un CALEÇON et par-dessus les DEMI-GUÊTRES. — Les DÉCISIONS DE 1817 (30 AOUT) et 1820 (15 DÉCEMBRE) en réglaient la forme. — Les PANTALONS sont généralement devenus, tous, PANTALONS LARGES. Ils sont à GRAND PONT ; ils sont soutenus par des BRETELLES ; ils portent à droite une POCHE ou gousset en TOILE, ainsi que les garnitures et droits-fils. — Les principes de coupe qui s'appliquaient aux CANONS DE PANTALONS DE PETITE TENUE s'appliquent maintenant à tous. — Les Pantalons deviennent, à l'expiration de leur DURÉE légale, la propriété du MILITAIRE qui en fait usage ; ils ne peuvent pas être vendus ; ils continuent à être mis en service, quand l'occasion le veut, pendant la DURÉE de l'EFFET neuf analogue. Le vieux Pantalon peut être vendu au profit de la MASSE DE LINGE ET CHAUSSURE du MILITAIRE, après l'accomplissement de cette double DURÉE. Telles étaient les règles prescrites par la CIRCULAIRE DE 1817 (30 AVRIL). — Le Pantalon d'infanterie se distingue en PANTALON DE TOILE et en PANTALON D'ÉTOFFE.

PANTALON d'INFIRMERIE. V. INFIRMERIE.

PANTALON d'OFFICIER D'INFANTERIE FRANÇAISE. V. BAUDRIER DE DESSOUS. V. BOTTES COURTES. V. BOTTES D'OFFICIER. V. BOUCLES DE JARRETIÈRE. V. BOUCLES DE SOULIERS. V. OFFICIER D'INFANTERIE FRANÇAISE ; id. Nº 2.

PANTALON d'ordonnance. v. cavalerie française nº 5. v. ordonnance. v. pantalon d'étoffe.

PANTALON d'uniforme. v. pantalon. v. pantalon d'étoffe. v. uniforme.

PANTALON garance. v. garance. v. officier de santé. v. officier d'infanterie française nº 2. v. pantalon d'étoffe.

PANTALON gris de fer. v. gris de fer. v. officier d'infanterie française nº 2.

PANTALON hongrois. v. général français nº 5. v. hongrois.

PANTALON large. v. guerre de 1792. v. hussard nº 4. v. large, adj. v. pantalon. v. pantalon de toile. v. pantalon d'infanterie.

PANTALOON, subs. masc. v. pantalon.

PAONNET, subs. masc. v. flèche projectile.

PAONNIER, subs. masc. v. fantassin. v. flèche projectile. v. piéton. v. pionnier.

PAPA, subs. masc. v. aumônier nº 2. v. milice russe nº 2.

PAPACINO. v. noms propres.

PAPEGAI, subs. masc. (F), ou papegard, ou papegault, ou papegaut, ou papegai, ou papejay, ou papigault, mots qui dérivent, suivant M. Roquefort, du grec moderne *papagaz*, ou de l'italien *papagallo*, qui signifie perroquet. Gébelin, au contraire, tire Papegai de l'arabe *babga*. — Il est question de papegaults dans Lorris. — Ici Papegai exprime un simulacre de bois ou de carton figurant un oiseau qu'on enfilait à l'extrémité d'une longue perche verticale, pour servir de cible aux tireurs d'arc et d'arquebuse. Tel était l'exercice des francs archers, tel était le tir du Papegai au moyen de flèches carrément terminées par le bout. — L'Allemagne et les Pays-Bas s'exercent encore de nos jours au tir du Papegai. — L'étude du tir du fusil, dans son application aux lignes ascendantes, demande des Papegais et des cartouches lumineuses.

PAPEGARD, subs. masc. v. papegai.

PAPEGAULT, subs. masc. v. papegai.

PAPEGAUT, subs. masc. v. papegai.

PAPEGAY, subs. masc. v. papegai. v. tactique, subs.

PAPEJAY, subs. masc. v. papegai.

PAPEAS. v. noms propres.

PAPIER, subs. masc. a cartouches. v. a cartouches. v. balle de fusil. v. bourre. v. cartouche a fusil. v. cartouche a poudre.

PAPIER (papiers) de compagnie. v. compagnie. v. compagnie en route.

PAPIER (papiers) de comptabilité. v. archives de corps. v. caisse a trois serrures. v. comptabilité. v. comptabilité de corps. v. convoi a la suite.

PAPIERS d'officier décédé. v. apposition de scellés. v. officier décédé.

PAPIGAULT, subs. masc. v. papegai.

PAPILLON, PAPIE. v noms propres.

PAQUET, subs. masc. de billets de logement. v. billet de logement de compagnie. v. billet de logement en route.

PAQUET de cartouches. v. auge de coffret de soldat. v. auge de coffret de sous-officier. v. cartouche a balle. v. cartouche a fusil. v. giberne de soldat.

PAQUET de corps en route. v. ballot. v. corps en route. v. transport direct.

PAQUET de mitraille. v. fusée d'infanterie. v. mitraille.

PAQUET postal. v. contreseing. v. facteur. v. postal.

PAQUETAGE, subs. masc. v. cavalerie. v. cavalerie française nº 5. v. charge de soldat. v. cheval. v. harnachement d'uniforme. v. officier de cavalerie nº 5. v. selle de cavalerie.

PAR amont. v. amont. v. seigneur par a...

PAR ancienneté. v. ancienneté. v. congé par a...

PAR bastide. v. assiégement par b... v. assiéger par b... v. bastide.

PAR bataillon, interj. v. bataillon. v. carré par b... v. échelon par b... v. feu par b... v. rompre par b...

PAR bataillon a droite, interj. v. a droite. v. bataillon. v. commandement général.

PAR bataillon en masse, interj. v. bataillon. v. déploiement par bataillon en masse.

PAR bataillon en masse, face a droite ou a gauche en bataille, interj. v. bataillon. v. commandement général. v. en bataille. v. en masse. v. face a droite. v. face a gauche.

PAR bataillon en masse, prenez vos distances, interj. v. bataillon. v. commandement général. v. en masse. v. prenez vos distances.

PAR bataillon en masse, sur la droite en bataille, interj. v. bataillon. v. com-

MANDEMENT GÉNÉRAL. V. EN MASSE. V. SUR LA DROITE EN BATAILLE.

PAR BATAILLON EN MASSE, sur tel BATAILLON la droite ou la gauche en TÊTE en COLONNE interj., V. BATAILLON. V. COMMANDEMENT GÉNÉRAL. V. EN MASSE. V. LA DROITE EN TÊTE.

PAR BATAILLON EN MASSE, sur tel BATAILLON DÉPLOYEZ LA COLONNE interj., V. BATAILLON. V. COLONNE P... V. COMMANDEMENT GÉNÉRAL. V. DÉPLOIEMENT DE BRIGADE. V. DÉPLOIEMENT PAR BATAILLON. V. EN MASSE. V. DÉPLOYEZ LA COLONNE. V. SUR TEL BATAILLON.

PAR BATAILLON FACE A DROITE OU A GAUCHE EN BATAILLE interj., V. BATAILLON. V. COMMANDEMENT GÉNÉRAL. V. EN BATAILLE. V. FACE A DROITE. V. FACE A GAUCHE.

PAR BILLET. V. BILLET. V. LOGEMENT PAR B...

PAR BOMBARDEMENT. V. ATTAQUE PAR B... V. BOMBARDEMENT.

PAR BRIGADE. V. BRIGADE. V. ÉCHELON PAR B... V. SERVICE.

PAR CAMARADE. V. BATTERIE PAR C... V. BATTRE PAR C... V. CAMARADE.

PAR CANTONNEMENT. V. CANTONNEMENT. V. MARCHER PAR C...

PAR CAPTIVITÉ. V. ABSENCE PAR C... V. CAPTIVITÉ.

PAR CONGÉ. V. ABSENCE PAR C... V. CONGÉ.

PAR CONTUMACE. V. CONTUMACE. V. JUGEMENT PAR C... V. PROCÉDURE PAR C...

PAR CONVERSION. V. CONVERSION. V. FORMATION PAR C...

PAR COMPAGNIE. V. COMPAGNIE. V. ROMPRE PAR C...

PAR CORPS. V. CONDAMNATION PAR C... V. CONTRAINTE PAR C... V. CORPS.

PAR DEMI A GAUCHE.

PAR DEMI A DROITE. V. DEMI A DROITE. V. ROMPRE PAR D...

PAR DEMI-BATAILLON. V. COLONNE PAR D... V. DEMI-BATAILLON. V. ROMPRE PAR D...

PAR DEMI-RANG. V. DEMI-RANG. V. ROMPRE PAR D...

PAR DEMI-SECTION. V. DEMI-SECTION. V. ROMPRE P...

PAR DEUX. V. DEUX. V. ROMPEMENT PAR...

PAR DÉTENTION. V. ABSENCE PAR D... V. DÉTENTION.

PAR DEUX. V. DEUX. V. ROMPRE PAR DEUX

PAR DIVISION. V. COLONNE PAR D... V. COLONNE SERRÉE PAR D... V. CONVERSION PAR D... V. DIVISION. V. PAR DIVISION.

PAR EAU. V. AVARIE EN ROUTE PAR EAU. V. CONVOI PAR E... V. CORPS A TRANSPORTER PAR E... V. DÉTACHEMENT A TRANSPORTER PAR E... V. EN ROUTE PAR E... V. EAU. V. MARCHE PAR EAU. V. ROUTE PAR EAU. V. TRANSPORT PAR E...

PAR ENTREPRISE. V. ENTREPRISE. V. FOURNITURE PAR ENT...

PAR ESCADRON. V. COLONNE PAR E... V. ESCADRON.

PAR ESCALADE. V. ATTAQUE PAR E... V. ESCALADE.

PAR FAMINE. V. ATTAQUER PAR F... V. FAMINE.

PAR FILE. V. ALIGNEMENT PAR FILE. V. CHANGEMENT DE DIRECTION. V. CHANGEMENT DE DIRECTION EN MARCHE PAR F... V. CONTRE-MARCHE PAR F... V. FAIRE P... V. FEU PAR F... V. FORMATION PAR F... V. PELOTONS PAIRS ET IMPAIRS PAR F... V. SUR LA DROITE PAR FILE. V. SUR LA GAUCHE PAR F...

PAR FILE A DROITE interj., V. COMMANDEMENT D'AVERTISSEMENT. V. A DROITE. V. CLISE. V. DIVISIONS PAIRES, etc. V. FILE. V. PAR PELOTON PAR FILE, etc.

PAR FILE A DROITE ALIGNEMENT interj., V. A DROITE. V. ALIGNEMENT. V. ALIGNEMENT A RANGS OUVERTS. V. ALIGNEMENT SUCCESSIF. V. COMMANDEMENT MIXTE. V. ÉCOLE DU SOLDAT. V. FILE.

PAR FILE A GAUCHE ALIGNEMENT interj., V. A GAUCHE. V. ALIGNEMENT. V. FILE.

PAR HOMME. V. CONVERSION PAR H... V. HOMME.

PAR INTÉRIM. V. COMMANDEMENT PAR I... V. INTÉRIM.

PAR la DROITE. V. DROITE. V. EN ARRIÈRE PAR LA D... V. EN AVANT PAR LA D... V. ROMPEMENT PAR LA D... V. ROMPRE PAR LA D...

PAR la GAUCHE. V. GAUCHE subs., V. ROMPEMENT PAR LA G...

PAR la TÊTE de la COLONNE PRENEZ VOS DISTANCES interj., V. COLONNE. V. DISTANCE. V. PRENEZ VOS DISTANCES. V. TÊTE DE COLONNE.

PAR l'AILE. V. AILE. V. EN ARRIÈRE PAR L'AILE. V. EN ARRIÈRE PAR LES DEUX AILES.

PAR l'AILE DROITE PASSEZ LE DÉFILÉ interj., V. AILE. V. AILE DROITE. V. EN ARRIÈRE PAR L'A... V. PASSEZ LE DÉFILÉ.

PAR le CENTRE. V. CENTRE. V. COLONNE PAR LE C... V. MARCHE PAR LE C... V. PASSAGE DE DÉFILÉ PAR LE C...

PAR le FLANC. V. ABDUCTION ALLONGÉE. V. ABDUCTION PAR LE F... V. ALIGNEMENT DE SERRE-FILE PAR LE F... V. ANTISTROPHE V. AT-

TAQUE PAR LES FLANCS. V. CAPITAINE EN ROUTE.
V. CLISE. V. COLONNE DE ROUTE. V. COLONNE
PAR LE F... V. CONVERSION PAR LE F... V.
CONVERSION PAR HOMME. V. CONVOI FUNÈBRE. V.
DÉFILEMENT PAR LE F... V. FAIRE PAR LE FLANC.
V. FLANC. V. MARCHE PAR LE F... V. MARCHER
PAR LE F... V. MOUVEMENT P... V. ORDRE PAR
LE F... V. PAS PAR LE F... V. PELOTON P... V.
PELOTONS PAIRS PAR LE F... V. PLOIEMENT.

PAR le FLANC DROIT. V. A DROITE. V.
CHANGEMENT DE DIRECTION. V. FLANC DROIT. V.
MARCHER PAR LE F...

PAR le FLANC DROIT EN ARRIÈRE EN CO-
LONNE interj., V. ABDUCTION PAR PELOTON EN
COLONNE. V. COMMANDEMENT MIXTE. V. EN AR-
RIÈRE EN COLONNE. V. EN COLONNE. V. FLANC.

PAR le FLANC DROIT, ou le FLANC GAUCHE,
PASSEZ LA LIGNE interj., V. COMMANDEMENT GÉ-
NÉRAL. V. FLANC DROIT. V. FLANC GAUCHE. V.
PASSEZ LA LIGNE.

PAR le FLANC GAUCHE. V. FLANC GAUCHE.
V. MARCHER PAR LE F...

PAR le PREMIER RANG. V. FACE P... V.
PREMIER RANG.

PAR le TROISIÈME RANG. V. FACE P... V.
MARCHE EN COLONNE P... V. TROISIÈME RANG.

PAR les AILES. V. AILE. V. PASSAGE DE
DÉFILÉ P...

PAR les ARMES. V. ARMES. V. PASSER PAR
LES A...

PAR les BAGUETTES. V. BAGUETTE. V. PAS-
SER PAR LES B...

PAR les BRETELLES. V. BRETELLES. V. PAS-
SER PAR LES B...

PAR les HALLEBARDES. V. HALLEBARDE. V.
PASSER PAR LES H...

PAR les PIQUES. V. PASSER PAR LES P...
V. PIQUE.

PAR les VERGES. V. VERGE. V. PASSER PAR
LES V...

PAR MALADIE. V. ABSENCE PAR M... V. MA-
LADIE.

PAR MANCHE. V. MANCHE. V. MANCHE TAC-
TIQUE. V. MARCHE PAR MANCHE. V. MARCHE TAC-
TIQUE.

PAR MASSES. V. DÉPLOIEMENT PAR M...
V. MASSE.

PAR MER. V. MER. V. TRANSPORT PAR M...

PAR MINES. V. MINE. V. MINE A FEU. V.
SIÉGE PAR MINES.

PAR MISE EN JUGEMENT. V. ABSENCE PAR
M... V. MISE EN JUGEMENT.

PAR MISSION. V. ABSENT PAR M... V. MIS-
SION.

PAR MORT VIOLENTE. V. DÉCÈS PAR M... V.
MORT VIOLENTE.

PAR PELOTON. V. COLONNE PAR PELOTONS.
V. COLONNE SERRÉE PAR P... V. FEU PAR P...
V. ROMPEMENT PAR P... V. ROMPRE PAR P...

PAR PELOTON A DROITE. V. A DROITE. V.
COMMANDEMENT D'AVERTISSEMENT. V. CONVER-
SION A PIVOT FIXE. V. SERGENT D'ENCADREMENT.

PAR PELOTON A GAUCHE. V. A GAUCHE. V.
CONVERSION A PIVOT FIXE.

PAR PELOTON de DROITE et de GAUCHE SUR
LE CENTRE EN COLONNE. V. COLONNE D'ATTAQUE.
V. COMMANDEMENT MIXTE. V. DROITE. V. GAU-
CHE. V. SUR LE CENTRE EN COLONNE.

PAR PELOTON DEMI A DROITE OU DEMI A
GAUCHE. V. CHANGEMENT DE FRONT. V. CON-
VERSION A PIVOT FIXE. V. DEMI A DROITE. V.
DEMI A GAUCHE. V. FORMATION EN AVANT EN
BATAILLE. V. PASSAGE D'OBSTACLE EN AVANT.

PAR PELOTON EN ARRIÈRE A DROITE. V.
COMMANDEMENT D'AVERTISSEMENT. V. COMMAN-
DEMENT GÉNÉRAL. V. EN ARRIÈRE A DROITE. V.
PASSAGE A L'ORDRE EN COLONNE. V. RUPTURE DE
LIGNE.

PAR PELOTON EN COLONNE. V. ABDUCTION
PAR P... V. EN COLONNE. V. PELOTON.

PAR PELOTON EN LIGNE. V. COMMANDE-
MENT D'AVERTISSEMENT. V. EN LIGNE. V. EN-
PELOTONNEMENT. V. GUIDE A GAUCHE. V. PAS-
SAGE DE DÉFILÉ EN RETRAITE. V. PELOTON.

PAR PELOTON PAR FILE A DROITE. V. COM-
MANDEMENT D'AVERTISSEMENT. V. PAR FILE A
DROITE. V. PELOTON.

PAR PERMISSION. V. ABSENCE PAR P... V.
PERMISSION.

PAR PÉTARD. V. ATTAQUE PAR P... V. PÉ-
TARD. V. PÉTARD CATABALISTIQUE.

PAR QUART DE RANG. V. QUART DE RANG.
V. ROMPRE PAR QUART DE RANG.

PAR QUART DE TOUR. V. CONVERSION A PI-
VOT FIXE. V. QUART DE TOUR. V. TOUR.

PAR QUATRE. V. DÉFILEMENT PAR Q... V.
MARCHE PAR Q... V. MOUVEMENT PAR Q... V.
ORDRE PAR Q... V. QUATRE. V. ROMPRE PAR
Q...

PAR RANG. V. CONTRE-MARCHE PAR R... V.
FEU PAR R... V. RANG.

PAR RANG DE TAILLE. V. APPEL PAR R... V.
RANG DE TAILLE.

PAR RÉCIDIVE. V. DÉSERTEUR PAR R... V.
RÉCIDIVE.

PAR RÉFLEXION. V. BATTERIE PAR R... V.
BATTRE PAR R... V. RÉFLEXION.

PAR RÉGIMENT. V. COLONNE PAR R... V.
ÉCHELON PAR R... V. RÉGIMENT. V. RÉGIMENT
D'INFANTERIE FRANÇAISE. V. ROMPRE PAR RÉGI-
MENT.

PAR REMPLACEMENT. V. CONGÉ PAR R... V. REMPLACEMENT.

PAR SAPE. V. ATTAQUE PAR S... V. SAPE.

PAR SECTION. V. ROMPEMENT PAR S... V. ROMPRE PAR S... V. SECTION. V. SECTION TACTIQUE.

PAR SECTION A DROITE. V. A DROITE. V. COLONNE PAR S... V. COMMANDEMENT D'AVERTISSEMENT. V. PASSAGE A L'ORDRE EN COLONNE. V. ROMPRE PAR S... V. SECTION.

PAR SECTION A GAUCHE. V. A GAUCHE. V. ROMPEMENT EN BATAILLE.

PAR SECTION de DROITE et de GAUCHE EN BATAILLE. V. COMMANDEMENT GÉNÉRAL. V. DISPOSITION CONTRE LA CAVALERIE. V. DROITE. V. EN BATAILLE. V. GAUCHE. V. MARCHER PAR S... V. SECTION.

PAR TENURE. V. SERVICE PAR TENURE. V. TENURE.

PAR SECTION EN LIGNE, interj. V. COMMANDEMENT D'AVERTISSEMENT. V. ENPELOTONNEMENT. V. ORDRE EN COLONNE. V. ORDRE PAR SECTION.

PAR SEMESTRE. V. ABSENCE PAR S... V. ABSENT PAR S... V. SEMESTRE.

PAR SERVICE. V. ABSENCE PAR S... V. ABSENT PAR S... V. SERVICE.

PAR STRATAGÈME. V. ATTAQUE PAR STRATAGÈME. V. STRATAGÈME.

PAR SUBDIVISION. V. COLONNE PAR S... V. ROMPRE PAR S... V. SUBDIVISION. V. SUBDIVISION DE COLONNE.

PAR SURPRISE. V. ATTAQUE PAR S... V. SURPRISE.

PAR TERRE. V. CONVOI PAR T... V. ROUTE PAR T... V. TERRE. V. TRANSPORT PAR T...

PAR TROUPE. V. CONVERSION PAR T... V. TROUPE.

PARABALLE, adj. V. BALLE. V. HAUSSE PARABALLE.

PARABOLIQUE, adj. V. TIR P...

PARACHUTE. V. A PARACHUTE. V. FUSÉE LUMINEUSE.

PARACIS, subs. masc. V. COMPAGNIE. V. ESCORTE. V. TROUPE.

PARADE, subs. fém. V. ALLER A LA P... V. ARRANGEMENT DE P... V. ARME DE P... V. CERCLE DE P... V. DÉFILEMENT DE P... V. DÉFILER LA P... V. DESCENDRE LA P... V. FAIRE DÉFILER LA P... V. FAIRE LA P... V. FAIRE P... V. GRANDE P... V. HACHE DE P... V. MANQUER LA P... V. MONTER LA P... V. ORDRE DE LA P... V. ORDRE DE P...

PARADE { DE TROUPES. { PARADE GÉNÉRALE. / PARTICULIÈRE. / D'ESCRIME.

PARADE (terme générig.). Mot dont les racines diffèrent suivant ses acceptions particulières. — Il a été, en quelques cas, synonyme de PAREMENT; ainsi l'on disait : ÉPÉE DE PAREMENT, dans le sens d'épée de CÉRÉMONIE. — Le mot Parade se distingue en PARADES DE CAMP, — DE CASERNE, — DE GARNISON, — DE PLACE, — DE TROUPE, — D'ESCRIME.

PARADE de CAMP. V. CAMP. V. CHAMP DE BATAILLE DE CAMP. V. FRONT DE BANDIÈRE. V. PARADE DE TROUPES. V. PARADE GÉNÉRALE. V. SERVICE AU CAMP.

PARADE de CASERNE. V. CASERNE. V. PARADE DE TROUPES.

PARADE de GARNISON. V. GARNISON. V. MAJOR DE PLACE N° 3. V. PARADE DE TROUPES. V. PARADE GÉNÉRALE. V. PAS CADENCÉ. V. RONDE. V. SERGENT CHEF DE POSTE. V. SUBDIVISION.

PARADE de PLACE. V. CERCLE DE PARADE. V. PLACE. V. SAPEUR D'INFANTERIE. V. SERGENT-MAJOR N° 9. V. SERVICE DE GARNISON.

PARADE de TROUPES (term. sous-génériq.). Sorte de PARADE qui répondrait, suivant MÉNAGE, au LATIN *paratum*; suivant SAUMAISE, au LATIN latin *parata*. Conformément à ces étymologies, il serait synonyme d'appareil ou de parure. — Ausone (*Épistola 5 ad theonem*) appelle *paradæ, paradarum*, des gondoles élégantes qui étaient destinées aux entrées d'honneur, à certaines cérémonies dans des places maritimes. FURETIÈRE croit que le nom de ces gondoles aurait donné naissance aux mots lieu de Parade, chambre de Parade, etc. — Il ne serait pas impossible que les Parades exécutées en public sur des tréteaux, par des bouffons, et les Parades des GARNISONS eussent été exprimées par des termes d'une commune origine; car, dans l'un comme dans l'autre cas, c'est un appareil, une montre, *Res parata, cosa parata*, chose disposée, arrangée, ornée; mais nous supposerions plutôt que le mot Parade de TROUPES vient de l'ESPAGNOL *parada*, lieu de station, halte, temps d'arrêt d'un cheval de manége, terrain des rendez-vous d'où se distribuaient les GARDES MONTANTES de l'INFANTERIE ESPAGNOLE. Par extension, et à raison de l'éclat et de la coquetterie de cette MILICE, le mot Parade s'est combiné d'une idée d'appareil et de spectacle, et nous devons probablement l'usage du terme aux TERCES ESPAGNOLES que FRANÇOIS PREMIER combattait, ou aux Castillans qui parcouraient la FRANCE au temps de la Ligue. — La MILICE ROMAINE appelait ARMILUSTRE, ou PASSATION DE REVUE, la Parade; les ITALIENS la nommaient COMPARSE, *comparsa*; ainsi le terme n'est originairement ni LATIN ni ITAlien. — Les ordonnances de Louis quatorze ont commencé à mentionner le mot Parade. Celle de 1665 (25 juillet) obligeait les gardes-françaises à faire la parade avec les autres troupes de la garnison et sur la même place ; ce corps privilégié avait jusque-là affiché la prétention d'avoir sa Parade particulière dans un lieu séparé. — Les vieilles expressions monter, faire, descendre la Parade, comme s'expriment Bombelles (1746, A), Furetière, Guignard (1725, B), Lachesnaie (1758, I), sont tombées en désuétude. Descendre la parade, c'était, conformément à l'ordonnance de 1707 (1er avril), se rendre sur la place d'armes, après la garde relevée, pour y subir l'inspection du major de la place, qui constatait ainsi que les hommes de garde étaient restés complets et en tenue jusqu'à l'arrivée de la garde relevante. — L'usage de descendre la parade s'est éteint depuis l'ordonnance de 1768 (1er mars). — La locution technique faire la parade est restée dans l'expression pittoresque faire parade de ses forces. — Il était d'usage dans le dernier siècle que, soit en ordre de bataille, soit en colonne, l'infanterie fût à rangs ouverts dans les Parades; ses officiers, ses porte-drapeaux se tenaient en ordre de bataille à quatre pas en avant du premier rang. Cet arrangement était prescrit par l'ordonnance de 1766 (1er janvier), et par l'instruction de 1774 (11 juin). L'infanterie a cessé de défiler à rangs ouverts depuis que l'ordre serré a prévalu. — Le major, au temps où cet officier était premier capitaine, dirigeait les détails de la Parade de son corps. — L'heure de la Parade n'a pas toujours été la même; elle devait avoir lieu, dans les provinces du Nord, un peu avant midi, et, dans les provinces méridionales, à l'heure prescrite par le commandant de la place. L'ordonnance de 1768 (1er mars) disposait qu'elle aurait lieu à midi devant le poste de la place d'armes. — La Parade commence par le rassemblement des gardes, des piquets, des plantons, et par l'appel des postes; un roulement annonce l'ouverture des rangs et l'inspection des armes. La troupe exécute quelques maniements d'armes ou manœuvres. Le défilement a lieu au pas accéléré, soit par postes, soit en colonne, et chaque garde, sous les ordres de son chef, se rend à son poste. Ce départ est suivi de la formation du cercle, de la distribution de l'ordre, du commandement du service du lendemain et de l'indication des officiers de ronde. — L'ordonnance de 1833 (2 novembre) réglait les détails des Parades; elle voulait que le tré-

sorier y assistât, car le plus ordinairement il se dispensait d'y être, et quelques renseignements sur ce sujet étaient insérés dans le *Dictionnaire de la Conversation*. — Les Parades diffèrent comme parades de camp, de caserne, de garnison ; dans ces divers cas, elles se distinguent en parades générales et parades particulières.

PARADE d'escrime (G, 5, 6). Sorte de parade dont l'étymologie est italienne ; le terme a été une traduction de *parata* ; les Espagnols, qui du reste nous ont fourni tant de mots d'escrime, disaient *reparo*, substantif provenu du verbe *parar*, arrêter, suspendre. — La Parade est un jeu d'escrime qui a produit la locution aller a la parade, manquer la parade, c'est-à-dire réussir ou non à se garantir avec une lame d'épée, un fleuret, etc , d'un coup de pointe ou de taille. — Il y a absence réciproque de Parade dans le cas des coups fourrés. — Les colismardes, lames de carlets a talon large, avaient pris faveur comme plus propres aux parades. — On pare en quarte les attaques dans les armes, en quarte basse les attaques sur les armes, en tierce les mouvements hors les armes. — Autres sont les Parades de pointe, de contre-pointe, d'espadon ; chaque engagement a sa Parade. — Anton, l'Encyclopédie (1751, C), Furetière, tous les auteurs en fait d'escrime, ont traité des Parades.

PARADE générale (E, 1, 2, 3), ou grande parade. Sorte de parade de troupes qui se compose de la réunion journalière des gardes d'un camp sur le front de bandière ou le champ de bataille, ou des gardes d'une garnison sur la place d'armes. — Les corps s'y placent suivant leur rang d'ancienneté, ou de préséance, ou de numéro ; le militaire le plus élevé en grade y commande, ou s'y fait représenter, ou y est remplacé du fait de son absence. — Les musiciens et le tambour-major y assistent. Le défilement commence au son de la caisse ou des clairons, et continue au son de la musique. — Autrefois, les Parades générales de garnison étaient dirigées par le lieutenant de roi, aidé par le major et les adjudants de place. Ce major y désignait les officiers de garde, les fourriers y tiraient les postes ; les patients du cheval de bois, ou les militaires qui devaient subir des châtiments publics ou la fustigation, y étaient amenés et donnés en spectacle. — L'infanterie y était chaussée en guêtres blanches; les dragons, également en guêtres, mais noires, s'y rangeaient à la suite de l'infanterie. — L'ordonnance de 1768 (1er mars) réglait l'heure de la Parade et obligeait tous les officiers à s'y trouver ; ils s'y plaçaient vis-à-vis les gardes de leur corps, et en arrière de leurs officiers supérieurs. — La Parade terminée, les sous-officiers venaient rendre compte à leurs officiers de l'ordre de la place. — En vertu de règlements plus modernes, les commandants de place présidaient à la Parade ; le chef du poste de la place en faisait, à l'avance, déblayer le terrain et il l'entourait de sentinelles. — Le capitaine de police, ou le capitaine de semaine, ou l'adjudant-major de semaine, y amenaient la portion de leur corps qui devait y prendre place. — Les caporaux de semaine s'y plaçaient en troisième rang derrière les sergents-majors et les sergents de leur compagnie. — Le colonel s'y plaçait à deux pas en avant de son corps d'officiers ; l'adjudant de semaine y remettait au major du corps un double de la feuille du rapport général, et y rendait compte au chef de bataillon de semaine de tous les ordres donnés ; il en informait aussi les officiers d'état-major du corps qui n'avaient pas pu se trouver à la Parade. — Les hommes condamnés pour désertion au boulet ou aux travaux publics étaient dégradés à la Parade générale. — Quelquefois ce n'étaient pas uniquement les gardes montantes qui assistaient à la Parade, mais tous les hommes disponibles des corps, c'étaient en ce cas de véritables revues ; telles étaient celles que Bonaparte passait aux Tuileries.

PARADE particulière (E, 1, 2, 3). Sorte de parade de troupe qui consiste dans le rassemblement des hommes de garde d'un corps. L'ordonnance de 1788 (1er juillet) voulait qu'un officier supérieur y assistât et fît exercer la garde, ou sous les ordres du capitaine de police, ou sous ceux de l'officier ou du sous-officier commandant la garde. — Les officiers et sous-officiers de semaine sont tenus d'y assister sous les ordres du chef de bataillon de semaine. — L'adjudant de semaine, après avoir fait l'appel des postes, se met à la tête des sous-officiers de semaine de chaque compagnie. — L'ordre donné à la Parade est transmis par l'adjudant aux officiers qui n'y ont pas assisté.

PARADOS, subs. masc. (G, 2, 4). Mot provenu du verbe parer et du substantif dos ; il exprime un ouvrage de fortification, un épaulement, propres à garantir les derrières d'une batterie de bouches à feu, et surtout l'artillerie dans un siége défensif.

PARADOUZ, subs. masc. (F). Mot qu'on trouve, chez quelques écrivains, dans le sens de flèche projectile d'une espèce mal connue. Ce mot est une corruption, une transcription erronée des mots plus usités, et tirés de l'italien, pasadouz, passador, passadour, passadous, passendeau.

PARAGE, subs. masc. (F), ou paraige, ou pareage. Mot qui a été, suivant les uns, l'analogue de parentage ou lignage, pour donner idée d'une origine noble ; suivant d'autres opinions, il était la traduction du latin *paragium*, analogue au bas latin *pariare*, égaler, aller de pair ; de là l'adjectif parageau et les substantifs pariagier, pariaire, qui désignaient des gentilshommes susceptibles de prendre rang avec les pairs, par noblesse de parage. Sur ces questions, Furetière et Loyseau peuvent être consultés, et surtout le *Dictionnaire de la Conversation*.

PARAGOGE, subs. fém. v. paragogue.

PARAGOGIQUE, adj. v. ordre p...

PARAGOGUE, subs. fém. (F), ou paragoge, suivant Roquefort (1833). Mot dérivé du grec *paragogé*, déduction, provenu de *para*, à travers, au delà, contre, et de *ago*, conduire. Littéralement la Paragogue était un accroissement d'ordre profond ; mais cette explication est vague et peu satisfaisante, comme tant d'autres locutions grecques, si on les analyse par la pure loi de l'étymologie. — La Paragogue était une évolution de la milice grecque que les écrivains donnent en opposition de l'épagogue ; c'était un mouvement de la phalange par le flanc, une colonne ayant un de ses flancs en avant. — Clise et Paragogue semblent synonymes ; mais la première était plutôt l'action de faire par le flanc par homme, la seconde, de faire par le flanc par troupe. C'est ce que paraît indiquer Arrien. — Suivant M. le colonel Carrion (1824, A), la Paragogue *avait lieu par le flanc entier de la syntagme, égal à son front, ou par dimœrie, énomotie*. Il dit (t. ii, p. 605), *que c'était une marche et manœuvre par le flanc*. Il conçoit apparemment que c'était un ordre, soit sur un front de trente-deux files, soit sur un front de huit ou de quatre files. — Guischardt (1758, H) et son plagiaire Maubert (1762, F) disent qu'*on donnait le nom de Paragogue à la phalange, lorsqu'ayant fait un à droite ou un à gauche, elle marchait tout entière par son flanc. On distinguait la Paragogue droite et gauche*. — Ainsi la Paragogue eût été une colonne sans intervalles de trente à trente-deux files de front. M. Liskenne (t. i, p. 512, gravure) offre une image de la Paragogue, mais n'en donne pas cette idée. Robinson dit, au contraire, que c'était *une marche file*, soit en commençant par la file de gauche, soit par la droite.

PARAGUAY. v. noms propres.

PARAGUÉEN (paraguéenne), adj. v. armée p... v. artillerie p... v. capitaine p... v. cavalerie p... v. compagnie p... v. corps p... v. drapeau p... v. enseigne p... v. infanterie p... v. lancier p... v. lieutenant p... v. milice p... v. officier p... v. recrutement p... v. troupe p...

PARAGE, subs. masc. v. parage. v. seigneur.

PARALLÈLE, adj. v. alignement p... v. bataille p... v. carré p... v. ligne p... v. marche p... v. ordre p...

PARALLÈLE, subs. fém. v. banquette de p... v. communication de p... v. demi-p... v. dernière p... v. parapet de p... v. première p... v. quatrième p... v. retour de p... v. revers de p... v. seconde p... v. troisième p...

PARALLÈLE (parallèles) (G, 4 ; H, 1), ou ligne parallèle, ou place d'armes. Ce mot et l'adjectif qui en est l'homonyme, dérivent du grec *para*, à côté, et *allélôn*, l'un l'autre ; les Italiens en ont fait *parallella*, que les mathématiciens des autres nations leur ont emprunté. — Une Parallèle est une coupure légèrement courbe, creusée parallèlement à un front d'attaque, par des assiégeants qui se proposent de réduire méthodiquement une forteresse. Avant Vauban, on nommait contrevallations ou lignes d'approches, les travaux de ce genre ; Vauban les appelait places d'armes. — Suivant plusieurs auteurs, l'art de s'avancer à la faveur des Parallèles, ou du moins la confection d'enveloppes plus ou moins longues qui menacent une place et en occupent les abords, sont aussi anciens que l'art de la fortification. Un cheminement de ce genre a été le fruit d'une pensée simple ; pour attaquer un lieu défendu, il faut l'entourer, se couvrir, et garantir des projectiles ou entreprises des ennemis, les travailleurs du siége. — Cependant les professeurs du dernier siècle ne sont pas d'accord sur le fait de l'ancienneté des Parallèles. Folard (1727, A) prétend les retrouver dans la poliorcétique des anciens ; Guischardt (1758, H) le nie absolument ; mais c'est se disputer sur des mots, ou sur de minces détails ; si les anciens n'avançaient point, en se bornant à creuser le sol, ils poussaient leurs travaux vers le point attaqué, en élevant des constructions, en pratiquant des galeries couvertes, en marchant par vignes ; c'étaient

ce que les Romains appelaient *agere per vineas* ; mais ce qu'ils appelaient *fossa, fossæ*, donne idée de tranchées, en quelques points comparables à celles des modernes. Diodore de Sicile fait mention des contrevallations de Démétrius Poliorcète au siége de Rhodes. Philippe passe pour avoir déployé, au siége d'Egine, un système d'attaque dont le cheminement était ordonné par branches parallèles et par boyaux de communication. Polybe (150 avant J.-C.) donne idée de travaux analogues en parlant du siége de Lilybée. César, Tite Live, Thucydide fournissent des renseignements pareils. — Depuis les Grecs et les Romains, les attaques méthodiques étaient tombées en oubli ; elles se sont reproduites avec plus ou moins d'habileté dans quelques croisades, et dans les siéges entrepris par Philippe Auguste. — Mahomet deux, mort en 1481, paraît avoir renouvelé les procédés des anciens. — Les Turcs, ou plutôt, comme le témoigne Voltaire (*Siècle de Louis quatorze*), leurs ingénieurs italiens, avaient fait usage de Parallèles au siége de Candie, en 1667. — Ainsi le nom et la réapparition des Parallèles seraient italiens, comme la plupart des choses de la fortification. — Jusqu'au milieu du dix-huitième siècle, les Français se contentaient de cheminer par des tranchées ou zigzags sans communication entre eux. — Vauban appliqua aux siéges offensifs le mécanisme des places d'armes successives ; on en vit le premier essai au siége de Maestricht en 1673 ; ce fut surtout à celui d'Ath, en 1697, que ce cheminement fut pratiqué avec plus de précision. Il y imita, dit Ganeau, les Turcs. Voilà pourquoi l'Encyclopédie (1751, C) regarde cette date comme celle de l'invention des Parallèles. — Ce perfectionnement a permis de renoncer aux circonvallations et aux contrevallations ; l'attaque est devenue supérieure à la défense ; les travailleurs ont été protégés par les gardes de tranchée ; de vastes lignes garnies d'infanterie ont fait front aux sorties et en ont paralysé l'effet, jusque-là si puissant ; les assiégeants ont réduit l'assiégé à ne combattre qu'en deçà de ses dehors ; ils se sont approchés des places à couvert de leurs feux. — Les Parallèles s'ébauchent à plus ou moins de distance de l'ouverture de la tranchée ; elles sont garnies de parapets pour l'infanterie, d'épaulements pour la cavalerie ; leur largeur est le double environ de celle des tranchées ; elle est de quinze à vingt pieds ; leurs extrémités se terminent en crochets ; le sommet de leurs parapets est garni de saucissons ou de sacs à terre.

Les drapeaux se plantent sur le parapet. — Ces Parallèles sont ordinairement au nombre de trois. La seconde et la troisième sont creusées d'abord à raison de vingt pieds de large; on élargit ensuite la seconde jusqu'à quinze toises, et la troisième jusqu'à dix-huit; elles sont distantes entre elles de deux cent cinquante ou trois cents mètres, ce qui équivaut à la portée du fusil et permet qu'elles se protégent mutuellement; elles lient les attaques, les postes, les nœuds des tranchées, en préviennent l'engorgement, reçoivent sur leurs revers, à mesure de la construction d'une Parallèle nouvelle, les amas d'outils, et y offrent de petites latrines souvent comblées et renouvelées; elles observent la place, flanquent les tranchées qui y conduisent, et favorisent de leurs feux l'attaque du chemin couvert et les derniers efforts des assaillants. Il y est pratiqué des banquettes depuis le fond jusqu'au sommet du parapet, afin que les troupes puissent, en cas de sortie, se présenter en bataille à l'ennemi. En arrière de leurs batteries, des passages sont réservés pour l'arrivage des pièces et de leurs munitions. — La première parallèle se trace à six cents mètres environ du glacis, la seconde à deux cent cinquante mètres, la troisième au pied du glacis; mais ces distances dont Gassendi donne les proportions varient suivant l'espèce du siége ou la nature des lieux; ainsi, au siége de la citadelle d'Anvers, en 1832, l'armée assiégeante n'y a creusé que deux Parallèles: la première à quatre cent cinquante mètres de la place, ou suivant d'autres relations à trois cents mètres; la seconde à quatre-vingt-dix mètres du glacis. — On ménage des demi-parallèles entre la seconde et la troisième parallèle. — On établit quelquefois une quatrième parallèle, si l'on attaque une forteresse construite suivant les principes modernes, et ayant de grandes demi-lunes et des réduits de place d'armes rentrantes; en ce cas la quatrième Parallèle est le seul moyen d'arriver sur ces places d'armes, quand la troisième n'a pu être amenée à portée de grenades, et qu'on veut tenter une attaque de vive force contre un assiégé résolu et puissant en nombre. — Au delà de la troisième parallèle, on ne débouche plus vers la place par des boyaux, mais par des parties *demi-circulaires, dont la courbure est telle que chaque élément défile son voisin.* — Les écrivains qui traitent des Parallèles sont: Bardet (1740, A), Dubousquet (1769, B), Encyclopédie 1751, C, aux mots *Lignes parallèles;* (1785, C, au mot *Parallèles*), Folard (1727, A), Gassendi, Guischardt (1758, II), La-

chesnaie (1758, I, aux mots *Place d'armes* et *Tranchée*), Leblond (1762, G), Maizeroy (1773, B), Sionville (1756, E), le *Spectateur militaire* (t. XVIII, p. 437), et enfin les auteurs qui traitent de l'attaque des places.

PARALLÈLE de siége offensif. v. siége offensif. v. troisième parallèle.

PARALLÉLOGRAMME. v. carré p...

PARALYSIE, subs. fém. (D, 4, 7). Mot grec, *paralusis*, relâchement des parties musculeuses et nerveuses, occasionnant privation de mouvement et de sensibilité en quelques parties du corps humain. — La Paralysie est une infirmité de nature à motiver réforme, inhabileté au service, invalidité absolue.

PARAPECT, subs. masc. v. parapet.

PARAPECTE, subs. masc. v. créneau. v. parapet.

PARAPET, subs. masc. v. a parapet. v. arme de p... v. banquette de p... v. border le p... v. crête de p... v. feu de p... v. talus de p...

PARAPET (G, 2, 4, H), ou parapect, ou parapecte, comme l'écrit Rabelais, ou parement, ou péribole, suivant M. Roquefort. Cet écrivain témoigne que le terme s'est d'abord écrit: *Par-à-pect,* pour signifier: *qui garantit la poitrine.* Henri Estienne (1579) cite Parapet comme peu ancien à l'époque où il écrivait. — L'Encyclopédie (1751, C), Furetière, le *Dictionnaire de la Crusca,* tirent Parapet de l'italien *Parapetto,* parce que *su la sponda s'appoygia il petto,* la poitrine s'appuie sur le bord du Parapet; mais probablement le terme est plus ancien et appartenait plutôt à la langue romane qu'à l'italienne. Dans celle-ci, *spalletta,* espalet, répondait surtout à Parapet. — Le parapecte était, proprement parlant, la partie haute d'un créneau du moyen age, une manière de bouclier à demeure. — Les Romains composaient les Parapets de leurs camps, de pieux et de clayonnage; cette espèce de batterie à barbette avait peu de hauteur, parce que le bouclier, en s'y appuyant, complétait la défense. — Le Parapet, s'il eût été plus élevé, n'eût pas permis aux soldats d'en voir le pied extérieur, et de découvrir le fond du fossé, ce qui était important dans un temps où les tirs de flanc ne se pratiquaient pas, et où les approches n'étaient pas contrariés par des dehors. — Les Latins donnaient divers noms aux Parapets de leurs camps fortifiés et de leurs machines de guerre. Il resterait à découvrir si ces appellations étaient synonymes, ou d'acceptions diverses. — Ils les appelaient *bastiœ*, d'où sont venus BASTILLE, BASTILLON, BASTION ; *loricœ*, analogue à BOUCLIER, et *pagineumata*. BOREL (Pierre) dit même qu'ils les désignaient par *antemuralia*, AVANT-MURS ; mais ces AVANT-MURS répondaient plutôt aux BARBACANES des ESPAGNOLS ou aux BAILLES des FRANÇAIS du MOYEN AGE. Tous ces mots ont été traduits, en général, par RETRANCHEMENT ; mais le terme est trop vague. Le bas LATIN exprimait par *subarœ*, les Parapets, parce qu'ils étaient le produit d'une TRANCHÉE. Ce substantif venait du verbe *subarare*, creuser profondément la terre. — Dans les bas siècles, les Parapets étaient mobiles et portatifs, comme les MANTELETS des anciens. En 1428, au commencement du siége d'ORLÉANS, les habitants retirent leurs PAVESADES des magasins où ils les tenaient en TEMPS DE PAIX ; ils étaient construits de manière à s'adjoindre et à s'attacher à des garde-fous permanents. — Aucun dictionnaire n'a encore donné une explication juste des Parapets modernes, parce que presque tous conçoivent sous ce mot le PARAPET du REMPART d'une FORTERESSE, tandis que tous les OUVRAGES tant PERMANENTS que PASSAGERS ont leur Parapet qui diffère par les dimensions, par les matériaux, par la destination, par la LIGNE plus ou moins élevée d'où il domine et d'où l'on TIRE. Ainsi, on peut appeler Parapet le BASTINGAGE d'une GARNISON DE BORD, et il est attaché un Parapet aux BOYAUX, BRANCHES DE FORTIFICATION, CAPONNIÈRES, CASEMATES, CHEMINS COUVERTS, CORNES DE FORTIFICATIONS, CRÉMAILLÈRES, DEMI-LUNES, FER A CHEVAL, FAUSSES BRAIES, LOGEMENTS A FEU, PARALLÈLES, ZIGZAGS DE SIÉGE OFFENSIF, etc. — COURONNER UN OUVRAGE, un point d'ATTAQUE, c'est s'y abriter d'un Parapet. — Les Parapets modernes sont une des principales parties des OUVRAGES DE FORTIFICATION ; ce sont des DÉFENSES propres à garantir l'INFANTERIE et les BATTERIES d'ARTILLERIE des coups de l'ENNEMI, à moins qu'ils n'arrivent de RICOCHET. — Les Parapets s'entrecoupent de MERLONS et de GENOUILLÈRES, ou bien ils sont à BARBETTE. — Autrefois la CAVALERIE avait des ÉPAULEMENTS pour Parapets ; mais l'usage en est abandonné. — Les Parapets de l'INFANTERIE et de l'ARTILLERIE sont des DÉFENSES de sept à huit pieds de haut, y compris leurs BANQUETTES ; ils sont eux-mêmes protégés par des DÉFENSES DE FLANC, ou par des TRAVERSES ; ils sont construits en terre ou en GABIONNADE. — Un Parapet a, suivant les cas, une, deux ou trois BANQUETTES ; plus il est élevé, plus il est propre à être FRAISÉ ; il ne doit avoir, suivant GASSENDI, au-dessus de la BANQUETTE supérieure, que quatre pieds deux pouces, afin qu'un homme de cinq pieds puisse aisément TIRER dans la direction de la PLONGÉE, c'est-à-dire de la sommité du TALUS dont la surface répond au bord extérieur du FOSSÉ. — Les parties d'un Parapet sont le TALUS INTÉRIEUR, la PLONGÉE ou talus supérieur, le talus extérieur, la CRÊTE ou LIGNE DE FEU. — Cependant, il n'y aurait point de TALUS extérieur dans le cas où un Parapet serait REVÊTU. Dans ce cas sa face extérieure se nomme TABLETTE. — L'épaisseur du Parapet varie suivant le plus ou moins de proximité de l'ENNEMI, suivant le genre de PROJECTILES dont il doit prévenir la PÉNÉTRATION ; l'épaisseur doit être telle que les COUPS DE BOULETS ne puissent pas traverser le MASSIF. — Les PARAPETS DE FORTERESSE doivent être en terre épierrée à la claie ; s'ils ne sont pas REVÊTUS, on en gazonne l'ESCARPE ; on n'en talute que juste autant qu'il le faut la face supérieure. — Le Parapet de l'ENCEINTE d'une FORTERESSE se nommait, comme le témoigne FURETIÈRE, PARAPET ROYAL ; il répond au tracé de la LIGNE MAGISTRALE ; il consiste en un MASSIF de terre épierrée à la claie qui surmonte le REMPART, s'il n'est pas revêtu ; il est garni d'une fraise et il a six à sept mètres d'épaisseur, pour résister aux BOULETS des PIÈCES DE SIÉGE ; il suffirait qu'il fût épais de trois mètres s'il était REVÊTU ; en ce cas il serait garni de briques, parce que l'usage de la maçonnerie en pierres menacerait de trop de dangers ses DÉFENSEURS. — La hauteur la plus ordinaire du Parapet est de sept pieds et demi au-dessus du TERRE-PLEIN, dont trois pieds et quelques pouces pour deux BANQUETTES ; suivant GASSENDI (1819), il est séparé du cordon par la TABLETTE. — Le COMMANDEMENT exercé par le PARAPET ROYAL, c'est-à-dire la ligne d'exhaussement d'où sa CRÊTE doit dominer la campagne, s'évaluait à raison de vingt à vingt-deux pieds. — Suivant le besoin, le Parapet s'échancre pour l'ouverture des GUÉRITES. — En outre du PARAPET ROYAL, il y a d'autres PARAPETS DE FORTERESSE, tels que ceux de CAPONNIÈRE, de CASEMATE, de CONTRE-GARDE, de DEMI-LUNE, de DEHORS, etc.; leur moindre hauteur, ou leur COMMANDEMENT le moins rasant doit excéder au moins de cinq pieds le CHEMIN COUVERT dont il est enveloppé. — Le Parapet du CHEMIN COUVERT se forme naturellement de la construction du GLACIS et doit garantir la plus grande partie de la hauteur du REMPART ; sa hauteur est de deux mètres s'il n'a qu'une BANQUETTE ; il a sept pieds et demi s'il a deux BANQUETTES. — Les Parapets de FORTIFICATIONS PASSAGÈRES sont en terre épierrée, ou en barriques, ou en SACS A TERRE, ou en SACS A LAINE, ou en GABIONS ; ceux de terre sont GAZONNÉS, s'il se peut, et principalement à l'extérieur, ou sont consolidés au moyen de SAUCISSONS ou de CLAYONNAGE. Ils sont surmontés de FASCINES ; ils ont au sommet une épaisseur d'un mètre au moins, s'ils doivent résister aux BALLES DE FUSIL ; ils ont quatre à cinq mètres d'épaisseur, s'ils doivent résister aux BOULETS des PIÈCES DE CAMPAGNE. — Il est traité de ces matières par M. LEGRAND (1837, A, aux mots *Parapet* et *Plongée*) ; le *Dictionnaire de la Conversation* en traite en quelques mots.

PARAPET de BASTION. V. BASTION. V. BATTERIE DE MACHINES DE GUERRE. V. BERME DE BATTERIE. V. FLANC DE BASTION. V. OREILLON DE BASTION. V. PARAPET.

PARAPET de BATTERIE. V. BATTERIE. V. BATTERIE DE BOUCHES A FEU.

PARAPET de BERME. V. BERME DE FORTIFICATION.

PARAPET de BOYAU. V. BOYAU DE SIÉGE OFFENSIF.

PARAPET de BRANCHE DE FORTIFICATION. V. BRANCHE DE FORTIFICATION.,

PARAPET de CAMP RETRANCHÉ. V. CAMP DE BUTTES. V. CAMP RETRANCHÉ. V. CAMP ROMAIN. V. DÉCOUVERTE.

PARAPET de CAPONNIÈRE. V. CAPONNIÈRE. V. TENAILLE A CAPONNIÈRE.

PARAPET de CASEMATE. V. CASEMATE. V. CASEMATE A FEU.

PARAPET de CHEMIN COUVERT. V. CHEMIN COUVERT. V. CONTRESCARPE. V. DÉFENSE DE CHEMIN COUVERT. V. GLACIS DE FORTIFICATION. V. PARAPET. V. REDAN. V. TERRAIN FORTIFICATOIRE.

PARAPET de CIRCONVALLATION. V. CIRCONVALLATION.

PARAPET de COFFRE DE FOSSÉ. V. COFFRE DE FOSSÉ.

PARAPET de CONTRE-GARDE. V. CONTRE-GARDE. V. PARAPET.

PARAPET de CONTREVALLATION. V. CONTREVALLATION.

PARAPET de CRÉMAILLÈRE. V. CRÉMAILLÈRE. V. CRÉMAILLÈRE DE FORTIFICATION.

PARAPET de DEHORS. V. CORNE DE FORTIFICATION. V. DEHORS.

PARAPET de DEMI-LUNE. V. DEMI-LUNE.

PARAPET de DOUBLE SAPE. V. DOUBLE SAPE.

PARAPET de FAUSSE BRAIE. V. FAUSSE BRAIE.

PARAPET de FER A CHEVAL. V. FER A CHEVAL.

PARAPET de FORT. V. FORT. V. FORT DE CAMPAGNE.

PARAPET de FORTERESSE. V. AUX CHAMPS. V. CHEF D'AVANCÉE. V. CONSIGNE DE SENTINELLE DE POSTE DE FORTERESSE. V. CORDON DE REMPART. V. DÉFENSE DE PLACE. V. DIANE. V. EMBRASURE. V. ESCARPE. V. FAUX A REVERS. V. FLANC DE BASTION. V. FORTERESSE. V. FRAISE DE FORTIFICATION. V. GORGE DE FORTIFICATION. V. GRENADE A CUILLER. V. GUÉRITE. V. LIGNE MAGISTRALE. V. MASSE D'ARMES. V. MINEUR FRANÇAIS. V. PALISSADE. V. PARAPET. V. RONDE.

PARAPET de FORTIFICATION LÉGÈRE. V. FORTIFICATION LÉGÈRE.

PARAPET de FORTIFICATION PASSAGÈRE. V. ATTAQUE DE LIGNES. V. DÉFENSE DE LIGNES. V. FORTIFICATION PASSAGÈRE. V. FRAISE DE FORTIFICATION. V. MILICE ANGLAISE N° 7. V. PASSAGE DE FOSSÉ. V. PARAPET. V. PAVILLON.

PARAPET de LOGEMENT. V. LOGEMENT. V. LOGEMENT OFFENSIF. V. PARAPET.

PARAPET de PARALLÈLE. V. BANQUETTE DE TRANCHÉE. V. DRAPEAU AU CAMP. V. PARALLÈLE. V. PARAPET. V. REVERS DE TRANCHÉE.

PARAPET de POSTE FERMÉ. V. CHEF DE POSTE F... V. POSTE FERMÉ.

PARAPET de REDOUTE. V. REDOUTE. V. TERRAIN FORTIFICATOIRE DE POSTE.

PARAPET de RÉDUIT. V. RÉDUIT.

PARAPET de RETIRADE. V. RETIRADE.

PARAPET de SAPE. V. SAPE.

PARAPET de TENAILLE. V. TENAILLE. V. TENAILLE A CAPONNIÈRE.

PARAPET de TENAILLON. V. TENAILLON.

PARAPET de TRANCHÉE. V. TRANCHÉE.

PARAPET d'ENTONNOIR. V. ENTONNOIR.

PARAPET d'ENVELOPPE. V. ENVELOPPE. V. ENVELOPPE DÉFENSIVE.

PARAPET ROYAL. V. ENCEINTE DE FORTERESSE. V. PARAPET. V. ROYAL.

PARASOL (subs. masc.) de MARQUISE (B, 1 ; E, 1). Le mot Parasol, dont l'étymologie ne demande pas à être expliquée, donne ici l'idée d'une partie d'une TENTE D'OFFICIER nommée MARQUISE. Le Parasol en est la couverture ; il descend à quatre ou cinq pieds de terre ; des CORDES le fixent et vont obliquement s'assujettir à des PIQUETS plantés en terre six pieds plus loin ; les MURAILLES de la MARQUISE se suspendent aux bords inférieurs du Parasol en s'y accrochant.

PARASTATE, subs. masc. (F). Mot GREC *parastates*, composé de *para*, à côté, et de *histémi*, placer. Le Parastate, dans les usages de la milice grecque, était le phalangite placé côte à côte d'un homme d'une file voisine. — Suivant M. le colonel Carrion (1824, A), on appelait Parastate, dans la phalange, tout soldat qui avait un voisin de droite ou de gauche. Robinson appelle le parastate le premier homme d'une ligne; mais qu'entend-il par ligne?

PARASYNTHÈME, subs. masc. (F). Mot grec que mentionnent Maizeroy (1767, E, t. ii, p. 128) et Robinson, et provenant de *para*, au delà, *sun*, ensemble, *téma*, position; il signifiait signal muet, geste convenu pour se faire reconnaître des siens, en outre ou en guise d'un mot du guet.

PARATAXE, subs. fém. v. a droite, subs. fém. v. aspect. v. bataille. v. charge d'infanterie. v. clise. v. coelembolon. v. colonne épagogique n° 4. v. contre-marche inflexionnaire. v. conversion en colonne. v. encolonnement de parataxe. v. évolution. v. formation en colonne d'une troupe en bataille. v. ligne combinée. v. ligne de bataille. v. milice grecque n° 7. v. ordonnance tactique. v. ordre de bataille. v. protologie.

PARATAXIQUE, adj. v. abduction p... v. charge p... v. contre-marche p... v. conversion p... v. ligne p... v. marche p... v. ordre p...

PARAZONE, subs. masc. (F). Mot venu du latin *parazonium*, emprunté du grec; les Italiens en ont fait *parazonio*. C'était un ceinturon auquel pendait l'épée des hastaires et des tribuns, etc., espèce de poignard qu'on a aussi nommé Parazone.

PARC, subs. masc. v. artillerie de p... v. attaque de p... v. commissaire du p... v. garde du p... v. grand p... v. petit p... v. train des p...

PARC (parcs) (term. génér.), ou parc d'armée. Mot qu'on retrouve dans le bas latin, *parcus*, et dont l'étymologie était contestée. Gébelin le fait venir de l'oriental; Nicot et Borel (Pierre) le tirent de l'hébreu; Ménage, Furetière et Vossius veulent qu'il dérive de l'allemand, *phirsh*, *phirch*, que les dictionnaires ne mentionnent pas. Roquefort (1833) le croit sorti du mot *cour*; c'est chercher bien loin sa racine. — Le terme Parc, pris dans le sens de jardin agreste ou d'enclos pour la chasse, a été emprunté de l'anglais, *park*, parce que, suivant Ducange, Henri premier d'Angleterre a été l'inventeur des Parcs de châteaux. — Par analogie aux Parcs des seigneurs, cette expression a signifié toute espèce de lieu clos; de là le Parc du Châte-

let, le parquet de la cour, les Parcs de marine ou d'animaux. — Brantome (1600, A) appelle Parcs les camps fermés, et Roquefort prend comme synonymes Parc et lice. — La langue militaire a désigné particuliérement par le mot Parc les emplacements où stationnent les bestiaux, les voitures, les pontons, les équipages, le matériel, les poudres, les artifices, les munitions de l'artillerie, les attirails des hopitaux, les magasins des vivres. Par extension, on a appelé Parcs, non-seulement les emplacements occupés, mais aussi l'ensemble des objets qui les occupent. — La guerre de Russie a donné le premier exemple de l'institution des parcs du génie. — Autrefois, le maréchal des logis de l'armée décidait de l'emplacement et de la marche des Parcs; les commissaires des guerres en avaient la police. — Pictet (1761, l. iii, p. 134) et Lachesnaie (1758, I) expliquent les régles relatives à la manière de parquer les voitures. — Puységur (1748, C) recommande de placer, en campagne, les Parcs à la portée du quartier général. — Maizeroy (1767, E, t. ii, p. 317) conseille aux chefs d'escorte de parquer en ordre circulaire les convois; cependant c'est plutôt l'ordre en carré qu'orbiculaire que la plupart des écrivains recommandent. — Au reste, le service des Parcs, la manière de les placer et de les mouvoir, sont une des parties peu avancées de la castramétation. — Maizeroy donne des régles sur la manière dont la cavalerie doit conduire l'attaque des Parcs et dont l'infanterie doit en assurer la défense. — Le règlement de 1792 (5 avril) s'occupait de la question des Parcs de voitures extraordinaires. — On peut consulter, à l'égard des Parcs : l'Encyclopédie (1785, C, au mot *Convoi*), Lachesnaie (1758, I), l'instruction de l'an trois (16 ventose), le règlement de l'an sept (22 ventose), etc. — Le mot sera surtout distingué en parc d'artillerie et en parc de siége.

PARC aux chevaux. v. aux chevaux. v. parc d'artillerie.

PARC d'armée. v. armée. v. armée agissante. v. armée française n° 9. v. avant-garde d'armée. v. ordre général. v. parc. v. transport.

PARC (parcs) d'artillerie (G, 2; H), ou parcs de campagne, comme les appelle Gassendi (mais ce dernier terme est inexact, car les parcs de voitures, etc., sont aussi des parcs de campagne). Sorte de parcs dont la désignation est peu satisfaisante, puisqu'un Parc est un lieu fermé et que ceux de l'artillerie ne le sont pas toujours, hormis en temps de paix. — En campagne, un Parc d'artillerie est un ARSENAL en plein air, temporaire, ambulant ; c'est un ensemble de BOUCHES A FEU, d'AFFUTS DE RECHANGE, de CAISSONS, de FORGES DE CAMPAGNE, de CHARIOTS des matériaux de PLATES-FORMES, etc. — Les plus anciens Parcs ont été formés sous les derniers Valois. FRANÇOIS PREMIER avait, à PAVIE, un Parc de quatre mille CHEVAUX. On ne divisait pas l'ARTILLERIE en BATTERIES ; tout le MATÉRIEL était ensemble. — Garder les Parcs était le rôle des PIQUIERS, à l'exclusion des MOUSQUETAIRES A PIED ; il en reste l'usage de n'y faire monter l'INFANTERIE que la BAIONNETTE à la main, et non avec le FUSIL. — Les COMMISSAIRES DES GUERRES avaient sur les Parcs un droit d'inspection que les OFFICIERS D'ARTILLERIE leur ont disputé et fait perdre. — Dans le dernier siècle, on dressait en CARRÉ les Parcs d'artillerie ; on les établissait, suivant quelques ÉCRIVAINS, à trois cents pas en avant des LIGNES ; suivant d'autres, entre les deux LIGNES DE TROUPE. — L'ARTILLERIE DE CAMPAGNE, longtemps organisée en Parcs, a été organisée en BATTERIES depuis 1742. — Des surveillants de tous les détails se nommaient COMMISSAIRES DU PARC et GARDES DU PARC. — On appelle GRAND PARC, OU PARC GÉNÉRAL, suivant M. le général COTTY (1822, A), celui des Parcs d'artillerie d'une ARMÉE où viennent s'approvisionner les PARCS DIVISIONNAIRES et les PARCS DE RÉSERVE ; il s'alimente lui-même en tirant ce qu'il lui faut des entrepôts établis en arrière sur la LIGNE D'OPÉRATIONS. Dans l'arrangement qui s'y observe, les PIÈCES du plus fort calibre tiennent la droite des autres. — L'ARTILLERIE A PIED garde les Parcs d'artillerie, et campe à droite et à gauche du GRAND PARC. — La marche des Parcs était réglée par l'ORDONNANCE DE 1701 (1er MAI). — Les DIVISIONS OU BATTERIES D'ARTILLERIE laissent ordinairement, pour la facilité du service, une de leurs ESCOUADES au Parc. — M. le général COTTY, GASSENDI et SAINT-REMY mentionnent la disposition des Parcs et l'ordre dans lequel tout s'y range, suivant qu'il s'agit des PARCS DE SIÉGE, des PARCS DE CAMP, etc. Ils appellent PARCS AUX CHEVAUX la partie du Parc d'artillerie où résident les ATTELAGES ; PARCS DE RÉSERVE, ceux qui contiennent du CALIBRE plus fort que les PARCS DE DIVISION. — On peut consulter, à l'égard des Parcs d'artillerie : LACHESNAIE (1758, 1, aux mots *Munition et Parc*), l'ENCYCLOPÉDIE (1751, C), LEBOURG, LESPINASSE, POTIER (1779, X), le *Dictionnaire de la Conversation*.

PARC de BESTIAUX. V. BESTIAUX. V. PARC.

PARC de BRIGADE. V. BRIGADE. V. DIVISION D'ARTILLERIE.

PARC de CAMP. V. CAMP. V. PARC.

PARC de CAMPAGNE. V. ARTILLERIE DE CAMPAGNE. V. CAMPAGNE. V. CHEF D'ESCORTE. V. PARC D'ARTILLERIE. V. TACTIQUE, subs.

PARC de CONSTRUCTION. V. CONSTRUCTION. V. ÉQUIPAGES. V. ÉTABLISSEMENT MILITAIRE.

PARC de CONVOI. V. ATTAQUE DE CONVOI. V. CHEF D'ESCORTE DE CONVOI. V. CONVOI. V. ESCORTE DE CONVOI.

PARC de DIVISION. V. DIVISION. V. PARC D'ARTILLERIE.

PARC de PONTS. V. PARC. V. PONT. V. PONT DE CAMPAGNE. V. PONTON.

PARC de RÉSERVE. V. PARC D'ARTILLERIE. V. RÉSERVE. V. TRAIN.

PARC (parcs) de SIÉGE (G, 2, 4 ; H, 1). Sorte de PARCS considérés par rapport aux SIÉGES OFFENSIFS. Le GÉNÉRAL COMMANDANT en coordonne l'emplacement à ses plans d'ATTAQUE ; il établit le PARC PRINCIPAL hors de la vue de l'ARMÉE ASSIÉGÉE, ou, suivant GASSENDI, entre deux mille quatre cents mètres ou trois mille six cents mètres de la PLACE ASSIÉGÉE. — Le Parc contient les PILES de PROJECTILES, les AMAS d'OUTILS, les MATÉRIAUX du SIÉGE, les ARTIFICES, les objets confectionnés par les TRAVAILLEURS, tels que BLINDAGES, FASCINES, GABIONS, OUTILS, PIQUETS, PLATES-FORMES, SACS A TERRE, SAUCISSONS DE SAPE, etc. — Le GRAND PARC de SIÉGE contient, dans sa profondeur, un MAGASIN A POUDRE. — Il y a, en outre, autant de PETITS PARCS que d'ATTAQUES ; ils contiennent ce qui est nécessaire à leur proximité. Ces Parcs changent d'emplacements à mesure que le CHEMINEMENT avance. — GUILLET (1686, B) et MANESSON (1685, B) témoignent qu'il était jadis d'usage de défendre, par quelques OUVRAGES LÉGERS, le GRAND PARC contre les insultes des coureurs du SIÉGE DÉFENSIF. — On peut consulter, à l'égard des Parcs de siége : M. le général COTTY, GASSENDI, LACHESNAIE (1758, 1, aux mots *Munitions, Parc, Place d'armes, Siége*), LEBLOND (1762), SAINT-REMY, VAUBAN.

PARC de VIVRES. V. PARC. V. VIVANDIER. V. VIVRES.

PARC de VOITURES. V. COMMISSAIRE GÉNÉRAL DES ARMÉES. V. COMMISSAIRE ORDONNATEUR. V. PARC. V. PARC D'ARTILLERIE. V. VOITURE.

PARC d'ÉQUIPAGES. V. ATTAQUE DE CONVOI. V. ÉQUIPAGES. V. GROS ÉQUIPAGES.

PARC d'HOPITAL. V. HOPITAL. V. HOPITAL MILITAIRE. V. PARC.

PARC DIVISIONNAIRE. V. DIVISION D'ARMÉE. V. DIVISION D'INFANTERIE. V. DIVISIONNAIRE, adj. V. PARC D'ARTILLERIE.

PARC DU GÉNIE. V. GÉNIE. V. GUERRE DE 1792. V. PARC.

PARC GÉNÉRAL. V. GÉNÉRAL, adj. V. PARC D'ARTILLERIE.

PARDON (subs. masc.) D'ARMES. V. ARMES. V. BEHOURD. V. TOURNOI.

PARÉ. V. NOMS PROPRES.

PARÉAGE, subs. masc. V. PARAGE.

PAREFROY, subs. masc. V. PALEFROI.

PAREMBOLE, subs. fém. (F). Mot dérivé du GREC *parà*, entre, *én*, dans, et *balló*, lancer. C'était une ÉVOLUTION en usage dans les MILICES GRECQUE et BYSANTINE. MAIZEROY (1771, A) traduit ce mot par INTERPOSITION ; c'était un ordre dilaté, *dont on remplissait les vides par des hommes de même arme.* Suivant ROBINSON, c'était aussi, à ce qu'il paraît, une sorte de DOUBLEMENT. Pour son exécution, certaines SUBDIVISIONS de la PHALANGE se détachaient en avant, ou en arrière, ou de côté. — PRAISSAC (1622, A) dit, dans une définition obscure : *Quand on commence à ranger la bataille par les ailes et qu'on finit au milieu, cela s'appelle Parembole.* Ainsi, la Parembole semblerait l'opération inverse de la prostaxe : l'une entr'ouvrait la PHALANGE, dont l'autre fermait les vides. — DILLON (p. 119) décrit la Parembole, ou intercalation, comme une MANOEUVRE qui introduit les RANGS postérieurs dans les RANGS antérieurs, c'est-à-dire le second dans le premier, le quatrième dans le troisième, chaque homme prenant place à un des flancs de son PROTOSTATE ; c'était ainsi, suivant lui, un DOUBLEMENT DE FILES, un DÉDOUBLEMENT de RANGS. — On ne découvre pas quelle est l'ÉVOLUTION moderne qui pourrait être comparée à la Parembole, à moins que ce ne fût le DOUBLEMENT des SECTIONS qui s'opère pour les PASSAGES DE LIGNES. — ARRIEN (110, A), DILLON, ÉLIEN (70, A), MAIZEROY (1766, F, p. 153 ; 1771, A, p. 115), ROQUEFORT (1835) mentionnent cette ÉVOLUTION sans la définir d'une manière satisfaisante.

PAREMENT, subs. masc. V. AGRÉMENT DE P... V. ÉPÉE DE P... V. GANT A P... V. PASSE-POIL DE P... V. PATTE DE P... V. POINTE DE P...

PAREMENT (term. génér.). Mot dérivé du substantif LATIN *paratum*, ou du verbe *parare*, qui, dans l'ancien et le bas latin, a signifié orner ou garantir ; de là, le LATIN barbare *paramentum*, PARADE, parure. — Le mot Parement a appartenu à la FORTIFICATION, à l'HABILLEMENT, au HARNACHEMENT ; il exprime ornement ou enjolivement, PARAPET ou REMPART. Il sera surtout distingué ici en PAREMENT D'HABILLEMENT.

PAREMENT de CAPOTE. V. CAPOTE.

PAREMENT de CHEVAL. V. CHEVAL. V. HOUSSE DE HARNACHEMENT.

PAREMENT de DOLMAN. V. DOLMAN. V. HUSSARD N° 4.

PAREMENT de FRAC. V. BOUTON DE MANCHE DE FRAC. V. BOUTONNIÈRE DE MANCHE DE FRAC. V. FRAC.

PAREMENT de GANT. V. GANT. V. GANTELET.

PAREMENT de GILET. V. BOUTON DE MANCHE DE GILET. V. BOUTONNIÈRE DE MANCHE DE GILET. V. GILET.

PAREMENT de JUSTAUCORPS. V. JUSTAUCORPS. V. PAREMENT D'HABILLEMENT.

PAREMENT de MANCHE. V. AGRÉMENT DE PAREMENT. V. BOTTES D'HABILLEMENT. V. BOUTON DE MANCHE. V. MANCHE.

PAREMENT de REDINGOTE. V. REDINGOTE.

PAREMENT de VESTE. V. VESTE.

PAREMENT (parements) D'HABILLEMENT (B, 1). Sorte de PAREMENTS qui consistaient dans un retroussis ou une garniture de l'extrémité de la MANCHE d'un HABIT D'UNIFORME, d'un GILET, d'une VESTE, etc., etc. — Les Parements étaient ou de même couleur, ou d'une COULEUR DISTINCTIVE, et bordés d'un PASSE-POIL ; ils étaient ainsi une des MARQUES DISTINCTIVES du CORPS. — Les Parements des JUSTAUCORPS ont été d'abord de grande dimension et en BOTTES ; ils n'étaient pas appliqués, afin de pouvoir se rabattre, comme le témoigne DESPAGNAC (1751). La mesure s'en est progressivement réduite ; les Parements d'HABITS ont été arrêtés par des coutures, fendus en dehors et boutonnant. Il y en a eu à PATTES : ceux des TROUPES DE BATAILLE étaient coupés droits ; ceux de certaines TROUPES LÉGÈRES étaient coupés à pointe. Cette différence futile, admise par la loi, avait été le fruit d'un caprice de la mode. C'est la mode qui a créé l'uniforme. — Les divers RÈGLEMENTS ou ordonnances d'habillements en ont prescrit la forme et la couleur, et en ont déterminé le devis.

PAREMENT D'HABIT. V. AGRÉMENT DE MANCHE. V. BOUTON DE MANCHE. V. CAPORAL D'INFANTERIE FRANÇAISE DE LIGNE N° 6. V. CHIRURGIEN. V. CHIRURGIEN-MAJOR D'INFANTERIE FRANÇAISE DE LIGNE N° 4. V. CLARINET. V. CORPS DE MANCHE D'HABIT. V. DEUIL MILITAIRE. V. FRATER. V. GARANCE. V. HABIT. V. INFANTERIE LÉGÈRE N° 5. V. INGÉNIEUR MILITAIRE. V. MARQUE DISTINCTIVE. V. MILICE RUSSE N° 4. V. MUSICIEN N° 4. V. SERGENT D'INFANTERIE FRANÇAISE DE LIGNE N° 4. V. SERGENT-MAJOR

N° 4. V. TAMBOUR IDIOPLIQUE D'INFANTERIE FRANÇAISE N° 3. V. TAMBOUR-MAJOR N° 4.

PARENT (parents) de MILITAIRES. V. ACCUSÉ. V. CONSEIL PERMANENT N° 2. V. JUGE MILITAIRE. V. JUSTICE MILITAIRE. V. MILITAIRE. V. TÉMOIN DE JUGEMENT.

PARENTAXE, subs. fém. V. ENTAXE.

PARER, verb. act. et neut. V. ALLER A L'ÉPÉE. V. CONTRE D'ESCRIME. V. ÉPÉE D'OFFICIER. V. PARADE. V. PARADOS.

PARGE, subs. masc. V. PAGE.

PARIAGIER, subs. masc. V. PARAGE. V. SEIGNEUR.

PARIAGIER, verb. act. V. SEIGNEUR.

PARIAIRE, subs. masc. V. PARAGE. V. SEIGNEUR.

PARIS ; **PARISI**. V. NOMS PROPRES.

PARLANT (parlante), adj. V. ARMES PARLANTES.

PARLEMENTAIRE, subs. masc. V. CAPITULATION DE SIÉGE. V. CHEF D'AVANCÉE. V. COMMANDANT DE PLACE N° 11. V. CONSIGNE DE SENTINELLE DE FRONT DE CAMP. V. DRAPEAU BLANC. V. FORTERESSE. V. GOUVERNEUR DE PLACE ASSIÉGÉE. V. GRAND'GARDE. V. HÉRAUT D'ARMES N° 4. V. NON COMBATTANT. V. REDDITION DE PLACE.

PARME. V. NOMS PROPRES.

PARME, subs. fém. (F). Mot tout LATIN qui a produit le diminutif PARMULE. — Parme était devenu français dans le douzième siècle, comme le témoigne M. ALLOU (1857). —La Parme était un BOUCLIER en usage dans la MILICE ROMAINE et analogue à la PELTE des GRECS ; c'était l'ARME DÉFENSIVE des ARMÉS A LA LÉGÈRE, des DARDEURS, *pilani*, des VÉLITES, comme le disent POLYBE et TITE LIVE. Ce BOUCLIER était rond, comme le témoigne, sur de nombreuses autorités, l'ENCYCLOPÉDIE (1785, C, au mot *Arme*) ; il avait trois pieds romains de diamètre, ou deux pieds huit pouces et demi de France. Il paraît qu'il était uni et sans ornement, à moins qu'il ne fût porté par un SOLDAT qui se fût illustré à la guerre : *Parma inglorius alba.* — La CAVALERIE ROMAINE portait ou la Parme, ou la PARMULE. Suivant TITE LIVE, ce BOUCLIER était plus grand que celui de l'INFANTERIE ; la colonne trajane lui donne une forme ovale. — Certain genre de GLADIATEURS combattaient armés de l'ÉPÉE et de la Parme. — Les Brutiens, peuples qui avoisinaient la SICILE, avaient la Parme oblongue, au rapport de FESTUS. CARRÉ (1785, E) et M. le général COTTY dépeignent la Parme comme plus large du bas que du haut ; mais la proposition est trop absolue.

PARMENTIER. V. NOMS PROPRES.

PARMULE, subs. fém. V. BOUCLIER. V. PARME.

PAROISSE, subs. fém. V. COMPAGNIE DE P...

PAROISSIAL (paroissiale), adj. V. BANNIÈRE P...

PAROLE, subs. fém. V. CAPITULATION DE SIÉGE. V. MOT. V. PASSE-PAROLE. V. SIGNAL. V. SUR PAROLE.

PAROUE, subs. fém. V. HARNOIS.

PARQUER, verb. act. et neut. V. CHEF D'ESCORTE DE CONVOI. V. PARC.

PARRAIN, subs. masc. (term. génér.). Mot qui dérive, suivant MÉNAGE et MORIN, du bas LATIN *patrinus*. Il se distingue en PARRAIN DE CHAMPION et en PARRAIN DE CONDAMNÉ.

PARRAIN de CHAMPION (F). Sorte de PARRAIN qui, dans un CARROUSEL, dans un COMBAT A OUTRANCE, était le protecteur, le curateur d'un combattant. C'était le chef des conseils ou conseillers qu'un CHAMPION choisissait parmi ses confidents, ses amis, ses parents. Il débattait, près des JUGES DU CAMP, les intérêts de son filleul, protestait contre les injustices ou les partialités, était son défenseur, son avocat, et portait témoignage quand le DUEL était terminé.

PARRAIN de CHEVALIER. V. CHEVALIER. V. CHEVALIER DU MOYEN AGE N° 3. V. RÉCEPTION DE CHEVALIER.

PARRAIN de CONDAMNÉ (C, 5). Sorte de PARRAIN qui, suivant l'ACADÉMIE, se charge de bander les yeux d'un MILITAIRE CONDAMNÉ A MORT et prêt à être PASSÉ PAR LES ARMES. — Le châtiment du MORION s'infligeait par le Parrain lui-même.

PARRAIN de RÉCIPIENDAIRE. V. RÉCEPTION D'OFFICIER. V. RÉCIPIENDAIRE.

PARROCEL. V. NOMS PROPRES.

PART, subs. fém. V. A PART.

PART de PRISE. V. BUTIN. V. CLOCHE DE FORTERESSE. V. DRAGON FRANÇAIS N° 5. V. MILICE PRUSSIENNE N° 7. V. PARTI DE GUERRE. V. PRISE.

PARTAGE (subs. masc.) de BUTIN. V. ART MILITAIRE DE TERRE. V. BUTIN. V. CODE MILITAIRE. V. PARTI DE GUERRE. V. RÈGLEMENT.

PARTAGE de VOIX. V. DÉLIBÉRATION. V. VOIX.

PARTAGE d'OPINIONS. V. COLONEL D'INFANTERIE FRANÇAIS DE LIGNE N° 11. V. OPINION.

PARTAGER (verb. act.) le SOLEIL. V.

HÉRAUT D'ARMES N° 4. V. SOLEIL. V. TOURNOI.

PARTANT, subs. masc. et adj. V. ARME DE P... V. BAN CONTRE LES DETTES. V. CHIRURGIEN DE CORPS. V. COMPTE DE P... V. CORPS P... V. DÉPART PARTIEL. V. DÉPOT INDIVIDUEL. V. EFFET DE P... V. HOMME P... V. MAGASIN DE CORPS. V. MASSE DE LINGE ET CHAUSSURE. V. PERMISSIONNAIRE. V. SERGENT-MAJOR N° 10.

PARTHE. V. NOMS PROPRES.

PARTHISANE, subs. fém. V. PERTUISANE.

PARTI, subs. masc. V. CHEF DE P... V. DONNER DANS UN P... V. ENLEVER UN P... V. GUERRE DE P... V. POUSSER UN P... V. TOMBER DANS UN P...

PARTI (term. génér.), ou PARTI ARMÉ, ou PARTY, comme disent les vieilles ordonnances. Le mot Parti dérive du vieux verbe PARTIR, signifiant partager, parce qu'un Parti est une position de choix ou une action spontanée exécutée par préférence à d'autres. Ce qu'on appelait, en termes d'ART HÉRALDIQUE, *être mi-parti*, c'était être partagé par moitié. — Le terme se distingue en PARTI BLEU et en PARTI DE GUERRE.

PARTI ARMÉ. V. ARMÉ, adj. V. BUTIN. V. CAMP MINCE. V. CHAPLE. V. CHARGE IMPULSIVE. V. CORPS PRIVILÉGIÉ. V. COUREUR. V. COURIR. V. FACTION. V. GÉOLOGIE. V. GLOBE TACTIQUE. V. MILICE TURQUE N° 7. V. OFFICIER DE TROUPES LÉGÈRES. V. PARTI.

PARTI (partis) BLEU (F). Sorte de PARTIS qu'on appelait ainsi, parce qu'ils se composaient d'HOMMES NON EN UNIFORME, de PARTISANS NON COMMISSIONNÉS, mais vêtus à la paysanne, ou en vestes ou blouses bleues pour la plupart. C'étaient des espéces de pirates de terre et des ramas de DÉSERTEURS, de vagabonds, de paysans qui, en TEMPS DE GUERRE, s'organisaient militairement, TENAIENT LA CAMPAGNE pour leur compte, et couraient sus, indistinctement, à l'une ou l'autre ARMÉE AGISSANTE. — Les PARTIS BLEUS, au lieu d'être autorisés comme les autres PARTIS DE GUERRE, étaient frappés de proscription ; un CARTEL de la GUERRE DE 1741 portait promesse de n'en point tolérer. — Les PRÉVOTS faisaient pendre, sans forme de procès, les HOMMES des Partis bleus. — Le mot Parti bleu était en désuétude à l'époque de la GUERRE DE LA RÉVOLUTION.

PARTI COMMISSIONNÉ. V. COMMISSIONNÉ, adj. V. PARTI DE GUERRE.

PARTI (partis) de GUERRE (H, 2). Sorte de PARTIS dont le nom et l'emploi sont passés d'usage depuis l'institution permanente des TROUPES LÉGÈRES ; jusque-là ils étaient l'âme de la PETITE GUERRE. Quoique oubliés depuis le milieu du dernier siècle, il en était question encore dans le RÈGLEMENT DE 1792 (5 AVRIL) concernant le SERVICE DE CAMPAGNE. Telles étaient les aberrations de la LÉGISLATION FRANÇAISE. — On appelait Parti de guerre une TROUPE commissionnée, différant par là des PARTIS BLEUS, et placée sous les ordres d'un VOLONTAIRE qu'on nommait PARTISAN. C'était quelquefois un CAPITAINE, un SERGENT, quelquefois un SIMPLE SOLDAT ; ce chef POUSSAIT sa troupe dans la direction qu'il jugeait la plus profitable. — Les gouvernements en guerre réglaient par CARTELS le minimum de la force des Partis. — Un Parti était moins qu'une COURSE ; une EXPÉDITION de ce dernier genre se composait d'un gros DÉTACHEMENT ; un Parti n'était qu'une POIGNÉE d'hommes, ou une PETITE RECONNAISSANCE ; sa force s'évaluait à vingt-cinq SOLDATS A PIED et à quinze CHEVAUX. — Du temps de TURENNE, on était si persuadé que les nombres impairs influaient sur les succès de la GUERRE, *qu'il ne se faisait point de petits Partis*, dit RAX DE SAINT-GENIÈS, *qu'on ne l'observât avec la plus exacte ponctualité*. — AGUERRIR le SOLDAT, FOUILLER LE PAYS, LEVER des CONTRIBUTIONS, FAIRE du BUTIN et des PRISONNIERS, TATER l'ENNEMI, estimer sa force, constater sa direction et celle de ses CONVOIS, l'inquiéter par de FAUSSES ALARMES, le désoler par des ENLÈVEMENTS DE POSTES, telle était la destination des Partis ; ils ne marchaient que de nuit, s'ils devaient parcourir des pays découverts. — Les GUÉRILLAS ESPAGNOLES sont une trace de l'usage des Partis ; c'est l'enfance de la GUERRE, c'est le génie des COMBATS de sauvages. — FEUQUIÈRES (1750) distinguait deux sortes de Partis : l'un était une espèce de PATROUILLE, OU DÉTACHEMENT, sortant chaque jour et chaque nuit du CAMP pour aller aux nouvelles ; il se commandait comme un SERVICE ordinaire ; l'autre, qu'il appelle PARTI VOLONTAIRE, n'avait en vue qu'un BUTIN particulier sur les CONVOIS et les FOURRAGES ENNEMIS. — En TEMPS DE GUERRE, ou en CAS DE SIÈGE supposable, les COMMANDANTS des VILLES FORTES faisaient sortir de leur GARNISON des PARTIS VOLONTAIRES ; au retour, les MAJORS DE PLACE répartissaient les PRISES faites sur l'ENNEMI. — L'ORDONNANCE DE 1595 (12 NOVEMBRE) était la première qui s'occupât de la police des Partis. — La DÉCLARATION DE 1677, les ORDONNANCES DE 1707 (1er AVRIL), DE 1710 (30 NOVEMBRE), DE 1755 (17 FÉVRIER), prescrivaient les régles à suivre. Un PARTI VOLONTAIRE ne pouvait sortir d'une PLACE que muni d'un PASSE-PORT revêtu d'un cachet, et spécifiant le nombre et l'arme des HOMMES. — Ceux des SOLDATS faits PRISONNIERS par l'ENNEMI, et soupçonnés de s'être MIS EN CAMPAGNE sans appartenir à un PARTI COMMISSIONNÉ, étaient passibles des GALÈRES perpétuelles s'ils n'étaient pas réclamés, en vertu de CARTELS, par leur gouvernement comme PRISONNIERS DE GUERRE. — Le MAJOR GÉNÉRAL DE L'INFANTERIE était chargé de la composition et de la direction des Partis en rase campagne; le PRÉVOT de l'armée était le répartiteur des PRISES et du BUTIN. — La plupart des ÉCRIVAINS ont regardé la PETITE GUERRE et l'emploi des Partis comme l'école de la GUERRE; d'autres, tels que BOMBELLES (1746) et GUIGNARD (1725), comme l'écueil et la ruine de la DISCIPLINE. — L'ORDONNANCE DE 1768 (1er MARS, tit. 4, 6, 17, art. 11, etc.) est la dernière qui ait autorisé les GOUVERNEURS à désigner les CHEFS de Partis et à signer l'ordre qui les METTAIT EN CAMPAGNE. L'usage ne s'en est pas renouvelé depuis la GUERRE DE 1792. — Les AUTEURS qui ont traité des Partis sont : BARDET (1740, A), Bardin (1807, D), M. BERRIAT (1812, A), BOMBELLES (1746, A), Bonjouan, M. DECKER (1827), DEVILLE (Antoine), D'HÉRICOURT (1756, E), DUBOUSQUET (1769, B), DUPAIN (1757, B), ENCYCLOPÉDIE (1785, C), FEUQUIÈRES (1750, A), FOLARD (1727, A), GRANDMAISON (1756), GUGY (1782, K), GUIGNARD (1725, B), JABRO (1777, G, au mot *Garde*), LACHESNAIE (1758, I), MATT (1827, F), MAURICE DE SAXE (1757, A), POTIER (1779, X), QUINCY (1741, E), M. le général RAVICHIO (1827), RAY DE SAINT-GENIÈS (1755, A; 1764, C).

PARTI JOURNALIER. V. JOURNALIER. V. PARTI DE GUERRE.

PARTI VOLONTAIRE. V. PARTI DE GUERRE. V. VOLONTAIRE, adj.

PARTICULIER, subs. masc. V. BOURGEOIS. V. DETTE DE MILITAIRE. V. RETENUE.

PARTICULIER (particulière), adj. V. APPEL P... V. CAPITAINE P... V. CERCLE P... V. COLONEL P... V. COMBAT P... V. COMMANDANT P... V. COMMISSAIRE P... V. CONDUCTEUR P... V. CORPS P... V. DÉTACHEMENT P... V. GOUVERNEUR P... V. GUIDE P... V. INSPECTEUR P... V. LIEUTENANT P... V. MAITRE P... V. ORDRE P... V. PARADE P... V. POSTE P... V. PRÉVOT P... V. PRISON P... V. RAPPORT P... V. SORTIE P...

PARTIE (subs. fém.) BELLIGÉRANTE. V. BELLIGÉRANT. V. PRISONNIER DE GUERRE.

PARTIE CIVILE. V. APPOSITION DE SCELLÉS. V. CIVIL, adj.

PARTIE EXÉCUTIVE de l'ART MILITAIRE. V. ARÉOTECHTONIQUE. V. ART MILITAIRE. V. EXÉCUTIF. V. DISCOURS PRÉLIMINAIRE, tableau primordial.

PARTIE HISTORIQUE. V. HISTORIQUE MILITAIRE.

PARTIE OCCUPANTE. V. BATIMENT MILITAIRE. V. OCCUPANT.

PARTIE PLAIGNANTE. V. ACCUSÉ. V. CAPITAINE RAPPORTEUR. V. CONSEIL PERMANENT N° 3. V. INFORMATION. V. PLAIGNANT, adj. V. PRÉVOT D'ARMÉE.

PARTIE PRENANTE. V. ACTE ADMINISTRATIF. V. APPOINTEMENTS. V. ARRONDISSEMENT DE PRISES DE CHAUFFAGE. V. BUDGET. V. CONVOI A LA SUITE. V. CONSOMMATION DE DÉCOMPTE. V. DÉCLARATION DE QUITTANCE. V. DÉCOMPTE EN RATIONS. V. DENRÉE DE SIÉGE DÉFENSIF. V. DÉPENSE. V. DÉPENSE ADMINISTRATIVE. V. EFFET DE PETIT ÉQUIPEMENT. V. FOURRIER D'INFANTERIE FRANÇAISE DE LIGNE N° 11. V. GRATIFICATION D'ENTRÉE EN CAMPAGNE. V. INDEMNITÉ DE LOGEMENT. V. INDEMNITÉ DE VIVRES. V. LIVRET DE PAYEMENT. V. MAGASIN DE CORPS. V. MARCHÉ D'HABILLEMENT. V. MASSE COMPTABILIAIRE. V. PRENANT, adj. V. PRESTATION. V. RATION. V. RÉCEPTIONNAIRE. V. REVUE DE LIQUIDATION. V. REVUE ÉCRITE. V. REVUE SUR LE TERRAIN. V. TITRE D'AVANCE.

PARTIE SECRÈTE. V. CHEF D'ÉTAT-MAJOR D'ARMÉE. V. ESPION D'ARMÉE. V. SECRET, adj.

PARTIEL (partielle), adj. V. ACTION P... V. ATTAQUE P... V. DÉPART P... V. INVALIDITÉ P...

PARTIR, verb. neut. V. ARME A FEU. V. ARQUEBUSE A FEU. V. CHIEN DE FUSIL. V. CLEF D'ARBALÈTE. V. CORDE D'ARC. V. DÉPART. V. FAIRE PARTIR. V. FUSIL KOPTIPTEUR. V. OBUS. V. PARTI. V. TIR. V. TIR D'INFANTERIE.

PARTISAN (partisans), subs. masc. (F). Mot qui, suivant MÉNAGE, proviendrait du bas LATIN *particianus;* mais ce terme avait une acception étrangère à notre sujet, et signifiait publicain; il viendrait plutôt de l'italien *partigiano*, et il a des rapports jusqu'ici mal débrouillés avec le mot PERTUISANE. — Sous HENRI QUATRE encore, Partisan était synonyme de MUNITIONNAIRE. — Le terme Partisan servait à désigner, depuis le dix-septième siècle, un CHEF DE PARTI DE GUERRE, quelquefois même un SIMPLE SOLDAT servant dans un PARTI et destiné à COURIR; mais c'est surtout comme CHEFS livrés à eux-mêmes qu'il est question de Partisans dans GUILLET (1686, B), RAY DE SAINT-GENIÈS (1764, C) et WUST. — L'expression Partisan est inusitée dans la loi militaire depuis que le mot PARTI auquel elle correspond est lui-même tombé en oubli. Cependant, par la force de l'habitude, ces deux locutions se rencontrent encore dans des ÉCRIVAINS modernes qui les appliquent à l'ART de la PETITE GUERRE. — BAYARD et MONTLUC, à la tête d'AVENTURIERS rassemblés sous la dénomination d'ARMÉES ROYALES, ont été de redoutables Partisans. Henri quatre aussi se montra habile dans cette partie difficile de l'art militaire. — Dans les guerres de Louis quatorze, la petite quantité de troupes légères permanentes nécessitait le fréquent emploi des Partisans. Les mémoires du premier maréchal de Puységur nous montrent les Partisans qu'il employait comme ayant les premiers fait usage de la baionnette. — Tel chef de Partisans faisait impunément trente lieues sur les terres de l'ennemi, et à son insu, pour aller enlever un parti, un espion, un courrier, un personnage important ; tels chefs de compagnies franches, qui étaient l'infanterie légère du temps, furent, sous ce règne, d'excellents généraux d'avant-garde. Cependant le préjugé militaire était défavorable aux officiers de Partisans autant qu'il l'avait été aux chefs de grenadiers, d'enfants perdus, d'hommes combattant hors ligne. Maizeroy (1767, E, t. i, p. 112) rend un témoignage formel de cette injuste prévention ; elle venait de ce que la noblesse voulait qu'on ne pût commander qu'à titre de noble, non uniquement à titre d'homme de cœur. — Dangeau (21 juin 1710) cite un Partisan français sorti de Namur, qui, avec deux cent cinquante hommes, s'empara par surprise d'une porte de Liége, alla tuer sur la place l'officier qui y était de garde, pilla la maison du ministre de l'empereur et du gouverneur, et revint chargé de butin en ramenant cinquante prisonniers. — Mais ce genre d'expédition de barbets, de miquelets, de pandours, cette offensive aventureuse, étaient plus glorieux que louables chez un Partisan. Les écrivains du temps voulaient que son habileté consistât autant à obtenir du succès qu'à juger des cas où il ne faut pas en espérer : sa véritable mission était d'observer le pays et l'ennemi, de ne combattre que défensivement, de réussir surtout à rendre compte de toutes ses découvertes au général d'armée ; tel est encore le rôle des chefs de troupes légères, la destination des hussards, et quelquefois l'emploi de compagnies de voltigeurs. — Kleinholds, Pasteur, Fischer, Lacroix, Dumoulin, Grassin, qui figurent dans la guerre de 1741, furent des célèbres Partisans français ; à la même époque, Metzel et Trenck se distinguaient dans les armées de l'Empire. — Dans les guerres de 1741 et de 1756, Fischer, devenu de soldat colonel, créa un corps de Partisans qui rendit de signalés services à l'armée. — Bonaparte, dans sa dernière campagne, a cherché à s'appuyer du secours d'un genre de troupes départementales et volontaires qu'on désignait sous le nom de Partisans. — Les auteurs qu'on peut consulter à l'égard des Partisans sont ceux qui sont mentionnés aux mots parti de guerre, et surtout l'Encyclopédie (1751, C ; 1785, C), M. Decker (1827), Emmerich (1789), Gugy, Guignard (1725, B), Guillet, M. Jacquinot de Presles, Jeney, Lachesnaie (1758, I, aux mots *Part, Parti, Prise,* etc.), Laroche (1770), M. Lemière (1822, D), Maizeroy (1767, E), Murray, Perrin-Parnajon, Potier (1779, X, au mot *Compagnie franche*), M. le général Préval (1827), M. le général Ravichio, Ray de Saint-Geniès (1764, C), M. Urbain, Wust (1768, D) et le *Journal militaire autrichien* (1822).

PARTISAN belge. v. belge. v. milice belge.

PARTISAN non commissionné. v. justice militaire. v. parti bleu. v. non commissionné.

PARTISANE, subs. fém. v. pertuisane.

PARTUISANE, subs. fém. v. pertuisane.

PARTUZAINE, subs. fém. v. pertuisane.

PARTUZAINIER, subs. fém. v. pertuisane.

PAS, subs. masc. v. aller au p... v. asseoir le p... v. au p... v. avoir le p... v. cadence de p... v. changement de p... v. changer le p... v. changez le p... v. clore le p... v. compte-p... v. contre-p... v. demi-p... v. donner le p... v. doubler le p... v. durée de p... v. emboitement de p... v. enlever le p... v. grand p... v. marquer le p... v. marquez le p... v. mesure de p... v. mettre au p... v. ouvrir le p... v. perdre le p... v. petit p... v. prendre le p... v. reprendre le p... v. simulation de p... v. simuler le p... v. tenir le p... v. vitesse de p...

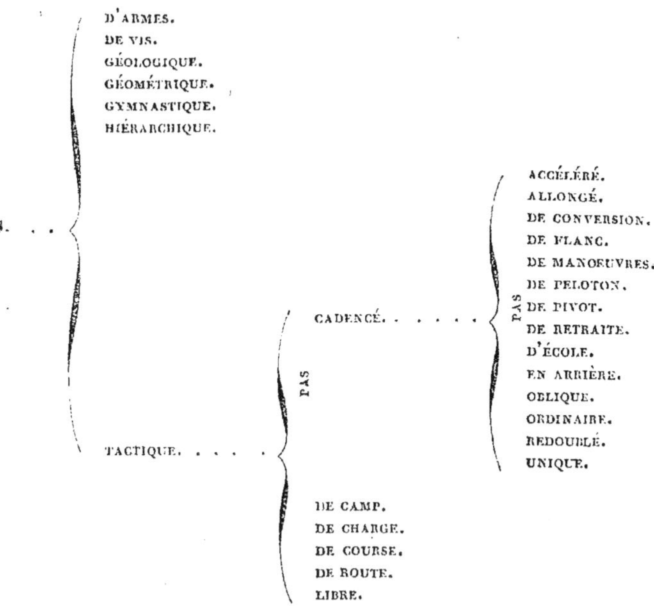

PAS (term. génér.). Mot qui tient à diverses racines LATINES; ses significations ont présenté de grandes variétés; elles se rapportent à la profession de l'ARMURIER, aux vieux usages chevaleresques, aux études géologiques et fortificatoires, à la GYMNASTIQUE, à la HIÉRARCHIE, à la TACTIQUE. — Le terme se distingue en PAS COMMUN, — D'AILE, — D'ANE, — D'ARMES, — DE CAVALERIE, — DE COTÉ, — DE DEUX PIEDS, — DE DÉPLOIEMENT, — DE MONTAGNES, — DE SOURIS, — DE VIS, — D'ÉCLOPPÉS, — D'INFANTERIE, — DIRECT, — DOUBLÉ, — EN AVANT, — GÉOLOGIQUE, — GÉOMÉTRIQUE, — GRAVE, — GYMNASTIQUE, — HIÉRARCHIQUE, — IDIOPLIQUE, — LENT, — MÉTRIQUE, — MILITAIRE, — PAR LE FLANC, — PRÉCIPITÉ, — RÉGLÉ, — SIMULÉ, — TACTIQUE, — TRIPLÉ.

PAS ACCÉLÉRÉ (G, G). Sorte de PAS CADENCÉ qui a succédé au PAS DE MANŒUVRE; il se prenait comme l'opposé de la BATTERIE AUX CHAMPS; il ne date que du RÈGLEMENT DE 1791 (1er AOUT); il était toujours DIRECT, et n'était démontré qu'aux SOLDATS à qui l'étude avait rendu familier le PAS ORDINAIRE; sa MESURE était de deux pieds; sa VITESSE, de cent à la minute; mais le CHEF pouvait le ralentir à quatre-vingt-dix pour en faire le PAS DE ROUTE, ou le précipiter jusqu'à cent vingt pour en faire le PAS DE CHARGE. Cette latitude était peu plausible; un Pas doit avoir une proportion *une*. — Un COMMAN-

DEMENT D'AVERTISSEMENT annonçait le cas où devait être PRIS le Pas accéléré; s'il n'est plus reconnu de PAS ORDINAIRE, ce COMMANDEMENT devient sans objet; l'épithète ACCÉLÉRÉ est elle-même superflue. — La GÉNÉRALE SE BATTAIT à la VITESSE du Pas accéléré. — L'ORDONNANCE voulait que le Pas accéléré s'exécutât d'après les mêmes principes que le PAS ORDINAIRE; ce principe manquait de précision: le Pas accéléré ne saurait s'exécuter *la pointe du pied basse et le jarret tendu* comme le PAS ORDINAIRE. — Le Pas accéléré était celui que faisaient BATTRE, en des cas prévus, les CHEFS DES GARDES MONTANTES et des GARDES RELEVANTES; c'était celui des COLONNES D'ATTAQUE et des CONTREMARCHES. — Le signal de l'exécution du Pas accéléré donné par le TAMBOUR-MAJOR, quoique déterminé par le RÈGLEMENT DE 1791 (1er AOUT), était mal observé sous le régime impérial; la désobéissance venait de ce que le signal n'était pas assez distinct du signal de la CHARGE. Le règlement voulait que pour l'annoncer le bout de la canne fût en avant; mais, au lieu de s'y conformer, les TAMBOURS-MAJORS élevaient verticalement la canne, le bras tendu horizontalement en avant de l'épaule droite, la POMME plus haute que l'épaule droite, le bout de la canne à la hauteur de la poignée de sabre. — La VITESSE du Pas accéléré, comparée au TROT de la CAVALERIE, répond à peu près à la moitié de la vitesse d'un trot soutenu ; mais le cheminement habituel et modéré se mesure sur d'autres proportions. — Bonaparte, qui n'avait ni le temps de faire remanier les ordonnances, ni la volonté de s'assujettir aux dispositions réglementaires qu'il ne goûtait pas ou qui contrariaient ses vues du moment, voulait que les manoeuvres ne s'exécutassent plus qu'au Pas accéléré ; il voulait que les défilements n'eussent plus lieu au pas ordinaire. Devant lui, plusieurs milliers d'hommes venaient défiler ; il y avait nécessité de presser leur marche ; mais généraliser le principe était trop absolu. Dans de petites places de guerre où la seule distraction de la garnison et des habitants est de voir défiler la parade, il est désobligeant pour tous de faire parcourir à une rapide cadence un petit terrain par quelques dizaines d'hommes. — Des écrivains se sont prononcés, depuis le régime impérial, pour l'usage exclusif du Pas accéléré ; ils ont proposé de l'appliquer à la marche des brigades d'infanterie en bataille, à tous les défilements, à tous les rompements, à des manoeuvres qui exigeaient le concours de deux genres de Pas ; leurs opinions peu mûries ont prévalu ; l'ordonnance de 1831 (4 mars) n'a admis dans l'école de bataillon que le Pas accéléré. Il faudrait donc renoncer aux passages de lignes, aux changements de direction de bataillons en bataille, au rétablissement de la ligne de bataille, après une abduction par pelotons, en cas de passages d'obstacles ; au pas de retraite, au pas en arrière, au pas oblique, aux conversions a reculons des pelotons d'aile et à la marche en bataille, si l'on veut conserver uni le front des bataillons. Ces évolutions n'ont pas été supprimées par l'ordonnance de 1831, qui n'a aboli que la prompte manoeuvre et le feu en avançant. L'expérience fera connaître si cette législation de pétulance triomphera. — Le règlement de 1791 (1er aout) permettait d'adapter, soit le pas ordinaire, soit le Pas accéléré, aux changements de front et aux déploiements de masses ; mieux vaut, sans doute, n'y employer que le Pas accéléré. L'ordonnance de 1851 (4 mars) n'eût mérité que des éloges si elle s'était bornée là ; mais elle a permis de porter le Pas accéléré de cent à cent trente par minute. Il n'est pires ordonnances que celles qui autorisent ceux qu'elles régentent à faire à leur guise ; le Pas de cent trente est inexécutable après une courte durée de temps ; c'est un pas de charge ; ce n'est plus un Pas accéléré. — A l'école de Cambray, il fut question de fondre le Pas accéléré dans un pas unique ; cet essai n'eut pas de suite. — L'ordonnance de 1851 (4 mars) appelait Pas accéléré un genre de sonnerie d'infanterie à l'usage des tirailleurs.

PAS allongé (F). Sorte de pas cadencé qu'on a aussi nommé grand pas ; il est originaire d'Autriche et de Prusse ; celui des Prussiens était, suivant Mirabeau (1788, C), de deux pieds huit pouces (*du Rhin*) et de soixante-seize à la minute ; cette mesure linéaire était, au pied de roi, comme 1059 est à 1000 ; quelquefois, dit ce même écrivain, mais rarement, le pas prussien était à la fois allongé et de déploiement ; sa vitesse, dans ce cas, était de cent huit à la minute. — L'instruction de 1774 (11 juin) et le règlement de 1776 (1er juin) reconnaissaient un Pas français allongé ; sa mesure était de deux pieds et demi ; l'usage ne s'en est pas maintenu. — On peut, à cet égard, consulter Turpin (1783, O).

PAS cadencé (term. sous-génér.). Sorte de pas tactique exécuté simultanément par une troupe d'hommes de pied sous les armes. Despagnac (1757, V) et Guibert (1773, E) l'appellent pas réglé. Ce pas est le produit de trois conditions : mesure ou espacement de semelle à semelle, simultanéité du mouvement des mêmes jambes, degré égal de vitesse. Mais cette définition rationnelle, sinon explicite, donnée par les réglements, n'est pas irréprochable. Un terme plus satisfaisant manque en tactique ; car, dans l'antiquité, le Pas de l'infanterie, si elle manœuvrait à rangs ouverts, et, au moyen âge, le Pas des condottieri, étaient cadencés, sans être pourtant faits du même pied. Le Pas n'a uni ces deux conditions que depuis le dix-septième siècle et depuis l'adoption de l'ordre serré ; mais nous sommes forcés d'accepter les termes tels qu'une langue mal faite nous les impose. — Avouons toutefois que des dessins de Robinson montrent l'antique infanterie d'Egypte marchant du même pied. — L'air musical qui cadençait la marche des Lacédémoniens, quand ils se portaient contre l'ennemi, s'appelait *air de Castor*. — Les harpes des Egyptiens et leur clairon, la flute des Grecs, le fouet des hordes à demi barbares, réglaient, dit-on, leurs Pas. C'est une assertion mal éclaircie, si ce n'est par rapport aux Egyptiens. On peut supposer que ces instruments modulaient la vitesse de la marche, mais on n'a pas de preuves qu'ils déterminaient sa simultanéité, ni que sa mesure, ou l'enjambement, fût tactiquement calculée. Peut-être l'était-elle, car c'est une idée simple. Toute troupe qui va à pied tend à se mettre au pas, si ce n'est du même pied, du moins quant à l'enjambée et au mouvement. — Ce qui pourrait justifier cette opinion, c'est que les monuments et M. Wilkinson témoignent que, quinze ou vingt siècles avant Jésus-Christ, l'infanterie égyptienne marchait à rangs serrés, au son du clairon et du tambour, et emboîtait régulièrement le pas. — Guischardt (1758, H) n'a retrouvé de traces d'un Pas d'ensemble que dans le récit que Thucydide (traduction de Dablancourt) fait de la bataille de Mantinée; il rapporte que les soldats d'Agis s'avançaient posément au son des flûtes, entremêlées dans les bataillons, pour marcher d'un Pas égal et en cadence. C'est probablement ce qui aura fait supposer au maréchal de Saxe que les anciens pratiquaient le Pas cadencé. M. le colonel Carrion (1824, A) affirme que les Grecs, *qui connaissaient le Pas cadencé, ne pouvaient pas ignorer l'emboîtement.* — Le Pas des Romains était mesuré quant à sa vitesse; on ignore s'il l'était quant à son étendue. Mais la dimension du terrain individuel ou l'espace entre les légionnaires rendait inutile le Pas du même pied. — On a supposé qu'ils en faisaient usage, parce que Tite Live dit que les légions allaient à la charge, *veloce sed æquo pede;* mais cela signifie-t-il que le Pas était du même pied? On peut tirer de Virgile l'induction contraire. Ce poëte dit d'Ascagne, qu'il suivait son père...... *passibus haud œquis;* ce qui signifiait qu'il marchait à Pas plus précipités, mais ce qui n'a aucun rapport avec l'une ou l'autre jambe d'Ascagne. Le passage de Tite Live a probablement pour objet d'indiquer que le Pas des légions était égal en vélocité et que les masses marchaient sans désunion. — L'infanterie de Charles huit s'avançait en cadence, dit Paul Jove; ce n'était cependant point ce que, depuis un siècle, on appelle Pas cadencé. — On lit dans Dubellay (1549, A) : *Je croy bien que les tabourins on esté trouvez pour servir de mesure aux soldars, en marchant; car tous les temps de leurs batteries sont vrayes cadence et mesure, pour advancer ou pour retarder l'alleure des gens de guerre.* — Dubellay (1549, A), copiste de Machiavel, le paraphrasait dans ce passage. Voici ce que disait Machiavel (1546, A), traduit par Charrier : *L'enseigne doibt mouvoir, selon que la batterie du tabourin vient à monstrer; lequel, s'il est bien apris et sçait bien battre sa caysse, ainsi qu'il fault, commande à toute l'armée de marcher à tout le Pas qui responde et s'accorde au temps et à la mesure de sa batterie et de garder l'ordre facilement...... Ainsi que le danseur qui démarche selon*

le temps de la musique et garde bien la mesure, ne peult faillir, de mesme sorte, une armée qui escoute soigneusement et obéit à la batterie du tabourin ne sçauroit faillir......... *Noz prédécesseurs faisoient changer de batterie quand ilz vouloient changer la démarche......... Mais aujourd'hui, on ne prend aucun fruit des tabourins (pour la plus grand part) que de faire un grand bruit.* — On voit dans Delafontaine (1675, A) que la marche doit commencer par le pied gauche; il dit que le tambour doit savoir battre le pas doublé et la marche. Ce dernier mot était synonyme de pas ordinaire. Trois quarts de siècle se sont écoulés avant que cette première découverte se complétât; car ce n'est que vers 1750 qu'on commença à regarder sérieusement la cadence comme de haute importance en fait d'études tactiques. — Le Pas n'a été si tard cadencé que parce que, dans le commencement du dix-huitième siècle, les distances entre les rangs et entre les files de bataillon étaient telles qu'il était indifférent qu'on partît du même pied; c'est le serrement des rangs, c'est la restriction du terrain individuel qui a nécessité la cadence, et qui a décidé de l'accoudement, ou tact des coudes. — Dans les premiers lustres de ce siècle, Bombelles (1719, B; 1746, A) entrevoyait l'utilité du Pas d'ensemble; il proposait un pas grave de dix-huit pouces, plus lent que le pas ordinaire. Il déclarait (1754, D, p. 21) qu'on devait l'invention du Pas cadencé aux étrangers; ils le pratiquaient, dit Despagnac (1751, D), depuis longtemps. — On a attribué gratuitement à Maurice de Saxe (1752, A) cette découverte. Il avoue lui-même que ce Pas, qu'il appelle le tact, appartenait à un usage prussien; mais bien plus anciennement ce procédé était deviné par Delafontaine (1675, A). — Aucun professeur n'a expliqué d'où venait ce mot tact. On l'a répété jusqu'ici sans le comprendre; retrouvons sa souche. — Aussi longtemps que l'infanterie a marché sur un petit front, aussi longtemps que ses rangs ont été assez ouverts pour que les jambes des rangs postérieurs ne pussent pas atteindre et blesser les jambes des rangs antérieurs, aussi longtemps qu'il y a eu du vide entre les files, le Pas du même pied était inutile, disons même inconnu; mais quand l'ordre mince a prévalu, quand l'étendue plus grande des fronts a nécessité la suppression des vides entre les files et le contact des coudes d'homme à homme, quand l'usage général du fusil a obligé de resserrer les rangs pour que le troisième pût faire feu, alors cet accoudement, devenu indispensable et habituel, s'est nommé tact, et, faute d'un mot meilleur, on a également appelé tact l'action simultanée des jambes. — On lit dans M. Courtin (au mot *Armée*) que le prince de Dessau inventa le Pas cadencé dans la guerre de 1741. Il est vrai qu'alors l'infanterie prussienne exécutait habilement divers genres de pas ; mais Maurice de Saxe parlait du tact dès 1752, Bombelles et Delafontaine bien plus anciennement, et il est peu probable qu'au milieu d'une guerre active, une modification si capitale, en fait de tactique, pût s'opérer dans la milice Prussienne, dont l'éducation n'était rien moins que rapide. Le système était bien plus ancien, et, à vrai dire, ce que le prussien, dans la guerre de 1741, appliquait de nouveau, c'était la marche à rangs serrés, pour pouvoir faire feu en même temps que halte. — On prétend que, dès 1744, le Pas cadencé s'introduisait dans la milice russe. — Bombelles redisait dans l'édition de 1746 (t. ii, p. 29) : *qu'il faut marcher d'un même temps, en partant du pied gauche.* — Bardet (1740, A) veut *qu'au premier coup de baguette tout le bataillon se mette en marche, partant tout du pied gauche.* — Plus tard, Pictet (1761, I) descendait dans la théorie des divers Pas à adopter. — Traverse (1758, D) conseillait l'usage du Pas cadencé comme un principe non encore admis ; mais dans bien des corps français, l'emploi du pas régulier ou d'ensemble s'était introduit peu à peu, partiellement, et par le fait de la mode et de l'imitation, non de la loi. — L'ordonnance de 1754 (14 mai) et celle de 1755 (6 mai) s'occupaient, les premières, du système des batteries à soixante et à cent vingt pas à la minute, des marches à rangs serrés et de l'emboîtement. — Le Pas d'ensemble est-il la cause, est-il la conséquence du système de la compression des rangs ? Est-il la raison ou le résultat de l'abandon du mélange d'armes ? Ces questions ne sont pas nettement décidées ; mais il produisit une grande révolution : le terrain individuel fut réduit de quatre pieds à deux pieds et moins, l'accoudement s'enracina, le rang de taille et l'ordre mince à files serrées en furent les fruits. — Si l'on en croit Brezé (1779, p. 162), à l'issue de la guerre de 1756 l'apprentissage du Pas était poussé déjà jusqu'au ridicule. — Un principe dont fait mention Despagnac (1754, D) contribuait à donner de la raideur au Pas, parce que le mouvement venait plutôt de la hanche que du genou ; un autre principe, qui rendait contre nature la marche, voulait que, sous les armes et en manœuvres, les bras fussent collés au corps. — De royaume à royaume, de service à service, le Pas a varié, soit par l'étendue ou mesure, soit par la vitesse ou durée. En parlant des usages de l'Allemagne et de l'Angleterre, comparés à ceux de France, nous en donnons la preuve. — La milice prussienne faisait un emploi, au temps de Frédéric deux, de plusieurs espèces de pas qui différaient de mesure et de vitesse dans des proportions et des rapports compliqués ; leur emploi était une des merveilles de sa discipline. — Le mode qu'on a préféré le plus généralement dans la plupart des services, a consisté surtout à admettre des Pas de vitesse variée. — Despagnac (1751, D, t. ii, p. 11) proposait, dans les conversions de pied ferme, de faire partir du pied droit pour changer de direction à gauche, et du pied gauche pour changer de direction à droite ; les ordonnances ont repoussé ce projet. — L'ordonnance de 1764 (20 mars) instituait six sortes de pas : petit pas, pas ordinaire, pas redoublé ou de charge, pas oblique, pas en arrière, pas de route. — Le Pas a surtout différé comme pas direct et pas oblique ; Leblond (1758, B) et Sinclaire (1775, L) en rendent témoignage. — Les colonnes de route marchent presque toujours au pas libre ; mais, par extraordinaire, le pas de route est quelquefois cadencé. — Examinons successivement la mesure ou développement sur terrain, la vitesse ou le nombre de pas par minute, la cadence ou le mécanisme des mouvements des hommes accoudés et emboîtant. — Le règlement de 1703 (2 mars) évaluait le Pas à trois pieds, ou de demi-toise ; c'était un pas de mesure ou de camp, non de marche. — La mesure du Pas cadencé varie s'il s'agit de certains pas des ailes, de quelques conversions ou changements de direction ; on ne saurait expliquer en détail toutes ces variétés, c'est à l'intelligence des chefs à suppléer à ce silence. — Mais la mesure normale du Pas est une question qui n'est qu'effleurée dans l'armée française. Prescrire cette dimension était facile ; la conformer à de sages lois, la rendre obligatoire, habituelle, demandait des calculs auxquels on ne s'est jamais livré d'une manière générale et complète ; on s'est contenté d'essais et d'à peu près. — Depuis le milieu du siècle, les tacticiens étaient partis d'un principe peu exact pour déterminer l'enjambement, si l'on nous passe ce terme ; ils regardaient le pas d'un homme d'une bonne taille comme *étant de plus de deux pieds et moins de trois* ; les ordonnances avaient, en conséquence, adopté dans les divers pays la proportion de vingt-quatre, vingt-six, vingt-huit et trente-deux pouces. — On regardait alors , en FRANCE, un homme de cinq pieds comme d'une petite TAILLE ; on n'engageait, en TEMPS DE PAIX, dans les RÉGIMENTS D'INFANTERIE, qu'à cinq pieds deux pouces, et dans les GARDES FRANÇAISES qu'à cinq pieds quatre pouces. Les compagnies de grenadiers étaient composées d'hommes de cinq pieds quatre pouces à six pieds ; ceux des compagnies de chasseurs avaient de cinq pieds trois pouces à cinq pieds six pouces. Les HOMMES au-dessous de cinq pieds, repoussés des troupes de la métropole, étaient les recrues des CORPS COLONIAUX. Le Pas, comme le témoigne SIN-CLAIRE (1773, L), pouvait, par toutes ces raisons, être, en FRANCE, de deux pieds au moins. — SILVA (1768, K) voulait que la longueur du Pas fût de vingt-six, trente et trente-six pouces. Cette opinion concordait avec la haute stature de cette époque. Il proposait d'adapter à cette variété de MESU-RES l'uniformité de VITESSE, ou, en d'autres termes, de n'avoir qu'un genre de VITESSE et divers genres de MESURES ; cette opinion n'a pas eu de succès. — GUIBERT (1773, E) trou-vait trop grand le pas de deux pieds ; il pro-posait de ne l'exiger que de dix-huit ou vingt pouces. Il en donnait pour motif l'affaiblisse-ment des TAILLES, surtout pendant la GUERRE ; il voulait un PAS DOUBLÉ , un PAS DE FLANC , un PAS DE COURSE ; c'était multiplier trop les éléments. — Depuis l'institution du système décimal, il y eût eu clarté, conséquence et simplification à rendre MÉTRIQUE le Pas ; il aurait dû se calculer à raison de trois mou-vements par deux mètres, ce qui eût excédé à peine l'ancienne mesure et eût répondu à six cent soixante-sept millimètres faibles. — Le PAS UNIQUE, essayé sans résultats en 1793, a été admis en d'autres MILICES ; mais, en FRANCE, le désaccord a continué de régner entre les règles écrites et les coutumes sui-vies. Un MÉTROBATE légal, un COMPTE-PAS usuel y était chose inconnue ; on n'a pas même fait l'expérience comparative du nom-bre de pas que des RÉGIMENTS différents ac-complissent pour parcourir un espace don-né. Chaque TROUPE prend, sans s'en aperce-voir, l'habitude d'un mode d'enjambées qu'aucune inspection ne constate ou ne con-trôle ; il n'y a pas deux CORPS dont le pas soit géométriquement le même. C'est une des imperfections de l'ART, une des lacunes des MATHÉMATIQUES militaires ; car l'égalité du pas est la clef des ÉVOLUTIONS, le secret de l'APOMÉCOMÉTRIE et du CHEMINEMENT ; elle pré-vient les ACOUPS et les FLOTTEMENTS ; elle as-sure les ALIGNEMENTS. Mais cette précision est incompatible avec notre versatilité en fait de COMPOSITION. Justifions cette censure. —

Une TROUPE d'HOMMES de cinq pieds six pou-ces peut-elle faire le même pas qu'un RÉGI-MENT d'HOMMES de cinq pieds ? Les lois na-turelles ne veulent-elles pas que la différence soit d'un à dix, et que l'une de ces agréga-tions ait franchi en onze pas un trajet de vingt-deux pieds de terrain quand l'autre n'en aurait parcouru que vingt ? — On avait la preuve de cette dissemblance au temps où l'infanterie de la ROMANA alignait, en ALLEMAGNE, son front de bandière sur les drapeaux français ; les CORPS ESPAGNOLS, com-posés d'HOMMES plus petits , devaient rega-gner, par la vivacité du pas , ce qu'ils per-daient par sa moindre étendue possible. — Depuis l'époque où l'INFANTERIE FRANÇAISE était bien supérieure, comme TAILLE et cor-pulence, à ce qu'elle est devenue, les HOM-MES de quatre pieds neuf pouces ont été ad-mis. Les ARMES SPÉCIALES absorbent la popu-lation vraiment virile ; l'INFANTERIE est le *caput mortuum* des LEVÉES FORCÉES. Cet abâtardissement, puisqu'on s'y résigne, eût demandé que la mesure du pas se modifiât. Nos législateurs n'ont pas soupçonné cette nécessité ; tout accord entre le pas et les TAILLES a disparu. — D'autres nations ont jugé qu'il y avait des modifications à établir : la MILICE ANGLAISE a perfectionné le système des méthodes de démonstration ; la MILICE NÉERLANDAISE a épousé une partie des prin-cipes de l'ÉCOLE DE CAMBRAY. — Occupons-nous actuellement de la seconde question, la VITESSE du pas. — Les détails et le chiffre de cette VITESSE, considérés par rapport aux usages ou à la loi , trouveront leur place dans le tableau du PAS TACTIQUE. Il peut suf-fire ici de rappeler quelques opinions émises par des professeurs. DELIGNE (1780, I) veut que l'INFANTERIE fasse vingt mille pas de deux pieds par heure ; nous ne concevons pas cette proposition. — On lit dans LESSAC (1789, E) : *On se tromperait de croire qu'un pas lent est plus commode et plus favorable à l'ordre; rien n'est si fati-gant, parce qu'il faut continuellement résister à l'impulsion habituelle de la machine, et, quant à la régularité de la marche, elle est bien plus compatible avec un mouvement naturel qu'avec un mouvement contraint.* —Remarquons que ce que LESSAC appelait PAS LENT était un pas de soixante à la minute. — Peut-on nier qu'il est des ÉVOLUTIONS utiles qu'il faut abo-lir, si l'on n'enseigne qu'un pas rapide à l'INFANTERIE? Peut-on nier que, s'il s'agit de gravir une montagne raide, le pas de soixante à la minute est le seul praticable? Peut-on nier qu'il ne faille modérer le pas s'il s'agit de guider des ÉCLOPPÉS, d'escorter un CONVOI, d'accompagner un matériel d'artillerie, qui marchent sur des routes défoncées ou obstruées ? — Passons à la troisième considération, celle du jeu des mêmes jambes, simultanéité qui est le complément, le caractère principal du Pas cadencé. — En maintes circonstances de guerre, cette unité de mouvements et l'emboitement sont impraticables ; un terrain accidenté, raboteux s'y refuse ; ils ne servent complétement qu'aux parades. De là le discrédit de ce genre d'études et la légèreté avec laquelle s'en sont occupés les modernes législateurs ; on est tombé d'un excès dans l'autre. — De cette difficulté d'exécution on aurait dû déduire que l'infanterie ne doit jamais marcher par bataillon par le flanc, et que, quand le terrain ne se prête pas à l'emboitement, la marche en bataille et en colonne ne doit avoir lieu qu'à rangs ouverts. L'ordonnance de 1831 n'a saisi ni l'une ni l'autre de ces vérités. — Quantité d'auteurs ont voulu que le Pas cadencé s'étudiât à la muette. Ce moyen est préférable à l'instruction qui ne se donne qu'au son de caisse, et quand on ne peut donner le pas à l'aide du métronate, on se sert d'une baguette dont l'extrémité est garnie d'un plumet ou de tout autre signe fort ostensible. On élève ou l'on abaisse la baguette, de manière que le pied gauche pose à terre quand le plumet est en l'air ; on parvient ainsi à faire aller au pas quantité d'élèves et à le faire reprendre à ceux qui le perdent. — Cette télégraphie est préférable aux cris : *gauche, droite;* elle est plus sûre que le bruit de la caisse, parce que les indications qui parlent à la vue sont bien plus rapides que celles qui frappent l'oreille. On l'éprouve quand une colonne un peu longue est précédée de ses instruments de musique ou de ses tambours, jouant ou battant ; la queue de la colonne, tout en obéissant au son de la batterie, n'est point au pas de la tête. — Turpin (1785, O) s'étonne que l'on demande pourquoi le soldat doit partir du pied gauche plutôt que du pied droit. Il est facile de deviner, dit-il, que le soldat ayant le fusil à gauche, les lois naturelles de l'équilibre veulent qu'il parte plutôt de la jambe gauche, afin de chercher son aplomb sur la jambe droite. Mais Turpin aurait dû savoir qu'au temps où écrivait Delafontaine (1675, A), temps où l'on n'avait point de fusil, où la pique se portait à droite, où le mousquet se portait sur l'épaule droite, cet auteur conseillait, sans qu'on en devine la cause, de partir de la jambe gauche. — L'ordonnance de 1791 (1er aout) appliquait des principes aussi sages, aussi simples qu'il se pouvait au mécanisme des pas ; des imperfections, que des tacticiens ont pu leur reprocher, tenaient à des causes, à des circonstances que le rédacteur de l'ordonnance était hors d'état de prévoir. Les collaborateurs nombreux de l'ordonnance qui a annulé celle de 1791 n'ont pas même cherché à appliquer aux pas français le système métrique. Ils ont reconnu sept pas et cinq cadences ; c'était trois pas de plus qu'en 1791. Le mérite d'une ordonnance eût, au contraire, consisté à en réduire le nombre. —Depuis 1831, les bataillons d'infanterie marchent au Pas cadencé en bataille, ayant l'arme sur l'épaule droite ; c'est se priver du tact des coudes, qu'on regardait jusque-là comme moyen de conservation de l'alignement. — Le Pas cadencé, s'il se perd, se reprend au moyen du contre-pas ; c'est ce qu'on appelle changer le pas. On appelle marquer le pas l'action d'exécuter un pas simulé. — Quand le commandement : halte! se prononce, le Pas doit s'achever sans affaiblissement de mesure. — Dans les marches en bataille, l'adjudant donne le pas au porte-drapeau, les guides généraux règlent le pas des ailes ; en colonne, les guides de subdivision donnent le pas à la subdivision. — Dans les changements de direction à pivot fixe, la mesure du pas se proportionne aux mouvements des ailes. — Notre pas oblique est au pas oblique anglais comme cent est à soixante et dix. —L'instantanéité du départ est pour beaucoup dans l'aplomb de la marche ; c'est l'à-propos du commandement qui enlève le pas. — L'histoire vraie, exacte, et surtout l'histoire originaire du Pas est mal connue et n'est peut-être pas susceptible de s'éclaircir ; mais, à cause de son obscurité, nous étendrons la série des auteurs qui en ont traité. Ce sont : Bardet (1740, A), Bardin (1807, D), Bohan (1781, H), Bombelles (1719, B), Bouchaud (1757, t. ii, p. 155), Brezé (1779, p. 162), Carrion (1824, A, t. ii, p. 270 et 505), Darut (1789, B, septième mémoire), Delafontaine (1675, A), Despagnac (1751, D : 1757, V), Duane (1810, E, au mot *Step*), Dubousquet (1769, B), l'Encyclopédie (1751, C ; 1785, C, suppl.; id. au mot *Marche*), Folard (1727, A), Guibert (1773, E), Guischardt (1758, H), Lachesnaie (1758, I, aux mots *Exercice, Former*), Laurens (1773, H), Leblond (1758, B), Lessac (1789, E), Maizeroy (1766, F ; 1773, B, p. 118), Maurice de Saxe (1757, A), Mirabeau (1788, C), Pictet (1761, I), le général Rogniat (1816, B), Saldern (1783, B), Servan (1780, B), Silva (1768, K ; 1773, F), Sinclaire (1773, E), Sionville (1756, E), Traverse (1758, D), Turpin (1785, O), Végèce (390, A). — Le

Pas cadencé se distingue en PAS ACCÉLÉRÉ, ALLONGÉ, — DE CONVERSION, — DE FLANC, — DE MANŒUVRES, — DE PELOTON, — DE PIVOT, — DE RETRAITE, — D'ÉCOLE, — EN ARRIÈRE, — OBLIQUE, — ORDINAIRE, — REDOUBLÉ, — UNIQUE.

PAS COMMUN. V. COMMUN. V. FORTIFICATION. V. PAS GÉOMÉTRIQUE.

PAS D'AILE. V. AILE. V. AILE MARCHANTE. V. AILE TOURNANTE. V. CHANGEMENT DE DIRECTION A PIVOT FIXE. V. CHANGEMENT DE DIRECTION DE SUBDIVISION DU COTÉ DU GUIDE. V. CHANGEMENT DE DIRECTION DE SUBDIVISION EN MARCHE DU COTÉ OPPOSÉ AU GUIDE. V. CONVERSION A PIVOT MOBILE. V. CONVERSION EN COLONNE. V. GUIDE DE SUBDIVISION. V. GUIDE GÉNÉRAL. V. MARCHE DE BATAILLON EN COLONNE. V. PAS CADENCÉ. V. PAS DE CONVERSION. V. PAS DE PIVOT.

PAS D'ANE. V. ANE. V. ÉPÉE.

PAS D'ARMES (F), ou DÉFI, ou EMPRISE, ou PAS DE DÉFI. Sorte de PAS dont le nom est dérivé du LATIN *pagus*, canton, district; il est analogue, dans ce cas, au substantif localité ou endroit. Ce mot Pas a produit, par corruption, PAYS, et a donné naissance au LATIN barbare *passagium* et au verbe *passare*. — Des traducteurs de WALTER SCOTT ont fautivement employé passe d'armes dans le même sens. — M. SISMONDI regarde les termes Pas et passage comme génériques de TOURNOY; mais cette proposition ne paraît pas entièrement juste. — Suivant lui, le Pas d'armes se composait de la JOUTE, ou DUEL DE PLAISANCE, et du TOURNOI, ou LUTTE entre plusieurs; ces définitions sont confuses. — Un Pas était une circonscription de terrain sur lequel un CHEVALIER ASSEYAIT une petite souveraineté transitoire, ou bien c'était une partie de son domaine dont il interdisait le passage, à moins qu'on ne vînt le lui disputer la LANCE au poing; il s'y tenait seul, ou accompagné d'un petit nombre de SECONDS ou d'ÉCUYERS. Un pertuis, un pont, un défilé, un carrefour étaient ordinairement l'embouchure du Pas. Le TENANT, qui s'en établissait le défenseur, le gardien, qui y TENAIT LE PAS, comme on disait, suspendait à un arbre, à un poteau, à une barricade de la LICE son ÉCU; ce qui équivalait à peu près à cette phrase brutale : si tu prétends passer et que tu sois CHEVALIER, dispose-toi à te battre; si tu n'es pas CHEVALIER, prépare-toi à être battu ou à payer. — Lorsqu'un GUERRIER armé se trouvait en humeur de passer outre, il se gardait bien de tomber sur l'impertinent qui obstruait ainsi les grands chemins et s'en déclarait le tyran; mais il touchait courtoisement de la pointe de sa LANCE le CARTEL D'ARMOIRIES du provocateur ou son ÉCU, qui, par sa couleur et les devises qui l'accompagnaient, désignait le genre d'ARMES, l'espèce du COMBAT, (ou à LANCE A OUTRANCE ou à LANCE COURTOISE), ses conditions. L'EMPRISE était soit à PLAISANCE, soit à OUTRANCE, mais presque toujours de ce dernier genre. A certains Pas, la mort devait être le terme de la LUTTE; d'autres fois un prix proposé était la récompense de la victoire; quelquefois il s'agissait seulement de tirer à clair, si une beauté imaginaire était la plus ravissante du monde. Sa supériorité était prouvée si l'un des cavaliers restait en possession de ses arçons, tandis que son adversaire et le cheval qui le portait se détachaient l'un de l'autre; ce qui s'appelait techniquement VIDER LES ARÇONS. — Il y avait, au MOYEN AGE, des Pas dont une MINE était le théâtre. En 1588, le duc de Bourbon combat corps à corps, dans la MINE, le gouverneur du château de Verteuil, dont il faisait le siége. — Il y avait des Pas où l'on s'escrimait avec grand appareil; on en annonçait aux cours voisines l'époque; on en proclamait par tout pays l'ouverture. Un ROI D'ARMES, des HÉRAUTS y figuraient. La LICE était en rase campagne ou à l'entrée d'un lieu fortifié. Tel lieu, telle GUERRE restaient célèbres pour les prouesses dont un Pas avait été l'occasion. — De cet usage du Pas d'armes étaient venues les locutions OUVRIR LE PAS, CLORE LE PAS, ce qui, dans les TOURNOIS ordinaires, signifiait commencer et terminer le COMBAT. — La difficulté de l'attaque d'un Pas et la supériorité dont le TENANT savait se prévaloir, en y prenant tous ses avantages, avait produit le dictum : être dans un mauvais pas, sortir d'un mauvais pas. — En 1149, comme le dit OLIVIER DE LA MARCHE au sujet d'un Pas : *Le seigneur de Lalin avait sa banderole en sa main, figurée de ses dévotions, dont il se signoit à la fois.* — En 1389, Boucicaut, secondé de deux CHEVALIERS, TINT pendant trente jours, sauf les vendredis, le Pas auprès de Calais, comme le rapporte FROISSART. — En 1445, ou, suivant VOLTAIRE, en 1446, le Pas de la Gueule du Dragon fut assis près de Chinon; on y voit figurer René, roi sans royaume, qui oubliait la Sicile et la Lorraine pour les muses, la galanterie et les TOURNOIS; il étale à ce Pas les bizarres ARMOIRIES dont nous avons parlé. — Le CARROUSEL où fut blessé à mort HENRI DEUX, en 1559, était un Pas. — En 1584, aux secondes noces de LOUIS DOUZE, un Pas d'armes est tenu à PARIS, rue Saint-Antoine, sous un arc de triomphe. — L'année qui suivit la Saint-Barthélemy, CHARLES NEUF et HENRI TROIS furent les

TENANTS d'un Pas d'armes, mais on n'y combattit qu'à PLAISANCE ; ce fut le dernier. — On peut consulter, à l'égard des Pas d'armes : CARRÉ (1785, O), DUCANGE, l'ENCYCLOPÉDIE (1751, C ; 1785 , C, au mot *Arme*), FROISSART, GANEAU, M. JACOB, LACURNE, OLIVIER DE LA MARCHE, VELLY (t. IV, p. 212), VOLTAIRE (*Essai sur les mœurs*, Tournois).

PAS de CAMP (F). Sorte de PAS TACTIQUE qui était mentionné dans le RÈGLEMENT DE 1703 (2 MARS); les FOURRIERS s'en servaient pour MARQUER LE CAMP, comme le témoigne l'ENCYCLOPÉDIE (1751 , C) : il était d'une demi-toise. — On regardait alors le PAS d'un CHEVAL comme étant également de trois pieds , quoique ce ne soit pas absolument exact ; car MAIZEROY (1766, F) ne l'évalue qu'à deux pieds et demi. On avait eu ainsi en vue une simplification , en indiquant le même moyen de MESURE AUX HOMMES DE PIED ET DE CHEVAL. — L'ORDONNANCE DE 1778 (28 AVRIL) supprimait l'usage du Pas de camp, mesure non naturelle, fatigante, peu juste; elle n'employait , pour l'évaluation des distances et des INTERVALLES, que des CORDEAUX DE CAMPEMENT. — Le RÈGLEMENT DE 1792 (5 AVRIL) rétablissait l'usage du Pas de camp, sans renoncer aux CORDEAUX. — Le RÈGLEMENT DE L'AN DOUZE (16 BRUMAIRE) le changeait en PAS MÉTRIQUE. — L'ORDONNANCE DE 1832 (5 MAI) décidait que le Pas de camp ne serait que de deux pieds ; mieux eût valu le régler à deux tiers de mètre. — Il est traité du Pas de camp dans BARDIN (1807, D).

PAS de CAVALERIE. V. ARMURE. V. CAVALERIE. V. CAVALERIE FRANÇAISE N° 7. V. CHARGE DE CAVALERIE. V. CHEMINEMENT ÉQUESTRE. V. INFANTERIE FRANÇAISE N° 8. V. MÉLANGE D'ARMES. V. MILICE PRUSSIENNE N° 8. V. PAS DE CAMP. V. PAS OBLIQUE. V. PAS TACTIQUE. V. TOPOGRAPHIE.

PAS de CHARGE (G, 6). Sorte de PAS TACTIQUE qu'on ne peut pas précisément classer au nombre des PAS CADENCÉS, puisque sa CADENCE est variable. — L'INSTRUCTION DE 1769 (1er MAI) traçait une espèce de THÉORIE des COMBATS, où l'INFANTERIE MARCHAIT A LA CHARGE. — L'ancien PAS REDOUBLÉ, l'ancien PAS DE MANOEUVRES, n'étaient autres que le Pas de charge; leur CADENCE était la même que celle de la GÉNÉRALE. — L'ORDONNANCE DE 1776 (1er JUIN), qui créait le Pas de charge, le regardait comme l'accélération du PAS ORDINAIRE progressivement porté de cent en cent pas jusqu'à cent vingt et plus s'il en était besoin. — Le RÈGLEMENT DE 1791 (1er AOUT), substituant au PAS DE MANOEUVRES le PAS ACCÉLÉRÉ, considérait le Pas de charge comme l'extention du PAS ACCÉLÉRÉ et comme susceptible d'être progressivement porté de cent à cent vingt à la minute. — L'ORDONNANCE DE 1831 (4 MARS) le faisait varier de cent à cent trente à la minute. — Cette règle d'une suraccélération éventuelle, cette proposition restée facultative, avait l'inconvénient de ne rendre possibles l'étude ou les expériences du Pas de charge qu'à l'aide de BATTERIE DE CAISSE. — Il eût mieux valu regarder comme à part le Pas de charge, et caractériser mieux et son nom et ses proportions ; le pousser jusqu'à cent trente, c'est peut-être en exagérer la vitesse , puisque, même à cent vingt, une COLONNE D'ATTAQUE ne peut marcher que quelques minutes sans se désunir, à moins qu'elle ne soit dressée dans la perfection. — BOHAN (1781, H) proposait de régler le Pas de charge à raison de vingt-sept pouces et de cent cinquante pas à la minute ; il eût fallu des géants admirablement dressés pour réaliser ce projet ; mais BOHAN (1781, H) était un officier de cavalerie qui avait peut-être, à l'égard de l'INFANTERIE, des notions superficielles. — On a proposé le PAS DE COURSE comme Pas de charge. — Le Pas de charge est au nombre des SONNERIES D'INFANTERIE. — On peut consulter à l'égard du Pas de charge, BARDIN (1807, D), BOHAN (1781, H), l'ENCYCLOPÉDIE (1751, C), GUIBERT (1775, E).

PAS de CONVERSION (G, 6). Sorte de PAS CADENCÉ que l'ORDONNANCE DE 1755 (6 MAI) mentionnait ; il en est question, comme d'un pas prussien, dans LAURENS (1773, H) et SINCLAIRE (1773, L). — Dans l'ARMÉE PRUSSIENNE, le PIVOT faisait pour l'exécution de la CONVERSION le pas de trente-deux pouces, comme le témoigne MIRABEAU (1788, C). — Le Pas de CONVERSION A PIVOT FIXE des Français sert aux CONVERSIONS sur place; mais dans une MARCHE DE BATAILLON EN COLONNE, le Pas de conversion sert aux CONVERSIONS A PIVOT MOBILE; dans l'un et dans l'autre cas, il diffère proportionnellement, suivant que la périphérie que doit parcourir chaque HOMME est plus ou moins éloignée du PIVOT. — Dans la MARCHE EN BATAILLE, un Pas de conversion ou DEMI-PAS est particulier au PORTE-DRAPEAU; il n'a qu'un pied d'étendue; il sert dans les CHANGEMENTS DE DIRECTION DE BATAILLON EN BATAILLE.

PAS de COTÉ. V. COTÉ. V. FILE TACTIQUE. V. PAS OBLIQUE.

PAS de COURSE (G, 6), ou PAS PRÉCIPITÉ, comme l'appelle TURPIN (1783, O), ou PAS TRIPLÉ, comme l'appelle GUIBERT (1773, E). Sorte de PAS TACTIQUE qui paraît avoir été connu des anciens ; mais, chez les modernes,

Il n'a presque été qu'une expression de théorie. — L'infanterie des Athéniens exécuté au Pas de course, à ce que l'on a dit, les charges; cependant l'Encyclopédie (1785, C, *supplément*, au mot *Tactique*) remarque que *les Grecs ne marchaient qu'au pas précipité; la course ne pouvait convenir à l'ordre serré ni à la nature de leurs armes.* — Scipion faisait faire à la course les promenades de l'infanterie. — César (51 avant J.-C.) donne à entendre que son infanterie eut recours au Pas de course à la bataille de Pharsale, il dit : *Inter duas acies, tantum erat relictum spatii, ut satis esset ad concursum utriusque exercitus.* « L'entre-deux des armées offrait » assez de terrain pour que chacune pût le » parcourir à la course. » Peut-être dans ce passage ne s'agit-il que d'un pas de charge, mais non précisément d'un Pas de course. — Végèce (590, A) mentionne le Pas de course au nombre des pas militaires dont il donne les détails. — Il paraît que les Romains le commençaient à trois cents pas de l'ennemi; cependant les tacticiens modernes sont d'avis qu'en cas de choc, il ne faudrait commencer le Pas de course qu'à soixante pas du but. — Le Pas de course ne peut compter au nombre des pas cadencés, n'est facile qu'individuellement, n'est possible qu'à rangs ouverts; il ne serait praticable chez les modernes qu'en vertu de principes qui modifieraient l'usage exclusif et rigoureux de l'ordre à rangs serrés. Deligne (1780, I) disait avec raison : *Il n'y a qu'un changement de front, si le flanc est menacé, une batterie à emporter, un appui à prendre, une troupe à soutenir, qui autorise non-seulement à aller vite, mais à courir s'il le faut.* — L'instruction de 1769 (1er mai) faisait mention d'un Pas de course appliqué à la tactique de l'infanterie légère; c'était un moyen rapide de formation successive ou d'en bataillement après une abduction ou un passage d'obstacle; les subdivisions d'une colonne devaient se porter au Pas de course sur la nouvelle ligne; la longueur de ce pas était fixée à dix-huit pouces, sa vitesse à un quart de seconde : c'était ainsi le double du pas de manœuvres. Le Pas de course devait être également employé par les pelotons d'une ligne en retraite qui faisaient halte, demi-tour, feu et regagnaient la ligne. — Mesnil-Durand (1774, B) prétendait tirer un grand parti du Pas de course. — On lit dans Lessac (1789, E, chapitre 8) qu'on vit au camp de Compiègne le régiment de Chartres, que commandait Guibert, *manœuvrer à la course dans le meilleur ordre pendant une heure.* —

Les règlements modernes de la milice prussienne veulent que les ploiements et les déploiements s'exécutent au Pas de course. — L'ordonnance de 1831 (4 mars) appliquait le Pas de course aux exercices des tirailleurs à pied, et nommait ainsi une de leurs sonneries. — L'Encyclopédie (1785, C, au mot *Course*) a traité de ces questions.

PAS de défi. v. défi. v. écu. v. pas d'armes.

PAS de déploiement. v. déploiement. v. milice prussienne. v. pas allongé. v. pas redoublé.

PAS de deux pieds. v. changement de direction en marche par file. v. deux pieds.

PAS de flanc (F), ou pas par le flanc, comme l'appelait le règlement de 1776 (1er juin). Sorte de pas cadencé qui dans les milices allemandes, dont il est originaire, s'appelait *stampfen*, trépignement. On s'en servait dans la marche des bataillons par le flanc; c'était un pas vif et court dont les manœuvres qui s'exécutent sur les théâtres donnent l'image. — Au temps où écrivait Mirabeau (1788, C) les Prussiens avaient renoncé au Pas de flanc et à toute marche de bataillon par le flanc. — L'ordonnance de 1766 (1er janvier) reconnaissait un Pas de flanc, comme pas redoublé et d'une mesure de dix-huit pouces; Guibert (1773, E) et Laurens (1773, H) en conseillaient l'emploi; Bohan (1781, H) en proposait la suppression comme inutile. Les ordonnances subséquentes ne l'ont pas admis.

PAS de manœuvres (F). Sorte de pas cadencé qui a remplacé le pas redoublé; il n'en différait que par la dénomination; sa création appartenait à l'ordonnance de 1776 (1er juin); mais le mot était mentionné déjà dans l'instruction de 1769 (1er mai), qui permettait à l'infanterie légère d'exécuter ce pas en conservant entre les rangs une distance de dix-huit pouces; les deux derniers rangs serraient au commandement halte. — Le Pas de manœuvres s'appliquait aux contre-marches et était le pas de charge de l'époque; il était regardé, en quelques ordonnances, comme la moitié du pas de course; il a été remplacé par le pas accéléré.

PAS de montagnes. v. montagne. v. pas cadencé. v. pas tactique.

PAS de peloton (F). Sorte de pas cadencé qui n'a jamais été usité en France; son nom était peu exact, c'était un pas prussien que décrit Mirabeau (1788, C); il consistait à faire faire trois grands pas ou quelquefois dix pas à un ou plusieurs pelotons qui sortaient d'une LIGNE DE BATAILLE, marchant en avant au PETIT PAS ; ils FAISAIENT HALTE, FEU, rechargeaient ; pendant cette durée de temps, la LIGNE continuait à s'avancer, et remboîtait les PELOTONS, qui repartaient avec elle ; c'était un FEU EN AVANT.

PAS de PIVOT (G, 6). Sorte de PAS CADENCÉ qui est le PAS d'une AILE du côté opposé au GUIDE, dans les CHANGEMENTS DE DIRECTION d'une SUBDIVISION de COLONNE EN MARCHE, ou dans les CONVERSIONS A PIVOT MOBILE des COLONNES DE ROUTE. Le RÉGLEMENT DE 1791 (1er AOUT) le voulait de six pouces, MESURE réputée suffisante pour DÉGAGER LE PIVOT. — L'ORDONNANCE DE 1831 (4 MARS) a jugé que ce pas devait être de vingt-deux centimètres ou de huit pouces pour la facilité du DÉGAGEMENT ; mais il n'est pas certain qu'en ce cas le mouvement plus brusque de la SUBDIVISION n'entraîne pas le GUIDE et ne désunisse les RANGS.

PAS de RETRAITE (F). Sorte de PAS CADENCÉ que mentionne PICTET (1761, 1). Il le voulait ou PAS REDOUBLÉ, si la RETRAITE se faisait hors de PORTÉE du fusil de l'ENNEMI, ou PAS ORDINAIRE, si elle se faisait en sa présence.

PAS de ROUTE (G, 6). Sorte de PAS TACTIQUE quelquefois CADENCÉ, mais plus ordinairement LIBRE ; un COMMANDEMENT D'AVERTISSEMENT indique l'instant de l'exécuter. L'ORDONNANCE le considérait comme un ralentissement du PAS ACCÉLÉRÉ. — Les pas ROMAINS, sur lesquels on a tant disserté sans conclure, ou même sans bien s'entendre, étaient propres, non aux ÉVOLUTIONS, mais aux trajets des LÉGIONS, ou du moins ceux d'une espèce n'étaient pas distincts de ceux d'une autre, comme cela a lieu chez les modernes. — VÉGÈCE (390, A) mentionne deux sortes de Pas de route ; la longueur du plus habituel était de deux pieds et demi, mesure romaine ; il servait à parcourir, en été, vingt milles d'ITALIE, ou à faire vingt mille pas en cinq heures ; l'autre était de trois pieds ; on l'exécutait *pleno gradu*, pour faire dans le même espace de temps vingt-quatre mille pas. — La proportion du trajet variait donc à raison de la mesure du pas, non de sa VITESSE ; les ÉCRIVAINS le disent, mais nous ne sommes pas persuadés que ce soit la vérité ; nous contestons même la vraisemblance, non quant au nombre de pas, mais quant à l'application de ce système de MARCHE. Suivant Danville, le mille romain, composé de cinq mille pieds romains, était compris entre deux colonnes milliaires sur les voies militaires de l'empire ; il répondait à sept cent cinquante-six toises, ou quatre mille cinq cent trente-six pieds français. Les vingt milles que parcouraient les SOLDATS ROMAINS en cinq heures, répondaient à quatre vingt-dix mille sept cent vingt pieds français ; c'était à raison de dix-huit mille cent quarante-quatre pieds par heure. L'accélération jusqu'à vingt-quatre milles répondait à vingt et un mille sept cent soixante et treize pieds par heure. — Il reste une difficulté à résoudre : l'heure dont VÉGÈCE fait mention est probablement relative à ce qu'on appelait *vigilia*, espace de temps qui, selon les saisons différentes, était plus ou moins long. — De nombreuses recherches sur le pas ROMAIN ne donneraient que des résultats incomplets ou peu certains, et quand il s'agit de la merveilleuse célérité des LÉGIONS, le lecteur ne doit croire qu'avec réserve ce qu'on en a écrit. — DELIGNE (1780, I) prétend que le *longum iter* de CÉSAR n'a jamais excédé quinze lieues par jour. — Parlons des modernes. — PICTET (1761, I) évaluait le Pas de route à trente-trois toises par minute, en le faisant de deux pieds trois pouces et de quatre-vingt-dix à la minute. — SILVA (1775, F) estimait que le Pas de route devait répondre à trente-six toises par minute, ou deux mille cent soixante par heure. — JABRO (1777, G) calcule qu'on peut faire cinquante toises par minute et trois mille par heure, et qu'on ne doit pas mettre plus de vingt à vingt-deux minutes pour parcourir l'espace qui sépare deux bornes milliaires de France ; mais toutes ces proportions sont exagérées ; un homme marchant seul, dans une saison favorable, par un beau temps, sur un chemin uni et sec, pourrait, en effet, faire ROUTE avec cette promptitude ; mais le principe est faux, si on l'applique à notre INFANTERIE débile, de TAILLE exiguë, et surchargée d'ARMES et de BAGAGE. —Si l'on suppose la VITESSE du pas à cent vingt à la minute, ce qui est un calcul forcé, si l'on suppose sa MESURE à deux pieds, MESURE qui demanderait à être un objet d'essais sérieux et d'épreuves authentiques, un fantassin pourrait faire sept mille deux cents pas par heure, ou deux mille quatre cents toises. — On a supposé que le CHEMINEMENT de la CAVALERIE était, toutes circonstances égales, d'un quart plus vif que la MARCHE des BATAILLONS EN COLONNE. — L'ORDONNANCE DE 1764 (20 MARS) donnait deux pieds et demi au Pas de route. L'ORDONNANCE DE 1766 (1er JANVIER) laissait LIBRE le Pas de route ; sa MESURE n'a été que de deux pieds depuis cette époque. — Le RÈGLEMENT DE 1791 (1er AOUT) voulait que, dans l'ÉCOLE DE PELOTON, le Pas de route fût de soixante-seize à la minute, et que, dans la pratique, il fût de quatre-vingt-cinq à quatre-vingt-dix par minute, à raison d'un ESPACE de trois pieds entre les RANGS. — L'ORDONNANCE DE 1818 (15 MAI) donnait à entendre que la marche ou Pas de route devait avoir lieu par le flanc sur trois RANGS. C'était une inadvertance ; tactiquement parlant, le Pas de route n'a lieu, au contraire, qu'en COLONNE, mais dans certains cas il peut, en garnison, être le pas des GARDES marchant par le flanc pour se rendre au poste ou en revenir. — L'ORDONNANCE DE 1831 (4 MARS) voulait qu'il fût de cent à la minute ; ce n'est pas une MESURE tenable, à ce que les praticiens affirment. — Le mot Pas de route, employé comme interjection, est un COMMANDEMENT GÉNÉRAL, ou un COMMANDEMENT D'AVERTISSEMENT ; il en est fait usage, soit de pied ferme, soit en marchant.

PAS de SOURIS. V. BERME DE FORTIFICATION. V. FOSSÉ SEC. V. OUVRAGE DE FORTIFICATION. V. RONDE. V. SOURIS.

PAS de VIS (B, 1). Sorte de PAS ou de spirale qui entaille l'extrémité de la TIGE d'une VIS de PLATINE, d'une CULASSE, etc. — Le Pas d'une VIS DE BATTERIE épouse le REMPART, mais c'est surtout la spirale taraudée dans la partie en écrou qui, en langage d'ARMURIER, forme le Pas de vis. Tel est le Pas de vis du TIRE-BALLE.

PAS d'ÉCLOPPÉS. V. ÉCLOPPÉ. V. PAS CADENCÉ. V. PAS TACTIQUE.

PAS d'ÉCOLE (F), OU PAS LENT. Sorte de PAS CADENCÉ que l'ORDONNANCE DE 1755 (6 MAI) prescrivait la première. BOMBELLES (1754, D) en avait plus anciennement traité. — Les étrangers pratiquaient un PAS MILITAIRE de ce genre en deux temps ; au premier, ils levaient la jambe, qu'ils présentaient haute sans porter dessus ; au second, ils allongeaient la jambe en avançant le buste, et posaient le pied à terre ; mais cette étude était trop compliquée, et les théoriciens y avaient renoncé ou l'avaient simplifiée. — PICTET (1761, I) retraçait les principes de ce pas ; suivant SILVA (1768, K), l'usage s'en répandait de nouveau dans plusieurs SERVICES. — SINCLAIRE (1783, L) en décrivait aussi le mécanisme. — L'ORDONNANCE DE 1769 (1er MAI) prescrivait l'apprentissage du PAS LENT ou du Pas d'école ; sa VITESSE était d'une seconde et sa MESURE de six pouces ; l'HOMME restait, en outre, encore une seconde pour prendre l'APLOMB. — L'ORDONNANCE DE 1774 (11 JUIN) et l'INSTRUCTION DE 1775 (50 MAI) réglaient le Pas d'école à raison d'une MESURE d'un pied et d'une VITESSE de quarante à la minute. — L'ENCYCLOPÉDIE (1785, C, au mot *Tactique*) expliquait son mécanisme dans

l'ARMÉE PRUSSIENNE. — L'ORDONNANCE DE 1776 (1er JUIN) le portait à soixante à la minute. — L'INSTRUCTION DE 1788 (20 MAI) et le RÈGLEMENT DE 1791 (1er AOUT) ne faisaient plus entrer le Pas d'école dans les études élémentaires de l'INFANTERIE. — Sous le régime impérial, comme le témoigne BARDIN (1807, D), des CHEFS d'INFANTERIE avaient spontanément fait revivre la pratique du Pas d'école.

PAS d'INFANTERIE. V. CADENCE TACTIQUE. V. CONVERSION. V. ÉCOLE D'ÉTAT-MAJOR GÉNÉRAL. V. FLOTTEMENT. V. ÉCHELON PAR RÉGIMENT. V. GUIDE TACTIQUE. V. INFANTERIE. V. INFANTERIE FRANÇAISE N° 8. V. MARCHE D'ARMÉE. V. MARCHE DE BATAILLON PAR LE FLANC. V. MARCHE TACTIQUE. V. PAS CADENCÉ. V. PAS TACTIQUE. V. PELOTONNEMENT. V. RANG DE TAILLE. V. TAMBOUR INSTRUMENTAL. V. TOPOGRAPHIE.

PAS DIRECT. V. DIRECT, adj. V. PAS ACCÉLÉRÉ. V. PAS CADENCÉ. V. PAS OBLIQUE.

PAS DOUBLÉ. V. DOUBLÉ. V. PAS CADENCÉ. V. PAS REDOUBLÉ.

PAS EN ARRIÈRE (G, 6). Sorte de PAS CADENCÉ ou plutôt de DEMI-PAS que les ORDONNANCES DE 1764 (20 MAI) et DE 1769 (1er MAI) réglaient à une MESURE de douze pouces ; il n'est jamais que PAS ORDINAIRE ; il est étudié dans l'ÉCOLE DE PELOTON, à raison de quinze ou vingt mouvements de suite au plus. Il n'en est pas fait usage par une TROUPE exécutant une MARCHE EN BATAILLE PAR LE TROISIÈME RANG. — La MARCHE EN ARRIÈRE sert à ouvrir les RANGS, et à exécuter des CONVERSIONS A RECULONS. — Faire exécuter au PAS ACCÉLÉRÉ le Pas en arrière est contraire à toutes les idées reçues ; le PAS ORDINAIRE y est seul propre.

PAS EN AVANT. V. EN AVANT. V. PAS ORDINAIRE. V. PAS TACTIQUE.

PAS GÉOLOGIQUE (G, 7). Sorte de PAS dont le nom s'est conservé depuis l'époque où les mots pas, PASSAGE, PAYS étaient synonymes. Un pas est un détroit entre deux terres, comme le Pas de Calais ; ou un PERTUIS, un COL, un PORT, un étranglement entre deux éminences, comme le Pas de Suze, etc.

PAS GÉOMÉTRIQUE (G, 4). Sorte de PAS de convention qui répondait à cinq pieds de roi. Le mille itinéraire de certains pays se composait de mille de ces pas, comme le témoigne LACHESNAIE (1758, 1). — Le Pas géométrique était employé comme mesure linéaire par les constructeurs de FORTIFICATIONS, et ils appelaient PAS COMMUN celui qui en était la moitié ; ainsi ce dernier avait trente pouces.

PAS GRAVE. V. GRAVE, adj. V. PAS CADENCÉ.

PAS GYMNASTIQUE (G, 6). Sorte de pas exécuté à jarret très-plié; il se fait en remuant en même temps les bras, et quelquefois sur place et en chantant; on étudie ce pas comme moyen de s'habituer à de grands mouvements sans perdre respiration. Un MÉTROBATE en règle la VITESSE.

PAS HIÉRARCHIQUE (C, 1). Sorte de PAS pris dans le sens de PRÉSÉANCE, ou de droit de passer avant, de passer le premier, de TENIR RANG, de COMMANDER; de là l'expression usitée dans les usages et les CÉRÉMONIES MILITAIRES OU PUBLIQUES... AVOIR LE PAS; PRENDRE LE PAS. Rien n'était moins éclairci jadis que le pas des MARQUIS. — De vives altercations se sont fréquemment élevées à la formation des DÉTACHEMENTS DE GUERRE; le droit d'y PRENDRE LE PAS et d'exercer le COMMANDEMENT a dégénéré souvent en querelles sanglantes; les intérêts de l'ARMÉE en ont été plus d'une fois compromis. L'ENCYCLOPÉDIE (1785, C) avait proposé d'y remédier au moyen d'une inscription gravée sur le HAUSSE-COL et faisant connaître la date de la nomination de l'OFFICIER et son vrai RANG; mais le remède eût été incomplet, puisque nos défectueuses institutions ne reconnaissent le HAUSSE-COL que dans l'INFANTERIE. — L'ORDONNANCE DE 1832 (5 MAI) réglait le pas que l'INFANTERIE et la CAVALERIE prennent l'un sur l'autre en campagne; elle décidait que, quand des TROUPES DE CAVALERIE sont attachées à un CORPS OU DÉTACHEMENT D'INFANTERIE, le COMMANDANT de CAVALERIE est, même à GRADE égal et quelle que soit son ANCIENNETÉ, sous les ORDRES du COMMANDANT de l'INFANTERIE; il ne prendrait le COMMANDEMENT qu'autant qu'il serait supérieur en GRADE; le COMMANDANT d'une TROUPE D'INFANTERIE attachée à un CORPS OU DÉTACHEMENT de CAVALERIE est soumis, sauf la même exception, aux ORDRES du COMMANDANT de CAVALERIE. — A l'égard du pas, du RANG, des PRÉSÉANCES, on peut consulter M. BERRIAT (1825, F), M. le colonel CARRION (1824, A), M. GONVOT, M. LECOUTURIER, ODIER (1824, E).

PAS IDIOPLIQUE. V. ARME PERSONNELLE; id. n° 5. V. ARTILLERIE IDIOPLIQUE. V. IDIOPLIQUE.

PAS LENT. V. FEU EN AVANÇANT. V. LENT. V. ORDONNANCE D'EXERCICE D'INFANTERIE. V. PAS CADENCÉ. V. PAS D'ÉCOLE. V. PETIT PAS.

PAS LIBRE (G, 6). Sorte de PAS TACTIQUE qui se nomme ainsi par opposition au PAS CADENCÉ; il en diffère en ce qu'il n'est pas soumis à la loi de la simultanéité des MOUVEMENTS; mais, en le considérant comme PAS DE ROUTE, les ORDONNANCES l'ont soumis, cependant, à une MESURE déterminée qui a varié suivant les nations, comme l'indique le tableau du PAS TACTIQUE. — Marcher au Pas libre et porter l'ARME A VOLONTÉ étaient des actes qui étaient réciproquement les conséquences l'un de l'autre.

PAS MÉTRIQUE. V. MÉTRIQUE. V. PAS CADENCÉ. V. PAS DE CAMP. V. RECONNAISSANCE DE TERRAIN.

PAS MILITAIRE. V. MILITAIRE, adj. V. PAS DE COURSE. V. PAS D'ÉCOLE. V. PAS TACTIQUE. V. PROMENADE. V. RECONNAISSANCE DE TERRAIN.

PAS OBLIQUE (G, 6). Sorte de PAS CADENCÉ ainsi nommé par opposition au PAS DIRECT; il a été inventé par FRÉDÉRIC DEUX pour gagner, sans perdre ACCOUDEMENT, du terrain à la fois en avant et de côté, pour les FORMATIONS EN AVANT EN BATAILLE, et pour ce qu'on appelait jadis les MOUVEMENTS DE BIAIS. — L'ORDONNANCE DE 1755 (6 MAI) l'a donné à l'INFANTERIE FRANÇAISE. — Le mécanisme du Pas oblique est ingénieux, mais compliqué; il a été peu exécuté devant l'ENNEMI pendant la GUERRE DE LA RÉVOLUTION; de là vient que M. le colonel CARRION (1824, A, t. I, p. 231) conseillait, un peu à la légère, d'en abolir l'usage. — Le Pas oblique a été nommé PAS DE COTÉ par BOMBELLES (1754, D), DESPAGNAC (1757, V), DUBOUSQUET (1769, B), l'ENCYCLOPÉDIE (1751, C). — Mais ce nom est inexact, parce qu'il peut donner l'idée d'un pas qui ne gagne du terrain que d'un côté; tandis que le Pas oblique gagne diagonalement du terrain, soit A DROITE, soit A GAUCHE. — Le Pas oblique doit commencer à s'exécuter à l'instant où le PIED du côté opposé à l'obliquité est près de poser à terre. Cette attention de la part de celui qui commande est une des difficultés de cette MARCHE. — Le Pas oblique est quelquefois le seul moyen de réparer, dans une MARCHE EN BATAILLE, la déviation où serait tombé le PORTE-DRAPEAU d'un BATAILLON DE DIRECTION. — Le Pas oblique de l'INFANTERIE ANGLAISE était d'un tiers plus lent que celui de l'INFANTERIE FRANÇAISE. — Les ORDONNANCES DE 1755 (6 MAI), 1766 (1er JANVIER), 1769 (1er MAI) considéraient le Pas oblique comme susceptible d'être, suivant les cas, OU ORDINAIRE, OU ACCÉLÉRÉ. — L'ORDONNANCE DE 1776 (1er JUIN) ne mentionnait pas précisément ce précepte et s'exprimait avec ambiguïté. — L'INSTRUCTION DE 1788 (20 MAI) et le RÈGLEMENT DE 1791 (1er AOUT) ne donnaient, au Pas oblique, que la VITESSE DU PAS ORDINAIRE DIRECT; sa MESURE était de dix-sept et de vingt-quatre pouces. — Le Pas oblique sert à partager et à raccorder des SUBDIVISIONS qui rompent et se remettent en ligne; il sert à rapprocher des

RANGS qui bâillent, à exécuter des FORMA-TIONS EN COLONNE EN CAS D'OBSTACLE, etc., etc. — Renoncer au Pas oblique était un des projets des chefs de l'ÉCOLE DE CAMBRAY; ils y substituaient un DEMI-A DROITE ou un DEMI A GAUCHE par HOMME; ce mode ne brisait pas le RANG, mais produisait une espèce de CHANGEMENT DE POSITION; c'était la manière d'obliquer de la CAVALERIE. — Cet essai n'a pas eu de suite en FRANCE, parce qu'il était impossible de démontrer ce MOUVEMENT avec une exactitude mathématique, et que le RANG privé d'ACCOUDEMENT s'ondulait et se tourmentait. — Cependant la MILICE NÉERLANDAISE a consacré en principe cette innovation. — L'ORDONNANCE DE 1831 (4 MARS) ayant supprimé le PAS ORDINAIRE, maintenait, cependant, le Pas oblique et permettait qu'on l'accélérât, mais elle s'expliquait peu clairement : permettait-elle qu'on l'accélérât jusqu'à cent quarante à la minute? ce serait permettre l'impossible; ce pas est difficile à soixante-seize, et inexécutable même à cent; SERVAN (1780, B) le témoigne. — La note de 1856 (9 juin) disait quelques mots du Pas oblique. — VACCA (1806, F) proposait d'adopter un genre de Pas oblique pareil à celui des ANGLAIS. — On peut consulter à l'égard du Pas oblique, DUBOUSQUET (1769, B), ENCYCLOPÉDIE (1785, C, supplém. aux mots *Forces* et *Pas*), LAURENS (1775, H), LEBLOND (1758, B), MIRABEAU (1788, C), SERVAN (1788, B), SCHULTZ D'ASCHÉRADEN (1789, F), SINCLAIRE (1775, L), TRAVERSE (1758, D), TURPIN (1783, O), VACCA (1806, F).

PAS ORDINAIRE (G, G), ou simplement MARCHE, comme l'appelle DELAFONTAINE (1675, A). Sorte de PAS CADENCÉ qui répond à la BATTERIE AUX CHAMPS; il a varié dans ses proportions, principalement quant à la VITESSE. PICTET (1761, I) déclare que, dans la plupart des MILICES, il a été d'abord de soixante à la minute; tel fut aussi l'usage PRUSSIEN; mais SALDERN (1785, B) témoigne qu'ensuite le PAS EN AVANT y était de soixante-quinze, et le PAS DE RETRAITE de soixante-dix. MIRABEAU (1788, C) nous fait connaître que FRÉDÉRIC DEUX l'avait ensuite réglé en général à soixante-seize. — Dans cette ARMÉE, des CONVERSIONS EN COLONNE se combinaient pour les mêmes SUBDIVISIONS de Pas ordinaire et de pas d'autre MESURE ou d'autre VITESSE. La PROMPTE MANOEUVRE s'y combinait aussi de deux genres de pas. — La locution Pas ordinaire était un des COMMANDEMENTS D'AVERTISSEMENT auxquels les HOMMES DE PIED se mettaient en MARCHE. — TURPIN (1783, O) dit que c'était le Pas d'une troupe sortant du CAMP; de là venait

qu'on disait BATTRE AUX CHAMPS, signifiant BATTRE le Pas ordinaire. — Les ORDONNANCES DE 1755 (6 MAI), DE 1766 (1er JANVIER), DE 1769 (1er MAI) réglaient le Pas ordinaire, à l'instar des coutumes de PRUSSE, à raison d'une seconde; c'était un moyen d'étude commode et sûr; on savait en un instant le rapport entre le nombre de Pas exécutés et la quantité de toises parcourues; les montres ordinaires pouvaient ainsi servir de MÉTROBATE. Un autre avantage résultait de la similitude de VITESSE du Pas et de vitesse du mouvement des MANIEMENTS D'ARMES. — La VITESSE du Pas ordinaire était moitié moindre que celle du Pas, que par cette raison on appelait PAS REDOUBLÉ. — L'INSTRUCTION DE 1774 (11 JUIN) portait le Pas ordinaire à quatre-vingts à la minute. — L'ORDONNANCE DE 1776 (1er JUIN) le réduisait à soixante-dix; elle l'accélérait jusqu'au maximum du PAS DE CHARGE. — L'INSTRUCTION DE 1788 (20 MAI) et le RÈGLEMENT DE 1791 (1er AOUT) l'étendirent à soixante-seize. C'était une imitation de la VITESSE PRUSSIENNE. — BOHAN (1781, H) qui, quoique officier de cavalerie, a écrit sur la TACTIQUE de l'INFANTERIE, avait déclaré que le Pas ordinaire devait *être supprimé comme absolument inutile*. De nos jours, cette opinion a été renouvelée par le général ZACH (1812). Mais, depuis FRÉDÉRIC DEUX jusqu'à présent, aucun théoricien compétent en fait d'INFANTERIE n'avait opiné pour cette abolition. — BONAPARTE avait à peu près supprimé de fait le Pas ordinaire, parce que, à son gré, le fantassin n'était jamais dressé avec assez de promptitude, ne manœuvrait jamais avec assez de rapidité; mais en même temps il avait laissé subsister le RÈGLEMENT qui ordonnait l'étude de ce Pas; là était la contradiction. — Nous avons témoigné en traitant du PAS ACCÉLÉRÉ les inconvénients de l'abolition du Pas ordinaire. — Il eût pu suffire de ne plus faire exécuter qu'au PAS ACCÉLÉRÉ ce que le RÈGLEMENT DE 1791 (1er AOUT) laissait facultativement s'accomplir, soit à un pas, soit à un autre, tel que les CHANGEMENTS DE FRONT, les DÉPLOIEMENTS DE MASSES; il eût suffi de renoncer aux FEUX EN AVANÇANT et EN RETRAITE, dont le Pas ordinaire était jadis l'élément obligé. — L'ORDONNANCE DE 1831 (4 MARS) voulait un PAS ORDINAIRE DIRECT et un OBLIQUE, quoiqu'elle les déclarât à peu près inutiles tous deux. C'est surtout par le défaut d'harmonie et de vues que pèche cette ordonnance. — S'autorisant, à tort ou à raison, de ce qu'on avait presque toujours DÉFILÉ, à la suite des REVUES et MANOEUVRES dans la GUERRE DE 1792, au pas accéléré, elle n'employait le Pas ordinaire que dans le commencement de l'instruction des hommes, mais non dans les évolutions de ligne ; en ce cas, le conserver, c'était tomber dans l'inconséquence, et le supprimer c'était bouleverser le système de la marche pour ouvrir les rangs, des abductions par pelotons en colonne, des changements de direction de bataillons en bataille, des conversions à pivot fixe, des conversions à réculons, des déploiements par bataillons en masse, des formations en colonne en cas d'obstacles, des marches de brigades en bataille, des marches obliques en bataille, des retraites en échiquier, du pas de retraite et des rompements. — Des innovations de cette importance ne sauraient être trop mûrement méditées ; elles rendent insolubles quantité de questions telles que celles-ci : ce qui était prescrit en garnison aux chefs des gardes relevantes et descendantes, relativement à l'emploi de la batterie aux champs, est-il ou non annulé? les honneurs à rendre au moyen de cette batterie sont-ils ou non annulés? etc., etc.; les patrouilles ne marcheront-elles plus au Pas ordinaire? — Pour comble d'incertitude, une sonnerie d'infanterie s'appelle le Pas ordinaire. — On verra qu'il a été anciennement question de substituer au Pas ordinaire un pas unique. — Les auteurs qui ont traité du Pas ordinaire sont: Bardin (1807, D), Bohan (1781, H), Despagnac (1757, V), Dubousquet (1769, B), Guibert (1773, E), Lachesnaie (1758, I, au mot *Exercice*), Leblond (1758, B), Mirabeau (1788, C), Pictet (1761, I), Saldern (1783, B), Schultz d'Aschéraden (1789, F), Turpin (1783, O).

PAS par le flanc. v. par le flanc. v. pas de flanc.

PAS précipité. v. pas de course. v. précipité, adj.

PAS redoublé (G, 6), ou pas doublé comme l'appelle Pictet (1761, I). Sorte de pas cadencé mentionné dans les ordonnances depuis le milieu du siècle dernier, mais déjà connu sous la locution technique doubler le pas dans Delafontaine (1675, A). Il était de cent vingt à la minute ; il s'employait comme pas de déploiement et de charge ; il a cessé d'être mentionné dans l'ordonnance de 1776 (1er juin); le pas de manoeuvre lui fut substitué. — Le mot Pas redoublé exprimait par sa dénomination qu'il était d'une vitesse double de celle du pas ordinaire ; sa cadence était la même que celle du pas de flanc et de la générale. — Une batterie de caisse était comme le commandement ou l'annonce du Pas redoublé; cet usage ne s'est pas maintenu. — Le Pas redoublé était un

des éléments des conversions en colonne, et s'employait comme pas de retraite, si ce n'est à petite portée de l'ennemi. — L'instruction de 1774 (11 juin) en accélérait la vitesse, et voulait qu'il fût de cent quarante à cent soixante par minute. — La langue militaire est si incorrecte, que la décision de 1823 (13 octobre), qui concerne les marches et les musiques militaires, mentionnait encore des Pas redoublés, quoique ce Pas n'en redoublât plus aucun autre, et que nominalement il n'en fût plus reconnu. — L'ordonnance de 1831 (4 mars) faisait revivre l'ancienne dénomination de Pas redoublé, non pour exprimer, comme dans le principe, une vitesse normale et double, mais une vitesse qui varie de cent quarante pas à cent cinquante par minute, et qui s'applique aux évolutions et aux sonneries de tirailleurs; c'est une imitation d'un Pas redoublé des milices russe et polonaise, qui sert aux grandes formations et qui est de cent cinquante à cent soixante à la minute. — On peut consulter, touchant le Pas redoublé, tous les auteurs qui ont traité jusqu'en 1776 du pas ordinaire.

PAS réglé. v. pas cadencé. v. réglé, adj.

PAS simulé. v. pas cadencé. v. simulé, adj.

PAS tactique (term. sous-génér.), ou pas militaire, comme l'appellent d'une manière trop vague Despagnac (1751, D), Laurens (1773, H), Sionville (1756, E). Sorte de pas dont on retrouve la racine dans le mot latin *passus*. — Grammaticalement considéré, le mot Pas, s'il s'applique aux commandements d'avertissement, est une interjection. — Le Pas tactique a servi à l'appréciation des distances du terrain, à la mesure à observer entre des lignes, entre des subdivisions de colonnes serrées, à l'accomplissement des manoeuvres. — Dans le premier cas, il a été de trois pieds, c'était le pas de camp; dans les autres cas, nous ne le considérons que comme pas d'infanterie et de bataille, et principalement comme pas en avant. — Les Latins distinguaient le *gradus*, pas militaire, et le *passus*, mesure géométrique de cinq pieds romains. Ce pied linéaire était moindre de treize lignes que le pied français. — Végèce (390, A) dit que les Romains connaissaient trois sortes de pas militaires. Les deux premiers n'étaient que des pas de route; on ne voit pas qu'ils servissent aux manoeuvres. Le troisième était le pas de course; la mesure et la vitesse en étaient indéterminées; c'était surtout celui de la guerre. — Suivant les temps, suivant les services, les pas ont été conformes au tableau qui suit:

GENRE.	NATIONS.	VITESSE par MINUTE.	MESURE.	NOMBRE DE PAS PAR HEURE.	MÈTRES PAR MINUTE.	MÈTRES PAR HEURE.	OBSERVATIONS.
PAS DE MONTAGNES.		60	»	3,600	35 à 40	2,100 à 2,400	La mesure du pas dépend de la rapidité des pentes et de la force des marcheurs.
— D'ÉCLOPPÉS.							
— ACCÉLÉRÉ	Anglais actuel.	108	2 P. 4 p.	4,924	84	5,040	
— ORDINAIRE. . . .		75	id.	4,500	58	3,480	
— ACCÉLÉRÉ.. de 1791.		100	2 P.	6,000	66	3,960	
de 1831.		130	id.	7,800	83	5,200	
— ALLONGÉ.		76	2 P. 6 p.	4,560	63	3,780	
— DE CHARGE.		120 à 150	2 P.	»	30 à 85		
— DE FLANC.		120	1 P. 6 p.				
— DE PIVOT.. de 1791.	Français.	76, 90, 100	6 p.				
de 1831.		100 à 120	8 p. ou 22 cent.				
— DE ROUTE.. de 1791.		85 à 90	2 P.	5,400	60	3,600	
de 1831.		100	id.	6,000	66	3,960	
— OBLIQUE.		76	2 P. et 17 p.				
— ORDINAIRE. de 1755.		60	2 P.	3,600	40	2,400	
de 1776.		70	id.	4,200	46	2,760	
de 1791.		76	2P. ou 2/5 de mèt.	4,560	50	3,000 à 3,040	
— REDOUBLÉ.		120	2 P.	7,200	80	4,800	
— ACCÉLÉRÉ.	Néerlandais actuel.	106	2 P. 2 p.	6,560	76	4,560	
— DE CHARGE. . . .		120 à 125	id.	7,200			
— DE ROUTE.		90	id.	5,400	65	3,900	
— ORDINAIRE.		82	id.	4,920	59	3,540	
— ALLONGÉ. . . .	Prussien ancien.	76	2 P. 8 p. du Rhin.	4,560	66	3,960	Il faut défalquer un trentième des totaux métriques parceque le PIED DU RHIN était inférieur d'un trentième au PIED DE ROI.
— DE DÉPLOIEMENT. .		108	id.	6,480	80	4,800	
— GRAND.		d.	id.	6,480	92	5,520	
— ORDINAIRE.		76	2 P. 4 p. du Rhin.	4,560	60	3,600	

Les auteurs à consulter sont indiqués à l'article pas cadencé. — Le Pas tactique se distingue en pas cadencé, — de camp, — de charge, — de course, — de route, — libre.

PAS triplé. v. pas de course. v. triplé.

PAS unique (F). Sorte de pas cadencé qu'il était question d'instituer, en 1793, dans l'armée française ; mais cet essai n'eut pas de suite. — Des députations de toute l'infanterie de l'armée du Nord furent réunies par l'ordre de Custines à l'école de Cambray ; cette école, où nous assistions, était sous les ordres de l'adjudant général Meunier, ancien colonel d'infanterie, et plus tard gouverneur de Saint-Cyr ; il avait été le promoteur de l'adoption de ce système de marche. — Le Pas unique eût été à peu près la fusion du pas ordinaire et du pas accéléré ; sa longueur devait être de vingt-six pouces ; sa durée devait être de quatre-vingt-dix à la minute, vitesse que Schultz d'Aschéraden (1789, F) et Lessac (1789, E) avaient proposé d'adopter, parce que, suivant ce dernier, ce genre de Pas *est celui de tout homme qui n'est ni caduc ni infirme* ; Schauenburg (1800, A) aussi s'en montre le partisan ; mais la dénomination de Pas unique était peu juste puisqu'il devait aussi être fait usage d'un pas de cent vingt à la minute. — Le terrain d'étude de l'école était entrecoupé de petits trous carrés, creusés de vingt-six pouces en vingt-six pouces ; il fallait, pour l'étude de ce pas nouveau, poser le talon au delà de chaque trou au risque de tomber si l'on y manquait. Ce moyen était un souvenir du système de Pictet (1761, I) : cet écrivain conseillait de constater la régularité du Pas au moyen de cordeaux gradués et à boucles. Guibert (1775, E) recommandait de s'assurer, au moyen d'échelles linéaires, si, dans un trajet de vingt pas, la mesure voulue avait été observée. Cet usage règne actuellement encore dans la milice anglaise. — Ces travaux tactiques de Cambray ont été le seul essai sur le terrain, la seule application en grand qui ait encore eu lieu en France. — Du reste, l'année 1793 convenait mal à des changements de ce genre ; les épreuves, d'ailleurs, auraient dû avoir lieu par ordre du département de la guerre dans toutes les armées, et non par la volonté d'un général dans son armée seule. — Il a été traité avec quelques détails du Pas unique dans Bardin (1813, B).

PASABOUZ, subs. masc. v. dard a main. v. flèche projectile. v. paradouz. v. passandeau.

PASCAL ; PASCHE ; PASING ; PASLEY. v. noms propres.

PASLIS, subs. masc. v. palissade.

PASQUIER. v. noms propres.

PASSADE, subs. fém. v. passe d'armes.

PASSADOR, subs. masc. v. dard a main. v. flèche projectile. v. paradouz. v. passandeau.

PASSADOUR, subs. masc. v. dard a main. v. flèche projectile. v. paradouz. v. passandeau.

PASSADOUS. v. flèche projectile. v. passandeau.

PASSAGE, subs. masc. v. camp de p... v. corps de garde de p... v. fermer un p... v. forcer un p... v. lieu de p... v. logement de p... v. tenter un p...

PASSAGE	ITINÉRAIRE.	PASSAGE D'EAU.	
	POLIORCÉTIQUE.	PASSAGE DE FOSSÉ.	INONDÉ. / SEC.
	STRATEUMATIQUE.	PASSAGE DE RIVIÈRE EN RETRAITE.	
	TACTIQUE.	PASSAGE A L'ORDRE EN BATAILLE.	
		A L'ORDRE EN COLONNES.	
		DE DÉFILÉ.	EN AVANT. / EN RETRAITE.
		DE LIGNES.	
		D'OBSTACLE.	EN AVANT. / EN RETRAITE.

PASSAGE (term. génér.). Mot dont l'origine LATINE est analogue à celle des substantifs PAS D'ARMES et PAS GÉOLOGIQUE. Il se retrouve dans le latin barbare *passagium*; il se rapporte à l'ADMINISTRATION, à la TACTIQUE, au SERVICE DE ROUTE, à la GUERRE DE SIÉGE et à certaines circonstances de COMBATS; il exprime une ouverture à franchir, un lieu où l'on PASSE, ou l'action de se porter au delà. Le mot Passage appartient à des genres très-différents, qui se distinguent en PASSAGE CENTRAL, — DANS UN CORPS, — DANS UNE COMPAGNIE, — DE DÉFILÉ EN ARRIÈRE, — DE DÉFILÉ PAR LE CENTRE, — DE DÉFILÉ PAR LES AILES, — DE GUÉ, — DE LA VOIX, — DE PONT, — DE RONDE, — DE TROUPES, — DÉFENSIF, — DES LIGNES, — DU DÉFILÉ, — DU FOSSÉ, — ITINÉRAIRE, — OFFENSIF, — POLIORCÉTIQUE, — STRATEUMATIQUE, — TACTIQUE.

PASSAGE à l'ORDRE EN BATAILLE (G, 6), ou ENBATAILLEMENT. Sorte de PASSAGE TACTIQUE analogue à la locution prolixe PASSER DE L'ORDRE EN COLONNE A L'ORDRE EN BATAILLE. Si la FORMATION est LATÉRALE, elle s'exécute par une CONVERSION A PIVOT FIXE, au COMMANDEMENT : A DROITE OU A GAUCHE EN BATAILLE! ou bien l'ÉVOLUTION est une FORMATION SUCCESSIVE au moyen de laquelle l'INFANTERIE fait EN AVANT EN BATAILLE OU FACE EN ARRIÈRE EN BATAILLE. Les CHANGEMENTS DE DIRECTION et les DÉPLOIEMENTS sont également un moyen d'ENBATAILLEMENT.

PASSAGE à l'ORDRE EN COLONNE (G, 6), ou ENCOLONNEMENT. Sorte de PASSAGE TACTIQUE qui répond à ce que les ORDONNANCES appellent prolixement PASSER DE L'ORDRE EN BATAILLE A L'ORDRE EN COLONNE. La LANGUE MILITAIRE est restée inhabile à caractériser par un substantif ce genre d'ÉVOLUTION, qu'on eût pu appeler ENCOLONNEMENT locomobile. — Ce Passage tactique s'effectue, soit par PLOIEMENT, soit en ROMPANT PAR PELOTON ou SECTION à droite ou à gauche, PAR PELOTON EN ARRIÈRE A DROITE, etc. L'ÉVOLUTION substitue ainsi à la forme étendue et mince, une forme étrécie et profonde.

PASSAGE CENTRAL DE DÉFILÉ. V. CENTRAL. V. COLONNE D'ATTAQUE. V. PASSAGE DE DÉFILÉ.

PASSAGE dans une COMPAGNIE. V. CHANGEMENT DE COMPAGNIE. V. COLONNE DE CONTROLE ANNUEL. V. COMPAGNIE. V. MINISTRE DE LA GUERRE N° 7.

PASSAGE dans un CORPS. V. ADMINISTRATION DE CORPS. V. CHANGEMENT DE CORPS. V. CORPS. V. DÉCOMPTE DE PETIT ÉQUIPEMENT. V. MINISTRE DE LA GUERRE N° 7. V. PREMIÈRE MISE DE PETIT ÉQUIPEMENT. V. TRANSCORPORATION.

PASSAGE de DÉFILÉ (term. sous-génér.), ou MANOEUVRE DE PONT comme l'appelle MIRABEAU (1788, C), OU PASSAGE DU DÉFILÉ comme des ordonnances l'ont dit incorrectement. Sorte de PASSAGE TACTIQUE qui est au nombre des ÉVOLUTIONS DE LIGNE; mais on l'a rarement exécuté à la GUERRE avec la symétrie exigée par les ORDONNANCES. — Examinons la question, non sous le rapport d'une MARCHE D'ARMÉE, mais sous le point de vue de la TACTIQUE d'une BRIGADE D'INFANTERIE rangée sur une seule LIGNE. — Ce qui concerne le mécanisme du Passage du DÉFILÉ, s'il était exécuté par toute une ARMÉE sur une ou plusieurs LIGNES, pourrait être recherché dans BOMBELLES (1754, D), MAIZEROY (1767, E) et PUYSÉGUR (1748, G). — Tout Passage de défilé suppose une LIGNE MARCHANT EN BATAILLE à proximité de l'ENNEMI et FAISANT HALTE, ou, si elle n'est point en BATAILLE, s'y formant avant d'entreprendre le Passage du défilé. Il en résulte ainsi une modification de MARCHE, un genre d'ABDUCTION, en vue de traverser avec sécurité un lieu rétréci susceptible d'être commandé, d'être enfilé, de receler une embuscade. — Le PASSAGE DU DÉFILÉ suppose aussi que le COMMANDANT EN CHEF aura dirigé ses TROUPES, ou sa LIGNE, de manière que le centre de la TROUPE DÉPLOYÉE réponde à peu près à l'embouchure du défilé. — Ce qui vient d'être dit témoigne que, si une TROUPE MARCHANT EN COLONNE, sans que ce soit en présence de l'ENNEMI, sans qu'il y ait à en redouter la résistance, vient à rencontrer un DÉFILÉ, il n'y a pas, techniquement parlant, Passage de défilé, mais seulement une ABDUCTION, une réduction du FRONT ou de la largeur de la COLONNE DE ROUTE. — Les DRAGONS FRANÇAIS ont été en partie institués pour faciliter à l'INFANTERIE les PASSAGES DE DÉFILÉ EN AVANT; leur rôle était de le traverser au galop pour FAIRE POINTE, de mettre pied à terre, et de présenter une LIGNE DE FEU à l'ENNEMI qui eût tâché de s'opposer à ce Passage; telle était la méthode de TURENNE, comme le témoignent les mémoires de ses deux dernières campagnes. — BOMBELLES (1754, D) est le plus ancien AUTEUR qui ait tracé des préceptes touchant le Passage de défilé; mais il ne le considérait que sous une face et comme moyen offensif, puisqu'il conseillait, d'une manière absolue, *de faire marcher une armée par le centre.* Or le Passage de défilé ne s'exécute que par les ailes. — Tout Passage de défilé occasionne inévitablement le ralentissement d'une MARCHE, et laisse souvent une longue COLONNE MARQUER LE PAS. Quelques écrivains ont pensé qu'un GÉNÉRAL éviterait à ses TROUPES une inutile fatigue en ordonnant une halte, ne faisant passer que bataillon par bataillon, et laissant au repos, jusqu'à son tour venu, la partie de la ligne qui ne doit s'engager que la dernière. — Tout Passage de défilé est, suivant les principes modernes, ou offensif et central, ou défensif et par les ailes; un commandement général indique l'un ou l'autre cas; le passage offensif est passage en avant; le passage en retraite est passage en arrière. — L'ordonnance de 1766 (1er janvier) en parlait la première. — L'instruction de 1774 (11 juin) et l'ordonnance de 1775 (30 mai) donnaient, relativement au Passage de défilé, des préceptes que l'ordonnance de 1776 (1er juin) développait; mais ces documents n'embrassaient que le Passage de deux bataillons. — Le règlement de 1791 (1er août) et l'ordonnance de 1831 (4 mars) supposaient cinq bataillons, ou plus, exécutant cette manœuvre; voilà pourquoi nous l'avons regardée comme appartenant à la tactique d'une brigade. — Il a, de tout temps, été d'usage de figurer à l'exercice un défilé artificiel; Bombelles (1754, D) simulait le défilé par des sergents; on y emploie plus convenablement de nos jours des tambours ou des sapeurs d'infanterie. — Les auteurs qui peuvent être consultés à l'égard des Passages de défilé sont : Bardet (1740, A), Dubousquet (1769, B), Encyclopédie (1785, C, supplém., aux mots *Défilé* et *Poudre*), Holtzendorff (1777, K), Lachesnaie (1758, I), Lallemand (1825), Laurens (1773, H), Maizeroy (1767, E), Mauvillon (1780, H), Mesnil-Durand (1780, K), Mirabeau (1788, C), Pictet (1761, 1), Poultiret (1786, B), le général Préval (1827), Puységur (1748, C), Silva (1778, F), Sinclaire (1773, L), Sionville (1756, E), Traverse (1758, D). — Le mot Passage de défilé se distingue en passage de défilé en avant et en passage de défilé en retraite.

PASSAGE de défilé en arrière. v. en arrière. v. passage de défilé en retraite.

PASSAGE de défilé en avant (G, 6). Sorte de passage de défilé qui participe de la colonne par le centre; l'ordonnance de 1766 (1er janvier) ne le regardait que comme une colonne d'attaque. — Poultiret (1786, B) conseille d'entamer le Passage de défilé avec de la cavalerie; c'était un souvenir du temps où les dragons étaient l'avant-garde de cette manœuvre. — Si le défilé est trop étroit, le Passage a lieu en colonne par section, la droite ou la gauche en tête; mais si le défilé le permet, et qu'il soit vis-à-vis le centre de la ligne, elle rompt par section, vers le centre, et elle

marche en colonne par sections accouplées; elle pourrait traverser même le défilé, s'il y avait lieu, par pelotons. — L'ordonnance de 1831 (4 mars) faisait passer le défilé, non plus, comme en 1791, par le centre d'un bataillon, mais simultanément par les ailes de deux bataillons qui sont le moins éloignées du défilé; c'était faire revivre le moyen voulu par l'ordonnance de 1776 (1er juin). — En vertu du règlement de 1791 (1er août), les bataillons qui avaient traversé le défilé, serraient tous en colonne; mais, depuis 1831, chaque bataillon se portait à mesure de droite et de gauche en colonne sur la ligne de bataille; ce qui avait l'inconvénient de prêter le flanc à l'ennemi. Le moyen ancien était préférable, parce que la formation de la ligne pouvait avoir lieu par déploiement. — En considérant le Passage de défilé en avant, non comme une évolution, mais comme une opération offensive, il y aurait un moyen de la rendre impraticable à l'ennemi pendant plusieurs heures : ce moyen, dont on ne s'est pas avisé, ne saurait être employé, sans doute, dans la guerre de campagne, parce qu'on n'aurait pas sous la main les éléments de ce genre de résistance; mais cette ressource serait aussi facile qu'infaillible s'il s'agissait de s'opposer au passage d'un pont conduisant à une ville : il suffirait de semer de manganèse pulvérisé le pont, d'y placer un nombre suffisant de bouteilles pleines d'acide sulfurique (huile de vitriol) ou d'acide muriatique (esprit de sel fumant), puis de briser d'un coup de mitraille ces bouteilles à l'instant où l'ennemi entreprendrait une attaque de vive force; hommes et chevaux y rencontreraient une insurmontable barrière, tandis qu'une sortie sur d'autres points pourrait prendre en flanc l'attaquant.

PASSAGE de défilé en retraite (G, 6), ou passage de défilé en arrière comme l'appelait l'ordonnance de 1766 (1er janvier). Sorte de passage de défilé qui a lieu défensivement, par mouvements successifs et par les ailes ou par une aile. On serrait en masse sur le troisième rang pour l'exécuter. — Brantome (1600, A) relate une action de ce genre; ce fut la retraite du capitaine Saint-André, en 1557, dans le Boulonais. — Le Passage de défilé en retraite s'exécute au commandement général : En arrière, par les deux ailes, passez le défilé! Le mouvement commence au commandement d'avertissement du chef de bataillon : En arrière, par telle aile, passez le défilé! Chaque peloton fait, à son tour, par le flanc, et se forme ensuite en sections, ou par peloton en ligne, à mesure que le terrain le permet, tandis que la partie intermédiaire de la LIGNE fait DEMI-TOUR A DROITE, et présente ainsi un front défensif à l'ENNEMI. Cette partie, FAISANT FACE EN ARRIÈRE, protége ainsi le départ des hommes engagés dans le défilé, et qui, à mesure qu'ils ont débouché, se forment en bataille et font également DEMI-TOUR. Les ORDONNANCES DE 1769 (1er MAI) et DE 1775 (30 MAI) appelaient COLONNE DE RETRAITE cette MANŒUVRE. — POULTIRET (1786, B) veut que, avant d'entreprendre le Passage, un GROS DE CAVALERIE se rassemble, et exécute une CHARGE sur l'AVANT-GARDE de l'ENNEMI, si elle inquiète l'INFANTERIE prête à passer le défilé.— L'ENCYCLOPÉDIE (1785, C, au mot *Défilé*) blâmait la RETRAITE par le flanc, et proposait de ne l'exécuter qu'en COLONNE; mais le moyen le plus simple est de la commencer par le flanc. M. le général LOVENDO et le *Spectateur militaire* (t. XII, p. 592) peuvent être interrogés à cet égard. — L'ORDONNANCE DE 1831 (4 MARS) formait *chaque section par peloton en ligne, à mesure que le peloton qui le suit immédiatement se trouve tout entier derrière la portion du bataillon qui est encore en bataille.*

PASSAGE de DÉFILÉ PAR LE CENTRE. V. PAR LE CENTRE. V. PASSAGE DE DÉFILÉ.

PASSAGE de DÉFILÉ PAR LES AILES. V. PAR LES AILES. V. PASSAGE DE DÉFILÉ.

PASSAGE de FOSSÉ (term. sous-génér.), OU PASSAGE DU FOSSÉ dans les ATTAQUES DE PLACE. — Sorte de PASSAGE POLIORCÉTIQUE, OU de PASSAGE OFFENSIF, qui est précédé de l'ATTAQUE et du COURONNEMENT du CHEMIN COUVERT, et qui est une suite de la DESCENTE DE FOSSÉ. Cependant LACHESNAIE (1758, I) regarde comme synonymes ces deux locutions; mais VAUBAN (1829, K) distingue l'un de l'autre; il a pour objet d'EMPORTER une DEMI-LUNE, un BASTION, etc. — On appelle également Passage, l'action d'OCCUPER de vive force ou de traverser par artifice un FOSSÉ DE FORTERESSE et la TRANCHÉE ou coupure qui, débouchant de l'ouverture pratiquée par les MINEURS ou les SAPEURS dans un mur de CONTRESCARPE, correspond au pied de l'OUVRAGE attaqué. Ce genre de Passage ou de TRANCHÉE est abrité par un PARAPET garanti par des FASCINES, etc. — L'ancien emploi des GRENADES A CUILLER, la ressource des COFFRES FULMINANTS et des FOUGASSES, la forme donnée aux BATARDEAUX, aux CAPONNIÈRES, la construction des COFFRES DE FORTIFICATION, des ÉCLUSES DE FUITE, les embrasures des CASEMATES A FEU, le creusement des CUNETTES, ont en partie pour objet de contrarier cette OPÉRATION d'un SIÉGE OFFENSIF qu'on appelle Passage de fossé. — Carnot (1810, A) con-

scille aux ASSIÉGÉS d'opposer au Passage du FOSSÉ l'emploi d'ARMES NÉVROBALISTIQUES; il est à supposer que les ARMES A VAPEUR n'y seraient pas moins puissantes, et qu'elles auront un jour cette destination. — Le Passage du FOSSÉ, OPÉRATION difficile, hasardeuse, compliquée, peut être étudiée dans les traités de CARNOT (1810, A), DESPREZ (1735, A), DUPAIN (1757, B), ENCYCLOPÉDIE (1751, C; 1785, C, aux mots *Approvisionnement, Place*), FEUQUIÈRES (1750, A), FOLARD (1727, A), KHEVENHUELLER (1771, F), LACHESNAIE (1758, I, aux mots *Chemin couvert, Descente de fossé*), LANDSBERG, LEBLOND (1762, G), MANESSON (1685, B), ROBILANT (1744, B), VAUBAN (1829, K), le *Spectateur militaire* (t. XIV, p. 574). — Le Passage de fossé se distingue en PASSAGE DE FOSSÉ INONDÉ et en PASSAGE DE FOSSÉ SEC.

PASSAGE de FOSSÉ INONDÉ (G, 1). Sorte de PASSAGE DE FOSSÉ que FEUQUIÈRES regarde comme le plus facile si l'eau est dormante, et le plus difficile si elle est courante. Dans le premier cas, on comble, au moyen de FASCINES, de CLAIES et d'autres matériaux, le FOSSÉ; dans le cas contraire, on en rétrécit le lit à force de BATTRE les REVÊTEMENTS et d'en abattre les débris. DESPREZ (1735, A), l'ENCYCLOPÉDIE (1785, C, t. III, p. 566), VAUBAN (1829, K), s'étendent en détails sur ce sujet.

PASSAGE de FOSSÉ SEC (G, 1). Sorte de PASSAGE DE FOSSÉ que FEUQUIÈRES (1750, A) regarde comme le plus difficile, parce qu'il peut être interrompu par le FEU des TRAVERSES et des CAPONNIÈRES, et par les SORTIES; on s'y sert surtout du jeu des MINES. — VAUBAN (1829, K) a expliqué avec détails cette OPÉRATION.

PASSAGE de GUÉ. V. GUÉ. V. PASSAGE DE RIVIÈRE.

PASSAGE de la VOIX. V. CONSIGNE DE SENTINELLE D'ARMES. V. CONSIGNE DE SENTINELLE D'AVANCÉE. V. CONSIGNE DE SENTINELLE DE PORTE DE FORTERESSE. V. SENTINELLE. V. VOIX.

PASSAGE de LIGNES (G, 6), ou, suivant le style peu correct des ORDONNANCES, PASSAGE DES LIGNES. Sorte de PASSAGE TACTIQUE, ou d'ÉVOLUTION COMPOSÉE, qui constitue une des MANŒUVRES de l'ÉCOLE DE BATAILLON et une des ÉVOLUTIONS DE LIGNES; elle a lieu dans les AFFAIRES DE PLAINE, soit en avant, soit en RETRAITE. — La locution qui sert à exprimer ce genre d'opérations est peu juste, car elle ne tend pas à indiquer qu'il s'agit de passer une LIGNE ou des LIGNES; mais son but est de faire entendre qu'alternativement une LIGNE DE BATAILLE en traverse une autre ou en est traversée. Aussi l'ordonnance de 1766 (1er janvier) se servait-elle, faute d'un substantif, de ce titre lourd et prolixe : *Pour faire passer une ligne dans une autre.* Mieux eût valu dire : substitution de lignes combinées ; car c'est réellement le résultat, soit pour refuser une ligne qui vient de combattre et la retirer derrière une arrière-ligne, soit pour remplacer par la seconde la première ligne, trop maltraitée par l'ennemi. — Nous avons maintes fois fait remarquer ces défectuosités de la langue militaire. — L'exécution du Passage des lignes suppose nécessairement l'ordre sur deux lignes déployées en bataille, en tout ou en partie, et gagnant du terrain offensivement ou rétrogradant défensivement. Ici, il sera surtout question de ce Passage relativement à une seule et même arme ; mais maintes fois différentes armes ont tiré parti de ce moyen en se traversant méthodiquement l'une l'autre. — L'invention du Passage des lignes par les moyens modernes, a été une conséquence de l'abolition de l'ordre profond et de l'abandon du système des lignes tant pleines que vides ; car l'échiquier de ces lignes facilitait, ainsi que l'avait fait le cinquain, un jeu libre, naturel, fréquent, de Passages de lignes qui ne demandent ni doublements, ni dislocations. La manœuvre moderne qui a pris ce nom a été, au contraire, un jeu tout artificiel ; il a été le résultat de l'arrangement des armées sur deux lignes, avec de faibles intervalles. Ce genre d'épitaxe n'a d'autre but que le secours et l'appui réciproque que des lignes doivent se prêter. Telles sont les différences qui distinguent les réserves et l'arrière-ligne ; celle-ci est chargée, si l'on combat offensivement, ou de recueillir la première ligne dans sa retraite et d'en être momentanément le bouclier, ou de la remplacer si le cas l'exige, si les munitions lui font faute, s'il faut la venger par une ligne de feu. — On a prétendu que Gustave-Adolphe était le premier qui eût recouru à ce mode pour secourir une première ligne chancelante ou affaiblie ; mais ce mécanisme est bien plus ancien. Les légions romaines exécutaient admirablement le Passage de lignes ; il leur servait à faire front de divers côtés au moyen de contre-marches. Brantome (1600 , A) fait mention d'une sorte d'échelonnement qui en donne également l'idée. — Puységur (1748, C) traçait, dès le commencement du siècle, les règles à suivre pour faire traverser par de la cavalerie en muraille l'infanterie en ligne pleine. Frédéric deux en a emprunté au livre de Puységur (1748, C) les principes, que l'armée française a ensuite

empruntés à l'armée prussienne, et qu'elle a appliqués à la seule infanterie. — Gisors (1767, D) rendait compte de ce qu'il avait vu en Prusse à une époque où les réglements français ne faisaient encore aucune mention de Passage de lignes ; les dragons prussiens traversaient habilement leur infanterie quand elle venait d'obtenir un avantage, et qu'il s'agissait d'achever et de poursuivre l'adversaire que le feu prussien avait ébranlé. — L'ordonnance de 1766 (1er janvier), l'instruction de 1774 (11 juin), l'ordonnance de 1775 (50 mai) adaptèrent à l'ordre sur deux lignes de l'infanterie française un mécanisme de réciproque substitution de combattants ; c'était plus ingénieux que praticable. — Au milieu du siècle dernier, cette évolution n'était pas encore réglée par des principes fixes. Sinclaire (1773 , L , t. iii , p. 169) témoigne combien elle était nouvelle ; on n'avait jusque-là connu que la retraite en échiquier. — L'instruction de 1774 (11 juin) et l'ordonnance de 1775 (50 mai) donnaient à peu près à cette manœuvre la forme qu'elle a prise en 1791 ; ces documents faisaient marcher, par un flanc ou par l'autre, la troupe qui se retirait. — L'ordonnance de 1776 (1er juin) voulait que la seconde ligne se formât par bataillon en colonne sur le centre ; elle traversait ainsi la première ligne pour la remplacer. Mesnil-Durand (1780, K , t. ii, p. 155) croyait y voir le triomphe de son système. — Le réglement de 1791 (1er août), composé par des antagonistes de Mesnil-Durand, renonça à adapter la colonne centrale au Passage des lignes ; elle imita la manœuvre prussienne, dont Mirabeau (1788, C) a retracé les détails. Elle compliqua la manœuvre, en perçant momentanément la seconde ligne, ou ligne stationnaire, d'autant d'intervalles qu'il y avait de pelotons ; ceux de la première ligne, ou ligne marchante, faisaient par pelotons par le flanc ; la ligne à transpercer exécutait des doublements de section ; c'était la reprise du moyen de 1774. — Suivant ce réglement, s'il s'agissait du passage de lignes en retraite, la seconde ligne, qui, dans ce cas, marchait en avant de la première, faisait halte et demi-tour à droite ; les pelotons du bataillon ou des bataillons de cette ligne se doublaient au commandement : Doublez les sections, seconde section par le franc droit. — Ce mouvement avait lieu quand les lignes n'étaient qu'à une distance de cinquante ou de soixante pas l'une de l'autre ; il s'établissait ainsi des intervalles d'une mesure à peu près égale à celle d'un front de section. Le bataillon ou les bataillons de première li-

GNE, marchant EN RETRAITE et arrivés à vingt pas de la SECONDE LIGNE, se disloquaient au COMMANDEMENT : BATAILLON PAR LE FLANC GAUCHE, PAR PELOTON, PAR FILE A DROITE, et chaque PELOTON traversait les intervalles qu'il rencontrait : une fois le Passage effectué, les INTERVALLES se refermaient au COMMANDEMENT : DÉDOUBLEZ LES SECTIONS. — Dans le cas de l'offensive, la SECONDE LIGNE traversait la PREMIÈRE. — Les BATAILLONS se rétablissaient en ORDRE DE BATAILLE par le commandement : SECONDES SECTIONS EN LIGNE. — Dans les ÉVOLUTIONS DE LIGNE, ce Passage avait lieu au PAS ACCÉLÉRÉ; il s'exécutait au COMMANDEMENT : PAR LE FLANC DROIT OU PAR LE FLANC GAUCHE, PASSEZ LA LIGNE. Ce COMMANDEMENT s'adresse à la PREMIÈRE LIGNE, ayant fait demi-tour à droite, ou à la SECONDE LIGNE, si elle devait se porter en avant. — MESNIL-DURAND (1780, K) déclarait impraticable devant l'ENNEMI cette MANŒUVRE. — SCHAUENBURG (1800, A) blâmait celle de 1791; il était d'avis que la SECONDE LIGNE se formât en COLONNE D'ATTAQUE. Plusieurs écrivains ont renouvelé cette critique; ils regardaient la MANŒUVRE du règlement comme une des imperfections de l'ART MILITAIRE, comme d'une exécution trop compliquée, trop délicate, comme difficilement exempte de confusion en présence de l'ENNEMI et sous son FEU; ils jugeaient trop disposés à se désaccorder les PELOTONS marchant par groupes isolés; ils ne croyaient le MOUVEMENT possible qu'avec des TROUPES parfaitement dressées. — Cette MANŒUVRE s'est cependant exécutée à la bataille de LEIPZIG sur plusieurs points et avec succès. On vit, à WAGRAM, la CAVALERIE SAXONNE exécuter avec une admirable précision un Passage de lignes à travers le treizième régiment de ligne français. — M. le colonel CHAMBRAY (1824) proposait de recourir à une méthode plus applicable. — Celle de 1791 fut retouchée dans l'instruction nouvelle, rédigée à l'usage du camp de Saint-Omer, en 1827. — L'ORDONNANCE DE 1831 (4 MARS) reproduisait le système de l'ORDONNANCE DE 1776, renonçait à celui de 1791 et employait les COLONNES DOUBLES. — Les AUTEURS qu'on peut consulter sur le sujet, sont : M. le colonel CHAMBRAY (1824), l'ENCYCLOPÉDIE (1785, C, supplém., au mot *Colonne*), GISORS (1767, D), MIRABEAU (1788, C), PUYSÉGUR (1748, C), M. le général ROGNIAT (1816), TURPIN (1769).

PASSAGE DE PONT. V. PASSAGE DE DÉFILÉ. V. PASSAGE DE RIVIÈRE. V. PONT. V. PONT MILITAIRE.

PASSAGE (passages) DE RIVIÈRE (term. sous-génér.), OU PASSAGE DE FLEUVE. Sorte de PASSAGE STRATEUMATIQUE. — Dans quelques écrivains, Passage de rivière est synonyme de PASSAGE DE PONT ou de DÉFILÉ; dans ce cas, il ressortit à la TACTIQUE. Quant aux Passages de rivière qui s'accomplissent en BATEAUX, sur des OUTRES ou des SCAPHANDRES, à la faveur des GUÉS, à la nage, par des MARCHES EN CROUPE ou sous la protection des TÊTES DE PONT, et en partant de divers points combinés, tous ceux-ci appartiennent à la STRATÉGIE, ou, plus correctement parlant, à l'ART DU GÉNÉRAL. — Nous ne répéterons pas ce qu'on a dit du fameux pont de Xercès; un récit tellement merveilleux est suspect. — DIODORE DE SICILE raconte divers Passages de rivières entrepris par Sémiramis dans l'expédition de l'INDE; ils s'exécutaient au moyen de PONTONS, système que la MILICE CHINOISE a connu et appliqué de temps immémorial. — HÉRODOTE prétend que, au temps de Crésus, le moyen de passer un FLEUVE était de faire, le long de son lit, un grand fossé qui le rendît guéable. Les historiens rapportent que, dans le même but, on a maintes fois saigné des RIVIÈRES. — ARRIEN (110, A), DION, TACITE, XÉNOPHON (370 avant J.-C.) ont écrit sur ce genre d'OPÉRATIONS; leurs récits donnent à croire que les ARMÉES GRECQUES empruntèrent des PERSES et transmirent aux ROMAINS l'art de traverser les FLEUVES à la GUERRE; ceux-ci y procédaient sous la protection des CATAPULTES ou autres GRANDES MACHINES de guerre. — Les relations qu'on doit sur ces matières à FOLARD (1727, A), à HÉRODOTE, à SUIDAS, prouvent que de tout temps on s'est servi d'OUTRES, à la manière des ASIATIQUES, et qu'on a employé, suivant les occurrences, des tonneaux hermétiquement bouchés, des radeaux, des BOUCLIERS pour faire des PONTS FLOTTANTS; qu'on a eu recours à des encaissements, à des paniers remplis de pierres pour faire des PONTS DORMANTS. FLORUS, QUINTE-CURCE, SUÉTONE, en fournissent des exemples nombreux. — POLYBE a tracé de sages préceptes et d'habiles remarques sur cette branche de l'ART DE LA GUERRE. — POLYEN vante l'habileté de XÉNOPHON et les ruses auxquelles il recourait pour franchir les COURS D'EAU. — CÉSAR a entrepris avec succès de mémorables Passages de rivière; ses Commentaires en parlent fréquemment; ses SOLDATS s'y aidaient de leurs BOUCLIERS, en les transformant en des nacelles ou en composant des RADEAUX. — VÉGÈCE (390, A) consacre un chapitre entier à l'exposition des règles que comporte le sujet. — CHARLES DOUZE a brillé dans ce genre d'offensive, qui a également illustré EUGÈNE DE SAVOIE. Fo-

LARD (1727, A) surnommait EUGÈNE *le traverseur de fleuves.* — Au temps où il écrivait, l'ART du PONTONNIER était peu avancé; aussi conseillait-il surtout l'emploi des RADEAUX. — La difficulté des Passages résulte principalement de la largeur ou de la rapidité des courants. Sur de grands FLEUVES, tels que le Tésin, tels que le Pô, qui a, sur certains points, jusqu'à cinq cents mètres de large, le trajet est une des OPÉRATIONS les plus difficiles de la GUERRE; pour y réussir, un GÉNÉRAL habile ne l'entreprend que de nuit, DONNE LE CHANGE à son adversaire, en poussant sur divers points des DÉTACHEMENTS, comme le conseille MONTÉCUCULI (1704, D), et il préfère, comme lieu d'EMBARQUEMENT, un rivage creusé en angle rentrant ou un confluent. — Le plus savant, le plus critique Passage de rivière des temps modernes a été, de l'aveu même des ENNEMIS, celui de la Bérésina. — Quand les Passages de rivière sont exécutés offensivement, l'avantage semblerait devoir être du côté de la DÉFENSE; et cependant l'entreprise réussit ordinairement, parce qu'à l'improviste un GÉNÉRAL D'ARMÉE, muni à l'avance de tout ce qui lui est nécessaire, se jette sur un point où l'adversaire n'a réuni qu'un faible nombre de défenseurs. — Les Passages à exécuter sur de grands fleuves dépourvus de PONTS exigent qu'il en soit construit plusieurs : un pour l'infanterie et l'artillerie de campagne, un pour la cavalerie, un pour le grand parc d'artillerie; la nature, la forme, l'espèce de ces ponts, varient suivant leur destination. — FOLARD (1727, A) proposait de faire passer les rivières par la cavalerie à l'aide de deux peaux de bouc gonflées d'air, attachées à la droite et à la gauche de la selle, et sur lesquelles le cavalier eût croisé ses jambes. — C'est surtout à l'instant de traverser un COURS D'EAU que les ATTAQUES DE CONVOIS et les INSULTES d'un CAMP VOLANT peuvent avoir de sinistres résultats. — On lit dans les Mémoires de Bonaparte (M. le général GOURGAUD, 1823, t. II, p. 69) que : *Du moment où l'on est maître d'une position qui domine la rive opposée, si elle a assez d'étendue pour que l'on puisse y placer un bon nombre de pièces de canon, on acquiert bien des facilités pour le Passage de la rivière. Cependant, si la rivière a de deux cents à cinq cents toises de large, l'avantage est bien moindre, parce que votre mitraille n'arrivant plus sur l'autre rive, et, l'éloignement permettant à l'ennemi de se défiler facilement, les troupes qui défendent le Passage ont la faculté de s'enterrer dans des boyaux, qui les met-tent à l'abri du feu de la rive opposée. Si les grenadiers chargés de passer pour protéger la construction du pont parviennent à surmonter cet obstacle, ils sont écrasés par la mitraille de l'ennemi, qui, placé à deux cents toises du débouché du pont, est à portée de faire un feu très-meurtrier et est cependant éloigné de quatre à cinq cents toises des batteries de l'armée qui veut passer; de sorte que l'avantage du canon est tout entier pour lui. Aussi, dans ce cas, le Passage n'est-il possible que lorsqu'on parvient à surprendre complétement l'ennemi, et qu'on est favorisé par une île intermédiaire, ou par un rentrant très-prononcé qui permet d'établir des batteries croisant leurs feux sur la gorge. Cette île ou ce rentrant forment alors une tête de pont naturelle et donnent tout l'avantage de l'artillerie à l'armée qui attaque.* — Le même ouvrage dit (t. II, p. 50, 51) : *Lorsque l'armée qui vous est opposée est couverte par un fleuve sur lequel elle a plusieurs têtes de pont, il ne faut pas l'aborder de front; cette disposition dissémine votre armée et vous expose à être coupé. Il faut s'approcher de la rivière que vous voulez passer, par des colonnes en échelons, de sorte qu'il n'y ait qu'une seule colonne, la plus avancée, que l'ennemi puisse attaquer sans prêter lui-même le flanc. Pendant ce temps, vos troupes légères borderont la rive, et lorsque vous serez fixé sur le point où vous voulez passer, point qui doit toujours être éloigné de l'échelon de tête pour mieux tromper votre ennemi, vous vous y porterez rapidement et jetterez votre pont.* — De 1792 au traité de Léoben, vingt Passages de rivière avaient été entrepris ou effectués par des TROUPES FRANÇAISES. Ce souvenir est une preuve de l'importance de la NATATION comme partie de l'éducation militaire. — Les AUTEURS qui ont traité du sujet, sont : ADRIANO, ARRIEN (110, A), BACHOVEN, BOISROGER (1773, G), BOREUX, CARRION (1824, A), CÉSAR (51 av. J.-C.), CLAIRAC (1757, N), DESPAR (1755, A), DIODORE DE SICILE, DOUGLAS, DRIEU, DUBOUSQUET (1769, B), DUPAIN (1785, F), l'ENCYCLOPÉDIE (1751, C; 1785, C, au mot *Poudre*), FEUQUIÈRES (1750, A), FLORUS, FOLARD (1827, A), FOUCAULT, FRÉDÉRIC DEUX (1761, A, G), GRIVET, GUGY (1782, K), GUISCHARDT (1758, H), HAILLOT, HÉRODOTE, HOYER (1829), JABRO (1777, G), LACHESNAIE (1758, I), LALLEMAND (1825), LAROCHE (1770, L), LEBLOND (1758, B), LÉON (900, A), LOLOOZ (1766, A), MAIZEROY

(1767, E; 1771, A), MAURICE DE SAXE (1757, A), MAUVILLON (1780, H), MONTÉCUCULI (1704, D), NAUDÉ, POLYBE (150 avant J.-C.), POLYEN (176, A), POTIER (1779, X, au mot *Rivière*), POULTIRET (1786, B), QUINTE-CURCE, SANTA-CRUZ (1758, A), SILVA (1768, K), SIONVILLE (1756, E), STÉWECHIUS, SUÉTONE, TACITE, TRAVERSE (1758, D), VAILLANT, VÉGÈCE (390, A), et le *Journal des Sciences militaires* (tom. XXVIII, p. 307; 1854, p. 50, 56, 175, 285; octobre, p. 46; décembre, p. 297; 1856, p. 189). — Ce que nous avons dit embrasse le sujet d'une manière générale, ou sous le point de vue de l'offensive. — Traitons à part des PASSAGES DE RIVIÈRE EN RETRAITE.

PASSAGE (passages) de RIVIÈRE EN RETRAITE (G, 6). Sorte de PASSAGES DE RIVIÈRE qui sont regardés comme une des OPÉRATIONS les plus scabreuses de la GUERRE. Il n'y a qu'un petit nombre d'ÉCRIVAINS qui en aient traité. Ils sont, en général, d'avis que le trajet doit s'exécuter à la fois sur plusieurs points; être favorisé au moyen de FORTIFICATIONS PASSAGÈRES qui forment momentanément TÊTE DE PONT; être protégé à l'aide de BATTERIES placées sur la rive opposée. Ils veulent que la CAVALERIE reste en ARRIÈRE-GARDE par ÉCHIQUIER, et que la MARCHE se termine suivant les principes du PASSAGE DE DÉFILÉ. Ils conseillent tous de tromper l'ENNEMI sur le véritable point de réunion; de se rendre, par des MARCHES NOCTURNES, au lieu choisi; d'y profiter des îles, des abris, des fourrés dont pourrait être garnie la rive; de s'emparer des COMMANDEMENTS pour y asseoir des BATTERIES; de ménager des rampes aux GUÉS propres à la CAVALERIE, etc. — Quelques-uns de ces AUTEURS cependant se persuadent que la CAVALERIE doit passer après les BAGAGES et avant l'INFANTERIE, de peur que, chargée trop vivement ou prise en défaut, elle ne jette en désordre les TROUPES A PIED. — FEUQUIÈRES (1750, A), qui a traité ce sujet avec quelques détails, veut surtout que le Passage s'opère à la faveur d'une ligne de REDOUTES. — Les ÉCRIVAINS qui se sont occupés de cette matière, sont : le prince CHARLES (1818, A), CLAIRAC (1757, N), l'ENCYCLOPÉDIE (1751, C; 1785, C, suppl., au mot *Poudre*), FEUQUIÈRES (1750, A), FOLARD (1827, A), JABRO (1777, G, aux mots *Fortification* et *Garde*), SANTA-CRUZ (1758, A), le *Dictionnaire de la Conversation* (au mot *Fleuve*).

PASSAGE de RONDE. V. RONDE.

PASSAGE de TROUPES. V. AUTORITÉS CIVILES. V. COMMANDANT DE PLACE N° 10. V. CORPS D'INTENDANCE N° 9. V. EMBUSCADE. V.

JURISPRUDENCE MILITAIRE. V. MINISTRE DE LA GUERRE N° 7. V. PASSAGE ITINÉRAIRE. V. PAYEMENT. V. POSTE DE PASSAGE. V. SAUVEGARDE. V. SENTINELLE. V. TOPOGRAPHIE. V. TROUPE.

PASSAGE (passages) D'EAU (A, 1; E, 4). Sorte de PASSAGE ITINÉRAIRE considéré par rapport au SERVICE DE ROUTE et aux COURS D'EAU, sur lesquels il est établi un droit de péage affermé par l'État à un ENTREPRENEUR ou FERMIER; quelquefois ce sont des TRANSPORTS MARITIMES pour aborder à certaines ILES. — Les FEUILLES DE ROUTE délivrées aux CORPS indiquent les lieux de Passage de cette nature. Le CORPS EN ROUTE, les MILITAIRES ISOLÉS, les DÉTACHEMENTS susceptibles d'être transportés par eau sont passés gratuitement sur le vu d'un MANDAT, collectif pour les CORPS, individuel pour les ISOLÉS, délivré par le CORPS D'INTENDANCE, visé par le MAIRE ou par le COMMANDANT DE PLACE; les PASSAGERS le remettent au DESSERVANT du Passage, qui est tenu de procéder de suite à l'EMBARQUEMENT des ayants droit et de les débarquer à l'autre bord. — S'il s'agit du Passage d'un CORPS, son COLONEL certifie sur le MANDAT l'accomplissement régulier du Passage d'eau; c'est une espèce de quittance qu'il donne. — Ce qui a rapport à ce genre de MARCHE PAR EAU était réglé par l'INSTRUCTION DE 1814 (25 DÉCEMBRE).

PASSAGE DÉFENSIF. V. DÉFENSIF, adj. V. PASSAGE DE DÉFILÉ.

PASSAGE des LIGNES. V. LIGNE. V. MARCHE DE BRIGADE D'INFANTERIE EN BATAILLE. V. PASSAGE DE LIGNES.

PASSAGE D'OBSTACLE (term. sous-gén.), ou plutôt ABDUCTION le long d'un OBSTACLE; car, à cet égard, un substantif clair manque jusqu'ici à la LANGUE MILITAIRE. — Sorte de PASSAGE TACTIQUE qui était mentionné déjà dans les ORDONNANCES DE 1774 (11 JUIN) et DE 1776 (1er JUIN). Le RÈGLEMENT DE 1791 (1er AOUT) a développé le sujet; l'ORDONNANCE DE 1831 (4 MARS) l'a remanié. — Les Passages d'obstacles ont lieu dans la MARCHE EN BATAILLE et s'accomplissent, soit par le flanc et en POTENCE, soit EN COLONNE A DISTANCE ENTIÈRE. — Dans l'ÉCOLE DE BATAILLON, l'ÉVOLUTION a pour objet d'éviter un OBSTACLE simulé que des TAMBOURS jalonnent. — Si l'OBSTACLE est rencontré par le PELOTON GARDE-DRAPEAU, le PORTE-DRAPEAU et ses deux acolytes rentrent au PREMIER RANG du PELOTON. — En beaucoup de points, cette MANŒUVRE est restée louche et incomplète; elle ne pouvait s'exécuter que par la combinaison du PAS ORDINAIRE et du PAS ACCÉLÉRÉ; elle ne pourrait plus s'effectuer qu'au PAS DE COURSE, si la MARCHE EN BATAILLE cessait de comporter l'emploi du PAS ORDINAIRE. Nous ne doutons pas que cette MANOEUVRE ne demande à être entièrement retouchée; car on pourrait élever, à son sujet, quantité de questions mal résolues. — Il a été traité des Passages d'obstacle par DARUT (1787, D), LECOUTURIER (au mot *Obstacle*), MESNIL-DURAND (1780, K), MIRABEAU (1788, C), et le *Spectateur militaire* (t. XII, 591). — Le Passage d'obstacle se distingue en PASSAGE D'OBSTACLE EN AVANT et en PASSAGE D'OBSTACLE EN RETRAITE.

PASSAGE D'OBSTACLE EN AVANT (G, 6). Sorte de PASSAGE D'OBSTACLE qui s'exécute quand un OBSTACLE se rencontre devant un PELOTON au moins, devant quatre au plus. Suivant ces différences, le Passage s'exécute ou en POTENCE ou en COLONNE; dans le premier cas il a lieu par DIVISION, si deux PELOTONS d'une même DIVISION doivent DÉBOITER ensemble, sinon il a lieu par PELOTON; il s'effectue en COLONNE toutes les fois que l'OBSTACLE est égal au FRONT de plus de trois ou quatre PELOTONS. On pourrait appeler ABDUCTION CLISIQUE ce MOUVEMENT; il s'exécute au COMMANDEMENT : TEL OU TELS PELOTONS, OBSTACLE. — Il s'agit, en ce cas, non pas de passer l'obstacle, mais, au contraire, de passer à côté de l'OBSTACLE, de l'éviter, non d'en triompher ou de le détruire. — Dans la MARCHE EN BATAILLE par le PREMIER RANG, celui des PELOTONS du DEMI-BATAILLON de droite qui rencontre un OBSTACLE, fait PAR LE FLANC GAUCHE et PAR FILE A DROITE, et le PELOTON suit, à peu de distance, les trois FILES de droite du peloton qui est à sa gauche. Dans le DEMI-BATAILLON de gauche, l'inverse a lieu; ces PELOTONS ou POTENCES reprennent, au PAS ACCÉLÉRÉ, leur PLACE DE BATAILLE, quand est fait le COMMANDEMENT : En LIGNES. — Si l'obstacle obstruait deux, trois ou quatre PELOTONS contigus, il serait commandé : DEUX, TROIS OU QUATRE PELOTONS DE GAUCHE OU DE DROITE, OBSTACLE PAR LE FLANC DROIT, EN ARRIÈRE, EN COLONNE, PAS ACCÉLÉRÉ; en ce cas, c'est une ABDUCTION PAR PELOTONS EN COLONNE. Ces PELOTONS entrent dans leur place de COLONNE au COMMANDEMENT : HALTE, FRONT, MARCHE, GUIDE A DROITE OU A GAUCHE. — La LIGNE se rétablit, les PELOTONS ou SUBDIVISIONS se remboîtent, après le Passage de l'OBSTACLE, au COMMANDEMENT : QUATRE PELOTONS DE GAUCHE OU DE DROITE, EN AVANT EN LIGNE; ce qui s'exécute par un DEMI A DROITE OU par un DEMI A GAUCHE PAR PELOTON.

PASSAGE D'OBSTACLE EN RETRAITE (G, 6). Sorte de PASSAGE D'OBSTACLE dont nous n'avons jamais vu l'application à la GUERRE, et qui est plutôt une chose d'étude que d'utilité. Les POTENCES, si la MANOEUVRE d'obstacle en avant a eu lieu en POTENCE, et que la MARCHE EN BATAILLE traîne ainsi à sa suite des espèces de lambeaux, FONT, quand on commande la MARCHE EN RETRAITE, non pas DEMI-TOUR à droite, comme le reste de la LIGNE, mais PAR FILE, à l'effet de se porter en arrière du PREMIER RANG. Comme le terrain manquerait d'espace pour la marche processionnelle, qui changerait l'aspect de la POTENCE, cette potence emporte avec elle les trois files qui la précédaient lors de la MARCHE EN AVANT, et qui deviennent tête de potence. Dans la MARCHE EN RETRAITE, la position de ces trois FILES est telle, que le PREMIER RANG corresponde à l'angle rentrant et le TROISIÈME RANG à l'angle extérieur; car le principe de la manœuvre d'obstacle en POTENCE est d'avoir, dans la MANOEUVRE D'OBSTACLE EN AVANT, le PREMIER RANG en dehors ou du côté de l'angle saillant, et l'inverse quand le BATAILLON marche par son TROISIÈME RANG. Les trois FILES sont par le flanc du côté du centre, ou, en d'autres termes, par le flanc droit, si elles appartiennent au DEMI-BATAILLON DE DROITE, et l'INVERSE dans le DEMI-BATAILLON DE GAUCHE. La potence rentre en ligne de la même manière que dans le Passage d'obstacle en avant.

PASSAGE du DÉFILÉ. V. DÉFILÉ. V. PASSAGE DE DÉFILÉ.

PASSAGE du FOSSÉ. V. FOSSÉ. V. PASSAGE DE FOSSÉ. V. POLIORCÉTIQUE.

PASSAGE EN ARRIÈRE. V. EN ARRIÈRE. V. PASSAGE DE DÉFILÉ.

PASSAGE EN AVANT. V. EN AVANT. V. PASSAGE DE DÉFILÉ.

PASSAGE EN RETRAITE. V. EN RETRAITE. V. PASSAGE DE DÉFILÉ.

PASSAGE ITINÉRAIRE (term. sous-gén.). Sorte de PASSAGE qui se rapporte à l'ADMINISTRATION et au SERVICE DE ROUTE, et donne idée des PASSAGES DE TROUPES et des mesures ou dispositions qui s'y rapportent. Il sera ici distingué en PASSAGE D'EAU.

PASSAGE OFFENSIF. V. OFFENSIF, adj. V. PASSAGE DE DÉFILÉ. V. PASSAGE DE FOSSÉ.

PASSAGE POLIORCÉTIQUE (term. sousgénér.). Sorte de PASSAGE qui constitue une des OPÉRATIONS des SIÉGES OFFENSIFS. Il se distingue en PASSAGE DE FOSSÉ.

PASSAGE STRATEUMATIQUE (term. sousgénér.). Sorte de PASSAGE qui appartient aux calculs de la GRANDE GUERRE, aux combinaisons de la STRATÉGIE. Il se distingue en PASSAGE DE RIVIÈRE.

PASSAGE TACTIQUE (term. sous-génér.).

Sorte de passage (puisque les ordonnances et la langue n'ont pas pu trouver un terme plus clair, plus juste) qui se distingue en passage a l'ordre en bataille, — a l'ordre en colonne, — de défilé, — de lignes, — d'obstacle.

PASSAGER (passagère), adj. v. batterie p... v. camp p... v. construction p... v. contre-mine p... v. fortification p... v. garnison p... v. mine p... v. ouvrage p... v. réduit p... v. tour p... v. travail p... v. travaux p...

PASSAGER (subs. masc.) embarqué. v. embarqué. v. garnison de bord. v. passage d'eau.

PASSANDAU, subs. masc. v. passandeau.

PASSANDEAU, subs. fém. (F), ou passandau. Mot analogue aux vieux mots paradouz, pasadouz, passador, passadour, passadous, etc. Il s'est appliqué à une bouche a feu a tir direct de dix-huit livres de balles, suivant M. Raymond. Il pesait, suivant M. Roquefort, trois mille cinq cents livres ; Saint-Remy dit qu'il avait quinze pieds. — M. le général Cotty (1822, A) et Gassendi rappellent le nom oublié de ce genre d'arme.

PASSANT, subs. masc. (B, 1). Mot dont le verbe passer donne l'étymologie ; il exprime tout anneau, ou boucle en cuir ou en tissu, destiné à donner passage à une partie correspondante d'un effet d'uniforme. — Certains Passants s'appellent pendants.

PASSANT a courroie. v. a courroie. v. courroie longue. v. courroie porte-bonnet.

PASSANT coulant. v. corps de gland de cordon a cravate. v. coulant.

PASSANT de baionnette. v. baionnette. v. coté de dessus de porte-baionnette.

PASSANT de banderole de drapeau. v. banderole de drapeau.

PASSANT de baudrier. v. baionnette de carabine. v. bande de baudrier. v. baudrier. v. baudrier de dessous. v. baudrier d'officier. v. chape de fourreau d'épée. v. crochet de chape. v. porte-baionnette.

PASSANT de ceinturon. v. baudrier. v. ceinturon. v. crochet de chape.

PASSANT de giberne. v. banderole de giberne. v. giberne. v. traverse de giberne.

PASSANT de havre-sac. v. anneau de havre-sac. v. havre-sac.

PASSANT de porte - baionnette. v. boucle de porte-baionnette. v. porte-baionnette.

PASSANT d'étui de hache. v. contre-sanglon de banderole d'étui de hache. v. étui de hache.

PASSATION, subs. fém. (term. génér.). Mot dont le verbe passer est la racine. Ce substantif n'est devenu militaire que depuis le régime impérial ; ce n'était, jusque-là, qu'un terme de pratique. Il sera seulement distingué ici en passation de revue.

PASSATION (subs. fém.) de marché. v. achat administratif. v. effet d'uniforme. v. hopital militaire. v. marché. v. marché administratif. v. membre de conseil d'administration. v. ministre de la guerre n° 6.

PASSATION de revue (B, 1). Sorte de passation qui s'est appliquée d'abord aux montres, aux écritures des revues, et s'est étendue ensuite à l'action de passer la revue ou d'être passé en revue. — Depuis la désuétude du mot montre, un substantif manquait à la langue militaire pour rendre ces idées. — Les Romains les exprimaient par ces mots : *lustrare exercitum* ; de là le mot armi lustre, signifiant revue ou parade. Les Italiens disaient : *dar la mostra*, donner ou faire la montre. — La locution active, passer la revue, s'appliquait aux commissaires, aux maréchaux chargés d'inspecter un corps, une compagnie. La locution passer en revue s'appliquait à la troupe inspectée ; mais ces règles ont été faussées, et le langage soldatesque a pris l'une pour l'autre ces expressions. — Passer en revue s'est dit surtout passivement, parce que les troupes qu'un inspecteur avait comptées et soumises à un appel, étant de pied ferme ou en haie, devaient ensuite passer devant lui pour faciliter une double vérification, une supputation itérative ; car défiler a d'abord été une mesure d'utilité administrative, avant de devenir un acte de cérémonie ou de déférence militaire. — La Passation des revues était le titre qui autorisait les trésoriers à servir la solde.

PASSAVANT, subs. masc. (F). Mot dont l'étymologie se déduit du verbe passer, et qui s'appliquait à une machine de guerre du moyen age. Elle servait, suivant M. Roquefort, à transporter, à couvert, des soldats ; c'était ainsi une espèce de vigne ou de galerie d'approches.

PASSE, subs. fém. v. arbalète de p... v. congé de p... v. manquer la p...

PASSE (term. génér.). Mot dont le verbe passer est la racine ; il donne naissance à plusieurs locutions où il est joint indissolublement à un substantif. Il se distingue en PASSE D'ARMES et PASSE DE SAC.

PASSE d'armes (G, 5), ou PASSADE, ou PASSE D'ESCRIME. Sorte de PASSE qui exprimait, dans les TOURNOIS, la rencontre et le passage des jouteurs; de là l'expression, MANQUER LA PASSE, quand on n'atteignait pas l'ADVERSAIRE, ou qu'on se laissait bâtonner par le FAQUIN; de là aussi l'expression PASSER SUR L'ADVERSAIRE, que l'ACADÉMIE, au mot *Passer*, mentionne d'une manière incomplète. — Le mot Passe d'armes, pris dans le sens italien, exprime un jeu ou mouvement d'ESCRIME, qui consiste à foncer sur l'adversaire, soit pour aller au DÉSARMEMENT, soit pour le saisir au collet, soit pour se mettre en garde derrière lui, après avoir fait VOLTE-FACE. FURETIÈRE distingue des Passes volontaires et des Passes nécessaires; celles-ci ont lieu: *Quand on est si pressé de l'ennemi, qu'on n'a pas le temps de se retirer.* Il y a des Passes en dedans, en dessus, sous l'épée, sous la ligne, en quartant à droite, en passant à gauche, etc.

PASSE de SAC (B, 1). Sorte de PASSE prise dans le sens de RETENUE représentative de la valeur d'un SAC renfermant en argent cinq cents francs. Le DÉCRET DE 1809 (1er JUILLET) autorisait, au profit des PAYEURS, cette RETENUE à raison de quinze centimes.

PASSE d'escrime. V. BOTTE D'ESCRIME. V. ÉCHARPE MILITAIRE. V. ESCRIME. V. PASSE D'ARMES.

PASSE-GARDE. V. AILETTE. V. GARDE. V. GARDE-COLLET.

PASSE-mur (passe-murs), subs. masc. (F), ou SUFFISANT. Ancienne BOUCHE A FEU A TIR DIRECT, qui était du genre des BOMBARDES; elle était, suivant SAINT-REMY, de SEIZE LIVRES DE BALLES, de dix-huit pieds de long, et du poids de quatre mille deux cents livres. — HANZELET appelle Passe-mur une COULEVRINE DE SEIZE et de quarante calibres de long. M. Moritz-Meyer, au contraire, appelle Passe-mur ou SUFFISANT une PIÈCE DE QUARANTE-HUIT en usage en France avant 1572. Il est fait mention des Passe-murs par CARRÉ (1783, E), M. le général COTTY (1822), FURETIÈRE (au mot *Coulevrine*), GANEAU, GASSENDI.

PASSE-PAROLE, subs. fém. (F). Mot que le dictionnaire de l'ACADÉMIE a emprunté avec trop de confiance à celui de LACHESNAIE (1758, I), copiste lui-même de FURETIÈRE. Si on les en croyait, ce serait une espèce de commandement qui se communiquerait de bouche en bouche, de la TÊTE à la QUEUE d'une COLONNE EN MARCHE. — C'est une expression inconnue de l'armée.

PASSE-POIL, subs. masc. (B, 1). Bordure étroite ou LISÉRÉ de drap qui accompagne un EFFET D'HABILLEMENT et en garnit les bords. Quelquefois le Passe-poil est de la COULEUR PRINCIPALE; plus souvent il est d'une COULEUR DISTINCTIVE; la mode et le caprice en ont engendré l'usage; on avait commencé à l'adopter, mais sans que les RÈGLEMENTS le permissent, dans la première moitié du dernier siècle. L'ORDONNANCE DE 1767 (25 AVRIL) interdisait les Passe-poils; les ORDONNANCES postérieures les ont au contraire prescrits. Le ridicule a été poussé, de nos jours, jusqu'à garnir de Passe-poil ou de jones, la jonction des coutures des KURTKA français ou HABITS à la POLONAISE.

PASSE-POIL de BONNET DE POLICE. V. BONNET DE POLICE. V. BONNET DE POLICE DE LIGNE.

PASSE-POIL de COLLET. V. COLLET DE CAPOTE. V. COLLET D'HABIT.

PASSE-POIL de FRAC. V. BOUTON DE DEVANT DE FRAC. V. FRAC.

PASSE-POIL de PANTALON. V. PANTALON. V. PANTALON D'ÉTOFFE.

PASSE-POIL de PAREMENT. V. PAREMENT. V. PAREMENT D'HABILLEMENT.

PASSE-POIL de PATTE DE POCHE. V. HABIT. V. PATTE DE POCHE. V. HABIT.

PASSE-POIL de REVERS D'HABIT. V. AGRAFE D'HABIT. V. REVERS D'HABIT.

PASSE-POIL d'HABIT. V. HABIT. V. GARANCE. V. INFANTERIE FRANÇAISE DE LIGNE N° 5. V. INFANTERIE LÉGÈRE N° 5. V. PAN ANTÉRIEUR.

PASSE-PORT, subs. masc. V. CARTEL DE GUERRE. V. CONSIGNE PORTIER. V. FEUILLE DE ROUTE. V. FEUILLE DE ROUTE D'OFFICIER. V. GOUVERNEUR DE PLACE DE GUERRE N° 4. V. PARTI DE GUERRE.

PASSE-VOLANT, subs. masc. (term. génér.). Mot qui a plusieurs étymologies et qu'il faut distinguer en PASSE-VOLANT D'ARTILLERIE et en PASSE-VOLANT IDIOPLIQUE, OU FAUSSE LANCE.

PASSE-VOLANT d'ARTILLERIE (F). Sorte de PASSE-VOLANT dont le nom est emprunté de l'ITALIEN, *passa volante*. On appelait ainsi, suivant M. MEYER (MORITZ), à la date 1538, des PIÈCES DE SEIZE. BOREL (Pierre) et GANEAU disent que ces BOUCHES A FEU se sont aussi nommées SARRES. — Quand l'usage du SEIZE et des SARRES eut disparu, on donna le nom de Passe-volant à des simulacres de BOMBARDES, à des PIÈCES en bois peint, dont on garnissait, comme le témoignent CARRÉ (1783, E) et FURETIÈRE, des NAVIRES ou des

REMPARTS, pour en imposer à l'ENNEMI. DUANE
(1810) nous apprend que, par allusion, les
ANGLAIS appelaient canons de quakers, ces
images de BOUCHES A FEU. — Cette désignation de Passe-volants était empruntée à la
dénomination donnée à des SOLDATS sup-
posés, parce que c'était également une
tromperie.

PASSE-volant (passe-volants) IDIOPLI-
QUE (F), ou HOMME DE PAILLE, comme les appelle POTIER (1779, X), ou FAGOT, suivant
DUANE ; de là ce dictum, faire des fagots, ou
conter des bourdes, des menteries. — Les
Passe-volants étaient des SOLDATS simulés et
frauduleusement présentés aux REVUES, au
détriment de l'Etat, et au bénéfice du CAPI-
TAINE. — Ce vieux mot veut-il dire : qui
passe en volant, c'est-à-dire en dérobant ;
veut-il dire, qui passe en volant, c'est-à-
dire en voltigeant comme un oiseau ? Cette
dernière proposition est la plus croyable,
vu que Passe-volant et ce qu'il exprime sont
d'un usage ancien, et que le verbe voler
comme un larron est d'un usage nouveau.
— Quand la FÉODALITÉ levait, en vertu de
contrats d'INFÉODATION, dans les SEIGNEURIES,
des SOLDATS tenus de servir sans SOLDE, ceux
qui y étaient astreints faisaient, quand ils le
pouvaient, FAUSSE POSTE, ou POFSTE, c'est-
à-dire qu'ils tâchaient de fournir moins
qu'ils ne devaient ; les suzerains qui s'en
doutaient, disaient dans leur *ban* ou *bandon : Venez ou vous* (je vous) *brûlerai*. Ils
incendiaient les SOUS-FIEFS qui les trompaient,
ou dont le contingent n'arrivait pas assez
vite. — Quand la subdivision des domaines
et la dissémination des bénéfices eurent
amené l'usage des demi-hommes, des quarts
d'hommes, des rachats, il fut bien plus difficile d'éviter les FAUSSES POSTES. — Quand
une PAYE, servie par le trésor des souverains,
fut instituée, quand la GENS D'ARMERIE fut
mise sur pied, il ne fut plus question de ne
pas fournir les hommes qu'on devait, mais
de se faire payer pour ceux qu'on ne fournissait pas ; ces Passe-volants s'appelaient
des FAUSSES LANCES, nom resté, dans la MA-
RINE, aux simulacres de PIÈCE, ou aux CANONS
DE BOIS de certains BATIMENTS DE MER. —
Quand la lance n'a plus été l'arme presque
unique, quand, à l'imitation des ITALIENS,
on a fait des MONTRES D'HOMMES DE PIED, la
FAUSSE LANCE est devenue FAUSSE MONTRE.
— Il en était ainsi depuis CHARLES CINQ. —
L'ORDONNANCE DE 1576 (1er JUIN) condam-
nait, comme le témoigne CHENNEVIÈRES, les
Passe-volants à avoir le NEZ coupé par le
BOURREAU. — Il y avait dans l'armée de FRAN-
ÇOIS PREMIER, à Pavie, tant de Passe-volants,
que ce monarque évaporé croyait son ARMÉE

plus forte d'un tiers qu'elle n'était. — L'OR-
DONNANCE DE 1553 (25 DÉCEMBRE) et celle de
1625 (14 AOUT) condamnaient les Passe-
volants à être pendus. C'était pendre un
ROTURIER en répression du CRIME d'un homme
de naissance ; car la faute en était au CAPI-
TAINE qui achetait un malheureux pour le
déguiser en SOLDAT. — L'ORDONNANCE DE
1658 (28 JANVIER) s'occupait du même délit.
— L'ORDONNANCE DE 1665 (25 JUILLET) et
celle DE 1668 (1er MARS et 20 SEPTEMBRE) sé-
vissaient contre les CHEFS MILITAIRES qui se
rendaient coupables de ces infidélités ; elles
voulaient que les Passe-volants fussent marqués à la joue par l'EXÉCUTEUR, au moyen
d'un fer chaud figurant une FLEUR DE LIS.
— Les ORDONNANCES DE 1676 (1er JUIN), DE
1716 (2 JUILLET), 1727 (1er JUILLET) livraient
à la FUSTIGATION les Passe-volants, et ac-
cordaient une gratification et son congé aux
dénonciateurs de ces escroqueries. — Les
efforts du MINISTÈRE et ses comminatoires
ordonnances n'y apportèrent que faiblement
du remède. L'habitude (on peut presque dire
la mode) avait prévalu au point que les COM-
PAGNIES ou les CORPS se prêtaient ostensible-
ment les uns aux autres des Passe-volants ;
que ce genre de larcin, ce faux en écritures
publiques, n'étaient plus diffamants. On ne le
regardait que comme un tour d'adresse, un
escamotage, à l'aide desquels on fascinait les
yeux des surveillants. Quelquefois même les
COMMISSAIRES encourageaient cet abus en s'en
rendant complices. Ce qu'on appelait, disent FURETIÈRE et LACHESNAIE (1758, I),
passer un homme ou des hommes, c'était
accorder à un CAPITAINE paye de SOLDATS pour
des valets. — Les Passe-volants, d'abord
personnages achetés et ensuite êtres ima-
ginaires, avaient surtout, en temps de guerre,
un grave inconvénient. Il en résultait l'impossibilité de connaître jamais l'EFFECTIF
vrai de l'ARMÉE ; car, comme dit SERVAN
(1806), *il était d'usage de déclarer tués
les Passe-volants, mais ils ne tardaient
pas à ressusciter et à périr de nouveau
sous d'autres noms.* — Le terme Passe-volant était presque tombé en oubli depuis la
CONSTITUTION de CHOISEUL, parce que l'ADMI-
NISTRATION des CAPITAINES commença à s'exercer bien plus régulièrement ; mais quelques
abus analogues s'étaient reproduits. Le DÉ-
CRET DE L'AN TREIZE (25 GERMINAL, art. 29) et
l'ORDONNANCE DE 1823 (19 MARS, art. 519)
faisaient revivre le terme et prenaient de
sévères mesures pour remédier au mal. —
Les AUTEURS qui ont parlé des Passe-volants,
sont : AUDODIN, BIRAC (1696, B), CARRÉ
(1783, E), CARRION (1824, A), CHENNEVIÈRES
(1750, C), DELAMONT (1671, A), DEVILLE

(1674), FURETIÈRE, GUILLET (1686, B),
LACHESNAIE (1758, I, aux mots *Dénoncia-
teur* et *Revue*, POTIER (1779, X), SERVAN
(1806, C).

PASSEMENTERIE, subs. fém. v. AR-
GENT DE P... V. BOUILLON DE P... V. MACARON
DE P...

PASSER, verb. act. et neut. (term. gé-
nér.). Mot qui rappelle les mots PAS et PAS-
SAGE et le bas LATIN *passare*, mentionné par
SAUMAISE et resté dans l'ITALIEN et dans l'ES-
PAGNOL *pasar*. Il a produit le mot moderne
PASSATION, PASSE.

PASSER A LA BAIONNETTE. V. A LA BAION-
NETTE. V. BAIONNETTE DE FUSIL.

PASSER A LA MONTRE. V. MONTRE. V.
MONTRE ADMINISTRATIVE.

PASSER A L'ENNEMI. V. DÉSERTEUR A
L'ENNEMI. V. ENNEMI. V. SUPPLICE.

PASSER AU FIL DE L'ÉPÉE. V. AU FIL DE
L'ÉPÉE. V. BAIONNETTE DE FUSIL. V. PASTOU-
REAU.

PASSER de l'ORDRE EN BATAILLE à l'OR-
DRE EN COLONNE. V. CHEF DE SECTION TACTIQUE.
V. COLONNE SERRÉE PAR DIVISION. V. DE PIED
FERME. V. LANGUE FRANÇAISE. V. ORDRE EN BA-
TAILLE. V. ORDRE EN COLONNE. V. ROMPEMENT
EN BATAILLE.

PASSER de l'ORDRE EN COLONNE à l'OR-
DRE EN BATAILLE. V. CONDUCTEUR D'AILE DE
SUBDIVISION. V. CONVERSION A PIVOT FIXE. V.
ÉVOLUTION. V. EN AVANT EN BATAILLE. V. FACE
EN ARRIÈRE EN BATAILLE. V. ORDRE DE BATAILLE
D'INFANTERIE. V. ORDRE EN BATAILLE. V. ORDRE
EN COLONNE. V. PASSAGE A L'ORDRE EN BA-
TAILLE.

PASSER de l'ORDRE PAR LE FLANC à l'OR-
DRE EN COLONNE. V. FORMATION EN COLONNE
D'UNE TROUPE EN MARCHE. V. ORDRE EN CO-
LONNE. V. ORDRE PAR LE FLANC.

PASSER DE PIED FERME à l'ORDRE EN BA-
TAILLE. V. DE PIED FERME. V. ORDRE EN BA-
TAILLE.

PASSER EN JUGEMENT. V. EN JUGEMENT.
V. JUGEMENT. V. SOUS-OFFICIER N° 11.

PASSER EN REVUE. V. ARRIVÉE DE CORPS
DANS UNE FORTERESSE. V. COMMISSAIRE DES
GUERRES N° 7. V. EN REVUE. V. GARNISON. V.
GRAND MAITRE DES ARBALÉTRIERS. V. INSPEC-
TEUR GÉNÉRAL N° 1. V. MAIRE DE COMMUNE. V.
ORDONNANCE D'EXERCICE D'INFANTERIE. V. PAS-
SATION DE REVUE. V. REITRE.

PASSER l'ARME A GAUCHE. V. ARME A GAU-
CHE. V. FEU D'INFANTERIE.

PASSER l'ARME SOUS LE BRAS GAUCHE. V.
L'ARME SOUS LE BRAS GAUCHE. V. MANIEMENT
D'ARMES

PASSER la MONTRE. V. MONTRE. V. MON-
TRE ADMINISTRATIVE. V. SEIGNEUR.

PASSER la REVUE. V. COMPAGNIE D'IN-
FANTERIE FRANÇAISE DE LIGNE N° 9. V. CORPS
RÉGIMENTAIRE N° 5. V. HAIE. V. GRANDE TE-
NUE. V. INSPECTEUR GÉNÉRAL N° 1. V. MAIRE
DE COMMUNE. V. MARÉCHAL DE France N° 7.
V. MONTRE ADMINISTRATIVE. V. PASSATION DE
REVUE. V. POLICE. V. REVUE. V. SEIGNEUR.

PASSER la VOIX. V. CONSIGNE DE SENTI-
NELLE DE PORTE DE FORTERESSE. V. PORTE DE
FORTERESSE. V. SENTINELLE. V. VOIX.

PASSER le DÉFILÉ. V. DÉFILÉ. V. EN AR-
RIÈRE PAR L'AILE, etc., etc. V. ORDONNANCE
D'EXERCICE D'INFANTERIE. V. PASSAGE DE DÉ-
FILÉ.

PASSER l'INSPECTION. V. INSPECTION. V.
MANIEMENT D'ARMES.

PASSER MARCHÉ. V. MARCHÉ. V. MARCHÉ
ADMINISTRATIF. V. QUARTIER-MAITRE D'INFAN-
TERIE FRANÇAISE DE LIGNE N° 2.

PASSER (verb. act., pass. et neut.) PAR
LES ARMES (C, 5), ou être passé par les armes,
comme le disent quelques ÉCRIVAINS, quel-
ques ORDONNANCES, telles que celle DE 1727
(1er JUILLET) et l'ARRÊTÉ DE L'AN DOUZE (19 VEN-
DÉMIAIRE). Ce terme exprimait une EXÉCUTION
A MORT, en réparation d'un CRIME constaté
par JUGEMENT. — La JUSTICE MILITAIRE s'est
servie du verbe neutre Passer par les armes,
qu'on retrouve dans FURETIÈRE, quand les
ARMES ont cessé d'être des PISTOLES, des PI-
QUES, etc.; jusque-là on disait : ARQUEBUSER,
PISTOLER, PASSER PAR LES HALLEBARDES, par les
PIQUES, comme le témoignait l'ORDONNANCE
DE 1636 (1er OCTOBRE). C'était également être
mis à mort militairement, ou par ordre du
PRÉVOT. — Sous forme active, passive et
neutre, la locution Passer par les armes était
peu rationnelle; elle avait été conservée
par routine, elle rappelait le temps où un
CRIMINEL mourait sous les VERGES, sous le
BATON. — La manière de rendre l'idée était
alors juste, parce que le CONDAMNÉ passait
véritablement au milieu des instruments qui
le mettaient lentement à mort; il cheminait
entre deux rangs de SOLDATS qui étaient les
EXÉCUTEURS de la SENTENCE. — Dès qu'il s'est
agi d'un SUPPLICE où les premiers coups devaient donner la mort, et non plus les mil-
lièmes coups, l'expression cessait d'être
juste; mais la LANGUE MILITAIRE l'a conservée telle qu'elle la recevait de la bouche des
SOLDATS. — La locution passive, être passé
par les armes, était moins incorrecte, quoique peu logique; pendant que celle-ci prenait racine, l'autre se conservait, une synonymie vicieuse en résultait. — Maintenant le CRIMINEL ne passe pas par les fusils,

ou entre deux rangs de fusiliers ; il ne vient pas chercher les balles, elles vont le trouver. — Le verbe Passer par les armes est un de ceux auxquels la LANGUE FRANÇAISE n'est pas parvenue à rattacher un substantif. Quelque jour, peut-être, on dira : passation, ou passage par les armes. — Les EXÉCUTIONS A MORT de ce genre ont été une imitation des PEINES en usage dans la MILICE ROMAINE ; elles étaient ordinairement précédées de la DÉGRADATION du CONDAMNÉ. — S'endormir en FACTION était un des CRIMES que la JUSTICE MILITAIRE punissait de PEINE DE MORT, à l'égal de la DÉSERTION. — L'usage, sinon la JURISPRUDENCE, voulait qu'un PARRAIN du CONDAMNÉ lui bandât les yeux ; ce mode est, depuis longtemps, en désuétude dans la MILICE FRANÇAISE. — La CONVENTION NATIONALE avait fait revivre l'usage des vieux siècles où l'on Passait par les armes, sans forme de procès, des PRISONNIERS DE GUERRE. — La MILICE PIÉMONTAISE est une de celles où la manière d'être Passé par les armes est marquée de plus de nuances et accompagnée de plus de raffinements. — Nous avons cherché à dépeindre combien est atroce, en TEMPS DE PAIX, l'usage qui astreint des COMPAGNONS D'ARMES à se souiller judiciairement du sang de leur frère. C'est une cruelle nécessité, en TEMPS DE GUERRE, que de faire partie d'un PIQUET D'EXÉCUTION ; mais, dans le calme de la paix, et depuis que le SERVICE MILITAIRE est devenu un tribut conscriptionnel, une obligation publique, c'est une bien immorale conception que celle qui change en BOURREAUX les soldats de la même patrie, et peut-être les juges du criminel ; mieux valait, jusqu'en 1762 dans la ligne, et bien plus tard dans les gardes françaises, l'usage des PRÉVÔTS et des EXÉCUTEURS. Des MILICES ÉTRANGÈRES ont avec raison maintenu ce genre d'institution prévôtale, et font exercer par des mains tierces cette répression.

PASSER (verb. actif et neut.) PAR LES BAGUETTES. V. DOUBLE HAIE. V. PAR LES BAGUETTES.

PASSER PAR LES BRETELLES. V. BRETELLES CORRECTIONNELLES. V. CARTOUCHE JAUNE. V. DOUBLE HAIE.

PASSER PAR LES HALLEBARDES. V. HALLEBARDE. V. JUSTICE MILITAIRE. V. PAR LES H... V. PASSER PAR LES ARMES.

PASSER PAR LES PIQUES. V. ARME DE SUPPLICE. V. ARMÉE FRANÇAISE N° 6, 8. V. FACTION. V. PAR LES PIQUES. V. PASSER PAR LES ARMES. V. PIQUE. V. SUPPLICE.

PASSER PAR LES VERGES. V. CARTOUCHE JAUNE. V. DOUBLE HAIE. V. VERGES.

PASSER (verb. act.) REVUE. V. ADMINISTRATEUR. V. COMPTABLE N° 8. V. DÉFILEMENT ADMINISTRATIF. V. DÉFILEMENT D'HONNEUR. V. INTENDANT DE PROVINCE. V. INTENDANT MILITAIRE N° 2. V. PASSATION DE REVUE. V. PLACE D'ARMES DE GARNISON. V. REVUE. V. REVUE SUR LE TERRAIN. V. SEIGNEUR. V. SERMENT. V. SOUS-INTENDANT N° 7. V. SOUS-PRÉFET. V. SURPRISE DE PLACE. V. TÊTE A DROITE.

PASSER (verb. neut.) SOUS LES DRAPEAUX. V. DRAPEAU D'INFANTERIE FRANÇAISE. V. SERMENT. V. SOUS LES DRAPEAUX.

PASSER (verb. act.) SUR L'ADVERSAIRE. V. ADVERSAIRE. V. PASSE D'ARMES. V. SUR L'ADVERSAIRE.

PASSER (verb. act.) un HOMME, une SOLDE. V. HOMME. V. REVUE. V. SOLDE.

PASSER un MARCHÉ. V. MARCHÉ. V. MARCHÉ ADMINISTRATIF.

PASSEZ la LIGNE, interj. V. COMMANDEMENT GÉNÉRAL. V. LIGNE. V. PAR LE FLANC DROIT PASSEZ LA LIGNE.

PASSEZ le DÉFILÉ, interj. V. COMMANDEMENT GÉNÉRAL. V. DÉFILÉ. V. PAR L'AILE DROITE P...

PASSEE (passive), adj. V. ARMÉE P...

PASSER, subs. masc. V. COMPTABILITÉ DE DÉTACHEMENT.

PASSOT, subs. masc. (F). Mot dont l'étymologie n'est pas connue. Nous supposons que c'était une ARME A MANCHE ; VILLON, dans ses poésies, en parle comme d'un POIGNARD. — Autrefois l'INFANTERIE et les FRANCS ARCHERS portaient ÉPÉE DE PASSOT, OU ÉPÉE BATARDE ; c'était, si l'on en croit LEDUCHAT, une grande ÉPÉE.

PASSOU. V. NOMS PROPRES.

PASTÉ, subs. masc. V. PATÉ.

PASTEUR ; PASTORET. V. NOMS PROPRES.

PASTOUREAU (pastoureaux), subs. masc. (F). Mot dont le terme pâtre est la racine. On a donné ce nom à des campagnards ameutés et révoltés, dont le premier noyau se forme en FLANDRES, en 1251. La délivrance des lieux saints et les secours à porter à LOUIS NEUF, resté prisonnier chez les infidèles, furent le prétexte de ce rassemblement, qui se grossit bientôt des AVENTURIERS nommés RIBAUDS et de la lie de la population. — Sans autres armes qu'une houlette transformée en bâton de pèlerin, les Pastoureaux se mettent en route vers l'Orient, et se transforment en une secte armée, sous la conduite d'un imposteur soi-disant ambassadeur de la Vierge, et chargé de lever, en son nom, une croisade d'indigents ; il en réunit cent mille, les distribue en compagnies, leur donne des bannières où figurent un agneau et une croix ; il renouvelle la monstrueuse alliance des fonctions guerrières et sacerdotales ; il prêche, absout, prononce des divorces et tonne contre la corruption du clergé. La haine des prêtres et de la noblesse devient ainsi un des puissants véhicules de cette sédition féroce, que les Pastoureaux prétendaient patriotique. L'histoire en est mal connue, ainsi que celle de ses instigateurs. — Le conducteur qui traîne à sa suite ces brigands, traverse comme prophète Amiens, Bourges, Orléans, Paris ; la crédule reine Blanche a la faiblesse d'ajouter foi à la sainteté de sa mission, quoiqu'elle ne fût marquée que par le massacre des juifs et des gens d'église, par le pillage des couvents et l'incendie des habitations. Cette reine, enfin désabusée, se décide à les faire poursuivre par ses troupes ; les uns se dissipent, les autres périssent sur les échafauds, la plupart sont passés au fil de l'épée, peu avant le retour de Louis neuf. — Boiste, Ducange, M. Sismondi, Velly (t. v, p. 9 et 11 ; t. viii, p. 99 et 105), et le *Dictionnaire de la Conversation* ont tracé le récit de ces désolations. — En 1320, il se forme une nouvelle troupe de Pastoureaux ; remplir le vœu de la croisade avortée de 1315, était leur but. Ces vagabonds se signalent par un massacre général des juifs, puis se dispersent bientôt.

PATAUD, subs. masc. v. petau.

PATE, subs. fém. v. patte.

PATÉ, subs. masc. (G, 4), ou pasté suivant Furetière, ou paté de fortification. Mot qui, dans son application à la chose militaire, est dû aux Italiens, comme le témoigne Grassi ; ils appelaient *pasticcio*, un ouvrage de fortification, un fort isolé, un blockhaus. Gênes est défendue par des Pâtés. Le Pâté de Valenciennes fut insulté en 1677, quand la ville fut prise d'assaut. Le Pâté de Blaye est devenu célèbre. — Guillet (1686, B) regarde comme synonymes Pâté et fer à cheval. — Belair (1792) le définit, redoute de forme irrégulière. — Manesson (1685, B, t. iii) donne l'image de Pâtés attachés par une espèce de boyau à une enceinte de place. — On peut consulter à l'égard des Pâtés : Belair (1792), Dupain (1785, F), Faulhaber, Grassi (1817, H), Guillet (1686, B), Lachesnaie (1758, I), Manesson (1685, B), Walther (1785, C).

PATÉ de fortification. v. fortification. v. paté.

PATÉ de grenades. v. artifice. v. grenade. v. grenade a main.

PATEIL, subs. masc. v. pétail.

PATELETTE, subs. fém. (B, 1). Mot provenu du mot patte ; il s'est appliqué surtout aux effets d'équipement ; il a donné naissance à sous-patelette. — Des Patelettes se sont distinguées en petites et en grandes patelettes.

PATELETTE de giberne. v. boite de giberne. v. contre-sanglon de giberne. v. corps de giberne. v. couvre-giberne. v. giberne. v. pièce de boite de giberne.

PATELETTE de giberne de sapeur. v. bouton de giberne de sapeur. v. enveloppe de giberne. v. giberne de sapeur.

PATELETTE de havre-sac. v. bordure de havre-sac. v. boucle de havre-sac. v. cire a giberne. v. contre-sanglon de havre-sac. v. courroie latérale. v. havre-sac. v. oreillon de havre-sac.

PATELETTE de sac de campagne. v. contre-sanglon extérieur. v. sac de campagne.

PATELETTE d'étui de hache. v. corps d'étui de hache. v. étui de hache. v. grande patelette.

PATENT (patente), adj. v. lettres p...

PATENTE, subs. fém. v. lettres patentes.

PATENTE de capitaine de bande. v. avancement. v. capitaine de bande.

PATENTE de capitaine général. v. brevet. v. capitaine général.

PATENTE de commissaire des guerres. v. commissaires des guerres n° 6.

PATENTE de connétable. v. commissaire ordinaire. v. connétable n° 1, 8.

PATENTE de général. v. général. v. général d'armée n° 4. v. général en chef n° 5.

PATENTE de grand maître des arbalétriers. v. grand maître des arbalétriers.

PATENTE de gouverneur de place. v. gouverneur de place de guerre n° 2.

PATENTE de lieutenant général. v. lieutenant général n° 2, 4.

PATENTE de maréchal de camp. v. maréchal de camp n° 1.

PATENTE de maréchal de France. v. maréchal de France n° 4. v. lieutenant général n° 2.

PATENTE de maréchal général des camps et armées. v. maréchal général des camps et armées.

PATENTE d'officier. v. avancement. v. office. v. officier.

PATERNE; PATERY. v. NOMS PROPRES.

PATIENCE, subs. fém. (B, 1). Mot imité par allusion. Il exprime un CHEVALET DE PETITE MONTURE, une planchette mince, de cinq à six pouces de long et de deux pouces de large, percée d'une ouverture en forme de raquette. C'est un EFFET DE PETIT ÉQUIPEMENT destiné au nettoyage des BOUTONS MASSIFS; on les enchâsse dans cette ouverture, et l'on peut ainsi les éclaircir sans endommager l'étoffe.

PATIN, subs. masc. v. CHASSEUR-PATINEUR.

PATINEUR, subs. masc. v. CHASSEUR-PATINEUR.

PATOGER, verb. neut. v. PATROUILLE.

PATOIER, verb. neut. v. PATROUILLE.

PATOJER, verb. neut. v. PATROUILLE.

PATOU, subs. masc. v. ARME CONTONDANTE.

PATOU, subs. masc. v. ARME CONTONDANTE. v. CASSE-TÊTE. v. MASSE D'ARMES.

PATOUEIL, subs. fém. v. PATROUILLE.

PATOUILLE, subs. fém. v. PATROUILLE.

PATOUILLER, verb. neut. v. PATROUILLE.

PATRICE, subs. masc. (F). Mot dérivé du LATIN pater, pris dans le sens de personnage appartenant à l'ordre des patriciens; il rappelle une CHARGE MILITAIRE dont l'histoire est enveloppée d'obscurités, et qui date du règne de CONSTANTIN. — Dans les MILIES BYSANTINE et ROMAINE, cette dignité, si elle était accompagnée de LETTRES DE COMMANDEMENT, conférait le COMMANDEMENT DES ARMÉES. Ainsi furent employés dans les Gaules Constance, beau-frère d'Honorius, Aétius, Orestes, et le roi Clovis lui-même, ainsi que les rois bourguignons Gondebaud et Gonderic. — A l'imitation de ce GRADE, les ROIS des FRANCS donnèrent le titre de Patrice aux GÉNÉRAUX D'ARMÉE, plus tard connus sous le nom de MAIRES DU PALAIS. Ainsi, sous Gontran, le Patrice COMMANDAIT EN CHEF les TROUPES ROYALES. — MONCHABLON et M. de MONTVERAN, le *Dictionnaire de la Conversation*, peuvent être consultés sur le rang que tenaient les Patrices.

PATRIE. v. BANNIÈRE DE P... v. DÉFENSEUR DE LA P...

PATRICIUS; PATRITIUS; PATRIZI; PATRIZZI; PATRIZZIO. v. NOMS PROPRES.

PATRON (subs. masc.) de CARTOUCHE. v. CARTOUCHE. v. CARTOUCHE DE MUNITION. v. DEMI-GIBERNE. v. GIBERNE.

PATRON d'HABILLEMENT. v. HABILLÉMENT.

PATRONE, subs. fém. v. GIBERNE.

PATROUILLE, subs. fém. v. BOITE DE P... v. CAPORAL DE P... v. CHEF DE P... v. DE P... v. ENREGISTREMENT DE P... v. ÊTRE DE P... v. FAIRE P... v. HOMME DE P... v. MARRON DE P... v. OFFICIER DE P... v. RECONNAISSANCE DE P... v. REGISTRE DE RONDES ET P... v. SERGENT DE P... v. SERVICE DE P...

PATROUILLE (C, 3; E, 1, 3, 4), ou PATOUILLE suivant ROQUEFORT et MÉNAGE; ce dernier voulait qu'il vînt de *touiller avec la patte*. GÉBELIN tire ce substantif de verbe PATOUILLER, qu'il prétend être dérivé du CELTIQUE *pat*, signifiant pied. — Le mot Patrouille a été une corruption du substantif PATOUEIL, signifiant gâchis, mauvais pas, et du verbe PATOIER, PATOGER, PATOJER, PATOUILLER, marcher dans un marais, dans un pâtis, dans un pâturage. — Avant de devenir militaire, le verbe PATROUILLER signifiait barboter. C'était, à ce qu'affirme Henri EsTIENNE, un mot tout nouveau de son temps; ainsi on pourrait le supposer venu de l'ANGLAIS *patrol, patrole*. — Le mot Patrouille répond au LATIN *rutabulum*; il s'est corrompu dans l'ANGLAIS *patrol*; il se retrouve dans l'ITALIEN *pattugia*; il a été synonyme de FACTION et de HÉRÉGUET. — Déjà on retrouve Patrouille dans RABELAIS; ce qu'il appelle fornir (fournir) Patrouille, c'est mettre en mouvement un DÉTACHEMENT chargé de FAIRE PATROUILLE. — Les Patrouilles sont destinées à accomplir un SERVICE qui a lieu en diverses positions, mais surtout dans le SERVICE DE GARNISON. — M. RAYMOND dit qu'elles sont chargées de faire des BATTUES; mais ce mot ne s'applique que rarement aux Patrouilles. — Quelquefois un OFFICIER est CHEF DE PATROUILLE; plus ordinairement un SERGENT ou un CAPORAL en est chargé. Ce genre de SERVICE rappelle celui des militaires que les LATINS appelaient *excubitores, exploratorii*. — La LANGUE FRANÇAISE manque d'un terme unique qui réponde à ces substantifs LATINS; elle est réduite à recourir à une périphrase quand il s'agit des MILITAIRES chargés d'exécuter des RONDES ou des Patrouilles. — L'INFANTERIE et la CAVALERIE fournissent les Patrouilles. — Autrefois le nom de GUET ASSIS a été donné à la portion du GUET DE PARIS dont la fonction n'était pas de FAIRE des Patrouilles. — Occuponsnous surtout des PATROUILLES EN GARNISON. — Les COMMANDANTS DE PLACE règlent le nombre des Patrouilles. — Les MAJORS DE PLACE, ou OFFICIERS de rang analogue, commandent le SERVICE des HOMMES DE TROUPE et des CHEFS qui doivent ÊTRE DE PATROUILLE.

Elles sont, ou tirées des postes intérieurs de la place, ou commandées extraordinairement et *ad hoc*. — Il peut être détaché des Patrouilles sur le simple ordre du chef de poste, si la tranquillité est troublée. — Les adjudants des corps dirigent, s'il y a lieu, des Patrouilles vers les lieux publics, les cabarets, les cantines. — Les Patrouilles se mettent en marche aux heures indiquées sur les marrons; elles sont destinées surtout à une surveillance de nuit; elles doivent marcher silencieusement, au pas ordinaire et l'arme au bras; elles doivent arrêter les hommes absents fautivement, ou qui parcourraient sans permission les rues après la retraite; elles les ramènent au quartier, ou au corps de garde de la place, ou au poste le plus voisin. Elles doivent arrêter et conduire au corps de garde de la place d'armes ou à l'état-major les individus faisant du bruit. — A la vue des Patrouilles, les factionnaires sortent de la guérite et crient : Halte-là! les Patrouilles s'arrêtent pour être reconnues, ou bien elles donnent le mot de ralliement, et suivent la route que, conformément à sa consigne, la sentinelle leur indique. — Les Patrouilles déposent, en présence des chefs de poste, les marrons qui doivent être enfilés dans les boîtes. — Il a été traité des patrouilles en campagne par Arnold (1822, D), Bois-Roger (1773, G), Decker (1827), Duane, Fitz-Clarence, Foerster (1823, K), Forestier, Frédéric deux (1761, G), Gugy (1782, K), M. Jacquinot, Lecointe (1759, B), Matt (1827, F), M. le général Ravichio. Il est question des patrouilles au camp dans les traités de Bombelles (1746, A) et de Maizeroy (1767, E). Ce qui concerne les Patrouilles en route était mentionné dans l'ordonnance de 1833 (21 décembre). — Les auteurs qu'on peut consulter à l'égard des Patrouilles en général sont : Arnold (1822, D), Bardet (1740, A), Bardin (1807, D), Bois-Roger (1773, G), Bombelles (1746, A), Daniel (1721, A), Decker (1827), Deville (1674), d'Héricourt (1756, G), Fitz-Clarence, Foerster, Forestier, Frédéric deux (1761, G; 1810, B; 1821, A), Gugy (1782, K), Guignard (1725, B), Guillet (1686, B), Kéralio (1770, H), Lachesnaie (1758, I), Lallemand (1815), Lecointe (1759, B), Lecouturier (1825, A), Maizeroy (1767, E), Malter, Matt (1827, F), Quincy (1741, E), M. le général Ravichio, Reichling, Urbain, le *Dictionnaire de la Conversation*.

PATROUILLE au camp. v. au camp. v. consigne de police au camp. v. grand'garde de cavalerie. v. patrouille.

PATROUILLE de cavalerie. v. cavale-rie. v. cavalerie française n° 8. v. grand'-garde de cavalerie.

PATROUILLE d'infanterie. v. infan-terie. v. infanterie communale n° 6.

PATROUILLE en campagne. v. chef de détachement de guerre n° 4. v. chien de guerre. v. en campagne. v. flanquer. v. parti de guerre. v. reconnaissance en cam-pagne.

PATROUILLE en garnison. v. en gar-nison. v. chef de poste d'hommes de garde n° 4. v. commandant de place n° 5, 9. v. corps de garde de garnison. v. en garnison. v. garde de police en garnison. v. guet de Paris. v. marron de patrouille. v. marron de service. v. patrouille.

PATROUILLE en route. v. chef de po-lice en route. v. commandant d'arrière-garde de corps. v. consigne de piquet de lo-gement. v. en route. v. législation, ordon-nance de 1833 (2 novembre).

PATROUILLER, verb. neut. v. pa-trouille.

PATTE, subs. fém. (B, 1), ou pate. Mot imitatif dont la patte des animaux est la ra-cine. Il exprime une partie de divers effets d'uniforme qui, à raison de leur emploi, s'é-tendent, se prolongent, servent de moyen d'attache. Il a donné naissance aux mots empattement, patelette, sous-patte.

PATTE a la Soubise. v. a la Soubise. v. habit.

PATTE de bavette. v. bavette. v. cour-roie de bavette. v. tablier de sapeur.

PATTE de bretelles. v. bretelles de pan-talon.

PATTE de capote. v. capote. v. capote de troupe. v. capote d'infanterie française de ligne.

PATTE de collet de capote. v. capote d'infanterie française de ligne. v. collet de capote.

PATTE de contre-fort. v. contre-fort géologique.

PATTE de cuissière. v. contre-sanglon de jarretière. v. contre-sanglon de patte de cuissière. v. cuissière.

PATTE de grand ressort. v. grand res-sort.

PATTE de frac. v. arme personnelle n° 3. v. basque de frac. v. bouton de frac. v. frac.

PATTE de parement. v. boutonnière de manche de gilet. v. boutonnière de p... v. habit. v. infanterie légère n° 5. v. ministre de la guerre en 1821. v. parement. v. pare-ment d'habillement.

PATTE de POCHE DE GILET. V. GILET. V. POCHE DE GILET.

PATTE de POCHE DE REDINGOTE. V. BOUTON DE POCHE DE REDINGOTE. V. POCHE DE REDINGOTE.

PATTE de POCHE D'HABIT. V. BOUTON DE POCHE D'HABIT. V. BRANDEBOURG DE POCHE. V. ÉCUSSON DE PATTE DE PLI. V. HABIT. V. PAN ANTÉRIEUR. V. PASSE-POIL DE PATTE. V. POCHE D'HABIT.

PATTE de RESSORT DE BATTERIE. V. RESSORT DE BATTERIE.

PATTE de TAILLE DE CAPOTE. V. BOUTON DE PATTE DE CAPOTE. V. BOUTONNIÈRE DE RETROUSSIS. V. TAILLE DE CAPOTE.

PATTE d'HABIT. V. BOUTON DE PATTE. V. HABIT.

PATTE d'OIE. V. HABIT. V. OIE.

PAU, subs. masc. v. PAL.

PAUCTON ; PAUL ; PAUL ÉMILE ; PAUL JOVE. V. NOMS PROPRES.

PAULDRON, subs. masc. (F). Mot ANGLAIS francisé, mais originairement français ou normand, et peut-être dérivé ou corrompu de l'ITALIEN *spalla*, épaule ; *spallone*, grosse épaule. Le Pauldron était une partie latérale supérieure de certaines CUIRASSES DE FER PLEIN. — La paire de Pauldrons était une garniture extérieure de l'humérus ; une double ÉPAULIÈRE, ou plutôt une enveloppe, un recouvrement de l'ÉPAULIÈRE. — Le Pauldron s'étendait sur le pectoral, et ne commença à être en usage qu'après l'abandon des AILETTES. — Dans des CUIRASSES à FAUCRE, les deux Pauldrons n'étaient pas de forme égale. — Il y avait des Pauldrons à GARDE-COLLET ; il n'y avait pas de GARDE-COLLET qui ne dépendît d'un Pauldron. — Les Pauldrons s'adjoignaient à des CUIRASSES de guerre, celles-ci n'avaient pas de MANTEAUX D'ARMES ; les ARMURES de TOURNOIS avaient des MANTEAUX et point de Pauldrons.

PAULMOYER, verb. act. v. PAUMOYER.

PAULMÉE, subs. fém. v. ACCOLADE.

PAULMY ; PAULUS. V. NOMS PROPRES.

PAULX, subs. masc. plur. v. BOIS D'HAST. V. CHEVAL DE FRISE. V. LIBRILLE. V. LICE. V. PAL.

PAUME des MAINS. V. BRAS DE SOLDAT. V. MAIN.

PAUMÉE, subs. fém. v. ACCOLADE. V. CHEVALIER DU MOYEN AGE Nº 3.

PAUMGAERTNER. V. NOMS PROPRES.

PAUMOYER (verb. act.), une LANCE (F), ou PAULMOYER suivant BOREL (Pierre), manier une LANCE, en jouer.

PAUSANIAS. V. NOMS PROPRES.

PAUX, subs. masc. plur. v. PAL.

PAVAIL, subs. masc. v. PAVOIS.

PAVAIS, subs. masc. v. PAVOIS.

PAVAISEUR, subs. masc. v. PAVESSIER.

PAVAISIER, subs. masc. v. PAVESSIER.

PAVANE, subs. fém. (F), ou PAVANNE. Mot qui vient de l'ESPAGNOL *pavana*, mais dont LEDUCHAT rattache l'étymologie au nom de la ville de PADOUE, où elle aurait été inventée. FURETIÈRE insinue que le terme vient du mot paon. — Les ITALIENS l'appelaient *pavana, pavaniglia*. — CARRÉ (1785, E) dépeint la Pavane comme une danse d'origine ESPAGNOLE, que, dans certaines cérémonies, tous les assistants exécutaient à la fois : cela s'appelait *mener la Pavane, exécuter le grand bal.* Il dit que, dans les TOURNOIS, dans les CARROUSELS, la CHEVALERIE s'y livrait, *pour la clôture, sans quitter le harnois, ni la cotte d'armes ; les hommes, approchant des femmes, étendaient les bras et les mantes en faisant la roue, comme les coqs d'Inde ou les paons (pavones) ;* c'était une sorte de GYMNASTIQUE de cérémonie. *Les gentilshommes*, dit FURETIÈRE, *dansaient le grand bal avec la cape et l'épée.* BRANTOME (1600, A) vante fort Brissac, *qui n'estoit propre pour une seule danse, mais universel en tout, soit pour les branles, soit pour les Pavanes d'Espagne.* — Cette danse passait de mode au temps de LOUIS TREIZE ; elle a laissé le verbe se pavaner, ou faire le paon. — FURETIÈRE, MÉNAGE et TOINOT-ARBEAU peuvent être consultés au sujet de la Pavane.

PAVANNE, subs. fém. v. PAVANE.

PAVART, subs. masc. v. PAVOIS.

PAVAS, subs. masc. v. PAVOIS.

PAVÉ (pavée), adj. v. ROUTE P...

PAVÉCHER, verb. act. et neut. v. PAVESADE.

PAVÉCHEUR, subs. masc. v. PAVESSIER.

PAVÉCHIER, verb. act. et neut. v. PAVESADE.

PAVEILLON, subs. masc. v. PAVILLON.

PAVESADE, subs. fém. (F), ou PAVESAGE suivant BOREL (Pierre), ou PAVESSADE, ou PAVOISADE. Mot dérivé de PAVOIS, signifiant BOUCLIER, ou PANIER DÉFENSIF ; on le retrouve dans l'ITALIEN *palvesata* ; c'étaient des BASTINGUES, des CLAIES, des MANTELETS, des TAILLEVAS, qui rappelaient l'usage des MUSCULES des anciens. Les ARCHERS A PIED iraient derrière les PAVESADES longtemps avant le règne de Philippe Auguste. Borel (Pierre) regarde le pavesage comme un palissadement. Daniel (1721, A) donne le nom de Pavesade à des boucliers. Folard (1727, A) le donne à des lignes de mantelets, à des zigzags de siége; en ce cas on en enterrait le pied; on s'en servait, soit pour favoriser les approches dans un siége offensif, soit défensivement. — Villehardouin parle de la Pavesade des batiments de mer; les pavois, surmontant le bordage, y étaient disposés en créneaux. — Des Pavesades consistaient en des remparts mobiles, en des retranchements portatifs qu'on emmagasinait en temps de paix, et qu'on dressait en temps de guerre. M. Jollois en donne des preuves au sujet du siége d'Orléans en 1428. — Monstrelet rapporte qu'au siége de Bayonne, en 1451, il y avait deux mille arbalétriers et leurs pavesieux, ou porteurs de Pavesades. — Au siége de Metz, par Charles-Quint, Guise défendit, en 1552, les brèches à l'aide de Pavesades, à ce que rapporte son historien Saliguac. — On appelait pavescher, pavécher, pavéchier, paveschier, pavoier, pavoiser, pavoisier, l'action de tendre une Pavesade, de se fortifier de pavois, suivant Borel (Pierre), de marcher à l'abri des mantelets. — Ces mots et le substantif pavillon ont une analogie mal connue. — On appelait pavessiers les soldats ou les goujats dont la fonction était de pavoiser, de porter des Pavesades en campagne ou dans les siéges offensifs. — On peut consulter au sujet des Pavesades : Anne Comnène, Carré (1785, E), Daniel (1721, A), Despagnac (1751, D), Duane, Folard (1727, A), Froissart, Lachesnaie (1758, I), Procope.

PAVESAGE, subs. masc. v. palissadement. v. pavesade.

PAVESCHE, subs. masc. v. pavois.

PAVESCHÉ, subs. masc. v. pavessier. v. taillevassier.

PAVESCHER, verb. neut. v. pavesade.

PAVESCHEUR, subs. masc. v. pavessier.

PAVESCHEUX, subs. masc. v. pavessier.

PAVESCHIER, subs. masc. v. pavessier.

PAVESCHER, verb. neut. v. pavesade.

PAVESIER, subs. masc. v. pavessier.

PAVESIEUX, subs. masc. v. pavessier. v. soldat. v. targe.

PAVESINE, subs. masc. v. pavois.

PAVESSADE, subs. fém. v. pavesade.

PAVESSIER (pavessiers), subs. masc. (F), ou pavaiseur, ou pavaisier, ou pavecheur suivant Ganfau, ou pavesché, ou pavescheur, ou pavescheux, ou paveschier, ou pavesier suivant Monstrelet, ou pavesieux comme on les appelait sous Charles sept, ou paviseur, ou pavoiseur, ou pavoisier, ou pavoisieu. Ces mots dérivent du bas latin *pavesarus, pavesiator, pavesiarius, pavisiarus*. — Ils servaient à désigner des goujats, des soldats, des piétons, qui étaient chargés de porter en campagne, et dans les siéges, des pavois, ou d'établir des paniers défensifs, derrière lesquels s'établissaient des archers et des arbalétriers, et où ils étaient à l'abri des traits de l'ennemi. — Il a existé des compagnies de connétablie en partie composées de Pavessiers. — M. Monteil dit que, au quatorzième siècle, les pavoisieux recevaient deux sous de solde par jour. Ducange (au mot *Pavisarii*), Froissard, et Walsingham, en latin, au règne d'Edouard trois, parlent des Pavessiers.

PAVIE. v. noms propres.

PAVIER, subs. masc. v. pavois.

PAVILLON, subs. masc. v. ameublement de p... v. chambre de p... v. clef de p... v. chenet de p... v. corridor de p... v. dégradation de p... v. lit de p... v. mat de p... v. toit de p...

<table>
<tr><td rowspan="2">PAVILLON {</td><td>D'HABITATION.</td></tr>
<tr><td>DISTINCTIF.</td></tr>
<tr><td rowspan="2">PAVILL. {</td><td>DE CAMP.</td></tr>
<tr><td>DE CASERNEMENT.</td></tr>
</table>

PAVILLON (term. génér.), ou paveillon suivant Villehardouin. Le mot dérive du latin *papillo*, ou, suivant Ménage, de *papilio*, qui aurait également donné naissance au nom des insectes qu'on nomme papillons; Pavillon en serait l'allusion, parce qu'originairement il signifiait enseigne volligeante et signe distinctif. — Une autre racine a été indiquée. Le mot viendrait de l'espagnol *pabellon*, augmentatif de *paves*. Cette racine s'accorderait avec l'assertion de l'Encyclopédie (1751, C), qui prétend que les Maures d'Espagne ont été les inventeurs des Pavillons, c'est-à-dire des drapeaux taillés en pointe, qui succédèrent aux drapeaux envergés ou a croix, ou sur traversier comme le dit Lachesnaie (1758, I), c'est-à-dire à hampe en potence. — Il y a dans le français et l'espagnol une analogie mal connue, et jusqu'ici inexpliquée, entre les termes Pavillon, *pabellon*, et pavois, *pavesa*, comparés au verbe pavoiser, qui signifiait à la fois, et garnir d'étendards, et garnir de parapets à la manière de ceux des fortifications passagères. — Peut-être le mot Pavillon, comme plusieurs autres de la langue française dont l'histoire est si mal connue, a-t-il autant d'étymologies que d'acceptions? Ainsi, le Pavillon, synonyme de tente, et ayant quelques rapports avec pavesade, n'aurait pas la même racine que le Pavillon, synonyme d'enseigne; ce dernier est d'un usage plus moderne; mais l'un et l'autre se retrouvent également dans l'italien *padiglione*. Le Pavillon habitable supportait le Pavillon; de là la métonymie et la synonymie. — Quelques notions touchant les Pavillons se trouvent dans le *Dictionnaire de la Conversation*. — Le mot Pavillon se distingue en pavillon a hampe, — amiral, — blanc, — chinois, — de buccine, — de clairon, — de clarinette, — de cornet, — de cromorne, — de guerre, — de hautbois, — de marine, — de tournoi, — de trompette, — d'habitation, — distinctif, — hollandais, — noir, — tricolore.

PAVILLON a hampe. V. a hampe. V. drapeau. V. pavillon distinctif.

PAVILLON amiral. V. amiral, adj. V. blanc national. V. drapeau tricolore.

PAVILLON blanc. V. blanc, adj. V. blanc national. V. cornette blanche.

PAVILLON chinois. V. bonnet chinois. V. chinois, adj.

PAVILLON de buccine. V. buccine.

PAVILLON (pavillons) de camp (B, 1; F), ou paile, ou paille suivant Carré (1783, E), ou pavillon de guerre suivant Béneton (1742, A), ou tente d'officier, ou tref. Sorte de pavillon d'habitation qui consiste en une tente où se logeaient des militaires de haut rang; elle portait flamme ou floquet, girouette ou pennon, ou bien une pique en était le mat; celle des hauts personnages était surmontée de leur bannière. C'était, au temps des tournois, le moyen par lequel se faisaient reconnaître les assaillants. Appeler Pavillon ce genre de tente, c'était prendre le tout pour la partie, c'est-à-dire l'ensemble de la tente pour le Pavillon flottant. — Quand les troupes, au lieu d'être commandées par des pennoniers,

par des bannerets, l'ont été par des officiers, les officiers supérieurs ont continué de donner à leur tente le nom de Pavillons. C'étaient des cénacles carrés en coutil, recouverts d'un second toit arrêté à des piquets; si ce second toit était accompagné de murailles, le Pavillon s'appelait marquise. — De même, quand des casernes se sont érigées, le lieu d'habitation des officiers s'y est également appelé Pavillon, quoique depuis si longtemps les floquets, les pennons, cause primitive de la dénomination, fussent en désuétude absolue. — Suivant quelques opinions, l'image des Pavillons de camp se retrouve dans les couvertures ou mantelets d'armoiries. — Les auteurs à consulter à cet égard sont: l'Encyclopédie (1785, C, au mot *Tente*), Lachesnaie (1758, I).

PAVILLON (pavillons) de casernement (B, 1; C, 2). Sorte de pavillons d'habitation, ou batiments attenant aux casernes, ou qui en sont peu distants. Les officiers et leurs domestiques, les chirurgiens-majors, etc., y sont ou y peuvent être logés. Les logements alloués dans ce genre d'établissement varient, suivant le grade, par le nombre des chambres et des lits, par les effets d'ameublement, tels que porte-manteaux, etc., par l'espèce des couvertes, par l'usage des chenets et des miroirs, etc., etc., comme on l'a indiqué en traitant des officiers d'infanterie française de ligne. Si les Pavillons étaient dépourvus d'ameublement, une indemnité qui en serait représentative serait due. — Les Pavillons sont la caserne des officiers; dans certaines villes, les quartiers sont un composé de pavillons et de casernes. Il y a des villes sans Pavillons; dans ce cas, quartier et caserne sont synonymes. — Les adjudants-majors surtout doivent avoir leur logement dans les Pavillons; les officiers d'état-major général et les officiers supérieurs ne doivent y être logés qu'après tous les officiers de troupe. Ceux qui n'y peuvent être logés ont droit à l'indemnité de logement. — La tenue des Pavillons, de leurs corridors, etc., est surveillée par le capitaine de visite. — Dans des casernes convenablement construites, les Pavillons seraient établis suivant le système que nous avons esquissé. — Les clefs des pavillons sont délivrées et retirées par le porte-drapeau ou par l'officier de casernement. — Le règlement de l'an deux (30 thermidor) et les circulaires de 1832 (12 mars) et 1837 (31 janvier) embrassaient quelques détails de ce genre de casernement. — Les Pavillons doivent être tous occupés; en cas d'insuffisance, ils sont affectés de préférence aux officiers les moins anciens, à moins que le COLONEL ne propose des mesures différentes dans l'intérêt de la DISCIPLINE. — La propreté intérieure et les réparations des DÉGRADATIONS DE PAVILLONS tombent aux frais des OFFICIERS qui y sont logés. — La transformation des LOGEMENTS D'OFFICIERS en LOGEMENTS DE SOLDATS, transformation nécessitée par l'insuffisance presque générale des locaux, a été un inconvénient grave. Le complot qui éclatait à STRASBOURG en 1836 n'eût pas eu un commencement d'exécution, si les OFFICIERS eussent été logés avec leur TROUPE, au lieu d'être disséminés dans la ville ; mais la mesquinerie du MOBILIER, quand, partout, ce qu'on appelle le confortable va croissant ; mais le peu de propreté des Pavillons ; mais l'espèce de contrainte que ce genre de LOGEMENT impose aux OFFICIERS, et la surveillance gênante pour eux dont ils y sont l'objet, les ont poussés à faire tous leurs efforts pour être libres dans le choix de leur LOGEMENT ; le MINISTRE s'y est prêté, l'État a eu à supporter la considérable dépense des INDEMNITÉS ; les ENTREPRENEURS DE LITERIES n'ont eu garde de réclamer, puisque l'inexécution de la LOI DE 1792 (23 MAI) leur épargnait la dépense de FOURNITURES, qu'on eût indubitablement exigées plus propres, plus convenables, meilleures. De tout cela il résulte qu'un autre état de choses ne saurait s'établir que quand le gouvernement sera à même de construire, sur un plan général et plus convenable, des casernes et des Pavillons qui ne soient pas, comme les constructions actuelles, la honte de l'ART MILITAIRE. — Peu d'AUTEURS ont traité des Pavillons. LACHESNAIE (1758, 1) s'en occupe aux mots *Fournitures* et *Place d'armes d'une ville.* Le *Journal des Sciences militaires* (1827, 25e livraison) aborde, avec quelque soin, le même sujet. Le *Journal de l'Armée* (t. v, p. 17) fait de ce qui existe une critique fondée. La *Sentinelle de l'Armée* (t. III, p. 162) n'épargne pas, sur l'usage des Pavillons, ses critiques. Mais il faut surtout écouter ce qu'en dit Odier (1824, E, t. III) : « *Si l'on persistait à ne pas mieux les* » *décorer, à ne pas les meubler, il vau-* » *drait peut-être mieux ne pas les con-* » *server, puisque la plupart ne servent* » *point, qu'il faut tourmenter les offi-* » *ciers pour faire habiter ces Pavillons,* » *ou qu'on est réduit à reprendre sur* » *eux des indemnités pour des logements* » *que réellement ils n'occupent pas.* »

PAVILLON DE CLAIRON. V. CLAIRON INSTRUMENTAL.

PAVILLON DE CLARINETTE. V. CLARINETTE.

PAVILLON DE CORNET. V. CERCLE. V. CHEMISE DE CORNET. V. CORNET. V. CORNET INSTRUMENTAL. V. POTENCE DE CORNET.

PAVILLON DE CROMORNE. V. CROMORNE.

PAVILLON DE GUERRE. V. BÉNETON (1755, A). V. GUERRE. V. PAVILLON DE CAMP.

PAVILLON DE HAUTBOIS. V. HAUTBOIS.

PAVILLON DE MARINE. V. ARMÉE DE MER. V. BLANC NATIONAL. V. DRAPEAU NOIR. V. FLAMME A HAMPE. V. MARINE. V. PENNON. V. SALUT.

PAVILLON DE TOURNOI. V. ASSAILLANT DE TOURNOI. V. TOURNOI.

PAVILLON DE TROMPETTE. V. TABLIER DE TROMPETTE. V. TROMPETTE.

PAVILLON D'HABITATION (term. sous-génér.) ou PAVILLON D'OFFICIERS. Sorte de PAVILLON ou de BATIMENT que les LATINS nomment *canopeum.* Le mot sera distingué ici en PAVILLON DE CAMP et en PAVILLON DE CASERNEMENT.

PAVILLON (pavillons) DISTINCTIF (B, 1), ou PABALHO suivant M. ROQUEFORT, ou PAVILLON A HAMPE. Sorte de PAVILLON, c'est-à-dire d'ÉTENDARD ou de DRAPEAU, que les LATINS nommaient génériquement *aplustria, aplustrium, tabernaculum.* C'était, suivant l'ENCYCLOPÉDIE (1751, C), une ENSEIGNE à pointe, une espèce de FLAMME dont l'usage serait emprunté des ARABES d'Espagne. — Sous cette acception, l'expression Pavillon a cessé d'appartenir aux TROUPES DE TERRE et est devenue usuelle surtout dans la MARINE. — Les nations se distinguent par les Pavillons qu'elles arborent. — La FRANCE maritime en comptait quarante-six avant la révolution. — L'ORDONNANCE DE 1661 (9 OCTOBRE), confirmée en 1670 et 1689, témoignait que la marine marchande s'était donné le Pavillon blanc. Cette ordonnance ne lui octroyait que le Pavillon azur, *ancien Pavillon de la nation française, qui est la croix blanche dans un étendard d'étoffe bleue, avec l'écu des armes de sa majesté.* La permission de porter à poupe le pavillon BLANC fut cependant accordée aux BATIMENTS du commerce en 1765. — Les emblèmes ou DEVISES des Pavillons n'étaient pas sans analogie avec l'ART HÉRALDIQUE. — Certains COMMANDEMENTS TÉLÉGRAPHIQUES se sont faits, de tout temps, à l'aide de Pavillons. — Un article concernant les Pavillons est inséré dans le *Journal de la Statistique universelle* (t. VI, p. 713) et dans le *Dictionnaire de la Conversation.*

PAVILLON D'OFFICIERS. V. OFFICIER. V. PAVILLON D'HABITATION. V. SOUS-LIEUTENANT N° 4. V. TABLE D'AMEUBLEMENT. V. TRAVERSIN.

PAVILLON HOLLANDAIS. V. COULEUR NATIONALE, V. HOLLANDAIS, adj.

PAVILLON NOIR. V. DRAPEAU NOIR. V. NOIR., adj.

PAVILLON TRICOLORE. V. DRAPEAU TRICOLORE. V. TRICOLORE.

PAVESEUR, subs. masc. v. PAVESSIER.

PAVOIER, verb. act. et neut. v. PAVESADE.

PAVOIS, subs. masc. (F), OU BASTINGUE, OU PAVAIS, OU PAVART, OU PAVAS, OU PAVESCHE, OU PAVESINE, OU PAVIER, OU PAVOISINE. Ces mots dérivent, suivant MÉNAGE, de l'ITALIEN *palvese, pavese,* qui auraient, dit-il, leur racine dans le latin *parma.* M. ALLOU retrouve Pavois dans le bas latin *pavisium.* — MURATORI pense que l'ITALIEN *pavese* tirait ce nom de ce qu'il exprimait un BOUCLIER inventé par les habitants de PAVIE. D'autres étymologistes veulent qu'il provienne du bas LATIN *pavenses,* qui se retrouve dans l'ESPAGNOL *paves.* — Suivant M. ROQUEFORT, il viendrait du LATIN *papilio,* couverture, PAVILLON, TENTE. Ce même ÉCRIVAIN affirme que le terme a aussi signifié, par une grande extension d'acception, ARMÉE D'OBSERVATION ; il se persuade même qu'il a une racine commune avec le substantif pavé et le verbe paver. — Pavois a produit les substantifs PAVESADE, PAVESSIER, et le verbe PAVOISER qui a eu des sens si divers, comme nous l'avons témoigné. — On a, généralement, décrit le Pavois comme un BOUCLIER de cinq pieds de long, et courbé en tuile à canal; il différait, par là, de la TARGE, suivant M. le colonel CARRION (1824, A) et LACHESNAIE (1758, I); mais cette différence est mal prouvée. — On a regardé comme synonymes de Pavois les BOUCLIERS dont les TRAVAILLEURS se couvraient dans les SIÉGES des anciens, et qui s'appelaient PERSIENS. Le nom donné aux persiennes n'a pas d'autre origine. — Les Pavois, suivant MONSTRELET, étaient *grands escus à couvert de quoi les arbalestriers* ou RIBAUDS *ribaudoient.* — Il doit cependant y avoir eu des Pavois ronds, ou plutôt marqués à l'extérieur d'une trace circulaire, puisque, dans les idiomes de l'Ouest, on a continué, suivant M. ALLOU (*Encyclopédie des Gens du monde,* au mot *Bouclier*), à appeler Pavois, une rondelle empreinte de cercles concentriques, dans laquelle on TIRE AU BLANC. — Le Pavois est plus connu dans le langage pittoresque de l'histoire que dans le style technique de l'art; l'objet qu'il indique s'y présente plutôt, comme on peut le juger à la lecture de Clément MAROT, sous les noms de MANTELET, PANIER, TAILLEVAS,

c'est-à-dire, grands BOUCLIERS employés dans les SIÉGES et les BASTINGUES, depuis PHILIPPE DE VALOIS, suivant DESPAGNAC, jusqu'à CHARLES SEPT; ceux-ci ont été remplacés par les BLINDES, les GABIONS, les SACS A TERRE, etc. — Considéré, suivant l'emploi que le langage historique en fait, et comme un BOUCLIER D'INFANTERIE porté par le SOLDAT même et non par un PAVESSIER, non comme un moyen de PAVESADE, le Pavois a été le trône ambulatoire sur lequel les SOLDATS élevaient aux yeux de l'ARMÉE le GUERRIER qu'ils élisaient roi. — TACITE parle d'un peuple gallo-batave qu'il nomme *Caninefales,* et qui pratiquait ce genre d'investiture, bien plus ancienne, comme on le voit, que ne l'est l'invasion des FRANCS dans les GAULES.— Les ROMAINS aussi décernaient de la même manière la pourpre; les légions de JULIEN l'élevèrent, dans les GAULES, sur le Pavois, avant de marcher sous ses ordres en Orient. — *Pharamond, en 420, fut élevé,* dit VELLY, *sur le bouclier, montré à l'armée et reconnu chef de la nation.* C'était toute l'inauguration des rois germains. — Clovis, déjà roi des Saliens, est élevé sur le Pavois par les Ripuaires en 511. — L'ANGON A MAIN avait, en partie, pour objet d'arracher, de renverser les Pavois. — CHARLES SEPT se servait personnellement de Pavois à quelques SIÉGES OFFENSIFS. — On se servait de Pavois, au MOYEN AGE, pour se préserver des PIERRES et de l'huile bouillante sous les MACHICOULIS et les SARRASINES. — Les AUTEURS qui jettent quelques lumières sur le mot Pavois, sont: M. ALLOU (1837), BOREL (Pierre), CARRÉ (1783, E), M. le colonel CARRION (1824, A), M. le général COTTY (1822, A), DESPAGNAC (1751, D), GASSENDI, GOETZMANN, LACHESNAIE (1758, I), LECOUTURIER (1825, A), MÉNAGE, POTIER (1779, X), le *Dictionnaire de la Conversation.*

PAVOISADE, subs. fém. v. PAVESADE.

PAVOISER, verb. neut. v. PAVESADE. V. PAVILLON. V. PAVOIS.

PAVOISEUR, subs. masc. v. PAVESSIER.

PAVOISIER, verb. act. et neut. v. INFANTERIE Nº 2. V. PAVESADE. V. PAVESSIER. V. SOLDAT. V. TARGE.

PAVOISIEU, subs. masc. v. PAVESSIER.

PAVOISINE, subs. fém. v. PAVOIS.

PAYE, subs. fém. v. DEMI-P... V. DOUBLE P... V. GRANDE P... V. HAUTE P... V. MORTE P... V. SERVICE DE LA P... V. SERVIR LA P...

PAYE (B, I, F), OU PAYE FRANÇAISE, OU PAYE MILITAIRE. Le mot Paye vient, suivant GÉBELIN, du CELTIQUE, *paca, naga*; il a deux acceptions qui le rendent confus ; il signifie action d'acquitter le payement des troupes, ou ensemble de valeurs propres à opérer ce payement. — Le terme s'est introduit comme technique, dans notre langue, par l'intermédiaire de l'italien, parce que les Lombards ont, des premiers, établi des règles d'administration ; il a succédé aux expressions soulte, gaige, gage ; il a précédé l'emploi des substantifs appointements et solde, pris au technique ; il a produit les termes payement, payer, payeur ; il embrasse, génériquement, suivant l'esprit des définitions qui s'appliquent à l'armée française moderne, la solde des hommes de troupe, les accessoires de solde, les appointements d'officiers. — Pendant longtemps, il n'y avait uniquement que Paye, il n'y avait pas solde et appointements ; de là vient que quantité d'écrivains inattentifs prennent l'un pour l'autre les termes solde et paye. Il est même devenu impossible d'éviter toujours cette confusion et de remédier à cette obscurité, quand on parle des anciennes époques où le mécanisme administratif était encore si embrouillé. Pouvait-il l'être plus que quand un souverain achetait, in globo, à un entrepreneur, un ban, une bande, une compagnie, une enseigne ? Chefs et soldats s'arrangeaient pécuniairement ensemble, comme ils pouvaient, ou à prix débattu. — La Paye sort des coffres de l'Etat par les mains des payeurs ; la solde sort de la caisse a trois serrures, par les mains des quartiers-maîtres trésoriers. — La paye est la partie en numéraire du traitement, servie à part des prestations en nature ; elle est une prestation individuelle, réglée en deniers à taux fixe, allouée aux militaires en activité, en réforme, en demi-solde, et acquittée en conformité de tarifs authentiques. Elle varie, à raison du grade, du rang, de la fonction, de la classe. — Quoique les appointements ne soient qu'une subdivision de la Paye, toutefois, en parlant des officiers, on dit solde de retraite ou de réforme, et non appointements de retraite ou de réforme, tant la langue militaire est mal d'accord avec elle-même. — Les méthodes, es quotités suivant lesquelles la Paye était délivrée dans l'antiquité, sont des secrets que l'histoire n'a pas révélés, et il n'est pas possible d'y suppléer par des suppositions, parce qu'on ne saurait établir avec justesse des assimilations d'emplois et de grades. — S'il s'agit d'époques plus modernes, la difficulté reste la même, parce que, suivant les circonstances, le taux du marc d'argent, dont nous parlerons plus bas, la valeur de

l'hectolitre de blé, le prix des principales victuailles, sont, trop souvent, l'objet d'évaluations inévitablement hypothétiques : *en vain en rechercherait-on les mercuriales.* — Rollin essaye d'établir une concordance du taux des Payes antiques et de la valeur des monnaies modernes ; il prend pour chiffre de comparaison le talent évalué à trois mille livres au temps de Colbert ; l'évaluation serait aujourd'hui différente, mais des supputations telles que celles de Rollin sont fort incertaines. — Avant Xénophon (570 av. J.-C.), la milice grecque pratiquait un service de Paye dont nous avons reproduit, en partie, le peu qu'on en sait, en traitant de cette milice. La délivrance de cette Paye commença 431 av. J.-C., ou au commencement de la guerre du Péloponèse. La milice romaine, après avoir combattu plus de trois cents ans, sans être défrayée par l'épargne publique, ne commença à percevoir, suivant Florus, une Paye que depuis le siége de Véies, ou, suivant Festus (Pompeius Sextus), depuis l'année qui précéda la prise de Rome par les Gaulois (590 ans av. J.-C.) ; la cavalerie romaine n'en toucha une que trois ans plus tard que le siége de Véies. L'Encyclopédie (1751, C, au mot *Romains*) dit que cette innovation eut lieu l'an de Rome 347 ; elle dit (au mot *Solde*) que cela eut lieu en l'an 440 ; mais, comme il s'écoula presque un siècle entre ce siège et l'époque où Rome commença à frapper des espèces d'argent, on est fondé à supposer que cette Paye n'était qu'une distribution de denrées, ou n'était acquittée qu'au moyen de monnaies d'airain. — Depuis l'établissement du consulat, la confiscation de la Paye était au nombre des punitions romaines. Ce chatiment se retrouve dans les modernes amendes militaires. — Quand les invasions des barbares eurent effacé, dans les Gaules, les traces des usages romains, le butin fut le seul moyen d'entretien des troupes. La vente des esclaves faits à la guerre était la principale partie de ce butin. — Quand les bénéfices militaires furent institués, ceux qui en furent investis furent tenus de servir à leur propre compte ; mais le gagnage, la proie, continuèrent à être le véhicule du recrutement et le dédommagement des guerriers, moyennant dîme ou grande part au profit du prince ou du chef. — La paye, sous quelque forme qu'on la conçoive, est donc bien ancienne, soit que des nationaux se vendent à des étrangers, comme le firent les Grecs chez Cyrus, les Gésates et les Gaulois chez les Grecs et chez les Carthaginois, soit que la cité, comme on le vit à

Rome, dédommage par des prestations en nature, par des valeurs vénales ou monnayées, par des récompenses honorifiques, les concitoyens qu'elle expatrie comme soldats, soit qu'un chef d'aventuriers promette à ses satellites le pillage, sous condition de partage, soit qu'un usurpateur couronné s'attache des guerriers, en leur octroyant des dotations, des terres, des titres. Ainsi commencèrent les fiefs. — Au temps de Clovis, et sous toute la première race, il n'était pas délivré de Paye; le butin en tenait lieu, ainsi que la possession des prisonniers; ils étaient ou soumis à rançon ou réduits en servitude. — Les capitulaires de la seconde race autorisent à croire qu'il en était encore ainsi; telle fut la manière dont en agirent les hordes venues de Germanie en France, en Italie, en Espagne. Faire des esclaves tenait lieu d'émoluments, à raison du profit que donnait leur mise en vente, ou des services domestiques que le vainqueur en attendait. C'était la plus précieuse portion du butin, parce qu'elle n'exigeait pas de soins ou de dépenses de transport, et que le bâton faisait marcher les captifs; ceux qui ne pouvaient pas suivre mouraient. — A la date 695, on voit, dans Velly, qu'alors il *ne paraît pas que les troupes eussent d'autre solde que le butin.* — Charlemagne avait des troupes soldées, comme le témoigne Velly, à la date 798. — Philippe Auguste se portant, en 1180, contre le comte de Flandres qui s'était révolté, accorda à ses soldats la première Paye dont l'histoire de France fasse clairement mention; mais il est indubitable cependant, que, plus anciennement, il avait été servi une Paye à des aventuriers, et que Henri deux d'Angleterre entretenait des stipendiaires. — La Paye monnayée, ou un équivalent de Paye, se retrouve depuis le commencement de la troisième race. On a supposé que l'élévation de Hugues Capet sur le trône fut le prix d'une concession de solde, mais ce fut plutôt une concession de droits politiques ou de propriétés terriennes. — Plus tard, une Paye se délivrait, dans des domaines de France, à des serfs nommés *pulveratici*, et à des hommes libres des armées royales. Philippe Auguste, dit Béneton (1741, A), accordait une Paye au gendarme lancier amenant à sa suite deux archers. Pour nous servir des termes actuels, cet homme d'armes percevait Paye à charge de délivrer solde. Philippe accordait par jour un sol aux hommes de pied. Le marc d'argent valait cinquante-cinq sous. — A ces mêmes époques, des chevaliers commencent à servir spontanément et non par tenure; ils se placent, *par recommandation volontaire*, auprès des seigneurs puissants; ils se soumettent à un service librement consenti, et exigent, en compensation, une grande paye, et toujours la commensalité qu'on appelait bouche en cour, comme Joinville le témoigne; il raconte qu'il entretenait à grand'peine dix chevaliers, et qu'il se faisait entretenir lui-même par le roi, le plus chèrement qu'il pouvait. Ainsi la Paye était alors octroyée et marchandée, ou par le chef de l'armée, ou par un seigneur chef de troupe. C'était à qui demanderait plus ou donnerait moins. — Louis neuf allouait quinze deniers à ses arbalétriers. Cette solde équivalait à peu près à un franc. En 1250 les gentilshommes avaient deux sous par jour, les écuyers-bannerets dix sous, et les écuyers simples, seulement cinq sous, suivant Ducange (*sur Joinville*). — Au treizième siècle, l'usage des troupes stipendiées était commun dans l'Allemagne et dans l'Italie; il était universel dans le siècle suivant. — Un rôle de la chambre des comptes de 1275 témoigne que le ban et l'arrière-ban, convoqués à Tours par Philippe le Hardi, se composaient d'hommes de cheval et de pied dont les uns touchaient un gage, tandis que les autres n'étaient pas rétribués. Toutefois des rôles ou revues minutés, sous le règne de ce prince, prouvent qu'il accordait une solde à des écuyers, des chevaliers, des barons, des bannerets; une ordonnance de 1271 en avait dressé le tarif. — M. Bontemps affirme qu'au temps de la féodalité, une Paye n'était accordée par le roi que quand il s'agissait de combattre des vassaux rebelles, non quand il s'agissait d'une guerre nationale. Cependant, les Sarrasins n'étaient pas des vassaux rebelles, et on voit, dans les croisades, une Paye être réclamée par des croisés de haut rang. Il est à peu près impossible de rattacher à des principes généraux l'ensemble des usages de ces époques. — Vers les mêmes siècles, les aventuriers de l'Italie n'étaient pas étrangers à une comptabilité de la Paye; mais ce sont des détails que l'histoire n'a pas enregistrés; on sait seulement que leurs Payes ou monstres étaient mensuelles; qu'en s'engageant, ils demandaient en gratification, et comme prime de recrutement, un mois de solde; qu'ils exigeaient, les jours de combat, double paye, *paga doppia*. — L'invention et l'assiette des impôts pouvaient seules, en France, rendre possible le service de la Paye; mais cette double administration fut longtemps bien grossière. Le connétable s'emparait d'une partie du TRAITEMENT des TROUPES ; les MERCENAIRES, imitateurs des CONDOTTIERI, exigeaient PAYE DOUBLE les JOURS DE BATAILLE, ou ne se battaient pas. — La NOBLESSE et l'Eglise se refusaient à satisfaire aux impôts ; des communes, des provinces se retranchaient dans leurs immunités ; les traitants, les usuriers dévoraient le FISC ; le déclin de la FÉODALITÉ rendait nulle la ressource des TROUPES FIEFFÉES, et les souverains étaient réduits, pour s'appuyer sur des HOMMES D'ARMES, à user de ressources honteuses ou inhumaines, telles que la fabrication de la fausse MONNAIE, l'extorsion de l'argent des JUIFS, la spoliation des Lombards, l'autorisation de vivre sur le peuple. — L'usage d'une PAYE ROYALE devint général, surtout au temps de PHILIPPE LE BEL, vers le commencement du quatorzième siècle. Tant que les SERFS avaient été assez pauvres pour dépendre de SEIGNEURS, le SERVICE militaire était une redevance forcée et sans dédommagement ; quand des VASSAUX ou des SERFS ont été assez forts ou assez riches pour se soustraire au SERVICE vis-à-vis des FEUDATAIRES affaiblis ou ruinés, force a été d'acheter par une SOLDE les HOMMES DE GUERRE qu'il avait jusque-là suffi d'appeler au moyen du BAN. — CHARLES CINQ pourvoyait à la Paye des COMPAGNIES D'ORDONNANCE au moyen des AIDES ; CHARLES SEPT, au moyen de la TAILLE. Entre ces deux règnes, la SOLDE des SERGENTS que le ROI attachait à son service était, suivant SERVAN, de cinq sous par jour. — Sous Charles sept, époque où le marc d'argent valait huit francs, l'homme d'armes avait par mois dix livres (soixante-cinq francs), le coutillier cinq livres, l'archer quatre livres (vingt-six francs), le page trois livres (dix-neuf francs cinquante centimes). — La MILICE ANGLAISE, au temps où elle inondait la FRANCE, y jouissait d'une Paye régulière ; les FANTASSINS d'EDOUARD TROIS percevaient une SOLDE double du prix de la JOURNÉE d'un maître charpentier, et triple du montant de la journée d'un compagnon charpentier ; mais ces FANTASSINS étaient des espèces d'artistes, à raison de l'habileté qu'on exigeait d'eux comme TIREURS D'ARC. — Alors, en FRANCE, si les DUCS et les COMTES ne jouissaient pas d'une Paye quand ils FAISAIENT LA GUERRE, du moins on voit, par les ordonnances qui nous sont parvenues, que les BARONS et les CHEVALIERS étaient émolumentés ; il y avait même tels SEIGNEURS FIEFFÉS qui ne marchaient qu'aux dépens du ROI, comme en font foi plusieurs ROLES de 1557. En outre de la Paye, ces SEIGNEURS percevaient une espèce de GRATIFICATION D'ENTRÉE EN CAMPAGNE. — Le ROI remboursait les CHEVAUX tués ou mis hors de service en TEMPS DE GUERRE. Le CONNÉTABLE, surtout, et la GENS D'ARMERIE sous ses ordres, avaient droit à cette INDEMNITÉ DE PERTE. — La concession d'une SOLDE exigée par certains FIEFS a été le germe de leur destruction et de l'abolition de la VASSALITÉ, parce que les ROIS, quand ils ont pu acheter des MERCENAIRES, ont été dispensés de recourir aux TROUPES FÉODALES. — M. MAZAS affirme que, postérieurement aux CROISADES et dans le quatorzième siècle, la NOBLESSE et la CAVALERIE refusaient avec dédain un salaire. L'accepter était à leur avis, dit-il, se reconnaître dans la dépendance de la couronne. Cependant, bien plus anciennement, JOINVILLE exigeait de SAINT LOUIS une Paye ; un rouleau de la chambre des comptes que désigne VELLY, à la date 1267, énumère les SEIGNEURS souverains qui vendaient des CHEVALIERS à SAINT LOUIS, moyennant une Paye qu'alors on appelait DON. En 1525, un compte rendu par le surintendant des finances indiquait que le CHEVALIER avait par jour dix sous ; le BANNERET, vingt sous ; le CONNÉTABLE, soixante sous. Ainsi la Paye de la GENDARMERIE D'ORDONNANCE et des LANCES FOURNIES fut tarifée légalement la première. — M. MAZAS veut faire trop d'honneur au prétendu désintéressement de la NOBLESSE ; c'est avoir tiré une induction trop générale de l'orgueilleux refus que quelques personnages féodaux ont pu faire, quand, par des subsides, le souverain cherchait à rapprocher de lui des SEIGNEURS factieux ; mais, si des TROUPES de CAVALERIE ont fait fi de la SOLDE ROYALE, elles étaient fort avides de la solde seigneuriale ou domaniale, et de la bouche en cour. — En 1336, la NOBLESSE de NORMANDIE proposait à PHILIPPE SIX de LEVER L'ÉTENDARD contre les ANGLAIS ; tout était prévu dans le mémoire dressé à cet égard ; la Paye des HOMMES D'ARMES était de trente sous, celle des BACHELIERS de quinze, celle des ÉCUYERS de sept sous et demi. — L'ORDONNANCE DE 1338 (JUIN), datée de Vincennes, donnait aux PIÉTONS douze deniers tournois, et mentionnait, dans son intitulé, la Paye des autres GENS DE GUERRE, mais s'en occupait peu dans son libellé, qui traitait plutôt des formes judiciaires de la FÉODALITÉ. La NOBLESSE était intervenue dans la rédaction de ce document, ou plutôt l'avait dicté, et y stipulait dans l'intérêt des diverses classes nobiliaires, plus qu'elle ne s'occupait de l'intérêt de l'ARMÉE proprement dite. — Dans ce même siècle, si le ROI ou les SEIGNEURS manquaient d'argent, *ou de sagesse*, dit l'abbé MILLOT, ils rendaient une ordonnance qui permettait *aux gens d'armes, archers, arbalétriers, de vivre sur le peuple.* Les communes, les villes, s'en rachetaient de leur mieux ; mais les chefs de troupes pressuraient, à leur gré, les habitants du territoire chargé de les nourrir, ils traitaient à merci les manants formant la circonscription de pâture, de pacage qu'on nommait alors apatis ou localité nourricière. — Des lettres patentes de 1410 (11 août) fixaient la Paye à laquelle avaient droit, en campagne, les arbalétriers de Paris. Elle était de trois sous par jour ; le capitaine en touchait cinq. Ainsi commençait, de fait, sinon dans les termes, la distinction de solde et d'appointements. Les archers de Paris ne percevaient, dans la même position, que deux sous. Ces soldes étaient indépendantes des vivres des hommes et des chevaux. Ainsi commençait la différence entre le traitement et la Paye, entre les temps de paix et de guerre. Bonnor (1488, A) témoigne qu'au quinzième siècle la Paye s'appelait gaiges. Il intitule son soixante-onzième chapitre : *En quel temps se doibvent payer gaiges.* — La Paye commença, depuis Charles sept, à prendre des formes plus régulières, plus économiques. M. Bontemps témoigne qu'elle n'était plus que le sixième du traitement qui avait été alloué aux troupes féodales. Nous supposons bien incertaines ces évaluations. — Au quinzième siècle, les francs archers n'avaient pas paye royale ; ils ne touchaient celle du trésor royal qu'en temps de guerre ; l'extraordinaire y pourvoyait. — Les lettres royales de 1467 (avril), pour remédier aux abus, aux dilapidations qui avaient lieu dans la distribution de la solde, voulaient que les commis des trésoriers des guerres, *les commis à départir l'argent,* payassent directement, non aux chefs des troupes, la solde, mais manuellement à chaque homme d'armes. On sent combien un pareil correctif était vicieux et compliqué. — La Paye des francs archers, dit Velly, à la date 1444, était le quadruple de celle des fantassins de Louis quinze ; mais les francs archers devaient s'armer, s'habiller, s'entretenir à leurs frais. — A cette époque, la Paye de l'homme d'armes était de dix livres par mois ; celle du brigandinier ou coutillier, de cent sous ; celle des archers, de quatre livres ; celle du page, de soixante sous. — Louis onze accordait aux soldats de son infanterie suisse une Paye évaluée au taux du prix de quatre journées d'artisans. Cette proportion semble démesurée ; mais la Paye du colonel et celle du goujat, censées les mêmes dans la capitulation, différaient grandement dans la répartition ; le chef en

prenait et en donnait ce qu'il voulait. Ce taux de quatre journées était le terme arithmétique d'une stipulation à forfait, d'une cote mal taillée, et la répartition ou le quantum des deniers octroyés, comme gages échelonnés, sont restés inconnus. — M. Monteil rapporte que, dans ce même siècle, on appelait petite paye celle d'invalidité ; la petite paye était, suivant d'autres écrivains, la paye de paix. — Au seizième siècle, comme le témoignent Bouchel et Monteil, le roi arrêtait mensuellement la dépense de la cavalerie permanente ; c'était là l'ordinaire des guerres. Mais le monarque n'arrêtait pas la solde de l'infanterie, parce qu'elle constituait l'extraordinaire des guerres. — La réputation de bienfaisance, de bénignité, qui est restée attachée au nom de Louis douze, eut surtout pour cause les ordonnances qu'il rendit à la fin du quinzième siècle, pour assurer le service plus régulier de la Paye, pour soustraire aux déportements des gens d'armes, les habitants des villes et des campagnes, pour ne laisser mettre de garnisons de gens d'armerie que dans les villes murées ou défendues, afin que les bourgeois pussent y repousser par la force les extorsions de la noble soldatesque. — Mais ce bienfait fut de courte durée. — Le maréchal de la Vieilleville atteste que les corps de gendarmes étaient, dans le seizième siècle, des fermes exploitées par leurs chefs ; les dilapidations n'étaient pas moindres dans l'infanterie française, comme le prouve l'usage, alors si commun, des passe-volants. On lit dans Brantome (1600, A) : *On a veu le bien qui en reviendroit, si l'on vouloit pratiquer la discipline ; mais avant, il faudroit payer les soldats, car autrement c'est une grande injustice de les faire mourir.* C'est-à-dire, de condamner à mort pour vol, le soldat à la nourriture duquel on ne pourvoit pas. C'était la paraphrase de ce que Machiavel a dit. — Ces paroles témoignent que le trésor ne s'ouvrait que fort irrégulièrement pour l'entretien des corps ; elles justifient les Suisses qui ne voulaient pas servir s'ils n'étaient payés. C'était moins une résistance de la part des simples soldats, qu'une volonté formelle de la part de leurs officiers, qui tenaient à honneur d'entretenir une discipline inconnue du ramas de brigands qu'on nommait alors infanterie française. Les chefs suisses, témoins de la pénurie perpétuelle du trésor mis à sec par les prodigalités de cour, voulaient forcer nos imprévoyants souverains à tenir les engagements stipulés dans les capitulations ; ils ne voulaient pas imiter les

GÉNÉRAUX français, qui désolaient les provinces par un PILLAGE dont ils s'appropriaient la part principale, s'inquiétant peu comment vivaient leurs subordonnés ; rien de plus ridicule que de ridiculiser ce mot : *point d'argent, pas de Suisses ;* ce sont les courtisans et les dilapidateurs qui ont inventé ce dictum pour pallier le manque de foi ou de précaution des monarques. — LANOUE rapporte que CHARLES-QUINT disait philosophiquement que la Paye est le salaire du SERVICE, mais que les RÉMUNÉRATIONS doivent payer le mérite. — L'ORDONNANCE DE 1533 (1er FÉVRIER) donnait quelques développements aux règles de la Paye. — L'ORDONNANCE DE 1549 (19 NOVEMBRE) augmentait la Paye, abolissait le droit de vivre sur le peuple, et dispensait les communautés de la FOURNITURE des VIVRES. Le marc d'argent valait treize livres. — On appelait PAYES ROYALES, sous HENRI DEUX, à ce que dit le maréchal de la VIEILLEVILLE, des EMPLOIS dont l'émolument était de quarante livres par mois ; c'étaient des places réservées, dans l'INFANTERIE, à la NOBLESSE ; elles étaient au nombre de quatre dans chaque BANDE de trois cents HOMMES. — On commença, sous HENRI QUATRE, à évaluer la DÉPENSE de l'HOMME MOYEN ; mais l'ensemble de la Paye (proprement dite), de l'HOMME D'INFANTERIE, n'était guère que le huitième de la DÉPENSE totale de l'ARMÉE. — On lit dans les registres du parlement (1657, 9 février), que le brigandage dont PARIS était le théâtre, tenait à la misérable et insuffisante rétribution des ARCHERS DE POLICE ; leurs GAGES *n'estoient que trois sous et demi par jour, lesquels encore n'estoient entièrement payés.* — Le ministre LETELLIER a, le premier, reconnu combien il importait de créer, au meilleur marché possible, une ARMÉE puissante ; l'ORDONNANCE DE 1653 (28 AVRIL) fut rédigée dans cet esprit. De la réduction des TARIFS il résulta successivement et en apparence l'affaiblissement de la Paye ; nous disons en apparence, parce que l'avilissement du gage monétaire ne frappa, en réalité, que sur l'OFFICIER ; que si la SOLDE de l'HOMME DE TROUPE parut être moindre sous LOUIS TREIZE que sous HENRI QUATRE, moindre sous LOUIS QUATORZE et LOUIS QUINZE que sous leur père, elle ne décrut pas positivement, comme le croit CARRION (1824, A, t. II, p. 54), puisque, successivement, elle fut dégagée de l'obligation d'acquitter le prix de l'ARMEMENT, du CHEVAL DE MONTURE, des FOURRAGES, de l'HABILLEMENT, des soins curatifs, des locations de domiciles ; ce qui a fait dire à ODIER (1824, E, t. II), écrivain qu'on ne peut trop citer en pareille matière, que la

SOLDE nette ayant prévalu sur la SOLDE À RETENUES pour ORDINAIRE et LINGE ET CHAUSSURE et pour quantité d'autres fournitures, elle était trois fois plus forte de son temps que quand, sur les six sous huit deniers (ce chiffre est erroné) de LOUIS QUATORZE, il fallait trouver le prix de l'HABILLEMENT, de l'ARMEMENT, des VIVRES. — L'ORDONNANCE DE 1660 (20 JUILLET) et celle DE 1665 (20 NOVEMBRE) donnaient cinq sous au soldat et ont été longtemps le type des tarifs. Le marc d'argent valait alors près de vingt-neuf livres. — Les ORDONNANCES DE 1686 (20 DÉCEMBRE), DE 1714 (20 JUIN), DE 1716 (1er JUILLET) étaient comminatoires au sujet des désordres dans l'administration de la Paye. — Les ordonnances de 1738 (1er décembre) et de 1757 (25 avril) réglèrent plus précisément la matière ; du TABAC continuait à être délivré. — D'autres bonifications eurent lieu depuis le temps où diverses portions de la solde étaient arbitrairement détournées de leur véritable destination, comme le témoignait CHENNEVIÈRES (1750, C) en traitant de l'ADMINISTRATION du dernier siècle. L'application de la Paye fut plus régulière depuis la seconde moitié du dernier siècle ; elle fut plus ponctuellement servie par le TRÉSOR, si ce n'est pendant la GUERRE DE LA RÉVOLUTION. — Dans les derniers siècles, la Paye, l'entretien, le TRAITEMENT DES TROUPES EN ROUTE, au lieu d'être au compte du ROI, tombaient au compte des provinces françaises que la TROUPE parcourait ou traversait ; ainsi, quand la cour n'avait rien dans ses coffres, le MINISTRE DE LA GUERRE METTAIT EN MARCHE les CORPS ; les DÉPENSES D'ÉTAPE étaient, en résultat, pour l'HABITANT, un tribut cinq ou six fois plus onéreux que si le gouvernement eût demandé aux contribuables ce qui eût suffi à l'entretien des mêmes TROUPES restant stationnaires. C'était ainsi qu'on administrait sous LOUIS QUINZE. — Sous ce règne, les HAUTES PAYES furent inventées, ou du moins devinrent une disposition de la loi, non une mesure arbitraire comme elles l'avaient été jusque-là. — L'ORDONNANCE DE 1762 (10 DÉCEMBRE) consacra le principe d'une PAYE SUR PIED DE GUERRE et d'une SUR PIED DE PAIX. — L'ORDONNANCE DE 1762 (10 JUIN) accorda au FANTASSIN six sous en TEMPS DE GUERRE, cinq sous huit deniers en TEMPS DE PAIX ; les huit deniers payaient le LINGE ET CHAUSSURE. — L'ORDONNANCE DE 1775 (26 AVRIL) reconnaissait les mêmes ALLOCATIONS. — L'ORDONNANCE DE 1776 (25 mars) n'alloua plus qu'une Paye, soit de GUERRE, soit de PAIX, et octroyait six sous quatre deniers. Le même taux était consacré par l'ORDONNANCE DE 1788 (17 MARS). Le DÉCRET DE

1790 (5 JUILLET) modifia les dispositions anciennes ; la Paye commença à être du ressort des CONSEILS D'ADMINISTRATION depuis ces époques. — Jusque-là, le soldat ne touchait rien les TRENTE ET UN DU MOIS ; le CONSEIL DE LA GUERRE mit un terme à cette absurde coutume. — En 1790, la Paye commença à comprendre des DENIERS DE POCHE ; on dut ce bienfait à l'ASSEMBLÉE NATIONALE ; jusque-là rien n'avait été touché par le SIMPLE SOLDAT, que sous forme de DÉCOMPTE, plus ou moins fidèlement délivré. Tel SOLDAT, s'il n'avait une profession et la permission de l'exercer, faisait un ou plusieurs CONGÉS, sans avoir jamais en douze sous à sa disposition ; voilà pourquoi il était délivré du TABAC DE CANTINE. Cette nullité de la Paye a été regardée comme une des principales causes des DÉSERTIONS si fréquentes des derniers siècles. — Les ordonnances plus modernes substituèrent au mot absolu Paye, longtemps seul en usage, le mot Paye pris dans le sens générique expliqué plus haut. — SERVAN (1780, B, p. 512) propose, avec raison, de ne donner qu'une seule et même Paye aux HOMMES DE TROUPE dans toutes les ARMES, et recherche les causes des différences que la routine maintenait ; mais cet écrivain négligeait une remarque : au temps où l'ENGAGEMENT VOLONTAIRE fournissait seul au RECRUTEMENT, il fallait offrir un appât un peu plus entraînant aux hommes qui étaient l'élite de la population ; voilà pourquoi la CAVALERIE était plus chèrement payée. Depuis que les LEVÉES forcées fournissent d'HOMMES les CORPS, une différence de Paye ou du moins de DENIERS DE POCHE est devenue une injustice, un témoignage de mépris pour ceux des CORPS qui sont le moins favorisés. S'il y avait une ARME à payer plus que toutes, ce serait l'INFANTERIE, puisqu'elle accomplit le service le plus dur ; mais quelque chose semble nous être resté du temps où un CAVALIER était un GENTILHOMME, et où il fallait acheter en ITALIE les INGÉNIEURS et les CANONNIERS. — La Paye républicaine a varié sur PIED DE RASSEMBLEMENT, et la règle s'en est maintenue. — BONAPARTE a été le créateur des DOUBLES PAYES ; la restauration a imaginé les DEMI-PAYES, en même temps qu'elle exagérait les Payes de priviléges. — On a appelé CADETS, CORPS FRANCS et VOLONTAIRES, des personnages ou des AGRÉGATIONS qui servaient sans Paye. — On évaluait, dans le siècle dernier, le montant des FRAIS DE GEOLAGE à la moitié de la Paye. — Jusqu'en 1804 et 1805, il n'y eut qu'un TARIF ; il était public, connu, respecté. Depuis cette époque, les gouvernements consulaire et impérial altérèrent par mille décisions arbi-

traires l'unité de la loi ; tout devint exception, privilége, faveur, mesure occulte ; ce fut un dédale inextricable, et les investigations de NAPOLÉON assis, la plume à la main, au milieu des colonels généraux de sa GARDE, y furent impuissantes ; il déchira, de colère, sur le tapis vert les documents qui lui étaient soumis, et avoua indéchiffrable cette COMPTABILITÉ. — Rien n'est devenu beaucoup plus clair. — La Paye de l'ÉTAT-MAJOR, de l'ARTILLERIE, du GÉNIE, des INGÉNIEURS-GÉOGRAPHES (quand il en existait comme corps), excédait d'un tiers celle de l'infanterie. Ce n'était pas plus équitable que la SOLDE plus avantageuse de la CAVALERIE. — Une ADMINISTRATION sage ne doit pas élever les DÉPENSES de la Paye au delà de la moitié du TRAITEMENT ou entretien général de l'ARMÉE ; et ce genre de calcul doit s'établir sur le SOLDAT MOYEN. — ODIER (1824, E, t. III) est loin d'applaudir au système de la Paye moderne et aux indéchiffrables complications des TARIFS de l'ORDONNANCE DE 1825 (19 MARS). Suivant lui, il n'est pas convenable de ne rétribuer un OFFICIER D'ÉTAT-MAJOR que comme un OFFICIER DE CAVALERIE ; un GARDE-MAGASIN des VIVRES, que comme un LIEUTENANT ; un DIRECTEUR D'HOPITAL, que comme un CAPITAINE ; un TRÉSORIER DE CORPS, que comme un LIEUTENANT. — Les CORPS PRIVILÉGIÉS font, par les concessions de Payes qu'ils arrachent, le désespoir des économistes et la déception des calculateurs de BUDGETS. — En parlant des MILICES ANGLAISE, — DANOISE, — ESPAGNOLE, — PRUSSIENNE, — TURQUE, nous avons donné quelques aperçus relatifs aux Payes comparées. — On peut consulter sur le sujet : AUDOUIN (t. III, p. 483), M. BALLYET (1817, D), BARDIN (1807, D ; 1809, B), BARTHÉLEMY l'abbé, (t. III, p. 156), M. BERRIAT (1817, A), BLONDEL (1840), BOULAINVILLIERS, M. CANCRIN, CARRÉ (1785, E), M. le colonel CARRION (1824, A), DANIEL (1721, A), DUCANGE (au mot *Moneta* et dans sa *dissertation sur Joinville*), ENCYCLOPÉDIE (1751, C ; 1785, C ; t. I, p. 49 ; t. II, p. 317 ; t. III, p. 569 ; id., au mot *Désertion*, et au supplément, au mot *Constitution*, et p. 808), M. HALLAM, GOETZMANN (1777), LACHESNAIE (1758, I), LECOUTURIER (1825, A), MAURICE DE SAXE (1757, A), M. DE MONTVERAN (1851), ODIER (1818, 1824, E), POLYBE (150 av. J.-C.), POTIER (1779, X), SERVAN (1780, B, p. 505, et 1806, C), STRUVIUS, TURPIN (1785, O, t. II, p. 72), VELLY, VOLTAIRE (*Siècle de Louis quatorze ; Culture*, et t. XVIII, p. 260 et t. XXIV, p. 200), XÉNOPHON (370, A), *le Journal de l'Armée* (t. III, p. 51, 52) et tous les auteurs cités à l'article SOLDE. —

D'autres écrivains étrangers aux études militaires, ou ne s'en étant occupés qu'accessoirement, ont traité de la valeur des monnaies. Leurs recherches auraient pu être les éléments d'une échelle comparative des Payes diverses ; mais ce serait la base bien incertaine d'un travail que nous regardons comme presque inexécutable, parce que les savants qui se sont livrés à l'étude des variations du marc d'argent, ne sont pas d'accord entre eux touchant le chiffre précis de sa valeur ; parce qu'une évaluation relative ne saurait être faite à raison des modifications fréquentes que les monnaies ont éprouvées dans leurs dénominations, leur alliage, leur pesanteur ; parce qu'il faudrait déterminer la valeur comparée des monnaies, non-seulement à raison de la matière, du titre, du poids, toutes données mal connues, mais encore à raison de la quantité de numéraire mis en circulation, et ces quantités sont à jamais ignorées. Une autre difficulté, un fait inexpliqué, c'est que, tandis que par une progression insensible, constante, le prix du marc d'argent baisse à proportion de l'accroissement de ce métal, l'élévation du prix des denrées n'est pas en proportion de la décroissance des monnaies. Ces auteurs sont : Arnoult (*Histoire générale des finances de France*), Bazinghen, Bouchaud (*De la chose pécuniaire*, en latin), Boutroue, (*Recherches curieuses des monnaies de France*, 1665, in-folio, Paris), Contarini (*Commentaire sur la Paye romaine*, en latin), Dernis, Dupré de Saint-Maur (*Recherches sur la valeur des monnaies*), Forbonnais (*Recherches sur les finances de France*), Gronovius (*Des sesterces et monnaies grecques et romaines*, en latin), Lebeau (*Mémoires de l'Académie des inscriptions*), Leblanc (*Traité des monnaies*), Linguet (*Annales politiques, civiles, littéraires*), Pastoret, Paucton (*Traité des mesures, poids et monnaies*), Rollin, Say (1832), Struvius, l'ancien *Almanach des monnaies*, le *Journal des Savants*, de février 1769. — En résumant ce que renferment leurs traités, donnons approximativement ici une idée de la marche progressive des dépréciations monétaires. Cet aperçu est nécessaire aux études comparées de la Paye. — La livre monétaire ou tournois contenait, sous Charlemagne, douze livres d'argent ; sous Philippe premier, huit livres; en 1113, six ; sous Louis sept, quatre. — La valeur du marc d'argent était, au milieu du quatorzième siècle, de six livres ; sous Charles sept, de sept à huit livres ; sous Louis onze, de douze ; sous François premier, de quatorze ; sous Henri trois, de vingt ; sous

Henri quatre, de vingt-trois ; sous Louis treize, de vingt-cinq ; sous Louis quatorze, de quarante ; sous Louis quinze, de quarante-neuf. En 1791, la livre ne contenait plus en argent que la sixième partie d'une once, et n'était plus que la soixante-douzième partie de la livre de Charlemagne. De nos jours, le prix du marc d'argent était tombé à cinquante-cinq francs. — Il faudrait, de plus, constater la valeur que le froment avait, année commune, aux époques comparées, pour se faire une idée de la valeur des signes monétaires ; car, une des erreurs de Montesquieu, est d'avoir avancé que le numéraire est *la mesure commune de tout* ; il n'est, en réalité, qu'une valeur qui varie sans cesse.

PAYE d'adjudant. v. adjudant. v. adjudant d'infanterie française de ligne n° 14.

PAYE d'arbalétriers. v. arbalétrier. v. milice française n° 8. v. paye.

PAYE. L'ordonnance de 1837 (25 décembre) la réglait en raison des grades.

PAYE d'archer. v. archer. v. archer à cheval. v. milice anglaise n° 5. v. milice française n° 8. v. paye.

PAYE d'armurier. v. armurier de corps n° 3.

PAYE d'artillerie. v. artillerie. v. paye.

PAYE d'aumonier. v. aumonier n° 5.

PAYE d'aventurier. v. aventurier. v. paye.

PAYE de bachelier. v. bachelier. v. milice française n° 8. v. paye.

PAYE de banneret. v. banneret n° 4. v. milice anglaise n° 5. v. paye.

PAYE de baron. v. baron. v. milice anglaise n° 5. v. paye.

PAYE de capitaine. v. capitaine. v. chirurgien-major d'infanterie française de ligne n° 7. v. chirurgien-major d'infanterie franco-suisse de ligne. v. colonel d'infanterie française de ligne n° 9.

PAYE de cavalerie. v. cavalerie. v. fourrage de distribution. v. milice sike n° 4. v. paye.

PAYE de chevalier. v. chevalier. v. milice anglaise n° 5. v. chevalier du moyen age n° 5. v. paye.

PAYE de chirurgien-major. v. chirurgien-major de corps n° 7.

PAYE de cohorte prétorienne. v. cohorte prétorienne.

PAYE de colonel. v. colonel. v. colonel d'infanterie française n° 9. v. paye.

PAYE de comte. v. comte. v. milice anglaise n° 5. v. paye.

PAYE de CONNÉTABLE. V. CONNÉTABLE; id. Nº 4. V. PAYE.

PAYE de CORPS ÉTRANGER. V. CORPS ÉTRANGER.

PAYE de CORPS RÉGULIER. V. CORPS RÉGULIER.

PAYE de COUTILLIER. V. COUTILLIER.

PAYE de FOURRIER. V. FOURRIER. V. FOURRIER D'INFANTERIE FRANÇAISE DE LIGNE Nº 7.

PAYE de GAGISTE. V. GAGISTE.

PAYE de GÉNÉRAL. V. GÉNÉRAL. V. GÉNÉRAL FRANÇAIS Nº 4. V. SÉNÉCHAL.

PAYE de GENDARME. V. COMPAGNIE D'ORDONNANCE Nº 5. V. GENDARME DU MOYEN AGE Nº 5, 8. V. GENDARMERIE DU MOYEN AGE. V. PAYE.

PAYE de GENTILHOMME. V. GENTILHOMME. V. PAYE. V. SOLDE.

PAYE de GRENADIER. V. GRENADIER. V. GRENADIER D'INFANTERIE FRANÇAISE DE LIGNE Nº 5.

PAYE de GUERRE. V. GUERRE. V. PAYE.

PAYE de JANISSAIRE. V. JANISSAIRE.

PAYE de LANCE FOURNIE. V. COMPAGNIE D'ORDONNANCE Nº 5. V. LANCE FOURNIE. V. PAYE.

PAYE de LIEUTENANT. V. LIEUTENANT. V. LIEUTENANT D'INFANTERIE FRANÇAISE DE LIGNE Nº 4.

PAYE de MARÉCHAL. V. MARÉCHAL. V. MARÉCHAL DE FRANCE. V. SÉNÉCHAL Nº 6.

PAYE de MILICE ANGLAISE. V. MILICE ANGLAISE Nº 5.

PAYE de PAIX. V. PAIX. V. PAYE.

PAYE de PAGE. V. PAGE. V. PAGE DE LANCE FOURNIE. V. PAYE.

PAYE de PRÉVOT. V. PRÉVOT. V. PRÉVOT DE CORPS.

PAYE de SAPEUR. V. SAPEUR. V. SAPEUR DU GÉNIE.

PAYE de SÉNÉCHAL. V. SÉNÉCHAL.

PAYE de SERGENT. V. MILICE FRANÇAISE Nº 8. V. SERGENT. V. SERGENT D'INFANTERIE FRANÇAISE DE LIGNE Nº 6.

PAYE de SERGENT-MAJOR. V. SERGENT-MAJOR Nº 5.

PAYE de SOLDAT. V. ARME DE TROUPE. V. HAUTE PAYE IDIOPLIQUE. V. LIEUTENANT D'INFANTERIE FRANÇAISE DE LIGNE Nº 4 (tableau). V. PAYE. V. SOLDAT.

PAYE de SOUS-LIEUTENANT. V. AUMONIER DE CORPS Nº 5. V. SOUS-LIEUTENANT.

PAYE de TAMBOUR. V. INSTRUMENT DE HAUT BRUIT. V. TAMBOUR. V. TAMBOUR IDIOPLIQUE D'INFANTERIE FRANÇAISE Nº 5.

PAYE de TAMBOUR-MAJOR. V. TAMBOUR-MAJOR Nº 6.

PAYE de TRAVAILLEURS. V. TRAVAILLEURS.

PAYE de VOLTIGEUR. V. CAPITAINE DE VOLTIGEURS. V. VOLTIGEUR.

PAYE d'ÉCUYER. V. ÉCUYER. V. MILICE ANGLAISE Nº 5. V. PAYE.

PAYE d'ENFANT DE TROUPE. V. ENFANT DE TROUPE. V. ENFANT D'HOMME DE TROUPE Nº 4.

PAYE d'ÉTAT-MAJOR. V. ÉTAT MAJOR D'ARMÉE Nº 5. V. PAYE.

PAYE d'HOMME D'ARMES. V. HOMME D'ARMES. V. MILICE FRANÇAISE Nº 8. V. PAYE.

PAYE d'HOMME DE TROUPE. V. ANSPESSADE. V. HOMME DE TROUPE. V. HAUTE PAYE IDIOPLIQUE. V. MASSE DE COMPAGNIE. V. MILICE SIKE Nº 4. V. PAYE. V. RETENUE SUR PRÊT.

PAYE d'INFANTERIE. V. ARME DE TROUPE. V. INFANTERIE. V. INFANTERIE FRANÇAISE Nº 10. V. INFANTERIE FRANCO-SUISSE Nº 4. V. MILICE SIKE Nº 4. V. PAYE.

PAYE d'INVALIDE. V. INVALIDE. V. MANICROT.

PAYE d'OFFICIER. V. APPOINTEMENTS. V. INFANTERIE FRANCO-SUISSE Nº 5. V. OFFICIER. V. OFFICIER EN MISSION. V. PAYE.

PAYE d'OPLITE. V. MILICE GRECQUE Nº 8. V. OPLITE.

PAYE d'ORDINAIRE. V. ORDINAIRE. V. ORDINAIRE ROMAIN.

PAYE DOUBLE. V. AVENTURIER. V. DOUBLE. V. GÉNÉRAL D'ARMÉE Nº 6. V. MILICE ROMAINE Nº 5. V. PAYE.

PAYE du GÉNIE. V. GÉNIE. V. PAYE.

PAYE ÉTRANGÈRE. V. ÉTRANGER, adj. V. MILICE ANGLAISE Nº 5. V. MILICE DANOISE Nº 4. V. MILICE ESPAGNOLE Nº 5. V. MILICE PRUSSIENNE Nº 6. V. MILICE TURQUE Nº 5. V. PAYE.

PAYE FRANÇAISE. V. FRANÇAIS, adj. V. PAYE.

PAYE GRECQUE. V. GREC, adj. V. MILICE GRECQUE Nº 8.

PAYE MILITAIRE. V. MILITAIRE, adj. V. PAYE. V. TAILLE FISCALE.

PAYE ROMAINE. V. CONSUL. V. MILICE ROMAINE Nº 5. V. PRÉTEUR. V. PROPRÉTEUR. V. QUESTEUR.

PAYE ROYALE. V. CAPITAINE ENTRETENU. V. PAYE. V. ROYAL, adj.

PAYE SUR PIED DE GUERRE. V. PAYE. V. SUR PIED DE GUERRE.

PAYE SUR PIED DE PAIX. V. PAYE. V. SUR PIED DE PAIX.

PAYÉ (payée), adj. V. GARDE P... V. MOINS P... V. SERVICE P...

PAYEMENT, subs. masc. V. AUTORISATION DE P... V. BORDEREAU DE P... V. CERTIFICAT DE CESSATION DE P... V. CESSATION DE P... V. ÉTAT DE P... V. MANDAT DE P... V. ORDONNANCE DE P...

PAYEMENT (term. génér.), OU PAIEMENT, OU PAIMENT, suivant BOISTE, OU PAYEMENT MILITAIRE. Mot dont le substantif PAYE donne l'étymologie. Par abus, paye et Payement se prennent quelquefois l'un pour l'autre ; ils ont eu les mots MONTRES et RELIEF pour synonymes. — Les Payements sont considérés ici par rapport à l'ADMINISTRATION de l'ARMÉE, aux COMPTES que tiennent les CONSEILS D'ADMINISTRATION des CORPS, aux résultats que justifient et énoncent les REVUES. Le terme exprime une remise régulière de valeurs, soit fractionnairement par A-COMPTE, par A BON COMPTE, par APPOINTS, soit en LIQUIDATION, ou par DÉCOMPTE ; il appartient à un genre d'OPÉRATION ou d'ACQUITTEMENT dont le MINISTÈRE DE LA GUERRE règle les formes et dont le MINISTRE et ses délégués délivrent les ORDONNANCES. C'est en ce sens que ces délégués ont titre d'ORDONNATEURS, c'est-à-dire de répartiteurs des FONDS à payer, de certificateurs des DROITS au Payement, et de juges de la régularité de la DÉPENSE ou de la jouissance des PRESTATIONS. L'INSTRUCTION DE 1810 (1ᵉʳ SEPTEMBRE) expliquait ces particularités. — Le nivellement du TROP ou du MOINS PERÇU, et la balance des Payements ou des DÉCOMPTES effectués dans les mesures de l'exigibilité de la DETTE, en opèrent la CONSOMMATION. — Les QUITTANCES ou RÉCÉPISSÉS et les DÉCLARATIONS DE QUITTANCE sont des constatations de Payement. — Il ne peut y avoir de Payements définitifs qu'appuyés sur PIÈCES probantes. — La régularité des Payements regardait autrefois, ainsi que le témoigne l'ORDONNANCE DE 1523 (12 AOUT), les CONTROLEURS DES GUERRES et les COMMISSAIRES DES GUERRES, comme elle a regardé ensuite les INSPECTEURS AUX REVUES, les ORDONNATEURS et les MEMBRES de l'INTENDANCE. — Les Payements opérés dans l'intérieur des CORPS par les mains du TRÉSORIER, soit pour acquitter en tout ou en partie des ACHATS ou des FOURNITURES, soit pour le service des APPOINTEMENTS, des INDEMNITÉS, des MASSES, de la SOLDE, du PRÊT, etc., ne sont valables qu'en vertu d'une DÉLIBÉRATION et d'une AUTORISATION du CONSEIL D'ADMINISTRATION. — En cas de PASSAGE et de DÉPART DES TROUPES, et en cas d'absence des MEMBRES de l'INTENDANCE, des ÉTATS DE PAYEMENTS peuvent être arrêtés par les COMMANDANTS D'ARMES, les PRÉFETS, les SOUS-PRÉFETS. — Les INSPECTEURS D'ARMES constatent l'exactitude des Payements faits en acquittement d'ACHATS. — La

justification de la légitimité des DÉPENSES et leur confrontation regardent le MAJOR CHEF DE BATAILLON ; il y procède au moyen de la comparaison du registre JOURNAL GÉNÉRAL, des PIÈCES JUSTIFICATIVES, du REGISTRE DES DÉLIBÉRATIONS, des REGISTRES DES MASSES, des REGISTRES DE RECETTES et de CONSOMMATIONS. — Des BORDEREAUX DE PAYEMENT, revêtus des RÉCÉPISSÉS voulus, entrent comme comptant dans la CAISSE A TROIS SERRURES. — Un CERTIFICAT DE CESSATION de Payement est délivré aux CORPS OU PARTIES PRENANTES qui ont ordre de se rendre dans une circonscription où ils seront en rapport avec un PAYEUR différent. — Les Payements s'effectuent sur présentations de pièces qui se sont nommées, suivant les temps : ACQUIT PROVISOIRE, COUPON D'INDEMNITÉS, DÉCOMPTE EN DENIERS, DÉCOMPTE PROVISOIRE, ÉTAT DE PAYEMENT, ÉTAT DE QUINZAINE, FEUILLE DE QUINZAINE, FEUILLE DE PRÊT, MANDAT DE PAYEMENT, ORDONNANCE DE PAYEMENT, etc. — BRIQUET (1761 H) et ODIER (1824, E) en ont spécialement traité. — Les Payements se distinguent surtout en PAYEMENTS A BUREAU OUVERT.

PAYEMENT (payements) A BUREAU OUVERT (B, 1). Sorte de PAYEMENTS qui ont lieu sur MANDAT, et par préférence à tout autre Payement, sans qu'il soit besoin d'attendre que le PAYEUR ait reçu une lettre d'avis mentionnant une ORDONNANCE, ou qu'un MANDAT ait été délivré au créancier, etc. C'est A BUREAU OUVERT que s'acquitte la SOLDE, comme objet qui, par sa nature, doit être à l'abri de tout retard. — Certaines MASSES se payent aussi A BUREAU OUVERT.

PAYEMENT d'A BON COMPTE. V. A BON COMPTE. V. PAYEMENT.

PAYEMENT d'ACHAT. V. ACHAT. V. ACHAT ADMINISTRATIF. V. INSPECTEUR GÉNÉRAL D'INFANTERIE Nº 4. V. PAYEMENT.

PAYEMENT d'A-COMPTE. V. A-COMPTE. V. PAYEMENT.

PAYEMENT d'APPOINTEMENTS. V. APPOINTEMENTS. V. EFFECTIF. V. PAYEMENT. V. RÉGIE.

PAYEMENT de CORPS. V. CORPS. V. CORPS RÉGIMENTAIRE Nº 5. V. PAYEMENT. V. REVUE.

PAYEMENT de COUPON. V. COUPON. V. COUPON D'INDEMNITÉ.

PAYEMENT de CRÉANCIER. V. CRÉANCIER. V. RETENUE SUR APPOINTEMENTS.

PAYEMENT de DÉCOMPTE. V. DÉCOMPTE. V. DÉLIBÉRATION. V. FEUILLE DE DÉCOMPTE. V. PAYEMENT.

PAYEMENT de DÉTACHEMENT. V. CONSOMMATION DE COMPTE DE DÉTACHEMENT. V. DÉTACHEMENT. V. DÉTACHEMENT DE CORPS. V. REGISTRE DE PAYEMENT DE DÉTACHEMENT.

PAYEMENT de FOURNITURE. V. ÉTOFFE

D'HABILLEMENT. V. FOURNITURE. V. PAYEMENT. V. RÉGIE.

PAYEMENT de MASSE. V. EFFECTIF. V. MASSE. V. MASSE COMPTABILIAIRE. V. PAYEMENT.

PAYEMENT de PRÊT. V. EMPRISONNEMENT DE MILITAIRE. V. PAYEMENT. V. PRÊT.

PAYEMENT de RETRAITE. V. PENSION DE RETRAITE. V. RETRAITE.

PAYEMENT de SOLDE. V. EFFECTIF. V. GENDARME DU MOYEN AGE. V. PAYEMENT. V. SOLDE.

PAYEMENT de TROUPE EMBARQUÉE. V. FEUILLE DE JOURNÉES. V. TROUPE EMBARQUÉE.

PAYEMENT MILITAIRE. V. MILITAIRE, adj. V. PAYEMENT. V. SOUS-INTENDANT Nº 8.

PAYER (verb. neut.) de sa PERSONNE. V. BATAILLE STRATEUMATIQUE. V. LANGUE FRANÇAISE. V. PAYE. V. PERSONNE.

PAYER RANÇON. V. MASSE D'ARMES. V. RANÇON.

PAYEUR, subs. masc. V. OFFICIER P...

PAYEUR (A, 1). Mot dérivé du substantif PAYE. Le terme pris sous l'acception de PAYEUR MILITAIRE a succédé aux termes ARGENTIER, CLERC DU TRÉSOR, SOLDURIER, suivant M. ROQUEFORT. — Les Payeurs ou une classe de Payeurs se sont nommés, suivant les temps et les pays, PAYEUR DE LA GUERRE, comme le voulait l'ORDONNANCE DE 1823 (19 MARS), PAYEUR DIVISIONNAIRE, comme le témoignait l'INSTRUCTION DE L'AN XIV (1er VENDÉMIAIRE), PAYEUR GÉNÉRAL, comme le prescrivait une LOI DE 1791 (12 OCTOBRE), TRÉSORIER DE L'ARTILLERIE, TRÉSORIER DE L'EXTRAORDINAIRE, TRÉSORIER DE L'ORDINAIRE. — En TEMPS DE PAIX, les Payeurs de FRANCE sont à la fois chargés du service civil et de celui de l'ARMÉE DE TERRE ; le nom de PAYEUR PUBLIC est celui qui leur convient le mieux. — En TEMPS DE GUERRE, le TRÉSOR PUBLIC délègue des Payeurs qui prennent, en ce cas, le titre de PAYEURS D'ARMÉE. Les formes de leur administration sont les mêmes que celles des PAYEURS PUBLICS avec lesquels les TROUPES correspondent en TEMPS DE PAIX. — Quelques détails touchant les Payeurs se trouvent dans ce qui a été dit des APPOINTEMENTS, du PRÊT, des TRÉSORIERS DE CORPS, et dans AUDOUIN, M. BERRIAT, M. BONJOUAN, LACHESNAIE (1758, 1, aux mots Trésor, Vivres).

PAYEUR ANGLO-AMÉRICAIN. V. ANGLO-AMÉRICAIN, adj. V. MILICE ANGLO-AMÉRICAINE Nº 1.

PAYEUR d'ARMÉE. V. ARMÉE. V. PAYEUR. V. TRÉSOR PUBLIC.

PAYEUR de la GUERRE. V. GUERRE. V. PAYEUR. V. QUINZAINE.

PAYEUR DIVISIONNAIRE. V. DIVISIONNAIRE, adj. V. PAYEUR.

PAYEUR ESPAGNOL. V. ESPAGNOL, adj. V. MILICE ESPAGNOLE Nº 2.

PAYEUR GÉNÉRAL. V. GÉNÉRAL, adj. V. MILICE ANGLO-AMÉRICAINE Nº 1. V. PAYEUR.

PAYEUR MILITAIRE. V. MILITAIRE, adj. V. PAYEUR.

PAYEUR PUBLIC. V. ACQUIT PROVISOIRE. V. APPOINTEMENT. V. AVANCE. V. BORDEREAU D'AVANCE. V. CERTIFICAT DE CESSATION DE PAYEMENT. V. DÉCLARATION DE QUITTANCE. V. DÉTACHEMENT DE CORPS. V. EFFET D'IMPUTATION. V. ÉTAT DE PAYEMENT. V. LIVRET DE PAYEMENT. V. MAJOR CHEF DE BATAILLON Nº 10. V. PASSE DE SAC. V. PAYEMENT. V. PAYEMENT A BUREAU OUVERT. V. PAYEUR. V. PUBLIC, adj.

PAYS, subs. masc. V. PAYS. V. TRAIN DES ÉQUIPAGES.

PEAU, subs. fém. V. A DEUX P... V. A PEAU. V. A UNE P... V. CHAIR DE P... V. CULOTTE DE P... V. FLEUR DE P... V. INSTRUMENT A P... V. SAC DE P...

PEAU de BATTERIE. V. BATTERIE. V. BATTERIE SOURDE. V. BOUTON DE BAGUETTES. V. CAISSE DE TAMBOUR. V. GRAND CERCLE DE CAISSE. V. PEAU DE CAISSE.

PEAU de BUFFLE. V. BUFFLE. V. BUFFLE DÉFENSIF.

PEAU (peaux) de CAISSE (B, 1), ou PEAU DE TAMBOUR. Le mot Peau est une corruption du LATIN *pellis*. — Les Peaux des TAMBOURS ont été au nombre d'une ou de deux ; elles ont été, suivant les temps, une dépouille des chèvres, des loups, des ânes, des chiens, des tigres, des taureaux, des chameaux. — Si l'on en croit l'histoire et VOLTAIRE, ZISCA avait exigé qu'à sa mort ses adhérents fissent de sa Peau un TAMBOUR : c'eût été probablement un de ces tambours dont la caisse d'un chariot était le corps sonore. — Les Peaux de caisse sont actuellement au nombre de deux ; elles sont en veau parcheminé ; elles s'emploient la FLEUR en dehors ; leur dimension est telle, qu'elles excèdent de soixante millimètres environ le diamètre du FUT de la CAISSE ; on les nomme PEAU DE BATTERIE et PEAU DE TIMBRE. Chacune d'elles, étant mouillée, se monte sur le CERCLE DE ROULAGE et s'arrête sur l'un des orifices du FUT, contre le pourtour extérieur duquel le bord de la Peau est comprimé au moyen du GRAND CERCLE. Elles y reçoivent au moyen du CORDAGE le degré de tension convenable. — La PEAU DE BATTERIE est plus épaisse que celle de TIMBRE et ferme l'orifice supérieur du FUT ; la PEAU DE TIMBRE enferme l'orifice inférieur, et est maintenue par la pression que la corde de timbre exerce en appuyant d'un bord à l'autre contre la fleur de la Peau. — Les deniers de baguettes sont destinés à pourvoir à l'entretien des Peaux. — L'usage moderne des bretelles porte-caisse est d'un usage préférable pour la conservation des Peaux. — Des détails sur les Peaux de caisse se trouvent dans Bardin (1807, D ; 1818, B).

PEAU de grosse caisse. v. grosse caisse.

PEAU de tambour. v. peau de caisse. v. tambour.

PEAU de timbale. v. timbale.

PEAU de timbre. v. grand cercle de caisse. v. peau de caisse. v. timbre.

PEAU d'ours. v. agrafe de colbach. v. bandeau de bonnet. v. bonnet a poil. v. calotte de bonnet. v. colbach. v. corps de bonnet. v. corps de colbach. v. ours.

PEBRER ; PÉCIS ; PÉCOUD. v. noms propres.

PECTORAL, subs. masc. (F). Mot tout latin, exprimant un genre de cuirasse, ou de garde-coeur, ou d'anime, qui était en usage dans la milice romaine, et que portaient les soldats les moins riches, tandis que les autres portaient la cuirasse de mailles. — Le Pectoral ou la défense des pectoraux humains se composait d'une plaque d'airain, qui était d'un spithame en carré. Suivant l'Encyclopédie (1785, C, au mot *Armes*), la dimension de ce Pectoral répondait à deux cent vingt millimètres. On a appelé aussi pectoraux les mamelières.

PÉCUNIAIRE, adj. v. allocations p... v. compte p... v. engagement p... v. gratification p... v. haute paye p... v. indemnité p... v. masse p... v. montant p... v. pension p... v. quartier p... v. récompense p... v. réserve p... v. retenue p... v. retraite p... v. traitement p...

PEDE, subs. masc. v. arme matérielle. v. pédieux.

PEDESCAL (pedescaux), subs. masc. v. fantassin.

PÉDESTRE, adj. v. arme p... v. armure p... v. catégorie p... v. cheminement p... v. cohorte p... v. équestre.

PÉDIEUX, subs. masc. plur. (F) ou heuse. Le mot Pédieux dérive du latin *pes, pedis*. Il exprime un soulier de fer, qui paraît aussi s'être nommé pede ; son dessus ou empeigne était composé de lames à recouvrement, transversalement disposées par rapport aux pieds du guerrier ; une semelle de fer y était attachée. Ce genre de chaussure était une arme défensive qui s'ajustait

aux grèves ou jambières des chevaliers du moyen age. Charlemagne, dit-on, se chaussait de Pédieux, et ils complétaient le costume de mailles des gens d'armes et des chefs d'archers de la milice française. Il y avait des Pédieux soit terminés en poulaine, soit élargis une fois plus que l'épaisseur du talon.

PÉDOMÈTRE, subs. masc. (G, 6). Mot dérivé du latin *pes, pedis*, pied, et du grec *metron*, mesure. C'est un instrument chronométrique, un odomètre d'infanterie (de *odos*, chemin), un compte-pas, au moyen duquel on peut évaluer, dans les reconnaissances, les distances et mesurer les marches ; c'est une espèce de montre portant un cordon rattaché au jarret d'un homme de pied dont chaque mouvement marque d'une unité, ou d'un signe convenu, le cadran ; de là lui vient aussi le nom de roue d'arpentage. — Le *Dictionnaire de la Conversation*, au mot *Odomètre*, décrit le Pédomètre.

PÉDIOMACHIE, subs. fém. v. affaire de plaine.

PÉDOTRIBE, subs. masc. (F), ou paédotribe. Mot dérivé, suivant Roquefort (1855), des substantifs grecs *païs, païdos*, enfant, et *tribos*, usage. L'Encyclopédie (1751, C, au mot *Gymnase*) le retrouve dans le latin *pædotriba*. — Les Pédotribes étaient, dans l'origine, de simples précepteurs de gymnastique ; mais en Grèce l'éducation du citoyen et du soldat avait une telle connexité, qu'on appela aussi paédotribes les professeurs de tactique de la milice grecque. — On appela également, dit Guischardt (1758, H), tacticiens, et ceux qui professaient la tactique, et ceux qui écrivaient sur cette matière, et les chefs d'armées. Il n'y avait pas, dit-il, une ville de Grèce qui n'eût ses tacticiens.

PEDRO. v. noms propres.

PÉGE, subs. masc. v. page.

PÉGU. v. noms propres.

PEIGNE (subs. masc.) a décrasser. v. effet de petit équipement. v. petit équipement. v. petite monture.

PEINE, subs. fém. v. aggravation de p.. v. application de p... v. commutation de p... v. remise de p...

PEINE (peines) (term. génér.), ou peine militaire. Le mot Peine dérive du latin. Il a été générique dans le sens d'expiation ou de répression d'infractions quelconques ; mais, dans le langage militaire technique, le terme se rapporte surtout aux chatiments qu'autrefois les prévôts appliquaient, qu'ensuite les TRIBUNAUX ont appelés SENTENCES, et qu'actuellement la JUSTICE inflige en réparation de DÉLITS ou de CRIMES commis par des DÉTENUS MIS EN JUGEMENT. Les Peines militaires sont ainsi la conséquence d'une ACCUSATION, d'un JUGEMENT, d'un ACTE DE CONDAMNATION. — Les Peines diffèrent par là des PUNITIONS ; ces dernières sont du domaine de la DISCIPLINE et sont prononcées en réparation des FAUTES. — Les infractions par RÉCIDIVE motivent AGGRAVATION et des Peines et des punitions. — Les Peines sont des moyens gradués par lesquels la loi réprime les offenses graves qui blessent le pacte commun et la société ; elles doivent être proportionnées à l'INFRACTION, être conformes au caractère national, aussi peu distantes que possible de l'événement qui les exige en expiation, et appliquées suivant les formes que le CODE PÉNAL a prévues et prescrites. — ODIER (1818, E) forme le vœu *qu'elles tendent à alarmer l'honneur plus qu'à effrayer le courage, qu'elles soient d'une application facile et prompte.* — Le système général auquel leur application se rattache a exercé les recherches de Beccaria, Blackstone, GROTIUS, MABLY, MONTESQUIEU, PUFENDORF, J.-J. ROUSSEAU, Servin (Traité des Peines)—L'ENCYCLOPÉDIE (1785, C) voudrait que *le pied de l'échelle des châtiments posât précisément contre celui de l'échelle des récompenses.* — MACHIAVEL (1510, A) prétend que l'interruption de la paye innocente le larcin ; *mancando il pagamento, dove mancar la punizione.* — La gradation des Peines résulte de l'ANCIENNETÉ DE SERVICE, du RANG ou du GRADE de l'ACCUSÉ, de sa position d'ENRÔLÉ VOLONTAIRE ou de REMPLAÇANT, et des CIRCONSTANCES AGGRAVANTES, telles que le cas des ARMES EMPORTÉES par des DÉSERTEURS, etc. — Quelques Peines ont été accompagnées d'AMENDES et de la perte du RANG. — Les Peines doivent être utiles et praticables ; sinon elles sont absurdes et iniques. Y en a-t-il eu de plus injustes et de moins observées que celles qui frappaient de mort un SOLDAT qui fouillait un homme tué sur le champ de bataille, que celles qui menaçaient de l'échafaud un MILITAIRE qui se logeait chez l'ÉTAPIER, celles qui punissaient de CASSATION un OFFICIER qui changeait de BILLET DE LOGEMENT EN ROUTE ! Rien ne nuit autant au respect dû aux lois que leur multiplicité, leur caractère draconien, leur inexécution. — Ce qui a été dit des MILICES GRECQUE et ROMAINE éclaire ce point d'antiquité ; ce qui est dit des MILICES ÉTRANGÈRES ouvre la voie des comparaisons ; ce qui a rapport à l'ARMÉE PERMANENTE de FRANCE doit surtout nous occuper ici. — Le BATON que ROME et ses TRIBUNS empruntaient à la vigne, les FRANCS l'empruntaient au pommier. — Dans la MILICE FRANÇAISE il a été, dans l'origine, pratiqué, contre des individus militaires, les peines ROMAINES nommées LAPIDATION, DÉCIMATION, EXPULSION ; il a été appliqué, contre des corps militaires, les Peines de l'interdiction ou de la perte du rang ; les dernières traces de ces usages s'effacèrent après CHARLES LE CHAUVE. — MAIZEROY (1771, A) témoigne que, vers le même temps, la DISCIPLINE de la MILICE BYZANTINE était rigoureuse, mais plus menaçante que réelle. —DANIEL (1721, A) offre un tableau des Peines que les desservants des FIEFS encouraient, en vertu des CAPITULAIRES de CHARLEMAGNE, s'ils ne s'acquittaient pas exactement du SERVICE. — Le COMBAT DE JUGEMENT était le triste et sombre moyen de pénalité du MOYEN AGE, dans l'OCCIDENT. — Les CHEVALIERS étaient passibles d'une PEINE INFAMANTE qu'on nommait HACHÉE, suivant GANEAU, ou HARMISCARE, suivant DUCANGE, du LATIN *armiscara, harmiscara.* Elle consistait à porter dans ses bras ou sur son dos, pendant une certaine étendue de chemin, un chien ou une SELLE de cheval, une SELLE CHEVALIÈRE. — Vers ces mêmes temps on devenait SERF par fait de FÉLONIE ou de DÉSERTION. — Les CROISADES apprirent aux chrétiens comment l'AFRIQUE pourvoyait de muets les sérails, à l'aide d'instruments habilement inventés ; la vraie religion emprunta cet horrible secret aux coutumes mahométanes ; l'abscision ou le PERCEMENT de la LANGUE au moyen d'un fer rouge devinrent le supplice des blasphémateurs militaires mis au carcan. — De CHARLES SIX à FRANÇOIS PREMIER il ne régnait qu'un petit nombre de Peines sévères ou INFAMANTES. — Depuis FRANÇOIS PREMIER elles devinrent plus rigides. L'ABANDON du DRAPEAU, de la BRÈCHE, de la FACTION, entraînait la MORT et la DÉGRADATION. Le VOL et les PASSE-VOLANTS étaient réprimés par la potence ou par les peines mutilantes. Le SOLDAT profanateur était brûlé. La RÉVOLTE motivait l'AMPUTATION du POING. Des DÉLITS moins graves amenaient l'AMPUTATION du NEZ ou des OREILLES ; cette dernière Peine s'appelait ESSOREILLADE. Une SENTINELLE ENDORMIE pouvait être mise à mort sans forme de procès. — Les PEINES D'HOMMES DE TROUPE et de ROTURIERS ont été, sous les Valois, la FUSTIGATION ou les BAGUETTES, le CHEVAL DE BOIS, l'ESTRAPADE, la MARQUE, les GALÈRES, la MORT en PASSANT PAR LES ARMES. — Les Peines applicables aux OFFICIERS ont été la DÉGRADATION, la DESTITUTION, alors nommée CASSAtion, la privation d'honneurs militaires, la tête tranchée; mais presque toujours l'impunité était un des priviléges du grade. De sages écrivains ont avancé au contraire que les Peines encourues par des officiers ne doivent pas être moindres que celles des hommes de troupe; qu'elles devraient plutôt s'aggraver, à raison du rang plus élevé; mais qu'elles doivent être combinées de telle sorte que celles qui sont temporaires ne portent préjudice en rien à la considération dont le supérieur doit jouir vis-à-vis de ses subordonnés. — Les anciennes ordonnances ou les coutumes voulaient, comme on le voit dans Billon (1641, A), Bombelles (1746, A), Lachesnaie (1758, I), qu'à l'instant du départ des corps les dispositions pénales leur fussent lues. — Louis quatorze repoussait au rang des roturiers le noble qui n'accourait pas à la défense de son enseigne, punissait des Peines les plus sévères le duel, et renvoyait du régiment portant son nom les officiers qui se laissaient insulter sans en tirer vengeance. — Le simple vol entre camarades entraînait la peine des galères perpétuelles, le vol des armes menait à la potence, la révélation ou violation du mot d'ordre donnait lieu aux Peines réservées à la trahison. La peine de la fleur de lis était une marque infamante sur le visage. — La législation pénale ressortissait, suivant les temps, aux ordonnances de justice que nous avons mentionnées, ainsi qu'aux codes pénals de 1791 (19 octobre), de l'an quatre (4 brumaire), de l'an cinq (21 brumaire), et aux décrets cités à l'occasion de l'organisation de la justice militaire, des poursuites exercées contre les déserteurs, du recours en révision, etc. — Sous Louis quinze et Louis seize, les baguettes, les bretelles, les verges frappaient certaines classes de criminels et leurs complices; la dégradation en était le prélude; l'expulsion avec cartouche jaune en était la conséquence. Le recours en grace était interdit aux déserteurs; le cri: Grace, prononcé par des spectateurs de l'exécution, était même un cas de condamnation à mort. La remise des Peines était et est encore un droit du roi; mais les déserteurs étaient exclus de cette faveur. — Jusqu'à la révolution, tout, en fait de Peines et surtout de peines mutilantes, était resté vague et de tradition plus que de légalité. — Jabro, qui écrivait de 1770 à 1790, dit que de son temps l'amputation du poignet se pratiquait encore à l'égard des soldats qui frappaient leur chef, ou faisaient seulement le geste de frapper un officier par un mouvement de révolte. Ce supplice précédait

immédiatement la mise à mort. — Le comité militaire de l'assemblée constituante avait posé en principe, en août 1790, que c'était au roi à fixer les punitions, au corps législatif à déterminer les geines; le gouvernement impérial, au contraire, instituait par ordonnance la peine capitale, comme le témoigne l'arrêté de l'an douze (19 vendémiaire). — L'instruction de 1808 (8 septembre) et celle de 1810 (5 juillet) expliquaient en quoi consistaient les peines afflictives et les peines infamantes; elles réglaient leur influence sur la solde de retraite. — Les peines infamantes étaient la dégradation civique, le carcan les peines afflictives étaient la mort, la déportation, les fers, la réclusion, la gêne, la détention, la marque. — L'emprisonnement n'était considéré que comme mesure de sûreté ou peine correctionnelle. — C'est une question épineuse et irrésolue que celle-ci: quelle doit être la délimitation ou le degré de gravité des Peines, suivant qu'elles sont infligées par la loi, ou par les ordonnances, ou par les règlements? — Depuis la guerre de la révolution, des Peines dont l'application a été rare, on pourrait dire a été nulle, étaient prononcées en divers cas d'absence; c'était une juridiction idéale. Ce défaut d'harmonie entre les menaces de la loi et l'accomplissement de ses volontés, a été une des infirmités de la jurisprudence militaire française. — Depuis le régime consulaire et impérial, des Peines nouvelles ont été en vigueur: telles ont été les amendes, le boulet, le double boulet, les travaux publics, les fers. Ce dernier genre de Peine était prescrit pour vingt ans, dans un cas; pour dix ans, dans six cas; pour huit ans, dans deux cas; pour cinq, dans dix-huit cas; pour trois, dans quatre cas; pour deux, dans huit cas. — Depuis la restauration, la radiation d'un nom de militaire biffé sur le tableau d'avancement est devenue une Peine. — Les geines ont été prononcées, suivant les temps et les divers gouvernements, par des commissions, des conseils extraordinaires, permanents, spéciaux, des cours, des tribunaux, ou même par les ministres de la guerre. — Conformément à la législation reçue, les absents jugés par contumace sont toujours criminels; quant aux accusés présents, il est interdit aux conseils judiciaires de prononcer commutation de peine ou de la diminuer. Cette rigueur d'une justice qui n'admet pas de circonstances atténuantes, a été une cause fréquente d'absolution, c'est-à-dire d'impunité. — Rien de moins éclairci que la question des Peines dont pourraient être passibles des maîtres ouvriers,

des MUSICIENS, des GAGISTES non IMMATRICU-
LÉS. — Une CIRCULAIRE DE 1850 (6 OCTOBRE)
portait qu'il serait sursis à tout JUGEMENT
impliquant PEINE DES FERS, jusqu'à la promulgation du CODE PÉNAL nouveau. — Une CIR-
CULAIRE DE 1854 (8 SEPTEMBRE), interprétative
de celle de 1853 (8 AVRIL) et de l'ORDONNANCE
DE 1833 (5 JUIN), portait que tout SOUS-OFFI-
CIER puni d'une PEINE CORRECTIONNELLE encourait, de fait, CASSATION, et redevenait SIMPLE
SOLDAT. — Les AUTEURS qui peuvent être con-
sultés au sujet des peines sont : BARDIN
(1807, D; 1809, B; 1814, E), BERRIAT (1812,
A; 1825, F), BÉHAME, BILLON (1641, A),
BLAND, BOMBELLES (1746, A), M. le général
de CHAMBRAY (1835), M. CHÉNIER (1838),
DANIEL (1721, A), DAUTHVILLE (1762, K), DE-
LAFONTAINE (1675, A), d'HÉRICOURT (1756,
G), DUPIN (Ch.) (1820, B), ENCYCLOPÉDIE
(1751, C, au mot *Tactique*; 1785, C, aux
mots *Conseil, Consigne, Délit, Discipline,*
et supplément, aux mots *Constitution,
Peine*), FLAVIGNY, FOUCHER, GUIBERT (1773,
E), JABRO (1777, G), LACHESNAIE (1758, I;
id. au mot *Garde du camp*), LAMETH (1790,
9 février), LEGRAND (Pierre), MAIZEROY
(1771, A), MALZET, MANESSON (1685, B),
ODIER (1818, E; 1826, E), PERRIER, POL-
VEREL, PONS (de), POTIER (1779, X), PRAIS-
SAC (1614, A), RAY DE SAINT-GENIÈS (1755,
A, p. 65), SAINT-GERMAIN (1779, C), SCHAE-
DEL, SERVAN (1780, B, p. 410), SILVA
(1768, K), VALÈRE MAXIME, M. le général
VAUDONCOURT (1829), WALHAUSEN (1606, A),
le *Bulletin des Sciences militaires*, 1824,
p. 506, et un OUVRAGE anonyme (1824, M).
— Il sera plus particulièrement traité de
la PEINE DE MORT.

PEINE AFFLICTIVE. V. ACCUSÉ. V. AFFLIC-
TIF. V. COMMISSION MILITAIRE. V. CONDAMNA-
TION JUDICIAIRE. V. CONDAMNÉ. V. CRIME. V.
DÉLIT. V. FONDS DE MASSE D'HOMME DE TROUPE.
V. LIBÉRATION. V. MILICE ROMAINE N° 9. V. MI-
LICE RUSSE N° 8. V. OFFICIER EN JUGEMENT. V.
PEINE. V. PENSION DE RETRAITE. V. TEIGNE. V.
TRAITEMENT DE DÉTENTION.

PEINE CAPITALE. V. ABANDON DE DRAPEAU.
V. ABANDON DE FACTION. V. ABANDON POUR
PILLER. V. ARME DE SUPPLICE. V. CAPITAL, adj.
V. CONSEIL JUDICIAIRE. V. EMBAUCHAGE. V. ÉTA-
PIER. V. EXÉCUTION A MORT. V. GÉNÉRAL EN
CHEF N° 2. V. GRACE. V. INFANTERIE N° 9. V.
INFANTERIE FRANCO-SUISSE N° 6. V. JUSTICE
MILITAIRE. V. LÉGISLATION. V. MILICE ANGLAISE
N° 10. V. MILICE ESPAGNOLE N° 9. V. MILICE
RUSSE N° 8. V. MILICE WURTEMBERGEOISE N° 7.
V. PEINE. V. PEINE DE MORT. V. PIQUET D'EXÉ-
CUTION. V. RÈGLEMENT. V. SERGENT D'INFAN-
TERIE FRANÇAISE DE LIGNE N° 7.

PEINE CORPORELLE. V. CORPOREL, adj. V.
DÉSERTEUR.

PEINE CORRECTIONNELLE. V. CASSATION DE
SOUS-OFFICIER. V. CORRECTIONNEL, adj. V. JUS-
TICE MILITAIRE. V. PEINE. V. SOUS-OFFICIER
N° 11.

PEINE d'ADJUDANT. V. ADJUDANT. V. AD-
JUDANT D'INFANTERIE FRANÇAISE DE LIGNE
N° 22. V. CASSATION D'ADJUDANT.

PEINE d'AMENDE. V. ABSENCE D'HOMME DE
TROUPE. V. ABSENCE NON AUTORISÉE. V. AMENDE.

PEINE d'ARMÉE FRANÇAISE. V. ARMÉE FRAN-
ÇAISE N° 7.

PEINE de CHEVALIER. V. CHEVALIER. V.
CHEVALIER DU MOYEN AGE N° 7, 8. V. JUSTICE
MILITAIRE.

PEINE de COLONEL. V. COLONEL. V. COLO-
NEL D'INFANTERIE FRANÇAISE DE LIGNE N° 33.

PEINE de COMMISSAIRE DES GUERRES. V.
COMMISSAIRE DES GUERRES N° 8.

PEINE de CORPS. V. CORPS. V. CORPS RÉGI-
MENTAIRE N° 6.

PEINE de DÉSERTEUR. V. ARME A FEU POR-
TATIVE. V. ARME EMPORTÉE PAR DÉSERTEUR. V.
DÉSERTEUR. V. DÉSERTEUR A L'ÉTRANGER. V.
DRAPEAU D'INFANTERIE FRANÇAISE DE LIGNE. V.
RÉFRACTAIRE. V. SOLDE.

PEINE de DISCIPLINE. V. CHEF DE DÉTACHE-
MENT ADMINISTRATIF N° 1. V. DISCIPLINE. V.
FAUTE. V. FORTERESSE. V. GÉNÉRAL EN CHEF
N° 3. V. MEMBRE DE LA LÉGION D'HONNEUR. V.
MINISTRE DE LA GUERRE N° 15.

PEINE de GARDE DU CORPS. V. GARDE DU
CORPS N° 6.

PEINE de GÉNÉRAL. V. GÉNÉRAL. V. GÉNÉ-
RAL EN CHEF N° 3. V. GÉNÉRAL FRANÇAIS N° 7.

PEINE de la FLEUR DE LIS. V. FLEUR DE
LIS. V. PEINE.

PEINE de LÉGIONNAIRE. V. CASSATION DE
LÉGIONNAIRE. V. MEMBRE DE LA LÉGION.

PEINE de MILICE ANGLAISE. V. MILICE AN-
GLAISE N° 10. V. PEINE.

PEINE de MILICE AUTRICHIENNE. V. MILICE
AUTRICHIENNE N° 9.

PEINE de MILICE BAVAROISE. V. MILICE BA-
VAROISE N° 4.

PEINE de MILICE BRÉSILIENNE. V. MILICE
BRÉSILIENNE.

PEINE de MILICE ESPAGNOLE. V. MILICE
ESPAGNOLE N° 9.

PEINE de MILICE FRANÇAISE. V. MILICE
FRANÇAISE N° 7.

PEINE de MILICE GRECQUE. V. MILICE GREC-
QUE N° 7.

PEINE de milice hollandaise. v. milice hollandaise n° 5.

PEINE de milice napolitaine. v. duel. v. milice napolitaine n° 2.

PEINE de milice néerlandaise. v. milice néerlandaise n° 6.

PEINE de milice piémontaise. v. milice piémontaise n° 7.

PEINE de milice polonaise. v. milice polonaise n° 6.

PEINE de milice portugaise. v. milice portugaise n° 5.

PEINE de milice prussienne. v. milice prussienne n° 9.

PEINE de milice romaine. v. milice romaine n° 9.

PEINE de milice russe. v. milice russe n° 8.

PEINE de milice suisse. v. milice suisse n° 7.

PEINE de milice turque. v. milice turque n° 8.

PEINE de mort (C, 5), ou peine capitale. Sorte de peine dont les juges, les formes, le prononcé, la révision, l'application, les exécuteurs, les instruments de supplice ont incessamment varié dans la législation des armées françaises. — La discipline de la milice romaine y a d'abord été en vigueur. — Sous Charlemagne, les criminels étaient décapités, lapidés, ou pendus. — Dans les jugements de Dieu, la dégradation des vaincus entraînait les aiguillettes coupées ; c'était le signal de la mort du patient. — Depuis que des gens d'armes furent le fonds de l'armée, et que l'infanterie en fut l'accessoire, la partie infime, les déserteurs de l'infanterie française et ses sentinelles endormies encouraient Peine de mort ; la désertion des gens d'armes restait presque impunie. Delafontaine (1675, A), Manesson (1685, B), Praissac (1614, A), Walhausen (1606, A) ont tous redit cette phrase devenue comme un axiome, qui retrace les usages de leur temps : *Le capitaine ne peut punir de mort un soldat, hormis qu'il ne soit rebelle ; dans ce cas il le doit tuer.* — Violer les sauvegardes c'était encourir Peine de mort. — Dans les temps de guerre, des prévôts ont été longtemps chargés de la répression des crimes emportant peine capitale ; ils y procédaient par voie expéditive ; on était prévôtalement branché ou passé par les armes, comme en a offert tant d'exemples la guerre de 1756. — Dans la première moitié du dernier siècle, il n'existait encore que des usages, mais point de lois ou de règlements qui fixassent la forme des exécutions à mort. Jabro (1777, G) rend compte de ce qui se pratiquait alors, quand, à défaut de bourreau, les condamnés étaient passés par les armes. On faisait former à la troupe une portion de carré à trois faces, la quatrième devant rester ouverte ; chaque front regardait le centre. Ce carré s'assemblait à quarante pas en avant du front du camp. Le major de brigade de jour, s'il y avait des criminels de différents régiments, ou le major du régiment, s'il n'y avait qu'un criminel ou que les criminels fussent du même corps, ordonnait les apprêts et commandait le feu. — L'ordonnance de 1768 (1er mai) régla les formes que les exécutions prendraient dans le service de garnison. — Dans l'infanterie franco-suisse, le code pénal helvétique appliquait, suivant les usages nationaux, la Peine de mort. Cette diversité de formes judiciaires était un des inconvénients de l'emploi des troupes étrangères. — Saint-Germain avait aboli la Peine de mort, jusque-là appliquée aux déserteurs. — La convention nationale avait aboli, par décret de l'an quatre (4 brumaire), la Peine de mort, mais seulement à partir de la paix générale. Le décret de l'an dix (8 nivose) disposa que la Peine de mort serait maintenue. La profession des armes se fût mal accommodée de son abolition ; elle n'eût pu être invoquée que par une philanthropie rêveuse, par les utopies du quakérisme ; mais elle sacrifierait la société à un paradoxe, et elle ne prévaudra point, du moins d'une manière générale, sur les coutumes consacrées par la nécessité de tous les temps. A l'assassin, à l'incendiaire, la mort ! mais que ce soit de la main de l'exécuteur, non par les armes des camarades. La postérité aura peine à se persuader, qu'au temps où le service militaire est une charge commune, un tribut forcé, ce soit à des frères à consommer l'immolation d'un frère dont la justice a dévoué la tête. Le plus à plaindre n'est pas celui dont la vie va finir. — On a reproché aux Anglais la dureté de leur discipline ; et, pourtant, la milice anglaise ne comptait, en 1834, que treize cas de Peine de mort, tandis que la loi moderne de France en reconnaissait trente-trois, suivant Odier (1824, E ; t. iv, p. 251, 254), et pour des causes dont quelques-unes étaient légères : telles étaient l'abandon de drapeau, l'abandon de faction, l'abandon des voitures, l'abandon en troupe, l'abandon pour piller, l'altération de consigne, la correspondance avec l'ennemi, le dépouillement des morts, la désertion avec armes, la récidive des déserteurs amnistiés, l'embauchage, les fausses consignes, le sommeil en faction, certains délits des hommes de service, les voies de fait envers une sauvegarde, les délits des sous-officiers faisant partie des attroupements, la mutilation de blessé, etc., etc. — La condamnation a mort n'était exécutoire, en vertu de l'ordonnance d'administration de 1776 (25 mars, titre vii, art. 12), et de la circulaire de 1831 (7 septembre), qu'après que l'expédition du jugement avait été déférée au ministre de la guerre, quand bien même le condamné ne recourait pas à la clémence royale. — En 1833, la Peine de mort n'a été appliquée, dans l'armée française, qu'à treize condamnés ; mais elle avait été prononcée à l'égard de quatre-vingts prévenus.—L'ordonnance de 1768 (1er mars), les codes pénals, l'arrêté de l'an douze (19 vendémiaire), la décision de l'an douze (17 ventose), l'ordonnance de 1816 (21 février) étaient les différentes prescriptions relatives à la Peine de mort.

PEINE de prison. v. condamné a l'incarcération. v. emprisonnement. v. milice anglaise n° 10. v. prison.

PEINE de sous-officier. v. cassation de sous-officier. v. sous-officier ; id. n° 11.

PEINE des baguettes. v. baguettes. v. baguettes correctionnelles.

PEINE des bretelles. v. bretelles. v. bretelles correctionnelles.

PEINE des fers. v. abandon d'armes. v. abandon en troupe. v. abandon pour piller. v. absence a la générale. v. condamnation judiciaire. v. dégradation d'homme de troupe. v. employé des services. v. fers. v. milice anglaise n° 10. v. milice prussienne n° 9. v. peine. v. sentinelle.

PEINE des galères. v. galères. v. peine.

PEINE des travaux publics. v. condamnation judiciaire. v. condamné aux travaux. v. condamné pour désertion. v. déserteur a l'intérieur. v. peine. v. travaux publics.

PEINE des verges. v. milice danoise n° 6. v. verge.

PEINE d'homme de troupe. v. absence a la générale. v. ancienneté de service. v. dégradation d'homme de troupe. v. déserteur. v. faction. v. gagiste. v. giberne. v. homme de troupe. v. peine.

PEINE d'homme d'élite. v. cassation d'homme d'élite. v. homme d'élite.

PEINE d'infanterie. v. infanterie ; id. n° 10. v. infanterie française n° 9. v. infanterie franco-suisse n° 6.

PEINE d'officier. v. absence a la générale. v. cassation. v. cassation d'officier. v. congé de semestre d'officier. v. conseil extraordinaire. v. destitution. v. dette d'officier. v. officier. v. officier en jugement. v. officier français n° 16. v. peine.

PEINE du boulet. v. boulet. v. boulet de condamné. v. déserteur. v. déserteur a l'intérieur. v. guerre de 1792. v. milice anglaise n° 10. v. peine.

PEINE infamante. v. bretelles correctionnelles. v. capitaine rapporteur. v. condamnation judiciaire. v. crime. v. dégradation d'homme de troupe. v. expulsion. v. infamant. v. justice militaire. v. membre de la Légion. v. milice néerlandaise n° 6. v. milice romaine n° 9. v. officier en jugement. v. peine. v. pension de retraite. v. traitement de détention.

PEINE militaire. v. droit individuel. v. état de situation. v. militaire, adj. v. peine. v. pension de retraite. v. règlement. v. retraite en rase campagne.

PEINE mutilante. v. amputation. v. chatiment. v. milice anglaise n° 10. v. milice romaine n° 9. v. milice sike n° 6. v. mutilant, adj. v. mutilation. v. peine. v. roturier.

PEIRANDER ; **PÉHEN**. v. noms propres.

PEL, subs. masc. v. pal.

PELADE, subs. fém. v. drap de troupe. v. habillement. v. schako d'homme de troupe.

PELATRE, subs. fém. v. palatre. v. pelle.

PELET. v. noms propres.

PÉLICAN, subs. masc. (F). Ancienne bouche a feu a tir direct qui, suivant M. le général Cotty (1822, A) et Saint-Remy, portait six livres de balles, avait neuf pieds de long, et pesait deux mille quatre cents livres. Il y avait entre elle et le sacre peu de différence.

PELICE, subs. fém. v. hussard n° 4.

PELISSE, subs. fém. v. hussard n° 4. v. manche de p... v. milice turque n° 4.

PELISSIER. v. noms propres.

PELISSON, subs. v. habit.

PELLE, subs. fém. (term. génér.), ou paesle, qui a produit les substantifs palastre, palatre, pelatre ; il dérive, suivant quelques-uns, du bas latin *patella*, ou, suivant Isidore et Papias, du bas latin *pala*. Furetière le suppose venu du celtique *pall*. — Le terme Pelle se distingue en pelle a feu, — de campagne, — de caserne.

PELLE a feu de corps de garde. v. chambre d'officier de garde. v. corps de garde de garnison. v. effet de corps de garde.

PELLE (pelles) A FEU D'OFFICIER (B, 1). Sorte de PELLES qui sont délivrées à raison d'une par CHAMBRE DE PAVILLON OU DE PRISON D'OFFICIER, soit qu'elles contiennent un ou plusieurs lits.

PELLE (pelles) de CAMPAGNE (B, 1 ; E, 1). Sorte de PELLES qui font partie des OUTILS DE CAMPAGNE et de CAMPEMENT ; elles servent à construire les FORTIFICATIONS DE CAMPAGNE du genre des anciennes BASTILLES, et, dans les SIÉGES OFFENSIFS, elles font partie des AMAS D'OUTILS dont se servent les TRAVAILLEURS A LA TRANCHÉE. — L'ORDONNANCE DE 1755 (17 FÉVRIER) les décrivait comme des espèces de BÊCHES dont le CUILLERON avait sept pouces quatre lignes de haut, six pouces neuf lignes de large, cinq pouces dix lignes au tranchant. La DOUILLE était de trois pouces six lignes. Le MANCHE était de deux pieds trois pouces quatre lignes. — L'ORDONNANCE DE 1778 (28 AVRIL) reproduisait ces mêmes règles. — Il y avait autrefois un certain nombre de Pelles par COMPAGNIE D'INFANTERIE, et plus récemment par COMPAGNIE DE SAPEURS.

PELLE de CAMPEMENT. V. CAMPEMENT. V. OUTIL DE CAMPEMENT. V. PELLE DE CAMPEMENT. V. PELLE DE CAMPAGNE. V. TENTE. V. TENTE D'HOMMES DE TROUPE.

PELLE (pelles) de CASERNE (B, 1 ; E, 5). Sorte de PELLES qui, conformément au RÈGLEMENT DE 1824 (17 AOUT), devaient être fournies par le génie pour les travaux de propreté ; elles sont sous la surveillance de l'OFFICIER DE CASERNEMENT.

PELLE RONDE. V. CORPS DE GARDE DE GARNISON. V. ROND, adj.

PELLEGRENE; PELLICIARE. V. NOMS PROPRES.

PELLES, subs. masc. V. PALISSADE.

PELOTE A FEU. V. A FEU. V. ARTIFICE. V. PELOTON.

PELOTE (subs. fém.) de FIL BLANC, de FIL NOIR. V. FIL BLANC. V. FIL NOIR. V. PETITE MONTURE.

PELOTE GRÉGEOISE. V. CORPS PROJECTILE. V. FEU GRÉGEOIS. V. GRÉGEOIS. — V. PROJECTILE.

PELOTON, subs. masc. V. AILE DE P... CHEF DE P... V. CHEVAL DE P... V. CINQUIÈME P... V. COLONNE PAR P... V. COLONNE SERRÉE PAR P... V. COMPAGNIE-PELOTON. V. DEMI-P... V. DERNIER P... V. ÉGALISATION DE P... V. EN P... V. EXERCICE DE P... V. FEU DE P... V. FILE DE P... V. FORMATION DE P... V. FORMER LES P... V. FORMEZ LES P... V. FRONT DE P... V. MARCHE DE PELOTON PAR LE FLANC. V. METTRE DES P... V. MULET DE P... V. NUMÉRO DE P... V. PAR P... V. PAS DE P... V. PREMIER P... V. QUATRE P... V. QUATRIÈME P... V. ROMPEMENT DE P... V. ROMPEZ LE P... V. ROMPRE LE P... V. ROMPRE PAR P... V. SECOND P... V. TACTIQUE DE P... V. TEL P... V. TROISIÈME P...

PELOTON { HORS RANG. / TACTIQUE.... { PELOTON D'INFANTERIE... { PELOTON D'INFANT. P... interj. / P... subs. masc.

PELOTON (term. génér.), ou PELOTON MILITAIRE. Le mot Peloton a produit ENPELOTONNEMENT et PELOTONNEMENT ; il est l'augmentatif du terme PELOTE, dont l'étymologie est mal connue, comme on le voit dans FURETIÈRE. Elle viendrait, suivant MÉNAGE et GÉBELIN, du bas LATIN *pala*, ou du GREC *palla*, BALLE ; NICOT croit la retrouver dans le LATIN *plaudere*, et ROQUEFORT (1855) dans le LATIN *pila*, *pilatum*. — Les ANGLAIS et les ALLEMANDS ont naturalisé, dans leurs ARMÉES, le mot français Peloton, en lui donnant une orthographe barbare ; des TACTICIENS étrangers l'ont même abrégé dans l'expression ou désinence TON. — Les Pelotons sont d'un usage ancien, mais non pas sous cette dénomination ; l'expression n'a d'abord eu qu'un sens général, comme on eût dit groupe ou agglomération. La première application qu'on en fit appartient au temps où le MÉLANGE D'ARMES était pratiqué à l'instar de la MILICE ESPAGNOLE, comme le témoignent FURETIÈRE et GUILLET (1686, B). MANESSON (1685, B) emploie l'expression Peloton comme tellement générique, qu'il considère les BATAILLONS comme étant un genre de Pelotons. — Les Pelotons se distinguent en PELOTON D'AILE, — D'ARQUEBUSIERS, — DE CAVALERIE, — DE CHASSEURS, — DE DEMI-BATAILLON, — DE DRAPEAU, — DE DROITE, — DE FUSILIERS, — DE GAUCHE, — DE GRENADIERS, — DE SERRE-FILES, — DE VOLTIGEURS, — D'ÉCOLE, — D'ÉLITE, — EN ARRIÈRE EN COLONNE, — EN AVANT, — EN BATAILLE, — EN COLONNE, — EN MARCHE, — GARDE-DRAPEAU, — HORS RANG, — IMPAIR, — MILITAIRE, — PAIR, — PAR LE FLANC, — RENVERSÉ, — TACTIQUE.

PELOTON D'AILE. V. AILE. V. PAS ACCÉ-
LÉRÉ. V. PELOTON.

PELOTON D'ARQUEBUSIERS. V. ARQUEBU-
SIER. V. ARQUEBUSIER A PIED. V. INTERVALLE DE
CAVALERIE. V. PELOTON D'INFANTERIE.

PELOTON DE CAVALERIE. V. CAVALERIE.
V. ESCADRON. V. MILICE RUSSE N° 7.

PELOTON DE CHASSEURS. V. CHASSEUR. V.
COMPAGNIE DE CHASSEURS D'INFANTERIE. V. PE-
LOTON D'INFANTERIE.

PELOTON DE DEMI-BATAILLON DE DROITE.
V. CHEF DE PELOTON DE DEMI-BATAILLON DE
DROITE. V. DEMI-BATAILLON DE DROITE.

PELOTON DE DRAPEAU. V. ADJUDANT
D'INFANTERIE FRANÇAISE DE LIGNE N° 16. V.
ADJUDANT-MAJOR D'INFANTERIE FRANÇAISE DE
LIGNE N° 11. V. CHEF DE DEMI-BATAILLON DE
DROITE. V. CHEF DE PELOTON DE DRAPEAU. V.
DRAPEAU. V. GARDE-DRAPEAU. V. MAJOR CAPI-
TAINE N° 4. V. PELOTON. V. PORTE-DRAPEAU N°
7. V. RÉCEPTION DE DRAPEAU.

PELOTON DE DROITE. V. CHEF DE DIVISION
N° 2. V. CHANGEMENT DE FRONT. V. DROITE.
V. OBSTACLE. V. PELOTON. V. QUATRE PELOTONS.

PELOTON DE FUSILIERS. V. COMPAGNIE DE
F... V. FUSILIER. V. GARDE DE DRAPEAU. V. PE-
LOTON D'INFANTERIE, subs.

PELOTON DE GAUCHE. V. CHANGEMENT DE
FRONT. V. GAUCHE. V. QUATRE PELOTONS.

PELOTON DE GRENADIERS. V. COMPA-
GNIE DIVISION. V. DIVISION DE BATAILLON. V.
GARDE DE DRAPEAU. V. GRENADIER. V. GRENA-
DIER D'INFANTERIE FRANÇAISE DE LIGNE N° 2,
8. V. GUERRE DE 1832. V. PELOTON D'INFAN-
TERIE, subs.

PELOTON DE SERRE-FILES. V. ARRIÈRE-
GARDE. V. PELOTON. V. SERRE-FILE.

PELOTON DE VOLTIGEURS. V. COMPAGNIE
DE VOLTIGEURS. V. GARDE DE DRAPEAU. V. GUERRE
DE 1832. V. PELOTON. V. VOLTIGEUR.

PELOTON D'ÉCOLE. V. CHEF DE PELOTON
D'ÉCOLE. V. ÉCOLE. V. ÉCOLE DE PELOTON.

PELOTON D'ÉLITE. V. ÉLITE. V. GUERRE
DE 1832.

PELOTON D'INFANTERIE (term. sous-
génér.). Sorte de PELOTON TACTIQUE dont la
dénomination n'a un sens technique que
depuis le milieu du dernier siècle ; plus anciennement le terme s'appliquait aux petits
groupes d'une quarantaine d'ARQUEBUSIERS A
PIED, qui se plaçaient dans les INTERVALLES
DES ESCADRONS. — Le terme Peloton n'est
pas de même essence grammaticale, dans la
langue des ARMES, suivant qu'il s'emploie
comme interjection ou comme substantif.

PELOTON D'INFANTERIE, interj. (G, 6).

Sorte de PELOTON qui diffère du même terme
employé comme substantif. Le premier entre dans certains COMMANDEMENTS, soit dans
les MANIEMENTS D'ARMES ou dans les MARCHES
de l'ÉCOLE DU SOLDAT, soit dans l'ÉCOLE DE
PELOTON ; il constitue un COMMANDEMENT
D'EXÉCUTION quand il vient après les mots
GARDE A VOUS ; c'est un ordre de reprendre
la POSITION et l'immobilité. Quand le mot
Peloton, au lieu d'être précédé, est suivi
d'un autre COMMANDEMENT, tel que le mot
HALTE, ou bien dans les FEUX DE PELOTON, il
est COMMANDEMENT D'AVERTISSEMENT ; il n'est
qu'un complément de COMMANDEMENT dans
les locutions : FACE EN TÊTE, PELOTON, etc.;
CHEFS DE PELOTON DU DEMI-BATAILLON, etc.;
CHEFS DE PELOTON, RECTIFIEZ L'ALIGNEMENT ;
FORMEZ LE PELOTON ; PAR PELOTON EN LIGNE ;
PELOTONS PAIRS EN AVANT ; PELOTONS PAIRS ET
IMPAIRS PAR FILE ; PELOTONS PAIRS PAR LE
FLANC ; PELOTON EN AVANT ; PELOTON PAR LE
FLANC ; PROMPTE MANŒUVRE, SIX DERNIERS PE-
LOTONS, etc.; TROIS DERNIERS PELOTONS, FACE
EN ARRIÈRE EN BATAILLE, etc.

PELOTON (pelotons) (subs. masc.) D'IN-
FANTERIE (G, 6). Sorte de PELOTONS qui de-
mandent à n'être pas confondus avec le
même mot pris sous forme d'interjection.
— Le Peloton actuel rappelle le MANIPULE
romain. — La TAILLE et la CARRURE des
HOMMES décide de la formation des RANGS du
Peloton. — Les MANCHES, DEMI-MANCHES,
QUARTS DE MANCHES, DEMI-QUARTS DE MANCHES
étaient d'abord les fractions du RÉGIMENT OU
DU BATAILLON ; car RÉGIMENT OU BATAILLON
ont d'abord été même chose. A la locution
MANCHE et à SES SUBDIVISIONS succédèrent,
dans un sens à peu près pareil, QUART DE
RANG et DEMI-QUART DE RANG, ou plutôt ces
deux systèmes de définitions furent exprimés longtemps par des synonymes. —
Quand ces moyens de fractionnement pas-
sèrent de mode, le terme Peloton, longtemps oublié, y succéda et devint une désignation d'une SUBDIVISION de BATAILLONS de
l'INFANTERIE FRANÇAISE. — L'ENCYCLOPÉDIE
(1751, C) témoigne qu'avant l'ORDONNANCE
DE 1753 (17 FÉVRIER), et surtout celle DE
1755 (6 MAI), le terme Peloton n'était pas
encore technique. — Le BATAILLON se divisait, suivant cette ORDONNANCE, en six Pelotons ; mais réellement il y en avait huit,
puisque les GRENADIERS formaient le Peloton
de droite et que le PIQUET TACTIQUE était le
Peloton de gauche. — Tour à tour, DIVISION
et Peloton ont été ou diviseur ou dividende
l'un de l'autre. — Un Peloton (les GRENA-
DIERS et le PIQUET non compris) était un ensemble de deux COMPAGNIES. La formation
de ces Pelotons présentait, comme on le voit

dans l'ENCYCLOPÉDIE (1751, C, au mot *Feu*), les complications les plus bizarres, les plus vaines. Ainsi, le PREMIER PELOTON était formé de la septième et de la onzième COMPAGNIE, etc., et, dans les FEUX DE PELOTON, c'était le cinquième Peloton qui FAISAIT FEU le premier. Le Peloton résultait de l'accouplement de telle ou telle COMPAGNIE; l'ORDRE DE BATAILLE résultait du placement de tel ou tel Peloton; le choix de tel ou tel Peloton décidait de la succession des FEUX; c'était inextricable. Au lieu d'observer l'ordre numéral naturel, on prenait à tâche d'inventer de difficiles combinaisons, *difficiles nugæ*. — Ce qu'on appelle de nos jours, sans savoir pourquoi, TIERCEMENT, rappelle quelque chose de ces époques d'ignorance. Il a fallu trois quarts de siècle pour qu'on se décidât à la mesure la plus naturelle, la plus claire, la plus simple, celle de désigner les PELOTONS DE FUSILIERS par l'indication de leur NUMÉRO ordinal. — Quand les RÉGIMENTS ont été de deux BATAILLONS, et que chacun a eu un PELOTON DE GRENADIERS, ce qui a duré jusqu'à la création des CHASSEURS, chacun de ces pelotons de GRENADIERS se plaçait alternativement, l'un à la droite du FRONT DU PREMIER BATAILLON, l'autre à la gauche du SECOND. — Dans l'ORDONNANCE DE 1766 (1er JANVIER), Peloton se prenait quelquefois comme double DIVISION, quelquefois comme demi-division, tant la LANGUE était peu conséquente. — L'INSTRUCTION DE 1769 (1er MAI) et celle DE 1774 (11 JUIN) disposaient, au contraire, que chaque COMPAGNIE formait un Peloton, et qu'il se partageait en deux DIVISIONS; elles chargeaient le SOUS-AIDE-MAJOR de les égaliser. Ces documents ont, les premiers, embrassé les cas où les Pelotons agissaient par PLOIEMENTS ou par ROMPEMENTS. — Les ORDONNANCES DE 1770 (25 MARS et 31 MAI) regardaient un Peloton comme une DEMI-COMPAGNIE et comme une DEMI-DIVISION. — Alors les Pelotons de CHASSEURS et de GRENADIERS formaient une sorte d'équilibre tactique à chaque extrémité du régiment. — L'ORDONNANCE DE 1788 (1er JUILLET) exigeait que l'INSTRUCTION des SERGENTS fût poussée jusqu'au commandement d'un Peloton. — Le RÈGLEMENT DE 1791 (1er AOUT) instituait d'autres principes; ils subsistent encore en partie. Le Peloton était une DEMI-DIVISION et une COMPAGNIE tactique; la COMPAGNIE était un Peloton administratif. — L'ORDONNANCE DE 1788 (20 MAI) composait le Peloton de seize FILES en TEMPS DE PAIX, de vingt en TEMPS DE GUERRE. Le règlement DE 1791 (1er AOUT) regardait le FRONT du Peloton comme ne devant pas être de moins de douze FILES sur trois RANGS. L'ORDONNANCE DE 1851

(4 MARS) rétablissait les principes posés en 1788, et voulait de seize FILES le Peloton de manœuvres et de vingt le Peloton de guerre. Un système différent est admis dans la MILICE RUSSE, parce qu'il y est reconnu des DEMI-PELOTONS. — En 1791, le Peloton devait se composer de trois RANGS en TEMPS DE GUERRE et de deux RANGS en TEMPS DE PAIX; mais cette alternation n'a pas été observée, ou l'a été contrairement à la loi. Le SECOND RANG devait contenir les HOMMES de la plus faible TAILLE; une autre disposition est résultée de l'ORDONNANCE DE 1851 (4 MARS). — Le nombre des Pelotons a varié. — Il y en avait six en 1755 (6 MAI), non compris les GRENADIERS et le PIQUET. — Il y en avait huit en 1766 (1er JANVIER), non compris les GRENADIERS. — Il y en avait huit en 1776 (1er JUIN), non compris les GRENADIERS ou les CHASSEURS. — Il y en avait neuf en 1791 (1er AOUT), y compris les GRENADIERS, qui manœuvraient, suivant le cas, soit comme Peloton, soit comme DIVISION. C'était la plus parfaite composition qui ait été imaginée, et celle qui se prêtait le mieux aux ÉVOLUTIONS. — Tout, dans les GARDES CONSULAIRE et IMPÉRIALE, était vague ou arbitraire à l'égard du nombre des Pelotons. — Le DÉCRET DE 1808 (18 FÉVRIER) n'en reconnut plus que six, y compris les GRENADIERS et les VOLTIGEURS. — La création avortée des LÉGIONS DÉPARTEMENTALES, qui fut une des erreurs du ministre GOUVION, qui donna alors peu de preuves d'habileté comme législateur, institua un vicieux système encore en vigueur (1); huit Pelotons se composèrent de COMPAGNIES DE FUSILIERS et de COMPAGNIES D'ÉLITE, qui s'endivisionnèrent par un blâmable mélange, puisque les GRENADIERS ne peuvent plus se détacher de leur BATAILLON sans que l'ENDIVISIONNEMENT en soit bouleversé. — Le Peloton actuel est un CADRE ou une AGRÉGATION TACTIQUE formant une DEMI-DIVISION de BATAILLON, et se partageant en deux SECTIONS; il comprend des HOMMES DE RANG et des HOMMES HORS RANG; il est accompagné de GUIDES ou de CONDUCTEURS D'AILE, et suivi de SERRE-FILES; l'un d'eux devient, quand il en est besoin, CHEF DE SECTION. Le Peloton est commandé par un CAPITAINE ou par un OFFICIER qui en occupe la place, soit comme CHEF DE PELOTON, soit comme CHEF DE DIVISION. Le CHEF DU PELOTON DE DROITE, OU PELOTON IMPAIR d'une DIVISION, est, quand il y a lieu, CHEF DE DIVISION. — Les Pelotons sont formés, lors des PRISES D'ARMES, par l'ADJUDANT-MAJOR DE SEMAINE. — Les ABDUCTIONS sont un DÉBOITEMENT qui met des Pelotons en arrière dans les PASSAGES D'OBSTACLES. — Un genre

(1) Voir la note, p. 3067.

de COLONNE SUBDIVISIONNAIRE est le produit d'une rupture par Pelotons ou de l'action de rompre par Pelotons. — L'ÉGALISATION des Pelotons regarde les ADJUDANTS D'INFANTE-RIE. — Chaque CHEF DE PELOTON occupe, EN BATAILLE, une de ses AILES AU PREMIER RANG ; en COLONNE, il précède le FRONT de sa SUBDI-VISION. — Les PASSAGES DE DÉFILÉS peuvent avoir lieu par Peloton.—Le COMMANDEMENT : AU PAS, est le moyen de rectification de la fausse MARCHE d'un Peloton. — La COLONNE D'ATTAQUE est un agencement de Pelotons d'un ou deux BATAILLONS. — L'ORDONNANCE DE 1831 (4 mars) appliquait un nouveau sys-tème de subdivisionnement aux Pelotons de la COLONNE DE ROUTE. — Les FORMATIONS A DEUX MOUVEMENTS, — EN AVANT EN BATAILLE, — SUR LA DROITE, etc., sont un moyen de rétablir les PELOTONS EN BATAILLE. — La MAR-CHE PAR LE FLANC d'un Peloton isolé diffère, par quelques détails, de la MARCHE qu'un BA-TAILLON exécute par le flanc. — On a cher-ché, mais avec peu de succès, à appliquer le PAS DE COURSE à certaines MANŒUVRES de Peloton. — L'ALIGNEMENT A RANGS OUVERTS est une des premières études de l'ÉCOLE DE PELOTON, c'est-à-dire du genre d'EXERCICE propre à son instruction tactique.—En cer-tains cas, les COMMANDEMENTS : RENTREZ, SOR-TEZ, servent à RECTIFIER cet ALIGNEMENT. — En certains CHANGEMENTS DE FRONT, un Pe-loton opère une CONVERSION A RECULONS. — ROMPRE ou FORMER LE PELOTON, c'est en opé-rer le DÉDOUBLEMENT ou l'inverse. — Les PASSAGES DE LIGNE sont la conséquence d'une ABDUCTION de Pelotons. — Les MASSES par Pelotons se développent par DÉPLOIEMENT. — Le DERNIER PELOTON, ou le Peloton de l'AILE gauche d'un BATAILLON, se ferme par ENCADREMENT. — Les FEUX EN AVANÇANT que les Pelotons exécutaient autrefois par DÉBOI-TEMENT et les FEUX DE DIVISION ont été, avec raison, abolis. — Les FEUX DE LIGNE COM-prennent, en principe, des FEUX DE PELO-TONS ; mais l'INFANTERIE FRANÇAISE a peu pra-tiqué, en rase campagne, ce genre de FEU ; elle leur a préféré le FEU DE DEUX RANGS. Depuis fort longtemps elle a renoncé aux FEUX DE CHAUSSÉE. La MILICE ANGLAISE est une des dernières qui en ait fait usage. — L'ORDON-NANCE DE 1818 (13 MAI) donnait le nom nou-veau de PELOTON DE SERRE-FILES à un groupe de SOUS-OFFICIERS destinés, pendant les ROUTES DANS L'INTÉRIEUR, à former l'ARRIÈRE-GARDE des CORPS en MARCHE. — PICTET (1761, 1) té-moigne que, originairement, le PELOTON DE DRAPEAU ne FAISAIT pas FEU comme le reste du BATAILLON ; ce FEU du PELOTON GARDE-DRAPEAU se réservait pour des cas extrêmes, pour la défense du DRAPEAU même, s'il ve-

nait à être insulté. — Tactiquement, le Pe-loton s'évanouit quand on FORME LES DIVI-SIONS ou que, en d'autres termes, l'ENDIVI-SIONNEMENT a lieu. — Peu d'AUTEURS ont donné, antérieurement au siècle actuel, des lumières sur le mot Peloton ; il en est seu-lement question dans BARDIN (1807, D), DESPAR (1755, A), GUILLET (1686, B), LA-CHESNAIE (1758, I), LEBLOND (1758, B), LE-COUTURIER (1825, A), PICTET (1761, 1), PUY-SÉGUR (1748, C).

PELOTON EN ARRIÈRE EN COLONNE, in-terj. V. COLONNE ÉPAGOGIQUE Nᵒ 4. V. EN ARRIÈRE EN COLONNE. V. METTRE DES PELOTONS EN ARRIÈRE.

PELOTON EN AVANT. V. COMMANDEMENT D'AVERTISSEMENT. V. ÉCOLE DE PELOTON. V. ÉCOLE DE SOLDAT. V. EN AVANT.

PELOTON EN BATAILLE. V. CHEF DE PELO-TON. V. EN BATAILLE. V. PELOTON. V. TIERCE-MENT.

PELOTON EN COLONNE. V. ABDUCTION PAR P... V. CHEF DE P... V. EN COLONNE. V. OBSTA-CLE. V. SOUS-INTENDANT Nᵒ 7.

PELOTON EN MARCHE. V. EN MARCHE. V. ENPELOTONNEMENT. V. GARDE DE POLICE EN ROUTE.

PELOTON GARDE-DRAPEAU. V. ADJUDANT D'INFANTERIE FRANÇAISE DE LIGNE Nᵒ 17. V. GARDE DE DRAPEAU. V. GARDE-DRAPEAU. V. OBS-TACLE. V. PASSAGE D'OBSTACLE. V. PORTE-DRA-PEAU Nᵒ 7.

PELOTON HORS RANG (A, 1). Sorte de PELOTON qui entre dans la composition de di-verses ARMES. Le MINISTRE qui a admis ce terme peu plausible, a blessé la justesse de la LANGUE militaire, et renversé les principes qui, jusque-là, ne reconnaissaient à l'expres-sion qu'une acception tactique. — Cette in-novation date, dans la CAVALERIE FRANÇAISE, de 1831 (19 FÉVRIER). Sous cette dénomi-nation, une compagnie de plus a été créée ; elle se formait de l'ensemble des OUVRIERS du corps. — L'ORDONNANCE DE 1831 (5 AOUT) instituait un Peloton hors rang dans chaque RÉGIMENT D'ARTILLERIE, dans les BATAILLONS DE PONTONNIERS, dans les ESCADRONS DU TRAIN DES PARCS. — Pour parler français, il eût fallu dire, non pas Peloton hors rang, mais COMPAGNIE hors rang ; le système qui ne vou-lait dans la CAVALERIE que des ESCADRONS, non des COMPAGNIES, s'y est opposé ; il se fût contredit par l'emploi du mot COMPAGNIE HORS RANG.

PELOTON IMPAIR. V. CHEF DE PELOTON IMPAIR. V. CHEF DE PELOTON PAIR. V. FEU DE DIVISION. V. FEU DE PELOTON. V. IMPAIR.

PELOTON MILITAIRE. V. MILITAIRE, adj.

V. PASSAGE DE DÉFILÉ EN RETRAITE. V. PELO-
TON.

PELOTON PAIR. V. CHEF DE PELOTON IM-
PAIR. V. CHEF DE PELOTON PAIR. V. FEU DE DI-
VISION. V. FEU DOUBLE. V. PAIR, adj. V. SERGENT
DE REMPLACEMENT.

PELOTON PAR LE FLANC. V. MARCHE DE
PELOTON PAR LE FLANC. V. PAR LE FLANC. V.
SERGENT DE REMPLACEMENT.

PELOTON RENVERSÉ. V. FORMATION EN
COLONNE EN CAS D'OBSTACLE. V. RENVERSÉ,
adj.

PELOTON (pelotons) TACTIQUE (term.
sous-génér.). Sorte de PELOTONS qui appartiennent à des usages peu anciens ; ils entrent dans le jeu de plusieurs ARMES ; ils sont
ou un des éléments d'un FRONT DE BATAILLE,
ou un des éléments d'une MASSE ou d'une
COLONNE ; ils sont conduits par des CHEFS spéciaux et appuyés sur des GUIDES. — Le mot
sera considéré ici avec quelques détails
comme PELOTON D'INFANTERIE.

PELOTONNEMENT, subs. masc. (G, 6),
ou PLOIEMENT d'une HAIE en PELOTON. Le mot
Pelotonnement, dont le terme PELOTON
donne l'étymologie, est employé ici faute
d'autre expression, puisqu'aucune ORDON-
NANCE D'EXERCICE n'a déterminé, par un substantif spécial, l'action de former sur le terrain, à l'instant de la PRISE D'ARMES, le PELO-
TON D'INFANTERIE. — Cet agencement, cet
ARRANGEMENT, qui est le préliminaire obligé
de toute FORMATION DE BATAILLON sur le terrain, a varié dans ses règles. — Quand le
RÈGLEMENT DE 1791 (1er AOUT) prescrivait de
former sur trois RANGS, ou sur deux RANGS,
l'INFANTERIE, les HOMMES de la TAILLE la plus
faible devaient constituer le SECOND RANG, si
l'ORDRE était TERNAIRE OU SUR TROIS RANGS ; ils
devaient constituer le dernier ou le deuxiè-
me RANG, si l'ORDRE était BINAIRE OU SUR DEUX
RANGS. — En supposant l'ORDRE SUR TROIS
RANGS et le Pelotonnement sur la droite, le
PREMIER RANG restait immobile ; le SECOND et
le TROISIÈME venaient s'établir en arrière,
l'un au pas ordinaire, l'autre au pas accéléré. — En supposant le Pelotonnement sur
la gauche, le TROISIÈME RANG demeurant immobile, le PREMIER et le SECOND venaient s'é-
tablir, l'un en avant, l'autre en arrière. —
En supposant le Pelotonnement sur le centre, le TROISIÈME RANG, ou portion intermédiaire de la HAIE, restait immobile ; le SECOND
et le PREMIER RANG venaient, au pas accéléré,
s'établir à la hauteur voulue. — Ce mécanisme, aujourd'hui inusité, est décrit en détail dans BARDIN (1807, D; 1813, B). — Si
la FORMATION était BINAIRE, son exécution,
plus simple, était analogue à ce qui vient

d'être dit. — L'ORDONNANCE DE 1831 (4 MARS)
ayant admis un Pelotonnement différent, et
ayant voulu que, en ORDRE TERNAIRE, les trois
HOMMES de plus haute taille formassent la
FILE de droite, les trois plus petits la FILE de
gauche de chaque PELOTON, le mode d'AR-
RANGEMENT des HOMMES, suivant ce système,
en est du moins devenu plus rapide et plus
facile. Il suffit, pour l'exécution du Pelotonnement, de faire rompre à gauche par trois
la HAIE ordonnée par RANG DE TAILLE, et de
commander ensuite à tous un MOUVEMENT PAR
LE FLANC droit. — Il suffit, pour l'accomplissement du Pelotonnement, que les
HOMMES portant les numéros trois, six, neuf,
douze, etc., se regardent comme pivot quand
la HAIE doit rompre. — La conclusion du
Pelotonnement est le partage en deux SEC-
TIONS. — Le Pelotonnement de 1791 avait
plusieurs avantages que le Pelotonnement
de 1831 a perdus ; l'HOMME de PREMIER RANG,
étant de plus grande TAILLE, pouvait atteindre de plus loin, quand il s'agit de jouer de
la baïonnette ; les hommes du SECOND et du
TROISIÈME RANG, étant de moindre stature,
pouvaient serrer davantage sur le PREMIER
RANG pour FAIRE FEU, avec moins de danger
pour le CHEF DE FILE. Les HOMMES de PREMIER
RANG, étant de la stature la moins inégale
possible, avaient plus d'uniformité dans la
mesure du PAS. Or, c'est surtout l'égalité du
PAS du FRONT d'une TROUPE qui constitue
l'habileté de la MARCHE, et cette égalité est
un gage de solidité. — La CARRURE des HOM-
MES de la plus forte corpulence, rapprochés
coude à coude, laissait au SECOND et au TROI-
SIÈME RANG une liberté d'ACCOUDEMENT dont
ils sont privés par le système nouveau. Il
n'y a pas d'inconvénient qu'il y ait contiguïté entre les hommes du PREMIER RANG,
parce que le TERRAIN INDIVIDUEL doit se proportionner à la personne du CHEF DE FILE ;
il y a inconvénient que la contiguïté des
hommes du SECOND ou du TROISIÈME RANG
forment une ligne dont la longueur excéderait celle du PREMIER. Il serait impossible
de faire correctement marcher des HOMMES
qui auraient vingt pouces de CARRURE derrière des HOMMES qui n'en auraient que dix-
neuf. — Ainsi, l'innovation de 1831 est loin
d'être plausible ; le Pelotonnement qu'elle a
substitué à l'autre est une des erreurs de
cette ORDONNANCE.

PELOTONS PAIRS EN AVANT, interj. V.
COMMANDEMENT D'AVERTISSEMENT. V. EN AVANT.
V. FORMER LES DIVISIONS. V. PAIR, adj. V. PE-
LOTON D'INFANTERIE.

PELOTONS PAIRS ET IMPAIRS PAR FILE.
V. COMMANDEMENT D'AVERTISSEMENT. V. IM-

PAIR, adj. v. PAIR, adj. v. PAR FILE. v. PELOTON D'INFANTERIE.

PELOTONS PAIRS PAR LE FLANC, etc. v. COMMANDEMENT D'AVERTISSEMENT. V. PAIR, adj. v. PAR LE FLANC. V. PELOTON D'INFANTERIE.

PELTASTE, subs. masc. (F). Nom donné à des SOLDATS de l'INFANTERIE GRECQUE, *peltastai*, parce que leur BOUCLIER s'appelait PELTE. Sa matière ou sa forme ayant varié, des Peltastes se nommèrent ARGYRASPISTES, CHALCASPISTES, HYPASPISTES. Ces derniers étaient une infanterie d'élite d'Alexandre le Grand. — M. le colonel CARRION a désigné les Peltastes sous le nom d'ARMURES MOYENNES. — Les Peltastes de la MILICE GRECQUE étaient moins pesamment armés que les OPLITES; ils étaient comparables aux TROUPES que les ROMAINS appelaient *cetrati, peltati, peltiferi*. — XÉNOPHON (390 av. J.-C.) et des ÉCRIVAINS plus modernes confondent les PSILITES et les Peltastes. LÉON (900, A) lui-même s'en plaint, comme le témoigne MAIZEROY (1771, A). Léon croit que ces SOLDATS tenaient le milieu, dans l'ARMÉE MACÉDONIENNE, entre les oplites et les PSILITES; mais il exprime ses incertitudes à cet égard; il est facile de les dissiper. — Les ARMÉES GRECQUES ne comprirent d'abord, dans leur INFANTERIE, que des OPLITES et des PSILITES; il en était ainsi à SPARTE et à ATHÈNES. Voilà pourquoi l'ENCYCLOPÉDIE (1785, C, au mot *Arme*) les appelle JACULATEURS. Quand l'art se perfectionna, les plus habiles ou les plus braves parmi les PSILITES, OU ARMÉS A LA LÉGÈRE, reçurent quelques PIÈCES D'ARMURE, un BOUCLIER, un JAVELOT, au lieu ou en outre d'une FRONDE; ils devinrent la seconde classe de l'INFANTERIE, tandis que la partie la moins estimée de l'ARMÉE, ou même les esclaves, continuèrent à FAIRE LA GUERRE comme PSILITES et FRONDEURS. ÉLIEN (70, A) rend témoignage de ce dédoublement. — La même modification avait lieu dans la MILICE ROMAINE, quand ses VÉLITES, élevés au RANG de TROUPES DE BATAILLE, commencèrent à former la PREMIÈRE LIGNE des MANIPULES. — PHILIPPE, père d'ALEXANDRE, opéra une révolution immense en réunissant sur huit RANGS une TROUPE de Peltastes qui venaient, au besoin, ou étendre du double la ligne des OPLITES, ou épaissir de moitié la PROFONDEUR de la PHALANGE. — Plus tard, une partie des Peltastes étant devenus ARGYRASPIDES et CHALCASPISTES, c'est-à-dire hommes à BOUCLIER distinctif, à BOUCLIER d'argent ou de cuivre, ils composèrent la GARDE du souverain. Les Peltastes de ligne n'occupèrent plus, dans l'importance des armes, que la quatrième place; ils avaient au-dessus d'eux les OPLITES de ligne et les AGEMA de la GARDE; ils avaient au-dessous d'eux la classe la moins honorée, celle des ESCARMOUCHEURS. — M. le colonel CARRION (1824, A) est d'avis que les Peltastes ne s'assemblaient par ÉPITAGMES que pour les revues; qu'ils combattaient par ÉPIXÉNAGIES, et que leur moindre agrégation était la DÉCURIE. — En parlant de la COMPOSITION et de la FORCE des MILICES GRECQUES, de leur TACTIQUE, de leur SUBORDINATION, nous avons expliqué ce qui avait trait, sous ces divers rapports, aux Peltastes. On y a vu qu'ils se partageaient en DILOCHIE, ÉPITAGME, ÉPIXÉNAGIE, HÉCATONTARCHIE, PENTACONTARCHIE, PSILAGIE, STIQUE, STYPHE, SYSTASE, SYSTRÈME, XÉNAGIE. — Une SYSTASE de Peltastes, quand elle s'adjoignait à une TÉTRARCHIE d'OPLITES, contribuait à former une subdivision d'une centaine d'hommes. — On peut consulter, à l'égard des Peltastes : M. le colonel CARRION (1824, A), FOLARD (1727, A), GUISCHARDT (1758, H), LUCIEN, LÉON (900, A), MAIZEROY (1771, A), MAUBERT (1762, F), ROBINSON, XÉNOPHON (390 av. J.-C.).

PELTE, subs. fém. (F). Mot tout GREC, *peltè*, signifiant BOUCLIER. XÉNOPHON (390 av. J.-C) représente la Pelte comme ayant la figure d'une feuille de lierre. PLUTARQUE (*Vie de Numa*) dit qu'elle était ronde; c'était celle des Argiens. VIRGILE, en appelant *lunata pelta* le BOUCLIER des amazones, donne idée, suivant quelques interprétations, de la figure d'un croissant. ROQUEFORT (1835) attribue à IPHICRATE l'invention de la Pelte, ou BOUCLIER en demi-lune. MAIZEROY (1771, A) affirme que la Pelte MACÉDONIENNE était une RONDACHE peu concave et de trois palmes de diamètre. L'ENCYCLOPÉDIE (1785, C, au mot *Arme*) dit qu'il y avait des Peltes rondes et des Peltes carrées. JUSTE LIPSE en décrit de formes diverses. MONCHABLON et CARRÉ (1783, E) donnent pour synonyme CÈTRE. D'autres ÉCRIVAINS les comparent à la PARME des LÉGIONS, à l'ANCILE de la MILICE ROMAINE. — VARRON affirme que les Peltes des THRACES étaient échancrées ou dentelées. PLUTARQUE et OVIDE prétendent au contraire qu'elles étaient rondes. — L'ENCYCLOPÉDIE (1751, C) a attribué l'invention de la Pelte GRECQUE à IPHICRATE, qui l'aurait donnée à l'INFANTERIE légère d'ATHÈNES, dont les PSILITES prirent le nom de PELTASTES, par opposition aux SOLDATS qui conservaient le grand BOUCLIER. — PHILOPÉMEN passe pour avoir aboli l'usage de la Pelte et avoir fait revivre les CLYPES; mais on est mal éclairé touchant la différence entre les Peltes et les CLYPES, si ce n'est que le CLYPE était en métal. — Il est traité de la Pelte dans COR-

NÉLIUS NÉPOS, DILLON, POLLUX, SCAPULA, SUIDAS et le *Dictionnaire de la Conversation*.

PEMBROKE. V. NOMS PROPRES.

PÉNAL (pénale), adj. V. CODE P... V. JUGEMENT P... V. JUSTICE P... V. LÉGISLATION P... V. LOI P... V. PRISON P...

PÉNALITÉ, subs. fém. V. ART MILITAIRE DE TERRE. V. ARME A FEU PORTATIVE. V. CODE PÉNAL MILITAIRE. V. CRIME. V. EMPLOYÉ. V. GRACE. V. JUSTICE MILITAIRE. V. MILICE ROMAINE Nº 9. V. ORLANDINI. V. PERMISSIONNAIRE. V. RÈGLEMENT. V. SUPPLICE.

PÉNARD, subs. masc. (F), OU PÉNARDEAU, OU PÉNARS, OU PENNART, OU PINARD. Mots dérivés, suivant M. ROQUEFORT, du bas LATIN *penardus*, et signifiant POIGNARD à double TRANCHANT.

PÉNARDEAU, subs. masc. V. PÉNARD.

PÉNARS, subs. masc. V. PÉNARD.

PÉNART, PÉNARS, PÉNARZ, subs. masc. (F), OU AMPANON. Mots dérivés du LATIN *penna*, donnant idée d'une FLÈCHE garnie de PLUME OU EMPENNÉE. A raison de quelque similitude, on appelait de même un POIGNARD.

PENCEL, subs. masc. V. PENNON.

PENDANT, subs. masc. (B, 1). Mot dérivé du verbe LATIN *pendere*; il donne idée de la partie la plus basse d'un CEINTURON, d'un BAUDRIER, d'une BANDEROLE DE GIBERNE. Cette partie sert de passant et de lieu d'attache à la BAIONNETTE, au SABRE, à l'ÉPÉE. — Les Pendants de BAUDRIER et de BANDEROLE sont contigus à la BANDE; ceux du CEINTURON tiennent à la CEINTURE par les ALLONGES.

PENDULE (subs. masc.) BALISTIQUE. V. BALISTIQUE, adj. V. BALISTIQUE, subs.

PÉNEN, subs. masc. V. LANGUE LATINE. V. PENNON.

PÉNÉTRATION (subs. fém.) de BALLE. V. BALLE. V. BALLE D'ARME A FEU PORTATIVE. V. BALLE DE FUSIL. V. PARAPET. V. PIOBERT. V. PROJECTILE.

PÉNÉTRATION de BOULET. V. BOULET. V. BOULET EN MÉTAL. V. LAISNÉ. V. PARAPET. V. PIOBERT. V. PROJECTILE.

PÉNIAU, subs. masc. V. LANGUE LATINE. V. PENNON.

PÉNIAX, subs. masc. V. PENNON.

PÉNITENCIER (subs. masc.) MILITAIRE (C, 5). Mot dont le LATIN *penitencia* donne l'origine; il est consacré dans l'ORDONNANCE DE 1832 (3 DÉCEMBRE) comme synonyme de MAISON militaire centrale de DÉTENTION. — Quant à admettre dans la LANGUE un mot

nouveau, mieux eût valu adopter, dans ce sens, pénitencerie, et appeler pénitenciers les détenus. — Le sujet est traité, sous le point de vue historique, dans le *Spectateur militaire* (t. XVI, p. 391), et, sous le point de vue administratif, dans le *Journal de l'Armée* (p. 41).

PENNACHE, subs. fém. V. CASQUE. V. CERVICALE. V. CHANFREIN. V. ÉCHARPE MILITAIRE. V. LANGUE FRANÇAISE. V. PANACHE. V. PENNON. V. PORTE-PENNACHE.

PENNAGE, subs. masc. V. PANACHE.

PENNART, subs. masc. V. PÉNARD. V. PLUMET.

PENNE (subs. fém.) de FLÈCHE (F), OU PENNET, OU PENNON DE FLÈCHE. Ces mots dérivent du LATIN *penna*, plume; ils s'appliquent aux FLÈCHES PROJECTILES, font partie de leur TALON, le garnissent de PLUME, en formant l'AMPANON, comme le témoigne l'ENCYCLOPÉDIE (1785, C, au mot *Arme*).

PENNE (subs. fém.) de FORTIFICATION (F). Mot dérivé du LATIN *pinna*, CRÉNEAU. De là, suivant M. ROQUEFORT, le nom donné, par extension, aux CHATEAUX à CRÉNEAUX.

PENNET, subs. masc. V. PENNE DE FLÈCHE.

PENNETIÈRE, subs. fém. V. PANETIÈRE.

PENNON, subs. masc. V. A PENNON. V. CHEVALIER A P... V. DRAPERIE DE P... V. FAIRE DE PENNON BANNIÈRE. V. HAMPE DE P... V. POINTE DE P... V. QUEUE DE P...

PENNON (term. génér.), OU PAN, OU PANEN, PANNON, PANON, PÉNEN, PÉNIAU, PÉNIAX, PÉNON, PHANON, PHÉNON. — Quelques AUTEURS, dont nous ne partageons pas l'opinion, supposent Pennon un augmentatif de PENNACHE, signifiant bouquet de plumes mis sur la tête du CHEVAL ou sur le CASQUE. — MÉNAGE dérive PANNON du LATIN *pannus, pannum*, étoffe, d'où serait venu *penno, pennonis*, dont les ESPAGNOLS ont fait *pendon*; les FRANÇAIS, Pennon; les ITALIENS, *pennone, pennoncello*. — L'ENCYCLOPÉDIE (1751, C) fait venir le terme Pennon de *pannus*, ou de *pennus*, dont le LATIN barbare aurait fait, suivant son opinion, *pelletus, pellum, pellus*, et même *drapellum*. — Le bas LATIN *pannichellus, pennuncelus*, diminutifs de *pannus*, a produit PANNONCEAU, PANNONCEAUL, PANNONCEL, PANNUNCEAU, PANNUNCEL, PANNUNCIAU, PANONCEAU, PANONCEL, PANONCIAU, PENCEL, PENNONCEAU, PENNONCEL, PENNUNCEAU, PENNUNCIAU, PENONCEAU, PENONCEL. Ces diminutifs signifiaient, suivant GANEAU, FLOQUET OU FLAMME DE LANCE. — Cette multitude de synonymes, en LANGUES

LATINE, ROMANE, FRANÇAISE, qu'on retrouve dans AUDOUIN, CARRÉ (1785, E), Alain Charlier, l'ENCYCLOPÉDIE (1751, C), GÉBELIN, RABELAIS, ROQUEFORT, sont une preuve de l'importance qui s'est attachée aux Pennons et de la prépondérance dont jouissaient les personnages à Pennons. — Les Pennons ont été des ÉTENDARDS ou des ENSEIGNES de formes variées. L'étoffe en était, suivant CARRÉ (1785, E), de drap ou de soie renforcée; ils ont succédé, sous la TROISIÈME RACE, aux GONFALONS ou BANDES de la SECONDE RACE, et appartiennent de même aux coutumes de la FÉODALITÉ. C'étaient les ENSEIGNES d'ARRIÈRE-VASSAUX; mais il y avait des Pennons sans BANNIÈRE, c'étaient ceux des PENNONIERS qui ne reconnaissaient que le ROI pour SUZERAIN. Quoi qu'il en soit, M. REY appelle PENONFER le PORTE-ORIFLAMME. — L'ENCYCLOPÉDIE (1751, C, au mot *Etendard*) s'appuie sur FROISSARD, et dit que les Pennons étaient les INSIGNES des CHEVALIERS BACHELIERS et des ÉCUYERS. Ce fait n'est point avéré à l'égard des CHEVALIERS BACHELIERS, et si des ÉCUYERS ont eu Pennon, c'étaient des ÉCUYERS FIEFFÉS. Quant aux CHEVALIERS, il y en a qui ont eu BANNIÈRE. — MÉNAGE veut qu'un Pennon soit un ÉTENDARD à longue queue. BOREL (Pierre) veut, au contraire, que sa DRAPERIE soit fendue en deux, et prend pour CORNETTE DE CAPITAINE DE CAVALERIE le Pennon fourchu. — La plupart des Pennons de la MILICE FRANÇAISE étaient à FLAMME ondoyante, soit à une, soit à plusieurs QUEUES ou POINTES. — BÉNETON (1742, A) prétend que les Pennons étaient plus ou moins grands, que ce nombre de POINTES était une désignation de GRADE, que le Pennon à une POINTE était le plus éminent, le Pennon à trois POINTES, le moins honorifique. C'est possible, mais douteux. — L'étoffe s'attachait en dessous du FER de la LANCE, soit en DRAPEAU ENVERGÉ, c'est-à-dire cloué le long de la trabe ou HAMPE, soit en FANONS pendant verticalement d'une baguette jouant en croix sous le FER de la LANCE. La première de ces formes se représente dans les GIROUETTES pointues ou dentelées, l'autre se retrouve dans des BANNIÈRES d'église et dans des PAVILLONS DE MARINE. — Le Pennon était une BANNIÈRE de second degré, et en général une BANNIÈRE à FANONS, c'est-à-dire à un ou à plusieurs pendants; c'était un DRAPEAU de simple GENTILHOMME. Ce DRAPEAU caractérisait un OFFICIER d'un certain GRADE ou un pouvoir qui dominait un SOUS-FIEF; dans ce cas, c'était l'ENSEIGNE d'un PENNONIER, d'un chef de PENNONIE. — Rien de moins absolu que les règles en fait de coutumes anciennes. Le Pennon de saint Georges, en ANGLETERRE,

loin de n'être que de second ordre, était la première BANNIÈRE du royaume. — A mesure que les usages de la GENS D'ARMERIE féodale ont fait place à des coutumes plus militaires, le PENNON ROYAL, le PENNON DE GÉNÉRAL, ont été des DRAPEAUX désignatifs d'un CHEF D'ARMÉE. Ce PENNON DU ROI est représenté par des ÉCRIVAINS et des dessinateurs comme de forme pareille aux ÉTENDARDS modernes. — Des Pennons présentaient des emblèmes ou des ARMOIRIES; de là vient, suivant quelques opinions, que les GIROUETTES ARMORIÉES avaient particulièrement le nom de PANONCEAUX. — Au CAMP, le Pennon était la GIROUETTE de la TENTE ou du PAVILLON du PENNONIER; elle devint ensuite celle des TOURS et des CHATEAUX. Elle différait de la GIROUETTE des CHATELAINS BANNERETS; celle-ci, au lieu d'être de forme dentelée, ou pointue, ou ronde, était de forme équarrie, comme leur BANNIÈRE. — Un Pennon s'appelait PENNONCEL ou PENCEL, s'il ne consistait qu'en un FLOQUET ou une simple FLAMME DE LANCE; s'il se terminait en longue POINTE, il s'appelait, suivant ROQUEFORT, INDÉPÉNON, par opposition au PANSARD arrondi comme une panse, et fort différent ainsi des Pennons ou ÉTENDARDS à deux QUEUES ou FLAMMÉS. JABRO (1777, G) rapporte que le PENONCEL était porté, en vertu d'un droit particulier, par les GENS D'ARMES en titre. — On appelait plutôt Pennons, les ENSEIGNES DE GUERRE, et PENNONCEAUX, PANNONCEAUX, les CARTELS D'ARMOIRIES, les écussons héraldiques, les GIROUETTES. Cependant le mot PENNONCEAU était usité aussi à la GUERRE, comme le témoigne Guillaume GUYART. — FROISSARD désigne sous le nom de PENNONCEAUX les soldats qui servaient sous un Pennon. — Les mots PANNONAGE, PENNONAGE, PENNONIE, exprimaient certains districts territoriaux, certaines subdivisions d'hommes subordonnés à un Pennon; jusqu'au siècle dernier la ville de LYON, comme on le voit dans GAYA (1678, B), se divisait en trente-sept quartiers ou PENNONAGES. Les PENNONIERS ou capitaines penons y répondaient aux FONCTIONNAIRES qui, dans d'autres pays, s'appelaient GONFALONIERS. — La manière d'agiter, d'abaisser le Pennon pour APPELER A LA RECOUSSE, annonçait le danger que courait dans une action le GUERRIER dont le Pennon était l'INSIGNE. — Le verbe PÉNONCELLER signifiait manifester, en plantant le Pennon, en l'ARBORANT, qu'on se rend maître d'un lieu, qu'on s'en empare, qu'on s'en saisit; il signifiait aussi publier un BAN. — Il y a eu, suivant M. REY, des PENNONS DE CORPS distincts, par cette qualification, des Pennons de dévotion. Cette opinion est celle de BÉNE-

TON ; mais cette proposition manque, à notre avis, de clarté. — Les uns ont supputé qu'il avait pu y avoir, dans une ARMÉE FRANÇAISE, trois Pennons par BANNIÈRE ; BÉNETON (1742, A), dit qu'il y en avait dix ou douze; l'ENCYCLOPÉDIE (1785. C, au mot *Enseigne*) présente des nombres bien différents; mais ces proportions ont sans cesse varié ; de pareils calculs ont peu de justesse. — Les PENNONIES ont été, suivant BÉNETON (1742, A), de sept à vingt GENS D'ARMES ; la LANCE FOURNIE en fut une imitation. — Si le possesseur d'un Pennon montait en DIGNITÉ, le monarque, le CONNÉTABLE, le SEIGNEUR dominant l'élevait au rang de BANNERET ; une CÉRÉMONIE, soit dans un TOURNOIS, soit un JOUR DE BATAILLE, était la manifestation de cette DISTINCTION ou de cet AVANCEMENT. Le récipiendaire se présentait avec le Pennon roulé devant son SUZERAIN ; celui-ci le déroulait et le rendait carré, après en avoir fait couper la POINTE ou la QUEUE par un HÉRAUT D'ARMES, en signe de PROMOTION ou de RÉCOMPENSE. — On enterrait, suivant CARRÉ (1785, E), les PENNONIERS avec leurs Pennons. On voit dans l'ENCYCLOPÉDIE (1785, C, au mot *Chevalerie*) que, suivant le cas, la même tombe contenait la BANNIÈRE, l'ÉTENDARD et le PENNON du même chevalier. On ne se rend pas aisément compte de cette quantité de différentes ENSEIGNES appartenant à un même DIGNITAIRE. — Suivant M. REY, l'ÉTENDARD de JEANNE D'ARC, c'est-à-dire son Pennon, était BLANC et d'une étoffe alors nommée boucassin ; il était frangé de soie verte ; mais rien ne prouve qu'elle n'ait pas porté diverses sortes de Pennons. — CHARLES SEPT a changé en CORNETTE ROYALE ou CORNETTE BLANCHE le PENNON ROYAL. En d'autres termes, le Pennon royal prit la COULEUR BLANCHE. — Les ARMÉES NATIONALES, les COMPAGNIES D'ORDONNANCE, les levées de GENS D'ARMES royaux ont amené la suppression des Pennons. L'infanterie n'en a pas connu l'usage. Le livre de BRANTOME (1600, A) n'en fait plus mention. — Les PENNONS DE TROUPE ont été remplacés en FRANCE par les CORNETTES et les GUIDONS ; mais le nom de Pennon a eu plus de durée que celui de BANNIÈRE. — On voit dans GRASSI (1817, H) que l'ÉTENDARD à longue QUEUE dont la CAVALERIE ITALIENNE faisait encore usage au milieu du dernier siècle, s'appelait *pennone*. — Les mots FANON, FÉNON, PHANON, PHÉNON, synonymes de QUEUE de DRAPERIE et quelquefois même de Pennon, nous ont laissé le mot FANION. — On peut consulter, à l'égard des Pennons, AUDOUIN, M. de BARANTE (année 1455), BÉNETON (1742, A), BOREL (Pierre, au mot *Bannière de France*), CARRÉ (1785, E), CHARTIER (Alain), DANIEL (1721, A), DESPA-

GNAC (1751, D), DUCANGE, l'ENCYCLOPÉDIE (1751, C, au mot *Enseigne* ; 1785, C, aux mots *Arme, Chevalerie, Enseigne*), FAUCHET, FURETIÈRE (au mot *Bannière*), FROISSARD, GALLAND, GAYA (1678, B), GÉBELIN, GOETZMAN, GRASSI (1817, H), GUYART (Guillaume), JABRO (1777, G), LACHESNAIE (1758, I, aux mots *Cornette et Pénon*), MAIZEROY (1767, E), MÉNAGE, OLIVIER DE LA MARCHE, POTIER (1779, X), RABELAIS, RAGUEAU ; RAY DE SAINT-GENIÈS (1755, A), M. REY, ROQUEFORT, TURPIN (1785, O), VELLY. — BÉNETON (1742, A) a distingué les Pennons en PENNONS DE CORPS OU DE PERSONNE, c'étaient ceux de GÉNÉRAL ou du ROI, et en PENNONS DE TROUPE, c'étaient ceux des FIEFS. — Nous expliquerons seulement ce qui concerne le PENNON DE GÉNÉRAL et le PENNON ROYAL.

PENNON de CORPS. V. CORPS. V. PENNON.

PENNON de FLÈCHE. V. FLÈCHE. V. FLÈCHE PROJECTILE. V. PENNE DE FLÈCHE.

PENNON de GÉNÉRAL (F), OU ENSEIGNE DE GÉNÉRAL, OU ÉTENDARD GÉNÉRAL, OU PENNON DU CORPS, suivant BÉNETON (1742, A), qui le distingue par là du PENNON DE TROUPE. — Sorte de PENNON qui rappelle une coutume dont on retrouve la pensée dans tous les temps, dans tous les pays. AMIOT (1782, O) nous montre la MILICE CHINOISE ayant, de toute antiquité, marché sous un ÉTENDARD GÉNÉRAL attaché à la personne de son chef et destiné à transmettre des SIGNAUX. — L'AIGLE D'OR des ROMAINS n'avait pas d'autre destination. — Les QUEUES DE CHEVAL des Turcs précédaient les GÉNÉRAUX comme une marque de leur DIGNITÉ. — MONTÉCUCULI (1704, D) proposait de faire revivre l'usage du Pennon dont TURPIN (1785, O) déplore l'abolition. — MAURICE DE SAXE (1757, A) mentionne le POUNCHOUC (ou plutôt bunczuk) des POLONAIS. C'était l'enseigne de l'HETMAN de POLOGNE. Ce Pennon consistait dans une LANCE portant en guise de FLAMME une queue de paon ; les GÉNÉRAUX subordonnés inclinaient leur POUNCHOUC devant celui de l'HETMAN. — BÉNETON (1742, A) affirme que les Pennons de GÉNÉRAL étaient de forme carrée à la manière des BANNIÈRES, et que même les premières PENNONIES de chaque BANNIÈRE prirent aussi le Pennon carré. — Le Pennon de GÉNÉRAL a été remplacé par la CORNETTE DE GÉNÉRAL ou le GUIDON.

PENNON de PERSONNE. V. PENNON. V. PENNON ROYAL. V. PERSONNE.

PENNON de TROUPE. V. PENNON. V. PENNON DE GÉNÉRAL. V. TROUPE.

PENNON du CORPS. V. CORPS. V. PENNON. V. PENNON DE GÉNÉRAL.

PENNON du ROI. V. BANNIÈRE DE FRANCE.

v. labarum. v. milice perse. v. pennon. v. pennon royal. v. roi.

PENNON royal (F), ou pennon du corps, ou pennon du roi, ou étendard royal. Sorte de pennon dont la forme était particulière, dont la couleur a varié, et qui aurait été, suivant les temps, subordonné à la bannière nationale. L'enseigne qui paraît avoir été portée à Bouvines, à la tête de l'armée française, comme Pennon royal, était blanche et à fleurs de lis, suivant Voltaire (*Essai sur les mœurs*); Béneton (1742, A) dit, au contraire, que ce Pennon était bleu; M. Rey partage cette dernière opinion. — Daniel (1721, A) et Froissard distinguent de l'étendard de Charles sept son Pennon. Celui-ci, suivant Velly à la date 1449, était de velours bleu. — Béneton (1742, A) prétend que le roi avait deux Pennons : l'un carré, l'autre à pointe; l'un de personne, l'autre de dignité ; peut-être le grand Pennon était-il la bannière de France? Ce sont autant de questions restées obscures ; puisque nous avons vu que le carrouze aussi a porté Pennon, et que tels dignitaires avaient même, pour leur seule personne, bannière, étendard et Pennon. — Le Pennon transmettait télégraphiquement des commandements. — En 1303, Philippe le Bel, brouillé avec Boniface huit, ayant dépêché vers ce pontife un envoyé qui n'en put obtenir audience, celui-ci investit la maison papale en y déployant, dit Savaron, un drapeau blanc. C'était probablement un Pennon royal, ou l'écharpe alors blanche du monarque. — Au Pennon ou à l'un des Pennons du roi succéda sous Charles huit la cornette royale. Lachesnaie (1758, I, au mot *Cornette*) témoigne que le premier valet tranchant avait la garde de la cornette royale ; nous verrons tout à l'heure l'induction qu'on en a tirée de nos jours. — Ray de Saint-Geniès (1755, A) prétend que le Pennon royal ne paraissait, à l'armée, que quand le roi y était en personne. Béneton (1742, A) mentionne au contraire des expéditions où le Pennon royal avait été porté sans que le monarque y assistât ; ce serait, selon lui le pennon du roi, qui ne marchait pas sans le prince. — Ce dernier écrivain est celui de tous qui a fait les plus profondes recherches sur la matière, mais on reste peu satisfait de ce qu'il dit p. 293, alin. 3, touchant les différences de Pennon royal et de pennon du roi ; la définition qu'il prétend établir est inintelligible. — L'Encyclopédie (1785, C, au mot *Enseigne*) n'est pas beaucoup plus claire.— Le mot Pennon, aussi oublié que ce qu'il a caractérisé, a reparu sous le régime de la restauration. On a vu, le jour de l'inhumation de Louis dix-

huit, un seigneur de la cour faire fonction de premier tranchant, et déposer sur le royal cercueil une enseigne de théâtre que le programme de cérémonie décorait du nom de pennon du roi.

PENNONAGE, subs. masc. v. pennon.

PENNONCEAU, subs. masc. v. pennon.

PENNONCEL, subs. masc. v. bachelier. v. connétablie. v. féodalité. v. girouette. v. pennon.

PENNONIE, subs. fém. v. ailette. v. écuyer fieffé. v. lance fournie. v. milice anglaise n° 2. v. pennon. v. pennon de général.

PENNONIER, subs. masc. v. client. v. écuyer fieffé. v. gonfalonier. v. infanterie communale n° 2. v. lance a main. v. pavillon de camp. v. pennon.

PENNONCEAU, subs. masc. v. pennon.

PENNUNCEAU, subs. masc. v. pennon.

PÉNON, subs. masc. v. compagnon. v. flèche projectile. v. pennon.

PÉNONCEAU, subs. masc. v. pennon.

PÉNONCEL, subs. masc. v. pennon.

PÉNONIER, subs. masc. v. pennon.

PÉNONIE, subs. fém. v. infanterie communale n° 2. v. pennon.

PENSION, subs. fém. v. brevet de p... v. demande de p... v. sur p...

PENSION, ou pension militaire (term. génér.). Mot qui a deux étymologies différentes, selon qu'il s'agit de nourriture ou de rémunération. — S'il se prend dans le sens de Pension à table d'hôte, il vient du latin *pensum*, tâche, ou devoir d'écolier, parce que c'est par imitation des Pensions d'éducation qu'on a appelé Pensions, les ordinaires ou tables à prix mensuel où vivent les officiers. — Dans l'autre cas Pension vient du latin *pensio*, payement ou loyer. — Le mot ne demande à être examiné ici que sous le point de vue de Pension rémunératoire, accordée soit à des militaires, soit à leurs veuves ou orphelins, et le sujet ne sera embrassé, avec quelques détails, que sous le rapport des pensions de retraite des militaires.

PENSION d'adjudant. v. adjudant. v. adjudant d'infanterie française de ligne n° 11, 12.

PENSION d'adjudant-major. v. adjudant-major d'infanterie française de ligne n° 8.

PENSION de capitaine. v. capitaine. v. capitaine d'infanterie française de ligne n° 4, 10. v. pension de retraite.

PENSION de caporal. v. caporal. v. ca-

PORAL D'INFANTERIE FRANÇAISE DE LIGNE N° 9.

PENSION de CHEF DE BATAILLON. V. CHEF DE BATAILLON D'INFANTERIE FRANÇAISE DE LIGNE N° 6.

PENSION de CHIRURGIEN. V. CHIRURGIEN. V. CHIRURGIEN DE CORPS. V. CHIRURGIEN-MAJOR DE CORPS N° 7.

PENSION de COLONEL. V. COLONEL. V. COLONEL D'INFANTERIE FRANÇAISE DE LIGNE N° 22.

PENSION de GÉNÉRAL. V. GÉNÉRAL. V. GÉNÉRAL FRANÇAIS N° 2, 4. V. LIEUTENANT GÉNÉRAL N° 4.

PENSION de GRAND FONCTIONNAIRE. V. GRAND FONCTIONNAIRE. V. PENSION DE RETRAITE.

PENSION de LIEUTENANT-COLONEL. V. LIEUTENANT-COLONEL D'INFANTERIE FRANÇAISE DE LIGNE N° 8.

PENSION de l'ORDRE DE SAINT-LOUIS. V. ORDRE DE SAINT-LOUIS.

PENSION de MAJOR. V. MAJOR CHEF DE BATAILLON N° 3.

PENSION de MEMBRE DE L'INTENDANCE. V. CORPS D'INTENDANCE N° 4, 5. V. MEMBRE DE L'INTENDANCE.

PENSION de MUSICIEN. V. MUSICIEN N° 2, 5.

PENSION (pensions) de RETRAITE (C, 4), OU PENSION PÉCUNIAIRE, OU PENSION DE MILITAIRE, OU RETRAITE PÉCUNIAIRE, OU SOLDE DE RETRAITE. Sorte de PENSIONS dont l'étymologie se trouve dans le mot LATIN *pensio,* signifiant payement, redevance, tribut. — Le mot Pension ne se rapporte généralement aux MILITAIRES, quelque rang qu'ils tiennent, que depuis des temps peu anciens, ou du moins le style légal ne faisait pas usage de cette expression en parlant des OFFICIERS. On voit dans GANEAU que, dans la première moitié du dix-huitième siècle, il existait dans la MAISON MILITAIRE une RÉMUNÉRATION qui, pour les GARDES DU CORPS, s'appelait RETRAITE, et qui, pour les GENDARMES DE LA GARDE et les CHEVEAU-LÉGERS de la GARDE, s'appelait RELÉGUÉ. Le RELÉGUÉ se montait à cinq cent quarante livres; c'était plutôt une faveur qu'un DROIT, car l'obtention de cette Pension ne résultait pas d'un nombre déterminé d'ANNÉES DE SERVICE. — L'ORDONNANCE DE 1771 (17 JUILLET) appelait, non pas Pension, mais APPOINTEMENTS, la SOLDE annuelle qu'elle accordait aux OFFICIERS des GARDES FRANÇAISES, à la suite de BLESSURES, à raison d'INFIRMITÉS, ou après trente ans de SERVICE; mais elle appelait Pension la SOLDE qu'en

pareils cas elle allouait aux SOLDATS AUX GARDES. — Plus anciennement, on appelait RÉFORMES les Pensions. On lit dans les Mémoires du MINISTRE CHOISEUL qu'en 1770 l'Etat payait encore des RÉFORMES accordées en 1713. — Dans l'application du mot Pension, la loi maintenant ne fait aucune distinction d'ALLOCATIONS rémunératoires de SOLDATS ou d'OFFICIERS, et quant à ces derniers, la CLASSE dont ils font partie n'influe pas sur le taux de la Pension. — La LOI MILITAIRE considère comme RÉCOMPENSES les Pensions modernes d'OFFICIERS, de SOUS-OFFICIERS, de SOLDATS. ODIER (1824, E, t. II) les regarde, au contraire, non comme une faveur gouvernementale, non comme une libéralité nationale, mais comme l'acquittement d'un contrat; elles ne sont, aux yeux de cet ÉCRIVAIN, que le complément du salaire d'un SERVICE dont la SOLDE ou le TRAITEMENT D'ACTIVITÉ était la clause originelle; il les considère comme le résultat naturel d'un changement de POSITION dont l'AGE, les bons antécédents ou les INFIRMITÉS sont le motif. Cet AUTEUR s'efforce de prouver que les Pensions sont un TRAITEMENT, non une largesse; une dette de l'Etat, non un BIENFAIT, et que si la LANGUE de l'ARMÉE est défectueuse, sa logique n'est guère plus irréprochable. Au nombre des dispositions légales concernant les retraites il faut surtout mentionner le RÈGLEMENT DE 1831 (1er AVRIL, art. 767, 771), la NOTE MINISTÉRIELLE DE 1858 (18 JANVIER) et l'ORDONNANCE DE 1838 (31 MAI, art. 234). Ces documents témoignent que la jouissance de la Pension laisse subsister en faveur des pensionnés le droit d'être admis aux HOPITAUX MILITAIRES. — Les BÉNÉFICES MILITAIRES, les distributions de FIEFS des PREMIÈRES RACES, les SERGENTERIES ont participé de la nature des PENSIONS MILITAIRES. Ces RÉCOMPENSES furent le germe et le nerf de la FÉODALITÉ. — Des biens d'église furent ensuite le prix des SERVICES MILITAIRES. — La TROISIÈME RACE fonda les OBLATS; c'étaient des Pensions de SIMPLES SOLDATS; l'usage s'en perpétua de PHILIPPE AUGUSTE à HENRI TROIS. — Les HOMMES D'ARMES s'étaient fait conférer une forte part des revenus du clergé; c'est à ce titre que BRANTOME était abbé. LOUIS QUATORZE maintint l'usage d'investir de BÉNÉFICES simples et de Pensions sur les abbayes et évéchés ceux des GENTILS-HOMMES qui participaient à ses faveurs. Il en fut ainsi jusqu'en 1687, époque où les confesseurs firent de cette largesse un cas de conscience. — Avant le dix-septième siècle, des MILITAIRES d'un rang analogue à ceux qu'on a depuis appelés OFFICIERS, obtenaient du souverain, ou de ses MINISTRES, des Pensions, ou des GRACES qui tenaient lieu de Pensions. On voit dans LACHESNAIE (1758, 1) *que la connaissance des reliefs, lettres de monstres, et Pensions réduites, appartenait aux maréchaux de France.* C'était, de règne en règne, une révision et un moyen d'éteindre les faveurs ou de tempérer les abus du règne précédent. — Les états généraux assemblés sous la minorité de CHARLES HUIT, reprochaient à la couronne les Pensions abusives qui avaient obéré le TRÉSOR; il n'y avait pas alors distinction de PENSIONS MILITAIRES ou de toutes autres. Elles commencèrent à prendre un caractère spécial, quand FRANÇOIS PREMIER institua ses LÉGIONS; les MORTES-PAYES promises aux solDATS qui auraient servi honorablement dans ces CORPS, étaient un genre de PENSIONS MILITAIRES; mais ces LÉGIONS n'eurent qu'une courte durée, et le principe rémunératoire tomba dans l'oubli. — Sous HENRI TROIS, des Pensions viagères et de faveur furent prodiguées; l'abus alla croissant jusqu'à HENRI QUATRE. Ces dilapidations, dont profitèrent surtout les Guise, leur servirent à s'acheter des créatures. — HENRI QUATRE, véritable créateur du système des RÉMUNÉRATIONS militaires, octroya d'abord des DEMI-SOLDES; il essaya ensuite une institution d'INVALIDES, que l'insouciance de l'ADMINISTRATION laissa dépérir. — En 1600, trois millions de Pensions étaient inscrits; SULLY les réduisit à deux. — LOUIS TREIZE fonda la COMMANDERIE DE SAINT-LOUIS; c'était une réunion d'OFFICIERS PENSIONNÉS qui dura peu. — En 1614, les états généraux se plaignaient de l'élévation des Pensions; elles se montaient à 6,650,000 livres. ANNE D'AUTRICHE les réduisit d'un tiers. — A l'issue de chaque GUERRE entreprise par LOUIS QUATORZE, les nombreux OFFICIERS, quelque courts que leurs SERVICES eussent été, sollicitaient du prince une Pension; il en accordait sur sa cassette, en vertu de simples BREVETS, à quelques privilégiés, à quelques vieux OFFICIERS; mais le caissier, l'argentier, comme on disait jadis, étaient souvent hors d'état d'en solder les QUARTIERS. L'ORDRE DE SAINT-LOUIS fût créé; la CROIX fut un moyen plus sûr et moins ruineux de RÉMUNÉRATION. L'HOTEL DES INVALIDES devint un monastère de PENSIONNAIRES. — Depuis 1691, les Pensions, grossies à chaque RÉFORME, furent, pour la plupart, accordées sur le TRÉSOR public, et se multiplièrent sans mesure. LOUIS QUATORZE, à la fin de son règne, les réduisit d'un dixième. — Depuis la VÉNALITÉ des offices, presque tous les FONCTIONNAIRES qui les avaient achetés ne prenaient pas la peine d'en accomplir les fonctions, et il fallut accorder, comme

encouragement, des Pensions à ceux qui remplissaient le moins mal leur devoir; l'abus devint tel, que PHILIPPE D'ORLÉANS fut dans la nécessité d'en ordonner la révision. — Depuis LOUIS QUATORZE, la face de la SCIENCE MILITAIRE avait changé; l'ORGANISATION s'était modifiée. Il ne suffisait plus de se parer du hausse-col de l'INFANTERIE ou de revêtir la cuirasse de la CAVALERIE; il s'était institué et nationalisé d'autres ARMES. L'ARTILLERIE et le GÉNIE, longtemps alimentés par les pays étrangers, longtemps chargés d'un SERVICE momentané, avaient pris une racine française, devenaient d'un SERVICE permanent, et pesaient d'un grand poids dans la balance de la COMPOSITION DES ARMÉES. Ces professions sérieuses convenaient mal à des GENTILSHOMMES, presque tous ignorants, frivoles et désireux de venir respirer l'air de la cour; il fallut admettre, comme OFFICIERS D'ARTILLERIE et du GÉNIE, des FRANÇAIS de la classe des bourgeois vivant noblement. Dès lors il fut indispensable de créer un autre, un nouveau stimulant; il convenait que des hommes, à la fois éclairés, studieux et braves, qui étaient dépourvus des priviléges, faveurs et avantages réservés à la NOBLESSE, trouvassent un dédommagement dans l'espoir d'un avenir aisé et honorable. — Quant aux HOMMES DE TROUPE qui s'engageaient volontairement, qui consentaient à une vie au jour le jour, qui savaient qu'après de longs SERVICES les INVALIDES étaient leur seule perspective, le gouvernement n'était pas, en point de droit, obligé de leur assurer un autre avenir; mais l'incorporation, maintes fois renouvelée, des MILICIENS dans de vieux CADRES, ne permettait pas qu'on laissât sans quelque espoir d'un sort assuré ces braves conscrits de la roture. — Jusqu'au règne de LOUIS QUINZE, aucun principe écrit ne réglait les limites de la générosité royale ou ministérielle, rien ne déterminait les conditions exigibles pour l'obtention des Pensions; elles ne reposaient pas sur un DROIT, mais résultaient d'une GRACE, trop souvent d'un abus. Un confesseur, une maîtresse étaient les dispensateurs du bienfait (si le mot bienfait, alors admis, est l'expression convenable); les intrigants et les intrigantes de la cour se distribuaient, s'arrachaient ces lambeaux de la fortune publique. — A la suite de la GUERRE DE 1741, DARGENSON accorda des Pensions, principalement aux MILITAIRES NON NOBLES, qui, ayant obtenu de l'AVANCEMENT, et s'étant par là anoblis, ne pouvaient plus se livrer à d'autres PROFESSIONS; mais en 1760, comme le témoigne BOHAN (1781, H), faute d'un système régulier, faute d'un budget, *le trésor royal fut dans l'impossibilité de payer les Pensions des officiers retirés.* — Les ORDONNANCES DE 1762 (21 MARS), DE 1764 (26 FÉVRIER) instituèrent enfin le principe du DROIT AUX PENSIONS MILITAIRES; elles exigèrent des preuves de la part des prétendants aux RÉCOMPENSES; elles fixèrent les conditions d'aptitude. CHOISEUL, un des plus habiles MINISTRES DE LA GUERRE, opéra cette importante révolution; il les délivra sans distinction de NOBLES ou de ROTURIERS; mais, trop prodigue, trop subjugué par les exigences de la NOBLESSE et l'importunité des femmes, il les répartit par faveur plus que par justice; le TRÉSOR en fut écrasé. — L'ORDONNANCE DE 1762 (21 MARS), plus généreuse qu'aucune de celles qui y ont succédé, accordait, après vingt-quatre ANNÉES DE SERVICE, au SOLDAT qui se retirait, sa SOLDE entière et un habillement tous les six ans. — Si l'institution des Pensions réglées ne remonte pas plus haut, s'il n'en était obtenu que par extraordinaire, c'est que la NOBLESSE militaire, héritière de la FÉODALITÉ, et jouissant des priviléges que l'ancien état de choses lui avait légués, devait au trône le tribut de son épée en échange des avantages qui lui étaient acquis, tels que l'EXEMPTION DE TAILLE, d'impôts, de LOGEMENT DE GENS DE GUERRE; elle obtenait, aux frais de l'Etat, les bienfaits de l'éducation, et mille autres faveurs étaient un équivalent des obligations et des chances du SERVICE; elle ne conservait qu'à ces conditions implicites ses prérogatives, sa considération, son existence même; l'éclat du hausse-col dédommageait des frais d'un office peu rétribué, mais qui était une voie à des faveurs de la cour et une carrière honorée; tout autre état que l'Eglise ou le MILITAIRE était d'ailleurs interdit, par l'usage et le préjugé, aux GENTILSHOMMES; il n'était pas à craindre qu'ils manquassent à la PROFESSION DES ARMES. La plupart d'entre eux, tirés des classes aisées, n'aspiraient qu'à la CROIX DE SAINT-LOUIS. — Mais, au temps où nous vivons, l'égalité civile et l'obligation commune de subvenir aux charges publiques ont fait du système des Pensions, non plus une participation à un bienfait, mais l'institution d'un DROIT sacré et l'acquittement d'une dette publique. — Frédéric DEUX n'accordait de RETRAITES qu'à ses GÉNÉRAUX. Devenez capitaines, disait-il aux OFFICIERS inférieurs; faites des économies, disait-il à ses CAPITAINES; mais, dans cette MILICE, une COMPAGNIE était une ferme de neuf à dix mille francs, et le roi le savait. Le SIMPLE SOLDAT recevait avec son congé une autorisation de mendier. — Depuis l'avénement de LOUIS QUINZE, le gaspillage des finances avait été en empirant;

il était accordé, dans l'ordre civil, des Pensions pour des services abjects; dans la classe militaire, les principes posés par CHOISEUL avaient été mal observés par ses successeurs. — Une instruction de 1772, adressée aux INSPECTEURS GÉNÉRAUX, et mentionnée par POTIER (1779, X), ne reconnaissait le DROIT de solliciter la Pension qu'après trente ans de SERVICES; mais le droit que l'OFFICIER avait de demander n'impliquait pas celui d'obtenir. — Aussi BOHAN (1781, H) déclare-t-il que les ordonnances de CHOISEUL étaient déjà, de son temps, en désuétude; il ajoute qu'on voyait des OFFICIERS solliciter une Pension après dix ou quinze ANS D'ACTIVITÉ, et prétendre reprendre ensuite leur TOUR DE SERVICE. AUDOUIN dit qu'une ordonnance de 1774 avait aboli toutes les RÉCOMPENSES pécuniaires. — Avant le MINISTÈRE DE SAINT-GERMAIN, aucun TARIF de Pension, sauf pour les vieux soldats, n'avait encore été dressé; l'arbitraire seul décidait de la solde ou RÉFORME à allouer, ou octroyée. — L'ORDONNANCE DE 1776 (25 MARS) fixait le taux de la Pension des HOMMES DE TROUPE. — Plus tard, les HAUTES-PAYES et les CHEVRONS furent un appât qui retenait aux drapeaux de VIEUX SOLDATS qui y attendaient plus patiemment leur RETRAITE ou les INVALIDES. — Les SUISSES ayant servi en FRANCE pouvaient jouir de leurs Pensions françaises, soit en FRANCE, soit dans leur pays; les autres étrangers, sortis du SERVICE DE FRANCE, ne pouvaient toucher la leur qu'en FRANCE et à titre de naturalisés. — La publication du livre rouge, en 1792 démontra que plusieurs sœurs ou nièces d'un MINISTRE, qui était en fonctions en 1780, jouissaient de PENSIONS D'OFFICIERS; les désordres de la cour, la pénurie du TRÉSOR allaient nécessiter une régénération dont une sixième et complète banqueroute serait le préliminaire inévitable. — Les Pensions octroyées par CHOISEUL avaient été un acte moitié forcé, moitié libéral. L'abbé Terray les retrancha toutes. — Le système de RÉMUNÉRATION des MILITAIRES estropiés ou vieillis devenait un acte de loyauté, une dette nationale, quand la révolution de 1789 assura à toutes les classes de citoyens le droit d'aspirer à l'épaulette. — Jusqu'à la GUERRE DE LA RÉVOLUTION, des PENSIONS D'OFFICIERS s'obtenaient, ou non, suivant l'aisance ou la mésaisance des solliciteurs. A moins de rénovation, les Pensions obtenues ne duraient le plus ordinairement qu'autant que durait le règne; elles étaient alimentaires; de là vient que, dans l'origine, elles s'appelaient AUMONES; elles n'étaient pas accordées du fait d'une loi, ni assises d'une manière égale, mais chaque BREVET indiquait le genre de fonds qui devaient y pourvoir ; elles étaient au compte de l'ordre de Saint-Louis, ou de la cassette, ou de l'ordinaire, ou de l'extraordinaire des guerres, ou du trésor royal, ou d'une branche quelconque des revenus du gouvernement, ou même du clergé. — Quand, au lieu d'enrolements libres, la première réquisition, ou la conscription, saisissaient la population, l'Etat ne pouvait plus refuser à l'armée un système rémunératoire plus complet, plus étudié ; ainsi les lois de 1790 (22 août et 14 décembre) instituèrent positivement le droit à une retraite à cinquante ans d'âge et après trente ans de service. Elle devait équivaloir au quart du traitement, et se grossir d'un vingtième par chaque campagne ; le maximum n'en pouvait outre - passer dix mille francs ; c'était un grand pas en fait d'administration. — Cette loi du 14 décembre, sanctionnée le 25, était précédée du savant rapport de Wimpffen, offrant des aperçus statistiques qui mériteraient encore d'être consultés. — Sous le régime révolutionnaire, les tribunes retentirent de la promesse du milliard accordé aux défenseurs de la république ; ils ont dû le céder aux exigences de l'émigration ; ce fut un dédommagement à rebours. — La loi de 1790 ne tarda pas à être modifiée par le décret de l'an sept (28 fructidor) ; un tarif y fut joint ; un minimum et un maximum d'ancienneté furent établis ; les blessures et les infirmités résultant de la guerre furent prises en considération. Les retenues sur pensions prélevées au profit des invalides, retenues si peu justes, mais commandées par le délabrement des finances, appartiennent à cette loi. — Pour subvenir à ce qu'on appelait solde provisoire ou de subsistance, c'est-à-dire moyen d'alimenter les estropiés jusqu'à leur admission à une retraite réglée, la loi prélevait cinq centimes par franc sur les retraites au-dessus de neuf cents francs ; elle ne prélevait que deux centimes sur les retraites au-dessous ; la loi de l'an onze (8 floréal, art. 16) maintenait cette disposition. — Cette mesure eût dû être transitoire comme la guerre ; mais un simple arrêté de l'an neuf (19 frimaire) supprima le traitement provisoire, et la retenue fut maintenue. — La solde de réforme ainsi que la solde de retraite ayant été, comme le témoigne M. Ballyet (1817, D), comprises dans la désignation des parties qui constituaient le chapitre nommé le personnel, chapitre spécifié dans l'arrêté de l'an huit (9 pluviose), elles tombèrent ou restèrent dans les attributions des commissaires des guerres. Le corps de l'inspection en fut chargé par le décret de l'an treize

(25 germinal). — Les inspecteurs généraux commencèrent à être chargés de recueillir les propositions d'admission a la retraite. — Une loi de l'an onze (8 floréal) altéra les principes consacrés par les lois antérieures ; le premier consul rendit facultatif ce qui, jusque-là, était un droit. Les mots pourront obtenir furent substitués à ceux auront droit. — L'arrêté de l'an onze (27 messidor) appliquait à l'hotel des Invalides la retenue des deux et cinq pour cent devenus sans objet. La loi disait à l'officier qui avait servi trente ans : vous recevrez un traitement dont voici le tarif : ainsi, vous, capitaine, vous jouirez de 1,200 fr. ; mais vous voudrez bien n'en recevoir que 1140, parce qu'il faut que vous subveniez à l'entretien de l'hotel des Invalides, quoique jamais vous ne puissiez prétendre à y être admis, et quoique les officiers en activité qui y peuvent prétendre ne soient assujettis qu'à une retenue de deux pour cent, tandis que la vôtre est de cinq pour cent. — Une remarque qui démontrait le vice de la mesure a été faite par Lecouturier (*Journal des Sciences militaires* [mai 1828]). La retraite réglée à 900 fr. pour un officier se trouvait moins forte que celle qui avait été réglée à 890 fr.; car le premier de ces officiers *laissant, par an, 45 fr. à la caisse des invalides, se voit réduit à 855 fr., tandis que l'autre, passif seulement d'une retenue de 17 fr. 80 c., en perçoit 872 fr. 20 c. Ainsi de plus longs services sont moins récompensés ; on gagne 17 fr. 20 c. à avoir fait une campagne de moins.* — Le décret de l'an quatorze (19 vendémiaire) regardait comme une année de campagne le mois de vendémiaire, et autorisait à le compter sur ce pied dans l'évaluation des retraites. — Le décret de 1807 (11 septembre), temps où les prodigalités avaient une excuse et un voile, accordait 20,000 fr. de Pension aux grands fonctionnaires. — Le système des retraites était resté imparfait ; leur montant était reconnu insuffisant ; les dépenses qu'elles entraînent avaient été de tout temps le chancre, l'embarras du ministère de la guerre. Napoléon n'augmenta pas le taux des retraites ; il voulait, dans ses projets de guerre perpétuelle, clouer l'officier au drapeau, et le menacer de l'indigence, s'il cherchait à s'en éloigner avant le temps de la caducité ; mais des dotations, de grands traitements dans la Légion d'honneur, et cette institution qui n'a été qu'un rêve, cet ordre des trois Toisons, assuraient un sort brillant aux généraux, aux militaires à qui il accordait la retraite. Il avait remédié à ce qu'il y avait de mesquin dans la fixation

des TRAITEMENTS, en instituant les MAJORATS, fâcheux moyen, il est vrai, qui menaçait d'un état de guerre perpétuelle la FRANCE. BONAPARTE avait recouru à des ressources plus morales, plus politiques et de toute équité. C'était la perspective et la concession d'EMPLOIS CIVILS salariés et octroyés de droit aux RETRAITÉS. Il allégeait par là les charges de l'Etat, tout en payant d'un noble prix l'impôt du sang et les sacrifices des GUERRIERS qui avaient acquitté leur dette forcée; il leur donnait le légitime privilége d'être appelés de préférence aux fonctions de ce genre qu'ils étaient aptes à remplir. Les grandes puissances militaires de l'EUROPE ont imité toutes cet exemple. — La restauration ne tint compte ni des améliorations ni des expériences; elle ne paya les SERVICES anciens que sous les émotions de la peur et le laisser-aller de la routine; elle fit revivre les Pensions prodiguées et non gagnées; elle abolit le DROIT AUX EMPLOIS CIVILS; elle attacha des GRADES FICTIFS à quelques Pensions, largesse peu coûteuse; elle maintint les RETENUES malgré le mécontentement que cette mesure avait occasionné. — Les ORDONNANCES DE 1814 (14 et 27 AOUT) confirmèrent cependant le droit aux retraites, sur lesquelles, en vertu de droits ou non, l'émigration se rua; en sa faveur les dispositions nouvelles modifièrent les TARIFS de l'an sept et de l'an onze, y ajoutèrent la Pension du LIEUTENANT-COLONEL, abolirent celle du SERGENT-MAJOR comme distincte mal à propos jusque-là du celle de SERGENT, traitèrent les GRADES inférieurs avec un peu plus de largesse que la dernière loi et avec un peu plus d'économie que l'avant-dernière; aussi quelques ÉCRIVAINS l'ont-ils déclarée empreinte de dureté envers les anciens MILITAIRES. — L'ORDONNANCE DE 1815 (1er AOUT) reproduisait celle qui l'avait précédée. — Celle DE 1815 (15 AOUT) s'occupait des VEUVES et des ORPHELINS. — La LOI DE 1817 (25 MARS) permettait le cumul des RETRAITES avec un traitement civil d'activité. — Un rapport du général Desolles, à la session de 1817, évaluait, après vingt ANS DE GUERRE, le total des Pensions militaires payées à l'époque de 1812 à 23,000,000. Des renseignements fournis dans la même session, par le MINISTRE DE LA GUERRE, estimaient à 29,000,000 la dépense des Pensions le 1er mars 1814. Cette somme était doublée le 1er janvier 1817; elle dépassait alors 52,000,000. Amis et ennemis venaient d'être confusément couchés sur le grand livre, non en vertu d'une stipulation préétablie, mais comme moyen de débarras pour le gouvernement; vingt ANS DE SERVICE avaient suffi pour l'ob-

tention de la RETRAITE, que, jusque-là, la loi n'accordait qu'après cinquante ans. Le licenciement de l'ARMÉE élargit encore la plaie. En 1830, une masse flottante de trente-cinq mille OFFICIERS, dont quantité eussent en vain aspiré à de l'EMPLOI, attendait sur le chevet de la DISPONIBILITÉ que l'heure de la RETRAITE sonnât; en 1834, le taux général des Pensions s'élevait encore à 48,000,000, malgré de nombreuses extinctions. — Il y avait eu l'excuse des nécessités politiques, des mesures conciliatrices; mais les prodigalités de cour avaient rappelé les abus des anciens régnes; l'abbé de Pradt, en récompense de ses invectives contre son ancien maître NAPOLÉON, de Pradt, placé pendant quelques semaines à la tête de la LÉGION D'HONNEUR, en était devenu le plus coûteux pensionnaire; un MINISTRE DE LA GUERRE, qui l'avait été vingt jours, se retirait avec 12,000 fr. de Pension. — La LOI DE 1818 (15 MAI) remaniait la matière. Le montant de la Pension était déterminé à raison de la durée d'ACTIVITÉ DE SERVICE et à raison des ANNÉES DE GRADE; elle se bonifiait, s'il y avait lieu, à raison des ANNÉES DE CAMPAGNE, du GRADE obtenu, de l'EMPLOI exercé, des BLESSURES reçues en s'acquittant d'un SERVICE commandé, ou des INFIRMITÉS provenant des fatigues de la GUERRE; elle n'était passible d'aucunes RETENUES pour DETTES, mais était saisissable judiciairement par l'épouse et par les enfants. Elle était soumise à la retenue de deux pour cent pour DOTATION des INVALIDES, retenue ensuite abolie. — L'INSTRUCTION DE 1810 (5 JUILLET) mentionnait les cas où le DROIT à la Pension se perdait, en suite d'APPLICATION DE PEINES. — L'ORDONNANCE DE 1825 (19 MARS) interdisait le cumul avec toute SOLDE D'ACTIVITÉ militaire. — L'ORDONNANCE DE 1829 (10 OCTOBRE) réglait sur un nouveau pied les Pensions, rétablissait une différence en faveur des SERGENTS-MAJORS, et traitait d'une manière moins parcimonieuse les CAPITAINES et les COLONELS, dont elle regardait les GRADES comme les plus stationnaires. — Cette ORDONNANCE recevait quelques modifications par la LOI DE 1831 (11 AVRIL). Le RÈGLEMENT de la même année (2 JUILLET) et l'INSTRUCTION DE 1834 (7 JUILLET) réglaient les formes à suivre pour obtenir Pension. Dans les corps, la PROPOSITION DE RETRAITE était mentionnée sur le LIVRET D'INSPECTION et prononcée à la suite d'une CONTRE-VISITE. — En vertu de la LOI DE 1831 (11 AVRIL), les Pensions étaient accordées après trente ANNÉES DE SERVICE effectif et réglées à raison du minimum; elles s'augmentaient d'un vingtième par chaque ANNÉE DE SERVICE au delà de trente ans, ou par chaque ANNÉE DE CAM-PAGNE ; elles étaient acquises, à raison du maximum, à cinquante ans de SERVICE, CAM-PAGNES comprises ; elles se réglaient sur le GRADE dont le MILITAIRE était titulaire, s'il jouissait de ce GRADE depuis deux ans ; sinon, elles se réglaient sur le GRADE immédiate-ment inférieur. — La LOI DE 1832 (14 AVRIL) reproduisait la disposition qui interdisait à tout OFFICIER EN RETRAITE la faculté de re-prendre du SERVICE, disposition ancienne, mais que le gouvernement avait plus d'une fois transgressée, soit quand il avait été fait appel au patriotisme dans les crises du gou-vernement, soit quand l'intrigue avait réussi à faire fléchir la loi ; ainsi un LIEUTENANT GÉNÉRAL qui a commandé à Lille, du temps de la restauration, a été deux fois relevé de la retraite. Dans son MINISTÈRE de 1830, le maréchal SOULT n'avait eu aucun égard non plus à cette ancienne prohibition.—La retraite des OFFICIERS, SOUS-OFFICIERS et CAPORAUX s'aug-mentait d'un cinquième, s'ils avaient douze ANS D'ACTIVITÉ dans le GRADE ; les GENDARMES de la GENDARMERIE DE POLICE jouissaient du même avantage.—La LOI DE 1831 (11 AVRIL) décidait dans quelle proportion la Pension était acquise dans le cas d'AMPUTATION, de CÉCITÉ, de PERTE DE MEMBRE. — Les Pensions sont sollicitées par un postulant, ou récla-mées en son nom, en vertu de DROITS acquis et constatés en un MÉMOIRE de PROPOSITION D'ADMISSION ; elles sont personnelles et via-gères ; elles sont inscrites à la TRÉSORERIE ; il n'en peut être extraordinairement accordé qu'en vertu d'une loi. — La jouissance d'une Pension militaire est suspendue par la CON-DAMNATION à une PEINE AFFLICTIVE OU INFA-MANTE, tant que dure la PEINE ; elle est sus-pendue par la privation de la qualité de FRANÇAIS, par la résidence hors du royaume, sans autorisation ; elle ne peut être cumulée avec un TRAITEMENT CIVIL D'ACTIVITÉ ; elle est incessible et insaisissable, excepté dans le cas de débet envers l'État. — Une disposi-tion qui mécontente l'INFANTERIE et la CA-VALERIE, et qui repose sur un principe faux, a été admise en faveur de certains CORPS PRIVI-LÉGIÉS et de certaines ARMES : celles qui jouis-sent, en tout lieu, d'une PAYE plus avanta-geuse, à qui un UNIFORME plus chèrement payé par l'État est accordé, qui ont le moins de fa-tigues habituelles, qui éprouvent peu de dé-placements, qui obtiennent les GARNISONS les plus enviées, les casernes de choix, celles enfin qui s'acquittent du service le plus doux, jouissent de la RETRAITE la plus avan-tageuse ; ainsi les OFFICIERS D'ARTILLERIE, du GÉNIE, de la GENDARMERIE, les INTENDANTS, les TOPOGRAPHES, ont droit à la retraite du

GRADE immédiatement supérieur après dix ans de SERVICE effectif non interrompus. — Dans son *Cours d'administration*, M. VAU-CHELLE propose, avec raison, de considérer la RETRAITE comme une espèce de contrat dans lequel les intérêts des parties seraient ré-ciproquement débattus ; il voudrait donc qu'une expédition de la PROPOSITION DE RE-TRAITE fût livrée au MILITAIRE intéressé, afin qu'il pût entrer dans la discussion de ses SERVICES et de ses DROITS à tel ou tel taux de RETRAITE. — Il y a des pays où l'annonce de la Pension obtenue est un remercîment poli, paternel, adressé au futur pensionnaire par le souverain lui-même ; il en est ainsi en AUTRICHE ; mais en FRANCE, la lettre d'avis est un renvoi sèchement exprimé par un BUREAU du MINISTRE, dans les termes sui-vants : *Je vous préviens, monsieur, que, par sa décision en date du ....., le mi-nistre vous autorise à vous retirer dans vos foyers, en attendant la liquidation de la Pension à laquelle vous aurez droit.* — Puisque l'admission aux EMPLOIS CIVILS, en vertu de DROITS acquis, ne paraît pas près de reprendre faveur, et que les Pensions ne peuvent plus être qu'un PAYE-MENT et une prime d'oisiveté, il convient de faire quelques comparaisons des Pensions du civil et du MILITAIRE, et d'invoquer, comme acte de justice, l'admission d'un mode plus normal et mieux pondéré. — M. le MINISTRE SOULT a promis, du haut de la tribune, que les emplois du MINISTÈRE DE LA GUERRE seraient à l'avenir remplis par des OFFICIERS EN RETRAITE ; il n'en a rien été ; le népotisme fera toujours taire l'équité. Ce sont surtout des MEMBRES DE L'INTENDANCE OU des ARMES SAVANTES qui ont joui de cette fa-veur, mais non d'anciens OFFICIERS de TROU-PES. La langue des MINISTRES (et ce n'est pas toujours leur faute) est riche en équivoques. — Le rédacteur d'un article de l'ouvrage édité par M. COURTIN (t. XVIII, p. 124) en-gage, au grand avantage des contribuables, les MILITAIRES à refuser des Pensions, *et à se contenter de couronnes civiques qui suffisaient à l'ambition des anciens.* Ce serait le beau idéal du patriotisme ; l'État en serait moins grevé ; mais rien ne garantirait qu'on s'empressât de venir à sa défense. — Une importante découverte en fait de JURIS-PRUDENCE et de CONSTITUTION militaires serait une juste balance entre le trop et le trop peu de Pensions, entre leur prodigalité ou leur lésinerie ; il importerait d'en délivrer assez pour que le mouvement d'AVANCEMENT concourût à encourager la jeunesse, et pour que les MILITAIRES engourdis par l'âge ren-trassent dans la vie civile : mais il faudrait rendre utiles, jusqu'à la fin de leur carrière, tous ceux qui seraient reconnus propres encore à des fonctions publiques ; il faudrait ne donner des RETRAITES que dans une proportion qui n'écraserait pas le TRÉSOR, et n'outre-passerait pas un taux prévu ; il faudrait surtout que, par respect pour l'équité, on ne payât pas l'encre des bureaux plus cher que le sang des batailles, et que certains GRADES à priviléges, qu'on a inintelligiblement appelés DIGNITÉS, ne fussent plus regardés fictivement comme jouissant d'un monopole d'emplois viagers, et comme dispensant la caducité d'être jamais en RETRAITE. — Toutes les professions qui exigent une éducation coûteuse présentent une perspective de fortune comme prix du travail, de l'habileté, d'une conduite sage ; la PROFESSION DES ARMES, la seule où l'on ne s'enrichit que par hasard, par exception, en capitulant avec la conscience, est pourtant celle dont les labeurs sont le plus écrasants, et dont les RETRAITES sont les plus modiques et sont insuffisantes même pour le plus grand nombre des PENSIONNAIRES ; la PROFESSION DES ARMES exige l'abnégation de tout ce qui attache et plaît ; elle prend de force l'individu valide ; elle use l'homme avant le temps ; elle veut qu'il joue avec sa vie, qu'il ambitionne des BLESSURES ; et quand l'âge ou les MUTILATIONS lui imposeront un repos forcé, il verra les vieux commis civils, après une douce carrière, être deux fois plus rétribués que lui. — Que la loi fonde sur des principes généraux le DROIT AUX RÉMUNÉRATIONS en faveur de quiconque a été utile à la patrie, c'est juste et plausible ; mais que du moins le quantum rémunératoire soit proportionné à l'importance des efforts et au péril du dévouement ! Voilà ce qu'on ne saurait contester, et qu'on ne saura jamais obtenir. — Ceux qui, dans l'atmosphère tempérée des BUREAUX civils, ont accompli des travaux sédentaires, et y ont mené une vie peu fatigante, presque oisive quelquefois ; ceux qui ont embrassé spontanément une carrière qui leur a permis de veiller à leurs intérêts, de suivre des spéculations utiles, doivent-ils, comme on le voit depuis quarante ans, aspirer à des RÉCOMPENSES plus favorables que ne peut y prétendre cette catégorie battue des orages, cette classe nomade de FRANÇAIS à qui la patrie dit : Soumets-toi à ma LÉGISLATION d'exception ; cesse de l'appartenir ; quelles que soient tes inclinations, deviens SOLDAT ; cours à l'ENNEMI ; sois l'instrument de la gloire nationale, le rempart des propriétés de tes concitoyens, la sentinelle avancée qui garantit leur sécurité ; si tu n'y trouves pas

la mort, leur reconnaissance assurera à tes trente ans de SERVICE, à tes MUTILATIONS, cent francs de rente. Longtemps ce fut le maximum du SOLDAT. — Le traitement des OFFICIERS PENSIONNÉS est resté le même, tandis que celui des autres fonctionnaires a été presque doublé. Un LIEUTENANT GÉNÉRAL, après cinquante ans de service, obtient pour maximum de retraite la Pension qu'un chef de division du ministère acquiert par vingt ans de travaux tranquilles. — Jetons un coup d'œil sur le côté coutumier et financier européen à l'égard des pensions de retraite. — Celles de la MILICE BAVAROISE sont deux fois plus élevées qu'en FRANCE. — Dans les MILICES HESSOISE et PRUSSIENNE, les PENSIONS D'OFFICIERS s'obtenaient après vingt ANNÉES DE SERVICE ; elles excédaient de plus du double, ainsi que celles de la MILICE NÉERLANDAISE, le minimum du taux de FRANCE. — Les MILICES ESPAGNOLE, FRANÇAISE, PIÉMONTAISE, RUSSE, étaient celles où le taux des RETRAITES était le plus faible. Dans la MILICE AUTRICHIENNE, celles de certains GRADES excédaient du double la fixation des RETRAITES françaises. — La MILICE ANGLAISE, au lieu de Pensions, ne connaît que des DEMI-SOLDES ; le gouvernement conserve le droit de rappeler à l'activité les *half-payes*. Il en est de même dans la MILICE WURTEMBERGEOISE. — Un tableau comparatif des Pensions qui, depuis le LIEUTENANT GÉNÉRAL jusqu'au SOUS-LIEUTENANT, sont accordées dans les dix gouvernements principaux de l'EUROPE, est consigné dans le *Spectateur militaire* ; il témoigne qu'il y a plusieurs pays où tels GRADES sont trois fois plus largement retraités qu'en FRANCE ; il est de plus à remarquer qu'en général les Pensions s'accordent chez l'étranger après vingt ou vingt-cinq ANS DE SERVICE. — Approfondissons davantage quelques questions françaises intéressant l'ÉTAT MILITAIRE. — La POSITION de PRISONNIER DE GUERRE ne suspend pas le droit à la Pension. — Les ÉTATS DE SITUATION mentionnent les RETRAITES comme une DIMINUTION DE FORCES. — Un tableau curieux, inséré au *Journal militaire* (16e année, p. 166), témoigne que, en messidor an treize, le montant des Pensions était de 22,128,188 fr. ; il y avait cinq pensionnaires de plus de cent ans, trente-cinq de plus de quatre-vingt-onze ans, etc. — Au 1er janvier 1815, on comptait cent dix-neuf mille quatre cent cinquante-neuf Pensions militaires qui coûtaient à l'État 35,030,517 fr. — Au 1er janvier 1817, cent soixante-huit mille Pensions coûtaient 52,589,690 fr. — En 1820, cent cinquante mille Pensions coûtaient 60,000,000. — Le budget de 1825 les portait à ce même chiffre. — En 1825, elles s'élevaient à 50,000,000, non compris la CAISSE DES INVALIDES de terre et de mer, qui représentait 10,000,000 : c'était trois fois plus que l'État ne payait sous le ministère de Necker. — En 1827 le taux était de 52,589,690 fr. — En 1829, il était de 49,229,881 fr. — En 1830, le nombre des PENSIONS D'OFFICIERS, comparées à celles d'HOMMES DE TROUPE, était à peu près ce que un est à six. Il y avait vingt et un mille cinq cents OFFICIERS PENSIONNÉS et quatre-vingt-dix-neuf mille cinq cent quatre-vingt-cinq PENSIONNAIRES HOMMES DE TROUPE. — De ces cent vingt mille hommes, il y en avait moitié dont le gouvernement eût pu utiliser encore et la tête et les bras ; mais l'usage était de la vouer à la nullité, à l'inoccupation ; si l'on en croit les mémoires de NAPOLÉON, inoccupation et idiotisme sont synonymes. — Au 1er janvier 1831, on comptait cent trente quatre mille trois cent cinquante-trois PENSIONS MILITAIRES ; la dépense s'en élevait à 47,643,139 fr. — En 1832, le montant des Pensions était de 43,700,000 fr. — En 1833, cent vingt-sept mille onze PENSIONNAIRES militaires touchaient 46,603,221 fr. ; mais il y a si peu à se fier aux chiffres, qu'un tableau récapitulatif où les sommes étaient différentes était inséré dans le *Constitutionnel* de 1836 (26 janvier). — Le terme moyen était de 375 fr. par tête de PENSIONNAIRE. — Une diminution bien plus grande semblait devoir être obtenue, puisque, dès 1829, comme le témoignait l'ordonnance du 10 octobre, *le taux commun s'abaissait progressivement*, parce que les pensionnaires avaient moins d'ANNÉES DE CAMPAGNE à faire valoir. — M. VILLENEUVE a calculé les chances précises et le taux probable de la décroissance des Pensions de 1829 à 1871 ; mais, pour justifier ses pronostics, il ne faudrait rien moins qu'un laps non interrompu de paix, et un engagement aussi bien cimenté que bien respecté, par lequel les MINISTRES s'engageraient à ne pas accroître sans cesse les chances de Pensions dont la concession ne serait pas d'une nécessité démontrée. Or le MINISTÈRE, en élevant au rang d'OFFICIERS les EMPLOYÉS DU CAMPEMENT, des CONVOIS, des HÔPITAUX, des SUBSISTANCES et autres SERVICES, a fait un acte plus philanthropique que politique ; et peut-être il a fait une faute en administration, puisque la masse des RETRAITES en doit être considérablement grossie ; il a fait la même faute en augmentant sans utilité l'ARTILLERIE et en triplant le nombre de ses CHEFS D'ESCADRON. Ainsi toute prévision de réduction est impossible. — Depuis la création du CORPS de l'INTENDANCE, les Pensions de RETRAITE des MEMBRES de ce CORPS n'étaient la plupart que nominales ; ils la touchaient, il est vrai, mais continuaient à exercer des emplois au MINISTÈRE DE LA GUERRE. — Il n'y avait pas non plus le fatal tour d'ancienneté pour les GÉNÉRAUX. — Une loi de 1839 (juin) les dispensait d'être mis en retraite, si ce n'est sur leur demande. Jusque-là ce privilège n'avait été que celui des MARÉCHAUX. La discussion avait reproduit cette parole du général LAMARQUE, plus pittoresque que juste : *La retraite est la mort anticipée.* Cette loi impolitique frappait de réprobation la retraite, tout en continuant à y soumettre tous les militaires, hormis les généraux.

> De cette étrange injustice
> Faut-il dire le pourquoi.....
> Ces messieurs ont fait la loi.

La *Sentinelle de l'Armée* (t. v, p. 193) en a fait une critique méritée. — Un tableau comparatif du taux des Pensions de tous grades chez les principales armées d'Europe, était tracé dans le *Journal des Débats* du 13 avril 1837 et dans le *Journal de l'Institut historique* (t. vi, p. 284). — On peut consulter à l'égard des Pensions : AUDOUIN, BARDIN (1809, B), BERRIAT (1825, F), BOHAN (1781, H), BOUTILLIER, CHOISEUL, DENERVO, GUGY, GONVOT, M. HUSSON (1836, A, t. iii, p. 297), LACHESNAIE (1758, 1), M. LECOUTURIER (1825, A), ODIER (1818, E ; 1824, E), POTIER (1779, X, aux mots *Récompense*, *Retraite*), M. SAINTE-CHAPELLE, M. VAUCHELLE, M. le général VAUDONCOURT (1825, D), M. VILLENEUVE, WIMPFEN (1780, A), un *Manuel* promulgué par décision de 1831 (20 octobre), le *Journal des Sciences militaires* (t. x, p. 12, et juillet 1835, p. 82), le *Journal de l'Armée* (t. ii, p. 26 et 50 ; t. iv, p. 567), le *Spectateur militaire* (t. vi, p. 606 ; t. x, p. 12), le *Constitutionnel* (1835 [5 mars]), la *Sentinelle de l'Armée* (t. iii, p. 41 et 170), le *Journal de l'Institut historique* (t. iv, p. 210).

PENSION DE SERGENT-MAJOR. V. ADJUDANT D'INFANTERIE FRANÇAISE DE LIGNE N° 11. V. PENSION DE RETRAITE. V. SERGENT-MAJOR N° 5.

PENSION DE SOLDAT. V. PENSION DE RETRAITE. V. SOLDAT.

PENSION DE SOUS-OFFICIER. V. ORDINAIRE D'HOMME DE TROUPE. V. PENSION DE RETRAITE. V. SOUS-OFFICIER.

PENSION DE VEUVE. V. MARÉCHAL DE FRANCE N° 8. V. PENSION DE RETRAITE. V. VEUVE.

PENSION D'HOMME DE TROUPE. V. HOMME DE TROUPE N° 5. V. LIVRET D'INSPECTION. V. PENSION DE RETRAITE.

PENSION D'INTENDANT. v. CORPS D'INTENDANCE N° 4, 5. v. INTENDANT MILITAIRE N° 2.

PENSION D'OFFICIER. v. ADJUDANT-MAJOR D'INFANTERIE FRANÇAISE DE LIGNE N° 8. v. AGE APOMAQUE D'OFFICIER. v. ANNÉE DE SERVICE D'OFFICIER. v. APPOINTEMENTS. v. AUBERGE. v. CAPITAINE D'INFANTERIE FRANÇAISE DE LIGNE N° 4, 10. v. CAPITAINE EN SECOND. v. CHEF DE BATAILLON D'INFANTERIE FRANÇAISE DE LIGNE N° 6. v. CLASSE HIÉRARCHIQUE. v. COLONEL DE RÉGIMENT SUISSE DE GARDE ROYALE. v. COLONEL D'INFANTERIE FRANÇAISE DE LIGNE N° 22. v. CORPS D'INTENDANCE N° 4, 5. v. ÉCOLE D'ARTILLERIE. v. ÉCOLE DE METZ. v. ÉCOLE POLYTECHNIQUE. v. GÉNÉRAL FRANÇAIS N° 2, 4. v. GRADE D'OFFICIER. v. GRADE FICTIF. v. INFANTERIE FRANCO-SUISSE N° 5. v. INGÉNIEUR MILITAIRE. v. INSPECTEUR GÉNÉRAL D'INFANTERIE FRANÇAISE N° 4. v. LIEUTENANT-COLONEL D'INFANTERIE FRANÇAISE DE LIGNE N° 8. v. LIEUTENANT GÉNÉRAL N° 4. v. LIVRET D'INSPECTION. v. MAJOR CHEF DE BATAILLON N° 3. v. MARÉCHAL DE FRANCE N° 6. v. MILICE ANGLAISE N° 2. v. MINISTRE DE LA GUERRE EN 1777. v. MINISTRE DE LA GUERRE EN 1830 (18 NOVEMBRE). v. OFFICIER. v. OFFICIER D'INFANTERIE N° 10. v. OFFICIER DU GÉNIE N° 6. v. OFFICIER FRANÇAIS N° 10. v. ORDRE DE SAINT-LOUIS. v. PENSION DE RETRAITE. v. RÉFORME D'OFFICIER. v. RETENUE. v. TABLE D'OFFICIER.

PENSION D'ORPHELIN. v. ORPHELIN DE MILITAIRE. v. PENSION DE RETRAITE.

PENSION MILITAIRE. v. HOTEL DES INVALIDES. v. MILITAIRE. v. OBLAT. v. PENSION. v. PENSION DE RETRAITE. v. QUARTIER. v. RÉCOMPENSE.

PENSION PÉCUNIAIRE. v. PÉCUNIAIRE, adj. v. PENSION DE RETRAITE. v. QUARTIER. v. RANÇON.

PENSIONNAIRE, adj. et subs. v. ARMÉE FRANÇAISE N° 9. v. GENTILHOMME P... v. PENSION DE RETRAITE.

PENSIONNÉ, subs. et adj. v. ARMÉE FRANÇAISE N° 9. v. HÉRITIER DE MILITAIRE. v. MILITAIRE PENSIONNÉ. v. OFFICIER P...

PENTACHOSIARCHIE, subs. fém. v. PENTACOSIARCHIE.

PENTACONTARCHIE, subs. fém. (F) OU PENTÉCONTARCHIE suivant ROBINSON et suivant M. LISKENNE (t. I, p. 512, *gravure*). Mot GREC, analogue à *pentaconta*, cinquante, et signifiait commandement de cinquante hommes. C'était une des SUBDIVISIONS de la PHALANGE de la MILICE GRECQUE; mais en réalité cette SUBDIVISION se composait de soixante-quatre PELTASTES, ordonnés en huit STIQUES, sous les ordres d'un PENTACONTARQUE, que ROBINSON nomme aussi TÉTRARQUE. Elle se formait de deux SYSTASES et était la moitié d'une HÉCATONTARCHIE.

PENTACONTARQUE, subs. masc. v. MILICE GRECQUE N° 6, 7. v. MILICE HELLÉNIQUE. v. OFFICIER N° 2. v. PENTACONTARCHIE. v. PRADO.

PENTACOSIARCHIE, subs. fém. (F), OU LOCHOS LACÉDÉMONIEN, ou pentacosiarkie, suivant quelques ÉCRIVAINS, ou pentachosiarchie, suivant JABRO (1777, G). Le mot est tout GREC; il signifiait, dans la MILICE des ATHÉNIENS, commandement de cinq cents hommes; mais telle n'était pas la force vraie de ce genre de BATAILLON ou de PHALANGE originaire et antérieure à la guerre de TROIE. XÉNOPHON (370 avant J.-C.) ne la porte qu'à quatre cents hommes; ce fut ensuite une SUBDIVISION de la PHALANGE; elle comprenait, suivant BOUCHAUD (1757, G), M. le colonel CARRION (1824, A), GUISCHARDT (1758, H), LISKENNE (t. I, p. 512, *gravure*), ROBINSON, ROHAN (1757, O), cinq cent douze OPLITES ordonnés sur trente-deux STIQUES; elle se formait de deux SYNTAGMES; elle était la moitié d'une CHILIARCHIE, et la trente-deuxième partie d'une TÉTRAPHALANGARCHIE. Un PENTACOSIARQUE la commandait. — C'était à peu près dans le sens de Pentacosiarchie que MESNIL-DURAND (1755, B) avait rajeuni et francisé le mot PLESION. — La MILICE HELLÉNIQUE a vu revivre nominalement des Pentacosiarchies.

PENTACOSIARKIE, subs. fém. v. PENTACOSIARCHIE.

PENTACOSIARQUE, subs. masc. v. MILICE GRECQUE N° 7. v. MILICE HELLÉNIQUE. v. OFFICIER N° 2. v. PENTACOSIARCHIE.

PENTADARQUE, subs. masc. v. PENTARQUE.

PENTAGONE, adj. v. BATAILLON PENTAGONE.

PENTARQUE, subs. masc. (F), ou PENTADARQUE suivant ROBINSON. Mot GREC signifiant, suivant LÉON et MAIZEROY (1771, A), chef d'une DÉCURIE de la MILICE BYSANTINE, ou le premier des cinq derniers hommes d'une DÉCURIE. — La MILICE HELLÉNIQUE avait fait revivre des Pentarques.

PENTE DE CROSSE. v. COUCHE DE FUSIL. v. CROSSE. v. CROSSE DE FUSIL. v. FUSIL D'INFANTERIE.

PENTE DE TERRAIN. v. CARTE TOPOGRAPHIQUE. v. RAVIN. v. RAVINE. v. TERRAIN.

PENTECONTARCHIE, subs. fém. v. PENTACONTARCHIE.

PENTECOSTIE, subs. fém. v. PENTECOSTYS.

PENTECOSTYS, subs. fém. (F), ou PEN-

TECOSTIE. Mot GREC qui rappelle surtout un usage de la MILICE SPARTIATE. Les anciens ne l'ont pas défini d'une manière satisfaisante. THUCYDIDE le regarde comme le quart d'un LOCHOS et comme comprenant quatre ÉNOMOTIES. M. le colonel CARRION (1824, A) croit que le mot a exprimé, suivant les temps, un nombre de trente-deux ou de trente-six combattants, et qu'il répondait à la TAXIARCHIE de la MILICE LACÉDÉMONIENNE. ROBINSON et XÉNOPHON en donnent une autre idée.— Nous supposons qu'il est comparable à la SUBDIVISION de soixante-quatre OPLITES qui s'appelait TÉTRARCHIE.

PENULE, subs. fém. V. CAPOTE DE SENTINELLE.

PEON, subs. masc. V. PIÉTON.

PÉPHLEGMENON, subs. masc. (F, !!, 2), OU COELEMBOLON, OU CROISSANT TACTIQUE, OU MÉNOYDES, comme disent BOUCHAUD (1757, G) et POLYBE (150 avant J.-C.). Le mot Péphlegmenon vient du grec *pephlegmenè*, rompu, *plessein*, briser, denteler une PHALANGE. Il exprime, comme le témoigne MAIZEROY (1767, E), un ORDRE CONCAVE, OU A DOUBLE ATTAQUE, que les LATINS ont exprimé par *forceps*, ou *forfex*, et que les traducteurs et LACHESNAIE (1758, I) ont rendu par FORCE, TENAILLES, ou volée d'oies sauvages. Cependant, suivant quelques opinions, le Péphlegmenon de la MILICE GRECQUE différait de la TENAILLE, en ce que le premier était un demi-cercle rentrant, et que la TENAILLE consistait en une disposition triangulaire, ou en une ÉVOLUTION comparable à une portion de CARRÉ VIDE FAISANT FACE à l'ENNEMI. Il se peut qu'il y ait eu des différences entre le COELEMBOLON et le Péphlegmenon. Peut-être l'un était-il plutôt un ORDRE OFFENSIF, l'autre, un ORDRE DÉFENSIF; dans le doute, nous les avons décrits l'un et l'autre. — Le Péphlegmenon paraît avoir été surtout un ORDRE DÉFENSIF, qui était l'opposé de l'EMBOLON ou du COIN. — A MANTINÉE le Péphlegmenon de l'armée d'ARCADIE fut vaincu par l'EMBOLON des LACÉDÉMONIENS, comme PAUSANIAS le témoigne. — A CANNES le Péphlegmenon d'ANNIBAL triompha des ROMAINS. — Sous le nom d'ORDRE EN CROISSANT M. LISKENNE en donne une image (t. I, p. 512).

PEPIN; PERAU. V. NOMS PROPRES.

PERCÉ (percée), adj. V. CANNE P... V. LANGUE P...

PERCEMENT (subs. masc.) de LANGUE. V. CHATIMENT. V. CRI DE GUERRE. V. INFANTERIE N° 10. V. JUSTICE MILITAIRE. V. LANGUE. V. SUPPLICE.

PERCEPTION, subs. fém. V. CORPS D'INTENDANCE N° 8. V. CUMULATION. V. CRÉDIT COMPTABILIAIRE. V. FEUILLE DE ROUTE. V. FEUILLE DE ROUTE DE MILITAIRE ISOLÉ.

PERCER (v. act. et neut.) l'ENNEMI, une LIGNE, etc. V. AFFAIRE DE PLAINE. V. ARMÉE DE SECOURS. V. ATTAQUE CENTRALE. V. ATTAQUE DE CANTONNEMENT. V. ATTAQUE VOLANTE. V. CAMP VOLANT. V. CHARGE IMPULSIVE. V. CONVOI PAR TERRE. V. COURSE STRATEUMATIQUE. V. ENNEMI. V. LIGNE D'OPÉRATIONS.

PERCEVAL; PERCHE. V. NOMS PROPRES.

PERCHE, subs. fém. V. ABRIVENT. V. BARAQUE. V. CORPS DE GARDE DE CAMPAGNE.

PERCHOT, subs. masc. V. PIQUE.

PERÇU (perçue), adj. V. MOINS PERÇU. V. TROP PERÇU.

PERCUSSION, subs. fém. V. A PERCUSSION. V. CAISSE DE P... V. FUSIL A P... V. GALILÉE. V. INSTRUMENT A P... V. PIÈCE DE CAMPAGNE. V. PLATINE A PISTON.

PERDRE, (verb. act.) le PAS. V. PAS. V. PAS CADENCÉ.

PERDRE les DISTANCES. V. DISTANCE.

PERDRE une BATAILLE. V. BATAILLE. V. COMBAT STRATEUMATIQUE.

PERDRE TERRAIN. V. ANTISTROPHE. V. CONTRE-MARCHE ÉPAGOGIQUE. V. EN PERDANT TERRAIN. V. TERRAIN.

PERDREAU, subs. masc. V. A PERDREAUX. V. MORTIER. V. MORTIER-PERDREAU.

PERDREAU, subs. masc. (F). Mot dérivé du LATIN *perdix*, perdrix, et ayant servi de dénomination, suivant M. ROQUEFORT, à une MACHINE du MOYEN AGE qui jetait des PIERRES en manière de volée de perdreaux. Cette MACHINE était de l'espèce de l'ONAGRE.

PERDU (perdue), adj. V. ARME P... V. BALLE P... V. BOULET P... V. COUP P... V. ENFANT P... V. FOSSÉ P... V. HOMME P... V. SENTINELLE P...

PERELLE; PEREZ; PERGOT. V. NOMS PROPRES.

PÉRIBOLE, subs. masc. V. PARAPET. V. PÉRIBOLOGIE. V. REMPART.

PÉRIBOLOGIE, subs. fém. (G, 4). Mot dérivé du GREC *peribolos*, qui entoure, et latinisé par des ÉCRIVAINS ALLEMANDS, tels que DILICH (1650), etc. Il se rapporte au vieux mot français PÉRIBOLE, que cite ROQUEFORT (1835) dans le sens de PALISSADE. La Péribologie est l'ART DE L'INGÉNIEUR, qu'on appelait autrefois l'ENGIGNERIE et plus récemment le GÉNIE. Des savants du dix-septième siècle, tels que BRÉVII, disaient dans le même sens : *Ars fortificatoria.* — La

Péribologie est l'ensemble de l'ARCHITECTURE MILITAIRE, de la CASTRAMÉTATION, de la FORTIFICATION, soit à demeure ou non. — Le substantif Péribologie a donné l'adjectif péribologique.

PÉRIBOLOGIQUE, adj. V. ABRI P... V. CAMP P... V. COMMANDEMENT P... V. COURONNEMENT P... V. DÉFENSE P... V. DÉFILEMENT P... V. FEU P... V. FLANC P... V. LIGNE P... V. PÉRIBOLOGIE. V. POSTE P...

PÉRINET. V. NOMS PROPRES.

PÉRIODIQUE, adj. V. INDEMNITÉ P... V. REVUE P... V. SITUATION P...

PÉRIPHORE, adj. V. SAC P...

PÉRISPASME, subs. masc. (F). Mot GREC, *perispasmos*, venu de *peri*, autour, *spao*, je tire. Il signifiait, révolution autour, ou, suivant MAIZEROY (1771, A), double CONVERSION, c'est-à-dire deux QUARTS DE CONVERSION, ou une double épistrophe suivant ROBINSON. Le Périspasme était une ÉVOLUTION en usage dans la MILICE GRECQUE. GUISCHARDT (1758, H) en donne une idée confuse en disant que c'était le *mouvement de tout un corps.* — Le Périspasme était une CONVERSION d'une SUBDIVISION de la PHALANGE ; elle s'exécutait à RANGS et à FILES serrés, ou plutôt c'était une DEMI-CONVERSION au moyen de laquelle une ligne FAISAIT FACE EN ARRIÈRE EN BATAILLE. C'est ainsi que se formait la PHALANGE AMPHISTOME. — L'ECPÉRISPASME comprenait un QUART DE CONVERSION de plus que le Périspasme.

PÉRISTOME, adj. V. PHALANGE P...

PERKINS. V. A LA PERKINS.

PERMANENT (permanente), adj. V. ARMÉE P... V. BARRICADE P... V. BATTERIE P... V. BRIGADE P... V. CAVALERIE P... V. COMITÉ P... V. CONSEIL P... V. CONSEIL DE GUERRE P... V. CONSIGNE P... V. CONSTRUCTION P... V. CONTREMINE P... V. DIVISION P... V. FORCE P... V. FORTIFICATION P... V. GARNISON P... V. HOPITAL P... V. INFANTERIE P... V. MINE P... V. REDOUTE P... V. RÉDUIT P... V. RETENUE P... V. SERVICE P... V. TOUR P... V. TRAVAUX P...

PERMES, subs. masc. V. ABSENT PAR CONGÉ. V. ABSENT EN ROUTE. V. CAPITAINE D'INFANTERIE FRANÇAISE DE LIGNE N° 12. V. CARTOUCHE IMPRIMÉE. V. COLONEL D'INFANTERIE FRANÇAISE DE LIGNE N° 15, 29. V. CONGÉ. V. CONSIGNE PORTIER. V. LIEUTENANT D'INFANTERIE FRANÇAISE DE LIGNE N° 11.

PERMIS d'ABSENCE. V. ABSENCE. V. ABSENCE D'HOMME DE TROUPE. V. ABSENCE EN ROUTE. V. ABSENT PAR CONGÉ. V. ADJUDANT DE SEMAINE N° 1, 4. V. APPEL DE POLICE. V. CAPITAINE D'INFANTERIE FRANÇAISE DE LIGNE N° 11, 12. V. CAPORAL DE PATROUILLE. V. CARTOUCHE IMPRIMÉE. V. CHEF DE BATAILLON D'INFANTERIE FRANÇAISE DE LIGNE N° 11. V. CHEF DE POSTE DE POLICE EN GARNISON. V. FEUILLE DE MOUVEMENT. V. GÉNÉRAL DE BRIGADE N° 3. V. LIEUTENANT GÉNÉRAL N° 5. V. LOGEMENT D'HABITATION. V. OFFICIER DE SEMAINE. V. OFFICIER INFÉRIEUR. V. PERMISSION. V. RAPPORT JOURNALIER. V. SERGENT-MAJOR N° 8. V. SOUS-OFFICIER N° 7.

PERMIS de COLONEL. V. COLONEL. V. COMMANDANT DE PLACE N° 8.

PERMIS de CONVALESCENCE. V. CAPITAINE D'INFANTERIE FRANÇAISE DE LIGNE N° 11. V. CAPORAL DE SEMAINE N° 1. V. CONVALESCENCE. V. CORPS RÉGIMENTAIRE N° 5.

PERMIS de DÉCOUCHER. V. CAPITAINE D'INFANTERIE FRANÇAISE DE LIGNE N° 12. V. COLONEL D'INFANTERIE FRANÇAISE DE LIGNE N° 15, 29. V. COMMANDANT DE PLACE N° 10. V. DÉCOUCHER. V. GÉNÉRAL DE BRIGADE N° 3.

PERMIS de MARIAGE. V. AUTORISATION DE MARIAGE. V. MARIAGE.

PERMIS de TRAVAILLEUR. V. CAPITAINE D'INFANTERIE FRANÇAISE DE LIGNE N° 12. V. CHEF DE BATAILLON D'INFANTERIE FRANÇAISE DE LIGNE N° 11. V. TRAVAILLEUR.

PERMIS d'OFFICIER. V. AUTORITÉS LOCALES. V. CHEF DE BATAILLON D'INFANTERIE FRANÇAISE DE LIGNE N° 7, 11. V. COLONEL D'INFANTERIE FRANÇAISE DE LIGNE N° 15. V. PERMISSION.

PERMIS EN ROUTE. V. CHIRURGIEN EN ROUTE. V. EN ROUTE. V. PERMISSION.

PERMISSION, subs. fém. V. ABSENCE PAR P... V. ABSENCE SANS P... V. DURÉE DE P... V. EN PERMISSION. V. HOMME RENTRANT DE P... V. OFFICIER RENTRANT DE P... V. PAR P... V. PIED DE P... V. PROLONGATION DE P... V. SANS P...

PERMISSION (C, 3). Le mot Permission est tout LATIN. Il a produit les mots PERMIS et PERMISSIONNAIRE. Il se prend dans le sens d'une concession de CONGÉ LIMITÉ, d'une AUTORISATION DE MARIAGE, d'un temps de repos accordé à des convalescents, d'une DISPENSE D'ORDINAIRE, etc. Ces Permissions ont lieu, en général, en vertu de DEMANDES faites le plus ordinairement au RAPPORT ; si elles sont suivies de PROLONGATION, c'est sous condition de suppression de toute SOLDE. — On a confondu, à tort, Permission et PERMIS ; la Permission est l'action ou l'adhésion de celui qui permet ; le PERMIS est le titre qui constate la Permission. Une Permission peut être verbale ; un PERMIS est toujours signé, et quelquefois empreint d'un CACHET. — L'ORDONNANCE DE 1823 (19 MARS, art. 61) distinguait la Permission et le CONGÉ : la première était l'assentiment donné à une ABSENCE de huit jours ; le CONGÉ était l'AUTO-RISATION d'une absence de plus de huit jours. — Les Permissions d'une courte durée, les Permissions sans PERMIS sont l'occasion d'un abus presque indestructible ; le PAIN DE MU-NITION continue souvent à être perçu, et ce n'est pas le PERMISSIONNAIRE qui le con-somme. — L'ABSENCE SANS PERMISSION im-plique cas de désertion. — Les Permissions ne suspendent pas l'ACTIVITÉ DE SERVICE, et elles constituent, si elles ont une DURÉE prolongée, un genre de POSITION D'ABSENCE mentionné sur les CONTROLES ANNUELS, sur les ÉTATS DE SITUATION, sur les FEUILLES DE MOUVEMENT, sur les FEUILLES DE RAPPORT. — L'aller et le retour sont compris dans la DU-RÉE d'une Permission. — Les Permissions accordées dans l'intérieur des COMPAGNIES regardent directement, pour la plupart, les capitaines ; les autres et celles d'OFFICIERS DE TROUPE regardent surtout le COLONEL. Les Permissions des MEMBRES de l'INTENDANCE, des OFFICIERS SANS TROUPE, regardent directe-ment les GÉNÉRAUX ; les Permissions des EM-PLOYÉS regardent directement les SOUS-INTEN-DANTS. — Les Permissions motivent, en quelques cas, la délivrance d'une FEUILLE DE ROUTE. — Autrefois les Permissions données EN CAMPAGNE étaient soumises à la signature des MAJORS GÉNÉRAUX ; elles l'ont été aux CHEFS D'ÉTAT-MAJOR GÉNÉRAL. — Toute Per-mission d'absence de huit jours est soumise au visa du SOUS-INTENDANT, ou, en son ab-sence, du COMMANDANT DE PLACE. — Certaines Permissions étant lucratives pour les PER-MISSIONNAIRES, s'ils sont HOMMES DE TROUPE, la MASSE DE LINGE ET CHAUSSURE doit s'en bo-nifier dans des proportions déterminées. — Les RAPPELS de sommes dues à des HOMMES DE TROUPE rentrés de Permission sont ver-sés à leur MASSE INDIVIDUELLE, si elle est in-complète. Les Permissions que des OFFICIERS obtenaient, devaient être signées, enregis-trées, rapportées comme l'aurait été un CONGÉ DE SEMESTRE. — Les Permissions trop facile-ment données pendant la durée des ROUTES des CORPS entraînent des abus que plusieurs prohibitions tendaient à prévenir ; telle était la CIRCULAIRE DE 1810 (18 MAI). — Les PER-MISSIONS EN ROUTE qui seraient données léga-lement, privent les PERMISSIONNAIRES de tout droit aux ALLOCATIONS EN ROUTE pendant la durée de l'ABSENCE. — On peut consulter sur la législation des Permissions l'ORDONNANCE DE 1768 (1ᵉʳ MARS), la LOI DE 1792 (17 MAI), le DÉCRET DE L'AN DOUZE (19 VENDÉMIAIRE) mo-difié par l'ORDONNANCE DE 1816 (21 FÉVRIER), l'ORDONNANCE DE 1818 (13 MARS) modifiée par celle DE 1833 (2 NOVEMBRE), et l'ORDON-NANCE DE 1823 (19 MARS, art. 59), modifiée par la DÉCISION DE 1829 (22 FÉVRIER). L'or-donnance de 1833 (2 novembre) s'en occupait plus complétement. — Il a été traité des Permissions dans l'ENCYCLOPÉDIE (1785, C).

PERMISSION DE MARIAGE. V. AUTORISA-TION DE MARIAGE. V. COLONEL D'INFANTERIE FRANÇAISE DE LIGNE Nº 15. V. DEMANDE DE PERMISSION. V. DESTITUTION. V. MARIAGE. V. OFFICIER D'INFANTERIE FRANÇAISE Nº 7.

PERMISSION D'EMPLOYÉ. V. EMPLOYÉ. V. SOUS-INTENDANT Nº 6.

PERMISSION D'HOMME DE TROUPE. V. ADJUDANT D'INFANTERIE FRANÇAISE DE LIGNE Nº 15. V. CHEF DE POSTE DE POLICE EN GARNI-SON. V. CORPS D'INTENDANCE Nº 9. V. HOMME DE TROUPE. V. MASSE DE COMPAGNIE. V. TRA-VAILLEUR.

PERMISSION D'OFFICIER. V. ABSENCE D'OFFICIER. V. CHEF DE BATAILLON D'INFANTERIE FRANÇAISE DE LIGNE Nº 11, 12. V. COLONEL D'IN-FANTERIE FRANÇAISE DE LIGNE Nº 29. V. COM-MANDANT DE PLACE Nº 10. V. CONGÉ DE SE-MESTRE D'OFFICIER. V. GÉNÉRAL FRANÇAIS Nº 4. V. LIEUTENANT D'INFANTERIE FRANÇAISE DE LIGNE Nº 7. V. OFFICIER. V. OFFICIER D'INFAN-TERIE FRANÇAISE DE LIGNE Nº 4, 7. V. OFFICIER EN PERMISSION. V. OFFICIER INFÉRIEUR. V. PER-MISSION. V. SOLDE, subs. fém.

PERMISSION EN CAMPAGNE. V. EN CAM-PAGNE. V. PERMISSION.

PERMISSION EN ROUTE. V. EN ROUTE. V. PERMISSION.

PERMISSION MINISTÉRIELLE. V. MI-NISTRE DE LA GUERRE Nº 11. V. MINISTÉRIEL, adj.

PERMISSION TEMPORAIRE. V. DEMANDE DE PERMISSION.

PERMISSIONNAIRE, subs. masc. v. DÉPART DE P... V. RENTRÉE DE P...

PERMISSIONNAIRE (C, 5). Mot peu ancien dont le substantif PERMISSION donne la racine. On désigne sous ce nom des OF-FICIERS ou des HOMMES DE TROUPE momenta-nément ABSENTS avec AUTORISATION, soit en vertu de CONGÉ AVEC SOLDE, soit même sans délivrance de CONGÉ. — La RENTRÉE des Per-missionnaires est annoncée par le COLONEL au GÉNÉRAL COMMANDANT et au COMMANDANT DE PLACE. — Si l'ABSENCE d'un HOMME DE TROUPE doit durer plus d'un mois, l'ARME du PARTANT et les EFFETS qu'il n'emporte pas, sont déposés au MAGASIN du CORPS au mo-ment même du départ. — Il y a des Permis-sionnaires à l'extérieur ; il y en a qui restent sur les lieux mêmes. Ces derniers ne peuvent être dispensés d'assister aux REVUES D'ADMINISTRATION, et les SOLDATS permissionnaires à titre de TRAVAILLEURS ne sont dispensés de SERVICE JOURNALIER qu'en le payant à un taux que fixent les RÈGLEMENTS. — Le PERMIS donné à ces travailleurs doit être visé d'un MEMBRE de l'INTENDANCE et approuvé du COMMANDANT DE PLACE. — Les Permissionnaires ne peuvent sortir de la DIVISION MILITAIRE TERRITORIALE à moins que leur PERMISSION ne soit accordée par le MINISTRE DE LA GUERRE lui-même. — L'état de la MASSE INDIVIDUELLE des Permissionnaires à l'extérieur doit être indiqué sur les FEUILLES DE MOUVEMENT adressées à l'INTENDANCE le jour de leur DÉPART. — En garnison, les HOMMES DE TROUPE permissionnaires qui rentrent à la caserne après la RETRAITE, se présentent au CHEF DU POSTE DE POLICE pour qu'il inscrive leur nom et l'heure de la rentrée afin d'en rendre compte au RAPPORT. — En route, les Permissionnaires légalement absents doivent être inscrits comme tels sur les REVUES DE ROUTE et les FEUILLES D'APPEL ; il y doit être fait mention du jour du DÉPART et de celui de la RENTRÉE. — La CIRCULAIRE DE L'AN HUIT (1er MESSIDOR) a prévu les cas où des HOMMES EN CONGÉ dans leurs foyers seraient hors d'état, par le fait d'une MALADIE, de rejoindre aux époques voulues ; en ce cas, un certificat des OFFICIERS DE SANTÉ de l'HOPITAL militaire voisin, visé par le SOUS-PRÉFET, constaterait l'état du MALADE et serait adressé par lui au MINISTRE. Avis en devrait être également transmis au CONSEIL D'ADMINISTRATION par une lettre affranchie. — L'AVIS DU CONSEIL D'ÉTAT DE L'AN DOUZE (30 THERMIDOR), approuvé le 7 FRUCTIDOR, réglait les mesures de pénalité applicables aux Permissionnaires en CONGÉ dans leurs foyers. — Les INSPECTEURS GÉNÉRAUX, en vertu de la DÉCISION DE 1821 (18 JUILLET), ne devaient pas admettre au nombre des Permissionnaires les HOMMES atteints de la GALE ou affectés de MALADIES VÉNÉRIENNES. — Les Permissionnaires rentrants, en GARNISON, sont présentés à un MEMBRE DE L'INTENDANCE ; du moins le RÈGLEMENT DE L'AN TREIZE (25 GERMINAL) exigeait cette mesure souvent impraticable. — L'ARRÊTÉ DE L'AN HUIT (8 FLORÉAL) réglait la manière dont seraient réclamés et acquittés la DEMI-SOLDE et les RAPPELS des Permissionnaires rentrants. S'ils avaient obtenu PROLONGATION DE PERMISSION, aucun RAPPEL DE SOLDE ne leur était alloué depuis cette PROLONGATION. Le DÉCRET DE L'AN TREIZE (25 GERMINAL) décidait que s'ils ne représentaient pas, lors de leur RENTRÉE, leur CARTOUCHE OU PERMIS, leur RAPPEL de deniers, au lieu de leur être compté, serait versé à leur MASSE. L'ORDONNANCE DE 1823

(19 MARS, art. 805, 808) s'occupait de ces détails.

PERMUTATION (subs. masc.) D'OFFICIER. V. OFFICIER. V. OFFICIER FRANÇAIS N° 5.

PERNET ; (pernets), subs. masc. V. BARON N° 1.

PERNETY ; **PÉRONNE.** V. NOMS PROPRES.

PERPENDICULAIRE, adj. et subs. V. CARRÉ P... V. CHANGEMENT DE FRONT P... V. CORDEAU DE P... V. DÉFENSE P... V. FEU P... V. FORTIFICATION P... V. MARCHE P... V. ORDRE P... V. TIR P...

PERRAULT ; **PERRET** ; **PERRIER.** V. NOMS PROPRES.

PERRIER (perriers), subs. masc. (F), OU CABULE, OU CLIDE, OU ESLAINDE, OU LIDE suivant BOREL (Pierre), OU MANGANELLE, OU MANGONNEAU, OU PERRIÈRE, OU PÉTREAUL suivant PHILIPPE DE CLÈVES (1520, A), OU PIERRIER, OU PIERRIÈRE. — Le Perrier ou la PERRIÈRE sont deux substantifs que les traducteurs ont employés sous une acception peu différente, pour exprimer une MACHINE NÉVROBALISTIQUE des anciens et du commencement du MOYEN AGE, ou la PÉTROBOLE des BYSANTINS. — MÉNAGE dérive Perrier du LATIN *petraria* ; M. Roquefort le tire du bas LATIN *peirera, peraria*. — ATHÉNÉE compare la perrière (*petraria*) à une GRANDE BALISTE. — Le Perrier était un ENGIN analogue, en partie, au moderne mortier pierrier. Ce nom paraît avoir été surtout appliqué à de grandes MACHINES, tandis que la MANGANELLE était une perrière de petit échantillon. — Suivant les temps, les Perriers ou PERRIÈRES ont lancé des PIERRES, du feu GRÉGEOIS et d'énormes TRAITS. — Il est douteux que le Perrier ou la PERRIÈRE fussent précisément des BALISTES ou des CATAPULTES, mais VITRUVE témoigne qu'il y en a qui ont fait partie des plus GRANDES ARMES NÉVROBALISTIQUES. — On lit dans DIODORE : *Intulit varias petrarias quarum maximæ trium talentorum erant :* On apporta plusieurs perrières dont les principales lançaient des MASSES pesant trois talents (trois cents livres romaines). — Il y en avait qui, en outre de ces trois talents, décochaient des JAVELOTS qui avaient jusqu'à douze coudées ; le tout était porté à une stade de distance ; quelques AUTEURS disent même à plusieurs stades. ARCHIMÈDE avait placé une PERRIÈRE de cette espèce sur le vaisseau de Hiéron. LUCAIN en décrit les effets dans ces vers :

Frangit cuncta ruens, nec tantum corpora pressa Exanimat, totos cum sanguine dissipat artus.
Tout périt sous les coups de ce terrible engin.
Et les restes des morts seraient cherchés en vain.

—Des projectiles d'une pesanteur bien plus considérable ont même été tirés par des armes du genre du Perrier. — Abbon parle des perrières, *petraria*, dont les Normands se servaient au siége de Paris. — Depuis Philippe Auguste, de nouveaux noms furent donnés aux armes qui s'étaient nommées *petrariæ* tant que la langue latine fut en usage. — Barbazan (1808) témoigne qu'au moyen age on donnait le titre de Perriers aux hommes qui étaient chargés du service des armes a pierres, ou, suivant Borel (Pierre), aux hommes manœuvrant des canons lançant des boulets de pierre ; la perrière était l'arme a feu, le Perrier en était le canonnier. — Carré (1785, E) considère la perrière comme étant même chose que la mangane ou l'onagre. — Les mortiers perriers des modernes ont été une imitation de certains Perriers anciens, et la pluie de pierres qu'ils jettent s'appelait jadis grttris. — Ganeau et Velly (t. iii, p. 283) peuvent être consultés à l'égard des perrières et des Perriers. — Joinville mentionne les perrières lançant de Damiette, contre les Français, en 1249, des globes a feu. Pendant toute la durée d'une nuit, une perrière tirait quatre fois.

PERRIÈRE, subs. fém. v. cabule. v. clide. v. feu grégeois. v. manganelle. v. mangonneau. v. milice turque n° 6. v. mortier. v. perrier. v. pierre projectile. v. pierrier. v. trabuchet.

PERROT. v. noms propres.

PERRUQUE, subs. fém. v. frater.

PERRUQUÉ a deux queues. v. a deux queues. v. perruque a la brigadière.

PERRUQUE a la brigadière (F). On est mal d'accord sur l'origine du mot Perruque ; Barbazan, Roquefort, Thiers en donnent la preuve dans de savantes recherches qui seraient déplacées ici. — Les étymologistes prétendent que le mot vient de l'hébreu ou du grec. Ménage, qui les cite, le tire du latin *pilus* ou de l'italien *pelo ;* il pense que *pelutica* s'est corrompu dans l'italien *parruca* que nous avons francisé. Il y a des siècles qu'on appelait dérisoirement *parruconi,* grosses perruques, les magistrats vénitiens. — Henri Estienne (1583) témoigne que, de son temps, ce terme Perruque, passé d'usage et rapporté d'Italie, redevenait de mode. — Il n'est pas sans vraisemblance que le nom de l'habillement nommé hugues ou huques, aurait pu entrer dans la composition du terme. — Ganeau mentionne, dans le même sens, calvardine. — M. Francœur a avancé que les Perruques, proprement dites, ne remontent qu'à l'an 1650. Cela peut être vrai comme emploi de l'expression, comme usage de cour, comme mode française ; mais la chose est bien autrement ancienne : Pétrone donne idée des Perruques romaines, qu'il appelle *capillamentum,* et les vers si gracieux d'Ovide, que nous avons cités en parlant des révolutions de la chevelure, sont une preuve de plus. — On pourrait trouver plus de renseignements à cet égard dans Legendre, dans Ganeau, dans Giffart (1696, A, pl. du salut avec armes), dans un ouvrage d'une bouffonnerie pleine d'érudition et de finesse, intitulé : *Eloge des Perruques.* — On est mal éclairé touchant l'origine de l'expression Perruque à la brigadière, car c'était aussi bien la coiffure des maréchaux de France et des généraux d'armée que des moindres officiers d'infanterie. Le défilement de la parade avait lieu en Perruque, et l'histoire a enregistré qu'à Crémone, Villeroi fut pris *sans chapeau ni Perruque.* Les Perruques à la Ramillies de l'armée anglaise devinrent de mode, en l'honneur de la Perruque que Marlborough portait en cette action dont s'enorgueillissait l'Angleterre.—La Perruque à la brigadière, prise sous le règne de Louis quatorze, a duré jusqu'à la régence. L'Encyclopédie (1751, C) témoigne qu'au milieu du dernier siècle il n'y avait plus que les vieux officiers qui en portassent. — La Perruque à la brigadière a rendu générale la mode du chapeau militaire ; car on conçoit que si l'usage du casque se fût maintenu, il eût gravement nui à l'économie de la Perruque. — Elle était ample autour de la tête, ses marteaux étaient retroussés par derrière ; elle donnait, suivant l'expression des critiques du temps, l'air de moutons à deux pieds aux officiers vêtus de blanc ; elle fut abandonnée quand des officiers français prirent la perruque a deux queues, et que d'autres laissèrent croître leurs cheveux pour les mettre en boucles et en queue. — L'Encyclopédie (1751, C) fait la description de la Perruque à la brigadière et en donne, planche huit, l'image.

PERRUQUIER, subs. masc. v. barbier. v. frater.

PERS (perse), adj. v. bleu de roi. v. bleu national.

PERSAN (persane), adj. v. armée p... v. artillerie p... v. bataillon p... v. cavalerie p... v. compagnie p... v. corps p... v. escadron p... v. escouade p... v. garde p... v. infanterie p... v. langue p... v. milice p... v. officier p... v. ordre p... v. régiment p... v. troupe p...

PERSANS. v. noms propres.

PERSE, adj. V. ARMÉE P... V. MILICE P... V. SOLDAT P...

PERSE. V. NOMS PROPRES.

PERSIEN, subs. masc. V. ASSIÉGEANT. V. PAVOIS. V. SIÉGE.

PERSIQUE, adj. V. DANSE P...

PERSONA. V. NOMS PROPRES.

PERSONNE, adj. fém. V. PAYER DE SA P... V. PENNON DE P...

PERSONNEL (personnelle), adj. V. ARME P... V. CONTRIBUTION P... V. DISTINCTION P... V. IMPOSITION DIRECTE ET P... V. INDEMNITÉ P... V. NOBLESSE P... V. NOM P... V. RÉCOMPENSE P...

PERSONNEL, subs. masc. V. BUDGET. V. PERTE DE P... V. SITUATION DE P... V. SURPRISE.

PERSONNEL d'ADMINISTRATION. V. ADMINISTRATION. V. AGENCE. V. EMPLOYÉ DES SERVICES. V. ENTREPRISE DE FOURNITURES. V. PILLAGE. V. RÉGIE.

PERSONNEL d'ADMINISTRATION DE CAMPEMENT. V. CAMPEMENT. V. CAMPEMENT ADMINISTRATIF. V. HABILLEMENT.

PERSONNEL d'ADMINISTRATION D'HABILLEMENT. V. ADMINISTRATION D'HABILLEMENT. V. HABILLEMENT.

PERSONNEL d'ADMINISTRATION D'HOPITAUX. V. ADMINISTRATION D'ARMÉE. V. ADMINISTRATION D'HOPITAUX. V. ARMÉE FRANÇAISE (N° 4, tableau, année 1828). V. HOPITAL. V. HOPITAL MILITAIRE. V. INTENDANT MILITAIRE N° 4. V. OFFICIER DE SANTÉ.

PERSONNEL d'ARMÉE. V. ADJUDANT GÉNÉRAL ANGLAIS. V. ADMINISTRATEUR D'ARMÉE. V. ARME MATÉRIELLE. V. ARME PERSONNELLE N° 2. V. ARMÉE. V. ARMÉE FRANÇAISE N° 4. V. ART MILITAIRE DE TERRE. V. ARTILLERIE A CHEVAL. V. BUDGET. V. CODE MILITAIRE. V. COMMANDEUR EN CHEF. V. COMPOSITION. V. DÉNOMBREMENT. V. ÉTAT DE SITUATION. V. GARDE IDIOPLIQUE. V. INSPECTEUR. V. INSPECTEUR AUX REVUES. V. INSPECTEUR GÉNÉRAL N° 1. V. INSTRUMENT DE GUERRE. V. LÉGISLATION. V. MAITRE DE LA MILICE. V. MATÉRIEL. V. MAUDUIT. V. MILICE ANGLAISE N° 12. V. MINISTRE DE LA GUERRE N° 14. V. OFFICIER D'ARTILLERIE N° 6. V. RÉGIMENT D'ARTILLERIE. V. STRATÉGIE. V. TACTIQUE, subs. V. TRAIN. V. TRANSPORT.

PERSONNEL d'ARTILLERIE. V. ARTILLERIE. V. ARTILLERIE A CHEVAL. V. ARTILLERIE D'ARMEMENT. V. ARTILLERIE FRANÇAISE. V. ARTILLERIE IDIOPLIQUE. V. ARTILLERIE STRATOPÉDIQUE. V. BATTERIE D'ARTILLERIE. V. DIRECTEUR MINISTRE. V. ÉCOLE D'ARTILLERIE. V. GRAND MAITRE DE L'ARTILLERIE. V. MILICE ESPAGNOLE N° 2. V. MINISTÈRE DE LA GUERRE. V. PIED DE GUERRE. V. PROLONGE. V. RÉGIMENT D'ARTILLERIE. V. REVUE. V. SER-

VICE DE CAMPAGNE. V. RECRUTEMENT. V. TRAIN D'ARTILLERIE.

PERSONNEL de CORPS. V. CHEVAU-LÉGER. V. COLONEL D'INFANTERIE FRANÇAISE DE LIGNE N° 4. V. CORPS. V. HAUTE PAYE PÉCUNIAIRE. V. INSPECTEUR GÉNÉRAL N° 5. [V. MAJOR-LIEUTENANT-COLONEL. V. INTENDANT MILITAIRE N° 4. V. POLICE. V. REVUE.

PERSONNEL de la GUERRE. V. ARMÉE FRANÇAISE N° 4. V. DIRECTEUR MINISTRE. V. GUERRE. V. LÉGISLATION (AN SEPT, 23 FRUCTIDOR). V. INFANTERIE DE BATAILLE N° 3. V. PENSION DE RETRAITE. V. PRESTATION. V. SOLDE.

PERSONNEL de PLACE DE GUERRE. V. FORTERESSE. V. PLACE. V. PLACE DE GUERRE.

PERSONNEL de TROUPE. V. CHEF D'ESCORTE DE CONVOI. V. DÉNOMBREMENT. V. TROUPE.

PERSONNEL d'ÉTAT-MAJOR. V. ÉTAT-MAJOR. V. ÉTAT-MAJOR DE PLACE. V. FORTERESSE.

PERSONNEL d'OFFICIER DE SANTÉ. V. CONSEIL DE SANTÉ. V. OFFICIER DE SANTÉ.

PERSONNEL du GÉNIE. V. DIRECTEUR MINISTRE. V. GÉNIE. V. GÉNIE IDIOPLIQUE. V. GÉNIE STRATOPÉDIQUE. V. LAISNÉ. V. MINISTÈRE DE LA GUERRE. V. RECRUTEMENT. V. SERVICE DE CAMPAGNE.

PERSONNEL du DÉPARTEMENT DE LA GUERRE. V. BUREAU DE LA GUERRE. V. DÉPARTEMENT DE LA GUERRE. V. MATÉRIEL. V. MINISTÈRE DE LA GUERRE.

PERSONNEL MÉDICAL. V. GARDE IMPÉRIALE N° 2. V. MÉDICAL. V. OFFICIER DE SANTÉ.

PERTE, subs. fém. V. ÉTAT DE P... V. INDEMNITÉ DE P... V. PROCÈS-VERBAL DE P... V. REMBOURSEMENT DE P...

PERTE COMPTABILIAIRE. V. BALANCE. V. CAHIER D'APPEL. V. COMPTABILIAIRE, adj. V. ÉTAT DE SITUATION. V. ÉTAT QUATRIDIAIRE. V. GAIN COMPTABILIAIRE.

PERTE d'ANCIENNETÉ. V. ANCIENNETÉ. V. ANCIENNETÉ DE SERVICE. V. CONDAMNATION JUDICIAIRE.

PERTE d'ARMES. V. ARME. V. ARME PERDUE. V. INSPECTEUR GÉNÉRAL D'INFANTERIE N° 4. V. PROCÈS-VERBAL DE PERTE D'ARMES.

PERTE de CHEVAL. V. CHEVAL. V. INDEMNITÉ DE PERTE DE CHEVAL.

PERTE de DENTS. V. CAS DE RÉFORME. V. DENTS. V. INFIRMITÉ.

PERTE de DOIGTS. V. CAS DE RÉFORME. V. DOIGTS. V. INFIRMITÉ.

PERTE de FONDS. V. DÉFICIT. V. FONDS.

PERTE de GÉNITOIRES. V. CAS DE RÉFORME. V. GÉNITOIRES. V. INFIRMITÉ.

PERTE de MATÉRIEL. V. ADJUDANT GÉNÉral anglais. v. matériel. v. milice anglaise n° 12. v. ministre de la guerre n° 8.

PERTE de membre. v. blessure. v. cas de réforme. v. infirmité. v. membre. v. pension de retraite.

PERTE de personnel. v. adjudant général anglais. v. état de situation. v. milice anglaise n° 12. v. personnel.

PERTE de phalange. v. phalange. v. phalange de main, etc.

PERTE d'effets. v. dégradation de casernement. v. effet. v. masse de linge et chaussure. v. matériel. v. retenue sur prêt.

PERTE de registres. v. procès-verbal de pertes. v. registre. v. registre de corps.

PERTE d'équipages. v. équipage. v. indemnité de p... v. gratification d'entrée en campagne. v. hausse-col. v. législation (an deux, 9 thermidor). v. milice anglaise n° 12. v. quartier-maître général.

PERTE d'œil droit. v. cas de réforme. v. infirmité. v. œil droit.

PERTE du nez. v. cas de réforme. v. infirmité.

PERTE en campagne. v. en campagne. v. indemnité de perte. v. ministre de la guerre n° 8.

PERTISE, subs. fém. v. apertise.

PERTUIS, subs. masc. v. col de montagnes. v. pas géologique. v. pertuisane.

PERTUISANE, subs. fém. v. coup de p... v. croissant de p... v. fer de p... v. hampe de p... v. lame de p... v. pile, subs. masc.

PERTUISANE, subs. fém. (F), ou parthisane, suivant Amyot et Rabelais, ou partisane, ou partuisane, suivant Carré (1783, E), ou partuzaine, suivant M. Roquefort, ou pertuisanne, suivant Lachesnaie (1758, I), ou pertuisègne, ou pourtisaine. — On n'est pas d'accord à l'égard de la racine du mot Pertuisane, qu'on retrouve dans l'italien *partigiana*, et qui semble y signifier arme de partisan. Gébelin le dérive, on ne sait pourquoi, du suédois *bard*. Ménage le rapporte au mot anglais *partisan*. Il y a des étymologistes qui le font venir du verbe latin *pertundere*, percer, parce que c'était une arme propre à éventrer. Mais une autre origine ne serait pas sans vraisemblance ; le verbe *pertundere* ayant produit les substantifs pertuis, pertuys, pertus, pertuis, pertruis, signifiant brèche, ouverture, trou, et, par extension, porte ou fenêtre, ces substantifs, pertuis, pertuis, auraient produit Pertuisane ou hallebarde de salon propre à défendre le pertuis d'un appartement, l'entrée d'un palais. — Carré (1783, E)

est au contraire d'avis que la Pertuisane a été nommée ainsi parce qu'elle faisait de larges pertuis. — On disait perpétuer, pertuiser, pertuisier, pertuser, pour signifier transpercer, donner des coups de pertuisane. — Les écrivains ne sont pas d'accord entre eux touchant les différences qui caractérisaient la hallebarde et la Pertuisane ; suivant les uns, la hallebarde était plus courte ; suivant les autres, elle était plus longue. Nous pencherions pour cette dernière opinion, et nous rangeons la Pertuisane dans les armes de demi-longueur. — Dubellay (1535, A) dit que la Pertuisane était d'origine suisse, et qu'on ne s'en servait pas avant Louis onze ; mais si le nom n'en était pas connu, des armes analogues existaient : c'étaient le bec de corbin et la guisarme. — La Pertuisane servait surtout aux huissiers d'armes, aux officiers d'armes, aux archers du corps, aux sentinelles des pertuis royaux. Carré (1785, E) la regarde comme ayant, de tout temps, été employée dans les églises et les hôtels ; cependant il s'en était introduit dans l'infanterie française ; on appelait partuzainiers, pertuisainiers, pertuisanniers, pertuzainiers, les soldats qui en étaient armés ; M. le colonel Carrion (1824, A) témoigne que l'infanterie espagnole en faisait usage à l'imitation de l'infanterie suisse. Gaya (1670, D) rend compte que, de son temps, les officiers de grenadiers portaient la Pertuisane. — Potier est d'avis que la hallebarde a succédé à la Pertuisane ; ce n'est pas juste. — M. Roquefort et le général Marion disent que la Pertuisane a été abolie en 1670. L'assertion, si on la présente d'une manière si absolue, est inexacte : il est vrai que celles de l'infanterie furent supprimées par l'ordonnance de 1670 (25 février) transcrite dans Briquet, et qui défendait d'admettre à passer revue les hommes qui seraient porteurs de Pertuisanes ; mais il fut conservé des Pertuisanes pour l'usage des invalides hors d'état de porter mousquet ; il en fut laissé aux gardes de la manche, aux gardes de la porte, aux Cent-Suisses, aux gentilshommes du drapeau ; il s'en conserva dans la marine ; aussi l'Encyclopédie (1751, C) en faisait-elle mention comme de hallebardes encore en usage alors à bord des bâtiments de mer. Le fer de cette Pertuisane marine avait dix-huit à dix-neuf pouces de long. — Si l'on en croit Guichardin et d'autres historiens, le bon Louis douze assistant, à Milan, à une fête donnée par Trivulce, s'impatiente d'être foulé par les curieux ; le père du peuple arrache une Pertuisane des mains d'un archer, tombe sur les importuns, les charge à coups redoublés, nettoie la place usurpée par les trouble-fêtes, et ouvre le bal avec la duchesse de Mantoue. — A MARIGNAN, FRANÇOIS PREMIER a son BUFFLE déchiré par une Pertuisane. A la surprise de Cahors, en 1579, HENRI QUATRE brise deux Pertuisanes en s'en escrimant. — La Pertuisane était une HALLEBARDE courte et de luxe ; sa HAMPE était de six pieds, suivant LACHESNAIE (1758, I), de sept à huit pieds, suivant GASSENDI ; sa HAMPE était plus grosse que celle des PIQUES et des HALLEBARDES; quelquefois elle était recouverte de velours et ornée de clous dorés ; le FER en était large, tranchant et à pointe. Il y avait des Pertuisanes à LAME plate et flamboyante ; il y en avait eu LAME D'ÉPIEU, en TRIDENT à diverses enjolivures. Leur FER, en général, était plus simple, moins découpé, moins historié que celui de la HALLEBARDE ; la plupart du temps il était doré et damasquiné, armorié, embelli de nielles du plus précieux travail ; celui des CENT-SUISSES était accompagné d'une sorte de HACHE ou d'un CROISSANT, mais il est à croire que c'est l'arme que les uns ont appelée hallebarde, les autres Pertuisane. — Celles des GARDES DE LA PORTE et DE LA MANCHE étaient damasquinées et armoriées ; la LAME en était légèrement flamboyante ; sa longueur était de quinze pouces, douille non comprise ; sa partie inférieure s'élargissait en manière d'écu de forme antique. — S'il y a eu des Pertuisanes à BANDEROLES, c'étaient plutôt celles à FER simple ; les autres avaient plutôt une grosse houppe pendante au-dessous de leur LAME. — On peut consulter à l'égard des Pertuisanes : CARRÉ (1783, E), M. le colonel CARRION (1824, A), DESPAGNAC (1751, D), DUCANGE. DUPAIN, (1783, F), ENCYCLOPÉDIE (1785, C, au mot *Arme*), GASSENDI (au mot *Arme offensive*), GAYA (1670, D), GOETZMAN (1777), GUILLET (1686, B), LACHESNAIE (1758, I), LEDUCHAT, MANESSON (1685, B), MÉNAGE, MONTIGNY (1772, I), POTIER (1779, X, au mot *Hallebardier*), WACHTER, l'*Encyclopédie du dix-neuviéme siècle*, au mot *Arme*.

PERTUISANIER, subs. masc. v. PERTUISANE.

PERTUISANNE, subs. fém. v. PERTUISANE.

PERTUISANNIER, subs. masc. v. PERTUISANE.

PERTUISÈGNE, subs. fém. v. PERTUISANE.

PERTUSIER. v. NOMS PROPRES.

PERTUZAINNER, subs. masc. v. PERTUISANE.

PESAMMENT ARMÉ. v. ACCENSE. v.

ARMÉ, adj. v. COMPAGNIE D'ORDONNANCE N° 5. v. FÉRENTAIRE. v. GROSSE CAVALERIE N° 2. v. LÉGION ROMAINE N° 4, 5. v. OPLITE. v. ORDINAIRE ROMAIN.

PESANT (pesante), adj. v. ARMURE PESANTE. v. CAVALERIE PESANTE. v. INFANTERIE PESANTE.

PESCAIRE ; **PESCHEL** ; **PESCHERRA** ; v. NOMS PROPRES.

PESÉE de VIANDE. v. DISTRIBUTION DE VIANDE AU CAMP. v. VIANDE. v. VIANDE AU CAMP.

PESÉE D'EFFETS. v. CHARGE DE VOITURE. v. EFFETS. v. PROCÈS-VERBAL DE PESÉE D'EFFETS. v. TRANSPORT DIRECT.

PESON, subs. masc. v. SERGENT-MAJOR.

PESTAIL, subs. masc. v. PÉTAIL.

PÉTAIL, subs. masc. (F), ou PATEIL, ou PESTAIL, ou PÉTAL. Ces mots, d'origine inconnue, répondaient à ce qu'on nomme un pilon, suivant M. ROQUEFORT ; de là, l'emploi du verbe *pétalleir*, piler. — Par analogie, on appelait Pétail un MATRAS ou un DARD A MAIN à grosse tête en forme de pilon.

PÉTAL, subs. masc. v. PÉTAIL.

PÉTARD, subs. masc. v. A P... v. ANSE DE P... v. ATTACHER LE P... v. ATTAQUE PAR P... v. BOUCHE DE P... v. CHARGE DE P... v. ÉCHELLE A P... v. ÉQUIPAGES DE P... v. FLÈCHE DE P... v. FUSÉE DE P... v. LUMIÈRE DE P... v. PAR P... v. PLATEAU DE P... v. POSER LE P... v. SERVANT DE P... v. SURPRISE PAR P...

PÉTARD (term. génér.). Mot dont la délicatesse de la langue ne permet pas de rechercher l'étymologie ; il a produit les expressions PÉTARDER et PÉTARDIER ; il sera surtout examiné ici comme PÉTARD CATABALISTIQUE.

PÉTARD (pétards) CATABALISTIQUE (F, C, 2). Sorte de PÉTARDS qui consistaient en de petites PIÈCES D'ARTILLERIE, ou en des BOITES FULMINANTES qui étaient la clef des CHATEAUX SANS BARRIÈRES ; ils pouvaient être regardés comme l'EXOSTRE ou le BÉLIER à feu des modernes. — Le Pétard était destiné surtout à briser, de dehors en dedans, la PORTE ou le PONT-LEVIS d'une VILLE FERMÉE ; mais l'ARTILLERIE s'en est servie aussi pour rompre une BARRIÈRE, une PALISSADE, un PONT ; les MINEURS l'ont employé pour mettre en communication une MINE et une CONTRE-MINE. — DANIEL (1721, A), MANESSON (1685, B), SIONVILLE (1756, E), donnent des images des divers genres de Pétards ; le premier de ces ÉCRIVAINS nous rappelle que le bas LATIN a rendu le mot par *pyloclastrum*. — STRADA attribue l'invention du Pétard à Martin

Skenk, qui en aurait fait usage à la surprise de Bonn, en 1588. — Cette assertion de Strada est inexacte ; le Pétard est d'origine française. Villaret rapporte (t. xv, p. 555) que Louis onze pétarda une bastide qui avait été construite par les Anglais, en 1444, pendant le siége de Dieppe. Daubigné et Tensini s'accordent à dire que les protestants se servirent du Pétard pour s'introduire dans un petit chateau du Rouergue. Peu après, en 1579, Henri quatre, n'étant encore que roi de Navarre, y eut recours aussi pour surprendre Cahors. Mézeray dit ambigument *que c'était une invention nouvelle dont il ne s'était pas encore vu de mémorable effet.* — Le Pétard avait à peu près la forme d'une cloche de jardinier ou d'un cône tronqué et évasé du côté de la bouche ; il était en métal forgé ou fondu, ou quelquefois même en bois entouré de cordes ; on le chargeait de six à sept livres de poudre ; le milieu de sa culasse était percé d'une lumière où le feu se communiquait par une fusée, brûlant assez lentement pour que le pétardier eût le temps de s'éloigner. — L'extérieur de l'arme ou le bord de sa bouche était garni de quatre anses, au moyen desquels on l'arrêtait à un madrier ou plateau armé d'un crochet. On assujettissait par ce crochet le Pétard à la porte qu'il s'agissait d'enfoncer, et, à cet effet, on appliquait la machine à peu de distance de la serrure. — Quelquefois, au lieu d'anses, un rebord carrément plié en dehors et percé de quatre trous, servait à poser, au moyen de vis à bois, l'arme et son madrier. — Il y avait des Pétards de diverse force, à proportion des résistances à vaincre ; mais, en général, ils avaient dix à quinze pouces de longueur et six à sept pouces de diamètre à la bouche ; ils pesaient de quinze à trente kilogrammes. — Carré (1785, E, p. 181) parle du tranchoir des Pétards ; mais on peut supposer qu'il veut faire allusion aux Pétards d'artifices, non aux Pétards catabalistiques. Ils avaient la chambre conique ; cette forme est devenue le modèle des chambres d'autres bouches à feu. — On emplissait de poudre le Pétard, on le bouchait avec un tampon, on en incrustait la bouche dans le madrier ; on le fixait aux anses avec des cordes ou du cuir, on le clouait à travers les trous du rebord ; on assujettissait, si l'on en avait la possibilité, à la porte qu'on voulait forcer, le Pétard, au moyen de tire-fonds qui traversaient le madrier. Mais s'il s'agissait de rompre des barrières, des palissades, une herse, une porte ferrée, on y appuyait le Pétard avec des fourches ou fourchettes ; on l'attachait vers la fin de la nuit. — S'il n'é-

tait pas possible d'approcher de la place, lorsqu'une coupure s'y opposait, on poussait le Pétard au moyen d'une machine à coulisse qu'on nommait pont volant, et qu'on manœuvrait à cordes et à poulies. On parvenait, par des moyens plus simples, à diriger, à appuyer le Pétard ; on y employait deux flèches de bois montées sur deux roues, ou bien on s'aidait de l'escalade, qu'on nommait aussi échelle à pétard. — Les ravelins furent imaginés comme préservatifs du Pétard. — Feuquières, dans plusieurs surprises contre des places fermées, réussit à l'aide du Pétard ; il l'attacha une fois lui-même, parce que son pétardier venait d'être tué. — Dans le siècle dernier, des coups de main à l'aide du Pétard eurent lieu encore, mais c'était plutôt une exception qu'un usage ; le Pétard paraissait abandonné. — Dès le milieu du dix-septième siècle, Malthus tournait en dérision le Pétard, parce que la moindre surveillance de la part de l'assiégé en rendait nul l'effet ; Saint-Remy convenait aussi que l'opération réussissait rarement. — Le Pétard était une machine compliquée, embarrassante, qui exigeait double équipage et quantité d'outils ; il fallait au moins deux pétardiers, car il était rare qu'un des deux ne fût pas tué. Le chef d'équipages des pétardiers était accompagné de vingt servants pourvus d'escales, de flèches, de ponts volants, de haches, de crics, de marteaux, de tenailles, de pieds de chèvre, de lanternes sourdes ; un d'entre eux portait le madrier ; trois servants portaient le Pétard, ou tous quatre le portaient à la fois, s'il était à l'avance garni de son madrier ; chacun d'eux était armé d'un marteau de maréchal. — L'industrie des assiégés s'exerça bientôt à rendre de peu d'effet le Pétard, en multipliant les obstacles qui pouvaient lui être opposés ; de là, les portes extérieurement garnies en fer, les fossés plus larges et plus creux, le recours aux herses, aux machicoulis, les avant-postes en palissades et en barrières, les portes percées à jour pour tirer contre le pétardier, les trappes ou bascules disposées pour renverser ce pétardier dans le fossé, les piéges ou traquenards pareils à ceux employés contre des bêtes malfaisantes, et qui saisissaient le pétardier par le milieu du corps. — L'effet du Pétard avait été neutralisé surtout par l'invention des dehors, des feux casematés, des avancées ; l'art militaire ne le regardait plus comme efficace que contre des bicoques ; on obtenait, avec moins de difficulté et de dangers, le même résultat en jetant quelques obus. — Bousmard proposait de remplacer le Pétard par une bombe suspendue contre la porte ; il pensait même que tout autre récipient contenant une CHARGE égale à celle de la BOMBE aurait rempli le même objet ; mais SEYDEL (1820) regarde ce dernier moyen comme impuissant et la BOMBE comme préférable. — DUHESME (1814, C) s'étonne de l'abolition du Pétard. *Par combien de coups de canon de douze et de huit, dit-il, ne saluâmes-nous pas, dans la campagne de l'an quatorze, l'entrée de Vicence, sans endommager en rien la porte !* — On lit dans l'ouvrage anglais intitulé : *The British Gunner*, qu'on a fait l'essai d'un Pétard d'une livre de poudre, et d'un sac de cuir qui en contenait cinquante ; qu'après vingt minutes de travaux par six hommes, le Pétard a fait à la PORTE un trou de boulet, et que le sac de cuir, après un travail de quatre minutes par deux hommes, a complétement rempli son objet. — M. AUGOYAT a émis, dans le *Spectateur militaire*, l'opinion qu'un SAC A TERRE rempli de trente kilogrammes de POUDRE, et solidement contrebuté au moyen de huit ou dix autres SACS pleins de terre, suffit pour renverser la PORTE la plus solide. — M. Omodei, auteur italien, a publié en 1825, à Turin, une brochure dans laquelle il propose de remettre en pratique le Pétard. — Dans la GUERRE DE 1832, le trou du mineur de la citadelle d'ANVERS ne put être ouvert qu'à l'aide du Pétard, placé en arrière du revêtement de briques. — LYON, dans la déplorable lutte dont il a été le théâtre en 1834, a tremblé maintes fois à la détonation des Pétards. — L'ENCYCLOPÉDIE (1751, C) s'est étendue sur le service du Pétard et les fonctions des PÉTARDIERS. — On peut consulter sur le même sujet : BOILLOT, CARRÉ (1785, E), M. le général COTTY (1822, A), DANIEL (1721, A), DEVILLE (Antoine), FEUQUIÈRES, GASSENDI, GAYA (1670, D), GEISSLER, GUIGNARD (1725, B), GUILLET (1686, B), JABRO (1777, G), LACHESNAIE (1758, I), LAROCHE-AYMON (1817, C), LECOUTURIER (1825, A), LEGRAND (1837, A), MALTHUS, MANESSON (1685, B), MEYER (Moritz), PRAISSAC (1622, A), RAY DE SAINT-GENIÈS (1755, t. II, p. 316), ROGUET (1840), ROHAN (1757, Q, *Traité de la guerre*), SAINT-REMY, SANTA-CRUZ (1738, A), SEYDEL (1820), SIONVILLE (1756, E), SULLY (Mémoires), M. VILLENEUVE (1826), le *Mémorial du génie* (n° 7).

PÉTARD DE FUSÉE. V. FUSÉE. V. FUSÉE DE GUERRE.

PÉTARDER, verb. neut. V. ESCALE. V. PÉTARD. V. PÉTARD CATABALISTIQUE.

PÉTARDIER, subs. masc. V. PÉTARD. V. PÉTARD CATABALISTIQUE.

PÉTAU (pétaux), subs. masc. (F), ou PITAU suivant BOREL (Pierre), DUANE, GÉBELIN, ou PITAUD suivant CARRÉ (1785, E) et LACHESNAIE (1758, I). Ce mot, dont l'origine est inconnue, a peut-être été une corruption de PIÉTON ; c'est le sentiment de GÉBELIN. Il a été synonyme ou peu différent du mot BIBAU. C'étaient également des BRIGANTS tirés, comme le dit MONSTRELET, de la classe des paysans. FROISSARD parle dans le même sens des BIBAUX et des PITAUX. MÉNAGE compare ces derniers aux BIDAUX. DESPAGNAC (1751, D) les mentionne comme des paysans mal armés qui suivaient la GENSDARMERIE de PHILIPPE AUGUSTE. — Il est probable que le nom de PATAUD, dont les Vendéens se servent dans le sens de scélérat ou de brigand, n'est pas sans analogie avec les vieux termes Pétau et PITAUD.

PÉTERBOROUGH ; PÉTERSBOURG ; PETREE ; PETIGNY ; PETIT. V. NOMS PROPRES.

PETIT (petite), adj. (term. génér.). Mot qu'à tort ou à raison BOREL (Pierre) dérive de l'HÉBREU, et que MÉNAGE tire du LATIN *putus, pulitus*, dont la LANGUE ITALIENNE aurait fait, suivant lui, *puto, puttino*. — L'adjectif Petit, Petite, est considéré ici comme s'incorporant indissolublement à des substantifs, et formant principalement les premières syllabes des périphrases : PETIT ÉQUIPEMENT, — PAS, — SEUIL, — VIEUX, GARDE, — GUERRE, — MUSIQUE, — MONTURE.

PETIT (petits) BAGAGE. V. CHEVAL DE BAT. V. BAGAGE.

PETIT BIDON. V. BIDON. V. BIDON A VINAIGRE. V. BIDON DE COMPAGNIE. V. BIDON D'HOMME DE TROUPE. V. BOUTEILLE CLISSÉE. V. HOMME DE TROUPE N° 4. V. INFANTERIE FRANÇAISE DE LIGNE N° 5. V. TONNELET DE PETIT ÉQUIPEMENT.

PETIT BOUT. V. BAGUETTE DE FUSIL. V. BOUT. V. CORPS DE BAGUETTE. V. POIRE DE BAGUETTE. V. TIRE-BALLE.

PETIT BOUTON. V. BOUTON. V. BOUTON A ÉPAULETTE. V. BOUTON DE CHAPEAU. V. BOUTON DE FRAC. V. BOUTON DE GILET. V. BOUTON DE GUÈTRE. V. BOUTON DE MANCHE D'HABIT D'INFANTERIE DE LIGNE. V. REVERS D'HABIT.

PETIT CALIBRE. V. CALIBRE. V. PIÈCE DE P...

PETIT CERCLE. V. CERCLE. V. CERCLE DE PARADE DE PLACE. V. CERCLE DE POLICE.

PETIT CONGÉ. V. CAHIER DE PETIT CONGÉ. V. CONGÉ. V. CONGÉ LIMITÉ. V. CONGÉ DE SEMESTRE D'HOMME DE TROUPE. V. SERGENT-MAJOR N° 10.

PETIT CONTOUR. V. CONTOUR. V. CONTOUR D'ÉPAULETTE.

PETIT CORDEAU. V. CORDEAU. V. CORDEAU DE PERPENDICULAIRE.

PETIT CORNET. V. CORNET. V. INSTRUMENT DE MUSIQUE.

PETIT COTÉ. V. BANDEROLE DE SAC DE CAMPAGNE. V. COTÉ.

PETIT DÉPOT. V. ARMÉE AGISSANTE N° 5. V. DÉPOT.

PETIT ÉQUIPEMENT (B, J). Ensemble des EFFETS des HOMMES DE TROUPE de l'INFANTE-RIE FRANÇAISE, en prenant ces EFFETS comme l'opposé ou comme distincts du GRAND ÉQUIPE-MENT. Le BUDGET les embrasse l'un et l'autre sous le simple nom d'ÉQUIPEMENT. — SAINT-GERMAIN, comme le témoigne l'ENCYCLOPÉDIE (1785, C, supplém. au mot *Magasin*), s'est occupé, le premier, des détails de cette partie. — Avant la GUERRE DE LA RÉVOLUTION, un OFFICIER DE DÉTAILS était chargé de l'ap-provisionnement du petit équipement, des MARCHÉS à conclure avec les MAITRES OUVRIERS et du REGISTRE à en tenir. — L'ORDONNANCE DE 1788 (1er JUILLET), les RÈGLEMENTS DE 1792 (1er JANVIER) et DE 1793 (31 MARS) pre-naient comme synonymes LINGE ET CHAUS-SURE et petit équipement. L'ARRÊTÉ DE L'AN SIX (7 NIVOSE) se servait, dans le même sens, de l'expression MENU ENTRETIEN. La pre-mière de ces locutions avait prévalu malgré son inexactitude; nous avons cru devoir préférer la seconde. — Le Petit équipement comprend les objets qui sont acquis au moyen d'une RETENUE sur la SOLDE, et aux dépens des DENIERS réunis sous forme de MASSE INDIVIDUELLE; ils sont ainsi la pro-priété du SOLDAT, qui les emporte s'il est CONGÉDIÉ. La RETENUE n'était, jusqu'en 1789, que de huit deniers par homme et par jour. — Les types, les formes, les quan-tités, le TARIF des EFFETS du petit équipe-ment sont réglés par le MINISTÈRE DE LA GUERRE; leur ACHAT, leur FOURNITURE dépen-dent de l'ADMINISTRATION INTÉRIEURE du CORPS; ils sont choisis et acquis par les soins de COMMISSAIRES *ad hoc*, conformément à des ÉCHANTILLONS convenus et admis. Tout ce qui a rapport à cette gestion est sous la surveillance directe du CAPITAINE. — Le droit à la délivrance du Petit équipement est énoncé sur les FEUILLES DE JOURNÉES des COMPAGNIES. — Le Petit équipement se dis-tribue sur des BONS; il figure sur des ÉTATS spéciaux et sur les CONTROLES DE LINGE ET CHAUSSURE; il est l'objet d'un DÉCOMPTE que le CONSEIL D'ADMINISTRATION fait payer pério-diquement au profit de l'HOMME, s'il est pré-sent, ou fait remettre pour solde au profit des CRÉANCIERS, s'il est DÉCÉDÉ. Dans ce der-nier cas, le restant des EFFETS ayant servi au DÉCÉDÉ est vendu au profit de la masse d'entretien. — Des REVUES spéciales par cha-

que COMPAGNIE, constatent l'existence et la situation du Petit équipement; on les nom-mait autrefois REVUES DU BUTIN. — L'INSPEC-TEUR GÉNÉRAL examine le Petit équipement en MAGASIN et en service, s'assure de sa bonne qualité, se rend compte de la régu-larité de tout ce qui concerne cette partie. — En CAS DE SÉPARATION de CORPS ou de SER-VICE AUX COLONIES, les FONDS du Petit équipe-ment sont remis par le CONSEIL PRINCIPAL au CONSEIL ÉVENTUEL. — Les éléments dont se composait le Petit équipement ont infi-niment varié. L'ORDONNANCE DE 1776 (25 MARS) y comprenait un BONNET, un COL, trois CHEMISES, deux MOUCHOIRS, deux PAIRES DE BAS, trois PAIRES DE GUÊTRES dont une NOIRE et deux BLANCHES, deux PAIRES DE SOULIERS, ainsi que les BROSSES et objets de TENUE. — Le RÈGLEMENT DE 1779 (21 FÉVRIER) y com-prenait de plus des AIGUILLES, une BOUCLE DE COL, une BROSSE A HABIT, deux BROSSES A SOU-LIERS, deux COLS DE BASIN, deux CULOTTES, un DÉ, une ÉPINGLETTE, du FIL, des morceaux de vieux drap et de vieux linge, deux PAIRES DE MANCHETTES DE GUÊTRES, une paire de BOUCLES A JARRETIÈRES, une PAIRE DE BOUCLES DE SOULIERS, un PEIGNE A DÉGRASSER, un PEI-GNE à retaper, un PINCEAU A BUFFLETERIE, un SAC A POUDRE et sa HOUPPE, un TIRE-BALLE, un TIRE-BOUTON, un TOURNEVIS. — Les PAIRES DE GUÊTRES étaient l'une BLANCHE, l'autre d'étoffe, l'autre NOIRCIE. — Mais ces effets ont été modifiés quant à leur quantité, leur espèce, leur forme, comme nous l'avons fait connaître; ainsi la HOUPPE et la POUDRE, les BOUCLES et les CULOTTES ont disparu; les DEMI-GUÊTRES sont devenues de mode; les CHAUSSETTES ont remplacé les BAS. — Jusqu'au consulat, aucune ORDONNANCE n'avait expli-qué, décrit, dessiné les diverses parties du Petit équipement. — La DÉCISION DE L'AN DIX (4 BRUMAIRE) en donnait une incomplète et défectueuse description; des détails plus étendus ont été insérés dans un projet de règlement d'uniforme (1818, B) auquel, malheureusement, il ne fut pas donné suite. — La DÉCISION DE 1821 (8 DÉCEMBRE), adop-tant l'opinion émise dans le *Manuel de l'in-fanterie* (1807), regardait comme une partie du Petit équipement la PETITE MONTURE; l'ORDONNANCE DE 1823 (19 MARS) confirmait cette disposition nouvelle, et réglait le droit à une PREMIÈRE MISE de Petit équipement. — Plus tard, des TONNELETS ont fait partie du Petit équipement. — Nous avons offert quelques renseignements touchant le Petit équipement des MILICES ANGLAISE, ESPAGNOLE, PIÉMONTAISE, PRUSSIENNE, etc.

PETIT ÉQUIPEMENT D'ADJUDANT. V. ADJU-

DANT. V. ADJUDANT D'INFANTERIE FRANÇAISE N° 12.

PETIT ÉQUIPEMENT de CAPORAL. V. CAPORAL. V. CAPORAL D'INFANTERIE FRANÇAISE DE LIGNE N° 6. V. EFFET DE PETIT ÉQUIPEMENT DE C...

PETIT ÉQUIPEMENT de DÉCÉDÉ. V. DÉCÉDÉ. V. EFFET DE PETIT ÉQUIPEMENT DE DÉCÉDÉ.

PETIT ÉQUIPEMENT de DÉTENU. V. DÉTENU. V. EFFET DE PETIT ÉQUIPEMENT DE DÉTENU.

PETIT ÉQUIPEMENT de MAITRE OUVRIER. V. MAITRE OUVRIER N° 3.

PETIT ÉTAT-MAJOR. V. ADJUDANT DE SEMAINE N° 8. V. ADJUDANT DE SEMAINE EN ROUTE. V. ADJUDANT D'INFANTERIE FRANÇAISE DE LIGNE N° 13, 14, 16, 20. V. ADJUDANT-MAJOR D'INFANTERIE FRANÇAISE DE LIGNE N° 10, 12. V. ADMINISTRATION DE PETIT ÉTAT-MAJOR. V. ADMINISTRATION D'ÉTAT-MAJOR DE CORPS. V. AIDE-MAJOR ANCIEN. V. APPEL DE PETIT ÉTAT-MAJOR. V. ARGENT D'ENVOI AU PETIT ÉTAT-MAJOR. V. ARMURIER DE CORPS N° 1. V. BATAILLON D'INFANTERIE FRANÇAISE DE LIGNE N° 2. V. BILLET DE LOGEMENT DE PETIT ÉTAT-MAJOR. V. BILLET DE LOGEMENT DE TAMBOUR EN ROUTE. V. BON DE SUBSISTANCE DE PETIT ÉTAT-MAJOR. V. CHEF DE MUSIQUE. V. CHEF DE POSTE DE POLICE EN ROUTE. V. CHIRURGIEN-MAJOR DE CORPS N° 9. V. CONDUCTEUR DE BÊTE DE SOMME. V. ÉPÉE DE SOUS-OFFICIER. V. ÉTAT-MAJOR. V. ÉTAT-MAJOR DE CORPS; id. N° 2, 3. V. ÉTAT QUATRIDIAIRE D'ÉTAT-MAJOR. V. FACTEUR. V. FEUILLE D'APPEL D'ÉTAT-MAJOR. V. FEUILLE DE JOURNÉES D'ÉTAT-MAJOR. V. HOMME DE TROUPE; id. N° 1. V. INSPECTION DE PETIT ÉTAT-MAJOR. V. LOGEMENT DE PETIT ÉTAT-MAJOR. V. MAITRE OUVRIER. V. MASSE DE CHAUFFAGE. V. MASSE DE LINGE ET CHAUSSURE. V. MILICE DANOISE N° 1. V. MILICE WURTEMBERGEOISE N° 1. V. MUSICIEN N° 2, 4. V. POMPON. V. PRÊT DE PETIT ÉTAT-MAJOR. V. REVUE SUR LE TERRAIN. V. SOLDE DE PETIT ÉTAT-MAJOR. V. SOUS-OFFICIER N° 5. V. SUBSISTANCE DE PETIT ÉTAT-MAJOR. V. TAMBOUR-MAJOR.

PETIT FOURNEAU. V. FOURNEAU. V. FOURNEAU DE CUISINE.

PETIT FOURRAGE. V. FOURRAGE. V. FOURRAGE ARMÉ.

PETIT HOPITAL. V. AMBULANCE. V. HOPITAL. V. SIÉGE OFFENSIF.

PETIT MANIEMENT D'ARMES. V. MANIEMENT D'ARMES.

PETIT MANIPULE. V. MANIPULE; id. N° 4, 5.

PETIT MANTEAU D'OFFICIER. V. HABILLEMENT. V. OFFICIER. V. OFFICIER D'INFANTERIE FRANÇAISE N° 2. V. MANTEAU D'HABILLEMENT. V. MANTEAU D'OFFICIER. V. PETIT COLLET.

PETIT NÉCESSAIRE D'ARMES. V. BOITE A TOURNEVIS. V. NÉCESSAIRE D'ARMES.

PETIT OFFICIER. V. COMPAGNIE D'ORDONNANCE N° 2. V. OFFICIER.

PETIT PARC. V. PARC. V. PARC DE SIÉGE. V. PLACE D'ARMES DE SIÉGE. V. PREMIÈRE PARALLÈLE.

PETIT PAS (G, 6), ou PIÉTINEMENT, comme le disent LACHESNAIE (1758, 1) et PUYSÉGUR (1748, C). PAS CADENCÉ qui a été imité de l'ARMÉE PRUSSIENNE; elle se servait d'un pas de six pouces, ainsi que du PAS DE PELOTON, dans l'exécution des FEUX EN AVANÇANT. L'ORDONNANCE française DE 1755 (6 MAI) prescrivait l'usage d'un Petit pas, ou plutôt d'un DEMI-PAS; sa MESURE était d'un pied; sa CADENCE était d'une seconde. L'ORDONNANCE DE 1764 (20 MARS) le maintenait comme devant servir à la MARCHE EN BATAILLE; celle DE 1769 (25 AVRIL) l'employait dans l'exécution des FEUX EN MARCHANT. — L'ORDONNANCE DE 1774 (11 JUIN) et celle DE 1776 (1er JUIN) en maintenaient l'emploi. — GUIBERT (1773, E) proposait de supprimer le Petit pas; il fut en effet aboli nominalement dans le RÈGLEMENT DE 1791 (1er AOUT), mais y fut conservé de fait, puisqu'il était pratiqué, en certaines circonstances, par les hommes placés à une AILE PIVOTANTE, qu'il constituait le pas en arrière, etc. — Le PIÉTINEMENT, ou Petit pas à jarrets tendus de l'HOMME DE PIED, est le moyen d'arriver sur la BASE D'ALIGNEMENT. Ce PIÉTINEMENT commence à six pouces de cette BASE. — On peut consulter à l'égard du Petit pas : BARDIN (1807, D), DUBOUSQUET, LACHESNAIE (1758, I, au mot *Exercice*), LEBLOND (1758, B).

PETIT PIED DE GUERRE. V. COMPAGNIE D'INFANTERIE FRANÇAISE DE LIGNE N° 4. V. PIED DE GUERRE.

PETIT PIQUET DE TENTE. V. PIQUET DE TENTE.

PETIT POSTE. V. CHEF DE GARDE DESCENDANTE EN GARNISON. V. GARDE EN GARNISON. V. GRAND'GARDE DE CAVALERIE. V. POSTE, subs. masc. V. POSTE D'HOMMES DE GARDE. V. POSTE RETRANCHÉ. V. POSTE STRATEUMATIQUE. V. SERGENT D'INFANTERIE FRANÇAISE DE LIGNE N° 10.

PETIT QUARTIER DE GUÊTRE. V. GUÊTRE. V. QUARTIER DE GUÊTRES.

PETIT RESSORT. V. RESSORT. V. RESSORT DE GACHETTE.

PETIT SEUIL DE BARAQUE (E, 1; G, 4). SABLIÈRE régnant le long des petits côtés de la BARAQUE, joignant, à angle droit, les GRANDS SEUILS, et se liant au POTEAU CORNIER. L'un des deux Petits seuils est disposé pour le jeu de la PORTE.

PETIT TAMBOUR. V. TAMBOUR. V. TAMBOUR DE TROUPE. V. TAMBOUR INSTRUMENTAL.

PETIT UNIFORME. V. BUFFLE DÉFENSIF. V.

GÉNÉRAL FRANÇAIS N° 3. V. HABIT DE P... V. MARÉCHAL DE FRANCE N° 5. V. PANTALON DE P... V. UNIFORME.

PETIT VIEUX. V. PETITS VIEUX.

PETITE ARBALÈTE. V. ARBALÈTE. V. CRANEQUIN. V. GUINDARD. V. INFANTERIE FRANÇAISE N° 2.

PETITE ARME. V. ARME. V. ARME A FEU. V. BAIONNETTE DE FUSIL. V. FUSIL D'INFANTERIE. V. GARDE DE PARIS. V. GRENADE A MAIN. V. INFANTERIE N° 8. V. INFANTERIE LÉGÈRE N° 6. V. PORTÉE DE FUSIL. V. SAPE VOLANTE.

PETITE (petites) ARMES A FEU. V. A FEU. V. ARME A FEU. V. ARME A FEU PORTATIVE. V. ARME MATÉRIELLE. V. ARMURE. V. ARTILLERIE D'ARMEMENT. V. BALISTIQUE. V. CANONNIÈRE DE REMPART. V. CARTOUCHE A FUSIL. V. CHASSE-NOIX. V. CRÉNEAU. V. DÉCHARGE D'ARME PYROBALISTIQUE. V. ÉCOLE DE MARS N° 3. V. EMBOUCHOIR. V. EMBRASURE. V. GIBECIÈRE. V. GLAIS. V. HAUSSE-COL. V. HONNEURS FUNÈBRES. V. INFANTERIE FRANÇAISE N° 7, 8. V. LAVOIR. V. LIGNE DE BATAILLE. V. MEURTRIÈRE. V. MILICE FRANÇAISE N° 4. V. MOUSQUET. V. MOUSQUETAIRE A PIED N° 1. V. ORDRE DE BATAILLE. V. PIERRE A FEU. V. PIÉTON. V. PIQUE. V. POUDRE A FEU. V. RANGS D'INFANTERIE. V. TIR D'INFANTERIE.

PETITE AVANT-GARDE. V. APPEL AU DÉPART DE GARNISON. V. AVANT-GARDE DE CORPS EN ROUTE. V. BATAILLON EN ROUTE. V. COLONEL EN ROUTE. V. GARDE DE POLICE EN ROUTE. V. GITE.

PETITE BAGUETTE DE CARABINE. V. BAGUETTE DE CARABINE. V. CARABINE. V. POUSSE-BALLE.

PETITE BALISTE. V. BALISTE. V. MANUBALISTE. V. SCORPION NÉVROBALISTIQUE.

PETITE BRANCHE DE GRAND RESSORT. V. BRANCHE DE GRAND RESSORT. V. GRAND RESSORT DE PLATINE.

PETITE BRANCHE DE RESSORT. V. BRANCHE DE RESSORT. V. RESSORT DE GACHETTE.

PETITE BUCCINE. V. BUCCINE.

PETITE CLARINETTE. V. CLARINETTE. V. INSTRUMENT DE MUSIQUE MILITAIRE.

PETITE CORNE. V. CORNE. V. CORNE DE FORTIFICATION.

PETITE ENTURE. V. ENTURE.

PETITE FLUTE. V. FLUTE. V. OCTAVIN.

PETITE FRANGE. V. FRANGE. V. GRAINE D'ÉPINARDS.

PETITE GARDE (F). Troupe d'archers de corps qui faisaient partie de la MAISON DU ROI. Il en existait une COMPAGNIE sous LOUIS ONZE ; elle avait été formée en 1473 ou 1474, ou, suivant d'autres opinions, en 1477. Elle s'appelait ainsi, par opposition à la COMPAGNIE DE GENTILSHOMMES AU BEC DE CORBIN, qu'on appelait grand'garde. Une seconde COMPAGNIE D'ARCHERS fut mise sur pied en 1479 ; quelques ARBALÉTRIERS A CHEVAL furent attachés, en 1491, à cette TROUPE qui a été la souche des GARDES DU CORPS.

PETITE GENDARMERIE. V. GENDARMERIE. V. GENDARMERIE DE LA MAISON. V. GENDARMERIE DE LUNÉVILLE. V. GENDARMERIE DU MOYEN AGE. V. GARNISON. V. MAISON DU ROI N° 2.

PETITE GOUTTIÈRE. V. ARÊTE DE LAME DE BAIONNETTE. V. GOUTTIÈRE DE LAME DE BAIONNETTE.

PETITE GUERRE (H, 2). Branche, éventualité, ou diminutif de la GUERRE EN RASE CAMPAGNE. C'est la guerre pratique en petit ; c'est la GUERILLA des ESPAGNOLS ; c'est le triomphe des RUSES et l'art de l'OFFICIER DE TROUPES LÉGÈRES, qu'on appelait jadis PARTISAN. Mais depuis l'institution des CAMPS de la MILICE PRUSSIENNE, qui mirent en vogue le terme, on appelle aussi Petite guerre, un simulacre de MANOEUVRES, une SCIAMACHIE, une représentation d'une ACTION DE GUERRE. Tels avaient été les COMBATS A PLAISANCE ; tels sont les répétitions ou les EXERCICES des CAMPS D'INSTRUCTION, telle est la simulation d'une ATTAQUE DE PLACE. — La TACTIQUE de la MILICE GRECQUE ne se prêtait pas à la Petite guerre pratique ; les ROMAINS la faisaient peu ; leur CAVALERIE, faible en nombre et peu aventureuse, était inséparable des LÉGIONS ; mais la Petite guerre considérée comme une étude ou un amusement ne leur était pas inconnue. SUÉTONE rapporte qu'à une des fêtes du cirque, donnée par César, on enleva les bornes de la LICE pour y donner, avec plus de facilité, la représentation d'un COMBAT où chaque parti se composait de cinq cents HOMMES DE PIED, de trois cents CAVALIERS et de vingt ÉLÉPHANTS. Ce même ÉCRIVAIN parle aussi des Petites guerres que faisait représenter DOMITIEN. — Occupons-nous de la Petite guerre sous le point de vue sérieux. — Dans des lieux accidentés, montagneux, coupés, l'INFANTERIE LÉGÈRE, conduite par de bons OFFICIERS, y peut suffire ; mais des TERRAINS ouverts veulent des PARTIS de chevaux. Ce genre d'opération est le rôle principal des HUSSARDS et de la CAVALERIE LÉGÈRE, appuyés, au besoin, d'ARTILLERIE VOLANTE. — La Petite guerre est regardée comme la véritable école des OFFICIERS de toutes ARMES ; elle appartient à presque tous les lieux ; elle est de tous les instants ; elle INQUIÈTE, HARCÈLE l'ENNEMI, le TIENT EN ÉCHEC, l'accable d'insomnies, le désole par l'ATTAQUE de ses CONVOIS et l'ENLÈVEMENT de ses BAGAGES, de ses GARDES ; elle ne lui permet ni de se disséminer, ni de quitter les armes; elle l'oblige à ne voyager que par détachement, à ne marcher que par masses, à ne vivre que rassemblé, et à dévorer, en peu de temps, les subsistances de la plus fertile contrée. — La conduite de la Petite guerre exige de celui qui y commande un grand talent naturel, une sagacité de tous les instants, une activité infatigable, cet esprit d'à-propos qui se crée mille ressources, et devine tous les stratagèmes, cette fermeté de résolution qu'aucun obstacle ne rebute. — Les auteurs qui se sont occupés des règles de la tactique, des ruses de la Petite guerre, sont : Bollstern, Brenkenhof, Daurigné, Decker (1827), Delacroix (1759), Delanoue, Dubellay (Mémoires de), Duchesne, Dupain (1783, F), Encyclopédie (1751, C ; id., au mot *Parti*), Ewald, Fleuranges, Frédéric deux (1761, G ; 1810, B ; 1778, N), Grand-Maison (1756), Greven, Gugy (1782, K), Holleben, Henri quatre (journal de), Jacquinot, Jeney (1759), Jomini, Klein, Lachesnaie (1758, I, au mot *Rompre*), Laroche (1770, L), M. le général Laroche-Aymon (1817), Lemierre, Lindenau (A. de), Montluc (1592, B), Potier (1779, X, au mot *Guerre*), Rumpf (1824, F), Schels, Sionville (1756, E), Turpin (1757, K), Urbain, Valentini, Vernier (1775), Wust.

PETITE guêtre. v. guêtre. v. pantalon.

PETITE mérie. v. dronge. v. mérie.

PETITE monture (B, 1). Le mot monture a la même étymologie que le mot montant. Il n'a jamais été employé, au mépris de la logique, que diminutivement, puisqu'il n'y a pas de grande monture. C'est un des termes sur lesquels la langue militaire s'est montrée peu d'accord avec elle-même. — Au temps de Saint-Germain, époque où l'administration commençait à descendre dans ce genre de détails, comme le témoignent l'ordonnance de 1776 (25 mars) et l'Encyclopédie (1785, C, Supplément, au mot *Magasin*), on appelait Petite monture ce que, plus tard, on a appelé linge et chaussure d'abord, petit équipement ensuite. Les anciennes ordonnances et celle de 1788 (1er juillet) voulaient que chaque caporal d'escouade, que chaque sergent, tinssent un état de la Petite monture des hommes de troupe sous leurs ordres ; c'est une mesure impraticable. — Longtemps effacé des ordonnances et reproduit dans Bardin (1807, D), le terme Petite monture a reparu dans la décision de 1821 (8 décembre) sous une acception nouvelle ; il y formait la moindre moitié du petit équipement ; il y donnait idée de l'en-

semble des effets au compte de la masse de linge et chaussure, dont une partie compose la trousse, et qui consistaient en ce qui suit : aiguilles a coudre, alène, boite a graisse, brosse a cuivre, brosse a habit, brosse duoble a souliers, dé a coudre, mouchoir, paire de ciseaux, patience, peigne a décrasser, pelote de fil blanc, pelote de fil noir, pierre a feu, trousse en cuir. — L'instruction de 1824 (1er mars) y ajoutait la boite a tournevis.

PETITE musique (F). Ensemble des instrumentistes qui sont en sus de la musique d'état-major. On nommait Petite musique, par opposition aux instruments d'harmonie, les triangles, les fifres, et ceux qui jouaient par routine, etc.

PETITE patelette. v. bordure de sac. v. contre-sanglon. v. patelette.

PETITE paye. v. archer a cheval. v. paye.

PETITE phalange. v. abduction en bataille. v. agrégation administrative. v. arquebusier a pied. v. bataillon d'infanterie. v. compagnie colonelle. v. diphalangarchie. v. échiquier tactique. v. mérarchie. v. mérarque. v. milice grecque n° 2, 6. v. oplite. v. ordre de bataille. v. phalange. v. phalange grecque. v. phalange simple.

PETITE pièce. v. commandant de place n° 11. v. épingard. v. espingole. v. faucon. v. fauconneau. v. orgue a feu. v. pièce. v. pièce d'artillerie. v. pierrier.

PETITE pièce de giberne. v. giberne. v. pièce de giberne.

PETITE place. v. fort, subs. masc. v. place.

PETITE reconnaissance. v. parti de guerre. v. reconnaissance. v. reconnaissance en campagne.

PETITE redoute. v. redoute. v. redoute permanente.

PETITE réparation. v. réparation. v. habillement.

PETITE réserve. v. avant-garde d'armée. v. réserve.

PETITE rue de camp. v. camp. v. rue de camp.

PETITE sortie. v. place d'armes rentrante. v. sortie. v. sortie d'assiégés.

PETITE taille. v. bande de banderole de giberne. v. taille. v. soulier.

PETITE tenaille. v. tenaille.

PETITE tenue. v. baudrier de tambour-major. v. bonnet de police. v. capitaine de semaine. v. caporal d'ordinaire n° 1. v. ceinturon d'officier particulier. v. coiffure de

PETITE TENUE. V. CONSEIL D'ENQUÊTE. V. EFFET D'UNIFORME. V. GÉNÉRAL FRANÇAIS Nº 3. V. GRANDE TENUE. V. OFFICIER DE CAVALERIE Nº 2. V. OFFICIER DE SANTÉ. V. OFFICIER FRANÇAIS Nº 7. V. PANTALON DE PETITE TENUE. V. PANTALON DEMI-COLLANT. V. REDINGOTE D'OFFICIER. V. REVERS D'HABIT. V. SCHAKO D'INFANTERIE. V. SERGENT D'INFANTERIE FRANÇAISE DE LIGNE Nº 4. V. TAMBOUR-MAJOR Nº 4. V. TENUE.

PETITE TORSADE. V. A PETITES TORSADES. V. ÉPAULETTE D'OFFICIER PARTICULIER. V. GARDE DU DIRECTOIRE. V. GARDE IMPÉRIALE Nº 4. V. GARDE ROYALE Nº 3. V. GRAINE D'ÉPINARDS. V. INGÉNIEUR GÉOGRAPHE Nº 3. V. TORSADE.

PETITE VIS. V. CONTRE-PLATINE. V. VIS.

PETITOT. V. NOMS PROPRES.

PETITS SUISSES. V. INFANTERIE FRANCO-SUISSE Nº 2. V. SUISSE.

PETITS VIEUX (F). Nom qu'on donnait, sous LOUIS TREIZE et sous LOUIS QUATORZE, aux RÉGIMENTS D'INFANTERIE française qui n'étaient censés que de seconde création et qui, suivant la *Sentinelle de l'Armée* (1855, 20 août), avaient été créés en 1606 par HENRI QUATRE. — Suivant d'autres opinions, ils ne l'ont au contraire été qu'en 1640. — Les Petits vieux étaient primés par les VIEILLES BANDES, ou les VIEUX CORPS regardés comme de première création. Suivant GUILLET (1686, B) et GUIGNARD (1725, B), il y avait six Petits vieux; il n'y en avait que cinq suivant DANIEL (1721, A); ils portaient le nom de leur COLONEL, ou d'une province, et avaient un PRÉVÔT comparable aux anciens PRÉVÔTS DES BANDES. GUIGNARD les appelait : Richelieu, Bourbonnais, Auvergne, Talard, Pons, RÉGIMENT DU ROI. — Dans les cas de LICENCIEMENT, les Petits vieux étaient conservés préférablement aux CORPS plus jeunes, qu'en langage soldatesque on appelait BATARDS. — En 1647, les Petits vieux étaient autorisés à décliner l'autorité des SERGENTS DE BATAILLE. — L'époque de la formation des Petits vieux étant peu certaine, un ORDRE du roi, DE 1648 (11 AVRIL), décidait que, *jusqu'à ce qu'ils eussent prouvé leur ancienneté, le régiment de Persan marcherait avant eux.* — On peut, à l'égard des Petits vieux corps, consulter GUIGNARD (1725, B), GUILLET 1686, B, au mot *Infanterie*), MANESSON (1685, B, t. III, p. 16).

PÉTREAUL (pétreaulx), subs. masc. v. PERRIER. V. PIERRIER.

PÉTRINAL (pétrinals, pétrinaux), subs. masc. (F), OU POICTRINAL, OU POITRINAL. Le premier de ces mots dérive du substantif pétrine, qui, dans la LANGUE FRANÇAISE, était le nom primitif de la poitrine. Ainsi il viendrait, suivant NICOT, de l'usage où l'on était d'appuyer cette ARME sur la poitrine, ou de POITRINER à l'instant du TIR. MAROLLES est d'un avis différent; il pense qu'il vient de l'ESPAGNOL *pedernal*, caillou, pierre à feu, parce que les ESPAGNOLS appelaient *arcabuses de pedernal*, les ARQUEBUSES A ROUET; mais il y a à objecter que les premiers Pétrinals étaient à SERPENTIN. — Le Pétrinal était une ARME A FEU comparable à un gros et long PISTOLET, ou à une ARQUEBUSE courte; sa CROSSE était très-courbe; mais GHEYN (1608, A), dans son ouvrage sur la cavalerie, en fait voir au contraire la crosse presque droite et coupée carrément. — M. MEYER (Moritz) regarde les Pétrinals français comme en usage dès l'année 1512; c'étaient, dit-il, des ARMES PORTATIVES A FEU montées sur fût, dont le CANON avait trois pieds huit pouces et portait un BASSINET à MÈCHE. Le Pétrinal tenait, suivant FAUCHET, le milieu entre le PISTOLET et l'ARQUEBUSE; on commença à s'en servir, dit-il, de 1560 à 1570; il *avait un rouet plus fort et soudain* (plus vif), *et l'on croit que cette arme soit d'invention des bandouliers des Pyrénées.* — BOREL (Pierre) lui donne la même origine, et dit qu'elle se portait en BANDOULIÈRE. — C'était surtout une ARME de CAVALERIE LÉGÈRE, suivant M. MORITZ-MEYER; elle était en usage en ESPAGNE depuis 1480, et en FRANCE depuis 1542. Les FRANÇAIS la portaient, à pied, sur le dos, le CANON en dessus; on la portait à cheval dans une espèce de fonte ou de fourreau attaché à la SELLE, et on la tirait au moyen d'une FOURCHETTE longue à peu près comme le bras; on fixait cette fourchette sur le devant de la selle. — NICOT retrouve l'usage du Pétrinal au siége de ROUEN, en 1562; voici comme il le décrit : *une arquebuse plus courte que le mousquet, mais de plus gros calibre, qui, pour la pesanteur, est portée à un large baudrier pendant en écharpe, et couche* (se MET EN JOUE) *sur la poitrine de celui qui la porte quand il veut la tirer. Poitrinalier est l'homme qui porte le poitrinal et en combat.* — Si l'on en croit BRANTOME (1600, A), dont les assertions ne méritent pas confiance toutes, ce fut à lui qu'on dut cette innovation; il aurait inventé ce genre d'ARMES, parce que l'alourdissement qu'avaient reçu les ARQUEBUSES blessait (il appelle cela mouchait) ceux qui COUCHAIENT EN JOUE. Il dit : *Sans un honnête gentilhomme que je ne nommerai pas, de peur de me glorifier, qui trouva la façon à coucher* (VISER OU POINTER) *contre l'estomac*, etc. Il dit, en parlant de la blessure du duc de GUISE : qu'un soldat fuyant, qu'il poursuivait, *lui donna le coup par le plus grand hasard qui fut jamais, en tournant son poitrinal ou escopette par derrière.* — Lors d'une revue ou MONSTRE de la Ligue que le journaliste LESTOILE (1590, 5 juin) appelle ironiquement l'*Eglise militante, plusieurs (moines) portoient des casques, des corselets et des Pétrinals.* — Le Pétrinal de l'INFANTERIE était plus court, mais d'un plus fort calibre que le MOUSQUET. Le POITRINALIER le TIRAIT en l'appuyant sur la poitrine ; à cet effet, sa BANDOULIÈRE était garnie d'un COUSSINET pour rendre moins sensible le recul ou le contre-coup. — Suivant M. le général COTTY (1822, A), le Pétrinal aurait été d'abord une ARME A BOUTE-FEU ; mais nous n'en avons retrouvé aucune preuve. — CARRÉ (1785, E) prétend que la supériorité des Pétrinaux fabriqués à Pistoie, en Italie, fit donner à ces armes le nom de PISTOLES. — On peut consulter, à l'égard du Pétrinal : BOREL (Pierre), BRANTOME (1600, A), CARRÉ (1783, E), M. le général COTTY (1822, A), DANIEL (1721, A), DESPAGNAC (1751, D), FAUCHET, GHEYN (1608, A), GOETZMAN (1777), NICOT, LACHESNAIE (1758, I), MAROLLES, POTIER (1779, X), et les ÉCRIVAINS qui ont traité du FUSIL.

PÉTROBOLE, adj. v. MACHINE PÉTRO-BOLE.

PÉTROBOLE. subs. fém. (F) Mot dérivé du GREC, et donnant idée d'une MACHINE de la MILICE BYSANTINE qui servait à lancer du roc, des PIERRES. — Les Pétroboles du MOYEN AGE s'appelaient PERRIERS.

PEUCHET. v. NOMS PROPRES.

PEUPLE, subs. masc. v. TRIBUN DU P...

PEX, subs. masc. v. ÉPIEU.

PÉZÉNAS. v. NOMS PROPRES.

PÉZÉSTRATÉGEE. v. INFANTERIE N° 5.

PEZRON ; PFAFF ; PFAU ; PFEFFINGER ; PFINGSTEN ; PFRETZCHER ; PFUEL. v. NOMS PROPRES.

PHALANGARCHIE, subs. fém. v. MILICE GRECQUE N° 2, 6. v. OPLITE. v. PHALANGE.

PHALANGARCHIE d'éléphants. v. ÉLÉPHANT. v. STYPHE. v. STRATÉGIE.

PHALANGARGIE, subs. fém. v. PHALANGE GRECQUE.

PHALANGARIE, subs. fém. v. PHALANGE GRECQUE.

PHALAGARQUE, subs. masc. v ARMÉE AGISSANTE N° 1. v. ÉLÉPHANT. v. GÉNÉRAL D'ARMÉE N° 2. v. MILICE GRECQUE N° 2. v. OFFICIER N° 2. v. PHALANGE GRECQUE. v. STRATÉGIE.

PHALANGE, subs. fém. v. AILE DE P...

v. BOUCHE DE P... v. CENTRE DE P... v. COMPLÉMENT DE P... v. DOUBLE P... v. ENSEIGNE DE P... v. FILE DE P... v. FRONT DE P... v. GRANDE P... v. INTERVALLE DE P... v. NOMBRIL DE P... v. PERTE DE P... v. PETITE P... v. PROFONDEUR DE P... v. QUEUE DE P... v. RANGS DE P... v. SECONDE LIGNE DE P... v. SUBDIVISION DE P... v. TACTIQUE DE P... v. TÊTE DE P...

PHALANGE { DE MAIN HUMAINE. / GRECQUE. { PHALANGE { AMPHISTOME. / ANTISTOME. / DOUBLÉE. / HÉTÉROSTOME. / HOMACOSTOME. }

PHALANGE (term. génér.), ou FALANGE, suivant GANEAU. Mot GREC et LATIN, *phalangia, phalanx,* signifiant grosse TROUPE, AGRÉGATION RÉGIMENTAIRE. Par analogie, le même nom aurait été donné aux articulations des DOIGTS. Phalange a produit l'adjectif PHALANGIQUE. — Le mot Phalange va être examiné comme PHALANGE BYSANTINE, — DE CHARS, — DE MAIN HUMAINE, — DÉCIMALE, — D'ÉLÉPHANTS, — DISTOME, — DROITE, — GRECQUE, — IMPLEXE, — OBLIQUE, — OBLONGUE, — PÉRISTOME, — SIPHOIDE, — TRANSVERSE.

PHALANGE AMPHISTOME (F) ou PÉRISTOME. Sorte de PHALANGE GRECQUE qui faisait face de tous côtés, ou de deux côtés, à ce qu'affirment BÉNETON (1741, A) et ROBINSON. L'ENCYCLOPÉDIE (1751, C) dit, au contraire, que c'était un ORDRE ROMPU par l'AILE droite et par l'AILE gauche. Cette définition est plus conforme à la description qu'ÉLIEN (70, A) en donne. BOUCHAUD (1757, G), traducteur de l'écrivain grec, dit que l'ÉVOLUTION qui produisait l'ordre amphistome (*amphi,* de chaque côté, *stoma,* bouche) consistait à faire faire quelques pas de côté aux deux AILES afin d'ouvrir le CENTRE ; chaque AILE exécutait ensuite un QUART DE CONVERSION en dehors. POLYEN (176, A) dit qu'AGÉSILAS remporta, par cette manœuvre, une victoire sur les THÉBAINS ; il paraît que ce fut en FAISANT DEMI-TOUR du côté du CENTRE entr'ouvert, dans lequel les THÉBAINS, cherchant à pénétrer, PRÉSENTÈRENT LE FLANC. — LÉON (900, A), décrit au contraire la Phalange amphistome, ainsi que le témoigne MAIZEROY (1771, A), comme étant celle qui, n'ayant pas de SECONDE LIGNE, FAISAIT FACE devant et derrière ; à cet effet, les huit derniers RANGS FAISAIENT DEMI-TOUR A DROITE, ou exécutaient une DEMI-CONVERSION ou un PÉRISPASME ; c'était un ORDRE A DEUX FRONTS. — DILLON représente cette Phalange comme résistant de deux côtés. — On peut conclure de ce que dit Maizeroy (1771, A, t. ii, p. 296) que, suivant les temps, l'ordre doublé amphistome a consisté à faire face à droite et à gauche par les ailes, ou en avant et en arrière par le demi-tour. Il est à supposer, mais sans que nous en ayons acquis de preuve, que l'une de ces évolutions était plutôt la Phalange amphistome ; l'autre, la phalange péristome ou antistome.

PHALANGE antistome (F). Sorte de phalange grecque (*antistomos*) que par erreur typographique M. Couatin appelle antistone. — L'épithète antistome vient de *anti*, opposé, et *stoma*, bouche. — L'Encyclopédie (1751, C) la définit : *à deux fronts par la tête et par la queue* ; ce serait, en ce cas, même manœuvre qu'une phalange doublée amphistome. — Robinson la dépeint comme disposée en largeur et s'engageant par les flancs. C'est une explication inintelligible. — Béneton (1741, A) et Jabro (1777, G) disent, au contraire, que c'était une Phalange ayant moins de front que de profondeur, une espèce de colonne d'infanterie. — Maizeroy (1771, A) affirme que c'était, ainsi que l'amphistome, ou la phalange distome ou à deux fronts, une Phalange coupée, dont les rangs étaient espacés de manière à pouvoir exécuter une conversion vers l'ennemi, s'il menaçait ses derrières ; telle était aussi la diphalangarchie antistome. — Elien (70, A) dit que, pour résister aux cavaliers des bords du Danube, aux amphippiens, ou hommes à deux chevaux, il faut user de la phalange amphistome, ou antistome, ce qui forme un carré oblong, divisé en deux lignes. Ce même auteur dit, qu'à Arbelles, l'armée d'Alexandre était en Phalange antistome. — Léon (900, A) a traité de la Phalange antistome sans éclairer la question. Une image de sa formation est figurée dans M. Liskenne (t. i, p. 512). — Le hérisson suisse fut une imitation de cette Phalange.

PHALANGE byzantine. V. byzantin, adj. V. doublement de files. V. milice byzantine.

PHALANGE de chars. V. char. V. char de guerre.

PHALANGE de main humaine (A, 1 ; C, 5). Sorte de phalange qui, suivant Furetière, s'est nommée ainsi par allusion aux parties jointives de la phalange grecque, et en regardant les doigts comme mis en bataille. — La perte de certaines Phalanges, telles que celle de l'index de la main droite, est un cas de réforme ; mais si cette perte est spontanée, la loi militaire punit sévèrement cette mutilation.

PHALANGE décimale. V. décimal. V. école de Mars. V. phalange grecque.

PHALANGE d'éléphants. V. éléphant.

PHALANGE distome. V. distome, adj. V. phalange antistome.

PHALANGE doublée (F). Sorte de phalange grecque qui était un ordre offensif ou défensif, si elle était amphistome ou péristome ; chacune de ses ailes marchait en colonne indirecte ou de biais, de manière à former un V, une tenaille, une bouche ouverte, pour se porter sur les flancs d'une Phalange ennemie ayant forme de plinthe ou de coin. La colonne doublée avait, en ce cas, les serre-files en dedans et les chefs de file en dehors. A l'instant de combattre, elle faisait front en dedans. La Phalange doublée antistome était un ordre défensif ; elle s'ouvrait si elle était insultée par une charge, et ses chefs de file, placés le long de l'espèce de rue qu'elle formait, faisaient front à l'ennemi s'il s'y engageait. — On peut, à l'égard des Phalanges doublées, consulter Elien (70, A) et l'Encyclopédie (1751, C).

PHALANGE droite. V. droit, adj. V. phalange grecque.

PHALANGE grecque (term. sous-génér.) Sorte de phalange ou de corps armé qu'il serait superflu de traiter à fond et de décrire à part de l'armée grecque ; car un examen complet serait ici un double emploi, puisque, pendant une phase mal connue et qui embrasse plusieurs siècles, la Phalange, dans diverses contrées de la Grèce, était le total de la milice du pays, ou sa stratégie. Homère, dans le cinquième livre de l'*Iliade*, le témoigne ; Quinte-Curce ne parle jamais qu'au singulier de la Phalange. Ce que nous en dirons ne sera donc qu'un bref supplément de ce qui a été exposé touchant la constitution et les exercices de l'antique milice des Hellènes. — D'abord, on appelait également *speira*, ou *taxis*, la Phalange, comme on eût dit : l'ordre par excellence. De ce mot *taxis* est dérivé le terme tactique. — César (51 av. J.-C.) appelle Phalange toute troupe rangée à peu près à la manière grecque, c'est-à-dire en un corps unique, massé, quadrangulaire, profond ; c'est en ce sens qu'il dit que les Suisses combattent en Phalange. D'autres écrivains ont dénommé caterve, l'ordonnance tactique, à peu près analogue, des Gaulois, des Germains, des Barbares. — Le mot Phalange, dont l'origine grecque est mal connue, est difficile à traduire, parce qu'il fut générique d'abord, et ne devint technique et spécial que sous Philippe, père d'Alexandre. Les uns dénomment Phalange, le seul ensemble des oplites ; ils appellent accessoires ou complément de la Phalange, ses peltastes, ses psilites, ses cavaliers ; d'autres appellent Phalange, une armée grecque et l'ensemble des phalangites, de la psilagie et des hommes de cheval. — Dillon appelle extraordinaires, ses officiers ou hommes hors rang ; il appelle *keras* ou corne, son aile droite, et *oura*, pied, ou queue, son aile gauche. — La Phalange, ou un ordre analogue, était connue de la milice égyptienne avant que la Grèce l'adoptât ; on a prétendu que plusieurs Phalanges égyptiennes, comparables à des bataillons carrés, se rangeaient en échiquier. C'est un fait douteux. — La Phalange condensée, et sans intervalles, était en usage chez les Asiatiques, les Carthaginois, les Gaulois ; elle fut l'ordre romain, jusqu'à l'invention de l'ordonnance des manipules. La cohorte redevint phalangique, après la corruption de la légion. — La Phalange était un parallélogramme en ligne pleine dont le front était l'un des grands côtés ; elle fut disposée, dans quelques contrées, sur dix rangs, après l'avoir été sur quarante aux temps que décrit Homère, et sur trente à Athènes. A cette Phalange décimale succéda celle de Philippe de Macédoine, qui fut organisée à seize rangs plus dilatés ; Lycurgue, Polyen (176, A), Xénophon (370 av. J.-C.) en rendent témoignage. — Recruter avec rapidité, rassembler méthodiquement et faire mouvoir le plus d'hommes possible sur le moindre terrain, rendre faciles les signaux et rapides les mouvements, caractériser nominalement la place, la localisation de chacun ; tels avaient été les problèmes que les inventeurs de la Phalange s'étaient proposé de résoudre : leur tactique répondait à la nature des guerres à soutenir contre les Perses, au milieu des plaines découvertes de l'Asie ; de là, la préférence donnée à l'ordre profond, ainsi que la grandeur des boucliers, la longueur des sarisses, l'importance attachée à la perfection de la discipline et à une rigoureuse immobilité. — Homère nous montre les Grecs serrés et en contiguïté les uns contre les autres ; mais en devenant plus tacticiens, ils reconnurent qu'ils se privaient, dans cet état de compression, d'une partie de leurs forces ; ils diminuèrent leur profondeur ; le carré plein ou le syntagme se changea en carré long ; ils espacèrent davantage, et suivant le besoin, leurs files ; chaque homme y occupa habituellement un terrain de deux mètres ou d'un mètre et demi, et en certaines circonstances, un terrain seulement de dix-huit pouces. Cette

dernière disposition était le synaspisme. — La Phalange, en se perfectionnant, eut en tête les emprostates, en arrière, les éristates, à droite et à gauche, les mérarques ; elle s'encadra des plus braves, s'entremêla des plus éprouvés, composa la moitié de ses files d'hommes d'élite ou de parastates qui, par comparaison aux milices modernes, répondaient au grade de nos officiers ou de nos sous-officiers. Très-peu de ces officiers étaient hors rang ; presque tous étaient officiers de rang. Ceux hors rang exerçaient, comme le remarque M. le colonel Carrion, un commandement alternatif, tel que celui que, dans les temps modernes, on a appelé service de jour. — On croit que pendant la guerre de Thèbes, qu'on pourrait appeler l'aurore de la vie militaire des Grecs, au lieu de combattre en Phalange, ils n'agissaient qu'en pentacosiarchie ; c'était un bataillon de cinq cents hommes environ. On suppose que, pendant la guerre de Troie, la petite phalange prit naissance ; elle était de quatre mille hommes environ ; elle n'avait ni cavalerie, sauf ses chars, ni accessoires ; c'était un corps d'infanterie pesante. — La Phalange de Philippe était de six à sept mille hommes, y compris les peltastes, les cavaliers, les psilites qu'il y ajouta ; elle était établie par rang d'ancienneté, ou d'élite, non par rang de taille ; il n'y était plus attaché de chars. Elle comprenait deux mérarchies d'oplites. On l'a appelée aussi phalangie, phalangarchie ; le phalangarque la commandait. — La Phalange d'Alexandre fut de treize mille hommes, ou plutôt une seconde Phalange devint l'accompagnement inséparable de l'autre ; de là, la distinction de petite et de grande phalange ; de là cette dicotomie, ou la bisection, dont parle Dillon. Cette grande Phalange à un seul intervalle se nommait aussi diphalangarchie ; le diphalangarque la commandait. Dans la guerre des Indes, un nouvel accroissement créa et plaça sous les ordres du tétraphalangarque, la tétraphalangarchie macédonienne, Phalange quadruple, à trois intervalles, ou ensemble de quatre petites phalanges et de seize chiliarchies d'oplites. De ces trois intervalles, deux étaient nommés bouches, *stoma* ; l'intervalle du milieu était appelé *omphalos*, nombril. L'une de ces quatre Phalanges était un corps privilégié ; tels étaient aussi les argyraspides. La cavalerie occupait l'une et l'autre aile ; les oplites étaient le double des peltastes ; ceux-ci étaient le double des psilites ; ces derniers et les cavaliers étaient en même nombre. Ainsi, l'épitagme de cavalerie, qu'Arrien (170, A) appelle le complément de la Phalange, était le huitième de l'ARMÉE. — Si l'étendue du FRONT de la Phalange avait varié, la PROFONDEUR ne varia pas moins. Elle a d'abord été de dix, et de quarante RANGS; car la Phalange homérique était décimale, comme le témoignent les mots DÉCURIE, PENTACONTARCHIE, HÉCATONTARCHIE et tant d'autres. La Phalange devint ensuite duodécimale ou arithmétiquement carrée : ainsi la DILOCHIE ou l'ÉNOMOTIE étaient de trente-deux HOMMES; la DIMOERIE, de huit. — Le minimum des RANGS de la Phalange a été de huit. Le maximum de la HAUTEUR, en Macédoine au temps de PHILIPPE, était de seize; en ce cas, le neuvième HOMME était CHEF DE DEMI-FILE OU ÉNOMARQUE. Cette hauteur de seize se réduisait à huit par le SYNCHESME. — Quelquefois les PELTASTES venaient former rangs intérieurs; cela s'appelait IMPOSITION. — La Phalange s'est quelquefois grossie d'une ÉPITAGME de PELTASTES pour former vingt-quatre RANGS; elle s'est quelquefois doublée en OPLITES pour former trente-deux RANGS; elle s'est quelquefois condensée par insertion, comme dit BOUCHAUD (1757, G), ou s'est couverte par PRÉPOSITION OU PROSTAXE, en postant en avant ses PELTASTES; ou bien elle s'ordonnait par POST-POSITION, ce qui était la MANOEUVRE inverse. Ainsi, au besoin, elle augmentait ou affaiblissait sa HAUTEUR, comme le fit CYRUS, à THYMBRÉE, et elle pouvait ou se donner une SECONDE LIGNE nommée ÉPITAXE, ou former les POTENCES nommées HYPOTAXE OU SUBJONCTION, ou renforcer une AILE ou les deux, par APPOSITION; elle se dilatait par PAREMBOLE. — Du reste, DIODORE DE SICILE et HÉRODOTE font connaître combien toutes ces proportions, toutes ces règles ont varié. — ÉLIEN (70, A) témoigne que les SUBDIVISIONS de la Phalange ne portaient pas une dénomination pareille dans tous les États GRECS. — XÉNOPHON (Cyropédie) mentionne le LOCHOS comme une TROUPE de vingt-cinq hommes, et, au contraire, le lochos de SPARTE égalait une MORA de deux mille hommes. Il y avait également une dissemblance marquée entre l'ÉNOMOTIE d'Athènes et celle de LACÉDÉMONE. — Examinons d'abord la PHALANGE comme ARMÉE primitive, comme devenant PETITE PHALANGE quand l'ARMÉE s'accrut, comme le quart de la TÉTRAPHALANGARCHIE quand l'ARMÉE s'accrut encore. — Le FRONT ou la PROTOLOGIE de la PETITE PHALANGE était de six cents pieds grecs. Ce pied ayant huit lignes de moins que le pied français, le FRONT ou l'ensemble des PROTOSTATES pouvait équivaloir à cent quatre-vingt-quatre mètres. — Les PSILITES ne composaient probablement que la moitié des Phalanges primitives. — Quand les PSILITES devinrent PELTASTES, ceux-ci, CORPS demi-

solide, se joignirent, sans distance ou avec une distance faible, en arrière de la Phalange, et l'épaissirent d'un tiers, ou bien ils en appuyèrent les AILES et en prolongèrent d'autant le FRONT. La SCIENCE du mélange des armes date de là. De nouveaux PSILITES furent créés dans la proportion du quart de la Phalange primitive, et sans avoir de poste absolument fixé; ils jouèrent l'ancien rôle des PELTASTES, en lançant leurs PROJECTILES directement sur l'ENNEMI, soit en se portant au loin en TIRAILLEURS, soit en tirant paraboliquement, par-dessus la tête des OPLITES et des PELTASTES. — Comparée aux usages modernes, la Phalange avait plus d'HOMMES DE TROUPE et moins d'OFFICIERS. — L'ARRANGEMENT de la Phalange était fondé sur un calcul tout géométrique; le système des nombres carrés se pliait, arithmétiquement, à toute décomposition; favorisait, tactiquement, les DOUBLEMENTS, la condensation, les développements. La connaissance des rapports mutuels entre deux SUBDIVISIONS de Phalange, suffisait pour évaluer les relations des huit SUBDIVISIONS de la PETITE PHALANGE ou de seize SUBDIVISIONS de la GRANDE. Il en résultait une simplification qui ne peut plus exister dans l'état actuel de la SCIENCE. Un simple capitaine GREC, prenant ce mot capitaine par allusion au sens moderne, devenait, au besoin, PHALANGARQUE OU STRATÈGE, c'est-à-dire général en chef, si celui-ci était tué. *Un jour de bataille*, dit GUISCHARDT (1758, H), *la perte des hommes ou le départ des détachements ne changeaient ni la forme ni la disposition de la Phalange; les subdivisions gardaient le même nombre de rangs et de files, elles se complétaient l'une par l'autre; les soldats trouvaient, partout, les mêmes rapports; la diminution ne retombait que sur le nombre des subdivisions retranchées.* — Mais, suivant l'observation judicieuse de MAIZEROY (1766, F), *la composition de la Phalange rapportée par les auteurs grecs, a été plus systématique que réelle.* — Des AUTEURS prétendent que la Phalange ne pouvait point pratiquer de CONVERSIONS, et que tous ses mouvements se bornaient à des MARCHES DE FLANC OU DE FRONT. Il est vrai que, le plus souvent, ses MARCHES-MANOEUVRES s'entreprenaient par le CENTRE, et que les AILES suivaient en COLONNE. Mais ÉLIEN (70, A) s'étend au contraire sur les conversions que la Phalange exécutait. En serrant les RANGS et les FILES, elle opérait des PÉRISPASMES et des ANTISTROPHES; au moyen de la CLISE ou mouvement par le flanc, par homme, elle exécutait la MÉTABOLE et les CONTRE-MARCHES, c'est-à-dire la transformation de la TÊTE en queue, ou l'inverse ; au moyen de marches par le flanc, par troupe, elle pratiquait la parembole. Elle ne se bornait pas au jeu de l'ordre parallèle ; elle exerçait le dédoublement et le doublement qui ont été si longtemps en usage chez les modernes ; ainsi le synaspisme qui doublait les rangs dédoublait les stiques. Elle incorporait, par eutaxe, ses armés a la légère. Son ordre en épagogue ou en plésion a donné l'idée de l'ordre en colonne de nos pères, et nos abductions en bataille rappellent les épagogues dont parle Xénophon. — M. le général Vaudoncourt (1825, D) pense *que la formation en colonne en avant se faisait en portant chaque section par le flanc sur le terrain qu'avait occupé la première. La colonne sur un flanc se faisait d'après les mêmes principes que nos colonnes par pelotons en arrière.* — Mais il est resté sur toutes ces questions d'art militaire des doutes qui seraient difficilement dissipés ; on a même contesté la possibilité de l'ordre en orbe et la possibilité de la triphalange dont parlent quelques historiens ; quant au coin, au triangle, au péphlegménon, on en explique la possibilité, en se rendant compte des mouvements de la phalange doublée, amphistome, etc. — Une habile sémantique appliquait, comme commandement de ces mouvements, le jeu des enseignes. — Folard (1753) et Zurlauben (1760, G) qui l'a recopié, prétendent que la tétraphalangarchie était une troupe de trois masses. Ce sont les seuls tacticiens qui aient avancé cette assertion que tous les renseignements contredisent. — La danse pyrrhique, dont nos pères avaient emprunté la danse de l'épée, était une des études accessoires, mais importantes, de la tactique de la Phalange. — Le parti que la Phalange tirait des instruments de musique, est une question mal éclaircie ; ils concouraient à transmettre les commandements, à précipiter la marche, à enflammer les courages. — Le rôle des hérauts était de donner aux enseignes les signaux que répétaient ceux-ci et qui mettaient en action la Phalange. — L'Encyclopédie (1751, C) appelle oblongue, Élien (70, A) appelle transverse, Praissac (1622, A) appelle plagion la Phalange qui a plus de front que de profondeur. Praissac (1622, A), appelle orthion, et le traducteur d'Élien (70, A), appelle droite, celle qui a plus de profondeur que de front. Cette dernière, suivant Maizeroy (1771, A), prenait ce nom quand elle marchait ou se tenait par le flanc ; c'était ainsi une colonne compacte. La phalange oblique était, dit-il, celle qui combattait en refusant une aile. Suivant

Dillon, la phalange transverse ou oblique, *phalanx plagia,* seraient même chose. — Tant que la Phalange restait dans son immobilité, elle était invincible ; mais la difficulté était de maintenir cette cohésion qui exigeait un terrain plat, étendu, non dominé, libre dans toutes ses communications. Bossuet (*Essai sur l'Histoire universelle*) l'a démontré ; Polybe (150 av. J.-C.) est son garant. L'un et l'autre vantent le raffinement du mécanisme de la Phalange macédonienne ; mais ils nous la montrent, ainsi que Tite Live, comme un gros corps qui ne pouvait se mouvoir que tout d'une pièce, et qui, par là, était inhabile aux stratagèmes. De là, la victoire célèbre remportée à Pydne contre Persée, par Paul Emile, dont les manipules et les légions s'accommodaient bien mieux à tous les terrains. — Les vices de la tactique grecque étaient de manquer de lignes combinées ; d'être peu propre aux marches rapides ; de masquer, par des escarmouches de cavalerie, les dispositions de l'infanterie pesante, d'où résultait que si cette cavalerie était ramenée, elle étonnait ou même ébranlait la Phalange. — La milice byzantine avait retenu une partie des formes et des termes de la Phalange ; les Suisses y avaient puisé les éléments de leur infanterie. La formation des francs archers de Charles sept, celle des Espagnols depuis Isabelle, celle des Hollandais, sous les Nassau, participaient du même système. — On peut regarder la bataille de Rocrox comme la dernière où l'ordre en Phalange ait été suivi. L'infanterie espagnole, détruite par Condé, y formait un gros et unique corps. — Arrien (110, A) a été regardé comme l'historien, Quinte-Curce comme le romancier, Polybe (150 av. J.-C.) comme le démonstrateur de la Phalange ; les renseignements les plus sûrs lui sont dus. Élien (70, A) a expliqué quelques détails de tactique ; Thucydide et Xénophon (570 av. J.-C.) sont mal d'accord dans les renseignements qu'on leur doit, parce que la force, la forme, le nombre des subdivisions de la Phalange ont varié, et que les cités diverses de la Grèce donnaient un sens différent à des termes pareils. — M. Carrion donne le dessin de la petite Phalange, accompagné de tous ses accessoires (t. i, p. 54). Rohan (1757), l'Encyclopédie (1751, C, pl. t. iii) et Praissac (1622, A) en offrent aussi les images, non sans quelques dissemblances entre elles. — On peut consulter sur le fond du sujet les écrivains mentionnés à l'article milice grecque, et particulièrement : Alfio-Grassi, Arrien (110, A), Audouin, Barthélemy, Biron (1559, A), Bouchaud, Carrion (1824, A),

Courtin (1823, E, au mot *Division*), Daniel (1721, A), Despagnac (1751, D), Delanoue (1514, A), Ducange, Élien (70, A), Encyclopédie (1751, C, aux mots *Marche, Guerre,* et aux pl. t. iii), Folard (1753), Frontin, Grassi (1815), Guischardt (1758), Jabro (1777, G), Jule Africain, Lachesnaie (1758, I), Lecouturier (1825, A), Léon (900, A), Lloyd (1801, B), Liskenne (t. i, p. 512, gravure, et 576, gravure), Louis onze (1480, A), Maizeroy (1766, F; 1767, E; 1771, A; 1775, A), Maubert (1762, F), Montécuculi (*Examen de la Phalange*), Onozandre, Pollux, Polybe (150 av. J.-C.), Polyen, Potier (1779, X), Praissac (1622, A), Robinson, M. le général Rogniat (1816, B), Rohan (1757, Q), Turpin (1785, O), Urbicius (500, A), Xénophon (370, A), le *Dictionnaire de la Conversation*. — La Phalange s'est distinguée, quant aux fonctions dont elle s'acquittait, ou à la tactique qui lui était propre, en phalange amphistome, — antistome, — doublée, — hétérostome, — homoeostome.

PHALANGE hétérostome (F). Sorte de phalange grecque portant en avant ses flancs, pivotant à son point milieu, et présentant deux colonnes indirectes ou non parallèles et diagonales, comme les branches d'un V, pour former tenaille ou péphlegménon. Élien (70, A) la dépeint comme ayant alternativement, par subdivisions, ses décurions sur un flanc et sur l'autre. Dillon en donne l'image. — L'épithète hétérostome venait, comme le témoigne Morin (J.-B.), de *heteros*, dissemblable ou de côté, et *stoma*, bouche. — L'ordre hétérostome s'est aussi appelé ordre a deux fronts.

PHALANGE homoeostome (F). Sorte de phalange grecque ainsi nommée parce qu'elle avait ses subdivisions de forme égale; c'était une marche par le flanc, une espèce de colonne d'attaque se portant sur l'ennemi en se rangeant en forme de plinthe. Élien (70, A) et Robinson décrivent, mais avec obscurité, cette évolution. L'Encyclopédie (1751, C) n'en offre pas un tableau plus satisfaisant; elle en donne une image dans le tome iii, page 36 des planches. Dillon l'appelle homoiostome au lieu de homœostome, et dérive l'étymologie de cette épithète de *homoios,* semblable, parce que c'était une phalange à fronts égaux.

PHALANGE implexe. V. phalange grecque. V. scie tactique.

PHALANGE oblique. V. oblique, adj. V. phalange grecque.

PHALANGE oblongue. V. oblong, adj. V. phalange grecque. V. prince de légion romaine.

PHALANGE péristome. V. péristome, adj. v. phalange amphistome. V. phalange grecque.

PHALANGE siphoide. V. milice grecque n° 6. V. siphoide.

PHALANGE transverse. V. phalange grecque. V. transverse.

PHALANGIE, subs. fém. v. milice grecque n° 2. V. phalange grecque.

PHALANGIQUE, adj. v. cohorte p... v. contre-marche p... v. légion p... v. phalange grecque.

PHALANGITE, subs. masc. v. clise. v. eutaxe. v. feu hypoclastique. v. manipule n° 1. v. milice romaine n° 2. v. oplite. v. ordre serré. v. parastate. v. phalange grecque. v. protaxe. v. protostase. v. sarisse. v. soldat. v. synaspisme. v. tactique, subs.

PHALARIQUE, subs. fém. v. falarique.

PHALÈRE, subs. fém. (F). Mot tout latin, *phalera,* que M. Liskenne emploie comme synonyme d'anneau de chevalier. Les Romains connaissaient sous ce nom, et sous celui d'*armillæ* et de *torques,* des ornements dont on surmontait les casques et dont on parait aussi la tête des chevaux. Julien, salué empereur, n'ayant pas sous la main un diadème, se couronna d'une Phalère de cheval. — Des écrivains ont supposé que les Phalères étaient des aigrettes. Juste Lipse (1598, A) et Gaigne (1801, C) regardent les Phalères comme des colliers; celles dont il est question dans Virgile semblent comparables aux colliers des ordres de chevalerie portés en sautoir. Jabro (1777, G) pense que les insignes modernes auraient été une imitation des antiques Phalères. — Dans l'histoire romaine, il est maintes fois question de Phalères de chevaux qui constituaient une part de butin des troupes. Monchablon a fait une dissertation sur ce sujet; mais les opinions ne sont pas moins partagées sur la forme des Phalères que sur leur usage, et nous nous garderons de prononcer. Le comte de Caylus a démontré combien il faut se garder de système absolu en fait d'antiquité.

PHALÉRIQUE, subs. fém. v. falarique.

PHALLANGARQUE, subs. masc. v. éléphant.

PHANON. v. fanion. v. langue latine. v. pennon.

PHARMACIE, subs. fém. v. caisse de pharmacie. V. chirurgien-major d'infante-

RIE N° 3. v. DIVISION DE PHARMACIE. v. FA-
BRICE. v. MILICE TURCO-ÉGYPTIENNE N° 2. v.
PIDERIDT. v. PHARMACIEN. v. SERVICE DE SANTÉ.
v. WOLTER.

PHARMACIEN, subs. masc. (A, 1). Ce
mot dérive du substantif pharmacie, provenu du GREC *pharmakon*, remède. Il a
rapport ici à la COMPOSITION de l'ARMÉE FRAN-
ÇAISE, au SERVICE DE SANTÉ, aux HOPITAUX MI-
LITAIRES, à l'HOTEL DES INVALIDES. En 1834,
les OFFICIERS DE SANTÉ de cette catégorie consistaient en un Pharmacien inspecteur, huit
Pharmaciens principaux, trente Pharmaciens majors, vingt et un Pharmaciens majors commissionnés, trente. Pharmaciens
aides-majors, quarante Pharmaciens aides-
majors commissionnés, soixante-deux Pharmaciens sous-aides-majors, quatre-vingt-
quatorze Pharmaciens sous-aides-majors
commissionnés. — Un Pharmacien, un CHI-
RURGIEN, etc., faisaient partie du CONSEIL DE
SANTÉ. — Le RAPPORT du ministre AU ROI,
EN 1831 (18 MARS), témoigne qu'il existait
douze DIVISIONS DE PHARMACIE.

PHARSALE. v. NOMS PROPRES.

PHÉCY, subs. masc. (B, 1), ou FÉZI.
Mot ARABE qui, depuis l'occupation d'AL-
GER, sert de nom au petit schako, ou CA-
LOTTE garance qui a été donnée, en imitation
de la calotte rouge des TURCS, aux CHASSEURS
D'AFRIQUE par l'ORDONNANCE DE 1832 (26
JANVIER).

PHÉNICIEN. v. NOMS PROPRES.

PHÉNON. v. FANION. v. PENNON.

PHIÉ, subs. masc. v. FIEF.

PHIFRE, subs. masc. v. FIFRE.

**PHILHELLÈNE; PHILIPPE; PHI-
LON; PHILOPÉMEN.** v. NOMS PROPRES.

PHILOSOPHIE de la GUERRE. v. CHAM-
BRAY. v. GUERRE. v. IMBERT. v. LLOYD (1801,
B). v. LOGISTIQUE. v. MORARDO.

PHILOSOPHIQUE, adj. v. THÉORIE
P...

PHIPP; PHOCAS. v. NOMS PROPRES.

PHRASE d'ÉPÉE. v. ÉPÉE. v. JEU D'ES-
CRIME.

PHTHEGMATIQUE. v. COMMANDEMENT
VOCAL.

PHTHISIE. v. ÉTISIE.

PHYLACTIQUE, adj. et subs. fém. v.
SERVICE PHYLACTIQUE.

PHYLARIE, subs. fém. v. CASERNE.

PHYLAQUE, subs. masc. (F). Mot traduit du GREC *fularches* ou *foularchos*, en
latin *phularcus*, chef d'une tribu, ou OF-
FICIER GREC. L'ENCYCLOPÉDIE (1751, C) té-

moigne que ce mot, d'abord civil, exprima
ensuite une dignité dans la MILICE GRECQUE.
POLLUX, ROBINSON, XÉNOPHON en témoignent.
— Dans la MILICE BYSANTINE, le Phylarque
était un GÉNÉRAL ou un OFFICIER de la CAVA-
LERIE des alliés.

PIC, subs. masc. (term. génér.). Mot
qui, suivant GÉBELIN, dérive du CELTIQUE dans
un cas et du LATIN dans l'autre. Il se distingue en PIC GÉOLOGIQUE et en PIC-HOYAU.

PIC de HACHE, ou TOUYÈRE. v. HACHE. v.
HACHE D'ABORDAGE. v. HACHE D'ARMEMENT. v.
HEAUME.

PIC GÉOLOGIQUE (C, 7). Sorte de PIC qui
est la partie culminante d'une CHAINE de
MONTAGNES. FURETIÈRE dérive ce mot de l'ES-
PAGNOL *pico*. C'est un ACCIDENT qui s'élève
en forme conique, soit comme un MONT au-
dessus d'une PLAINE qu'il domine, soit parmi
d'autres MONTAGNES qui en sont comme les
gradins. Les Pics plus élancés prennent le
nom d'AIGUILLES GÉOLOGIQUES, d'AIGUILLETTES
ou de DENTS GÉOLOGIQUES. — Il y a des Pics
tronqués qui ont pour racine un PLATEAU.

PICAINE. v. NOMS PROPRES.

PICAIRE, subs. masc. v. PIQUIER.

PICARDIE; PICHEGRU; PICHT.
v. NOMS PROPRES.

PIC-HOYAU (B, 1). Sorte de PIC ou de RIO-
CHE qui, d'un côté, a un cuilleron tranchant;
de l'autre, une pointe et un Pic. Cet OUTIL
diffère d'une hache à Pic, en ce que sa lame,
au lieu d'être destinée à fendre, est destinée
à creuser la terre; il était à l'usage des OU-
VRIERS jadis nommés PICTEURS. — Le Pic-
hoyau est au nombre des OUTILS DE CAMPAGNE
qui ont fait partie des effets de l'INFANTERIE
FRANÇAISE. BONAPARTE eut même l'intention
de le donner aux HOMMES DU TROUPE des COM-
PAGNIES DE GRENADIERS en place de BRIQUET.
— GASSENDI peut-être consulté à l'égard des
Pics-hoyaux.

PICHNOSIE, subs. fém. v. MILICE GREC-
QUE N° 6.

PICQUE, subs. fém. v. PIQUE.

PICQUENAIRE, subs. masc. v. PIQUIER.
v. PROSTAXE. v. SUPPLICE.

PICQUIER. v. PIQUIER.

PICTET. v. NOMS PROPRES.

PICTEUR, subs. masc. v. OUVRIER D'AR-
MÉE. v. PIC-HOYAU.

PIDÉRIDT. v. NOMS PROPRES.

PIE, subs. fém. v. NID DE PIE.

PIÈCE, subs. fém. v. AME DE P... v.
ARMÉ DE TOUTES P... v. DÉMONTER LES P... v.
EN PIÈCES. v. FLAMBER UNE P... v. HAUTE P...
v. MANOEUVRER UNE P... v. PETITE P... v.
TOUTES PIÈCES.

PIÈCE { D'ARMES. / D'ARTILLERIE. / DE BOITE DE GIBERNE. } PIÈCE { A BOITE. / DE BRONZE. / DE CAMPAGNE. } PIÈCE { DE BATAILLE. }

PIÈCE (term. génér.). Mot dérivé, suivant MÉNAGE, du LATIN *pecia, pessia, pitaccium.* Il se distingue en PIÈCE A BOITE, — A BRANCARD, — A CHARGE, — A CORNE, — A COURONNE, — A DÉCHARGE, — A FEU, — A LA SUÉDOISE, — A L'APPUI, — A MULET, — A PERCUSSION, — A VENT, — ADMINISTRATIVE, — AVANCÉE, — BASSE, — COMPTABLE, — COURTE, — D'ACCUSATION, — D'ACIER, — D'ALARME, — D'ARMES, — D'ARMURE, — D'ARMURERIE, — D'ARTIFICE, — D'ARTILLERIE, — D'ARTILLERIE A CHEVAL, — D'ARTILLERIE DE COTE, — D'ARTILLERIE DE MER, — D'ARTILLERIE D'INFANTERIE FRANCO-SUISSE, — DE BARDES, — DE BATAILLON, — DE BLASON, — DE BOIS DE FUSIL, — DE BOIS DE GIBERNE, — DE BORD, — DE CENT, — DE CENT DIX, — DE CINQ, — DE CINQ CENTS, — DE CINQUANTE, — DE COTE, — DE COTÉ D'ÉTUI, — DE DÉPENSES, — DE DERRIÈRE DE SAC, — DE DESSOUS, — DE DÉTENTE, — DE DEUX, — DE DEUX ET DEMI, — DE DEVANT DE SAC, — DE DIX, — DE DIX-HUIT, — DE DIX-SEPT, — DE DOS, — DE DOUBLURE, — DE DOUZE, — DE DOUZE CENTS, — DE DRAP, — DE FER, — DE FONTE, — DE FORTIFICATION, — DE GARNITURE DE FUSIL, — DE GARNITURE DE SABRE, — DE GIBERNE, — DE GRAND CALIBRE, — DE FRONT, — DE HUIT CENTS, — DE MAILLES, — DE MONNAIE, — DE MONTAGNES, — DE PETIT CALIBRE, — DE PLATINE, — DE POSITION, — DE PROCÉDURE, — DE PROCÈS, — DE QUARANTE, — DE QUARANTE-CINQ, — DE QUARANTE-HUIT, — DE QUATORZE, — DE QUATRE, — DE QUATRE-VINGT-SEIZE, — DE RECHANGE, — DE REMPART, — DE SAC DE CAMPAGNE, — DE SEIZE, — DE SEPT, — DE SEPT ET DEMI, — DE SIÉGE, — DE SIX, — DE SIX CENTS, — DE SOIXANTE, — DE SOIXANTE-QUATRE, — DE TRENTE-DEUX, — DE TRENTE-SIX, — DE TRENTE-TROIS, — DE TROIS, — DE TROIS ET DEMI, — DE TROIS QUARTERONS, — DE VINGT, — DE VINGT-QUATRE, — DE VINGT-QUATRE COURTE, — DE VINGT-HUIT, — D'ÉCUSSON, — DÉFENSIVE, — D'EMPEIGNE, — DÉTACHÉE, — D'ÉTOFFES, — D'ÉTUI DE HACHE, — D'INFANTERIE, — D'UN QUARTERON, — D'UNE LIVRE, — EXTÉRIEURE, — FOLLE, — GRASSE, — HAUTE, — HONORABLE, — INTÉRIEURE, — JUMELLE, — JUSTIFICATIVE, — LÉGÈRE, — LOURDE, — PRINCIPALE.

PIÈCE (piéces) A BOITE (G, 2, 5)) OU CHAT A FEU, suivant les explications de M. MEYER (Moritz). Sorte de PIÈCES D'ARTILLERIE dont l'usage a précédé celui des TUBES à une seule ouverture ; elles se CHARGEAIENT par la CULASSE au moyen du retrait de la BOITE ou CHAMBRE MOBILE. De ce genre étaient les ACQUÉRAUX, les BOMBARDES. Ces Pièces ont tiré d'abord, suivant ce même ÉCRIVAIN, des BOULETS en pierre, et ensuite des éclats de PIERRES, ou ce que les ITALIENS appelaient *squaglie* (des écailles).

PIÈCE A BRANCARD. V. A BRANCARD. V. PIÈCE D'ARTILLERIE. V. PIÈCE DE CAMPAGNE.

PIÈCE A CHARGE. V. A CHARGE. V. CAPITAINE RAPPORTEUR. V. DÉFENSEUR D'ACCUSÉ. V. INFORMATION.

PIÈCE A CORNES. V. A CORNES. V. CORNE DE FORTIFICATION.

PIÈCE A COURONNE. V. A COURONNE. V. OUVRAGE A COURONNE.

PIÈCE A DÉCHARGE. V. A DÉCHARGE. V. ACQUIT COMPTABLE. V. CAPITAINE RAPPORTEUR. V. DÉFENSEUR D'ACCUSÉ.

PIÈCE A FEU. V. A FEU. V. BOMBARDE. V. SURPRISE.

PIÈCE A LA SUÉDOISE. V. A LA SUÉDOISE. V. ARTILLERIE D'INFANTERIE. V. CHARPENTIER. V. INFANTERIE N° 8. V. INFANTERIE FRANÇAISE N° 8. V. MARCHE DE BRIGADE D'INFANTERIE EN BATAILLE. V. MILICE ANGLAISE N° 8. V. TACTIQUE, subs.

PIÈCE A L'APPUI. V. A L'APPUI. V. CHEF DE DÉTACHEMENT ADMINISTRATIF N° 3. V. FACTURE. V. FEUILLE DE JOURNÉES DE COMPAGNIE. V. REVUE ÉCRITE.

PIÈCE A MULET. V. A MULET. V. PIÈCE DE CAMPAGNE. V. PIÈCE D'ARTILLERIE.

PIÈCE A PERCUSSION. V. A PERCUSSION. V. MILICE ANGLAISE N° 7. V. MILICE HANOVRIENNE N° 2. V. PIÈCE D'ARTILLERIE. V. PIÈCE DE CAMPAGNE.

PIÈCE A VENT. V. A VENT. V. FUSIL A VENT.

PIÈCE ADMINISTRATIVE. V. ACTE ADMINISTRATIF. V. ADMINISTRATIF, adj. V. AIDE-MAJOR ACTUEL N° 2. V. BON, subs. masc. V. CACHET DE CORPS. V. CERTIFICAT D'EXISTENCE. V. COLONEL D'INFANTERIE FRANÇAISE DE LIGNE N° 25. V. CONSEIL D'ADMINISTRATION DE RÉGIMENT N° 4. V. CONSOMMATION D'EFFETS D'ARMEMENT. V. CORPS D'INTENDANCE N° 8. V. COUPON. V. DÉCLARATION DE QUITTANCE. V. GUIBERT (Jean). V. INSPECTEUR AUX REVUES. V. OFFICIER D'ÉTAT CIVIL. V. PROCÈS-VERBAL. V. SOUS-INSPECTEUR.

PIÈCE AVANCÉE. V. AVANCÉ, adj. V. FORTIFICATION.

PIÈCE BASSE. V. BAS, adj. V. CAPONNIÈRE. V. FAUSSE BRAIE. V. FORTIFICATION V. TENAILLE.

PIÈCE COMPTABLE. V. ACQUIT COMPTABLE. V. ARCHIVES DE CORPS. V. ARMÉE FRANÇAISE Nº 9. V. ARRÊTÉ DE COMPTABILITÉ. V. AVANCE COMPTABILIAIRE. V. BORDEREAU. V. BORDEREAU D'AVANCE. V. BUDGET. V. CANTINE DE COMPTABILITÉ. V. CHEF DE DÉTACHEMENT Nº 5. V. COMMANDANT DE DIVISION TERRITORIALE Nº 4. V. COMPTABILITÉ. V. COMPTABILITÉ DE CORPS. V. COMPTABLE, adj. V. COMPTE. V. COMPTE DE CLERC A MAITRE. V. COMPTE PÉCUNIAIRE. V. CONSEIL D'ADMINISTRATION DE RÉGIMENT Nº 4, 5. V. DÉFICIT. V. ÉTAT COMPTABILIAIRE. V. EXTRAIT DE REVUE. V. FACTURE. V. FEUILLE COMPTABILIAIRE. V. FEUILLE D'APPEL. V. FEUILLE DE DÉCOMPTE. V. FEUILLE DE JOURNÉES. V. HOTEL DES INVALIDES. V. INSPECTEUR GÉNÉRAL D'INFANTERIE Nº 5. V. MAJOR CHEF DE BATAILLON Nº 4, 9. V. ORDONNANCE COMPTABILIAIRE. V. PRESTATION. V. REGISTRE-JOURNAL. V. REJET. V. REVUE. V. REVUE DE LIQUIDATION. V. REVUE D'INSPECTEUR GÉNÉRAL. V. REVUE ÉCRITE. V. SOUS-INSPECTEUR. V. SOUS-INTENDANT Nº 8. V. TITRE D'AVANCE.

PIÈCE COURTE. V. BATARDE. V. BOUCHE A FEU A TIR DIRECT. V. CARONADE. V. COURT, adj. V. MITRAILLE.

PIÈCE D'ACCUSATION. V. ACCUSATION. V. ACTE D'ENGAGEMENT. V. PROCÉDURE.

PIÈCE D'ACIER. V. ACIER. V. CHEVALIER ECCLÉSIASTIQUE. V. PLATE, subs. fém.

PIÈCE D'ALARME. V. ALARME. V. CANON D'ALARME.

PIÈCE (pièces) D'ARMES (B, 1), OU PIÈCES D'ARMURERIE. Sorte de PIÈCES qu'on a nommées aussi PIÈCES DE RECHANGE, mais cette dernière expression est amphibologique. — Les Pièces d'armes mentionnées ici font partie des ARMES D'UNIFORME DE TROUPE; elles portent une MARQUE OU CONTROLE spécial; elles ne peuvent être ni achetées ni fabriquées par les ARMURIERS DES CORPS; elles servent à entretenir et à remplacer les parties des FUSILS, des SABRES, etc., qui seraient perdues, dégradées ou usées. — Au nombre des Pièces d'armes sont les CHIENS, les EMBOUCHOIRS et autres GARNITURES du FUSIL; certaines de leurs parties s'appellent BOUTEROLES, FILETS, RESSORTS, etc. — Les Pièces d'armes sont fournies aux CORPS, et à leurs frais, pour RECHANGES OU RÉPARATIONS, sur la demande que le CONSEIL D'ADMINISTRATION adresse aux MANUFACTURES D'ARMES de MAUBEUGE et de CHARLEVILLE; elles sont livrées brutes, c'est-à-dire de forge ou de fonte; mais les CONSEILS, après s'être concertés avec l'ARMURIER, peuvent faire venir des Pièces terminées à la lime, mais sans cesser d'en avoir toujours un certain nombre de brutes en MAGASIN. — Les Pièces sont délivrées à l'ARMURIER à mesure du besoin, et sont employées sous la surveillance du LIEUTENANT ou de l'OFFICIER D'ARMEMENT, suivant des prix acquittés par ABONNEMENT. — Les frais d'acquisition, d'emballage et de transport sont au compte de la MASSE D'ENTRETIEN; les PIÈCES JUSTIFICATIVES en appuient la DÉPENSE. — Le prix des Pièces d'armes est définitivement acquitté, suivant qu'il y a lieu, soit au compte de l'Etat, soit au compte des HOMMES. — Cette branche d'ADMINISTRATION est l'objet des enquêtes et des examens des MEMBRES de l'INTENDANCE et des INSPECTEURS GÉNÉRAUX ayant à leur disposition un CONTROLEUR DES MANUFACTURES. — Le RÈGLEMENT DE 1806 (10 FÉVRIER), la CIRCULAIRE DE 1807 (15 NOVEMBRE), le RÈGLEMENT DE 1822 (30 MARS), l'INSTRUCTION DE 1822 (7 OCTOBRE), la DÉCISION DE 1824 (6 NOVEMBRE), le RÈGLEMENT DE 1826 (24 SEPTEMBRE) réglaient la matière. La DÉCISION DE 1855 (21 JANVIER) enjoignait aux CORPS de payer directement aux ENTREPRENEURS le prix des Pièces livrées. — Une NOTE DE 1856 (19 NOVEMBRE) indiquait de quelles fabriques elles pouvaient être tirées. — Le mot Pièce d'armes manque dans le dictionnaire de M. le général COTTY (1822, A), ou n'y est mentionné qu'accessoirement au mot Contrôle.

PIÈCE (pièces) D'ARMURE. V. AIGUILLETTE. V. ARMEMENT D'HONNEUR. V. ARMURE. V. ARMURE A HAUBERT. V. ARMURE PLATE. V. BOUCLE EN MÉTAL. V. BRACONNIÈRE. V. BRASSARD DE FER PLEIN. V. BRASSARD DE MAILLES. V. CAPUCHON DE MAILLES. V. CASQUE. V. CAVALERIE FRANÇAISE Nº 5. V. CERVICALE. V. COUVRE-CUISSE. V. CORSELET. V. CUIRASSE. V. CUIRASSE DE CAVALERIE. V. CUIRASSE DE FER PLEIN. V. CUISSARD. V. CUISSOT. V. ÉCUYER DE SUITE Nº 4. V. ESTOCADE. V. GALÉAIRE. V. GANTELET. V. GARDE-BRAS. V. GENDARME DU MOYEN AGE Nº 5. V. GENDARMERIE. V. GENDARMERIE DE POLICE Nº 2. V. GOUSSET. V. GRÈVE. V. GROSSE CAVALERIE Nº 4. V. HAUBERT. V. HAUSSE-COL. V. HAUSSE-COU. V. HEAUME. V. LAME D'ARMURE. V. MENTONNIÈRE DE CASQUE. V. MAILLE. V. MORION. V. NASAL. V. PELTASTE. V. PIQUIER Nº 5. V. PLATE. V. PLATINE. V. RÉGIMENT D'INFANTERIE FRANÇAISE Nº 5. V. SALADE. V. SOLER. V. SOLERET. V. TASSETTES.

PIÈCE D'ARMURERIE. V. ARMURERIE. V. PIÈCE D'ARMES. V. PIVOT DE PIÈCE D'ARMURERIE.

V. PLATINE. V. ROUET. V. TABLE. V. TAQUET.

PIÈCE D'ARTIFICE. V. ARTIFICE. V. LANCE A FEU. V. MATTON. V. SERPENTEAU.

PIÈCE (pièces) D'ARTILLERIE (term. sous-génér.). Sorte de PIÈCES au nombre desquelles des AUTEURS ont fait entrer les anciennes ARMES NÉVROBALISTIQUES, les BALISTES, et tous les genres d'ARMES A FEU, telles que ARQUEBUSES A CROC, BOMBARDES, COULEVRINES, DRAGONS, ESPINGOLES, FAUCONS, FAUCONNEAUX, JUMELLES, ORGUES, PASSE-VOLANTS, PIERRIERS, SERPENTINES, TUYAUX cerclés en fer, et autres ARMES A BOUTE-FEU du quatorzième siècle, etc. Mais l'usage a restreint l'acception; le terme n'exprime plus que les ARMES A FEU DE GRAND CALIBRE. — Maintenant on appelle Pièces d'artillerie les BOUCHES A FEU, à TIR, soit COURBE, soit DIRECT, c'est-à-dire les CANONS, MORTIERS, OBUSIERS, PÉTARDS, PIERRIERS, SPIROLES; mais très-souvent on comprend, absolument et uniquement, sous le nom de Pièces, les CANONS et les OBUSIERS. — Les Pièces sont ou de FORTERESSES ou de CAMPAGNE; celles-ci sont accompagnées de leurs CAISSONS, de leurs PROLONGES, etc.; elles se divisent en PIÈCES DE BATAILLE, DE POSITION, DE MONTAGNES. — Les PIÈCES DE BATAILLE, autrefois ordonnées par BRIGADES, sont le principal MATÉRIEL des BATTERIES. Les PIÈCES DE MONTAGNES se sont aussi appelées PIÈCES A BRANCARD, PIÈCES A MULET. — Ce qui a été dit des BOUCHES A FEU, de l'ARTILLERIE, de ses RÉGIMENTS, de sa TACTIQUE, de ses BATTERIES, de ses CONVOIS, de ses PROJECTILES, de ses divers ENGINS A POUDRE, de la manière de les BOURRER, etc., nous permettra de traiter brièvement le présent article. — Bornons-nous à des aperçus touchant l'époque supposée de la naissance de l'ARTILLERIE, en prenant le mot Pièce dans sa signification la plus étendue; donnons quelque attention à la proportion relative du nombre des Pièces et à leur place en ORDRE DE BATAILLE ou en BATTERIE, en prenant le mot dans sa signification la moins étendue. — Les ÉCRIVAINS, mal d'accord entre eux touchant l'invention des Pièces d'artillerie, en FRANCE, la rapportent aux années 1350, 1338, 1354, 1380; mais VILLARET et la Martillière pensent qu'il existait déjà des PIÈCES DE FONTE en 1301, à Amberg dans le Palatinat; Voltaire l'a formellement nié. — Les progrès de l'ARTILLERIE FRANÇAISE furent bien lents; quelques petites Pièces figurent à la bataille de MONTLHÉRY en 1465; on en ignore l'espèce et le CALIBRE; elles étaient accompagnées de peu d'ARMES A FEU PORTATIVES. — Les Pièces n'ont été longtemps que des ARMES A BOUTE-FEU OU A MÈCHE, dépourvues de COFFRES A MUNITION; le FOURNIMENT en donnait la POUDRE

D'AMORCE; plus tard la FUSÉE D'AMORCE et la LANCE A FEU y furent substituées; plus tard encore, la CHARGE DE POUDRE fut à enveloppe. — On lit dans BONAPARTE (le général MONTHOLON, 1823, t. II, p. 171, alin. 5): *La plus grande partie de l'artillerie doit être avec les divisions d'infanterie et de cavalerie, la plus petite partie en réserve. Une Pièce doit avoir avec elle trois cents coups à tirer, non compris le coffret; c'est la consommation de deux batailles.* Le même ouvrage témoigne combien est indécise la question de la proportion numérique des BOUCHES A FEU, c'est-à-dire des CANONS et OBUSIERS à admettre dans l'ARMÉE. Ce nombre est quelquefois de trois, quelquefois de quatre par mille hommes. GASSENDI en veut trois par mille hommes, mais seulement deux aux ARMÉES; ailleurs il dit que BONAPARTE en voulait une Pièce par mille hommes avec approvisionnement double. M. le colonel CARRION (1824, A, t. II, p. 422) regardait comme bien proportionnée une Pièce par mille hommes. Le général Foy témoigne que NAPOLÉON en avait cinq par mille hommes à l'ARMÉE du Rhin. Le nombre s'en est élevé plus tard jusqu'à huit. — L'artillerie de campagne de l'ARMÉE CONFÉDÉRÉE n'est que de deux Pièces par mille hommes. — La MILICE ANGLAISE s'est occupée une des premières à attacher des PLATINES aux Pièces. En 1828, le duc de Cambridge, commandeur en chef, ordonnait que la BATTERIE HANOVRIENNE n° 6 fût entièrement pourvue de PLATINES A PERCUSSION. Cette MILICE avait vingt-quatre Pièces de ce genre. — Une des défectuosités qui mettent hors d'état les Pièces, est l'ÉGUEULEMENT, ou l'altération de la forme de leur BOUCHE par le battement du BOULET ou de l'OBUS à sa sortie du TUBE. — M. le général COTTY (1822, A) et GASSENDI appellent Pièce de RECHANGE le bronze non monté qui est à la suite de l'ARTILLERIE DE CAMPAGNE. — On appelle AME d'une Pièce son diamètre interne; un instrument nommé CHAT D'ARSENAL sert à en constater le bon état. — Diverses Pièces d'artillerie ont servi à lancer des GRENADES. — La moitié des Pièces employées dans la GUERRE DE 1832 ont été mises hors de service. — On peut sur ce genre de MATÉRIEL consulter CARRÉ (1783, E), M. le colonel CARRION (1824, A, t. II, p. 422), M. le général COTTY (au mot *Canon*), M. PEYRE, le *Journal des Sciences militaires*, 1833, 9e année, p. 78, le *Spectateur militaire* (t. VII, p. 252), et tous les AUTEURS mentionnés à l'article ARTILLERIE. — Les Pièces d'artillerie seront distinguées ici en PIÈCES A BOITE, — DE BRONZE, — DE CAMPAGNE.

PIÈCE D'ARTILLÉRIE A CHEVAL. V. ARTILLERIE A CHEVAL.

PIÈCE D'ARTILLERIE DE COTE. V. ARTILLERIE DE COTE. V. MINEUR.

PIÈCE D'ARTILLERIE DE MER. V. ARTILLERIE DE MER. V. TAMPON D'ARTILLERIE.

PIÈCE D'ARTILLERIE D'INFANTERIE FRANCO-SUISSE. V. ARTILLERIE D'INFANTERIE FRANCO-SUISSE. V. CANTON CAPITULANT. V. INFANTERIE FRANCO-SUISSE DE LIGNE.

PIÈCE DE BARDES. V. BARDE, subs. fém. V. CHANFREIN.

PIÈCES (pièces) DE BATAILLE (G, 2). Sorte de PIÈCES DE CAMPAGNE qui sont plus mobiles, et diffèrent par là des PIÈCES DE POSITION qui en sont la partie moins mobile et du plus fort CALIBRE. La dénomination des Pièces de bataille et de CAMPAGNE est peu distincte, mal nuancée ; mais un terme plus juste manque, et on peut dire des BOUCHES A FEU DE BATAILLE qu'elles font partie de l'ORDRE DE BATAILLE, tandis que les PIÈCES DE POSITION peuvent être en dehors de l'ORDRE DE BATAILLE. — L'ARTILLERIE D'INFANTERIE n'a consisté depuis longtemps qu'en CANONS DE BATAILLE. — La COMPAGNIE DE CANONNIERS des DEMI-BRIGADES manœuvrait six Pièces de bataille, ou deux CANONS par BATAILLON. — Les GOUVERNEURS DE PLACE ASSIÉGÉE tiennent en réserve des CANONS de bataille, pour les porter sur les points de la FORTERESSE où ils peuvent seconder ou suppléer les PIÈCES DE SIÉGE. — M. LOMBARD a traité spécialement des canons de bataille.

PIÈCE DE BATAILLON. V. ARTILLERIE D'INFANTERIE. V. BATAILLON. V. INFANTERIE FRANÇAISE Nº 8. V. PIÈCE DE BATAILLE. V. PROLONGE.

PIÈCE DE BLASON. V. BLASON.

PIÈCE DE BOIS DE FUSIL. V. BOIS DE FUSIL. V. FUSIL.

PIÈCE (pièces) DE BOITE DE GIBERNE (B, 1). Sorte de PIÈCES de cuir de vache noircie parée sur chair, et employée la CHAIR en dehors ; elles se distinguent en grandes et en petites. Ces dernières forment les côtés de la boîte et sont doublées ; la grande Pièce forme le fond, le devant et le derrière de la BOITE ; les Pièces sont unies par des faufilures et recouvertes par la BORDURE. La PATELETTE de la GIBERNE est le prolongement de la grande Pièce.

PIÈCE DE BORD. V. ABORDAGE. V. BORD. V. BORD NAVAL.

PIÈCE (pièces) DE BRONZE (G, 2). Sorte de PIÈCES D'ARTILLERIE qui ont succédé à celles de FER forgé et de FER fondu. Il paraît constant qu'il existait dès l'an 1438, à Toulouse, une Pièce de BRONZE ; elle était du CALIBRE de SEPT. Cependant M. le général MARION est d'avis que les premières Pièces de ce genre auraient été coulées par les ANGLAIS en 1635. — L'ARTILLERIE DE CAMPAGNE n'a pas toujours été en bronze, mais telle est maintenant sa matière. En 1834 et depuis le siége de la citadelle d'ANVERS, on incline vers l'opinion que la FONTE DE FER peut être utilement substituée au cuivre, comme elle l'est dans la plus grande partie de l'ARTILLERIE DE SIÉGE DÉFENSIF, etc. Si l'expérience justifie cette supposition, si ce métal peut porter les BOULETS ROUGES, un avantage considérable en résulterait, parce que la FRANCE doit tirer de l'étranger le BRONZE, et que les Pièces de ce métal coûtent six fois plus que celles en FONTE. Le MATÉRIEL français porté au complet exigerait du cuivre pour une somme de quatrevingts millions. — MEYER (Moritz) a publié les expériences tentées à cet égard.

PIÈCE (pièces) DE CAMPAGNE (term. sousgénér.). Sorte de PIÈCES D'ARTILLERIE qui sont ainsi nommées par opposition aux PIÈCES DE REMPART et aux PIÈCES DE SIÉGE ; elles sont, en général, PIÈCES DE BRONZE. — Le moyen de tracer, sur le papier, le genre de MANŒUVRES des Pièces, appartient à l'art nommé TACTICOGRAPHIE. — DUBELLAY (1549, A) dit qu'à GUINEGASTE, en 1479, il y avait des Pièces de campagne. — MACHIAVEL (1510, A) conseillait, en campagne, l'usage des PIÈCES DE DIX, plutôt que de DIX-HUIT. — Les ordonnances ont confondu, comme le fait le DÉCRET DE 1810 (11 AVRIL), les Pièces de campagne et les PIÈCES DE BATAILLE ; les premières comprennent des CANONS et des OBUSIERS ; les secondes se composent de CANONS. — Les Pièces de campagne se distinguaient autrefois en PIÈCES LOURDES et LÉGÈRES ; cette complication sans utilité s'est effacée. On se sert généralement de PIÈCES DE HUIT ; chacune d'elles exige cinquante à soixante CHEVAUX pour elle, ses CAISSONS, sa PROLONGE, sa FORGE. — Le FAUCON DE TROIS LIVRES a fait partie, pendant longtemps, des Pièces de campagne. — Celles du plus fort calibre s'emploient comme PIÈCES DE POSITION, les autres comme PIÈCES DE BATAILLE. — Les BATTERIES de Pièces de campagne occupent le même nombre d'hommes que les BATTERIES A LA CONGRÈVE. — L'AVANT-TRAIN des Pièces s'adjoint à leur AFFUT au moyen de la cheville qui est reçue dans la LUNETTE de l'ENTRETOISE. Entre les FLASQUES et les roues, comme le témoigne M. JACOBY, il est reçu un ou deux COFFRETS suivant le numéro de l'échantillon. — Dans la première moitié du dix-huitième siècle, le poids énorme des Pièces et les vices de construction des VOITURES, rendaient cette artillerie peu propre à sa destination; cependant les RÉGIMENTS étaient dans l'usage de manœuvrer à la BRICOLE et A LA PROLONGE. — Le nombre des Pièces de campagne est un des éléments du dénombrement de l'ÉTAT MILITAIRE; ce nombre était en 1830 de 10,550. — On regarde la PORTÉE des Pièces de campagne comme moins étendue que celle des FUSÉES DE GRAND ÉCHANTILLON et même des fusées d'INFANTERIE, et comme comparable à celle des COUPS DE CARABINE. — Dans la GUERRE DE 1823, la FRANCE ne put atteler que quarante-huit Pièces, nombre peu proportionné à la force de l'ARMÉE. — En 1824, le MINISTRE DE LA GUERRE n'avait pas trente-six Pièces attelées. — Trente Pièces de campagne ont été employées à la GUERRE DE 1830. — La MILICE AUTRICHIENNE a quatre Pièces par OBUSIER. — Les MILICES HANOVRIENNE, NÉERLANDAISE, SAXONNE et bien d'autres ont, des premières, attaché à leurs Pièces de campagne le système de PERCUSSION. — Les batteries de la MILICE WURTEMBERGEOISE sont de quatre Pièces en temps de paix, du double en temps de guerre. — Les PARAPETS d'OUVRAGES PASSAGERS se construisent suivant des dimensions telles que les PROJECTILES des Pièces de campagne ne puissent pas les traverser. — Après les CAPITULATIONS des FORTERESSES, il est d'usage d'emmener de la PLACE qui se rend quelques Pièces de campagne, avec leurs CAISSONS garnis d'un certain nombre de COUPS; c'est ce qui constitue, en partie, ce qu'on a appelé les HONNEURS DE LA GUERRE. — On commence à garnir de PRÉLARTS des Pièces de campagne. — Il a été traité spécialement des Pièces de campagne par M. le général COTTY (1822, A, aux mots *Canons* et *Notice*), DURTUBIE, LACHESNAIE (1758, I), MIRABEAU (1788), SIONVILLE (1756, E), STRANZ. — Les Pièces de campagne seront distinguées ici en PIÈCES DE BATAILLE.

PIÈCE de CANON. V. ARME A FEU. V. ARME DE GRAND CALIBRE. V. ARMÉE FRANÇAISE N° 1. V. ARMOIRIES. V. ARTILLERIE D'ARMEMENT. V. ARTILLERIE DE SIÉGE. V. ARTILLERIE D'INFANTERIE. V. BALISTE. V. BATAILLE STRATEUMATIQUE. V. BATARDE. V. BATTERIE DE BOUCHES A FEU. V. BATTRE EN SALVE. V. BOUCHE A FEU. V. BOURGEOISE. V. BOURRELET. V. BRAQUER. V. BRÈCHE PRATICABLE. V. BRISE-MUR. V. BOULET CREUX. V. CANON. V. CANON D'ARTILLERIE. V. CASEMATE. V. CHAR A FAUX. V. CHAT D'ARSENAL. V. CRÉNEAU. V. CUILLER A BOULET. V. DÉFAITE. V. DÉFENSE DE CHEMIN COUVERT. V. DÉGORGEOIR. V. ÉCHARPER, verb. neut. V. ÉCOLE DE MARS N° 4. V. ÉCOUVILLON. V. ÉLÉPHANT. V. EMBRASURE. V. ENCLOUAGE. V. ÉTOUPILLON. V. FORT, subs. masc. V. FRONTEAU. V. FUSÉE DE GUERRE. V. FUSIL A LA MONTALEMBERT. V. GALIOTE A BOMBE. V. GARGOUSSE D'ARTILLERIE. V. GENOUILLÈRE DE BATTERIE. V. GENTILHOMME. V. GRAND MAITRE DE L'ARTILLERIE. V. INFANTERIE FRANÇAISE N° 5. V. MILICE AUTRICHIENNE N° 2. V. MILICE CHINOISE N° 2. V. MILICE PRUSSIENNE N° 3. V. MILICE SIKE N° 2, 5. V. MILICE TURQUE N° 6. V. MITRAILLE. V. MOUSQUET. V. MORTIER. V. PASSAGE DE RIVIÈRE. V. PASSE-VOLANT. V. PIERRIER. V. RADEAU. V. RAMPE DE FORTIFICATION. V. RAVELIN. V. REFOULOIR. V. RISBAN. V. SORTIE EXTÉRIEURE. V. SOUFFLE DE PIÈCE. V. STRATÉGIE. V. TENAILLE A FLANCS. V. TIR A TOUTE VOLÉE. V. TIR DE PIÈCE DE C...

PIÈCE de CENT. V. BRISE-MUR. V. CANON D'ARTILLERIE. V. CENT. V. COULEVRINE. V. DOUBLE CANON.

PIÈCE de CENT CINQUANTE. V. CANON D'ARTILLERIE. V. CENT CINQUANTE. V. COULEVRINE.

PIÈCE de CENT DIX. V. CANON D'ARTILLERIE. V. CENT DIX. V. COULEVRINE.

PIÈCE de CENT QUARANTE. V. BOMBARDE. V. CENT QUARANTE.

PIÈCE de CENT SOIXANTE. V. BASILIC. V. CENT SOIXANTE.

PIÈCE de CENT QUATRE-VINGT-DOUZE. V. BOULET EN MÉTAL. V. CENT QUATRE-VINGT-DOUZE.

PIÈCE de CENT VINGT. V. BOMBARDE. V. CANON D'ARTILLERIE. V. CENT VINGT.

PIÈCE de CINQ. V. CINQ. V. DEMI-COULEVRINE. V. FAUCONNEAU. V. SACRE.

PIÈCE de CINQ CENTS. V. BOMBARDE. V. CALIBRE DE CANON. V. CANON D'ARTILLERIE. V. CINQ CENTS. V. COULEVRINE.

PIÈCE de CINQUANTE. V. ARTILLERIE DE SIÉGE. V. CANON D'ARTILLERIE. V. CINQUANTE.

PIÈCE de CINQUANTE-SIX. V. BOULET EN MÉTAL. V. CINQUANTE-SIX.

PIÈCE de COTE. V. COTE. V. MINEUR.

PIÈCE de COTÉ D'ÉTUI DE HACHE. V. BORDURE D'ÉTUI. V. COTÉ D'ÉTUI. V. ÉTUI DE HACHE.

PIÈCE de DÉPENSES. V. COMMISSAIRE DES GUERRES N° 6. V. CONSEIL D'ADMINISTRATION DE RÉGIMENT N° 4. V. CONSOMMATION DE COMPTE DE DÉTACHEMENT. V. DÉPENSE. V. INSPECTEUR GÉNÉRAL D'INFANTERIE N° 4.

PIÈCE de DERRIÈRE DE SAC DE CAMPAGNE. V. CONTRE-SANGLON INTÉRIEUR. V. DERRIÈRE DE SAC. V. SAC DE CAMPAGNE.

PIÈCE de DESSOUS D'ÉTUI DE HACHE. V. BOUCLE D'ÉTUI. V. DESSOUS D'ÉTUI.

PIÈCE de DÉTENTE. V. BOUTEROLLE DE PIÈCE DE DÉTENTE. V. DÉTENTE. V. ÉCUSSON DE FUSIL.

PIÈCE de DEUX. V. ARTILLERIE DE CAMPAGNE. V. DEUX. V. FAUCON. V. FAUCONNEAU.

PIÈCE de DEUX CENTS. V. BOMBARDE. V. DEUX CENTS.

PIÈCE de DEUX ET DEMI. V. ARTILLERIE D'ARMEMENT. V. DEUX ET DEMI. V. FAUCONNEAU. V. MOYENNE.

PIÈCE de DEVANT DE SAC DE CAMPAGNE. V. BORDURE DE SAC. V. BOUCLE DE SAC.

PIÈCE de DEVANT D'ÉTUI DE HACHE. V. DEVANT D'ÉTUI DE HACHE. V. ENVELOPPE DE GIBERNE.

PIÈCE de DIX. V. DIX. V. FAUCON. V. PIÈCE DE CAMPAGNE. V. SACRE.

PIÈCE de DIX-HUIT. V. BASILIC. V. BOULET ROUGE. V. COULEVRINE. V. DIX-HUIT. V. HUIT. V. MILICE AUTRICHIENNE N° 7. V. MILICE RUSSE N° 2. V. PASSANDEAU. V. PIÈCE DE CAMPAGNE.

PIÈCE de DIX-SEPT. V. AÉROSTAT. V. DIX-SEPT.

PIÈCE de DOS DE BRETELLE PORTE-CAISSE. V. BRETELLES PORTE-CAISSE. V. COURROIE DE BRETELLES PORTE-CAISSE. V. DOS DE BRETELLES PORTE-CAISSE.

PIÈCE de DOUBLURE DE COLLIER DE TAMBOUR. V. BANDE COURTE. V. BOUTON DE COLLIER DE TAMBOUR. V. COLLIER DE TAMBOUR. V. DOUBLURE.

PIÈCE de DOUZE. V. AFFUT. V. ARMÉE CONFÉDÉRÉE (tableau). V. ARTILLERIE DE CAMPAGNE. V. ARTILLERIE DE MONTAGNES. V. ARTILLERIE DE SIÉGE OFFENSIF. V. ASPIC. V. BATTERIE D'ARTILLERIE. V. BATTERIE DE CAMPAGNE. V. BATTERIE PERMANENTE. V. BOUCHE A FEU DE MONTAGNES. V. BOULET ROUGE. V. CANON D'ARTILLERIE. V. CANON DE CAMPAGNE. V. DOUZE. V. ÉQUIPAGE D'ARTILLERIE. V. MILICE AUTRICHIENNE N° 7. V. MILICE PRUSSIENNE N° 8. V. MILICE RUSSE N° 2. V. MILICE SUÉDOISE N° 3. V. OBUSIER DE MONTAGNES. V. PORTÉE DE CANON. V. SACRE.

PIÈCE de DOUZE CENTS. V. BOMBARDE. V. CALIBRE DE CANON. V. CANON D'ARTILLERIE. V. DOUZE CENTS.

PIÈCE de DRAP. V. CONSEIL D'ADMINISTRATION DE RÉGIMENT N° 5. V. DRAP. V. DRAP DE TROUPE

PIÈCE de FER. V. ARTILLERIE D'ARMEMENT. V. ARTILLERIE DE SIÉGE DÉFENSIF. V. FER. V. FUSIL DE REMPART. V. GUERRE DE 1832. V. PIÈCE DE BRONZE. V. PIERRIER.

PIÈCE de FONTE. V. FONTE. V. PIÈCE D'ARTILLERIE. V. MILICE RUSSE N° 2.

PIÈCE de FORTIFICATION. V. ASSAILLANT DE SIÉGE OFFENSIF. V. ATTAQUE D'EMBLÉE. V. BAILLE. V. BASTION. V. BLOCKHAUS. V. BONNET DE PRÊTRE. V. BONNETTE. V. BRÈCHE. V. CAPITALE DE FORTIFICATION. V. CAPONNIÈRE. V. CHATEAU. V. CHEMIN COUVERT. V. COMMANDEMENT DOMINANT. V. CONTRE-GARDE. V. CONTRE-QUEUE D'YRONDE. V. CORPS DE PLACE. V. COUR. V. COUVRE-FACE. V. DÉFENSE PÉRIBOLOGIQUE. V. DEMI-BASTION. V. DEMI-CONTRE-GARDE. V. DEMI-LUNE. V. ÉCRÉTER. V. ENFILER. V. FER A CHEVAL. V. FLANC DE FORTIFICATION. V. FORT DE CAMPAGNE. V. FOSSÉ DE FORTERESSE. V. FORTIFICATION. V. GORGE DE FORTIFICATION. V. LIGNE A OUVRAGES DÉTACHÉS. V. LIGNE DE DÉFENSE. V. LUNETTE DE DEMI-LUNE. V. MARTELLO. V. MILICE ESPAGNOLE N° 8. V. OFFICIER DU GÉNIE N° 8. V. PRISONNIER DE GUERRE. V. PROFIL. V. QUEUE D'YRONDE. V. RAVELIN. V. RECONNAISSANCE DE SIÉGE. V. REDAN. V. REDOUTE DE CAMPAGNE. V. RÉDUIT. V. RETIRADE. V. ROC. V. TENAILLE. V. TOUR DE FORTIFICATION.

PIÈCE de GARNITURE DE FUSIL. V. BATTANT DE GRENADIÈRE. V. BATTANT DE SOUS-GARDE. V. BATTERIE DE PLATINE. V. BOIS DE FUSIL. V. CANON DE FUSIL. V. CAPUCINE DE FUSIL. V. CONTRE-PLATINE. V. FUSIL D'UNIFORME. V. FUSIL KOPTIPTEUR. V. GARNITURE DE FUSIL. V. GRENADIER D'INFANTERIE FRANÇAISE N° 4. V. GRENADIÈRE D'ARMEMENT. V. MILICE HOLLANDAISE N° 4. V. MOUSQUETON. V. SOUS-GARDE.

PIÈCE de GARNITURE DE SABRE. V. BRIQUET. V. GARDE D'ARME BLANCHE. V. GARNITURE DE SABRE.

PIÈCE de GIBERNE. V. GIBERNE. V. PETITE PIÈCE DE GIBERNE.

PIÈCE de GRAND CALIBRE. V. ARTILLERIE DE CAMPAGNE. V. CONVOI PAR TERRE. V. COUP DE CANON. V. GARGOUSSE. V. GRAND CALIBRE. V. POUDRE A FUSIL.

PIÈCE de HUIT. V. AFFUT. V. ARTILLERIE A CHEVAL. V. ARTILLERIE DE CAMPAGNE. V. ARTILLERIE DE MONTAGNES. V. ARTILLERIE DE SIÉGE DÉFENSIF. V. ARTILLERIE D'INFANTERIE. V. BATARDE. V. BATTERIE DE CAMPAGNE. V. BATTERIE PERMANENTE. V. BOUCHE A FEU DE MONTAGNES. V. BOULET ROUGE. V. CANON D'ARTILLERIE. V. CANON DE CAMPAGNE. V. COULEVRINE. V. HUIT. V. MILICE RUSSE N° 4. V. PIÈCE DE CAMPAGNE. V. PORTÉE DE CANON.

PIÈCE de HUIT CENTS. V. BOULET EN PIERRE. V. CENT.

PIÈCE de HUIT CENT CINQUANTE. V. BOMBARDE. V. HUIT CENT CINQUANTE.

PIÈCE de HUIT MILLE HUIT CENTS. V. BOM-

BARDE. V. CANON D'ARTILLERIE. V. HUIT MILLE HUIT CENTS.

PIÈCE de MAILLES. V. ARMURE. V. ARMURE DE MAILLES. V. COTTE DE MAILLES. V. MAILLES.

PIÈCE de MONNAIE. V. MONNAIE OBSIDIONALE.

PIÈCE de MONTAGNES. V. BOUCHE A FEU DE BATAILLE. V. CALIBRE DE CANON D'ARTILLERIE. V. COIN DE MIRE. V. MONTAGNE. V. MULET DE BAT. V. OBUSIER DE MONTAGNES. V. PIÈCE D'ARTILLERIE.

PIÈCE de PETIT CALIBRE. V. MOUSQUETAIRE A PIED N° 1. V. PETIT CALIBRE.

PIÈCE de PLATINE. V. BASSINET DE PLATINE. V. BRIDE DE NOIX. V. CHIEN DE FUSIL. V. CORPS DE PLATINE. V. GACHETTE. V. GRAND RESSORT. V. NOIX DE PLATINE. V. PLATINE. V. PLATINE A BATTERIE. V. PLATINE DE FUSIL. V. PLATINE IDENTIQUE.

PIÈCE de POSITION. V. ARTILLERIE STRATOPÉDIQUE. V. CANON D'ARTILLERIE. V. PIÈCE DE BATAILLE. V. PIÈCE DE CAMPAGNE. V. POSITION.

PIÈCE de PROCÉDURE. V. ACCUSATION. V. INFANTERIE FRANCO-SUISSE N° 6. V. PROCÉDURE.

PIÈCE de PROCÈS. V. ACCUSATION. V. ACTE D'ACCUSATION. V. COMPLICATION DE DÉLIT. V. CONCLUSION DE PROCÉDURE. V. CONSEIL DE RÉVISION JUDICIAIRE. V. DÉNONCER. V. INFANTERIE FRANCO-SUISSE N° 6. V. INFORMATION. V. PROCÉDURE. V. PROCÈS. V. PROCÈS-VERBAL.

PIÈCE de QUARANTE. V. BASILIC. V. COULEVRINE. V. DRAGON A FEU. V. DRAGON VOLANT. V. QUARANTE.

PIÈCE de QUARANTE-CINQ. V. CANON D'ARTILLERIE. V. COULEVRINE. V. QUARANTE-CINQ.

PIÈCE de QUARANTE-HUIT. V. ARTILLERIE DE COTE. V. ARTILLERIE DE SIÉGE OFFENSIF. V. BASILIC. V. CANON D'ARTILLERIE. V. CARONADE. V. PASSE-MUR. V. QUARANTE-HUIT.

PIÈCE de QUATORZE. V. PROJECTILE. V. QUATORZE.

PIÈCE de QUATRE. V. ARME A VAPEUR. V. ARTILLERIE A CHEVAL. V. ARTILLERIE D'ARMEMENT. V. ARTILLERIE DE CAMPAGNE. V. ARTILLERIE D'INFANTERIE. V. BATTERIE D'ARTILLERIE. V. BATTERIE DE CAMPAGNE. V. BOUCHE A FEU DE MONTAGNES. V. BOULET ROUGE. V. BRICARD. V. CANON D'ARTILLERIE. V. CANON DE CAMPAGNE. V. DEMI-COULEVRINE. V. FAUCON. V. MILICE RUSSE N° 2. V. MOYENNE. V. PORTÉE DE CANON. V. QUATRE. V. SACRE.

PIÈCE de QUATRE-VINGTS. V. COULEVRINE. V. QUATRE-VINGTS. V. SERPENTINE.

PIÈCE de QUATRE-VINGT-SEIZE. V. BRISE-MUR. V. CANON D'ARTILLERIE. V. QUATRE-VINGT-SEIZE.

PIÈCE de QUINZE CENTS. V. BOMBARDE. V. QUINZE CENTS.

PIÈCE de RECHANGE. V. INSPECTEUR GÉNÉRAL D'INFANTERIE N° 4. V. MANUFACTURE D'ARMES. V. PIÈCE D'ARMES. V. RECHANGE.

PIÈCE de REMPART. V. AFFUT. V. ARME A FEU. V. BATTERIE A BARBETTE. V. CASEMATE. V. CONSIGNE DE SENTINELLE DE POSTE DE FORTERESSE. V. CORVÉE DE FORTERESSE. V. HAUSSE PARABALLE. V. INVESTISSEMENT. V. MEURTRIÈRE. V. MINEUR FRANÇAIS. V. REMPART.

PIÈCE de SAC DE CAMPAGNE. V. ANNEAU DE SAC. V. BORDURE DE SAC. V. CONTRE-SANGLON DE SAC. V. SAC DE CAMPAGNE.

PIÈCE de SEIZE. V. ARTILLERIE D'ARMEMENT. V. ARTILLERIE DE SIÉGE OFFENSIF. V. BATTERIE PERMANENTE. V. CANON D'ARTILLERIE. V. CANON DE CAMPAGNE. V. COULEVRINE. V. DEMI-CANON. V. PASSE-MUR. V. PASSE-VOLANT D'ARTILLERIE. V. PORTÉE DE CANON. V. SEIZE.

PIÈCE de SEIZE CENTS. V. CANON. V. SEIZE CENTS.

PIÈCE de SEPT. V. PIÈCE DE BRONZE. V. SEPT.

PIÈCE de SEPT ET DEMI. V. ARTILLERIE D'ARMEMENT. V. SEPT ET DEMI.

PIÈCE de SIÉGE. V. AFFUT. V. ARTILLERIE D'ARMEMENT. V. BRISE-MUR. V. CANON DE FRANCE. V. CARTE GRAPHIQUE. V. DEMI-CANON. V. GUERRE DE 1830. V. MILICE AUTRICHIENNE N° 7. V. MILICE TURQUE N° 6. V. MORTIER. V. PARALLÈLE, subs. V. PARAPET. V. PIÈCE DE SIÉGE. V. SIÉGE.

PIÈCE de SIX. V. ARMÉE CONFÉDÉRÉE, tableau. V. ARTILLERIE DE CAMPAGNE. V. ARTILLERIE D'INFANTERIE. V. BATTERIE D'ARTILLERIE. V. BATTERIE DE CAMPAGNE. V. CANON DE CAMPAGNE. V. ÉQUIPAGES D'ARTILLERIE. V. FAUCON. V. FAUCONNEAU. V. MILICE AUTRICHIENNE N° 2, 7. V. MILICE BAVAROISE N° 4. V. MILICE PERSANE N° 5. V. MILICE PRUSSIENNE N° 8. V. MILICE RUSSE N° 2. V. MILICE SUÉDOISE N° 2. V. PÉLICAN. V. SACRE.

PIÈCE de SIX CENTS. V. BOMBARDE. V. CANON D'ARTILLERIE. V. SIX CENTS.

PIÈCE de SOIXANTE. V. BOMBARDE. V. MILICE TURQUE N° 7. V. SOIXANTE.

PIÈCE de SOIXANTE-DIX. V. SERPENTINE. V. SOIXANTE-DIX.

PIÈCE de SOIXANTE-HUIT. V. CARONADE. V. SOIXANTE-HUIT.

PIÈCE de SOIXANTE-QUATRE. V. CANON D'ARTILLERIE. V. SOIXANTE-QUATRE.

PIÈCE de SOIXANTE-QUINZE. V. BRISE-MUR. V. SOIXANTE-QUINZE.

PIÈCE DE TRENTE-DEUX. V. DRAGON A FEU. V. DRAGON VOLANT. V. TRENTE-DEUX.

PIÈCE DE TRENTE-SIX. V. ARTILLERIE DE COTE. V. CARONADE. V. ÉCOLE DE MARS N° 4. V. OBUS. V. TRENTE-SIX.

PIÈCE DE TRENTE-TROIS. V. ARTILLERIE D'ARMEMENT. V. ARTILLERIE D'INFANTERIE. V. CANON D'ARTILLERIE. V. CANON DE FRANCE. V. TRENTE-TROIS.

PIÈCE DE TROIS. V. ARTILLERIE A CHEVAL. V. ARTILLERIE DE CAMPAGNE. V. ARTILLERIE DE MONTAGNES. V. ARTILLERIE D'INFANTERIE. V. BATTERIE DE CAMPAGNE. V. BOUCHE A FEU DE MONTAGNES. V. CANON DE CAMPAGNE. V. FAUCON. V. FAUCONNEAU. V. MILICE AUTRICHIENNE N° 7. V. MILICE PRUSSIENNE N° 2, 8. V. MILICE RUSSE N° 2.

PIÈCE DE TROIS CENTS. V. BOUCHE A FEU. V. TROIS CENTS.

PIÈCE DE TROIS ET DEMI. V. MOYENNE. V. TROIS ET DEMI.

PIÈCE DE TROIS MILLE CINQ CENT QUARANTE. V. CANON D'ARTILLERIE. V. TROIS MILLE CINQ CENT QUARANTE.

PIÈCE DE TROIS QUARTERONS. V. ARTILLERIE D'ARMEMENT. V. FAUCONNEAU. V. QUARTERONS. V. TROIS QUARTERONS.

PIÈCE DE VINGT. V. COULEVRINE. V. DEMI-CANON. V. VINGT.

PIÈCE DE VINGT-CINQ. V. BRISE-MUR. V. VINGT-CINQ.

PIÈCE DE VINGT-HUIT. V. BASILIC. V. VINGT-HUIT.

PIÈCE DE VINGT-QUATRE. V. ARTILLERIE DE CAMPAGNE. V. ARTILLERIE DE SIÉGE OFFENSIF. V. BATTERIE DE BRÈCHE. V. BRÈCHE PRATICABLE. V. CANON D'ARTILLERIE. V. COULEVRINE. V. COUP DE CARABINE. V. DEMI-CANON. V. MILICE RUSSE N° 2. V. MILICE SUÉDOISE N° 3. V. OBUS. V. SERPENTINE. V. VINGT-QUATRE.

PIÈCE DE VINGT-QUATRE COURTE. V. COURT, adj. V. COULEVRINE. V. MILICE AUTRICHIENNE N° 7. V. PORTÉE DE CANON.

PIÈCE D'ÉCUSSON. V. COCHE D'ÉCUSSON. V. ÉCUSSON DE FUSIL. V. SOUS-GARDE.

PIÈCE DÉFENSIVE. V. ARMURE DE MAILLES. V. CERVICALE. V. DÉFENSIF. V. FORTIFICATION.

PIÈCE D'EMPEIGNE. V. EMPEIGNE. V. SOULIER.

PIÈCE DÉTACHÉE. V. BARBACANE. V. BLOCK-HAUS. V. BONNETTE. V. BOULEVARD. V. CONTRE-GARDE. V. DEHORS. V. DEMI-LUNE.

PIÈCE D'ÉTOFFE. V. CONSEIL DE PRÉFECTURE. V. EFFET D'HABILLEMENT. V. ÉTOFFE. V. HABILLEMENT.

PIÈCE D'ÉTUI DE HACHE. V. BORDURE D'ÉTUI DE HACHE. V. BOUCLE D'ÉTUI DE HACHE. V. ÉTUI DE HACHE. V. CORPS D'ÉTUI DE HACHE. V. GRANDE PIÈCE D'ÉTUI.

PIÈCE D'INFANTERIE. V. ARTILLERIE D'INFANTERIE. V. INFANTERIE. V. MILICE AUTRICHIENNE N° 7. V. MILICE FRANÇAISE N° 3. V. MILICE PRUSSIENNE N° 8. V. SAPEUR D'INFANTERIE.

PIÈCE D'UN QUARTERON. V. CANON D'ARTILLERIE. V. FAUCONNEAU. V. FUSIL DE REMPART. V. QUARTERON.

PIÈCE D'UNE DEMI-LIVRE. V. DEMI-LIVRE. V. ÉMÉRILLON. V. FAUCONNEAU. V. FUSIL DE REMPART. V. RIBAUDEQUIN. V. SERPENTINE.

PIÈCE D'UNE LIVRE. V. ESPINGARDE. V. FAUCON. V. FUSIL DE REMPART. V. LIVRE, subs. fém. V. PIERRIER. V. RIBAUDEQUIN.

PIÈCE D'UNE LIVRE ET DEMIE. V. ARTILLERIE D'ARMEMENT. V. FAUCON. V. LIVRE, subs. fém. V. LIVRE ET DEMIE. V. RIBAUDEQUIN.

PIÈCE D'UNE LIVRE ET QUART. V. LIVRE. V. QUART. V. RIBAUDEQUIN.

PIÈCE D'UNE LIVRE TROIS QUARTS. V. LIVRE. V. RIBAUDEQUIN. V. TROIS QUARTS.

PIÈCE EN BATTERIE. V. BATTERIE D'ARTILLERIE. V. EN BATTERIE. V. TIRAILLEUR.

PIÈCE EXTÉRIEURE. V. BASSINET DE PLATINE. V. CHIEN DE FUSIL. V. EXTÉRIEUR, adj. V. PLATINE A BATTERIE.

PIÈCE FOLLE. V. CANON D'ARTILLERIE. V. FOU, adj.

PIÈCE GRASSE. V. ARME EN MAGASIN. V. BOURSE DE GIBERNE. V. GIBERNE. V. GRAS. V. LAME DE BRIQUET.

PIÈCE HAUTE. V. CONTRE-GARDE. V. HAUT. V. FORTIFICATION. V. OUVRAGE A CORNES. V. OUVRAGE A COURONNE. V. RAVELIN. V. TENAILLON.

PIÈCE HONORABLE. V. BLASON. V. HONORABLE.

PIÈCE INTÉRIEURE. V. BRIDE DE NOIX. V. GACHETTE. V. GRAND RESSORT. V. INTÉRIEUR, adj. V. NOIX DE PLATINE. V. PLATINE A BATTERIE.

PIÈCE JUMELLE. V. JUMELLE. V. PIÈCE D'ARTILLERIE.

PIÈCE JUSTIFICATIVE. V. CAPITAINE D'HABILLEMENT N° 3. V. COMPTE DE CLERC A MAITRE. V. ÉTOFFE D'HABILLEMENT. V. FACTURE. V. JUSTIFICATIF. V. MARCHÉ D'HABILLEMENT. V. PAYEMENT. V. PIÈCE D'ARMES. V. RÉGIE.

PIÈCE LÉGÈRE. V. ARTILLERIE DE MONTAGNES. V. ARTILLERIE D'INFANTERIE. V. LÉGER. V. MILICE TURQUE N° 6. V. PIÈCE DE CAMPAGNE. V. SIÉGE DÉFENSIF.

PIÈCE LOURDE. V. LOURD, adj. V. PIÈCE DE CAMPAGNE.

PIÈCE MONNAYÉE. V. MONNAIE OBSIDIO-
NALE. V. MONNAYÉ, adj.

PIÈCE PRINCIPALE. V. CORPS DE HAVRE-SAC.
V. PRINCIPAL.

PIED (pieds), subs. masc. V. A PIED. V. A
PIEDS. V. ARME A P... V. ARME AU P... V. CORPS
A P... V. DE PIED EN CAP. V. DE PIED FERME. V.
DEUX P.... V. EN P... V. GENS DE P... V. GITE
DE P... V. GRAND P... V. HAUT LE P... V. HOMME
DE P... V. LACHER LE P... V. METTRE DES TROUPES
SUR P... V. PETIT P... V. PREMIER P... V. SER-
GENT DE P... V. SOUS-P... V. SUR P... V. TROUPE
A P...

PIED
 D'ARMÉE. — PIED DE GUERRE. — DE RASSEMBLEMENT.
 DE BATTERIE.
 DE BRIDE.
 DE CHIEN.

PIED (pieds) (term. génér.). Mot qui est
une corruption du LATIN *pes, pedis,* et qui
a produit les substantifs PIÉTON, PIÉTAILLE,
PIÉTINEMENT; on l'a même regardé, mais à
tort, comme la racine de PIONNIER; il a, militairement, soit un sens analogue à un PIED
HUMAIN ou autre, soit un sens détourné;
dans ce dernier cas, et s'il s'agit de troupes
mises sur pied, il exprime une proportion
numérale de certaines AGRÉGATIONS de la
FORCE ARMÉE, une dimension convenue qui
s'applique à la COMPOSITION ou au COMPLET
des BATAILLONS, des ESCADRONS, des CORPS,
des CADRES, aux formes des MILICES, au rang
de certains MILITAIRES. Il se prend, dans le
premier cas, par allusion, comme base, sup-
port, position. Il se distingue en PIED CONS-
TITUTIF, — D'ABSENCE, — D'ARMÉE, — DE
BATTERIE, — DE BICHE, — DE BRIDE, — DE
CAPTIVITÉ, — DE CHÈVRE, — DE CHIEN, — DE
COMPLET, — DE CONGÉ, — DE DÉTENTION, —
DE DISPONIBILITÉ, — DE FLÈCHE, — DE GLACIS,
— DE JUGEMENT, — DE LANCE, — DE MISSION,
— DE PAIX, — DE PERMISSION, — DE PRÉ-
SENCE, — DE RESSORT, — DE ROUTE, — DE
TERRE-PLEIN, — D'HOPITAL, — EN CAP, —
FERME, — GAUCHE, — HUMAIN.

PIED CONSTITUTIF. V. ARMÉE PERMANENTE.
V. CONSTITUTIF. V. CORPS RÉGIMENTAIRE N° 1, 4.
V. FORCE ARMÉE. V. PIED D'ARMÉE.

PIED D'ABSENCE. V. SOLDE, subs. fém. V.
SUR PIED D'ABSENCE.

PIED D'ARMÉE. (A, 1). Sorte de PIED, c'est-
à-dire de proportion dont l'objet est administratif, politique, militaire. — Ce mot ne
date que de l'institution des ARMÉES PER-
MANENTES; ainsi on ne s'en sert que depuis
HENRI QUATRE, et c'était un terme à l'usage
des historiens plutôt que des législateurs.

Son origine est curieuse. Voici d'où il vient.
— Les POULAINS, comme les appelle M. SIS-
MONDI, sans expliquer la cause de leur nom,
les POULAINS, c'est-à-dire la race abâ-
tardie de ces CHEVALIERS qui avaient, dans
les CROISADES, conquis des provinces ou des
royaumes en ORIENT, s'étaient amollis dans
les délices du pays, vivaient dans les bains,
ou couchés sur les sophas, se traînaient
chaussés de babouches. Cette chaussure,
qui, à raison du sobriquet donné à ces Occidentaux dégénérés, s'appelait SOULIERS A
LA POULAINE, aurait pu s'appeler souliers
impotents, car ils rendaient fort difficile la
marche; leur pointe recourbée à la chinoise
montait à la hauteur du genou si le personnage était à pied, ou bien elle touchait
à terre si le personnage était à cheval. Cette
mode fort ancienne faisait encore fureur à la
cour des rois JEAN et CHARLES CINQ : de là
ces locutions grand Pied, comme on eût dit
Pied de seigneur, et petit Pied, comme on
eût dit Pied de roturier. C'est ainsi que le
mot, pris comme terme de comparaison en
fait d'étendue ou de puissance, s'est infiltré
dans le langage de l'ARMÉE. — PUYSÉGUR
(1748, C) et MAURICE DE SAXE lui ont des
premiers donné une signification spécialement militaire, et CHOISEUL en a fait l'expression d'un principe d'ADMINISTRATION et
un terme de la loi par rapport AUX CAS DE
GUERRE et DE PAIX. GUIBERT (1775, E) en a
développé le sens par l'expression GRAND
PIED DE GUERRE. — Le projet de CODE MILI-
TAIRE, discuté de 1781 à 1784, proposait
dans l'INFANTERIE et la CAVALERIE l'établissement d'un PIED DE PAIX et d'un pied de
guerre, mais sans variation du nombre des
OFFICIERS. Les autres CATÉGORIES de l'ARMÉE
n'y devaient pas être sujettes. — L'ORDON-
NANCE DE CONSTITUTION DE 1788 (17 MARS) a
reconnu le principe d'un PIED DE PAIX et
de deux PIEDS DE GUERRE; la GUERRE DE LA RÉ-
VOLUTION en a dénaturé les applications. —
BONAPARTE n'a jamais songé à reconnaître,
sous forme permanente et constitutive, un
Pied d'armée; les ORGANISATIONS qu'il pro-
mulguait n'étaient que des dispositions tran-
sitoires; mais, à sa volonté, le chiffre variait
ou se modifiait à l'improviste ou mystérieu-
sement. — L'ORDONNANCE DE 1823 (19 MARS,
art. 43) disposait que les décisions royales
seules pouvaient motiver le passage d'un
Pied à l'autre. — Le MINISTRE CLERMONT-
TONNERRE a fait revivre le système d'un Pied
d'armée, ou d'un grand CADRE dilatable ou
restrictif, suivant des proportions prévues;
mais toute disposition de ce genre est inapplicable, si l'ARMÉE est inondée de CORPS PRI-
VILÉGIÉS et de sinécures, si le prince qui

gouverne est dépourvu de vues militaires, si la CAVALERIE et l'ARTILLERIE sont hors de proportion avec les TROUPES A PIED, et si la législation n'a ni principes ni stabilité; aussi le système des Pieds combinés a-t-il disparu. — Les divers Pieds modifient l'ADMINISTRATION, les APPOINTEMENTS, le CAMPEMENT, la DISCIPLINE, la JUSTICE, les PRESTATIONS, etc. — Tout passage d'un Pied à l'autre doit être indiqué par le fait d'une ORDONNANCE. — Les AUTEURS qui ont traité des différents Pieds des armées sont : BOHAN (1781, H), M. le colonel CARRION, M. le général COTTY, DELANOUE (1760, F), l'ENCYCLOPÉDIE (1785, C), GUIBERT (1773, E), LECOUTURIER, ODIER (1818, E), M. le général PRÉVAL., PUYSÉGUR (1748, C), SINCLAIRE (1775, L), TURPIN (1769, L), M. VAUCHELLE. — Le Pied d'armée sera surtout distingué ici en PIED DE GUERRE et en PIED DE RASSEMBLEMENT.

PIED de BATTERIE (B, 1). Sorte de PIED ou de support de la BATTERIE du FUSIL DE MUNITION. Il lui sert de moyen de rotation en roulant sur le RESSORT quand la BATTERIE se ment; il se termine en TALON; il est percé d'un ŒIL et assujetti par une VIS; il est logé entre le REMPART de la BATTERIE et la BRIDE du BASSINET. — Si le Pied de batterie est usé, la POUDRE D'AMORCE est mal enfermée et se perd. — Un Pied de batterie sans huile résiste au tireur, n'ouvre point le BASSINET, occasionne un RATÉ.

PIED de BICHE. V. BICHE. V. CRANEQUIN.

PIED de BRIDE DE NOIX (B, 1). Sorte de PIED dont la VIS DE BRIDE traverse l'ŒIL; la bride s'appuie carrément contre la face intérieure du CORPS DE PLATINE.

PIED de CAPTIVITÉ. V. CAPTIVITÉ. V. POSITION INDIVIDUELLE. V. SUR PIED DE CAPTIVITÉ. V. TRAITEMENT DE CAPTIVITÉ.

PIED de CHÈVRE. V. ARBALÈTE. V. CHÈVRE. V. CRANEQUIN.

PIED de CHIEN (B, 1). Sorte de PIED, ou de partie inférieure dans laquelle est pratiquée l'ouverture quadrangulaire où s'ajuste le CARRÉ de la NOIX.

PIED de COMPLET. V. COMPLET.

PIED de CONGÉ. V. CONGÉ. V. PAIN DE MUNITION.

PIED de DÉTENTION. V. DÉTENTION. V. TRAITEMENT DE DÉTENTION.

PIED de DISPONIBILITÉ. V. CORPS D'INTENDANCE N° 5. V. DISPONIBILITÉ.

PIED de FLÈCHE. V. CRAN DE FLÈCHE. V. FLÈCHE.

PIED de GLACIS. V. GLACIS DE FORTIFICATION. V. SAPE.

PIED de GUERRE (A, 1). Sorte de PIED D'ARMÉE dont MAURICE DE SAXE (1757, A) proposait l'institution, à raison d'une AUGMENTATION DE FORCES plus ou moins considérable suivant le besoin. — Depuis la CONSTITUTION de 1762, l'ARMÉE AGISSANTE devait s'accroître de soixante-dix mille HOMMES D'INFANTERIE, parce que les ESCOUADES devaient se grossir, au besoin, de manière à porter les COMPAGNIES à soixante-dix, à soixante-douze ou à quatre-vingts hommes. — Le MINISTRE à qui l'on doit cette innovation en ADMINISTRATION avait posé en principe que l'ORDONNANCE qui eût déterminé la proportion du Pied de guerre des CADRES, eût déclaré quelle portion du territoire était mise en ÉTAT DE GUERRE. — L'ORDONNANCE DE 1788 (17 MARS), relative à la COMPOSITION de l'ARMÉE, rétablissait le Pied de guerre sous deux espèces : l'une s'appelait le PREMIER PIED, l'autre le GRAND PIED. Le premier augmentait les RÉGIMENTS D'INFANTERIE de deux cent quarante-quatre HOMMES, le second d'une pareille quantité. — La CAPITULATION SUISSE de 1815 ne stipulait pas les éventualités d'un Pied de guerre; les Suisses étaient si splendidement émolumentés que leur TRAITEMENT pouvait être regardé comme un TRAITEMENT en TEMPS DE GUERRE. — La FORMATION DE GUERRE donne droit à des PRESTATIONS, à des APPOINTEMENTS dont le taux commence le jour de la date du Pied de guerre, et finit la veille du rétablissement du PIED DE PAIX. — La FORMATION sur les divers Pieds influe sur la POSITION ADMINISTRATIVE, sur les règles qui concernent les HONNEURS, sur la SOLDE, le LOGEMENT, le BOIS DE CHAUFFAGE et les FOURNITURES délivrées à la TROUPE, aux OFFICIERS, aux CHIRURGIENS, aux EMPLOYÉS, au CORPS D'INTENDANCE. — Le passage du PIED DE PAIX au Pied de guerre, soit en CAMPAGNE, soit dans les PLACES EN ÉTAT DE GUERRE, ne peut résulter que d'une décision royale. En vertu de l'ORDONNANCE DE 1825 (19 MARS), ce passage motive les GRATIFICATIONS D'ENTRÉE EN CAMPAGNE, la SOLDE DE GUERRE, une bonification de RATIONS, un SUPPLÉMENT DE PAIN DE MUNITION, des INDEMNITÉS DE FOURRAGES, des FOURNITURES de VIANDE et de LIQUIDES, etc. Le passage du Pied de guerre au PIED DE PAIX est le fait d'une RÉFORME, et motive restitution des ARMES EXCÉDANTES. — Le plus souvent le retour au pied de paix surcharge les CORPS d'OFFICIERS SURNUMÉRAIRES. — L'ORDONNANCE DE 1825 (27 FÉVRIER) soumettait à un Pied de guerre non-seulement la CAVALERIE DE BATAILLE et LÉGÈRE DE LIGNE, mais celle de la GARDE. C'était une mesure blâmable, car des CORPS PRIVILÉGIÉS ne sauraient être susceptibles d'une AUGMENTATION de ce genre, à raison de leur COMPOSITION exceptionnelle; ce serait réduire à rien la LIGNE que d'en verser l'élite dans d'autres CORPS, au jour même où la TROUPE qui combattra le plus a le plus besoin de vigueur. — On regarde le Pied de guerre de la CAVALERIE comme ne pouvant pas s'élever au-dessus du septième, ou au plus du sixième de la force de PAIX; peut-être même est-ce exagéré? — En traitant du PERSONNEL et des RÉGIMENTS de l'ARTILLERIE et du GÉNIE de l'ARMÉE FRANÇAISE, nous avons exposé les variations du Pied de guerre au PIED DE PAIX à certaines époques; mais L'ARTILLERIE ne devrait pas être regardée comme de nature à subir des modifications de ce genre; ses CHEVAUX seuls doivent être sujets à une variation de nombre, ou du moins l'AUGMENTATION des HOMMES ne doit avoir d'autre objet que de faire des élèves qui, si la guerre doit se prolonger, pourront, après un laps de plusieurs années, ENTRER EN CAMPAGNE. — Il y a, par rapport à la cavalerie, cette différence que les CHEVAUX eux-mêmes qui seraient ajoutés à ceux en service ne pourraient entrer en campagne qu'après le laps de temps qui aurait permis de les dresser, de les verser à l'escadron, et de les accoutumer au régime diététique de la GUERRE. — Le passage au Pied de guerre doit-il s'effectuer par une création de COMPAGNIES, de BATAILLONS, de CORPS, etc.? Ce moyen rappelle l'enfance de l'ART: les AUGMENTATIONS DE FORCES ne doivent s'opérer que par un gonflement des CADRES, mais en y versant des HOMMES formés et prêts à FAIRE CAMPAGNE; de là résulte que l'INFANTERIE seule est subitement susceptible d'accroître ses FILES, parce que, au besoin, elle fait son éducation tout en combattant; de là résulte aussi que les COMPAGNIES DE GRENADIERS ne devraient pas se grossir SUR PIED DE GUERRE, puisque le jour où la GUERRE éclate n'est pas l'instant d'énerver les autres COMPAGNIES. — Sortir du Pied de guerre s'appelle, plus ou moins positivement, DÉSARMER. — L'armée de la CONFÉDÉRATION, les MILICES BAVAROISE, PRUSSIENNE, etc., sont celles où le Pied de guerre est constitutionnellement prévu. — Les AUTEURS qui ont traité du Pied de guerre sont: M. le colonel CARRION (1824, A), M. le général COTTY (1822, A), DELANOUE (1760, F), ENCYCLOPÉDIE (1785, C), GUIBERT (1773, E), LACHNAIE (1758, I), MAIZEROY (1773, B), MAURE DE SAXE (1757, A), ODIER (1818, E), PUYSÉGUR (1748, C), SINCLAIRE (1773, L), TURPI (1769, L); M. VAUCHELLE, la *Sentinelle de l'Armée* (t. v, p. 83, 84, etc.).

PIED DE JUGEMENT. V. JUGEMENT. V. JUGEMENT MILITAIRE. V. POSITION INDIVIDUELLE.

PIED DE LANCE. V. LANCE. V. TALON DE LANCE.

PIED DE MISSION. V. MISSION. V. OFFICIER EN MISSION.

PIED DE PAIX. V. ABONNEMENT D'ENTRETIEN. V. ADMINISTRATION D'ARMÉE. V. APPOINTEMENTS. V. ARME EXCÉDANTE. V. ARMÉE FRANÇAISE N° 4, 9. V. ARRIVÉE DE CORPS EN ROUTE. V. ARTILLERIE A CHEVAL DE GARDE ROYALE. V. ARTILLERIE A CHEVAL DE LIGNE. V. ARTILLERIE A PIED DE GARDE ROYALE. V. ARTILLERIE A PIED DE LIGNE. V. ARTILLERIE DE GARDE ROYALE. V. ARTILLERIE DE LIGNE. V. ARTILLERIE IDIOPLIQUE (tableau). V. AUGMENTATION DE FORCES. V. AVANCEMENT AU GRADE D'OFFICIER. V. BATAILLON D'INFANTERIE FRANÇAISE DE LIGNE N° 2, 4. V. CADRE AGRÉGATIF. V. CAVALERIE DE BATAILLE. V. CAVALERIE DE GARDE ROYALE. V. CAVALERIE FRANÇAISE N° 4. V. CAVALERIE LÉGÈRE. V. CHIRURGIEN EN ROUTE. V. CHIRURGIEN-MAJOR DE CORPS N° 5. V. COMPAGNIE DE CHASSEURS. V. COMPAGNIE DE GRENADIERS D'INFANTERIE FRANÇAISE DE LIGNE N° 3. V. COMPAGNIE D'INFANTERIE FRANÇAISE DE LIGNE N° 2 (tableau). V. COMPAGNIE D'OUVRIERS D'ARTILLERIE. V. COMPLET. V. COMPOSITION. V. CONSTITUTION MILITAIRE. V. CONVOI A LA SUITE. V. ESCADRON DE TRAIN D'ARTILLERIE. V. ESCOUADE. V. FILE DE BATAILLON. V. FOURRAGE DE DISTRIBUTION. V. GARDE ROYALE N° 2. V. GUERRE DE 1741. V. HOMME DE TROUPE N° 5. V. HONNEURS. V. INDEMNITÉ DE FOURRAGE. V. INFANTERIE DE BATAILLE N° 4. V. INFANTERIE FRANÇAISE DE GARDE ROYALE N° 1. V. INFANTERIE FRANÇAISE DE LIGNE N° 2, 4. V. INFANTERIE FRANCO-ÉTRANGÈRE. V. INFANTERIE FRANCO-SUISSE N° 5. V. INFANTERIE LÉGÈRE N° 4. V. JUGE MILITAIRE. V. LIQUIDE. V. LOGEMENT D'HABITATION. V. MILICE BAVAROISE N° 1, 2. V. MINISTRE DE LA GUERRE, 1761; id. en 1824 (4 août). V. OFFICIER N° 3. V. OFFICIER FRANÇAIS N° 8, 9. V. OFFICIER SURNUMÉRAIRE. V. PAIN DE MUNITION. V. PAIX. V. PIED D'ARMÉE. V. PIED DE GUERRE. V. POSITION ADMINISTRATIVE. V. POSITION GÉNÉRALE. V. POSITION INDIVIDUELLE. V. PRESTATION. V. RÉFORME. V. RÉGIMENT D'ARTILLERIE N° 3. V. RÉGIMENT DE CAVALERIE FRANÇAISE N° 4. V. RÉGIMENT D'INFANTERIE FRANÇAISE N° 2 (tableau). V. RÉGIMENT DU GÉNIE. V. SOLDE, subs. fém. V. SUR PIED DE PAIX.

PIED DE PERMISSION. V. PAIN DE MUNITION. V. PERMISSION.

PIED DE PRÉSENCE. V. PRÉSENCE. V. SOLDE, subs. fém.

PIED DE RASSEMBLEMENT (A, 1). Sorte de PIED D'ARMÉE dont l'institution appartient à des époques peu anciennes. Le DÉCRET DE 1810 (3 JUIN) investissait le MINISTRE DE LA GUERRE, lui seul, du droit d'ordonner ce

Pied. C'est comme une transition de l'ÉTAT DE PAIX à l'état de GUERRE, comme un apprentissage, une répétition du TEMPS DE GUERRE. — C'est une POSITION qui modifie la paye, donne à une TROUPE rassemblée, même en TEMPS DE PAIX, la jouissance de certaines PRESTATIONS qui appartiennent surtout à l'ÉTAT DE GUERRE ; ainsi les OFFICIERS, les EMPLOYÉS, les CHIRURGIENS sont traités sur Pied de rassemblement comme ils le seraient sur PIED DE GUERRE.

PIED de REMPART. V. REMPART. V. REMPART DE FORTERESSE.

PIED de RESSORT. V. CORPS DE PLATINE. V. RESSORT DE PLATINE.

PIED de ROUTE. V. OFFICIER EN MISSION. V. ROUTE.

PIED de STATION. V. STATION.

PIED de TERRE-PLEIN. V. TERRE-PLEIN DE FORTERESSE.

PIED d'EFFECTIF. V. EFFECTIF. V. TABAC.

PIED d'HOPITAL. V. HOPITAL. V. POSITION INDIVIDUELLE. V. SUR PIED D'HOPITAL.

PIED EN CAP. V. ARMÉ DE P... V. ARMURE DE P... V. DE P... V. EN CAP.

PIED FERME. V. ACTION DE P... V. ALIGNEMENT INDIVIDUEL DE P... V. ALIGNEMENT SIMULTANÉ. V. ALIGNEMENT SUCCESSIF. V. ALIGNEMENT SUR LE CENTRE. V. ARQUEBUSE A CROC. V. BATAILLON D'INFANTERIE FRANÇAISE DE LIGNE N° 7. V. BRELOQUE. V. CHANGEMENT DE DIRECTION EN MASSE PAR LE FLANC, etc. V. CONTRE-MARCHE TACTIQUE. V. CONVERSION A RECULONS. V. CONVERSION DE P... V. DE P... V. DÉPLOIEMENT DE P... V. ESPACE DE RANGS. V. FERME, adj. V. HALTE TACTIQUE. V. OUVRIR LES RANGS. V. PLOIEMENT.

PIED GAUCHE. V. GAUCHE. V. PAS CADENCÉ. V. POSTE D'HONNEUR.

PIED HUMAIN. V. HUMAIN. V. MUTILATION VOLONTAIRE. V. PIED.

PIÉMONT. V. NOMS PROPRES.

PIÉMONTAIS (piémontaise), adj. V. ADJUDANT-MAJOR P... V. AIDE DE CAMP P... V. ARMÉE P... V. ARMEMENT P... V. ARTILLERIE P... V. BATAILLON P... V. BRIGADE P... V. CAPITAINE P... V. CAVALERIE P... V. CHASSEUR P... V. CHEVAU-LÉGER P... V. COLONEL P... V. COMMISSAIRE P... V. COMPAGNIE P... V. CONSEIL P... V. CORNETTE P... V. CORPS P... V. DIVISION P... V. DRAGON P... V. DRAPEAU P... V. ESCADRON P... V. ÉTAT-MAJOR P... V. GARDE P... V. GÉNÉRAL P... V. GÉNIE P... V. GRENADIER P... V. HABILLEMENT P... V. HABIT P... V. INFANTERIE P... V. INTENDANT P... V. INVALIDE P... V. LÉGION P... V. LIEUTENANT-COLONEL P... V. MAJOR P... V.

MILICE P... V. OFFICIER P... V. PRÉVOT P... V. QUARTIER-MAITRE P... V. RÉGIMENT P... V. RÉSERVE P... V. SERGENT-MAJOR P... V. SERGENT P... V. SERVICE P... V. SOLDAT P... V. SOUS-OFFICIER P... V. TIRAILLEUR P... V. TROUPE P... V. VÉTÉRAN P...

PIERRE. V. NOMS PROPRES.

PIERRE, subs. fém. V. A PIERRE. V. A PIERRES. V. ASSIS DE P... V. BISEAU DE P... V. BOULET DE P... V. BOULET EN P... V. DESSOUS DE P... V. DESSUS DE P... V. EN PIERRE. V. ESSUIE-PIERRE. V. ESSUYEZ LA PIERRE. V. FLANC DE P... V. FAUSSE P... V. MÈCHE DE P... V. NOEUD DE P... V. QUARTIER DE P... V. TALON DE P... V. TRANCHANT DE P...

PIERRE (term. génér.). Mot qui est dérivé du LATIN *petra*. Il se distingue en PIERRE A FEU et en PIERRE PROJECTILE.

PIERRE A AIGUISER. V. A AIGUISER. V. FAUX DE CAMPEMENT.

PIERRE A CANON. V. A CANON. V. PIERRE PROJECTILE.

PIERRE A FEU. V. A FEU. V. BOMBE. V. BOULET A FEU. V. BOULET PROJECTILE. V. PIERRE PROJECTILE.

PIERRE (pierres) A FEU (B, 1), OU PIERRE A FUSIL, OU SILEX PYROMAQUE. Sorte de PIERRES de l'espèce vulgairement appelées cailloux. Elles ne vont être examinées que comme EFFET DE PETITE MONTURE de l'INFANTERIE, et non comme synonymes de BOMBES, de BOULETS A FEU, ou de PROJECTILES CREUX, car cette synonymie est maintenant hors d'usage. — Les ITALIENS rendent Pierre à fusil par *focaja* ; le caractére technique du terme et le nom du FUSIL témoignent que l'invention des Pierres à feu est ITALIENNE. — De 158', suivant M. MEYER (Moritz), jusqu'en 172, époque de l'abandon des PYRITES, on se serait servi en même temps et de SILEX, et de PYRITES pareilles à celles des ARQUEBUSES A ROUET, et de MOUSQUETS A MÈCHE. Dès 158, suivant cet AUTEUR, des PLATINES ÉCOSSAISES étaient à SILEX. — Nous croyons plus exact de dire qu'en FRANCE, depuis l'abolition du MOUSQUET, et jusqu'à l'invention des AMORCES FULMINANTES, la Pierre à feu a été l'unique moyen d'inflammation des PETITES ARMES. — La Pierre du FUSIL D'INFANTERIE a d'abord et longtemps été employée presque brute ; l'art de tailler ce genre de Pierre a été découvert assez tard ; ainsi les LATINES ARABES de la péninsule hispanique des FUSILS qu'on fabriquait en ESPAGNE dans le dernier siècle encore, avaient la FUILLE DE BATTERIE non unie, mais à cannelus verticales, destinées à déchirer plus puissamment par leurs angles les aspérités de l'écorce crayeuse d'un caillou naturel; tandis que la FEUILLE À FACE plane eût pu y glisser sans la RACLER ni donner de feu. L'usage de ce dernier genre de FEUILLE a été une conséquence de la découverte de l'art d'ébiseller le SILEX, c'est-à-dire de lui donner un DESSUS, un DESSOUS, un BISEAU à TAILLANT, un TALON. — Son BISEAU s'appelle aussi MÈCHE; le TALON est la partie contiguë à la CRÊTE du CHIEN. — Le DESSUS se nomme également ASSIS ou ASSISE; ses CÔTÉS s'appellent FLANCS; son DESSOUS en est la face la plus étendue. La Pierre étant placée, son TRANCHANT doit dépasser de trois lignes les MÂCHOIRES du CHIEN; on la dispose de manière à placer le BISEAU en dessus, pour donner au tireur la facilité d'ouvrir le BASSINET, en plaçant le pouce au-dessus de la Pierre, contre la partie de la BATTERIE séparée, par une côte, du reste de la FEUILLE. — Depuis l'invention de la taille de la Pierre, les HOMMES D'INFANTERIE étaient pourvus, comme le témoignent BOMBELLES (1719, B) et GANEAU, d'un ESSUIE-PIERRE; ESSUYEZ LA PIERRE était un des commandements de la charge. — Les Pierres d'un travail mal réussi s'appelaient BOUCANIÈRES, parce qu'au lieu d'être embarillées ou emmagasinées, pour l'usage des TROUPES, elles étaient jetées dans le commerce des ARMES BOUCANIÈRES. — On emmagasine les Pierres à feu dans des lieux frais et non éclairés; on les encaque dans des barils de la contenance de cinquante kilogrammes de poudre; leur transport doit être l'objet de grands soins, car si elles s'entrechoquaient, la détérioration de leur MÈCHE pourrait mettre les FUSILS hors de service. — L'agathe aussi peut servir comme SILEX PYROMAQUE, mais la dureté de ce minéral dégraderait promptement une FEUILLE DE BATTERIE. — Une des pénuries dont l'expédition d'ÉGYPTE eut le plus à souffrir, fut celle des Pierres à feu; faute d'ouvriers qui sussent les apprêter, et faute de temps pour l'accomplissement de ce travail, il fallut recourir aux cailloux brutes ou grossièrement brisés, comme l'avaient fait les ARABES et les ESPAGNOLS. — Les Pierres à feu qu'on préfère sont brunes ou blondes et sans NŒUDS; on nomme GRIMAUDS leurs parties ou veines de couleur tendre; leur BISEAU ne doit offrir aucune fente, aucune tache noire ou laiteuse; le DESSOUS en doit être plan; l'ASSIS, parallèle au DESSOUS; l'ensemble, d'une proportion juste. — On obtient du feu quarante à cinquante fois d'une Pierre ordinaire; le maximum irait difficilement à cent coups. — Quand le BISEAU émoussé, après avoir servi un certain nombre de fois, n'enflamme plus l'ACIER de la BATTERIE, on en rétablit le TRAN-

CHANT en écaillant, à petits coups, le BISEAU, à l'aide d'une lame de couteau ou d'un outil de la BOITE À TOURNEVIS. — Le RÈGLEMENT DE 1792 (24 JUIN) voulait que les extrémités du BISEAU fussent arrondies, pour que le SOLDAT, en ouvrant le BASSINET, ne fût pas exposé à se blesser le pouce. — La Pierre n'était, autrefois, consolidée entre les MÂCHOIRES du CHIEN qu'à l'aide de chiffons ou de papier. Depuis le commencement du dix-neuvième siècle, les FRANÇAIS ont substitué à ces moyens défectueux, l'usage des PLOMBS ou ENVELOPPES à OREILLES. — On a appelé PIERRES DE BOIS, et l'ORDONNANCE DE 1833 (2 NOVEMBRE) a appelé FAUSSES PIERRES, les Pierres postiches dont on se sert dans les EXERCICES ordinaires pour ménager le SILEX. — En vertu de l'ORDONNANCE DE 1822 (17 AOUT), on délivrait à l'INFANTERIE des Pierres, à raison du vingtième des CARTOUCHES D'EXERCICE. L'instruction de 1822 (5 septembre) expliquait les qualités, formes, dimensions, nature, vérification des Pierres à feu. — Les CAISSONS À CARTOUCHES portent les Pierres à feu des ARMÉES EN CAMPAGNE; la BOURSE de la GIBERNE française est destinée à contenir les PIERRES DE RECHANGE délivrées à chaque HOMME; mais ce n'était pas ainsi que les portait la MILICE RUSSE. — En certaines MILICES, on essaye de substituer, comme bien moins sujettes aux RATÉS, les AMORCES FULMINANTES aux Pierres à feu. C'est un système préférable, et l'humanité aussi y trouverait son compte, car la profession de tailleur de Pierres à feu frappe ces ouvriers de pulmonie et les conduit au tombeau à trente-cinq ou quarante ans, et de plus, en tuant plus vite, on pourrait faire les guerres plus courtes. — Les AUTEURS qu'on peut consulter au sujet des Pierres à feu sont: AUDOUIN, BARDIN (1807, D; 1809, B), BOREL (Pierre), au mot *Fusil*, M. le général COTTY, au mot *Silex*, l'ENCYCLOPÉDIE (1785, C); id. section des arts et métiers mécaniques, t. VI), M. FRANCŒUR, GASSENDI, HACQUET, LACHESNAIE (1758, I, au mot *Essuyez la Pierre*), LECOUTURIER, MEYER (Moritz), POTIER (1779, X).

PIERRE À FUSIL. V. À FUSIL. V. BAQUET. V. MILICE RUSSE Nº 4. V. RATÉ.

PIERRE de BOIS. V. BOIS. V. EXERCICE TACTIQUE. V. PIERRE À FEU.

PIERRE de BOMBARDE. V. BOMBARDE. V. PIÈCE À BOITE. V. PIERRE PROJECTILE.

PIERRE de FONTE. V. BOULET EN MÉTAL. V. FONTE. V. PIERRE PROJECTILE.

PIERRE de FRONDE. V. FRONDE. V. FUSTIBALE.

PIERRE de RECHANGE. V. BOURSE DE GIBERNE. V. PIERRE À FEU. V. RECHANGE.

PIERRE (pierres) PROJECTILE (F ; G, 2, 3). Sorte de PIERRES ou d'ARMES NATURELLES dont la fureur humaine a, de tout temps, fait un CORPS PROJECTILE d'abord portatif et jeté à la main, et qui servit ensuite aux GRANDES ARMES ; c'étaient les BALLES et les BOULETS du temps. — Dans l'histoire des ARMÉES, l'usage des Pierres est aussi ancien que les premières GUERRES connues ; HOMÈRE et VIRGILE en parlent fréquemment, et LUCAIN fait mention des quartiers de roc employés au SIÉGE DE MARSEILLE. — Les Pierres projectiles ont été de plusieurs espèces : celles qui dépendaient des ARMES NÉVROBALISTIQUES et des MACHINES anciennes ; celles des ENGINS A POUDRE du MOYEN AGE ; celles dont l'ARTILLERIE moderne fait encore quelque emploi. — M. ROQUEFORT appelle QUARELLES, celles que lançaient les BALISTES. — Quand le métal a remplacé la Pierre, on a appelé PIERRES DE FONTE les PROJECTILES de certaines BOUCHES A FEU. — Les premières Pierres étaient maniées par les ilotes ou les PSILITES GRECS, par les ACCENSES, les ADDITS, les FRONDEURS, les FÉRENTAIRES, les RORAIRES et autres ARMÉS A LA LÉGÈRE de la MILICE ROMAINE. Dans cette MILICE, la Pierre projectile devenait au besoin suppliciante ; la LAPIDATION était l'ARQUEBUSADE de l'époque ; les ÉLÉPHANTS même étaient dressés à jeter des Pierres sur l'ENNEMI ou sur les patients. — Les Pierres, d'abord lancées à la main, le furent ensuite à l'aide des CATEIES, des FRONDES, des FUSTIBALES, des LIBRILLES, des SCORPIONS NÉVROBALISTIQUES. — Quand la SCIENCE MILITAIRE, en se raffinant, eut inventé les MACHINES, les Pierres taillées, ou en QUARTIERS, furent les MOBILES des ARMES A VENT, des CATAPULTES, des ESPINGARDES, des FRONDIBALES, des MONANCONES, des ONAGRES ; les bas siècles héritèrent de ces usages, dont la MILICE GRECQUE avait donné à l'Occident les premiers exemples. Du haut des TORRIONS et des CAVALIERS DE FORTIFICATION, les Pierres défendaient une BRÈCHE ; les MACHICOULIS servaient à écraser de Pierres les ASSIÉGEANTS. Sous les noms de BEDAINES, de MOLIÈRES, de MOUCHETTES, les Pierres furent mises en jeu par les CLIDES, les ESPINGARDES, les FONDELLES, les GOUFFORTS, les MANGANELLES, les MANGONNEAUX, les MARTINETS, les PALINTONES, les PERDRIAUX, les PERRIERS ou PERRIÈRES, les PÉTROBALES, les PIÈCES A BOITE, les TORTORELLES. — On appelait GETTEIS, cette pluie de Pierres qui était comme la MITRAILLE de ces époques. La fonction des RONDELLIERS était de préserver de leurs atteintes les camarades qu'ils accompagnaient. — Les Pierres employées aux usages qui viennent d'être indiqués, étaient mises en service à peu près dans l'état où les fournissaient le sol ou la carrière. — Un auget, une BASCULE, un BRAS ou STYLE en forme de longue cuiller, un culot en filet, un panier, un TRABUCHET, étaient les moyens les plus ordinaires de cette manœuvre. — On se servait de PAVOIS comme d'abris contre le TIR des PIERRIERS. — Le second genre de Pierres projectiles appartient aux primitives ARMES A FEU et s'appela PIERRES A CANONS, PIERRES A BOMBARDES. Celles-ci commencèrent à être soumises à une main d'œuvre qui les proportionnait au genre des TUBES dont elles étaient chassées par la POUDRE ; telles furent celles dont nous avons donné idée en traitant des BOULETS EN PIERRES. Le nom de Pierres, synonyme de PROJECTILE D'ARTILLERIE, était tellement consacré, qu'aujourd'hui encore dans la MILICE AUTRICHIENNE la supputation du poids des PROJECTILES CREUX rappelle les vieux calculs de la pesanteur spécifique des PIERRES A CANONS. — Dans les temps modernes, les MORTIERS, les PIERRIERS ont continué seuls, et dans les ACTIONS DÉFENSIVES surtout, à lancer des Pierres comme PROJECTILES. On a évalué à cinq coups la contenance d'un tombereau. Leur TIR GERBAIT, c'est-à-dire qu'elles pleuvaient en gerbe sur un large espace. — Les AUTEURS qu'on peut consulter sur ces matières sont : M. le colonel CARRION, M. le général COTTY, DARU, GASSENDI, PHILIPPE DE CLÈVES.

PIERRIER, subs. masc. V. BOITE DE P... V. CANON PIERRIER. V. PANIER A P... V. TIR DE P...

PIERRIER (pierriers) (F ; G, 2, 3), ou PERRIÈRE, ou PIERRIÈRE, suivant LACHESNAIE (1758, I). Ces mots, dont l'ITALIEN *petriere* est la racine, sont en rapport avec le substantif PIERRE ; ils ont servi de dénomination à des CATAPULTES, à des MALVEISINES, à des PIÈCES D'ARTILLERIE de genres fort différents entre elles, et servant à lancer des blocs ou des débris de Pierres. — Les ITALIENS appelaient *petriere a braga*, PERRIÈRE à braie ou à culotte, les Pierriers à CHAMBRE MOBILE ; les PORTUGAIS les nommaient *piezas a braga*, et les ESPAGNOLS, *piezas de camera* ; UFANO le témoigne. — Maintenant le terme Pierrier s'emploie uniquement, comme abréviation de MORTIER-PIERRIER, ou comme synonyme de MORTIER A PIERRES, et comme de l'espèce des BOUCHES A FEU A TIR COURBE. — Dans l'origine, les ENGINS A POUDRE étaient généralement des PERRIERS, des PERRIÈRES, des PÉTREAULX, comme les appelait PHILIPPE DE CLÈVES (1520, A). C'était la traduction du LATIN *petraria*. Ils succédaient aux PERRIÈRES névrobalistiques, ou MACHINES analogues ; ils se chargeaient par la CULASSE. — MAHOMET DEUX passe pour les avoir inventés en 1481 ; mais nous en doutons, puisque la MILICE VÉNITIENNE obtenait des résultats pareils en 1530. Leur usage a laissé des traces dans la MILICE TURQUE ; de nos jours encore, des Pierriers qui défendent l'Hellespont, sont des CANONS lançant des BOULETS EN PIERRE, et ayant un calibre d'un pied et demi à deux pieds. — — On a ensuite appelé Pierriers, de PETITES PIÈCES DE CANONS qui étaient d'une LIVRE de balles et défendaient les FORTS et les CHATEAUX ; on y a renoncé depuis longtemps. Elles étaient arrêtées par les TOURILLONS, sur un pivot ou FOURCHETTE à demeure ; ainsi, on en changeait, à volonté, la direction de droite et de gauche, de haut et de bas ; leur CHAMBRE était MOBILE ; on introduisait, par derrière, la BALLE ou la PIERRE dont on les chargeait ; on enfermait ensuite dans la CULASSE la BOITE A PIERRIER ou CHAMBRE pleine de POUDRE ; on l'arrêtait avec solidité et l'on FAISAIT FEU. — On voit encore sur les BATIMENTS DE MER des PIÈCES de ce genre qui ont conservé ce nom. — Il ne reste plus pour ainsi dire, de ces divers usages, que les Pierriers soit sur AFFUTS de bois, ou de fer ou de fonte, soit sur CRAPAUD ; on les appelle MORTIERS-PIERRIERS. Ce sont des PIÈCES DE FER peu chargées de métal, et dont les MOBILES sont contenus dans des PANIERS peu distants de la BATTERIE ; le TIR n'en est jamais sûr ; l'exécution en est difficile, mais leur emploi est indispensable dans la GUERRE DE SIÉGE OFFENSIVE et DÉFENSIVE ; on s'en sert aussi sur les GALIOTES à BOMBES. — Les Pierriers ont le plus ordinairement quinze à dix-huit pouces de diamètre ; ils portent jusqu'à cent cinquante livres de PIERRES de la grosseur d'un œuf, ou un pied cube, ce qui équivaut, suivant Gassendi, au quinzième de la charge d'un tombereau. Cet ÉCRIVAIN donne les dimensions de leur PLATEAU. — Les Pierriers de FORTERESSE servent, si la PLACE est assiégée, à lancer des BALLES A FEU, des CARCASSES, des GRENADES ; on les tire à PIERRES pour CHAGRINER les SAPES ou les BOYAUX DE SIÉGE, ou pour favoriser la DÉFENSE du CHEMIN COUVERT quand l'ASSIÉGEANT cherche à y établir un LOGEMENT. — — Si les Pierriers font partie de l'ARTILLERIE DE SIÉGE OFFENSIF, ils sont le plus ordinairement de quinze pouces, et servent à favoriser le travail des SAPEURS et à foudroyer le CHEMIN COUVERT après son COURONNEMENT. — A l'égard des acceptions variées que le mot Pierrier a prises, on peut consulter : AUDOUIN, BARDET (1740, A), BELAIR (1792), CARRÉ (1783, E), M. le colonel CARRION (1824, A), M. le général COTTY (1822, A,

au mot *Calibre*), DUPAIN (1757, B), DURTUBIE, l'ENCYCLOPÉDIE (1751, C ; 1785, C), GASSENDI, GUIGNARD, GUILLET (1686, B), LACHESNAIE (1758, I, au mot *Pierrière*), LECOUTURIER (1825, A), MAIZEROY (1771, A ; 1773, B), MANESSON (1685, B), PHILIPPE DE CLÈVES (1520, A), VELLY (t. IV, p. 70 ; t. VII, p. 526).

PIERRIÈRE, subs. fém. V. PERRIER. V. PIERRIER.

PIERROT. V. NOMS PROPRES.

PIÉTAILLE, subs. fém. V. INFANTERIE N° 3. V. PIED. V. PIÉTON.

PIÉTINEMENT, subs. masc. V. PETIT PAS. V. PIED.

PIÉTON, subs. masc. (F), OU CANAPSA, OU PAONNIER, OU PÉTAU, OU PION OU PIONNIER, suivant M. ROQUEFORT et GÉBELIN. Le premier de ces ÉCRIVAINS donne pour dépréciatif de Piéton le collectif PIÉTAILLE, dont la CAVALERIE se servait dédaigneusement à l'égard de l'INFANTERIE. Quant à la synonymie avec le mot PION, venu de l'ASIE, on la retrouve encore, suivant DUANE (1810, E), dans la dénomination des PEONS, dénomination par laquelle les INDIENS désignent des SOLDATS MUNICIPAUX. GUILLAUME GUIART emploie piétaille dans le sens d'INFANTERIE d'ARRIÈRE-BAN. — Le mot Piéton vient, suivant MÉNAGE, du bas latin *pedito, peditonis*, provenu, lui-même, du pur latin *pedes, pedites*. — Chronologiquement et linguistiquement, les HOMMES DE PIED de la MILICE FRANÇAISE ont été des SERGENTS MILITAIRES au temps de la LANGUE LATINE ; ils ont été des Piétons depuis l'usage de la LANGUE ROMANE jusqu'au quatorzième siècle ; depuis l'emploi des PETITES ARMES A FEU, ils sont devenus FANTASSINS ; les expéditions des FRANÇAIS en ITALIE, nos communications avec l'ARMÉE ESPAGNOLE, les règles écrites touchant la TACTIQUE, les ont faits INFANTERIE OU HOMMES D'INFANTERIE. — Les Piétons étaient inférieurs aux ARBALÉTRIERS A PIED ; l'ORDONNANCE DE 1338 (JUIN) le témoignait et n'accordait aux Piétons que douze deniers tournois de SOLDE par jour. Le RÈGLEMENT DE 1351 (DERNIER AVRIL) ordonnait les Piétons en CONNÉTABLIES, c'est-à-dire en COMPAGNIES d'une force déterminée, composées d'ARBALÉTRIERS et de PAVESSIERS ; jusque-là, rien n'était moins réglé que le genre d'ARMES et d'HABILLEMENT dont se servaient les Piétons de l'ARMÉE FRANÇAISE. — La plupart du temps ils étaient armés d'instruments de labourage, de FLÉAUX, de FOURCHES-FIÈRES, de COUTEAUX, etc. Les mieux outillés avaient le BEC DE FAUCON ou l'ARBALÈTE à GUINDARD. Quelques-uns avaient une CHAUSSURE ; le plus grand nombre s'en passait. — La détestable composition des Piétons, avant HENRI QUATRE, nécessitait contre eux une JUSTICE dont les CHATIMENTS allaient jusqu'à la barbarie. — On appelait BACINETS, les Piétons coiffés d'un BACINET; quelques-uns portaient en outre une COTTE DE MAILLES plus légère que celle des CAVALIERS ou des GENS D'ARMES. — L'OST, ou ORDRE DE BATAILLE des Piétons, était sans art, sans principes; c'était une combinaison que l'ARRAIOUR ou MARÉCHAL DE L'HOST devait, chaque fois, improviser; il en fut ainsi jusqu'à l'institution des RÉGIMENTS.

PIÉTON ANGLAIS. V. ANGLAIS. V. MILICE ANGLAISE N° 8.

PIÉTON AUTRICHIEN. V. AUTRICHIEN. V. MILICE AUTRICHIENNE N° 1.

PIÉTON GREC. V. MILICE GRECQUE N° 2, 3, 7.

PIÉTON ROMAIN. V. MILICE ROMAINE N° 7. V. ROMAIN.

PIEU, subs. masc. V. CAMP ROMAIN. V. CHARGE DE SOLDAT. V. ÉPIEU. V. FOSSÉ DE FORTIFICATION. V. FRAISE DE FORTIFICATION. V. GUÉ. V. GYMNASTIQUE. V. HOUR. V. LÉGION ROMAINE N° 4. V. LIBRILLE. V. MILICE ANGLAISE N° 7. V. MILICE CHINOISE N° 6. V. PAL. V. PALANQUE. V. PALÉTER. V. PALISSADE. V. PARAPET. V. POTEAU D'ESCRIME.

PIEUCHON, subs. masc. V. HACHE D'ARMEMENT. V. PIOCHE.

PIFFRE, subs. masc. V. FIFRE.

PIFRE, subs. masc. V. FIFRE.

PIGACE, subs. fém. V. SOULIER A LA POULAINE.

PIGAFETTA. V. NOMS PROPRES.

PIGNON, subs. masc. V. LANCE A MAIN.

PIL, subs. masc. (F), ou PILÈTE. Mots dérivés, suivant M. ROQUEFORT, du LATIN *pistillum*, pilon. Il servait à désigner une ARME CONTONDANTE, du genre des MASSES D'ARMES ou de la MASSUE; les GASTADOURS en faisaient usage.

PILE (term. génér.). Mot qui a des sens fort différents, suivant le genre qu'il prend; il sera surtout examiné ici comme substantif masculin, et comme PROJECTILE.

PILE, subs. masc. (F), ou PILLE, suivant VELLY (t. IV, p. 479), ou PILON, suivant GUISCHARDT (1758, H), MAURICE DE SAXE (1757, A) et M. le général ROGNIAT (1816, B), ou PILUM. Ce dernier mot est la racine des autres. LACHESNAIE (1758, 1) et un petit nombre d'ÉCRIVAINS ont rendu, par le terme Pile, l'expression latine *pilum*; d'autres, au contraire, ont francisé, sous sa forme la-

tine, le mot; enfin des AUTEURS ont traduit sans raison, *pilum* par PIEU. — Le Pile était une ARME DARDELLE, une HASTE, un ÉPIEU qui, dans la MILICE ROMAINE, fit partie, pendant longtemps, de la CHARGE du soldat d'INFANTERIE. SERVIUS TULLIUS passe pour avoir donné le Pile aux HASTAIRES, et TITE LIVE dit qu'il était en usage dans la LÉGION dès l'an 71 de Rome. — On est peu d'accord touchant l'espéce et la forme du Pile, parce que les AUTEURS le dépeignent d'une manière absolue et sans distinction d'époques, tandis que les proportions de ce PROJECTILE ont varié suivant les temps. — FOLARD (1727, A) regarde le Pile comme une PERTUISANE ou un ESPONTON; mais cet ÉCRIVAIN a confondu le PILUM avec la PIQUE des TRIAIRES. Ce qui excuse son erreur, c'est qu'il y a eu des Piles allongés dont on se servait dans les SIÉGES, et qu'on appelait, par cette raison, PILE MURAL ou de REMPART, *pila muralia*. C'étaient, suivant JABRO (1777, G), de robustes PERTUISANES. Nous supposerions plutôt que c'étaient des ARMES PROJECTILES, parce que les usages des anciens étaient de ne défendre que l'ÉPÉE A LA MAIN les REMPARTS. — Il y avait des Piles que les ROMAINS nommaient aclide, *aclis;* c'était un JAVELOT que le SOLDAT, après l'avoir lancé, retirait à lui au moyen d'une corde; tel est, de nos jours encore, le PROJECTILE nommé DJÉRID. — Il y a eu des Piles de trois coudées ou quatre pieds un pouce, dont la HAMPE était quadrangulaire; elle avait une palme (deux pouces huit lignes) de diamétre. Son fer, retenu à la hampe par deux branches qui s'étendaient jusqu'au milieu du bois, formait une lame carrée et aiguë, qui dépassait d'une coudée et demie la hampe. Cette lame était accompagnée d'un crochet en manière d'hameçon; la main gauche du soldat tenait en réserve un autre pilum plus léger et de même longueur. Suivant l'ENCYCLOPÉDIE (1751, C), la hampe, au contraire, était cylindrique et assez forte pour emplir la main, et avait, en y comprenant le FER, cinq coudées et demie. Il y a eu des Piles bien plus courts. — M. de MONTVERAN donne au pilum six pieds de hampe. — Il ne règne pas moins de dissentiments à l'égard de la LAME ou du FER. Les uns le dépeignent aussi long que la moitié de la HAMPE et de forme carrée. Ce FER était, disent d'autres ÉCRIVAINS, long de neuf à douze pouces et recourbé en forme de hameçon. Ailleurs il est décrit comme assez robuste pour ne pas se briser et pour entamer même la cuirasse, après avoir traversé le BOUCLIER. La LAME s'attachait à la HAMPE par deux oreilles que deux chevilles de fer raversaient. Marius fit faire en bois une de ces chevilles, afin que le fer lancé contre le bouclier de l'ennemi, se pliant à la jonction de la lame, fût hors de service et embarrassât le bouclier. — Les Latins appelaient *palaria*, l'art et l'action d'atteindre un pal, un pieu, en y lançant de loin le Pile. C'était une des branches de la gymnastique romaine. — On disait *ad pilum et spatas ventum est* : on en est venu à l'épée et à l'épieu. On donnait par là l'idée de l'instant où les vélites ayant épuisé leurs traits, les hastaires commençaient à donner corps à corps. — L'usage du Pile à main avait cessé du temps de Végèce ; c'était alors la baliste qui le lançait. Cependant les chefs romains nommés ordinaires, *ordinarii,* portaient une arme qui avait quelque rapport avec l'ancien pilum. Celle qui y était analogue et dont se servaient les barbares s'appelait *bebra ;* celle qui avait remplacé, dans les légions romaines, l'ancien pilum se nommait *spiculum* et avait cinq pieds et demi de long ; le légionnaire portait, en outre de ce *spiculum,* un javelot moins robuste et d'un pied moins long, qu'on appelait autrefois *verriculum,* et du temps de Végèce, *verutum,* venant du mot *veru,* broche. — La framée était le Pile des Germains. Jabro (1777, G) dit que les Thraces et d'autres peuples faisaient usage d'une espèce de pilum nommé *romphœa* par Valérius Flaccus (poëme des Argonautes) et par Isidore ; quant à Aulugelle, il appelle cette arme *rumpia.* — Turnèbe appelle *matera,* le matras gaulois, qu'il compare au pilum ; les Suisses s'en servaient contre les soldats de César. — Tite Live aussi parle de cette arme, au sujet d'un combat où le consul Popilius fut blessé par un Gaulois. Suivant Patrizzi, l'*acontium* était le Pile gaulois ; d'autres opinions veulent que ce fut le gèze. — Guischardt (1758, H) a recherché le vrai sens du mot pilum, qu'on traduisait avant lui par dard a main, haste, javeline ; mais l'idée qu'il en fait prendre est restée mal éclaircie, et les auteurs, en se contredisant, n'avancent pourtant rien que de vraisemblable, parce que chacun ne voit qu'une des particularités du sujet. Le difficile serait d'assigner une époque qui répondît à la chose expliquée, mais la difficulté est insurmontable. — On peut s'en assurer en consultant Carré (1783, E), M. le colonel Carrion (1824, A), César (51 avant J.-C.), M. le général Cotty (1822, A), Denis d'Halicarnasse, Despagnac (1751, D), l'Encyclopédie (1751, C ; id. au mot *Guerre*), l'Encyclopédie (1785, C), Folard (1727, A), Guischardt (1758, H), Jabro (1777, G),

Lachesnaie (1758, I), Maizeroy (1767, E ; 1771, A ; 1773, B), Maubert (1762, F), Maurice de Saxe, Mauvillon (1780, H), Monchablon, Polybe (150 avant J.-C.), M. le général Rogniat (1816, B), Végèce (390, A), Tite Live, l'*Encyclopédie du dix-neuvième siècle,* au mot *Arme.*

PILE (subs. fém.) de boulets. v. boulet. v. boulet roulant. v. parc de siége. v. projectile

PILE (subs. masc.) mural. v. mural. v. pile. v. siége.

PILÉ (pilée), adj. v. brique pilée.

PILÈTE, subs. fém. v. pil.

PILLAGE, subs. masc. (C, 4), ou gaignage, ou gain, ou pille, suivant Roquefort, ou pillerye, comme on disait au quinzième siècle. — Le mot Pillage dérive, suivant Gébelin, du latin *expilatio.* Roquefort (1833) le fait venir de *pilare ;* mais il est plus exact de le tirer de l'italien *pigliare,* parce que c'est après les expéditions italiques des quinzième et seizième siècles que l'expression a été principalement employée. — Sous les premières races, le Pillage était le prix du service et tenait lieu de solde. Sous la troisième, la paye n'excluait pas le Pillage. — Le substantif Pillage donne idée de la maraude avec violence ; mais quelques vivres, du pain, des fourrages sont l'objet du maraudage, tandis que le Pillage fait butin de tout ce qui peut être lucratif : le simple soldat s'empare des objets mobiliers qu'il peut emporter ; les chefs d'artillerie prennent les cloches, ou leur équivalent en métal ou en monnaie ; les généraux commandants touchent des contributions de guerre ; le personnel administratif glane, s'il ne peut moissonner, et les princes gagnent des provinces ou des royaumes. Nous ne disons pas que ce soit là de l'histoire moderne. Les formes ne sont pas partout les mêmes, elles sont plus ou moins acerbes ; mais il n'y a pas de milice qui soit en droit de se faire la dénonciatrice des autres. L'armée de Gustave-Adolphe aurait été, dit-on, la seule dans laquelle les Pillages n'eussent pas été d'habituels épisodes de guerre. —Dans les beaux temps de la milice romaine le Pillage était puni, s'il avait blessé l'intérêt public, ou s'il avait eu lieu sans ordre, comme il advint à Reggio, où la haste sanglante, la haste de sac n'avait pas été arborée. Cette arme rouge ou sanglante (*cruentata*) que l'armée romaine portait à sa suite, donnait aux troupes, quand elle leur était montrée, l'ordre de mettre a sac une place de guerre, une ville, une contrée. Mais, à des époques moins anciennes, le soldat romain s'habitua à regarder le Pillage comme une légitime récompense. D'autres peuples aussi l'ont considéré comme un droit, comme une nécessité ; il était, jusqu'à l'avant-dernier siècle, la condition secrète ou avouée du service militaire, et le véhicule du recrutement. L'histoire des guerres est celle du Pillage ; les progrès de l'administration, la confection mieux étudiée des règlements, l'adoucissement des mœurs, une philosophie pratique, pourraient seuls être le remède d'un mal jusqu'ici regardé comme incurable. En 1835, à Mascara, le Pillage a eu pour entr'actes le viol. Nous parlons ici du Pillage individuel ; quant au Pillage en masse, au grand jour, ordonné, il a de tous temps été une monstruosité. — Maintenant on ne le commande plus, on le tolère. Autrefois, on en annonçait l'instant, on en calculait le produit. M. de Barante raconte celui de Luxembourg, ville prise d'assaut en 1443 ; il dit, sèchement, que comme *le Pillage appartenait de droit à l'armée, on régla qu'il serait partagé également.* Des chevaliers furent établis butiniers. Après qu'un ban eut proclamé qu'on allait procéder au Pillage, *les femmes, les habitants allèrent se réfugier dans les églises ; puis les gens de guerre se répandirent.* Quand ils eurent apporté, en commun, le butin, on procéda à l'encan ; *le seigneur de Crévant, au grand divertissement de ses compagnons, fit l'office de crieur. Il ne revint pas grand chose de ce beau Pillage : la part de chacun fut de sept francs et demi ; on demeura persuadé que les butiniers avaient bien fait leurs affaires ; les butiniers de Luxembourg devinrent fameux.* Ainsi furent pillés les pillards ; telle était l'infamie des temps chevaleresques. — Ce n'est que depuis la guerre de la révolution, et d'abord par le code de 1793 (12 mai), que la législation formelle, générale, a appelé crime, le Pillage ; encore la convention a-t-elle biaisé en parlant de l'abandon pour piller. Le code de l'an cinq (21 brumaire) est entré plus à fond dans la question, en mentionnant le pillage a main armée et en troupe ; l'intention de la loi est restée impuissante ; le pouvoir a fermé les yeux ; rien n'a moins exercé les tribunaux que le Pillage. — Au moyen age, les chateaux, les forteresses s'appelaient aussi recepts, *receptaculum*, c'est-à-dire entrepôts du Pillage ; piller était le but unique des armées féodales, le véhicule de la chevalerie ; c'était le passe-temps ou pour mieux dire la profession des seigneurs ; c'était l'élément des guerres privées ; les ecclésiastiques étaient en cela

tout laïques. En 1477, Louis onze s'étant emparé du Quesnoi, *exigea neuf cents écus comptans, qu'il distribua aussitôt à ses francs archers pour les dédommager du Pillage.* — Jusqu'à la guerre de 1756 et y compris cette guerre, on regardait le Pillage comme le stimulant naturel, indispensable des assaillants, et comme le prix de l'assaut. — Ce que la morale voit d'odieux dans le Pillage serait superflu à redire. Ce que la tactique y trouve de dangereux, c'est l'abandon, c'est cette disparition d'une troupe qui s'évanouit sous les yeux de ses chefs. Nous avons vu, les jours de Pillage, des régiments ne se composer plus que des drapeaux entourés d'officiers à qui il ne restait pas même sous la main un tambour pour battre le rappel ou la retraite. Que de fois une défaite a été la punition d'un Pillage ! Ce que la discipline juge déplorable, c'est la contradiction entre la loi et l'usage. Tel capitaine qui vient de faire lire devant sa compagnie les prohibitions du code pénal, sera obligé, le même jour peut-être, de lui dire : le général vous ordonne de piller. — Au moyen age, le Pillage était la principale solde des aventuriers. Dans les derniers siècles, les reitres, lansquenets, pandoures, cosaques, hussards, compagnies franches, corps irréguliers, troupes légères, avaient le Pillage pour solde ; mais de tout temps les corps réguliers, appées ainsi parce qu'ils avaient une paye, ont été trop souvent forcés, par l'irrégularité des payements, à recourir au Pillage. — Appuyons de quelques citations tirées de l'histoire moderne, les assertions qui viennent d'être présentées. Quand le connétable de Bourbon marche sur Rome, son ordre du jour promet à son armée le sac de cette ville ; il prend l'engagement d'enrichir chaque soldat, *à l'égal de ceux qui avaient pillé Anvers.* — Brantome (1600, A) rapporte que Salvoison disait aux soldats de Piémont : *Compagnons, courage! je vous ferai aulner le velours avec la pique, je vous enrichirai par le Pillage.* — A une attaque de Paris, en 1589, dans une rue voisine de la foire Saint-Germain (M. Dulaure suppose que c'est la rue de Tournon), les troupes de Henri quatre se mirent à piller les maisons, et *Sully eut pour sa part du Pillage deux ou trois mille écus.* — Sous Louis quatorze, les généraux regardaient encore le Pillage comme un légitime supplément d'appointements. Chavagnac ne rougit pas de nous avouer qu'étant en Auvergne, et ayant reçu ordre de ramener de Catalogne, au pays de Foix, la cavalerie qui avait déserté son poste en dépit de la défense du roi, il se trouvait à court d'argent pour faire son équipage ; mais le duc de Caudole, gouverneur d'Auvergne, lui ayant prêté une compagnie de GENS D'ARMES, il voyagea avec elle jusqu'à Moissac, et pendant un trajet de cinquante lieues il fit une assez bonne récolte : *la route me valut mille louis d'or.* Après une mission si honorablement remplie dans le pays de Foix, il conduisit dans l'Agénois sa cavalerie. Le profit fut moindre ; il nous l'apprend : *J'eus, de ma route, douze cents pistoles* (500 louis). — On lit dans M. LASCASES (t. IV) que BONAPARTE se complaisait à redire que *Pavie était la seule place qu'il eût livrée au Pillage ; il l'avait promis à ses soldats pour vingt-quatre heures, mais au bout de trois heures il le fit cesser. La politique est d'accord avec la morale pour s'opposer au Pillage.* Il ajoutait : *On m'a mis souvent dans le cas d'en gratifier mes soldats ; je l'eusse fait, si j'y eusse trouvé des avantages ; mais rien n'est plus propre à perdre une armée ; d'ailleurs le Pillage n'est pas dans nos mœurs ; le cœur de nos soldats n'est pas mauvais ; beaucoup emploieraient les derniers moments à réparer les maux qu'ils auraient faits d'abord.* Ou BONAPARTE, ou M. THIERS ne sont pas dans le vrai ; car cet historien rapporte que BONAPARTE livra au Pillage et à un massacre de trente heures, Jaffa, l'ancienne Joppé. — On peut consulter, touchant la question, les cas, les effets du Pillage : AUDOUIN, BARDIN (1807, D ; 1809, B), BERRIAT (1812, A), M. le colonel CARRION (1824, A), DARU (*Histoire de Venise*). ENCYCLOPÉDIE (1751, C ; 1785, C), LACHESNAIE (1758, I ; id. au mot *Frontale*), LECOUTURIER (1825, A), MAURICE DE SAXE (1757, A), ODIER (1818, E), SANTA-CRUZ (1758, A), VOLTAIRE (t. XXV), ZURLAUBEN (1760, G).

PILLAGE A MAIN ARMÉE. V. A MAIN ARMÉE. V. PILLAGE.

PILLARD, subs. masc. V. PAILLER. V. SERF.

PILLE. V. NOMS PROPRES.

PILLE, subs. masc. V. PILE, subs. masc. V. PILLAGE.

PILLER, verb. act. V. ABANDON POUR PILLER. V. PILLAGE.

PILLERYE, subs. fém. V. PILLAGE.

PILLON, subs. masc. (les L sont mouillées). V. PIONNIER.

PILNITZ. V. NOMS PROPRES.

PILON, subs. masc. V. PILE, subs. masc.

PILTON, subs. masc. V. PIONNIER.

PILUM, subs. masc. V. FEU D'INFANTERIE. V. GRÈVE. V. MILICE ROMAINE. V. MUTILATION VOLONTAIRE. V. PILE, subs. masc. V. TERRAIN INDIVIDUEL.

PIN, subs. masc. V. POMME DE PIN.

PÉNARD. V. NOMS PROPRES.

PÉNARD, subs. masc. V. PÉNARD.

PINCEAU A BUFFLETERIE. V. A BUFFLETERIE. V. BUFFLETERIE. V. PETIT ÉQUIPEMENT.

PINCE-BALLE, subs. masc. V. BALLE. V. CUILLER A BOULET ROUGE.

PINCETTES de CHAMBRE D'OFFICIER (B, 1). Ce mot, dont l'étymologie ne demande pas à être indiquée, sert de dénomination à un EFFET D'AMEUBLEMENT en usage dans les CHAMBRES d'habitation ou dans les CHAMBRES D'OFFICIERS DE GARDE. Il n'est donné qu'une paire de Pincettes par CHAMBRE DE PAVILLON, ou par CHAMBRE DE PRISON, soit qu'elle contienne un ou plusieurs LITS.

PINETTE ; PINTADO ; PIOBERT. V. NOMS PROPRES.

PIOCHE, subs. fém. (B, 1), ou PIC-HOYAU comme l'appellent quelques ORDONNANCES. Le mot Pioche vient, suivant GÉBELIN, du LATIN *picocia*, qui a produit aussi les termes PIC et PIEUCHON. — La Pioche est un OUTIL DE CAMPAGNE principalement considéré comme étant à l'usage de l'INFANTERIE et comme servant à la FORTIFICATION DE CAMPAGNE, au TRAVAIL des SAPES et des TRANCHÉES, au cheminement des BAGAGES. — Sous le nom de DOLOIRE, *dolabrum*, la Pioche a été en honneur dans les LÉGIONS ROMAINES ; les BÉNÉFICIAIRES étaient les seuls HOMMES DE TROUPE exempts de la manier. — La MILICE ROMAINE, au temps de sa corruption, dédaignait la Pioche. — Au MOYEN AGE, la Pioche était un des instruments de ravage que la férocité de ces époques mettait aux mains des TRAVAILLEURS nommés GASTADOURS. — Dans les temps modernes, des Pioches de diverses espèces ont garni des TENTES D'HOMMES DE TROUPE, ont été données aux PIONNIERS, ont fait partie des AMAS D'OUTILS des SIÉGES OFFENSIFS ; mais celles que les RÈGLEMENTS donnaient à l'INFANTERIE FRANÇAISE étaient de forme simple. — Conformément à l'ORDONNANCE DE 1778 (28 AVRIL), les LAMES de Pioches avaient neuf pouces six lignes de longueur, et deux pouces six lignes de largeur du côté du TRANCHANT ; le MANCHE était de deux pieds trois pouces quatre lignes. — Considérées comme OUTILS DE CAMPEMENT et de SAPEURS, les Pioches se délivrent comme les autres OUTILS, et font alternativement partie de la CHARGE de chaque SOLDAT. — Le RÈGLEMENT DE 1824 (17 AOUT) voulait qu'il fût fourni, aux corps, des Pioches, par l'administration du génie, pour l'entretien de la propreté des casernes ; l'officier de casernement était chargé de leur surveillance. — Il est donné des éclaircissements à l'égard des Pioches par M. Canteloube (1818, F), M. le général Cotty, Gassendi, l'Encyclopédie (1785, C, t. iii, p. 102), Lachesnaie (1758, 1 ; id. aux mots *Armement, Munition, Outil, Siége*).

PION, subs. masc. v. champion. v. latron. v. piéton. v. pionnier. v. soldat.

PIONIER, subs. masc. v. pionnier.

PIONNIER (pionniers), subs. masc. v. bataillon de p... v. capitaine de p... v. compagnie de p... v. corps de p... v. escadron de p... v. outil de p...

PIONNIER (pionniers) (term. génér.), ou fosseur, ou fossier, ou fossoyer (du latin *fossor*), ou gastadour (*gastatore*, comme disent les Italiens), ou paonnier, ou picteur, ou pillon, ou pion suivant Borel (Pierre), ou pionier, ou terraillon suivant M. Roquefort, ou trencheor. Le mot Pionnier répond au latin *peones*, que mentionne Scaliger. Ménage le fait venir du latin *peditones*, ou *peonarii*. Le *Dictionnaire de la Conversation* (au mot *Echec*) témoigne que, en langue indienne, pion signifie soldat a pied, dont l'espagnol a fait *peon*, et l'italien *pedone*. Roquefort prétend que les Arabes ont emprunté des Indiens ou des Persans le mot pion ; nous en aurions fait Pionnier. Gébelin tire au contraire Pionnier du substantif pied ; cette étymologie paraît peu juste. — On a appelé terraillons les Pionniers, parce qu'on appelait terrail une tranchée. — On a appelé primitivement pions les Pionniers, et on a pris pions et Pionniers dans le sens de piétons, comme le témoigne le jeu des échecs, dont les pions ou pièces inférieures sont des hommes de pied. Cette synonymie des Pionniers et des piétons vient de ce que, au moyen age, les piétons n'étaient, pour la plupart, que des hommes de poesté, ou des serfs armés de pioches, de bêches, etc. — L'expression Pionnier a commencé à prendre un sens à part, à se dédoubler de piéton, quand les fantassins ont pris de l'importance et qu'il s'est créé une véritable infanterie. Alors le rôle des Pionniers, ou de certains Pionniers, a consisté à transporter ou à traîner des armes a feu, des fauconneaux, et même à tirer le canon ; d'autres étaient employés à la fortification de campagne, aux tranchées, aux taudis, ou autres travaux de siége ; d'autres l'étaient comme nous l'avons dit en parlant des gastadours. — Il commence à être question du mot Pionnier, pris dans le sens de soldat, dans Philippe de Clèves (1520, A) et dans Brantome (1600). — Etre employé hors de son tour comme Pionnier était une des punitions de la milice romaine ; mais à son tour tout soldat de Rome devenait Pionnier. — Au temps où les Pionniers s'appelaient fossiers, ils étaient soumis au grand maitre des arbalétriers. — L'organisation de la milice anglaise sous Edouard trois comprenait des travailleurs de ce genre ; Velly, à la date de 1359, témoigne que, en France, l'armée de ce monarque était précédée de cinq cents Pionniers. — Au scizième siècle, comme le témoigne M. Monteil, les pionniers manœuvraient l'artillerie ; il en était attaché trente à un canon. — Audouin prétend que les premières compagnies de pionniers ont été formées par Vauban, qui n'y réussit qu'avec de grandes difficultés ; mais il y a eu des Pionniers aussi anciennement que des ingénieurs, les uns et les autres travaillant le pot en tête. Villehardouin les appelait trancheor. — L'ordonnance de 1776 (2 juillet) créait un corps de quatre bataillons de pionniers sous le nom de soldats pionniers ; ils étaient au nombre de deux mille deux cent quatre-vingt-dix hommes, y compris soixante-deux officiers ; ils devaient être employés, en temps de paix, aux travaux publics, et rendre, dans les places, les mêmes services dont s'étaient acquittés jusque-là les sapeurs, qui, à cette époque, venaient d'être réunis à l'artillerie et cessaient d'être employés à ce genre de travaux. — Ces Pionniers furent supprimés en 1779. — Des bataillons de pionniers, organisés au commencement de la guerre de la révolution, des compagnies créées par décret de 1793 (26 juillet), furent fondus dans les douze bataillons de sapeurs organisés par décret de l'an deux (25 frimaire). — Par arrêté de l'an onze (21 floréal), Bonaparte formait un bataillon de pionniers nègres armés de fusils et employés aux fortifications de place en Italie. — Le décret de 1806 (12 mars) créait les pionniers de discipline, et les obligeait à un service de cinq ans. — Grassi (1817, H) offre la nomenclature des outils nécessaires aux Pionniers. — Rien de plus indispensable dans les marches d'armée, dans la direction des colonnes combinées, dans la conduite des convois, dans les campements, dans les siéges offensifs, que le concours des Pionniers, et c'est ce qui a toujours fait faute dans les armées agissantes de la milice française. On en explique aisément la cause : il faut que des Pionniers fassent partie des militaires combattants ou des non combattants ; dans le premier cas, il est impossible, à moins qu'ils ne soient A CHEVAL, qu'ils soient fournis des OUTILS que leurs TRAVAUX exigent; dans le second cas, ils sont l'objet des injustes dédains ou des grossières plaisanteries des COMBATTANTS, dont le dur métier n'a guère d'autre dédommagement que le sarcasme; et ces écarts, ces blessantes injustices, il les faut tolérer, le point d'honneur le veut. — Les Pionniers, d'ailleurs, ont autrefois été pris dans la partie la plus malheureuse, la plus abrutie, la moins éclairée de la population; ce souvenir entretient un fatal préjugé. Dans les temps modernes, leur nom implique idée des COMPAGNIES DE DISCIPLINE, où le MINISTRE exilait les poltrons qui se soumettaient à des MUTILATIONS VOLONTAIRES plutôt que de porter les armes. — Ainsi l'ART MILITAIRE est dans un cercle vicieux: chez les peuples railleurs et mutins, l'homme armé y est un mauvais Pionnier, un OUVRIER en permanente révolte, ou le Pionnier non armé y est avili; de là cette dispersion des ateliers, qui fuient comme un vil troupeau, si une poignée d'ennemis fait une SORTIE; de là tant d'expéditions manquées, de CHEMINS militaires restés impraticables, de DÉFENSIVES incomplètes; de là toute une CAVALERIE compromise, ou hors de service, faute de quelques GAZONS jetés à propos dans un FOSSÉ; de là une lenteur de CHEMINEMENT dans les SIÉGES OFFENSIFS, qui est désespérante pour les OFFICIERS du GÉNIE et meurtrière pour les TROUPES. — Mais, en tout cela, la critique est aussi facile qu'il l'est peu d'en trouver le remède. Comment faire comprendre à une bouillante jeunesse qu'il y a plus de bravoure à s'exposer sans combattre, si la patrie le demande, qu'à s'exposer en combattant? — L'ARMÉE CONFÉDÉRÉE comprend dans une même CATÉGORIE les PONTONNIERS et les Pionniers; les uns et les autres y forment la dixième partie de l'ARTILLERIE. — On peut consulter sur le présent sujet : AUDOUIN, M. BERRIAT (1812, A), CARRÉ (1785, E), DELAMONT (1693, C), l'ENCYCLOPÉDIE (1751, C, et 1785, C; id. supplém.), FABERT, GRASSI (1817, H), M. GRIVET, GUIGNARD (1725, B), LACHESNAIE (1758, I; id. aux mots *Guerre, Marche*), LECOUTURIER (1825, A), MANESSON (1685, B), MILLER (Maurice), POTIER (1779, X), ROHAN (1757, Q), M. RUMPF (1824, F). — Le mot Pionnier demande à être examiné comme PIONNIER A CHEVAL.

PIONNIER (pionniers) A CHEVAL (F). Sorte de PIONNIERS dont la MILICE TURQUE a donné le premier exemple. Les GRENADIERS A CHEVAL de la MAISON de LOUIS QUATORZE et les DRAGONS FRANÇAIS du dix-septième siècle étaient organisés dans des vues analogues. Dans les ORDRES DE MARCHE que donnaient TURENNE,

DESPAGNAC, PUYSÉGUR, etc., il était spécifié qu'une certaine quantité de DRAGONS marcheraient en tête des COLONNES D'INFANTERIE, avec des OUTILS propres à combler les FOSSÉS, à abattre les haies, à élargir les passages. — De nos jours, les MILICES RUSSE et NAPOLITAINE ont des CORPS de Pionniers ou SAPEURS A CHEVAL. M. le général BISMARK cite comme modèle cette institution russe, qui n'est elle-même, comme on le voit, qu'une imitation de sages coutumes qu'autre part le temps a effacées. Cet ÉCRIVAIN est d'avis que la proportion des OUVRIERS de cette espèce devrait être d'un escadron par trois RÉGIMENTS DE CAVALERIE, ou d'un Pionnier par quarante cavaliers. Un ESCADRON DE GENDARMERIE accompagnerait comme soutien quatre ESCADRONS DE PIONNIERS.

PIONNIER AUTRICHIEN. V. AUTRICHIEN, adj. V. MILICE AUTRICHIENNE N° 4.

PIONNIER de DISCIPLINE. V. DÉGRADATION D'HOMME DE TROUPE. V. DISCIPLINE. V. PIONNIER.

PIONNIER DISCIPLINAIRE. V. COMPAGNIE DE PIONNIERS DISCIPLINAIRE. V. DISCIPLINAIRE. V. MUTILATION VOLONTAIRE. V. PIONNIER.

PIONNIER NÈGRE. V. BATAILLON DE NÈGRES. V. NÈGRE. V. PIONNIER.

PIONNIER PRUSSIEN. V. MILICE PRUSSIENNE N° 2, 7. V. PRUSSIEN, adj.

PIONNIER ROMAIN. V. PRÉFET DE CAMP. V. ROMAIN, adj.

PIONNIER RUSSE. V. MILICE RUSSE N° 2, 7. V. PIONNIER A CHEVAL. V. RUSSE, adj.

PIONNIER TURC. V. MILICE TURQUE N° 2, 4. V. PIONNIER A CHEVAL. V. TURC, adj.

PIONNIER WURTEMBERGEOIS. V. MILICE WURTEMBERGEOISE N° 1. V. WURTEMBERGEOIS, adj.

PIPE, subs. fém. V. SALLE DE DISCIPLINE. V. TERRE DE PIPE.

PIPEUR, subs. fém. V. FIFRE.

PIQUAIRE, subs. masc. V. COULEVRINIER. V. PIQUIER.

PIQUE (piques), subs. fém. V. A PIQUES. V. AUX P... V. BOIS DE P... V. COUP DE P... V. CROISER LA P... V. DEMI-P... V. FER DE P... V. FUSIL-P... V. HAMPE DE P... V. HAUT LA P... V. LAME DE P... V. LEVER LA P... V. PAR LES P... V. PASSER PAR LES P... V. POIGNÉE DE P... V. RANG DE P... V. TALON DE P... V. TOUR DE P...

PIQUE, subs. fém. (term. génér.). Mot qui viendrait de l'ALLEMAND *picke*, suivant le *Journal de l'Institut historique* (t. VI, p. 207). Il s'employait autrefois dans le sens de piqûre; c'est sous cette acception qu'on disait, au quinzième siècle, RANG DE PIQUE, ou rang de tableau, comme le témoigne M. MONTFIL, parce que, à l'imitation des ANGLAIS, on pointait sur les FEUILLES DE REVUES les noms des hommes présents; mais ici le mot Pique doit être pris sous une autre acception, et ne demande à être développé que sous le sens de PIQUE A MAIN.

PIQUE A MAIN (F), ou BEHOURD, ou BOURDON suivant AMYOT, ou GODENDAC, ou GROS BOIS, ou GUISARME, ou HANQUEBOS, ou HAUQUEBOS, ou HOCHEBOS comme disent BOREL (Pierre) et FROISSARD, ou HOCKEBOS, ou HOCQUEBOS, ou HOKEBOS suivant FAUCHET, ou HOTROBOS, ou LANCE A MAIN, ou LONG BOIS, ou PERCHOT, ou PICQUE, ou PIQUE D'ARMES, ou PLANCHON, ou VOUGE suivant M. ROQUEFORT. Ce même ÉCRIVAIN accuse aussi comme synonymes BLANCHON et EYSTÈNE. — Cette quantité de termes, et bien d'autres que nous omettons, prouvent l'ancienneté, on peut même dire l'universalité de l'usage des Piques, ou du moins des ARMES analogues; car le mot Pique lui-même est postérieur au milieu du quinzième siècle. Cette multitude de synonymes met en évidence l'inexactitude des traducteurs ou des historiens, qui ont confondu sous des noms pareils des ARMES qui ont varié dans leurs formes, leur nom, leur mesure, suivant les époques; le sens qu'ils attachent au mot Pique, en parlant des temps anciens, est en général vague; les LATINS employaient confusément aussi les mots *contus*, *hasta* et *lancea*, pour désigner des Piques, des DEMI-PIQUES, des FRAMÉES, des JAVELOTS, des LANCES et des TRAITS PROJECTILES. — Ce que Stace appelle *hasta* est visiblement, en plusieurs circonstances, un simple TRAIT. — Les GRECS étaient plus précis dans les dénominations de leur ARMEMENT : la grande Pique de la PHALANGE se nommait *enchos* et SARISSE; la DEMI-PIQUE, ou Pique courte, *doru* et *dorata*. — Les ÉTRUSQUES nommaient *corini* les Piques; les Sabins les nommaient *quirini*. — La Pique a été un des premiers produits de l'industrie humaine; les bas-reliefs de THÈBES en ÉGYPTE en retracent des images variées. — Plus d'un AUTEUR ancien attestent qu'il était d'usage de porter à la guerre deux Piques; mais ils négligent d'expliquer si elles étaient d'inégale longueur. — Les héros d'HOMÈRE et de VIRGILE sont armés de la sorte, soit à pied, soit en char; mais ces Piques n'étaient pas des armes de longueur; elles étaient autre chose que des Piques, absolument parlant. — Pour l'intelligence des explications, il faut concevoir la Pique des anciens comme une ARME D'HAST dont la longueur a varié de cinq ou six à douze pieds; celles des mo-

dernes, comme ayant été de dix à vingt pieds. — Le mot Pique vient, suivant Ferrari, de *spicula*; suivant DUCANGE, du bas LATIN *pica*, ou *picca*; suivant TURNÈBE, du LATIN *spica*, épi; suivant les autres, de *spiculum*, qui a désigné aussi un genre de PILE; mais l'ARME des LÉGIONS ROMAINES qui répondait le mieux à la Pique des derniers temps se nommait *lancea*. VIRGILE, prenant la partie pour le tout, l'appelle *contus*, qui signifiait proprement perche ou HAMPE; de même nous avons appelé BOIS ou PERCHOT la Pique. Claudien, Valérius Flaccus prennent *hasta* dans le sens de JAVELOT. VÉGÈCE (590, A) l'emploie comme JAVELOT de CAVALERIE; STACE nomme *contus* les javelots des SARMATES; TACITE appelle FRAMÉE la Pique des GERMAINS. Ainsi, quand on parle de la Pique des anciens, il faut, pour en concevoir une idée nette, se demander de quelle nation, de quelle troupe, de quelle époque, de quelle dimension de Pique il est question. — Toutes les Piques, hormis celles qui étaient armées d'une pierre tranchante ou d'un os de poisson, se sont composées de la HAMPE et du FER, en prenant quelquefois BRONZE dans le sens de FER. Il y avait des Piques dont la POIGNÉE était d'un bois différent; il y avait des Piques qui avaient un TALON en métal. — VIRGILE témoigne que la HAMPE de la Pique romaine était de myrthe ou de cornouiller; en prenant la partie pour le tout, on appelait *cornus*, ou cornouiller, un DARD, une Pique. D'autres poëtes l'appellent *fraxinus*, parce que la plupart étaient en frêne, ayant la POIGNÉE en olivier. PLINE dit qu'on faisait aussi des Piques ou des JAVELOTS en roulant sur lui-même un morceau de cuir d'hippopotame. FURETIÈRE dit que les Piques de Biscaye et du Brésil ont été les plus estimées. — M. le colonel Carrion (1824, A) regarde la Pique ROMAINE comme ayant été donnée par CAMILLE aux Romains, le jour de la bataille livrée à Anio contre les GAULOIS; il dit qu'elle fut ensuite conservée par les TRIAIRES seuls, qui jusquelà n'avaient eu, ainsi que les princes, que la DEMI-PIQUE. Même emploi des Piques contre les mêmes ennemis eut lieu, suivant TITE LIVE, à la bataille de l'Adda; les tribuns distribuèrent les Piques des TRIAIRES aux premiers rangs des HASTAIRES et des PRINCES, momentanément amalgamés et en MURAILLE. — La Pique armée de son FER, ou même la HAMPE sans FER, qu'on appelait *hasta pura*, et que les statuaires donnaient à quelques divinités comme un sceptre, était une RÉCOMPENSE MILITAIRE; de là vient que CATON appelle *honores*, HONNEURS, la Pique, ou le DONATIF qu'il nomme *hasta donativa*, Pi-

que accordée en don. — Suétone parle aussi
de ce moyen de rémunération, et dit que la
Pique était principalement l'arme des satellites des souverains; mais il s'agit plutôt,
en ce cas, de demi-piques. — Quelques-uns
ont cru que la Pique était l'arme des piquichins et des habitants de la Picardie. — La
Pique du moyen age et des derniers siècles
était surtout une arme de soldat d'infanterie; sa longueur a varié chez les différents
peuples et suivant les divers temps. Paul
Jove prétend que celle des Suisses au service
de Charles huit n'avait que dix pieds; mais
M. de Ségur (1835) indique d'autres mesures. — La Pique se portait habituellement
dans le bras droit, elle était arme d'estoc;
la hallebarde au contraire servait d'estoc et
de taille. — Dans les armées consulaires, la
Pique était l'arme de la réserve, l'arme des
triaires; au temps de la corruption des cohortes romaines, les premiers rangs au contraire en étaient armés. — Fauchet prétend
que la Picardie, dont le nom, dit-il, n'avait
pas alors quatre cents ans d'ancienneté, tirait
sa dénomination du grand usage qu'elle faisait de la Pique; on en devra conclure que
picard et piquier auraient été synonymes; ce
sont des assertions douteuses. Machiavel
donne à entendre, dans le passage qui suit,
que le mot Pique était moins ancien, ou du
moins peu connu de son temps, et que l'u-
sage de la chose était nouveau à ses yeux :
*Les fantassins sont armés d'un long
bâton auquel les Français donnent le
nom de Pique.* — Nous croyons que ce sont
les mots fer et Pique qui ont d'abord été
synonymes. — La Pique était une arme
blanche de troupe, une lance d'infanterie;
la lance était une Pique de cavalerie; elles
différaient par la hampe, par la poignée,
par la lame, bien plus que par la destination. — Il y avait cependant des chevaliers qui faisaient porter à leur suite une
Pique où flottait une banderole, une flamme,
un floquet; c'était l'enseigne de leurs équipages, le mat de leur pavillon, l'étendard
de leur troupe. Les premiers drapeaux, les
premiers gonfalons, ceux de l'Eglise excep-
tés, ont été également des Piques ornées
d'une étoffe. — En 1202, les Flamands re-
poussèrent à coups de piques, ou de goden-
dacs, les Français à la sanglante bataille de
Courtray. — Le bois d'hast n'obtint pas le
même succès à Bouvines en 1214; cependant
la pique de Flandre conserva du renom; elle est maintes fois citée par M. Roquefort. — L'arrière-ban se servait de la
Pique d'une manière peu glorieuse; les bibaux, d'une manière atroce. — Dès le milieu
du treizième siècle; les Suisses, imitateurs

de la tactique des Grecs et de leurs sarisses,
se servirent avec éclat de Piques de dix-huit
pieds, de hallebardes plus courtes et d'espadons qui en étaient l'accompagnement;
leur milice résista à l'Autriche, et en triompha par ses hérissons, ses porcs-épics, ses
bataillons ronds, par ses bataillons octo-
gones ou à angles émoussés, par ses bataillons en croix farcis d'escopetiers. La Pique
humilia, en Helvétie, en Bohème, en Flandre, ces gens d'armes qui, jusque-là, avaient
décidé seuls du sort des combats. — La Pique
donna naissance au minimum de dimension
du terrain individuel. — Les francs archers
de Charles sept comprenaient quelques piquiers, au dire de plusieurs auteurs; cependant, à la date de 1461, Velly dit le contraire. — Nos ancêtres goûtaient peu les
armes d'hast mises aux mains de l'infanterie; ils avaient pu cependant en apprécier
l'utilité, puisque, à Azincourt, à Verneuil,
la gendarmerie avait été obligée de mettre
pied à terre pour combattre à la manière des
piquiers. — Louis onze adopta, à l'instar des
Suisses, leur Pique et la hallebarde des trabans. Ce prince, en prenant à son service des
corps suisses, donna à la France les premiers
piquiers qui y aient paru comme corps réguliers et permanents; ce fut le signal de l'a-
bandon des arcs. — Des aventuriers furent
organisés et armés à la manière des Suisses;
mais le Français conservait un fond de répugnance pour ce genre de service. — Dans
l'expédition de Charles huit, les Suisses des
premiers rangs avaient, suivant M. de Ségur
(1835), des Piques de dix pieds au moins;
ceux des derniers rangs, de seize à dix-huit
pieds. — La Pique des hommes de recrue
était nommée, suivant M. Monteil et l'ordonnance de 1553 (23 décembre), piqué
sèche; nous supposons que cela signifie, ne
donnant pas encore droit à la jouissance d'un
accroissement de paye. — L'étude de leur
maniement s'appelait exercice des hautes
armes. — Au temps où les corps se nommaient enseignes, il y en avait qui étaient
entièrement armés de Piques et de ron-
delles, d'autres qui étaient entremêlés
d'arquebuses, d'abord en petit nombre, ensuite en nombre égal à celui des Piques, et
enfin en nombre bien plus considérable. —
Au camp, les Piques, au lieu d'être rangées
comme les mousquets à un ratelier d'armes,
s'attachaient à un piquet. — Quand les
mousquets s'introduisirent dans la milice
française, vers 1574, les hommes armés
de Piques furent l'infanterie solide; ceux
qui portaient mousquet en furent l'infanterie légère; ceux qui portaient hallebarde
sont devenus anspessades. — A partir du

règne de FRANÇOIS PREMIER, la Pique devint vraiment française ; l'INFANTERIE DE BATAILLE en était, depuis cette époque jusqu'au règne de LOUIS TREIZE, armée à raison d'un tiers de Piques sur deux tiers d'ARQUEBUSES ; les DRAGONS aussi l'ont portée dans l'origine. — La Pique se composait de la HAMPE, du FER, et du TALON qu'on a nommé aussi DOUELLE OU DOUILLE. — Dans le vocabulaire qui termine son traité, M. le colonel CARRION (1824, A) donne fer et hampe comme synonymes ; c'est une erreur échappée à cet ÉCRIVAIN : la HAMPE au contraire était le manche auquel le FER s'attachait. — Au temps de HENRI QUATRE la Pique française n'était pas un LONG BOIS, dit ce même AUTEUR ; l'INFANTERIE était armée surtout d'ARQUEBUSES et de quelques HALLEBARDES ; mais, un peu plus loin, il cite ROHAN (1757, A), qui rapporte que, vers 1610, les Piques commencèrent à diminuer de nombre, mais qu'elles étaient pourtant en grande estime. On en pourrait conclure que c'est surtout sous HENRI QUATRE que les longues Piques, c'est-à-dire d'une quinzaine de pieds, ont pris faveur ; elles étaient alors, en FRANCE, en nombre égal aux ARMES A FEU ; elles étaient, en Suisse, plus nombreuses. Les MILICES ALLEMANDES, les LANSQUENETS n'avaient pour ainsi dire que des Piques. Une partie des DRAGONS avait la Pique. — En 1650, les Piques anglaises avaient dix-huit pieds ; un quart des PIQUIERS avait la HALLEBARDE de six pieds. — Dans la théorie de la Pique, on appelait GLISSADE, comme le témoigne GANEAU, le mouvement de la Pique, soit en avant, soit en arrière. — Dans les EXERCICES A CADRE OUVERT, les Piques tenaient lieu de corde pour l'exécution des CONVERSIONS A PIVOT FIXE. — Le jeu et le nombre des FILES DE BATAILLON différaient totalement alors des usages actuels ; nous en avons expliqué les causes ; elles tenaient au genre d'ARMES employées. — L'ORDONNANCE DE 1653 (28 AVRIL) réglait la proportion numérique des Piques. — Celle DE 1656 (20 AOUT) témoignait de l'espèce de résistance que les OFFICIERS D'INFANTERIE apportaient à pourvoir de Piques leurs SOLDATS. Cette ORDONNANCE renouvelait une injonction mal obéie ; elle voulait un tiers de Piques et deux tiers de MOUSQUETS. — L'armée impériale avait quitté des premières la Pique ; depuis 1688, elle n'avait plus que des MOUSQUETS. A la bataille de FLEURUS, les Impériaux résistèrent par leur FEU D'INFANTERIE ; les PIQUIERS HOLLANDAIS furent au contraire rompus. Peu après cet événement, la MILICE ANGLAISE quittait les Piques. Les STRÉLITZ en étaient en partie armés encore quand leur licenciement fut prononcé. — Pendant le dix-septième siècle, les Piques gardaient les DRAPEAUX ; elles étaient, en ORDRE DE BATAILLE, flanquées de petites ARMES A FEU ; elles formaient, en ORDRE CARRÉ, les RANGS extérieurs se tenant genou en terre devant les MOUSQUETAIRES ; mais ces règles ont infiniment varié. Il fut un temps où les Piques garnissaient les ANGLES ÉMOUSSÉS des CARRÉS. — A la mort de TURENNE, les Piques n'étaient plus que dans la proportion du quart de l'INFANTERIE ; vers la fin du siècle, il n'y avait plus que douze Piques par COMPAGNIE de cinquante hommes d'INFANTERIE FRANÇAISE, et même en 1688, suivant M. le colonel CARRION, il n'y en avait plus que dix par COMPAGNIE de cinquante-cinq hommes. — Cet affaiblissement était en raison composée de l'augmentation des ARMES A FEU PORTATIVES. Ce changement progressif de la COMPOSITION de l'ARMÉE provenait du peu de goût que le SOLDAT avait pour la Pique ; car elle pesait seize livres, à ce qu'affirme POTIER (1780, X, suppl.). Chacun s'empressait de l'échanger à mesure qu'il le pouvait contre l'ARME A FEU qu'il trouvait sur le CHAMP DE BATAILLE, comme cela eut lieu à l'affaire de STEINKERKE. Peut-être cette disposition était-elle encouragée par les OFFICIERS, qui, comme l'insinue M. ROCQUANCOURT, *y trouvaient un léger bénéfice, à cause de la différence de solde du piquier au mousquetaire.* — De 1701 à 1705, VAUBAN travailla à faire abolir la Pique, tandis que Dartagnan, alors major des gardes et depuis maréchal de Montesquiou, faisait sans succès les plus grands efforts pour en prévenir l'abolition ; le FUSIL la remplaça. Ce fut une des grandes révolutions de l'ART MILITAIRE DE TERRE et de TACTIQUE. — La Pique a été en usage dans toutes les GUERRES soutenues par la FRANCE, de 1475 à 1705. — En 1721, les milices RUSSE et SUÉDOISE y renoncent, comme le rapporte M. MEYER (Moritz) ; mais les RUSSES la reprennent en 1735 pour la quitter définitivement en 1740. — *On s'est débarrassé des Piques,* dit FEUQUIÈRES, *on a reconnu qu'un bataillon fraisé de baïonnettes était plus capable de résister que mal fraisé du peu de Piques qu'on pouvait conserver à la fin d'une campagne.* — A mesure de la défaveur des Piques, le PAS CADENCÉ, d'abord nommé TACT, a pris crédit ; mais c'est surtout après son abolition que l'importance du TACT s'est fait sentir. — Les Piques des MILICES ALLEMANDES étaient de vingt pieds. GUSTAVE-ADOLPHE réduisit les siennes de dix-huit à onze pieds. Celles de TURENNE étaient de quatorze ; ainsi le voulait l'ORDONNANCE DE 1666 (16 NOVEMBRE). Elles pesaient environ dix-sept livres ; c'est ce qu'affirme l'Encyclopédie (1751, C). Ce poids semble énorme; la pesanteur d'une telle CHARGE pouvait contribuer à la difficulté du RECRUTEMENT DES PIQUIERS. — Il y eut un temps où les Piques de l'INFANTERIE FRANÇAISE étaient de treize pieds, et celles de l'INFANTERIE FRANCO-SUISSE de quatorze pieds. Les ordonnances des MINISTRES les ont en général fixées à douze, treize ou quatorze; mais il y en a eu de plus longues, et FAUCHET appelle LONG BOIS celle de quinze à dix-huit pieds. — Le FER de la Pique française, plus court que celui de la LANCE et du BRIN D'ESTOC, avait un demi-pied de long; il était uni, plat, et élargi en forme de poire ou en LANGUE DE CARPE; il était ordinairement BRONZÉ. ✻ On appelait, en TACTIQUE, Pique basse, la position ou le port de cette ARME quand la TROUPE DÉFILAIT LA PARADE. On CHARGEAIT en CROISANT LA PIQUE; dans ce cas, et dans la MARCHE EN BATAILLE, le PIQUIER tenait horizontalement, et en équilibre, la Pique à la hauteur de la hanche. — On appelait PIQUE TRAINANTE le port de cette ARME quand il s'agissait de rendre les HONNEURS FUNÈBRES; dans ce cas, la Pique était renversée, le FER en arrière et près de terre. Cet usage venait de l'antiquité, qui, aux ENTERREMENTS, portait traînantes les ARMES et les ENSEIGNES. — On disait, LEVER LA PIQUE, dans le sens où l'on eût dit se rendre prisonnier, parce qu'une TROUPE qui dans un COMBAT relevait la Pique, annonçait qu'elle cessait de combattre, qu'elle renonçait à se défendre, qu'elle FAISAIT HALTE. Cette position verticale de la Pique avait donné naissance au COMMANDEMENT : Alte ! parce qu'en faisant ALTE ou HALTE on DRESSAIT LE BOIS. ⅄— On appelait également PIQUIER ou Pique l'homme armé d'une Pique. — On appelait BATON BLANC la Pique dégarnie de son FER quand, après une CAPITULATION DE SIÉGE, les FERS de Piques étaient retenus par le vainqueur. — On disait ÊTRE AUX PIQUES pour signifier se tenir près de la TROUPE armée de Piques. La place du COLONEL était aux Piques. — Les Piques se transformaient en ARMES DE SUPPLICE; de là cette locution PASSER OU ÊTRE PASSÉ PAR LES ARMES. Les Piques de la révolution française sont célèbres. En 1814, les LANDWEHRS étaient à la veille de reprendre la Pique. — Dans les campagnes du dix-huitième siècle contre les TURCS, les MILICES AUTRICHIENNE et RUSSE étaient dans l'usage de hérisser de Piques l'extérieur de leurs CARRÉS A SIX RANGS. — Les MILICES PERSANE et PORTUGAISE étaient les seules qui eussent encore des CORPS armés de Piques dans le dix-neuvième siècle. — FOLARD (1727, A), LLOYD (1762, M), MAURICE DE SAXE (1757, A), se sont montrés partisans

zélés de la Pique. MONTÉCUCULI (1704, D) l'appelait *la reine des armes;* il en recommande l'emploi, et la veut de quinze à dix-sept pieds. — GUGY (1782, K) a porté l'engouement pour la PIQUE jusqu'à proposer de la rendre au PREMIER RANG de l'INFANTERIE LÉGÈRE. — CARNOT fut l'ardent promoteur d'une distribution de Piques à tous les citoyens français à l'instant de la déclaration de GUERRE DE 1792. — Sous le ministère de SERVAN, en 1792, il fut formé quelques BATAILLONS DE PIQUIERS; l'ÉCOLE DE MARS comprenait aussi des PIQUIERS. Cet essai n'eut pas de suite, et les rudiments publiés à leur intention, par BELAIR en 1792, et LEPRIEUR, sont tombés dans l'oubli.—En 1795, on appelait Pique à la Carra celles du peuple de Paris, parce que ce journaliste était l'ardent apologiste de ce genre d'ARMEMENT. — Les uns ont loué outre mesure la Pique, les autres l'ont trop dépréciée; aussi longtemps qu'il y a eu peu d'ARTILLERIE, c'était une excellente arme de plaine; mais elle était de peu d'effet dans les POSTES FORTIFIÉS; elle était d'un grand embarras dans les logements; elle était inutile en pays fourré. Un avantage qui lui était propre, c'est que le PIQUIER, ne pouvant ou ne devant pas se dessaisir de son ARME, était tenu plus facilement dans le RANG. — Les AUTEURS qui éclairent le sujet sont : AUDOUIN, BARRIFF (1759), BAUDRAN (1777, D), BELAIR (1792), BOREL (Pierre), BOTTÉE (1750, B), BOXEL (1675, C), BRÉEN (1618), CARRÉ (1783, E), CHEVRY (1649, A), M. le général COTTY (1822, A), DANIEL (1721, A), DELAMONT (1671, A), DELANOUE (1760, F), DESPAGNAC (1751, D), DUCANGE, ENCYCLOPÉDIE (1751, C, au mot *Haste,* et 1785, C), FAUCHET, FEUQUIÈRES (1750, A), FOLARD (1753, E), FROISSARD, GASSENDI, GAYA (1670, D), GHEYN (1608, A), GIRARD (1740), GOETZMAN, GORDON (1805), GUGY (1782, K), GUIBERT (1775, E), GUILLET (1686, B), ISSELBURG (1620, B), LACHESNAIE (1758, I; id. au mot *Hochebos),* LEBLOND (1758, B), LECOUTURIER (1825, A), LEPRIEUR (1792, I), LISKENNE (t. I, p. 576, gravure), LLOYD (1762, M), MAIZEROY (1767, E; 1773, A), MANESSON (1685, B), MAURICE DE SAXE (1757, A), MAUVILLON (1782, C), MESNIL-DURAND (1774, E), MONTÉCUCULI (1704, D), PASCHE (1665, A), PISTOFILO, POTIER (1779, X), PRAISSAC, PUYSÉGUR (1748, C), RAY DE SAINT-GENIÈS (1755, A), ROBINSON, M. ROCQUANCOURT, M. le général ROGNIAT (1816, B), ROHAN (1757, Q), ROQUEFORT, SERVAN (1780, B), VÉGÈCE (390, A), WALHAUSEN (1814, I), l'*Encyclopédie du dix-neuvième siècle* (au mot *Arme).*

PIQUE BASSE. V. BAS, adj. V. PIQUE.

PIQUE CATALOGIQUE. V. CATALOGIQUE. V. TOUR DE PIQUE.

PIQUE d'ABORDAGE. V. ABORDAGE. V. ARME D'ABORDAGE.

PIQUE d'ARMES. V. ARMES. V. PIQUE. V. TOUR DE PIQUE.

PIQUE de FLANDRE. V. FLANDRE. V. PIQUE.

PIQUE d'INFANTERIE. V. FUSIL D'INFANTERIE. V. INFANTERIE. V. PIQUE.

PIQUE d'OFFICIER. V. ESPONTON. V. OFFICIER.

PIQUE SÈCHE. V. PIQUE. V. PIQUIER. V. SEC.

PIQUE TRAINANTE. V. ARME TRAINANTE. V. MILICE ESPAGNOLE N° 8. V. PIQUE. V. TRAINANT, adj.

PIQUÉ (piquée), adj. V. BUFFLETERIE P... V. GUÉ P...

PIQUENAIRE, subs. masc. V. PIQUICHIN. V. PIQUIER.

PIQUERON, subs. masc. V. CHEVALIER ECCLÉSIASTIQUE. V. MASSE D'ARMES. V. SCORPION A MAIN.

PIQUET, subs. masc. V. A P... V. APPEL DE P... V. BFG DE P... V. CAPITAINE DE P... V. CHEVALET DE P... V. COLONEL DE P... V. ÊTRE DE P... V. HOMME DE P... V. LEVER LE P... V. OFFICIER DE P... V. PLANTER LE P... V. SERVICE DE P... V. SOLDAT DE P... V. SOUS-OFFICIER DE P... V. TAMBOUR DE P... V. TENTE DE P... V. TROUPE DE P...

PIQUET { ACTIF. CORRECTIONNEL. DE TENTE. TACTIQUE.

PIQUET { DE DISTRIBUTION. DE LOGEMENT. D'EXÉCUTION. EN CAMPAGNE.

PIQUET { AU CAMP.

PIQUET (term. génér.). Le mot Piquet, dérivé du verbe piquer, a eu, au propre et au figuré, des acceptions fort diverses; mais toutes celles qui n'y appartiennent que par allusion se rattachent au terme primitif PIQUET DE BOIS, ou morceau de bois piqué en terre, auquel un TRAVAILLEUR peut assujettir un objet quelconque. Ce substantif a produit le verbe PIQUETER. — L'expression ressortit au SERVICE, aux MARCHES DE CORPS, à certaines PUNITIONS, aux TRAVAUX DE FORTIFICATION; elle exprime ou un genre d'AGRÉGATION temporaire, ou un objet mécanique. Le mot se distingue en PIQUET A PIQUES, — ACTIF, — CORRECTIONNEL, — D'AVANT-GARDE, — DE BOIS, — DE BRIGADE, — DE CAMPEMENT, — DE CAVALERIE, — DE CONSTRUCTION PASSAGÈRE, — DE MESSE, — DE RÉGIMENT, — DE SERVICE, — DE TENTE, — D'ÉLITE, — EN GARNISON, — FERRÉ.

PIQUET A PIQUES. V. A PIQUES. V. PIQUE A MAIN. V. RATELIER D'ARMES.

PIQUET ACTIF (E), ou PIQUET DE SERVICE, comme l'appelle l'ENCYCLOPÉDIE (1751, C), ou TROUPE DE PIQUET. Sorte de PIQUET, c'est-à-dire d'AGRÉGATION chargée d'un SERVICE passager, soit EN GARNISON, soit EN ROUTE, soit EN CAMPAGNE, ou bien TROUPE se tenant prête à agir au premier ordre. — Les Piquets qui sont sous les ordres d'un SOUS-OFFICIER sont sous l'inspection de l'ADJUDANT DE SEMAINE. — Les HOMMES DE PIQUET sont COMMANDÉS DE SERVICE par l'ADJUDANT-MAJOR DE SEMAINE; l'APPEL en est fait par l'ADJUDANT DE SEMAINE, à la PARADE; ils sont inspectés par les OFFICIERS DE SEMAINE. — Il y a eu des Piquets destinés à escorter des CONVOIS, à ALLER AUX DRAPEAUX, à les APPORTER, à ALLER AU LOGEMENT, à assister à des EXÉCUTIONS A MORT, à maintenir le BON ORDRE dans les DISTRIBUTIONS, à être présent en armes à la MESSE. — Les AUTEURS qui ont traité du service des Piquets sont : BARDIN (1807, D; 1809, B), GLASSE, LECOUTURIER (1825, A). — Le RÈGLEMENT DE 1816 (24 JUILLET) déterminait le prix du remplacement d'un PIQUET, et dispensait de ce SERVICE les SAPEURS D'INFANTERIE.

PIQUET AU CAMP (E, I). Sorte de PIQUET EN CAMPAGNE, qui est un ensemble d'HOMMES D'INFANTERIE les PREMIERS A MARCHER ou à ÊTRE DE GARDE, à raison de leur TOUR DE SERVICE. — A l'ARRIVÉE d'un CORPS AU CAMP, son Piquet se porte en avant pour fournir de suite les GARDES. — Il est ensuite journellement commandé un Piquet, comme dépôt toujours présent, dont les HOMMES DE SERVICE doivent être tirés, soit périodiquement, soit inopinément. — Le Piquet ne se rassemble que quand on l'appelle; les GRENADIERS et les SAPEURS n'en font pas partie; on l'alimente, pour le tenir complet, à mesure que les HOMMES DE SERVICE en sortent, ou que des événements imprévus y occasionnent des vides. — L'ordonnance de 1753 (17 février) voulait que le service du Piquet fût de quarante-huit heures, et qu'il prît les armes à l'heure de la retraite ; les officiers, sous-officiers et soldats qui en faisaient partie ne pouvaient pas s'éloigner du camp. — C'était au Piquet à porter les premiers secours aux grand'gardes attaquées ; aussi lui faisait-on quelquefois passer la nuit au bivac. — La tente du front de bandière de chaque compagnie était destinée au Piquet, et il plaçait ses armes à un chevalet particulier. — La force du Piquet a varié. Les ordonnances de 1778 (28 avril) et de 1788 (12 août) voulaient qu'il y eût toujours, par chaque compagnie, deux escouades de sept hommes chaque qui se tiendraient de Piquet pendant vingt-quatre heures. Le règlement de 1792 (5 avril) prenait, au contraire, le Piquet sur tout le régiment ; il le dispensait de rendre les honneurs. L'ordonnance de 1832 (3 mai) voulait que le Piquet se réunît à douze pas en arrière de la garde montante ; elle le plaçait sous la surveillance et l'inspection du capitaine de police. — Si le Piquet doit s'assembler la nuit, c'est sans bruit de caisse et au simple commandement : Aux armes. Il se conforme du reste, en tout, à la consigne particulière qui lui est donnée. — Il a été traité des Piquets au camp par Bardin (1807, D ; 1809, B), Bombelles (1746, A), Dubousquet (1769, B), Kéralio (1757, F), Lachesnaie (1758, I), Leblond (1748, B ; 1758, B), Sinclaire (1773, L).

PIQUET correctionnel (C, 5 ; F). Sorte de piquet, c'est-à-dire de punition ou de supplice que des ordonnances infligeaient en répression des fautes graves. On attachait le patient par un poignet, et le bout de son pied nu, du côté opposé au poignet, ne pouvait reposer que sur la pointe d'un pieu placé devant le corps de garde principal de la garnison. — C'est ainsi que Ganeau décrit ce genre de punition ; mais elle ne s'est pas appliquée toujours aux mêmes classes de militaires, ni sous les mêmes formes et avec la même rigueur. L'ordonnance de 1716 (4 juillet) en rendait passibles les cavaliers et dragons, en répression des fautes pour lesquelles l'infanterie encourait la punition des baguettes. — Au camp, le Piquet s'établissait au centre du bataillon. On plantait solidement en terre deux Piquets de dix à douze pouces de tour ; l'un s'élevait à trois pieds au-dessus du sol, l'autre à dix ou douze pieds du sol. On attachait par un bras le patient au poteau le plus haut, et il fallait que, pendant deux heures, il restât appuyé

d'un seul pied sur le poteau le plus bas. Depuis le milieu du dix-huitième siècle on n'attachait plus le patient, parce que des accidents avaient résulté de cette coutume ; le long poteau lui servait seulement à appuyer ses mains et à l'aider à changer de pied ; une sentinelle placée près de lui veillait à ce qu'il ne quittât pas la position sur l'un ou l'autre pied. — L'ordonnance de 1768 (1er mars) punissait du Piquet les sentinelles manquant à leur consigne, les soldats arrêtés faisant désordre, ceux qui vendaient ou perdaient leurs effets d'ordonnance, leurs munitions de guerre. — L'ancienne forme de chatiments s'était adoucie. Le Piquet ne consistait plus, pour les soldats d'infanterie, qu'à porter pendant un certain temps, et sur la place d'armes, un certain nombre de fusils ; il consistait, pour les soldats de cavalerie, à porter un certain nombre de manteaux. — L'ordonnance de police de 1776 (25 mars) prononçait le Piquet pour les infractions plus graves que celles qui étaient punies par les coups de plat de sabre. — Le Piquet a été supprimé par l'ordonnance de 1788 (1er juillet), comme pouvant préjudicier à la santé des soldats.

PIQUET crochu. V. abatis défensif. V. crochu.

PIQUET d'avant-garde. V. avant-garde de corps en route en temps de paix. V. piquet de logement.

PIQUET de bois. V. bois. V. piquet. V. tranchée.

PIQUET de brigade. V. brigade. V. détachement au camp.

PIQUET de campement. V. campement. V. cordeau de front.

PIQUET de cavalerie. V. cavalerie. V. cavalerie française n° 8. V. chemin militaire. V. convoi par terre.

PIQUET de construction passagère. V. amas d'outils. V. claie. V. construction passagère. V. corvée de siége. V. épaulement de fortification. V. fagot de sape. V. fascine. V. parc de siége.

PIQUET de distributions (C, 3 ; E). Sorte de piquet actif ordinairement commandé par un officier, et qui se rend aux lieux des distributions de denrées pour y maintenir la police parmi les hommes de corvée.

PIQUET de logement (E, 5), ou piquet d'avant-garde. Sorte de piquet actif ou d'agrégation d'hommes de service, qu'on appelle aussi avant-garde de corps en route en temps de paix. — Le Piquet de logement agit en vertu d'une consigne particulière ;

il fait partie du logement actif. Le règlement de l'an huit (25 fructidor) en réglait les fonctions. L'ordonnance de 1818 (15 mai) le composait de la moitié de la garde montante. Son départ, qui a lieu quand le premier est battu, précède d'une heure celui du corps. Il observe, en route, les haltes convenables; il entre au lieu du gîte, la baïonnette au canon; il occupe, à son arrivée, le corps de garde qui lui est destiné; il est chargé de la surveillance des poudres, si le corps en a à sa suite.

PIQUET de messe. v. autel. v. messe.

PIQUET de régiment. v. détachement au camp. v. régiment. v. régiment français.

PIQUET de service. v. place a garnison. v. piquet actif. v. service.

PIQUET (piquets) de tente (B, 1). Sorte de piquets en bois qui font partie des effets accessoires de campement. Le tarif de 1831 (15 novembre) les distinguait en grands et en petits. — Les petits assujettissent le toit de la tente; ils sont plats du côté opposé à la pointe, une coche en forme la tête ou le bec. Leur usage est aussi ancien que celui des tentes, des pavillons, des marquises a parasol. De là, cette locution : planter le piquet, lever le piquet, pour signifier : camper ou commencer le décampement. — Porter les Piquets a été au nombre des corvées en route.

PIQUET d'élite. v. élite. v. piquet tactique.

PIQUET d'exécution (C, 5). Sorte de piquet actif ou d'agrégation armée, destinée à fournir les tireurs et à passer par les armes un condamné. En garnison, le Piquet fait feu au signe d'un adjudant de place; au camp, un officier major commande cette corvée et donne le signal. — En traitant des peines de la milice française, des formes de sa justice, des exécutions a mort, nous avons déploré l'atrocité des coutumes que la routine maintient.

PIQUET (piquets) en campagne (term. sous-génér.). Sorte de piquets actifs qui diffèrent des corvées, et dont la fonction tient le milieu entre le service des gardes et le service des détachements. — Primitivement, le service des armées agissantes se faisait par Piquets. Puységur (1748, C) était opposé à ce système; il lui préférait, comme plus simple et plus rapide, le service par compagnies ou par corps. Ce système prévalut et fut en vigueur jusqu'à la guerre de la révolution, époque où les ordonnances ont fait revivre le service par Piquets, afin que,

en cas de chances désastreuses, les pertes fussent supportées à peu près également par toutes les fractions du corps, au lieu de peser uniquement sur toute une escouade, toute une compagnie. — Il a été traité du service en campagne par Bois-Roger (1775, G), M. Bonjouan, M. Cantaloube (1821, A), Fitz-Clarence, Frédéric deux, M. le général Préval (1827). — Le Piquet en campagne se distingue en piquet au camp.

PIQUET en garnison. v. archevêque. v. cercle de parade de place. v. chef de bataillon de semaine n° 3. v. en garnison.

PIQUET ferré. v. cavalerie française n° 3. v. effet accessoire de campement. v. ferré, adj. v. milice sike n° 4. v. pal.

PIQUET tactique (G, 6; F), ou piquet d'élite, comme l'appelle, avec peu de justesse, M. le colonel Carrion. Sorte de piquet ou d'agrégation, dont l'usage date de la création des compagnies de grenadiers, ou de 1680 environ. C'était un peloton de mousquetaires d'un bataillon ou d'un régiment d'infanterie. On l'appelait Piquet, parce qu'il se formait éventuellement de soldats de toutes les compagnies. Il était d'une force égale à celle des grenadiers; il en était comme le pendant ou le contrepoids. En ordre de bataille, ou dans les marches, il se tenait à une égale distance des compagnies du centre; il fermait la gauche du bataillon; au besoin, il contribuait à garnir les angles du bataillon carré et à ouvrir les attaques de vive force d'un siége offensif. — L'ordonnance de 1755 (6 mai) reconnaissait encore le Piquet; l'ordonnance de 1766 (1er janvier) cessait d'en faire mention. — Bombelles (1746, A) et Leblond (1758, B) peuvent être consultés sur ce sujet.

PIQUETER, verb. act. v. fascine. v. piquet.

PIQUEUR, subs. masc. v. ingénieur militaire.

PIQUEUR portugais. v. milice portugaise n° 1. v. portugais, adj.

PIQUICHIN (piquichins), subs. masc. (F). Mot dérivé du bas latin *picuiquinus*, *piquiquinus*, *piquichinus*. — Les Piquichins étaient des aventuriers dont le nom est resté dans l'italien *pichini*, *piquiquini*, *piquini*. C'étaient, ainsi que les ribauds, des troupes mercenaires du treizième siècle, comme le témoigne ce fragment de vers de Guillaume Lebreton :

> . . . . *et qui rei propter venales*
> *Sequuntur.*
> Le seul appât du gain les menait au combat.

— Daniel (1721, A) suppose que les Piquichins étaient des piquiers qu'on a ensuite nommés piquenaires ; mais Jabro (1777, G) remarque que, en France, la pique est en usage moins anciennement ; il pense que c'étaient des paysans composant une mauvaise infanterie armée de flèches. — Quoi qu'il en soit, Daniel pouvait avoir raison, si les Piquichins étaient surtout des aventuriers de Flandre, des soldats de Picardie, puisque, dès l'an 1200, la pique était l'arme favorite des Flamands. Si l'on en croit le *Dictionnaire de la Conversation* (au mot *Goujats*), les goujats furent d'abord des piquichins. Nous n'avons trouvé nulle part la preuve de cette assertion. — On a prétendu que le terme dérisoire péquin, dont se servent les soldats dans le sens de paysans, sortait de la même souche ; il est vrai qu'il a pris naissance dans l'armée d'Italie à la fin du dernier siècle, et qu'il a été répandu par la garde consulaire, en grande partie composée de Gascons parlant italien. — On peut consulter, touchant les Piquichins, Despagnac (1751, D), Lachesnaie (1758, I).

PIQUIER (piquiers), subs. masc. v. bataillon de p... v. compagnie de p... v. composition de p... v. création de p... v. dénomination de p... v. force de p... v. nombre de p... v. rang de p... v. rangs de p... v. solde de p... v. tactique de p... v. uniforme de p...

PIQUIER (piquiers) (F), ou hochebos suivant Duane, ou picaire, ou picquenaire suivant Borel (Pierre) et Ganeau, ou picquier, ou piquaire suivant Potier (1779, X), ou piquenaire suivant Fauchet et Ménage, ou piquichin suivant Daniel (1721, A). M. Roquefort dit que ces mots se rendaient, en bas latin, par *picardus*, soldat armé d'une pique. — Le mot Piquier, dont le substantif pique donne l'étymologie, se rattache surtout à l'histoire militaire des quinzième, seizième et dix-septième siècles. Les hallebardiers étaient comme les sergents des Piquiers. — Depuis 1704 il ne se voyait plus de Piquiers dans les armées anglaise, autrichienne, bavaroise, danoise, française, hessoise, hollandaise et prussienne ; il n'en restait, en France, d'autres vestiges que les Cent-Suisses, et, dans la milice portugaise, que les *lanzas* ou *ordenanzas*, armées du *chuco*. — Cette abolition presque générale de la pique était l'acheminement à l'ordre mince. — Une circulaire de 1792 (27 août), adressée aux directoires des départements, en vue d'une défensive sans délais, contenait un plan de création de bataillons de piquiers qui ne s'est réalisé que partielle-

ment. Cette institution n'eut pas de durée ; mais, en 1793, nous vîmes à Bergues un bataillon de cette nature, qui avait été formé dans le département de la Somme. — Les écrivains qui ont traité des Piquiers, sont : Béneton (1741, A ; 1742, A), Billon (1641, A), Borel (Pierre), Carré (1785, E), M. le colonel Carrion (1824, A), Daniel (1721, A), Delafontaine (1675, A), Delanouf, Dubellay (1555, A), l'Encyclopédie (1785, C), Fauchet, Gaya (1678, B), Guillet (1686, B), Lachesnaie (1758, I), Leblond (1758, B), Maizeroy (1765, B ; 1767, E ; 1775, B), Manesson (1685, B), Ménage, Montécuculi (1704, D), Potier (1779, X), Pistofilo, M. Rocquancourt, M. le général Rogniat (1816, B), M. Roquefort. — Le mot Piquier va être considéré sous les points de vue que voici : création, composition, dénomination, force, nombre, uniforme, solde, tactique. — No 1. Création, composition. — La France a eu, fort anciennement, des Piquiers à son service ; il en était attaché aux espèces de brigades nommées échelles. Les gens d'armes du moyen age, les Albanais mettaient quelquefois pied à terre pour combattre comme Piquiers ; les lansquenets étaient des Piquiers. Quelques écrivains assurent même qu'il y avait des Piquiers dans les francs-archers ; c'est plus probable que démontré ; mais nous ne doutons pas que les chefs des francs-archers ne fussent armés de la pique, car elle a, de toute antiquité et partout, été un symbole de commandement. — Les Piquiers, considérés comme bandes, enseignes, grosses brigades, furent d'abord organisés chez les Flamands, les Suisses, les Allemands. Ce système de composition passa de là chez les Espagnols et les Hollandais. Ceux de la milice autrichienne prenaient naissance au commencement du seizième siècle. Les Français adoptèrent, des derniers, les corps de Piquiers comme institution nationale et permanente. — No 2. Dénomination, force, nombre. — Froissard témoigne que, primitivement, en idiome picard ou flamand, les Piquiers se sont nommés hochebos, hoquebos ou horfbos, c'est-à-dire remue-bois. Le mot Piquier n'a prévalu sur ces appellations que depuis le quinzième siècle ; il s'est appliqué, si l'on en croit Philippe de Clèves (1520, A), à un genre d'hommes d'armes. — Les Piquiers franco-étrangers de Charles huit étaient, par rapport aux escopetiers, dans la proportion de dix pour un ; en d'autres termes, neuf Piquiers comportaient un escopetier. Les Piquiers de la plupart des corps français, sous Louis douze et François premier, étaient ce que deux ou trois sont à un ; en d'autres termes , il y avait deux tiers ou trois quarts d'ARQUEBUSIERS sur un tiers ou un quart de Piquiers. — Dans les LÉGIONS DE FRANÇOIS PREMIER, les Piquiers et les HALLEBARDIERS devaient former les quatre cinquièmes des COMPAGNIES. — Au temps de HENRI QUATRE, les COMPAGNIES D'INFANTERIE étaient composées de trois Piquiers par deux ARQUEBUSIERS OU MOUSQUETAIRES. — Après ce règne , les deux genres d'ARMES OU d'HABIL-LEMENTS, comme on disait alors, c'est-à-dire les PIQUES et les ARMES A FEU PORTATIVES , étaient en nombre à peu près égal dans les RÉGIMENTS D'INFANTERIE. — Dans la première moitié du dix-septième siècle , le nombre des Piquiers, comparé à celui des MOUSQUE-TAIRES, était ce qu'un est à deux; il n'y avait plus qu'un Piquier par deux MOUSQUETAIRES. GUSTAVE-ADOLPHE avait neuf mousquetaires pour onze Piquiers; c'était une conséquence des progrès de l'ART DES SIÉGES. — N° 3. UNIFORME, SOLDE. — Les Piquiers avaient un HABILLEMENT plus cher, plus compliqué, plus défensif que les porteurs d'armes à feu; sui-vant les temps , ils avaient eu la COTTE DE MAILLES, ce qui concourait à leur valoir une SOLDE plus forte. — L'ORDONNANCE DE 1553 (23 DÉCEMBRE) témoigne que le Piquier à pique simple ou à PIQUE SÈCHE ne portait pas le CORSELET; il ne se plaçait qu'en arrière-rang. Devenir Piquier à CORSELET et à HAUSSE-COL. était une espèce d'avancement et de récompense; ceux-là étaient au premier rang; au lieu de CHAPEAU, ils avaient, en fer ou en cuivre, dit M. MONTEIL, la BOURGUI-GNOTE ou le MORION, la SALADE ou le POT; ils étaient décorés d'une ÉCHARPE et couverts d'un CORSELET à BRASSARDS et à HAUSSE-COU, ou d'un HALECRET à TASSETTES et à PIÈCES plus nombreuses. Ils avaient besoin de cet ARME-MENT contre les COUPS DE PISTOLETS que les ESCARMOUCHEURS venaient leur tirer impuné-ment de près, si l'ARQUEBUSADE et les FEUX DE CHAUSSÉE ne tenaient ces ENNEMIS en res-pect. Pour être mieux garantis, les Piquiers FRANCS ARCHERS portaient RONDELLE; ceux de la MILICE ESPAGNOLE portaient le BOUCLIER nommé BROQUEL. C'était par imitation de cet usage que MONTÉCUCULI (1704 , D) voulait des RONDACHERS parmi ses Piquiers. — GUS-TAVE-ADOLPHE supprima dans son ARMÉE le CORSELET des Piquiers, et ne leur laissa que la SALADE. On commençait à regarder les Piquiers comme suffisamment défendus con-tre les COUREURS ENNEMIS, depuis l'accroisse-ment des ARMES A FEU et l'effet plus sûr et plus prompt de leurs COUPS. — Dans l'ARMÉE FRANÇAISE, les Piquiers furent les HOMMES DE PIED qui quittèrent, des derniers, les ARMES DÉFENSIVES et la COIFFURE de fer. Ces moyens

de défense ne furent abolis, dans aucun CORPS, aussi tard que dans les GARDES FRAN-ÇAISES ; tous portaient les ARMES DÉFENSIVES à contre-cœur, à ce que disent DUBELLAY (1535, A) et DELANOUE (1559, A). Le petit nombre d'HOMMES qui s'enrôlait pour porter la PIQUE était, suivant eux, le résultat de cette répugnance. On retrouve leur costume dans les gravures de GAYA, de GHEYN (1608) et de MAIZEROY (1773, A). — FRANÇOIS PRE-MIER , CHARLES NEUF, HENRI DEUX allouaient aux Piquiers une SOLDE double de celle des MOUSQUETAIRES , parce qu'il fallait pour Pi-quiers des HOMMES plus éprouvés, plus mûrs, plus vigoureux, par conséquent moins faciles à trouver. — N° 4. TACTIQUE. — Dès le commencement du treizième siècle, les Pi-quiers FLAMANDS savaient déjà former des CARRÉS où les PAGES tenaient à l'abri les CHEVAUX de rechange de la CAVALERIE, et où se réfugiaient au besoin les GENS D'ARMES : mais c'est dans les guerres de FRANÇOIS PREMIER et de HENRI QUATRE , et surtout dans celles DE 1667 , DE 1672 , DE 1688 , que se déploie une théorie de la PIQUE secondée du MOUSQUET. Le FIFRE animait la marche et donnait les signaux. — Jusqu'à l'époque où les ARQUEBUSES et les PIQUES furent en nombre à peu près pareil, les Piquiers furent une. INFANTERIE DE BATAILLE; une partie d'entre eux composait l'AVANT-GARDE de l'ARMÉE et gardait les PARCS D'ARTILLERIE; une partie servait comme DRAGONS; leur diminution progressive les transforma en ANSPESSADES et en BAS OFFICIERS. — En plus d'une circons-tance, les ALBANAIS ont descendu de cheval pour combattre comme Piquiers. — Suivant les temps ou les systèmes, les Piquiers gar-nissaient les ANGLES ÉMOUSSÉS des BATAILLONS A CENTRE VIDE, ou bien les ARQUEBUSIERS, les PISTOLIERS OU SOLDATS armés d'ARBALÈTES OC-cupaient les vides des BATAILLONS EN CROIX; car rien n'était moins fixe que les règles de la FORMATION TACTIQUE. Ainsi BÉNETON (1741, A) rapporte que, dans le cours des GUERRES DE LOUIS QUATORZE, les Piquiers se réunissaient quelquefois au centre de l'OR-DRE DE BATAILLE, que quelquefois ils flan-quaient les porteurs d'ARMES A FEU , que quelquefois ils s'étendaient en front pour FRAISER le BATAILLON ; il aurait pu ajouter qu'il avait été d'usage de les enceindre de RONDELLIERS. — Mais tous ces usages ont varié infiniment, suivant qu'il y a eu, pri-mitivement, un ESCOPETIER par neuf PIQUIERS, et, finalement, quatre MOUSQUETAIRES pour un Piquier. — A la minorité de LOUIS QUA-TORZE les Piquiers se tenaient sur dix RANGS, partagés par DEMI-FILES , à la manière des Hollandais, dont nous imitions les méthodes de GUERRE ; les Piquiers SUÉDOIS , au contraire, n'étaient que sur SIX RANGS. Telle a été la transition de l'ORDRE PROFOND à l'ORDRE MINCE. — Rien ne déterminait la distance entre les RANGS, la mesure du TERRAIN INDIVIDUEL ; elle dépendait de la circonstance : en MARCHE et en parade , elle était au moins égale à la longueur d'une HALLEBARDE ; en action, les RANGS se serraient. — Le COLONEL du CORPS se tenait à la tête des Piquiers ; c'était aussi en avant ou autour d'eux que leurs OFFICIERS se plaçaient, car les ARMES A FEU et les ENFANTS PERDUS étaient commandés par des postiches ou des SOLDATS DE FORTUNE , parce que les officiers dédaignaient ce commandement. — MONTÉCUCULI (1704, D) parle de FEUX A GENOU, que ses MOUSQUETAIRES exécutaient en avant de ses Piquiers. Il dit qu'à la bataille de Saint-Gothard, en 1664, contre les TURCS, les Piquiers impériaux étaient sur quatre RANGS, précédés de deux RANGS de MOUSQUETAIRES ; quand l'ENNEMI les chargeait, ces MOUSQUETAIRES venaient s'abriter sous la défensive des PIQUES, ou s'écoulaient en arrière des RANGS. — Mais tant que les Piquiers ont été plus nombreux que les HOMMES à ARMES A FEU, l'ORDRE DE BATAILLE le plus habituel des Piquiers FRANÇAIS était conforme aux usages adoptés par GUSTAVE-ADOLPHE ; ils composaient les COMPAGNIES DU CENTRE ; ils formaient le CORPS DE BATAILLE dont les MOUSQUETAIRES étaient le RANG extérieur, ou les AILES, ou l'INFANTERIE LÉGÈRE. — Dans cet ORDRE, l'ENSEIGNE se tenait au milieu du GROS que formaient les Piquiers ; quand l'ENSEIGNE devint un DRAPEAU, il occupait le premier RANG de la TROUPE. — Cette variété de formes, aujourd'hui incompréhensibles, cette quantité de CARRÉS PLEINS ou VIDES et de BATAILLONS GÉOMÉTRIQUES, que la MILICE SUISSE avaient inventées et que l'EUROPE avait imitées, étaient une conséquence de la combinaison du jeu divers, mais concerté, des PIQUIERS et des ARMES A FEU dans un même CADRE D'INFANTERIE, souvent même dans une seule et même masse, dans une seule et même ARMÉE , puisque ARMÉE et bataillon étaient synonymes. Nous avons expliqué la marche par MANCHES, par DEMI-MANCHES, par QUART DE MANCHES, au temps où il commençait à exister des COMPAGNIES DE GRENADIERS, et où les Piquiers n'étaient plus qu'une POIGNÉE. — Tant que les Piquiers ont existé, le mode de leur FORMATION ne permettait pas que la MARCHE DE BATAILLON EN COLONNE eût lieu autrement que par la droite ou la gauche ; de là vient que les MARCHES et les FORMATIONS par le centre ont été si tard mises

en pratique ; on se conformait aux habitudes sans s'en rendre raison.

PIQUIER d'ÉCOLE DE MARS. V. ÉCOLE DE MARS.

PIQUIER ESPAGNOL. V. ESPAGNOL, adj. V. TERZE.

PIQUOT, subs. masc. V. ÉPÉE.

PIQURE de BUFFLETERIE. V. BANDE D'ÉQUIPEMENT. V. BUFFLE D'ÉQUIPEMENT. V. BUFFLETERIE. V. GARDE ROYALE N° 3. V. MINISTRE DE LA GUERRE EN 1817.

PIQURE D'ÉPAULETTE. V. BOUTONNIÈRE D'ÉPAULETTE. V. ÉPAULETTE.

PIRCH ; **PIRRHUS** ; **PIRSCH** ; **PIRSCHER** ; **PISE**. V. NOMS PROPRES.

PISSIÈRE, subs. fém. V. COMBAT A PLAISANCE. V. FLANCOIS.

PISTES ; **PISTOFILO**. V. NOMS PROPRES.

PISTOLE, subs. fém. et masc. V. ARQUEBUSE A ROUET. V. BRIDE DE CAVALERIE. V. INFANTERIE FRANÇAISE N° 8. V. MOUSQUET. V. PASSER PAR LES ARMES. V. PISTOLET. V. PISTOLIER, subs. fém. V. PLATINE D'ARQUEBUSE. V. POUDRE A FUSIL. V. REITRE. V. SELLE DE CAVALERIE.

PISTOLE de PRISON. V. PRISON. V. PRISON DE PLACE.

PISTOLER, verb. act. et neut. V. PASSER PAR LES ARMES. V. PISTOLET.

PISTOLET, subs. masc. V. A PISTOLET. V. BAGUETTE DE P... V. BALLE DE P... V. CALOTTE DE P... V. CANON DE P... V. CARTOUCHE DE P... V. COUP DE P... V. CROSSE DE P... V. ÉPÉE A P... V. ÉPREUVE DU P... V. PAIRE DE P... V. PLATINE DE P... V. TIRER UN P...

PISTOLET (B, I, F) ou PISTOLLE, suivant GRENTEMESNIL, ou PISTOLE, mot resté dans la LANGUE ALLEMANDE. Le mot Pistolet a produit le verbe PISTOLER, que mentionne FURETIÈRE, le substantif PISTOLETADE, que mentionne BRANTOME, enfin le substantif PISTOLÉTIER. Il tire, dit-on, son nom de Pistoia en Toscane : mais il ne paraît pas que cette ARME y ait été inventée, comme le croyait le MINISTÈRE de la guerre (19 JUIN 1806) ; le contraire semble prouvé par le passage suivant de HENRI ESTIENNE (Traité de la conformité du langage) : *A Pistoie, se souloient (on avait coutume de) faire de petits poignards, lesquels estant, par nouveauté, apportés en France, furent appelés pistoyers, pistoliers, pistolets ; quelque temps après, estant venu l'invention de petites arquebuzes, on leur transporta le nom de ces petits poignards.* — Les ARGOULETS avaient un pistolet ; mais était-ce une ARME A FEU ou une DAGUE ? On a supposé qu'il était à feu, à raison de la forme du cabasset et de la mentonnière de ces soldats. Cependant, il est à considérer que le pistole se tirait en appuyant la plaque de couche contre le milieu de la poitrine ; de là vient que l'arme s'appelait aussi pétrinal. — *L'Echo britannique*, n° 12, appelle demi-haque (ou demi-arquebuse) le Pistolet du xve siècle, qui était à crosse en demi-cercle.— L'ordonnance de 1547 (9 février) donnait le Pistolet aux archers a cheval du ban et arrière-ban. — Originairement, le pistole, ou la pistole suivant Amyot, ou le Pistolet, n'était pas une arme de poche, de ceinture ou d'arçons, comme il l'est devenu ; l'arme des pistoliers était, proprement, une petite arquebuse a rouet, un mousqueton ayant peu de busque, ou même à crosse recourbée. — Il y avait, en 1544, à Cérisoles, des corps français d'infanterie qui se servaient du pistole, sous la protection des piquiers, et le tiraient sans le secours d'une fourchette ; ainsi l'instruction ministérielle de 1806 n'accuse pas juste, en fixant l'invention du Pistolet à l'an 1545. — Il y avait à la bataille de Saint-Quentin, en 1557, des reitres ou pistoliers allemands. — Le Pistolet des carabins, des chevaucheurs, des archers a cheval attachés aux compagnies d'ordonnance, était un pétrinal ; quant aux gens d'armes de ces compagnies, ils portaient la lance, et n'avaient pas de Pistolet. — Le Pistolet primitif a longtemps été l'arme des pandours et de la cavalerie de la milice turque. Les mamelucks en avaient et de ceinture et d'arçons. — Les ordonnances du milieu du seizième siècle commencèrent à employer le mot Pistolet comme diminutif du terme pistole qui, depuis ces époques, tomba en oubli. — Montluc (1592, B) témoigne que, dès 1570, le Pistolet commençait à prévaloir sur la lance ; mais ce fut surtout à Ivry que cette préférence se manifesta. — En 1596 , les Pistolets de la cavalerie hollandaise ont le canon de deux pieds de long. — En 1597, le pistolet a rouet est donné à la cavalerie légère de France qui s'en servait encore en 1658. — Le premier usage de cette arme, appliqué à la grosse cavalerie, répond à peu prés à l'an 1610 ; pendant tout ce siècle, les charges de cavalerie s'entamaient à coups de pistolets. — En 1726 on tirait encore, dit M. Meyer (Moritz), comme moyen incendiaire, des traits a feu avec les Pistolets. — Il y a eu des épées a pistolet, des faux à Pistolet ; mais le Pistolet ne doit être considéré ici que comme pistolet d'arçons, qu'on a tiré, soit à pierre ou à fusil, soit à percussion, et surtout comme arme de cavalerie. — Le maré-

chal de Saxe (1757, A) disait : *Je n'en veux pas ; ils ne servent jamais.* Cette opinion témoigne combien alors était différente la manière d'exécuter les charges comparées à celles du siècle passé. Depuis lors, il n'y a eu, en effet, aucune proportion entre la dépense et l'utilité des Pistolets. — Le règlement de 1767 (25 aout) déterminait l'espèce et les mesures du pistolet de troupe, et fixait son poids à deux livres et demie. — Des corps, tels que les dragons de Schomberg, n'avaient qu'un Pistolet ; mais, en général, les autres régiments de cavalerie en avaient une paire. L'usage moderne est de n'en délivrer qu'un par cavalier, hormis à la gendarmerie. — En 1811 (juin) les officiers supérieurs et les premiers capitaines de toute la grosse cavalerie de France furent consultés officiellement sur la nature des armes qu'ils croyaient préférables. Neuf régiments demandèrent à ne porter qu'un seul Pistolet ; ceux qui en voulurent deux prétextèrent, les uns des pertes d'armes , les autres la substitution du Pistolet au mousqueton. — Le Pistolet de la cavalerie française a la calotte à anneau et reçoit des cartouches de fusil. Le modèle de 1822 était évalué en 1835 à 18 fr. 13 c. L'usage du pistolet d'arçons a amené celui de la dragonne et a fait abolir la lance. — La marine se sert de pistolets d'abordage. — La notice de 1815 (5 décembre) était la première qui décidât que tous les officiers montés seraient pourvus de pistolets d'arçons. — Les mineurs ont été, de tout temps, armés de pistolets de ceinture ; il en avait été donné aussi aux porte-aigles. — La circulaire de 1820 (28 septembre) et la décision de 1833 (juin) autorisaient les officiers montés à se fournir, à Maubeuge, de pistolets d'arçons, à percussion. — Pour approfondir l'histoire du Pistolet, ainsi que les divers usages qui s'y rapportent, on peut consulter : Audouin, Bussy-Rabutin, (Carré 1783, E), M. le colonel Carrion (1824, A), Caseneuve, M. le général Cotty (1822, A), Daniel (1721, A), Delanoue (1559, A), Despagnac (1751, D), M. le général d'Hautpoul, Furetière, Gassendi, au mot *Outil de mineur*, Henry Estienne, Lachesnaie (1758, 1), Lecouturier (1825, A), Marolles, Maurice de Saxe (1757, A), Nadal, Renol, Thon, 'Turner, *l'Encyclopédie du dix-neuvième siècle*, au mot *Arme.*

PISTOLET a fusil. v. a fusil. v. fusil. v. pistolet.

PISTOLET a percussion. v. a percussion. v. pistolet.

PISTOLET a pierre. v. a pierre. v. pistolet.

PISTOLET A ROUET. V. A ROUET. V. PISTOLET.

PISTOLET D'ABORDAGE. V. ABORDAGE. V. PISTOLET.

PISTOLET D'ARÇONS. V. ARC. V. ARCHER A CHEVAL. V. ARÇON. V. ARME D'OFFICIER D'INFANTERIE. V. ARMEMENT D'OFFICIER. V. BAGUETTE DE PISTOLET. V. BAN ET ARRIÈRE-BAN. V. DARD A MAIN. V. GENDARME DU MOYEN AGE. V. GENDARMERIE DU MOYEN AGE N° 2, 8. V. MILICES ITALIENNES. V. PISTOLET.

PISTOLET DE CAVALERIE. V. ARMÉE FRANÇAISE N° 5. V. CAVALERIE. V. CAVALERIE FRANÇAISE N° 7. V. CHASSEUR A CHEVAL. V. DRAGON FRANÇAIS N° 4. V. FRANC-ARCHER. V. GROSSE CAVALERIE N° 4. V. HUSSARD N° 5. V. MILICE FRANÇAISE N° 4. V. MILICE PRUSSIENNE N° 4. V. MILICE RUSSE N° 4. V. PISTOLET.

PISTOLET DE CEINTURE. V. CEINTURE. V. MILICE SUÉDOISE N° 1. V. PISTOLET. V. PORTE-AIGLE.

PISTOLET DE MINEUR. V. MINEUR FRANÇAIS.

PISTOLET DE TROUPE. V. BAGUETTE DE PISTOLET. V. MANUFACTURE D'ARMES. V. PISTOLET. V. PLATINE DE FUSIL. V. TROUPE.

PISTOLET D'OFFICIER MONTÉ. V. ARME D'OFFICIER D'INFANTERIE. V. ARMEMENT D'OFFICIER. V. CANON DE PISTOLET. V. OFFICIER MONTÉ. V. PISTOLET.

PISTOLÉTADE, subs. fém. V. BLESSURE. V. COUP D'ARME. V. PISTOLET.

PISTOLÉTIER, subs. masc. V. PISTOLET. V. PISTOLIER.

PISTOLIER, subs. masc. (F), ou PISTOLÉTIER. Le mot Pistolier, dont la racine est la même que celle du mot Pistolet, a d'abord été synonyme de DAGUE et de PISTOLE, avant de signifier SOLDAT armé d'un PISTOLE. Il en est à peu près ainsi, dans la LANGUE FRANÇAISE, de toutes les ARMES, par rapport à ceux qui s'en servaient : le nom du SOLDAT et de l'instrument étaient pareils. — Les Pistoliers ont combattu, les uns comme INFANTERIE FRANÇAISE, les autres en TROUPES A CHEVAL ÉTRANGÈRES. Ceux de pied étaient les VOLTIGEURS ou les ENFANTS PERDUS des PIQUIERS ; mais leur ARME A FEU ressemblait bien plus à une courte ARQUEBUSE qu'à un PISTOLET moderne ; aussi les a-t-on appelés également FUZELIERS, comme on dirait maintenant FUSILIERS, et nous supposons que c'est par erreur que M. SICARD (*Journal des Sciences militaires*, 1850, p. 71) prend les Pistoliers de 1545 pour des artilleurs. — Les PISTOLIERS A CHEVAL avaient le CABASSET à petite MENTONNIÈRE, pour faciliter l'emploi du PISTOLE ; ils étaient comparables aux STRADIOTS des MILICES ITALIENNES. — Il y avait

des Pistoliers à la bataille de CÉRISOLES, en 1544. — BRANTOME (1600, A) dit : *A la bataille de Renty* (1554), *Charles-Quint avait deux mille pistoliers, qu'on appelait reistres.* — En 1557, à la bataille de SAINT-QUENTIN, il y avait des Pistoliers sous les ordres du Rheingraff et du connétable de MONTMORENCY. — Depuis cette affaire, les PISTOLIERS A CHEVAL servirent de concert avec les ARQUEBUSIERS A CHEVAL, et les avantages qu'ils obtinrent, par le feu, sur les LANCES, dégoûtèrent de cette ARME et concoururent à en amener l'abolition. — Il y avait, sous CHARLES NEUF, des Pistoliers dans la GARDE DE PARIS. — Les AUTEURS qui ont traité des Pistoliers, sont : BRANTOME (1600, A), DESPAGNAC (1751, D), GANEAU, GOETZMAN (1777), M. SICARD.

PISTOLIER A CHEVAL. V. A CHEVAL. V. PISTOLIER. V. TACTIQUE. subs.

PISTOLIER A PIED. V. A PIED. V. PISTOLIER. V. TACTIQUE, subs.

PISTOLLE, subs. masc. V. GRENTEMESNIL. V. PISTOLET.

PISTON, subs. masc. V. A PISTON. V. CARABINE. V. FUSIL A PISTON. V. PLATINE A FEU.

PISTOYER, subs. masc. V. DAGUE. V. PISTOLET. V. POIGNARD.

PITAU, subs. masc. V. PETAU.

PITAUD. subs. masc. V. PETAU.

PITHOU. V. NOMS PROPRES.

PITON (subs. masc.) A TIMBRE. V. A TIMBRE. V. CORDE DE TIMBRE. V. CORPS DE CAISSE DE TAMBOUR. V. FUT DE CAISSE.

PITT. V. NOMS PROPRES.

PIVOT, subs. masc. V. A PIVOT. V. DÉGAGEMENT DE P... V. DÉGAGER LE P... V. OEIL A P... V. PAS DE P...

PIVOT (term. génér.). Mot dont on ignore l'étymologie et qui doit la naissance aux arts du forgeron et du serrurier. Il y prenait un double sens, ce qui en obscurcit l'acception : il signifiait le morceau de métal qui s'insère dans un récipient et qui l'épouse pour y exercer une rotation, ou bien il signifiait ce récipient lui-même. L'ARMURERIE et la TACTIQUE ont emprunté aux arts mécaniques ce terme ; en TACTIQUE il a donné naissance aux expressions PIVOTANT, PIVOTEMENT, PIVOTER ; ainsi il s'agit de le distinguer en PIVOT D'ARMURERIE et en PIVOT TACTIQUE.

PIVOT AU CENTRE. V. PIVOT AU CENTRE. V. AU CENTRE.

PIVOT D'ARMURERIE (B, 1), ou PIVOT DE PIÈCE D'ARMURERIE. Sorte de PIVOT qui participe de cette ambiguïté reprochée au terme qui en est la souche. S'il s'agit du Pivot femelle, on devrait l'appeler œil a pivot; si ce Pivot ne règne pas d'outre en outre, on devrait l'appeler gîte à Pivot ; mais combien d'améliorations analogues ne demanderait pas la langue militaire ! — Le battant de sous-garde, la bride de noix, la grenadière ont un Pivot de cette espèce. — La noix a, au contraire, un Pivot de l'espèce opposée, un Pivot mâle. — Les détails des pivots d'armurerie se trouvent dans M. le général Cotty et dans Gassendi.

PIVOT de battant de sous-garde. v. battant de sous-garde. v. épaulement de queue. v. queue de battant. v. pivot d'armurerie.

PIVOT de bride de noix. v. bride de noix. v. pivot d'armurerie.

PIVOT de colonne double. v. colonne double.

PIVOT de corps de platine. v. corps de platine.

PIVOT de grand ressort. v. grand ressort de platine.

PIVOT de grenadière. v. battant de grenadière. v. grenadière. v. grenadière d'armement.

PIVOT de noix. v. arbre de noix. v. bride de noix. v. noix.

PIVOT de pièce d'armurerie. v. pièce d'armurerie. v. pivot d'armurerie.

PIVOT de ressort. v. ressort de platine a batterie.

PIVOT de ressort de batterie. v. ressort de batterie.

PIVOT de ressort de gachette. v. ressort de gachette.

PIVOT dégageant. v. auteur militaire (1761, I). v. dégageant.

PIVOT d'espadon. v. espadon. v. cuirasse de fer plein.

PIVOT fixe. v. aile de subdivision. v. a droite en bataille. v. a pivot fixe. v. changement de direction a pivot fixe. v. conversion a pivot fixe. v. guide de subdivision. v. rompement en bataille.

PIVOT mobile. v. a pivot mobile. v. aile de subdivision. v. changement de direction en marche par file. v. guide de subdivision. v. mobile, adj. v. sur la droite en bataille.

PIVOT naturel. v. a pivot naturel. v. changement de front a pivot naturel. v. naturel. v. pivot tactique.

PIVOT tactique (G, 6). Sorte de pivot, c'est-à-dire, d'homme de rang, placé à l'une des ailes du premier rang d'une subdivision de colonne qui converse du côté opposé au guide. Cette définition ne s'applique qu'à l'infanterie, qu'à la colonne a demi-distance ou à distance entière, mais non à la colonne serrée. — Les conversions de pied ferme et les conversions en marchant s'exécutent, également, en s'appuyant sur un Pivot. — Les ordonnances de police voulaient que ce point de tactique fût démontré dans la théorie des caporaux. — Les ordonnances d'exercice n'ont pas déterminé si, dans les conversions de pied ferme, le Pivot doit simuler le pas, en pivotant peu à peu, ou faire brusquement un a droite ou un a gauche, ou, comme disaient les Grecs, une clise. Nous opinerions pour le premier de ces moyens. — Dans les marches de bataillon en colonne, les conversions a pivot mobile opèrent un changement de direction en colonne; elles ont lieu, ordinairement, sur jalonnement; le Pivot allonge ou raccourcit tant soit peu son pas, en dégageant le point de la conversion, conformément à l'ordre que lui donne à cet égard, et suivant le besoin, le chef de la subdivision. Ce chef marche à cet effet à reculons, pendant la conversion, en ne perdant pas de vue le Pivot. Quand une colonne change de direction, le chef de chaque bataillon doit se tenir à peu de distance du Pivot, pour y veiller au mouvement de toutes les subdivisions sous ses ordres. — Les conversions de pied ferme ou à pivot fixe sont enbataillantes ou rompantes ; les secondes opèrent la formation en colonne d'une troupe en bataille; les autres produisent l'effet inverse. Une subdivision qui tourne n'a pas de Pivot. — Dans la marche en bataille, le drapeau ou un des guides généraux sont le Pivot du mouvement d'un régiment d'infanterie. — Dans les changements de direction de bataillon en bataille sur une aile, soit en avant, soit en retraite, un guide général est Pivot. Dans les changements de front a pivot vide d'une ligne de plusieurs bataillons, un guide général était Pivot. Mais dans les changements de front restés seuls en usage, l'alignement préliminaire de deux compagnies d'aile donne les axes du mouvement; il s'exécute par les soins des adjudants-majors. — Dans le changement de front qu'un bataillon exécuterait a deux mouvements, le drapeau serait Pivot. — L'ordonnance de 1851 (4 mars) rendait, à tort ou à raison, le pas de pivot plus étendu qu'il n'était. — Quelques lumières touchant l'emploi des Pivots peuvent être puisées dans Bardin (1807, D), Despagnac (1751, D), l'Encyclopédie (1785, C), Lachesnaie (1758, I, aux mots *Marche en bataille* et *Soutenir*);

MAIZEROY (1771, A), MIRABEAU (1788, C), PICTET (1761, I).

PIVOT VIDE. V. A PIVOT VIDE. V. CHANGEMENT DE FRONT A PIVOT. V. PIVOT TACTIQUE. V. TACTIQUE, subs. V. VIDE, adj.

PIVOTANT (pivotante), adj. V. AILE PIVOTANTE DE BATAILLON. V. AILE PIVOTANTE DE SUBDIVISION. V. PIVOT.

PIVOTEMENT, subs. masc. (term. génér.). Mot dont le substantif PIVOT est la souche. Il suffit de le distinguer ici en PIVOTEMENT DE TÊTE.

PIVOTEMENT DE TÊTE (G, 6), ou MOUVEMENT DE TÊTE, comme l'appellent, en français peu clair, les ORDONNANCES D'EXERCICE. Sorte de PIVOTEMENT dont l'effet est de placer la tête des MILITAIRES D'INFANTERIE, soit A DROITE, soit A GAUCHE, soit dans sa position directe. Dans l'ÉCOLE DU SOLDAT le Pivotement de tête se démontre aux COMMANDEMENTS : TÊTE A DROITE, TÊTE A GAUCHE, FIXE. — Dans le cours des MANOEUVRES, le Pivotement de tête a lieu sans COMMANDEMENT et tient, implicitement, à certaines MANOEUVRES. Il s'exécute dans les ALIGNEMENTS DE PIED FERME, dans les CHANGEMENTS DE DIRECTION DE COLONNE, etc. — L'ALIGNEMENT INDIVIDUEL, EN COLONNE EN MARCHE, et l'ALIGNEMENT DES SERRE-FILES EN BATAILLE, ne peuvent avoir lieu qu'au moyen du Pivotement de tête. — Autrefois, en DÉFILANT, le SOLDAT D'INFANTERIE devait porter la tête du côté du personnage auquel étaient RENDUS LES HONNEURS. — Depuis 1788, on a reconnu combien ce déplacement de la TÊTE, préjudiciait à la conservation de l'ALIGNEMENT EN MARCHANT, et le Pivotement de tête appliqué à cette circonstance a été aboli.

PIVOTEMENT TACTIQUE. V. ALIGNEMENT INDIVIDUEL PAR LE FLANC. V. ALIGNEMENT TACTIQUE. V. CHANGEMENT DE DIRECTION. V. CHANGEMENT DE FRONT A DEUX MOUVEMENTS. V. CHEF DE BATAILLON D'INFANTERIE FRANÇAISE DE LIGNE N°10. V. LIGNE DE BATAILLE. V. MARCHE EN BATAILLE. V. PIVOT. V. PIVOT TACTIQUE. V. PROMPTE MANOEUVRE. V. ROMPEMENT EN BATAILLE. V. TACTIQUE, adj.

PLA, subs. masc. V. BATTEMENT CÉLEUSTIQUE. V. BATTERIE DE CAISSE.

PLAAN. V. NOMS PROPRES.

PLACARD, subs. masc. V. COULEVRINIER. V. PLASTRON.

PLACE, subs. fém. V. A DEUX P... V. A UNE P... V. ADJUDANT DE P... V. AIDE-MAJOR DE P... V. AFFAMER UNE P... V. ARCHIVES DE P... V. ARTILLERIE DE P... V. ASSAUT DE CORPS DE P... V. ATTAQUE DE P... V. BATTERIE DE P... V. BOUCHE A FEU DE P... V. CAPITAINE DE P... V. CAPITULATION DE P... V. CERCLE DE P... V. CHAUFFAGE DE P... V. CHEF DE POSTE DE P... V. COMMANDANT DE P... V. COMMANDEMENT DE P... V. CONSEIL DE P... V. CORPS DE GARDE DE P... V. CORPS DE P... V. DÉFENSE DE P... V. DÉFENSEUR DE P... V. DÉGARNIR UNE P... V. DÉMANTELER UNE P... V. DÉSARMER UNE P... V. DEUX P... V. ÉCRIVAIN DE P... V. EMBRASSER UNE P... V. EMPORTER UNE P... V. EN P... V. ÉTAT-MAJOR DE P... V. FACE DE P... V. FEU DE P... V. FORCER UNE P... V. FORTIFICATION DE P... V. FOSSÉ DE P... V. FRONT DE P... V. GARDE DE LA P... V. GARDE DE P... V. GOUVERNEUR DE P... V. GRANDE P... V. HOPITAL DE P... V. INSULTE DE P... V. MAJOR DE P... V. OFFICIER DE P... V. OFFICIER MAJOR DE P... V. ORDRE DE P... V. PARADE DE P... V. PERSONNEL DE P... V. PETITE P... V. PORTE DE P... V. PRENDRE UNE P... V. PRISON DE P... V. REDDITION DE P... V. RÉDUIRE UNE P... V. RENDRE UNE P... V. RESSERRER UNE P... V. SECRÉTAIRE DE P... V. SERGENT-MAJOR DE P... V. SERVICE DE P... V. SOMMER UNE P... V. SOUS-AIDE-MAJOR DE P... V. SURPRISE DE P... V. TOURNER UNE P...

PLACE. :
- A GARNISON.
  - PLACE DE SECONDE CLASSE.
  - DE TROISIÈME CLASSE.
- D'ARMES.
  - A FEU.
    - PLACE D'ARMES DE CHEMIN COUVERT.
      - PLACE D'ARMES RENTRANTE.
      - PLACE D'ARMES SAILLANTE.
    - DE SIÉGE OFFENSIF.
  - DE GARNISON.

PLACE (term. génér.). Mot dérivé, suivant DUCANGE, du LATIN *platea*, ou du bas LATIN *placium*, qui se retrouve dans l'ALLEMAND *platz*. Ce dernier substantif a donné naissance au mot français Place, si on le prend dans le sens de PLACE DE GUERRE. — Place a produit les termes DÉPLACEMENT, EMPLACÉ, EMPLACEMENT, REMPLAÇANT, REMPLA-

CEMENT, REMPLACER. — Place se prend quelquefois, mais à tort, dans le sens de LOCALISATION. Il est usité sous l'acception d'EMPLOI militaire et sous celle de POSITION TACTIQUE. On en a fait une abréviation de termes : PLACE DE GUERRE, DÉFENDUE, FORTE, FORTIFIÉE, REVÊTUE, ayant garnison et ÉTAT-MAJOR. C'est dans ce dernier sens qu'on dit PLACE DE PARIS. — Le mot Place se distingue en PLACE A ÉTAT-MAJOR, — A FEU, — A GARNISON, — A L'ALLEMANDE, — A LA NOMINATION DU ROI, — ASSIÉGÉE, — AU FEU, — BASSE, — BASTIONNÉE, — D'ADJUDANT-MAJOR, — D'ARMES, — D'ARMES AMPHYBIE, — D'ARMES D'ANGLE RENTRANT, — D'ARMES D'ANGLE SAILLANT, — D'ARMES DE CAMP, — D'ARMES DE FOSSÉ SEC, — D'ARMES DE SAPE, — D'ARMES INTÉRIEURE, — D'ARMES RAMPARÉE, — DE BATAILLE, — DE BILLET, — DE CAPITAINE, — DE CAPORAL, — DE CHEF DE BATAILLON, — DE CHEF DE PELOTON, — DE CHIRURGIEN-MAJOR, — DE COLONEL, — DE GUERRE, — DE PARIS, — DE PREMIÈRE CLASSE, — DE PREMIÈRE LIGNE, — DE QUARTIER GÉNÉRAL, — DE QUATRIÈME CLASSE, — DE SECONDE LIGNE, — DE SERRE-FILE, — DE TROISIÈME LIGNE, — DE VIVRES, — DÉFENDUE, — D'ÉTAPE, — D'OFFICIER, — DU MOMENT, — D'USTENCILE, — EN BATAILLE, — EN ÉTAT DE GUERRE, — EN ÉTAT DE PAIX, — EN ÉTAT DE SIÉGE, — EN LIGNE, — FERMÉE, — FORTE, — FORTIFIÉE, — FRONTIÈRE, — HAUTE, — IRRÉGULIÈRE, — MOYENNE, — PROVISIONNELLE, — PUBLIQUE, — RÉGULIÈRE, — REVÊTUE, — TACTIQUE.

PLACE A ÉTAT-MAJOR. V. A ÉTAT-MAJOR. V. PLACE A GARNISON. V. SÉJOUR.

PLACE A FEU. V. A FEU. V. PLACE D'ARMES A FEU.

PLACE A GARNISON (E, 5), OU PLACE A ÉTAT-MAJOR, OU VILLE DE GARNISON. Sorte de PLACE qu'il serait à désirer que la LANGUE FRANÇAISE eût caractérisée par une expression différente, à cause de la quantité de synonymes militaires que le mot Place présente. — Il faut considérer ici le terme Place comme inséparable de l'idée de la résidence d'un COMMANDANT DE PLACE et d'un ÉTAT-MAJOR ; il faut l'employer abstraction faite des moyens de DÉFENSE par la FORTIFICATION ; il faut l'isoler de toute idée de PLACE OUVERTE, BASTIONNÉE, RAMPARÉE ; dans ce dernier cas ce seraient les locutions PLACE DE GUERRE, PLACE DÉFENDUE, PLACE FORTE, PLACE FORTIFIÉE, qui exprimeraient que la Place à GARNISON est en même temps une place de DÉFENSE ; mais, sous ce point de vue, nous avons concentré au mot FORTERESSE ce qui intéresse le sujet. — DARÇON et HAUSER divisent les places en PLACES FORTES, PLACES DU MOMENT et FORTS. Les RÉGLEMENTS fran-

çais distinguaient des POSTES les Places et les échelonnaient par CLASSES ; mais ces définitions sont obscures, et le degré de la synonymie à établir entre FORTERESSE et Place est à déterminer. — Une Place est ordinairement une VILLE ; le principe, cependant, ne saurait être absolu ; elle pourrait n'être qu'un bourg, qu'un POSTE, qu'une CITADELLE. — En TEMPS DE GUERRE, les Places sont les nœuds ou les bases des LIGNES D'OPÉRATIONS. On a appelé cassines, celles de ces Places qui sont peu susceptibles de DÉFENSE. — Il était d'usage que dans les Places l'INFANTERIE eût, sur la CAVALERIE, le pas, la DROITE, le COMMANDEMENT. — Des CHATEAUX FORTS, des POSTES sont quelquefois dans l'arrondissement et dans la dépendance d'une Place. — Les COMPAGNIES D'ÉLITE y sont chargées d'un SERVICE particulier. — Les TROUPES EN GARNISON sont sous les ordres du COMMANDANT DE PLACE ou du GOUVERNEUR et du COMMANDANT DE DIVISION territoriale, à moins qu'elles ne fassent partie d'une ARMÉE AGISSANTE sous les ordres directs d'un GÉNÉRAL ; en ce cas, elles restent, quant aux mouvements à exécuter, sous les ordres de ce GÉNÉRAL. — Les ORDONNANCES DE 1750 (25 JUIN) et DE 1768 (1er MARS) remettaient au plus ancien COLONEL le COMMANDEMENT des Places auxquelles il n'était pas attaché de COMMANDANT spécial à titre permanent ; elles en réglaient le SERVICE ; elles défendaient que des vivres apportés du dehors pussent être achetés ailleurs qu'au marché. — Le BON ORDRE est maintenu au moyen des PIQUETS, des RONDES, des PATROUILLES, des CORPS DE GARDE DE PLACE et des CORPS DE GARDE DE POLICE, mais ces derniers ou les gardes de caisse sont en dehors du service de la Place. — Un OFFICIER d'un rang proportionné à l'importance du LIEU y exerce le COMMANDEMENT. Le SERVICE y est réparti par l'ÉTAT-MAJOR, les ADJUDANTS-MAJORS et les ADJUDANTS. Un SECRÉTAIRE y garde les ARCHIVES et y commande le service, à l'AUBETTE ou au rapport. Des membres du CORPS de l'INTENDANCE y dirigent l'ADMINISTRATION. — En termes de guerre, Place se prend comme l'opposé de RASE CAMPAGNE. — On peut consulter, touchant les Places à garnison, M. le colonel CARRION (1824, A), DELAMONT (1671, A), ENCYCLOPÉDIE, FLORIANI, FURETIÈRE, GASSENDI, GUIGNARD (1725, B), GUILLET (1686, B), LACHESNAIE (1758, I ; id. au mot *Gouverneur*), PUYSÉGUR (1748, C).

PLACE A L'ALLEMANDE. V. A L'ALLEMANDE. V. CAMP RETRANCHÉ. V. CAMP ROMAIN. V. MILICE TURQUE, N° 7. V. PALANQUE.

PLACE à la nomination du roi. v. avancement. v. nomination. v. roi.

PLACE assiégée. v. administration de corps. v. approches. v. armée de secours. v. artillerie de siége offensif. v. assiégé, adj. v. assiégé, subs. v. assiégeant. v. attaque de place. v. attaque double. v. bastille fixe. v. batterie a ricochets. v. batterie de siége offensif. v. blindage de pièce assiégée. v. bombardement. v. bouche a feu de place assiégée. v. bouches inutiles. v. boulet messager. v. boyau de siége. v. brèche offensive. v. brèche praticable. v. brider. v. camp de siége. v. campement polémonomique. v. canon d'alarme. v. capituler. v. chat offensif. v. chauffage de place assiégée. v. chemin couvert. v. chevalier du moyen age n° 9. v. circonvallation. v. citadelle. v. citerne. v. combler la tranchée. v. commandant de division territoriale n° 3. v. commandant de place assiégée. v. commandement hiérarchique. v. conseil d'administration de corps n° 3. v. conseil de défense. v. conseil de guerre de place assiégée. v. conseil de place assiégée. v. conseil d'enquête. v. conseil permanent n° 2. v. contre-mine. v. contre-mine de forteresse. v. contre-mineur. v. contre-signal. v. contrevallation. v. corvée d'officier. v. coupure. v. couronnement de chemin couvert. v. défaite. v. défense de chemin couvert. v. défense de corps de place. v. défense de place. v. descente a ciel ouvert. v. eau potable. v. échelle d'escalade. v. embrasure. v. état de siége. v. flèche projectile. v. fossé inondé. v. front d'attaque de place. v. fourneau de mine. v. garde de place assiégée. v. garde de tranchée. v. garde nationale. v. gargousse. v. garnison assiégée. v. garnison de place assiégée. v. garnison de siége. v. gendarmerie de police n° 5. v. général en chef n° 2. v. génie idioplique n° 5. v. gouverneur de place assiégée. v. grenadier d'infanterie française de ligne n° 8. v. guerre. v. guerre de siége. v. guerre souterraine. v. héraut. v. héraut d'armes n° 4. v. hopital de place assiégée. v. hopital militaire. v. infanterie française n° 10. v. investissement. v. journal de siége. v. milice hollandaise n° 5. v. mine a feu. v. mine défensive. v. mine offensive. v. mineur français. v. monnaie obsidionale. v. ministre de la guerre n° 12. v. mousquet. v. muscule. v. officier d'artillerie n°s 5, 5. v. officier du génie n° 7. v. ouvrage de place assiégée. v. parallèle. v. parc de siége. v. pierrier. v. pluteus. v. portée de canon. v. première parallèle. v. ravitailler. v. réchaud. v. reconnaissance de siége offensif. v. rempart de forteresse. v. retirade. v.

revers de tranchée. v. seconde parallèle. v. sentinelle. v. siége défensif. v. sortie défensive. v. taillevassier. v. trahison. v. tranchée.

PLACE au feu et à la lumière. v. feu. v. hote. v. logement en route. v. lumière. v. ministre de la guerre en 1824. v. officier français n° 9.

PLACE basse. v. bas, adj. v. batterie casematée. v. casemate a feu.

PLACE bastionnée. v. bastionné, adj. v. place a garnison.

PLACE d'adjudant. v. adjudant. v. adjudant d'infanterie française de ligne n° 8.

PLACE d'adjudant-major. v. adjudant-major d'infanterie française de ligne n° 6.

PLACE (places) d'armes (term. sousgénér.). Sorte de place exprimée par un mot obscur, ou du moins à sens multiple, dont la définition demande quelque développement. — Une forteresse, un camp retranché, un champ de bataille de camp, la grande place d'une garnison, une parallèle, un espace ou une redoute ménagés défensivement dans une tranchée, dans un chemin couvert, dans un fossé sec, sont autant de Places d'armes ; ce terme, mal inventé, est un de ceux qui accuse le plus la stérilité de la langue militaire. — Place d'armes a prosaïquement pour synonyme place forte, et poétiquement, rempart ; mais, sous le point de vue fortificatoire, il n'y a pas lieu d'en traiter ici. L'article forteresse suffit à ce qui en doit être dit, et nous ne le distinguerons qu'en place d'armes a feu et en place d'armes de garnison.

PLACE (places) d'armes a feu (term. sous-génér.), ou place a feu. Sorte de place d'armes qu'on nomme aussi logement a feu ; mais aucune de ces expressions n'est satisfaisante ; un terme spécial manque à la langue militaire. — Les Places d'armes à feu de la moindre dimension se nomment demi-places d'armes ; les uns et les autres de ces ouvrages sont garnis d'une banquette ; il y en a à meurtrières. — Le *Dictionnaire de la Conversation* traite des Places d'armes. — Les Places à feu se distinguent en places d'armes de chemin couvert et en places d'armes de siége offensif.

PLACE d'armes amphybie. v. amphybie. v. place d'armes de siége offensif.

PLACE d'armes d'angle rentrant. v. angle rentrant. v. place d'armes rentrante.

PLACE d'armes d'angle saillant. v. angle saillant. v. place d'armes saillante.

PLACE d'armes de camp. v. champ de bataille de camp.

PLACE d'armes de chemin couvert (term. sous-gén.). Sorte de place d'armes a feu qui consiste dans un espace composé de l'élargissement du chemin couvert à ses angles : il y en a qui correspondent à des redoutes, à des tenailles de fossés secs. — Quelques détails à ce sujet se trouvent dans M. Legrand (1857, A). — Dans la défense du chemin couvert, les Places d'armes sont au besoin un lieu de retraite ; leurs cotés sont de vingt-quatre à trente mètres ; leur gorge répond aux rampes ou escaliers qui sont en communication avec le fond du fossé. Ils se distinguent en place d'armes rentrante et en place d'armes saillante.

PLACE d'armes de fossé sec. v. caponnière. v. fossé sec.

PLACE d'armes de garnison (E, 1), ou grande place, ou place d'armes intérieure, ou place publique. Sorte de place d'armes où est établie une garde, composée, si faire se peut, de grenadiers, ayant pour chef de poste un lieutenant de compagnie d'élite, ou un capitaine du corps. La police de la Place la concerne surtout. Une consigne particulière détermine le genre de fonctions dont le poste doit s'acquitter. A défaut de grenadiers, le poste s'entremêle ou se compose de fusiliers. — En maintes villes, le beffroi est sur la place. — Autrefois la fustigation, les coups de plat de sabre, le chatiment du cheval de bois, le supplice du piquet, étaient un des spectacles de la Place d'armes. — Guignard (1725, B) rapporte que, de son temps, époque où bien des Places n'étaient pas pavées, il était disposé des rangées de pavés pour l'alignement des rangs des troupes. Le guet a pied de Paris avait également, sur les boulevards du Marais, son alignement tracé par des lignes de pierres. — En cas d'arrivée de troupes, elles sont conduites, depuis le glacis, si c'est une place forte, ou depuis la porte de la ville jusqu'à la Place d'armes, par le major de place, ou par un adjudant ; le commandant de place s'y trouve, en passe la revue, et y reçoit du trésorier l'état de situation du corps. — Les troupes de passage établissent leur corps de garde dans celui de la place. — La Place est le lieu de rassemblement de la garde montante ; la parade générale y défile ; certains chatiments s'y infligent ; le cercle d'ordre s'y forme ; le service s'y commande. Le cercle d'ordre du soir s'y rassemble devant le corps de garde ; le mot s'y distribue ; les tambours partent de la Place en battant la retraite ; le falot de la Place,

tenu par le caporal de consigne, éclaire le cercle du soir : ce même falot éclaire ensuite les rondes d'officiers. — Les fourriers y distribuent les billets de logement à la troupe arrivante.

PLACE (places) d'armes de sape. v. sape. v. sape pleine.

PLACE (places) d'armes de siége offensif. (G, 4 ; H, 1), ou lignes parallèles, comme les appelle Potier (1779, X), ou taudis. Sorte de Places d'armes a feu qui, suivant quelques explications, ne sont autres que les parallèles elles-mêmes, tandis que, suivant des opinions différentes, ces places ne forment qu'une partie des parallèles ; elles en sont les espaces élargis et libres, les logements offensifs, les crochets de retour ; ces retours se nomment aussi demi-places d'armes. — Montluc (1592, B) dit qu'au siége de Thionville, en 1558, il inventa les Places d'armes ou les retours pour brider les sorties, et qu'il y disposait des harquebusiers pour protéger les travailleurs. D'autres font honneur du système des Places d'armes à Maurice de Nassau ; l'Encyclopédie (1751, C) en regarde, au contraire, Vauban comme l'inventeur ; mais il y a à faire ici, comme il y a lieu souvent, une distinction de termes et d'objets. Avant 1673, les attaques de places s'exécutaient à l'aide de boyaux peu spacieux, dépourvus de Places d'armes ; tel était probablement le cheminement de Montluc et de Nassau ; mais Vauban, qui changea la forme de ces travaux, créa les larges parallèles, entrecoupées d'espaces où pussent s'établir un petit parc et se poster des réserves et des grenadiers. — La destination des Places d'armes est de barrer les sorties ; les assiégeants les repoussent en s'élançant de la banquette de la tranchée sur son revers. — Les relations officielles du siége soutenu dans la guerre de 1832 mentionnent, pour la première fois, des places d'armes amphybies.

PLACE d'armes intérieure. v. intérieur, adj. v. place d'armes de garnison.

PLACE d'armes ramparée. v. administration d'armée. v. forteresse. v. ramparé, adj.

PLACE (places) d'armes rentrante (G, 4 ; H, 1), ou place d'armes d'angle rentrant. Sorte de places d'armes de chemin couvert, qui occupent un espace presque carré, compris entre deux traverses ; une coupure pratiquée à chacune des faces de la Place d'armes se ferme à barrières. — Les petites sorties s'assemblent dans les Places d'armes rentrantes. — Il y a des forteresses dont les Places d'armes et leurs réduits nécessi-

...teraient, en cas de SIÉGE OFFENSIF, la construction d'une QUATRIÈME PARALLÈLE.

PLACE (places) D'ARMES SAILLANTE (G, 4; H, 1), ou PLACES D'ARMES D'ANGLE SAILLANT. Sorte de PLACES D'ARMES de CHEMIN COUVERT, comprises dans un espace à peu près triangulaire. Les CAVALIERS DE TRANCHÉE, élevés par des ASSIÉGEANTS, ont pour objet d'envelopper les Places d'armes saillantes et de les désoler à l'aide de BATTERIES DE PIERRIERS.

PLACE de BATAILLE. V. BATAILLE. V. CÉRÉMONIE DE RÉCEPTION DE DRAPEAU. V. CHEF DE PELOTON. V. CONSUL ROMAIN. V. COUP DE BAGUETTE. V. FEU EN AVANÇANT. V. FORMATION EN BATAILLE. V. HOMME D'ENCADREMENT. V. ORDONNANCE D'EXERCICE D'INFANTERIE. V. ORDRE DE BATAILLE. V. PASSAGE D'OBSTACLE EN AVANT. V. PORTE-DRAPEAU N° 7. V. RÉCEPTION DE DRAPEAUX. V. REVERSION. V. SERGENT-MAJOR N° 4. V. SERRE-FILE.

PLACE de BILLET DE LOGEMENT. V. BILLET DE LOGEMENT DE COMPAGNIE EN ROUTE. V. BILLET DE LOGEMENT DE SOLDAT.

PLACE de CAPITAINE. V. CAPITAINE. V. CAPITAINE D'INFANTERIE FRANÇAISE DE LIGNE N° 7.

PLACE de CAPORAL. V. CAPORAL. V. CAPORAL D'INFANTERIE FRANÇAISE DE LIGNE N° 7.

PLACE de CHEF DE BATAILLON. V. CHEF DE BATAILLON D'INFANTERIE FRANÇAISE DE LIGNE N° 5.

PLACE de CHEF DE PELOTON. V. CHEF DE PELOTON.

PLACE de CHIRURGIEN-MAJOR. V. CHIRURGIEN-MAJOR D'INFANTERIE FRANÇAISE DE LIGNE N° 5.

PLACE de COLONEL. V. COLONEL. V. COLONEL D'INFANTERIE FRANÇAISE DE LIGNE N° 6.

PLACE de GUERRE. V. ABANDON DE POSTE. V. ABANDON POUR PILLER. V. ABSENCE DEPUIS VINGT-QUATRE HEURES. V. ACTE D'HOSTILITÉS. V. AFFAIRE DE POSTE. V. AFFUT. V. AIDE-MAJOR DE PLACE. V. ALARME. V. ANGLE DE TENAILLE. V. APPROVISIONNEMENT DE SIÉGE DÉFENSIF. V. ARME A VAPEUR. V. ARMÉE AGISSANTE N° 4. V. ARRÊTE LA-BAS. V. ARTILLERIE DE SIÉGE DÉFENSIF. V. ARTILLERIE DE SIÉGE OFFENSIF. V. ARTILLERIE IDIOPLIQUE. V. ASSAUT DE CORPS DE PLACE. V. ASSIÉGEANT. V. ATTAQUE DE PLACE. V. AUBETTE. V. AUX CHAMPS. V. AVANCÉE. V. AVANT-POSTE. V. BAGUETTE DE FUSIL. V. BAN D'ARRIVÉE A LA GARNISON. V. BANDOULIÈRE. V. BANQUETTE DE CORPS DE PLACE. V. BARRIÈRE DE FORTERESSE. V. BASCULE DE PONT-LEVIS. V. BARRIÈRE DE FORTERESSE. V. BASE D'OPÉRATIONS. V. BASTILLE FIXE. V. BASTION DE FORTERESSE. V. BATAILLON D'INFANTERIE FRANÇAISE N° 6. V. BAT-

TERIE A RICOCHET. V. BATTERIE CASEMATÉE. V. BEFFROI. V. BOIS FORESTIER. V. BOMBARDE. V. BOMBARDEMENT. V. BOUCHES INUTILES. V. BOULET ROUGE. V. BRÈCHE OFFENSIVE. V. BRÉTÈCHE. V. CAMP DE FORTERESSE. V. CAMP RETRANCHÉ. V. CANON D'ARTILLERIE. V. CAPITAINE D'INFANTERIE FRANÇAISE DE LIGNE N° 2. V. CAPITULATION DE SIÉGE. V. CAPONNIÈRE. V. CAS D'ALARME. V. CASERNE. V. CATANEO (1573, A). V. CAVIN. V. CEINDRE. V. CERNER. V. CHANDELLE. V. CHAUSSE-TRAPE BRULANTE. V. CHEF D'AVANCÉE. V. CHEMIN COUVERT. V. CHIEN DE GUERRE. V. CHEF DE POSTE DE PORTE DE FORTERESSE. V. CHEF DE POSTE DE PLACE D'ARMES. V. CHEVALERIE D'AFFILIATION. V. CIRCONVALLATION. V. CLOCHE DE FORTERESSE. V. COMMANDANT AMOVIBLE. V. COMMANDANT DE CITADELLE. V. COMMISSAIRE DES GUERRES N° 4, 6. V. COMMUNICATION DE FORTERESSE. V. CONDAMNÉ AU BOULET. V. CONSIGNE DE SENTINELLE D'AVANCÉE. V. CONSIGNE-PORTIER. V. CONTRE-MINE. V. CONTRESCARPE. V. CORDEAU A TENAILLE. V. CORBEAU DÉFENSIF. V. CORDON DE REMPART. V. CORPS DE GARDE DE GRANDE PLACE. V. COUSSINET A MOUSQUETAIRE. V. D'ARENBERG. V. DÉCOUVERTE. V. DÉFILEMENT D'OUVRAGES. V. DEHORS. V. DÉLAI DE REPENTIR. V. DELALLEAU. V. DEMI-LUNE. V. DIVISION TERRITORIALE. V. DRAPEAU BLANC. V. DROIT DE LA GUERRE. V. DUEL. V. ÉCHELIER. V. ÉCLUSE. V. ÉCLUSE DE FUITE. V. ÉCLUSE PROVISIONNELLE. V. ENCEINTE DE FORTERESSE. V. ENVELOPPE DÉFENSIVE. V. ESCALADE. V. ESCARPE. V. ESCHIFFLE. V. ÉTABLISSEMENT MILITAIRE. V. FACE DE BASTION. V. FAIRE BRÈCHE. V. FALOT. V. FAUSSE ATTAQUE. V. FAUX A REVERS. V. FERMETURE DE PORTES. V. FEU DE FLANC. V. FEU PÉRIBOLOGIQUE. V. FLANC DE FORTIFICATION. V. FLANQUER. V. FORT BASTIONNÉ. V. FORTERESSE. V. FORTIFICATION DE CAMPAGNE. V. FOSSÉ DE FORTERESSE. V. FOSSÉ INONDÉ. V. FORTIN. V. FOURCHETTE DE MOUSQUET. V. FRONDE. V. FRONT D'ATTAQUE DE PLACE. V. FUSÉE DE GUERRE. V. FUSILIER. V. GALERIE D'APPROCHES. V. GANTELET. V. GARDE NATIONALE. V. GARGOUSSE. V. GARNISON. V. GÉNÉRAL FRANÇAIS N° 1. V. GÉNIE IDIOPLIQUE N° 5. V. GÉNIE STRATOPÉDIQUE. V. GITE. V. GLACIS DE FORTERESSE. V. GLOBE DE COMPRESSION. V. GORGE DE DEHORS. V. GORGE DE DEMI-LUNE. V. GORGE DE FORTIFICATION. V. GOUVERNEMENT MILITAIRE. V. GOUVERNEUR DE PLACE DE GUERRE; id. N° 3, 5. V. GRAND MAITRE DE L'ARTILLERIE. V. GUÉRITE. V. GUERRE. V. GUERRE DE 1741. V. GUERRE DE SIÉGE. V. HALTE DE ROUTE. V. HERSE DE FORTIFICATION. V. HONNEURS DE LA GUERRE. V. INGÉNIEUR MILITAIRE. V. INSPECTEUR GÉNÉRAL N° 4. V. INSPECTEUR GÉNÉRAL D'INFANTERIE N° 2. V. INSULTE. V. LÉGISLATION 1661 (12 OCTOBRE), AN 9 (1er BRUMAIRE). V. LIEUTENANT DE ROI N° 1. V. LIEUTENANT GÉNÉRAL N° 5. V. LIGNE D'OPÉRATIONS. V. LIGNE MAGISTRALE. V. LOGE-

MENT D'ÉTAT-MAJOR GÉNÉRAL. V. MAGASIN DE VIVRES. V. MAJOR DE PLACE N° 1, 2. V. MÈCHE. V. MILICE ANGLAISE N° 11. V. MILICE ANGLO-AMÉRICAINE N° 3. V. MILICE ESPAGNOLE N° 8. V. MILICE FRANÇAISE N° 6. V. MILICE NÉERLANDAISE N° 1. V. MILICE PIÉMONTAISE N° 2. V. MILICE PORTUGAISE N° 1. V. MILICE PRUSSIENNE N° 9. V. MILICE ROMAINE. V. MILICE RUSSE N° 1. V. MINE A FEU. V. MINE A RUINE. V. MINE DU MOYEN AGE. V. MINISTRE DE LA GUERRE N° 7... 15... V. OBUSIER. V. OFFICIER D'ARTILLERIE N° 3. V. OFFICIER DE CAVALERIE N° 5. V. OFFICIER DE RONDE. V. OFFICIER DE SERVICE. V. OFFICIER D'INFANTERIE ÉTRANGÈRE. V. OFFICIER DU GÉNIE N° 7. V. OUVERTURE DE PORTES. V. OUVRAGE A COURONNE. V. OUVRAGE A TENAILLE. V. OUVRAGE EXTÉRIEUR. V. PARTI DE GUERRE. V. PAS ACCÉLÉRÉ. V. PASSE-VOLANT. V. PATÉ. V. PERSONNEL DE PLACE. V. PÉTARD CATABALISTIQUE. V. PILLAGE. V. PIONNIER. V. PLACE A GARNISON. V. POLICE DE PLACE. V. PONT-LEVIS. V. PORTE-DRAPEAU N° 6. V. PORTÉE DE CANON. V. POSTE D'ALARME. V. POSTE PÉRIBOLOGIQUE. V. POT A FEU. V. PRISE DE PLACE. V. PRISONNIER DE GUERRE. V. PROCÉDURE. V. PUNITION. V. QUARTIER-MAITRE D'INFANTERIE FRANÇAISE DE LIGNE N° 2. V. QUESTEUR. V. QUI-VIVE. V. REDDITION DE PLACE. V. RÉDUIT. V. RÉDUIT PRINCIPAL. V. RÉGIMENT D'INFANTERIE. V. RÉGIMENT D'INFANTERIE FRANÇAISE N° 2. V. RÉGIMENT DU GÉNIE. V. REMPART DE FORTERESSE. V. REVÊTEMENT. V. RICOCHET. V. RONDE. V. SAC A FEU. V. SAPEUR DU GÉNIE. V. SECRÉTAIRE ARCHIVISTE. V. SECRÉTAIRE DE PLACE. V. SECRÉTARIAT DE PLACE. V. SERGENT GÉNÉRAL. V. SERVICE D'ARMÉE. V. SERVICE DE GARNISON. V. SERVICE DE PLACE. V. SIÉGE. V. SIÉGE OFFENSIF. V. SOUS-AIDE-MAJOR. V. SOUS-LIEUTENANT N° 1. V. SOUS-OFFICIER N° 8, 11. V. TABLIER DE PONT-LEVIS. V. TACTIQUE. V. TENAILLE. V. TERRAIN DE PLACE. V. TERRAIN FORTIFICATOIRE DE FORTERESSE. V. TIR A TOUTE VOLÉE. V. TIR D'INFANTERIE. V. TOPOGRAPHIE. V. TORTUE MÉCANIQUE. V. TRAVAIL. V. TRAVAILLEUR. V. TRAVAUX DE SIÉGE. V. TRÉSORIER DE CORPS EN ROUTE.

PLACE de Paris. V. Paris. V. PLACE. V. SECRÉTAIRE ARCHIVISTE.

PLACE de PREMIÈRE CLASSE. V. CLASSE DE PLACE. V. PREMIÈRE CLASSE. V. SECRÉTAIRE ARCHIVISTE.

PLACE de PREMIÈRE LIGNE. V. DÉSERTEUR A L'INTÉRIEUR. V. FORTERESSE. V. PLACE DE SECONDE CLASSE. V. PREMIÈRE LIGNE.

PLACE de QUARTIER GÉNÉRAL. V. COMMANDANT DE PLACE DE QUARTIER GÉNÉRAL. V. QUARTIER GÉNÉRAL.

PLACE de QUATRIÈME CLASSE. V. QUATRIÈME CLASSE. V. SECRÉTAIRE ARCHIVISTE.

PLACE (places) de SECONDE CLASSE (G, 4 ; II). Sorte de PLACES A GARNISON qui, par leur position territoriale ou parce qu'elles sont en arrière des PLACES DE PREMIÈRE LIGNE, sont garanties des premières HOSTILITÉS. Quelques-unes de ces Places avaient un SECRÉTAIRE ARCHIVISTE.

PLACE de SECONDE LIGNE. V. FORTERESSE. V. SECONDE LIGNE.

PLACE de SERRE-FILE. V. SERRE-FILE.

PLACE de VIVRES. V. CHIRURGIEN-MAJOR D'INFANTERIE FRANÇAISE DE LIGNE. N° 7. V. RATION. V. VIVRES.

PLACE (places) de TROISIÈME CLASSE (G, 4 ; H). Sorte de PLACES A GARNISON qui, à raison de leur situation, ne peuvent être insultées qu'à la suite d'événements majeurs, et après la prise des FORTERESSES qui les couvrent.

PLACE de TROISIÈME LIGNE. V. FORTERESSE. V. GOUVERNEUR DE PLACE DE GUERRE N° 3. V. TROISIÈME LIGNE.

PLACE DÉFENDUE. V. AFFAMER. V. ARMÉE ASSIÉGEANTE. V. ASSAUT DE CORPS DE PLACE. V. ASSIÉGEANT. V. ATTAQUANT. V. ATTAQUE D'EMBLÉE. V. AVAL. V. BASE D'OPÉRATIONS. V. CHAMP DE BATAILLE DE CAMP. V. CHAT OFFENSIF. V. CHATEAU FORT. V. CHEMISE DE FORTIFICATION. V. CONNÉTABLE. V. DÉFENDU. V. FORTERESSE. V. RETRANCHEMENT. V. SIÉGE DE PLACE DÉFENDUE.

PLACE d'ÉTAPE. V. ÉTAPE. V. PLACE DE GARNISON. V. RATION.

PLACE d'OFFICIER. V. COLONEL D'INFANTERIE FRANÇAISE DE LIGNE N° 4. V. COLONEL GÉNÉRAL DE L'INFANTERIE N° 1. V. ÉCOLE MILITAIRE DE SAINT-CYR. V. OFFICIER.

PLACE du MOMENT. V. MOMENT. V. PLACE A GARNISON.

PLACE d'USTENCILE. V. USTENCILE.

PLACE EN BATAILLE. V. EN BATAILLE. V. FORMATION EN BATAILLE. V. OFFICIER DE COMPAGNIE.

PLACE EN ÉTAT DE GUERRE. V. EN ÉTAT DE GUERRE. V. FORTERESSE. V. PIED DE GUERRE. V. SOLDE DE GUERRE.

PLACE EN ÉTAT DE PAIX. V. EN ÉTAT DE PAIX. V. FORTERESSE.

PLACE EN ÉTAT DE SIÉGE. V. ADMINISTRATION DE CORPS. V. EN ÉTAT DE SIÉGE. V. MOULIN A CHEVAL.

PLACE EN LIGNE. V. EN LIGNE. V. RÉCEPTION DE DRAPEAUX.

PLACE FERMÉE. V. CLOCHE DE FORTERESSE. V. FERMÉ, adj. V. PÉTARD CATABALISTIQUE. V. SOMMER. V. STRATAGÈME.

PLACE FORTE. V. ABRI POLÉMONOMIQUE. V. ARTILLERIE IDIOPLIQUE. V. CHAMBRAY (1827).

V. CRAPAUD DE MORTIER. V. FOISSAC-LATOUR. V. FORT, adj. V. FORTERESSE. V. GIRARDIN (1842). V. MARÉCHAL DE FRANCE N°4. V. MILICE ESPAGNOLE N° 5. V. PLACE A GARNISON. V. PLAN EN RELIEF. V. RECONNAISSANCE DE TROUPES ARRIVANTES. V. SAINTE-SUZANNE. V. SERPENTEAU. V. SIÉGE OFFENSIF. V. SUPPLICE. V. TERRAIN FORTIFICATOIRE D'OUVRAGE DÉTACHÉ. V. TRAVAUX MILITAIRES.

PLACE FORTIFIÉE. V. FORT. V. FORTERESSE. V. FORTIFIÉ, adj. V. MEYNIER. V. PLACE A GARNISON.

PLACE FRONTIÈRE. V. FRONTIÈRE. V. GUERRE DE 1741. V. HOTEL DES INVALIDES.

PLACE HAUTE. V. BATTERIE CASEMATÉE. V. HAUT, adj.

PLACE IRRÉGULIÈRE. V. FORTERESSE. V. IRRÉGULIER.

PLACE MOYENNE. V. BATTERIE CASEMATÉE. V. MOYEN, adj.

PLACE PROVISIONNELLE. V. FORTERESSE. V. PROVISIONNEL.

PLACE PUBLIQUE. V. PLACE D'ARMES DE GARNISON. V. PUBLIC, adj.

PLACE RÉGULIÈRE. V. FORTERESSE. V. RÉGULIER, adj. V. SIÉGE OFFENSIF.

PLACE. REVÊTUE. V. DEHORS. V. PLACE A GARNISON. V. REVÊTU, adj.

PLACE TACTIQUE. V. COLONNE COMPACTE. V. TACTIQUE, adj.

PLACEMENT, subs. masc. V. LOCALISATION. V. PLACE.

PLACE TACTIQUE. V. ADJUDANT D'INFANTERIE FRANÇAISE DE LIGNE N° 16. V. SOUS-OFFICIER D'INFANTERIE FRANÇAISE DE LIGNE.

PLAESION, subs. masc. V. PLÉSION.

PLAGION, subs. masc. V. PHALANGE GRECQUE. V. PLÉSION.

PLAGIOPHILARQUE, subs. masc. V. MILICE GRECQUE N° 7.

PLAGIOPHULAQUE, subs. masc. V. MILICE GRECQUE N° 2.

PLAID de L'ÉPÉE. V. DUEL. V. ÉPÉE. V. NOBLE.

PLAID ÉCOSSAIS. V. ÉCOSSAIS, adj. V. MILICE ANGLAISE N° 4. V. SAXON.

PLAIE, subs. fém. V. APPAREIL CURATIF. V. CHIRURGIEN-MAJOR D'INFANTERIE FRANÇAISE DE LIGNE N° 1.

PLAIE D'ARME A FEU. V. BELLOSTE. V. BLESSURE. V. CHIRURGIE MILITAIRE. V. DAILLY. V. DESPORTES. V. DUFOUART. V. FAUDACQS. V. FERRI. V. GRENTEMESNIL. V. LE DRAN. V. LOUBET. V. MASSOT. V. MÉHÉE. V. PARÉ. V. PUIG.

V. PURMANN. V. RANBY. V. RAVATON. V. TASSIN.

PLAIGNANT, (plaignante), adj. V. PARTIE P...

PLAIN, adj. et subs. V. CORDÉ-PLAIN.

PLAIN CHAMP. V. BATTERIE EN P... V. EN PLAIN CHAMP.

PLAINE, subs. fém. V. AFFAIRE DE PLAINE. V. CARTE TOPOGRAPHIQUE. V. CAVALERIE FRANÇAISE DE LIGNE N° 8. V. CHEF DE DÉTACHEMENT DE GUERRE N° 4. V. COMBAT DE PLAINE. V. COMMANDEMENT HIÉRARCHIQUE. V. PAYS DE PLAINE. V. PLATEAU GÉOLOGIQUE. V. PIC GÉOLOGIQUE.

PLAINTE, subs. fém. V. DRESSER PL...

PLAINTE de CRÉANCIER. V. CRÉANCIER. V. DETTE. V. MINISTRE DE LA GUERRE N° 12. V. PORTER P...

PLAINTE de SUBORDONNÉ. V. CONSEIL DE DISCIPLINE. V. MILITAIRE, subs. masc. V. SUBORDONNÉ.

PLAINTE D'HABITANT. V. CERTIFICAT DE BIEN VIVRE. V. CORPS EN ROUTE SUR PIED DE PAIX. V. DÉGAT. V. DÉPART DE CORPS. V. HABITANT.

PLAINTE DISCIPLINAIRE. V. AVIS EN FAIT DE CASSATION. V. CASSATION DE SOUS-OFFICIER. V. DISCIPLINAIRE. V. EXPULSION. V. INSPECTEUR GÉNÉRAL D'INFANTERIE N° 2. V. RAPPORT.

PLAINTE EN DÉLIT. V. ACCUSATION. V. CAPITAINE RAPPORTEUR. V. COMMANDANT SUPÉRIEUR. V. CONCLUSION. V. COMMISSAIRE AUDITEUR. V. COUR MARTIALE. V. DÉCLARATION DE TÉMOIN. V. DÉNONCER. V. INFANTERIE FRANCO-SUISSE N° 6. V. INFORMATION. V. PRÉVENU. V. PROCÉDURE. V. RAPPORT.

PLAINTE EN DÉSERTION. V. ACTE D'ENGAGEMENT. V. CAPITAINE DE RECRUTEMENT. V. COLONEL D'INFANTERIE FRANÇAISE DE LIGNE N° 35. V. COMPLOT DE DÉSERTION. V. DÉSERTION. V. EN DÉSERTION. V. FORMULE DE PLAINTE. V. TÉMOIN JUDICIAIRE.

PLAISANCE, subs. fém. V. A PLAISANCE. V. CAMP DE PLAISANCE. V. COMBAT À PLAISANCE. V. LAMBREQUIN. V. PAS D'ARMES. V. TOURNOI DE PLAISANCE.

PLAN, subs. masc. V. LEVER UN PLAN.

PLAN (term. génér.). Mot qui est emprunté à la langue de l'architecture, et dont le LATIN *planus* donne la racine. Il se distingue principalement ici en PLAN DE CAMPAGNE et en PLAN EN RELIEF.

PLAN de BASSINET. V. BASSINET. V. BASSINET DE FUSIL.

PLAN de CAMP. V. CAMP. V. CAMP DE GUERRE.

PLAN de CAMPAGNE (II,   ), OU PLAN

D'OPÉRATIONS. Sorte de PLAN qui embrasse une période de temps plus ou moins étendue, prépare la marche de la GUERRE, en calcule les en cas, comme dit la diplomatie, et y approprie les moyens de SUBSISTANCE. — Des écrivains ont regardé la conception des Plans de campagne comme une des branches de la DIALECTIQUE militaire, ou de la STRATÉGIE. Suivant LEFREN, il faudrait substituer à l'expression Plan de campagne, le terme PLAN DE GUERRE, puisque, dit-il, les GUERRES se divisent en CAMPAGNES, les CAMPAGNES en OPÉRATIONS; mais cette proposition n'est pas absolument juste; il y a des GUERRES qui se terminent en une CAMPAGNE; et dans le cours des CAMPAGNES, il survient tant d'éventualités qui en modifient la marche et les DISPOSITIONS, que chaque année exige une révision, un remaniement du Plan primitif. — Arrêter un Plan de campagne n'a pas été le côté brillant de la MILICE GRECQUE; les ROMAINS s'y sont montrés plus savants; ces différences s'expliquent par la tendance morale de ces peuples. En GRÈCE, la MACÉDOINE exceptée, la GUERRE était une querelle entre voisins, une colère de peuple à peuple, une éruption de peu de durée; chez les ROMAINS, la GUERRE était une condition d'existence, une profession d'hommes libres, une passion politique. — Le défaut de PLAN a fait avorter toutes les CROISADES. — Avant CHARLES SEPT, on n'arrêtait pas de Plan de campagne; on se ruait, on COURAIT SUS, on FAISAIT LE DÉGAT; tout se bornait là. — CHARLES HUIT conçut, à la légère, il est vrai, le Plan de son expédition; mais enfin, c'était un Plan; le soin qu'il eut d'assurer, par des RÉSERVES, la sécurité de la FRANCE le prouva. — L'usage plus positif, plus complet des Plans de campagne, ne date réellement que de l'institution des ARMÉES PERMANENTES. — Un Plan de campagne est l'adoption d'un projet étudié; c'est un choix de LIGNES à parcourir ou à occuper; c'est la combinaison de l'espèce et de la quotité des TROUPES employées, de la distribution des FORCES sur des points divers, des méthodes d'ADMINISTRATION; c'est la préférence à donner à la GUERRE DE PLAINE sur la GUERRE DE POSTES, ou l'inverse, à la GUERRE DÉFENSIVE sur l'OFFENSIVE, ou l'inverse. — Dresser habilement un Plan de guerre, le rattacher à ses véritables LIGNES D'OPÉRATIONS, lui donner pour APPUIS, pour points stratégiques, des FORTERESSES approvisionnées, est une œuvre de génie et d'inspiration, et non une théorie qui puisse être enseignée dans des livres; il y entre autant de savoir politique que de SCIENCE MILITAIRE; les chances de succès ou de non réussite, les événements de nature

à étendre ou à resserrer l'action de l'OFFENSIVE ou de la DÉFENSIVE y doivent être prévus; les bases du travail doivent être posées dans le silence du cabinet; les détails, en être élaborés sous la tente; les difficultés, en être levées en CONSEIL DE GUERRE; la partie politique en doit être méditée par le MINISTÈRE, mais les moyens d'exécution doivent être laissés à la sagacité du GÉNÉRAL; car l'àpropos et l'opportunité sont à un Plan de campagne, ce que le COUP D'ŒIL est à une BATAILLE. Refuserait-on le droit de CARTE BLANCHE à un GÉNÉRAL, forcé si souvent lui-même de donner CARTE BLANCHE à ses OFFICIERS DE TROUPES LÉGÈRES! — Des deux parties de la GUERRE, la DÉFENSIVE et l'OFFENSIVE, la première est bien plus susceptible que l'autre d'être conforme à un Plan fixe, puisque l'une est une concentration, l'autre un développement excentrique où les difficultés croissent en proportion de la variété des événements. — Dans la MILICE AUTRICHIENNE, la COUR AULIQUE, et, en ANGLETERRE, le SECRÉTAIRE A LA GUERRE, *secretary at war*, ont charge de dresser les Plans de campagne; en FRANCE, on ne pourrait indiquer, à défaut de règles, que des méthodes fort dissemblables entre elles, suivant que les souverains ou les MINISTRES DE LA GUERRE ont été habiles ou médiocres. — On lit dans BONAPARTE (M. le général Montholon, 1825, t. II, p. 191): *Les Plans de campagne se modifient à l'infini, selon les circonstances, le génie du chef, la nature des troupes et la topographie. Il y a deux espèces de Plans de campagne · les bons et les mauvais; quelquefois les bons échouent par des circonstances fortuites; quelquefois les mauvais réussissent par un caprice de la fortune.* — La même bouche aurait dit, suivant M. le général GOURGAUD (t.　　　): *Un Plan de campagne doit avoir prévu tout ce que l'ennemi peut faire, et contenir en lui même les moyens de le déjouer.* — Ces pensées ne sont pas complètes; BONAPARTE parlait plus en capitaine qu'en chef de cabinet; il confondait ce qui est du domaine du GÉNÉRAL et ce qui appartient aux prévisions du MINISTÈRE. Au jugement de ce grand homme, un Plan de campagne devait sortir du cerveau d'un CHEF D'ARMÉE; c'est une exception, ce ne saurait être une règle. Il faut laisser au pouvoir qui régit l'Etat, la partie positive et spéculative du Plan, au GÉNÉRAL, la partie facultative et active. — VÉGÈCE (390, A) et FRONTIN (86, A) ont donné, l'un et l'autre, un chapitre qui embrasse l'ensemble du sujet. — Les AUTEURS auxquels on peut recourir sont: BOIS-ROGER

(1773, G), Bulow, M. Courtin (1823, E, au mot *Conseil de guerre*), Darut (1787, D), Encyclopédie (1785, C), Guibert (1775, E), M. le général Jomini (1805, G), Lloyd (1801, B), Potier (1779, X, au mot *État de la guerre*), Turpin (1785, O), M. le général Vaudoncourt, Werklein, et le *Journal militaire autrichien* (1822).

PLAN de cantonnement. v. aide-major actuel nº 2. v. cantonnement. v. champ de bataille de cantonnement. v. communication de cantonnement.

PLAN de défense. v. défense. v. défense de place.

PLAN de forteresse. v. commandant de place nº 5. v. corps de place. v. forteresse. v. officier du génie nº 6. v. reddition de place.

PLAN de guerre. v. commandement hiérarchique. v. guerre. v. guerre défensive. v. logistique. v. ministre de la guerre nº 14. v. plan de campagne. v. théâtre de guerre.

PLAN d'opérations. v. opération. v. plan de campagne. v. secrétaire a la guerre.

PLAN (plans) en relief (F). Sorte de plans qu'on pourrait appeler des forteresses en miniature, et qu'on range en une galerie. — Des Plans de cette nature, construits pour l'éducation des enfants de Louis quatorze, ont été établis d'abord, comme le témoigne Audouin, dans la galerie du Louvre qui a été consacrée ensuite à l'exposition périodique des tableaux français; ces Plans en ont été retirés pour occuper une galerie dans les combles de l'hotel des Invalides. — Ils comprenaient, comme le témoignent les écrits de Vauban, quelques images de places soustraites, depuis 1814, à la domination française. L'invasion des étrangers, à la chute de l'empire, les mit à même de s'emparer de ceux des reliefs qui rappelaient des lieux que leurs troupes venaient de reconquérir. — Ils s'augmentèrent, sous le régime impérial, de quelques reliefs représentant des villes fortes que la France avait acquises par conquêtes. — L'entretien et la conservation des Plans en relief étaient du ressort du corps du génie.

PLAN graphique. v. aide-major actuel nº 1. v. apposition de scellés. v. coup d'œil. v. graphique, adj. v. journal de guerre. v. officier du génie nº 6. v. quartier-maître général.

PLAN topographique. v. avancement au grade d'officier particulier. v. carte topographique. v. corps d'état-major. v. ingé-

nieur géographe nº 2. v. topographie. v. topographique, adj.

PLANCHE (planches) a pain (B, 1). Le mot planche dérive du latin *planca*, surface plane; il a produit les substantifs planchette, planchon et tous ses synonymes. — La Planche à pain est un effet a demeure de caserne, établi dans les chambres de soldats et destiné au placement du pain de munition. — Il a été établi des Planches à pain dans des tentes d'hommes de troupe. — Il en est fourni une par chambrée de seize hommes; elle a deux mètres de long sur soixante centimètres de large; elle règne au-dessus de la table, à deux mètres du sol.

PLANCHE de chambre de caserne. v. capote de troupe. v. chambre de caserne. v. rayon de chambre de caserne.

PLANCHETTE (subs. fém.) de havresac. v. havre-sac.

PLANCHETTE de topographie. v. topographie.

PLANCHETTE d'étui d'habit. v. étui d'habit.

PLANCHON, subs. masc. (F), ou planchonchel, ou plançon, ou plançonnet, ou planson. Le mot Planchon, augmentatif du substantif planche, a signifié, comme le témoigne M. Roquefort, branchage, et, par extension, épieu ou pique.

PLANCHONCHEL, subs. masc. v. planchon.

PLANÇON, subs. masc. v. planchon.

PLANÇONNET, subs. masc. v. planchon.

PLANE, adj. v. face p.. v. service p...

PLANSON, subs. masc. v. planchon.

PLANTAGENEST. v. noms propres.

PLANTER le drapeau. v. drapeau. v. girouette. v. siége offensif.

PLANTER le piquet. v. piquet. v. piquet de tente.

PLANTER l'étendard. v. étendard.

PLANTON, subs. masc. (E), ou homme de planton, ou sergent de planton. Le mot Planton, dérivé du verbe planter, pris dans le sens d'établir en lieu fixe, s'applique à un genre de service ou de stationnement en un lieu déterminé, pendant une durée de temps déterminée aussi. — Des hommes de planton sont placés chez un officier général, chez le colonel, et y sont à leurs ordres; ou bien des Plantons, tirés de l'infanterie, stationnent dans la cuisine d'un hopital, dans une infirmerie, dans une boulangerie,

et y exercent une surveillance de détail. —
Le service de Planton est ordinairement fait
par des caporaux, ou des sous-officiers, ou
des sapeurs d'infanterie. — A la parade et
au rassemblement de la garde, l'adjudant
de semaine fait l'appel des Plantons et les
range au lieu qu'ils doivent occuper. — Pendant la durée de leur service, les Plantons
sont sous la surveillance des adjudants.

PLANTON au camp. v. au camp. v. quartier général.

PLANTON de boulangerie. v. blutage.
v. boulangerie. v. planton.

PLANTON d'hopital. v. capitaine de
visite d'hopital. v. chirurgien-major d'infanterie française de ligne n° 8. v. hopital. v. planton. v. sergent d'infanterie
française de ligne n° 12.

PLANTON d'infirmerie. v. infirmerie.
v. planton.

PLAQUE, subs. fém. v. a plaque. v.
porte-plaque.

PLAQUE (term. génér.). Mot dérivé,
suivant Gébelin, du celtique *pla*, signifiant
objet de forme étendue et plate; il se retrouve, suivant M. Allou, dans le bas latin
placca, signifiant cuirasse a lames. Il se distinguera surtout ici en plaque de couche.

PLAQUE de bonnet. v. bonnet. v. bonnet a plaque. v. bonnet a poil. v. bonnet
de fusilier. v. bonnet de sapeur. v. bonnet
d'officier de grenadiers. v. pokalem. v. sapeur d'infanterie.

PLAQUE de ceinturon d'officier supérieur. v. ceinturon d'officier supérieur.

PLAQUE de collier de tambour. v. clavette. v. collier de tambour. v. douille de
plaque. v. porte-baguette. v. tambour idioplique d'infanterie française n° 3.

PLAQUE de conducteur. v. conducteur
de bête de somme.

PLAQUE de cordon de bonnet. v. coquillage de gland. v. cordon de bonnet. v.
coulant de cordon de bonnet. v. lac de cordon.

PLAQUE de couche (B, 1). Sorte de plaque en fer qui est à peu près en forme d'équerre, et dont l'invention est postérieure à
l'usage des arquebuses a feu. — La Plaque
de couche est une des garnitures du bois
du fusil de munition; elle sert de semelle
à la crosse; elle s'y ajuste par encastrement;
deux vis a bois l'y arrêtent. — La main gauche de l'homme de pied enveloppe, au port
d'armes, la Plaque de couche; elle appuie
contre son épaule droite quand il met en
joue. — La Plaque de couche du mousqueton

était en cuivre, quoique rien ne justifiât cette
différence. — Les parties de la Plaque de
couche s'appellent bec, oeil, talon, tranchant. — M. le général Cotty et Gassendi
se sont étendus touchant la Plaque de couche; on en trouve l'image et le détail dans
l'instruction de 1822 (30 mars.).

PLAQUE de giberne. v. écusson de giberne. v. giberne.

PLAQUE de garde d'épée. v. corps de
monture d'arme blanche. v. garde d'épée.

PLAQUE de grand-croix. v. grandcroix de la Légion.

PLAQUE de grand officier. v. grand
officier de la Légion.

PLAQUE de héraut d'armes. v. cotte
d'armes. v. héraut d'armes n° 2. v. tabar.

PLAQUE de platine. v. corps de platine. v. platine. v. platine a batterie.

PLAQUE de pokalem. v. pokalem.

PLAQUE de schako. v. corps de schako.
v. schako. v. schako d'homme de troupe. v.
schako d'infanterie.

PLAQUE de vétérance. v. chevron d'ancienneté. v. homme de troupe n° 10. v. médaillon de vétérance. v. ministre de la
guerre en 1771. v. vétérance.

PLAQUE d'ordre. v. chevalerie décorative. v. insigne. v. ordre. v. ordre de chevalerie.

PLASTRON, subs. masc. v. a plastron.

PLASTRON (B, 1; F), ou placard, ou
thorax. Le mot Plastron est la traduction de
l'italien *piastra*, platine, *piastrone*, grand
emplâtre. Il a eu plusieurs significations: il
a été, pour l'homme de guerre, un genre de
cuirasse, nommée aussi demi-cuirasse; un
accessoire d'armure plate; une cuirasse de
dessous, nommée aussi plate ou platine;
une partie de la cuirasse ancienne, nommée
aussi devant de cuirasse; il a été une garniture de maître d'armes. — Considéré
comme un genre de cuirasse, le Plastron a
succédé au corselet des estradiots, à la demicuirasse des cavaliers légers, des cornettes
agrégatives, à la cuirasse de la cavalerie
pesante. La cuirasse des cuirassiers a cheval a remplacé l'ancien Plastron, et la partie antérieure de cette cuirasse s'appelle
aussi Plastron. — Dans la langue de la loi,
demi-cuirasse est plus ancien et à peine officiel; Plastron est plus moderne et tout à
fait officiel. — Les ordonnances de 1703
(1er février) et de 1750 (1er juin) donnaient
cette arme défensive aux cavaliers français,
c'est-à-dire aux hommes de troupe de l'arme

aujourd'hui nommée GROSSE CAVALERIE. Elle était plastronnée dans les GUERRES DE 1733, DE 1741, DE 1756; au retour de la paix, elle déposait le Plastron dans les ARSENAUX. — LES OFFICIERS DE GROSSE CAVALERIE avaient, non le Plastron, mais la CUIRASSE. — Dans la GUERRE DE SEPT ANS, le Plastron de troupe excédait quatorze kilogrammes; cette ARME, qui pesait sur un seul côté du buste, écrasait les hommes. — L'ORDONNANCE DE 1776 (25 MARS) donnait le Plastron à la GROSSE CAVALERIE; mais il fut abandonné bientôt et n'a pas été repris dans les GUERRES postérieures. Le seul RÉGIMENT qu'on appelait les CUIRASSIERS, (c'était le huitième de cavalerie), avait conservé une ARME DÉFENSIVE PORTATIVE. — M. le général ROGNIAT (1816, B) était d'avis que l'INFANTERIE fût plastronnée d'un BUFFLE piqué. — L'ENCYCLOPÉDIE (1785, C), sans dire en quel temps ni pour quel genre de GUERRE, prétend, mais nous avons peine à le croire, que la MILICE POLONAISE avait des Plastrons qu'au besoin elle transformait en pelles ou en BÊCHES. — A l'égard de l'emploi et de la forme des Plastrons, on peut consulter : BONNEVILLE (1762, L), CARRÉ (1783, E), M. le colonel CARRION (1824, A), DANIEL (1721, A), l'ENCYCLOPÉDIE (1785, C), FURETIÈRE, GASSENDI, LECOUTURIER (1825, A), MAIZEROY (1765, B), SERVAN (1780, B), SILVA (1768, K).

PLASTRON DE CUIRASSE. V. COMPAGNIE D'ORDONNANCE N° 4. V. CUIRASSE. V. DOS DE CUIRASSE. V. ÉPAULIÈRE. V. ESPADON. V. FALTE. V. HAUSSE-COU. V. MAMELLIÈRE. V. PANCHIÈRE.

PLASTRON DE HAUBERT. V. COTTE DE MAILLES. V. GAMBESON. V. HAUBERT. V. PLATE.

PLASTRON D'ESCRIME. V. BOTTE D'ESCRIME. V. ÉCOLE D'ESCRIME. V. ESCRIME. V. MOUCHE.

PLAT (plate), adj. V. A PLATE COUTURE. V. ARMURE P... V. BASTION P... V. BOUTON P... V. BRANCHE P... V. ÉPÉE P... V. LAME P... V. TÊTE P... V. TRESSE P...

PLAT, subs. masc. (term. génér.). Mot emprunté du CELTIQUE suivant GÉBELIN; il a produit les substantifs PLAQUE, PLATE, PLATEAU, PLATINE. Il sera distingué en PLAT DE CROSSE et en PLAT DE LAME.

PLAT DE CROSSE (B, 1). Sorte de PLAT, c'est-à-dire de partie aplatie qui est la face opposée à la JOUE. — Le mot Plat n'était pas employé, en style d'arquebuserie, quand le RÈGLEMENT DE 1791 (1er AOUT) le mit en usage. — Le PLAT INTÉRIEUR est le côté où s'appuie la JOUE quand on FAIT FEU; le PLAT EXTÉRIEUR est la face opposée. — Un des CONTROLES du FUSIL D'INFANTERIE est empreint sur le plat de sa CROSSE.

PLAT DE LAME DE BAIONNETTE. V. FOURREAU DE BAIONNETTE. V. LAME DE BAIONNETTE.

PLAT DE LAME DE SABRE (B, 1). Sorte de PLAT, c'est-à-dire de partie unie qui, dans certaines lames, règne entre le DOS et le TRANCHANT. L'INSTRUCTION DE 1822 (30 MARS) en présentait l'image. — Les LAMES À GOUTTIÈRES n'ont pas de Plat. — Les COUPS DE PLAT DE SABRE étaient autrefois le moyen de correction appliqué dans la GROSSE CAVALERIE; les ORDONNANCES étendirent cette PUNITION à l'INFANTERIE, et peu après la supprimèrent.

PLAT DE LAME D'ÉPÉE. V. ACCOLADE. V. COUP DE PLAT D'ÉPÉE. V. LAME D'ÉPÉE.

PLAT DE SABRE. V. COUP DE PLAT DE SABRE. V. SABRE.

PLAT EXTÉRIEUR. V. EXTÉRIEUR. V. PLAT DE CROSSE.

PLAT INTÉRIEUR. V. INTÉRIEUR. V. PLAT DE CROSSE.

PLAT PAYS. V. COMBAT. V. JUSTICE MILITAIRE. V. PAYS.

PLATE, subs. fém. (F), ou PLATTE. Ce mot, dont le substantif PLAT est la racine, a eu diverses significations. Il a été le nom d'une PIÈCE de fer qui accompagnait le bas de la CUIRASSE, et qu'on nommait aussi PLATINE DE BRACONNIÈRE. Mais la Plate était surtout une pièce D'ACIER ou une PLATEINNE, comme le dit M. ROQUEFORT; une PLATINE ou PLATTE, comme le témoigne CARRÉ (1783, E); une plaque de métal quelconque, ou une CUIRASSE de dessous, dont l'usage se conserva jusqu'au commencement du quatorzième siècle, époque où la mode de l'ARMURE À CUIRASSE prévalut. — L'ARMURE À HAUBERT était accompagnée d'une Plate ou PLASTRON. Cette PIÈCE avait pour objet de remédier aux parties faibles de la COTTE DE MAILLES, qui n'était pas à l'épreuve des ARMES à pointe effilée. Il n'est pas démontré que son usage ait été général. Suivant quelques-uns elle s'est portée en dessus, suivant d'autres en dessous de la COTTE DE MAILLES, mais toujours en dessous de la COTTE D'ARMES. GUILLAUME LEBRETON parle de Plates de fer ou D'ACIER battu qui se portaient sous le GAMBESON; FROISSART leur donne le nom de PLATINES. — L'ORDONNANCE DE 1351 (DERNIER AVRIL) mentionnait le mot Plate dans le sens D'ARMURE en lames de fer. — A l'égard des Plates, il y aurait à recourir à CARRÉ (1783, E), M. le colonel CARRION (1824, A), DUCANGE (au mot *Plata*), l'ENCYCLOPÉDIE (1785, C), FROISSART, GUILLAUME LEBRETON, M. ROQUEFORT, VELLY.

PLATEAU, subs. masc. (term. génér.). Mot dont le substantif PLAT donne l'étymologie. Il se prend quelquefois dans le sens de PLATE-FORME, comme le témoigne GASSENDI. Il se distingue surtout en PLATEAU GÉOLOGIQUE.

PLATEAU de MORTIER. V. MORTIER.

PLATEAU de PÉTARD. V. PÉTARD.

PLATEAU de PIERRIER. V. PIERRIER.

PLATEAU (plateaux) GÉOLOGIQUE (G, 7). Sorte de PLATEAUX ou de LAMES qui dominent des MONTS qui leur servent de base, et formant le NOEUD d'où partent plusieurs CHAINES DE MONTAGNES. C'est du périmètre des Plateaux que s'échappent les COURS D'EAUX. Sous une signification plus restreinte, on appelle aussi Plateau des abaissements de MONTS ou des RACINES de PICS tronqués.

PLATE-BANDE, subs. fém. V. ARDILLON DE BOUCLE DE BANDEROLE DE DRAPEAU. V. BANDE. V. CADRE DE BOUCLE DE SOULIER.

PLATE-COUTURE. V. A PLATE-COUTURE. V. COUTURE.

PLATE-FORME, subs. fém. V. BOURRE. V. FORME.

PLATE-FORME de BATTERIE (G, 2, 5). Le mot Plate-forme, dont l'étymologie ne demande pas qu'on l'explique, a été emprunté à la langue de l'architecture par l'ARTILLERIE. En quelques cas, les substantifs PLATEAU et ESPLANADE en ont été synonymes. — Une Plate-forme est le plancher ou le CHASSIS de MADRIERS reposant sur les GITES d'un MASSIF de BATTERIE, et légèrement incliné du derrière au devant; on a aussi nommé cette surface TABLOIN suivant l'ACADÉMIE, TABLOUIN suivant CARRÉ (1785, E) et FURETIÈRE, de l'ITALIEN *tavolone, tavolato*. — La Plate-forme s'incline du derrière à la GENOUILLÈRE pour la facilité du jeu des BOUCHES A FEU. — Les BATTERIES DE CAMPAGNE n'ont pas en général de Plates-formes, sauf les BATTERIES passagères, mais d'une certaine durée, et sauf celles des LIGNES FORTIFIÉES et les BATTERIES DE SIÉGE, etc. Le PARC D'ARTILLERIE en fournit les matériaux. — Les TOURS MAXIMILIENNES, les BATTERIES PERMANENTES, les BATTERIES DE MORTIERS sont à Plate-forme. — Les Plates-formes des BASTIONS de FORTERESSE répondent à l'ANGLE SAILLANT du BASTION. — Les Plates-formes qui n'ont qu'une FACE s'appellent PLATES-FORMES DROITES. — Dans les terrains qui manquent de solidité, on est forcé de fonder sur des CLAIES les Plates-formes. — Les AUTEURS qui s'occupent des détails du sujet sont : BELAIR (1792), M. le général COTTY (1822, A, au mot *Batterie de siége*), FURETIÈRE, GUIGNARD, LACHESNAIE (1758, 1), MANESSON. — Relativement aux dimensions et aux détails des Plates-formes, il faudrait recourir à M. le général COTTY (1822, A), GASSENDI, LEGRAND (1857, A).

PLATE-FORME de CASEMATE. V. CASEMATE. V. CASEMATE A FEU.

PLATE-FORME de CAVALIER. V. CAVALIER. V. CAVALIER DE FORTERESSE.

PLATE-FORME DROITE. V. DROIT, adj. V. PLATE-FORME.

PLATÉE. V. NOMS PROPRES.

PLATEINNE, subs. fém. V. PLATE. V. PLATINE.

PLATEN. V. NOMS PROPRES.

PLATINE, subs. fém. V. A P... V. ARMER UNE P... V. BASSINET DE P... V. BATTERIE DE P... V. BOUTEROLLE DE P... V. CACHE-P... V. CARRÉ DE P... V. CARRÉ DE NOIX DE P... V. CHASSE DE P... V. CHEMINÉE DE P... V. CONTRE-P... V. CORPS DE P... V. COUVRE-P... V. ENCASTREMENT DE P... V. GACHETTE DE P... V. GRAND RESSORT DE P... V. GRANDE P... V. LOUP DE P... V. NOIX DE P... V. OUVERTURE DE P... V. PETITE P... V. PIÈCE DE P... V. QUEUE DE P... V. RATÉ DE P... V. REMPART DE P... V. RENARD DE P... V. RESSORT DE P... V. TABLETTE DE P...

PLATINE ...
- A FEU ...
  - PLATINE
    - D'ARQUEBUSE.
    - DE FUSIL ... — PLATINE : A BATTERIE. / A PISTON. / IDENTIQUE.
    - DE MOUSQUET.
  - DE PIÈCE D'ARTILLERIE.
- DÉFENSIVE ...
  - PLATINE
    - DE BRACONNIÈRE.
    - DE DESSOUS.

PLATINE, subs. fém. (term. génér.), ou PLATEINNE, suivant M. ROQUEFORT. Ces mots sont un produit du substantif PLAT. — Le mot Platine exprime une partie aplatie d'un métal quelconque, qui était employée comme pièce d'armure ancienne, ou qui l'est comme pièce d'armurerie moderne. — Les Platines se distinguent en platines a arrêt, — a feu, — a mèche, — a percussion, — a pierre, — a rouet, — a secret, — a serpentin, — a silex, — carrée, — de carabine, — de dague, — de fusée, — de miquelet, — de mousqueton, — de pistolet, — de sureté, — défensive, — d'obusier, — espagnole, — mécanique.

PLATINE a arrêt. v. arrêt.

PLATINE a batterie (B, 1), ou platine a silex. Sorte de platine de fusil d'uniforme qui a succédé à celle des mousquets a mèche. On appelle armuriers platineurs ceux qui savent en forger les pièces. — Les premières Platines à batterie furent, dit-on, fabriquées à Nuremberg en 1517; elles commencèrent à s'introduire dans quelques troupes françaises, comme platines de mousquets vers le milieu du dix-septième siècle; elles amenèrent le mot fusil substitué au mot mousquet; elles devinrent d'un usage général au commencement du dix-huitième siècle. — Les Platines de la milice espagnole portaient, à l'extérieur, toutes leurs pièces et leurs ressorts. — Les Platines de la milice prussienne s'amorçaient seules, à raison de l'évasement de la lumière. — Les Platines à batterie furent d'abord mal accueillies par les troupes, parce que la mauvaise qualité du silex et des feuilles de batterie rendaient fréquents les ratés; aussi Vauban imagina-t-il un fusil à double système, c'est-à-dire, pouvant partir à mèche et à pierre. Le perfectionnement de la taille ou ébisellement du silex, et la meilleure qualité des aciers, firent oublier le fusil a double chien. — La Platine est reçue par encastrement, dans le bois du fusil. — Les parties apparentes de la Platine sont : le corps, le bassinet, la batterie et son ressort, le chien et son clou. — Le corps ou la plaque est percé d'ouvertures pour le passage de la vis de contre-platine et du carré de la noix; il est affleuré par la draperie du bassinet; l'angle ou queue de bassinet s'y adjoint à demi-épaisseur; il est le moyen d'assemblage des pièces extérieures et intérieures; ces dernières comprennent la bouterolle, la gachette et son ressort, la noix et sa bride, le grand ressort. — Les trois ressorts, la bride, la noix, la gachette, la tablette, la feuille de batterie, sont en acier de fusion. — Le bec de gachette est la plus fragile partie de la Platine. — La Platine des fusils de voltigeurs ne diffèrent pas de celle des autres compagnies. — L'entretien de la Platine a motivé

l'emploi du monte-ressort et l'invention de la boite a tournevis. Les instructions ministérielles recommandaient de huiler les frottements et le pied de la batterie; elles voulaient que les pièces de platine ne fussent démontées qu'en vertu d'un ordre donné par un sous-officier; elles prescrivaient qu'au moins une fois par mois il fût passé une revue des fusils, la platine et le canon en étant à part. — Le degré de chasse de la Platine, la vivacité de l'abatage du chien tombant sur son espalet, en levant la table de batterie, sa manière d'appeler, en armant, témoignent de la proportion d'action des ressorts; mais l'on en jugerait mal, s'il s'était formé dans la Platine du cambouis. — On a appelé platines a arrêt, a secret, et improprement batteries de sureté, des platines de sureté dont on fermait au besoin le bassinet, au moyen d'un cylindre tournant, ou dont on interrompait à volonté le jeu, en retenant au cran du repos le chien, à l'aide d'un crochet ou d'un verrou nommé loup ou renard. Ces moyens prévenaient les dangers du bandé, et neutralisaient l'action de la détente sur la branche de la gachette. — Il se manifeste une tendance à changer en fusil a piston ou brontique, ceux qui ont la Platine à batterie. — Des détails savants sur les causes des ratés qui proviennent de la Platine, se trouvent dans le *Spectateur militaire*, 1826, p. 399. — Les auteurs qui sont descendus dans ces détails sont : Bardin, Carré (1785, E), M. le général Cotty (1822, A, au mot *Bride de noix*), Gassendi, Hendel (1804, 1808), Lachesnaie (1758, I, aux mots *Fusil, Mousquet*), Manesson (1685, B).

PLATINE (platines) a feu (term. sous-génér.). Sorte de platines attachées à des armes a feu. Elles ont été d'abord a mèche; telles étaient encore, en 1618, celles des mousquets de Gustave-Adolphe. A la même époque, les Platines des pistolets suédois étaient a rouet, et, en 1620, une partie de l'infanterie de ce prince prenait les Platines à rouet. Elles sont ou à percussion, ou à silex. Dans le premier cas, elles ont un piston dont le choc enflamme une capsule; si elles sont à batterie, elles ont un chien à pierre qui met le feu à une amorce. — Les Platines de Flandre étaient célèbres en 1598. — On appelle platine carrée celle dont la plaque a les bords en biseaux, au lieu de les avoir arrondis. — Les Platines à feu se distinguent en platine d'arquebuse, — de fusil, — de mousquet, — de pièce d'artillerie.

PLATINE A MÈCHE. V. A MÈCHE. V. PLA-
TINE A FEU. V. PLATINE D'ARQUEBUSE.

PLATINE A PERCUSSION. V. A PERCUSSION.
V. ARTILLERIE D'ARMEMENT. V. ARTILLERIE DE
CAMPAGNE. V. FUSIL KOPTIPTEUR. V. MILICE
BELGE. V. MILICE HANOVRIENNE N° 2. V. MILICE
NÉERLANDAISE N° 3. V. MILICE PRUSSIENNE N° 7.
V. MILICE SAXONNE N° 4. V. PLATINE A FEU. V.
PLATINE A PISTON. V. TIR. V. TIR D'INFANTERIE.

PLATINE A PIERRE. V. A PIERRE. V. POUDRE
FULMINANTE. V. TIR.

PLATINE A PISTON (F), OU PLATINE A
PERCUSSION. Sorte de PLATINE DE FUSIL propre
à écraser des CAPSULES, et qui commençait
à s'introduire depuis 1820 dans quelques MI-
LICES et dans l'INFANTERIE ANGLAISE ; les HANO-
VRIENS en donnaient à leurs FRANCS TIREURS ;
des PIÈCES D'ARTILLERIE même en étaient
pourvues. — Les Platines des FUSILS A PISTON
sont à PERCUSSION, soit intérieure, soit extérieure. — En 1808, l'armurier Pauli prenait, à Paris, un brevet d'invention pour la
confection de ces Platines. Dans le *Journal
des Sciences militaires de 1826*, 14ᵉ liv.,
M. DE MONTGÉRY témoigne que, depuis plusieurs années, le capitaine d'artillerie Ver-
guaud proposait de les adapter au FUSIL DE
MUNITION, et il augurait que, probablement
sous peu, ce système nouveau serait admis. —
Les RATÉS des FUSILS sont de deux espèces :
ceux de CANON et ceux d'AMORCE ; ces derniers,
si les fusils sont à piston, sont dans une si faible proportion qu'on ne les évalue, dans la MI-
LICE HANOVRIENNE, qu'à un et quart par mille.
— Les CAPSULES dont se servent les ARMÉES
d'ALLEMAGNE dans leurs expériences, pour
coiffer les CHEMINÉES DE PLATINE, sont tirées
de PARIS, et pourtant le MILITAIRE FRANÇAIS
a goûté le plus tard ces Platines. — On peut
puiser quelques lumières à ce sujet dans
l'*Encyclopédie des Gens du monde*, au
mot *Fusil*.

PLATINE A ROUET. V. A ROUET. V. CARA-
BINE. V, CAVALERIE FRANÇAISE N° 3. V. CHE-
NAPAN. V. PLATINE A FEU. V. PLATINE D'ARQUE-
BUSE. V. PLATINE DE MOUSQUET. V. RESSORT DE
PLATINE A ROUET.

PLATINE A SECRET. V. A SECRET. V. PLA-
TINE A BATTERIE.

PLATINE A SERPENTIN. V. A SERPENTIN. V.
CANON A MAIN. V. FUSIL. V. PLATINE DE FUSIL.

PLATINE A SILEX. V. A SILEX. V. AMORCE
DE FUSIL. V. FUSIL. V. PIERRE A FEU. V. PLATINE A
BATTERIE. V. PLATINE A FEU. V. PLATINE DE
FUSIL. V. TALON DE BATTERIE.

PLATINE CARRÉE. V. CARRÉ, adj. V. PLA-
TINE A FEU.

PLATINE D'ARQUEBUSE (F). Sorte de PLA-
TINE A FEU qui a fait de l'ARQUEBUSE A MAIN,
jusque-là tirée avec une MÈCHE, une ARME
MÉCANIQUE. — Quelques ARQUEBUSES prirent,
depuis la fin du quinzième siècle, une Platine composée d'un BASSINET et d'un SERPEN-
TIN qu'une DÉTENTE faisait tomber sur l'A-
MORCE. — Antérieurement à 1540, comme
le témoignent DUBELLAY (*Mémoires de*) et
MAROLLES, la PLATINE A ROUET était inventée,
en ALLEMAGNE, pour les PISTOLES DE CAVALERIE.
— A partir de 1630, les ALLEMANDS appliquent cette Platine à des ARQUEBUSES ; son
chien s'appela d'abord FUSIL, mot pris dans
le sens de briquet ou de SILEX. Le ROUET
était une petite roue dentelée qui jouait sur
place, sous le BASSINET, dont elle pénétrait le
fond. L'axe de la roue saillait en dehors de
la Platine. Une CLEF où il s'encastrait lui
faisait faire, en arrière, une révolution ; la
roue s'arrêtait en engrenant une de ses
dents, et en bandant un RESSORT par le jeu
d'une chaînette ; on abattait le CHIEN garni
d'un SILEX ou d'une PYRITE ; cette PYRITE appuyait dans le BASSINET garni de POUDRE et y
touchait à la roue ; le jeu de la DÉTENTE oc-
casionnait la vive rotation de la roue dont
les étincelles enflammaient l'AMORCE et faisaient partir l'ARME.

PLATINE (platines) de BRACONNIÈRE
(F). Sorte de PLATINES DÉFENSIVES ou de TAS-
SETTES qui étaient une garantie du haut de
la cuisse, ou un haut de CUISSARDS, et un
prolongement d'une CUIRASSE DE FER PLEIN.
Il y avait PETITES et GRANDES PLATINES, suivant que l'armure était avec ou sans CUIS-
SARDS, et suivant qu'elle était à CUISSARDS à
une ou plusieurs LAMES. C'était une espèce
de tablier de fer plus ou moins long, et
fendu verticalement le long de son milieu,
pour faciliter le mouvement des cuisses. Ces
Platines étaient en usage postérieurement
aux CHAUSSES DE MAILLES. — CARRÉ (1783, E)
et VELLY ont fait mention des Platines de
ce genre.

PLATINE de CARABINE. V. CARABINE. V.
PLATINE DE FUSIL.

PLATINE de DAGUE. V. DAGUE A ROELLES.

PLATINE de DESSOUS (F). Sorte de PLA-
TINE DÉFENSIVE qui participait du genre des
CUIRASSES que les ITALIENS nommaient *piastra*, d'où est venu PLASTRON. Elle se portait
sous le HAUBERT ou la COTTE DE MAILLES ; quelquefois même, à ce qu'il paraît, sous le
GAMBESON.

PLATINE de FUSÉE. V. FUSÉE. V. FUSÉE
DE GRAND ÉCHANTILLON.

PLATINE de FUSIL (term. sous-génér.).

Sorte de PLATINE A FEU qui répond à ce que les ANGLAIS et les ALLEMANDS appellent la serrure du fusil. C'est une pièce distincte des objets de GARNITURE des FUSILS D'INFANTERIE. — La Platine à silex aurait été inventée, suivant M. Moritz Meyer, à Nuremberg, dans la première moitié du dernier siècle. — La Platine se garnissait d'un CACHE-PLATINE en cuir, comme le témoigne BOMBELLES (1719, B). Les PRUSSIENS en ont conservé fort tard l'usage. — La Platine de modèle français a été substituée à celle de modèle ESPAGNOL ; les ARMÉES SUÉDOISE et ANGLAISE l'adoptaient à la fin du dix-septième siècle. — Les PLATINES DE CARABINE, de MOUSQUETON, de PISTOLET DE TROUPE sont pareilles à celles de FUSIL, sauf les dimensions. — Il a été longtemps d'usage de BRONZER les Platines. — Le modèle de 1777, corrigé en l'an neuf, a été en service jusqu'à l'adoption du modèle de 1816 ; la GOUPILLE de la DÉTENTE était une des PIÈCES qui avait éprouvé quelques changements. — Une des MARQUES ou CONTROLES du FUSIL est appliquée sur la Platine. — On appelle QUEUE DE PLATINE la partie pointue qui regarde vers la CROSSE ; elle règne à partir du CHIEN, et est arrondie et affleurante. — En 1813 et 1814 on a essayé de simplifier et de fabriquer à la mécanique les Platines ; il en reste des MODÈLES ingénieusement imaginés dont le CORPS est en cuivre fondu. — Telle POUDRE qui ratait avec des Platines FRANÇAISES, ne ratait pas avec des Platines ANGLAISES, si l'on en croit M. Ch. DUPIN. — HENNEL a traité spécialement des Platines de fusil et des améliorations dont elles étaient susceptibles. — Les Platines de fusil se distinguent ou se sont distinguées en PLATINES A BATTERIE, — A PISTON, — IDENTIQUE.

PLATINE de MIQUELET. V. CHENAPAN. V. MIQUELET.

PLATINE de MOUSQUET (F). Sorte de PLATINE A FEU qui fut un perfectionnement assez tard admis dans l'INFANTERIE ; ce fut une imitation du système de l'ARQUEBUSE A ROUET de la CAVALERIE ; elle fut PLATINE A ROUET et A SERPENTIN, avant d'être PLATINE A BATTERIE. On a prétendu que GUSTAVE-ADOLPHE a été l'inventeur de cette dernière, pendant la GUERRE DE 1635 ; mais il appliqua, seulement dès le commencement de cette guerre, dans son INFANTERIE, un système découvert déjà, puisque MAROLLES et Pietro della Valle témoignent qu'en 1617 il existait des PISTOLETS ayant la PLATINE A BATTERIE.

PLATINE de MOUSQUETON. V. MOUSQUETON. V. PLATINE DE FUSIL.

PLATINE (platines) de PIÈCE D'ARTILLERIE (B, 1 ; F). Sorte de PLATINES A FEU qui ont été d'abord essayées à Toulon par la MARINE française. En 1728 (15 juin), le ministre de la marine Maupas instituait une commission chargée de l'examen des Platines des CANONS D'ARTILLERIE de l'ARMÉE DE MER ; on y renonçait en 1732, comme le donne à connaître M. MEYER (Moritz), puis on les essayait de nouveau dans tous les ports, en 1771. — Dès l'invention des PLATINES A PISTON, le général DOUGLAS a fait revivre l'idée d'en attacher à l'ARTILLERIE de la MARINE ; dès l'an 1812, un officier prussien s'est appliqué à en adapter aux PIÈCES DE CAMPAGNE, mais cette innovation était sujette à de graves inconvénients ; cependant, depuis 1825, l'ARTILLERIE de la MILICE ANGLAISE les a adoptées. A son exemple, les MILICES BELGE, HANOVRIENNE, NÉERLANDAISE, PRUSSIENNE, SAXONNE, en font usage ; ainsi, en FRANCE excepté, une partie des ARMES DE GRAND CALIBRE peut être rangée au nombre des ARMES MÉCANIQUES, après avoir été si longtemps ARMES A BOUTE-FEU. — Il a été traité des Platines des pièces d'artillerie par DOUGLAS et JACOBY.

PLATINE de PISTOLET. V. PISTOLET. V. PLATINE A BATTERIE. V. PLATINE A FEU.

PLATINE de SURETÉ. V. BASSINET DE SURETÉ. V. CHIEN DE SURETÉ. V. MILICE ESPAGNOLE Nº 4. V. PLATINE A BATTERIE. V. SURETÉ.

PLATINE (platines) DÉFENSIVE (term. sous-génér.), ou PLATE, ou PLATTE. Sorte de PLATINES qui ont appartenu, les unes au temps du COSTUME DE MAILLES, les autres au temps de l'ARMURE DE FER PLEIN ; elles se distinguaient en PLATINES DE BRACONNIÈRE, et en PLATINES DE DESSOUS.

PLATINE d'OBUSIER. V. OBUSIER.

PLATINE ESPAGNOLE. V. CHENAPAN. V. ESPAGNOL, adj.

PLATINE (platines) IDENTIQUE (F). Sorte de PLATINES DE FUSIL D'UNIFORME fabriquées avec assez de précision pour que les PIÈCES de toutes puissent aller à toutes. On les a appelées aussi MÉCANIQUES ; mais cette dernière épithète est de mauvais choix. — On a essayé en 1722, comme le dit M. MEYER (Moritz), de construire des Platines de ce genre ; on y a renoncé en 1732. On a fait de nouveaux efforts en 1785, en 1793, en l'an neuf, en 1814 et pendant les cent-jours, mais avec aussi peu de succès.

PLATINE MÉCANIQUE. V. PLATINE IDENTIQUE.

PLATINEUR, subs. masc. V. ARMURIER DE CORPS Nº 4. V. PLATINE A BATTERIE.

PLATO ; PLATON. V. NOMS PROPRES.

PLAT-PAYS, subs. masc. (G, 4; H). Ce mot, dont l'étymologie se fait connaître d'elle-même, a eu des significations jusqu'ici mal expliquées. Dans la plupart des AUTEURS et dans l'ORDONNANCE DE 1768 (1er MARS) il exprime, non pas un terrain bas par opposition aux sites montueux, aux GUERRES DE MONTAGNES, mais un PAYS ouvert, dominé militairement, surmonté de COMMANDEMENTS ; ainsi, dans le MOYEN AGE, par des raisons qui confirment cette assertion, on donnait la qualification de maisons plates aux habitations autres que les CHATEAUX ou les FORTERESSES. — FEUQUIÈRES (1750, A) emploie souvent le mot Plat-pays, pour donner idée des terrains, des cantons qui environnent ceux ou celui où une TROUPE réside, et les contrées où, sans y résider, elle exerce une sorte de domination, soit par les INCURSIONS qu'elle y pousse, soit par les CONTRIBUTIONS qu'elle y lève ou les RÉQUISITIONS qu'elle y frappe. — Ce que VELLY appelle abandonner à l'ennemi le Plat-pays, c'est se retirer dans les FORTERESSES.

PLATTE, subs. fém. V. PLATE. V. PLATINE DÉFENSIVE.

PLAUDE, subs. fém. V. BLIAUD.

PLAZZON. V. NOMS PROPRES.

PLÉGE, adj. V. CAGE PLÉGE. V. PLEIGE.

PLEIGE, adj. et subs. masc. ou PLÉGE. Mot qui appartient aux coutumes chevaleresques et féodales. Il a produit le verbe PLEIGER ; il dérive, suivant WACHTER, de l'ALLEMAND *pflegen,* obliger, secourir ; il signifiait répondant ou caution; de là l'usage de l'expression gage, Pleige. BARBAZAN et GÉBELIN lui donnent d'autres étymologies, mais moins vraisemblables.

PLEIGER, verb. act. et neut. V. PLEIGE.

PLEIN (pleine), adj. V. ABDUCTION P... V. ARME P... V. ARMES P... V. BASTION P... V. BATAILLON P... V. BOULET P... V. CARRÉ P... V. CENTRE P... V. CUIRASSE P... V. CUISSARDS P... V. FER P... V. LIGNE P... V. LIGNE TANT PLEINE QUE VIDE. V. ORDRE P... V. PROJECTILE P... V. SAPE P... V. TANT PLEIN QUE VIDE.

PLEIN FIEF. V. FIEF.

PLEIN FOUET. V. A'PLEIN FOUET. V. BATTERIE DE PLEIN FOUET. V. FOUET. V. FUSIL DE REMPART. V. PROJECTILE. V. TIR DE PLEIN FOUET.

PLEENES CORNES. V. CORNE. V. CRI D'ARMES. V. FIEF. V. GENTILHOMME. V. HAUBERT.

PLÉSION, subs. masc. (F), ou PLAESION, ou PLAGION, ou PLINTE, suivant FURETIÈRE, ou PLINTBE, ou PLINTHION. Mots empruntés du GREC, signifiant brique. En appliquant à la TACTIQUE cette image, ils exprimaient un ARRANGEMENT de la PHALANGE en forme de BRIQUE, c'est-à-dire de CARRÉ long ou d'ORDRE PROFOND. Plésion a produit HÉTÉROPLÉSIONNAIRE, MÉSOPLÉSIONNAIRE, PLÉSIONNETTE. — Toutefois il est à remarquer que ROBINSON distingue plinthion de Plésion (*Plaision*); suivant lui, ce dernier substantif aurait exprimé un arrangement *tenant plus de l'ovale que du quadrilatère.* — Il dit qu'on appelait *Pyrgos, un carré long sous la forme d'une tour.* Nous ne comprenons pas cette explication. — Le Plésion était un CARRÉ parfait, suivant ARRIEN (110, A); mais il ne dit pas si ce CARRÉ était plein ou vide. POLYEN (176, A) parle du PLINTHE comme d'un CARRÉ vide, quelquefois oblong ; XÉNOPHON (370 av. J.-C.) traite du PLAESION équilatéral ; GUISCHARDT (1758, H) prétend que les plinthions de la MILICE GRECQUE étaient vides. — D'autres ÉCRIVAINS pensent le contraire et regardent cet ORDRE comme un composé de plusieurs PHALANGES disposées, sans distance, les unes devant les autres, de manière à former un CARRÉ PARALLÉLOGRAMME. — MESNIL DURAND (1755, B) a appliqué à son système de TACTIQUE ce terme, en l'employant à tort au féminin, comme équivalant à l'antique PENTACOSIARCHIE ou aux modernes SUBDIVISIONS de COLONNE pleine en ORDRE PROFOND ; il prenait PLÉSIONNETTE comme diminutif ou comme DIVISION de Plésion. Cet ÉCRIVAIN a renoncé, en 1780, à l'expression Plésion, pour y substituer le terme COLONNE ; il la composait de sept cent soixante-huit hommes. — Le Plésion et l'ÉPAGOGUE avaient entre eux des rapports, mais on est mal éclairé à cet égard ; il y avait probablement des nuances d'expression maintenant effacées. — Les AUTEURS qu'on peut interroger sur ces questions d'ART MILITAIRE sont : M. le colonel CARRION (1824, A), DELIGNE (1780, I), ELIEN (1757, G), GUIBERT (1773, E), GUISCHARDT (1758, H), LACHESNAIE (1758, I, au mot *Phalange*), MAIZEROY (1766, F; 1767, E; 1771, A; 1775, B), MESNIL DURAND (1755, B; 1774, E), M. le général PELET, TURPIN (1785, O).

PLÉSIONNAIRE, adj. V. PLÉSION.

PLÉSIONNETTE, subs. fém. V. PLÉSION.

PLEUVOIR, verb. neut. V. BALLE PROJECTILE. V. BOULET PROJECTILE. V. PROJECTILE.

PLEYDELL. V. NOMS PROPRES.

PLI DE JUSTAUCORPS. V. JUSTAUCORPS.

PLI DE TERRAIN. V. ABRI POLÉMONOMIQUE. V. BATTERIE MASQUÉE. V. CAMP. V. CAMP MINCE.

V. DÉROBER UN MOUVEMENT. V. FORTIFICATION IRRÉGULIÈRE. V. GARDE DE TRANCHÉE. V. INFANTERIE N° 8. V. OUVERTURE DE TRANCHÉE. V. POINT DE VUE. V. TERRAIN.

PLI RENVERSÉ. V. PAN ANTÉRIEUR. V. RENVERSÉ.

PLIANT, (pliante), adj. V. ÉTOILE PLIANTE.

PLIAUDE, subs. fém. V. BLIAUD.

PLIER, verb. act. V. PLIER, verb. neut. V. PLOIEMENT.

PLIER (H, 2), verb. neut. qu'il faut se garder de confondre avec PLIER, verb. act., ainsi qu'avec ployer, quoique, dans la langue vulgaire, ils soient, en plus d'un cas, synonymes et qu'ils dérivent d'une commune racine. — Dans la langue des ARMES, Plier appartient à la GUERRE, et exprime une DÉFAITE ; ployer, appartient à la TACTIQUE ; les ITALIENS rendent également l'un et l'autre par *piegare*. — Une TROUPE plie quand, dans une BATAILLE, elle se laisse ENTAMER, cède du terrain, commence à se désunir. Plier est le commencement d'une DÉFAITE ; être BATTU en est la catastrophe ; se REPLIER par une lente RETRAITE est la planche de salut. — Achever de ROMPRE une TROUPE qui plie, est métier de CAVALERIE.

PLIER BAGAGE. V. BAGAGE. V. BAGAGE D'ARMÉE. V. DÉCAMPEMENT.

PLINE. V. NOMS PROPRES.

PLINTE, subs. masc. V. PLÉSION.

PLINTHE, subs. masc. V. CARRÉ TACTIQUE. V. PHALANGE DOUBLÉE. V. PLÉSION. V. SUBDIVISION TACTIQUE.

PLINTHION, subs. masc. V. PLÉSION.

PLISSON, subs. masc. V. HABIT.

PLOIEMENT (G, 6) ou PLOIEMENT TACTIQUE. Mot dont les verbes PLIER, PLOYER, donnent l'étymologie. Le Ploiement est un CHANGEMENT D'ORDRE qui opère le PASSAGE de l'ORDRE EN BATAILLE à l'ORDRE EN COLONNE, ou qui produit l'ENCOLONNEMENT, le PELOTONNEMENT, la rupture du FRONT d'un BATAILLON. — SILVA (1768, K) prétend que les Ploiements et les DÉPLOIEMENTS étaient familiers aux MILICES GRECQUE et ROMAINE ; mais si le fait est exact, les méthodes qui s'y prêtaient chez les ROMAINS sont restées inconnues, et l'ÉPAGOGUE, qui y répondait chez les GRECS, n'est pas expliqué de manière à en dissiper tous les doutes. — L'histoire des DÉPLOIEMENTS éclaire suffisamment celle du présent sujet dans la plupart de ses points. — Les ROMPEMENTS forment la COLONNE sur toute la LIGNE du FRONT ; les Ploiements la forment

sur une LIGNE perpendiculaire au FRONT. Les ROMPEMENTS ne forment la COLONNE qu'à DISTANCE ENTIÈRE ; les Ploiements la forment ou A DISTANCE ENTIÈRE OU A DEMI-DISTANCE, OU EN MASSE. — Aucune ordonnance de l'INFANTERIE FRANÇAISE ne traitait des Ploiements, quand FRÉDÉRIC DEUX en fit une des MANŒUVRES les plus usuelles de la MILICE PRUSSIENNE ; ils devinrent les instruments d'un CHOC inattendu, les éléments de ses victoires. — L'INSTRUCTION DE 1769 (1er MAI) abordait ce sujet : elle prescrivait un genre de Ploiement auquel on a renoncé ; elle mettait successivement en marche, par ÉCHELONS, les SUBDIVISIONS d'un BATAILLON EN BATAILLE. La première partait en avant ; lorsqu'elle avait trois pas, la seconde se portait de même en avant ; puis, la troisième, etc. Quand la dernière SUBDIVISION était prête à partir, on commandait halte à tout l'ÉCHELON ; on faisait faire ensuite par le flanc à toutes ces SUBDIVISIONS, hormis à celle de la TÊTE ; elles se portaient en ORDRE DE COLONNE et faisaient halte, à mesure que le GUIDE de chacune se dressait sur la SUBDIVISION de la tête. Ce Ploiement était compliqué, long, désuni, dangereux à la guerre ; mais il avait, sur la méthode actuelle, l'avantage de ne pas perdre de terrain, car on ne ploie que pour se porter en avant ; or, la méthode actuelle perd temps et terrain quand elle jette en arrière de la LIGNE, des SUBDIVISIONS qu'il faut reporter ensuite en avant de cette LIGNE. — L'INSTRUCTION DE 1769 (1er MAI) n'ayant pas eu cours, on peut regarder celle DE 1774 (11 JUIN) comme la première en date sur cet objet. — Le RÈGLEMENT DE 1791 (1er AOUT) ne faisait exécuter de Ploiements que de PIED FERME, par PELOTONS ou par DIVISIONS, la DROITE ou la GAUCHE en tête, PAR LE FLANC. Cette ÉVOLUTION avait lieu sur une subdivision quelconque, soit comme COLONNE A DISTANCE DE SECTION , soit comme COLONNE A DISTANCE ENTIÈRE, soit comme COLONNE SERRÉE ; elle est devenue la clef des CARRÉS. — Lorsque, soit en totalité, soit en partie, le Ploiement a lieu en avant d'une SUBDIVISION, les GUIDES se placent face en arrière et y restent jusqu'au commandement : GUIDES, DEMI-TOUR A DROITE. — SILVA (1768, K) et MESNIL DURAND (1755, B) ne voulaient de Ploiements que sur le centre ; en effet, ils sont une fois plus rapides ; tel est le Ploiement que produit la COLONNE D'ATTAQUE. — L'art de la NATATION militaire est poussé, en quelques MILICES, à un tel degré de supériorité, que des HOMMES DE PIED exécutent, dans l'eau les Ploiements et DÉPLOIEMENTS, comme ils les accompliraient sur terre au PAS DE COURSE. — On peut, à l'égard des

Ploiements, consulter les AUTEURS qui traitent des DÉPLOIEMENTS.

PLOIEMENT de CAVALERIE. V. CAVALERIE. V. INTERVALLE DE CAVALERIE.

PLOIEMENT TACTIQUE. V. ADOSSER. V. DÉFILÉ. V. PLOIEMENT. V. TACTIQUE, adj.

PLOMB, subs. masc. V. A PLOMB. V. BALLE DE P... V. BOULET DE P... V. CHARGE DE P... V. EN P... V. FOURNITURE DE POUDRE ET DE P... V. MAILLET DE P... V. OREILLE DE P...

PLOMB A PIERRE (B, 1). Le mot Plomb est traduit littéralement du LATIN, qui, suivant GÉBELIN, aurait été emprunté à la LANGUE CELTIQUE par les ROMAINS. Il a produit PLOMBÉ, adjectif, et PLOMBÉE, subs. fém. — Le Plomb à pierre est une lame mince coulée dans un moule, et destinée à servir d'ENVELOPPE à la PIERRE A FEU des FUSILS DE MUNITION. Ce Plomb est un EFFET DE PETIT ÉQUIPEMENT ; sa forme se rapporte à celle des mâchoires du chien ; ses parties latérales saillantes s'appellent OREILLES ; elles embrassent les FLANCS du SILEX.

PLOMB D'ÉTOFFE. V. CONSEIL D'ADMINISTRATION DE RÉGIMENT N° 5. V. DRAP DE TROUPE. V. ÉTOFFE.

PLOMB MONNAYÉ. V. MONNAYE OBSIDIONALE. V. MONNAYÉ.

PLOMB PROJECTILE. V. BALLE DE FRONDE. V. BALLE DE PLOMB. V. BOULET DE PLOMB. V. BRICOLE OFFENSIVE. V. CANON D'ARTILLERIE. V. CATAPULTE. V. CHARGE DE PLOMB. V. CIBLE. V. CONSEIL D'ADMINISTRATION DE RÉGIMENT N° 6. V. ÉMÉRILLON. V. FRONDE. V. FOURNITURE DE POUDRE. V. GARGOUSSE. V. PROJECTILE, adj.

PLOMBÉ (plombée), adj. V. ARME P... V. FLÈCHE P... V. PLOMB A PIERRE. V. TRAIT P...

PLOMBÉE, subs. fém. (F), ou PLOMÉE, ou PLOMMÉE, comme l'appelait l'INFANTERIE COMMUNALE. Mots analogues au substantif PLOMB et dérivés du LATIN *plumbata*. Ils avaient produit le verbe APPLOMER, signifiant assommer avec une ARME PLOMBÉE. — Le mot Plombée prend dans les écrivains des sens très-différents. — VÉGÈCE (390) parle fréquemment de Plombées comme d'ARMES communes à toutes les TROUPES, même aux VÉLITES ; mais il n'en dit rien de satisfaisant. — Les dessins que STEWECHIUS donne dans ses commentaires sur VÉGÈCE, représentent les Plombées au nombre des JAVELOTS et des DARDS. — Quelques-uns emploient le mot dans le même sens que MARTIOBARBULE, et comme exprimant une FLÈCHE ou un TRAIT garni de PLOMB ; des légions célèbres étaient pourvues de ce genre de Plombée. D'autres auteurs pensent que c'était une espèce de FOUET D'ARMES dont les cour-

roies étaient garnies de PLOMB, et en quelque chose analogues au FUSTIBALE. — Voici ce qu'en dit un AUTEUR anonyme (*libelli de rebus bellicis*). *Il y en avait* (des traits nommés Plombées) *de deux espèces : l'une appelée* tribulata (c'est-à-dire en CHAUSSE-TRAPE) *et l'autre* mamillata. *Ce trait est empenné comme une flèche, n'est point lancé par un arc, ni par une baliste, mais par le seul effort du bras ; il se jette de près sur l'ennemi, à qui il est dangereux par deux raisons : ou il blesse par le mouvement qui le lance, ou, s'il ne frappe point et qu'il tombe à terre, de quelque façon qu'il soit posé, il présente toujours une pointe qui blesse ceux qui marchent dessus. Cette arme est composée d'un bois fait en forme de flèche, avec un fer qui y est légèrement fixé comme à un épieu ; la douille de ce fer est un peu longue, et il y a, à quelque distance d'elle, des pointes fixées dans une masse de plomb, de manière qu'elles s'élèvent en forme de chausse-trape ; vers l'autre bout de l'arme, et à autant de distance de l'extrémité qu'il en faut pour l'empoigner, il y a des plumes comme à une flèche, tant pour que la direction dans le jet soit facile et droite, que pour qu'elle vole plus vite.* — Cette description elle-même est incomplète et peu claire, puisque l'auteur ne spécifie pas en quoi différait la forme de la *tribulata* et de la *mamillata*. — Les AUTEURS du MOYEN AGE appelaient *plumbata*, des FOUETS à lames mêlées de PLOMB, dont on déchirait les suppliciés. — LEDUCHAT appelle *Plombées* des BALLES OU GLANDS de plomb (*glans plumbata*) que la FRONDE lançait. Nous avons vu en ITALIE de ces antiques GLANDS ou Plombées comparables à de grosses BALLES DE FUSIL, et portant le numéro de la LÉGION ou de la COHORTE qui s'en était servie, ou bien des inscriptions telles que celle-ci : *Fugatis hostibus*. — CARRÉ (1783, E) juge synonymes BRANC et Plombée. — Des BOUGES, des MAILLETS DE PLOMB, des MASSES D'ARME du MOYEN AGE se sont nommés Plombées. La MILICE COMMUNALE en était armée. — Les AUTEURS qui se sont occupés des Plombées sont : BOREL (Pierre), CARRÉ (1783, E), M. le général COTTY, ENCYCLOPÉDIE (1785, C, au mot *Chevalier*), FURETIÈRE, JABRO (1777, G), VÉGÈCE (390, A), l'*Encyclopédie du dix-neuvième siècle*.

PLOMÉE, subs. fém. V. PLOMBÉE.

PLOMMÉE, subs. fém. V. INFANTERIE COMMUNALE N° 3. V. PLOMBÉE.

PLONGEANT (plongeante), adj. V. DÉFENSE P... V. FEU P...

PLONGÉE, subs. fém. v. BATTERIE A BARBETTE. V. FOSSÉ DE FORTERESSE. V. PARAPET.

PLONGER, verb. act. et neut. v. AVOIR DES VUES. V. RAVIN.

PLOTHO. V. NOMS PROPRES.

PLOUQUER, subs. masc. v. BOUCLIER.

PLOYER, verb. act. V. EMPLOI. V. GUIDE, DEMI-TOUR A DROITE. V. PLIER. V. PLOIEMENT.

PLUEMICKE. V. NOMS PROPRES.

PLUMAIL (plumaux), subs. masc. v. PANACHE. V. PLUME FRISÉE. V. PLUMET.

PLUMARD, subs. masc. v. PLUME FRISÉE. V. PLUMET.

PLUMART, subs. masc. v. CASQUE. V. PLUMET.

PLUMAS, subs. masc. v. PLUMET.

PLUME, subs. fém. v. A PLUME. V. AIGRETTE. V. CHAPEAU A P... V. HASTAIRE N° 3. V. GÉNÉRAL FRANÇAIS N° 3. V. MARÉCHAL DE FRANCE N° 5. V. MASSE DE PLUMES. V. MILICE ROMAINE N° 4. V. MORION. V. PLUMET. V. PORTE-PLUME. V. TRAVERSIN.

PLUME BLANCHE. V. BLANC, adj. V. PLUME FRISÉE. .

PLUME de CIMIER. V. CIMIER.

PLUME de FLÈCHE. V. FLÈCHE. V. PÉNART. V. PENNE DE FLÈCHE. V. PLOMBÉR.

PLUME FRISÉE (B, 1), ou PLUMAS, suivant DANIEL (1721, A). Le mot Plume est LATIN et exprime ici un genre de MARQUE DISTINCTIVE, soit BLANCHE, soit NOIRE, que la CHEVALERIE et les GENTILSHOMMES appelaient PLUMAIL, PLUMARD, PLUMET, TOUR DE CHAPEAU. — L'ORDONNANCE DE 1815 (31 DÉCEMBRE) entourait d'une PLUME NOIRE frisée le CHAPEAU des OFFICIERS SUPÉRIEURS de la GARDE ROYALE.

PLUME NOIRE. V. NOIR, adj. v. PLUME FRISÉE.

PLUMET, subs. masc. v. OLIVE DE P...

PLUMET (B, 1), ou PANON, ou PENNART, OU PLUMAIL, OU PLUMARD, OU PLUMART, OU PLUMAS, OU PLUMEUX. Ces mots ont leur étymologie dans les substantifs PLUME et *penna*. Ils expriment un ornement ou un ATTRIBUT DE COIFFURE qui a éprouvé une singulière alternative de répudiation et d'accueil. — Le Plumet est le PANACHE vulgaire et moderne; le PANACHE est le Plumet historique et poétique. Le Plumet est plutôt un composé de petites PLUMES communes, teintes, attachées autour d'une tige en baleine accompagnée d'étoupe; le PANACHE est plutôt une grande PLUME, ou une touffe ou MASSE de grandes PLUMES précieuses et de couleur naturelle. FURETIÈRE témoigne qu'on a éga-

lement appelé Plumet, l'homme portant PLUMAIL et le PLUMAIL porté. — Le Plumet ou plutôt le PANACHE est aussi ancien que l'invention du CASQUE; il se retrouve, suivant les temps, sur le CIMIER grec et dans l'AIGRETTE de la MILICE ROMAINE; il se voit à peine un Plumet sur vingt CASQUES franco-gaulois, de 507 à 1066; il ne s'en voit point, de 1066 à 1190, sur le CASQUE NORMAND devenu la coiffure presque unique des guerriers FRANÇAIS. Ainsi, comme le remarque M. ALLOU (1835), WALTER SCOTT se méprend en parlant des PLUMES et panaches qui ornaient les superbes CASQUES des CROISÉS. Quelques CASQUES, depuis les CROISADES, se surmontent d'un PANACHE. Depuis le milieu du quatorzième siècle, les CHEVALIERS, renonçant au CIMIER, placent un Plumet sur leur tête et sur celle de leurs CHEVAUX; on les tirait surtout de MILAN, célèbre par ses plumassiers, dit BRANTOME (1600, A). La GENS D'ARMERIE et quelques ARQUEBUSIERS A PIED s'en sont parés. Le costume de cour des GRANDS SEIGNEURS courbait et abaissait en PLUME FRISÉE le Plumet; mais l'INFANTERIE, quand elle fut enrégimentée, relégua cet ornement sur l'occiput de ses mulets de bât. Rien en effet ne pare mieux une bête de somme. — Dans quelques CORPS, tels que les GARDES FRANÇAISES, les GRENADIERS, lorsqu'ils eurent des BONNETS A POIL, y ajoutèrent un Plumet haut de quelques pouces. — Dans quelques RÉGIMENTS DE LIGNE, le caprice des colonels avait introduit le Plumet; le ministère en prohiba l'usage par l'ORDONNANCE DE 1767 (25 AVRIL); mais les HUSSARDS, sous prétexte de costume étranger, le conservèrent. Dans l'INFANTERIE, les SEMESTRIERS, les RACCOLEURS, les TAMBOURS-MAJORS en ombragèrent leur COIFFURE. La CAVALERIE PESANTE n'eut garde de s'astreindre à la fatigue du Plumet, bon tout au plus à épousseter les araignées de l'écurie. Dans les DRAGONS, il était regardé, ainsi que la COCARDE, comme incompatible avec le CASQUE. La GARDE NATIONALE, éprise de toutes les superfluités de costume, se pavana sous le Plumet. A son exemple, l'ARMÉE le désira, et l'INSTRUCTION DE 1791 (1er AVRIL) l'adjoignit, mais pour les jours de parade seulement, au CASQUE D'INFANTERIE; le goût s'en propagea dans toutes les TROUPES qui prennent luxe et frivolité pour élégance et bon goût. Depuis la GUERRE DE LA RÉVOLUTION, nous n'avions ni souliers, ni habits; nous avions des Plumets; et comme il se portait du côté gauche, et que le casque d'infanterie était aboli, le Plumet faisait pencher le CHAPEAU précisément du côté où le règlement voulait qu'il se relevât. — La campagne d'ÉGYPTE donna aux officiers le goût des esprits, genre de Plumets qui coûtaient aussi cher qu'un beau cheval arabe. — L'ordonnance de 1815 (23 septembre) supprimait généralement le Plumet et y substituait, sur le schako, le pompon ; à peine était-elle publiée, que la garde royale réclama cette marque distinctive et se la fit donner. Les régiments de cavalerie de ligne la voulaient aussi, et l'obtinrent comme effet de petit équippement. La décision de 1822 (11 juillet) modifiait ces règles. — La décision de 1823 (8 avril) traitait des Plumets et des olives de cavalerie. — L'ordonnance de 1829 (27 septembre) mettait le Plumet au compte de la masse du petit équipement. — L'ordonnance de 1830 (21 février) le mettait au compte de la masse individuelle. — Les modes anciennes voulaient le Plumet montant ou légèrement incliné ; des modes plus modernes l'ont voulu pleureur, à l'instar de certaines troupes qui faisaient partie de l'occupation de la France par les souverains alliés. — Une décision de 1831 (17 juin) donnait à l'état-major le plumet tricolore.

PLUMET de cavalerie. v. cavalerie. v. cavalerie française n° 5. v. plumet.

PLUMET de hussard. v. hussard. v. hussard n° 4. v. ministre de la guerre en 1830. v. plumet.

PLUMET de tambour-major. v. plumet. v. tambour-major n° 4.

PLUMET d'officier d'état-major. v. officier d'état-major de corps. v. plumet.

PLUMET d'officier d'infanterie française. v. officier d'infanterie française n° 2.

PLUMET tricolore. v. plumet. v. tricolore.

PLUMEUX, subs. masc. v. casque. v. plumet.

PLUS-value. v. officier d'infanterie française n° 5.

PLUTARQUE. v. noms propres.

PLUTEUS, subs. masc. (F). Mot latin qu'aucun écrivain n'a traduit en français ; il se trouve dans l'italien *pluteo*. — Quelques antiquaires ont supposé synonymes ou analogues les termes *pluteus, catius*, chat offensif, et *musculus*, muscule. — Le Pluteus était une machine à épaulement, fabriquée en claies, ou un tricycle recouvert en cuir et façonné en dos d'âne ; ou bien c'était un mantelet surmonté d'un toit, ou une petite tortue propre à contenir sept ou huit soldats qui, à l'aide de cette machine qu'on poussait vers une place assiégée, parve-

naient ainsi à en insulter des points faibles, à nettoyer, à coups de flèches, les remparts, à monter a l'escalade. — On consulterait à l'égard du Pluteus, Cauré (1785, E), Danjel (1721, A), Duane (1810, E), l'Encyclopédie (1751, C), Lachesnaie (1758, I), Monchablon, Potier (1779, X, au mot *Artillerie*), Végèce (390, A).

PLEUVREL. v. noms propres.

PNEUMATIQUE, adj. v. fusil p...

POCHE, subs. fém. v. bouton de p... v. deniers de p... v. passe-poil de patte de p... v. patte de p... v. sou de p...

POCHE de capote. v. capote. v. capote d'infanterie française de ligne.

POCHE de gilet. v. gilet. v. patte de poche de gilet.

POCHE de hussard. v. hussard. v. sabretache.

POCHE de pantalon. v. pantalon. v. pantalon d'infanterie.

POCHE de redingote. v. patte de poche de r... v. redingote. v. redingote d'officier.

POCHE de veste. v. officier d'infanterie française n° 2. v. veste.

POCHE d'habit. v. bouton d'habit. v. infanterie française de garde royale n° 2. v. infanterie légère n° 5. v. pan antérieur. v. pointe de poche. v. revers d'habit.

POCHE en long. v. en long. v. habit. v. infanterie légère n° 5.

POCHE en travers. v. en travers. v. habit.

POCHE simulée. v. revers d'habit. v. simulé.

PODESTAT, subs. masc. (F). Mot emprunté à la langue italienne, et désignant un officier militaire ou un magistrat qui figure dans les institutions des républiques italiennes du moyen age, soit à titre de délégué de l'empereur des Romains, et exerçant en son nom une juridiction, soit comme revêtu d'une autorité déléguée un peu plus tard par les républiques elles-mêmes. Ces derniers Podestats ont rempli, en certaines villes, des fonctions analogues à celles des anciens consuls, et commandaient, comme généraux d'armées, en temps de guerre, ainsi que MM. Hallan et Sismondi le témoignent.

PÉDOMÈTRE, subs. masc. v. métrobate.

POÊLE, subs. masc. v. caserne. v. chambre de caserne. v. chambre d'officier de garde. v. corps de garde de garnison.

V. EFFET À DEMEURE. V. EFFET DE CORPS DE GARDE. V. EFFET DE LITERIE. V. INFIRMERIE.

POÊLE FUNÈBRE. V. CÉRÉMONIE FUNÈBRE. V. FUNÈBRE.

POELLNITZ ; XOENITZ. V. NOMS PROPRES.

POESTE, subs. fém. V. POSTE.

POESTÉ, subs. fém. V. GENS DE P... V. HOMME DE P... V. POSTE.

POÈTE, subs. fém. V. HOMME DE POESTÉ.

POICTRINAL, subs. masc. V. PÉTRINAL.

POIDS de BAGAGE. V. BAGAGE. V. BAGAGE DE CORPS EN ROUTE.

POIGNAIS, subs. masc. (F), ou POI- GNÉIS, OU POIGNIÉ, OU POIGNIZ, OU POINGNÉIS, OU POUGNIS, OU PUGNE, OU PUGNEIS. Mots que M. Roquefort, dans un de ses premiers traités, dérive du LATIN *pugna*, et dans son dernier ouvrage (1835) de *pugnus*, qu'il mentionne comme ayant été synonymes de CHOC, COMBAT, GUERRE.

POIGNAL, subs. masc. V. POIGNARD.

POIGNALT, subs. masc. V. POIGNARD.

POIGNANT, subs. masc. V. POIGNARD.

POIGNARD. V. COUP DE P... V. POIGNÉE DE P... V. SABRE-P...

POIGNARD (B, 1, F), OU ALICETTE, OU AMEURE, OU APPOINTON, OU BISTORIE, OU BROKE, OU CANDJIAR, OU CASTELLAN, OU COUTEAU D'AR- MES, OU COUTIEL, OU COUTILLE, OU CRIC, OU DAGUE, OU FLAMBE, OU MACHÈRE, OU MISÉRI- CORDE, OU PARAZONE, OU PASSOT, OU PÉNARD, OU POIGNAL, OU POIGNALT, OU POIGNANT, OU POIGNOTE, OU POINGNAL, OU POIGNEL, OU STILET, OU TRAQUET, OU VAFOLART, OU YATA- GAN. Cette quantité de synonymes ou d'es- pèces cités par BOREL (Pierre, au mot *Targe*), par CARRÉ (1783, E), par MONET, par M. RO- QUEFORT, etc., etc., témoignent du grand usage et de la haute antiquité du Poignard. Son nom vient du LATIN *pugnus*, poing ; *pugio, pugiunculus*, arme de poing ; ou, plus directement, comme l'affirme MÉNAGE, il viendrait du bas LATIN *pugionardus*. Quant à GÉBELIN, il s'égare en le faisant dériver de pic, signifiant pointe. On ap- pelait aussi en LATIN *sica*, le Poignard ; de là, le nom de SICAIRES, donné aux ASSASSINS qui tuent à COUPS DE POIGNARD. — Honneur à la LANGUE FRANÇAISE qui n'a pas de subs- tantif, si ce n'est une périphrase, pour ex- primer l'action du COUP DE POIGNARD. La poignarderie, si l'on osait dire ce néolo- gisme, se disait, en ITALIEN, *pugnalata*, en espagnol *punalada*. — Le Poignard est une ARME A MANCHE du genre des BASTONS. Il est peu de contrées connues où il n'ait été en usage ; des peuples à demi sauvages qui combattaient avec des ARMES A MAILLES, n'avaient d'autre ARME en métal que le Poignard ; les PERSES le portaient à la droite de leur ceinture ; les monuments d'ÉGYPTE donnent le modèle de celui dont les MAME- LOUCKS étaient encore armés de nos jours. Le Poignard des ROMAINS se nommait *pa- razonium*, parce qu'il était placé *ad zo- nam*, à la ceinture du hastaire ; les DIMA- CHÈRES, GLADIATEURS que quelques-uns ont par erreur nommés DIMAQUES, s'en ser- vaient. — Les ITALIENS appelaient *alicetta* un petit Poignard en forme d'anchois. Ils avaient des Poignards à lames percées à jour, afin de recéler, dit-on, mais c'est dou- teux, de la graisse saturée d'arsenic ; car il est peu de pays où l'on n'ait pas eu recours aux ARMES EMPOISONNÉES. — Les coutumes ESPAGNOLES se retracent dans le Poignard nommé CASTELLAN, et RABELAIS cite le renom que Sarragosse avait acquis pour la fabrica- tion de ses Poignards. — Il y avait des LANCES qui, à raison de leur forme aiguë et en Poignard, s'appelaient LANCES POIGNIAUX. — Dans les TOURNOIS, l'usage du Poignard était interdit aux CHEVALIERS. — Le Poignard a été une ARME d'ARCHER et de SERGENT MI- LITAIRE. — Dans le MOYEN AGE on portait, même avec l'habillement de ville, le Poi- gnard en outre de l'ÉPÉE ; il était devenu ARME D'ESCRIME, comme le témoignent GI- GANTI, GRASSI (1570), MAROZZO. Ces profes- seurs en fait d'armes en détaillent le jeu, et veulent qu'en COMBAT SINGULIER il soit tenu en avant de la poitrine et serve à parer. — Il y avait, au quinzième siècle, des Poignards qui entraient dans le même FOURREAU que l'ÉPÉE LONGUE, et dont la POIGNÉE pouvait à volonté adhérer à celle de cette ÉPÉE, s'y ac- coler en manière d'une seule poignée, ou s'en détacher et, pour ainsi dire, s'en re- fendre. — Suivant des opinions de quelque poids, les PISTOLIERS, ou PISTOLETS de Pis- toia, en ITALIE, étaient de petits Poignards. — Les premières BAIONNETTES du seizième siècle étaient des Poignards insérés dans le BOUT DU CANON DE MOUSQUET. — On a appelé POIGNARDS FLAMBOYANTS, des Poignards à FER BARBELÉ. — Au temps de HENRI QUATRE, les Poignards de la ville de Parme étaient en réputation. — On a établi entre la DAGUE et le Poignard cette différence, que l'ARME s'est plus anciennement nommée DAGUE, qu'elle n'a pris qu'à des époques moins reculées le nom de Poignard, et que celui-ci se portait plus volontiers caché, la dague plus ordi- nairement en évidence ; de là le nom de SICAIRE ou de porteur de Poignard pris en mauvaise part. — Le BISTORIE dont parle

M. ROQUEFORT, et qu'il dérive du LATIN *gladius pistoriensis*, aurait donné son nom à l'instrument de chirurgie nommé bistouri. — Le Poignard à double tranchant s'appelait PÉNARD, parce qu'il imitait le double taillant de la FLÈCHE nommée PÉNART. — Les MILICES PERSANE et TURQUE, les PANDOURS, les JANISSAIRES conservaient des derniers le Poignard. — Un MINISTRE a fait revivre en 1830 le nom de cette ARME, en donnant à l'INFANTERIE FRANÇAISE le SABRE-POIGNARD. Le mot était inexact. Son choix était blâmable, puisque Poignard et assassinat se tiennent. — Les AUTEURS à consulter touchant le Poignard sont : BILLON (1641, A), CARRÉ (1783, E), DANIEL (1721, A), ENCYCLOPÉDIE (1785, C), GASSENDI, MANESSON (1685, B), WILKINSON, l'*Encyclopédie du dix-neuvième siècle*, au mot *Arme*).

POIGNARD D'INFANTERIE. V. INFANTERIE. V. INFANTERIE FRANÇAISE N° 4. V. MINISTRE DE LA GUERRE EN 1830. V. SABRE-POIGNARD.

POIGNARD FLAMBOYANT. V. DAGUE. V. FLAMBOYANT. V. POIGNARD.

POIGNÉE, subs. fém. V. AME DE P... V. ENVELOPPE DE P... V. OREILLE DE P...

POIGNÉE (term. génér.). Mot dont le substantif POING est la racine. Il sera examiné comme POIGNÉE DE FUSIL et comme POIGNÉE D'ÉPÉE.

POIGNÉE D'ALLUMELLE. V. ALLUMELLE.

POIGNÉE D'ARC. V. ARC.

POIGNÉE D'ARME BLANCHE. V. ARME BLANCHE. V. CROISETTE. V. DRAGONNE D'OFFICIER. V. SOIE D'ARME BLANCHE.

POIGNÉE DE BOUCLIER. V. BOUCLIER. V. ÉCU.

POIGNÉE DE BRIQUET. V. BRIQUET. V. HÉLICE.

POIGNÉE DE COUTILLE. V. COUTILLE. V. POIGNÉE D'ÉPÉE.

POIGNÉE DE FUSIL (B, 1). Sorte de POIGNÉE qui forme la partie cylindrique d'un BOIS OU MONTURE DE FUSIL DE MUNITION ; elle règne en avant de la CROSSE, à partir du NEZ du BUSQUE, jusqu'à la CULASSE. Il y est pratiqué, d'un côté, un ENCASTREMENT qui reçoit la BRANCHE de l'écusson, et, de l'autre côté, un ENCASTREMENT dont les bords s'appellent OREILLES et qui emprisonne la QUEUE DE CULASSE.

POIGNÉE DE GARDE D'ÉPÉE. V. GARDE D'ÉPÉE. V. POIGNÉE D'ÉPÉE.

POIGNÉE DE GENS, DE SOLDATS. V. ARMÉE FRANÇAISE N° 2. V. GENS. V. HOMME. V. MANIPULE N° 1, 4. V. PARTI DE GUERRE. V. SOLDAT.

POIGNÉE DE LANCE. V. AILE DE LANCE. V. LANCE. V. LANCE A MAIN.

POIGNÉE DE MANCHE DE FAUX. V. FAUX DE CAMPEMENT. V. MANCHE DE FAUX.

POIGNÉE DE MASSE D'ARMES. V. MASSE D'ARMES.

POIGNÉE DE PIQUE. V. PIQUE.

POIGNÉE DE PANSTERÈCHE. V. PANSTERÈCHE. V. POIGNÉE D'ÉPÉE.

POIGNÉE DE POIGNARD. V. POIGNARD.

POIGNÉE DE RONDELLE. V. RONDELLE.

POIGNÉE DE SABRE. V. AME DE POIGNÉE. V. BRANCHE DE GARDE. V. CAPUCE. V. CROCHET DE GARDE DE SABRE. V. CROISÉE DE SABRE. V. CROISETTE. V. ENVELOPPE DE POIGNÉE. V. GARDE DE SABRE. V. GLAIVE. V. HÉLICE. V. POMMEAU. V. REDINGOTE D'OFFICIER. V. SABRE. V. SABRE A HAMPE.

POIGNÉE DE SABRE-BRIQUET. V. QUILLON. V. SABRE-BRIQUET.

POIGNÉE D'ÉPÉE (B, 1), OU CORPEL, suivant M. ROQUEFORT, OU ENHERDURE, OU POIGNÉE DE GARDE, OU PONT D'ÉPÉE. Sorte de POIGNÉE qu'on a confondue avec le mot GARDE ; mais la Poignée n'est qu'une partie d'une GARDE : c'est l'espèce de MANCHE que la main saisit et entoure ; aussi appelle-t-on MANCHE, la Poignée de certaines ARMES dépourvues de GARDE ou de PANIER : telles étaient celles des ARMES dont on s'escrimait en manière de LANCE ou de GLAIVE ; elles se composaient d'une CROISÉE OU CROISETTE, qui quelquefois avaient une LUNETTE, ou branche courbe, d'un seul côté, pour y passer le pouce. — Les Poignées qui ont appartenu à des ARMES destinées AUX DUELS A PIED, ont eu au contraire une GARDE. — Il y avait des Poignées en dehors desquelles la SOIE se prolongeait de quatre à cinq pouces, ou dans une longueur presque égale à celle de la Poignée ; c'était une des particularités des ALLUMELLES, des COUTILLES, des ÉPÉES LONGUES, des ESPADONS, des ESTOCADES, des PANSTERÈCHES ; l'extrémité de leur SOIE formait en ce cas, pivot, en s'insérant dans un trou du DEVANT de la CUIRASSE ou du plastron, comme un pivot s'introduit dans un crapaud. — Si la CUIRASSE était à FAUCRE, la main droite du combattant saisissait, à la fois, et la Poignée du GLAIVE et le FAUCRE. — Les Poignées ont été de nature fort variée, plus ou moins droites ou courbes, tantôt cylindriques, tantôt légèrement équarries ou ovoïdes. — Les Poignées des ÉPÉES modernes des OFFICIERS D'INFANTERIE se composaient d'une AME ou morceau de bois de hêtre, percé centralement dans sa longueur pour le passage de la SOIE ; le haut de la BRANCHE se rattachait au POMMEAU de la GARDE ; elles ont été longtemps en FILS d'argent doré à la mousquetaire. L'épée d'OFFICIER D'ÉTAT-MAJOR a eu la Poignée recouverte d'une ENVELOPPE en veau chagriné. — Les GÉNÉRAUX FRANÇAIS ont eu la Poignée d'épée en écailles. — Ces variétés capricieuses viennent de cette passion de se distinguer, de cette fascination de la mode que les fabricants ont grand soin d'entretenir, et que le ministère n'a jamais su réprimer. — A la mort d'un COLONEL, les OFFICIERS de son RÉGIMENT garnissaient de CRÊPE noir la Poignée de leur ÉPÉE, en signe de DEUIL. — Il a été de mode de garnir d'une DRAGONNE la Poignée des ÉPÉES D'OFFICIERS.

POIGNÉE d'espadon. V. CROISETTE. V. CUIRASSE DE FER PLEIN. V. ÉPÉE A DEUX MAINS. V. ESPADON. V. POIGNÉE D'ÉPÉE.

POIGNÉE d'estocade. V. CROISETTE. V. ESTOCADE. V. POIGNÉE D'ÉPÉE.

POIGNEIS, subs. masc. V. POIGNAIS.

POIGNIE, subs. masc. V. POIGNAIS.

POIGNIZ, subs. masc. V. POIGNAIS.

POIGNOTE, subs. fém. V. POIGNARD.

POIL, subs. masc. V. A POIL. V. BONNET A P... V. PASSE-POIL.

POING HUMAIN. V. A POING. V. AMPUTATION. V. HUMAIN. V. LANCE A MAIN V. PEINE. V. POIGNARD. V. POIGNÉE.

POINGNEIS, subs. masc. V. POIGNAIS.

POINGNEL, subs. masc. V. POIGNARD.

POINGNIAU, subs. masc. V. LANCE POINGNIAU.

POINT, subs. masc. (terme générique). Mot qui, dans les usages ordinaires de la langue française, vient du LATIN, mais qui, appliqué à l'art de l'ARTILLERIE, vient de l'ITALIEN, parce qu'en cette LANGUE on appelait *punto in bianco,* ce que les FRANÇAIS ont appelé CIBLE. Viser le *punto,* c'était *puntare,* POINTER. Le mot Point a produit les termes POINTAGE, POINTER UN CANON, POINTEUR, POINTURE, PUNTIER ; il ne prend ici de développement que comme POINT DE VUE.

POINT CAPITAL DE BASTION. V. ANGLE FLANQUÉ. V. BASTION. V. BASTION DE FORTERESSE. V. CAPITAL, adj. V. COTÉ EXTÉRIEUR.

POINT D'ALIGNEMENT. V. ALIGNEMENT. V. FANION TACTIQUE. V. POINT DE VUE. V. SAPEUR D'INFANTERIE.

POINT D'APPUI. V. APPUI. V. ARMÉE AGISSANTE N° 5. V. TOPOGRAPHIE.

POINT d'ARRIVÉE. V. ADJUDANT-MAJOR D'INFANTERIE FRANÇAISE DE LIGNE N° 11. V. ARRIVÉE. V. FORMATION SUCCESSIVE.

POINT d'ATTAQUE. V. ATTAQUE. V. AVANT-GARDE STRATEUMATIQUE.

POINT de CIBLE. V. ARQUEBUSE A FEU. V. BUT EN BLANC. V. CIBLE.

POINT de CONVERSION. V. CHANGEMENT DE DIRECTION DE SUBDIVISION EN MARCHE DU COTÉ OPPOSÉ AU GUIDE. V. CONVERSION.

POINT de DIRECTION. V. AILE TOURNANTE. V. DIRECTION. V. DIRECTION DE BATAILLON EN BATAILLE. V. LIGNE TACTIQUE. V. TACTIQUE, subs.

POINT de DIRECTION PLUS A DROITE, OU A GAUCHE, interj. V. A DROITE. V. ADJUDANT D'INFANTERIE FRANÇAISE DE LIGNE N° 17. V. ADJUDANT-MAJOR D'INFANTERIE FRANÇAISE DE LIGNE N° 11. V. A GAUCHE. V. CHEF DE BATAILLON D'INFANTERIE FRANÇAISE DE LIGNE N° 10. V. COMMANDEMENT VOCAL. V. DIRECTION DE BATAILLON EN BATAILLE. V. MARCHE DE BATAILLON EN BATAILLE EN AVANT. V. POINT DE VUE.

POINT de MIRE. V. BOMBARDE. V. MIRE. V. TIR D'INFANTERIE. V. VISIÈRE DE FUSIL.

POINT de VUE (G, 6), OU POINT DE DIRECTION, OU POINT DIRECTEUR. Sorte de POINT ou de but éloigné, isolé, très-visible, stable, assez élevé pour que les PLIS DE TERRAIN ne le dérobent pas à l'œil, et consistant en un objet, soit de convention, soit naturel, que le COMMANDANT EN CHEF choisit et indique, à l'effet de déterminer le lieu où tend une ÉVOLUTION, la DIRECTION d'un DÉPLOIEMENT, d'une LIGNE, d'une MARCHE DE BATAILLON EN COLONNE. — Le Point de vue est le point extrême que JALONNENT des POINTS INTERMÉDIAIRES. — Le choix et la désignation des Points de vue est l'opération préliminaire de toute FORMATION, de toute MARCHE-MANOEUVRE, et des ALIGNEMENTS DE BRIGADES aussi bien que de SUBDIVISIONS. Ce moyen préparatoire est une idée simple en TACTIQUE, et pourtant l'invention en est moderne ; on la doit à FRÉDÉRIC DEUX. L'INSTRUCTION DE 1774 (11 JUIN) est le premier document français qui en fasse mention ; elle voulait que, pour la MARCHE EN BATAILLE de plusieurs BATAILLONS, chacun se réglât sur un Point de vue particulier. Comme il était impossible que ces Points répondissent à des DIRECTIONS parallèles, le moyen était vicieux. Un Point de vue unique pour les MOUVEMENTS de toute une LIGNE a été prescrit par les ORDONNANCES postérieures. — Les Points de vue ne sont ARTIFICIELS qu'à défaut de POINT DE VUE NATUREL ; si le TERRAIN n'en offre pas, un AIDE

DE CAMP à cheval ou un moyen analogue en servent. — C'est également sur des Points de vue que se règle l'ALIGNEMENT du CAMP et que se dressent les CORDEAUX DE FRONT. — On peut, sur ces questions, recourir à l'ENCYCLOPÉDIE (1785, C; id. au mot *Alignement;* id. suppl.), HOLTZENDORF (1777, K), MIRABEAU (1788, C), SILVA (1778, F).

POINT de VUE ARTIFICIEL. V. AIDE DE CAMP Nº 4. V. ARTIFICIEL, adj. V. POINT DE VUE. V. VUE.

POINT de VUE NATUREL. V. AIDE DE CAMP Nº 4. V. NATUREL. V. POINT DE VUE. V. VUE.

POINT d'HONNEUR. V. ARMÉE FRANÇAISE Nº 8. V. DURIVAL (1758, E). V. GOUVERNEUR DE PROVINCE. V. HONNEUR. V. JUGE DU P... V. JUGE MILITAIRE. V. JUSTICE MILITAIRE. V. MARÉCHAL DE FRANCE Nº 10. V. MILICE PRUSSIENNE Nº 9. V. ORDRE DE BATAILLE D'INFANTERIE. V. TRIBUNAL DU P...

POINT DIRECTEUR. V. BRIGADE D'ARMÉE. V. DÉPLOIEMENT. V. DIRECTEUR. V. DIRECTION DE BATAILLON EN COLONNE. V. ÉVOLUTION. V. MARCHE DE BATAILLON EN COLONNE. V. POINT DE VUE.

POINT INTERMÉDIAIRE. V. ALIGNEMENT DE BRIGADE. V. ALIGNEMENT DE SUBDIVISION. V. BRIGADE. V. BRIGADE D'ARMÉE. V. FANION TACTIQUE. V. INTERMÉDIAIRE. V. POINT DE VUE.

POINT SERRÉ. V. COLLET DE CAPOTE. V. COLLET DE GILET. V. COLLET D'HABIT. V. SERRÉ.

POINT STRATÉGIQUE. V. ARMÉE FRANÇAISE Nº 4. V. ART DE LA GUERRE. V. COMMUNICATION STRATEUMATIQUE. V. LIGNE D'OPÉRATIONS. V. STRATÉGIE.

POINTAGE, subs. masc. V. COIN DE MIRE. V. POINT. V. VIS DE P...

POINTE, subs. fém. V. A LA P... V. A P... V. A TROIS P... V. ARME A P... V. ARME PROJECTILE A P... V. CONTRE-P... V. COUP DE P... V. COUPER SUR P... V. FAIRE UNE P... V. JEU DE P... V. MAITRE DE P... V. SUR P...

POINTE (B, 1; F; G, 6; H). Mot qui, suivant VOLTAIRE (1751, C), proviendrait du CELTIQUE; mais si on le considère sous une acception qui ressortit à l'ART DE L'ESCRIME, et répond à la partie aiguë de certaines ARMES, il vient, suivant GANEAU, du LATIN *puncta*, qui, dans VÉGÈCE (390, A), veut dire ESTOC, ou COUP D'ÉPÉE, par opposition à *cæsa*, qui signifie TAILLE. Il a donné naissance au verbe POINTER, synonyme de frapper de Pointe. — Le substantif radical Pointe se rapporte en outre à certaines particularités de l'UNIFORME, à certaines OPÉRATIONS DE GUERRE, certaines EXPÉDITIONS; dans ce dernier cas, le mot POINTE STRATEUMATIQUE conviendrait

mieux que le mot Pointe, employé seul, et faisant par là équivoque.

POINTE BRISÉE. V. ARME COURTOISE. V. BRISÉ, adj.

POINTE d'AILE. V. AILE. V. AILE STRATEUMATIQUE.

POINTE d'ARME. V. ARME. V. ARME A P... V. ARME COURTOISE. V. ARME DE DÉCLIC. V. CHAR A FAUX. V. CORPS PROJECTILE. V. POINTE.

POINTE de BAIONNETTE. V. ARÊTE DE LAME. V. BAIONNETTE.

POINTE de BASTION. V. BASTION. V. SCIE TACTIQUE.

POINTE de CIMETERRE. V. CIMETERRE.

POINTE de FLÈCHE. V. BONCON. V. FLÈCHE. V. FLÈCHE PROJECTILE.

POINTE de GLAIVE. V. GLAIVE.

POINTE de HACHE. V. HACHE.

POINTE de LAME. V. CORPS DE LAME. V. LAME.

POINTE de MOUSTACHE. V. BRAVE. V. MOUSTACHE.

POINTE de PAREMENT. V. PAREMENT. V. PAREMENT D'HABILLEMENT.

POINTE de PENNON. V. PENNON. V. PENNON ROYAL.

POINTE de POCHE D'HABIT. V. POCHE D'HABIT.

POINTE de REVERS. V. REVERS. V. REVERS D'HABIT.

POINTE de SABRE. V. CIMETERRE. V. CONTRE-POINTE DE LAME. V. SABRE. V. SALUT.

POINTE de SOULIERS. V. SOULIER. V. SOULIER A LA POULAINE.

POINTE de TÊTE DE PONT. V. TÊTE DE PONT.

POINTE d'ÉCUSSON. V. BOUTONNIÈRE D'ÉPAULE. V. BOUTONNIÈRE D'ÉPAULETTE. V. ÉCUSSON. V. ÉCUSSON A TROIS POINTES.

POINTE d'ÉPÉE. V. A LA POINTE DE L'ÉPÉE. V. ÉPÉE. V. ÉPÉE LONGUE. V. FLANCONADE. V. MANTEAU D'HABILLEMENT. V. MOUCHETER. V. SUPPLICE.

POINTE d'ESCRIME. V. BATTIER. V. ESCRIME. V. ESTOC. V. PARADE D'ESCRIME. V. POINTE.

POINTE ÉMOUSSÉE. V. ARME COURTOISE. V. ÉMOUSSÉ, adj.

POINTE ROMPUE. V. ARME COURTOISE. V. ROMPU, adj.

POINTE STRATEUMATIQUE. V. ALGARADE. V. BASE D'OPÉRATIONS. V. CAMP. V. FAIRE UNE P... V. LIGNE FORTIFIÉE. V. OFFICIER DE TROUPE LÉGÈRE. V. ORDRE PARALLÈLE. V. POINTE. V. POSITION STRATEUMATIQUE. V. STRATEUMATIQUE. V.

SIÉGE OFFENSIF. V. SORTIE D'ASSIÉGÉS. V. STRA-
TÉGIE.

POINTER, verb. act. et neut. V. CAVA-
LERIE FRANÇAISE N° 7. V. CONTRE-POINTER. V.
ESCRIME. V. ESTOC. V. HALTE. V. HARMIER. V.
POINTE.

POINTER une ARME A FEU DE GRAND CA-
LIBRE, un CANON. V. ARME A FEU DE GRAND CA-
LIBRE. V. BRAQUER. V. CANON. V. CANON D'AR-
TILLERIE. V. PÉTRINAL. V. POUMET (1816, G).

POINTEUR. V. CANONNIER P... V. HAUSSE-
PARABALLE. V. INFANTERIE LÉGÈRE N° 6. V.
POINT.

POINTU (pointue), adj. V. TAMBOUR P...

POINTURE, subs. fém. V. CHAPEAU A
TROIS CORNES. V. CORPS DE SCHAKO. V. COUVRE-
NUQUE. V. POINT. V. SCHAKO. V. SCHAKO D'IN-
FANTERIE.

POIRE, subs. fém. (term. génér.). Mot
employé pour exprimer certains EFFETS, ou
certaines parties de l'UNIFORME, qui prenaient
ce nom à raison de la ressemblance que leur
forme extérieure avait avec le fruit du même
nom. Telle était la HAMPE en Poire, etc. Le
mot se distingue en POIRE A POUDRE et en
POIRE DE BAGUETTE.

POIRE A AMORCER. V. A AMORCER. V. CHAS-
SEUR A PIED. V. POIRE A POUDRE. V. PULVÉRIN.

POIRE A POUDRE (F), ou FLAQUE, ou FLAS-
QUE, synonymes de FLACON. Sorte de POIRE,
ou d'ancien EFFET D'ÉQUIPEMENT que portaient
le MOUSQUETAIRE, le DRAGON, le FUSILIER,
avant l'invention des CARTOUCHES; ils avaient,
en outre de la Poire ou FOURNIMENT, le PUL-
VÉRIN, ou POIRE A AMORCER, et le SAC A BALLES.
Dans certains CORPS, la CHARGE du MOUSQUET,
l'AMORCE non comprise, au lieu d'être dans
une POUDRIÈRE, était dans des COFFINS ou
CHARGES A BANDOULIÈRES. On voit dans GHEYN
(1608, A) de quelle manière ces EFFETS se
portaient et s'employaient. On voit dans
SAINT-REMY, que, au temps où il écrivait, les
Poires à poudre et A AMORCER pendaient au-
dessous de la GIBERNE, qui succédait au SAC
A BALLES. La Poire à poudre était supportée
par les deux extrémités de la BANDOULIÈRE;
mais la GRENADIÈRE n'était accompagnée que
du PULVÉRIN. — Il y avait des Poires à poudre dont la CLEF du rouet faisait partie. Des
POUDRIÈRES étaient en corne, d'autres en fer;
elles avaient quelquefois un couvercle à bascule et un coupe-charge. — L'ORDONNANCE
DE 1685 (14 DÉCEMBRE) donnait encore aux
DRAGONS, aux FUSILIERS et aux MOUSQUETAIRES,
des Poires à poudre contenant une livre ou
trente COUPS. Au temps où CHENNEVIÈRES
écrivait, les Poires à poudre n'étaient plus
d'usage; elles avaient été remplacées par

des CARTOUCHES; ce CARTOUCHE (car le mot
était masculin et synonyme de GIBERNE) était
percé de dix-neuf COUPS. — Le SOLDAT armé
d'une CARABINE doit être porteur d'une Poire
à poudre.

POIRE de BAGUETTE (B, 1). Sorte de POIRE
ou de partie renflée d'une BAGUETTE DE FUSIL;
elle est le gros bout du CORPS de la BAGUETTE,
ou l'extrémité opposée à celle qu'on a appelée
le PETIT BOUT. Elle sert à BOURRER; elle porte
comme MARQUE le NUMÉRO du FUSIL.

POIRIER. V. NOMS PROPRES.

POIS, subs. masc. plur. V. LÉGUMES FRAIS.

POISSE, subs. fém. V. FASCINE GOU-
DRONNÉE.

POISSON SALÉ, subs. masc. V. DENRÉE DE
SIÉGE DÉFENSIF. V. SALAISONS. V. SALÉ.

POISSONNIER; POITIERS. V. NOMS
PROPRES.

POITRINAL, subs. masc. V. HANAPIER.
V. PÉTRINAL.

POITRINALIER, subs. masc. V. PÉTRI-
NAL.

POITRINE, subs. fém. V. MALADIE DE
P...

POITRINER, verb. neut. V. PÉTRINAL.
V. TIR D'INFANTERIE.

POKALEM (F). Mot POLONAIS servant de
dénomination à un genre de BONNET de voya-
geur. — L'ORDONNANCE DE 1767 (25 AVRIL)
voulait que le BONNET DE POLICE de l'INFAN-
TERIE fût façonné en forme de Pokalem, ou
de BONNET de courrier, qu'il fût garni sur le
devant d'un PONT-LEVIS, ou PLAQUE en drap
de la COULEUR DISTINCTIVE du CORPS, et qu'il
portât un ATTRIBUT. C'était ainsi un BONNET
sans QUEUE, et différant par là du BONNET A
LA DRAGONNE, que la même ORDONNANCE
donnait à la CAVALERIE. Le RÈGLEMENT DE
1779 (21 FÉVRIER) maintenait en cette forme
le BONNET des HOMMES DE TROUPE de l'INFAN-
TERIE; mais l'autre BONNET y fut substitué
après le ministère de M. DE SAINT-GERMAIN,
non que le Pokalem ne fût plus commode et
moins coûteux, mais parce qu'on en attri-
buait l'invention à ce MINISTRE. — En 1817,
un nouveau genre de Pokalem fut adopté;
il couvrait au besoin les oreilles et la nuque
du SOLDAT. La GARDE ROYALE jugea que cette
COIFFURE manquait d'élégance, et elle obligea
le MINISTÈRE à revenir au ridicule et incommode BONNET à QUEUE.

POL. V. NOMS PROPRES.

POLÉMARQUE, subs. masc. (F). Mot
dérivé du GREC *polemos*, GUERRE, et signifiant ayant pouvoir en GUERRE ou sur l'AR-
MÉE. C'était le titre d'un OFFICIER de la MILICE

GRECQUE ; mais sa dénomination n'avait pas à ATHÈNES le même sens qu'à LACÉDÉMONE : dans la première de ces villes, la qualification ressortissait au civil aussi bien qu'au militaire ; elle ne s'appliquait à SPARTE qu'à la STRATÉGIE, et y signifiait GÉNÉRAL D'ARMÉE, comme le témoigne XÉNOPHON (370 avant J.-C.). C'est en ce sens que l'ENCYCLOPÉDIE (1751, C) répète, d'une manière vague, que le Polémarque commande quatre LOCAGUES, c'est-à-dire quatre chefs ayant chacun sous leurs ordres un des quatre grands CORPS de l'ARMÉE de LACÉDÉMONE ; le cinquième de ces CORPS était directement sous les ordres du POLÉMARQUE lui-même. Dans les troupes d'ATHÈNES, au contraire, le Polémarque était un OFFICIER subordonné au STRATÉGE ; il conduisait, dit HÉRODOTE, l'aile droite ; il avait un rang comparable à celui du primitif MARÉCHAL DE CAMP ou d'un CHEF D'ÉTAT-MAJOR. M. le colonel CARRION (1824, A) regarde les fonctions que le Polémarque exerçait comme pouvant se comparer à l'ensemble de celles dont étaient chargés, chez les ROMAINS, le PRIMIPILE et le QUESTEUR ; mais toute assimilation de ce genre est incertaine et trompeuse. — On peut consulter sur ces questions : BARTHÉLEMY, BOUCHAUD (1757, G), ELIEN (70, A), GUISCHARDT (1758, H), HÉRODOTE, MONCHABLON, PAUSANIAS, ROBINSON.

POLÉMIATRE, subs. masc. v. MÉDECIN.

POLÉMONOMIE, subs. fém. (H). Mot GREC par lequel les savants Corai, Courier, Thurot, proposaient de faire revivre l'acception primitive et effacée de la STRATÉGIE des anciens, et de remplacer les expressions prolixes et confusément synonymes : science des armes, science militaire, ART MILITAIRE, ART DE LA GUERRE. Ils étaient d'avis d'en déduire un adjectif indispensable et manquant à la langue des armes, l'adjectif polémonomique ; ils proposaient, dans un sens peu différent, l'emploi de l'épithète STRATEUMATIQUE. Ils rapportaient polémonomique aux spéculations de la SCIENCE DE LA GUERRE ; strateumatique aux opérations actives de la GUERRE ; ils y mettaient la même nuance qu'entre le calcul qui combine et l'application qui réalise. Ainsi un ABRI POLÉMONOMIQUE prête force dans une AFFAIRE STRATEUMATIQUE.

POLÉMONOMIQUE, adj. v. ABRI P... V. CAMPEMENT P... V. CONSEIL P... V. DIVERSION P... V. LIGNE P... V. ORDRE P...

POLHEM. v. NOMS PROPRES.

POLI (poli), adj. v. CUIVRE P...

POLICE, subs. fém. v. APPEL DE P... V. ARCHER DE P... V. BATTERIE DE P... V. BONNET DE P... V. CAPITAINE DE P... V. CAPORAL DE P... V. CERCLE DE P... V. CHAMBRE DE P... V. CLEF DE P... V. COMMISSAIRE DE P... V. CONSIGNE DE P... V. CONTRE-APPEL DE P... V. CORPS DE GARDE DE P... V. DÉTAIL DE P... V. FEUILLE DE P... V. GARDE DE P... V. GARDES DE P... V. GENDARME DE P... V. GENDARMERIE DE P... V. LÉGION DE P... V. LIVRE DE P... V. LIVRET DE P... V. OFFICIER DE P... V. ORDONNANCE DE P... V. POSTE DE P... V. PRÉVOT DE P... V. REGISTRE DE P... V. RÈGLEMENT DE P... V. RETRAITE DE P... V. SALLE DE P... V. SERGENT DE P... V. SERVICE DE P... V. SOLDAT DE P... V. TAMBOUR DE P...

POLICE, subs. fém. (C, 3), ou POLICE MILITAIRE. Le mot Police n'était encore employé au temps de HENRI ESTIENNE (1579), qui en rend témoignage, que pour signifier un acte écrit, un mémoire commercial. Il se trouve, sous un sens particulier, dans les LOIS DE L'AN TROIS (2 COMPLÉM.) et DE L'AN QUATRE (3 BRUMAIRE) : il embrasse génériquement la JUSTICE ; mais ce sont les seuls documents qui aient admis cette acception ; les autres la contredisent. — L'expression Police, provenue du GREC, signifiait proprement BON ORDRE de la ville ; elle s'est appliquée, par un sens détourné, au BON ORDRE et à la SUBORDINATION des TROUPES ; elle se joint souvent au mot DISCIPLINE sans que, jusqu'ici, la nuance qui caractérise ces deux expressions ait été déterminée d'une manière satisfaisante. — La Police est, à proprement parler, une règle de conduite, un travail de SURVEILLANCE ; elle a plutôt pour objet de prévenir les infractions et de maintenir la régularité et l'OBÉISSANCE ; le but de la DISCIPLINE est de dresser l'élève par l'éducation, de poursuivre le manquement aux règles, de réprimer les FAUTES des GENS DE GUERRE, de les assujettir à certaines MARQUES EXTÉRIEURES de RESPECT, à certains égards, comme le témoignait l'ORDONNANCE DE 1833 (2 NOVEMBRE). — La Police de la MILICE ROMAINE a été admirable, quand une DISCIPLINE inflexible en appuyait les mesures et réprimait les écarts ; le relâchement de la Police a préparé la dépravation des LÉGIONS et la ruine de l'empire. — Jadis la haute Police de l'ARMÉE FRANÇAISE concernait, en campagne, le GÉNÉRAL D'ARMÉE et le MARÉCHAL DE L'HOST, et, à la cour, le ROI DES RIBAUDS ; elle a ensuite été du domaine des PRÉVOTS et GRANDS PRÉVOTS. — Dans les provinces, dans les TEMPS DE PAIX, dans les VILLES DE GARNISON, elle a regardé, suivant les temps, le CONNÉTABLE, les MARÉCHAUX DE FRANCE, les COLONELS GÉNÉRAUX, les LIEUTENANTS GÉNÉRAUX, les GOUVERNEURS, les INTENDANTS DE PROVINCE, les

PRÉVOTS DE LA MARÉCHAUSSÉE , jusqu'à l'époque où elle est passée dans les attributions du MINISTRE. — L'ORDONNANCE DE 1372 est la première, à notre connaissance, qui se soit occupée de la Police des COMPAGNIES D'ORDONNANCE; le remède fut aussi impuissant que les abus étaient criants. — Vinrent ensuite les ORDONNANCES DE 1508 (12 JANVIER), DE 1530 (15 JUILLET), DE 1537 (6 OCTOBRE), DE 1550 (20 MARS), DE 1574 (5 JUILLET); elles avaient pour objet les BANDES et la GENSDARMERIE; elles s'entremêlaient de dispositions judiciaires ou pénales; ou, pour mieux dire, il n'existait que des rescrits de JUSTICE dans lesquels étaient noyées les moindres dispositions relatives à la Police, aux PUNITIONS les plus simples, aux RÉPRESSIONS les plus graves. — La Police des RÉGIMENTS FRANÇAIS donna lieu aux PROMULGATIONS DE 1597 (24 FÉVRIER), DE 1638 (AVRIL), DE 1641 (4 OCTOBRE), DE 1642 (25 FÉVRIER), DE 1651 (4 NOVEMBRE). La FRANCE les donna, en résumé, à l'ESPAGNE dans les ORDONNANCES DE 1701 (18 DÉCEMBRE) et DE 1702 (10 AVRIL.); CHAMILLARD les reproduisit dans l'ORDONNANCE française DE 1707 (1er AVRIL). — Tous ces essais avaient peu profité jusqu'au MINISTÈRE de DARGENSON; les ORDONNANCES DE 1745 (30 AOUT), DE 1750 (25 JUIN), DE 1762 (10 DÉCEMBRE), DE 1768 (1er MARS) furent élaborées avec plus de discernement, et suivies de résultats plus satisfaisants; mais, en 1750 les FEMMES SUSPECTES, et en 1768 les BOURGEOIS étaient encore passibles, à plusieurs égards, de la POLICE MILITAIRE, tant la délimitation des POUVOIRS a mis de lenteur à s'établir; et, bien plus tard même, la Police de la NOBLESSE DE FRANCE concernait, en quelques points, les MARÉCHAUX DE FRANCE constitués en TRIBUNAL. — Un moyen auxiliaire, un supplément de la Police a consisté dans la CALOTTE DISCIPLINAIRE; son concours était toléré, mais non légal; et la bouffonnerie de ses CHATIMENTS n'était pas toujours efficace. Avec plus de décence et de gravité, les TRIBUNAUX D'HONNEUR ont actuellement la même destination. — Les mesures militaires qui assurent, en FRANCE, le maintien de la Police générale, sont dans les attributions de la GENDARMERIE; mais la Police dont il va être traité est purement militaire, et presque sans intervention de l'AUTORITÉ CIVILE. — Cette Police est une des branches du GOUVERNEMENT DES MILITAIRES; elle doit être coordonnée au système admis de FORMATION TACTIQUE; elle est formulée par le MINISTÈRE DE LA GUERRE; elle s'appuie sur les ORDONNANCES et accessoirement sur l'ORDRE DU JOUR; la plus parfaite est celle qui réussit le mieux à entretenir, en tout temps et en tous

les lieux, le BON ORDRE, la SURVEILLANCE incessante, la HIÉRARCHIE des grades, la plénitude des POUVOIRS respectifs, l'accomplissement des FONCTIONS et des DEVOIRS, la soumission et la TENUE des TROUPES, la régularité des TRANSPORTS. Mais il importe qu'elle n'exige pas trop, ou bien ses intentions restent inobéies. Ainsi l'ORDONNANCE DE 1753 (17 FÉVRIER, art. 752) portait que, en cas d'arrestation d'un SOLDAT hors du CAMP, son capitaine payerait le dommage causé par le SOLDAT, et que le colonel serait mis aux arrêts. A-t-on jamais cru exécutable une pareille mesure? — En toute position, la Police, c'est-à-dire le POUVOIR qui l'exerce, stimule les RETARDATAIRES, s'éclaire par des REVUES, détermine l'espèce des APPELS et CONTRE-APPELS, règle l'heure et la forme des BATTERIES, des CERCLES, des INSPECTIONS, énonce et prescrit les LIVRES qui peuvent assurer la bonne conduite et la TENUE des HOMMES DE GUERRE, formule les CONSIGNES, les FEUILLES, les ÉTATS DE SITUATION, et descend dans les moindres DÉTAILS. Cette SURVEILLANCE est dans les attributions des OFFICIERS et des SOUS-OFFICIERS, suivant le degré de pouvoir que chaque GRADE exerce sur la subdivision qu'il commande. Cette surveillance s'étend sur le SERVICE DE SEMAINE et des TRAVAILLEURS. — Certaines mesures de police sont annoncées par un RAPPEL. — Au nombre des mesures de police que les RÈGLEMENTS prescrivaient, ceux DE 1788 (1er JUILLET) et 1816 (24 JUILLET) comprenaient des actes de déférence et d'égards, nommés MARQUES DE RESPECT. L'ORDONNANCE DE 1818 (13 MAI) cessait d'en faire mention. — La POLICE ADMINISTRATIVE avait été en partie l'objet du RÈGLEMENT DE L'AN SIX (23 GERMINAL). — La Police que les LIEUTENANTS-COLONELS sont chargés d'exercer sur les OFFICIERS DE RÉGIMENTS s'étend même à leur conduite personnelle et privée; elle les suit au CAFÉ, à l'AUBERGE, et constate leurs DETTES. — Quelques fonctions de Police ont été affectées au grade de PORTE-DRAPEAU. — Les COMMISSAIRES DES GUERRES ont eu part, autrefois, à l'exercice du pouvoir policiaire, eux qui, les JOURS D'ACTION, combattaient comme les autres OFFICIERS, et à qui il en était resté, comme témoignage, l'ESPONTON qu'ils portaient à la main, même en PASSANT les REVUES. Intervenir dans la Police était un de leurs DROITS, tant qu'il n'y eut pas de GRADES intermédiaires entre le CHEF d'une BANDE et le GÉNÉRAL EN CHEF. Cette Police cessa de leur être dévolue de fait, sinon nominalement, depuis l'institution des INSPECTEURS GÉNÉRAUX, et ils n'eurent plus à s'en occuper depuis la création des GÉNÉRAUX de divers rangs. Mais, par abus, le MINISTÈRE, dont les PREMIERS COMMIS étaient tirés du sein des COMMISSAIRES, continua à les MENTIONNER dans les ORDONNANCES, comme ayant la Police des TROUPES, quoique en réalité ils n'eussent que celle des MAGASINS, des HOPITAUX, des ÉTABLISSEMENTS, du MATÉRIEL, ou, comme le dit M. VAUCHELLE, la POLICE ADMINISTRATIVE. — Le CORPS de l'INSPECTION, espèce de COMMISSARIAT retrempé et de premier degré, ayant été primitivement formé d'OFFICIERS, prétendait avec plus de raison, mais sans que le DROIT ait été mieux éclairci, à concourir au maniement de la Police. Le CORPS de l'INTENDANCE a renouvelé les mêmes prétentions; il a su perpétuer l'apparence du DROIT, quoique la Police du PERSONNEL ne pût regarder que les CHEFS MILITAIRES proprement dits, tandis que c'était la SURVEILLANCE de l'ADMINISTRATION et des ÉTABLISSEMENTS MILITAIRES qui ressortissait de l'INTENDANCE. — L'absence d'un CODE MILITAIRE, le défaut de définitions claires et justes, l'insouciance ou la faiblesse du MINISTÈRE dans les temps passés, le vague dans lequel se débat la PROFESSION DES ARMES, ont fait de ces questions un interminable litige. — Les AUTEURS qui ont traité de la Police, sont : M. BALLYET (1817, D, p. 449), BARDIN (1807, D; 1809, B), M. BERRIAT (1825, F), BOMBELLES (1746, A), DARUT (1789, E), DESPAR (1753, A), l'ENCYCLOPÉDIE (1785, C), GUIBERT (1775, E), GUIGNARD (1725, B), HARLS, KNOCK (1762, C), LACHESNAIE (1758, I, au mot *Congé*), LELOUTREL (1821, O), LECOUTURIER (1825, A), ODIER (1826), M. le général PRÉVAL (1827), PUYSÉGUR (1702, A), M. RUMPF (1824, F), M. VAUCHELLE.

POLICE A LA CASERNE. V. A LA CASERNE. V. ADJUDANT DE SEMAINE N° 3, 4. V. AIDE-MAJOR ANCIEN. V. CAPITAINE DE SEMAINE. V. CLEF DE CASERNE. V. COMMANDANT DE PLACE N° 9. V. EXTINCTION DE FEUX.

POLICE ADMINISTRATIVE. V. ADMINISTRATIF, adj. V. BOULANGERIE. V. CASERNEMENT. V. DIVISION D'ARMÉE. V. FORCE COMPTABILIAIRE. V. OFFICIER DU GÉNIE N° 7. V. PARC. V. POLICE. V. SOUS-INTENDANT N° 2.

POLICE AU CAMP. V. AU CAMP. V. BAN D'ARRIVÉE AU CAMP. V. CAMP. V. CAMPEMENT TACTIQUE. V. CAPITAINE DE POLICE AU CAMP. V. EXTINCTION DE FEUX. V. GENDARMERIE DE POLICE N° 5. V. LIEUTENANT DE POLICE AU C... V. MARÉCHAL DE L'HOST. V. MINISTRE DE LA POLICE EN 1728. V. POSTE DE POLICE AU C... V. QUARTIER GÉNÉRAL. V. SERVICE DE POLICE AU C... V. TAMBOUR DE POLICE AU CAMP.

POLICE CORRECTIONNELLE. V. CORRECTIONNEL, adj. V. TRIBUNAL DE POLICE.

POLICE D'ARMÉE. V. ARCHER DE POLICE. V.

ARMÉE. V. ARMÉE AGISSANTE N° 5. V. BAGAGE D'ARMÉE AGISSANTE. V. BOULANGERIE. V. BOURGEOIS. V. CHARGE DE SOLDAT. V. CHEVAL. V. CONNÉTABLE N° 5. V. DÉBITEUR. V. FANION. V. GÉNÉRAL D'ARMÉE N° 6. V. GOUVERNEMENT STRATONOMIQUE. V. GRAND PRÉVOT. V. LIEUTENANT GÉNÉRAL N° 5. V. MARÉCHAL DE FRANCE N° 10. V. MARÉCHAL DE L'HOST. V. MOUVEMENT MUTATIONNAIRE. V. POMPON. V. PRÉVOT. V. QUARTIER GÉNÉRAL.

POLICE DE CHAMBRÉE. V. AIR VITAL. V. CAPORAL D'ESCOUADE N° 8. V. CAPORAL D'INFANTERIE FRANÇAISE DE LIGNE N° 10. V. CAPORAL ORDINAIRE N° 2. V. CHAMBRÉE. V. CORNET IDIOPLIQUE N° 6. V. LÉGUME.

POLICE DE COMPAGNIE. V. ADJUDANT-MAJOR D'INFANTERIE FRANÇAISE DE LIGNE N° 12. V. ADMINISTRATION DE COMPAGNIE. V. ARGENT D'ENVOI. V. CAPITAINE D'INFANTERIE FRANÇAISE DE LIGNE N° 11, 20, 23. V. COLONEL D'INFANTERIE FRANÇAISE DE LIGNE N° 11. V. COMPAGNIE. V. COMPAGNIE D'INFANTERIE FRANÇAISE DE LIGNE N° 10. V. DÉTAIL DE POLICE. V. ESCOUADE. V. LIEUTENANT D'INFANTERIE N° 4. V. OFFICIER DE SECTION ADMINISTRATIVE. V. ORDINAIRE D'HOMMES DE TROUPE.

POLICE DE CORPS. V. ADJUDANT DE SEMAINE N° 3, 4. V. ADJUDANT D'INFANTERIE FRANÇAISE DE LIGNE N° 15, 18. V. ADJUDANT-MAJOR D'INFANTERIE FRANÇAISE DE LIGNE N° 8, 10, 12. V. AIDE-MAJOR ACTUEL N° 2. V. BANDE AGRÉGATIVE. V. CAVALERIE FRANÇAISE N° 6. V. CHEF DE BATAILLON DE SEMAINE N° 5. V. CHEF DE BATAILLON D'INFANTERIE FRANÇAISE DE LIGNE N° 8. V. COIFFURE DE CORPS. V. COLONEL D'INFANTERIE FRANÇAISE DE LIGNE N° 14, 24, 32. V. COMMISSAIRE DES GUERRES N° 5, 8. V. CONSEIL D'ADMINISTRATION DE RÉGIMENT N° 5. V. CORPS. V. CORPS RÉGIMENTAIRE N° 5. V. DEMANDE. V. DÉTAIL DE POLICE. V. EFFET D'UNIFORME. V. ÉTABLISSEMENT D'INSTRUCTION. V. FORCE COMPTABILIAIRE. V. FANION. V. HABILLEMENT. V. INFANTERIE FRANÇAISE N° 9. V. INSPECTEUR GÉNÉRAL D'INFANTERIE N° 2. V. LIEUTENANT GÉNÉRAL N° 5. V. LOGEMENT DE MILITAIRE. V. MAJOR-CAPITAINE N° 5. V. MAJOR-LIEUTENANT-COLONEL N° 1. V. MARCHE-ROUTE. V. NOURRITURE. V. OFFICIER DE SERVICE. V. ORDRE DE CORPS. V. MARQUE DE RESPECT. V. ROULEMENT. V. SALLE DE DISCIPLINE. V. SORTIE. V. SOUS-INTENDANT N° 2. V. TRAVAILLEUR.

POLICE DE DÉTACHEMENT. V. CAPITAINE D'INFANTERIE FRANÇAISE DE LIGNE N° 11. V. CHEF DE DÉTACHEMENT ADMINISTRATIF N° 1, 2, 5. V. DÉTACHEMENT.

POLICE DE DISTRIBUTION. V. BOULANGERIE. V. COMMISSAIRE DES GUERRES N° 6. V. CORPS D'INTENDANCE N° 8. V. DISTRIBUTION. V. ES-

CORPS DE DISTRIBUTION. V. QUARTIER-MAITRE D'INFANTERIE FRANÇAISE DE LIGNE Nº 2.

POLICE DE DIVISION TERRITORIALE. V. COMMANDANT DE DIVISION Nº 5. V. DIVISION TERRITORIALE.

POLICE DE PLACE DE GUERRE. V. COMMANDANT DE PLACE Nº 4, 5, 10. V. FORTERESSE. V. PLACE D'ARMES DE GARNISON. V. PLACE DE GUERRE. V. RETRAITE CÉLEUSTIQUE. V. SERVICE DE GARNISON.

POLICE DE SECTION. V. CAPITAINE D'INFANTERIE FRANÇAISE DE LIGNE Nº 11. V. OFFICIER DE SECTION ADMINISTRATIVE. V. SECTION. V. SECTION ADMINISTRATIVE.

POLICE D'HOPITAL. V. COMMISSAIRE DES GUERRES Nº 6. V. CORPS D'INTENDANCE Nº 8. V. HOPITAL. V. HOPITAL MILITAIRE. V. INTENDANT DE PROVINCE.

POLICE EN CAMPAGNE. V. CAMPAGNE. V. EN CAMPAGNE. V. LÉGISLATION MILITAIRE, 1508 (12 JANVIER), 1557 (6 OCTOBRE), 1638 (AVRIL). V. MARCHE D'ARMÉE. V. MINISTRE DE LA GUERRE EN 1728. V. PRÉVAL (1827). V. PRÉVOT DES MARÉCHAUX.

POLICE EN GARNISON. V. ADJUDANT D'INFANTERIE FRANÇAISE DE LIGNE Nº 18. V. APPEL DE SOIR EN GARNISON. V. CAPITAINE DE POLICE EN GARNISON. V. CAPITAINE DE SEMAINE. V. CAPORAL DE POLICE EN GARNISON. V. COMMANDANT DE PLACE Nº 5. V. CONSIGNE DE POLICE EN GARNISON. V. CORPS DE GARDE DE POLICE EN GARNISON. V. EAU POTABLE. V. EN GARNISON. V. ÉTAT-MAJOR DE PLACE. V. FORT, subs. masc. V. MAJOR DE PLACE Nº 1. V. OFFICIER DE SEMAINE. V. OFFICIER D'ÉTAT-MAJOR DE PLACE. V. POSTE DE POLICE EN G... V. TAMBOUR DE POLICE EN G...

POLICE EN ROUTE. V. AUTORITÉS CIVILES. V. CONSIGNE DE POLICE EN ROUTE. V. CORPS DE GARDE DE POLICE EN ROUTE. V. EN ROUTE. V. LÉGISLATION MILITAIRE, 1642 (25 FÉVRIER), 1651 (4 NOVEMBRE). V. MARCHE D'ARMÉE. V. MARCHE-ROUTE. V. POSTE DE POLICE EN ROUTE. V. PRÉVOT DES MARÉCHAUX. V. TAMBOUR DE POLICE EN ROUTE.

POLICE JUDICIAIRE. V. JUDICIAIRE, adj. V. PRÉVOT D'ARMES.

POLICE MILITAIRE. V. MILITAIRE, adj. V. POLICE. V. TRIBUN ROMAIN Nº 6.

POLICIAIRE, adj. V.

POLIGNAC. V. NOMS PROPRES.

POLIGRADIE, subs. fém. V. CHIFFRE STÉGANOGRAPHIQUE. V. MILICE GRECQUE Nº 5.

POLIGRAPHIE, subs. fém. V. CHIFFRE STÉGANOGRAPHIQUE.

POLION, subs. masc. V. ARBALÈTE.

POLIORCÈTE. V. NOMS PROPRES. V. POLIORCÉTIQUE.

POLIORCÉTIQUE, adj. V. ASSAUT P... V. ATTAQUE P... V. CHEMINEMENT P... V. GUERRE P... V. PASSAGE P...

POLIORCÉTIQUE, subs. fém. (F), ou ÉRYMOMACHIE. Le mot Poliorcétique est si peu ancien que les dictionnaires du dernier siècle ne le mentionnent pas. DÉMÉTRIUS, l'un des successeurs d'ALEXANDRE, ayant été surnommé POLIORCÈTE, cette épithète, que les biographes ont traduite par preneur de villes, est venue, suivant ROQUEFORT, de *polein*, prendre, et de *herkos*, retranchement ; elle a suggéré à JUSTE LIPSE (1596, A), le titre de son *Poliorcéticon*, ou ART DES SIÉGES. Il y aurait à conclure du genre d'illustration de POLIORCÈTE que la poliorcétique n'est que l'ART DES SIÉGES OFFENSIFS ; cependant, M. DUREAU DELAMALLE, qui a composé lui-même une Poliorcétique, dérive ce mot de *polis*, ville, et de *erkos*, peau ou clôture. Ainsi, la Poliorcétique serait une branche plus importante de l'ART MILITAIRE DE TERRE ou de la STRATÉGIE ; elle constituerait cette partie de la SCIENCE du GÉNÉRAL qui embrasse l'ART DE LA GUERRE DE SIÉGE DÉFENSIF et OFFENSIF. Supposons-lui cette acception. — Suivant M. DUREAU, la Poliorcétique serait originaire d'EGYPTE, puisque les bas-reliefs de la THÈBES africaine, qui étaient debout deux mille ans avant Jésus-Christ, nous présentent de curieuses images de l'ATTAQUE et de la DÉFENSE DES PLACES. — D'autres ÉCRIVAINS croient la Poliorcétique née en ASIE ; elle a été perfectionnée par les GRECS, mais surtout par les ROMAINS. Entre l'époque où elle florissait dans leurs ARMÉES, et l'époque de l'invention de la POUDRE, elle a subi peu de modifications. Jusque-là les LIGNES DE DÉFENSE étaient en général verticales ou paraboliques ; l'emploi de l'ARTILLERIE moderne les a rendues horizontales. La hauteur des FORTIFICATIONS dépendait, jadis, de la parabole et de la verticale ; la POUDRE a créé, au contraire, depuis le quatorzième siècle, les FLANCS BAS, le système rasant, et comme TIR de défense, le TIR DE BUT EN BLANC. Mais la marche et les OPÉRATIONS des SIÉGES n'ont varié que dans leurs détails, et les anciens connaissaient aussi bien que les INGÉNIEURS modernes, les BLINDES, les CAVALIERS DE FORTIFICATION, le CHEMIN COUVERT, les FLANCS D'OUVRAGES, les LIGNES D'APPROCHES, les MINES A RUINE, les PARALLÈLES, les TRANCHÉES ; ils avaient recours, de même, aux BRÈCHES, au CHEMINEMENT, au COMBLEMENT, au PASSAGE du FOSSÉ, ou bien à la réduction des PLACES en les AFFAMANT ; ils engageaient,

de même, des SORTIES et pratiquaient toutes
les résistances, toutes les ruses de nature à
contrecarrer l'ASSIÉGEANT, et à rendre nuls
ses TRAVAUX, à neutraliser ses efforts, à repousser l'ESCALADE. — On peut prendre une
idée de la forme et des ressources de cette
Poliorcétique, dans le récit détaillé et curieux qu'Othon Moréna a tracé du siége de
CRÈME, soutenu en 1162; on y verra quelle
persévérance, quelle intrépidité y déployè-
rent les citoyens. — La renaissance de la Poliorcétique a été un fruit des CROISADES. —
Les régles qui ont approprié aux effets de
l'ARTILLERIE moderne la Poliorcétique ancienne, remontent aux époques où la SCIENCE des
armes florissait dans la MILICE TURQUE, alors
bien supérieure à cet égard à la MILICE FRAN-
ÇAISE. Dans cette dernière, la révolution en
Poliorcétique date du règne de LOUIS QUA-
TORZE, et surtout de la GUERRE DE 1667.

POLIPHYLACTIQUE, subs. fém. v.
DÉFENSE DE PLACE.

POLISSOIR, subs. masc. v. ASTIC.

POLITIQUE, subs. fém. v. ADMINIS-
TRATION. V. AMNISTIE. V. ARMEMENT STRA-
TÉUMATIQUE. V. MINISTÈRE DE LA GUERRE.

POLITIQUE de la GUERRE. V. AUTEUR MI-
LITAIRE (1830, A). V. GUERRE.

POLLUX; **POLOGNE**; **POLONAIS**
V. NOMS PROPRES.

POLONAIS (polonaise), adj. V. ARMÉE P...
V. BATAILLON P... V. BRIGADE P... V. CAVALERIE
P... V. CHASSEUR P... V. COMPAGNIE P... V. CORPS
P... V. DIVISION P... V. ESCADRON P... V. ÉTAT-
MAJOR P... V. GARDE P... V. GENDARMERIE P...
V. GÉNÉRAL P... V. GÉNIE P... V. HABIT P... V.
INFANTERIE P... V. INSPECTEUR P... V. INVALIDE
P... V. LANGUE P... V. LÉGION P... V. MILICE
P... V. OFFICIER P... V. OUVRIER P... V. RÉGI-
MENT P... V. SAPEUR P... V. SOLDAT P... V. SOUS-
OFFICIER P... V. TRAIN P... V. TIRAILLEUR P...
V. TROUPES P... V. VÉTÉRAN P...

POLK, subs. masc. v. PULK.

POLT. V. NOMS PROPRES.

POLTRON, subs. masc. v. MUTILATION
VOLONTAIRE.

POLVEREL; **POLYAENUS**; **POLY-
BE**; **POLYBIUS**. V. NOMS PROPRES.

POLYBOLE, adj. et subs. fém. v. BA-
LISTE. V. CATAPULTE. V. CATAPULTE POLYBOLE.
V. MACHINE. V. MACHINE POLYBOLE.

POLYEN. V. NOMS PROPRES.

POLYGONAL, (polygonale), adj. v.
FORTIFICATION P...

POLYGONE, subs. masc. V. ANGLE DE
P... V. ATTAQUE DE CHEMIN COUVERT A FORCE

OUVERTE. V. ATTAQUE DE FRONT DE PLACE. V.
BASTION. V. CHEMIN COUVERT. V. CITADELLE. V.
COMPLÉMENT DE COURTINE. V. CONTRE-MINE PER-
MANENTE. V. CORPS DE PLACE. V. COTÉ DE PO-
LYGONÉ. V. DEMI-GORGE. V. FACE DE PLACE. V.
FEU PÉRIBOLOGIQUE. V. FORTERESSE. V. FORTIFI-
CATION A DEMI-FLANC. V. FORTIFICATION IRRÉ-
GULIÈRE. V. FORTIFICATION POLYGONALE. V. FOR-
TIFICATION RÉGULIÈRE. V. FRONT DE FORTIFI-
CATION. V. FRONT DE POLYGONE. V. OUVRAGE
DE FORTIFICATION. V. PAN DE P... V. REMPART
DE FORTERESSE. V. SIÉGE OFFENSIF. V. TORRION.

POLYGONE EXTÉRIEUR. V. ENCEINTE DE
FORTERESSE. V. EXTÉRIEUR, adj.

POLYGONE INTÉRIEUR. V. CAPITALE DE
BASTION. V. ENCEINTE DE FORTERESSE. V. INTÉ-
RIEUR, adj.

POLYGRADE, subs. fém. v. CHIFFRE
STÉGANOGRAPHIQUE.

POLYPE, subs. masc. V. CAS DE RÉFORME.
V. INFIRMITÉ.

POLYGRAPHE, subs. fém. V. CHIF-
FRE STÉGANOGRAPHIQUE.

POLYTECHNIQUE, adj. V. ÉCOLE P...

POLYSPARTE, subs. masc. V. COR-
BEAU.

POMÉRANIE. V. NOMS PROPRES.

POMME, subs. fém. V. DOUILLE DE POMME.

POMME $\begin{cases} \text{de canne} \begin{cases} \text{de caporal-tambour.} \\ \text{de tambour-major.} \end{cases} \\ \text{de pin.} \end{cases}$

POMME (term. génér.). Le mot Pomme,
employé comme imitatif d'un genre de fruit,
a donné naissance à POMMEAU; il se distingue
en POMME DE CANNE et en POMME DE PIN.

POMME (pommes) de CANNE (term. sous-
génér.). Sorte de POMMES dont le nom est fort
mal choisi, puisqu'elles ont forme de poire.
Elles sont considérées surtout ici, comme
une des parties des CANNES qui servent à
donner les SIGNAUX AUX TAMBOURS; elles sont
en argent, au titre du commerce; leur partie inférieure forme DOUILLE; avant d'être
fixées au JONC, elles sont, pour plus de solidité, remplies de résine bouillante. Leur
forme et leurs dimensions étaient gravées dans
un projet du réglement (1818, B). Elles se
distinguent en POMME DE CANNE DE CAPORAL-
TAMBOUR et en POMME DE CANNE DE TAMBOUR-
MAJOR.

POMME de CANNE D'ADJUDANT. V. CANNE
D'ADJUDANT.

POMME de CANNE DE CAPORAL-TAMBOUR
(B, 1). Sorte de POMME DE CANNE dont la hauteur est de 180 millimètres, le plus fort diamètre de quatre-vingts millimètres, et le

poids, avant l'addition de toute matière étrangère, de deux cent trente grammes.

POMME de canne de tambour-major (B, 1). Sorte de pomme de canne dont la hauteur est de 200 millimètres, le plus fort diamètre de cent millimètres. Le poids, avant l'addition de la resine, est de 340 grammes. Sa douille est percée pour le passage de la chaine. — La manière dont le tambour-major tient la Pomme de sa canne est indicative de la batterie de l'assemblée; la position dans laquelle il la dirige ou l'élève est indicative d'une batterie de ban, du pas accéléré, etc.

POMME de pin (G, 2). Sorte de pomme ainsi nommée par allusion à la forme du fruit qui porte le même nom. Leblond (1762, G) appelle ainsi une cartouche a bouche a feu, garnie de ses projectiles, et composée d'un plateau de bois portant un petit boulet et entouré de balles assujetties à l'aide de poix ou de goudron.

POMME de terre. V. légumes frais. V. terre.

POMMEAU d'épée, subs. masc. Mot qui dérive du substantif pomme. Il exprime la partie presque sphérique qui surmonte une garde d'épée d'officier français. Dans le modèle de 1817, la partie supérieure de ce Pommeau se nommait calotte; sa partie inférieure se nommait cimaise. Le Pommeau avait pour support une embase; son pied ou astragale emboîtait la poignée; l'un de ses côtés arrêtait le crochet de la branche, et différait ainsi des anciens Pommeaux, en ce que ceux-ci étaient surmontés d'un bouton en demi-olive, sur lequel se rivait la soie.

POMMEAU d'espadon. V. cuirasse de fer plein. V. espadon.

POMMEREUL. V. noms propres.

POMMIER, subs. masc. V. bastonnade. V. canne.

POMPÉE; **POMPÉI.** V. noms propres. V. commandant de place assiégée.

POMPIER, subs. masc. V. sapeur pompier.

POMPIER napolitain. V. milice napolitaine. V. napolitain.

POMPON, subs. masc. V. a pompon. V. attribut a p... V. cordonnet de p... V. chiffre de p... V. cor de chasse de p... V. corps de p... V. couleur de p... V. enveloppe de p... V. flamme de p... V. grenade de p... V. roulette de p... V. schako. V. tige de p...

POMPON (B, 1). Mot que le langage soldatesque a introduit dans l'idiôme de l'armée depuis la guerre de la révolution. Jusque-là, aucun règlement ne le mentionnait; il était emprunté aux dialectes du Midi et y dérivait, augmentativement, du latin *pompa*; il signifiait *attifement* de coiffure, ou panache de femme, avant d'indiquer un effet de petit équipement. — Le Pompon rappelle l'usage peu connu et mal débrouillé des ailettes du treizième siècle. C'est actuellement un effet de coiffure ayant la même destination que la houppe ou houppette, et que le plumet. Il s'est porté, comme marque distinctive, sur le bonnet a poil, le casque, le chapeau a trois cornes, le schako. Sa tige y était reçue dans un gousset. — Aucune définition légale n'ayant constaté en quoi diffèrent la houppe, la houppette, le Pompon, les documents ministériels se servaient, vaguement, tantôt de l'un, tantôt de l'autre de ces termes. L'instruction de 1791 (1er avril) employait, la dernière, l'expression houppe. La circulaire de 1810 (9 novembre) employait l'expression houppette. Mais si nous nous en rapportons à la notice de 1815 (5 décembre), la première qui ait été, à cet égard, explicite et logique, on regarderait le Pompon comme une houppe lenticulaire, la houppette comme une houppe cylindrique à bout arrondi. — Avant cette décision, le Pompon ne servait qu'à désigner, par sa couleur, la compagnie à laquelle il était affecté; il était le même pour les officiers et les hommes de troupe. Dans les régiments d'infanterie, qui avaient jusqu'à vingt-quatre compagnies, les nuances manquaient pour caractériser chacune, et les Pompons présentaient une variété indéchiffrable. La notice de 1815 y remédia par un moyen ingénieux et simple : elle donna à chaque bataillon un Pompon de la couleur de son drapeau; mais elle différencia, de compagnie à compagnie, ce Pompon, par un chiffre en cuivre, appliqué sur une enveloppe de drap. Ainsi, au moyen du bouton d'uniforme, on reconnaissait le corps où servait un soldat d'infanterie; au moyen de la couleur du Pompon, soit bleu de roi, soit cramoisi, soit vert, on apprenait auquel des trois bataillons il appartenait; au moyen de l'attribut du Pompon, on savait de quelle compagnie il faisait partie. C'était réaliser de complets et sûrs moyens de surveillance et de police qu'on n'avait pas encore imaginés. La cavalerie se refusa à porter un semblable Pompon. — Cette notice, ayant en vue d'affecter à chaque compagnie d'élite une distinction qui empêchât de les confondre dans un régiment, voulait que le Pompon de grenadiers et de voltigeurs, au lieu d'être écarlate ou aurore, fût de la couleur du BATAILLON , mais portât, pour ATTRIBUT, une GRENADE ou un COR DE CHASSE en cuivre. Cette distinction ne satisfit pas suffisamment la vanité des HOMMES D'ÉLITE ; leurs réclamations et l'esprit de routine firent bientôt rapporter cette décision. La DÉCISION DE 1819 (30 MARS) prononçait à cet égard. — La DÉCISION DE 1821 (26 AVRIL) donnait au Pompon du PREMIER BATAILLON, le BLEU DE ROI ; du SECOND, le CRAMOISI ; du TROISIÈME , la JONQUILLE. — La DÉCISION DE 1821 (10 AOUT) donnait aux COMPAGNIES D'ÉLITE le Pompon sphérique à FLAMME. — La CIRCULAIRE DE 1823 (12 SEPTEMBRE) donnait au PETIT ÉTAT-MAJOR le Pompon BLANC, SPHÉRIQUE, surmonté d'une FLAMME. Jusque-là, et de temps immémorial , cette distinction de l'ÉTAT-MAJOR des CORPS avait été en laine blanche et en lentille ; ainsi l'avait maintenu la NOTICE DE 1815. — L'ORDONNANCE DE 1829 (27 SEPTEMBRE) mettait au compte de la MASSE DE PETIT ÉQUIPEMENT le Pompon des HOMMES DE TROUPE ; l'ORDONNANCE DE 1830 (21 FÉVRIER) le mettait au compte de la MASSE INDIVIDUELLE. — La DÉCISION DE 1830 (20 NOVEMBRE) appelait POMPON LENTICULAIRE , le Pompon des COMPAGNIES DE FUSILIERS. — La DÉCISION DE 1833 (25 JUILLET) donnait aux FUSILIERS du TROISIÈME BATAILLON le Pompon GARANCE, en remplacement du Pompon CRAMOISI. — Un OUVRAGE moderne (1818, B) donne le dessin figuratif et la description détaillée du CORPS de Pompon, de ses ROULETTES, de son CORDONNET et de sa TIGE.

POMPON A FLAMME. V. FLAMME. V. POMPON.

POMPON CYLINDRIQUE. V. CYLINDRIQUE. V. POMPON.

POMPON DE COMPAGNIE HORS RANG. V. COMPAGNIE HORS RANG.

POMPON DE FUSILIERS. V. COMPAGNIE DE FUSILIERS. V. FUSILIER. V. POMPON.

POMPON DE GRENADIERS. V. AIGRETTE. V. GRENADIER. V. GRENADIER D'INFANTERIE FRANÇAISE DE LIGNE N°4. V. HOUPPE DE COIFFURE. V. POMPON.

POMPON DE VOLTIGEURS. V. POMPON. V. VOLTIGEUR.

POMPON D'ÉTAT-MAJOR. V. CHEF DE BATAILLON D'INFANTERIE FRANÇAISE DE LIGNE N°4. V. ÉTAT-MAJOR DE CORPS N° 2.

POMPON D'HOMME DE TROUPE. V. HOMME DE TROUPE N° 4. V. MANCHETTE DE SABRE. V. POMPON.

POMPON D'OFFICIER. V. OFFICIER D'INFANTERIE FRANÇAISE N° 2. V. POMPON.

POMPON LENTICULAIRE. V. LENTICULAIRE. V. POMPON.

POMPON SPHÉRIQUE. V. POMPON. V. SPHÉRIQUE.

PONS (de). V. NOMS PROPRES.

PONSTORNEIS, subs. masc. V. PONT-LEVIS.

PONSTORNEZ, subs. masc. V. PONT-LEVIS.

PONT, subs. masc. V. CHEVALET DE P... V. DORMANT DE P... V. ÉQUIPAGE DE P... V. FLÈCHE DE P... V. GRAND P... V. JETER UN P... V. LIT DE P... V. MANOEUVRE DE P... V. PARC DE P... V. PASSAGE DE P... V. PORTIÈRE DE P... V. PORTE-PONT. V. REPLIER UN P... V. ROMPRE UN P... V. SOUS-P... V. TABLIER DE P... V. TÊTE DE P...

PONT	MILITAIRE	PONT	DE CAMPAGNE.	PONT	DE BATEAUX.
					VOLANT.
			DE FORTERESSE.	PONT	DORMANT.
					LEVIS.

PONT (term. génér.). Mot tout LATIN qui a donné naissance au terme PONTET. Il s'est appliqué, primitivement, aux CONSTRUCTIONS destinées au passage des FLEUVES et des COURS D'EAUX ; il s'est appliqué, par une allusion plus ou moins détournée, à des objets qui n'ont avec l'objet originaire qu'une bien faible ressemblance. Il sera examiné ici comme PONT A BASCULE, — A FLÈCHE, — DE BOUCLE DE BANDEROLE, — DE CORDAGES, — DE DEMI-LUNE, — DE FORTERESSE, — DE PANTALON , — DE TOUR, — DE TONNEAUX, — D'ÉPÉE, — FLOTTANT, — LEVAIS, LEVEYS, — LEVIS DE CULOTTE, — LEVIS DE POKALEM, — LEVIS EXTÉRIEUR, — LEVIS INTÉRIEUR, — MOBILE, — ROULANT, — STABLE, — TORNEIS, — SUR CHEVALETS.

PONT A BASCULE. V. A BASCULE. V. PONT-LEVIS. V. SAMBUQUE. V. TOUR PERMANENTE. V. TOUR ROULANTE.

PONT A FLÈCHE. V. A FLÈCHE. V. PONT-LEVIS.

PONT (ponts) DE BATEAUX (G, 2 ; 4, H). Sorte de PONTS DE CAMPAGNE, formés soit avec les batelets ou BARQUES que fournit le pays, soit avec ceux que l'ARMÉE tient à sa suite ; ils sont maintenus au moyen de CABLES assujettis sur des ANCRES ; ils supportent des POUTRELLES et des MADRIERS ; le LIT qui en est formé se borde, s'il se peut, d'un garde-fou. — On y ménage, si besoin est, une PORTIÈRE, c'est-à-dire un ensemble de deux ou trois BATEAUX pontés ensemble, et susceptibles de former une coupure pour la facilité de la navigation. — En 1857 (11 septembre), le BATAILLON DE PONTONNIERS jetait sur le grand RHIN, près STRASBOURG, un Pont de quatorze BATEAUX, mettait en communication, en une heure et demie, la rive badoise avec celle de FRANCE, et repliait, en aussi peu de temps, son MATÉRIEL. L'opération s'exécutait avec autant de dextérité que de silence. — Les PONTONS DE CUIVRE, inventés sous LOUIS QUATORZE, furent un léger perfectionnement de ce système.

PONT DE BOUCLE DE BANDEROLE DE DRAPEAU. V. ARDILLON DE BOUCLE DE BANDEROLE. V. BOUCLE DE BANDEROLLE.

PONT (ponts) DE CAMPAGNE (G, 4 ; H). Sorte de PONTS MILITAIRES JETÉS passagèrement, comme moyens de COMMUNICATION, soit dans les MARCHES D'ARMÉES, soit quand des TROUPES stationnent dans un CAMP DE SIÈGE, dans des LIGNES FORTIFIÉES, etc. ; les uns sont MOBILES, les autres à demeure. — AMIOT (1782, O) a retracé les figures des Ponts mobiles qui suivaient, de toute antiquité, les ARMÉES CHINOISES ; ils étaient sur roues, et s'allongeaient par le développement d'un plancher à charnières. — Les ANCIENS, à ce que dit JABRO (1777, G), appelaient *poria, stratiolides,* les Ponts analogues à ceux que les modernes composent de PONTONS. — Les MÉTATEURS ROMAINS avaient dans leurs attributions la construction ou la réparation des Ponts. — Les TURCS et le MOYEN AGE ont construit des Ponts en chair humaine ; les GASTADOURS en étaient le ciment et les moellons. — COMMINES, en parlant des MACHINES de son temps, rapporte que CHARLES LE TÉMÉRAIRE se faisait suivre de BATEAUX sur roues, accompagnés de TONNEAUX vides et de MADRIERS propres à faire le LIT des Ponts. — Les FRANÇAIS, sous LOUIS ONZE, avaient aussi l'usage des PONTS ROULANTS. — Cependant Amelot de la Houssaie attribue à MAURICE DE NASSAU l'invention des ÉQUIPAGES DE PONT ; mais ils avaient déjà quelques milliers d'années. — POTIER (1779, X, suppl.) déclare, que de son temps, il n'existait encore aucun traité concernant les ÉQUIPAGES DE PONT et leur emploi. Le *Dictionnaire raisonné des Sciences* témoigne aussi combien étaient peu répandues les théories sur l'art de JETER les Ponts. Il n'avait été composé sur le sujet qu'un traité qu'on devait à M. de Guille,

brigadier des armées, qui servait dans la GUERRE DE 1741, sous les ordres du maréchal de SAXE ; mais ce traité était resté en manuscrit. Cependant d'importantes COMMUNICATIONS D'EAUX avaient été habilement exécutées dans cette GUERRE. En 1745, trois PONTS DE BATEAUX JETÉS sur le Pô, vis-à-vis Plaisance, avaient été achevés en sept heures, et, en 1757, le brigadier de Guille en avait rapidement établi deux sur le RHIN en face de Wesel. — Dans le siècle dernier, STRASBOURG et METZ étaient les lieux de fabrication des ÉQUIPAGES DE PONTS. — Les Ponts de campagne se confectionnent comme le suggère l'industrie, et comme le permettent les matériaux qu'on a sous la main et les ressources dont on peut disposer ; on les établit de préférence aux points où le cours des fleuves forme un saillant. — L'ORDONNANCE DE 1788 (12 AOUT) embrassait quelques détails de ce sujet. — Les Ponts doivent avoir huit mètres au moins de largeur ; leur construction a lieu, le plus ordinairement, au moyen d'un ÉQUIPAGE porté sur des HAQUETS, et formant PARC. — L'ENCYCLOPÉDIE (1751, C, supp.) appelle Ponts à coups de main ceux qu'on jette sur des COURS D'EAUX de dix à vingt mètres de large. — L'ARMÉE FRANÇAISE, dans la GUERRE DE RUSSIE, menait à sa suite trois ÉQUIPAGES DE PONTS. — M. Douglas (1816) décrit les PONTS DE CORDAGES dont se servit le général WELLINGTON pour le passage du Tage et de l'Adour. — JETER et REPLIER les Ponts nécessaires à une ARMÉE, concernait jadis le GRAND MAITRE DE L'ARTILLERIE, avant que cette partie ne regardât les INGÉNIEURS. — Les Ponts de campagne consistent, le plus ordinairement, en RADEAUX, en FASCINAGE, en PONTS DE BATEAUX, ou de BARQUES, ou de PONTONS, ou de TONNEAUX, ou en PONTS FLOTTANTS ou VOLANTS à l'aide de CINQUENELLES ; on appelle TABLIER, leur plancher. — On en construit sur CHEVALETS ; mais l'usage en est dangereux sur les TORRENTS. Un Pont de cette espèce qui, en 1708, du 15 juin au 15 juillet, avait été construit sur le Var, fut emporté en quelques instants dans le mois de septembre. — Les anciens ont établi des Ponts sur des BOUCLIERS, sur des OUTRES, sur des SCAPHANDRES. STÉVÉCHIUS en dessine de ce dernier genre, et dit qu'on les nommait *ascogefrus.* JABRO (1777, G, au mot *Rivière*) s'est étendu sur le même sujet, ainsi que les AUTEURS qui ont écrit sur les PASSAGES DE RIVIÈRE. — Quelquefois une REDOUTE défend un Pont. — La manière d'INSULTER les Ponts, ou de les détruire par les travaux des SAPEURS, par des ARTIFICES, par des BOMBES, par des ruptures quand les ci-

DICTIONNAIRE DE L'ARMÉE.

constances de la GUERRE en imposent la nécessité, a été traitée par M. DOIZY, par
GUGY (1782, K), et par le *Spectateur militaire*, t. XIII, p. 600. La manière d'en
faire la RECONNAISSANCE est indiquée dans le
Journal des Sciences militaires, t. XXVIII,
p. 291. — Les outils, ANCRES, matériaux,
AGRÈS nécessaires à la construction des Ponts,
étaient mentionnés dans l'ORDONNANCE DE
1826 (2 JUILLET). — Si la construction des
Ponts exige le transport d'un MATÉRIEL considérable, elle concerne l'ARTILLERIE et le
TRAIN DU GÉNIE; mais les Ponts improvisés
au moyen de matériaux réunis à l'avance et
par précaution, ou rassemblés à l'instant,
regardent le CORPS D'ÉTAT-MAJOR ou le génie. — Le TERRAIN des CAMPS sur RIVIÈRE doit
être pourvu de Ponts. — On lit dans les
Mémoires de BONAPARTE (le général GOUR-
GAUD, 1823, tom. II, p. 70, 71): *Quand
une rivière a moins de soixante toises,
les troupes qui sont jetées sur l'autre
bord, protégées par une grande supériorité d'artillerie et par le grand commandement que doit avoir la rive où
elle est placée, se trouvent avoir tant
d'avantage, que, pour peu que la rivière
forme un rentrant, il est impossible
d'empêcher l'établissement du Pont. Dans
ce cas, les plus habiles généraux se sont
contentés, lorsqu'ils ont pu prévoir le projet de leur ennemi, et arriver avec leur
armée sur le point de passage, de s'opposer au passage du Pont, qui est un vrai
défilé, en se plaçant en demi-cercle à l'entour, et en se défiant du feu de la rive opposée, à trois cents ou quatre cents toises
de ses hauteurs. C'est la manœuvre que
fit Vendôme pour empêcher Eugène de
profiter de son Pont de Cassano.* — On
peut rechercher, à l'égard des Ponts de campagne, les ouvrages de BACHOVEN (VON
ECHT), BONJOUAN, M. le général COTTY (au
mot *Equipage*), M. DOUGLAS, DRIEU, DUR-
TUBIE, FABERT, GASSENDI, M. GRIVET, GU-
GY, LAISNÉ, JACQUINOT, LAROCHE (1770).
M. le général LAROCHE-AYMON, MAIZEROY
(1767, E; 1771, A), Potier (1779, X),
M. RÉVÉRONI (1826), SIONVILLE, TRAVERSE
(1758, D), TURPIN (1783, O), VAILLANT, le
Journal autrichien, 1813; les *Annales
militaires*, mars 1819, p. 204; le *Journal
des Sciences militaires*, 1834, p. 50. —
Les Ponts de campagne se distinguent en
PONTS DE BATEAUX et en PONTS VOLANTS.

PONT de CORDAGES. V. CORDAGE. V. PONT
DE CAMPAGNE.

PONT de DEMI-LUNE. V. CONSIGNE DE SEN-
TINELLE AVANCÉE. V. DEMI-LUNE. V. PONT-
LEVIS.

PONT (ponts) de FORTIFICATION PERMANENTE
(G, 4). Sorte de PONTS MILITAIRES qui servent
de COMMUNICATION dans les CITADELLES, les
FORTERESSES. — L'ORDONNANCE DE 1768 (1er
MARS) défendait qu'aucune voiture s'y arrê-
tât, que rien les obstruât; elle enjoignait aux
SENTINELLES de les tenir toujours libres, au
moyen des CRIS: ARRÊTE LA-BAS et MARCHE.

PONT de FORTERESSE. V. DÉCOUVERTE. V.
FORTERESSE. V. PONT-LEVIS. V. SURPRISE DE
PLACE.

PONT de PANTALON. V. BANDE DE SOUS-
PONT. V. BOUTON DE PANTALON. V. PANTALON.

PONT de TONNEAUX. V. PONT DE CAMPA-
GNE. V. TONNEAU.

PONT de TOUR. V. TOUR. V. TOUR ROU-
LANTE.

PONT d'ÉPÉE. V. ÉPÉE. V. POIGNÉE D'ÉPÉE.

PONT (ponts) DORMANT (G, 4). Sorte de
PONTS de FORTIFICATIONS PERMANENTES qui sont
de plein pied, non mobiles, et fermés de
BARRIÈRES; ils répondent au milieu d'une
COURTINE; il y en a qui joignent un pont-
levis. — En quelques FORTERESSES, des OU-
VRAGES A CORNE ont été construits pour met-
tre un pont-levis hors des atteintes de l'EN-
NEMI.

PONT FLOTTANT. V. FLOTTANT. V. PONT
DE CAMPAGNE.

PONT LEVAIS. V. LEVAIS. V. PONT-LEVIS.

PONT LEVEYS. V. LEVEYS. V. PONT-LEVIS.

PONT-LEVIS (G, 4), ou PONT LEVAIS, ou
PONT LEVEYS, ou PONS-TORNEIS, ou PONS-
TORNEZ suivant M. ROQUEFORT, ou PONT-
TORNEIS suivant BOREL (Pierre). Sorte de
PONT de FORTIFICATION PERMANENTE qui, au
besoin, se lève ou s'abaisse. Ceux d'une
FORTERESSE répondent à la direction des POR-
TES, tiennent à la CONTRESCARPE, mènent
à la DEMI-LUNE, et se composent de la BAS-
CULE et de sa CAGE, du TABLIER et du DOR-
MANT. — L'usage des Ponts-levis est de
toute antiquité. Les EXOSTRES, les SAMBU-
QUES étaient des espèces de Ponts-levis portatifs. Des TORTUES portaient des Ponts-levis.
JULIEN le philosophe (*Misopogon*) nous entretient des ponts-levis de sa chère Lutèce.
— Tels CHATEAUX des temps anciens étaient
défendus par une triple ligne de Ponts-levis
ou de HARPES. Les miniatures qui ornent
les manuscrits du quatorzième siècle, nous
montrent clairement l'emploi des Ponts-
levis.—Jusqu'au dernier siècle, avoir Pont-
levis était resté un droit de SEIGNEUR. JABRO
(1777, G) rapporte cette vieille disposition
du droit français: *Nul ne peut lever, ne
avoir Pont-levis en sa maison ou chas-
telet, s'il n'est duc, comte, baron ou
chastelain.* Cette citation, où ne figure pas

le titre de MARQUIS, prouve que les marquisats n'étaient qu'une NOBLESSE d'imitation, d'exception, de tolérance. — Les BAILLES du MOYEN AGE étaient séparées des BASSES-COURTS par un Pont-levis ; mais depuis l'invention du PÉTARD, cette DÉFENSE fut reconnue insuffisante. — Il y a des Ponts-levis à FLÈCHES, il y en a à BASCULE. On appelle Pont à BASCULE, ou à BACULE, ceux qui jouent autour d'un AXE de manière que, quand la partie qui est sous la PORTE de la FORTERESSE s'abaisse dans la CAGE de la bascule, la partie extérieure ou le TABLIER qui est jointif au PONT DORMANT s'élève et cache l'entrée de la PORTE. Ceux qui s'appellent PONTS A FLÈCHES se mettent en mouvement par le moyen de deux pièces de bois ou FLÈCHES, suspendues au haut de la PORTE. La partie du Pont qui tombe sur le PONT DORMANT est attachée aux FLÈCHES par des CHAINES de fer. Les FLÈCHES tiennent à un essieu placé sur le bord extérieur de la PORTE. A l'extrémité des FLÈCHES, sous la porte, d'autres chaînes servent à tirer en bas cette partie pour faire lever le Pont, qui alors masque l'ouverture de la PORTE. — Les manœuvres des Ponts-levis pour l'OUVERTURE ou fermeture des portes étaient dans les attributions des OFFICIERS-MAJORS des PLACES. Tout CHEF DE POSTE DE PORTE, tout CHEF D'AVANCÉE, doivent, dans tous les CAS d'accident ou d'ALERTE, faire lever de suite le Pont-levis. — Le MOT d'une PLACE ne peut être changé dans la CITADELLE qui en dépend, que quand le COMMANDANT a fait lever le Pont qui le sépare de la PLACE. — Il y a des MARTELLO à Pont-levis. — L'ORDONNANCE DE 1768 (1er MARS) déterminait avec quelles précautions devaient être baissés et levés les Ponts. A l'OUVERTURE et à la FERMETURE des PORTES, la CONSIGNE des SENTINELLES des Ponts INTÉRIEURS et EXTÉRIEURS se réglait en conséquence. — On peut consulter, à l'égard des Ponts-levis : BELAIR (1792), ENCYCLOPÉDIE (1785, C), M. FRANCOEUR, GUIGNARD (1725, B), LACHESNAIE (1758, I ; id. au mot *Tablier*), MACHIAVEL (1546, B), MALTHUS, MANESSON (1685, B), SAINT-REMY, SIONVILLE (1756, E), TURPIN (1785, O), et le *Mémorial de l'officier du génie*, 1824.

PONT-LEVIS DE CULOTTE. V. CULOTTE.

PONT-LEVIS DE POKALEM. V. POKALEM.

PONT-LEVIS EXTÉRIEUR. V. CONSIGNE DE SENTINELLE D'AVANCÉE. V. CONSIGNE DE SENTINELLE DE PONT-LEVIS EXTÉRIEUR. V. EXTÉRIEUR, adj. V. PONT-LEVIS.

PONT-LEVIS INTÉRIEUR. V. CONSIGNE DE SENTINELLE DE PONT-LEVIS INTÉRIEUR. V. INTÉRIEUR, adj. V. PONT-LEVIS.

PONT-LEVIS (ponts) MILITAIRE (term. sous-génér.). Sorte de PONTS que la TACTIQUE de l'ARMÉE FRANÇAISE range au nombre des DÉFILÉS ; de là, dans quelques ÉCRIVAINS, cette synonymie entre les locutions PASSAGE DE DÉFILÉ OU PASSAGE DE PONT. — Plusieurs auteurs appellent inexactement, Ponts militaires, ceux qu'ils regardent comme de la nature des TRAVAUX PASSAGERS ; mais quantités de Ponts sont, au contraire, de la classe des TRAVAUX PERMANENTS, et les seuls PONTS SUR CHEVALETS seraient de deux genres. Ceux-ci sont composés de POUTRELLES à raison d'un certain nombre par TRAVÉE, et de planches ou de MADRIERS qui reposent sur de grands CHEVALETS de bois, comparables à ceux des scieurs de long ; ils sont assis sur le lit d'une RIVIÈRE, ou dans le fond d'un FOSSÉ DE FORTIFICATION. — Les AUTEURS qui ont traité des Ponts militaires en général, ou de divers genres, sont : AUDOUIN, BELAIR (1792), M. le général COTTY (1822, A), DRIEU, DUPAIN (1783, F), ENCYCLOPÉDIE (1785, C, et suppl.), FRANÇAIS, GASSENDI, M. GRIVET, GUIGNARD (1725, B), M. HAILLOT, I, LACHESNAIE (1758, I, aux mots *Garde, Marche, Ouverture, Pont, Sentinelle, Siége*), MILLER (Maurice), PESCHEL (1832), le *Journal des Sciences militaires* (1834, octobre, p. 46, 176, 283 ; 1834, juillet, p. 54, 297 ; 1836, p. 189 ; 1837, p. 329 ; 1838, p. 169, 557). — Cette notice est un tableau complet et savant de tous les passages au moyen de Ponts improvisés. — Les Ponts militaires demandent à être distingués en PONTS DE CAMPAGNE et en PONTS DE FORTIFICATION PERMANENTE.

PONT MOBILE. V. MACHINE. V. MOBILE, adj. V. PONT DE CAMPAGNE.

PONT ROULANT. V. PONT DE CAMPAGNE. V. ROULANT.

PONT STABLE. V. RECONNAISSANCE DE TERRAIN. V. STABLE.

PONT SUR CHEVALETS. V. PONT MILITAIRE. V. PONT VOLANT. V. SUR CHEVALETS.

PONT TORNOIS. V. PONT-LEVIS. V. TORNOIS.

PONT VOLANT (G, 4). Sorte de PONT DE CAMPAGNE, ou de BAC, dirigé en travers d'un FLEUVE, au moyen d'une corde terminée par un moufle, jouant le long d'un câble arrêté d'un rivage à l'autre. La capacité du BAC doit permettre qu'il contienne de l'ARTILLERIE ATTELÉE. Ses extrémités jouent à charnières, de manière qu'elles épousent le talus du rivage, et que les ATTELAGES y puissent entrer avec facilité. Ce genre de Pont est ordinairement un assemblage de deux grands BATEAUX accolés, dont l'interstice est recouvert de MADRIERS. — Quelques ÉCRIVAINS appellent aussi Ponts volants, des

PONTS SUR CHEVALETS. — LES COMMUNICATIONS de certaines FORTERESSES ont lieu au moyen de Ponts volants. — Il a été traité de ce genre de Pont, par M. le général COTTY (1822, A), GASSENDI, GUILLET (1686, B), HAY (1757, H), LACHESNAIE (1758, I), MAIZEROY (1767, E), POTIER (1779, X), le *Journal de l'Infanterie et de la Cavalerie*, juillet 1834, p. 277.

PONTANUS ; PONT - AUDEMER ; PONT-DE-L'ARCHE. V. NOMS PROPRES.

PONTET, subs. masc. (term. génér.). Mot qui dérive du mot PONT, à raison de la forme plus ou moins courbe de certaines parties des EFFETS D'ARMEMENT, tels que le SABRE D'INFANTERIE et le FUSIL DE MUNITION. — Le mot Pontet se distingue surtout en PONTET DE DOUILLE et en PONTET DE SOUS-GARDE.

PONTET de CHAPE. V. ARMURIER N° 4. V. CHAPE. V. CHAPE DE FOURREAU DE SABRE DE TROUPE.

PONTET de DOUILLE (G, 1). Sorte de PON-TET qui se forme d'un petit arceau qui interrompt, par sa saillie, la rondeur de la DOUILLE DE BAIONNETTE du FUSIL D'INFANTERIE ; cet arceau est plat en dessous, et donne passage au TENON A BAIONNETTE.

PONTET de SOUS-GARDE (G, 1). Sorte de PONTET de métal, en forme d'arceau ; il garantit la DÉTENTE contre les chocs qu'elle pourrait recevoir ; il se termine, d'un côté, en un NOEUD en forme de tête de clou, qui porte le CROCHET A BASCULE, et repose sur l'EMBASE de la BRANCHE D'ÉCUSSON ; le Pontet se prolonge, de l'autre côté, en une BRANCHE qui traverse le BATTANT ; sa partie antérieure est en contiguïté avec l'ÉPAULEMENT de la QUEUE DE BATTANT. Le Pontet du FUSIL DE FUSILIER est en fer ; celui du FUSIL DE VOLTIGEUR et du MOUSQUETON est en cuivre. Cette différence résulte de caprices que rien ne justifie. — Il fut un temps où l'ÉPINGLETTE était adhérente au Pontet.

PONTOISE. V. NOMS PROPRES.

PONTON, subs. masc. (G, 2). Mot qui provient, suivant MÉNAGE et l'ENCYCLOPÉDIE (1751, C), du LATIN *ponto*, espèce de bac ou de BATIMENT plat. De là, l'usage des Pontons de MARINE qui servent au radoub des VAISSEAUX ; tels étaient ces fameux Pontons ANGLAIS et ESPAGNOLS, transformés en affreuses prisons pendant la GUERRE DE LA RÉVOLUTION. — Mais il ne sera question ici des Pontons que comme d'un genre de BATEAUX à fond plat, à extrémité équarrie, qui, dans les PASSAGES DE RIVIÈRE, servaient en guise de piles de PONT, pour la facilité des OPÉRA-

TIONS DE GUERRE. — L'usage des Pontons est aussi ancien que la GRANDE GUERRE. La MILICE CHINOISE s'en servait de temps immémorial ; HÉRODOTE et DIODORE DE SICILE parlent de Pontons qui s'appelaient *poria*. THUCYDIDE et d'autres AUTEURS grecs désignaient les Pontons sous le nom de STRATIOTIDES. CÉSAR (51 av. J.-C.) témoigne que, de son temps, les GAULOIS appelaient *pontones*, les BATEAUX servant au PASSAGE des RIVIÈRES. AMMIEN MARCELLIN fait mention des Ponts sur BATEAUX de cuir, que l'empereur JULIEN jetait sur le Tigre et l'Euphrate. — LÉON (900, A) recommande, pour passer les lacs et les RIVIÈRES, l'emploi de petites barques de cuir et de bois. — EDOUARD TROIS, en 1360, conduisait, à la suite de son ARMÉE, des Pontons ou des batelets de cuir, propres à contenir trois ou quatre hommes, et à servir au PASSAGE des RIVIÈRES qu'il rencontrait. — LEBLOND (1762, G) parle de REDOUTES sur Pontons. — LACHESNAIE (1758, I), et même des ÉCRIVAINS plus recommandables, prétendent que les Pontons ont été inventés sous le règne de LOUIS QUATORZE, par Martinet, colonel du régiment du roi, infanterie. Le *Journal de l'Armée* (t. 1er, p. 364), fait honneur de leur invention aux HOLLANDAIS. Ce sont autant d'erreurs ; mais il est vrai de dire qu'en 1622, la bataille de FLEURUS livra au vainqueur les Pontons HOLLANDAIS de fer-blanc, qui parurent une nouveauté aux yeux des FRANÇAIS. Ce fut Martinet qui, ensuite, imagina les Pontons en cuivre dont on se servit dans la GUERRE DE 1672. Les ALLEMANDS ont essayé, plus tard, d'en faire en cuir, de diverses formes. On en a construit en osier poissé et recouvert de toile goudronnée. — L'art de les JETER a fait des progrès dans plusieurs ARMÉES. — Les Pontons de cuivre FRANÇAIS ont été supprimés par l'ARRÊTÉ DE L'AN ONZE (12 FLORÉAL), et remplacés par les bateaux d'avant-garde ; mais, dans les campagnes de 1812 et 1813, l'ARMÉE FRANÇAISE faisait usage des ÉQUIPAGES DE PONT des SAXONS ; c'étaient des Pontons en cuivre. — Ceux des ANGLAIS étaient, il y a peu d'années, en fer-blanc, du modèle HOLLANDAIS, et tels encore que les employait MARLBOROUGH ; ils ne peuvent servir que dans l'eau douce. De nouveaux essais ont eu pour objet d'y substituer les Pontons en cuivre terminés en pointe. — Les Pontons RUSSES sont en bois de chêne recouverts en tôle vernissée. — Les FRANÇAIS adoptaient, en 1829, les Pontons de sapin ; car on est à peine arrêté encore sur le système préférable de Pontons à adopter. — Dans certaines MILICES les Pontons et les PONTONNIERS dépendent de l'ARME DU GÉNIE. EN

France, ils dépendent de l'artillerie, quoique les deux genres de manoeuvres n'aient rien de commun ; mais les larges moyens de transport dont l'artillerie dispose, et les précautions prises pour la sûreté de ses parcs, la mettent à même de se faire suivre plus facilement des Pontons, de leur matériel, de leurs agrès. — Les Pontons se portent sur haquets et sont accompagnés de poutrelles, de madriers, d'ancres, et des cordaces et outils nécessaires. — Le colonel anglais Pasley a imaginé des Pontons en caoutchouc, dont l'essai a eu lieu en 1835, et dont la description se trouve dans le *Journal de l'Académie d'industrie*, t. v, n° 57, p. 351. Un haquet qui ne peut porter qu'un Ponton en cuivre transporte dix Pontons en caoutchouc. — Les Pontons sont regardés comme impropres à construire des ponts dont la largeur excéderait 140 à 150 mètres. — Les auteurs qui ont traité des Pontons, de leur maniement, de leur emploi, sont : Ammien Marcellin, Aulugelle, Bachoven, César (51 av. J.-C.), Cochius, M. le général Cotty (1822, A), Deligne (1780, 1), M. Douglas, Duane, Encyclopédie (1785, C, suppl., au mot *Pont*), Folard (1727, A), Furetière, Gassendi (1819), Guillet (1686, B), Jabro (1777, G), Krebs, Lachesnaie (1758, 1, aux mots *Marche, Passage, Parc, Pont flottant, Pont de bateaux, Ponton*), Lecouturier (1825, A), Léon (900, A), Malthus, Maurice de Saxe (1757, A, t. 1er, p. 146, 147), Pasley, Potier (1779, X), M. Revéroni (1826), Saint-Remy, Simes (1780, D, au mot *Bridge*), Vaillant, Voltaire (*Siècle de Louis quatorze*, 1670), Walther (1783, C), *Spectateur militaire*, liv. xxiii, p. 463, le *Dictionnaire de la Conversation*.

PONTONNIER, subs. masc. v. bataillon de p... v. compagnie de p... v. corps de p... v. exercice de p... v. lieutenant-colonel de p... v. officier de p...

PONTONNIER (pontonniers), (A, 1). Militaires a pied préposés à la manoeuvre des pontons. — Les Pontonniers français ont succédé, dans ce genre d'emploi, aux compagnies d'ouvriers, qui, comme le témoigne Cotty, étaient chargées, autrefois, de jeter les ponts. La loi de l'an trois (18 floréal) donna le nom de Pontonniers à un corps spécial, faisant partie de l'artillerie, et traité en tout sur le même pied. — Il existait deux bataillons de Pontonniers en l'an neuf. — De l'an treize à 1807, la force des bataillons de Pontonniers était de douze cent sept hommes, dont soixante-deux officiers. — L'ordonnance de 1825 (27 février) ne reconnaissait plus qu'un bataillon. —

Depuis 1830, il a été attaché aux Pontonniers un peloton hors rang. — Plusieurs écrivains regardant l'art du Pontonnier comme une branche de la science des officiers du génie, ont blamé le système qui les amalgamait à l'artillerie, dans certaines milices telles que celle de Prusse, sous Frédéric deux, telles que celle de Saxe, etc.— M. Courtin (1827, au mot *Etat-major*) voudrait qu'à l'instar des usages des milices anglaise, autrichienne, néerlandaise, prussienne, les Pontonniers fissent partie, non de l'artillerie, mais du génie. Les auteurs qui approuvent la méthode française allèguent, pour la justifier, que les Pontonniers sont surtout employés à faciliter le trajet du matériel, des parcs, des trains, des treuils, etc. — Mais ce n'est pas uniquement l'artillerie que le passage des rivières intéresse ; ce moyen de communication n'est pas moins essentiel aux marches des corps d'armée qu'à tous les genres de convois. — Les pionniers et les Pontonniers de l'armée confédérée y font corps ensemble, dans la proportion du dixième de l'armée. — Les Pontonniers de la milice autrichienne sont répartis sur tous les grands cours d'eaux du pays ; ils approprient ainsi, dans leurs études, à tous les genres de localités, l'art qu'ils exercent. Les Pontonniers français résident au contraire tous à Strasbourg, et ne sont familiarisés par conséquent qu'avec la seule navigation du Rhin. — Les Pontonniers de la milice anglaise ont poussé la perfection des exercices au point de jeter un pont, au signal du commandement, aussi régulièrement qu'un soldat exécuterait une charge en douze temps. — Les auteurs qui ont donné des renseignements relatifs aux Pontonniers sont : M. Berriat, M. le colonel Carrion (1824, A), M. le général Cotty (1822, aux mots *Troupe d'artillerie* et *Corps royal*, et au suppl., 1832, A), Drieu, Gassendi, M. Hoyer (1804, 1812), Lachesnaie (1758, I), Miller (Maurice, 1851), Mirabeau (1788, C), M. le général Rogniat (1816), Rosenthal, M. Rumpf (1824, F).

PONTONNIER autrichien. v. autrichien. v. milice autrichienne n° 2, 3.

PONTONNIER belge. v. belge. v. milice belge.

PONTONNIER espagnol. v. espagnol, adj. v. milice espagnole n° 7.

PONTONNIER prussien. v. milice prussienne n° 2. v. prussien, adj.

PONTONNIER russe. v. milice russe n° 2. v. russe, adj.

PONTONNIER saxon. v. milice saxonne n° 2. v. saxon, adj.

PONTONNIER suisse. v. milice suisse n° 2. v. suisse, adj.

PONTONNIER wurtembergeois. v. milice wurtembergeoise n° 5. v. wurtembergeois, adj.

POOTE, subs. fém. v. homme de poesté. v. poste.

POPE, subs. masc. v. milice russe n° 2, 5.

POPELINIÈRE; **PORBECK**. v. noms propres.

PORC, subs. masc. v. milice romaine n° 5, 11. v. tête de p...

PORC-ÉPIC, subs. masc. (F). Ce mot, employé par analogie avec le nom de l'animal ainsi appelé, exprimait une manœuvre d'infanterie ou un ordre tactique depuis longtemps passé d'usage. Lachesnaie (1758, I, au mot *Exercice*) prétend que *ce sont plusieurs lignes, ou le bataillon même, rangées en sorte qu'il y ait un vide dans le centre.* Cette description louche et obscure donne à croire que le Porc-épic était un bataillon rond ou carré à centre vide, fraisé de piques, et analogue ou pareil au hérisson.

PORFIL, subs. masc. v. profil.

PORPHIROGÉNÈTE. v. noms propres.

PORPOINCT, subs. masc. v. pourpoint.

PORPOINT, subs. masc. v. pourpoint.

PORPRIS, subs. masc. v. palissade.

PORQUERRE, verb. act. v. recrutement.

PORQUIR, verb. act. v. engagement de recrues. v. faire des hommes. v. recrutement.

PORRE, subs. masc. v. massue.

PORRON. v. noms propres.

PORT, subs. masc. v. col de montagnes.

PORT d'arme. v. arme. v. noble, subs. v. port d'armes.

PORT d'armes (G, 6), ou, plus correctement parlant, port d'arme, ou port de fusil. Le mot Port, dont l'étymologie s'explique d'elle-même, prend plusieurs acceptions, et c'est un des vices de la langue militaire. Il signifie, d'une manière générale, droit légalement accordé à certaines classes de citoyens de se montrer publiquement en armes ; sous ce rapport, la question est examinée dans l'Encyclopédie (1785, C) au mot armes. — Sous un point de vue particulier aux armées, le terme donne idée de l'injonction qui oblige, à tort ou à raison, tout

militaire en tenue de porter à son côté, même dans la plus profonde paix, l'arme blanche qui fait partie de ses effets d'uniforme. Ce droit, souvent fatal, s'il est acquis à tous les hommes de troupe indistinctement, a été plus d'une fois blâmé vivement à la tribune française ; on s'y est appuyé de l'exemple de la milice anglaise, dans laquelle le simple soldat n'est point armé lorsqu'il est hors du service ; mais la composition de l'armée anglaise, qui ne se recrute qu'à prix d'argent, et où la passion des liqueurs fortes règne plus qu'en toute autre, explique et justifie cette interdiction. Il en a été traité par M. Charles Dupin (1820, B) d'une manière étendue et profonde. — On s'est d'abord servi, à l'égard de l'infanterie, du commandement : porter les armes, au lieu de porter l'arme, parce qu'elle avait différentes armes, c'est-à-dire la pique et le mousquet ; quand elle n'a plus eu que le fusil, l'expression devenait fausse ; mais l'usage a prévalu et s'est maintenu. — Il ne sera ici question que du Port d'armes, ou plutôt du port du fusil de l'infanterie française. Les règles qui y répondent dans nos ordonnances d'exercice sont l'objet d'une des premières leçons de l'école du soldat et de la position sous les armes ; ce qui est prescrit à cet égard est assez connu ; qu'il suffise de quelques recherches sur la partie historique du sujet. — L'ordonnance de 1766 (1er janvier) décrivait le Port d'armes, mais n'en prononçait pas le nom ; l'ordonnance de 1774 (11 juin) inventait le mot. Dans l'origine, on avait dit, comme le témoigne Puységur (1748, C, p. 64, note), fusil sur l'épaule. — Il y a eu deux genres distincts de Port d'armes de simple soldat : celui qui était incliné, celui qui est vertical. — Au temps des arquebuses et des mousquets, le Port d'armes était presque horizontal ; l'arme posait en équilibre sur l'épaule gauche, la plaque de couche en avant et le serpentin en dessus. Cette manière, plus commode et plus naturelle que le port vertical, était favorisée par l'espace entre les rangs et permettait l'usage du chapeau rond. — L'usage général du fusil amena le resserrement des rangs. Cette condensation motiva le Port d'armes plus vertical et le rapprochement des bras contre le corps ; ce redressement du Port d'armes fit changer en chapeaux à trois cornes les chapeaux ronds. — La milice saxonne donna le premier exemple du Port d'armes moins incliné, comme le témoigne Puységur (1748, C). Cet auteur conseillait de le redresser de même, pour que les pivotements des hommes à rangs serrés pussent s'exécuter sans que les canons s'entrechoquassent. — Le Port d'armes anglais est resté moins vertical que celui des autres nations. — Etre au Port d'armes ou avoir l'arme-portée, c'est tenir le fusil suivant un des modes voulus ; les autres modes sont : l'arme au bras, l'arme a volonté, ou sur l'épaule droite ; l'arme sous le bras. — On ouvre les rangs étant au Port d'armes. — Le Port d'armes est le point de départ normal de l'exercice et la position de l'homme de pied prêt à combattre au moyen du feu ; il s'exécute au commandement : Portez vos armes. Ce même temps d'exercice a lieu comme conséquence du commandement : Halte. — Dans l'école du soldat, le Port d'armes se démontre, suivant les cas, en trois ou en deux mouvements. — Le Port d'armes diffère comme port d'armes de sous-officier ou dans le bras droit, et comme port d'armes de soldat ou le long du bras gauche, sa main gauche enveloppant le tranchant extérieur de la crosse du fusil ; il constitue le salut militaire de premier degré rendu par l'homme de troupe d'infanterie sous les armes ; il sert à rendre les honneurs aux aumoniers, aux dignitaires, aux membres de la Légion et aux officiers de l'armée. Les officiers de santé et les chirurgiens des corps n'avaient pas droit à ce genre de salut ; cette exclusion blâmable venait de ce qu'ils n'étaient brevetés que du ministre, non du souverain La circulaire de 1831 (20 juillet) a réparé cette injustice. — La milice espagnole avait une manière de porter l'arme qui s'appelait Port d'armes à la funéraille. — Sur la question du Port d'armes on peut consulter Bohan (1781, H, t. ii, p. 103), Servan (1780, p. 201) et l'Encyclopédie (1785, C, suppl., au mot *Forces*).

PORT d'armes anglais. v. anglais, adj. v. milice anglaise n° 8. v. port d'armes.

PORT d'armes de soldat. v. port d'armes. v. soldat.

PORT d'armes de sous-officier. v. port d'armes. v. sous-officier n° 9, 12.

PORT d'armes d'homme de troupe. v. homme de troupe n° 7, 8.

PORT d'armes espagnol. v. espagnol, adj. v. milice espagnole n° 8.

PORT d'armes saxon. v. milice saxonne n° 4. v. port d'armes. v. saxon, adj.

PORT de fusil. v. fusil. v. port d'armes.

PORT de lettres. v. colonel d'infanterie française de ligne n° 11. v. conseil permanent n° 3. v. directeur de postes d'armée. v. lettre.

PORT de mer. v. crique. v. mer. v. risban. v. sac de ville. v. salut a feu.

PORT de montagnes. v. montagne. v. pas géologique. v. topographie.

PORTA. v. noms propres.

PORTANT, adj. v. bout portant.

PORTATIF (portative), adj. v. arme a feu p... v. arme défensive p... v. arme naturelle p... v. arme névrobalistique p... v. arme offensive p... v. arme p... v. barrière p... v. charge p... v. cheval de frise p... v. forge p... v. four p... v. moulin p... v. palissade p... v. rempart p... v. retranchement p...

PORTE, subs. fém. v. balayage de p... v. capitaine de p... v. capitaine des p... v. chef de poste de p... v. clef de p... v. consigne aux p... v. contre-p... v. fausse p... v. fermer les p... v. fermeture de p... v. garde aux p... v. garde de la p... v. garde de p... v. haut de p... v. manoeuvre de p... v. orgue de p... v. ouverture de p... v. seuil de p...

PORTE (term. génér.). Ce mot a deux étymologies et est de deux genres différents, suivant qu'il est un produit du verbe porter, ou qu'il signifie ouverture ou entrée. Dans le premier cas, il est masculin, et fait partie intégrante de quelques mots composés dont il forme les premières syllabes. — L'étymologie du mot féminin demande seule à être recherchée. — Le mot latin *porta* en est la racine directe et serait dérivé, si l'on s'en rapporte à Gébelin, du celtique *por*, signifiant ouverture ou entrée. — Ce mot *porta* exprimait spécialement une porte de forteresse ; c'était le mot *janua* qui s'employait à l'égard des habitations et des temples. Au moyen age, les maisons et les chateaux forts étaient, pour ainsi dire, identiques, puisque le reste des habitations ne se composait que de misérables huttes ; le latin *porta*, et le français Porte qui en a été la corruption, commencèrent à s'appliquer à toute espèce de logis. C'est une preuve de plus de cette incontestable influence que la guerre a exercée sur la civilisation et les langues. — Comme tant d'autres termes, celui-ci, Porte, a un sens équivoque, contradictoire : il signifie ouverture ou baie et fermeture ; percer une Porte, a trait au premier cas ; poser une Porte, a trait au second. — Le mot féminin Porte sera considéré ici avec quelques détails, comme porte de baraque, — de forteresse, — décumane. — Le mot masculin Porte sera examiné comme inséparable des termes : porte-aigle, porte-armes, porte-baguettes, porte-baïonnette, porte-drapeau, porte-manteau, porte-oriflamme.

PORTE AUGURALE. V. AUGURAL. V. CAMP ROMAIN.

PORTE (subs. fém.) d'AGRAFE. V. AGRAFE DE TABLIER. V. AGRAFE D'HABIT. V. COUVRE-COLBACH.

PORTE d'AVANCÉE. V. AVANCÉE DE FORTERESSE. V. HERSE DE FORTERESSE.

PORTE de BARAQUE (C, 2 ; H). Sorte de PORTE en bois blanc qui est une des parties dont se compose une BARAQUE où campent des militaires. Ses planches sont assemblées par des traverses horizontales qu'on nomme ÉCHARPES. La Porte bat sur l'ENTRETOISE entre des POTEAUX, joue au moyen de pentures, ferme au moyen d'un loquet.

PORTE de BUREAU DE CHEF D'ÉTAT-MAJOR. V. BUREAU DE CHEF D'ÉTAT-MAJOR. V. CHEF D'ÉTAT-MAJOR DE DIVISION TERRITORIALE.

PORTE de CAMP. V. CAMP. V. CHEVAL DE FRISE.

PORTE de CANONNIÈRE. V. CANONNIÈRE. V. CUL-DE-LAMPE DE CANONNIÈRE.

PORTE de CASERNE. V. CASERNE. V. CHEF DE POSTE DE POLICE EN GARNISON. V. CLEF DE CASERNE. V. GARDE DE POLICE EN GARNISON. V. GRANDE PORTE DE CASERNE.

PORTE de CHAMBRE DE CASERNE. V. CAHIER D'APPEL. V. CAPITAINE D'INFANTERIE FRANÇAISE DE LIGNE N° 11. V. CAPORAL D'INFANTERIE FRANÇAISE DE LIGNE N° 13. V. CASERNE. V. CHAMBRE DE CASERNE. V. CHAMBRE DE SOLDAT. V. CLEF DE CHAMBRE DE CASERNE. V. CLEF D'ENTRÉE DE CASERNE. V. FOURRIER D'INFANTERIE FRANÇAISE DE LIGNE N° 10. V. SERGENT-MAJOR N° 7.

PORTE de CHAMBRE DE SERGENT-MAJOR. V. ADRESSE D'OFFICIER DE COMPAGNIE. V. CHAMBRE DE SERGENT-MAJOR. V. SERGENT-MAJOR D'INFANTERIE FRANÇAISE DE LIGNE.

PORTE de CHATEAU. V. CHATEAU. V. MOT. V. OLIFANT.

PORTE de CITADELLE. V. CITADELLE.

PORTE de DEMI-LUNE. V. DEMI-LUNE.

PORTE de FORT. V. FERMETURE DE PORTE. V. FORT, subs. masc. V. MOT.

PORTE (portes) de FORTERESSE (G, 4; H), OU PORTE DE GARNISON, OU PORTE DE PLACE, OU PORTE DE VILLE, OU OSTIAU suivant CARRÉ (1781, E). Sorte de PORTES dont les formes, la matière, la disposition, la DÉFENSE ont changé, en raison des modifications que l'ART MILITAIRE et celui des SIÉGES ont éprouvées. — Les Portes des anciennes forteresses étaient, ordinairement, situées entre deux TOURS, pour en être défendues à COUPS DE FLÈCHES. Ces Portes étant dépourvues de DEHORS, étaient, de prime abord, INSULTÉES par l'ENNEMI. Pour y obvier et pour les garantir contre l'incendie, qui était le grand moyen d'attaque, les défenseurs de la PLACE les recouvraient de peaux crues, les doublaient de plaques de métal ; ils ménageaient, au-dessus, des ouvertures d'où ils versaient de l'eau sur les feux que l'ASSIÉGEANT allumait. Mais ces moyens de DÉFENSE étaient impuissants contre le BÉLIER ou l'EXOSTRE. Cela fit inventer des Portes percées à travers une TOUR ; leur chapiteau était surmonté d'un MACHICOULIS ; en arrière d'elles, glissait, à la manière des villes libres d'ITALIE, une CATARACTE, une HERSE, un ORGUE DE MORT ; les ABORDS de la Porte étaient couverts par des BRETÈCHES ; leur avant-terrain était protégé par des BAILLES, des BARBACANES, des BRAIES, des BOULEVARDS. Telle était la Porte du château de Montargis, et tant d'autres maintenant détruites. — Ce genre de Portes s'appelait aussi ARCHET; tel était, à PARIS, l'archet Saint-Méry. — Quelquefois l'entrée des Portes de ville était interdite à jour périodique ; quelquefois elles étaient murées à perpétuité, comme signe et souvenir de punitions infligées à une commune qui avait forfait à l'obéissance ; ainsi en advint, en 1452, à la ville de GAND qui s'était révoltée contre son SEIGNEUR SOUVERAIN ; il lui imposa des châtiments de ce genre que raconte M. de BARANTE. — L'ATTAQUE et la DÉFENSE des Portes regardaient surtout les CHEVALIERS ; c'était là qu'ils venaient PALETER. — Le GUET-ASSIS des Portes était, dans le principe, fourni par la MILICE COMMUNALE. — De nouveaux perfectionnements, le besoin de se préserver des insultes du PÉTARD, donnèrent naissance aux DOUVES, aux FOSSÉS ; une BASSE COURT en établissait la communication ; un rang de LICES les précédait. Cette addition des DOUVES, l'augmentation de leur évasement, amenèrent l'invention des ESCALES de PÉTARD. — La FORTIFICATION moderne de l'ITALIE, et les progrès de la MILICE FRANÇAISE ont effacé tous ces usages. Les Portes ont été percées au milieu des COURTINES ; on les a multipliées le moins possible, afin de rendre moins fatigant le SERVICE et moins forte la dépense ; en temps de paix, on a disposé en forme de PRISON leur étage supérieur ; un GUICHET qui avait un mètre à peine de hauteur, a été pratiqué à l'un des battants ; elles ont correspondu avec une DEMI-LUNE, ou un RAVELIN ; elles ont été masquées par un ÉPERON, par des DEHORS ; elles sont accompagnées d'un PONT-LEVIS dont elles contiennent la CAGE ; elles ont pour succursales, des Portes uniquement militaires, nommées POTERNES ; un OFFICIER MAJOR, sous le nom de CAPITAINE DES PORTES, en a été le concierge en chef, jusqu'à ce que cette surveillance ait été dévolue à un MAJOR ou à un ADJUDANT DE PLACE. — La CLOCHE du BEFFROI ou la DIANE annoncent l'OUVERTURE et le BALAYAGE des Portes ; la RETRAITE en annonce la FERMETURE ; le CAPORAL DE CONSIGNE y dirige la MANŒUVRE des PONTS, et y lient le FALOT ; elle est exécutée par quelques hommes ayant le fusil en BANDOULIÈRE, tandis que le POSTE se tient en HAIE sous les armes. — Des PORTIERS CONSIGNES concourent aux mesures de police et prêtent appui, s'il y a lieu, aux ÉCLUSIERS ; des CORPS DE GARDE, tant de la Porte proprement dite que de l'AVANCÉE, ayant ordinairement pour CHEF un OFFICIER, y maintiennent le bon ordre ; des DÉCOUVERTES s'assurent, de grand matin, que rien n'est de nature à interdire l'OUVERTURE des Portes ; des OFFICIERS MAJORS viennent y recevoir, à leur ARRIVÉE, les CORPS qui doivent entrer dans la PLACE et qui, auparavant, se rassemblent et se rajustent sur les GLACIS. — Les ORDONNANCES déterminaient les moyens de tenir en sûreté les CLEFS des FORTERESSES et les précautions à prendre à l'égard des DÉSERTEURS étrangers se présentant au POSTE ; elles prévoyaient les cas de la CONSIGNE AUX PORTES ; s'occupaient des circonstances où les Portes devaient être ouvertes de nuit, avec la permission du GOUVERNEUR ou du COMMANDANT DE PLACE ; indiquaient comment devait être communiqué le MOT DE RALLIEMENT et quelles mesures de précaution devaient être prises, quand des CORPS DE TROUPE sortaient des Portes pour aller à l'EXERCICE ; elles réglaient la manière dont les SENTINELLES s'y correspondent et y sont placées. Une d'elles est à l'extrémité du GLACIS pour y suspendre la marche des CAVALIERS, charriots, voitures, au moyen du CRI : ARRÊTE LA-BAS ; la SENTINELLE leur annonce ensuite que le passage des PONTS est libre, au moyen du cri : MARCHE. Deux autres SENTINELLES sont à la première BARRIÈRE, et une à la chaîne du PONT de la DEMI-LUNE ; elles ont l'ordre de le lever à la moindre ALARME. Une SENTINELLE est posée au-dessus de la Porte de cet OUVRAGE, pour découvrir dans la campagne et avertir le POSTE de ce qu'elle y voit et de ce que les SENTINELLES AVANCÉES lui crient ; une est sur l'angle saillant de la DEMI-LUNE, pour découvrir dans la campagne et dans le FOSSÉ ; une est devant les ARMES du CORPS DE GARDE de la DEMI-LUNE, avec ordre d'avertir et de faire PASSER LA VOIX : cette dernière avertit aussi de l'heure qu'elle entend sonner, lorsque c'est celle de la RELEVÉE des SENTINELLES. — Jusqu'en 1791, la rigidité des règles relatives à la surveillance des Portes était depuis longtemps exagérée ; les temps étaient changés, les règles ne

l'étaient pas. Les ORDONNANCES sur le SERVICE DES PLACES, promulguées à l'issue des guerres civiles, se recopiaient machinalement ; la centralisation, l'affermissement du pouvoir monarchique eussent dû apporter plus tôt des tempéraments à une LÉGISLATION qui se trompait de deux siècles. La LOI DE 1791 (10 JUILLET) s'occupa enfin des cas où des Portes de FORTERESSES pourraient être laissées ouvertes — Des PLACES DE GUERRE ont des secondes Portes qu'on appelle CONTREPORTES. — On fait murer, en cas de SIÉGE, les Portes dont les ASSIÉGÉS peuvent se passer. — Dans les PLACES peu défendues, exposées à une SURPRISE, susceptibles d'être brisées par un ENNEMI entreprenant, on encombre intérieurement de troncs d'arbres le bas de la Porte, et l'on perce en œil de bœuf la voûte, pour faire pleuvoir, s'il y a lieu, sur l'ASSAILLANT, une GRÊLE de GRENADES A MAIN. — Ces détails ont été traités par BARDIN (1807, D), BOMBELLES (1746, A), CARRÉ (1783, E), GUILLET (1686, B), LACHESNAIE (1758, I, aux mots *Fermeture, Guichet, Major, Ouverture, Place d'armes d'une ville*), MANESSON (1686, B, t. II), SIONVILLE (1756, E).

PORTE de FORTIFICATION. V. COMPAGNIE DE GRENADIERS N° 4. V. FORTIFICATION. V. LIGNE A OUVRAGES DÉTACHÉS. V. LIGNE FORTIFIÉE. V. SERGENT D'ARMES. V. TAMBOUR DE FORTIFICATION.

PORTE de GARNISON. V. GARNISON. V. HÉRAUT D'ARMES N° 4. V. PLACE D'ARMES DE GARNISON. V. PORTE DE FORTERESSE. V. RONDE. V. SERVICE DE GARNISON.

PORTE de PLACE. V. ASSIÉGÉ. V. BANDOULIÈRE. V. BRÈCHE PRATICABLE. V. PLACE. V. PORTE DE FORTERESSE. V. REMPART DE FORTERESSE. V. SOUS-AIDE-MAJOR. V. SOMMER. V. SUPPLICE. V. TAMBOUR DE FORTIFICATION. V. TARIÈRE.

PORTE de SECOURS. V. CITADELLE. V. SECOURS.

PORTE de TENTE. V. CANNONIÈRE. V. QUINTANE. V. TENTE. V. TENTE D'ANCIEN MODÈLE.

PORTE de TOUR. V. TOUR. V. TOUR MAXIMILIENNE. V. TOUR PERMANENTE.

PORTE de TOURNOI. V. TOURNOI.

PORTE de VILLE. V. ESCALADE. V. EXOSTRE. V. FAUSSE BRAIE. V. PORTE DE FORTERESSE. V. RECONNAISSANCE DE TROUPES ARRIVANTES. V. RETRAITE CÉLEUSTIQUE. V. SAPEUR. V. SENTINELLE. V. STRATAGÈME. V. VILLE.

PORTE DÉCUMANE (F). Sorte de PORTE qui était une de celles d'un CAMP ROMAIN ; c'était la grande Porte de derrière ou le plus loin de l'ennemi, et la principale issue des

TROUPES. Elle était pratiquée non loin du terrain où CAMPAIT la dixième LÉGION ; de là son nom de DÉCUMANE. Elle regardait l'Occident et était à l'opposite de la PORTE du PRÉTOIRE. Les TROUPES nommées *electi* et *extraordinarii* campaient à peu de distance de cette porte, et elle donnait passage aux criminels conduits au supplice.

PORTE d'esplanade. V. CITADELLE. V. ESPLANADE.

PORTE DEXTRE. V. CAMP ROMAIN. V. DEXTRE.

PORTE d'OUVRAGE PASSAGER. V. LIGNE FORTIFIÉE. V. OUVRAGE PASSAGER. V. REDAN.

PORTE du PRÉTOIRE. V. CAMP ROMAIN. V. PORTE DÉCUMANE. V. PRÉTOIRE.

PORTE EXTRAORDINAIRE. V. CAMP ROMAIN. V. EXTRAORDINAIRE.

PORTE INTÉRIEURE. V. DÉBOUCHÉ DE PORTE INTÉRIEURE. V. INTÉRIEUR. V. SENTINELLE DE DÉBOUCHÉ.

PORTE PRÉTORIENNE. V. CAMP ROMAIN. V. PRÉTEUR. V. PRÉTORIEN, adj.

PORTE PRINCIPALE. V. CAMP ROMAIN. V. PRINCIPAL, adj.

PORTE QUESTORIENNE. V. PRÉTEUR. V. QUESTORIEN, adj.

PORTE QUINTANE. V. CAMP ROMAIN. V. QUINTANE, adj.

PORTE SENESTRE. V. CAMP ROMAIN. V. SENESTRE.

PORTE-AIGLE, subs. masc. (F). Mot par lequel des ÉCRIVAINS ont traduit le substantif LATIN *aquilifer*, que quelques-uns même ont francisé en ALFIER et en AQUILIFÈRE. — Le Porte-aigle des LÉGIONS ROMAINES était, suivant l'ENCYCLOPÉDIE (1751, C, au mot *Officier*), un SIMPLE SOLDAT sous les ordres d'un CENTURION EN CHEF ou du CENTURION DE TRIAIRES. TURPIN (1783, O) est d'avis que c'était un SOUS-OFFICIER. — L'ARRÊTÉ DE L'AN DOUZE (11 MESSIDOR) institua dans l'ARMÉE FRANÇAISE un Porte-aigle par BATAILLON. Le DÉCRET DE 1808 (8 FÉVRIER) n'en reconnaissait plus qu'un par RÉGIMENT ; c'était un LIEUTENANT ou un SOUS-LIEUTENANT attaché à l'ÉTAT-MAJOR ; il avait pour adjoints, ou substituts attachés aussi à l'ÉTAT-MAJOR, un SECOND et un TROISIÈME PORTE-AIGLE tirés, aux termes de la loi, des VIEUX SOLDATS illettrés, quoique ce titre d'illettré, pris dans ce sens, ne fût pas français, et que la marche des progrès humains ainsi que les écoles lancastriennes dussent, dans une période de temps donné, faire disparaître de la classe des SOUS-OFFICIERS les hommes ne sachant pas lire. — Ces SECOND et TROISIÈME PORTE-AIGLES

étaient armés d'un ESPONTON et de PISTOLETS DE CEINTURE à l'orientale. Ces détails, de peu d'intérêt maintenant, sont consignés dans M. BERRIAT. — Le PORTE-DRAPEAU a succédé au Porte-aigle.

PORTE-ARME (B, I), ou RATELIER D'ARMES. EFFET D'AMEUBLEMENT DE CASERNE qui est placé dans les CORPS DE GARDE, la CHAMBRE du SERGENT-MAJOR, les MAGASINS DE CORPS, etc. — Le Porte-arme est élevé à un mètre au-dessus du sol ; il reçoit les ARMES dans une position verticale, mais un peu inclinées en avant ; il contient dix fusils par mètre courant.

PORTE-BAGUETTES (B, I). Partie d'un COLLIER DE TAMBOUR. Autrefois deux cylindres de BUFFLE pendant à une lanière, et ayant deux pouces de longueur, recevaient la PAIRE DE BAGUETTES quand le TAMBOUR ne devait pas les tenir à la main pour s'en servir. Ces Porte-baguettes étaient à l'extrémité de la BANDE. — L'INFANTERIE de la GARDE CONSULAIRE et IMPÉRIALE, se dispensant d'observer les règlements sur l'UNIFORME de l'ARMÉE, s'ingéra de placer sur la BANDE COURTE deux Porte-baguettes en cuivre, attachés au moyen d'une CLAVETTE sur un ÉCUSSON ou PLAQUE de même métal garni d'un TENON. Ce moyen était plus solide et plus commode, mais plus dispendieux. — Depuis la restauration, époque où les dépenses de tenue et d'uniforme ont été sans cesse s'accroissant, l'INFANTERIE DE LIGNE a obtenu le COLLIER DE TAMBOUR avec ses garnitures à la manière des GARDES IMPÉRIALE et ROYALE.

PORTE-BAIONNETTE (B, I), ou PENDANT. Partie intégrante d'une BANDEROLE DE GIBERNE DE SOLDAT D'INFANTERIE. Il est attaché près de l'extrémité de la BANDE. Cet usage, qui s'est conservé dans la milice ANGLAISE, était français ; l'HOMME DE PIED, depuis la suppression de l'ÉPÉE, en 1767, avait continué de porter un CEINTURON auquel pendait à gauche sa BAIONNETTE. — Le RÈGLEMENT DE 1786 (1er OCTOBRE) ne reconnaissait plus ce CEINTURON ; elle plaçait dans un PASSANT du BAUDRIER, au-dessus de celui du BRIQUET, le FOURREAU DE BAIONNETTE des BAS OFFICIERS et des GRENADIERS ; elle plaçait la baïonnette des HOMMES non porteurs de SABRE, à la partie antérieure du bout de la BANDEROLE de la GIBERNE. L'INSTRUCTION DE 1791 (1er AVRIL) ne reconnaissait plus que cette dernière manière pour tous de porter la BAIONNETTE. — Le Porte-baïonnette de la BANDEROLE se compose d'un morceau de buffle replié, dont le CÔTÉ DE DESSOUS forme TALON et appuie sur la hanche de l'homme, et dont le CÔTÉ DE DESSUS supporte une BOUCLE.

PORTE-BONNET, subs. masc. v. BONNET. v. BONNET DE POLICE D'HOMME DE TROUPE. v. COURROIE PORTE-BONNET.

PORTE-BRANCARD. v. AMBULANCE. v. BLESSÉ. v. BRANCARD. v. DÉPOTAT. v. MUSIQUE. v. OFFICIER DE TRANCHÉE. v. QUEUE DE TRANCHÉE. v. SORTIR EXTÉRIEURE.

PORTE-CAISSE. v. BRETELLES PORTE-CAISSE. v. CAISSE.

PORTE-CARTOUCHE, subs. masc. v. CARTOUCHE. v. CARTOUCHE D'ÉQUIPEMENT. v. GIBERNE.

PORTE-CORNETTE, subs. masc. v. CORNETTE. v. CORNETTE ROYALE. v. CRAVATE DE DRAPEAU. v. OFFICIER PORTE-CORNETTE. v. PORTE-ENSEIGNE.

PORTE-COULANT, subs. fém. v. COULANT. v. HERSE DE FORTERESSE.

PORTE-COULISSE, subs. masc. v. COULISSE. v. HERSE DE FORTERESSE.

PORTE-CROSSE. v. CROSSE. v. DRAGON FRANÇAIS N° 4.

PORTE-DRAPEAU (subs. masc.) (A, 1) MILITAIRE FRANÇAIS, qu'on appelle simplement aussi DRAPEAU. Le rang de ces MILITAIRES, car ils n'ont pas toujours été OFFICIERS, leur dénomination, leur NOMBRE, les FONCTIONS dont ils ont été chargés ont varié fréquemment, comme le témoignent BOURJOT (1814, K), DUBOUSQUET (1769, B), DUPAIN (1783, F), ENCYCLOPÉDIE (1785, C ; id. au mot *Drapeau*), GUYNET, LACHESNAIE (1758, I, au mot *Enseigne*), MONDÉSIR (1781, C), SINCLAIRE (1773). — Ce qu'ils en disent va se résumer dans les articles : CRÉATION, COMPOSITION, DÉNOMINATION, NOMINATION, UNIFORME, LOCALISATION, SOLDE, RANG, FONCTIONS, DEVOIRS. — N° 1. CRÉATION, DÉNOMINATION. — GUILLET (1686, B) dit que, de son temps, il y avait des Porte-drapeaux dans les GARDES FRANÇAISES et dans quelques CORPS. — Avant 1762, il existait dans chaque BATAILLON de l'INFANTERIE FRANÇAISE deux ENSEIGNES ; ce nom d'ENSEIGNE répondait à celui de Porte-drapeau. Nous avons dû, à raison de cette différence de DÉNOMINATION, traiter à part de l'ENSEIGNE. — DUPAIN (1783, F) fait une distinction devenue presque inintelligible et qui prouve toute l'incorrection de la LANGUE MILITAIRE. Il appelle Porte-drapeau, un SOLDAT Porte-drapeau ; il appelle PORTE-ENSEIGNE un OFFICIER Porte-drapeau. Cela tient à ce que l'OFFICIER, pour éviter la fatigue de l'EMPLOI, se faisait ordinairement représenter par un SOLDAT. — L'ORDONNANCE DE 1762 (10 DÉCEMBRE) abolissait le titre d'ENSEIGNE et y substituait celui de Porte-drapeau. — Depuis 1776, ce dernier était tiré des SERGENTS-MAJORS. — L'ORDONNANCE DE 1791 (1er AVRIL) ne reconnaissait plus de Porte-drapeau, c'est-à-dire de personnages ayant spécialement cette qualification et cet EMPLOI ; porter le DRAPEAU devint une FONCTION éventuelle de SERGENT-MAJOR, car on avait reconnu depuis longtemps l'inutilité d'un GRADE dépourvu de FONCTIONS la plupart du temps. Les premières campagnes de la GUERRE DE LA RÉVOLUTION s'achevèrent sans que le drapeau ait été confié à un OFFICIER ; il ne l'était qu'à un HOMME DE TROUPE gradé. — BONAPARTE, en formant les primitifs RÉGIMENTS à pied de sa GARDE, confia leur DRAPEAU à un capitaine, et quand il substitua aux DRAPEAUX de la ligne l'AIGLE impériale, un lieutenant fut PORTE-AIGLE. — Le ministre GOUVION fit revivre en 1817 le Porte-drapeau OFFICIER, et en fit un membre de l'ÉTAT-MAJOR. Pour que l'EMPLOI ne fût pas trop visiblement une sinécure, les RÈGLEMENTS ont cherché à lui donner quelques attributions accessoires, et à en faire un des rouages de l'ADMINISTRATION DE CORPS. — Voyez dans notre LANGUE quelle bizarrerie des DÉNOMINATIONS militaires : autrefois un ENSEIGNE, considéré à part d'un PORTE-ENSEIGNE, était Porte-drapeau, et depuis l'invention des AIGLES, ce que les lois sur la COMPOSITION appelaient une ENSEIGNE, était un signe confié aux mains du SOUS-OFFICIER que les lois sur la TACTIQUE appelaient Porte-drapeau. — N° 2. NOMBRE. — Au temps des ENSEIGNES, c'est-à-dire quand ce nom était celui et d'une ENSEIGNE et du personnage qui la portait, et de la COMPAGNIE où elle flottait, il y avait autant d'ENSEIGNES que de COMPAGNIES ; quand l'ENSEIGNE prit le nom de DRAPEAU, quand les DRAPEAUX se réduisirent à trois, puis à deux par BATAILLON, il n'y avait plus que deux ENSEIGNES, c'est-à-dire deux personnages portant le DRAPEAU ; ils prirent, en 1762, le nom de Porte-drapeau et continuèrent à être deux par BATAILLON. — L'ORDONNANCE DE 1775 (26 AVRIL) en reconnaissait encore deux ; celle DE 1776 (25 MARS) supprimait un de ces deux Porte-drapeaux. — L'ORDONNANCE DE 1788 (17 MARS) reconnaissait deux Porte-drapeaux par RÉGIMENT de deux BATAILLONS. — L'ORDONNANCE DE 1820 (25 OCTOBRE) n'en reconnaissait qu'un par RÉGIMENT. Mais si les Porte-drapeaux passent pour des officiers indispensables, comme manœuvriers mieux exercés, il en faudrait un par BATAILLON, puisqu'il n'y a pas de BATAILLON qui, en MANOEUVRES, ne puisse être BATAILLON DE DIRECTION. S'il y a des BATAILLONS où un SOUS-OFFICIER suffise comme Porte-drapeau, l'EMPLOI de Porte-drapeau permanent et spécial est inutile. — N° 3. Nomination, uniforme. — L'ordonnance de 1776 (25 mars) voulait que les Porte-drapeaux fussent tirés de la classe des sergents; leur avancement se bornait ensuite à devenir sous-aide-major, ou officier de grenadiers, ce qui était, presque sans exception, le terme de l'ambition permise aux officiers de fortune. — L'ordonnance de 1767 (25 avril) donnait aux Porte-drapeaux l'épaulette à fond de soie de la couleur tranchante; elle était liserée d'or ou d'argent et garnie de franges assorties. — Après l'abolition des officiers Porte-drapeaux, leur rétablissement ayant eu lieu, ils portent l'épaulette de leur grade, et il leur est fourni une banderole de drapeau. — Un Porte-drapeau, s'il obtient de l'avancement, quitte cet emploi. — N° 4. Localisation, solde, rang. — L'ordonnance de 1766 (1er janvier) voulait qu'en ordre de parade, le Porte-drapeau se tînt à quatre pas en avant du premier rang. Dans l'ordre de bataille ordinaire, le Porte-drapeau se plaçait au second rang. Depuis 1774, il a été dans toute circonstance placé au premier rang. — L'ordonnance de 1831 (7 mai) disposait qu'en campagne, le Porte-drapeau était attaché à la section active de la compagnie hors rang et y secondait le lieutenant d'armement. — La solde, en 1762, était d'une livre dix sous par jour; elle a été ensuite et est encore celle du grade. — Les ordonnances de 1762 (10 décembre) et de 1788 (17 mars) considéraient comme derniers sous-lieutenants les Porte-drapeaux; l'ordonnance de 1818 (2 août) accordait au Porte-drapeau le grade de sous-lieutenant, sans expliquer que ce fonctionnaire serait le dernier sous-lieutenant. En cas d'avancement, il cessait d'être Porte-drapeau. — N° 5. Fonctions. — Les fonctions du Porte-drapeau ont, dans l'origine, été en partie celles dont les adjudants-majors et les adjudants, créés bien plus tard, ont été chargés; leurs attributions participaient aussi de celles que des officiers de semaine ou de jour ont ensuite accomplies; mais dans les attributions du Porte-drapeau il n'y avait presque rien qui intéressât la tactique. — Ils secondaient le quartier-maitre dans les détails du casernement. — Depuis le ministère de Saint-Germain, les fonctions sont devenues tactiques. Depuis 1817, le Porte-drapeau est devenu, en dépit de l'incompatibilité des devoirs, un officier de casernement. — Cet exposé amène une division naturelle de ces diverses phases, en fonctions d'administration et en fonctions tactiques. — N° 6. Fonctions d'administration, de police, de service, etc. — L'ordonnance de 1765 (1er mai), pour tirer parti des loisirs d'un officier souvent desœuvré, chargeait les Porte-drapeau, porte-étendard, porte-guidon, de la visite journalière des hôpitaux du lieu; Guynet conseillait de leur confier la surveillance des ouvriers. — L'ordonnance de 1768 (1er mars) les maintenait officiers de détails, voulait qu'ils assistassent au cercle de la parade de la place, qu'ils reçussent des mains des fourriers les billets d'appel; elle les chargeait de l'appel des sergents de semaine. — L'ordonnance de 1788 (1er juillet) remettait au Porte-drapeau la surveillance des écoles d'enseignement primaire. — Les documents postérieurs à ces époques, et relatifs à la cérémonie de la réception des drapeaux, ont réglé la place et la fonction du Porte-drapeau dans cette circonstance. — L'ordonnance de 1818 (13 mai) faisait du Porte-drapeau un officier de casernement; c'était à lui à recevoir de chaque compagnie les bons d'effets de literie, de faire distribuer les effets de casernement, de donner ses soins au ramonage des cheminées. — A l'arrivée du corps à la garnison, le Porte-drapeau constatait, avec le conservateur des batiments, ou le préposé au casernement, l'état des locaux; se concertait avec l'adjudant-major qui avait précédé le corps, présidait à tous les détails du casernement, avec l'aide de l'adjudant et d'un sous-officier; tenait un registre de casernement, dressait un tableau de l'assiette du logement, en remettait un double au colonel. Cette assiette ne pouvait ensuite changer qu'en conformité des ordres par lui transmis à cet égard aux fourriers et aux caporaux d'escouade. — En cas de départ, le Porte-drapeau devait prendre en compte les effets de casernement, et recueillir les clefs des chambres de la caserne et des pavillons, en faire la remise ainsi que des effets de casernement, et procéder aux estimations de réparations de casernement. — En route, le Porte-drapeau devait recevoir toutes les réclamations relatives au logement. — L'ordonnance de 1833 (2 novembre) attachait le Porte-drapeau à l'instruction des recrues et le chargeait du service de semaine, dans le cas où il n'y aurait dans une compagnie qu'un seul officier présent. — N° 7. Fonctions tactiques. — Les ordonnances de 1750 (7 mai) et de 1755 (6 mai) indiquaient la manière d'aller aux drapeaux et de les apporter. Les règlements subséquents négligeaient ce genre de détails. — Les ordonnances de 1766 (1er janvier) et de 1771 (19 juin) plaçaient, en ordre de bataille, les Porte-drapeaux au second rang d'une des compagnies centrales du ba-

TAILLON. L'instruction de 1774 (11 juin) le plaçait, avec plus de raison, au premier rang. — Jusque-là le drapeau n'était qu'un signe de ralliement, non un moyen d'alignement, non un instrument directeur de manoeuvres ; car le Porte-drapeau n'a commencé à avoir des fonctions tactiques que depuis l'invention, si peu ancienne, des principes de l'alignement et la découverte des régles de la direction et des marches en bataille sur un grand front. — Le régime de la restauration, en abolissant l'aigle, a cru devoir conserver un emploi qui rappelait celui de porte-aigle ; elle a créé officier le Porte-drapeau. C'était une de ces fautes nombreuses qui désajustent perpétuellement le mécanisme de l'armée française, et qui détruisent l'harmonie entre la composition et la tactique ; en voici la preuve. Le Porte-drapeau de 1791 était d'un moindre grade que l'adjudant ; de là cette subordination tactique de l'un envers l'autre. Ainsi, dans la marche du bataillon en bataille en avant, en retraite, par le flanc, le Porte-drapeau devait se conformer au pas de l'adjudant, agir sous sa direction, se régler sur les indications qu'il en recevait. Depuis la résurrection des corps privilégiés, et surtout depuis la restauration, le Porte-drapeau est devenu sous-lieutenant, lieutenant, capitaine, suivant les temps et les corps, et tandis qu'il grandissait ainsi, les lois tactiques restant cependant les mêmes, le Porte-drapeau s'est trouvé à la fois le supérieur et le subordonné de l'adjudant. Telles sont les incohérences d'une législation que l'irréflexion et le caprice retouchent par parties, quand il faudrait que l'expérience et le calcul la modifiassent dans son ensemble. — De pied ferme, le Porte-drapeau concourt, avec les guides généraux, à tracer le jalonnement primitif de bataille. Au commandement : Drapeau et guides généraux sur la ligne, il se place en avant du centre du bataillon, à la distance indiquée par le chef de bataillon, et fait face à ce chef ; il devient ainsi le point de vue des guides de bataille. — Après les marches en bataille, un alignement sur le centre s'opére de même, conformément à la base d'alignement que détermine l'adjudant-major. — La régularité de la marche du Porte-drapeau, l'accord du drapeau qu'il tient et des fanions que portent les guides généraux, maintiennent la perpendicularité de la ligne directrice, et préviennent les à-coups, les flottements, les déviations. — L'influence du Porte-drapeau sur le mécanisme de la marche, et surtout de la marche en bataille dont l'exécution et la

correction dépendent de lui, témoigne qu'il ne doit pas être étranger à cet art qu'on a appelé apomécométrie, et qui calcule au pas et à l'œil les distances. — On a appelé base de direction et prolongement du Porte-drapeau, la conformité de sa marche et du tracé de l'arrière-jalonnement. Ce tracé est la directrice dont les arrière-jalonneurs sont les nœuds intermédiaires et successifs, soit quand le bataillon est isolé, soit quand il est désigné comme bataillon de direction. — Dans la marche en bataille, le Porte-drapeau se porte en avant du bataillon, ainsi que le premier rang de sa garde ; il se conforme à la direction plus ou moins oblique que le chef de bataillon lui enjoindrait de suivre, et il remédie par le pas oblique à l'altération des intervalles. — Dans la marche en retraite, il passe au troisième rang devenu premier. — Quand il a, pendant l'exécution des feux, quitté sa place ordinaire de bataille, il y rentre, ainsi que sa garde, au signal d'un coup de baguette. — Il est au premier rang de sa garde dans l'ordre naturel ; il est au troisième rang dans l'ordre renversé. — Dans les changements de direction, son pas de conversion est d'un pied. — Dans le passage d'obstacle, le Porte-drapeau rentre au peloton avant qu'il exécute un mouvement par le flanc. — Dans la marche oblique, le Porte-drapeau est le régulateur de l'angle d'obliquité. — Dans la formation successive, et lorsque la subdivision dont il fait partie arrive sur la ligne de bataille, il quitte son rang et se place vis-à-vis de sa file, sur l'alignement des guides déjà établis ; il leur fait face et tient perpendiculairement son drapeau, le talon à la hauteur de la ceinture. — Quand un bataillon en colonne arrive par devant la ligne de bataille, le Porte-drapeau, après avoir traversé cette ligne, quitte son peloton quand il converse, et se prolonge de sa personne sur la ligne de bataille, en se conformant à la direction que lui trace le guide général de la tête. — Quand le Porte-drapeau fait fonction de guide général du centre, en colonne, il porte perpendiculairement son drapeau entre les deux yeux. — N° 8. Devoirs. — Le Porte-drapeau, quand les honneurs militaires sont rendus, doit le salut au roi, aux princes, aux maréchaux, mais non aux colonels généraux ; il rend ce salut en abaissant la hampe et développant la draperie. — Il accompagne, le dimanche, le lieutenant-colonel dans la visite rendue au colonel.

PORTE-drapeau au camp. V. au camp.

v. CONSIGNE DE SENTINELLE DE POLICE AU CAMP.

PORTE-DRAPEAU EN GARNISON. V. EN GARNISON. V. PORTE-DRAPEAU N° 6.

PORTE-DRAPEAU EN ROUTE. V. EN ROUTE. V. PORTE-DRAPEAU N° 7.

PORTE-ENSEIGNE, subs. masc. (F). MILITAIRE considéré ici abstraction faite du GRADE et du pays, car il n'y a jamais eu dans l'INFANTERIE FRANÇAISE d'emploi désigné légalement sous cette qualification, si ce n'est dans les GARDES SUISSES ; le Porte-enseigne s'y appelait *fahn-juncher*. — Les Porte-enseignes de la MILICE GRECQUE se sont nommés SÉMÉIOPHORES. — Les Porte-enseignes de la MILICE ROMAINE se sont nommés : *aquilifer, draconarius, imaginifer, imaginarius, leonifer, lupifer, signifer, standifer, vexillarius.* — Au temps où régnait l'usage des BANNIÈRES, on nommait, en bas LATIN, *ferentes* ceux qui les portaient. — — Les traducteurs nous donnent idée de ces coutumes, de quelques-uns de ces termes ou de leurs analogues, par l'emploi qu'ils font des substantifs ALFIER, AQUILIFÈRE, CORNETTE, DRACONNAIRE, DRAPEAU, ENSEIGNE, GUIDON, IMAGINIFÈRE, PORTE-CORNETTE, PORTE-DRAPEAU, PORTE-ÉTENDARD, PORTE-FLAMME, PORTE-GUIDON, PORTE-IMAGE, PORTE-ORIFLAMME, VEXILLAIRE, VEXILLAIRE. — BRANTÔME (1600, A), un des premiers, parle de Porte-enseigne, mais il emploie fréquemment le simple mot ENSEIGNE dans le même sens. — On lit dans Martin Dubellay que, en 1521, le duc de Vendôme étant arrivé devant Landrecies, *quatre ou cinq Porte-enseignes des bandes de Picardie osèrent avancer jusqu'au pied des murailles.* — On peut, sur ces questions, consulter : BARDIN (1807, D), BOMBELLES (1746, A), M. le colonel CARRION (1824, A), DESPAGNAC (1751, D), DUPAIN (1783, F, au mot *Echarpe*), l'ENCYCLOPÉDIE (1751, C ; 1785, C ; id. au mot *Enseigne*), GUILLET (1686, B), LACHESNAIE (1758, I, aux mots *Enseigne, Service*), ROHAN (1757, Q), TURPIN (1785, O). — Nous avons expliqué par quelles circonstances singulières et mal connues les ÉCHARPES des Porte-enseignes sont devenues les CRAVATES des DRAPEAUX. — Les Porte-enseignes ROMAINS étaient les trésoriers des MASSES de réserve des LÉGIONNAIRES. — Sous le régime féodal, le Porte-enseigne annonçait sa troupe et son maître en proférant le CRI D'ARMES. — Les Porte-enseignes de la MILICE BYSANTINE traduisaient télégraphiquement, par les mouvements de leur ENSEIGNE, les COMMANDEMENTS que leur transmettaient les CRIEURS ; c'était une trace des usages des LÉGIONS et de la MILICE GRECQUE, dans lesquelles le son du CORNET ou la voix du HÉRAUT annonçaient la mobilisation ou le stationnement des ENSEIGNES. — La MILICE PIÉMONTAISE a continué à appeler CORNETTES, des Porte-enseignes. — Au nombre des institutions de la MILICE RUSSE figurent des écoles de Porte-enseigne.

PORTE-ÉTENDARD, subs. masc. V. ALFIER. V. CAVALERIE FRANÇAISE N° 8. V. CORNETTE DE CAVALERIE. V. CORNETTE IDIOPLIQUE. V. ENSEIGNE IDIOPLIQUE N° 5. V. ENSEIGNE ROMAINE. V. ÉTENDARD. V. GONFALONIER. V. MILICE PORTUGAISE N° 1. V. OFFICIER FRANÇAIS N° 5. V. PORTE-ENSEIGNE.

PORTE-FANION, subs. masc. V. FANION. V. FANION TACTIQUE.

PORTE-FEU, subs. masc. V. FEU. V. MINE A FEU. V. SOURIS.

PORTE-FLAMME, subs. masc. V. FLAMME. V. FLAMME A HAMPE. V. MINEUR FRANÇAIS. V. PORTE-ENSEIGNE.

PORTE-GIBERNE, subs. masc. V. COURROIE PORTE-GIBERNE. V. GIBERNE. V. MAGASIN DE CORPS.

PORTE-GUIDON, subs. masc. V. CAVALERIE FRANÇAISE N° 8. V. GUIDON. V. GUIDON IDIOPLIQUE. V. PORTE-DRAPEAU N° 6. V. PORTE-ENSEIGNE.

PORTE-HACHE, subs. masc. V. HACHE. V. MASSE D'HABILLEMENT. V. SAPEUR D'INFANTERIE. V. SOLDAT.

PORTE-HAVRE-SAC, subs. masc. V. CHAMBRE DE SOLDAT. V. HAVRE-SAC.

PORTE-IMAGE, subs. masc. V. IMAGE. V. PORTE-ENSEIGNE.

PORTE-LANCE, adj. et subs. masc. V. BOUCHE A FEU. V. DORIPHORE. V. ÉPÉE PORTE-LANCE. V. FAUGRE. V. LANCE. V. LANCE A FEU. V. MILICE PERSE.

PORTE-MANTEAU, subs. masc. (B, 1). Ce mot a deux sens différents, et c'est un des quiproquos de la LANGUE : il exprime, sous forme prenant pluriel, un EFFET D'AMEUBLEMENT, et, sous forme sans pluriel, un genre de VALISE d'officier, décrit dans la DÉCISION DE 1851 (22 AOUT). — Le PORTE-MANTEAU D'AMEUBLEMENT fait partie des EFFETS A DEMEURE placés dans les CHAMBRES D'OFFICIERS DE GARDE et dans les CHAMBRES des OFFICIERS logés dans les PAVILLONS ; il est en bois et fourni des pattes et crampons nécessaires. Celui des PAVILLONS est à six boutons ; l'autre est à trois chevilles.

PORTE-MANTEAU D'AMEUBLEMENT. V. AMEUBLEMENT. V. PORTE-MANTEAU.

PORTE-MANTEAU D'ÉQUIPEMENT. V. BALLOT DE COMPAGNIE EN ROUTE. V. BESACE. V.

CAISSON DE BATAILLON. V. CAMP. V. CAPITAINE EN ROUTE. V. CAPORAL D'ÉQUIPAGES EN ROUTE. V. ÉQUIPEMENT. V. GUERRE DE 1792. V. OFFICIER DE COMPAGNIE. V. OFFICIER FRANÇAIS N° 7. V. SELLE DE CAVALERIE.

PORTE-MASSE. V. MASSE. V. SERGENT D'ARMES.

PORTE-MÈCHE. V. MÈCHE. V. SERPENTIN.

PORTE-MOUSQUETON. V. BANDEROLE PORTE-MOUSQUETON. V. ÉTRIER D'ARBRIER. V. MOUSQUETON.

PORTE-ORIFLAMME (F). Titre d'un OFFICIER de haut rang dont l'EMPLOI fut créé en 1110 par LOUIS LE GROS; il n'existait plus depuis LOUIS ONZE. — Quelques AUTEURS ont pris dans le même sens PÉNONFER OU PORTE-PENNON. — Un grade analogue a existé en NAVARRE et en ITALIE : c'était celui d'ALFIER et de GONFALONIER. — Le Porte-oriflamme était un DIGNITAIRE d'un ordre supérieur à celui des MARÉCHAUX DE FRANCE; il était le commandant de la TROUPE qui escortait l'ORIFLAMME, TROUPE composée de CHEVALIERS et de GENS D'ARMES d'élite; il en était censé le PORTE-ENSEIGNE, mais il était secondé d'un aide qui, en réalité, s'acquittait de cette dernière fonction. — RIGORD et GUILLAUME LE BRETON témoignent que son titre et sa fonction étaient une CHARGE ou une commission à vie. — Un mandement de CHARLES SIX, conservé à la chambre des comptes, faisait mention d'une somme payée au Porte-oriflamme du roi. — On peut consulter à cet égard : ANSELME, DANIEL (1721, A), DESPAGNAC (1751, D), DUCANGE, GANEAU, M. REY, VELLY, VITON, le *Journal de l'Armée* (t. III, p. 366).

PORTE-OUTIL, subs. masc. V. OUTIL. V. SAPEUR D'INFANTERIE.

PORTE-PENNACHE. V. BACINET. V. HEAUME. V. PANACHE. V. PENNACHE.

PORTE-PLAQUE, subs. masc. V. PLAQUE. V. SCHAKO D'INFANTERIE.

PORTE-PLUME, subs. masc. V. PANACHE. V. PLUME.

PORTE-POMPON. V. CHAPEAU A TROIS CORNES. V. SCHAKO.

PORTE-VIS. V. CONTRE-PLATINE. V. VIS.

PORTÉ (portée), adj. V. ARME P... V. FUSIL P...

PORTÉE, subs. fém. V. DEMI-PORTÉE.

PORTÉE { D'ARC. / D'ARME A FEU, { PORTÉE DE CANON. / DE FUSIL.

PORTÉE (term. génér.). Ce mot ne demande pas qu'on en explique l'étymologie; il appartient à la langue de l'ART DE L'ARMURIER, à celle des MANUFACTURES D'ÉTOFFES, à celle de la BALISTIQUE. — Il ne sera question ici, avec quelques détails, que de la PORTÉE BALISTIQUE. Sous ce point de vue, le terme est d'invention française; car la LANGUE ITALIENNE, qui a pourvu à la plupart des expressions usitées en ARTILLERIE, appelle *passata* l'espace qu'un PROJECTILE parcourt. C'est cette mesure que les FRANÇAIS ont nommée Portée, et, au contraire, c'est le poids du PROJECTILE, et non sa mobilisation, que les ITALIENS rendent par *portata*. — Le mot Portée demande à être distingué en PORTÉE BALISTIQUE, — D'AMUSETTE, — D'ARBALÈTE, — D'ARC, — D'ARME A FEU, — DE BALISTE, — DE BOMBE, — DE BOUCHE A FEU, — DE BUT EN BLANC, — DE BUTTIÈRE, — DE CARABINE, — DE CATAPULTE, — DE CHAPE, — DE FRONDE, — DE FUSÉE, — DE GARDE, — DE GRENADE, — DE JAVELOT, — DE MORTIER, — DE MOUSQUET, — D'ESPINGOLE, — D'ÉTOFFES.

PORTÉE BALISTIQUE. V. BALISTIQUE, adj. V. PORTÉE.

PORTÉE D'AMUSETTE. V. AMUSETTE.

PORTÉE D'ARBALÈTE. V. ARBALÈTE.

PORTÉE D'ARC (F). Sorte de PORTÉE dont le maximum était évalué, dans la TACTIQUE de la MILICE ROMAINE, à cent quatre-vingts mètres suivant VÉGÈCE (390, A); mais l'ENCYCLOPÉDIE (1785, C, au mot *Arme*, p. 121) exprime l'opinion que, à cent vingt mètres, les ROMAINS se regardaient comme hors de la Portée des TRAITS. DANIEL (1721, A) pense que la Portée de ces PROJECTILES était de six cents pas; mais il prend le pied romain pour un pas, il se trompe ainsi de plus du double; jamais ARCHER n'a tiré de six cents pas, et l'espacement entre les TOURS D'ENCEINTE était bien moindre.

PORTÉE D'ARME A FEU (term. sous-génér.). Sorte de PORTÉE qu'on appelle aussi CHAMP DE FEU; elle dépend de la direction donnée au TUBE, de la densité et de la matière du PROJECTILE, du volume et du poids de la BALLE, de la grosseur des GRAINS, de leur inflammation plus ou moins instantanée, de la vitesse initiale, de la densité de l'air ou du nombre de ses couches, de la pénétrabilité ou de la résistance de l'objet ou de l'OUVRAGE frappé, de la différence de niveau entre le BUT et l'ARME A FEU. Ce sont autant de savants problèmes de BALISTIQUE et d'indispensables études pour un GÉNÉRAL D'ARMÉE. — La ligne de projection, et par conséquent la Portée, diffère surtout d'elle-même, suivant que le COUP est horizontal ou

DE BUT EN BLANC, suivant que le tir est plus ou moins diagonal de bas en haut ou de haut en bas, suivant qu'il est sous l'angle de quarante-cinq degrés, suivant qu'il est à TOUTE VOLÉE ou à COUPS PERDUS. — Le BUT EN BLANC ARTIFICIEL est une espèce de TIR au jugé qui supplée au défaut de justesse de Portée vers un BUT EN BLANC NATUREL. — On peut consulter sur ces questions : ANTONI, M. le général COTTY (au mot *Trajection*), HUTTON, LACHESNAIE (1758, I, au mot *Fortification*), LECOUTURIER (1825, A), M. MORITZ-MEYER, le *Journal des Sciences militaires* (1835, p. 175).

PORTÉE de BALISTE. V. BALISTE.

PORTÉE de BISCAIEN. V. BISCAIEN.

PORTÉE de BOMBE. V. BOMBE. V. MORTIER.

PORTÉE de BOUCHE A FEU. V. ARTILLERIE D'ARMEMENT. V. BOUCHE A FEU. V. EHRENSWERD.

PORTÉE de BUT EN BLANC. V. BUT EN BLANC ARTIFICIEL. V. BUT EN BLANC NATUREL. V. COUP DE CARABINE.

PORTÉE de BUTTIÈRE. V. BUTTIÈRE.

PORTÉE de CANON (G, 2, 3). Sorte de PORTÉE D'ARME A FEU qui a différé suivant les temps, à raison de la qualité de la POUDRE, du CALIBRE des PIÈCES, de la longueur des TUBES, de l'emploi des BOULETS EN PIERRE ou des BOULETS DE MÉTAL, etc. — Le calcul des Portées varie s'il s'agit d'une BATAILLE, d'un SIÉGE OFFENSIF, de la DÉFENSE d'une PLACE. — En RASE CAMPAGNE, la Portée s'évalue, en général, à six cents mètres ou neuf cents pas, si l'on tire sur la CAVALERIE; elle s'évalue à sept ou huit cents mètres, si l'on tire sur l'INFANTERIE, ou s'il s'agit d'un DÉPLOIEMENT DE BRIGADE; elle est plus faible s'il s'agit de l'ORDRE EN CARRÉ. Mais, en général, l'ARTILLERIE DE BATAILLE porte, suivant le CALIBRE, de huit cents à mille mètres. — Une ARMÉE ASSIÉGEANTE entreprend l'INVESTISSEMENT et commence les APPROCHES hors de Portée, du moins autrefois il en était ainsi, mais il s'est vu des OUVERTURES DE TRANCHÉE plus audacieuses. — L'ASSIÉGEANT dresse ses BATTERIES DE PLEIN FOUET quand il est à trois ou quatre cents mètres des OUVRAGES; c'est à elles à éteindre les feux de l'ennemi à mesure qu'il s'approche; il ne demande à ses RICOCHETS que de petites Portées. — Evaluer avec justesse, à la première vue, les Portées un JOUR DE BATAILLE, est une des qualités d'un GÉNÉRAL D'ARMÉE, un à-propos en STRATÉGIE, une combinaison en TACTIQUE. — Le COMMANDANT ou le GOUVERNEUR d'une PLACE ASSIÉGÉE ne tire ordinairement d'abord qu'à CHARGE faible, pour abuser l'ENNEMI touchant la vraie Portée des PIÈCES. La Portée de la MITRAILLE est à cent pas; mais, s'il s'agit de rompre une CHARGE DE CAVALERIE à laquelle le CANON a déjà opposé le BOULET, le COUP DE MITRAILLE se tire à cinquante pas. — De BUT EN BLANC, la PIÈCE DE QUATRE porte à huit cents mètres; les BALLES DE FER BATTU se tirent à quatre cents et six cents mètres. — A toute VOLÉE, la Portée des PROJECTILES est de trois à quatre mille mètres et plus; mais elle varie suivant le CALIBRE et la qualité de la POUDRE. Ainsi SAINT-REMY évaluait comme il suit la Portée à toute VOLÉE, en proportionnant la POUDRE à raison des deux tiers du poids du BOULET : le VINGT-QUATRE porterait à quatre mille cinq cents mètres, le SEIZE à quatre mille quarante, le DOUZE à trois mille sept cent quarante, le HUIT à trois mille sept cent vingt, le QUATRE à trois mille quarante. — Au nombre des OFFICIERS D'ARTILLERIE qui se sont occupés du calcul des Portées et de leur perfectionnement, on peut, entre autres, citer ceux de la MILICE DANOISE. — Les écrivains qui, à ce même égard, peuvent être consultés, sont : BÉLIDOR (1755, F; 1768, F), BOURN, CARRÉ (1783, E), COLLIADO, M. le général COTTY (1822, au mot *Trajectoire*), l'ENCYCLOPÉDIE (1751, C), M. FRANCOEUR, GASSENDI, HUTTON, LACHESNAIE (1758, I), MAIZEROY (1775, B, p. 144), POTIER (1779, X), SAINT-REMY, SIONVILLE (1756, E).

PORTÉE de CARABINE. V. BALLE DE CARABINE. V. CARABINE. V. COUP DE CARABINE.

PORTÉE de CATAPULTE. V. CATAPULTE.

PORTÉE de CHAPITEAU. V. CHAPITEAU DE CHAPE DE FOURREAU DE SABRE. V. CORPS DE CHAPE DE FOURREAU DE SABRE.

PORTÉE de FRONDE. V. BALLE DE FRONDE. V. FRONDE.

PORTÉE de FUSÉE. V. FUSÉE. V. FUSÉE DE GUERRE. V. FUSÉE D'INFANTERIE.

PORTÉE de FUSIL DE MUNITION (G, 2, 3). Sorte de PORTÉE D'ARME A FEU qui s'étend de deux cent quarante à deux cent soixante mètres de BUT EN BLANC; on l'évalue même à trois cents, mais c'est à BALLE PERDUE. Une CHARGE DE POUDRE égale à la moitié du poids du PROJECTILE suffit, suivant SILVA (1768), à cette Portée, qui équivaut à celle des plus puissantes machines de l'antiquité. — L'ART DE LA FORTIFICATION suppute les Portées des PETITES ARMES entre deux cent quarante et trois cent vingt mètres; on proportionne sur cette donnée la LIGNE DE DÉFENSE des RETRANCHEMENTS, la construction des CORNES DE FORTIFICATION et des DEMI-LUNES DÉTACHÉES, la distance des REDOUTES PERMANENTES, la lon-

www.ingramcontent.com/pod-product-compliance
Lightning Source LLC
LaVergne TN
LVHW021516170726
843501LV00004B/890